Veröffentlichungen
der Vereinigung der Deutschen Staatsrechtslehrer
Band 71

Grundsatzfragen der Rechtsetzung und Rechtsfindung

Georg Lienbacher, Bernd Grzeszick

Rationalitätsanforderungen an die parlamentarische Rechtsetzung im demokratischen Rechtsstaat

Christian Calliess, Frank Schorkopf

Finanzkrisen als Herausforderung der internationalen, europäischen und nationalen Rechtsetzung

Marion Albers, Christoph Schönberger

Höchstrichterliche Rechtsfindung und Auslegung gerichtlicher Entscheidungen

Ulrich Stelkens, Veith Mehde

Rechtsetzungen der europäischen und nationalen Verwaltungen

Referate und Diskussionen
auf der Tagung der Vereinigung der Deutschen Staatsrechtslehrer
in Münster vom 5. bis 8. Oktober 2011

De Gruyter

Redaktion: Prof. Dr. Wolfram Höfling M.A. (Köln)

ISBN 978-3-11-028737-0
eISBN 978-3-11-028742-4

Bibliografische Information der Deutschen Nationalbibliothek

Die Deutsche Nationalbibliothek verzeichnet diese Publikation in der Deutschen Nationalbibliografie; detaillierte bibliografische Daten sind im Internet über http://dnb.d-nb.de abrufbar.

Druck: Strauss GmbH, Mörlenbach

Gedruckt auf säurefreiem Papier

Printed in Germany

www.degruyter.com

Inhalt

Vierter Beratungsgegenstand

Rechtsetzungen der europäischen und nationalen Verwaltungen

Jahrestagung 2011

Die 71. Jahrestagung der Vereinigung der Deutschen Staatsrechtslehrer e.V. fand vom 5. bis 8. Oktober 2011 an der Westfälischen Wilhelms-Universität Münster statt. An ihr nahmen etwa 460 Personen – 380 Mitglieder sowie 80 Besucher (ausländische Gäste, Vertreter von juristischen Verlagen und Begleitpersonen) – teil. Es handelte sich – nach der legendären Tagung von 1926 sowie der Tagung von 1962 – um das dritte Treffen der Vereinigung in Münster.

In der Mitgliederversammlung am 5. Oktober 2011 wurde zu Beginn der seit der letzten Jahrestagung verstorbenen Mitglieder *Winfried Brugger*, *Karl Doehring*, *Kurt Gallent*, *Jörg Müller-Volbehr* und *Helmut Quaritsch* gedacht. Die Vereinigung wird ihnen ein ehrendes Andenken bewahren.

Im gleichen Zeitraum wurden 18 neue Mitglieder in die Vereinigung aufgenommen. Besonders bemerkenswert ist es, dass sich darunter auch eine Kollegin aus Italien (*Diana-Urania Galetta*) und ein in Italien lehrender Kollege aus Frankreich (*Jaques Ziller*) befinden.

Die Mitgliederversammlung setzte eine Arbeitsgruppe ein, die sich mit der Thematik „Wissenschaftliche Standards im Öffentlichen Recht" befassen und für das nächste Treffen der Vereinigung Vorschläge unterbreiten soll. Eine Verschiebung der Jahrestagung um einen Tag zur Vermeidung von Kollisionen mit Vorlesungsverpflichtungen in der Schweiz und an verschiedenen anderen Universitätsorten wurde abgelehnt.

Das wissenschaftliche Programm der Jahrestagung stand unter dem Generalthema „Grundsatzfragen der Rechtsetzung und Rechtsfindung". Die im vorliegenden Tagungsband wiedergegebenen Referate und – von *Wolfram Höfling* und *Oliver Lepsius* moderierten – Aussprachen behandelten die Rationalitätsanforderungen an die parlamentarische Rechtsetzung im demokratischen Rechtsstaat, die Finanzkrisen als Herausforderung der internationalen, europäischen und nationalen Rechtsetzung, die höchstrichterliche Rechtsfindung und Auslegung gerichtlicher Entscheidungen sowie die Rechtsetzungen der europäischen und nationalen Verwaltungen.

Das Rahmenprogramm der Tagung begann, nunmehr schon fast traditionsgemäß, bereits am Vorabend (4. Oktober 2011), an dem die neuaufgenommenen Mitglieder und ihre Mentoren zu einem Begrüßungsessen eingeladen wurden. Am Eröffnungstag (5. Oktober 2011) trafen sich die Gesprächskreise „Europäisches Verfassungsrecht", „Verwaltung" und – erstmals – „Grundlagen des öffentlichen Rechts". Behandelt wurden die Themenstellungen „Die EU als globale Akteurin und ihre Außenverfassung" (Vertragsschlusskompetenz nach Lissabon:

Demokratische Legitimation der Außenpolitik?, *Tobias Jaag*; Beitritt der EU zur EMRK und ZP 14: Wirksame Durchsetzung einer gesamteuropäischen Grundrechteverfassung?, *Constance Grewe*; Die Umsetzung der gezielten UN-Sanktionen durch die EU nach Einrichtung der UN-Ombudsstelle – europäische oder globale rule of law?, *Andreas von Arnauld*), „Der Beitrag der öffentlichen Verwaltung zur Konsolidierung der Staatsfinanzen" (*Hermann Pünder*) und „Das Öffentliche Recht vor der Frage nach seiner Identität" (*Dieter Grimm, Otto Depenheuer, Ewald Wiederin*).

Die Tagungsberatungen wurden eröffnet durch ein Grußwort des Dekans der Rechtswissenschaftlichen Fakultät der Westfälischen Wilhelms-Universität Münster, Prof. Dr. *Hans-Michael Wolffgang*, und umrahmt von zwei abendlichen Empfängen. Der Empfang am Mittwochabend (5. Oktober 2011) wurde in dem – extra durch einen Zeltanbau erweiterten – Schloss der Universität von Rektorin Prof. Dr. *Ursula Nelles* ausgerichtet. Am Donnerstagabend (6. Oktober 2011) ist die Vereinigung zu einem Staatsempfang in das Wasserschloss Nordkirchen eingeladen worden. Gastgeberin war die Ministerpräsidentin des Landes Nordrhein-Westfalen, die sich durch Justizminister *Thomas Kutschaty* vertreten ließ. Der festliche Abend am Freitag (7. Oktober 2011) fand im Zwei-Löwen-Klub Münster statt. Abgeschlossen wurde die Tagung mit dem traditionellen Ausflug am Samstag (8. Oktober 2011), der die Teilnehmer zur Burg Lüdinghausen, Burg Vischering und zum Damenstift Nottuln führte.

Der besondere Dank der Vereinigung gilt unserem kooptierten Vorstandsmitglied *Janbernd Oebbecke*, der zusammen mit seinem Mitarbeiterteam und Münsteraner Fakultätskollegen die Tagung vorzüglich vorbereitet und organisiert hat, so dass die Veranstaltung allen Teilnehmern auch aus diesem Grunde im Gedächtnis bleiben wird.

Dirk Ehlers

Erster Beratungsgegenstand:

Rationalitätsanforderungen an die parlamentarische Rechtsetzung im demokratischen Rechtsstaat

1. Referat von Universitätsprofessor Dr. *Georg Lienbacher*, Wien

Inhalt

I. Einleitung

Die Beschäftigung mit der vorgegebenen Thematik im zur Verfügung stehenden Rahmen verlangt nach einigen Vorbemerkungen: Zum einen werde ich mich nur mit der klassischen Gesetzgebungsfunktion nationaler Parlamente befassen. Meine Überlegungen werden also jenem Weg der Rechtserzeugung gelten, in welchem dem Parlament die abschließende Entscheidungskompetenz und die Verantwortung für den Beschluss allgemein verbindlicher Gesetze zukommen. Auf Mitentscheidungs- und Mitwirkungskompetenzen bei der Erzeugung anderer Rechtsakte, z.B. Verwaltungsrechtsakte, oder auf die spezifischen Rechtsetzungskompetenzen des Europäischen Parlaments, die sich von den klassischen parlamentarischen Gesetzgebungsverfahren nationaler Prägung strukturell unterscheiden, werde ich nicht eingehen. Gleichwohl handelt es sich auch bei solchen Akten um parlamentarische Rechtsetzung. Sie findet aber unter signifikant anderen Kautelen statt und bedürfte daher auch einer gesonderten Betrachtung. Zum anderen werde ich das Thema auf der Folie der österreichischen Verfassungsordnung behandeln. Freilich gehe ich davon aus, dass sich davon losgelöst auch allgemeine Schlussfolgerungen und Ergebnisse erzielen lassen, die insgesamt für den parlamentarisch demokratisch organisierten Rechtsstaat gelten.

II. Rationalitätsanforderungen

1. Allgemeines

Dies vorausgeschickt, soll den weiteren Erwägungen folgende Struktur zugrunde liegen: Allgemein ist zunächst zu fragen, was unter Rationalitätsanforderungen an die parlamentarische Rechtsetzung zu verstehen ist. Sodann gilt es, verschiedene Typen solcher Rationalitätsanforderungen herauszuschälen, wobei insbesondere die Frage nach den Folgen einer Nichteinhaltung derartiger Vorgaben zu berücksichtigen ist. Zudem darf eine Betrachtung, die dem reichhaltigen Spektrum von im weitesten Sinne rechtlich verfassten Rationalitätsanforderungen gerecht werden will, nicht bei der Frage stehen bleiben, ob Rationalitätsanforderungen verfassungsrechtlich verankert und damit durchsetzbar, also justiziabel ausgestaltet werden. Sie muss auch Rationalitätsanforderungen in den Blick nehmen, die überhaupt unverbindlich sind, oder solche, die nicht justiziabel sind, weil die Justiziabilität entweder konzeptionell nicht vorgesehen ist, oder weil die Missachtung der verbindlichen Norm keine rechtlichen Konsequenzen nach sich zieht, was aber an ihrer Verbindlichkeit nichts ändert. Nicht zuletzt ist der Rechtswirksamkeit auch die faktische Effektivität gegenüber zu stellen. Angesichts der intensiven Diskussion in Deutschland über Pflichten des Gesetzgebers zu Folgerichtigkeit, Konsistenz, Kohärenz, Widerspruchsfreiheit und zu Verfahrenspflichten der Gesetzesbegründung oder Pflichten der Bedarfsermittlung, und nicht zuletzt Pflichten, gesetzgeberische Motive offenzulegen, die sich zwar so im Grundgesetz nicht finden lassen, aber in der Rechtsprechung immer deutlicher zu Tage treten,[1] werde ich versuchen, Antworten auf der Grundlage der österreichischen Rechtsordnung herauszuarbeiten.

2. *Der Begriff „Rationalitätsanforderungen"*

Inhaltlich hat bereits *Heinz Schäffer* zur Rationalisierung der Rechtsetzung herausgearbeitet, dass mit Rationalität bzw. dem Prozess, Rationalität zu erreichen, der Rationalisierung, keine einheitliche Bedeutung verbunden ist. Darunter werde unter anderem der Ersatz herkömmlicher Vorgehensweisen durch zweckmäßigere, verstandesmäßig durchdachte Methoden mit dem Ziel der Verbesserung bestehender Zustände verstanden.[2] Das wiederum lässt unwillkürlich den – von

---

[1] Aus der deutschen Literatur und der dort jeweils angegebenen einschlägigen Judikatur des BVerfG vgl. z.B. *G. Schwerdtfeger* Optimale Methodik der Gesetzgebung als Verfassungspflicht, FS Ipsen, 1977, 173; *K. Schlaich* Verfassungsgerichtsbarkeit im Gefüge der Staatsfunktionen, VVDStRL 39 (1981), 99 (109); *G. Hoffmann* Das verfassungsrechtliche Gebot der Rationalität im Gesetzgebungsverfahren, ZG, 5. Jg. (1990), 97; *K. Neuser* Mehr Rationalität durch Gesetzesfolgenabschätzung? Neue Wege in Niedersachsen, NdsVBl., 5. Jg. (1998), 249; *K. Meßerschmidt* Gesetzgebungsermessen, Berliner Juristische Universitätsschriften, Bd. 14, 2000, 777; *Ch. Waldhoff* Der Gesetzgeber schuldet nichts als das Gesetz, FS Isensee, 2007, 325; *R. Schmidt* Widerspruchsfreiheit als rechtlicher Maßstab, FS Canaris, Bd. 2, 2008, 1353; BVerfG Urteil v. 9. 12. 2008 – 2 BvL 1/07 u.a. (Pendlerpauschale), JZ 5/2009, 255 mit Anmerkung von *O. Lepsius*, 260; *Ph. Dann* Verfassungsgerichtliche Kontrolle gesetzgeberischer Rationalität, Der Staat, Bd. 49 (2010), 630; *T. Hebeler* Ist der Gesetzgeber verfassungsrechtlich verpflichtet, Gesetze zu begründen?, DÖV (2010), 754; *M. Cornils* Rationalitätsanforderungen an die parlamentarische Rechtsetzung im demokratischen Rechtsstaat, DVBl. (2011) 1053; *M. Jestaedt* Zur Kopplung von Politik und Recht in der Verfassungsgerichtsbarkeit, in: Vesting/Korioth (Hrsg.) Der Eigenwert des Verfassungsrechts. Was bleibt von der Verfassung nach der Globalisierung?, 2011, 317; *K. Schwarz/Ch. Bravidor,* Kunst der Gesetzgebung und Begründungspflichten des Gesetzgebers, JZ, 66. Jg. (2011), 653 (655).

[2] Vgl. dazu *H. Schäffer* Rationalisierung der Rechtssetzung, in: Schäffer (Hrsg.) Theorie der Rechtssetzung, 1988, 199 (202) unter Berufung auf *H. D. Mathes* „Rationalisierung", in: Handwörterbuch der Wirtschaftswissenschaft (HdWW) 6, 1981, 339.

Max Weber geprägten – Begriff der „Zweckrationalität" vor das geistige Auge treten,[3] setzt doch zweckrationales Handeln in diesem Verständnis – vor dem Hintergrund bestimmter Erwartungen an die Außenwelt – bestimmte Mittel ein, um ein Ziel zu erreichen.[4] Dies unter Einschluss rationaler Wahl der Zwecke und Mittel wie auch Abwägungen zwischen Zwecken, Mitteln und deren Nebenfolgen. Die hier zu fassenden zielgerichteten Vorgehensweisen könnten, wie schon angedeutet, verschieden kategorisiert werden. Freilich mag bereits die genannte Definition und die holzschnittartig angedeutete Vielfalt dessen, was unter dem Terminus Rationalitätsanforderungen firmiert, auch als Hinweis darauf verstanden werden, dass ungeachtet aller Versuche dogmatischer Durchdringung eine allzu enge begriffliche Zumessung nicht tunlich ist. Vielmehr gehe ich davon aus, dass es sich – in Anlehnung an *Ernst Forsthoff* – möglicherweise um ein Phänomen handelt, das sich zwar beschreiben, aber (eben) nicht (adäquat) definieren lässt.[5]

Ich möchte dementsprechend die begriffliche Annäherung breit fassen und unter Rationalitätsanforderungen vernunftgeleitete Handlungs- und Verhaltenserwartungen verstehen. Rationalität betrifft damit

---

Zur Begriffsgeschichte vgl. *H. Schnädelbach* „Rationalität", in: Prechtl/Burkard (Hrsg.) Metzler Lexikon Philosophie, 2. Aufl. 1999, 488.

[3] In seiner Rechtssoziologie (jüngst neu ediert in historisch-kritischer Ausgabe als: *M. Weber* Die Entwicklungsbedingungen des Rechts, in: Max Weber Gesamtausgabe, Abteilung I, Bd. 22–3 = Gephart/Hermes (Hrsg.) Max Weber. Wirtschaft und Gesellschaft, Teilband 3: Recht, 2010, 274) kontrastiert *Max Weber* irrationales und rationales, verstandesmäßiges Handeln im Bereich des Rechts folgendermaßen: „Rechtsschöpfung und Rechtsfindung können entweder rational oder irrational sein. Irrational sind sie formell dann, wenn für die Ordnung von Rechtsschöpfung und Rechtsfindungsproblemen andere als verstandesmäßig zu kontrollierende Mittel angewendet werden, zB die Einholung von Orakeln oder deren Surrogaten. Materiell sind sie irrational insoweit, als ganz konkrete Wertungen des Einzelfalls, seien sie ethische oder gefühlsmäßige oder politische, für die Entscheidung maßgebend sind, nicht aber generelle Normen." (Ebd. 303). In kulturvergleichender Perspektive zeichnet *Weber* die Entstehungsgeschichte des formalen, systematisierten Rechts des modernen Okzidents (bis zum Beginn des 20. Jahrhunderts) als Prozess der Erhöhung des Grades an Rationalität im beschriebenen Sinn, als „Rationalisierung".

[4] Zur Zweckrationalität vgl. zB *H. Schnädelbach* „Rationalitätstypen", in: Prechtl/Burkard (Hrsg.) Metzler Lexikon Philosophie, 2. Aufl. 1999, 490 (491); *J. Rohbeck* „Zweckrationalität", in: Prechtl/Burkard, 684; ausführlich auch *H. Lenk/H. F. Spinner* Rationalitätstypen, Rationalitätskonzepte und Rationalitätstheorien im Überblick, in: Stachowiak (Hrsg.) Pragmatik: Handbuch des pragmatischen Denkens, Bd. III, 1989, 1.

[5] Zur Verwaltung meinte *Forsthoff*: „Vielmehr liegt es in der Eigenart der Verwaltung begründet, dass sie sich zwar beschreiben, aber nicht definieren lässt." Siehe *E. Forsthoff* Lehrbuch des Verwaltungsrechts, 10. Aufl. 1973, 1.

die Modalität menschlichen Verhaltens, welche dadurch gekennzeichnet ist, dass sie dieses an intersubjektiv vermittelbaren, argumentativ abgestützten, die situativen Besonderheiten aufnehmenden und widerspiegelnden Sachrichtigkeiten ausrichtet. In diesem Sinne verstehe ich Rationalitätsanforderungen als die Gesamtheit aller Handlungs- und Verhaltenserwartungen, die im Rahmen des gesamten Gesetzgebungsprozesses bei Erzeugung des Produktes „Gesetz" eine Rolle spielen und deren Ziel es ist, die Grundlagen für die parlamentarische Entscheidung so weit wie möglich aufzubereiten.

Rationalität ist freilich ein Sekundärwert, der an einen Primärwert gekoppelt ist und daher nur akzessorisch relational begriffen und bestimmt werden kann. Daher kann von Rationalität nur im Zusammenhang mit ihrem jeweiligen Bezugsfeld gesprochen werden – oder anders ausgedrückt: es gibt nicht *die* Rationalität an und für sich, sondern eine je nach Referenzgebiet spezifische Rationalität.

Da und sofern sich das Rationalitätsniveau nicht metrisieren lässt, kann das Erreichen oder Unterschreiten der Rationalitätsanforderungen nicht durch eine objektive Messtechnik bestimmt werden. Vielmehr handelt es sich um einen Akt wertenden Erkennens, bei dem das bewertende Subjekt wesensgemäß eine relativierende Rolle spielt.

3. Leistungserwartungen an Rationalitätsanforderungen

Die Diskussion der Rationalitätsanforderungen wird von vielen beklagten Mängeln im Bereich der Gesetzgebung begleitet. Die Schlagworte „Gesetzesflut"[6], „mangelnde Kohärenz" und „Unverständlichkeit von Gesetzestexten"[7] werden immer wieder in den Mund genommen.[8]

---

[6] Vgl. für viele *Th. Mayer-Maly* Rechtskenntnis und Gesetzesflut (1969); *H. Schneider* Gesetzgebung (1982); „Gesetzgebung im Rechtsstaat", Berichte von *K. Eichenberger, R. Novak,* und *M. Kloepfer,* VVDStRL 40 (1982) 7ff., 40ff., 63 ff; *K. Korinek* Krise des Rechtsbewußtseins – Krise des Rechtsstaates, in: H. Schäffer (Hrsg.) Gesetzgebung und Rechtskultur (1987) 75ff., alle mit vielen weiteren Nachweisen.

[7] Es ist bemerkenswert, dass mittlerweile neben den traditionellen Rechtsberatungen Organisationen boomen, die versuchen, solchen Mängeln entgegenzuwirken. Als Beispiele können der Verein für Konsumenteninformation, der deutsche Verein http://www.verein-rechtverstaendlich.de und sogar eigene Dienstleister wie die Agentur „Recht verständlich – www.rechtverstaendlich.at" genannt werden. Auch der Staat versucht, diesen Problemen gegenzusteuern. Österreich hat zB diverse Webseiten eingerichtet, wie www.help.gv.at.

[8] So sprach zB der österreichische Verfassungsgerichtshof von in seinem Tätigkeitsbericht 2003, 15 von „mangelhafter Legistik, mangelnde[r] sprachliche[r] Präzision, überlange[n] Sätze[n], unzureichende[r] Systematik und kaum durchschaubare[n] Verweisungsketten." In der Judikatur des Verfassungsgerichtshofes findet sich solche

Diese Kritik ist oft vordergründig, weil sie den enormen Regelungsbedarf in einem komplexen und hochdifferenzierten Gemeinwesen nicht hinreichend berücksichtigt. *Ewald Wiederin* und ihm folgend *Michael Holoubek* gehen etwa davon aus, dass die Summe aller Normen in einer Gesellschaft letztlich konstant bleibt.[9]

In einem ersten Schritt geht man wohl nicht fehl, als Leistungserwartungen an Rationalitätsvorgaben eben ganz allgemein solche zu nennen, die die vielen angemahnten Probleme vermeiden.[10] Rationalitätsanforderungen sollen ein systematisches Vorgehen in der Rechtsetzung unterstützen. Einzelne Vorgaben im Sinne von Handlungs- und Verhal-

---

Kritik bereits in VfSlg 16.151/2001, wo er die „Kompliziertheit" seines Spruches als „eine Konsequenz der (...) legistischen Technik der ‚Sammelnovelle' (...)" ansieht, welche „(...) der Erkennbarkeit des Rechts äußerst abträglich ist". Auch in der Literatur wird mit Kritik nicht gespart, vgl. z.B. *K. Korinek* Die Qualität der Gesetze – staatsrechtliche und legistische Verantwortlichkeiten im Gesetzgebungsprozess, in: Holoubek/Lienbacher (Hrsg.) Rechtspolitik der Zukunft – Zukunft der Rechtspolitik, 1999, 21; *K. Korinek* Verständlichkeit als Gebot der Rechtsordnung, FS Isensee, 2007, 277; *E. Wiederin* Rechtspolitik der Zukunft – Innere Sicherheit, in: Holoubek/Lienbacher (Fn. 8), 277 (278ff.); *M. Schaden* Zur Psychopathologie des Gesetzgebers, ZfV 1997, 588; *G. Wielinger* Zur Problematik einer Gesetzgebungswissenschaft, FS Weimar, Bd. 1, 1986, 161; *K. Arnold* Rechtsstaat, demokratische Legitimation und Effizienz: Funktionen und Garanten eines sachgerecht flexiblen Legalitätsprinzips, in: Arnold et al (Hrsg.) Recht Politik Wirtschaft Dynamische Perspektiven, 2008, 1 (Fn. 2); *R. Schick* Das parlamentarisch erzeugte Gesetz – ein Auslaufmodell?, in: Walter/Zeleny (Hrsg.) Reflexionen über Demokratie und Recht, Schriftenreihe des Hans Kelsen-Instituts, Bd. 31, 2009, 43; auch die Interessensvertretungen üben Kritik: Die österreichische Rechtsanwaltskammer teilte in einer Presseaussendung mit, dass die Rechtsanwälte unverständliche Gesetze und zu kurze Begutachtungsfristen bei Gesetzesentwürfen bemängeln; Presseaussendung vom 01. 12. 2004, http://www.rechtsanwaelte.at/www/getFile.php?id=591 (abgerufen am 12. 09. 2011). Angemerkt sei jedoch auch, dass die negative Bewertung einer großen Zahl von Gesetzen eine lange Geschichte hat: „corruptissima re publica plurimae leges" ist schon bei *P. C. Tacitus* Ab excessu divi Augusti (Annales), liber III, xxvii, zu lesen.

[9] *E. Wiederin* spricht vom Grundsatz, dass die Summe aller Normen in einer Gesellschaft letztlich konstant bleibt und dass die vielfach propagierte Eindämmung der Gesetzesflut keine Verringerung, sondern lediglich eine Verlagerung der Produktion von Vorschriften zur Folge hat. Vgl. *E. Wiederin* Sicherheitspolizeirecht, 1998, Rn. 139; ihm folgend *M. Holoubek* Rechtswissenschaftliche Rechtspolitik?, in: Holoubek/ Lienbacher (Fn. 8), (Hrsg.) Rechtspolitik der Zukunft – Zukunft der Rechtspolitik (Wien 1999) 11f. Auf der Grundlage einer Aufstellung von Gesetzesbeschlüssen nach Kalenderjahren stellt *Pelinka* quantitative Stabilität der Gesetzgebung fest, die keine Klage über zunehmende „Gesetzesflut" zulasse, vgl. *A. Pelinka* Gesetzgebung im politischen System Österreichs, in: Ismayr (Hrsg.) Gesetzgebung in Westeuropa. EU-Staaten und Europäische Union, 2008, 431 (439).

[10] Vgl. dazu *Schäffer* (Fn. 2), 209.

tenserwartungen sollten dafür sorgen, dass sich das Endprodukt „Gesetz“ auf empirische Grundlagen stützt und auf der Basis eines planvollen Vorgehens verabschiedet wird, das unreflektierte ad hoc-Maßnahmen vermeidet. Rationalitätsanforderungen sollten Teil eines integrierten Vorgehens sein, das Wirkungszusammenhänge und Interdependenzen berücksichtigt und vor allem auch Auswirkungen von in Aussicht genommenen gesetzlichen Regelungen auf andere Bereiche ins Auge fasst und mit zu treffenden Lösungen abstimmt. Ebenso sollten Rationalitätsanforderungen auch auf dem Boden interdisziplinärer Erfordernisse stehen und den Zugang zu unterschiedlichen fachwissenschaftlichen Erkenntnissen erschließen.

Eine derart breite Begriffsbestimmung bringt notwendig Unschärfen mit sich. Wenn von Rationalitätsanforderungen die Rede ist, schwingen regelmäßig spezifische Verbesserungsvorstellungen mit. Diese sind aber relative und subjektive Größen, die zwar dem Ringen und dem Wettstreit um die „besseren“ Lösungen im politischen Prozess Rechnung tragen, aber nicht als messbare Größe taugen können, weil sie kein wissenschaftlich feststellbares Datum darstellen. An dieser Überlegung ist die eingangs gegebene Zuschreibung auszurichten. Mit dem Begriff der Rationalitätsanforderungen sollen daher all jene Instrumente erfasst werden, die unter den spezifischen Rahmenbedingungen des parlamentarischen Rechtsetzungsprozesses versuchen, die Berücksichtigung der Grundlagen und Konsequenzen eines gesetzgeberischen Aktes sicher zu stellen.[11] Dies allerdings schrankenlos anzunehmen, hieße auszublenden, dass es auch Vorgaben gibt, die die Funktion haben, Begründungen, die Einhaltung bestimmter Verfahrensschritte usw. zu ersetzen. Ich denke etwa daran, dass die Rechtsordnung selbst Wege eröffnet, um beispielsweise Rationalitätsanforderungen, die die Fachrationalität erhöhen sollen, zugunsten von politischen Rationalitäten zu umgehen.[12]

4. *Rationalitätsanforderungen und demokratischer Prozess*

Die solcherart anzustrebende Rationalität wird damit freilich nicht zum Selbstzweck. Vielmehr schöpfen Rationalitätsanforderungen an die demokratische Rechtsetzung ihre Legitimität aus den Strukturmerkmalen und Systembedingungen, die den politischen Prozess der Gesetzgebung prägen. Sie sind daher nur systemimmanent zu begreifen und damit von den Strukturmerkmalen und Systembedingungen des

---

[11] In diesem Sinne *Schäffer* (Fn. 2), 206, zur Rationalität der Rechtsetzung.

[12] Vgl. unten z.B. III. 2.

Gesetzgebungsprozesses abhängig.[13] Sie beschränken sich diesem gegenüber auf eine akzessorische Funktion. Sie dürfen nicht neue Bedingungen schaffen, die mit der Funktionalität der parlamentarischen Gesetzgebung unvereinbar sind oder diese verändern. Das gilt nicht für Rationalitätsanforderungen, die auf verfassungsrechtlicher Ebene verankert werden, um als übergeordnete Erzeugungsregeln den parlamentarischen Gesetzgebungsprozess zu ändern bzw. zu gestalten und zu begrenzen.

Ausgangspunkt und Rahmen des Gesetzgebungsprozesses – und damit auch der ihn flankierenden Rationalitätsanforderungen – ist die Mehrheitsregel. Sie ist entscheidend für die Willensbildung im demokratischen Verfahren.[14] In der Diskussion, im Wettstreit der Ideen, aber vor allem im Kompromiss, der die Mehrheitsbildung erst ermöglicht, liegen die zentralen Elemente dieses Prozesses, der sich Verfahrenspflichten, die aus der Rechtserzeugung in den Staatsfunktionen der Verwaltung und der Gerichtsbarkeit geläufig sind, entzieht.[15] Begleitet wird die Mehrheitsbildung von der spezifischen Ausgestaltung der parlamentarischen Rechtsetzungsprozesse, die üblicherweise im Zusammenwirken mehrerer Organe vonstatten gehen. Sie arbeiten unter dem Druck der Öffentlichkeit und sind von parteipolitischer Konkurrenz geprägt. Die Gesetzgebung ist somit in einem komplexen Umfeld zu begreifen, in dem verschiedene Interessen und politische Kräfteverhältnisse zusammen (aber auch gegeneinander) wirken.[16] Strukturell leben

[13] Vgl. etwa *D. Merten* Optimale Methodik der Gesetzgebung als Sorgfalts- oder Verfassungspflicht?, in: Hill (Hrsg.) Zustand und Perspektiven der Gesetzgebung – Schriftenreihe der Hochschule Speyer, Bd. 104, 1989, 81 (86), mwN: *Merten* nennt das Beispiel der parlamentarische Debatte, welche „mit Rede und Gegenrede zu sachgerechten Ergebnissen führen [soll]".

[14] BVerfGE 44, 125 (141). Zur Rechtfertigung des Mehrheitsprinzips vgl. *U. Scheuner* Das Mehrheitsprinzip in der Demokratie, 1973; *T. O. Hüglin* Tyrannei der Mehrheit, 1977; *W. Heun* Das Mehrheitsprinzip in der Demokratie, 1983, 79ff.; *H. Hattenhauer/W. Kaltefleiter* (Hrsg.) Mehrheitsprinzip, Konsens und Verfassung, 1986; *R. Zippelius* Zur Rechtfertigung des Mehrheitsprinzips in der Demokratie, 1987; *H. M. Müller* Expertenherrschaft oder Mehrheitsprinzip. Politisches Denken am Anfang Europas, 1993.

[15] In der jüngeren deutschen Literatur wird ausdrücklich darauf hingewiesen, dass der Charakter parlamentarisch diskursiver Entscheidungsfindung nach dem Mehrheitsprinzip auf einen Auftrag zu subjektiver Kreativität in politischer Auseinandersetzung schließen lässt, der sich einer Verriegelung durch verwaltungsanaloge Verfahrenspflichten entzieht vgl. *Cornils* DVBl. 2011 (Fn. 1), 1053 (1059).

[16] Vgl. dazu *H. Neisser* Die Autonomie des Gesetzgebers, in: Tammelo/Mock (Hrsg.) Rechtstheorie und Gesetzgebung, 1982, 271 (272); er beruft sich auf *T. Öhlinger*, Planung der Gesetzgebung und Wissenschaft – Einführung in das Tagungsthema,

diese Prozesse von der Konkurrenz politischer Eliten, die um Gefolgschaft werben und von komplexen, interessensausgleichenden Kompromisssuchen. Es handelt sich – um es mit den Worten von *Matthias Jestaedt* auszudrücken – um den vom Recht nicht determinierten Bereich staatlicher Machtausübung.[17] Damit kommen – mit den Rationalitätsanforderungen an den Gesetzgebungsprozess untrennbar verbunden – spezifische Rationalitätsanforderungen ins Spiel, die sowohl konkret als auch abstrakt die Frage der Allokation politischer Macht in einem weiteren Sinn zum Gegenstand haben. „Stat pro ratione voluntas" scheint in diesem Bereich pointiert formuliert die vorherrschende Maxime zu sein. Die parlamentarische Demokratie „schafft Rationalität durch ihr eigenes Verfahren der politischen Willensbildung und durch die Publizität des Verfahrens. Das demokratische Verfahren [...] läßt den Vorgang der politischen Willensbildung nicht im Dunkeln der Abmachungen oder Entschlüsse von unkontrollierten Machthabern", hat *Konrad Hesse* gesagt.[18] Diese politische Rationalität deckt sich oft nicht mit den Rationalitätsanforderungen an einen bestimmten Regelungsgegenstand eines Gesetzes (Fachrationalität). Sie hat damit entweder nichts zu tun oder läuft diesem sogar zuwider.[19] Von der Verfassung wird dies in Kauf genommen. Rationalitätsanforderungen im Sinne von Fachrationalitäten sollen demgegenüber solche pragmatischen und politisch machtbetonten Anforderungen in Schach halten. Manchmal versucht der Gesetzgeber selbst, die eigenen Irrationalitäten für die Zukunft auszuschließen, indem er gesetzlich Automatismen anordnet, die ihm periodische Neuregelungen und damit verbundene Irrationalitäten ersparen.[20]

---

in: Öhlinger (Hrsg.) Methodik der Gesetzgebung. Legistische Richtlinien in Theorie und Praxis. Forschungen aus Staat und Recht, Bd. 57, 1982, 1 (8).

[17] Vgl. *M. Jestaedt*, Zur Kopplung von Politik und Recht in der Verfassungsgerichtsbarkeit, in: Versting/Korioth (Hrsg.), Der Eigenwert des Verfassungsrechts (Tübingen 2011) 317.

[18] *K. Hesse*, Grundzüge des Verfassungsrechts der Bundesrepublik Deutschland, 1995, Rn. 138, ihm folgend jüngst *C. Waldhoff* (Fn. 1), 336.

[19] Als Beispiel aus der österreichischen Innenpolitik kann etwa der Streit um die Frage, ob die momentan zwischen Bund und Ländern geteilte Schulkompetenz gem. Art 14 B-VG in einer Hand konzentriert werden sollte, angeführt werden – siehe beispielsweise Stenographisches Protokoll des NR, 91. Sitzung, XXIV. GP, 235.

[20] Solche Automatismen schafft er zB durch Anknüpfen an nachvollziehbare Indikatoren: Die automatische Anpassung des Pensionsantrittsalters an die durchschnittliche Lebenserwartung ist ein Beispiel, das vielfach diskutiert, aber bis jetzt nicht umgesetzt wurde. Ein Beispiel für diese Regelungstechnik ist § 3 des Bundesverfassungsgesetzes über die Begrenzung von Bezügen öffentlicher Funktionäre, BGBl I 1997/64, wonach der Präsident des Rechnungshofes einen Anpassungsfaktor zu er-

Überspitzt formuliert nimmt der repräsentativ demokratische Entscheidungsprozess auch von der Sache her suboptimale Entscheidungen in Kauf, solange sie nur mehrheitlich legitimiert werden und der Verfassung nicht widersprechen. Unsachliche Junktimierungen[21] verschiedener politischer Entscheidungen, Formelkompromisse und anderes kommen einem sofort in den Sinn. Dem steht gegenüber, dass sich die Mehrheiten spätestens bei den nächsten Wahlen ändern können. Dieses Konzept enthält aber auch die Möglichkeit, Argumente, Sachverstand, rationale Gesichtspunkte in den konkreten Entscheidungsprozess einzubringen und durch Überzeugungen Mehrheiten zu schaffen.[22]

Es handelt sich daher um ein Ideal, Gesetzgebung als einen reinen Erkenntnisprozess oder gar als Wahrheitsfindung und weniger als politischen Entscheidungsprozess zu verstehen. In der Realität stellt sich die Gesetzgebung gerade nicht als rational zu strukturierendes, technisch optimierbares Verfahren dar, in dessen Ablauf die möglichst umfassende empirisch-analytische Aufbereitung des Sachverhalts, die vollständige Bewertung und Abwägung relevanter Gesichtspunkte und die ernsthafte Auseinandersetzung mit Alternativen erfolgt, bevor eine Entscheidung getroffen wird.[23]

Rationalitätsanforderungen im Sinne von Fachrationalität sind darauf angelegt, möglichst viel an Wissen, aber auch an rationaler Argumentation und Diskussion verfügbar zu machen, unabhängig davon, ob es in Anspruch genommen wird. Vielfach stehen der Ausschöpfung des vorhandenen Potentials Gründe wie Zeitmangel, Parteiräson, etc. entgegen. Die Rationalität des Endprodukts „Gesetz“ weicht zuweilen von Rationalität des davor liegenden Gesetzgebungsverfahrens ab.

Sollen Rationalitätsanforderungen jedoch verbindlich auf das parlamentarische Gesetzgebungsverfahren einwirken, müssen sie auf verfas-

---

mitteln hat, mit dem der für das Vorjahr geltende Ausgangsbetrag für die im genannten Gesetz geregelten Bezüge für das Folgejahr anzupassen ist. Bei der Ermittlung des Anpassungsfaktors hat der Rechungshofpräsident die von der Statistik Austria ermittelte Inflationsrate und den Anpassungsfaktor für Pensionen gegenüber zu stellen. Der niedrigere der beiden ist der Anpassungsfaktor, der für die Bezüge nach dem BVG Bezügebegrenzung relevant ist.

[21] Als Beispiel sei die Junktimierung der Zustimmung zu einem Griechenland-Hilfspaket mit der Einführung einer Börsenumsatzsteuer genannt, vgl. Stenographisches Protokoll des NR, 66. Sitzung, XXIV. GP, 88 u 97.

[22] Auch wenn faktisch Fraktionszwang (in Österreich Klubdisziplin genannt) im österreichischen Parlament besteht, ist jeder Abgeordnete gem. § 56 Abs. 1 B-VG in seiner Entscheidung frei und kann sich somit auch dem Ansinnen einer anderen Partei anschließen.

[23] *Dann* (Fn. 1), 640.

sungsrechtlicher Ebene verankert werden. Nur der Verfassungsgesetzgeber kann den parlamentarischen Rechtsetzungsprozess und damit den dort auszutragenden Wettstreit der Interessen und Konzepte verbindlich ordnen, prägen, rationalisieren und ihn auch begrenzen.[24] Im Gegensatz dazu können alle anderen Rationalitätsanforderungen – mögen sie auch normativen Charakter haben – nur appellativ wirken. Am rechtmäßigen bzw. besser am verfassungsmäßigen Zustandekommen des Gesetzes ändert ein Verstoß gegen solche Vorgaben nichts.

Die andere Seite der Medaille zeigt, dass gerade publik werdendes Wissen und vernunftmäßige Argumentation durchaus Selbststand haben, und zwar nicht auf der justiziablen, wohl aber auf der tatsächlichen Ebene. Sie lösen Begründungserfordernisse aus und erzeugen öffentlichen Druck, der im politischen Prozess oft effektiver sein kann als manch verfassungsrechtliche Vorgabe. Transparenz und Publizität erweisen sich sohin abseits verfassungsrechtlich verbindlicher Anforderungen als Katalysator für die faktische Effektuierung von Rationalitätsanforderungen.[25]

III. Justiziable Rationalitätsanforderungen

1. *Allgemeine Fragestellungen*

Ausgehend von der Stufung der Rechtsordnung stehen die Verfassung und die einfache Gesetzgebung in einem Verhältnis, nach dem die Erstere die Letztere bedingt.[26] Sosehr der Gesetzgeber das, was ihm gestern noch gefallen hat, heute verwerfen kann, sosehr die gestern in Gesetz gegossenen politischen Ideen heute durch die neuen Machtverhältnisse in ihr Gegenteil verkehrt werden können,[27] sosehr bildet in

---

[24] Vgl. dazu *Cornils* DVBl. 2011 (Fn. 1), 1053 (1059f.).

[25] Als Beispiel ist an die Wirkung der Offenlegung der eingegangenen Stellungnahmen zu Ministerialentwürfen im sog. „vorparlamentarischen" Begutachtungsverfahren auf der Homepage des österreichischen Parlaments zu denken. Siehe unten V.

[26] Zum Verhältnis Verfassung – Gesetz im Sinne des Stufenbaus der Rechtsordnung, siehe etwa *A. Merkl* Prolegomena einer Theorie des rechtlichen Stufenbaus, FS Kelsen, 1931, 252 (275f.); *R. Walter* Der Aufbau der Rechtsordnung, 1974, 60ff. Einen Stufenbau nach der rechtlichen Bedingtheit ablehnend *T. Öhlinger* Der Stufenbau der Rechtsordnung, 1975, 15ff.

[27] So suchten sich etwa nach der Auflösung der Koalition zwischen Sozialdemokraten und Volkspartei die Sozialdemokraten im österreichischen Parlament noch rechtzeitig vor den Neuwahlen im September 2008 eine andere Mehrheit um zB die Studiengebühren abzuschaffen, obwohl sie zuvor im Regierungsübereinkommen noch auf deren Abschaffung verzichtet hatten – siehe http://www.spiegel.de/unispiegel/

diesem Prozess die Verfassung eine Konstante, einen eingrenzenden Rahmen, der nicht verlassen werden darf. Dieses Spannungsverhältnis fördert einerseits den Wettstreit der politischen Ideen und führt durch Mehrheitsbildung Entscheidungen herbei. Andererseits setzt es Grenzen, um unverhältnismäßige Folgen für die Rechtsunterworfenen oder allgemein unerwünschte Konsequenzen für das Gemeinwesen zu vermeiden. Das bedeutet pointiert formuliert aber auch, dass sich der Gesetzgeber über alle Rationalitätsanforderungen, die lediglich auf (einfach)gesetzlicher Ebene oder darunter verankert sind, hinweg setzen kann. Die lex specialis, also das erzeugte Gesetz, derogiert der legi generali, also den allgemein (einfach)gesetzlich festgelegten Rationalitätsanforderungen.

Angesichts der intensiven Diskussion in Deutschland über Pflichten des Gesetzgebers zu Folgerichtigkeit, Konsistenz, Kohärenz, Widerspruchsfreiheit und zu den Verfahrenspflichten der Gesetzesbegründung, der Bedarfsermittlung und nicht zuletzt der Pflichten zur Offenlegung gesetzgeberischer Motive, die sich so im Grundgesetz nicht finden lassen, die aber in der Rechtsprechung immer deutlicher zu Tage treten, werden vielleicht meine Ausführungen auf Verwunderung stoßen, weil ich die verfassungsrechtliche Verankerung und die damit verbundene Justiziabilität so stark in den Vordergrund stelle. Dies ist dem Umstand geschuldet, dass in Österreich die Beschränkung des rechtspolitischen Gestaltungsspielraums, wie sie sich in Deutschland als Ausdruck und Folge einer Grundrechtsdogmatik mit vielfältigen Figuren, Konzepten und Theoremen entwickelt hat, in diesem Ausmaß nicht existiert. Den schon genannten vom Bundesverfassungsgericht entwickelten Topoi können noch die dichte Schutzpflichtendogmatik und die Maßstäbegesetze hinzugefügt werden, die wir alle in Österreich in der Form nicht kennen. Sie zeigen, dass die Diskurslinien in unterschiedlichen Bahnen verlaufen. Während vieles, was im Folgenden angesprochen wird, in Österreich eine Frage der Grenzziehung zwischen Verfassungsrecht und einfachem Gesetz bleibt, werden in Deutschland diese Punkte ohnehin in der Verfassung angesiedelt gesehen. *Oliver Lepsius* hat deutlich gemacht, dass aber auch in Deutschland solches nicht einheitliche Auffassung ist.[28] – In Österreich sind deswegen jedenfalls viele

studium/0,1518,460484,00.html (abgerufen am 26. 09. 2011) und schließlich BGBl I 134/2008 bzw Stenographisches Protokoll des NR, 72. Sitzung, XXIII. GP, 319, mit weiteren Beispielen.

[28] Vgl. *O. Lepsius*, Die maßstabsetzende Gewalt, in: M. Jestaedt/O. Lepsius/C. Möllers/C. Schönberger, Das entgrenzte Gericht. Ein kritische Bilanz nach sechzig Jahren Bundesverfassungsgericht, 2011, 159.

Konzepte präkludiert, die in Deutschland der Verfassung zugeordnet werden.[29]

Die recht einfache Feststellung, dass nur eine verfassungsrechtliche Verankerung justiziable Bindungswirkung hervorrufen kann, bereitet mit Blick auf die Rechtswirklichkeit aber schon dann Schwierigkeiten, wenn einfache Gesetze, die anderen Erzeugungsbedingungen unterliegen, als sie allgemein für die Gesetzeserzeugung vorgesehen sind, den Eindruck größerer Determinierungswirkungen erwecken.[30] Dazu kommt, dass zuweilen auch von einem materiellen Verfassungsbegriff ausgehend, (einfach)gesetzlichen Bestimmungen, die Rationalitätsanforderungen an die parlamentarische Rechtsetzung enthalten, justiziabler Charakter zugesprochen wird.[31] Dieser materielle Verfassungsbegriff umfasst Vorschriften, die unter anderem auch Grundsätze über die Ausübung der Staatsgewalt festlegen.[32] Ganz abgesehen davon, dass

---

[29] Vgl. dazu eindrücklich *E. Wiederin* Denken vom Recht her. Über den *modus austriacus* in der Staatslehre, in H. Schulze-Fielitz (Hrsg.) Staatsrechtslehre als Wissenschaft, Die Verwaltung, Beiheft 7 (2007) 293ff.

[30] Erhöhte Beschlusserfordernisse, gleich denen für Verfassungsrecht, jedoch ohne Verfassungsrang der erzeugten Normen, gelten etwa für das Geschäftsordnungsgesetz des Nationalrats (GOGNR), und zwar qua Art. 30 Abs. 2 B-VG, oder für bestimmte durch Bundesgesetz zu regelnde Materien im Schulwesen qua Art. 14 Abs. 10 B-VG. Vgl. dazu auch *R. Walter* Der Stufenbau nach der derogatorischen Kraft im österreichischen Recht, ÖJZ 1965, 169 (172); *R. Thienel* Gibt es einen Stufenbau der Bundesgesetze nach ihrer Erzeugungsform?, ÖJZ 1983, 477 (478ff.). *Öhlinger* Stufenbau (Fn. 26), 16f. lehnt aus diesem Grund einen Stufenbau nach der rechtlichen Bedingtheit ab.

[31] Vgl. dazu für alle die Darstellungen bei *H. Schäffer* in: Kneihs/Lienbacher (Hrsg.) Rill-Schäffer Kommentar Bundesverfassungsrecht, 4. Lfg, Art. 140 B-VG (2006), Rn. 35; *M. Rohregger* in: Korinek/Holoubek (Hrsg.) Kommentar Österreichisches Bundesverfassungsrecht, 6. Lfg, Art. 140 B-VG (2003), Rn. 80 mwN. Die in der Literatur immer wieder ins Treffen geführte Ansicht des Verfassungsgerichtshofes, das nicht zum formellen, wohl aber zum materiellen Verfassungsrecht zählende Geschäftsordnungsgesetz des Nationalrates (bloße Ordnungsvorschriften ausgenommen) sei auch Prüfungsmaßstab vor dem VfGH vgl. VfSlg. 16.151/2001 ist missverständlich, denn der VfGH stellt in diesem Erkenntnis nicht auf das Geschäftsordnungsgesetz als einfaches Gesetz ab, sondern auf seine Sicherungsfunktion, dass in den Gesetzesbeschlüssen die wahre Meinung der Mehrheit des Nationalrates zum Ausdruck kommt. So gesehen ist damit aber immer auch zwingend verbunden die verfassungsrechtliche Mehrheitsregel Prüfungsmaßstab. Zum weiteren Meinungsstand, ob materielle Verfassungsbestimmungen Prüfungsmaßstab vor dem VfGH sind, vgl. *H. Laurer* Was bedeutet die Verfassungswidrigkeit eines Gesetzes?, FS Adamovich, 2002, 307 (310ff.) mwN.

[32] Vgl. dazu jüngst *E. Pürgy* Die Bedeutung der Verfassung im politischen System – Das österreichische Verfassungsverständnis, JRP 2011, 15. Siehe weiters *H. Schambeck* Möglichkeiten und Grenzen der Verfassungsinterpretation in Österreich, JBl 1980,

die Schwierigkeiten der Abgrenzbarkeit, was nun tatsächlich Bestandteil materiellen Verfassungsrechts ist, groß sind und Lösungen vielfach im Dunkeln bleiben, stellt sich insbesondere nach Maßgabe seiner derogatorischen Kraft die Frage, ob materielles Verfassungsrecht dieselben Rechtswirkungen entfalten kann wie formelles Verfassungsrecht, ob ihm also Maßstabscharakter gegenüber „normalen" Gesetzen zukommen soll, der sie justiziabel macht.[33]

Als Beispiel für solche Problemfelder möchte ich das Geschäftsordnungsgesetz des Nationalrates (GOGNR) herausgreifen. Gemäß Art. 30 Abs. 2 Bundes-Verfassungsgesetz (B-VG) kann das Geschäftsordnungsgesetz des Nationalrates nur mit den für Verfassungsgesetze erforderlichen Quoren im Nationalrat beschlossen werden, obwohl es ein einfaches Gesetz bleibt. Dennoch wird es in der Literatur auch als materielles Verfassungsrecht bezeichnet,[34] weil es eine Reihe von Bestimmungen enthält, die in prozeduraler Hinsicht Rationalitätsanforderungen an die parlamentarische Gesetzgebung festlegen.[35] Können auf diese Weise justiziable Rationalitätsanforderungen auf einfachgesetzlicher Ebene festgelegt werden?

Der Verfassungsgerichtshof hielt 2004 im Zuge der Prüfung des Budgetbegleitgesetzes 2003 fest, dass bei der Beurteilung des verfassungsmäßigen Zustandekommens eines Gesetzes nicht jede Missachtung von Bestimmungen des GOGNR zu einer Verfassungswidrigkeit des darauf basierenden Gesetzesbeschlusses des Nationalrates führen kann, sondern nur eine qualifizierte, die Verfassungsmäßigkeit im Sinne des Art. 140 Abs. 1 B-VG beeinträchtigende.[36] Unterstellte man dem Ver-

---

225 (226); *ders.* Zum Begriff der Verfassung im formellen und materiellen Sinn aus österreichischer Sicht, FS Klecatsky, 1990, 247f. Zu einer engeren Interpretation des materiellen Verfassungsrechts als Normen, die die Normerzeugung regeln vgl. *R. Walter/W. Mayer/G. Kucsko-Stadlmayer* Bundesverfassungsrecht, 10. Aufl. 2007, Rn. 4.

[33] Vgl. dazu jüngst *C. Bezemek* Materielle Perspektiven eines formellen Verfassungsverständnisses. Eine Annäherung, FS Korinek, 2010, 438 (442ff.).

[34] Vgl. dazu *Öhlinger*, Verfassungsrecht, 8. Aufl., 2009, Rn. 1008; *Schäffer* Art. 140 (Fn.31), Rn. 35; *R. Walter* Österreichisches Bundesverfassungsrecht – System, 1972, 11.

[35] Beispiele aus dem GOGNR sind etwa: § 47 GOGNR zur Öffentlichkeit und damit Transparenz von Sitzungen des Nationalrates im Sinne eines Kontrollinstrumentes zur Einhaltung von Rationalitätserfordernissen, Regelungen über verkürzte Verfahren §§ 28a f.; Regelungen über die Geschäftsbehandlung in den Ausschusssitzungen §§ 31a ff.; allgemeine Bestimmungen über die Geschäftsbehandlung in den Sitzungen des Nationalrates §§ 53ff. und viele andere mehr.

[36] Vgl. VfSlg 17.173/2004 mit Verweis auf VfSlg 16.151/2001, wodurch das schon in Fn. 31 angeführte Verständnis der Entscheidung des Verfassungsgerichtshofes VfSlg 16.151/2001 bestätigt.

fassungsgerichtshof, dass damit prinzipiell Missachtungen des GOGNR zu Verfassungswidrigkeiten führen können, müsste man ihm vorwerfen, die verfassungsrechtliche Regel, an der die Verfassungswidrigkeit festgemacht werden kann, nicht genannt zu haben, obwohl Art. 140 B-VG, der dem Verfassungsgerichtshof die Kompetenz zur Prüfung von Gesetzen auf Verfassungswidrigkeit verleiht, auf einen formellen Verfassungsbegriff abstellt.[37]

Ein zweiter Blick zeigt, dass Art. 31 B-VG für die Beschlussfassungserfordernisse von Gesetzen das Anwesenheitsquorum von einem Drittel und das Beschlussfassungsquorum der unbedingten Mehrheit festlegt, soweit im GOGNR in bestimmten Angelegenheiten nichts anderes vorgesehen ist. Daher kann in jedem Gesetzgebungsverfahren auch den Bestimmungen des GOGNR widersprechend agiert werden. Lediglich die Bestimmungen des GOGNR, die im Zusammenhang mit den Anwesenheits- und Beschlussfassungsregeln der Bundesverfassung Zusätzliches oder Abweichendes bestimmen, entfalten auf der Grundlage von Art. 31 B-VG verfassungsrechtliche Bindungswirkung.[38] Darüber hinaus liegt ein Abgehen von den Bestimmungen des GOGNR durch den einfachen Gesetzgeber mit den Worten des Verfassungsgerichtshofs in der sogenannten „Parlamentsautonomie".[39] Das deutet offenbar darauf hin, dass dem GOGNR ein vom Gesetzgeber inten-

---

[37] *F. Ermacora* Der Verfassungsgerichtshof, 1956, 237; *K. Ringhofer* Die österreichische Bundesverfassung, 1977, 457; *L. Adamovich* Die Prüfung der Gesetze und Verordnungen durch den österreichischen Verfassungsgerichtshof, 1923, 217f. Dies muss wohl auch für die Auffassungen in der Literatur gelten, die auch „delegiertes" materielles Verfassungsrecht in den Prüfungsmaßstab einbeziehen, wenn mit der Verletzung des einfachgesetzlichen „Maßstabes" zwingend eine Verfassungsverletzung verbunden ist. Vgl dazu *Walter* (Fn. 34), 746; *Schäffer* Art 140 B-VG (Fn. 31), Rn. 35; *Rohregger* Art 140 B-VG (Fn. 31), Rn. 80, sowie nur terminologisch abweichend *H. Haller* Die Prüfung von Gesetzen, 1979, 143f., wenngleich dort nicht immer diese zwingende Verbindung zwischen dem materielles Verfassungsrecht darstellenden einfachen Gesetz und der dadurch ausgeführten Verfassungsbestimmung zum Ausdruck kommt. Zum formellen Verfassungsbegriff im Allgemeinen vgl. *G. Jellinek* Allgemeine Staatslehre, 3. Aufl. 1914 (Nachdruck 1966), 534; *F. Koja* Die Verfassung, FS Walter, 1991, 349f. Kritisch zum rein formellen Verfassungsverständnis *W. Kägi* Die Verfassung als rechtliche Grundordnung des Staates, Neudruck 1971, 59ff.

[38] So auch *Haller* (Fn. 37), 143; *Rohregger* Art. 140 (Fn. 31), Rn. 80, die sich hinsichtlich des materiellen Verfassungsrechts als Prüfungsmaßstab vor dem VfGH für ein Abstellen auf durch das B-VG ausdrücklich delegierte Regelungen aussprechen.

[39] In VfSlg 17.173/2004 sagt der Verfassungsgerichtshof auch ausdrücklich, dass die behauptetermaßen verletzten Regelungen über die Auflagefrist die parlamentarische Vorbereitung der Beschlussfassung im Plenum betreffen, nicht aber ebendiese Beschlussfassung selbst. Freilich setzt er sich mit Art. 31 B-VG nicht ausdrücklich auseinander.

dierter Charakter einer lex imperfecta zugemessen wird, weil Sanktionen nicht vorgesehen sind. Das Phänomen lässt sich aber auch als Derogationsverhältnis zwischen lex specialis und lex generalis beschreiben.

Der Umstand, dass die Bestimmungen des GOGNR mit erhöhten Quoren zu beschließen sind, generiert daher keine erhöhte Bindungswirkung.[40] Die erhöhten Beschlussfassungserfordernisse sollen zur Stabilisierung des Verfahrens im Nationalrat beitragen, damit es nicht bei jeder wechselnden Mehrheit zu Verfahrensänderungen kommt, die allenfalls auch noch Benachteiligungen für die Minderheit, welche vorher Mehrheit war, enthalten. Dazu kommt, dass die Bestimmungen des GOGNR ohne die ansonsten grundsätzlich notwendige Beteiligung des Bundesrates zustande kommen und ihnen auch deshalb verfassungsgleiche Bindungswirkungen versagt bleiben müssen.

Dieses Ergebnis korreliert mit dem Demokratiekonzept der Bundesverfassung, dem eine starke Prägung durch das parlamentarische Mehrheitsprinzip innewohnt. Nicht unbeabsichtigt knüpft sie das verfassungsmäßige Zustandekommen von Gesetzen an ganz wenige Voraussetzungen, wie sie insbesondere in der Mehrheitsregel des Art. 31 B-VG ihren Ausdruck finden. Systematisch wird dieses Ergebnis zudem dadurch unterstützt, dass die Bundesverfassung andere Instrumente kennt, denen bei Verankerung auf einfachgesetzlicher Ebene durch die Verfassung ausdrücklich Bindungswirkung für die Erzeugung bestimmter anderer einfacher Gesetze verliehen wird.[41]

Gerade weil das in der österreichischen Bundesverfassung grundgelegte Demokratiekonzept die hier vertretene Ansicht stützt, entfalten nicht nur die genannten Bestimmungen auf Grundlage der verfassungsrechtlichen Ausnahmeermächtigung im GOGNR Bindungswirkung.

---

[40] Der VfGH spricht in VfSlg 16.151/2001 dezidiert davon, dass das GOGNR zwar „einen Maßstab der dem Verfassungsgerichtshof gem. Art 140 B-VG obliegenden Überprüfung von Bundesgesetzen auf ihre Verfassungsmäßigkeit hin bildet", jedoch unterscheidet er deutlich zwischen jenen Bestimmungen „deren Verletzung zur Beurteilung führt, dass der Gesetzesbeschluss nicht verfassungsmäßig zustande gekommen ist" und „bloßen Ordnungsvorschriften". Deutlicher in *F. Czerny/H. Fischer*, Kommentar zur Geschäftsordnung des Nationalrates[2], 1982, 275. Sie sprechen beim GOGNR definitiv von „einfache[m] Bundesgesetz". Auch wird in gängigen Lehrbüchern und Kommentaren das Verfahren zur Erzeugung des GOGNR nur unter „der Erzeugung von Bundesgesetzen unter besonderen Abstimmungsbedingungen im Nationalrat" eingereiht und nicht als Verfassungsgesetz angesehen, vgl. etwa *Walter/Mayer/Kucsko-Stadlmayer*, Bundesverfassungsrecht (Fn. 32), Rn. 474ff. Zudem verzichtete der Gesetzgeber bei der letzten inhaltlichen Änderung des Art. 30 Abs. 2 B-VG mit BGBl. 155/1961 auf eine Definition als Verfassungsgesetz.

[41] Vgl. die nachfolgenden Ausführungen zu Art. 51 B-VG und dem Bundesfinanzrahmengesetz.

Vielmehr messe ich auch allen übrigen Bestimmungen des GOGNR gleichsam verfassungsrechtliche Bindungswirkung dann zu, wenn sie Auswirkungen auf die Mehrheitsbildung bzw. deren Erkennbarkeit haben, und mit ihrer Missachtung (untrennbar) auch ein Verstoß gegen Art. 31 B-VG verbunden ist. In solchen Fallkonstellationen sind die missachteten Bestimmungen des GOGNR als Ausführungsbestimmungen zu Art. 31 B-VG zu begreifen. Welche Bestimmungen das sind, hängt von den konkreten Zusammenhängen ab, in denen solche Mängel im Hinblick auf die Mehrheitsbildung zu Tage treten. Abstrakt lässt sich das nur schwer beurteilen.[42]

Ein zweites, strukturelle Fragen aufwerfendes Beispiel soll hier anschließen. Mit der ersten B-VG Novelle 2008[43] hat der Verfassungsgesetzgeber im Bereich der Budgeterstellung zusätzliche Rationalitätsanforderungen eingeführt. Es ist nunmehr, vereinfacht gesagt, ein Bundesfinanzrahmengesetz (BFRG) zu erlassen bzw. jährlich (rollierend) zu novellieren. Es richtet sich primär an den Nationalrat als Bundesfinanzgesetzgeber, gibt diesem bestimmte Obergrenzen hinsichtlich der Mittelverwendung für jeweils vier Jahre vor und legt die Grundzüge des Personalplans fest. Das Bundesfinanzrahmengesetz wird als einfaches Gesetz beschlossen. Im Gegensatz zum GOGNR wird es aber von der Bundesverfassung selbst mit Bindungswirkung im Hinblick auf bestimmte Inhalte bei der Erlassung der Bundesfinanzgesetze versehen.[44] Das bedeutet einerseits, dass mit diesen bundesverfassungsrechtlich bindenden Bestimmungen die Derogationskraft zwischen Bundesfinanzgesetz (BFG) und BFRG beseitigt wird. Soweit die Bundesverfassung solche Bindungen vorsieht, ist ein Verstoß des BFG gegen das BFRG zugleich auch ein Verfassungsverstoß, nämlich gegen die diese Bindung anordnende Verfassungsbestimmung.[45]

---

[42] Vgl. nochmals VfSlg 16.151/2001. Der VfGH stellt darauf ab, ob „in den Gesetzesbeschlüssen die wahre Meinung der Mehrheit des Nationalrates zum Ausdruck kommt", so wie § 65 Abs. 3 GOGNR es anordnet.

[43] BGBl I 1/2008.

[44] Vgl. Art. 51 Abs. 6 B-VG. Diese Bindungswirkung ist in Art. 51 Abs. 7 B-VG auch für das Bundeshaushaltsgesetz im Verhältnis zum Bundesfinanzrahmengesetz vorgesehen. Vgl. hierzu *M. Lödl* Die Reform des Bundeshaushaltsrechts – Verfassungs- und Verwaltungsreform 2008, JRP 2008, 101 (107).

[45] Vgl. Art. 51 Abs. 2, 6, und 7 B-VG. Vgl. zu diesem gesamten Fragenkomplex die sehr ausführliche Kommentierung von *K. Stöger* in: Kneihs/Lienbacher (Hrsg.) Rill-Schäffer Kommentar Bundesverfassungsrecht, 6. Lfg, Art. 51 B-VG (2010) sowie *K. Stöger* Die Haushaltsrechtsreform 2008, in: Lienbacher/Wielinger (Hrsg.) Jahrbuch Öffentliches Recht 2009, 2009, 105 (120). Die Konstruktion erinnert an die Diskussion im Zusammenhang mit Bebauungs- und Flächenwidmungsplänen. Es stellte sich dort die Frage, ob es Verordnungen unterschiedlichen Ranges geben dürfe. Diese

Das für beide Fälle zentrale Element notwendiger Rückführung auf die maßgebliche verfassungsrechtliche Grundlage zeigt, dass nur formelles Verfassungsrecht „verfassungsrechtliche" Bindungswirkungen zu entfalten vermag,[46] und dass daher justiziable Rationalitätsanforderungen an die parlamentarische Rechtsetzung nur verfassungsrechtlich verankert werden können.

Das demokratische Grundprinzip der österreichischen Bundesverfassung setzt dem Verfassungsgesetzgeber bei der Festlegung justiziabler Rationalitätsanforderungen allerdings Grenzen. Grenzen freilich, die anders als nach dem deutschen Grundgesetz, mit einer obligatorischen Volksabstimmung im Verfahren der Verfassungsrechtsetzung überwunden werden können.[47] Der Teufel steckt im Detail. Im Verfahren zu einer Gesamtänderung der Bundesverfassung nach Art. 44 Abs. 3 B-VG[48] ist der Gehalt des Grundprinzips induktiv aus dem Gesamtbestand des Bundesverfassungsrechts zu ermitteln. Die Frage, wann die Grenze der Gesamtänderung erreicht wird und wann sie definitiv überschritten ist, kann nur schwer beantwortet werden. In der österreichischen Staatspraxis war der EU Beitritt die erste und bisher einzige Gesamtänderung der Bundesverfassung, in der auch das demokratische Grundprinzip modifiziert wurde.[49]

Nach der Judikatur des Verfassungsgerichtshofes ist der repräsentative Charakter der Demokratie ein wesentlicher Bestandteil des Demo-

---

Diskussion verkannte, dass die Verpflichtung, dass der Bebauungsplan dem Flächenwidmungsplan entsprechen muss, im Raumordnungsgesetz (ROG) festgelegt ist und daher jeder Verstoß eine Gesetzwidrigkeit in Bezug auf das ROG darstellt, die nach Art. 139 B-VG beim VfGH geltend gemacht werden kann. So lautet bspw. § 31 Abs. 1 2. Satz Oberösterreichisches Raumordnungsgesetz 1994: „Bebauungspläne dürfen den Raumordnungsgrundsätzen, den Raumordnungsprogrammen, Verordnungen gemäß § 11 Abs. 6 und dem Flächenwidmungsplan nicht widersprechen." Vgl. z.B. VfSlg. 12.163/1989; VfSlg. 18.712/2009; VfSlg. 19.101/2010.

46 *Rohregger* Art. 140 (Fn. 31), Rn. 80; *Haller* Prüfung (Fn. 37), 143.

47 *H. P. Rill/H. Schäffer* in: Kneihs/Lienbacher (Hrsg.) Rill-Schäffer Kommentar Bundesverfassungsrecht, 1. Lfg, Art. 44 B-VG (2001) Rn. 5; *P. Pernthaler*, Der Verfassungskern, 1998, 46 ff; *C. Grabenwarter/M. Holoubek* Verfassungs – und Allgemeines Verwaltungsrecht, 2009, Rn. 62; *W. Berka* Lehrbuch Verfassungsrecht, 3. Aufl 2010, Rn. 110.

48 Art 44 Abs. 3 B-VG lautet: „Jede Gesamtänderung der Bundesverfassung, eine Teiländerung aber nur, wenn dies von einem Drittel der Mitglieder des Nationalrates oder des Bundesrates verlangt wird, ist nach Beendigung des Verfahrens gemäß Art. 42, jedoch vor der Beurkundung durch den Bundespräsidenten, einer Abstimmung des gesamten Bundesvolkes zu unterziehen."

49 Vgl. *S. Griller* Verfassungsfragen der österreichischen EU-Mitgliedschaft, ZfRV 1995, 89 (90); *Öhlinger* Verfassungsrecht (Fn. 34), Rn. 135. Für das parlamentarische Verfahren siehe ErläutRV 1546 BlgNR XVIII. GP 3 3f.

kratieprinzips. Direktdemokratische Elemente, die in der Rechtserzeugung die parlamentarische Entscheidungsfindung ausschalten oder deren Freiheit beeinträchtigen, sind ohne Gesamtänderung der Bundesverfassung unzulässig. Auch das Mehrheitsprinzip muss als Teil der bestandsfesten Elemente des demokratischen Prinzips begriffen werden. Es wäre damit lediglich im Verfahren einer Gesamtänderung der Bundesverfassung angreifbar.[50] Mit *Hans Kelsen* bleibt festzuhalten, dass der Mehrheitsentscheid als die größtmögliche Annäherung an das demokratische Ideal der Selbstbestimmung zu begreifen ist.[51] Die prinzipielle Revidierbarkeit von Entscheidungen nach der Mehrheitsregel ist der Demokratie immanent.[52] Justiziable Rationalitätsanforderungen können daher nur auf Verfassungsebene verankert werden bzw. müssen auf diese Ebene rückführbar sein. Selbst solche verfassungsrechtliche Verankerungen finden ihre Grenze im demokratischen Grundprinzip der Bundesverfassung.

Der repräsentative Charakter ist ein weiterer wesentlicher Bestandteil des Demokratieprinzips.[53] Direktdemokratische Elemente dürfen daher die parlamentarische Entscheidungsfindung weder ausschalten noch deren Freiheit beeinträchtigen. Versuche, in Österreich plebiszitäre Elemente in die Gesetzgebung einzuführen, scheiterten am repräsentativen Charakter des Demokratieprinzips.[54] Der Gerichtshof hat z.B. im Zusammenhang mit Art. 33 der Vorarlberger Landesverfassung (Vlbg LV) deutlich gemacht, dass eine Verpflichtung des Landtages, einem Ergebnis einer Volksabstimmung Rechnung zu tragen, das dem Inhalt eines vorausgegangenen Volksbegehrens entspricht, indem der Landtag verpflichtet wird, einen inhaltlich entsprechenden Gesetzesbeschluss zu fassen, dem repräsentativ-demokratischen (parlamentarischen) Grundprinzip der Bundesverfassung widerspricht. Diese Sichtweise ist nicht unumstritten. In der Literatur gibt es auch Stimmen, die

---

[50] Vgl. *P. Pernthaler*, Allgemeine Staatslehre und Verfassungslehre, 1986, 207 ff, auf welchen auch in VfSlg 13.076/1992 im Rahmen der Aussage „aus demokratischen Baugesetz der Bundesverfassung ergibt sich jedoch, daß nur ein dem demokratischen Prinzip entsprechendes Wahlrecht der Repräsentativorgane, das sich am Verhältniswahlrecht oder am Mehrheitswahlrecht (...) orientiert (...) bundesverfassungsrechtlich unbedenklich ist“ verwiesen wird; weiters *Berka* Verfassungsrecht, (Fn. 47), Rn. 111 iVm Rn. 125.

[51] *H. Kelsen*, Vom Wesen und Wert der Demokratie, 2. Aufl. 1929, 3 f und 40ff.

[52] *H. P. Rill/H. Schäffer* in: Kneihs/Lienbacher (Hrsg.) Rill-Schäffer-Kommentar Bundesverfassungsrecht, 1. Lfg, Art. 1 B-VG (2001), Rn. 18.

[53] *P. Oberndorfer* in: Korinek/Holoubek (Hrsg.) Kommentar Österreichisches Bundesverfassungsrecht, 3. Lfg, Art. 1 B-VG (2000), Rn. 14.

[54] VfSlg 16.241/2001.

Derartiges unter bestimmten Umständen mit dem demokratischen Prinzip für vereinbar halten.[55]

All dies spiegelt freilich ein Konzept wider, wonach verfassungsrechtlich festgelegte Rationalitätsanforderungen nicht in erster Linie Fachrationalität im Auge haben, sondern zur Sicherung der politischen Handlungsfähigkeit beitragen und den politischen Prozess der demokratischen Entscheidungsfindung absichern wollen.

2. *Prozessuale Rationalitätsanforderungen*

Die allgemeinen Überlegungen bestätigen sich im Blick auf konkret verankerte Rationalitätsanforderungen. Ich greife beispielhaft die Gesetzesinitiative heraus. Die österreichische Bundesverfassung beschränkt die Möglichkeiten, ein Gesetzgebungsverfahren zu initiieren. Ein Gesetzesvorschlag kann unmittelbar nur durch Anträge der Mitglieder des Nationalrates, des Bundesrates, durch ein Volksbegehren oder in Form einer Regierungsvorlage an den Nationalrat gelangen.[56] Keine Gesetzesvorschläge im Sinne der Bundesverfassung sind Vorschläge, die von Einzelpersonen oder anderen Einrichtungen wie insbesondere von Interessensvertretungen an den Nationalrat herangetragen werden.[57]

Unter Rationalitätsgesichtspunkten fällt auf, dass die Gesetzesinitiative auf politische Kräfte konzentriert wird und dass eine spezifische Fachrationalität nicht erkennbar ist. Dem kann entgegen gehalten werden, dass Regierungsvorlagen überwiegend in der Folge tatsächlich beschlossene Gesetze initiieren.[58] Die Erarbeitung eines Gesetzesvor-

---

[55] *Rill/Schäffer* Art. 1 B-VG (Fn. 52), Rn. 27. Im genannten Fall selbst hätte es freilich des Zugriffs auf das demokratische Prinzip gar nicht bedurft, weil die Feststellung des Verstoßes gegen „einfaches" Bundesverfassungsrecht, nämlich gegen Art. 99 B-VG, genügt hätte, wonach Landesverfassungsrecht dem Bundesverfassungsrecht nicht widersprechen darf. Kritisch auch *A. Gamper* Direkte Demokratie und bundesstaatliches Homogenitätsprinzip, ÖJZ 2003, 441 (444ff.); *P. Bußjäger* Plebiszitäre Demokratie im Mehrebenensystem?, FS Pernthaler, 2005, 85 (106ff.).

[56] Art. 41 B-VG.

[57] *R. Schick* in: Korinek/Holoubek, (Hrsg.) Kommentar Österreichisches Bundesverfassungsrecht, 2. Lfg, Art. 41 Abs. 1 (1999), Rn. 10.

[58] So gehen laut *Öhlinger* etwa 75–90% aller Gesetzesbeschlüsse auf Regierungsvorlagen zurück, vgl. *Öhlinger* Verfassungsrecht (Fn. 34), Rn. 434 ohne Angabe des Referenzzeitraums. Nach Zahlen der Parlamentsdirektion, Abteilung Parlamentarische Dokumentation, Archiv und Statistik, schwankt der Anteil der Regierungsvorlagen an den Vorlagen zu gefassten Gesetzesbeschlüssen zwischen 1983 und 2008 je nach Gesetzgebungsperiode zwischen 62 und 71%, wobei kein eindeutiger Trend nach oben oder nach unten feststellbar ist. Im Übrigen ist die Zahl der Gesetzesini-

schlages durch das zuständige Bundesministerium ist mittlerweile in ein komplexes Verfahren gegossen, das eine ganze Reihe von Rationalitätsanforderungen zu erfüllen hat. Allein: verbindlich sind solche Verfahren nicht. Wie die Bundesregierung zu ihrem Beschluss kommt, wird verfassungsrechtlich nicht vorgeschrieben. Maßgeblich ist nur, dass der Beschluss einer Regierungsvorlage einstimmig zu erfolgen hat[59] und dass dem in Art. 69 Abs. 3 B-VG verankerten Präsensquorum entsprochen wird. Anzumerken ist, dass auch die Einstimmigkeit Rationalitätspotential in sich bergen kann. Der Umweltminister kann durch sein Veto den Beschluss einer Regierungsvorlage aus dem Hause des Wirtschaftsministers verhindern, der maßgebliche umweltrelevante Auswirkungen übersieht.

Dazu kommt, dass die Bundesverfassung die Gesetzesinitiative nicht bei der Bundesregierung monopolisiert. In der Praxis werden damit viele politische Konflikte entschärft. Es kommt praktisch immer wieder vor, dass Mitglieder der Bundesregierung beschlussreifen Vorschlägen ihrer Kollegen die Gefolgschaft verweigern. Auch Landesparteien sind nicht selten versucht, über „ihr“ Mitglied auf der Regierungsbank Einfluss auf die Entscheidungen der Bundesregierung zu nehmen. Das Abstimmungsverhalten ist nicht begründungspflichtig. Meist gelangt in solchen Fällen ein Ministerialentwurf gar nicht auf die Tagesordnung des Ministerrates.[60] Bei entsprechendem politischen Willen wird der Ministerialentwurf in einen sogenannten Initiativantrag umgegossen, also in einen Antrag von (mindestens fünf) Nationalratsabgeordneten,

---

tiativen, die ja nicht nur aus dem Regierungslager eingebracht werden, weit höher als die der Beschlüsse. Betrachtet man nur die Vorlagen ohne Bezug auf deren Erfolg, ist der Anteil der Regierungsvorlagen prozentuell dementsprechend weit niedriger. So wurden in der 23. Gesetzgebungsperiode des österreichischen Nationalrats (30. 06. 2006–27. 10. 2008) insgesamt 502 Gesetzesinitiativen verzeichnet, darunter 176 Regierungsvorlagen (i.e. 35 %). Im gleichen Zeitraum wurden 232 Gesetzesbeschlüsse gefasst, von denen 161 (i.e. 69 %) auf Regierungsvorlagen beruhten. Dank gebührt an dieser Stelle Frau Bundesratsdirektorin Dr. *Susanne Bachmann* für die Übermittlung der Daten.

[59] Zum Einstimmigkeitserfordernis vgl. schon *H. Kelsen/G. Froehlich/A. Merkl* Die Bundesverfassung vom 1. Oktober 1920, 1922, 166; aus jüngerer Zeit etwa *B. Raschauer* in: Korinek/Holoubek (Hrsg.) Kommentar Österreichisches Bundesverfassungsrecht, 1. Lfg, Art. 69 B-VG (1999), aktualisiert 8. Lfg (2007), Rn. 28.

[60] In Österreich werden die Sitzungen der Bundesregierung, an denen auch die Staatssekretäre, wenn auch ohne Stimmrecht, teilnehmen, Ministerrat genannt. Die Bezeichnung war bereits in Zeiten der Monarchie üblich, vgl. den historischen Überblick bei *H. Pfeifer* Über die Beschlußfassung der Regierung und die Verantwortlichkeit ihrer Mitglieder, JBl 1964, 485 (486ff.) und die Nachweise bei *B. Wieser* Der Staatsekretär, 1997, 369, Fn. 1131.

und so unter Umgehung der Bundesregierung der parlamentarischen Behandlung zugeführt.

Art. 51 B-VG verpflichtet die Bundesregierung für das Bundesfinanzrahmengesetz und für das Bundesfinanzgesetz zu einem bestimmten Zeitpunkt einen Entwurf vorzulegen. In dieser verfassungsrechtlichen Anordnung kann man angesichts des wohl nur im Finanzministerium vorhandenen umfassenden Fachwissens auch einen verfassungsrechtlichen Ansatzpunkt für eine verpflichtende Fachrationalität erblicken. Der Bundesverfassungsgesetzgeber bindet aber die Bundesregierung nicht an ein Verfahren, das eine solche Rationalität erzeugen könnte. Es genügt der Beschluss der Bundesregierung, auch wenn es ausgeschlossen erscheinen mag, dass die Bundesregierung ohne Mithilfe des Bundesministeriums für Finanzen einen Bundesfinanzgesetzvorschlag erstellen kann.

Hinzu kommt, dass die Missachtung der verfassungsrechtlich vorgeschriebenen Verpflichtungen der Bundesregierung sanktionslos bleibt. Eindrucksvoll wurde dies im Herbst 2010 demonstriert: Die Bundesregierung hätte die Regierungsvorlage für das Bundesfinanzgesetz 2011 bis 22. Oktober 2010 einzubringen gehabt.[61] Drei Landtagswahlen, die in zeitlicher Nähe bzw. kurz danach stattfanden, hielten die Mitglieder der Bundesregierung davon ab, ihrer Verfassungspflicht nachzukommen, weil sie bei Bekanntgabe der Budgeteinsparungsvorschläge vor den Wahlen negative Auswirkungen befürchtet hatten. Die Bundesregierung gab als Grund die Komplexität der Budgeterstellung in der Wirtschaftskrise an. Sanktionen sind in der Bundesverfassung für derartige Verzögerungen nicht vorgesehen, sodass der Nationalrat die Bundesregierung nur mit einem Misstrauensvotum zur Verantwortung ziehen hätte können, was wenig überraschend nicht geschah.

Ein zweites Beispiel einer verfassungsrechtlich justiziablen prozessualen Rationalitätsanforderung ist die Zuständigkeit des Verfassungsgerichtshofs zur Klärung von Kompetenzfragen. Gemäß Art. 138 Abs. 2 B-VG kann der Verfassungsgerichtshof verbindlich feststellen, ob ein in Aussicht genommener Akt der Gesetzgebung in die Zuständigkeit des Bundes oder der Länder fällt. Damit können präventiv kompetenzrechtliche Streitfragen zwischen Bund und Ländern gelöst werden, bevor eine Gesetzgebungsautorität tätig wird und allenfalls einen kompetenzwidrigen Gesetzgebungsakt erlässt.[62] Zur Relevanz kann empirisch

---

[61] Die entsprechenden Fristen sind in Art. 51 B-VG geregelt.

[62] § 54 Verfassungsgerichtshofgesetz. Der Verfassungsgerichtshof fasst diese Entscheidung in Form eines Rechtssatzes zusammen, der im Bundesgesetzblatt kundzumachen ist und erga omnes Wirkung entfaltet. Antragslegitimiert sind die Bundesregierung und die Landesregierungen. Dem Verfahren ist ein konkreter Gesetzesentwurf zugrunde zu legen.

angemerkt werden, dass seit 1926 72 solcher Rechtssätze im Bundesgesetzblatt kundgemacht wurden. Das letzte Verfahren wurde vor zwölf Jahren geführt.[63] Dieses Instrument dient in erster Linie der Beilegung bundesstaatlicher Streitigkeiten zwischen Bund und Ländern im Gesetzgebungsstadium.[64]

Die Beispiele belegen abermals, dass verfassungsrechtlich festgelegte, verbindliche prozedurale Rationalitätsanforderungen, nicht oder zumindest nicht in erster Linie Fachrationalität im Auge haben, sondern zur Sicherung der politischen Handlungsfähigkeit beitragen und den politischen Prozess der demokratischen Entscheidungsfindung absichern wollen. Dass in der Streitentscheidung zwischen Bund und Ländern in Kompetenzfeststellungsverfahren durch den Verfassungsgerichtshof auch die inhaltliche Komponente der Kompetenzkonformität zum Tragen kommt, erscheint in diesem Zusammenhang eher als nützliches Nebenprodukt. All das ist auch Beleg für das verfassungsrechtliche Konzept, den politischen Gestaltungsspielraum des Gesetzgebers abzusichern. Einschränkungen zur Gewährleistung einer größeren Fachrationalität sind damit ersichtlich nicht verbunden.

3. *Materielle Rationalitätsanforderungen*

In materieller Hinsicht finden sich verfassungsrechtlich festgeschriebene Rationalitätsanforderungen nicht nur im gesamten Grundrechtsbereich, sondern etwa auch im Legalitätsprinzip[65], das in Gestalt des Bestimmtheitsgebots in Österreich eine strenge Ausprägung erfahren hat.

Ich beschränke mich beispielhaft auf den Gleichheitssatz und auf das daraus entwickelte allgemeine Sachlichkeitsgebot als wesentliche Anknüpfungspunkte, die allgemeine justiziable Rationalitätsanforderungen an die parlamentarische Rechtsetzung zu tragen vermögen. Der Gleichheitssatz verbietet nach der Judikatur des Verfassungsgerichtshofes dem demokratischen Gesetzgeber, sachlich nicht begründbare Regelungen zu treffen.[66]

---

[63] Vgl. die Auflistung bei G. Lienbacher (Hrsg.) Schäffer, Österreichische Verfassungs- und Verwaltungsgesetze, Art. 138 B-VG, Fn. 2.

[64] Vgl. dazu *U. Zellenberg* in: Korinek/Holoubek (Hrsg.) Bundesverfassungsrecht, 5. Lfg, Art 138 B-VG (2002), mvwN; jüngst ebenso *M. Hiesel* in Kneihs/Lienbacher (Hrsg.) Rill-Schäffer-Kommentar Bundesverfassungsrecht, 8. Lfg, Art. 138 B-VG (2011), im Druck.

[65] Allgemein zum Legalitätsprinzip vgl. *H.P. Rill* in: Kneihs/Lienbacher (Hrsg.) Rill-Schäffer Kommentar Bundesverfassungsrecht, 1. Lfg, Art 18 B-VG (2001); *R. Walter/H. Mayer/G. Kucsko-Stadlmayer* (Fn. 32), 283 ff. Rn. 569 ff.

[66] *M. Pöschl*, Gleichheit vor dem Gesetz, 2008, 220, Fn. 71.

Für die hier anzustellenden Überlegungen ist es gleichgültig, ob die Berufung auf das Sachlichkeitsgebot in dem Sinne verstanden wird, dass der Gleichheitssatz nicht mehr eine Gleich- oder Ungleichbehandlung im Auge hat, sondern eine allgemeine Begründbarkeit. Die Ausformung des verfassungsrechtlichen Gleichheitssatzes als allgemeines Sachlichkeitsgebot bildet heute einen festen Bestandteil der österreichischen Grundrechtsdogmatik. Die Sachlichkeitsprüfung wird als eigenständige verfassungsrechtliche Rahmenbedingung für gesetzgeberisches Handeln verstanden.[67] *Magdalena Pöschl* hat herausgearbeitet, dass das Sachlichkeitsgebot in der Argumentation oft auch dann verwendet wird, wenn eine Ungleichbehandlung nicht auf Unterschiede zwischen den Vergleichsgruppen zurückgeführt werden kann, sondern auf externe Gründe.[68] Nach ständiger Rechtsprechung ist es dem Gesetzgeber nicht verwehrt, seine politischen Zielvorstellungen auf die ihm geeignet scheinende Weise zu verfolgen. Unter Sachlichkeit ist demnach weder die Zweckmäßigkeit noch die Gerechtigkeit einer Regel zu verstehen.[69] Für die Wahl seiner Ziele kann dem Gesetzgeber keine Rechtfertigung abverlangt werden. *Matthias Cornils* hat es so ausgedrückt: „Die Rationalität von Gesetzen lebt von ihrer Begründbarkeit, nicht ihrer Begründung."[70] Die Behauptung, ein bestimmtes Ziel sei verfassungsrechtlich unzulässig, ist begründungspflichtig. Eine solche Begründung darf sich nicht auf außerrechtliche Wertungen stützen, sondern kann nur in den verfassungsrechtlichen Wertungen eine Rechtfertigung finden.[71] Darüber hinaus kann der Verfassungsgerichtshof nach ständiger Judikatur dem Gesetzgeber nur dann entgegentreten, wenn die eingesetzten Mittel verfassungsrechtliche Schranken überschreiten, also wenn per se ungeeignete Mittel vorgesehen werden oder wenn die vorgesehenen Mittel zu einer sachlich nicht begründbaren Differenzierung führen.[72]

Dem Gesetzgeber ist es daher grundsätzlich gestattet, in der Wahl seiner Ziele auch Systembrüche in Kauf zu nehmen, wenn diese verfassungsrechtlichen Garantien nicht widersprechen und dabei die Eingriffe in sogenannte wohlerworbene Rechte hinreichend berücksichtigt

---

[67] *M. Holoubek*, Die Sachlichkeitsprüfung des allgemeinen Gleichheitsgrundsatzes, ÖZW 1991, 72 (72) und *K. Korinek*, Gedanken zur Bindung des Gesetzgebers an den Gleichheitsgrundsatz nach der Judikatur des Verfassungsgerichtshofes, FS Melichar (1983) 39 (48).

[68] *Pöschl*, Gleichheit (Fn. 66), 220.

[69] *Pöschl* Gleichheit (Fn. 66), 222f.

[70] *Cornils* DVBl. 2011 (Fn. 1), 1058.

[71] *Pöschl* Gleichheit (Fn. 66), 223f.

[72] VfSlg 8457/1978; 11.369/1987; 12.227/1989; 16.582/2002.

werden. Als Stichwort sei hier nur der – ebenfalls aus dem Gleichheitssatz abgeleitete – Vertrauensschutz genannt.[73]

Eine weitere materielle Rationalitätsanforderung könnte im allgemeinen Effizienzgebot gesehen werden. Ansätze in diese Richtung lässt die Judikatur des Verfassungsgerichtshofes im Abgabenrecht erkennen. So hat der Gerichtshof in den achtziger Jahren des letzten Jahrhunderts in einem Prüfungsbeschluss zur Grunderwerbssteuer[74] darauf hingewiesen, dass die Vielzahl von kasuistischen Ausnahmetatbeständen sowohl auf Seiten der Steuerpflichtigen (insgesamt) als auch auf Seiten der öffentlichen Hand zu einem enormen Verwaltungsaufwand führt, der im Verhältnis zum Steuerertrag unverhältnismäßig sein dürfte. Dies widerspreche dem aus dem Gleichheitssatz abzuleitenden Sachlichkeitsgebot insofern, als damit eine effiziente, an den Kriterien der Sparsamkeit, Wirtschaftlichkeit und Zweckmäßigkeit orientierte Verwaltungstätigkeit geradezu inhibiert erscheint. Der Annahme eines solchen allgemeinen verfassungsrechtlichen Effizienzgebots für Abgaben hat der VfGH aber zuletzt keine klare Absage erteilt. Im Zusammenhang mit der Kapitalertragsteuer für Wertpapiere hat er festgehalten, dass eine aus legitimen rechtspolitischen Gründen erhobene Abgabe nicht deswegen verfassungswidrig wird, weil ihr Ertrag im Verhältnis zum Erhebungsaufwand gering ist. Ein die Kreditinstitute belastender Erhebungsaufwand könne daher an sich unsachlich sein oder einen verfassungswidrigen Eingriff in das Eigentum bilden, die Verfassungswidrigkeit werde aber nicht allein dadurch bewirkt, dass der Erhebungsaufwand in einem Missverhältnis zum Ertrag der eingehobenen Abgabe steht.[75]

In der Lehre wird hingegen davon ausgegangen, dass sich bei einer ökonomisch ineffizienten Vorschrift die Frage nach ihrer sachlichen Rechtfertigung im Sinne des aus dem Gleichheitssatz erfließenden Sachlichkeitsgebots stellt.[76] Eine Bindung des Gesetzgebers an das Effizienzgebot wird von der herrschenden Lehre und auch vom Verfassungsgerichtshof insbesondere bei staatlichen Ausgliederungen angenommen.[77] Demnach hat sich der Gesetzgeber etwa bei der Frage, ob ein außerhalb der Staatsorganisation stehender Rechtsträger mit hoheitlichen Aufgaben

---

[73] *M. Holoubek* Verfassungsrechtlicher Vertrauensschutz gegenüber dem Gesetzgeber, in: Machacek/Pahr/Stadler (Hrsg.): Grund- und Menschenrechte in Österreich, Bd. III, 795.

[74] VfSlg 11.190/1986.

[75] VfGH 16. 06. 2011, G 18/11.

[76] *M. Potacs* Ökonomische Effizienz als Interpretationsmaxime?, ZfV 2008, 598 (605) unter Hinweis auf *Holoubek* (Fn. 67).

[77] Vgl. *K. Korinek* Staatsrechtliche Bedingungen und Grenzen der Ausgliederung und Beleihung, ÖZW 2000, 46 (49) mwN.

betraut werden soll, am Effizienzgebot der Verfassung zu orientieren, wobei aber dem Gesetzgeber in diesen Fällen eine Entscheidungsprärogative und ein relativ weiter Gestaltungsspielraum zugestanden wird.[78]

Ein dritter Gesichtspunkt ist die Verständlichkeit von gesetzlichen Bestimmungen. Der Verfassungsgerichtshof bemüht dafür das rechtsstaatliche Prinzip. Neben mangelnder Bestimmtheit von Gesetzen sind einfachgesetzliche Bestimmungen nach ständiger Judikatur auch dann verfassungswidrig, wenn sie „nur mit subtiler Sachkenntnis, außerordentlichen methodischen Fähigkeiten und einer gewissen Lust am Lösen von Denksportaufgaben" verstanden werden können oder wenn zu ihrem Verständnis „subtile verfassungsrechtliche Kenntnisse, qualifizierte juristische Befähigung und Erfahrung sowie geradezu archivarischer Fleiß vonnöten sind."[79] Dogmatisch ist die Ableitung allein aus dem rechtsstaatlichen Prinzip zu kurz gegriffen. Vielfach werden daher diese Mängel anhand von Kundmachungsvorschriften oder des Legalitätsprinzips aufgegriffen. *Magdalena Pöschl* hat beides mit guten Argumenten verworfen und unterstellt diese Fälle dem Gleichheitssatz, weil solche Normen elitäres Recht schaffen, das nicht jedem, sondern nur demjenigen zugänglich ist, der über den nötigen Sachverstand, die richtigen Beziehungen oder Informationsquellen und damit über die erforderlichen ökonomischen Voraussetzungen verfügt.[80]

4. *Kontrollinstrumente als „indirekte Rationalitätsanforderungen"*

Eine eigene Kategorie von Rationalitätsanforderungen an die parlamentarische Rechtsetzung sind Kontrollinstrumente. Der parlamentarische Gesetzgeber muss sie gleichsam antizipieren, um sein Produkt, den Gesetzesbeschluss, nicht zu gefährden. Sie wirken daher mittelbar auf den Gesetzgebungsprozess ein.

a) Im Gesetzgebungsprozess integrierte Kontrolle

Im Gesetzgebungsprozess integrierte Kontrolle findet zwischen Gesetzesbeschluss im Nationalrat und Kundmachung im Bundesgesetz-

---

[78] *K. Korinek* (Fn. 77), 49.

[79] VfSlg 3130/1956; 12.420/1990; 13.740/1994.

[80] Dazu kommt im Bereich des (Verwaltungs-)Strafrechts das Klarheitsgebot des Art 7 EMRK, vgl. *C. Bezemek* Verfassungsrechtliche Aspekte der Wirtschaftskriminalität, in: Studiengesellschaft für Wirtschaft und Recht (Hrsg.) Wirtschaftsstrafrecht, 2008, 61 (66ff.); *R. Thienel* in Korinek/Holoubek (Hrsg.) Kommentar Österreichisches Bundesverfassungsrecht, 1. Lfg, Art. 7 EMRK (1999), Rn. 10ff.; *P. Lewisch* in Kneihs/Lienbacher (Hrsg.) Rill-Schäffer-Kommentar Bundesverfassungsrecht, 4. Lfg, Art. 7 MRK (2006), Rn. 22ff.

blatt statt. Unter bundesstaatlichen Gesichtspunkten ist das Einspruchsrecht des Bundesrates gegen Gesetzesbeschlüsse des Nationalrates bzw. das Einspruchsrecht der Bundesregierung gegen Gesetzesbeschlüsse der Landtage zu nennen.[81] Beide Instrumente sind freilich denkbar stumpfe Waffen. Einsprüche des Bundesrates bzw. der Bundesregierung können jeweils mit Beharrungsbeschlüssen des Nationalrates bzw. der Landtage überwunden werden. Sie spielen als Rationalitätsanforderung an die parlamentarische Rechtsetzung kaum eine Rolle.[82] Auf Grund des Einstimmigkeitsprinzips in der Bundesregierung findet sich unter politischen Gesichtspunkten häufig ein Mitglied, das einen Beschluss der Bundesregierung verhindert, selbst wenn ein Gesetzesbeschluss eines Landtages mehr oder weniger offensichtliche Verfassungswidrigkeiten enthält und damit Bundesinteressen gefährdet. Im Bundesrat sind Einsprüche schon deshalb selten, weil die politischen Mehrheiten in dieser Kammer in der Regel jenen des Nationalrats gleichen. Selbst in den kurzen Perioden der zweiten Republik, in denen das nicht der Fall war, blieb die Zahl an Einsprüchen des Bundesrates bedeutungslos, weil sie stets mit Beharrungsbeschluss des Nationalrates überwunden wurden.[83] Vereinzelt sieht die Bundesverfassung auch Zustimmungsrechte der Länder vor, die an keine inhaltlichen Determinanten gebunden sind.[84] Diese Instrumente bzw. ihre praktische Handhabung vermitteln daher ebenfalls keine Fachrationalität. Sie dienen vielmehr der Absicherung des politischen Prozesses, der durch sie einer weiteren (politischen) Kontrolle unterzogen wird.

Unter rechtsstaatlichen Gesichtspunkten ist das Beurkundungsrecht des Bundespräsidenten zu erwähnen. Als Rationalitätsanforderung hat es bisher kaum Bedeutung erlangt. Es ist erst einmal zu einer Ver-

---

[81] Vgl. Art. 97 und 98 B-VG.

[82] Vgl. dazu *G. Lienbacher* Die präventive Rechtskontrolle in der Gesetzgebung, FS Mayer, 2011, 323.

[83] So kam es in der Zeit von 1986 bis 2005, in der die Regierungsparteien auch die Mehrheit im Bundesrat inne hatten, zu lediglich zwei Einsprüchen durch den Bundesrat, während es in den ersten sechs Monaten nach dem Verlust dieser Mehrheit im November 2005 bereits zu 15 Einsprüchen kam. Vgl. dazu z.B. *J. Weiss* Die rechtliche und faktische Stellung des Bundesrates, JRP 2006, 272f.

[84] Vgl. etwa die Zustimmung der betroffenen Länder zu Bundesgesetzen, die bestimmen, dass Bundesbehörden – dem Landeshauptmann unterstellt – Angelegenheiten besorgen, die ansonsten von den Ländern in mittelbarer Bundesverwaltung zu besorgen wären (Art. 102 B-VG), weiters vgl. *Öhlinger* Verfassungsrecht (Fn. 34), Rn. 298; *E. Pürgy* Die Länder als Bundesgesetzgeber? Unmittelbare Zustimmungsrechte der Länder zu Bundesgesetzen, FS Korinek, 2010, 261 (263).

weigerung der Beurkundung gekommen.[85] Die Funktion des Bundeskanzlers bei der Gegenzeichnung der Beurkundung erschöpft sich demgegenüber relativ eindeutig in der Bestätigung der Echtheit der Beurkundung.[86] Dies gilt mutatis mutandis auch für die Beurkundungs- und Gegenzeichnungsregeln in den Landesverfassungen.

b) Kontrolle außerhalb des Gesetzgebungsprozesses

Außerhalb des Gesetzeserzeugungsprozesses sind die Bundesregierung und die Landesregierungen im Wege der abstrakten Normenkontrolle befugt, wechselseitig Bundesgesetze bzw. Landesgesetze beim Verfassungsgerichtshof jederzeit wegen Verfassungswidrigkeit anzufechten. Das gilt auch für ein Drittel der Abgeordneten des Nationalrates im Hinblick auf Bundesgesetze und für ein Drittel der Abgeordneten der Landtage für Landesgesetze, soweit dies in den jeweiligen Landesverfassungen vorgesehen ist.[87] Auch diese Instrumente spielen praktisch eine unbedeutende Rolle. Sie werden nicht unter fachrationalen Gesichtspunkten eingesetzt, sondern dienen vor allem dazu, politische Positionierungen zu unterstreichen, obwohl in solchen Verfahren nur die Verfassungskonformität geprüft werden kann. In der Zeit der sogenannten schwarz-blauen Regierung ab dem Jahr 2000 wurde von der SPÖ, die über ein Drittel der Abgeordneten im Nationalrat verfügte, vor allem zu Beginn vermehrt auf dieses Instrument zurück gegriffen.[88] Jüngstes Beispiel war die Anfechtung des Budgetbegleitgesetzes 2011 durch die Vorarlberger und Kärntner Landesregierung, um die politische Missbilligung der Einschnitte im Bereich der Familienbeihilfe geltend zu machen.[89] Im Jahr 2010 gab es lediglich drei Entscheidungen über Anträge von Landesregierungen gegen das Sozialversicherungs-

[85] Es handelte sich um eine Novelle der Gewerbeordnung, mit der eine Verwaltungsstrafbestimmung rückwirkend in Kraft gesetzt werden sollte. Als Beispiel der zahlreichen Echos in der Literatur, vgl. *C. Bezemek*, „daß in dem betreffenden Beschlusse der Gesetzgeber gesprochen habe" – Die Rolle des Bundespräsidenten im Gesetzgebungsverfahren, in: Lienbacher/Wielinger (Hrsg.) Jahrbuch Öffentliches Recht 2008, 2008, 89 mwN.

[86] *K. Korinek* in: Korinek/Holoubek (Hrsg.) Kommentar Österreichisches Bundesverfassungsrecht, 2. Lfg, Art. 47 B-VG (1999), Rn. 20; *Walter/Mayer/Kucsko-Stadlmayer* Bundesverfassungsrecht (Fn. 32), 236 Rn. 469.

[87] Mit Ausnahme der niederösterreichischen Landesverfassung sehen sämtliche Landesverfassungen ein solches Antragsrecht der Landtagsabgeordneten vor. Vgl. bspw. § 131a Wiener Stadtverfassung oder Art. 40 oberösterreichisches Landes-Verfassungsgesetz. Vgl. *Rohregger* Art. 140 (Fn. 31), Rn. 153; *Schäffer* (Fn. 31), Art. 140 Rn. 41; *Ringhofer* Bundesverfassung (Fn. 37) 459f.

[88] VfSlg 16.754/2002; VfSlg 17.817/2006, VfSlg 17.071/2003, VfSlg 16.923/2003.

[89] VfGH 29. 06. 2011, F 1/11, G 7/11 bzw VfGH 16. 06. 2011, G 28/11 ua.

gesetz.[90] Im Jahr 2009 wurde über einen „Drittel-Antrag“ des burgenländischen Landtages gegen das burgenländische Landes-Wirtschaftsförderungsgesetz entschieden.[91] Im Jahr 2008 wurden Drittel-Anträge des steiermärkischen Landtages und des burgenländischen Landtages sowie zwei Landesregierungsanträge gegen bundesgesetzliche Bestimmungen eingebracht.[92]

Die Gesetzesprüfung ist die stärkste indirekte Rationalitätsanforderung an den parlamentarischen Gesetzgeber, weil die Erkenntnisse des Verfassungsgerichtshofes in Gesetzesprüfungsverfahren durch verallgemeinerungsfähige Aussagen über den Einzelfall hinaus wirken. Die Verfassungsgerichtsbarkeit erfährt aber in vielen Bereichen verfassungsrechtliche Beschränkungen, mit denen auch der Zugewinn an Fachrationalität reduziert wird. Die größte Zuständigkeitsbeschränkung liegt wohl im „Wo kein Kläger, da kein Richter - Prinzip“. Die Verfassungsgerichtsbarkeit ist als reaktive Normenkontrollinstanz konzipiert und auf den bei ihr anhängig gemachten Verfassungsstreit beschränkt.[93] Eine darüber hinausgehende Fachrationalität vermag die verfassungsrechtliche Rechtsprechung in Gesetzesprüfungsangelegenheiten nicht zu vermitteln.

Im Bereich der Normenkontrolle erachtet sich der Verfassungsgerichtshof zudem in einem auf Antrag eingeleiteten Verfahren zur Prüfung der Verfassungsmäßigkeit eines Gesetzes gemäß Art. 140 B-VG an die aufgeworfenen Fragen gebunden.[94] Er hat ausschließlich zu beurteilen, ob die angefochtene Bestimmung aus den im Antrag dargelegten Gründen verfassungswidrig ist.[95] Damit zeigen sich aber auch Anfechtungsbefugnisse der Bundesregierung und der Landesregierung sowie die Drittelanfechtungen der Parlamente mehr im Lichte der Wahrnehmung politischer Rationalität denn im Lichte der Verwirklichung einer Fachrationalität, weil in solchen Verfahren in der Regel gerade jene Argumente ins Treffen geführt werden, an denen sich der politische Streit ursprünglich entzündet hat. Die im Übrigen von den in Art. 140 B-VG genannten Organen zu initiierende konkrete Normenkontrolle wird regelmäßig die Argumente führen, die im Zuge der Rechtsrichtig-

---

[90] VfGH 23. 09. 2010, G 166/09, G 198/09, G 282/09. Siehe hiezu die Besprechung bei *T. Krammer* VfGH zur Auflösung der außerordentlichen Rücklage im Ausgleichsfonds zugunsten der WGKK, RdM 2011, 119.

[91] VfSlg. 18.808/2009.

[92] VfSlg. 18.604/2008, VfSlg. 18.467/2008 bzw VfSlg. 18.606/2008, VfSlg 18.517/2008.

[93] Vgl. dazu *O. Lepsius*, (Fn. 28), 161.

[94] Vgl. VfSlg. 12.691/1991, 13.471/1993, 14.895/1997, 16.824/2003.

[95] Vgl. VfSlg. 15.193/1998, 16.374/2001, 16.538/2002, 16.929/2003.

keitskontrolle von Verwaltungs- oder Gerichtsakten verfassungsrechtliche Fragen aufwerfen und sich daher primär der darauf bezogenen Fachrationalität annehmen. Dass trotz alledem der verfassungsgerichtlichen Judikatur in diesem Bereich eine rationalisierende Funktion im Gesetzgebungsprozess zukommt, soll an dieser Stelle angemerkt werden. Sie findet aber nicht so sehr im Bereich der justiziablen Rationalitätsanforderungen statt, sondern spielt vielmehr bei den nicht-justiziablen Rationalitätsanforderungen eine Rolle, indem die Rechtsprechung vielfach zur fachlichen Aufbereitung eines Gesetzgebungsvorhabens herangezogen wird und besonders in der Begutachtung von Gesetzesentwürfen prominent als quasi verfassungsrechtlicher Maßstab vertreten ist.

Zudem bedeutet die Verfassungswidrigkeitskontrolle, dass der Verfassungsgerichtshof in den Gesetzesprüfungsverfahren im Sinne eines systemkohärenten Vorgehens die Rationalitätsanforderungen an den Gesetzgebungsprozess zu Grunde legen muss. Schwierigkeiten kann das deshalb bereiten, weil der Verfassungsgerichtshof in seiner rechtsprechenden Funktion auch Eigenrationalitäten zu beachten hat, die von den Rationalitätsanforderungen an die parlamentarische Rechtsetzung abweichen. *Christian Waldhoff* weist darauf hin, dass sich das Handeln der Judikative und Exekutive in der Verwiesenheit auf das Gesetz als Grundlage und Maßstab vollzieht, die Gesetzgebung aber auf der Grundlage der politischen Gestaltungsfreiheit agiert und spricht pointiert beim einen von Entscheidungsfindung und beim anderen von Entscheidungsbegründung.[96] Als Österreicher mache ich dies an den unterschiedlichen Größen der heteronomen und autonomen Entscheidungskomponenten in den genannten Staatsfunktionen fest. So wie der Verfassungsdogmatik fällt es zuweilen auch der Verfassungsgerichtsbarkeit schwer, Räume oder Aspekte des Politischen (der parlamentarischen Rechtsetzung), die nicht dem Rationalitäts- und Systemanspruch der (Verfassungs)Gerichtsbarkeit bzw. der (Verfassungs)Dogmatik unterliegen, anzuerkennen.[97] Sowenig außerhalb der verfassungsrechtlichen Grenzen Begründungspflichten, Folgerichtigkeit und Kohärenz im Gesetzgebungsprozess Bindungswirkungen für den Gesetzgeber entfalten können, sowenig können sie auch Maßstab für den Verfassungsgerichtshof bei der Gesetzesprüfung sein. Vielmehr fällt der Verfassungsgerichtsbarkeit die Last zu, die ratio legis aufzudecken, die hinter dem Wortlaut steht.[98]

---

[96] Vgl. *C. Waldhoff* (Fn. 1), 337 unter Berufung auf *J. Isensee*, Vom Ethos des Interpreten, FS Günther Winkler, 1997, 367 (379).

[97] Vgl. *Jestaedt* (Fn. 17), 327.

[98] Vgl. *Isensee* (Fn. 96), 377.

Im Gegensatz dazu ist aber die Eigenrationalität der Rechtsprechung auf gerade solche Elemente ausgerichtet. Die Judikatur an sich sollte vorhersehbar sein, man muss sich auf sie verlassen können. Instrumente sind Entscheidungsmuster, Vorräte an Argumenten und Präjudizien, dogmatische Begriffsraster, handwerkliche Technik und die herrschende Lehre.[99] Es geht um Rationalisierung und damit verbunden um Standardisierung der Rechtsanwendung, bei der die Rechtsdogmatik wesentliche Hilfestellung leistet, weil sie auf den Anwendungsbezug setzt und Verfügungswissen generiert, wie *Matthias Jestaedt* das formuliert hat.[100] Daher spielen in diesem Bereich die genannten Elemente eine ganz andere Rolle. Die Verfassungsgerichtsbarkeit muss zwischen der aufzunehmenden Fremdrationalität in der Prüfung des Rechtsaktes eines anderen Organs und der Eigenrationalität in der Rechtsprechung zu differenzieren wissen. Die Justiziabilität muss sich systemkohärent an den Rationalitätsanforderungen der Staatsfunktion Gesetzgebung orientieren und darf nicht von Eigenrationalitäten der Gerichtsbarkeit überlagert werden.

Eine Bemerkung zur Rechnungshofkontrolle: Sie ist auf Grund ihrer Prüfungskompetenz keine Rationalitätsanforderung an die parlamentarische Rechtsetzung. Ihr obliegt die Gebarungskontrolle, die Staatsfunktion Gesetzgebung ist davon nicht erfasst. Die in jüngerer Zeit in Österreich zu Tage getretenen Kontrollmaßnahmen, z.B. im Bereich der Umsetzung der Dienstleistungsrichtline, in Vorstadien des Gesetzgebungsprozesses, stellen für mich eine Kompetenzüberschreitung dar.

IV. Nicht-justiziable Rationalitätsanforderungen

Im Vergleich zu den verbindlichen Rationalitätsanforderungen tritt Fachrationalität bei nicht-justiziablen Rationalitätsanforderungen in den Vordergrund. Aus der Fülle solcher Vorgaben seien Legistische Richtlinien und die Gesetzesfolgenabschätzung genannt, die inzwischen unter ganz unterschiedlichen Gesichtspunkten durchgeführt wird. In den Blick genommen werden dabei z.B. finanzielle Auswirkungen, Auswirkungen auf die Beschäftigung und den Wirtschaftsstandort, Deregulierung, Auswirkungen auf die Verwaltungskosten für Bürger und Unternehmen, Klimaverträglichkeitsprüfung, wirkungsorientierte Fol-

---

99 Vgl. *Waldhoff* (Fn. 1), 338.

100 Vgl. *Jestaedt* (Fn. 17), 322.

genabschätzung und die Gender-Verträglichkeitsprüfung.[101] Derzeit wird die Einführung der Generationenverträglichkeitsprüfung debattiert. Wichtig sind daneben Begutachtungsverfahren, Mitwirkungs- und Anhörungsrechte, der Konsultationsmechanismus, die Öffentlichkeitsbeteiligung, usw.

In prozessualer Hinsicht ist wohl das Begutachtungsverfahren eine der bedeutendsten und effektivsten Rationalitätsanforderungen, die ich deshalb als Beispiel herausgreifen möchte. Eine allgemein verbindliche Festschreibung zur Begutachtung von Gesetzesentwürfen gibt es in Österreich nicht.[102] Dagegen existieren aber zahlreiche einzelne gesetzliche Bestimmungen, die für bestimmte Einrichtungen Begutachtungsrechte vorsehen.[103] Auf landesverfassungsrechtlicher Ebene werden vereinzelt Begutachtungsverfahren ausdrücklich angeordnet. Aber auch diese sind nicht sanktionsbewehrt. Zum Teil wird sogar ausdrücklich bestimmt, dass die Unterlassung des Begutachtungsverfahrens auf die Rechtmäßigkeit des Gesetzes keinen Einfluss hat.[104] Ungeachtet ihrer rechtlichen Verankerung oder des Fehlens derselben, und ungeachtet der mangelnden Sanktionierbarkeit sind sie in der Praxis ungleich wirksamer als justiziable Rationalitätsanforderungen. Dies schon allein deshalb, weil sie bei der Erstellung von Regierungsvorlagen fester Bestandteil des Verfahrens sind. Alle Ministerialentwürfe werden vor der Beschlussfassung in der Bundesregierung einem umfangreichen Begutachtungsverfahren unterworfen, in dem mehr als 250 Stellen mit einer sechswöchigen Begutachtungsfrist befasst werden.

Eine wesentliche Rolle kommt im Begutachtungsverfahren dem Verfassungsdienst des Bundeskanzleramtes zu.[105] Seine institutionalisierte Einbindung als Gutachter im Gesetzgebungsverfahren ist eine der beständigsten und nachgefragtesten Rationalitätsanforderungen.[106] Er überprüft sämtliche Gesetzesentwürfe der Bundesministerien, aber

---

[101] Vgl. *Bundeskanzleramt – Bundesministerin für Frauen, Medien und Öffentlichen Dienst* Leitfaden für Gender Mainstreaming in der Legistik, 2007.

[102] Vgl. dazu *Schick* Art. 41 Abs. 1 B-VG, (Fn. 57), Rn. 31.

[103] Vgl. dazu z.B. § 85 ArbeiterkammerG; Art. I § 67 Ärztekammergesetz, § 3 Apothekerkammergesetz, § 10 Wirtschaftskammergesetz und viele andere mehr. Vgl. dazu schon *H. P. Rill*, Verfassungskonzept und Sozialpartnerschaft, in: G. Ress (Hrsg.) Rechtsfragen der Sozialpartnerschaft, 1987, 38ff.

[104] Vgl. *Ph. Abbrederis/E. Pürgy* Gesetzgebung der Länder, in: Pürgy (Hrsg.) Das Recht der Länder Bd. I (2012) Rn. 63.

[105] Vgl. *G. Lienbacher* Der Verfassungsdienst im Bundeskanzleramt, FS Schäffer, 2006, 427 (445).

[106] Vgl. zu seiner Rolle bei der Verfassungsinterpretation *E. Wiederin*, Verfassungsinterpretation in Österreich, in: Lienbacher (Hrsg.) Verfassungsinterpretation in Europa – Schäffer GedS, 2011, 81 (96f.).

auch solche der Länder, auf ihre Verfassungskonformität und auf legistische Fragestellungen. Weder der Verfassungsdienst selbst noch seine Aufgaben sind in der Verfassung verankert.[107] Die Gutachten des Verfassungsdienstes werden wie andere Stellungnahmen auf der Parlamentshomepage veröffentlicht. Dem Verfassungsdienst kommt in diesen Fragen eine besondere faktische Autorität zu. Seine verfassungsrechtlichen Expertisen werden in der Regel im politischen Wettstreit akzeptiert.

Die Veröffentlichung der Stellungnahmen hat Auswirkungen auf die Diskussion unter den Bundesministerien, bzw. auf die Diskussion zwischen Bundesministerien und Verfassungsdienst. Nach der Veröffentlichung der Stellungnahmen sind verfassungsrechtliche Diskussionen zwischen Bundeskanzleramt und dem betroffenen Bundesministerium nur mehr unter erschwerten Bedingungen möglich. Die Öffentlichkeit und insbesondere die Medien sitzen als Diskussionspartner gleichsam mit am Tisch. Die Oppositionsparteien im Parlament und die Medien schenken den Gutachten des Verfassungsdienstes besondere Aufmerksamkeit.[108]

Das hat mitunter zur Konsequenz, dass Ausweichstrategien verfolgt werden. Bundesministerien versuchen, bei der Erstellung von Gesetzesentwürfen, bevor sie in Begutachtung gehen, informell mit dem Verfassungsdienst Kontakt aufzunehmen und allfällige verfassungsrechtliche Problemzonen zu orten und diese vor dem offiziellen Begutachtungsverfahren zu eliminieren. Das Begutachtungsverfahren wird aber auch mittels Initiativantrags im Parlament umgangen, um all diesen „Widrigkeiten" aus dem Weg zu gehen.[109] Politischer Druck, bestimmte Lösungen umzusetzen, großer Zeitdruck und die Gefahr, die

---

107 *G. Holzinger* Funktion und Wirkungsweise des Verfassungsdienstes im Bundeskanzleramt, in: Schäffer/Triffterer (Hrsg.) Rationalisierung der Gesetzgebung, 1984, 314; *G. Lienbacher* Der Verfassungsdienst im Bundeskanzleramt, FS Schäffer, 2006, 427; *N. Sonntag* Präventive Normenkontrolle in Österreich, 2011, 74.

108 Vgl. zB News vom 28. 09. 2005, http://www.news.at/articles/0539/95/122501/aus-radarueberwachung-durch-fuehrung-verfassungsdienst; Der Standard vom 25. 11. 2009, http://derstandard.at/1256745647364/Verfassungsdienst-Abgeordnete-duerfen-Staatsanwaelte-gar-nicht-pruefen; Die Presse vom 25. 11. 2009, http://diepresse.com/home/politik/innenpolitik/524163/Verfassungsdienst_Abgeordnete-ueberschreiten-Mandat; OÖ-Nachrichten vom 11. 02. 2010, http://www.nachrichten.at/nachrichten/politik/innenpolitik/art385,334485; Der Standard vom 18. 11. 2010, http://derstandard.at/1289608160264/Verfassungsdienst-kritisiert-Plaene-bei-Behinderten; orf.at am 07. 07. 2011, http://religion.orf.at/projekt03/news/1107/ne110707_anerkennung_fr.htm; Die Presse vom 27. 09. 2011, http://diepresse.com/home/politik/innenpolitik/696627/258-Euro-zu-viel-Zuverdienst_Kindergeld-zurueck?from=gl.home_politik; alle Artikel abgerufen am 30. 11. 2011, 13:05 Uhr.

109 *A. Pelinka* (Fn. 9), 447f.

verfassungsrechtliche Kritik könnte vereinbarte politische Lösungen verhindern, sind die Hauptursachen für solche Vorgangsweisen.

Den Aussagen im Begutachtungsverfahren, insbesondere auch den Aussagen des Verfassungsdienstes, kommt keinerlei bindende Wirkung zu. Im Gegensatz dazu haben sie praktisch nachhaltige Auswirkungen. Im parlamentarischen Prozess wird der Leiter des Verfassungsdienstes in die zuständigen parlamentarischen Ausschüsse geladen und hat dort unter fachlichen Gesichtspunkten in Anwesenheit des zuständigen Bundesministers zur geäußerten Kritik Rede und Antwort zu stehen. Dem Verfassungsdienst entstehen immer dann besondere Schwierigkeiten, wenn seinen gutachterlichen Aussagen kein Gehör geschenkt wird und Gesetze zustande kommen, ohne die gerügten Mängel zu berücksichtigen. In einem allfälligen Gesetzesprüfungsverfahren vor dem Verfassungsgerichtshof hat er nämlich die Bundesregierung als Partei zu vertreten und das beschlossene Gesetz zu verteidigen. Auf Landesebene zeigt sich ein ähnliches Bild. Dort wird verschiedentlich auch eine sogenannte Bürgerbegutachtung vorgesehen.[110]

Ein Beispiel für formale und inhaltliche Rationalitätsanforderungen sind die „Legistischen Richtlinien“. Es handelt sich dabei um ein Regelwerk zur Ausgestaltung von Gesetzesentwürfen in technischer und sprachlicher Hinsicht. Sie werden in Österreich für den Bereich der Bundesgesetzgebung vom Verfassungsdienst des Bundeskanzleramtes herausgegeben. Hatten sie einst bloßen Empfehlungscharakter, sind sie 1979 durch einen Ministerratsbeschluss zu einer verwaltungsintern selbstbindenden Vorschrift geworden.[111] Derzeit gelten in Österreich die „Legistischen Richtlinien 1990“.[112] Sie beruhen auch auf einem Ministerratsbeschluss. Allerdings kommt ihnen durch den bloßen Empfehlungscharakter eine – im Vergleich zu den „Legistischen Richtlinien

---

[110] Vgl. dazu *G. Lienbacher*, Bürgerbegutachtung in österreichischen Gesetzgebungsverfahren in Bachmann/Jahnel/Lienbacher (Hrsg.) Gesetzgebungsverfahren und Gesetzesqualität (1992) 73 ff. Vgl. dazu auch *Sonntag* (Fn. 107), 69 ff.

[111] *Bundeskanzleramt* Legistische Richtlinien 1979 – Richtlinien für die Gestaltung von Rechtsvorschriften, vom Bundeskanzler dem Ministerrat zur Beschlussfassung vorgelegt mit BKA-VD GZ 600.824/19-V/2/80 vom 9. Juli 1979, erschienen als Heft 1 einer vom Bundeskanzleramt herausgegebenen Schriftenreihe zur Verwaltungsreform; vgl. z.B. *L. Adamovich* Die Legistischen Richtlinien des Bundes 1979, in: Öhlinger (Gesamtred.) Methodik der Gesetzgebung. Legistische Richtlinien in Theorie und Praxis. Forschungen aus Staat und Recht 57, 1982, 232 oder *G. Holzinger* Legistische Richtlinien 1979 und Verwaltungsreform, ibid. 239.

[112] Im Volltext abrufbar unter: http://www.bka.gv.at/site/3513/default.aspx, zuletzt aufgerufen am 6. 12. 2011, 11:13 Uhr.

1979" – schwächere interne Verbindlichkeit zu.[113] Die Einhaltung der Legistischen Richtlinien wird im Begutachtungsverfahren vom Verfassungsdienst überprüft. Das gleichsam flächendeckende Screening im Begutachtungsverfahren durch den Verfassungsdienst verleiht ihnen große praktische Relevanz. Dem können sich Legisten in den verschiedenen Bundesministerien nicht entziehen. Dass Aspekte der Legistik, insbesondere die Bedeutung der sprachlichen und systematischen Qualität von Rechtsvorschriften, nicht bloß ein Frage der „Ästhetik" bilden, hat das bereits erwähnte „Denksport-Erkenntnis" des VfGH gezeigt.[114]

V. Nicht verbindliche Rationalitätsanforderungen

Zum Schluss möchte ich auf Rationalitätsanforderungen ohne Rechtsgrundlagen eingehen, weil auch mit ihnen große Effekte erzielt werden. Ein Beispiel ist im schon behandelten Begutachtungsverfahren angesiedelt. Schon 1961 hat der Nationalrat per Entschließung[115] die Bundesregierung ersucht, die im Begutachtungsverfahren von den begutachtenden Institutionen abgegebenen Stellungnahmen zu Gesetzesentwürfen an ihn zu übermitteln. Seit dem Jahr 1999 werden Stellungnahmen im Begutachtungsverfahren auf der Parlamentshomepage ohne Rechtsgrundlage veröffentlicht.[116] Diese Veröffentlichung macht sie nicht nur für alle Bürger, sondern auch für die Oppositionsparteien und für die Medien zugänglich und zur Grundlage ihrer Arbeit im Gesetzgebungsprozess, wobei insbesondere kritische Passagen Munition liefern. Von Ausweichstrategien habe ich oben schon am Beispiel des Verfassungsdienstes berichtet.

Ein (anderes Beispiel) ist das Projekt des „elektronischen Rechtserzeugungsprozesses" (Projekt „E-Recht"), der durch einen Minister-

---

113 *H. Schäffer*, Über Wert und Wirkungsmöglichkeiten von Legistischen Richtlinien, ÖJZ 1991, 1 (2); *G. Schefbeck*, Legistik zwischen Kunst, Technik und Technologie, in: 3. Klagenfurter Legistik@Gespräche 2003, Bd. 8 (2004) 57 (64).

114 Siehe dazu die Ausführungen unter Pkt III.3.

115 Vgl. 463 BlgNR IX. GP. In dieser Entschließung wird die Bundesregierung aufgefordert, darauf hinzuwirken, dass Mitglieder des Nationalrats in Ausschüssen und in den einzelnen Fraktionen Zugang zu den Entwürfen und zu den eingegangen Stellungnahmen erhalten. Dieser Aufforderung wurde gefolgt.

116 Für diese seit 1999 übliche Praxis der Veröffentlichung ist keine Rechtsgrundlage im engeren Sinne ersichtlich. Die gegenwärtige Praxis ist wohl als Erweiterung dieser Übermittlung der Stellungnahmen an das Parlament zu sehen. Vgl. auch *G. Schefbeck* E-Partizipation und elektronisches Begutachtungsverfahren, in: Kärntner Verwaltungsakademie (Hrsg.) Bildungsprotokolle, Bd. 15: 5. Klagenfurter Legistik§Gespräche 2007, 2008, 7 (12).

ratsbeschluss 2001 eingeführt wurde, aber nicht verbindlich ist.[117] Es wurde ein durchgehender elektronischer Produktionsweg geschaffen, der von der Erstellung des Gesetzesentwurfes im zuständigen Bundesministerium bis zur Kundmachung des Gesetzes eingerichtet ist. Ziel ist, dass alle Bundesministerien ihre Gesetzesentwürfe auf einer einheitlichen Folie erstellen. Sowohl der Gesetzesentwurf als auch die Materialien folgen einheitlichen Layoutvorschriften, die automatisiert eingerichtet den Legisten als Formatvorlagen zu Verfügung stehen. Das Begutachtungsverfahren, die Erstellung der Regierungsvorlage und der Verkehr mit dem Parlament werden ausschließlich elektronisch abgewickelt. Derzeit besteht ein Medienbruch noch bei der Beurkundung des Bundespräsidenten. Sie erfolgt nach wie vor durch eigenhändige Unterschrift. Verfassungsrechtlich wurde aber schon im Jahre 2004 durch eine Novellierung des Art. 47 B-VG Vorsorge getroffen, dass dieser Medienbruch beseitigt werden kann. Hat diese Bestimmung früher noch ausdrücklich die Beurkundung durch die Unterschrift angeordnet, enthält die geltende Textfassung nur mehr das Erfordernis der Beurkundung. Alle übrigen Prozesse laufen über den elektronischen Akt und werden auch elektronisch unterschrieben. Dieses Instrument soll durch einheitliche Formatvorlagen – derzeit besteht das Produktionsformat aus ca. 100 Formatvorlagen – auf eine einheitliche Gestaltung aller Gesetzesvorschläge hinwirken. In den Formatvorlagen sind die einschlägigen Bestimmungen der Legistischen Richtlinien umgesetzt. Nach Beschlussfassung und Kundmachung des Gesetzes im RIS (elektronisches Rechtsinformationssystem des Bundes) erfolgt auch die elektronische Übernahme in konsolidierte Textfassungen, die das RIS für die gesamte österreichische Rechtsordnung unentgeltlich per Internet zur Verfügung stellt. 2004 wurde in diesem Zusammenhang die verbindliche elektronische Kundmachung im RIS und damit der universelle Zugriff via Internet eingeführt und sichergestellt.[118] Gesetze können seit diesem Zeitpunkt authentisch nur noch elektronisch kundgemacht werden.

Mit dem sogenannten „E-Rechtserzeugungsprozess" sind vielfältige Vorteile verbunden. Neben ganz trivialen Gesichtspunkten wie einer immensen Papierersparnis und der Beschleunigung der Prozesse sind unter dem Gesichtspunkt der Fachrationalität vor allem die erhöhte Transparenz und die Einheitlichkeit in der Gestaltung der gesetzlichen Vorschriften (Prüfung der „E-Rechtskonformität") sowie eine erleichterte Partizipation aller Beteiligten zu nennen.

---

[117] Vgl. dazu *G. Schefbeck* E-Partizipation (Fn. 116), 14ff.

[118] Vgl. das sog. Kundmachungsreformgesetz 2004, BGBl I 100/2003.

VI. Schlussbemerkungen

Lässt man die Vielzahl und die große Heterogenität von Rationalitätsanforderungen an die parlamentarische Rechtsetzung noch einmal Revue passieren, bleibt unterstreichend festzuhalten, dass im demokratischen Prozess, der sich im Wesentlichen aus der Mehrheitsregel speist, auch Irrationalität mitangelegt ist. Dies zu verkennen, bedeutet schlicht den demokratischen Prozess nicht vollends zu akzeptieren. Rationalitätsanforderungen und Disziplinierungsversuche des Gesetzgebers müssen daher notgedrungen ihre Grenze an den Parametern der Demokratie und in den sie ausführenden Verfassungsbestimmungen finden. Das bedeutet aber gerade nicht, dass Rationalitätsanforderungen an die parlamentarische Rechtsetzung darüber hinaus keine Wirkungen entfalten können. Die Praxis zeigt vielmehr, dass die fehlende Bindung solche Vorgaben akzeptabler und im Sinne der Erzeugung von mehr Rationalität auch effektiver macht. In der Welt der nicht-justiziablen Regelungen gibt es Funktionalität und Autorität gleicher Maßen, die für die Rationalitätsanforderungen an die parlamentarische Rechtsetzung eher flächendeckend eingesetzt werden, während justiziable Rationalitätsanforderungen in ihrer Mehrzahl nur sehr punktuell Wirkungen im Bereich der Fachrationalität entfalten. Sie dienen häufig mehr der Absicherung des politischen Prozesses. Vor allem aber bleibt festzuhalten, dass die Verfassung selbst als zentrale Rationalitätsanforderung dem einfachen Gesetzgeber gegenüber zu begreifen ist, den sie konstituiert und limitiert.

Leitsätze des 1. Referenten über:

Rationalitätsanforderungen an die parlamentarische Rechtsetzung im demokratischen Rechtsstaat

I. Themenabgrenzung

(1) Im Blickpunkt steht die klassische Gesetzgebungsfunktion nationaler Parlamente, wobei das Hauptaugenmerk auf die österreichischen Gesetzgebungsorgane gerichtet ist. Mitwirkungs- und Mitentscheidungskompetenzen bei der Erzeugung anderer Rechtsakte und Spezifika des europäischen Gesetzgebungsprozesses sind nicht Gegenstand des Referats.

II. Rationalitätsanforderungen

1. Allgemeines

(2) Rationalitätsanforderungen lassen sich in verbindliche, diese wiederum in justiziable und nicht-justiziable, und in unverbindliche unterteilen. Damit verbunden ist die rechtliche Sanktionierbarkeit der „bloß" faktischen Effektivität gegenüberzustellen.

2. Der Begriff „Rationalitätsanforderungen"

(3) Rationalitätsanforderungen sind vernunftgeleitete Handlungs- und Verhaltenserwartungen. Rationalität betrifft die Modalität menschlichen Verhaltens, welche dadurch gekennzeichnet ist, dass sie dieses an intersubjektiv vermittelbaren, argumentativ abgestützten, die situativen Besonderheiten aufnehmenden und widerspiegelnden Sachrichtigkeiten ausrichtet.

(4) Rationalität ist ein Sekundärwert, der an einen Primärwert gekoppelt ist und daher nur akzessorisch und relational begriffen und bestimmt werden kann. Daher kann von Rationalität nur im Zusammenhang mit ihrem jeweiligen Bezugsfeld gesprochen werden – oder anders ausgedrückt: es gibt nicht die Rationalität an und für sich, sondern eine je nach Referenzgebiet spezifische Rationalität.

(5) Da und sofern sich das Rationalitätsniveau nicht metrisieren lässt, kann das Erreichen oder Unterschreiten der Rationalitätsanforderungen nicht durch eine objektive Messtechnik bestimmt werden. Vielmehr handelt es sich um einen Akt wertenden Erkennens, bei dem das bewertende Subjekt wesensgemäß eine relativierende Rolle spielt.

3. Leistungserwartungen an Rationalitätsanforderungen

(6) Rationalitätsanforderungen sollen ein systematisches, integriertes, planvolles, folgenorientiertes, auf empirische Grundlagen abstellendes Vorgehen gewährleisten, welches unreflektierte ad hoc-Maßnahmen zu vermeiden versucht.

4. Rationalitätsanforderungen und demokratischer Prozess

(7) Rationalitätsanforderungen an die demokratische Rechtsetzung orientieren sich an den Strukturmerkmalen und Systembedingungen, die den politischen Prozess der Gesetzgebung prägen. Sie sind daher nur systemimmanent zu begreifen.

(8) Die Mehrheitsregel als entscheidendes Element der Willensbildung ist jedenfalls nicht a priori mit Verfahrenspflichten im Vorfeld der Entscheidung kompatibel, wie sie – primär unter rechtsstaatlichen Gesichtspunkten – Entscheidungen in Verwaltungsverfahren oder in der Gerichtsbarkeit prägen. Entscheidungen auf der Ebene der parlamentarischen Rechtsetzung entstehen im von Öffentlichkeit und parteipolitischer Konkurrenz geprägten, rechtlich nur begrenzt determinierten Bereich der staatlichen Machtausübung.

(9) Rationalitätsanforderungen in Gesetzgebungsverfahren decken sich oft nicht mit den Rationalitätsanforderungen an einen bestimmten Regelungsgegenstand eines Gesetzes (Fachrationalität), sondern nehmen von der Sache her suboptimale Entscheidungen in Kauf. Die Rationalität des Endprodukts „Gesetz" weicht darüber hinaus zuweilen von der Rationalität des davor liegenden Gesetzgebungsverfahrens ab.

(10) Durchsetzbare Rationalitätsanforderungen an die demokratische Rechtsetzung können im Sinne von Grenzen des gesetzgeberischen Gestaltungsspielraums nur auf verfassungsrechtlicher Ebene verankert sein. Alle anderen, auch einfachgesetzliche Rationalitätsanforderungen, haben letztlich lediglich appellativen Charakter. Trotzdem sind gerade sie oft effektiver.

III. Justiziable Rationalitätsanforderungen

1. Allgemeine Fragestellungen

(11) Der Gesetzgeber ist nur an die Verfassung gebunden, im Übrigen ist er frei und darf Rationalitätsanforderungen, die nicht auf verfassungsrechtlicher Ebene verankert und von ihm an sich zu beachten sind, ändern.

(12) Die Diskurslinien verlaufen in Österreich und Deutschland angesichts der unterschiedlichen, von der verfassungsgerichtlichen Judikatur bestimmten rechtspolitischen Gestaltungsspielräume für den Gesetzgeber in verschiedenen Bahnen. Deswegen hat die Diskussion über gesetzgeberische Gestaltungsspielräume und deren verfassungsrechtliche Eingrenzung in Österreich eine andere Bedeutung.

(13) Ausgehend vom formellen Verfassungsbegriff der österreichischen Rechtsordnung können einfachgesetzliche Regelungen, auch wenn sie erhöhten parlamentarischen Beschlussfassungserfordernissen unterliegen, oder materielles Verfassungsrecht, das nicht zugleich auch formelles Verfassungsrecht ist, keine Bindungswirkungen für den Gesetzgeber entfalten.

(14) Das Demokratiekonzept der österreichischen Bundesverfassung knüpft im Wesentlichen an die parlamentarische Mehrheitsregel an. Einschränkend kann ihm nur auf Verfassungsebene begegnet werden.

(15) Selbst solche Einschränkungen unterliegen den Grenzen des demokratischen Grundprinzips, die anders als die Ewigkeitsgarantien in Deutschland mit einer obligatorischen Volksabstimmung im Verfassungsgebungsprozess überwunden werden können (Gesamtänderung der Bundesverfassung). Änderungen des Mehrheitsprinzips und der Repräsentativität der Demokratie etwa bedürften einer solchen Gesamtänderung.

2. Prozessuale Rationalitätsanforderungen

(16) Verfassungsrechtliche Beschränkungen prozessualer Natur wie z.B. bei der Gesetzesinitiative konzentrieren sich – von Ausnahmen abgesehen und unbeschadet aller Zuordnungsprobleme im Einzelfall – auf politische Kräfte und sind vorwiegend der politischen Rationalität und nicht der Fachrationalität des Regelungsgegenstandes des zu erzeugenden Gesetzes geschuldet.

3. Materielle Rationalitätsanforderungen

(17) Das Sachlichkeitsgebot des Gleichheitssatzes verlangt vom Gesetzgeber nicht formaliter eine Begründung, sondern materialiter die Begründbarkeit seiner Maßnahme. Die Unzulässigkeit eines Regelungsziels ist zu begründen, nicht dessen Zulässigkeit.

(18) Eingesetzte Mittel überschreiten immer dann verfassungsrechtliche Schranken, wenn sie per se ungeeignet sind oder wenn sie zu einer sachlich nicht begründbaren Differenzierung führen.

(19) Systembrüche, Inkohärenzen und Inkonsistenzen als solche sind unter Berücksichtigung wohlerworbener Rechte im Rahmen der Verfassung zulässig.

(20) Die Verständlichkeit von Gesetzen kann eine justiziable Rationalitätsanforderung bilden. Das Effizienzgebot für sich genommen nicht.

4. *Kontrollinstrumente als „indirekte Rationalitätsanforderungen"*

(21) Im Gesetzgebungsprozess integrierte Rationalitätsanforderungen wie z.B. die Einspruchsrechte des Bundesrates oder der Bundesregierung (im Bereich der Landesgesetzgebung) dienen der Absicherung des politischen Prozesses, gewährleisten in der Regel aber keine Fachrationalität.

(22) Das Beurkundungsrecht des Bundespräsidenten und die Gegenzeichnung des Bundeskanzlers sowie derartige Regeln in den Landesgesetzgebungsprozessen vermögen auf Grund des eingeschränkten Prüfungsrechtes solches kaum zu leisten.

(23) Die Befugnis der Bundesregierung und der Landesregierungen zur wechselseitigen Gesetzesanfechtung und die „Drittelanfechtungen" der Parlamente im abstrakten Normenkontrollverfahren vor dem Verfassungsgerichtshof werden vorwiegend zur politischen Positionierung eingesetzt, auch wenn Absicht und Wirkung im Einzelfall auseinanderfallen mögen.

(24) Die verfassungsgerichtliche Gesetzesprüfung ist die stärkste indirekte Rationalitätsanforderung, weil die Erkenntnisse des Verfassungsgerichtshofes durch verallgemeinerungsfähige Aussagen über den Einzelfall hinaus wirken. Sie haben ihre Bedeutung insbesondere im nicht-justiziablen Bereich, z.B. in den Begutachtungsverfahren.

(25) Der Verfassungsgerichtshof ist in seiner Kontrolle mehrfach beschränkt, sodass der Zugewinn an Fachrationalität lückenhaft bleibt. Er ist reaktive Normenkontrollinstanz ohne Selbstbefassungsbefugnis: er kann nur punktuell und auf Antrag tätig werden.

(26) Die Entscheidungsfindung in der Legislative und in der Verfassungsgerichtsbarkeit unterliegt unterschiedlichen Rationalitäten. Die Verfassungsmäßigkeitsprüfung muss systemkohärent, i.e. in Rückbezug auf die Staatsfunktion Gesetzgebung erfolgen und darf nicht von Eigenrationalitäten der Gerichtsbarkeit überlagert werden.

(27) Die Rechnungshofkontrolle ist keine Rationalitätsanforderung an die parlamentarische Rechtsetzung, weil die Staatsfunktion Gesetzgebung von ihr nicht erfasst ist. Prüfungen im Vorstadium der Gesetzgebung, wie sie in jüngerer Zeit vorkommen, stellen Kompetenzüberschreitungen dar.

IV. Nicht-justiziable Rationalitätsanforderungen

(28) Die Gesetzesbegutachtung und „Legistische Richtlinien“ rücken die Fachrationalität in den Vordergrund und gehören prozessual zu den wichtigsten nicht-justiziablen Rationalitätsanforderungen.

(29) Unter den zahlreichen im Begutachtungsverfahren befassten Stellen und Institutionen kommt dem Verfassungsdienst des Bundeskanzleramtes besondere Bedeutung zu. Seine fachliche Autorität dokumentiert sich in der Umgehungspraxis, wenn politisch nicht gewünschte Ergebnisse erwartet werden. Die Gesetzesinitiative durch Regierungsvorlage, in der die Begutachtung eingebettet ist, wird durch einen Wechsel zum Initiativantrag ersetzt. Nicht selten begegnen dem Verfassungsdienst so beschlossene Gesetze in Verfahren vor dem Verfassungsgerichtshof wieder, die er dann als Prozessvertreter der Bundesregierung zu verteidigen hat.

(30) Die „Legistischen Richtlinien“ sind formale, nicht-justiziable Rationalitätsanforderungen. Das „automatische Screening“ im Rahmen der Begutachtung durch den Verfassungsdienst verleiht ihnen aber große praktische Bedeutung.

V. Nicht verbindliche Rationalitätsanforderungen

(31) Die Veröffentlichung der Stellungnahmen im Begutachtungsverfahren macht sie zur „scharfen Waffe“ in den Händen von Medien und Opposition.

(32) Das Projekt des „elektronischen Rechtserzeugungsprozesses“ („E-Recht“) birgt nicht nur in formaler Hinsicht große Rationalitätseffekte in sich.

VI. Schluss

(33) Justiziable Rationalitätsanforderungen stehen mit Ausnahme der Grundrechte vielfach im Dienst der Absicherung der politischen Rationalität der Demokratie. Nicht-justiziable und nicht verbindliche Rationalitätsanforderungen vermitteln demgegenüber auf faktischer Ebene Fachrationalität, weil die fehlende Bindung sie akzeptabler machen.

(34) Vor allem: Die Verfassung selbst ist zentrale Rationalitätsfolie für den einfachen Gesetzgeber, den sie zu allererst konstituiert und limitiert.

Erster Beratungsgegenstand:

Rationalitätsanforderungen an die parlamentarische Rechtsetzung im demokratischen Rechtsstaat

2. Referat von Professor Dr. *Bernd Grzeszick*, LL.M. (Cambridge), Heidelberg*

Inhalt

---

* Für Anregung und Kritik danke ich besonders *Peter Axer, Franziska Buchwald, Matthias Cornils, Thorsten Kingreen, Hanno Kube* und *Bernhard Wegener*. Literatur und Rechtsprechung wurden so weit berücksichtigt, als sie bis zum 15. September 2011 erschienen sind.

I. Rationalität als Leitmotiv moderner Verfassungsstaatlichkeit

Rationalität[1] ist das universelle Heilsversprechen der Moderne. Der von der Aufklärung geforderte Ausgang des Menschen aus seiner selbstverschuldeten Unmündigkeit[2] gelingt nur durch und über die Vernunft. Allein vernünftiges Verhalten kann für sich in Anspruch nehmen, richtig und gut zu sein. Diese Forderung gilt auch für das Recht: Nur wenn und soweit dessen Vorgaben vernünftig sind, kann das Recht seinen inhärenten Anspruch auf Verbindlichkeit einlösen. Und da das für alle verbindliche Recht vom Staat gesetzt und vollzogen wird, gilt das Rationalitätsgebot auch für den Staat: Der Staat wird von einer historisch gegebenen Tatsache zu einer begründungs- und rechtfertigungsbedürftigen Einrichtung, die vernünftig sein muss, um dem Anspruch auf verbindliche Ordnung des gesellschaftlichen Zusammenlebens genügen zu können.

Über die Frage, was unter Rationalität im Einzelnen zu verstehen ist, besteht allerdings in modernen Gesellschaften keine Einigkeit.[3] Der Anspruch der Verfassung, rationale Grundordnung des Staates zu sein, kann deshalb nur mittelbar und differenziert eingelöst werden. Dem selbstbestimmt gedachten Individuum wird dabei in seiner Eigenschaft als Ausgangs- und Endpunkt der Legitimation von Staat und Recht[4] durch zwei prinzipielle Legitimationsmodi entsprochen: Demokratie und Rechtsstaat. Während der Rechtsstaat mit den Grundrechten auf die individuelle Selbstbestimmung zielt, ist die Demokratie eine Form der kollektiven Selbstbestimmung.[5]

Die Erfüllung der Erwartung, dass der Staat eine rationale Einrichtung ist, wird dabei regelmäßig der Rechtsstaatlichkeit zugeschrieben:

---

[1] Zur Geschichte und zum Inhalt des Rationalitätskriteriums in Staatsphilosophie und Staatslehre nur *H. Krüger* Allgemeine Staatslehre, 1. Aufl. 1964, 53ff.; *T. Würtenberger* Staatsrechtliche Probleme politischer Planung, 1979, 372ff.; *W. Schluchter* Die Entstehung des modernen Rationalismus, 1998; *M. Herdegen* Staat und Rationalität, 2010, 14ff.; jew. mwN.

[2] *I. Kant* Beantwortung der Frage: Was ist Aufklärung?, Berlinische Monatsschrift 4 (1784), 481 (481).

[3] Dazu nur *M. Kriele* Kriterien der Gerechtigkeit, 1963, 70ff.; *H. Poser* (Hrsg.) Wandel des Vernunftbegriffs, 1981; *H. Schnädelbach* (Hrsg.) Rationalität, 1984; *H. Lenk* (Hrsg.) Zur Kritik der wissenschaftlichen Rationalität, 1986; *H. Schulze-Fielitz* Theorie und Praxis parlamentarischer Gesetzgebung, 1988, 454ff.; *K. Homann* Rationalität und Demokratie, 1988, 23ff.; *W. Welsch* Vernunft, 1995; *K. Meßerschmidt* Gesetzgebungsermessen, 2000, 777ff.; jew. mwN.

[4] *E.-W. Böckenförde* Die Entstehung des Staates als Vorgang der Säkularisation, in: *ders.* Recht, Staat, Freiheit, 1991, 92 (107).

[5] Dazu sowie zum Folgenden *C. Möllers* Gewaltengliederung, 2005, insbes. 27ff.

Rationalität wird als Hauptversprechen[6] moderner Rechtsstaatlichkeit gesehen. Rechtsstaatlichkeit wird in modernen Verfassungen regelmäßig auf zwei Arten verwirklicht. Zum einen bestehen einzelne Regelungen, die als konkrete Ausprägungen von Rechtsstaatlichkeit verstanden werden; dies sind für die parlamentarische Rechtsetzung vor allem Grundrechte sowie Regeln für die Kompetenzen und das Verfahren der Gesetzgebung.

Zum anderen existiert eine allgemeinere Vorstellung von Rechtsstaatlichkeit, wie sie im Rechtsstaatsprinzip oder in der „rule of law" deutlich wird. Die allgemeine Rechtsstaatlichkeit ist aber nicht nur abstrakte Idee, sondern sie prägt auch das positive Recht: Sie kann Eingang in die Auslegung einzelner Begriffe des Verfassungsrechts finden; und sie kann als allgemeines Gebot[7] eigenständige Vorgaben entbinden. Rechtsstaatlichkeit hat auch in umfassend positivierten Rechtsordnungen weiterhin die Kraft, das Recht zu formen und damit die Erwartung zu erfüllen, dass Hoheitsträger rationale Einrichtungen sind.

Die rechtsstaatlichen Anforderungen sind deshalb immer wieder Ausgangspunkt für Versuche, Konzepte spezifischer rationaler Bindungen des Gesetzgebers in das Recht hineinzutragen. Auch im deutschen Staatsrecht wird diese Tendenz deutlich. Während die in den 70er und 80er Jahren geführte Diskussion über eine Systemgerechtigkeit des Rechts noch ganz überwiegend auf die Wissenschaft beschränkt war,[8] fand der rechtsstaatliche Grundsatz der Widerspruchsfreiheit der Rechtsordnung Ende der 90er Jahre Eingang in die Rechtsprechung des BVerfG, blieb aber im Grundsatz auf die föderale Verteilung von Kompetenzen beschränkt.[9]

In den letzten Jahren scheinen die Gerichte nun ihre Zurückhaltung aufgegeben zu haben. Neben Urteilen, die sich im Rahmen der bekannten rechtsstaatlichen Anforderungen bewegen, fällen Verfassungsgerichte der Bundesländer, das Bundesverfassungsgericht und der Europäische Gerichtshof zunehmend Entscheidungen, in denen sie aktiv allgemeine rechtsstaatliche Anforderungen an die parlamentarische Rechtsetzung entwickeln. Diese Anforderungen gehen über den bekannten Stand rechtsstaatlicher Bindungen hinaus, betreffen verschiedenste Sachbereiche, und reichen nach Umfang und Intensität so weit, dass sie als

---

6 *C. Bumke* Der Staat 49 (2010), 77 (93).

7 Explizit vorgesehen in Art. 20 GG sowie in Art. 2 EUV und Art. 67 AEUV.

8 Siehe dazu nur *C. Degenhart* Systemgerechtigkeit und die Selbstbindung des Gesetzgebers als Verfassungspostulat, 1976; *F.-J. Peine* Systemgerechtigkeit, 1985; jew. mwN. Inhaltliche Anklänge in der Rechtsprechung v.a. BVerfGE 13, 331 (340); 34, 103 (115).

9 BVerfGE 98, 83 (97); 98, 106 (118f., 125ff.); 108, 169 (181f.).

Paradigmenwechsel verstanden werden hin zu einer umfassenden Pflicht zu rationaler und konsistenter Gesetzgebung.[10]

Nach Ansicht der Gerichte muss der Gesetzgeber jetzt unter anderem: Seine selbst gesetzten Grundentscheidungen folgerichtig umsetzen und ausgestalten;[11] Ausnahmen von der Grundentscheidung mit einem besonderen sachlichen Grund rechtfertigen;[12] den abwägungserheblichen Sachverhalt zutreffend und vollständig ermitteln;[13] in das Gesetzgebungsverfahren schonende Alternativen wertend einführen;[14] darlegen, dass Regelungen tatsächlich dazu dienen, das geltend gemachte Ziel in kohärenter und systematischer Weise zu erreichen;[15] und bei der Konkretisierung eines nur dem Grunde nach aus der Verfassung folgenden Leistungsanspruchs alle relevanten Aspekte folgerichtig in -einem transparenten und sachgerechten Verfahren realitätsgerecht einstellen.[16]

Transparente und sachgerechte Gesetzgebungsverfahren; die in folgerichtige, kohärente und realitätsgerechte Gesetze münden; die aus klaren und wahren Normen bestehen; die eine erkennbare, zusammenhängende und tragfähige Begründung haben; in der Tatsachenannahmen und die entscheidungsstützenden Gründe hinreichend vollständig und nachprüfbar benannt werden sowie schonendere Alternativen wertend eingeführt worden sind, so dass Vor- und Nachteile einer Regelung sachgerecht in den Blick genommen werden können: Mit diesen Anforderungen scheint das Ideal des modernen, vernünftigen Verfassungsstaates erreicht. Was könnte gegen diese Pflichten des Gesetzgebers eingewendet werden?

Nun: So Einiges. Neben Aspekten, die Spezifika der jeweiligen Sachbereiche betreffen, werden in erheblichem Maße generelle Einwände gegen den von der Judikatur eingeläuteten Paradigmenwechsel formu-

---

[10] *C. Bumke* Der Staat 49 (2010), 77 (80); grundsätzlich zustimmend *M. Cornils* DVBl. 2011, 1053 (1054).

[11] BVerfGE 99, 88 (95); 99, 280 (290); 105, 73 (125f.); 107, 27 (46f.); 116, 164 (180f.); 117, 1 (30f.); 121, 317 (362, 367f.); 122, 210 (231); 123, 111 (120).

[12] Dazu nur BVerfGE 122, 210 (231).

[13] NdsStGH, NdsVBl. 2008, 37 (41).

[14] LVerfG MV, NordÖR 2007, 353 (358, 361f.).

[15] EuGHE 1999, I-7289 Rn. 35f. – Zenatti; 2003, I-13031 Rn. 67 – Gambelli; 2006, I-4325 Rn. – Watts; 2007, I-1891 Rn. 53, 58 – Placanica; 2009, I-1721 Rn. 55ff. – Hartlauer; EWS 2009, 425, Rn. 61 – Liga Portuguesa; ZfWG 2009, 336, Rn. 38 – Kommission/Spanien; EWS 2009, 522, Rn. 42 – Regione Sardegna; NJW 2010, 587, Rn. 53, 61 – Petersen; DÖV 2010, 939 (LS 905), Rn. 55, 63f. – Carmen Media; DÖV 2010, 940 (LS 906), Rn. 98 – Markus Stoß u.a.; DÖV 2010, 941 (LS 907) – Winner Wetten.

[16] BVerfGE 125, 175 (225) mwN.

liert. Die von der Rechtsprechung aufgestellten Gebote fänden keine hinreichende Grundlage im geltenden Recht.[17] Mit der dynamischen Generierung allgemeiner Anforderungen unterliefen die Gerichte Grundentscheidungen des Verfassungsrechts[18] und des Europarechts[19], und stellten eigene Rationalitätsvorstellungen über die Setzungen des dafür zuständigen Gesetzgebers.[20] Damit werde die Gefahr paternalistischer Bevormundung gesteigert,[21] die Balance zwischen Gesetzgebung und Gerichtsbarkeit verschoben,[22] und die Reformfähigkeit der Politik gefährdet.[23] Im Europarecht sei zudem zu befürchten, dass die mitgliedstaatliche Zuständigkeit für nicht in die Kompetenz der Union fallende Sachgebiete im Wege einer Europäisierung durch Kohärenzanforderungen überspielt werde.[24]

Ist diese Kritik berechtigt? Führt das universelle Heilsversprechen der rechtsstaatlichen Vernunft bei der dynamischen Anwendung auf den Gesetzgeber tatsächlich zu einem das positive Recht unkalkulierbar überspielenden Jurisdiktionsstaat?[25] Oder sind die neuen Gebote grundsätzlich angemessene Ausformungen des rechtsstaatlichen Leitbildes rationaler Gesetzgebung,[26] die das aus Sicht der Bürger[27] nötige Maß an Wertungs- und Begründungsrationalität der Gesetze sichern[28], und die lediglich der umsichtigen Einpassung in die tradierte Dogmatik des Verfassungs- und Europarechts bedürfen?[29]

Diesen Fragen gilt es im Folgenden nachzugehen. Wieweit allgemeine rechtsstaatliche Anforderungen an die parlamentarische Recht-

---

[17] *C. Bumke* Der Staat 49 (2010), 77 (93 ff.) in Bezug auf „Folgerichtigkeit", aber beispielhaft.

[18] *O. Lepsius* JZ 2009, 260 (262).

[19] *P. Axer* in: P. Axer/B. Grzeszick/W. Kahl/U. Mager/E. Reimer (Hrsg.) Das Europäische Verwaltungsrecht in der Konsolidierungsphase, Die Verwaltung Beiheft 10, 2010, 123 (137 ff., 140 f.).

[20] *P. Dann* Der Staat 49 (2010), 630 (638).

[21] Sondervotum *J. Masing* BVerfGE 121, 317, 381 (384 ff.).

[22] *P. Dann* Der Staat 49 (2010), 630 (638).

[23] Sondervotum *B.-O. Bryde* BVerfGE 121, 317, 378 (380 f.).

[24] *Axer* in: Axer/Grzeszick/Kahl/Mager/Reimer (Fn. 19), 123 (141 oben).

[25] *C. Bumke* Der Staat 49 (2010), 77 (95).

[26] *C. Bumke* Der Staat 49 (2010), 77 (95 unten).

[27] Dazu für das Gebot der Folgerichtigkeit im Steuerrecht *P. Kirchhof* HStR V, 3. Aufl. 2007, § 118 Rn. 178 f.; *ders.* StuW 2000, 316 (322); *ders.* AöR 128 (2003), 1 (44 f.).

[28] *L. Osterloh* in: M. Sachs (Hrsg.) GG, 6. Aufl. 2011, Art. 3 Rn. 98.

[29] Die dazu nötige Möglichkeit einer Maßstabsdifferenzierung aber ausschließend und deshalb für einen Systemwechsel zugunsten einer Pflicht des Gesetzgebers, konsistente Regelwerke zu erlassen: *C. Bumke* Der Staat 49 (2010), 77 (105).

setzung im Verfassungs- und Unionsrecht zu begründen sind, wird schrittweise dargelegt. Am Beispiel des Gebotes der Folgerichtigkeit werden zunächst die rechtsstaatlichen Aspekte erarbeitet.[30] Danach werden die Bezüge zum Demokratieprinzip entfaltet. Schließlich wird erörtert, ob die so gewonnenen Einsichten auch auf das unionsrechtliche Kohärenzgebot zutreffen.

II. Rechtsstaatliche Aspekte

Zunächst zu den rechtsstaatlichen Aspekten. Diese können beispielhaft am Gebot der Folgerichtigkeit dargelegt werden. Das von den Gerichten entwickelte Gebot der Folgerichtigkeit verpflichtet den Gesetzgeber, seine Grundentscheidungen folgerichtig umzusetzen und auszugestalten; Ausnahmen von der Grundentscheidung müssen mit einem besonderen sachlichen Grund gerechtfertigt werden.

Diese Anforderung ist als rechtsstaatliche Einhegung der parlamentarischen Rechtsetzung gedacht. Bereits hier setzt aber erhebliche Kritik an: Den erstrebten Gewinnen an Rechtsstaatlichkeit stünden Verluste gegenüber, weshalb der Saldo an Rechtsstaatlichkeit deutlich ungünstiger ausfalle als gedacht.

1. Verankerung im positiven Recht

Ein Grund für die negativen Effekte wird darin gesehen, dass das Gebot nicht ausreichend im positiven Recht verortet sei.[31] Dieser Vorwurf vermag allerdings in dieser Weise nicht zu überzeugen. Das Gebot der Folgerichtigkeit mag zwar in den Rechtstexten der Landesverfassungen, des Grundgesetzes und der Unionsverträge nur wenige konkrete Anhaltspunkte haben. Dies trifft aber in gleichem Maße auf nahezu alle allgemeinen rechtsstaatlichen Gebote zu. So sind auch die Grundsätze

---

[30] Die Frage, wieweit allgemeine rechtsstaatliche Rationalitätsanforderungen an die parlamentarische Rechtsetzung im Verfassungsrecht und im Unionsrecht zu begründen sind, kann aus unterschiedlichen Perspektiven betrachtet werden. Da die allgemeinen Rationalitätsanforderungen an den Gesetzgeber Ausdruck der Rechtsstaatsidee sind, bietet es sich an, die verschiedenen Aspekte deskriptiv nach ihrem Bezug zum Rechtsstaatsgebot zu systematisieren. Danach ist zu unterscheiden zwischen einerseits Aspekten, die Fragen zur Rechtsstaatlichkeit und zu den Grundrechten aufwerfen, sowie andererseits Aspekten, die vor allem das Verhältnis zur demokratischen Legitimation des Gesetzgebers betreffen.

[31] So – in Bezug auf Folgerichtigkeit, aber verallgemeinerungsfähig – *P. Dann* Der Staat 49 (2010), 630 (633, 635).

zum Vertrauensschutz und zur Rückwirkung, die Anforderungen an die Bestimmtheit des Rechts sowie das Gebot der Verhältnismäßigkeit in den einschlägigen Rechtstexten höchstens marginal verankert, haben aber dennoch den Status anerkannter Rechtssätze erlangt. Eine gewisse anhaltende Dauer der neuen Judikatur vorausgesetzt, ist hier kein wesentlicher Unterschied zu erkennen. Die grundsätzliche verfassungsrechtliche Lokalisierung des Gebotes der Folgerichtigkeit ist deshalb nicht das eigentliche Problem.[32]

2. Normenhierarchien

Auch die gegen das Gebot der Folgerichtigkeit gerichtete Kritik, dass mit dem Gebot Stufungen in der Normenhierarchie unterlaufen werden,[33] greift nicht. Anlass, aber auch die mangelnde Berechtigung dieser Kritik werden am Urteil des BVerfG zur Pendlerpauschale[34] deutlich.

Das Urteil betraf eine Änderung des Einkommensteuergesetzes. Fahrten zwischen Wohnung und Arbeitsstätte sollten erst ab dem 21. Kilometer wie Werbungskosten von der Steuer absetzbar sein, und nicht mehr – wie bislang – ab dem ersten Kilometer. Dem BVerfG zufolge muss bei der Ausgestaltung des steuerlichen Ausgangstatbestands eine einmal getroffene Belastungsentscheidung folgerichtig im Sinne der Belastungsgleichheit umgesetzt werden. Ausnahmen von einer solchen folgerichtigen Umsetzung bedürften eines besonderen sachlichen Grundes.[35]

Das Einkommensteuerrecht enthalte die Grundentscheidung des Gesetzgebers, dass die finanzielle Leistungsfähigkeit nach dem Nettoprinzip bemessen werde, wonach Erwerbsaufwendungen und existenzsichernde Aufwendungen steuerlich abziehbar seien.[36] Die neue Regelung enthalte eine Abweichung vom Nettoprinzip.[37] Sie bedürfe deshalb eines besonderen sachlichen Grundes, der aber nicht gegeben sei.[38] Die Neuregelung sei deshalb mit der Verfassung unvereinbar.[39]

In dieser Argumentation erkennt die Kritik eine unzulässige Verwischung[40] des Unterschieds zwischen einfachem Gesetz und Verfassung.

---

[32] Vgl. auch *C. Bumke* Der Staat 49 (2010), 77 (93, auch 95: „angemessene Ausformung des Leitbilds rationaler Gesetzgebung").

[33] *P. Dann* Der Staat 49 (2010), 630 (633f.).

[34] BVerfGE 122, 210ff.

[35] BVerfGE 122, 210 (230f.).

[36] BVerfGE 122, 210 (233).

[37] BVerfGE 122, 210 (236).

[38] BVerfGE 122, 210 (235ff.).

[39] BVerfGE 122, 210 (245).

[40] Noch weitergehend im Sinne einer Verkehrung *O. Lepsius* JZ 2009, 260 (262).

Die einfachgesetzliche Regelung der steuerlichen Belastungsentscheidung, nämlich die Bemessung der Leistungsfähigkeit nach dem Nettoprinzip, werde dazu herangezogen, die verfassungsrechtliche Bewertung des Gesetzes zu präformieren.[41] Das Gesetz werde nicht am Verfassungsrecht gemessen, sondern es liefere selbst den materiellen Prüfungsrahmen: Gefragt werde nicht, ob der Gesetzgeber die Verfassung hinreichend beachtet hat, sondern ob er seine eigene Entscheidung folgerichtig umgesetzt hat. Damit werde aber eine einfachgesetzliche Entscheidung[42] in das Verfassungsrecht hochgezont.[43]

Diesem Vorwurf ist zuzugeben, dass der argumentative Rückgriff des Gerichts auf das einfache Gesetzesrecht im Rahmen des Gebotes folgerichtiger Gesetze nicht unproblematisch ist. Eine verfassungsrechtlich unzulässige Verwischung oder gar Umkehrung der Unterscheidung von einfachem Gesetz und Verfassung wird daraus allerdings erst, falls das Verfassungsrecht für die Annahme eines Gebotes der Folgerichtigkeit keinerlei Grundlage enthält. Da hier die Grundrechte und im Übrigen das Rechtsstaatsprinzip bereitstehen, ist dieser Vorwurf nicht zu halten.[44]

3. Auswirkungen auf Grundrechte

Allerdings weist die rechtsstaatliche Bilanz in anderer Hinsicht negative Aspekte aus. Dies wird beim Blick auf die Auswirkungen der Folgerichtigkeit auf die Grundrechte deutlich. Die entsprechenden Effekte können an der Entscheidung des BVerfG zum Nichtraucherschutz[45] demonstriert werden.

Die Entscheidung betraf Gesetze, die das Rauchen in Gaststätten untersagten und nur wenige Ausnahmen vorsahen, von denen allein die für abgetrennte Nebenräume allgemeinere Bedeutung hatte.[46] Dem schwerwiegenden Eingriff in die Berufsfreiheit der Gastwirte steht nach

---

[41] *O. Lepsius* JZ 2009, 260 (262).

[42] Dazu deutlich *M. Cornils* DVBl. 2011, 1053 (1056f.).

[43] *P. Dann* Der Staat 49 (2010), 630 (633).

[44] Die Präformierung einer verfassungsrechtlichen Prüfung durch Entscheidungen des einfachen Gesetzgebers ist durchaus möglich und auch üblich, wenn und soweit das Verfassungsrecht dafür eine Grundlage enthält; Paradebeispiel dafür ist der allgemeine Gleichheitssatz des Art. 3 Abs. 1 GG, bei dessen Anwendung auf die Rechtsetzung als Anknüpfungspunkt des Vergleichs der Gleich- bzw. Ungleichbehandlung auf die jeweiligen gesetzlichen Regelungen zugegriffen wird.

[45] BVerfGE 121, 317ff.

[46] Daneben bestanden sehr spezifische Ausnahmeregelungen für Diskotheken sowie für Bier-, Wein- und Festzelte.

Ansicht des Gerichts mit der Gesundheit der Bürger ein überragend wichtiger Gemeinwohlbelang gegenüber. Der Gesetzgeber habe deshalb bei der Bestimmung des Schutzniveaus einen Einschätzungs-, Wertungs- und Gestaltungsspielraum, in Folge dessen die Aufstellung eines Schutzkonzepts dem Gesetzgeber überlassen sei.[47] Der Gesetzgeber könne deshalb auch ein absolutes Rauchverbot verhängen: Da ein striktes Rauchverbot zur Verfolgung überragend wichtiger Gemeinwohlbelange gerechtfertigt sei, müsse er sich selbst bei einer möglichen Existenzgefährdung der Kleingastronomie nicht auf Ausnahmen einlassen.[48]

Bei einem relativen, also mit Ausnahmen versehenen Rauchverbot sei dies aber anders. Im Rahmen der Güterabwägung erhielten wegen der vorgesehenen Ausnahmen vom Verbot die Belastungen der Kleingastronomie ein stärkeres Gewicht.[49] Ein Nichtraucherschutz, der durch separate Räume für Raucher relativiert sei, müsse daher die Interessen der besonders betroffenen Kleingastronomie in besonderer Weise berücksichtigen. Da dies in den Gesetzen nicht geschehen war, wurden diese für verfassungswidrig erklärt.

Aus der Perspektive der Berufsfreiheit liefert die Entscheidung ein bemerkenswertes Resultat:[50] Ein absolutes Rauchverbot ist als intensiver Eingriff verfassungsgemäß, während ein relatives und damit milderes Rauchverbot verfassungswidrig ist.

Dieses Ergebnis ist nun kein atypischer Ausnahmefall, sondern im Gebot der Folgerichtigkeit grundsätzlich angelegt. Denn das Gebot der Folgerichtigkeit weicht von der tradierten Grundrechtsdogmatik ab und kann deshalb zu Ergebnissen führen, die den Grundrechtsschutz im Vergleich zum Schutzstandard der tradierten Dogmatik nicht nur stärken, sondern auch schwächen.

Der Grund dafür liegt in der dem Gebot der Folgerichtigkeit eigenen Vorgehensweise, eine bestimmte Regelung des Gesetzes als eine Grund- oder Systementscheidung anzusehen, die in den weiteren Regelungen des Gesetzes folgerichtig umzusetzen und auszuformen ist, weshalb Abweichungen von der Grundentscheidung eines rechtfertigenden Grundes bedürfen.

Im Mittelpunkt dieser Betrachtung steht die Rechtfertigung der Abweichung, nicht die der Grundentscheidung. Der Grundrechtsschutz

---

[47] BVerfGE 121, 317 (356f.).

[48] BVerfGE 121, 317 (357–359).

[49] BVerfGE 121, 317 (359f., 363).

[50] Sondervotum *J. Masing* BVerfGE 121, 317, 381 (384ff.); *R. Gröschner* ZG 23 (2008), 400 (405f.).

kann dadurch verstärkt werden. So moniert das BVerfG bei der Pendlerpauschale das Fehlen des vom Folgerichtigkeitsgebot geforderten, rechtfertigenden Grundes für die Herausnahme der ersten 20 Kilometer. Die zusätzliche Rechtfertigungslast wertet den grundrechtlichen Schutz des Bürgers gegen Steuern im Fall entscheidend auf.

Das Gebot der Folgerichtigkeit kann den Grundrechtsschutz auch dann verstärken, wenn die Abweichungen als Teil der Grundentscheidung verstanden werden. Dies wird am Nichtraucherschutz deutlich. Wegen der Ausnahmen vom Verbot wird die Grundentscheidung des Gesetzgebers vom BVerfG nicht als grundsätzlich striktes Verbot mit Ausnahmen verstanden, sondern als grundsätzlich nur relatives Verbot, mit der Folge, dass für partielle strikte Verbote die nötige Rechtfertigung fehlt. Auch hier führt das Gebot der Folgerichtigkeit zu einem stärkeren Grundrechtsschutz.

Allerdings kann das Gebot der Folgerichtigkeit den Grundrechtsschutz auch schwächen. Bei der üblicherweise vom BVerfG praktizierten Gleichheitsprüfung sind alle Merkmale, die eine Gleichheit beziehungsweise Ungleichheit der jeweils geregelten Sachverhalte begründen, in ihrer Bedeutung als Anknüpfungspunkte für die unterschiedlichen Behandlung zu ermitteln und bei einer intensiven Prüfung die Unterschiede und Belastungswirkungen mit dem Gewicht der in Betracht kommenden Rechtfertigungsgründe abzuwiegen. Das Gebot der Folgerichtigkeit führt nun dazu, dass vor allem die Abweichungen von der Grundentscheidung rechtfertigungspflichtig sind. Die im Gebot der Folgerichtigkeit angelegte Verschiebung der Rechtfertigungslast von der Grundentscheidung auf die Ausnahmen kann dazu führen, dass die Grundentscheidung gegen Infragestellungen durch die Sachgründe, die hinter den weiteren einzelnen gesetzlichen Regelungen stehen, abgeschirmt[51] und verfassungsrechtlich entlastet wird. Dieser Effekt wird gleichfalls an der Entscheidung zum Nichtraucherschutz deutlich: Nach Ansicht des BVerfG kann der Gesetzgeber mit einem strikten Rauchverbot die Bedeutung des zu schützenden Rechtsguts so betonen, dass ein absolutes Rauchverbot verfassungsgemäß wäre, wogegen das relative Rauchverbot wegen der engen und daher nicht folgerichtig ausgestalteten Ausnahmen verfassungswidrig war!

Hinsichtlich der Grundrechte ist deshalb festzuhalten, dass die mit dem Gebot der Folgerichtigkeit bewirkte Verschiebung der Rechtfertigungslast von der Grundentscheidung auf die Ausnahmen nicht nur differenzierte Lösungen und damit gesetzgeberische Kompromisse erschwert sowie in der Tendenz Alles-oder-Nichts-Lösungen begünstigt.

---

[51] *M. Cornils* DVBl. 2011, 1053f. (1056ff.).

Zudem wird der grundrechtliche Schutz der Bürger vor staatlichen Freiheitsbeeinträchtigungen und Ungleichbehandlungen zum Teil gestärkt, zum Teil aber auch geschwächt.

4. *Wahl und Bildung des Kontrollmaßstabs*

Der Vergleich zwischen dem Urteil zur Pendlerpauschale und dem Urteil zum Nichtraucherschutz führt zu einem weiteren grundlegenden Problem des Gebots der Folgerichtigkeit: Wahl und Bildung des entsprechenden Kontrollmaßstabs sind verfassungsrechtlich nur sehr schwach determiniert.

Der zentrale Punkt des Folgerichtigkeitsgebots ist die Annahme einer Grundentscheidung des Gesetzgebers, die im Gesetz konsistent und kohärent auszugestalten ist. Allerdings werden in den Gerichtsentscheidungen keine verallgemeinerungsfähigen Kriterien dafür genannt, wie bei Gesetzen Grundentscheidungen und Ausnahmen festzustellen sind. Dies ist kein Zufall, denn für die Frage, wie eine Grundentscheidung des Gesetzgebers festzustellen ist, sind den Grundrechten keine leistungsfähigen Kriterien zu entnehmen. Das Gebot der Folgerichtigkeit ist mit den Grundrechten nur sehr schwach zu konturieren.[52] Die entsprechende Dogmatik weicht, wie gezeigt, von der tradierten Grundrechtsdogmatik ab und ist mit ihr nicht zu unterfangen.[53] Diese Unsicherheit steht auch einer Koppelung mit der Grundrechtsdogmatik entgegen: Da nicht hinreichend sicher abzusehen ist, ob das Gebot der Folgerichtigkeit den Grundrechtsschutz stärkt oder schwächt, ist das Gebot zum gegenwärtigen Stand der grundrechtlichen Dogmatik nicht regelförmig anschlussfähig.

5. *Aufwertung der Gerichte gegenüber dem Gesetzgeber*

Fehlende Anschlussfähigkeit an die Dogmatik, unzureichende Konturierung des Kontrollmaßstabs, divergierende Auswirkungen auf den Grundrechtsschutz: Das Gebot der Folgerichtigkeit erweist sich aus rechtsstaatlicher Perspektive als problematisch. Die Unsicherheiten sind dabei insgesamt so erheblich, dass sie Rückwirkungen haben auf das institutionelle Verhältnis zwischen Legislative und Judikative. Die mit dem Gebot der Folgerichtigkeit ausgeübte gerichtliche Kontrolle des Gesetzgebers ist insgesamt so schwach determiniert, dass die Gerichte bei der Wahl, Bildung und Anwendung des Prüfungsmaßstabs

---

[52] *P. Dann* Der Staat 49 (2010), 630 (633).

[53] Analyse bei *M. Cornils* DVBl. 2011, 1053 (1056ff.).

einen ganz erheblichen inhaltlichen Spielraum haben. Das Gebot der Folgerichtigkeit führt damit mindestens potentiell[54] zu einer erheblichen Aufwertung der Gerichte gegenüber dem Gesetzgeber.[55]

6. *Keine Änderung durch prozedurales Verständnis*

Daran ändert sich auch dann nichts, falls das Gebot der Folgerichtigkeit vor allem als prozedurale Anforderung verstanden wird.[56] Das Gebot der Folgerichtigkeit kann zwar durchaus als Begründungsobliegenheit verstanden werden, da es Ausnahmen des Gesetzgebers von seiner Grundentscheidung nicht strikt ausschließt, sondern dafür einen besonderen sachlichen Grund verlangt. Aus dieser Perspektive enthält das Gebot der Folgerichtigkeit Anforderungen vor allem an die Begründbarkeit von Gesetzen,[57] nicht unmittelbar an den Gesetzes-

---

[54] Nämlich soweit die Gerichte von diesen Spielräumen auch Gebrauch machen.

[55] *O. Lepsius* JZ 2009, 260 (262).

[56] Dazu *V. Mehde/S. Hanke* ZG 2010, 381ff.; *T. Hebeler* DÖV 2010, 754ff.; *K.-A. Schwarz/C. Bravidor* JZ 2011, 653ff. Auch aus dieser Sicht sind die neuen oder verschärften Verfahrenspflichten und -obliegenheiten im positiven Verfassungsrecht nur schwach verankert (*C. Waldhoff* FS Isensee, 2007, 325 [329ff., 336f.]; *V. Mehde/S. Hanke* ZG 2010, 381 [384]), weshalb auch bei ihnen Wahl und Bildung des entsprechenden Kontrollmaßstabs dem Verfassungsrecht nicht hinreichend zu entnehmen sind.

[57] Dazu umfassend *U. Kischel* Die Begründung, 2003, insbes. 63ff., 303. Die Annahme einer allgemeinen verfassungsrechtlichen Begründungspflicht von Gesetzen (so *C. Pestalozza* NJW 1981, 2081ff.; *J. Lücke* Begründungszwang und Verfassung, 1987, 214ff.; *ders.* ZG 2001, 1; *K. Redeker/U. Karpenstein* NJW 2001, 2825ff.) überzeugt nicht. Der verfassungsrechtlich skizzierte und in den Geschäftsordnungen weiter konkretisierte Vorgang der demokratischen Gesetzgebung ist ein Verfahren, an dem verschiedene Mitwirkungsberechtigte in unterschiedlichen Rollen teilnehmen; und das Zusammenspiel ihrer Beiträge sowie deren Auswirkung auf das schlussendliche Gesetz ist nach Verfahrenspositionen und Verfahrensschritten als politisch-demokratische Willensbildung bestimmt (*V. Mehde/S. Hanke* ZG 2010, 381 [383f.]; *P. Dann* Der Staat 49 (2010), 630 [640ff.]; *M. Cornils* DVBl. 2011, 1053 [1058]; Unterscheidung zum rechtsstaatlichen bzw. verwaltungsförmigen Vorgang der Konkretisierung einer – in der Regel extern vorgegebenen – Leitidee zu einem Regelungssystem *C. Waldhoff* FS Isensee, 2007, 325 [329, 330ff.]; Unterscheidung von einem Prozess der Gewinnung einer bestimmten inhaltlichen, „richtigen" Sacherkenntnis *P. Dann* Der Staat 49 (2010), 630 [640f.]); das Gesetz als allgemeiner und zukunftsgerichteter Rechtssatz beruht deshalb auf seiner Begründbarkeit, und nicht auf seinen historisch bedingten, heterogenen und kontingenten Gründen. Diese Argumente stehen auch der Annahme einer allgemeinen Begründungsobliegenheit entgegen. Zwar ist bei einer Begründungsobliegenheit das Gesetz nicht alleine wegen des Fehlens einer Begründung verfassungswidrig. Im Fall der gerichtlichen Kontrolle kommt aber die Obliegenheit der Pflicht insoweit gleich, als bei Fehlen der dann nötigen Begründung das Gesetz gleichfalls verfassungswidrig ist. Wegen dieser Wirkung ist eine allgemeine Begründungs-

inhalt.[58] Die Wirkungen des Gebotes sowie die daraus resultierende Aufwertung der Gerichte gegenüber dem Gesetzgeber fallen aber deshalb nicht geringer aus. Auch als prozedurale Obliegenheit bindet das Gebot der Folgerichtigkeit den Gesetzgeber und verschiebt die Balance zwischen Gerichten und Gesetzgeber in der gezeigten Art und Weise, weshalb das Gebot der Folgerichtigkeit zumindest potentiell zu einer erheblichen Aufwertung der Gerichte gegenüber dem Gesetzgeber führt.

III. Demokratieprinzip

Mit dieser Feststellung ist der Übergang zum Demokratieprinzip markiert. Fortschrittsgeschichten können auch aus einer Verliererperspektive erzählt werden. So ist es auch im vorliegenden Fall: Der vermeintliche Siegeszug rechtsstaatlicher Gebote lässt den Gesetzgeber als Verlierer zurück. Die verschiedenen, von den Gerichten entwickelten Anforderungen führen zu einer engmaschigeren Kontrolle des Gesetzgebers durch die Gerichte. Diese haben durch Rückgriff auf allgemeine Bestimmungen wie das Rechtsstaatsgebot, die Grundrechte und die Grundfreiheiten ihre Kontrollbefugnisse dynamisch ausgedehnt und den Gestaltungsspielraum des Gesetzgebers reduziert.

Hier setzt fundamentale Kritik an: Mit der geschilderten Entwicklung gerate das demokratische Gewaltengefüge in eine Schieflage. Durch die zunehmende rechtsstaatliche Justierung parlamentarischer Entscheidungen komme es zu einer Überlagerung des Demokratieprinzips durch das Rechtsstaatsprinzip.[59] Demokratie- und Rechtsstaatsprinzip

---

obliegenheiten mit der – nicht überzeugenden – allgemeinen Begründungspflicht gleich zu setzen; zu dieser Sichtweise *W. Höfling* Staatsschuldenrecht, 1993, 298f.

[58] Noch weitergehend mit der Möglichkeit, dass die entsprechenden Pflichten sogar auch die demokratische Rationalität aufwerten, die Annahme, dass Begründungspflichten dem demokratischen Prinzip entsprechen, so *C. Pestalozza* NJW 1981, 2081 (2086); *J. Lücke* (Fn. 57), 98; *K. Redeker/U. Karpenstein* NJW 2001, 2825 (2827). Dem explizit widersprechend *K.-A. Schwarz/C. Bravidor* JZ 2011, 653 (659). Zudem ist zu beachten, dass die in der jüngeren Rechtsprechung postulierten Verfahrenspflichten die rechtsstaatliche Bindung des Gesetzgebers betonen. Die verschiedenen Anforderungen knüpfen nicht an das Zustandekommen oder die Zusammensetzung der das Gesetz tragenden Mehrheiten an, sondern sie verpflichten den Gesetzgeber zur Darlegung bestimmter Sachgründe. Dies mag sich zwar auch auf die Mehrheitsbildung auswirken, unterscheidet sich aber aus der Perspektive demokratischer Rationalität nicht prinzipiell von den materialen Geboten in der Art der Folgerichtigkeit, denn beide knüpfen an den Inhalt der Gesetze an.

[59] *P. Dann* Der Staat 49 (2010), 630 (634).

stünden nicht mehr als gleichwertige Prinzipien nebeneinander. Mit der einseitigen Betonung der rechtsstaatlichen Bindung des Gesetzgebers machten die Gerichte sich zum alleinigen Hüter rechtlicher Rationalität.[60] Dies sei verkehrt: Die Gerichte sollten die Kontrolldichte wieder auf ein angemessenes Maß zurücknehmen und mehr der Kontrolle im und durch den politischen Prozess vertrauen.[61]

1. Verhältnis zwischen Rechtsstaat und Demokratie

Damit rückt die Frage in den Vordergrund, wie Rechtsstaat und Demokratie zueinander ins Verhältnis zu setzen sind. Sowohl der Rechtsstaat als auch die Demokratie können auf eine gemeinsame Grundidee zurückgeführt werden: Den Gedanken der Selbstbestimmung.[62] Dieser Gedanke wird verschieden umgesetzt: Während der Rechtsstaat mit den Grundrechten auf die individuelle Selbstbestimmung zielt, ist die Demokratie eine Form der kollektiven Selbstbestimmung. Deren prinzipielle Ratio ist klar: Nicht die sachliche Richtigkeit, sondern die Mehrheit ist entscheidend. Die demokratische Rationalität bewirkt damit eine direkte Koppelung an politische Rationalitäten. Was aus rechtsstaatlicher Perspektive als von Partikularinteressen geleitete Willkür erscheint, die sich allgemein nicht zu rechtfertigen vermag, wird aus demokratischer Perspektive zum unhintergehbaren Willen des Volkes.[63]

Der Grundgedanke der Selbstbestimmung verwirklicht sich aber in beiden Legitimationsmodi.[64] Neben den rechtsstaatlichen Anspruch, der Hoheitsgewalt Grenzen zu setzen, tritt der Anspruch der demokratisch legitimierten Organe auf Verwirklichung des politischen Mehr-

---

60 *P. Dann* Der Staat 49 (2010), 630 (642).

61 So – für das BVerfG – *O. Lepsius* JZ 2009, 260 (261f.).

62 Dazu sowie zum Folgenden *C. Möllers* (Fn. 5), insbes. 27ff.

63 Dazu *H. Kelsen*, Wesen und Wert der Demokratie, 2. Aufl. 1929, 98ff.

64 Der Einwand, dass rechtsstaatliche Kontrolle kein Mittel der Legitimation von Entscheidungen sein könne, weil eine durch den parlamentarischen Gesetzgeber demokratisch legitimierte Entscheidung durch das Instrument der rechtsstaatlich-gerichtlichen Kontrolle delegitimiert werde, und umgekehrt dort, wo keine rechtsstaatlichen Einwände bestehen und die parlamentarische Entscheidung also bestehen bleibt, die Entscheidung durch die fehlende gerichtliche Korrektur nicht weiter legitimiert, sondern nur unangetastet gelassen werde, also positive Legitimation keine Aufgabe rechtsstaatlich gerichtlicher Kontrolle sein könne, überzeugt in dieser Zuspitzung nicht. Denn zum einen übersieht er, dass die rechtsstaatlichen Grenzen des staatlichen Handelns die Entscheidung des Gesetzgebers beeinflussen sollen und im Regelfall auch tatsächlich beeinflussen, und zum anderen hat auch eine Gesetze aufhebende Entscheidung Gestaltungswirkung.

heitswillens. Beide Legitimationsmodi sind grundsätzlich gleichberechtigte Fundamentalprinzipien moderner Verfassungen.

Mit diesem legitimationsbezogenen Verständnis von Rechtsstaat und Demokratie können die von der Rechtsprechung entwickelten rechtsstaatlichen Gebote sowie die daran geübte Kritik systematisch unterfangen werden. Die Überlegung, dass hinter den neuen oder zumindest intensivierten rechtsstaatlichen Geboten ein Misstrauen gegenüber der Leistungsfähigkeit des politischen Prozesses steht, kann übersetzt werden als Annahme eines Defizits an Legitimation. Aus dieser Perspektive erscheinen die von der Rechtsprechung entwickelten rechtsstaatlichen Gebote als Versuche, ein angenommenes Legitimationsdefizit durch Steigerung der rechtsstaatlichen Legitimation zu kompensieren.

Dieser Erklärungsansatz wird dadurch bestätigt, dass die neuen rechtsstaatlichen Gebote von der Rechtsprechung insbesondere in Bereichen entwickelt und eingesetzt werden, in denen dem Gesetzgeber nach tradierter Dogmatik nur wenige rechtsstaatliche Grenzen gesetzt sind.[65] Dieser Zustand erscheint aber nur deshalb als Defizit, weil die Legitimation der gesetzlichen Regelungen vor allem aus Sicht einer rechtsstaatlichen Rationalität betrachtet wird.[66] Die entsprechende Judikatur beruht insoweit auf einer Verengung von Rationalität und Legitimation in Richtung Rechtsstaat; sie vergisst die spezifisch demokratische Rationalität und Legitimation.

Der weitere Umgang mit diesem Befund hängt davon ab, wie Rechtsstaat und Demokratie in Verfassungsordnungen zueinander ins Verhältnis gesetzt werden. Im Regelfall stehen die beiden Legitimationsmodi nicht unverbunden nebeneinander, sondern bilden ein wechselseitiges Bedingungsverhältnis.[67] Die demokratische Herrschaft der Mehrheit auf Zeit wird rechtsstaatlich begrenzt; zugleich ist der demokratische Mehrheitswille Voraussetzung auch des rechtsstaatlichen Handelns. Der Rechtsstaat zieht mit den Grundrechten der demokratischen Selbstbestimmung Grenzen; zugleich schränken demokratisch legitimierte Gesetze die indi-

---

[65] So in Bezug auf das Steuerrecht *O. Lepsius* JZ 2009, 260 (261 re. Sp. Mitte).

[66] Die einseitige Orientierung an der Rechtsstaatlichkeit prägt auch die Erwartungshaltung an das Gesetz: Die hinter dem Gebot der Folgerichtigkeit stehende Vorstellung vom Gesetz als einer klaren, systematischen, konsistenten und kohärenten Kodifikation ist an den Kodifikationsidealen des 19. Jahrhunderts orientiert, so *O. Lepsius* JZ 2009, 260 (262); *P. Dann* Der Staat 49 (2010), 630 (639f.); damit wird aber verkannt, dass Gesetze in Demokratien weder notwendigerweise noch vorwiegend fachlich-sachliche Erkenntnisprozesse sind, sondern stets politische Entscheidungsvorgänge, so *P. Dann* Der Staat 49 (2010), 630 (640f.).

[67] Dazu nur *E.-W. Böckenförde* HStR II, 3. Aufl. 2004, § 24 Rn. 82ff.; *E. Schmidt-Aßmann* HStR II, 3. Aufl. 2004, § 26 Rn. 96; jew. mwN.

viduelle Freiheitswahrnehmung ein.[68] Demokratie und Rechtsstaat sind trotz ihrer Gegensätzlichkeit im Rahmen der Verfassung des demokratischen Rechtsstaats zusammenzudenken und zusammenzuführen.[69]

Daraus folgt aber nicht, dass die beiden Grundsätze als von vornherein sich bruchlos ergänzende Prinzipien zu verstehen sind. Vielmehr können Verfassungen in Bezug auf Rechtsstaat und Demokratie neben Gemeinsamkeiten und Ergänzungen auch offene Spannungslagen aufweisen.[70] Aus diesen Spannungslagen folgt die Aufgabe, die Strukturunterschiede zwischen rechtsstaatlichem Prinzip und demokratischem Prinzip aufeinander abzustimmen.[71] Dabei legt die legitimatorische Gleichberechtigung von Rechtsstaat und Demokratie nahe, das Demokratieprinzip in die dogmatischen Überlegungen als Gegengewicht zum Rechtsstaatsprinzip einzubringen, um so einem einseitig rechtsstaatlichen Verständnis des Verfassungsrechts entgegenzuwirken.[72]

2. *Grundlage: Allgemeines Demokratieprinzip*

Ansatzpunkt für eine Auslegung des Verfassungsrechts, bei der die demokratische Legitimität als Gegengewicht zur rechtsstaatlichen Legitimität entfaltet werden kann, ist das allgemeine Demokratieprinzip des

---

[68] *C. Möllers* (Fn. 5), 30.

[69] *C. Bumke* Der Staat 49 (2010), 77 (94).

[70] In diese Richtung auch *E. Schmidt-Aßmann* (Fn. 67), § 26 Rn. 91f., 96.

[71] So für das Verhältnis zwischen grundrechtlicher und demokratischer Freiheitsidee *E. Schmidt-Aßmann* Ebd., § 26 Rn. 96.

[72] Dass und wie gegenläufige Rationalitätsansprüche von Rechtsstaat und Demokratie im Rahmen der Dogmatik einer Verfassung zueinander ins Verhältnis gesetzt, aufgefangen und in einzelnen Bereichen konkretisiert und differenziert werden, so dass der prinzipielle Gegensatz herabgespannt wird, lässt sich an den Grundsätzen der Verhältnismäßigkeit, der Bestimmtheit sowie des Vertrauensschutzes und der Rückwirkung beobachten. Allerdings wird die Möglichkeit derartiger differenzierter Lösungen für Gebote rationaler Gesetzgebung grundsätzlich mit dem Argument bestritten, das Gebot rationaler Gesetzgebung eigne sich nicht für eine variable Maßstabsbildung: Zwar bilde Rationalität kein festes Maß, da einzelne Elemente des Rationalitätsurteils variieren; aber das Maß, das als angemessenes Rationalitätsniveau erachtet wird, erhebe nach *C. Bumke* Der Staat 49 (2010), 77 (105, insbes. Fn. 140) den Anspruch, überall und in gleicher Weise beachtet zu werden. Diese Überlegungen überzeugen freilich nicht. Zum einen ist nicht ersichtlich, weshalb die zugestandene Offenheit und Relativität von Rationalitätsurteilen für das Rationalitätsniveau grundsätzlich nicht einschlägig sein soll. Zum anderen wird die legitimationstheoretische Einsicht übergangen, dass die entsprechende Rationalität des demokratischen Rechtsstaats eine Resultante aus demokratischer Rationalität und rechtsstaatlicher Rationalität ist, die z.T. gegenläufig wirken, weshalb das resultierende Rationalitätsniveau durchaus variabel und differenziert sein kann.

Art. 20 GG. Diese Regelung enthält neben dem in Art. 20 Abs. 2 S. 2 GG bestimmten Erfordernis der demokratischen Legitimation aller Staatsgewalt durch Wahlen und Abstimmungen, in Art. 20 Abs. 1 GG die allgemeine Festlegung, dass Deutschland ein demokratischer Staat ist. Sowohl der Wortlaut als auch die Systematik der grundgesetzlichen Regelungen sind offen dafür, das allgemeine Demokratieprinzip integral[73] zu verstehen: Als ein selbständiges Rechtsprinzip, das Grundlage für die Ableitung eigenständiger Vorgaben ist, die über die weiteren Vorgaben zur demokratischen Legitimation hinausgehen können.[74] Damit ist der verfassungsrechtliche Ausgangspunkt markiert für eine dogmatische Rekonstruktion der von den Gerichten entwickelten Gebote im Spannungsfeld zwischen Rechtsstaat und Demokratie.

3. *Grundzüge entsprechender Dogmatik*

Da sowohl das Rechtsstaatsprinzip als auch das allgemeine Demokratieprinzip jeweils integrativ zu verstehen sind, und da beide Prinzipien auf derselben normhierarchischen Ebene liegen,[75] hängt das kon-

---

[73] Insoweit spiegelbildlich zum textlich deutlich schwächer verankerten Rechtsstaatsprinzip; dazu vor allem *K. Sobota* Das Prinzip Rechtsstaat, 1997.

[74] Dazu nur *S. Unger* Das Verfassungsprinzip der Demokratie, 2008, insbes. 104ff., 170ff. mwN.

[75] Das in Art. 20 Abs. 1 GG erklärte allgemeine Demokratieprinzip steht damit zwar eigenständig neben dem Rechtsstaatsprinzip; das integrative Verständnis von Art. 20 Abs. 1 GG ist aber in seinen Wirkungen dadurch begrenzt, dass es die weiteren Regelungen der Verfassung nicht überspielen kann, weshalb das allgemeine Demokratieprinzip nicht als ein normativ aufgeladenes Optimierungsgebot verstanden werden kann, das die anderen Regelungen der Verfassung überspielt. Das allgemeine Demokratieprinzip des Art. 20 Abs. 1 GG kann deshalb auch nicht gegen die Festlegungen des Art. 20 Abs. 2 GG ausgespielt werden. Soweit Art. 20 Abs. 2 GG für sich oder im Zusammenhang mit weiteren Regelungen der Verfassung Aussagen zur demokratischen Legitimation der Staatsgewalt enthält, können diese nicht unter Verweis auf das allgemeine Demokratiegebot des Art. 20 Abs. 1 GG ausgehebelt werden; dies gilt insbesondere für die vom BVerfG entwickelten Legitimationsanforderungen und die daran geübte Kritik, weshalb davon auszugehen ist, dass Art. 20 Abs. 1 GG auch in der Lesart als eigenständiges Demokratiegebot den Diskussionsstand zu den Legitimationserfordernissen nach Art. 20 Abs. 2 GG unverändert lässt. Die gegenteilige Ansicht, die das Gebot demokratischer Legitimation als – in Teilen normativ aufgeladenes – einheitliches Prinzip versteht, dass zu einer Optimierung tendiert, vermag nicht zu überzeugen, denn sie gestattet eine Lösung von den an der Ministerialverwaltung entwickelten Grundsätzen der demokratischen Legitimation der Exekutive, ohne diese Loslösung durch verfassungsrechtlich hinreichend begründete Kriterien eingrenzen zu können; so *D. Ehlers* FS E. Stein, 2002, 125 (136); *K.-P. Sommermann* in: H. von Mangoldt/F. Klein/C. Starck (Hrsg.) GG, Bd. 2, 5. Aufl. 2005, Art. 20 Rn. 194; *B. Grzeszick* Die

krete Verhältnis der beiden Gebote zueinander von den Gründen ab, die für oder gegen eine Zuordnung zum Rechtsstaatsprinzip oder zum allgemeinen Demokratiegebot sprechen.

Verwaltung 42 (2009), 105 (115ff.); *H. M. Heinig* Der Sozialstaat im Dienst der Freiheit, 2008, 484ff., insbes. 485f. Dieses Defizit wird beim Blick auf die verfassungsrechtlichen Grundlagen und entsprechenden Kriterien pluraler bzw. autonomer demokratischer Legitimationskonzepte deutlich. Ausgangspunkt der entsprechenden verfassungsrechtlichen Verankerung pluraler bzw. autonomer demokratischer Legitimation ist die Annahme, dass der Grundsatz der demokratischen Legitimation der Staatsgewalt die Normqualität eines Prinzips hat. Deren Gehalt bestehe in einer nur relativen Vorgabe eines Zieles, dass möglichst optimal erreicht werden soll, wogegen Regeln strikte Vorgaben beinhalten, die nicht relativiert werden können. Die Auslegung des Erfordernisses der demokratischen Legitimation im Sinne eines Regelmodells von Legitimationsketten verkenne nun den Prinzipiencharakter der demokratischen Legitimation und verenge dieses auf die monistisch-hierarchische Legitimation durch Legitimationsketten; so *B.-O. Bryde* StWStP 5 (1994), 305 (323f.); *ders.* KJ 2000, 59 (61ff.). Allerdings vermag diese Argumentation nicht zu überzeugen. Zum einen stellt die Unterscheidung zwischen Prinzipien und Regeln nur einen rechtstheoretischen Modellrahmen zur Beschreibung und Systematisierung der normativen Gehalte einer Rechtsordnung, setzt also diese voraus. Die Unterscheidung zwischen Prinzipien und Regeln vermag deshalb grundsätzlich keine normativen Vorgaben für das – von ihr vorausgesetzte – positive Verfassungsrecht und seine Auslegung zu erzeugen; dazu *B. Grzeszick* Rechte und Ansprüche, 2002, 305ff., insbes. 317ff.; im Kontext demokratischer Legitimation insbesondere *S. Köller* Funktionale Selbstverwaltung und ihre demokratische Legitimation, 2009, 68ff., 71ff. Diesem Einwand kann auch nicht allein dadurch entgangen werden, daß mit Blick auf die Regelung des Art. 20 GG die Vorgaben des Art. 20 Abs. 2 GG als Regel und der allgemeine Grundsatz des Art. 20 Abs. 1 GG als Prinzip verstanden wird, wie dies *S. Unger* (Fn. 74), 104ff., 228ff., 249ff. vorschlägt: Die in diesem Verhältnis angelegte Möglichkeit des Rückgriffs auf Art. 20 Abs. 1 GG als Prinzipiennorm bei der Interpretation von Art. 20 Abs. 2 GG und weiteren, für die Demokratie spezifisch relevanten Einzelbestimmungen des Grundgesetzes (*S. Unger* [Fn. 74], 297ff. Gegen einen Rückgriff auf Art. 20 Abs. 1 GG *W. Kluth* Funktionale Selbstverwaltung, 1997, 369ff.) ist verfassungsrechtlich nicht näher eingegrenzt und vermag deshalb den auf den ersten Blick gewahrten Charakter von Art. 20 Abs. 2 GG als Regel grundsätzlich zu entwerten. Deutlich wird dies vor allem dann, wenn die dem Prinzipienverständnis von Art. 20 Abs. 1 GG zugrunde liegende Rekonstruktion des Demokratieprinzips aus dem demokratischen Freiheitsgedanken in der Tendenz dazu führt, das Demokratieprinzip auch im Rahmen von Art. 20 Abs. 1 GG als Optimierungsgebot zu verstehen (*S. Unger* [Fn. 74], 283ff., insbes. 298; *M. Droege* DÖV 2009, 649 [654]; *J. Krüper* DÖV 2009, 761 [763]; gleichfalls in Richtung eines Optimierungsgebotes, aber abschwächend *S. Müller-Franken* DÖV 2005, 489 [492], das auf eine Öffnung der demokratischen Legitimationsformen drängt (*S. Unger* [Fn. 74], 298) und damit die begrenzenden Wirkungen von Art. 20 Abs. 2 GG weitgehend überspielt. Gegen das Demokratieprinzip als Optimierungsgebot auch *H. Bowitz*, Das Demokratieprinzip als eigenständige Grundlage richterlicher Entscheidungsbegründungen, 1984, 51; *P. Lerche* FS Stern, 1997, 197ff.; *F. Reimer* Verfassungsprinzipien, 2001, 329ff.; *C. Hillgruber* AöR 127 (2002), 460 (469); *C. Waldhoff* JZ 2009, 144 (146f.).

a) Zuordnung nach Institution und Verfahren

Die Frage nach der Zuordnungstendenz kann dabei nicht unmittelbar aus der jeweiligen Sachfrage heraus beantwortet werden. Im Grundsatz kann jede Sachfrage sowohl von einem Parlament als auch von einem Gericht entschieden werden. Von zentraler Bedeutung für die Zuordnung zu einer der beiden Legitimitätsmodi sind deshalb die Verfahren und Institutionen, die für die Entscheidungsfindung zur Verfügung stehen. Hier gibt es signifikante Unterschiede zwischen Parlamenten und Gerichten.[76]

Bei Gerichten sind die Entscheidungsträger ganz überwiegend Berufsjuristen, die in dieser Eigenschaft entscheiden. Im Vordergrund der Entscheidung steht die Ausrichtung an rechtlichen Maßstäben, und nicht-juristische Fachfragen werden grundsätzlich durch externe Expertise abgedeckt. Das zur Entscheidung berufene Gremium besteht in der Regel aus wenigen Richtern. Das Verfahren ist im Regelfall auf einen bestimmten Einzelfall bezogen, wodurch der Kreis der Beteiligten stark eingegrenzt und die Problemwahrnehmung eher retrospektiv ausgerichtet ist. Das erzeugte Recht ist regelmäßig deutlich stärker konkretisiert und individualisiert, als dies bei der parlamentarischen Rechtsetzung der Fall ist.

Bei Parlamenten sind die Entscheidungsträger durch ihre Ausbildung oder vorherige berufliche Tätigkeit weniger definiert. Im Vordergrund der Entscheidung steht die richtige Politik; das Recht ist vor allem Rahmen und Medium der politischen Gestaltungsbefugnis. Das Gremium Parlament besteht aus vielen Personen. Falls Untergremien handeln, vor allem Ausschüsse, repräsentieren diese in ihrer Zusammensetzung das Plenum. Soweit Fachfragen nicht allein von den Parlamentariern erörtert werden, wird externe Fachkenntnis durch ministeriale Zuarbeit oder durch Ausschüsse inhaltlich gesteuert eingeführt. Das Verfahren der Rechtsetzung ist im Regelfall auf größere Themenfelder bezogen und betrifft viele Beteiligte.[77] Die Wahrnehmung der Themenfelder ist regelmäßig stärker prospektiv ausgerichtet auf Entwicklungen, die es zu verhindern oder zu fördern gilt. Und das erzeugte Recht ist regelmäßig allgemeiner, als dies bei Gerichtssprüchen der Fall ist.

Die deutlichen Unterschiede der Verfahren und Institutionen, die für die Entscheidungsfindung jeweils zur Verfügung stehen,[78] geben Aus-

---

[76] Dazu – aus der Perspektive der Gewaltengliederung – *C. Möllers* (Fn. 5), S. 88ff. mwN.

[77] Allerdings werden diese im Regelfall nicht in das Verfahren einbezogen, sondern repräsentiert.

[78] Diese Unterscheidung ist für Höchstgerichte zwar insoweit relativiert, als bei den entsprechenden Entscheidungen häufiger auch allgemeinere und zukunftsbezogene

kunft darüber, ob in Konfliktlagen zwischen Demokratie und Rechtsstaat[79] eine Entscheidung tendenziell eher rechtsstaatlichen, an der inhaltlichen Richtigkeit ausgerichteten Entscheidungsmechanismen zu unterstellen ist, oder ob sie eher demokratischen, an der politischen Mehrheit orientierten Entscheidungsmechanismen unterworfen werden sollte. Entscheidungen, deren Inhalt rechtlich intensiv determiniert ist, die einen erheblichen Einzelfallbezug aufweisen, einen individualisierten Personenkreis intensiver betreffen, und die eine eher retrospektive Wahrnehmung nahelegen, sind tendenziell der rechtsstaatlichen Rationalität zuzuordnen, wogegen Entscheidungen, deren Inhalt rechtlich schwach determiniert ist, die ein erhebliches Verallgemeinerungspotential aufweisen, eine Vielzahl von Personen betreffen, und die eher eine prospektive Perspektive mit sich bringen, tendenziell der demokratischen Rationalität zuzuordnen sind.

b) *Grundsatz hinreichender bestehender rechtsstaatlicher Anforderungen an Gesetzgeber*

Aus der Zuordnung nach den für die Entscheidungsfindung zur Verfügung stehen Verfahren und Institutionen folgt, dass rechtsstaatliche Anforderungen an den Gesetzgeber, die den entwickelten Stand der rechtsstaatlichen Bindungen überschreiten, nur sehr zurückhaltend zu entwickeln sind. Die Zuordnungstendenzen legen nahe, dass Gesetze tendenziell der demokratischen Rationalität zuzuordnen sind. Die bereits entwickelten rechtsstaatlichen Anforderungen an den Gesetzgeber sind deshalb grundsätzlich als hinreichende rechtsstaatliche Bindung anzusehen. Sie können im Zusammenspiel mit den demokratischen Anforderungen an den Gesetzgeber Gesetze hinreichend legitimieren.

Der Grundsatz hinreichender bestehender rechtsstaatlicher Anforderungen an den Gesetzgeber ist insbesondere für den Umgang mit außerrechtlichen Bedingungen und Wertungen von Bedeutung. Soweit

---

Aspekte relevant sind; die Unterscheidung behält aber wegen der auch dort bestehenden Unterschiede ihre prinzipielle Berechtigung zur Markierung einer Zuordnungstendenz, gegebenenfalls auf reduziertem Niveau. Erheblich weniger eindeutig kann dagegen die Zuordnung der Verwaltungstätigkeiten sein.

[79] Entsprechende offene Konfliktlagen bestehen vor allem beim Zusammentreffen von allgemeinem Demokratieprinzip und allgemeinem Rechtsstaatsprinzip. Soweit einzelne Regelungen des Verfassungsrechts die Zuordnung zur Rechtsstaatlichkeit bestimmen, wie dies v.a. bei den Grundrechten der Fall ist, kann diese Zuordnung nicht alleine unter Verweis auf das allgemeine Demokratieprinzip unterlaufen werden; allerdings kann der Prüfungsmaßstab für entsprechende Erwägungen offen sein, wie dies zB die Zurückhaltung des BVerfG bei der Kontrolle der Verhältnismäßigkeit im engeren Sinne zeigt.

keine spezifischen verfassungsrechtlichen Maßstäbe ersichtlich sind, die Art und Umfang der rechtsstaatlichen Bindung vorgeben,[80] und soweit nicht die tradierte Dogmatik rechtsstaatliche Kontrollmaßstäbe[81] bereitstellt,[82] hängt die Zuordnung des Umgangs mit außerrechtlichen Bedingungen und Wertungen von der Verortung in der soeben skizzierten Matrix ab. Falls außerrechtliche Bedingungen und Wertungen im Rahmen von Entscheidungen relevant sind, deren Inhalt rechtlich eher schwach determiniert ist, die ein erhebliches Verallgemeinerungspotenzial aufweisen, die eine Vielzahl von Personen betreffen, und die eher eine prospektive Perspektive mit sich bringen, sind diese tendenziell der demokratischen Rationalität zuzuordnen. Der Gesetzgeber hat daher zu Recht im Grundsatz einen erheblichen Spielraum im Zugriff auf und Umgang mit außerrechtlichen bzw. rechtlich nicht determinierten Bedingungen, Wertungen und Einschätzungen.[83]

c) Neue Anforderungen nur als Kompensation von Legitimationsdefiziten

Aus der Grundannahme folgt weiter, dass Anforderungen, die die rechtsstaatlichen Bindungen des Gesetzgebers über den entwickelten Stand hinaus intensivieren, jeweils besonderer Begründungen bedürfen. Die entsprechenden Anforderungen können nur so weit reichen, wie dies durch spezifische Gründe gerechtfertigt wird. Die Gründe sind dabei aus den beiden Legitimationsmodi zu gewinnen. Die Generierung neuer rechtsstaatlicher Anforderungen an den Gesetzgeber als Mittel der Kompensation eines Legitimationsdefizits ist allerdings nur in engen Grenzen zulässig.

aa) Unterschreitung des verfassungsrechtlich geforderten Legitimationsniveaus

Da die bestehenden rechtsstaatlichen Vorgaben im Zusammenspiel mit den demokratischen Vorgaben grundsätzlich eine hinreichende Legitimation sicherstellen, setzt eine im Wege der Verfassungsauslegung betriebene Verschärfung der rechtsstaatlichen Vorgaben zunächst voraus, dass ein Legitimationsmodus in seiner Leistung so weit reduziert ist, dass das verfassungsrechtlich geforderte Mindestmaß rechtsstaatlicher

---

80 Dazu nur *Meßerschmidt* (Fn. 3), 908 ff.

81 Vergleichbare Überlegungen, gleichfalls im Sinne einer außenrechtstheoretischen Kollision argumentierend, aber auf Kontrolldichte abstellend: *J. Englisch* FS J. Lang, 2010, 167 (199 ff.).

82 Siehe dazu für die Konstellation, dass der Gesetzgeber in Bezug auf Tatsachen fehl geht, *C. Bumke* Der Staat 49 (2010), 77 (97 f.).

83 Dazu sowie zu den Differenzierungen *C. Bumke* Der Staat 49 (2010), 77 (98).

oder demokratischer Legitimation nicht mehr erreicht wird. Verfassungsrechtliche Zusatzanforderungen in der Art der Folgerichtigkeit sind nur zu begründen, wenn und soweit der rechtsstaatliche oder der demokratische Legitimationsmodus in seiner Legitimationsleistung ausnahmsweise so weit reduziert ist, dass trotz Beachtung der bestehenden verfassungs- und einfachrechtlichen Vorgaben das verfassungsrechtliche Mindestmaß an rechtsstaatlicher bzw. demokratischer Legitimation unterschritten wird. Im Regelfall ist davon auszugehen, dass bei Wahrung der verfassungsrechtlichen Standardanforderungen an die Legitimationsmodi diese eine hinreichende Legitimation vermitteln.

Bei der Annahme eines zu kompensierenden Legitimationsdefizits ist daher Zurückhaltung geboten. Insbesondere bei der Annahme eines rechtsstaatlichen Legitimationsdefizits kann übersehen werden, dass eine schwache rechtsstaatliche Determinierung einer Entscheidung und die daraus folgende geringe rechtliche Steuerungswirkung auf entsprechend offenen und zurückhaltenden Vorgaben des Rechts beruhen und deshalb verfassungsrechtlich zu akzeptieren sein kann. So wird zum Steuerrecht die Position vertreten, dass die relativ schwachen grundrechtlichen Einschränkungen des Steuergesetzgebers kein rechtsstaatliches Legitimationsdefizit darstellten, sondern als Konsequenz des geltenden Verfassungsrechts grundsätzlich zu akzeptieren seien. Die inhaltliche Kontrolle des Steuergesetzgebers habe deshalb vor allem auf der politisch-demokratischen Ebene zu erfolgen,[84] und nicht durch eine Intensivierung der rechtsstaatlichen Bindung.

Nur falls trotz Wahrung der tradierten Vorgaben ein Legitimationsmodus in seiner Legitimationsleistung so weit reduziert ist, dass das verfassungsrechtlich geforderte Legitimationsniveau nicht mehr gewahrt ist, kann dieses Legitimationsdefizit möglicherweise ausgeglichen werden, indem aus dem Rechtsstaatsprinzip neue Vorgaben entwickelt werden, die über die tradierten verfassungsrechtlichen Bindungen des Gesetzgebers hinausgehen, dadurch das Defizit an Legitimation kompensieren und damit beseitigen.

---

[84] *O. Lepsius* JZ 2009, 260 (261). Defizite können aber zB in Bezug auf Minderheitenpositionen bestehen. Falls diese im Rahmen der demokratischen Entscheidungsfindung strukturell unterrepräsentiert sind (*O. Lepsius* JZ 2009, 260 [261]), kann möglicherweise eine hinreichend effektive Kontrolle im politischen Prozess nicht stattfinden, was dafür sprechen kann, insoweit die rechtsstaatliche Rationalität stärker zu betonen und entsprechende Gebote zu entwickeln oder zu intensivieren.

bb) Legitimationsdefizit grundsätzlich kompensationsfähig

Allerdings ist auch dann die Generierung neuer rechtsstaatlicher Anforderungen an den Gesetzgeber als Mittel der Kompensation eines Legitimationsdefizits nicht ohne Weiteres möglich. Denn neue bzw. gesteigerte Anforderungen an den Gesetzgeber kommen nur so weit als Mittel der Kompensation eines sonst bestehenden Legitimationsdefizits in Frage, als derartige Kompensationen verfassungsrechtlich grundsätzlich zulässig sind. Ob und wieweit dies der Fall ist, kann nicht pauschal beurteilt werden, sondern bedarf einer differenzierten Untersuchung der jeweiligen Konstellation, der berührten Legitimationsmodi sowie möglicherweise einschlägiger spezieller Vorgaben.[85]

cc) Kompensationsmöglichkeiten

Weiter ist zu beachten, dass ein Legitimationsdefizit nicht nur durch Schaffung weiterer rechtsstaatlicher Gebote kompensiert werden kann, sondern auch durch Verstärkungen des demokratischen Legitimationsmodus. Ein Beispiel dafür liefern die Abgeordnetendiäten. Da die Abgeordneten bei der Entscheidung über die Höhe ihrer Diäten einen erheblichen Spielraum haben, besteht die Gefahr, dass sie ihre Entscheidung vor allem an ihrem finanziellen Vorteil ausrichten. Dieser Gefahr ist nach Ansicht des BVerfG durch eine Stärkung der demokratischen Legitimationselemente zu begegnen. Das Gericht verlangt, dass das Parlament jede Änderung der Höhe der Diäten im Plenum diskutiert und vor den Augen der Öffentlichkeit als selbständige politische Frage entscheidet.[86] Diese Anforderung soll eine hinreichend intensive politische Kontrolle der Parlamentarier ermöglichen und so die demokratische Legitimation der Entscheidung über die Höhe der Diäten stärken.

dd) Kompensationswirkung

Schließlich muss berücksichtigt werden, dass zusätzliche rechtsstaatliche Bindungen nicht stets in der Lage sind, angenommene oder bestehende Legitimationsdefizite auszugleichen. Deutlich wird dies an den Bemühungen des BVerfG, den Gesetzgeber beim bundesstaatlichen Finanzausgleich von einer rein interessenbestimmten Verständigung über Geldsummen[87] zu einer dauerhaften, langfristigen und zukunfts-

---

[85] Zum Demokratieprinzip näher *B. Grzeszick* in: T. Maunz/G. Dürig (Hrsg.) GG, Art. 20, Demokratieprinzip, Rn. 127ff. mwN (Stand: 2010). Generell zu Kompensationen im Öffentlichen Recht *A. Voßkuhle* Das Kompensationsprinzip, 1999.

[86] BVerfGE 40, 296 (316f.)

[87] BVerfGE 101, 158 (217).

gestaltenden Verteilung der Finanzmittel zu bewegen. Der Ansatz, das Fehlen unmittelbar vollziehbarer Maßstäbe in der Finanzverfassung durch eine verfassungsrechtliche Pflicht zum Erlass eines Maßstäbegesetzes auszugleichen, hat sich vor allem deshalb als wirkungslos erwiesen, weil das tatsächlich erlassene Maßstäbegesetz in erheblichen Teilen lediglich eine vorher politisch ausgehandelte Verteilung nachträglich mit abstrakten Umschreibungen bestätigt. Das Konzept einer Pflicht zum Erlass eines Maßstäbegesetzes, das fehlende inhaltliche Vorgaben der Verfassung kompensieren soll, kann deshalb als gescheitert gelten.[88]

ee) Kompensation von Legitimationsdefiziten nur spezifisch und begrenzt

Diese Überlegungen bestätigen, dass rechtsstaatliche Gebote, die den entwickelten Stand der rechtsstaatlichen Anforderungen an den Gesetzgeber überschreiten, von den Gerichten nur sehr zurückhaltend entwickelt werden sollten. Im Grundsatz ist davon auszugehen, dass die bestehenden rechtsstaatlichen und demokratischen Anforderungen an den Gesetzgeber eine hinreichende Legitimation herstellen. Weitere Anforderungen, die über den entwickelten Stand rechtlicher Bindungen des Gesetzgebers hinausgehen, sind nur als spezifische und begrenzte Defizitkompensation zulässig, und können deshalb nur sehr eingeschränkt geschaffen werden.[89]

Eine solche zulässige Kompensation liegt möglicherweise der Entscheidung des BVerfG zu den verfassungsrechtlichen Maßstäben der Staatsverschuldung[90] zu Grunde. Nach Ansicht des Gerichts steht dem Gesetzgeber zwar ein Einschätzungs- und Beurteilungsspielraum zu bei der Beurteilung, ob eine von der Verfassung vorausgesetzte Störung des gesamtwirtschaftlichen Gleichgewichts – jetzt: eine von der Normallage abweichende konjunkturelle Entwicklung – vorliegt oder unmittelbar droht, sowie bei der Einschätzung, ob eine erhöhte Kreditaufnahme zu ihrer Abwehr geeignet ist. Nimmt der Gesetzgeber die Befugnis zur erhöhten Kreditaufnahme in Anspruch, trifft ihn aber nach Ansicht des Gerichts im Gesetzgebungsverfahren eine Darlegungslast dafür, dass

---

[88] *C. Waldhoff* Die Verwaltung 39 (2006), 155 (161 ff.).

[89] Die zum Gebot der Folgerichtigkeit entwickelten Grundsätze sind daher auch für die Annahme allgemeiner Verfahrenspflichten und -obliegenheiten einschlägig. Auch für diese ist vom Grundsatz auszugehen, dass die bestehenden rechtsstaatlichen Bindungen des Gesetzgebers genügen. Nur wenn und soweit das Verfassungsrecht vom Gesetzgeber ausnahmsweise die Feststellung bestimmter Tatsachen oder die Vornahme bestimmter Prognosen abverlangt, besteht eine – spezifische – Obliegenheit im Sinne einer Darlegungslast.

[90] BVerfGE 79, 311 (344 f.).

die verfassungsrechtlichen Voraussetzungen erfüllt sind. Diese Darlegungslast ermöglicht ein Mindestmaß an inhaltlicher Kontrolle durch das Gericht, ohne dem Gesetzgeber von der Verfassung nicht vorgesehene inhaltliche Vorgaben aufzuzwängen.

Zwar werden auch hiergegen Bedenken geäußert: Neben der Frage, ob die vom Haushaltsgesetzgeber verlangte konkrete Darlegung nicht auf eine geminderte Begründungspflicht hinauslaufe, die sich daran reibe, dass eine allgemeine verfassungsrechtliche Begründungspflicht des Gesetzgebers nicht bestehe,[91] wird vor allem die Wirkung der haushaltsgesetzgeberischen Darlegungsobliegenheit bezweifelt.[92] Gegen diese Kritik wird aber eingewendet, dass von der spezifizierten Erklärung und Rechtfertigung der erhöhten Nettokreditaufnahmen eine politische Rückkoppelungswirkung ausgehen könne, welche die allgemeine Publizitätsfunktion des staatsschuldenrechtlichen Gesetzesvorbehalts sowie die Warnfunktion der Investitionsveranschlagung in sinnvoller Weise ergänzen könne, weshalb die Darlegungslast als Chance für eine rationalere Auseinandersetzung mit dem Thema Staatsverschuldung verstanden werden könne.[93]

IV. Europarecht

Der Trend, dass Gerichte für die parlamentarische Rechtsetzung allgemeine rechtsstaatliche Gebote aufstellen, die losgelöst von Einzelgarantien stehen und den Gesetzgeber intensiv binden, ist vor allem Unionsrecht gleichfalls zu verzeichnen.[94] Der EuGH hat in einigen Fällen[95] mit erheblicher Intensität geprüft, ob nationale Regelungen, die in Grundfreiheiten eingreifen oder Diskriminierungen enthalten, tatsächlich dazu dienen, die jeweils als Rechtfertigung geltend gemachte Ziele in kohärenter und systematischer Weise zu erreichen.

In Bezug auf die rechtliche Verortung und dogmatische Konturierung des europäischen Kohärenzgebotes bestehen dabei strukturell grundsätzlich die gleichen Probleme wie bei den entsprechenden Geboten im

---

91 *T. Maunz* BayVBl. 1989, 498 (499); *S. Janssen* DVBl. 1989, 618f.; *Höfling* (Fn. 57), 298f.

92 *W. Patzig* DÖV 1989, 1022 (1027).

93 *Höfling* (Fn. 57), 300.

94 Zur Entwicklung eines Kohärenzgebotes im Bereich der EMRK siehe EGMR, NJW 2010, 3419 Rn. 35 – Bigaeva/Griechenland; ÖJZ 2010, 684 Rn. 74 – S. H./Österreich; dazu *F. Wollenschläger* MedR 2011, 21 (25ff.).

95 Deutlich EuGHE 2006, I-4325ff. – Watts; 2009, I-1721ff. – Hartlauer.

deutschen Verfassungsrecht.[96] Die dazu entwickelten Grundsätze können deshalb im Prinzip auf das Kohärenzgebot übertragen werden.

Allerdings tritt im Europarecht mit der Verteilung der Kompetenzen zwischen der Union und den Mitgliedstaaten ein weiterer Aspekt hinzu. Die Prüfung der nationalen Regelungen auf ihre Kohärenz eröffnet dem EuGH die Möglichkeit, das nationale Recht intensiv zu kontrollieren. Das Abstellen auf die Kohärenz und Systematik der nationalen Regelungen scheint zwar die Zuständigkeit der Mitgliedstaaten zu schonen, da diese es in der Hand haben, ein legitimes Regelungssystem aufzustellen. Allerdings kann der EuGH bei der entsprechenden Prüfung umfassend auf die Regelungen des nationalen Rechts sowie deren Durchsetzung zugreifen. Die Kohärenz-Prüfung eröffnet deshalb dem EuGH in Verbindung mit der passiven Seite der Grundfreiheiten sowie Diskriminierungsschutzregelungen die Möglichkeit, mitgliedstaatliche Regelungen weitreichend und intensiv zu kontrollieren.[97]

Falls diese Regelungen nun ein Sachgebiet betreffen, das in die Zuständigkeit der Mitgliedstaaten fällt, vermag eine intensive Kontrolle durch den EuGH die Balance zwischen mitgliedstaatlicher Zuständigkeit für das Sachgebiet einerseits und unionsrechtlicher Geltung der Grundfreiheiten und des Diskriminierungsschutzes andererseits zu verschieben. Es besteht die Gefahr einer Europäisierung durch Kohärenz.[98]

Deutlich wird dies im Kranken- und Sozialversicherungsrecht. Obwohl die sachliche Zuständigkeit für das Gebiet des Gesundheitswesens im Prinzip bei den Mitgliedstaaten liegt, gibt die intensive Kohärenzkontrolle nationaler Regelungen dem EuGH die Möglichkeit, in den Gestaltungsspielraum der Mitgliedstaaten tief einzugreifen und sie zu einschneidenden Anpassungen ihrer Rechtsordnungen zu verpflichten.

Beispiel für eine kompetenzgefährdende Kohärenzprüfung ist die Entscheidung des EuGH in der Rechtssache Hartlauer.[99] Der Gerichtshof hatte über die Versagung einer bedarfsabhängigen Bewilligung für Zahnambulatorien in Österreich zu entscheiden, die er als Beschränkung der Niederlassungsfreiheit ansah. Als Rechtfertigung wurde eine erhebliche Gefährdung des finanziellen Gleichgewichts des Gesundheitssystems geltend gemacht. Der EuGH verwirft dies: Weil Gruppenpraxen in Österreich keinem Bewilligungssystem unterworfen sind, sei das Bewilli-

---

[96] Dazu näher *Axer* in: Axer/Grzeszick/Kahl/Mager/Reimer (Fn. 19), 123 (142 mwN.).

[97] *Axer* in: Axer/Grzeszick/Kahl/Mager/Reimer (Fn. 19), 123 (137f.) – insbesondere zum Bereich der Kranken- und Sozialversicherungen.

[98] *Axer* in: Axer/Grzeszick/Kahl/Mager/Reimer (Fn. 19), 123 (139, 141f.).

[99] EuGHE 2009, I-1721ff. – Hartlauer.

gungserfordernis für Zahnambulatorien nicht geeignet, eine Beschränkung der Niederlassungsfreiheit zu rechtfertigen.

Nach Ansicht des beteiligten Generalanwalts sollte die Frage, ob Gruppenpraxen und Zahnambulatorien in Hinsicht auf das Ziel des Bewilligungssystems vergleichbar sind, durch das vorlegende nationale Gericht unter Beachtung der vom EuGH zu gebenden Hinweise beurteilt werden. Damit wäre sichergestellt gewesen, dass die eingehende Wirkungsanalyse, die zur Frage der Vergleichbarkeit von Gruppenpraxen und Ambulatorien nötig ist, mit Rücksicht auf die Wertungen und Einschätzungen des Mitgliedstaates erfolgen kann.[100]

Der Gerichtshof geht dagegen in seiner Entscheidung ohne Weiteres davon aus, dass Zahnambulatorien und Gruppenpraxen insoweit vergleichbar seien. Er legt hierbei seine Wertungen und Einschätzungen zu Grunde, ohne auf die Zuständigkeit der Mitgliedstaaten für das Gebiet des Gesundheitswesens Rücksicht zu nehmen.

Dem Problem einer kompetenzgefährdenden Kohärenzprüfung kann aber gleichfalls mit den zuvor entwickelten Grundsätzen begegnet werden. Nach diesen Grundsätzen ist davon auszugehen, dass die tradierten europarechtlichen Bindungen des Gesetzgebers im Prinzip genügen. Für das Europarecht folgt daraus, dass eine umfassende und intensive Kohärenzprüfung des nationalen Rechts der Rechtfertigung als bereichsspezifische Defizitkompensation bedarf, und in Voraussetzungen und Reichweite eng zu begrenzen ist. Damit ist die Zuständigkeit der Mitgliedstaaten für den jeweiligen Sachbereich ausreichend vor einer Europäisierung durch Kohärenz geschützt.[101]

V. Wesen und Wert der Demokratie im modernen Rechtsstaat

Nach alledem: Rationalität ist und bleibt Leitmotiv des modernen Staates. Nur wenn und soweit das Gesetz vernünftig ist, kann es seinen Anspruch auf Verbindlichkeit auf Dauer einlösen. Hinter die Vernunft führt kein Weg zurück.

Allerdings ist Rationalität in modernen Verfassungen weder auf Rechtsstaatlichkeit beschränkt, noch mit ihr gleichzusetzen. Neben die rechtsstaatliche Rationalität tritt die demokratische Rationalität. Beide Legitimationsmodi sind grundsätzlich gleichberechtigte Fundamentalprinzipien des demokratischen Rechtsstaates.

---

[100] Schlussanträge GA *Y. Bot*, EuGHE 2009, I-1721 Rn. 111 ff. – Hartlauer.

[101] So zB im Bereich des Glücksspielrechts; dazu *S. van den Bogaert/A. Cuyvers* CMLR 48 (2011), 1175 (1201).

Wo Rechtsstaat und Demokratie nicht komplementär, sondern gegenläufig wirken, können sie offene Spannungslagen bilden. In diesen Konstellationen sind die konkurrierenden Ansprüche des rechtsstaatlichen und des demokratischen Prinzips gegeneinander abzustimmen. Die Verfahren und Institutionen der beiden Legitimationsmodi begründen dabei den Grundsatz, dass die bestehenden verfassungsrechtlichen Bindungen des Gesetzgebers prinzipiell genügen. Darüber hinausgehende rechtliche Bindungen des Gesetzgebers bedürfen der Rechtfertigung als bereichsspezifische Defizitkompensationen, und sind in Voraussetzungen und Reichweite eng begrenzt.

Soweit die nationalen und die europäischen Gerichte dazu tendieren, losgelöst von Einzelgarantien und allein auf die Kraft der rechtsstaatlich-aufgeklärten Vernunft setzend allgemeine rechtsstaatliche Anforderungen für die parlamentarische Rechtsetzung aufzustellen, bedürfen sie daher ihrerseits einer Aufklärung: Der Aufklärung über Wesen und Wert der Demokratie im modernen Staat. Die Rationalitätsanforderungen an die parlamentarische Rechtsetzung im demokratischen Rechtsstaat können nur mit Rücksicht auf Rechtsstaat und Demokratie zutreffend bestimmt werden.

Leitsätze des 2. Referenten über:

Rationalitätsanforderungen an die parlamentarische Rechtsetzung im demokratischen Rechtsstaat

I. Rationalität als Leitmotiv moderner Verfassungsstaatlichkeit

(1) Recht muss vernünftig sein, um dem Anspruch auf verbindliche Ordnung genügen zu können.

(2) Über die Frage, was unter Rationalität zu verstehen ist, besteht in modernen Gesellschaften aber keine Einigkeit.

(3) Deshalb ist das selbstbestimmt gedachte Individuum Quelle der Legitimation von Staat und Recht.

(4) Selbstbestimmung erfolgt im Verfassungsrecht über zwei Legitimationsmodi: Demokratie und Rechtsstaat.

(5) Die Erfüllung der Erwartung, dass der Staat eine rationale Einrichtung ist, wird regelmäßig der Rechtsstaatlichkeit zugeschrieben.

(6) Rechtsstaatlichkeit ist Ausgangspunkt der von den Gerichten betriebenen Entwicklung hin zu einer allgemeinen Pflicht zu rationaler und konsistenter Gesetzgebung.

(7) Diese Entwicklung führt zur Frage, ob und wieweit solche rechtsstaatlichen Anforderungen an den Gesetzgeber im Verfassungs- und Unionsrecht zu begründen sind.

II. Rechtsstaatliche Aspekte

(8) Die rechtsstaatlichen Aspekte können am Gebot der Folgerichtigkeit gezeigt werden.

(9) Die grundsätzliche verfassungsrechtliche Verankerung des Gebotes der Folgerichtigkeit ist nicht das eigentliche Problem.

(10) Auch der Vorwurf des Unterlaufens von Stufungen in der Normenhierarchie greift nicht; Beispiel: Pendlerpauschale.

(11) Das Gebot der Folgerichtigkeit verschiebt den Bezugspunkt der Rechtfertigungslast in das Gesetz hinein, wodurch der grundrechtliche Schutz der Bürger vor staatlichen Freiheitsbeeinträchtigungen und Un-

gleichbehandlungen gestärkt, aber auch geschwächt werden kann; Beispiele: Pendlerpauschale, Nichtraucherschutzgesetze.

(12) Den Grundrechten kann nicht entnommen werden, wann eine gesetzliche Regelung als strikte Grundentscheidung mit Ausnahmen anzusehen ist, und wann als eine weniger strikte Grundentscheidung; Beispiele: Pendlerpauschale, Nichtraucherschutzgesetze.

(13) Diese Unsicherheit steht auch einer regelförmigen Koppelung des Gebotes der Folgerichtigkeit mit der gegenwärtigen grundrechtlichen Dogmatik entgegen.

(14) Das Gebot der Folgerichtigkeit führt damit mindestens potentiell zu einer erheblichen Aufwertung der Verfassungsgerichte gegenüber dem Gesetzgeber.

(15) Daran ändert sich auch dann nichts, falls das Gebot der Folgerichtigkeit als prozedurale Anforderung verstanden wird.

III. Demokratieprinzip

1. Verhältnis zwischen Rechtsstaat und Demokratie

(16) Sowohl der Rechtsstaat als auch die Demokratie können auf den Gedanken der Selbstbestimmung zurückgeführt werden.

(17) Während der Rechtsstaat mit den Grundrechten auf die individuelle Selbstbestimmung zielt, ist die Demokratie eine Form der kollektiven Selbstbestimmung.

(18) Selbstbestimmung verwirklicht sich aber in beiden Legitimationsmodi, die grundsätzlich gleich berechtigte Prinzipien moderner Verfassungen sind.

(19) Die von den Gerichten entwickelten Gebote erscheinen als Versuche, angenommene Defizite von Legitimation durch Steigerungen der rechtsstaatlichen Legitimität zu kompensieren.

(20) Die entsprechende Judikatur beruht insoweit auf einer Verengung von Rationalität und Legitimität in Richtung Rechtsstaat; sie vergisst die demokratische Legitimität.

(21) Obwohl Demokratie und Rechtsstaat im Rahmen der Verfassung des demokratischen Rechtsstaats zusammenzudenken sind, können entsprechende Verfassungen in Bezug auf Rechtsstaat und Demokratie auch offene Spannungslagen ausweisen.

2. Grundlage: Allgemeines Demokratieprinzip

(22) Aus diesen Spannungslagen folgt die Aufgabe, die Strukturunterschiede zwischen rechtsstaatlichem Prinzip und demokratischem Prinzip aufeinander abzustimmen.

(23) Die legitimatorische Gleichberechtigung von Rechtsstaat und Demokratie legt es nahe, das Demokratieprinzip als Gegengewicht zum Rechtsstaatsprinzip einzubringen.

(24) Das allgemeine Demokratieprinzip kann als Rechtsprinzip verstanden werden, mit einem über die weiteren Regelungen demokratischer Legitimation hinausgehenden Gehalt.

3. Grundzüge entsprechender Dogmatik

a) Zuordnung nach Institutionen und Verfahren

(25) Die Zuordnungstendenz eher zum Rechtsstaatsprinzip oder eher zum Demokratieprinzip erfolgt nach den Verfahren und Institutionen für die Entscheidungsfindung.

(26) Hier gibt es signifikante Unterschiede zwischen Parlamenten und Gerichten.

b) Grundsatz hinreichender bestehender rechtsstaatlicher Anforderungen an Gesetzgeber

(27) Aus der Zuordnung nach den für die Entscheidungsfindung zur Verfügung stehenden Verfahren und Institutionen folgt, dass in offenen Konfliktlagen zwischen Demokratie und Rechtsstaat Gesetze tendenziell der demokratischen Rationalität zu unterstellen sind.

(28) Die entwickelten rechtsstaatlichen Anforderungen an den Gesetzgeber sind deshalb als grundsätzlich hinreichende rechtsstaatliche Bindung anzusehen, um im Zusammenspiel mit den demokratischen Anforderungen an den Gesetzgeber Gesetze legitimieren zu können.

(29) Der Gesetzgeber hat zu Recht im Grundsatz einen erheblichen Spielraum im Zugriff auf und Umgang mit außerrechtlichen bzw. rechtlich nicht vollständig determinierten Bedingungen, Wertungen und Einschätzungen.

c) Neue Anforderungen nur als Kompensation von Legitimationsdefiziten

(30) Neue Anforderungen, die die rechtsstaatlichen Bindungen des Gesetzgebers intenivieren, bedürfen jeweils besonderer, spezifischer Begründungen.

(31) Die entsprechenden Anforderungen können nur so weit reichen, wie diese spezifischen Gründe diese Anforderungen als Kompensation eines Legitimationsdefizites rechtfertigen.

(32) Rechtsstaatliche Zusatzanforderungen in der Art der Folgerichtigkeit sind aber nur zu begründen, soweit die grundsätzlich vorausgesetzte rechtsstaatliche und demokratische Legitimation ausfällt; Beispiel: Steuerrecht.

(33) Auch kann ein rechtsstaatliches Legitimationsdefizit nicht nur durch weitere rechtsstaatliche Gebote kompensiert werden, sondern auch durch Verstärkungen des demokratischen Legitimationsmodus; Beispiel: Diäten.

(34) Schließlich sind rechtsstaatliche Bindungen nicht stets in der Lage, angenommene oder reale Defizite des politischen Prozesses auszugleichen; Beispiel: Maßstäbegesetz.

(35) Rechtsstaatliche Gebote, die den entwickelten Stand der rechtsstaatlichen Anforderungen an den Gesetzgeber überschreiten, sind deshalb nur als spezifische und begrenzte Defizitkompensation zulässig; Beispiel: Darlegungslast für Staatsverschuldung.

IV. Europarecht

(36) In Bezug auf die rechtliche Verortung des europäischen Kohärenzgebotes und dessen dogmatische Konturierung bestehen strukturell grundsätzlich die gleichen Probleme wie bei den entsprechenden Geboten im deutschen Verfassungsrecht.

(37) Die dazu entwickelten Grundsätze können deshalb im Prinzip auf das Kohärenzgebot übertragen werden.

(38) Allerdings tritt im Europarecht die Gefahr einer Europäisierung mitgliedstaatlicher Kompetenzbereiche durch intensive Kohärenzprüfungen hinzu; Beispiel: Fall Hartlauer.

(39) Dieser Gefahr kann aber mit den zuvor entwickelten Grundsätzen begegnet werden.

V. Wesen und Wert der Demokratie im modernen Rechtsstaat

(40) Rationalität ist und bleibt Leitmotiv und Legitimitätsreserve des modernen Staates.

(41) In modernen Verfassungen tritt neben die rechtsstaatliche Rationalität die demokratische Rationalität.

(42) Soweit Gerichte, allein auf die Kraft der rechtsstaatlichen Vernunft setzend, allgemeine rechtsstaatliche Anforderungen für die parlamentarische Rechtsetzung aufstellen, bedürfen sie der Aufklärung über Wesen und Wert der Demokratie im modernen Rechtsstaat.

(43) Nur mit Rücksicht auf Rechtsstaat und Demokratie können die Anforderungen an die parlamentarische Rechtsetzung zutreffend bestimmt werden.

Rationalitätsanforderungen an die parlamentarische Rechtsetzung im demokratischen Rechtsstaat

Höfling: Wir möchten jetzt – nach zwei eindringlichen, zugleich aber auch wohltuend ernüchternden Referaten – mit der Diskussion beginnen. Ich darf nochmals darauf hinweisen, dass wir ein wirklich enges Zeitkorsett haben. Die Ampel wird uns hoffentlich auch in diesem Jahr wieder gute Dienste erweisen. Für all diejenigen, die sich schon auf vier Minuten Redezeit eingestellt haben, habe ich eine gute Nachricht: Sie haben nur drei. Sie wissen, die Zeituhr läuft unaufhaltsam. Wenn Rot blinkt, ist es wirklich zu Ende, sonst kommen wir nicht mehr zu den Schlussworten. Wie jedes Jahr war der Versuch einer Gliederung erfolglos. Jeder will etwas Grundsätzliches sagen. So haben wir uns eine ganz eigenwillige Mischung ausgedacht. Ich rufe immer die drei Nächsten auf, und wir werden beginnen mit Herrn Engel, dann kommt Herr Lorz und dann bitte Herr Grimm.

Engel: Wir sind beiden Referenten zum Dank dafür verpflichtet, dass sie uns einen sehr nachdenklichen Blick auf einen Überschwang der Rationalisierung von Politik eröffnet haben. Dazu möchte ich auch gar keine kritischen Anmerkungen machen. Mein Diskussionsbeitrag konzentriert sich auf die ein bisschen zu kurz gekommene Vorfrage, warum man denn überhaupt an einer Rationalisierung der Politik interessiert sein könnte. In den beiden Referaten klangen am ehesten idealistische Argumente an. Von Aufklärung war die Rede, das Wort Kohärenz fiel häufiger, man könnte also an die Kohärenztheorie der Wahrheit und an Dworkin denken. Was gar nicht zur Sprache kam, ist, dass es auch utilitaristische Gründe geben könnte, dass also die Rationalität des Gesetzes eine Voraussetzung für die Effektivität rechtlicher Steuerung sein könnte. Dazu will ich ein paar Bemerkungen machen.

Dass Gesetze rational sind, könnte aus zwei Gründen nützlich sein. Einmal mit Bezug auf den Rechtsunterworfenen. Die Rationalität der Norm könnte eine Determinante für das Ausmaß des Rechtsgehorsams sein. Wenn den Betroffenen die Norm als schlechthin willkürlich erscheint, würden wir mit dem rechnen müssen, was die Psychologen Reaktanz nennen. Darauf beschränkt es sich aber nicht. Man kann, um es mal ein bisschen salopp zu sagen, nun mal nicht neben jeden Mülleimer einen Polizisten stellen. Das Recht ist fast immer darauf angewiesen, dass es allein deshalb befolgt wird, weil es gilt, ohne dass der Rechtsetzungsapparat überhaupt tätig wird. Diese Bereitschaft zur Rechtsbefolgung wird aber leiden, wenn den Adressaten der Norm das, was sie sehen, wenig einsichtig erscheint. Das Recht geht oft sogar noch einen Schritt weiter und versucht, über den Anlass der konkreten Norm hinaus Einstellungen in den Adressaten zu bilden, die dann bei anderen Gegenständen nützlich werden können. Diese Wirkung kann die Rechtsordnung nur erwarten, wenn den Adressaten sinnvoll erscheint, was der Rechtsapparat tut.

Rechtsklarheit und Rationalität könnten außerdem eine Determinante dafür sein, wie gut es dem Rechtsdurchsetzungsapparat gelingt, das Normprogramm des Gesetzgebers in Wirklichkeit umzusetzen. Diese beiden Dimensionen utilitaristischer Art müssen nun nicht identisch sein. Es kann sogar ein Spannungsfeld zwischen beiden geben. Und selbstverständlich heißt das nicht, dass deswegen, weil es so gute Gründe geben könnte, es nicht auch gute Gegengründe geben könnte. Da bin ich durchaus bei den Referenten, glaube aber, etwas mehr Abwägung zwischen Pro und Kontra hätte dem Thema gut getan.

Lorz: Ich möchte direkt anknüpfen an Herrn Engel, ein bisschen advocatus diaboli spielen und die Frage stellen, ob wir hier nicht sogar einen Fall vor uns haben, in dem ein für ganz andere Fälle gedachtes Rechtsinstitut am Ende ungeahnte positive Wirkungen in eine unvorhergesehene Richtung erzeugt. Es geht um das Verhältnis von Rechtsstaat und Demokratie, und Herr Grzeszick hat ausführlich und sehr zutreffend die Spannungslage dargelegt, die zwischen beiden besteht. Ich würde gerne das Fernglas umdrehen und fragen, ob nicht gerade das Gebot der Folgerichtigkeit auch umgekehrt als Beitrag zur Erhöhung demokratischer Rationalität gelesen werden kann, indem es nämlich, wenn es von der Rechtsprechung richtig exekutiert wird, den Gesetzgeber daran hindert, mit Rücksicht auf bestimmte Zielgruppen, von denen man sich einen besonderen politischen Widerstand erwartet, faule Kompromisse einzugehen. Anders ausgedrückt: Kann es nicht dazu zwingen, klar konturierte Alternativen zu formulieren und darüber in eine der Öffentlichkeit zugängliche Debatte einzutreten? Zwei der Beispiele, die Herr Grzeszick gebracht hat, deuten bereits in diese Richtung. Das eine ist das Diätenbeispiel, wo das Verfassungsgericht die Debatte – über die Auseinandersetzung im Plenum – in den öffentlichen politischen Raum gezwungen hat. Das andere betrifft die Darlegungslast zur Staatsverschuldung, wo es ebenfalls darum geht, dass sich der Gesetzgeber nicht nur mit seiner Entscheidung, sondern auch mit seiner Begründung der öffentlichen Auseinandersetzung stellen muss, und ich glaube, die jüngste Rechtsprechung zum Euro-Rettungsschirm könnte in eine ähnliche Richtung weisen. Ich möchte mir aber außerdem die beiden Beispiele herausgreifen, die er zu Beginn eingeführt hat – Pendlerpauschale und Nichtraucherschutz –, und daran zeigen, dass auch hier das Gebot der Folgerichtigkeit in eine entsprechende Richtung wirken kann. Warum sind die Nichtraucherschutzgesetze so ausgefallen, wie sie ausgefallen sind? Das waren nicht in erster Linie verfassungsrechtliche Beweggründe, sondern es ging vor allem darum, dass man den politischen Widerstand in erster Linie aus der Gastronomie und vielleicht noch aus dem Brauchtum – da, wo ich herkomme, würde man sagen: von den Karnevals- und Schützenvereinen – erwartet hat. Das erklärt die ganzen Ausnahmen für Festzelte, Eckkneipen etc. Indem das vom Verfassungsgericht als inkonsistent verworfen worden ist, ist die Debatte jedoch auf die eigentliche Frage zugespitzt worden, nämlich: wollen wir oder müssen wir als Gesellschaft das Rauchen in öffentlichen Räumen tolerieren oder nicht? Und wie die Volksabstimmung in Bayern gezeigt hat, ist diese Frage durchaus einer öffentlichen Auseinandersetzung zugänglich. Für die Pendlerpauschale gilt das Gleiche. Warum der 21. Kilometer? Der Grund war einfach: Man wollte Geld einnehmen, indem man dort den Steuervorteil kappt. Man war sich aber der Tatsache bewusst, dass man, wenn man das Werkstorprinzip konsequent durchgehalten hätte, einen immensen Widerstand aus den ländlichen Regionen bekommen hätte. Wer weniger als 20 Kilometer zur Arbeit fahren muss, grummelt vielleicht, wenn er das nicht mehr absetzen kann, baut aber keinen vergleichbaren politischen Widerstand auf; deswegen diese Grenze. Wenn man das Gebot der Folgerichtigkeit entsprechend einsetzt, gelangt man aber auch hier zu der ansonsten verschleierten klaren Auseinandersetzung über die Grundsatzfrage: Nettoprinzip oder Werkstorprinzip? Und das halte ich für einen möglichen positiven Beitrag dieses Gebots. Vielen Dank.

Grimm: Beide Referenten haben eine Reihe von Rationalitätsbegriffen in ihren Ausführungen verwendet, meistens durch Zusätze wie Fachrationalität, demokratische Rationalität usw. gekennzeichnet. Möglicherweise ließe sich die Frage nach ihrer verfassungsrechtlichen Relevanz noch zuspitzen, wenn man die Begriffe auf drei Ebenen begrenzte. Auf der ersten Ebene erscheint Rationalität in ihrem allgemeinsten Verständnis als Vernunftgemäßheit. Das ist eine Art von Rationalität, gegen die niemand etwas einwenden kann, die aber auch derart abstrakt ist, dass sie zur Lösung verfassungsrechtlicher Probleme nichts beiträgt.

Alles was vom Postulat der Vernunftgemäßheit von Gesetzen rechtlich verwendbar ist, steht bereits konkreter in der Verfassung, es steht in den Grundrechten, und es steht in den Verfahrensvorschriften für legislatorische Entscheidungen. Einen verfassungsrechtlichen Mehrwert kann ich dem Begriff in dieser Bedeutung nicht abgewinnen. Auf der zweiten Ebene geht es um Systemrationalität, jedoch nicht verstanden im Sinn der Folgerichtigkeit, wie das Verfassungsgericht den Begriff gelegentlich benutzt, sondern im Sinn der Rationalität der verschiedenen gesellschaftlichen Funktionssysteme, hier also vor allem des politischen Systems. Seine Rationalität ist eine andere als die des Wirtschaftssystems oder des Wissenschaftssystems. Insbesondere spielt es im politischen System eine Rolle, wie man für eine als vernünftig erachtete Maßnahme Konsens erlangt, welche Abstriche an der Vernünftigkeit im Interesse des Konsenses hinzunehmen sind, wessen Sympathien man sich durch eine bestimmte Maßnahme verscherzt oder erringt, wie sie die Chancen bei der nächsten Wahl beeinflusst usw. Solche Erwägungen werden oft und gern als unsachlich hingestellt. Aber unsachlich sind sie nur nach den Rationalitätskriterien anderer Systeme. Im politischen System sind sie keineswegs unsachlich und unter der Geltung des Demokratieprinzips auch nicht illegitim. Ihre Grenzen ergeben sich aus der Verfassung, etwa die Grenzen der Versuche, die Wahlchancen zu verbessern. Auf der dritten Ebene kommt sodann die Rationalität des Regelungsgegenstandes zum Zug. Man kann gesellschaftliche Abläufe nur effektiv steuern, wenn man die Rationalität des Steuerungsobjekts berücksichtigt. Aber auch insoweit lassen sich der Verfassung bereits Anhaltspunkte entnehmen, vor allem dem Verhältnismäßigkeitsprinzip. Wenn eine Regelung zur Erreichung ihres Zwecks ungeeignet ist, hilft nicht erst die gegenständliche Rationalität. Die Tauglichkeitsstufe des Verhältnismäßigkeitsgrundsatzes löst das Problem genauer. Wenn die Regelung stärker eingreift als zur Zweckerreichung nötig, kommt man mit der Erforderlichkeitsprüfung hin. Zusammenfassend also: Was zur Lösung der Probleme nötig ist, auf die sich die verschiedenen Rationalitätsbegriffe beziehen, enthält die Verfassung bereits, und zwar in präziserer Form. Wenn etwas Zusätzliches aus dem Rationalitätserfordernis gewonnen werden soll, kann es meines Erachtens nur unter dem Gesichtspunkt des Voraussetzungsschutzes für verfassungsrechtlich anerkannte Güter gerechtfertigt werden. Jenseits dessen droht die Mobilisierung von Rationalitätsbegriffen in Einengung des demokratischen Gesetzgebers umzuschlagen. Insofern kann man das Thema auch als weiteren Beleg dafür ansehen, dass in der deutschen Staatsrechtslehre Rechtsstaatsvorstellungen immer noch beliebter sind als Demokratiegesichtspunkte.

Isensee: Alle hier im Saal sind sich einig in der Feststellung: Gesetze müssen vernünftig sein; ein Gesetz, das allseits als unvernünftig angesehen wird, kann nicht auf Akzeptanz hoffen. Beide Referenten folgen dieser Prämisse, doch betrachten sie das Problem der Rationalität des Gesetzes von unterschiedlichen Standpunkten aus, Herr Lienbacher von dem des positiven Rechts, Herr Grzeszick von dem der Verfassungstheorie. In seiner österreichischen Sichtweise lässt sich Herr Lienbacher nicht bestechen durch Philosophie, Moral oder theoretische Deduktionen irgendwelcher Art. Er hält sich streng an das geltende Recht und die Anwendungspraxis. Dagegen geht Herr Grzeszick vom meta-positiven Ideal der Vernünftigkeit des Gesetzes aus, um das positive Recht von ihm her zu entfalten und zu deuten. Zwei gegensätzliche Perspektiven, doch eine gemeinsame Grundannahme: der Glaube an die von Verfassungs wegen gesollte Herrschaft der Vernunft.

Eben diese Grundannahme wage ich zu bezweifeln. Das Leitbild der Rationalität der Gesetze steht in einem notwendigen Spannungsverhältnis zur Irrationalität des Menschen. Kant, der Philosoph der theoretischen wie der praktischen Vernunft, sieht ein, dass der Mensch aus krummem Holze geschnitzt, mithin kein reines Vernunftwesen ist. Der Verfassungsstaat folgt dieser Einsicht, auch wenn er sich bemüht, die Ausübung der Staatsgewalt in Rationalitätsgebote einzubinden und diese umzusetzen in Organisations- und Verfahrensregeln, in Ziele und Grenzen des staatlichen Handelns, in Transparenz-, Publikations- und Begründungspflichten, nicht zuletzt in den Rechtfertigungszwang für Grundrechtseingriffe. Gleichwohl verschafft der Verfassungsstaat der Irrationalität des Menschen Raum: den politischen Leidenschaften, den Windungen des politischen Gemüts, der „German Angst", vor der sich heute alle Welt ängstigt. Raum bieten die Freiheitsrechte, die dem irrationalen Gebrauch offenstehen und die Widerstand leisten gegen einen gesetzlichen Zwang zum Handeln nach Prinzipien objektiver Vernunft.

Vollends sperrt sich das demokratische Prinzip gegen eine denkbare Verfassungspflicht zur Rationalität. Der Wähler entscheidet nach legitimer Willkür unter dem Schutz des Wahlgeheimnisses. Er braucht sich nicht zu erklären und zu rechtfertigen. Die demokratische Verfassung kennt keine inhaltlichen Vorgaben. Sie fragt nicht, ob das Votum vernünftig oder unvernünftig ist. Sie stellt allein ab auf den Willen des Wählers. Damit öffnet sie den irrationalen Kräften die Tür zum Führungszentrum des Staates. Sie wirken hin auf die politischen Entscheidungsprozesse und geraten in Konkurrenz und Konflikt zu den Rationalitätsanforderungen der rechtsstaatlichen Verfassung, wie auch zu den außenrechtlichen Rationalitätsanforderungen der Wissenschaft oder der politischen Klugheit. Die Rationalität muss sich auf Kompromisse einlassen mit der Irrationalität, die sich mit dem Überlebens- und Machtwillen derer verbündet, welche die Gesetze machen. Die politischen Amtsträger sind nicht immun gegenüber den Emotionen der Wähler, auf deren Stimmen sie hoffen. Hier zeigt sich ein Widerspruch im Modell der freiheitlichen Demokratie. Die Verfassung hat den Widerspruch, der ein innerer Widerspruch der Menschennatur ist, aufgenommen und verarbeitet. Mit dem Widerspruch muss und kann die freiheitliche Demokratie leben. Das Ideal der reinen Rationalität eignet sich nur für ein autokratisches System, etwa den aufgeklärten Absolutismus, nicht aber für die Demokratie.

Herr Grzeszick schlägt vor, das demokratische Prinzip um inhaltliche Maßstäbe der Rationalität anzureichern. Dem Vorschlag mag ich mich nicht anschließen. Die inhaltlichen Maßstäbe sollte man dem rechtsstaatlichen Verfassungssektor vorbehalten. Doch selbst der Rechtsstaat vermag nur innerhalb bestimmter Grenzen die Rationalität in der Wahl der gesetzlichen Ziele zu beeinflussen. Wohl aber vermag er die Wahl der Mittel zum vorab bestimmten Ziel nach den Rationalitätskriterien des Übermaßverbotes zu steuern. Das ist immerhin etwas, um für das Rationalitätsniveau der Gesetze zu sorgen.

Gröschner: Beide Referenten haben sich strikt an die Vorgaben des Themas gehalten und daraus ihre Begriffe von Rationalität, parlamentarischer Rechtsetzung und demokratischem Rechtsstaat entwickelt. Ich möchte mich auf eine kurze kritische Bemerkung zum Konzept der Rationalität beschränken, das den Referaten nach meinem Eindruck übereinstimmend, aber unausgesprochen zugrundelag. Im Erstbericht wurde Rationalität bezogen auf vernunftgeleitete Handlungs- und Verhaltenserwartungen. Der Zweitbericht begann mit der aufklärerischen Formel vom Ausgang des Menschen aus seiner selbst verschuldeten Unmündigkeit und bezog sich damit, wenn auch nicht ausdrücklich, auf das kantische Wagnis, sich des eigenen Verstandes zu bedienen. Meine Vermutung ist nun, dass beide Referenten das Verhältnis von theoretischem Verstand und praktischer Vernunft zugunsten der Theorie verschoben haben. Daraus resultiert ein moderner, vielleicht neoeuropäischer Rationalitätsbegriff, der einen bekennenden Alteuropäer, das muss ich so sagen, ein wenig enttäuscht. Für mich gibt es in Fragen der Rationalität einen eindeutigen Primat der Praxis, also der sich im Handeln bewährenden praktischen Vernunft. Von phronesis, prudentia oder Klugheit habe ich aber nichts gehört, obwohl die prudentia iuris, unsere gute alte Jurisprudenz, größte Nähe zu einer vernünftig betriebenen Politikwissenschaft gehabt hätte. Hier hätte für ein prudentielles, nichtszientistisches Rationalitätskonzept manches Potential einer interdisziplinären Anlage des Themas geschlummert. Insoweit war mir der Diskussionsbeitrag von Herrn Grimm, mit Verlaub, ebenfalls zu restriktiv in Sachen der praktischen Vernunft.

Häberle: Vielen Dank Herr Vorsitzender, verehrte Kolleginnen und Kollegen! Ich möchte die inspirierenden Referate zuspitzen auf zwei Problembereiche. Zum einen: auf den demokratischen Gesetzgeber. Die Vorgänge im Parlament sind durch das Ringen um Kompromisse und Mehrheiten, gekennzeichnet. Es geht um viel – parteipolitische – Macht, auch vordergründige Interessen. Auch das Irrationale bzw. Emotionale, Voluntaristische im Menschen, worauf wohl soeben Herr Isensee hingewiesen hat, spielt eine enorme Rolle. Entschieden wird gemäß dem Mehrheitsprinzip. Mit Rationalitätsanforderungen bzw. Erwartungen an das Parlament kommt man verfassungsrechtlich nicht sehr weit. Wer bringt in der Wirklichkeit Rationalität in unseren Verfassungsstaat, ist doch die politische Rationalität sehr begrenzt, wenngleich verfassungsgebunden? Damit zum zweiten Problemkreis an den noch niemand gedacht hat: Rationalität wird in den Verfassungsstaat, vor allem durch die disziplinierenden vier bzw. fünf kontextssensiblen rechtswissenschaftlichen Auslegungsmethoden hineingetragen. Zum Teil, speisen sie sich aus uralter römischer Juristentradition, die ein Stück Rationalität geleistet hat. Hinzu kommt all das, was die Verfassungsgerichte weltweit leisten durch die Verfeinerungen des Rechtsstaatsprinzips, Begründungsanforderungen, Folgerichtigkeit und all das, was hier und heute an Prinzipien erarbeitet worden ist. All dies ist wohlgemerkt kein Plädoyer gegen den Parlamentarismus. Die wissenschaftlich betreute, „rechtssichere" juristische Methodenlehre bzw. ihre bewährten Kanones sind aber unverzichtbar. Sie werden von den Gerichten nach langer Ausbildung der Juristen eingeübt bzw. praktiziert. Vor allem ist es die weltweit erfolgreiche Verfassungsgerichtsbarkeit, die heute ständig neue Rationalitätsaspekte in die politischen Prozesse einspeist.

Heinig: Ich habe einige Rückfragen zu den Leitsätzen des zweiten Berichterstatters, und es sind keine rhetorischen. Ich will also keinen Kommentar abgeben, sondern richtige Fragen stellen und damit ein neues Genre in unsere heutige Diskussion einführen. Sie haben uns das Modell der Rationalitätsanforderung als Defizitkompensation vorgestellt. Das ist ein interessanter und wichtiger Gedanke, weil er uns ein hilfreiches Erklärungsmuster für die jüngere Entwicklung der Rechtsprechung bietet. Ich frage Sie, ist es aber auch ein normatives Muster für die verfassungsrechtliche Bewertung? Hier wird der Ansatz gewählt, dass besondere spezifische Begründungen für eine solche Defizitkompensation vorliegen müssen. Das ist mir in dem Vortrag etwas unscharf geblieben, obwohl ja einige Beispiele auch genannt worden sind. Also, lassen sich solche spezifischen besonderen Gründe nicht eigentlich immer finden? Ist das ein hinreichendes Kriterium? Insbesondere ist mir noch unklar, woraus sich ergibt, dass der Status Quo der rechtsstaatlichen Bindung, so wie das sozusagen herkömmlicherweise in der Verfassungsdogmatik sich ausgebildet hat, warum der eine optimale Zuordnung konfligierender Rationalitäten von Demokratie und Rechtsstaat sind. Also nur, weil das sich so bewährt hat, oder gibt es sozusagen weitere Gründe dafür, dass diese Austarierung tatsächlich eine bestimmte Form von Optimierung darstellt. Und die dritte Rückfragen betrifft die Beobachtung, dass wir hier zwei Modi der Legitimation haben, die in einem gemeinsamen Grund wurzeln, der individuellen Selbstbestimmung, da bin ich völlig d'accord, aber dann wird hier ein Modell der rechtlichen Substituierung eingeführt. Und da frage ich mich doch, ob tatsächlich demokratische Legitimationsdefizite durch ein rechtsstaatliches Surplus kompensiert werden kann. Wir hatten ja auf der Berliner Tagung ein Beispiel, das dem Sozialrechtler immer besonders naheliegt, zum Gemeinsamen Bundesausschuss zum SGB V wird seit Ewigkeiten diskutiert, ob der nicht unter einem erheblichen Demokratiedefizit leidet. Und das Bundesverfassungsgericht hat, glaube ich, diese Problemlage bearbeitet dadurch, dass zusätzliche grundrechtliche Leistungsansprüche jenseits des vom GBA gesetzten Rahmens der Leistungserbringung erfolgen. Das ist ein schönes Beispiel, dass dies nicht geht. Deshalb Skepsis gegenüber diesem Kompensationsmodell, das hier vorgestellt worden ist.

Rill: Wir wünschen uns alle rationale, vernünftige Gesetze. Die Krux ist nur: Was ist rational und was ist vernünftig? Darüber gibt es keine Wahrheit, das ist in den zwei Referaten auch angesprochen worden. Es besteht nur die Möglichkeit, die Argumente vorzubringen, warum man etwas für rational und für vernünftig hält. Daraus ergibt sich meiner Meinung nach, dass die Durchsetzung von Rationalitätsanforderungen in der parlamentarischen Rechtssetzung eine Frage der Gewaltenteilung ist. Wem gebe ich die Macht über die Rationalität zu bestimmen, dem Parlament oder dem Gericht? Es ist nicht so, wie Herr Häberle vorhin gesagt hat, dass die traditionellen Auslegungsregeln den Richter so in die Schranken weisen, dass er zu den rationalen und richtigen Lösungen gelangt. Was bringen die Auslegungsregeln in der Frage der Pendlerpauschale oder der Nichtraucherschutz. Wie man diese Entscheidungen unter Anwendung traditioneller Auslegungsregeln als richtig ausweisen soll, bleibt mir ein Rätsel. Es kommt jetzt eben darauf an, wem gebe ich die Macht, darüber zu entscheiden, was in dieser oder jener Rechtsfrage oder politischen Frage vernünftig ist. Da zeigt sich eben der große Unterschied zwischen Österreich und Deutschland. Das ist in den Referaten sehr deutlich hervorgetreten, dass man in Österreich in der Verfassungsgerichtsbarkeit zurückhaltender ist als in Deutschland. Das scheint mir das Thema zu sein, über das zu diskutieren wäre: Was spricht dafür, einem Verfassungsgericht engere Schranken zu setzen oder ihm so weitgehende Kompetenzen zu verleihen dass dieses Gericht Gesetzgebungsfunktion hat. Mit den Worten, ich glaube, eines Präsidenten des deutschen Bundesverfassungsgerichts: Wie viel Rotwein sollen die Richter aus dem Glase trinken, weniger oder mehr? Die die österreichischen Verfassungsrichter trinken nach diesem Bild weniger, die deutschen mehr.

E. Klein: Ich habe je eine Frage an die beiden Referenten. Herr Grzeszick, mich hat ein bisschen gewundert, und vielleicht vor mir auch schon Herrn Lorz, dass Sie das Demokratieprinzip als Gegengewicht zum Rechtsstaatsprinzip in Stellung bringen wollen. Sie sind zu diesem Ergebnis aufgrund der Analyse von einigen Fällen gekommen, oder jedenfalls aufgrund der Folgerung, die Sie daraus ableiten. Ich bin eher geneigt, das Verhältnis umzudrehen. Ich finde, wenn wir über gesetzgeberische Produkte, Rechtsetzungen sprechen, dann steht am Anfang das Demokratieprinzip. Und das muss gegebenenfalls eingeschränkt werden durch das Rechtsstaatsprinzip. Wenn man das so nimmt, dann sind möglicherweise die Fälle, die Sie im Nachgang in den Thesen 33–35 erörtern, zwar vielleicht im Ergebnis nicht anders zu bewerten, wären aber doch anders zu begründen.

Herr Lienbacher, Ihre These 17 hat mich erinnert an das Diktum von Klaus Schlaich auf der Innsbrucker Tagung 1980, als er sagte, der Gesetzgeber schulde nichts anderes als das Gesetz. Ich glaube nämlich, dass dies deshalb nicht ganz richtig ist, weil jedenfalls in bestimmten Fällen – und das ist wohl bei Herrn Grzeszick kurz angeklungen –, nämlich wenn es um Prognosen geht, man sich nicht einfach, wenn man kontrollieren will, mit dem Endprodukt begnügen kann. Vielmehr muss man schon fragen, hält man überhaupt prognostische Erwägungen für kontrollfähig, ob ein rationales, vernünftiges Verfahren angewendet wurde, das zu dem vorliegenden Ergebnis geführt hat. Also meine Frage an Sie ist, ob Sie Ihre These 17 in diesem Schlaichschen Sinne haben verstehen wollen. Vielen Dank.

Volkmann: Ich habe zunächst aus beiden Referaten viel gelernt, unter anderem dass uns Deutsche und Österreicher nicht nur die gemeinsame Sprache trennt, sondern dass zwischen uns auch im Übrigen ganze Welten liegen; schön zu erleben, wie sie in solchen Situationen aufeinanderprallen. Was mich in beiden Referaten, anknüpfend an Herrn Grimm und Herrn Klein, etwas gestört hat, war, dass mir das Demokratieprinzip jeweils zu schlecht wegkommt. Bei Herrn Lienbacher zieht über das Demokratieprinzip ganz am Ende seiner Ausführungen ein Stück Irrationalität in den politischen Prozess ein; bei Herrn Grzeszick begegnet uns das in seiner polaren Unterscheidung der beiden Legitimationsmodi. Das Demokratieprinzip wird in dieser Unterscheidung, meine ich, doch sehr einseitig von den realen Gegebenheiten des politisch-parlamentarischen Betriebs her bestimmt. Da geht es nicht rational zu, sondern wie auf einem Basar; da wird geschachert und gehökert, gefeilscht und gekungelt, und so, war die Botschaft, funktioniert Demokratie eben. Demgegenüber wird über den Rechtsstaat das hehre Ideal der Rationalität in den politischen Prozess eingespeist. Ich möchte dazu nur darauf hinweisen, dass diese Entgegensetzung schon auf der Seite des Rechtsstaats nicht zwingend ist. Sie ist hier die Folge einer sachlichen Materialisierung des Rechtsstaatsprinzips, die durch Interpretation hineingekommen ist und gegebenenfalls auch durch Interpretation wieder entfernt werden kann. Vor allem scheint mir aber der normative Gehalt des Demokratieprinzips unterbelichtet, und man müsste dafür zumindest offenlegen, von welchem Leitbild von Demokratie oder von welchem Demokratieverständnis man hier ausgegangen ist. Insoweit möchte ich darauf hinweisen, dass es durchaus auch in der Demokratietheorie Ansätze gibt, die versuchen, die Idee der Rationalität gerade auch in das Demokratieprinzip hineinzulesen. Das beginnt bei Ansätzen einer outputorientierten Legitimation, also der Idee, dass es für Demokratie auch auf die Vernünftigkeit und Gerechtigkeit der Ergebnisse ankommt. Und es endet in neueren Konzepten der deliberativen Demokratie, also von Demokratie als einem Gespräch unter Bürgern, das durch den Austausch von Argumenten und die symmetrische Verteilung von Redechancen gerade für die Vernünftigkeit und Gerechtigkeit dieses Ergebnisses sorgt; eine Vorstellung, der sich das Bundesverfassungsgericht zuletzt im Lissabon-Urteil doch sehr deutlich zugeneigt hat. Die eigentliche Konfliktlinie scheint mir dann weniger zwischen dem Demokratieprinzip und dem Rechtsstaatsprinzip zu verlaufen als vielmehr zwischen den normativen Anforderungen einerseits und den politischen Realitäten andererseits. Die entscheidende Frage wäre dann, welchen Sinn es macht, immer von neuem hochgradig idealisierte normative Anforderungen in die Realitäten des politischen Betriebs einzuspeisen, die von diesem Betrieb notwendig verfehlt werden müssen. Dafür lassen sich einerseits durchaus Gründe anführen. Man kann etwa sagen, auf diese Weise wird in den politischen Prozess eine notwendige Reflexivität eingezogen, die die Gesetzgebungsorgane gegen die in ihnen angelegten Mechanismen dazu zwingt, permanent über das nachzudenken, was sie da eigentlich so machen. Auf der anderen Seite besteht aber auch das Risiko, dass der politische Prozess durch ein solches Vorgehen beständig delegitimiert wird. Er erscheint dann gegenüber dem Ideal notwendig als das Schlechtere, das Korrumpierte, das Böse, so wie es etwa aus der Parlamentarismuskritik eines Carl Schmitt bekannt ist. Und genau dies könnte der Grund dafür sein, dass sich das Bundesverfassungsgericht, das die entsprechenden Anforderungen formuliert, in der Öffentlichkeit einer außerordentlichen Beliebtheit erfreut, der parlamentarische Gesetzgeber dagegen in allen diesbezüglichen Umfragen regelmäßig auf den hintersten Rängen landet.

N. Weiß: Wir können eine gewisse Tendenz beobachten, Parteienstreit zwar als Zeichen der Demokratie zu sehen, aber aufgrund gewisser traumatischer Erfahrungen insbesondere in der Weimarer Republik sehr konsensorientiert zu versuchen, diesen Parteienstreit rechtlich und politisch einzuhegen und Auswüchse zu verhindern. Das Problem scheint mir dabei aber zu sein, und hier knüpfe ich an meinen Vorredner an, dass wir dadurch auch die Attraktivität des demokratischen Prozesses leiden lassen. Wir haben auf der Tagung in Graz über Wettbewerb gesprochen, auch Wettbewerb als Charakteristikum der Demokratie. Nun glaube ich und würde gerne wissen, ob Sie mir da zustimmen, dass eine streitige, eine streitbare Demokratie eben durchaus auch Motivation zum Mitmachen bedeutet, Identifikation bietet und dass insofern die Legitimation dieser streitbaren Demokratie auch steigen kann. Bedeutet nicht umgekehrt eine zu starke Tendenz, solche Widersprüche rechtlich einzuebnen, eine gewisse Gefährdung ihrer Legitimation?

Der andere Punkt, den ich nur kurz ansprechen will, damit er nicht in Vergessenheit gerät, betrifft die Rationalitätsanforderungen. Beide Referenten haben sie mit Bezug auf die nationale Gesetzgebung behandelt; Herr Grzeszick hat das Europarecht kurz erwähnt. Ich möchte dies unterstreichen, weil ich glaube, das Mehrebenensystem fordert uns auf, zusätzliche, spezifische Rationalitätsanforderungen zu bedenken. Wohl bedarf dieser Punkt noch zusätzlicher Überlegungen, um herauszuarbeiten, ob wir dort neue, etwa aus der multilateralen Verhandlungssituation entspringende oder auf die europäische Bürokratie zurückgehende Dilemmata sehen und wie wir diesen dann begegnen können.

von Arnim: Als ich Herrn Höfling vorhin meinen Diskussionszettel eingereicht habe, sagte er, noch bevor er draufgesehen hatte, aha, Sie wollen über Entscheidungen des Parlaments in eigener Sache sprechen. Dieser Erwartung möchte ich jetzt gerne nachkommen. Herr Grzeszick, Sie haben in These 33 vom Diätenproblem gesprochen. Das Diätenproblem gehört ja in den Zusammenhang der Politikfinanzierung insgesamt, aber auch in den Zusammenhang des Wahlrechts. Die verbindende Klammer sind die Regeln des Machterwerbs und Machterhalts, und diese Regeln sind besonders prekär. Sie sind einerseits besonders wichtig, weil von ihnen die Legitimation des ganzen Systems abhängt. Sie sind andererseits aber auch besonders gefährdet, weil hier eben die Parlamente in eigener Sache entscheiden und deswegen die Gefahr des Missbrauchs besonders groß ist. Am Beispiel der Diäten haben Sie, Herr Grzeszick, darauf hingewiesen, dass das Bundesverfassungsgericht das Legitimationsdefizit durch die Pflicht zur öffentlichen Entscheidung im Plenum zu kompensieren versucht. Das haut aber nicht immer hin. Wie wir z.B. bei den Blitzbeschlüssen des Bundestags über Diäten und Parteienfinanzierung vor der Sommerpause oder jetzt bei den Entscheidungen über das Bundestagswahlrecht sehen, da werden Fristen des Verfassungsgerichts nicht eingehalten, da majorisiert die Mehrheit die Opposition und nimmt ganz bewusst mögliche Verfassungswidrigkeiten in Kauf durch Aufrechterhaltung der Überhangmandate. Zudem kann man dieses Entscheiden im Plenum des Parlaments auch umgehen, das sieht man besonders, wenn alle, auch die Opposition, sich einig sind, etwa bei Erhöhungen der Politikfinanzierung. Lassen Sie mich zwei Beispiele nennen, die Fraktionsfinanzierung und die Zahlung für Abgeordnetenmitarbeiter, die im Bund und in den Ländern bloß im Haushaltsplan geregelt sind und dort unter tausenden von Einzeltiteln untergehen, so dass die Kontrollwirkung nicht funktionieren kann. Das führt dazu, dass die Fraktionen im Bundestag ihre Staatsfinanzierung seit 1950 ver450facht haben und dass jeder Bundestagsabgeordnete Abgeordnetenmitarbeiter für 240000 Euro jährlich beschäftigen kann. Die Abgeordnetenmitarbeiter, die auch vor Ort beschäftigt werden, machen dort vielfach Parteiarbeit mit, so dass hier der Bezug zum Machterwerb und Machterhalt besonders deutlich ist. Meine Frage ist, und dies haben Sie ausgespart, ist in solchen Bereichen nicht auch eine intensivere Kontrolle durch die Verfassungsgerichte, Sie haben nur von der Öffentlichkeitskontrolle gesprochen, als Gegengewicht geboten?

Lang: Das ist jetzt sehr witzig, Herr von Arnim, dass ich nach Ihnen dran bin mit genau demselben Thema. Ich habe eine verhältnismäßig kleine Frage, also gar keine Grundsatzfrage, ich will sie aber trotzdem stellen. Sie geht an Dich, lieber Bernd. Ich weiß natürlich, entweder man bereitet einen Vortrag vor oder man hält ihn, man kann nicht alles sagen. Aber, Du hast zwei Dinge angesprochen, auf die ich eingehen wollte. Das eine sind die Regelungen zur Abgeordnetenentschädigung und da hat Herr von Arnim schon gesagt, dass das Bundesverfassungsgericht in diesem Zusammenhang verlangt, dass die Entscheidungen transparent sein sollen. Nun gibt es natürlich nichts intransparenteres als z.B. das Altersentschädigungsrecht. Wer immer sich damit mal beschäftigt hat, braucht nachgerade kriminalistischen Spürsinn, um herauszufinden, wie hoch die Altersentschädigung tatsächlich ist. Die juristische Frage, die sich damit an Dich, weil Du in Deinem Vortrag als eine Rationalitätsanforderung die Transparenz der gesetzlichen Regelungen eingefordert hast, verbindet: Kann man sich vorstellen, dass es bei gleichsam fortgesetzter und hartnäckiger Weigerung in diesem Sinne rationale, nämlich transparente Gesetze zu machen, ein generelles Entscheidungsverbot für jemand gibt, der aus strukturellen Gründen gar nicht rational entscheiden kann, weil er nämlich über sich selbst entscheidet? Das wäre die eine Frage, ob und wie man sich ein derartiges Entscheidungsverbot, im Grunde also einen Befangenheitsvorbehalt vorstellen könnte. Die andere Frage, oder die kleine andere Anmerkung geht in eine ähnliche Richtung, das betrifft dann die Staatsverschuldung, ein Beispiel, das Du ebenfalls angeführt hast. Ähnliche Problematik, müsste man nicht sagen, diese Art von Externalisierung von Kosten auf Andere, von Verflüchtigung von Entscheidungsverantwortung ist irgendwann so dysfunktional, dass sie auch verfassungsrechtliche Konsequenzen haben muss.

Merli: Ich habe mich zunächst gefreut, dass beide Referenten die Rationalitätsanforderungen an die Gesetzgebung nicht übertrieben und Demokratie, Gewaltenteilung und auch die Realität nicht ganz vergessen haben. Wichtig fand ich die Hinweise von Lienbacher auf die vielfältigen Mechanismen, die es jenseits einer gerichtlichen oder verfassungsgerichtlichen Kontrollegibt, um doch eine Annäherung an rationale Ideale zu erreichen, also auf die nicht verbindlichen, oft außerrechtlichen und ohne eigene materielle Standards auskommenden Verfahren der Beteiligung von verschiedenen Stellen. Das sind Mechanismen, die vor der Beschlussfassung wirken, und man kann ergänzen, dass auch die nachträgliche Analyse durch die Rechtsdogmatik ein Instrument ist, das Rationalitätsdefizite ein bisschen kompensieren kann: Wir interpretieren, wir systematisieren, wir ordnen das Gesetzgebungsmaterial mitunter neu ein, wir definieren manches um, wir gewichten, und wir schaffen dadurch in der besten aller Welten etwas nachträglichen Rationalitätsgewinn.

Nicht ganz sicher bin ich allerdings, ob es sich bei der Folgerichtigkeit als Rationalitätsmerkmal um etwas anderes als um klassische Grundrechtsanforderungen handelt. In den präsentierten Fällen scheint es mir einfach um Gleichheits- oder Verhältnismäßigkeitsprobleme zu gehen: Wenn ich ein Nichtrauchergesetz mache und den einen Ausnahmen zugestehe, dann muss ich vielleicht den anderen auch Ausnahmen zugestehen – das ist ein klassisches Gleichheitsproblem. Und wenn ich mich frage, wie der EuGH im genannten Fall Hartlauer, ob die Untersagung von privaten Zahnambulatorien eine zulässige Beschränkung der Niederlassungsfreiheit ist, dann ist natürlich der Hinweis auf die Erlaubtheit der vergleichbaren Gruppenpraxen ein Argument, das auch die Erforderlichkeit der Beschränkung in Zweifel zieht – also ein klassisches Argument im Rahmen einer Verhältnismäßigkeitsprüfung. Deswegen sehe ich noch nicht ganz, inwieweit die Folgerichtigkeit über die Grundrechts- oder Grundfreiheitendogmatik hinausgeht. Ich habe vielmehr den Eindruck – aber das ist etwas, was eher aus Österreich kommt – dass die Folgerichtigkeit in der Judikatur manchmal eher dazu dient zu kaschieren, dass man bestimmte Grundentscheidungen eben nicht vergleichend prüfen will. Jedenfalls in Österreich dürfen wir z.B. Sozialversicherungssysteme für verschiedene Berufsgruppen oder arbeitsrechtliche Regelungen für Beamte und für andere nicht miteinander vergleichen, sondern Gleichheitsüberlegungen nur innerhalb desjeweiligen „Ordnungssystems“ anstellen. Insofern geht es auch nur um die Folgerichtigkeit gegenüber systemspezifischen Grundentscheidungen. Das ist eher eine Abschottungsstrategie und führt in der Praxis zu weniger Rationalität – aber hoffentlich nur in Österreich.

Classen: Im Gegensatz zu vielen Kollegen möchte ich eine Lanze für Kohärenz und Folgerichtigkeit brechen, aber deswegen, weil ich in ihr gerade auch eine Stärkung des demokratischen Prinzips sehe. Jedenfalls kann man eine entsprechende Verbindung herstellen. Die Stärkung der Gerichtsbarkeit, wie sie gemäß der These 14 von Bernd Grzeszick besteht, findet nicht statt, wenn man das Ganze nicht isoliert betrachtet. Dabei knüpfe ich ein wenig an das an, was eben schon Herr Merli gesagt hat. Der Kohärenzgedanke ist ja gerade vom Europäischen Gerichtshofentwickelt worden, und zwar vor allem aus dem Prinzip der Verhältnismäßigkeit heraus. Wenn man sich nun die Entwicklung des Verhältnismäßigkeitsprinzips insgesamt ansieht, so zeigt sich beim Bundesverfassungsgericht in den 50er Jahren mit dem Apothekenurteil eine auch im Tatsächlichen ausgesprochen intensive Kontrolle. Dass das demokratisch sehr heikel ist, ist schnell deutlich geworden. Daher hat das Gericht dem Gesetzgeber später Beurteilungsspielräume, Einschätzungsspielräume und ähnliches zugestanden. Tut man dies, muss man aber zwingend der Frage nachgehen, was denn der Gesetzgeber wirklich gewollt habe: hat er sich vernünftige Dinge dabei gedacht, hat er konsequent argumentiert und ähnliches? Die Entscheidung des Bundesverfassungsgerichts zu Hartz IV kann etwa als ein Beispiel dienen. Aber trotzdem praktiziert das Bundesverfassungsgericht bis heute eine sehr intensive Kontrolle der Abwägung. Dies wird belegt durch die seitenlangen Darlegungen in den Entscheidungen, die sich gerade auf diesen Punkt beziehen. Herr Hillgruber hat vor kurzem in der Juristenzeitungausführlich die demokratischen Kostendargelegt, die sich mit einem solchen Vorgehen verbinden.

Der EuGH dagegen hält sich an dieser Stelle deutlich zurück. Eine Kontrolle der Güterabwägung findet vielfach gar nicht statt: Im Vordergrund seiner Prüfung steht regelmäßig die wesentlich ausführlicher als in Karlsruhe erörterte Erforderlichkeit einer Maßnahme. Daneben kommt der Prüfung der Kohärenz einer Maßnahme eine steigende Bedeutung zu. Aus demokratischer Sicht stellt sich von daher für mich nicht die Frage, ob man isoliert die Kohärenz einer Maßnahme prüfen soll, sondern ob eine Rücknahme der Kontrolle im Bereich der Abwägung möglich ist, weil man stattdessen die Kohärenz prüfen kann. Der Unterschied: Bei einer Kontrolle der Abwägung muss der Richter in erheblichem Umfang auch eigene inhaltliche Wertungen in die Prüfung einbeziehen. Bei der Kohärenz geht es mehr um die Prüfung, ob bestimmte Entscheidungen des Gesetzgebers zueinander passen oder nicht. Letzteres aber entspricht funktional wesentlich mehr einer spezifisch rechtlichen Kontrolle, weil sie eben in deutlich geringerem Maße auf eigene inhaltliche und damit unter demokratischen Gesichtspunkten zweifelhafte Wertungen des Richters angewiesen ist als eine umfangreiche Kontrolle der Abwägung. So gesehen kann sich mit einer Ausweitung der Kohärenzprüfung sogar ein demokratischer Gewinn verbinden. Vielen Dank.

Dietlein: Ich würde gerne nochmals auf die Grundsätze der legislativen Folgerichtigkeit und der Kohärenzzurückkommen. Herr Grzeszick, ich kann Ihnen in Vielem zustimmen, was Sie gesagt haben; insbesondere zur Frage drohender Machtverschiebungen im Verhältnis zwischen Verfassungsgerichtsbarkeit und Gesetzgeber, aber auch zur Gefahr des Schwindens der Vorhersehbarkeit gerichtlicher Entscheidungen. Die Entscheidung des Bundesverfassungsgerichts zum Nichtraucherschutz lässt die drohenden Risiken nur zum Teil erahnen. Denn das dort beanstandete Gesetz war ja doch eher simpel strukturiert, so dass man sicherlich nach einem System suchen konnte. Was aber droht, wenn man mit den gleichen Parametern an wirklich diffizile Gesetze herangeht? Wie sollen hier die systemtragenden Elemente zuverlässig ermittelt werden, die dann den Maßstab für die weitere Bewertung bilden? Ich habe den Eindruck, mit den Vokabeln der Folgerichtigkeit und Kohärenzwerden Munitionskästen bereitgestellt, aus dem man sich dann im Einzelfall recht beliebig bedienen kann.

Etwas skeptisch bin ich allerdings in Bezug auf die in den Thesen 36 und 37 vorgenommene Parallelisierung zwischen dem Kohärenzdenken des Bundesverfassungsgerichts einerseits und dem Ansatz des EuGH andererseits. Ich denke, wichtige Entscheidungen weisen eher in eine entgegengesetzte Richtung, etwa die Rüffert-Entscheidung des EuGH zur Zulässigkeit vergabespezifischer Mindestlöhne, aber auch die Sportwetten-Entscheidungen des EuGH von September 2010. Ich sehe einen grundlegenden Unterschied darin, dass der EuGH – anders als das Bundesverfassungsgericht – bei seiner Kohärenzprüfung eben nicht „gesetzesimmanent" die Bereiche zugrunde legt, die der Gesetzgeber gewählt hat, sondern dass er das aus seiner Sicht maßgebliche Vergleichs- und Themenfeld recht autonom und zum Teil deutlich weiter absteckt, als der Gesetzgeber dies vor Augen hatte. Auf diese Weise aber können die vom Gesetzgeber geordneten Lebensbereiche plötzlich unvorhersehbar zu bloßen Subsystemen eines übergeordneten Systems werden. Und dann wird es natürlich sehr schwierig, Kohärenzdefizite zu vermeiden. Und genau so ist es ja in den beiden genannten Fällen passiert: Hatte das Bundesverfassungsgericht vergabespezifische Mindestlöhne noch akzeptiert, sah der EuGH hierin eine inkohärente Regelung. Warum? Weil das Gesetz sich nicht um den Schutz auch jener Arbeitnehmer kümmere, die in privatem Auftrag arbeiten und hierbei ebenso schutzwürdig seien. Oder nehmen Sie die Entscheidungen zur Sportwettenregulierung: Hatte das Bundesverfassungsgericht hier die eigenständige Landesregulierung von Sportwetten und Lotterien noch ausdrücklich akzeptiert, beanstandet der EuGH dieselbe Regulierung als potentiell inkohärent. Warum? Weil das Risiko der Glücksspielautomaten, die gar nicht im Visier und noch nicht einmal in der Zuständigkeit des Landesgesetzgeber standen, nicht in gleicher Weise miterfasst seien. Plötzlich ist für die Feststellung der Kohärenz also nicht mehr der eigentlich regulierte Bereich maßgeblich, sondern ein viel breiteres Segment – nämlich das Spielrecht insgesamt unter Einschluss des Spielhallen- und Automatenrechts. Man könnte sarkastisch fragen, warum der EuGH nicht auch noch die PC-Spiele mit einbezieht, die ja auch ein erhebliches Suchtpotential entfalten. Kurzum, gehen wir eine und mehrere Systemebenen höher, wird es für den Gesetzgeber immer schwieriger, ein schlüssiges, kohärentes Regelungsmodell vorzulegen. Und genau das dürfte auf lange Sicht ein sehr großes Problem werden. Die Empfehlung kann aus meiner Sicht nur lauten: Maßhalten mit dem Kohärenzgebot!

Ein zweites Problem ist ebenfalls angesprochen worden, es betrifft die dogmatische Verortung des Kohärenzgedankens. Die bisherige Rechtsprechung ist in dieser Hinsicht alles andere als klar: Gehört Kohärenz bereits zum Nachweis eines legitimen Zwecks für Freiheitsbeschränkungen? Darauf deutet die Rüffert-Entscheidung des EuGH hin, wenn dort festgestellt wird, dass man sich bei inkohärenten Regelungen nicht mehr auf das Ziel des Arbeitnehmerschutzes berufen könne. Oder befinden wir uns bei der Frage der Geeignetheit? Daraufhin deuten die jüngsten Sportwetten-Entscheidung des EuGH, wenn sie die Möglichkeit der Zielerreichung durch inkohärente Regelungen in Frage stellen. Oder befinden wir uns in der Zumutbarkeitsprüfung? In diese Richtung geht offensichtlich die Sportwetten-Entscheidung des Bundesverfassungsgerichts von 2006, wenn sie aus einer fiskalischen Motivation der beanstandeten Regelungen auf deren Unzumutbarkeit folgert. Ich denke, diese dogmatische Frage ist keineswegs eine Quantité négligeable. Denn je nachdem, wo wir uns hier dogmatisch befinden, variiert der konkrete Prüfungsmaßstab. Folgen zeitigt das dann vor allem dort, wo die Fachgerichte die Vereinbarkeit nationalen Rechts mit dem Unionsrecht prüfen. Welche Unsicherheiten hier bestehen, sehen wir im Moment, wenn die Fachgerichte bei der Umsetzung der Kohärenzrechtsprechung des EuGH zum Glücksspiel teilweise völlig konträre Parameter anlegen. Hier besteht aus meiner Sicht ein dringender praktischer Klärungsbedarf.

W. Weiß: Meine Frage geht an Sie, Herr Lienbacher. Sie haben die Unterscheidung zwischen politischer Rationalität und Fachrationalität eingeführt. Wenn ich Sie richtig verstanden habe, lässt sich feststellen, dass die politische Rationalität geeignet ist, die Fachrationalität zu beschränken. Das leuchtet unmittelbar ein, wenn man an politische Kompromisse, Paketdeals und dergleichen denkt. Nun kann es aber gerade auch da sein, dass sich politische Rationalität und Fachrationalität nicht widersprechen, sondern in den politischen Prozess unterschiedliche Rationalitätspositionen einbringen und dann gerade darum kämpfen, was denn rational ist. Über Rationalität lässt sich stets trefflich streiten. Meine Frage von daher ist: Können wir das Proprium, den eigentlichen Inhalt der politischen Rationalität näher bestimmen und näher konkretisieren in Abgrenzung zur Fachrationalität?

Pitschas: Ich setze die Speyerer Anfragen, Herr Lienbacher, gleich fort. Sie haben in den Thesen 3ff., 16 und in weiteren Thesen Ihres Vortrages die Unterscheidung von politischer Rationalität und Fachrationalität getroffen. Ich setze dagegen, diese Unterscheidung ist untauglich. Sie bedarf der Aufhebung, denn sachliche Rationalität im Prozess der Rechtsetzung ist stets auch mit einem Element der politischen Rationalität versehen. Wir können dieses in die Grimm'sche Unterscheidung bzw. Stufung des Rationalitätsdenkens einbetten oder wir könnten dazu im Anschluss an Ihre Überlegungen zu These 3 auf Max Weber zurückkommen mit dessen Hinweis auf die Zweckrationalität, indem wir sagen, Rationalität meint dann Qualität in unserem jetzigen Verständnis von Sachanforderung, Vernunft usw. an die Rechtsetzung. Wir sprechen deshalb in einzelnen Politikfeldern wie dem Gesundheitswesen nicht so sehr von verschränkter Sach- und Politikrationalität, sondern wir sprechen eben von Prozessqualität, oder wir orientieren an der inhaltlichen Qualität. Dann liegt es auf der Hand – der Gemeinsame Bundesausschuss ist schon erwähnt worden –, dass wir immer politische Fragen mit entscheiden.

Ich habe überdies ein gewisses Problem mit dem Referat von Herrn Grzeszick, das in These 5 mit großem Ausschließlichkeitscharakter – allerdings dann doch wieder durch die begriffliche Fassung eingeschränkt formuliert – behauptet, der Umstand, dass der Staat eine rationale Einrichtung sei, werde der Rechtsstaatlichkeit zugeschrieben. Ich meine nicht, dass es diese bipolare Grundlegung gibt, sondern was es gibt, ist ein Set von Rationalitätsmaßstäben, die aus der Verfassung insgesamt entlehnt werden. Und wenn wir den „sozialen" Rechtsstaat dazu nehmen, dann werden wir feststellen, dass der EuGH vielleicht doch richtig in der Sache entschieden hat, wenn er soziale Gerechtigkeit als einen weiteren Maßstab ansieht, in dem politische Rationalität und Sachrationalität ineinander verfließen.

Schoch: Verehrte Kolleginnen und Kollegen! Ich möchte nach der juristischen Leistungsfähigkeit des Gebots der Folgerichtigkeit fragen. Es handelt sich meines Erachtens um einen relativ holistischen Begriff. Man müsste daher erst einmal darlegen, was in der Substanz mit „Folgerichtigkeit" gemeint ist. Dem Rechtsstaatsprinzip, um das es vornehmlich geht, entnehmen wir, was wir vorher hineingelegt haben; darauf ist verschiedentlich hingewiesen worden. Werden „Rechtsstaat" und „Demokratie" – auf der Prinzipienebene argumentierend – entgegengesetzt, landen wir am Ende bei Abwägungen; dann wird das Rationalitätspostulat möglicherweise zu einer kleinen Irrationalität.

Der Zweitbericht hat nun das Rationalitätspostulat – der Vorstand spricht übrigens von „Rationalitätsanforderungen" – auf das Gebot der

Folgerichtigkeit begrenzt. Ich halte dies für eine unzulässige Verkürzung. „Rationalität" kann nicht auf „Folgerichtigkeit" verengt werden. Ich nehme zwei Beispiele und frage nach der Reichweite der Leistungsfähigkeit des Begriffs. Die erste Frage ist auf die horizontale Ebene des Gebots der Folgerichtigkeit gerichtet. Die Einzelbeispiele, die wir gehört haben, betrafen Gesetze. Die Fälle aus dem Grundrechtsbereich (Pendlerpauschale, Nichtraucherschutzgesetz) lassen sich, darauf ist bereits aufmerksam gemacht worden, über Art. 3 Abs. 1 GG genauso gut lösen; ein Mehrwert des Gebots der Folgerichtigkeit ist nicht zu erkennen. Die genannten Einzelbeispiele aus dem Staatsorganisationsrecht lassen sich über das auch mit demokratischen und nicht nur rechtsstaatlichen Wurzeln versehene Gebot der Öffentlichkeit (Transparenz) lösen; folglich bleibt auch hier die Frage nach der Leistungsfähigkeit des Ansatzes im Zweitbericht.

Wie fällt die Antwort auf der horizontalen Ebene aus, wenn wir nicht ein Gesetz, sondern mehrere Gesetze nehmen. Als Beispiel diene die Informationsfreiheitsgesetzgebung. Der Bund könnte dazu ein Informationsgesetzbuch erlassen. Er hat jedoch ein IFG (2006) und am 1. Mai 2008 das VIG in Kraft gesetzt. Schauen wir uns die Verfahrensregelungen und die Ausnahmetatbestände an, entdecken wir große Unterschiede. Die Abgrenzung wird bedeutsam; je nach anwendbarem Gesetz erzielen wir mitunter unterschiedliche Ergebnisse. Gilt das Gebot der Folgerichtigkeit auch für ganze Rechtsbereiche mit mehreren solcher Gesetze?

Das zweite Beispiel, auf der vertikalen Seite angesiedelt, betrifft das bundesstaatliche Prinzip. Nehmen wir exemplarisch das Abfallrecht. Der Bund wartet im Kreislaufwirtschafts- und Abfallgesetz mit der Perspektive der Privatisierung und Liberalisierung auf. Die Landesabfallgesetze schließen daran an und treffen Regelungen zu öffentlichen Einrichtungen, die die Entsorgung leisten müssen. Dies betrifft auch die Gebührenerhebung. Dazu herrschen eigene Rationalitäten. Ist der Landesgesetzgeber nun an Vorwertungen des Bundes gebunden? Gilt das Gebot der Folgerichtigkeit auch im Bundesstaat, der bisher gar keine Rolle gespielt hat? Zu fragen ist also auch nach der Leistungsfähigkeit des Gebots der Folgerichtigkeit in vertikaler Hinsicht. Vielen Dank!

Michael: Vielen Dank. Aus den Grundrechten leiten wir verschiedene Rationalitätsmaßstäbe ab. Ich möchte mich hier auf die der Verhältnismäßigkeit beschränken. Da haben wir das klassische und weithin unangefochtene Übermaßverbot und mehrere sehr umstrittene Figuren, die wir den letzten 60 Jahren Rechtsprechung des Bundesverfassungsgerichts zu verdanken haben. Ich nenne nur das Untermaßverbot, das

Gleichmaßverbot, also die neue Formel der Verhältnismäßigkeit beim allgemeinen Gleichheitssatz und die Folgerichtigkeit. Warum sind diese Maßstäbe so umstritten? Ich glaube, es sind zwei Probleme, die gesehen werden. Zum einen müssen wir diese Rationalitätsmaßstäbe selbst rational nachvollziehbar machen. Das ist die Aufgabe insbesondere unserer Zunft, der Rechtswissenschaft und der Verfassungslehre. Wir müssen darauf achten, dass wir nicht zu einem Gegensatz, wie ihn Herr Schoch gerade angedeutet hat, zwischen Abwägung und Vernunft kommen, sondern dass wir gerade die Maßstäbe der Abwägung und der Verhältnismäßigkeit nachvollziehbar machen. Konsistente Dogmatik ist gefragt. Die Rechtsprechung des Bundesverfassungsgerichts zum Nichtraucherschutz kritisiere ich, weil sie die Folgerichtigkeit bei Art. 12 verortet und nicht beim Gleichheitssatz, was für meine Begriffe viel naheliegender wäre. Die andere Sorge ist, dass jeder weitere Maßstab der Verhältnismäßigkeit den Gesetzgeber einzuengen scheint. Die Sorge können wir entkräften oder jedenfalls entschärfen, wenn wir eine Gesamtbilanz der Kontrolldichte ermitteln und nach den verbleibenden Gestaltungsspielräumen fragen. Wenn das Bundesverfassungsgericht in der Nichtraucherschutz-Entscheidung andeutet, der Gesetzgeber könne auch strengere Rauchverbote erlassen, dann deutet das darauf hin, dass vielleicht die Kontrolldichte zugleich beim Übermaßverbot zurückgenommen wird. Darin sehe ich insgesamt eine Chance, zu einer Balance zu kommen zwischen Kontrolldichte und Verhältnismäßigkeit insgesamt. Diese Balance ist keine Frage richterlicher Klugheit und freiwilliger Selbstbeschränkung, sondern eine verfassungsrechtliche Frage beschränkter Gewaltenfunktionen. Vielen Dank.

Drüen: Im Anschluss an die Vorredner, insbesondere Herrn Schoch und Herrn Michael, gestatten Sie mir eine kurze Bemerkung mit dem Versuch, die Leistungsfähigkeit der Argumentation mit der Folgerichtigkeit zu steigern. Herr Grzeszick hat zu Recht das Gebot der Folgerichtigkeit als Herausforderung für die staatsrechtliche Dogmatik angesprochen. Ich bin aber, wie Herr Merli, deutlich optimistischer, dass es in die herkömmliche Dogmatik zu integrieren ist. Herr Grzeszick hat die Folgerichtigkeit allein als „rechtsstaatliche Zusatzanforderung" begriffen und dann versucht, sie mit dem Demokratieprinzip in Abstimmung zu bringen. Dabei erscheint Folgerichtigkeit allein als externe Rationalitätsanforderung. Zu kurz kommt bei dieser Sicht aus meiner Überzeugung allerdings die interne Rationalitätsanforderung im Sinne eines Konsistenzgebots. Dieser Sicht liegt auch die Rechtsprechung des Bundesverfassungsgerichts zugrunde. Die Fundierung im Gleichheitssatz ist bereits mehrfach angesprochen worden. Wie überzeugend diese ist, lässt sich nicht allgemein bestimmen. Insoweit teile ich Ihre Ansicht, Herr Grzeszick, diese Frage lässt sich nur bereichsspezifisch beurteilen. Ihrer berechtigten Kritik an der Verschiebung von der Grundentscheidung hin zur Rechtfertigung der Ausnahme ist dadurch zu begegnen, dass bereichsspezifisch die Verfassungsrelevanz der Grundentscheidung zu hinterfragen ist. Ich könnte als Steuerrechtler dies nun an Ihrem Beispiel der Pendlerpauschale exemplifizieren. Da mein Kollege Lorz schon eingangs das objektive Nettoprinzip bemüht hat, erspare ich Ihnen weitere Entfaltungen zum Steuerrecht. Vielen Dank.

Stöger: Herr Grzeszick hat die Risiken der Kohärenzprüfung durch den EuGH angesprochen und am Beispiel des Falles Hartlauer verdeutlicht. Ich möchte zugleich aber auch am Beispiel des Falles Hartlauer zeigen, dass die Kohärenzprüfung große Chancen bietet. Insoweit ist mein Statement auch als rechtspolitisch zu verstehen. Das Problem hinter dem Fall Hartlauer war, dass es in Österreich unterschiedliche Zulassungsregimes für Ambulatorien und Gruppenpraxen gab, obwohl sie im großen und ganzen dieselben Dienstleistungen erbringen. Das liegt an einer Irrationalität der österreichischen Kompetenzverteilung, einer historisch gewachsenen Irrationalität quer durch das Gesundheitswesen, in dem die Kompetenzen wirklich stark durcheinander gewürfelt sind. Und am Maßstab der Grundfreiheiten und aus der Sicht des bundesstaatsblinden EuGH war diese unterschiedliche Behandlung einfach nicht erklärbar. Das heißt, der EuGH hat rational argumentiert und, es wurde auch schon angesprochen, gleichheitskonform, da für ihn eben die bundesstaatliche Möglichkeit der Abweichung von der Gleichheit nicht beachtlich ist. Und damit zeigt das Hartlauer-Urteil aus meiner Sicht auch sehr schön, und das wurde auch schon angesprochen, dass der Blick von Außen im Mehrebenensystem Rationalität schaffen kann, weil diesem Blick eben die Scheuklappen nationaler Tradition fehlen. Danke sehr.

Fehling: Im Gegensatz zu den Vorrednern möchte ich für einen verstärkten Blick auf Möglichkeiten prozeduraler Steigerung der Rationalität des Gesetzgebungsverfahrens plädieren. Und zwar aus zwei Gründen: Der erste ist der Akzeptanzgedanke, der schon mehrfach angesprochen wurde, bislang aber bezogen auf das Gesetz als Endprodukt. Wir müssen jedoch auch etwas für die Akzeptanz des demokratischen Prozesses tun. Wenn der Bürger den Gesetzgebungsprozess wirklich als reines Machtspiel sieht, wie das in der – da gehe ich ganz mit Herrn Volkmann – doch zweifelhaften Gegenüberstellung von Demokratieprinzip und Rechtsstaatsprinzip angedeutet wurde, dann drohte die Abneigung gegen „die Politik" weiter zu wachsen. Korrespondierend würde das Vertrauen in das Bundesverfassungsgericht als scheinbar einzigem Hüter der Rationalität übersteigert und wir gerieten noch stärker in eine Schieflage zum Jurisdiktionsstaat. Die zweite Überlegung ist: Aus dem Verwaltungsrecht kennen wir Möglichkeiten indirekter Verfahrenssteuerung. Zugegebenermaßen hinken Vergleiche zwischen Verwaltungs- und Verfassungsrecht immer ein wenig. Aber wenn wir etwa an die Problemsensibilisierung durch die Umweltverträglichkeitsprüfung denken, scheinen mir doch Möglichkeiten der indirekten Steuerung auch im parlamentarischen Verfahren zu bestehen, ohne materielle politische Gestaltungsspielräume übermäßig einzuschränken. Herr Lienbacher hat dazu ja Einiges kurz gestreift. Kann man Folgenabschätzungsprozesse stärken, indem man beispielsweise im parlamentarischen Verfahren dazu einen eigenen Diskussionsblock einrichtet und besondere Einspruchsrechte schafft? Ähnliches gibt es in den USA als sogenanntes „Point of Order"-Verfahren, dort allerdings bezogen allein auf Wirtschaftsinteressen. Oder kann man die Anforderungen an eine Gesetzesbegründung erhöhen? Dass eine echte Begründung bei Gesetzen unmöglich sein soll, wird m.E. schon durch die Tatsache widerlegt, dass wir in EU-Rechtsakten Begründungserwägungen haben. Ob diese ein gutes Vorbild sind, daran kann man sicher zweifeln. Aber ich sehe zumindest einige nicht ausgeschöpfte Ressourcen, um die Akzeptanz des demokratischen Gesetzgebungsprozesses zu erhöhen. Vielen Dank.

Schulev-Steindl: Meine Damen und Herren, wie wir vor kurzem gehört haben, mag Österreich vielleicht, was den höchstrichterlichen Weinkonsum anbelangt, nicht im europäischen Spitzenfeld zu finden sein. Es gibt aber einen anderen Bereich, wo wir regelmäßig in Rankings sehr gut abschneiden, und das ist der von Herrn Kollegen Lienbacher angesprochene Bereich der Digitalisierung des Rechts, des Rechtserzeugungsprozesses. Meine Frage an Dich: Du hast es unter dem Titel Rationalisierungsanforderungen an die Gesetzgebung gebracht. Führt nicht die Digitalisierung in erster Linie zu einer Rationalisierung im Sinne einer rationelleren, also schnelleren, effektiveren Erzeugung des Rechts und es erst dann auch zu einer vernünftigeren Rechtserzeugung, wenn man die damit verbundenen Aspekte einer größeren Transparenz, einer Bürgerbeteiligung usw. mit einbezieht? Aber vielleicht hast Du an andere Aspekte gedacht. Jedenfalls, Österreich ist hier traditionell sehr gut ausgewiesen. Es ist erwähnt worden: wir haben seit langem ein Rechtsinformationssystem des Bundes, das allen Bürgern kostenfreien Zugang zu Bundes- und Landesgesetzen, Gerichtsentscheidungen usw.

bietet. Wir machen seit einigen Jahren das Bundesgesetzblatt im Internet authentisch kund. Und wir haben eine noch größere Tradition der Elektronisierung auf Verwaltungsebene, wo derzeit z.B. eine verstärkte Bürgerbeteiligung über den elektronischen Weg diskutiert wird. Man möchte z.B. eine mündliche Verhandlung als Lifestream ins Internet stellen und dabei den Bürgern die Teilnahme über eine Chat-Funktion ermöglichen. Aber zurück zu Deinem Referat. Es gibt natürlich schon seit langem den elektronischen Akt in der Verwaltung, und das, was Du skizziert hast, ist sozusagen das Gegenstück auf Gesetzgebungsebene, der „E-Rechts-Prozess“. Du hast hervorgehoben, dass es dabei immer noch einen Medienbruch gibt (das hat eine gewisse Heiterkeit im Saal ausgelöst), dadurch nämlich, dass der Bundespräsident seine Unterschrift per Hand leistet. Meine Damen und Herren, wenn man den Medienberichten glauben darf, sind die Amerikaner da schon weiter. Seit Jahrzehnten gibt es dort nämlich Unterschriftsautomaten für US-amerikanische Präsidenten. Meine Frage: ist daran gedacht auch diesen letzten Medienbruch noch aufzuheben und vielleicht, so wie wir es aus der Verwaltung kennen, eine Art Amtssignatur des Bundespräsidenten einzuführen? Danke.

Höfling: Vielen Dank. Damit sind wir am Ende der Aussprache, und jetzt in umgekehrter Reihenfolge die Schlussworte. Herr Grzeszick beginnt.

Grzeszick: Vielen Dank für die zahlreichen Kommentare und Anregungen, gerade auch die kritischen Nachfragen. Als Wissenschaftler darf man vielleicht mehr Anregungen aus der Kritik beziehen, auch wenn Zustimmung persönlich angenehmer sein mag. Aus Zeitgründen kann ich leider nicht auf alles antworten, und bin ich gezwungen, eine Auswahl zu treffen, die sehr subjektiv ist – und deswegen vielleicht nicht rational. Diejenigen, auf die ich mangels Zeit leider nicht eingehen kann, können mich aber gerne anschließend ansprechen. In der zeitlichen Folge, aber eben sehr ausgewählt und grob verkürzt nun die Antworten.

Herr Engel hat die Frage nach den utilitaristischen Gründen aufgeworfen, also ob es nicht auch andere Dinge gibt, die das Gesetz vernünftig im Sinne von Effektivität und Effizienz machen, was sich dann auch in der Akzeptanz niederschlägt. Ja, das kann man so sehen. Allerdings glaube ich nicht, dass diese Sichtweise meine binäre Zuordnung zu Rechtsstaat und Demokratie prinzipiell in Frage stellt, weil beide Prinzipien rechtliche Teilgebote enthalten, die auf utilitaristische Gründe Rücksicht nehmen können. Deutlich wird dies an der Verhältnismäßigkeit, denn bei der Prüfung der einzelnen Aspekte – Geeignetheit usw. – werden viele Aspekte abgearbeitet, die auch utilitaristische Bedeutung haben. Entsprechendes gilt für das demokratische Prinzip, denn die Zustimmung der Parlamentarier kann auch von Sachkunde getragen sein. Insoweit haben wir hier Teile abgearbeitet. Und das Sie im Ergebnis im Verhältnis zwischen Rechtsstaat und Demokratie bei den jeweiligen konkreten Zuordnungen eine Abwägung vermisst haben, liegt vielleicht daran, dass ich die bestehende Legitimationsdogmatik als grundsätzlich unproblematisch erfasst habe, weshalb meine Überlegungen nur auf die von der Rechtsprechung vorgenommenen neuen Anbauten und Erweiterungen bezogen sind. Im Übrigen mag dies, wenn ich das Gesamtsystem sehe, deutlich anders aussehen.

Zur Bemerkung von Alexander Lorz, dass vielleicht doch die Folgerichtigkeit und ähnliche Figuren nicht so schlecht sind, weil damit politisch bedingte Ausnahmen im Sinne von Klientelpolitik zum Vorschein gebracht werden. Ja, das kann man überlegen, aber derartige Konstellationen sind doch eigentlich schon so dem Gesetz anzusehen, dazu brauche ich nicht unbedingt einen Blick auf die Begründung zu werfen. Wir können als Beispiel gerne auch hochpolitisierte Dinge nehmen, z.B. die Frage, wie Hotelbetriebe besteuert werden. Da kann man verschiedener Ansicht sein, aber klar ist für jeden, auch ohne die Begründung des Gesetzes zu sehen, was politisch hinter dieser Entscheidung steht. Und deswegen glaube ich, dass in diesen Dingen die politische Kontrolle funktionieren kann. Zudem ist zu berücksichtigen, dass Folgerichtigkeit stets die im Vortrag skizzierten Effekte hat, vor allem die Verschiebung der Gewaltenbalance zugunsten der Gerichte. Deswegen sind nach meiner Ansicht die Nachteile größer als die Vorteile, die möglicherweise zu erringen sind.

Nun zu Herrn Grimm. Da sehe ich zwischen unseren Ansichten relativ viele Parallelitäten in der Analyse der Rechtsprechung, vor allem die Fokussierung auf das Rechtsstaatsprinzip und die Distanz zum Demokratieprinzip, die auch ein bisschen unserer Zunft insoweit zu eigen ist, als wir zunächst einmal Juristen sind und deswegen auf viele Dinge einen rechtsstaatlichen Zugriff nehmen. Umso besser, wenn dann diese Fokussierung in einem nächsten Schritt etwas zurückgenommen und gesehen wird, dass es noch andere Mechanismen gibt, Entscheidungen zu legitimieren. Bezüglich der Frage, ob aus dem Regelungsgegenstand Rationalitätsgebote abgeleitet werden können, haben wir eher Dissens, denn dazu habe ich ausgeführt, dass jede Frage im Prinzip durch ein Parlament oder durch ein Gericht entschieden werden kann, weshalb aus der zu entscheidenden Sachfrage allein keine intensiven, inhaltsreichen Kriterien dafür abzuleiten sind, wer jeweils der bessere Entscheidungsgeber ist. Da bin ich sehr skeptisch, und da würde ich bei der vorgetragenen Zuordnung nach Verfahren und Institutionen bleiben. Ich sehe darin die leistungsfähigeren Kriterien, um im Ergebnis eine adäquate Zuordnung vornehmen zu können.

Bei Herrn Isensee bin ich mir nicht ganz sicher, ob meine Thesen und meine Grundsätze für den Umgang mit dem Demokratieprinzip so zutreffend angekommen sind. Sicher verstehe ich das Demokratieprinzip als dogmatisches Gegengewicht im Recht, und nicht nur als Theorie und Idee, sondern als rechtsdogmatischen Grundsatz. Was ich allerdings damit nicht verbinde, ist ein inhaltliches Verständnis des Demokratieprinzips im Sinne einer normativen Prinzipientheorie und die damit verbundenen Folgen, die bei der Frage des Umgangs mit den Legitimationsketten relevant werden. Konkret: Ein Wechsel von den Legitimationsketten zu einer Output-Legitimation ist bei mir weder nötig noch angelegt; ich bleibe mit meinen Überlegungen auf der Inputseite, ich muss darüber nicht hinausgehen, und deswegen ist bei meinem Ansatz eine weitergehende Aufwertung und Anreicherung des Demokratieprinzips in Richtung einer normativen Prinzipientheorie oder einer Output-Legitimation nicht angelegt.

Zu den drei echten Fragen von Herrn Heinig, hoffe ich drei echte Antworten zu geben. Die erste Frage ist die nach den besonderen, spezifischen Gründen, die eine kompensatorische Intensivierung der rechtsstaatlichen Kontrolle rechtfertigen können. Wie kann im konkreten Fall festgestellt werden, ob ein Legitimationsausgleich der gezeigten Art vorliegt, so dass ein bestehendes Defizit kompensiert werden kann? Die Entscheidung im Einzelfall birgt natürlich ihre Tücken, denn sie verlangt, zunächst aus den Vorgaben des Verfassungsrechts ein Mindestmaß an Legitimationsanforderungen zu ermitteln, dann zu schauen, ob relevante Abweichungen vorliegen, und dann nach Möglichkeiten des Ausgleichs im Sinne einer Kompensation zu fragen. Ein möglicherweise positives Beispiel habe ich genannt: Die Rechtsprechung zu Art. 115 Grundgesetz. Dass ich im Rahmen eines Vortrags, der dogmatische Grundzüge skizziert, nicht immer hundertprozentig genau das Maß und die Abwägung einzelner Fälle bestimmen kann, ist kein durchschlagender Einwand, denn das sind ja die Gründe, die im Einzelfall jeweils für oder gegen eine Zuordnung zum Rechtsstaatsprinzip oder zum Demokratieprinzip sprechen. Schließlich: Falls ein letztes Maß an sicherer Zuordnung fehlt, wäre dies – ein etwas schlitzohriger Einwand – für mich nicht ganz so schlimm, weil ja dann die Gerichte auch nicht darüber entscheiden könnten, und dann auch die Demokratie insoweit noch ein Stück weit aufgewertet würde. Mit der verbleibenden Restunsicherheit könnte ich daher gut leben. Zur Frage, warum denn das Grundgerüst der Verfassung und das damit bestehende Legitimationsniveau ein Richtiges ist: Dahinter steckt tatsächlich viel mehr, dahinter steckt eine Gewaltenbalance mit der Folge, dass die bisherige Dogmatik der rechtsstaatlichen Bindung dem im Prinzip entspricht, einschließlich der Auffassung, dass in Bereichen der Verhältnismäßigkeitsprüfung die Gerichte sich bei der Verhältnismäßigkeit im engeren Sinne und anderen, entsprechenden Wertungsfragen hinreichend deutlich zurücknehmen sollten. Wird dies beachtet, ist in diesen Bereichen der Rechtsstaatsbindung die gewaltenteilende Balance der Verfassung im Prinzip eingehalten. Dies ist eben nicht der Fall bei den neuen rechtsstaatlichen Anbauten; ich habe ja versucht, das anhand der verschiedenen Folgen aufzuzeigen. Die dritte Frage ging zur Substituierung. Diese bzw. die Kompensation ist tatsächlich so gemeint, dass nur soweit eine Substitution in Frage kommt, als das jeweils nötige Mindestmaß an Legitimation erreicht wird. Ein vollkommen unzureichendes Legitimationsniveau auf demokratischer Ebene wird dabei im Ergebnis rechtsstaatlich kaum zu kompensieren sein; dies funktioniert nicht. Voraussetzung ist, dass das jeweils gebotene Mindestmaß an Legitimation erreichbar ist. Soweit dies der Fall ist, kann es dann Gründe geben, zur Kompensation ein Mehr an rechtsstaatlicher Bindung zu verlangen. Schließlich gibt es ja auch beim demokratischen Legitimationsniveau teilweise Kompensationsmöglichkeiten und Differenzierungen, die die Rechtsprechung im Ergebnis akzeptiert, man denke an die funktionale Selbstverwaltung.

Zum Verhältnis zwischen Demokratie und Rechtsstaatsprinzip hat Herr Klein die Frage gestellt, ob die Perspektive richtig sei, welches Prinzip zuerst komme, und ob man es nicht herumdrehen und die andere Perspektive einnehmen könnte. Ich glaube, dass die Frage nur begrenzt weiterführt. Nach meinem Verständnis sind beide Rechtsprinzipien aufeinander verwiesen. Für mich ist deshalb die Frage, welches Prinzip zuerst kommt und welches dann einschränkend wirkt, nicht entscheidend, sondern die Frage, wie die beiden Prinzipien zusammenwirken. Die Verfassung vertraut ja deshalb der demokratischen Legitimation der Staatsgewalt, weil sie zugleich rechtsstaatlich gebunden ist, und umgekehrt. Daraus folgt, dass von Vornherein beide Prinzipien gleichwertig in den Blick zu nehmen sind. Kein Prinzip hat theoretisch einen apriorischen Vorrang, und auch auf der dogmatischen Ebene hat bei mir kein Prinzip einen solchen Vorrang, beide sind gleichwertig, beide sind gleichberechtigt, stehen von Vornherein in gegenseitiger Verwiesenheit, aber eben auch in Gegensatzlagen zueinander.

Nun zur Anmerkung von Uwe Volkmann zum Demokratieprinzip. Ich knüpfe an das an, was ich Herrn Isensee geantwortet habe. Output-Legitimationen und anderen Legitimationsformen stehe ich insoweit kritisch gegenüber, als dass sie die Legitimation aus dem Parlament heraus im Ergebnis abschwächen, ohne im Weiteren an verfassungsrechtliche Maßstäbe angeschlossen zu sein. Die entsprechende Diskussion haben wir ja mittelbar bereits ausgetragen in den Kommentierungen zum Demokratieprinzip. Mir fehlen Kriterien, wie Output-Legitimation festgelegt und im Verfassungsrecht verankert werden kann. Die Legitimationsketten werden geschwächt, ohne ein adäquates neues konstruktives Angebot zu haben, und deswegen bleibe ich bei der tradierten Dogmatik, sehe in dem entsprechend verstandenen Demokratieprinzip aber eben keine Abwertung von Demokratie, sondern die Rationalität der Demokratie. All das, was sich dahinter verbirgt, und was aus rechtsstaatlicher Perspektive irrational erscheint, Mehrheitsfindungen, Zugeständnisse, Kompromisse usw., stellt eben eine andere als die rechtsstaatliche Vernunft dar, die wir aber auch benötigen, um im Ergebnis zu einem sinnvoll gestalteten Gemeinwesen zu kommen.

Herr von Arnim, ganz kurz zur Entscheidung in eigener Sache. Da vertrete ich in Anlehnung an die maßgeblichen beiden Monographien einen engeren Begriff der Entscheidung in eigener Sache. Damit dieser Begriff dogmatische Wirkkraft hat, kann nicht jede mögliche Betroffenheit genügen, um den Prüfungsmaßstab zu intensivieren, sondern es muss eine Entscheidung in nur eigener Sache sein, und bei dieser muss zudem ein struktureller Ausfall an rechtsstaatlicher Kontrolle drohen – wie es eben bei der Entscheidung über die Höhe der Diäten der Fall ist. Im Wahlrecht sieht das anders aus. Wenn diese Voraussetzungen konsequent angelegt werden, ist z.B. die Entscheidung über die 5-%-Klausel keine Entscheidung in nur eigener Sache, die eine höhere Kontrollintensität rechtfertigt; da liegen wir auseinander. Bei der Politikfinanzierung müsste man die Einzelfragen durchdeklinieren, ob sie die Voraussetzungen der Entscheidung in eigener Sache erfüllen oder nicht; das gilt dann eben auch für die Diäten und die Transparenz. Falls denn letztendlich das Parlament als Rechtsetzer ausfallen sollte, haben wir zwar kein alternatives Organ, das als positiven Rechtsgestalter einspringen kann, aber ganz so schlimm ist es nicht, wie wieder das Beispiel Wahlrecht zeigt: Selbst falls das Parlament Fristen verstreichen lässt, ist der öffentliche Druck immens und anscheinend groß genug, da wurde auch über die Presse massiver politischer und journalistischer Druck aufgebaut, dass ein Gesetz doch jetzt schnellstmöglich auf den Tisch kommen müsse. Und der Druck hat ja auch gewirkt, das Gesetz ist im Bundestag verabschiedet worden. Die Einzelfragen können an einer anderen Stelle ausdiskutiert werden.

Da die Zeit abgelaufen ist, ich füge ich mich der Disziplin und möchte abschließend herzlich für kritischen Nachfragen danken. Auch möchte ich dem Vorstand dafür danken, dass er mir die Ehre und Gelegenheit gegeben hat zu einem Thema zu referieren, das zugleich grundlegend theoretisch und dogmatisch ist, und das in der praktischen Anwendung bis hin zur Fallentscheidungen reicht, und das mir sehr entgegen kam; ganz herzlichen Dank!

Lienbacher: Liebe Kolleginnen und Kollegen! Zunächst herzlichen Dank für das Zugeständnis, angesichts der beschränkten Zeit aus den vielen Wortmeldungen das herauszugreifen, was mir besonders wichtig erscheint und für das Verständnis, nicht auf alles eingehen zu können. Vielleicht fange ich ganz hinten bei Frau Schulev-Steindl an: Der elektronische Rechtserzeugungsprozess in Österreich und der Medienbruch beim Bundespräsidenten hat eine gewisse Heiterkeit ausgelöst. Das Konzept des elektronischen Aktes ist noch nicht in allen Zentralstellen vollends verwirklicht. In der Präsidentschaftskanzlei in der Hofburg in Wien werden Aktenbearbeitungen noch nicht zur Gänze elektronisch durchgeführt. Der Bundespräsident unterschreibt daher immer noch eigenhändig und nicht elektronisch. Mir ist aber wichtig festzuhalten, dass die Unterschrift dort, wo sie elektronisch geleistet werden kann, auch rechtsverbindlich elektronisch mit Passwort geleistet wird. Das ist der Unterschied zum angeführten Beispiel des amerikanischen Präsidenten: Dort gibt es offensichtlich Unterschriftsautomaten. Solche gab und gibt es auch bei uns in Bundesministerien, zumindest in solchen, die für große Personalstäbe verantwortlich sind. Sie dürfen nicht erwarten, dass dort der Bundesminister oder die Bundesministerin z.B. alle Ernennungsdekrete eigenhändig unterschreiben kann. Das erledigt eine Vorrichtung, in die eine Feder eingespannt werden kann, um den Schriftzug des Ministers bzw. der Ministerin an die richtige Stelle des eingespannten Papiers zu setzen. Beim elektronischen Rechtserzeugungsprozess geht es vor allem um technische Hilfestellungen zur Vereinheitlichung und letztlich um die Ersparnis des gesamten Drucklegungsprozesses. Darüber hinaus erlaubt diese Art der elektronischen Abwicklung der Rechtserzeugung ein flexibleres Reagieren, wenn Änderungen z.B. im parlamentarischen Prozess notwendig sind. Sie haben praktisch immer das Dokument vor Augen, in das hineingearbeitet werden kann und das zeitgleich allen Beteiligten elektronisch zur Verfügung steht. Es muss kein Papier mehr zwischen dem Ballhausplatz (Sitz des Bundeskanzleramtes) und dem Parlament hin- und hertransportiert werden. Vielmehr geschieht die Übermittlung elektronisch auf Knopfdruck und für alle Beteiligten verfügbar. Die Abgeordneten werden damit zeitgleich über ihren Laptop in den Prozess eingebunden und können sich damit auseinandersetzen. Das stellt für alle Beteiligten eine wesentliche Arbeitserleichterung dar und eine nicht unbeträchtliche finanzielle Ersparnis. Dass damit alle Probleme aus der Welt geschafft wären, ist bei Gott nicht der Fall, aber es hilft zumindest, eine Reihe von organisatorischen und technischen Problemen besser und kostensparender zu bewältigen und einen viel direkteren Zugang bzw. eine viel bessere Arbeitsgrundlage für alle Beteiligten am Rechtsetzungsprozess zu schaffen.

Ich möchte auf Herrn Klein eingehen, der mich zu meiner These 13 angesprochen hat. Der Gesetzgeber schuldet das Gesetz und nicht eine Begründung. In der Tat, ich meine das so, wie ich es geschrieben habe. Diese Auffassung speist sich auch wiederum sehr stark aus der Konfrontation mit der Praxis. Bei uns werden Gesetze oft nicht oder nur sehr wenig begründet. Das mag vielfältige Gründe haben. Oft streicht man z.B. Begründungen, um die erforderliche Einigkeit bzw. Mehrheit im parlamentarischen Prozess zu erzielen, weil bestimmte politische Gruppierungen bestimmte Begründungen, mit denen sie ihre Klientel verstimmen könnten, nicht niedergelegt wissen wollen. Daher nimmt man sie dann in die Gesetzesmaterialien nicht auf. Sie erleben das häufig bei Initiativanträgen der Abgeordneten. Eine Begründung für ein Gesetz im Hinblick auf verfassungsrechtliche Aspekte wird aber immer dann abverlangt, wenn es vor dem Verfassungsgerichtshof angefochten wird. Hier hat der Gesetzgeber, der durch die Bundesregierung vor dem Verfassungsgerichtshof vertreten wird, offenzulegen, warum er diese Lösung gewählt hat und keine andere. Selbst dann, wenn er im Zeitpunkt des Gesetzesbeschlusses eine Begründung abgegeben hätte und diese z.B. weil Prognosen usw. falsch waren, nicht mehr zuträfe, fragt der Verfassungsgerichtshof im Zeitpunkt der Anfechtung nach Gründen, die die Verfassungskonformität rechtfertigen, unabhängig davon, ob diese zum Zeitpunkt des Gesetzesbeschlusses existiert haben. Genauso werden aber Gesetze verfassungswidrig, wenn die sie rechtfertigenden Gründe bei der Beschlussfassung zum Zeitpunkt der Prüfung durch den Verfassungsgerichtshof weggefallen sind. Begründungen werden daher aus dem verfassungsgerichtlichen Verfahren heraus abgefragt. In diesen Verfahren werden auch Gutachten eingeholt. Ich erinnere mich an ein Verfahren, das wir in der Junisession 2011 im Verfassungsgerichtshof behandelt haben, es betraf die Kapitalertragssteuer. Die Bundesregierung hatte im Hinblick auf die Einhebung der Steuer und die dazu notwendigen technischen Erfordernisse offensichtlich nicht genug Erkundigungen eingeholt, so dass die gesetzliche Umsetzungsfrist zu kurz bemessen war. Die betreffende gesetzliche Bestimmung wurde deshalb als verfassungswidrig aufgehoben.

Festgestellt wurde das im verfassungsgerichtlichen Verfahren durch Einholung und Vorlage entsprechender Gutachten. Das kann immer passieren. Ich bin deshalb davon überzeugt, dass der Gesetzgeber das Gesetz schuldet und nicht die Begründung. Die Begründung spielt aber dann eine Rolle, wenn zweifelhaft ist, ob das Gesetz verfassungsmäßig zustande gekommen ist. Das heißt ein Gesetz muss begründbar sein aber nicht begründet werden.

Zu den Diskussionsbeiträgen von Herrn Weiß und Herrn Pitschas und der Kritik an meiner Unterscheidung zwischen politischer Rationalität und Fachrationalität: Auch diese Unterscheidung habe ich gewählt, weil sie mir einfach in meiner praktischen Erfahrung so oft und so einprägsam untergekommen ist. Ich konnte mich dieser Unterscheidung angesichts der vielen realen Gesetzgebungsprozesse, die ich miterlebt habe, nicht entziehen. Fünf Jahre lang habe ich in meiner Tätigkeit als Leiter des Verfassungsdienstes des Bundeskanzleramtes erfahren, dass in den Bundesministerien unter fachlichen Gesichtspunkten ausgearbeitete Gesetzesentwürfe entstanden sind, die dann im politischen Entscheidungsprozess einen anderen Drall bekommen haben, weil bestimmte Interessen auf der politischen Ebene eingeflossen sind, die ein fachrationales Ergebnis verwässert bzw. verändert haben. Die Rechtswissenschaft muss aus meiner Sicht alle diese Vorgänge im Tatsächlichen beschreiben können, um der Realität gerecht zu werden. Deshalb habe ich diese Unterscheidung getroffen. Mit ist daher wichtig, dass der von mir verwendete Rationalitätsbegriff, und damit decke ich gleich auch andere Wortmeldungen ab, ein relativer ist. Er braucht die Bezugsgröße. Für mich ist er eine Sekundärgröße, ein Sekundärwert, der die Bezugsgröße des Primärwerts braucht. Die im Parlament vertretene Partei, die die Gastwirte vertritt, wird vielleicht andere Interessen haben und daher auch unter ihren Gesichtspunkten anders rational zu agieren haben als jemand, der der Förderung der Gesundheit der Bevölkerung verpflichtet ist. Ich darf dazu das Stichwort „Rauchverbot" nennen und muss nicht mehr weiter darauf eingehen. Sie können das aber an allen möglichen Beispielen erproben. Mir ist wichtig, diese Diskrepanz aufzuzeigen. Vielfach werden in den Ministerien Gesetzesentwürfe ausgearbeitet, in denen zunächst Fachrationalität mehr oder weniger vorherrscht, wenn nicht schon in diesem Stadium ganz bestimmte politische Aufträge gegeben werden. Im Prozess des politischen Verhandelns kommen aber ganz andere Rationalitätsmomente zum Tragen. Sie verwässern oft diese Ergebnisse, oder beseitigen sie, auch wenn sie noch so vernünftig sind, weil z.B. die politische Gruppierung, die Mehrheitsbildner im Parlament ist, ihre Klientel nicht verärgern will. Das ist dann eben der politischen Rationalität geschuldet.

Ich möchte festhalten, dass das im parlamentarischen Prozess nicht anders ist, als in vielen anderen Prozessen auch, in denen Kollegialorgane wirken. Ich denke etwa an den Verfassungsgerichtshof in Österreich. Ich weiß nicht, wie das Bundesverfassungsgericht in Karlsruhe agiert, aber ich könnte mir dort Ähnliches vorstellen. Wenn bei uns die Mitglieder des Verfassungsgerichtshofes zusammensitzen und ein Problem zu diskutieren haben, dann gibt es immer wieder ganz unterschiedliche Auffassungen, und wie so oft, wenn man zu Kompromissen kommen muss, entledigt man sich gewisser Meinungsdivergenzen auch dadurch, dass man Begründungsteile streicht, die jemandem wehtun, und deren Streichung deshalb eine Lösung konsensfähiger macht. Das sind natürlich, wenn Sie es jetzt streng betrachten, Irrationalitäten, aber letztlich führen diese Irrationalitäten dazu, dass Entscheidungen zustande kommen, und das ist ja auch ein großer Wert. Diesen Wert will ich ganz deutlich in den Mittelpunkt stellen. Wesentlich ist, dass das System nur funktionieren kann, wenn tatsächlich Entscheidungen herbeigeführt werden. Wenn wir Kriterien aufstellen, die Entscheidungen unmöglich machen, bekommen wir auf der anderen Seite ein Problem.

Ich gestehe offen, ich habe jetzt den Faden angesichts der vielen Wortmeldungen verloren, deute aber den Blick des Vorsitzenden so, dass ich ihn auch nicht mehr finden, sondern zum Ende kommen soll. Lassen Sie mich noch, weil es von einigen auch angesprochen wurde, sagen, dass ich zur europarechtlichen Komponente deshalb keine Ausführungen gemacht habe, weil das in 45 Minuten unmöglich ist. Man muss eine Auswahl treffen. Die Auswahl ist wie immer subjektiv und daher auch relativ und vielleicht auch irrational. Ich habe sie so getroffen, weil ich davon ausgegangen bin, dass bei einem österreichischen Referenten Interesse besteht, wie die österreichische Rechtsordnung und die österreichische Praxis die gegenständlichen Fragestellungen handhabt. Ich habe das Gefühl gehabt, mir ist Interesse entgegen gebracht worden. Dafür danke ich Ihnen sehr.

Zweiter Beratungsgegenstand:

Finanzkrisen als Herausforderung der internationalen, europäischen und nationalen Rechtsetzung

1. Referat von Professor Dr. *Christian Calliess*, LL.M. Eur., M.A.E.S. (Brügge), Berlin*

Inhalt

* Für ihr Gegenlesen früherer Fassungen dieses Vortrags und daraus folgende Bestätigung, Kritik und Anregungen möchte ich Prof. Dr. *Wolfram Cremer*, Prof. Dr. *Thorsten Kingreen* und Prof. Dr. *Matthias Ruffert* sowie meinem Bruder Prof. Dr. *Gralf-Peter Calliess* und meiner Frau *Agnes Calliess* ganz herzlich danken.

I. Finanzkrisen und demokratischer Verfassungsstaat

1. *Von der globalen Finanzkrise über die europäische Verschuldungskrise zur Demokratiekrise?*

Wird die Demokratie zum Opfer der Finanzkrisen, herrschen die Finanzmärkte über den demokratischen Verfassungsstaat?[1] Unter diesem Tenor werfen die Kapitalmarkt- und Bankenkrise des Jahres 2008, aber auch die mit dieser in engem Zusammenhang stehende Verschuldungskrise im Euroraum einmal mehr die alte, aber immer wieder aktuelle und neu zu stellende Frage nach dem Verhältnis von Markt und Staat auf.[2] Verstärkt wird das politische Leitprinzip der letzten beiden Jahrzehnte, das allgegenwärtige „It's the economy, stupid"[3], samt der damit einhergehenden Ökonomisierung von Staat und Gesellschaft nach dem Vorbild der USA hinterfragt.[4]

Finanz- und damit einhergehende Wirtschaftskrisen sind historisch betrachtet keine Seltenheit.[5] Die besondere ökonomische Brisanz liegt

---

[1] Vgl. dazu die Debatte in der Öffentlichkeit: *F. Schirrmacher* „Ich beginne zu glauben, dass die Linke recht hat", FAZ am Sonntag Nr. 32 vom 14. 08. 2011, 17; *C. Moore* Our leaders have lost faith in the powers of their people, The Telegraph vom 29. 07. 2011; *D. Kurbjuweit* Ackermanns Herrschaft, Der Spiegel 22/2011, 26: Politik habe „einen neuen Souverän bekommen, das sind nicht mehr wir, das Volk, …, das sind jetzt die Finanzmärkte, die gnadenlos herrschen"; zuvor schon *U. Beck* Europäisch Roulette: Merkels letzte Kugel, Cicero vom 26. 05. 2010; ähnlich *P. Kirchhof* Zeit, europäisch zu denken, FAZ Nr. 197 vom 25. 08. 2011, 8; zur Problematik der mit den Nothilfen an Griechenland verbundenen Haushaltslagen, *R. Hank* Das Drama der Solidarität, FAZ am Sonntag Nr. 23 vom 12. 06. 2011, 33, der insoweit von einem „Protektorat" spricht.

[2] *D. Yergin/J. Stanislaw* Staat oder Markt, 1999, 524ff., insbes. 532ff.; *R. Stürner* Markt und Wettbewerb über alles?, 2007, 169ff.; *P. Kirchhof* HStR VIII, 2010, § 169; *M. Fehling/M. Ruffert* Perspektiven, in: Fehling/Ruffert (Hrsg.) Regulierungsrecht, 2010, § 23, Rn. 1ff.; *P. Behrens* Die ökonomischen Grundlagen des Rechts, 1986, 104ff., 116ff., 236ff.; *J. Haucap/M. Coenen* Industriepolitische Konsequenzen der Wirtschaftskrise, in: Theurl (Hrsg.) Wirtschaftspolitische Konsequenzen der Finanz- und Wirtschaftskrise, 2010, 57ff.; s. auch die Beiträge in *M. Bungenberg u. a.* (Hrsg.) 44. AssÖR: Recht und Ökonomik, 2004 und *E. Towfigh u. a.* (Hrsg.) 49. AssÖR: Recht und Markt – Wechselbeziehungen zweier Ordnungen, 2009.

[3] Zurückgehend auf den amerikanischen Präsidenten Bill Clinton, *M. Kelly* The 1992 Campaign: The Democrats – Clinton and Bush compete to be champion of change, The New York Times vom 31. 10. 1992.

[4] Dazu *R. Stürner* Markt und Wettbewerb (Fn. 2), 37, 142f.; vgl. auch *O. Lepsius* Über Märkte, Wettbewerb und Gemeinwohl – Plädoyer für einen Paradigmenwechsel, in: Adolf-Arndt-Kreis (Hrsg.) Staat in der Krise – Krise des Staates? Die Wiederentdeckung des Staates, 2010, 25 (31ff., 47f.); *F. Tichy* Anmerkungen zur Zukunft des Kapitalismus, APuZ 20/2009, 3 (4, 6).

[5] *D. Yergin/J. Stanislaw* Staat oder Markt (Fn. 2), 524ff.; vgl. auch *C. Reinhart/K. Rogoff* Dieses Mal ist alles anders: Acht Jahrhunderte Finanzkrisen, 2010.

gegenwärtig jedoch darin, dass zwei Krisen zusammenfallen.[6] Ausgelöst durch eine sorglose Vergabe von privaten Immobilienkrediten in den USA, deren Risiken über die Finanzmärkte in Form von Finanzderivaten global gestreut wurden, gerieten nach Platzen der entstandenen Immobilienblase Banken[7] und Versicherungen[8] nicht nur in den USA selbst, sondern auch verstärkt in Europa in finanzielle Schwierigkeiten.[9] Um eine unkontrollierbare Ausweitung der damit ausgelösten Finanzkrise zu verhindern („Ansteckungsgefahr"), wurde systemrelevanten Banken staatlicherseits frisches Eigenkapital zur Verfügung gestellt, das zumeist im Wege staatlicher Kreditaufnahme an den Finanzmärkten gegenfinanziert werden musste.

In der hiermit einhergehenden, immensen zusätzlichen staatlichen Verschuldung besteht die Schnittstelle zur zweiten Krise, der Verschuldungskrise im Euroraum.[10] Plötzlich gerieten ohnehin verschuldete Eurostaaten in das Visier der Rating-Agenturen und der Finanzmärkte.[11] Im latent überschuldeten Griechenland, insbesondere aber in Irland

---

[6] *C. Ohler* Finanzkrisen als Herausforderung der internationalen, europäischen und nationalen Rechtsetzung, DVBl. 2011, 1061 (1061) spricht zu Recht von „Zwillingskrise"; instruktiv *D. Yergin/J. Stanislaw* Staat oder Markt (Fn. 2), 524ff.

[7] Beginnend mit dem Zusammenbruch der Investmentbank „Lehman Brothers"; dazu *T. Oppermann* FS Möschel, 2011, 909 (911); *H. Beck/H. Wienert* Anatomie der Weltwirtschaftskrise: Ursachen und Schuldige, APuZ 20/2009, 7 (10f.).

[8] Wie z.B. der amerikanische Versicherungskonzern AIG; dazu *S.-A. Mildner* Obama – Architekt einer neuen Finanzordnung?, APuZ 04/2010, 26 (29).

[9] Instruktive Darstellung der Ursachen aus ökonomischer Sicht bei *H. Beck/H. Wienert* Anatomie der Weltwirtschaftskrise (Fn. 7), 7ff.; *M. Hellwig* Finanzmarktregulierung – welche Regelungen empfehlen sich für den deutschen und europäischen Finanzsektor?, Gutachten 68. DJT, E 12ff.; ferner *W. Heun* Der Staat und die Finanzkrise, JZ 2010, 53ff.; *W. Möschel* Die Finanzkrise – Wie soll es weitergehen?, ZRP 2009, 129 (129f.).

[10] *C. Ohler* Die Finanzkrise als Herausforderung für die Nachhaltigkeit staatlicher Verschuldungspolitik, in: Kahl (Hrsg.) Nachhaltige Finanzstrukturen im Bundesstaat, 2011, 208ff.; vgl. auch *C. Herrmann* Staatsbankrott in der EU: Versagen, Bewährung oder Chance der Europäischen Währungsverfassung?, in: v. Lewinski (Hrsg.) Staatsbankrott als Rechtsfrage, 2011, 29 (32).

[11] Das Kapital ist zwar „scheu wie ein Reh", aber wenn es loszieht, dann unterliegt es zugleich dem Herdentrieb einer lostrampelnden Elefantengruppe (bei dieser Redewendung lässt sich nicht mehr mit Bestimmtheit sagen, von wem sie ursprünglich stammt; dazu *F. Haase* Internationales und europäisches Steuerrecht, 2. Aufl. 2009, 1; zur politischen Bedeutung vgl. auch *S. Dullien/D. Schwarzer* Die Eurozone braucht einen außenwirtschaftlichen Stabilitätspakt, SWP Aktuell Juni 2009, 1; vgl. *J. Rosenbaum* Der politische Einfluss von Rating-Agenturen, 2009; *R. Arezki/B. Candelon/A. Sy* Sovereign Rating News and Financial Markets Spillovers: Evidence from the European Debt Crisis, CESifo Working Paper No. 3411, 2011.

und Portugal wurde dies zum Katalysator der Gefahr eines Staatsbankrotts mit unübersehbaren Konsequenzen für die Stabilität der Eurozone, die weltweit verflochtenen Finanzmärkte und damit einmal mehr für die Banken. Wurden 2008 noch systemrelevante Banken mit Steuermitteln gerettet, entschloss sich die Politik nunmehr aber, den überschuldeten Staaten direkt zu helfen. Die Rettung von Staaten reagiert nicht zuletzt auf den unter Aspekten der Legitimation fatalen Eindruck, dass ein zunehmend schwacher Staat nur noch von den Märkten getrieben wird und das Primat der Politik erodiert. Denn längst sind die Regierenden in den Augen der Öffentlichkeit zu den „Regierten der Banken" geworden.[12] Aber agieren die Finanzmärkte nicht eigentlich so, wie es eine Marktwirtschaft und auch der Bürger als Kapitalanleger von ihnen erwartet? Setzt nicht gerade die politisch unvollendete europäische Währungsunion mit ihrer sog. „No-Bail-Out-Klausel" auf die Sanktion der Märkte, um Haushaltsstabilität zu generieren?

2. *Staatliche Verantwortung für die Verhinderung und Bewältigung von Finanzkrisen*

Obwohl die soziale Marktwirtschaft konstituierend für das Selbstverständnis und die daran anknüpfende identitätsstiftende Erzählung der Bundesrepublik Deutschland nach 1949 ist, wird allseits betont,[13] dass das Grundgesetz „keine unmittelbare Festlegung und Gewährleistung einer bestimmten Wirtschaftsordnung" enthält, sondern deren Gestaltung dem Gesetzgeber überlässt, der „hierüber innerhalb der ihm

[12] *D. Kurbjuweit* Ackermanns Herrschaft (Fn. 1); zuvor schon *U. Beck* Europäisch Roulette (Fn. 1); ähnlich *P. Kirchhof* Zeit, europäisch zu denken (Fn. 1).

[13] Vgl. *H.-J. Papier* Grundgesetz und Wirtschaftsordnung, in: Benda/Maihofer/Vogel (Hrsg.) Handbuch des Verfassungsrechts der Bundesrepublik Deutschland, 2. Aufl. 1994, § 18, Rn. 2 ff.; *F. Ossenbühl* Die Freiheit des Unternehmers nach dem Grundgesetz, AöR (115) 1990, 1 (2 f.); *R. Stober* Grundrechtsschutz der Wirtschaftstätigkeit, 1989, 1; instruktiv zum Streit um die Einordnung des GG als Wirtschaftsverfassung *P. Badura* Grundprobleme des Wirtschaftsverfassungsrechts, JuS 1976, 205 ff.; *H. Hablitzel* Wirtschaftsverfassung und Grundgesetz, BayVBl. 1981, 65 (65 ff., 100 ff.); *O. Lepsius* Verfassungsrechtlicher Rahmen der Regulierung, in: Fehling/Ruffert (Hrsg.) Regulierungsrecht, 2010, § 4, Rn. 13 ff.; *R. Stober* Allgemeines Wirtschaftsverwaltungsrecht, 17. Aufl. 2011, 39 ff.; *R. Schmidt* HStR IV, 2006, § 92, Rn. 12 ff.; aA *H. C. Nipperdey* Soziale Marktwirtschaft und Grundgesetz, 1965, 44, der im GG eine institutionelle Garantie der sozialen Marktwirtschaft garantiert sieht; vermittelnd *P. Häberle* Rechtsvergleichung im Kraftfeld des Verfassungsstaates, 1992, 552 (570 ff.), dessen Ausführungen den insofern bestehenden Unterschied zwischen GG und Verfassungen der Bundesländer deutlich werden lassen.

durch das Grundgesetz gezogenen Grenzen frei zu entscheiden hat“[14]. Zu diesen Grenzen zählen die Grundrechte[15], die Staatszielbestimmungen[16] und die Strukturprinzipien der Verfassung[17], die gleichzeitig die verfassungsrechtliche Rahmenverantwortung des Gesetzgebers[18] für die Wirtschaft markieren.[19]

Die effiziente Zuordnung von Kapital und Risiken[20] ist in einer Marktwirtschaft Bedingung für Innovations- und Wettbewerbsfähigkeit samt damit einhergehendem Wirtschaftswachstum.[21] Insoweit erfüllt

---

[14] BVerfGE 50, 290 (336f.) – Mitbestimmung; 4, 7 (17f.) – Investitionshilfe; 14, 19 (23) – Warenautomaten; 30, 292 (315) – Erdölbevorratung; vgl. etwa *U. Scheuner* Die staatliche Intervention im Bereich der Wirtschaft, VVDStRL 11 (1954), 1 (19ff.).

[15] *M. Ruffert* Zur Leistungsfähigkeit der Wirtschaftsverfassung, AöR 134 (2009), 198 (221f.); *P. Kirchhof* HStR VIII, 2010, § 169, Rn. 47.

[16] *O. Lepsius* in: Fehling/Ruffert (Fn. 13), § 4, Rn. 86ff.

[17] Dazu am Beispiel der Staatsaufgabe Umweltschutz *C. Calliess* Rechtsstaat und Umweltstaat, 2001, 104ff.; allgemein zu den verfassungsrechtlichen Vorgaben *O. Lepsius* in: Fehling/Ruffert (Fn. 13), § 4, Rn. 45ff. und 86ff.; *R. Schmidt* Verfassungsrechtliche Grundlagen, in: Schmidt/Vollmöller (Hrsg.) Kompendium Öffentliches Wirtschaftsrecht, 3. Aufl. 2007, § 2, Rn. 11ff.

[18] Auf der Staatsrechtslehrertagung 1967 unter dem Aspekt eines „Verfassungsauftrags zur Wachstumsvorsorge“ thematisiert: *H. P. Ipsen* Das Staatsoberhaupt in der parlamentarischen Demokratie. Verwaltung durch Subventionen, VVDStRL 25 (1967), 257 (262); vgl. dazu auch schon *ders.* Redebeitrag zum Bericht über Staat und Verbände. Gesetzgeber und Verwaltung, VVDStRL 24 (1966), 221f.; *ders.* Europäisches Gemeinschaftsrecht, 1972, § 28/27f.; zustimmend *P. Badura* FS H. P. Ipsen, 367ff.; *J. Isensee* Widerstand gegen den technischen Fortschritt, DÖV 1983, 565 (569); *H.-J. Papier* Grundgesetz und Wirtschaftsordnung (Fn. 13), § 18, Rn. 22; kritisch mit Blick auf die Überbetonung der „Wachstumsvorsorge“ *H. Hofmann* Technik und Umwelt, in: Benda/Maihofer/Vogel (Hrsg.) Handbuch des Verfassungsrechts der Bundesrepublik Deutschland, 2. Aufl. 1994, § 21, Rn. 18; *G. Nicolaysen* FS H. P. Ipsen, 485ff.

[19] *D. Grimm* Zukunft der Verfassung, 1. Aufl. 1991, 330; *P. Häberle* Rechtsvergleichung (Fn. 13), 552 (570ff.); vgl. auch *B. Grzeszick* HStR IV, 2006, § 78, Rn. 31; *O. Lepsius* in: Fehling/Ruffert (Fn. 13), § 4, Rn. 45ff. und 86ff.

[20] Dies geschieht, indem Kapitalgeber ihr Investitionsrisiko dadurch reduzieren können, dass sie es an andere Marktteilnehmer mit entsprechender Risikopräferenz oder besseren Risikodiversifikationsmöglichkeiten gegen eine entsprechende Prämie weitergeben können; vgl. *F. Becker* Staatlich-private Rechtsetzung in globalisierten Finanzmärkten, ZG 2009, 123 (126) mwN; *T. Jorberg* Finanzmärkte und Aufgabe der Banken, in: Seidl/Zahrnt (Hrsg.) Postwachstumsgesellschaft, 2010, 145 (148).

[21] Dazu *W. Filc* Stabilität des internationalen Finanzsystems, APuZ 7/2008, 3 (4); *R. Vaubel* Zur Finanzmarktkrise: Die Verantwortung des Staates, 2008, 10; *W. Höfling* Finanzmarktregulierung – Welche Regelungen empfehlen sich für den deutschen und europäischen Finanzsektor?, DJT 2010, F 9; *S. Augsberg* Rechtsetzung zwischen Staat und Gesellschaft, 2003, 38f.; *C. Ohler* Finanzkrisen als Herausforderung (Fn. 6), 1061 (1062); *F. Becker* Rechtsetzung in Finanzmärkten (Fn. 20), 123 (125).

der Finanzmarkt eine „Schmierfunktion“ für das Räderwerk der Wirtschaft, indem in seinem Rahmen unternehmerische Ideen und das dafür notwendige Kapital zusammengebracht und diesbezügliche Risiken verteilt werden können. Dem Gesetzgeber obliegt daher auch die Verantwortung, durch staatliche Rechtsetzung[22] die Stabilität des Finanzmarkts zu gewährleisten.[23] In der Folge hat er dafür zu sorgen, dass Risikofaktoren (definiert durch konjunkturelle Schwankungen sowie Markt-, Kredit- und Liquiditätsrisiken) in ein angemessenes Verhältnis zur Risikotragfähigkeit des Gesamtsystems (definiert durch die Ertragslage von Unternehmen, ihre Kapitalausstattung und Reserven sowie die Existenz von Sicherungseinrichtungen) gesetzt werden.[24]

In ökonomischer Hinsicht wird diese Verantwortung dadurch unterstrichen, dass es sich bei der Finanzmarktstabilität um ein öffentliches Gut[25] handelt. Die Beispiele „Lehman Brothers“ und „Hypo Real Estate“[26] haben gezeigt, dass es individuell durchaus rational sein kann,

---

[22] Zum Begriff der Rechtsetzung im Sinne von staatlich gesetztem Recht: nach *C. Tietje* Autonomie und Bindung der Rechtsetzung in gestuften Rechtsordnungen, VVDStRL 66 (2007), 45 (47) ist „Rechtsetzung rechtlich ausgestaltetes Verfahren und politischer Prozess“; zur Definition von Rechtsetzung im Allgemeinen *A. v. Bogdandy* Gubernative Rechtsetzung, 2000, 55, vgl. auch 47, wo *ders.* in seiner Untersuchung Rechtsetzung „nicht mehr im Lichte des (…) Modells parlamentarischen Primats, sondern im Lichte eines neuen Modells, das schlagwortartig die Rechtsetzung als kooperative Tätigkeit unter gubernativer Hegemonie versteht“, interpretiert; vgl. weiterhin *I. Härtel* Handbuch Europäische Rechtsetzung, 2006, 7 ff.; *G.-P. Calliess/M. Renner* Between Law and Social Norms: The Evolution of Global Governance, Ratio Juris, Bd. 22 Nr. 2, 2009, 260 (261); zum Begriff der Rechtsnorm *F. Becker* Kooperative und konsensuale Strukturen in der Normsetzung, 2005, 75 ff.

[23] Der Themenstellung entsprechend wird auf den unterschiedlich weit gefassten bzw. funktionsspezifisch angereicherten und entsprechend umstrittenen Begriff der Regulierung verzichtet: Grundlegend *M. Ruffert* Begriff, in: Fehling/Ruffert (Hrsg.) Regulierungsrecht, 2010, § 7, Rn. 1 ff. mwN; mit Blick auf den Finanzmarkt: *P.-C. Müller-Graff* Finanzmarktkrise und Wirtschaftsordnungsrecht: Aufwind für den Regulierungsstaat?, EWS 2009, 201 (204 ff.); *H.-C. Röhl* Finanzmarktaufsicht, in: Fehling/Ruffert (Hrsg.) Regulierungsrecht, 2010, § 18, Rn. 33 ff.

[24] Vgl. *F. Becker* Rechtsetzung in Finanzmärkten (Fn. 20), 123 (126) mwN.

[25] *D. Zimmer* Finanzmarktregulierung – Welche Regelungen empfehlen sich für den deutschen und europäischen Finanzsektor?, DJT 2010, G 37; *C. Tietje* Architektur der Weltfinanzordnung, in: ders./Kraft/Lehmann (Hrsg.) Beiträge zum Transnationalen Wirtschaftsrecht, Heft 109 (2011), 28 mit Fn. 129.

[26] Vgl. *H. Paul* Es sind längst keine normalen Zeiten mehr, FAZ.net vom 29. 09. 2008, abrufbar unter http://www.faz.net/aktuell/wirtschaft/krise-der-hypo-real-estate-es-sind-laengst-keine-normalen-zeiten-mehr-1694567.html (zuletzt abgerufen am 31. 10. 2011); *H. Ankenbrand* Und ewig schockt die HRE, FAZ am Sonntag Nr. 36 vom 12. 09. 2010, 46; im Überblick *H. Peukert* Die große Finanzmarktkrise, Eine staatswissenschaftlich-finanzsoziologische Untersuchung, 1. Aufl. 2010, 29 ff.

ökonomische Entscheidungen zu treffen, die der Finanzmarktstabilität zuwiderlaufen. Die solchermaßen bestehende „Divergenz von individuell rationaler und sozial optimaler Investitionsstrategie“[27] birgt externe Effekte, die es angesichts des diesbezüglichen Marktversagens durch staatliche Rechtsetzung zu internalisieren gilt.

3. *Herausforderungen an die Rechtsetzung im Finanzmarkt*

In Wahrnehmung ihrer Verantwortung für die Finanzmarktstabilität sehen sich jedoch Staat und Gesetzgeber mit besonderen Herausforderungen konfrontiert, die in der Struktur der Finanzmärkte begründet sind.

a) *Die Eigengesetzlichkeiten des Finanzmarkts*

Finanzmärkte rekonstruieren die realwirtschaftlichen Märkte über die Börse, den „Markt der Märkte“, in Form eines durch nationale Rechtskonstrukte ermöglichten artifiziellen Marktes.[28] Bedingt durch internationale Ungleichgewichte in den Außenhandelsbilanzen und damit einhergehende Exportüberschüsse sowie eine „Politik des billigen Geldes“ gibt es ein Überangebot von Kapital, das nach immer neuen Anlagemöglichkeiten mit möglichst hohen Renditen sucht.[29] Im Zuge dessen schafft der Finanzmarkt immer neue Angebote, etwa in Form von Finanzderivaten, die mit der Finanzierung von Realgeschäften immer weniger zu tun haben.[30] Je weiter diese Loslösung reicht, desto künstlicher und abstrakter wird der Finanzmarkt, der in der Folge immer stärker von der Realwirtschaft abgelösten Eigengesetzlichkeiten folgt. Ihrer Komplexität muss die Rechtsetzung spezifisch Rechnung tragen.[31]

---

[27] So treffend *F. Becker* Rechtsetzung in Finanzmärkten (Fn. 20), 123 (126).

[28] Instruktiv *O. Lepsius* in: Adolf-Arndt-Kreis (Fn. 4), 25 (43f.), der konstatiert: „Unter allen Märkten ist der Finanzmarkt der sonderbarste“; ausführlich *L. Klöhn* Kapitalmarkt, Spekulation und *Behavioral Finance*, 2006, 40ff.; vgl. auch *W. Heun* Staat und Finanzkrise (Fn. 9), 53 (54); *H. Beck/H. Wienert* Anatomie der Weltwirtschaftskrise (Fn. 7), 7ff.

[29] *W. Filc* Stabilität (Fn. 21), 3 (5f.); *H. Enderlein* Global Governance der internationalen Finanzmärkte, APuZ 8/2009, 3ff.; *W. Heun* Staat und Finanzkrise (Fn. 9), 53 (54f.); *T. Jorberg* in: Seidl/Zahrnt (Fn. 20), 145 (147).

[30] *W. Filc* Stabilität (Fn. 21), 3 (6); vgl. *D. Hawranek/A. Mahler/C. Pauly/M. Schiessl/T. Schulz* Märkte außer Kontrolle, Der Spiegel, 34/2011, 60 (62).

[31] *O. Lepsius* in: Adolf-Arndt-Kreis (Fn. 4), 25 (43).

b) Die Globalisierung des Finanzmarkts

Im Zuge der Globalisierung und der damit verbundenen Entterritorialisierung von Problemen sieht sich der Gesetzgeber überdies vielfach mit seiner durch die Territorialhoheit des Staates begrenzten Regelungsmacht konfrontiert.[32] Die Finanzmärkte bilden insoweit ein vielzitiertes Paradebeispiel. Infolge ihrer politisch gewollten Liberalisierung und Deregulierung,[33] die – kombiniert mit einem rund um die Uhr möglichen Computerhandel[34] – weltweit zu einer ungeahnten Mobilität des Kapitals führte,[35] haben sich die Möglichkeiten der Anleger erhöht, ganz plötzlich aus Kapitalanlagen herauszugehen – mit den entspre-

---

[32] Vgl. hierzu und zum Folgenden aus der Rechtswissenschaft z.B. die Überblicke bei *M. Ruffert* Die Globalisierung als Herausforderung an das Öffentliche Recht, 2004, 11ff.; *C. Walter* Die Folgen der Globalisierung für die europäische Verfassungsdiskussion, DVBl. 2000, 1ff.; *C. Tietje* Die Staatsrechtslehre und die Veränderung ihres Gegenstandes: Konsequenzen von Europäisierung und Internationalisierung, DVBl. 2003, 1081 (1083ff.); zweifelnd aber im Ergebnis ähnlich *J. Isensee* Die vielen Staaten in der einen Welt – eine Apologie, ZSE 2003, 7ff. jeweils mwN; vgl. auch *M. Herdegen* Informalisierung und Entparlamentarisierung politischer Entscheidungen als Gefährdungen der Verfassung?, VVDStRL 62 (2003), 7 (11); *R. Poscher* Das Verfassungsrecht vor den Herausforderungen der Globalisierung, VVDStRL 67 (2008), 160 (161); *T. Puhl* HStR III, 2005, § 48, Rn. 2; vgl. ferner aus politologischer, ökonomischer und soziologischer Sicht die (widersprüchlichen) Beiträge in *U. Beck* (Hrsg.) Politik der Globalisierung, 1998; siehe auch den Überblick bei *J. Hoffmann* Ambivalenzen des Globalisierungsprozesses – Chancen und Risiken der Globalisierung, APuZ B 23/99, 3ff.; *H. Willke* Global Governance, 2006, 22ff.

[33] Wie in einem Brennglas bündelt sich diese Entwicklung zunächst im Rahmen des Binnenmarkts der EU. Die damit verbundenen transnationalen „Marktbürgerrechte" der Grundfreiheiten (vgl. Art. 28 bis 37 sowie 45 bis 66 AEUV), zu denen die Kapitalverkehrsfreiheit gehört, führen dazu, dass die von nationalen Parlamenten beschlossenen Gesetze als potentielle Wettbewerbsverzerrung „unter Generalverdacht" stehen. Im Unterschied zu den anderen Grundfreiheiten liberalisiert diese nicht nur den unionsinternen Kapitalverkehr, sondern auch denjenigen mit Drittstaaten, so dass nicht nur jede nationale Regulierung von Kapitalströmen innerhalb der EU, sondern auch in die EU oder aus dieser heraus rechtfertigungspflichtig wird. Zu dieser Wirkung der Grundfreiheiten kritisch aus politikwissenschaftlicher Sicht: *F. Scharpf* Community and Autonomy, 2010, 353ff.; aus juristischer Sicht: *T. Kingreen*, Grundfreiheiten, in: v. Bogdandy/Bast (Hrsg.) Europäisches Verfassungsrecht, 2. Aufl. 2009, 705ff.; positiver *M. Ruffert* Wirtschaftsverfassung (Fn. 15), 198 (219f.); *ders.* Staat und Kapital – Verfassungsrechtliche Überlegungen zur Finanzmarktkrise, Rechtspolitisches Forum 44 (2009), 19; vgl. auch *H. Dieter* Globalisierung ordnungspolitisch gestalten, APuZ 5/2003, 17 (26).

[34] Vgl. *D. Altman* 24 Stunden: Wie die globale Wirtschaft funktioniert, 2007, 59 und 175; *U. Fichtner* Die Logik des Bankrotts, Der Spiegel 19/2010, 52ff.

[35] Dazu *M. Ruffert* Staat und Kapital (Fn. 33), 18ff.

chenden Folgen für die Finanzmarktstabilität.[36] Angesichts der wirtschaftlichen Bedeutung des im Vergleich zur Realwirtschaft extrem mobilen Finanzsektors konkurrieren die Staaten zugleich um investitionsfreundliche Standortbedingungen.[37] Der damit einhergehende Zwang zu angebotsorientierter Politik setzt jedenfalls außerhalb des europäischen Binnenmarktes[38] einen Systemwettbewerb[39] in Gang, der jede Finanzmarktregulierung zumindest erschwert.[40]

c) Die Privatisierung der staatlichen Verantwortung für die Finanzmarktstabilität

(aa) Hintergrund und Kontext

Nicht zuletzt geht mit der Globalisierung auch eine mitunter weitreichende „Privatisierung“ von staatlicher Verantwortung einher. Wenn sich die historisch gewachsene Trennung zwischen Innen- und Außensphäre des Staates[41] im Gefolge der Globalisierung immer mehr auflöst, sind die Staaten in den Außenbeziehungen nicht mehr die alleinigen Akteure.[42] Vor diesem Hintergrund sind sie rein faktisch gezwungen, zur effektiven Problembewältigung mit den gesellschaftlichen Akteuren zu kooperieren. Im Zuge dessen wird staatliche Rechtsetzung –

---

[36] „Das Kapital ist scheu wie ein Reh“, s. zur Herkunft der Redewendung Fn. 11.

[37] *P. Kirchhof* HStR VIII, 2010, § 169, Rn. 24.

[38] Anders als auf internationaler Ebene wird diese Form der Deregulierung jedoch durch eine europäische Regulierungskompetenz flankiert.

[39] Vgl. dazu *V. Mehde* Wettbewerb zwischen Staaten, 2005, 36ff.; *A. Peters* Wettbewerb von Rechtsordnungen, VVDStRL 69 (2010), 7ff.; *T. Giegerich* Wettbewerb von Rechtsordnungen, VVDStRL 69 (2010), 57ff.

[40] Zweifelnd insoweit *F. Becker* Rechtsetzung in Finanzmärkten (Fn. 20), 123 (128), dessen Einwände jedoch durch die Wirklichkeit widerlegt werden: Obwohl die damals neugegründete Bundesanstalt für Finanzdienstleistungsaufsicht (BaFin) bereits 2002 in den Finanzmärkten Risiken identifiziert hat, die sich zu „systemischen Gefahren“ entwickeln könnten, wird die deutsche Regierung nicht aktiv. Die Politik will zu dieser Zeit den „Finanzplatz Deutschland“ stärken und die Entwicklung neuer Finanzprodukte fördern; vgl. *B. Balzli/K. Brinkbäumer/J. Brenner/U. Fichtner/H. Goos/R. Hoppe/F. Hornig/A. Kneip* Der Bankraub, Der Spiegel 47/2008, 44 (56).

[41] Vgl. etwa *G. W. F. Hegel* Grundlinien der Philosophie des Rechts, 1821, § 259; *J. Locke* Two Treaties of Government, 1690, Bd. II, Kap. 12, § 146; ausführlich dazu *W. Grewe* HStR III, 1988, § 77, Rn. 9ff. mwN; vgl. auch *G. Nolte* Das Verfassungsrecht vor den Herausforderungen der Globalisierung, VVDStRL 67 (2008), 129 (149).

[42] Vgl. *M. Ruffert* Globalisierung als Herausforderung (Fn. 32), 48f., 62; ausführlich dazu *G.-P. Calliess* Grenzüberschreitende Verbraucherverträge, 2006, 182ff. und 220ff. mit Beispielen auf 245ff.

unter dem politikwissenschaftlich geprägten,[43] juristisch allerdings kaum aufbereiteten Begriff der Governance[44] – um neue Formen kooperativer Rechtsetzung ergänzt;[45] es entsteht ein neuartiges transnationales Recht.[46]

Will man diese Entwicklung in einem allgemeineren Kontext verorten, so kann man sie der in den Neunziger Jahren geführten staatswissenschaftlichen Debatte um die „Überforderung des Staates“[47] zuordnen und sie kritisch als „Sehnsucht der Politik nach der Verantwortungslosigkeit des Marktes“[48] hinterfragen. Der durch Globalisierung einerseits und zunehmende Komplexität der zu regelnden Materien andererseits überlastete Staat soll durch Auslagerung in Form der Privatisierung entlastet werden, zumal der Markt, so die ökonomische Erwartung,[49] die in Rede stehenden Leistungen ohnehin wirtschaftlicher, mithin effizienter, kostengünstiger und nachfragegerechter erbringen kann. An dieser Schnittstelle treffen sich die Politikwissenschaften auf interessante Weise mit der sog. neoliberalen Ökonomie,[50] wenngleich auch aus unterschiedlichen Begründungszusammenhängen heraus.[51]

---

[43] *M. Zürn*, Regieren jenseits des Nationalstaats, 1998, 166ff. *T. Börzel* Was ist Governance?, 2006, 2ff., abrufbar unter: http://www.polsoz.fu-berlin.de/polwiss/forschung/international/europa/team/boerzel/Was_ist_Governance.pdf (zuletzt abgerufen am: 2. 10. 2011).

[44] Hierzu *W. Hoffmann-Riem* Governance im Gewährleistungsstaat, in: Schuppert (Hrsg.) Governance-Forschung, 2005, 195 (195); *C. Möllers* Der vermisste Leviathan, 2008, 95f.; *M. Kment* Grenzüberschreitendes Verwaltungshandeln, 2010, 30ff.

[45] Dazu *M. Ruffert*, Globalisierung als Herausforderung (Fn. 32), 21, 53f.; *C. Tietje* Internationalisiertes Verwaltungshandeln, 2001, 164ff.; *C. Möllers* Transnationale Behördenkooperation – Verfassungs- und völkerrechtliche Probleme transnationaler administrativer Standardsetzung, ZaöRV 65 (2005), 351 (357); *G.-P Calliess/M. Renner* Between Law and Social Norms (Fn. 22), 260 (261, 263ff.); vgl. *G. Teubner* Globale Zivilverfassungen: Alternativen zur staatszentrierten Verfassungstheorie, ZaöRV 63 (2003), 1 (14); sowie die Beiträge in *Möllers/Voßkuhle/Walter* (Hrsg.) Internationales Verwaltungsrecht, 2007.

[46] Dazu *M. Ruffert* Globalisierung als Herausforderung (Fn. 32), 24ff.; ausführlich *G.-P. Calliess* Grenzüberschreitende Verbraucherverträge (Fn. 42), 212ff. *M. Renner*, Zwingendes transnationales Recht, 2011.

[47] Vgl. dazu *T. Ellwein/J. Hesse* Der überforderte Staat, 1994; ferner die Beiträge in *Grimm* (Hrsg.) Staatsaufgaben, 1994.

[48] *O. Lepsius* in: Adolf-Arndt-Kreis (Fn. 4), 25 (27f.).

[49] Kritisch dazu und zu den Ursprüngen *R. Stürner* Markt und Wettbewerb (Fn. 2), 13ff. und 28ff.

[50] Dazu *R. Stürner* Markt und Wettbewerb (Fn. 2), 33ff.

[51] Diese sind von der Politik auf nationaler und europäischer Ebene (dankbar) aufgenommen worden, nicht zuletzt auch, weil diese Form der Auslagerung von Verantwortung von politischen Begründungszusammenhängen entlastet, indem auf Expertenwissen, den Kompromisszwang auf internationaler Ebene oder die Anonymität

Die Rechtswissenschaft hat diese Entwicklung, nicht zuletzt in Anlehnung an die eine Privatisierung ermöglichende Änderung der Art. 87e und 87f GG, zum Teil aufgenommen und dem Staat in diesem Kontext eine Gewährleistungsverantwortung zugewiesen.[52] Diese ist dadurch gekennzeichnet, dass der Gesetzgeber durch Privatisierung und Deregulierung Raum für wettbewerbs- und marktbezogene private Tätigkeit gibt und sich auf die Schaffung von Leitplanken,[53] die gemeinwohlkompatible Ergebnisse gewährleisten sollen, beschränkt.[54] Die so skizzierte Entwicklung spiegelt sich im Rahmen der Finanzmarktrechtsetzung. Drei Beispiele sollen insoweit unterschiedliche Formen einer solchen kooperativen Rechtsetzung, die das Gewicht der Verantwortung für die Finanzmarktstabilität vom Staat zum Markt verlagert, illustrieren:

(bb) Das Beispiel des Baseler Ausschusses für Bankenaufsicht

Ein zentraler Akteur der privaten Standardsetzung ist der 1974 von den Zentralbanken und Bankaufsichtsbehörden der G-10 Staaten gegründete Baseler Ausschuss für Bankenaufsicht,[55] der als ein informales Behördennetzwerk im Bereich technischer Expertise kategorisiert werden kann.[56] Seine Aufgabe ist es, im internationalen Kontext die Regu-

---

des Marktes mit seinen Eigengesetzlichkeiten verwiesen werden kann; dazu treffend *O. Lepsius* in: Adolf-Arndt-Kreis (Fn. 4), 25 (25f.).

[52] Dazu *G. Schuppert* Verwaltungswissenschaft, 2000, 898ff., 990ff.; *A. Voßkuhle* Beteiligung Privater an der Wahrnehmung öffentlicher Aufgaben und staatliche Verantwortung, VVDStRL 62 (2003), 266 (289ff.); *J. Kersten* Herstellung von Wettbewerb als Verwaltungsaufgabe, VVDStRL 69 (2010), 288 (316ff., 333f.); *C. Franzius* Der „Gewährleistungsstaat" – ein neues Leitbild für den Wandel des Staates?, Der Staat 42 (2003), 493 (495ff.); *ders.* Gewährleistung im Recht, 2009, 124 mwN; *M. Burgi* HStR IV, 2006, § 75, Rn. 1ff., 28ff.; s. auch mit Blick auf den Finanzmarkt *C. Ohler* Finanzkrisen als Herausforderung (Fn. 6), 1061 (1063).

[53] Im Zuge dessen entsteht nach erfolgter Deregulierung durch die Gewährleistungsverantwortung sichernde Re-Regulierung ein jeweils sachspezifisches, hochkomplexes Regulierungsrecht. Dazu die Beiträge in *Fehling/Ruffert* (Hrsg.) Regulierungsrecht, 2011.

[54] Vgl. *H. Schulze-Fielitz* Hoheitliche Aufgabenwahrnehmung, in: Hoffmann-Riem/Schmidt-Aßmann/Voßkuhle (Hrsg.) Grundlagen des Verwaltungsrechts, Band I, 2006, § 12, Rn. 51ff.; *C. Franzius* Gewährleistungsstaat (Fn. 52), 75ff.; *J. Kersten* Wettbewerb als Verwaltungsaufgabe (Fn. 52), 288 (316ff., 333f.).

[55] *G. Winter* Transnationale Regulierung: Gestalt, Effekte und Rechtsstaatlichkeit, APuZ 8/2009, 9 (11f.).

[56] Basel Committee on Banking Supervision of the Bank for International Settlements. Für den 27 Mitglieder umfassenden Baseler Ausschuss gibt es keine Rechtsgrundlage in Form eines völkerrechtlichen Vertrags oder Verwaltungsabkommens, vielmehr ist er bis hinein in die Organisation und Arbeitsweise durch Informalität geprägt. Dazu *C. Möllers* Transnationale Behördenkooperation (Fn. 45), 351 (386f.); *S. Weber* FS Ress, 2005, 1597 (1601ff.).

lierung der Geschäftstätigkeit von Kreditinstituten zu gestalten, indem einheitliche Standards in der Bankenaufsicht erarbeitet werden. Diese sind zwar an sich nicht rechtsverbindlich,[57] sie sind jedoch zu global anerkannten Verhaltensstandards für die Finanzwirtschaft geworden.[58] Aufgrund dessen entfalten sie eine faktische Bindungswirkung,[59] die zu ihrer Rechtsverbindlichkeit führt, wenn sie – wie z.B. die Eigenkapitalregeln von Basel I (1988) und Basel II (2004) – detailgenau vom europäischen Gesetzgeber in der Bankenrichtlinie rezipiert[60] und im Zuge dessen dann in deutsches Recht gegossen werden.[61]

Die Bedeutung der Baseler Standards ist während der Finanzkrise sogar noch gestiegen. Insoweit hat die G-20 zwar das politische Mandat zur Sicherung der internationalen Finanzmarktstabilität.[62] Sie ist jedoch

---

[57] Dazu *L. Lee* The Basle Accords as Soft Law: Strengthening International Banking Supervision, Virginia Journal of International Law 1998, 1 (3); vgl. auch *C. Schalast* Lehren aus der Finanzkrise?: Entwurf eines Gesetzes zur Umsetzung der geänderten Banken-RL und der geänderten Kapitaladäquanz-RL, BB 2010, 1040 (1041); *C. Brummer* Why Soft Law Dominates International Finance – And Not Trade, Journal of International Economic Law 13 (2010), 623 (623, 628); *C. Tietje* Verwaltungshandeln (Fn. 45), 255 ff.; *E. Ferran* Can Soft Law Bodies be Effective? The Special Case of the European Systemic Risk Board, ELR 35 (2010), 751 ff.; vgl. auch *B. Rost* Die Herausbildung transnationalen Wirtschaftsrechts auf dem Gebiet der internationalen Finanz- und Kapitalmärkte, 2007, 253 ff.

[58] Dazu *C. Möllers* Transnationale Behördenkooperation (Fn. 45), 351 (366 f.); *A. van Aaken* Transnationales Kooperationsrecht nationaler Aufsichtsbehörden, in: Möllers/Voßkuhle/Walter (Hrsg.) Internationales Verwaltungsrecht, 2007, 219 (227 ff.); *W. Höfling* Finanzmarktregulierung (Fn. 21), F 34 f.

[59] Zu diesem Phänomen ausführlich sowie mit weiteren Beispielen *G.-P. Calliess/M. Renner* Between Law and Social Norms (Fn. 22), 260 (262 ff.).

[60] Richtlinie 2006/48/EG über die Aufnahme und Ausübung der Tätigkeit der Kreditinstitute (ABl. 2006 Nr. L 177, 1), geändert durch Richtlinie 2010/76/EU zur Änderung der Richtlinien 2006/48/EG und 2006/49/EG im Hinblick auf die Eigenkapitalanforderungen für Handelsbuch und Wiederverbriefung und im Hinblick auf die aufsichtliche Überprüfung der Vergütungspolitik (ABl. 2010 Nr. L 329, 3).

[61] Vgl. dazu *H. Reckers* FS Rudolph, 2009, 67 ff.; *W. Höfling* Finanzmarktregulierung (Fn. 21), F 34; *C. Möllers* Transnationale Behördenkooperation (Fn. 45), 351 (358); *C. Ohler* Die Zukunft des Wirtschaftverwaltungsrechts (Fn. 2), 309 (323); *H.-C. Röhl* in: Fehling/Ruffert (Fn. 23), § 18, Rn. 112; *P. Jung* Finanzdienstleistungsrecht, in: Schulze/Zuleeg/Kadelbach (Hrsg.) Europarecht – Handbuch für die deutsche Rechtspraxis, 2. Aufl. 2010, § 20, Rn. 13; vgl. auch den Entwurf eines Gesetzes zur Umsetzung der geänderten Bankenrichtlinie und der geänderten Kapitaladäquanzrichtlinie, BT-Drs. 17/1720, 26; vgl. auch *M. Knauff* Der Regelungsverbund: Recht und Soft Law im Mehrebenensystem, 2010, 491 ff.

[62] Vgl. *University of Toronto and Munk School of Global Affairs* New G 20 Forum: Backgrounder, G 20 Information Centre; *S. Buncic/M. Filipovic* The future of interna-

keine mit Entscheidungsbefugnissen ausgestattete Internationale Organisation, allenfalls eine „Soft Organization".[63] Ihre „Declarations" enthalten dementsprechend nur generelle Ziele, die zwar rechtlich unverbindlich sind, aber durchaus als „Soft Law" eingeordnet werden können.[64] Im Rahmen eines Kaskadensystems werden sie durch etablierte Institutionen wie den IWF[65], die für die internationale Wertpapieraufsicht zuständige IOSCO[66] oder eben den Baseler Ausschuss[67] in Standards konkretisiert, die sodann von den Staaten in verbindliche Rechtsregeln umgesetzt werden.[68]

(cc) Das Beispiel der Rating-Agenturen

Wenn es um die Bewertung der Bonität von Finanzprodukten der Privatwirtschaft oder Staatsanleihen geht, dann vertrauen die privaten und staatlichen Akteure gleichermaßen den insoweit von den Rating-Agenturen gesetzten Standards. Den Agenturen kommt im Finanz-

---

tional financial business: Global regulatory framework, African Journal of Business Management 5 (2011), 3749 (3750).

63 *J. Klabbers* Institutional Ambivalence by Design: Soft Organizations in International Law, Nordic Journal of International Law 70 (2001), 403 ff.; *C. Tietje* Architektur der Weltfinanzordnung (Fn. 25), 25; *D. Zaring* International Institutional Performance in Crisis, Chicago Journal of International Law 2010, 475 (477); *S. Kirchner* Effective Law-Making in Times of Global Crisis – A Role for International Organisations, Goettingen Journal of International Law 2 (2010), 267 (274).

64 Zum Begriff des Soft Law *C. Brummer* Why Soft Law Dominates International Finance (Fn. 57), 623 (623, 628); *C. Tietje* Verwaltungshandeln (Fn. 45), 255 ff.; *M. Knauff* Regelungsverbund (Fn. 61), 214 ff.; *E. Ferran* Can Soft Law Bodies be Effective? (Fn. 57), 751 ff.; instruktiv ferner *G.-P. Calliess/M. Renner* Between Law and Social Norms (Fn. 22), 260 (263 ff.).

65 *G-20* Declaration on Strengthening the Financial System, London, 02. 04. 2009, 1; *A. Bartsch* Finanzmarktkrise: Die Stunde der Rechtssetzer?, ZRP 2009, 97 (97); *T. Liebscher/N. Ott* Die Regulierung der Finanzmärkte – Reformbedarf und Regelungsansätze des deutschen Gesetzgebers im Überblick, NZG 2010, 841 (843).

66 *G-20* (Fn. 65), 6; *P. Sester* Towards a transnational bank restructuring law?, ECFR 2010, 512 (521).

67 Zu den solchermaßen entstandenen Basel III Standards: *T. Manns/H. Schulte-Mattler* Aufsichtsfeuerwerk Basel III und CRD IV – Antwort der Bankenaufseher auf die Finanzmarktkrise, WM 2010, 1577 ff.

68 *P. Sester* Transnational bank restructuring law (Fn. 66), 512 (527); *G. Mather* Is soft law taking over? The perils and benefits of non-traditional legislation, EPF, 2010, 3; *S. Hobe/O. Kimminich* Völkerrecht, 9. Aufl. 2008, 207; *S. Buncic/M. Filipovic* The future of international financial business (Fn. 62), 3749 (3755); *J. Griesse* Fact Sheet – The European Union, in: Pohlmann/Reichert/Schillinger (Hrsg.) The G-20: A „Global Economic Government" in the Making?, Friedrich Ebert Stiftung, 2010, 24; vgl. auch *M. Knauff* Regelungsverbund (Fn. 61), 491 f.

markt idealiter die Rolle eines sog. Informationsintermediäres[69] zu, der die zwischen dem Emittenten und dem Investor bestehenden Informationsasymmetrien überwinden soll.[70] Ratings sind allerdings „nur" von einem privaten, gewinnorientierten Unternehmen veröffentlichte Meinungen über Bonitätsrisiken.[71] Haupteinnahmequelle der Rating-Agenturen sind die vom Emittenten eines Finanzprodukts bezahlten Auftragsratings (sog. Solicited Ratings).[72] In diesem Rahmen unterziehen sie die Angaben ihrer Kunden, auf denen das Rating basiert,[73] keiner weiteren Überprüfung.[74]

Indem die Rating-Agenturen ein allgemein akzeptiertes Verständnis von Kreditwürdigkeit entwickeln und begründen, lösen sie nicht nur faktische Anpassungsprozesse aus.[75] Vielmehr sind Ratings in vielen Rechtsordnungen inzwischen als feste Determinante im Recht der Ban-

---

[69] *M. Lerch* Ratingagenturen im Visier des europäischen Gesetzgebers, BKR 2010, 402 (403); *G. Deipenbrock*, Externes Rating – „Heilversprechen für internationale Finanzmärkte"?, BB 2003, 1849 (1850); *C. Kumpan* FS Hopt, 2010, 2158 (2160); *T. Möllers* Regulierung von Ratingagenturen, JZ 2009, 861 (861).

[70] *CESR* The role of credit rating agencies in structured finance, Consultation Paper, February 2008, Rn. 38; *EZB* Monthly Bulletin May 2009, 110; *C. Ohler* Finanzkrisen als Herausforderung (Fn. 6), 1061 (1062); *S. Schön/B. Cortez* Finanzmarktkrise als Vertrauenskrise, IRZ 2009, 11 (16); *T. Möllers* Ratingagenturen (Fn. 69), 861 (861); *R. Wendt/S. Lampert* Finanzmarktregulierung – Welche Regelungen empfehlen sich für den deutschen und europäischen Finanzsektor, DVBl. 2010, 1001 (1007); vgl. *P. Kirchhof* HStR VIII, 2010, § 169, Rn. 58ff.

[71] *U. Blaurock* Verantwortlichkeit von Ratingagenturen – Steuerung durch Privat- oder Aufsichtsrecht?, ZGR 2007, 603 (604); *T. Möllers* Ratingagenturen (Fn. 69), 861 (861); vgl. *P. Kirchhof* HStR VIII, 2010, § 169, Rn. 58f.; s. auch die Definition in Art. 3 Abs. 1 lit a) der Ratingverordnung (EG) Nr. 1060/2009 (ABl. 2009 Nr. L 302, 1) wobei zu beachten ist, dass die Verordnung in der englischen Fassung ausdrücklich auf den subjektiven Aspekt der Ratings eingeht: „credit rating means an opinion regarding the creditworthiness ..."; zur Frage der Haftung *O. v. Schweinitz* Die Haftung von Ratingagenturen, WM 2008, 953ff.

[72] Vgl. *Financial Stability Forum* Report of the Financial Stability Forum on Enhancing Market an Institutional Resilience, 07. 04. 2008, 32f.; 90% seiner Einnahmen machte Moody's im Jahr 2003 mit Auftragsratings, zit. nach *C. Hill* Regulating the Rating Agencies, 82 Wash. U. L. Q. 43 (2004), 41 (50).

[73] Vgl. *M. Lerch* Ratingagenturen (Fn. 69), 402 (404); *S. Schwarcz* Private Ordering of Public Markets: The Rating Agency Paradox, University of Illinois L.R. 2002, 30ff.; *U. Blaurock* Verantwortlichkeit von Ratingagenturen (Fn. 71), 603 (605f.).

[74] Damit ist nicht gewährleistet, dass die Agenturen die Risiken ohne Interessenskonflikte und damit unabhängig und objektiv bewerten, vgl. *CESR* (Fn. 70), Rn. 43; *EZB* (Fn. 70), 111; *Financial Stability Forum* (Fn. 72), 32f., 37.

[75] *F. Becker* Rechtsetzung in Finanzmärkten (Fn. 20), 123 (133); vgl. auch *Financial Stability Forum* (Fn. 72), 37ff.; *S. Schön/B. Cortez* Finanzmarktkrise (Fn. 70), 11 (17); *T. Möllers* Ratingagenturen (Fn. 69), 861 (862).

kenaufsicht sowie im Wertpapier- und Versicherungsrecht verankert.[76] Die gesetzlich vorgesehene Kopplung von Rating und zulässiger Anlage dient dem Ziel, institutionelle Anleger wie Pensionsfonds und Versicherungen im Interesse der Versicherten an risikoreichen Investitionen zu hindern.[77] Sie macht Ratings zugleich zur Grundlage der Bankenaufsicht, etwa im Bereich der Eigenkapitalregeln.[78] In der Folge werden die Rating-Agenturen von Informationsintermediären faktisch zu internationalen Standardsetzern.[79] Insoweit ist es problematisch, wenn die Objektivität und Richtigkeit der Ratings durch keinerlei Formen der Aufsicht gewährleistet wird. Dies gilt insbesondere dann, wenn Rating-Agenturen bei der Entwicklung von Finanzprodukten beratend tätig sind. Sie bewerten dann ihre eigene Arbeit,[80] so dass ihre Ratings zumindest die Besorgnis der Befangenheit begründen.[81] Dies gilt umso

---

[76] *U. Blaurock* Verantwortlichkeit von Ratingagenturen (Fn. 71), 603 (612); *S. Schön/B. Cortez* Finanzmarktkrise (Fn. 70), 11 (17).

[77] Eine solche Koppelung findet sich z.B. in den USA bei der Beurteilung der Bonität von Geldmarktfonds, sie spielt dort ferner bei der Anpassung von Mindestkapitalvorschriften mit Blick auf Kreditrisiken sowie bei der Intensität der aufsichtsrechtlichen Transparenzerfordernisse, die an Finanzprodukte gestellt werden, eine Rolle; vgl. dazu *F. Becker* Rechtsetzung in Finanzmärkten (Fn. 20), 123 (133 ff.). In ganz ähnlicher Weise sind die Ratings aber auch Grundlage für Beurteilungen der Aufsichtsbehörden in der EU. So macht z.B. die Bankenrichtlinie der EU Vorgaben für die Eigenkapitalausstattung der Banken, die sich – zurückgehend auf Basel II – bei der Risikogewichtung von Kreditforderungen im Rahmen der erwähnten bankinternen Risikomodelle an deren Ratings zu orientieren haben. Insoweit darf die Bankenaufsicht nur Ratings von anerkannten Agenturen akzeptieren, diese bedürfen insoweit einer Zulassung. Voraussetzung hierfür ist, dass die Ratingmethode Objektivität, Unabhängigkeit und Transparenz gewährleistet, sie kontinuierlich überprüft wird und die erstellten Ratings zuverlässig und transparent sind, vgl. dazu *U. Blaurock* Verantwortlichkeit von Ratingagenturen (Fn. 71), 603 (621) sowie die Mitteilung der Kommission über Rating-Agenturen (ABl. 2006 Nr. C 95, 2).

[78] Besorgniserregend ist insoweit die Äußerung des Präsidenten der BaFin *Jochen Sanio* auf der Jahrespressekonferenz am 15. 05. 2008: „Auch wir Aufseher müssen uns bei der Analyse der Risikosituation einer Bank auf Ratings verlassen können. … Der Gedanke, wir sollten uns in Konkurrenz zu den Ratingagenturen ein eigenes Urteil über diese Risiken bilden, ist absurd. … Die Ratingagenturen verfügen … über ein überlegenes Wissen, was zu einem Gutteil auf den Informationsprivilegien beruht, die ihnen die Emittenten der Papiere einräumen.“, zitiert nach *A. Thiele* Divergierende Risikomodelle und der Gesetzgeber, ZG 2010, 127 (144 f.).

[79] *J. Rosenbaum* Einfluss von Rating-Agenturen (Fn. 11), 22; *F. Becker*, Rechtsetzung in Finanzmärkten (Fn. 20), 123 (133).

[80] Vgl. *CESR* (Fn. 70), Rn. 40; *Financial Stability Forum* (Fn. 72), 33.

[81] Ein Indiz hierfür ist, dass die Rating-Agenturen im Rahmen der Finanzkrise trotz der sich abzeichnenden Kreditausfälle an den sehr guten Ratings vor allem für strukturierte Finanzprodukte festhielten. Erst sehr spät korrigierten sie sich und nahmen –

mehr, als auf dem oligopolistischen Ratingmarkt kein echter „Wettbewerb durch Reputation“ stattfinden kann, also insoweit ein Marktversagen evident ist.[82]

(dd) Das Beispiel der „No-Bail-Out-Klausel“ des Art. 125 Abs. 1 AEUV

Im Rahmen der europäischen Währungsunion wurde mit dem Vertrag von Maastricht zur Sicherung der Haushaltsdisziplin eine ganz eigene Form der „Privatisierung“ von Verantwortlichkeit etabliert. Sie ist der Tatsache geschuldet, dass Währungs- und Wirtschaftspolitik über ihre Wechselwirkungen eng miteinander verflochten sind,[83] im Staaten- und Verfassungsverbund der EU[84] die diesbezüglichen Kompetenzen aber auseinanderfallen. Während die Währungspolitik gem. der Art. 127ff. AEUV in die Kompetenz der EU übergegangen ist, bleiben die Mitgliedstaaten für ihre Wirtschafts-, Finanz- und Haushalts-

---

im Interesse ihrer Reputation und damit ihres Selbsterhalts – eine bislang nie dagewesene drastische Herabstufung vor. Vgl. dazu *W. Möschel* Die Finanzkrise (Fn. 9), 129 (130, 132); *Financial Stability Forum* (Fn. 72), 32; *S. Schön/B. Cortez* Finanzmarktkrise (Fn. 70), 11 (11f.); *B. Brabänder* Die Rolle der Rating-Agenturen, Die Bank 08/2008, 8ff.

[82] Vgl. *S. Schön/B. Cortez* Finanzmarktkrise (Fn. 70), 11 (16); *M. Lerch* Ratingagenturen (Fn. 69), 402 (403); *R. Wendt/S. Lampert* Finanzmarktregulierung (Fn. 70), 1001 (1007); *ESME* Report to the European Commission on the Role of Credit Rating Agencies, June 2008, 11; *J. Hunt* Credit Rating Agencies and the „worldwide credit crisis“: the limits of reputation, the insufficiency of reform, and a proposal for improvement, Colum.Bus.L.Rev 2009, 109 (131ff.).

[83] Dazu allgemein *M. Sutter* Der Stabilitäts- und Wachstumspakt in der Europäischen Währungsunion, 2000, 40ff.; *M. Schulze-Steinen* Rechtsfragen zur Wirtschaftsunion, 1998, 63ff.; *U. Palm* Preisstabilität in der Europäischen Wirtschafts- und Währungsunion, 2000, 21ff.; *Europäische Zentralbank* Der Einfluss der Finanzpolitik auf die gesamtwirtschaftliche Stabilität und die Preise, EZB-Monatsbericht April 2004, 49ff. In der EU führen z.B. die jeweiligen mitgliedstaatlichen Wirtschaftspolitiken zu abweichenden Verschuldungsgraden; die Staatsverschuldung wiederum beeinflusst potentiell die währungspolitische Preisstabilität. Gleichzeitig sind für einen Eurostaat die klassischen Reaktionsinstrumente auf eine Wirtschaftskrise eingeschränkt. Ein Währungsbeistand ist nach Art. 143 AEUV versperrt, Steuererhöhungen sind aufgrund des innergemeinschaftlichen Steuerwettbewerbs risikobehaftet und die Kompetenz zu geldpolitischen Maßnahmen ist auf die Union übergegangen, vgl. dazu *W. Frenz/C. Ehlenz* Der Euro ist gefährdet: Hilfsmöglichkeiten bei drohendem Staatsbankrott?, EWS 2010, 65 (65f.); *U. Häde* Haushaltsdisziplin und Solidarität im Zeichen der Finanzkrise, EuZW 2009, 399ff.; *M. Seidel* Der Euro: Schutzschild oder Falle?, ZEI Working Paper B 01/2010, 25.

[84] Dazu *C. Calliess* Die neue Europäische Union nach dem Vertrag von Lissabon, 2010, 43ff.; *ders.* in: Calliess/Ruffert (Hrsg.) EUV/AEUV, 4. Aufl. 2011, Art. 1 EUV, Rn. 36ff.

politik weitgehend selbst zuständig, die EU kann nach Art. 121 AEUV lediglich koordinierend tätig werden.[85] Im Hinblick auf diesen politischen Kompromissen[86] geschuldeten „Konstruktionsfehler“[87] wurden zur Sicherung der Haushaltsdisziplin ein „äußerer Sicherungsring“ in Form der Stabilitätskriterien samt Stabilitätspakt[88] und ein „innerer Sicherungsring“[89] in Gestalt der „No-Bail-Out-Klausel“ des Art. 125 Abs. 1 AEUV etabliert. Sinn und Zweck dieser Norm besteht darin, über den Finanzmarkt präventiv Anreize für eine nachhaltige, den Stabilitätskriterien genügende Fiskal- und Haushaltspolitik zu setzen.[90] Eurostaaten, die eine unsolide Haushaltspolitik verfolgen, drohen – so die hinter der Norm stehende Annahme – an den Kapitalmärkten

---

[85] *U. Häde* in: Calliess/Ruffert (Hrsg.) EUV/AEUV, 4. Aufl. 2011, Art. 120 AEUV, Rn. 1f.; Art. 133 AEUV, Rn. 3ff.

[86] Nachdem die sog. Krönungstheorie unter dem Druck der notwendigen Zustimmung Frankreichs zur Wiedervereinigung aufgegeben worden war und die deutschen Vorstellungen von einer die Währungsunion flankierenden politischen Union nicht durchsetzbar waren, wurde das Projekt des Euro nicht durch wirtschaftspolitische Kompetenzen der EU flankiert; dazu differenzierend *D. v. Kyaw* Auf der Suche nach Deutschland, 2009, 277 (281, 383ff.).

[87] Instruktiv dazu *H. Enderlein* Die Krise im Euro-Raum: Auslöser, Antworten, Ausblick, APuZ 43/2010, 7ff.

[88] Art. 121 bis 126 AEUV zusammen mit dem Protokoll über das Verfahren bei einem übermäßigen Defizit vom 07. 02. 1992 (ABl. 1992 Nr. C 191, 84) und ihrer sekundärrechtlichen Konkretisierung und Ergänzung im Stabilitäts- und Wachstumspakt: Entschließung des Europäischen Rates über den Stabilitäts- und Wachstumspakt vom 17. 06. 1997 (ABl. 1997 Nr. C 236, 1); VO (EG) Nr. 1466/97 des Rates vom 07. 07. 1997 über den Ausbau der haushaltspolitischen Überwachung und der Überwachung und Koordinierung der Wirtschaftspolitiken (ABl. 1997 Nr. L 209, 1); VO (EG) Nr. 1467/97 des Rates vom 07. 07. 1997 über die Beschleunigung und Klärung des Verfahrens bei einem übermäßigen Defizit (ABl. 1997 Nr. L 209, 6); vgl. zu den Änderungen: VO (EG) Nr. 1055/2005 des Rates vom 27. 06. 2005 zur Änderung der Verordnung (EG) Nr. 1466/97 über den Ausbau der haushaltspolitischen Überwachung und der Überwachung und Koordinierung der Wirtschaftspolitiken (ABl. 2005 Nr. L 174, 1); VO (EG) Nr. 1056/2005 des Rates vom 27. 06. 2005 zur Änderung der VO (EG) Nr. 1467/97 über die Beschleunigung und Klärung des Verfahrens bei einem übermäßigen Defizit (ABl. 2005 Nr. L 174, 5); umfassend zum Stabilitäts- und Wachstumspakt *K. Hentschelmann* Der Stabilitäts- und Wachstumspakt, 2009; *C. Konow* Der Stabilitäts- und Wachstumspakt, 2002; *V. Passalacqua* Rechtliche und politische Probleme des Stabilitätspakts, 2000; *M. Schulze-Steinen* Rechtsfragen (Fn. 83).

[89] Vgl. *U. Häde* Die europäische Währungsunion in der internationalen Finanzkrise – An den Grenzen europäischer Solidarität?, EuR 2010, 854 (856), der insoweit von „Verteidigungsring“ spricht.

[90] Ebenso *C. Hafke* Rechtsbruch oder kreative Interpretation? – Fragen zur „Nothilfe“ für strauchelnde Euro-Staaten, Kreditwesen 2010, 393 (394); vgl. auch *J.-V. Louis* The No-Bailout Clause and Rescue Packages, CMLRev. 47 (2010), 971 (977ff.).

höhere Finanzierungskosten für Staatsanleihen,[91] so dass diese zu einer Korrektur ihrer Verschuldung veranlasst werden.[92] Dieses Vertrauen in die Finanzmärkte ist durch die Verschuldenskrise in der Eurozone allerdings enttäuscht worden. Zu lange haben sie Entwicklungen wie die Schwächung des Stabilitätspakts auf Initiative Deutschlands und Frankreichs[93] sowie die ökonomischen und haushaltspolitischen Probleme Griechenlands ebenso wie anderer Mitgliedstaaten ignoriert.[94] Umso plötzlicher kam die von den Rating-Agenturen im Zuge der Finanzkrise eingeleitete Neubewertung der verschuldeten Staaten in der Eurozone.[95] Es liegt mit Blick auf die „No-Bail-Out-Klausel“ daher nicht nur ein Staats-, sondern gerade auch ein Marktversagen vor.

---

91 Das Risiko der Rückzahlung, das der Kreditgeber trägt, soll dazu führen, dass bei steigender Verschuldung länderspezifische Risikozuschläge fällig werden, vgl. *F. Bonke* Die „Causa Griechenland“: Rechtmäßigkeit der Krisenhilfen und Möglichkeit des Ausscheidens eines Mitgliedstaates aus der Europäischen Währungsunion, ZEuS 2010, 493 (508); *K. Hentschelmann* Finanzhilfen im Lichte der No Bailout-Klausel – Eigenverantwortung und Solidarität in der Währungsunion, EuR 2011, 282 (284). Das umfassende Verbot eines „Bail-Out“ war bereits in den Vorarbeiten zu den Vertragsverhandlungen als Ecksäule der Glaubwürdigkeit und Wirksamkeit der Bestimmungen zur Budgetdisziplin erkannt und hervorgehoben worden, vgl. *E. Gnan* in: v. d. Groeben/Schwarze (Hrsg.) EUV/EGV, 6. Aufl. 2003, Art. 103 EGV, Rn. 2; vgl. auch *C. Ohler* Die fiskalische Integration in der Europäischen Gemeinschaft, 1997, 285ff.

92 *M. Nettesheim* Der Umbau der europäischen Währungsunion: Politische Aktion und rechtliche Grenzen, in: Kadelbach (Hrsg.) Nach der Finanzkrise: Politische und rechtliche Rahmenbedingungen einer neuen Ordnung, 2012, 31ff.; *E. Gnan* in: v. d. Groeben/Schwarze (Fn. 91), Art. 103 EGV, Rn. 2.

93 Vgl. dazu *C. Hillgruber* Disziplinlosigkeit oder Vertragsbruch, JZ 2004, 166ff.; *U. Palm* Der Bruch des Stabilitäts- und Wachstumspakts, EuZW 2004, 71ff.; *A. Hatje* Die Reform des Stabilitäts- und Wachstumspaktes: Sieg der Politik über das Recht?, DÖV 2006, 597 (598) sowie EuGH, Rs. C-27/04, Slg. 2004, I-6679 (Kommission/ Rat); dazu *U. Häde* Der EuGH und die Haushaltsdisziplin – Das Urteil vom 13. 7. 2004 zum Verfahren bei einem übermäßigen Defizit, EuR 2004, 750ff.; *G. Nicolaysen* Der EuGH zum Defizitverfahren nach Art. 104 EGV und dem „Stabilitätspakt“, DVBl. 2004, 1321ff.

94 Mangels einer möglichen Staateninsolvenz samt Gläubigerbeteiligung gab es auch sonst keine ökonomischen Anreize für die Finanzmärkte, frühzeitiger marktgerecht zu reagieren. Die Erfahrungen mit den politischen Bail-Outs im Rahmen der Finanzkrise, mit denen „systemische“ Banken mit staatlichen Bürgschaften „gerettet“ wurden, wirkten insoweit förmlich noch als Bestätigung der Annahme.

95 Ebenso wie in der asiatischen Finanzkrise 1997 geht die sog. Ansteckungsgefahr weniger von den Staaten als vielmehr von den Investoren aus, die plötzlich nur noch die Nachteile und Risiken sehen und damit einen sich selbst verstärkenden Effekt auslösen, vgl. *D. Yergin/J. Stanislaw* Staat oder Markt (Fn. 2), 532ff.

II. Rechtsetzung im Finanzmarkt und ihre demokratische Legitimation

1. Rechtliche Begründung und Essentialia der demokratischen Verantwortung des Gesetzgebers

Sowohl die Standardsetzung im Rahmen eines informalen Fachbehördennetzwerks (Baseler Ausschuss) als auch die rein private Entwicklung von Standards (Rating-Agenturen) haben den Vorteil, dass eine durch die Globalisierung der Finanzmärkte gestellte Aufgabe ohne langwierige Verhandlungen über einen völkerrechtlichen Vertrag und ohne die Notwendigkeit der Gründung einer Internationalen Organisation mit entsprechenden Souveränitätsverlusten der Staaten gelöst werden kann. Die fachliche Reputation der versammelten Experten verschafft Akzeptanz und die fehlende formelle Bindungswirkung der Beschlüsse hält diese flexibel und innovationsoffen.[96]

Die „Eins-zu-Eins"-Rezeption extern erarbeiteter Standards durch den Gesetzgeber führt jedoch zu einem, mit Blick auf das Demokratieprinzip, problematischen Auseinanderfallen von materieller Entscheidungsverantwortung und rechtlicher Bindungswirkung.[97] Hinzu kommt, dass es der informellen Standardsetzung an Transparenz und legitimationssichernden Verfahrensregelungen wie Repräsentativität, demokratischer Allgemeinheit und Gleichheit fehlt, so dass insoweit selbst am Maßstab der deliberativen Demokratietheorie entwickelte Legitimationsmodelle[98] versagen müssen.[99]

---

96 *W. Höfling* Finanzmarktregulierung (Fn. 21), F 35; ausführlich *S. Augsberg* Rechtsetzung (Fn. 21), 51 ff.; *A. van Aaken* in: Möllers/Voßkuhle/Walter (Fn. 58), 219 (257); zu den Vor- und Nachteilen von „Soft Law" *C. Brummer* Why Soft Law Dominates International Finance (Fn. 57), 623 ff.; *E. Ferran* Can Soft Law Bodies be Effective? (Fn. 57), 751 ff.

97 Vgl. dazu *W. Höfling* Finanzmarktregulierung (Fn. 21), F 38; *C. Ohler* Finanzkrisen als Herausforderung (Fn. 6), 1061 (1067); vgl. auch *M. Herdegen* Informalisierung und Entparlamentarisierung (Fn. 32), 7 (15 ff.); *M. Morlok* Informalisierung und Entparlamentarisierung politischer Entscheidungen als Gefährdungen der Verfassung?, VVDStRL 62 (2003), 37 (58 ff.); *U. Di Fabio* Risikoentscheidungen im Rechtsstaat: Zum Wandel der Dogmatik im öffentlichen Recht, insbesondere am Beispiel der Arzneimittelüberwachung, 1994, 341 ff.

98 *A.-M. Slaughter* The New World Order, 2004, 36 ff., 131 ff., 203 ff. und 213 ff.

99 Instruktiv und überzeugend *C. Möllers* Transnationale Behördenkooperation (Fn. 45), 351 (382 ff.); nicht zuletzt ist es unter Gesichtspunkten der Legitimation auch bedenklich, wenn im Rahmen der Aufsicht Regeln vollzogen werden, die auf Standards basieren, an denen die Akteure der transnationalen Regelsetzung mitgewirkt haben; *A. van Aaken* in: Möllers/Voßkuhle/Walter (Fn. 58), 219 (249); *W. Höfling* Finanzmarktregulierung (Fn. 21), F 38; vgl. dazu ausführlich auch *S. Augsberg* Rechtsetzung (Fn. 21).

2. *Ansätze zur Wiederherstellung der demokratischen Verantwortung des Gesetzgebers*

Zuvorderst bedarf daher die Mitwirkung deutscher Behördenvertreter in transnationalen Behördennetzwerken mit Blick auf die von Art. 20 Abs. 2 S. 2 GG geforderte personelle Legitimation einer klaren und hinreichend bestimmten gesetzlichen Ermächtigung.[100]

Auf internationaler Ebene ist es überdies geboten, den Baseler Ausschuss selbst in Formen des Rechts zu institutionalisieren. Wenn es sich bei den von ihm gesetzten Standards um eine „Gesetzgebung über Bande" handelt, die treffend als „administrative Normsetzung"[101] charakterisiert wird, dann muss diese Form der Kooperation in transnationalen Behördennetzwerken im Wege eines „Völkerverwaltungsrechts"[102] verfahrensrechtlich flankiert werden.

Transparenzpflichten gegenüber der Öffentlichkeit und den nationalen Parlamenten, damit einhergehende Begründungspflichten und Dokumentationspflichten, ferner Anforderungen an die fachliche Qualifikation der Standardsetzer sowie schließlich eine Öffnung des Willensbildungsprozesses, die gewährleistet, dass alle von der Problemlösung Betroffenen adäquat vertreten oder zumindest gehört werden, definieren insoweit maßgebliche Elemente.[103] Sind diese Verfahrensanforderungen beim Zustandekommen von Standards nicht erfüllt, so darf der Gesetzgeber sie weder in Bezug nehmen noch in eine Rechtsnorm transformieren. Was aber gilt, wenn sich die relevanten Akteure auf internationaler Ebene nicht auf entsprechende Reformen verständigen können?

Im Hinblick auf die dann allein relevante nationale Rechtsetzung wird zu Recht eine „steuernde Rezeption"[104] vorgeschlagen, im Rahmen derer der Gesetzgeber die Standards erst nach einer inhaltlichen

---

[100] Diesen Anforderungen genügt § 4 BBankG, wenn es um die Beteiligung der Bundesbank im Baseler Ausschuss geht, jedenfalls nicht. Ausführlich *C. Möllers* Transnationale Behördenkooperation (Fn. 45), 351 (373 ff., 376); *W. Höfling* Finanzmarktregulierung (Fn. 21), F 39; *P. Kindler* Finanzkrise und Finanzmarktregulierung – Ein Zwischenruf zum 68. Deutschen Juristentag, NJW 2010, 2465 (2467).

[101] So *C. Möllers* Transnationale Behördenkooperation (Fn. 45), 351 (385).

[102] Grundlegend *C. Möllers* Transnationale Behördenkooperation (Fn. 45), 351 (384 ff.); zustimmend *W. Höfling* Finanzmarktregulierung (Fn. 21), F 39.

[103] *F. Becker* Rechtsetzung in Finanzmärkten (Fn. 20), 123 (134 ff.); *C. Möllers* Transnationale Behördenkooperation (Fn. 45), 351 (385); *W. Höfling* Finanzmarktregulierung (Fn. 21), F 39 f.

[104] So *P. Huber* Rechnungslegung und Demokratie, AöR 133 (2008), 389 (401); *W. Höfling* Finanzmarktregulierung (Fn. 21), F 39; *P. Kindler* Finanzkrise und Finanzmarktregulierung (Fn. 100), 2465 (2467).

Auseinandersetzung übernimmt. Angesichts einer ähnlich gelagerten Problematik lassen sich insoweit Überlegungen aus dem Umweltrecht fruchtbar machen, das sich im Rahmen der Gefahrenabwehr und Risikovorsorge technischer Standards[105] bedient, die von sachverständigen Gremien erarbeitet und vom Gesetzgeber explizit zur Grundlage der Genehmigungsentscheidung einer Anlage gemacht werden.[106] Insoweit sind, nicht zuletzt in Reaktion auf die Rechtsprechung des BVerfG,[107] Vorgaben entwickelt worden,[108] die zu einer Legitimation staatlichen Handelns durch Verfahren[109] beitragen.

Angesichts der Wissensdefizite des Gesetzgebers und seiner dadurch bedingten Überforderung werden im Schrifttum insoweit allerdings Bedenken formuliert.[110] Diesen kann analog zum Umweltrecht dadurch begegnet werden, dass dem Rezeptionsakt des Gesetzgebers eine unabhängige Sachverständigenberatung vorgeschaltet wird,[111] die das „Für und Wider" der Rezeption transparent macht und einen Entscheidungsvorschlag erarbeitet.[112] Auf dieser Basis kann sodann eine nachvollziehende Gesetzgebung erfolgen, aufgrund derer der Gesetzgeber auch in materieller Hinsicht die demokratische Letztverantwortung[113] für die Rezeption der Standards übernehmen kann: Statt eines problembehaf-

---

[105] Z.B. in Form des „Stands der Technik", konkreter der TA-Luft; dazu *H.-J. Koch* Immissionsschutzrecht, in: ders. (Hrsg.) Umweltrecht, 3. Aufl. 2010, 158 (198ff.); *M. Kloepfer* Umweltrecht, 3. Aufl. 2004, 1244ff.

[106] Vgl. z.B. § 6 Abs. 1 iVm § 5 Abs. 1 Nr. 2 BImSchG; § 7 Abs. 2 Nr. 3, 7d AtomG.

[107] BVerfGE 49, 89 (139f.) – Mühlheim-Kärlich; 53, 30 (56f.) – Kalkar I.

[108] Dazu *G. Lübbe-Wolff* Verfassungsrechtliche Fragen der Normsetzung und Konkretisierung, ZG 1991, 219 (242ff.); *M. Schmidt-Preuß* Verwaltung und Verwaltungsrecht zwischen gesellschaftlicher Selbstregulierung und staatlicher Steuerung, VVDStRL 56 (1997), 160 (insbes. 205f.); *U. Di Fabio* Verwaltung und Verwaltungsrecht zwischen gesellschaftlicher Selbstregulierung und staatlicher Steuerung, VVDStRL 56 (1997), 235 (insbes. 242ff.).

[109] Dazu ausführlich aus soziologischer Sicht *N. Luhmann* Legitimation durch Verfahren, 3. Aufl. 1978, 27ff.; allgemein *U. Schliesky* Souveränität und Legitimität von Herrschaftsgewalt, 2004, 149ff.

[110] Zum Umweltrecht *H.-H. Trute* Verwaltung und Verwaltungsrecht zwischen gesellschaftlicher Selbstregulierung und staatlicher Steuerung, DVBl. 1996, 950 (955); instruktiv zum Finanzmarktrecht *F. Becker* Rechtsetzung in Finanzmärkten (Fn. 20), 123 (134ff.); *S. Augsberg* Rechtsetzung (Fn. 21), 196ff.

[111] *W. Höfling* Finanzmarktregulierung (Fn. 21), F 39f.

[112] Auch solche Ansätze sind aus dem Umweltrecht unter dem Stichwort der „nachvollziehenden Amtsermittlung" bekannt und können Anregungen zur konkreten Ausgestaltung geben, vgl. *J.-P. Schneider* Nachvollziehende Amtsermittlung bei der Umweltverträglichkeitsprüfung, 1991.

[113] Zu diesem Begriff *C. Möllers* Staat als Argument, 2000, 292; *F. Becker* Rechtsetzung in Finanzmärkten (Fn. 20), 123 (136).

teten automatischen Nachvollzugs[114] wird auf diese Weise ein autonomer Nachvollzug möglich.[115]

Im Grundsatz können die vorstehenden Überlegungen zu den Baseler Standards auch auf die private Standardsetzung durch Rating-Agenturen übertragen werden. Mit Blick auf die Tatsache, dass es bei den Ratings um Standards privater Akteure geht,[116] kommt es überdies jedoch, der vorstehenden Problematik noch vorgelagert, darauf an, dass diese nicht nur transparent zustande kommen, sondern auch inhaltlich möglichst objektiv sind. Dies ist trotz vielfältiger Reformvorschläge bislang nicht gewährleistet. Selbst wenn es gelänge die bestehenden Interessenkonflikte[117], etwa durch Beratungsverbote und vom Investor zu bezahlende sog. Unsolicited Ratings[118] zu reduzieren,[119] bleibt das

---

[114] Vgl. *M. Brenner* HStR III, 2005, § 44, Rn. 56f.; *T. Puhl* HStR III, 2005, § 48, Rn. 2ff.; *M. Herdegen* Informalisierung und Entparlamentarisierung (Fn. 34), 7 (27).

[115] Dieser Ansatz deckt sich auch mit Erwartungen an den Gesetzgeber, die das BVerfG in seinem Urteil zum europäischen Haftbefehl hinsichtlich der Umsetzung von Rahmenbeschlüssen formuliert hat; vgl. BVerfGE 113, 273 (300ff.) – Europäischer Haftbefehl; dazu *O. Suhr* in: Calliess/Ruffert (Hrsg.) EUV/AEUV, 4. Aufl. 2011, Art. 82 AEUV, Rn. 26ff.; *T. Gas* Die Verfassungswidrigkeit des Europäischen Haftbefehlsgesetzes – gebotener Grundrechtsschutz oder euroskeptische Überfrachtung?, EuR 2006, 285 (287ff.); *J. Vogel* Europäischer Haftbefehl und deutsches Verfassungsrecht, JZ 2005, 801 (805); *M. Böhm* Das Europäische Haftbefehlsgesetz und seine rechtsstaatlichen Mängel, NJW 2005, 2588 (2589).

[116] Vgl. *T. Möllers* Ratingagenturen (Fn. 69), 861 (862); *C. Kumpan* FS Hopt (Fn. 69), 2158 (2159f.); *Financial Stability Forum* (Fn. 72), 38f.; *U. Blaurock* Verantwortlichkeit von Ratingagenturen (Fn. 71), 603 (603f.).

[117] Vgl. Art. 5, 6 und 7 der RatingVO einschließlich des Anhangs I mit den Vorgaben in den Abschnitten A, B, C (Fn. 71). Mit Blick auf die geschilderten, insoweit bestehenden Defizite wird der Umgang mit Interessenkonflikten durch organisatorische, operationelle und mitarbeiterbezogene Anforderungen verbessert. Insbesondere dürfen die Analysten nicht am bewerteten Unternehmen beteiligt sein, es darf keine Beratertätigkeit mehr erbracht werden und es sind „nur" noch bestimmte Nebendienstleistungen erlaubt; skeptisch insoweit *T. Möllers* Ratingagenturen (Fn. 69), 861 (865).

[118] *T. Möllers* Von Standards zum Recht – auf dem Weg zu einer Regulierung der Ratingagenturen in Europa und den USA, ZJS 2009, 227 (231); *W. Gerke/C. Merx* FS Hopt, 2010, 1845 (1859); *H. Beck/H. Wienert* Brauchen wir eine europäische Rating-Agentur?, Wirtschaftsdienst 2010, 464 (469).

[119] Insoweit wäre es auch denkbar, das Auftragsrating beizubehalten, wobei der Auftrag dann aber nicht vom Emittenten kommen sollte, sondern von den Aufsichtsbehörden; ferner wäre auch vorstellbar, dass die Bezahlung der Rating-Agenturen durch eine den Emittenten auferlegte, allgemeine Pflichtabgabe erfolgt, dazu *T. Möllers* Von Standards zum Recht – Regulierung der Ratingagenturen in Europa und den USA (Fn. 118), 227 (231).

Problem, dass Ratings ihrem Selbstverständnis nach private Meinungsäußerungen darstellen.[120]

Im Lichte des Demokratieprinzips muss der Gesetzgeber daher zwingend die rechtliche Kopplung zwischen Ratings und zulässigen Finanzanlagen lösen,[121] indem er all jene gesetzlichen Vorschriften streicht, die die Risikoeinschätzungen der Rating-Agenturen rezipieren und zur verbindlichen Vorgabe von finanzmarktrelevanten Entscheidungen machen.[122] In die entstehende Lücke könnte eine der „Stiftung Warentest" vergleichbare Institution[123] einspringen, die am Markt befindliche Finanzprodukte – durchaus dann auch unter Rückgriff auf die Informationen der verschiedenen Rating-Agenturen – einem Testverfahren unterwirft und eigenständig bewertet.[124] Auf Basis dieser Testergebnisse wäre dann auch eine gesetzliche Koppelung zulässig, die im Interesse des Anlegerschutzes verhindert, dass institutionelle Anleger in unverhältnismäßig risikoträchtige Anlagen investieren.

III. Finanzmarktrechtsetzung im Lichte des Vorsorgeprinzips

1. Begrenztheit des Wissens und Vorsorgeprinzip

Den komplexen Eigengesetzlichkeiten des Finanzmarkts korrespondieren materielle Steuerungsschwierigkeiten des Gesetzgebers.[125] Die Situation ähnelt derjenigen im Umweltschutz: Hier sind es zum einen die Ökologie als komplexes, diffiziles und dynamisches System sowie zum anderen neue Technologien (z.B. Atomenergie, Grüne Gentech-

---

[120] Vgl. *F. Becker* Rechtsetzung in Finanzmärkten (Fn. 20), 123 (133f.); *U. Blaurock* Verantwortlichkeit von Ratingagenturen (Fn. 71), 603 (631).

[121] Letztlich wird den Ratings durch die staatlich induzierte Inbezugnahme eine Art Qualitätssiegel verliehen; vgl. *Financial Stability Forum* (Fn. 72), 37ff.; *S. Schön/B. Cortez* Finanzmarktkrise (Fn. 70), 11 (17); *T. Möllers* Ratingagenturen (Fn. 69), 861 (862).

[122] In der Folge dürften die betroffenen Investoren auch auf alternative Informationsquellen vertrauen und wären nicht ohne jeden Spielraum an die „Meinungen" der Rating-Agenturen gebunden. Mit Blick auf die Meinungsfreiheit, auf die sich die Rating-Agenturen für ihre Tätigkeit gegenüber staatlichen Eingriffen zu berufen pflegen, wäre dies möglicherweise auch die vom Verhältnismäßigkeitsprinzip gebotene Alternative. *U. Utzig* Die Zukunft der Rating-Agenturen, Die Bank 06/2011, 8ff.; *B. Brabänder* Rolle der Rating-Agenturen (Fn. 81), 8ff.; *C. Ohler* Finanzkrisen als Herausforderung (Fn. 6), 1061 (1067).

[123] Vgl. insoweit auch *R. Stürner* Markt und Wettbewerb (Fn. 2), 95.

[124] Diese öffentlich organisierte Gegenkontrolle der Ratings könnte bei Emittenten und Rating-Agenturen einen Anreiz setzen, mehr Informationen über das jeweilige Finanzprodukt und seine Risikobewertung zur Verfügung zu stellen.

[125] *F. Becker* Rechtsetzung in Finanzmärkten (Fn. 20), 123 (129f.).

nik) und Stoffe (z.B. Chemikalien, Nanomaterialien), hinsichtlich deren Folgen Ungewissheit herrscht, die das Recht mit neuen, veränderten und teilweise nur sehr schwer zu bewältigenden Herausforderungen konfrontieren. Die Parallelen in der Beschreibung des Regelungsgegenstands sind desto verblüffender, je genauer man hinschaut.[126]

Beispielhaft genannt seien hier nur die sog. Credit Default Swaps (CDS), eine Art Kreditausfallversicherung, die im Wege der sog. „Techniken" der Verbriefung und Strukturierung[127] mit beratender Hilfe der Rating-Agenturen immer weiter von der Realwirtschaft entfernt und zu rein spekulativen „Wetten" ausgebaut wurden.[128] Am Ende standen die

---

[126] Im Naturhaushalt sind die Wirkungs- und Wanderungsketten von umweltbelastenden Schadstoffen nur sehr begrenzt vorhersehbar. Ihre akkumulativen, synergetischen und antagonistischen Wechselwirkungen führen zu einer strukturellen Unübersichtlichkeit der Zusammenhänge, die es oftmals unmöglich macht, Unmittelbarkeit, Zurechenbarkeit, Verantwortlichkeit und Schuld im rechtlichen Sinne festzustellen. Weil lineare Kausalketten selten feststellbar sind, können kleine Ursachen große Wirkungen erzeugen und negative Trends selbst dann noch andauern, wenn die Primärursachen längst entfallen sind. Hinzu kommen Informations- und Erkenntnisdefizite, wenn Maßnahmen der Umweltbeobachtung in der Regel medial getrennt bzw. unkoordiniert erfolgen bzw. bislang geltende Risikoabschätzungen und -bewertungen häufig einer Veränderung unterworfen sind. Dazu ausführlich *F. Vester,* Die Kunst vernetzt zu denken, 2011; *E.-H. Ritter* Von den Schwierigkeiten des Rechts mit der Ökologie, DÖV 1992, 641 (insbesondere 643f.); *W. Hoffmann-Riem* Reform des allgemeinen Verwaltungsrecht – Vorüberlegungen, DVBl. 1994, 1381 (1381f.); *U. Di Fabio* Risikoentscheidungen im Rechtsstaat (Fn. 97), 24 mwN.

[127] Um sie (vorgeblich) „risikoärmer" zu machen, wurden die verbrieften Kredite im Wege der „Strukturierung" in Pakete mit verschiedenen Risikoklassen (sog. Tranchen) unterteilt. Die damit mögliche Risikohierarchie war Grundlage für die CDOs, im Zuge derer dann wiederum eine Zweitverbriefung, eine Drittverbriefung usw. ermöglicht wurde, vgl. *H. Beck/H. Wienert* Anatomie der Weltwirtschaftskrise (Fn. 7), 7 (8f.); *B. Balzli/K. Brinkbäumer/J. Brenner/U. Fichtner/H. Goos/R. Hoppe/F. Hornig/A. Kneip* Der Bankraub (Fn. 40), 44 (49).

[128] Im Fall Griechenlands sind es daher weniger die offiziell gehaltenen Staatsanleihen, die die Finanzmarktstabilität bedrohen, als die CDS, die im Falle eines Staatsbankrotts fällig würden. *M. Pitzke* Griechenland-Angst an der Wall Street, „Das ist Wahnsinn", Spiegel-Online vom 29. 06. 2011 abrufbar unter: http://www.spiegel.de/wirtschaft/soziales/0,1518,771214,00.html (zuletzt abgerufen am 3. 10. 2011). Um wie viele CDS es geht, auf welche Höhe sie sich belaufen, ob sie ausgelöst werden und welche – zumeist amerikanischen – Banken, Fonds, Versicherungen oder Hedgefonds dann betroffen wären, ist völlig unklar, da der auf 1,4 Billionen Dollar bezifferte globale Derivatemarkt nach wie vor unreguliert ist; hierzu und zum Folgenden ausführlich *M. Hellwig* Finanzmarktregulierung (Fn. 9), E 16ff.; *H. Beck/H. Wienert* Anatomie der Weltwirtschaftskrise (Fn. 7), 7 (8f.); *B. Balzli/K. Brinkbäumer/J. Brenner/U. Fichtner/H. Goos/R. Hoppe/F. Hornig/A. Kneip* Der Bankraub (Fn. 40), 44 (49); *M. Seckelmann/S. Siddiqui* Hedgefonds und Stabilität des internationalen Finanzsystems: Was können staatliche Regulierungen leisten?, Schmollers Jahrbuch 130 (2010),

mit besten Ratings versehenen sog. „Collateralized Debt Obligations" (CDOs), mit denen „Landwein" in „Qualitätswein" umgewandelt[129] wurde.[130] Die ihnen immanenten Kreditrisiken (z.B. aus dem amerikanischen Immobilienmarkt) bleiben dennoch existent, sie sind jedoch „wie Würste verarbeitet, in Scheiben geschnitten und verkauft" worden.[131]

Nicht von ungefähr werden die CDOs mit Blick auf ihre Zusammensetzung als „synthetische Wertpapiere", als moderne „Finanzchemie" oder gar „neue Finanztechnologie" bezeichnet.[132] Über die marktintern als „toxisch" bezeichneten CDOs wurden die Kreditrisiken – vergleichbar einer gefährlichen Chemikalie in der Umwelt – unsichtbar über den globalen Finanzmarkt gestreut, im Zuge ihrer Mehrfachverbriefung weiß heute niemand mehr, wie viele CDOs sich mit welchen Risiken wo im globalen Finanzmarkt akkumuliert haben.[133] Unübersichtlichkeit, Nichtwissen,[134] Ungewissheit, mangelnde Vorhersehbarkeit, lange Latenzzeiten, unbekannte Kausalitäten:[135] Die in der Soziologie beschriebene Risikogesellschaft[136] ist auf dem Finanzmarkt angekommen.[137]

---

587 (589f.); *dies.* Der Subprime-Kollaps: Ursachen, Auswirkungen und Implikationen für staatliches Handeln, Recht und Management 2009, 133 (141).

129 So plastisch der *Sachverständigenrat zur Begutachtung der gesamtwirtschaftlichen Entwicklung*, Jahresgutachten 2007/08, Das Erreichte nicht verspielen, 2007, 112.

130 *M. Hellwig* Finanzmarktregulierung (Fn. 9), E 22ff.; *H. Beck/H. Wienert* Anatomie der Weltwirtschaftskrise (Fn. 7), 7 (8f.).

131 Vgl. *B. Balzli/K. Brinkbäumer/J. Brenner/U. Fichtner/H. Goos/R. Hoppe/F. Hornig/A. Kneip* Der Bankraub (Fn. 40), 44 (50); vgl. auch *W. Münchau* Kernschmelze im Finanzsystem, 2008, 11.

132 Vgl. *B. Balzli/K. Brinkbäumer/J. Brenner/U. Fichtner/H. Goos/R. Hoppe/F. Hornig/A. Kneip* Der Bankraub (Fn. 40), 44 (50ff.).

133 Wurden im Jahre 2000 noch CDOs im Wert von 150 Milliarden Dollar verkauft, liegen die Verkäufe ab 2006 über der Billionengrenze. In der Folge bilden sich CDOs von CDOs von CDOs samt Gesellschaften, die sich immer weiter vom eigentlichen Kreditnehmer entfernen. In später entdeckten E-Mails fragen sich die Analysten der Rating-Agenturen, wann „dieses Kartenhaus zusammenbricht"; es ist von einem „Schneeballsysten" und einer „Lizenz zum Gelddrucken" die Rede; vgl. *B. Balzli/K. Brinkbäumer/J. Brenner/U. Fichtner/H. Goos/R. Hoppe/F. Hornig/A. Kneip* Der Bankraub (Fn. 40), 44 (50) sowie *U. Fichtner* Spekulanten – Die Logik des Bankrotts, Der Spiegel 19/2010, 52 (55).

134 Dieser Aspekt wird explizit auch von *J. Sanio* FS Rudolph, 2009, 15 (18f., 21) als zentrales Problem der Bankenaufsicht hervorgehoben.

135 *C. Ohler* in: Kahl (Fn. 10), 208 (217).

136 *U. Beck* Risikogesellschaft, 1986, insbes. 35ff., 300ff.; *ders.* Gegengifte. Die organisierte Unverantwortlichkeit, 1988, Kapitel II; zusammenfassend *ders.* Risikogesellschaft – Überlebensfragen, Sozialstruktur und ökologische Aufklärung, APuZ B 36/89, 1989, 1 (3ff.).

137 *J. Arnoldi* Alles Geld verdampft, 2009, 15ff.; *A. Thiele* Divergierende Risikomodelle (Fn. 78), 127 (130).

Insoweit trifft der überkomplexe Finanzmarkt freilich auf ein unterkomplexes Aufsichtsrecht. Dergestalt spiegelt sich der aus dem Umweltrecht bekannte Kontextverlust der Rechtsordnung[138] im Finanzmarktrecht. Ebenso wie im Umweltrecht[139] stößt daher das klassische Modell der Gefahrenabwehr bei der verfassungsrechtlich gebotenen Sicherung der Finanzmarktstabilität an seine Grenzen. Der Gesetzgeber muss, so die Schlussfolgerung, das jeweilige Risiko in seine Regelungen aufnehmen und sichtbar machen.[140]

2. *Vorgaben des Vorsorgeprinzips*

Vor diesem Hintergrund bietet es sich an, vom Umweltrecht zu lernen, das Finanzmarktrecht zumindest teilweise als Risikorecht zu verstehen und dementsprechend stärker am Vorsorgeprinzip auszurichten.[141] Dies gilt insbesondere dort, wo die staatlichen Institutionen eine aus den Grundrechten fließende Schutzpflicht haben,[142] wenn sie – wie z.B. im Rahmen der privaten Altersvorsorge[143] – die Bürger förm-

---

[138] Die Rechtsordnung ist nur unzureichend auf den Umgang mit Nichtwissen und Ungewissheit vorbereitet, da das in ihr vorherrschende Steuerungsmodell zumeist auf den tradierten Eingriffsmustern regulativer Politik beruht; dazu *R. Wolf* Zur Antiquiertheit des Rechts in der Risikogesellschaft, in: Beck (Hrsg.) Politik in der Risikogesellschaft, 1991, 378ff.

[139] Dazu *U. Di Fabio* Risikoentscheidungen im Rechtsstaat (Fn. 97), 24; *E.-H. Ritter* Ökologie (Fn. 126), 641 (643) mwN.

[140] Eher resignativ daher *C. Ohler* in: Kahl (Fn. 10), 208 (219f.); *M. Hellwig* Finanzmarktregulierung (Fn. 9), E 45f.; allgemein dazu *H.-J. Papier* Rechtsstaat im Risiko, DVBl. 2010, 801ff.

[141] *C. Calliess* Rechtsstaat und Umweltstaat (Fn. 17), 153ff.

[142] BVerfGE 7, 198 (205) – Lüth; BVerfGE 35, 79 (114) – Hochschulurteil; BVerfGE 39, 1 (42) – Schwangerschaftsabbruch I; BVerfGE 88, 203 (251) – Schwangerschaftsabbruch II; BVerfGE 46, 160 (164) – Schleyer; BVerfGE 49, 89 (141) – Kalkar I; BVerfGE 53, 30 (57ff.) – Mühlheim-Kärlich; BVerfGE 79, 174 (201f.) – Straßenlärm; BVerfGE 56, 54 (73f.) – Fluglärm; *C. Calliess* Schutzpflichten, in: Merten/Papier (Hrsg.) Handbuch der Grundrechte in Deutschland und Europa, Band 2: Grundrechte in Deutschland – Allgemeine Lehren 1, 2006, § 44, Rn. 1, 4; ausführlich *ders.* Rechtsstaat und Umweltstaat (Fn. 17), 412ff.; *D. Murswiek* in: Sachs (Hrsg.) Grundgesetz, 5. Aufl. 2009, Art. 2, Rn. 24; *C. Calliess* Sicherheit im freiheitlichen Rechtsstaat, ZRP 2002, 1 (2); *C.-W. Canaris* Grundrechtswirkung und Verhältnismäßigkeitsprinzip in der richterlichen Anwendung und Fortbildung des Privatrechts, JuS 1989, 161 (163); *D. Merten* GS Burmeister, 2005, 227ff.

[143] Vgl. *M. Ruffert* Verfassungsrechtliche Überlegungen zur Finanzmarktkrise, NJW 2009, 2093 (2095): haftungsbewehrter Anspruch auf effektive Aufsicht; zustimmend *W. Höfling* Finanzmarktregulierung (Fn. 21), F 42; aA *M. Böhme* Staatshaftung für fehlerhafte Bankenaufsicht nach deutschem und europäischem Recht, 2009, 24ff.

lich in den Finanzmarkt drängen. Auf Basis seiner verfassungsrechtlichen Verantwortung für die Finanzmarktstabilität hat der Gesetzgeber im Rahmen des Untermaßverbots[144] für deren effektiven Schutz zu sorgen. Das Vorsorgeprinzip ist im deutschen und europäischen Umweltrecht nicht nur einfachgesetzlich, sondern als Ausprägung des Staats- bzw. Unionsziels Umweltschutz (Art. 20a GG, Art. 191 Abs. 2 S. 2 AEUV) und grundrechtlicher Schutzpflichten auch verfassungsrechtlich als Rechtsprinzip etabliert.[145] Kommission und EuGH betrachten es über das europäische Umweltrecht hinaus sogar als allgemeines Rechtsprinzip des gesamten Unionsrechts.[146] Das zunächst einmal an den Gesetzgeber adressierte Vorsorgeprinzip legitimiert und erfordert staatliches Handeln schon bei Vorliegen eines Risikos. Im Unterschied zur konkreten Wahrscheinlichkeit, wie sie im Bereich der Gefahrenabwehr verlangt wird, genügt beim Risiko die bloße Möglichkeit eines Schadenseintritts.[147] Fehlt es insoweit an Erkenntnissen oder stehen diese im Expertenstreit, so impliziert das Vorsorgeprinzip eine „Beweislastumkehr", die für den Gesetzgeber bei der Rechtsetzung zugleich Handlungslegitimation und Gestaltungsauftrag ist.[148]

Um eine rechtsstaatlich bedenkliche „Vorsorge ins Blaue hinein" zu vermeiden, muss allerdings der durch eine abstrakte Besorgnis gekennzeichnete Vorsorgeanlass eingegrenzt werden. Zur wissenschaftlichen Risikoermittlung, im Rahmen derer – unter Berücksichtigung von Mindermeinungen – Risikodaten generiert und wissenschaftlich bewertet werden, tritt eine normative Risikobewertung des Gesetzgebers, die darüber entscheidet, ob ein Risiko gesellschaftlich noch hingenommen

---

[144] Dazu BVerfGE 88, 203 ff. – Schwangerschaftsabbruch II; ferner *C. Calliess* FS Starck, 2007, 201 ff; *ders.* Rechtsstaat und Umweltstaat (Fn. 17), 574 ff.

[145] *C. Calliess* Rechtsstaat und Umweltstaat (Fn. 17), 179 ff.

[146] *Europäische Kommission* Mitteilung über die Anwendbarkeit des Vorsorgeprinzips vom 02. 02. 2000, KOM (2000) 1 endg., 12; dazu *H.-W. Rengeling* Bedeutung und Anwendbarkeit des Vorsorgeprinzips im europäischen Umweltrecht, DVBl. 2000, 1473 (1478 ff.); *I. Appel* Europas Sorge um die Vorsorge. Zur Mitteilung der Europäischen Kommission über die Anwendbarkeit des Vorsorgeprinzips, NVwZ 2001, 395 (396 ff.); *B. Arndt* Das Vorsorgeprinzip im EU-Recht, 2009, 80 ff.

[147] Vgl. *C. Calliess/S. Korte* Das neue Recht der grünen Gentechnik im europäischen Verwaltungsverbund, DÖV 2006, 10 (11 f.); *R. Sparwasser/R. Engel/A. Voßkuhle* Umweltrecht, 5. Aufl. 2003, § 2, Rn. 20 mwN.

[148] Insoweit hat derjenige, in dessen Einflusssphäre die Ungewissheit entstanden ist, aufgrund seiner Sachnähe einen Wissensvorsprung, der sinnvollerweise genutzt werden muss; vgl. *Europäische Kommission* (Fn. 146).

werden soll.[149] Im Rahmen des Risikomanagements kommen, dem Verhältnismäßigkeitsprinzip korrespondierend, zunächst prozedurale Instrumente zur Generierung von Informationen und Transparenz in Betracht.[150] Mit einer intensiveren Eingriffstiefe verbunden ist die Einführung von Zulassungsverfahren und ggf. Verboten oder einer Gefährdungshaftung für risikoreiche (Finanzmarkt-) Produkte.[151]

3. *Das Vorsorgeprinzip als Regulativ von Finanzmarktrisiken*

a) *Vorsorgedefizite im geltenden Finanzmarktrecht*

Zwar wird mitunter konstatiert, dass sich bereits im geltenden Finanzmarktrecht die typischen Instrumente der Wirtschaftsaufsicht von der klassischen gefahrenabwehrrechtlichen Eingriffsschwelle weit in den Risikobereich vorverlagert hätten, so dass schon jetzt von einer „Risikoaufsicht" und einem außergewöhnlich dichten und ausdifferenzierten Instrumentenarsenal in der Finanzmarktaufsicht gesprochen wird.[152] Jedoch zeigt sich bei näherem Hinsehen,[153] dass sich rund 90 Prozent der Finanzmarktregulierung auf den realwirtschaftlich relevanten Bankenbereich bezieht, in dem aber gerade die systemrelevanten Großbanken nur noch 10 Prozent ihrer Gewinne erzielen.[154] Es gibt also ein Vorsorgedefizit im Hinblick auf jene „neuen" rein abstrakten, spekulativen Finanzprodukte und Finanzunternehmen (z.B. Investmentbanken, Hedgefonds), die einen Großteil der Gewinne am Finanzmarkt

---

[149] *C. Calliess* Inhalt, Struktur und Vorgaben des Vorsorgeprinzips im Kontext der Gestaltung des Umweltrechts, in: Hendler/Marburger u.a. (Hrsg.) Jahrbuch des Umwelt- und Technikrechts, UTR 90 (2006), 89 (111ff.); ausführlich hierzu *ders.* Rechtsstaat und Umweltstaat (Fn. 17), 214ff.

[150] Etwa durch Melde- und Kennzeichnungspflichten, mit dem Ziel dem Verbraucher die Wahl zu lassen, wie er mit der bestehenden Ungewissheit umgeht, dazu *C. Calliess* Rechtsstaat und Umweltstaat (Fn. 17), 467ff.; *SRU* Sondergutachten „Vorsorgestrategien für Nanomaterialien", 2011, Tz. 748f.

[151] Etwa in Form eines präventiven Verbots mit Erlaubnisvorbehalt samt Beweislastumkehr, einer Bedarfsprüfung, einer Gefährdungshaftung oder eines generellen Verbots für bestimmte risikoträchtige (Finanzmarkt-)Aktivitäten, dazu *C. Calliess* Rechtsstaat und Umweltstaat (Fn. 17), 376ff.; *SRU* Vorsorgestrategien für Nanomaterialien (Fn. 150), Tz. 40ff., 439, 737; vgl. auch *C. Calliess/S. Korte* Das neue Recht der grünen Gentechnik (Fn. 147), 10 (16f.).

[152] So *W. Höfling* Finanzmarktregulierung (Fn. 21), F 32f.; *H.-C. Röhl* in: Fehling/Ruffert (Fn. 23), § 18, Rn. 32, 44ff., 86f., 89f.

[153] Vgl. *H.-C. Röhl* in: Fehling/Ruffert (Fn. 23), § 18, Rn. 44ff. und 91ff.; *P. Jung* in: Schulze/Zuleeg/Kadelbach (Fn. 61), § 20, Rn. 56 ff., insbes. Rn. 108ff. und 126ff.

[154] *T. Jorberg* in: Seidl/Zahrnt (Fn. 20), 145 (148f.); vgl. auch *P. Bofinger* Ist der Markt noch zu retten?, 2009, 26ff.

erwirtschaften, zugleich aber ursächlich für die in Rede stehenden Finanzkrisen gewesen sind.[155]

Überdies besteht ein zentrales Vorsorgedefizit hinsichtlich der Prognosegrundlagen im Rahmen der am Finanzmarkt zum Einsatz kommenden Risikomodelle.[156] Diese vernachlässigen ebenso wie das geltende Recht die systemischen Risiken,[157] indem allenfalls auf die Risiken eines einzelnen Finanzprodukts oder einer einzelnen Bank gesehen wird, deren Verflechtungen im Finanzmarkt samt Wechselwirkungen aber nicht hinreichend abgebildet werden.[158] Mitursächlich ist, dass man sich im Rahmen der Finanztheorie nach wie vor zu einseitig auf ein mathematisches Fundament stützt,[159] dass mit den Wahrscheinlichkeiten der Gauß'schen Normalverteilung arbeitet. Obwohl dieses Modell zwischenzeitlich sowohl durch eine Mindermeinung in der Wissenschaft[160] als auch durch praktische Erfahrungen[161] in Frage gestellt ist, verlassen sich die Finanzmarktakteure einschließlich der Finanzaufsicht unverändert auf die tradierten Risikomodelle.[162] Dieses alleinige

---

155 *M. Hellwig* Finanzmarktregulierung (Fn. 9), E 32ff., E 38, E 41ff., E 45f.; *A. Thiele* Divergierende Risikomodelle (Fn. 78), 127 (142f.) jeweils mit mwN.

156 Dazu *S. Weber* FS Ress (Fn. 56), 1597ff.; *K. Langenbucher* FS Hopt, 2010, 2175 (2176ff.).

157 So beruhte z.B. das von den Banken für ihre Eigenkapitalunterlegung gewählte und von der Finanzaufsicht akzeptierte Risikomodell auf teilweise falschen bzw. zu optimistischen Annahmen, so dass das Risiko, das sich in der Finanzkrise realisierte, nicht wahrgenommen und somit nicht in den Risikomodellen antizipiert werden konnte. Dazu im Einzelnen *M. Hellwig* Finanzmarktregulierung (Fn. 9), E 18, E 23, E 27, E 32ff., E 37f., E 42 und insbesondere E 45f.; vertiefend *ders.* Systemic Risk Management in Banking and Finance, Schweizerische Zeitschrift für Volkswirtschaft und Statistik 131 (1995), 723ff.; instruktiv dazu *A. Thiele* Divergierende Risikomodelle (Fn. 78), 127 (129f., 135ff.) mwN.

158 *C. Ohler* in: Kahl (Fn. 10), 208 (219f.); *M. Hellwig* Finanzmarktregulierung (Fn. 9), E 34 und E 38 mwN.

159 Entwickelt von den Nobelpreisträgern F. Black, M. Scholes und R. Merton: *F. Black/M. Scholes* The Pricing of Options and Corporate Liabilities, Journal of Political Economy 81 (1973), 637ff.; *R. Merton* Theory of Rational Option Pricing, Bell Journal of Economics and Management Science 4 (1973), 141ff.

160 *B. Mandelbrot/R. Hudson*, Fraktale und Finanzen, 2005, 26; vgl. dazu auch *A. Thiele* Divergierende Risikomodelle (Fn. 78), 127 (137ff.).

161 Wie den Zusammenbruch des Long-Term Capital Management Hedgefonds im Zuge der russischen Schuldenkrise, dazu *A. Thiele* Divergierende Risikomodelle (Fn. 78), 127 (140f.).

162 Und das obwohl diese „weder die Marktrisiken, noch die Ausfallrisiken der Kreditversicherer, noch die Korrelationen der verschiedenen Risiken angemessen erfasst hatten“, so *M. Hellwig* Finanzmarktregulierung (Fn. 9), E 34 und E 38 mwN; vgl. auch *C. Ohler* in: Kahl (Fn. 10), 208 (219f.).

Abstellen auf das „Modell der Mehrheit" ist ebenfalls nicht mit dem Vorsorgeprinzip, das für einen Vorsorgeanlass gerade auch eine im Rahmen der „Beweislastumkehr" widerlegbare Mindermeinung ausreichen lässt, vereinbar.[163]

b) Vorschläge zur vorsorgeorientierten Erfassung von Finanzmarktrisiken

(aa) Information und Transparenz

Im Sinne des Vorsorgeprinzips hat das Finanzmarktrecht sicherzustellen, dass die Informationsasymmetrien und Transparenzdefizite zwischen Finanzunternehmen und Anlegern[164] behoben werden, indem z.B. die Ambivalenz der von den Finanzdienstleistern jeweils gewählten Risikomodelle sichtbar gemacht wird. Dies kann zum einen durch Informations-, Hinweis- oder gar Warnverpflichtungen geschehen,[165] so dass die Risiken der angebotenen Finanzprodukte nachvollzogen und in die jeweilige Investitionsentscheidung einbezogen werden können.[166]

Zum anderen könnten die Rating-Agenturen als Informationsintermediäre eine wichtige kompensatorische Funktion übernehmen. Jedoch fehlt es ihnen, strukturell bedingt, an der notwendigen Neutralität und Objektivität. Nicht von ungefähr setzen viele Reformvorschläge hier an. So einigte sich die G-20 auf eine verbesserte Einhaltung des für die Rating-Agenturen einschlägigen IOSCO-Kodex als Mindeststandard.[167] Allerdings stellt auch die im Zuge der G-20 Beschlüsse von der

---

[163] Auf einem solchen defizitären Risikomodell basierten z.B. die Basel II Standards für die Eigenkapitalreserven von Finanzinstitutionen. In ihnen kommen bei der Risikomodellierung und beim Risikomanagement der Banken die für die Finanzmarktstabilität relevanten systemischen Risiken zu kurz, zu denen gerade auch die Risiken einer Bank für das Finanzsystem insgesamt und damit die Wirtschaft und den Steuerzahler zählen; vgl. *M. Hellwig* Finanzmarktregulierung (Fn. 9), E 43ff.

[164] Dazu vertiefend *D. Zimmer* Finanzmarktregulierung (Fn. 25), G 14ff. und G 69; vgl. auch *F. Becker* Rechtsetzung in Finanzmärkten (Fn. 20), 123 (126).

[165] Wenn dem Anleger – wie bislang (vgl. etwa § 26a KWG, § 31 Abs. 3 WpHG) – nur das Risikoergebnis, nicht aber die Berechnungsgrundlagen zugänglich gemacht werden, so reicht dies zur Erfüllung der nach dem Vorsorgeprinzip gebotenen Transparenz- und Offenlegungspflichten nicht aus, vgl. *A. Thiele* Divergierende Risikomodelle (Fn. 78), 127 (143f.).

[166] Dies gilt umso mehr, als es komplexe Finanzierungsinstrumente und Verbriefungsstrukturen für Investoren immer schwerer machen, die Risiken und die Chancen eines Investments richtig einzuschätzen; vgl. dazu *G. Deipenbrock* Aktuelle Rechtsfragen zur Regulierung des Ratingwesens, WM 2005, 261 (261), *M. Lerch* Ratingagenturen (Fn. 69), 402 (403); *R. Wendt/S. Lampert* Finanzmarktregulierung (Fn. 70), 1001 (1003ff.); *CESR* (Fn. 70), Rn. 37f., 47.

[167] *G-20* Declaration on the Summit on Financial Markets and the World Economy, Washington, 15. 11. 2008, 3.

europäischen RatingVO vorgesehene Registrierung[168] keine qualitativen Anforderungen[169] an die zum Einsatz kommenden Bewertungsmethoden.[170] So ist die Forderung naheliegend, die Ratingtätigkeit auf öffentliche Institutionen zu verlagern,[171] etwa eine europäische Rating-Agentur.[172] Deren Marktakzeptanz erscheint jedoch zumindest insoweit zweifelhaft,[173] als es um die Bewertung von Staatsanleihen[174] geht.

Eine dem Vorsorgeprinzip widersprechende systemrelevante Intransparenz besteht überdies im Hinblick auf die Akteure und die Produkte des Finanzmarkts. Insoweit könnte mit Blick auf die immanenten Risi-

---

[168] Alle mit Sitz in der Union tätig werdenden Rating-Agenturen, deren Ratings zu regulatorischen Zwecken von den in Art. 4 Abs. 1 RatingVO (Fn. 71) genannten Institutionen verwendet werden sollen, unterliegen einer Registrierungspflicht; vgl. *R. Wendt/S. Lampert* Finanzmarktregulierung (Fn. 70), 1001 (1008); *G. Spindler* Finanzmarktkrise und Wirtschaftsrecht, AG 2010, 601 (609f.); *A. Thiele* Divergierende Risikomodelle (Fn. 78), 127 (147). Auch das US-amerikanische Recht sieht eine ähnliche Registrierungspflicht vor, vgl. dazu *G. Deipenbrock* „Mehr Licht!"? – Der Vorschlag einer europäischen Verordnung über Ratingagenturen, WM 2009, 1165 (1167f.); *U. Blaurock* Verantwortlichkeit von Ratingagenturen (Fn. 71), 603 (615ff.); *C. Hill* Rating Agencies (Fn. 72), 41 (53ff.).

[169] *M.-M. Stemper* Rechtliche Rahmenbedingungen des Ratings – Bank- und Kapitalmarktrechtliche Schriften des Instituts für Bankrecht Köln, Nr. 35, 2010, 218; *M. Lerch* Ratingagenturen (Fn. 69), 402 (406), der auch an dieser Stelle zu Recht betont, dass durch die Registrierung wieder nur ein Mindeststandard gewährleistet wird.

[170] Verordnung (EG) Nr. 1060/2009 über Rating-Agenturen (ABl. 2009 Nr. L 302, 1), geändert durch die Verordnung Nr. 513/2011 (ABl. 2011 Nr. L 145, 30); *A. Thiele* Divergierende Risikomodelle (Fn. 78), 127 (149); aA *G. Deipenbrock* Verordnung über Ratingagenturen (Fn. 168), 1165 (1173), die – allerdings in einem Vergleich mit dem sehr abstrakt formulierten IOSCO Kodex und der bisher geltenden Selbstregulierung – von sehr detaillierten Regelungen spricht.

[171] *A. Thiele* Divergierende Risikomodelle (Fn. 78), 127 (147).

[172] *R. Wendt/S. Lampert* Finanzmarktregulierung (Fn. 70), 1001ff.; Stellungnahme des *Europäischen Wirtschafts- und Sozialausschusses* zu dem Vorschlag für eine Verordnung des Europäischen Parlamentes und des Rates zur Änderung der Verordnung (EG) Nr. 1060/2009 über Rating-Agenturen, ABl. 2011 Nr. C 54, 37, Rn. 1.13; *D. Schäfer* Eine öffentliche europäische Rating-Agentur – wir brauchen sie jetzt, DIW Monatsbericht Nr. 38/2009, 654, abrufbar unter: http://www.diw.de/documents/publikationen/73/diw_01.c.339719.de/09-38.pdf (zuletzt abgerufen am 2. 10. 2011).

[173] *R. Wendt/S. Lampert* Finanzmarktregulierung (Fn. 70), 1001 (1008).

[174] Ratings von Staatsanleihen haben ohnehin nicht nur eine wirtschaftliche, sondern auch eine politische Dimension, vgl. dazu ausführlich *J. Rosenbaum* Einfluss von Rating-Agenturen (Fn. 11), 101ff. Insoweit stellt sich die Frage, ob die Bewertung von Staatsanleihen nicht vom Rating „normaler" Finanzprodukte abgekoppelt werden muss, Stellungnahme des *Europäischen Wirtschafts- und Sozialausschusses* zu dem Vorschlag für eine Verordnung des Europäischen Parlamentes und des Rates zur Änderung der Verordnung (EG) Nr. 1060/2009 über Ratingagenturen (ABl. 2011 Nr. C 54, 37), Rn. 1.12.

ken neuartiger Finanzprodukte eine Registrierungspflicht samt öffentlichem Produktregister[175] eingeführt werden. Und im Hinblick auf die Aktivitäten von Hedgefonds und als sog. Zweckgesellschaften[176] tätigen „Schattenbanken“[177] könnten überdies alle Banken und Versicherungen verpflichtet werden, ihre Großkredite an eine internationale Institution zu melden. Eine solche internationale „Banken-Schufa“ würde eine wichtige Grundlage für ein globales Frühwarnsystem bei Finanzkrisen darstellen.[178]

(bb) Verbesserte Erfassung systemischer Risiken durch inhaltliche Rechtsetzung

(1) Problemstellung

Transparenz und Information als prozedurale Instrumente der Risikovorsorge stoßen jedoch auch am Finanzmarkt an innere Grenzen.[179] Prävention durch Information setzt den „idealen Marktmenschen“, den viel zitierten „homo oeconomicus“, voraus.[180] Für den Anleger kann sich Information jedoch gerade im Bereich des Finanzmarkts schnell

---

[175] Vgl. etwa im Chemikalienrecht Art. 119 REACH-VO (ABl. 2006 Nr. L 396, 1); im Bereich der Grünen Gentechnik § 16a GenTG; für Nanomaterialien vgl. *SRU* Vorsorgestrategien für Nanomaterialien (Fn. 150), Tz. 576, 742; *C. Calliess/H. Stockhaus* Regulierung von Nanomaterialien – reicht REACH?, DVBl. 2011, 921 (924ff., 928f.).

[176] Im Fachjargon Conduits und Structured Investment Vehicles (SIVs) genannt; kritisch dazu *M. Hellwig* Finanzmarktregulierung (Fn. 9), E 26.

[177] Z.B. die in Irland ansässige DEPFA der Hypo Real Estate. Diese dienten vielen Banken letztlich dazu, die Eigenkapitalregeln samt Aufsichtsrecht zu umgehen. Das wird besonders deutlich, wenn man die Ausführungen bei *M. Hellwig* Finanzmarktregulierung (Fn. 9), E 26ff., E 34, E 38 und E 41f. einmal im Zusammenhang liest; vgl. auch *D. Hawranek/A. Mahler/C. Pauly/M. Schiessl/T. Schulz* Märkte außer Kontrolle (Fn. 30), 60 (68); *H. Beck/H. Wienert* Anatomie der Weltwirtschaftskrise (Fn. 7), 7 (10).

[178] Vorbild könnte das in Deutschland bei der Bundesbank geführte Kreditregister sein. Da sich Hedgefonds und Zweckgesellschaften in der Regel zu einem erheblichen Teil bei regulären Banken refinanzieren, würden auf diese Weise die globalen Kreditverpflichtungen transparenter, vgl. *P. Bofinger* Markt (Fn. 154), 52f.

[179] Zu einseitig daher *O. Lepsius* in: Fehling/Ruffert (Fn. 13), § 4, Rn. 88; im Überblick *J. Hellermann* Schutz der Verbraucher durch Regulierungsrecht, VVDStRL 70 (2011), 366 (368); dazu aus privatrechtlicher Perspektive *G.-P. Calliess* Grenzüberschreitende Verbraucherverträge (Fn. 42), 314ff.

[180] Dazu *R. Stürner* Markt und Wettbewerb (Fn. 2), 256; *J. Lüdemann* Die Grenzen des homo oeconomicus und die Rechtswissenschaft, in: Engel/Englerth/Lüdemann/Spiecker genannt Döhmann (Hrsg.), Recht und Verhalten, 2007, 7, 9ff.; vgl. auch *E. Dieth* Recht – als Prostituierte des Marktes oder als Schutz vor Vermarktung?, in: E. Towfigh u.a. (Hrsg.) (Fn. 2), 137 (138ff.).

als Illusion entpuppen, etwa wenn ein Rating, wie im Falle der bestbenoteten CDOs, zu Fehlinformationen über Risiken führt.[181]

Im Lichte des Vorsorgeprinzips muss staatliche Rechtsetzung dann über bloß prozedurale Vorgaben in Form von Information und Transparenz hinausreichen und diese durch materielle Vorgaben ergänzen.[182] Insoweit soll der Versuch unternommen werden, zwei Relevanz- oder auch Risikokriterien zu formulieren, die Anhaltspunkte geben, wann eine inhaltliche Rechtsetzung mit Blick auf die im Staaten- und Verfassungsverbund durch deutsche und europäische Grundrechte sowie europäische Grundfreiheiten gewährleistete Wirtschaftsfreiheit erforderlich ist.

(2) Kriterium der Systemrelevanz

Ein zentrales Kriterium könnten in diesem Kontext systemische Risiken für das Schutzgut der Finanzmarktstabilität sein. Jene mögen isoliert betrachtet begrenzt und überschaubar erscheinen, aber durch die Verflechtungen im Finanzmarkt können – wie im Rahmen der Finanzkrise geschehen – Kettenreaktionen ausgelöst werden, die die Finanzmarktstabilität und daran anknüpfend die gesamte Wirtschaft bedrohen.[183] Insoweit gebietet eine dem Vorsorgeprinzip korrespondierende Sicherung der Finanzmarktstabilität: Je mehr systemische Risiken ein Finanzprodukt bzw. -unternehmen im Krisenfalle produziert, desto intensiverer inhaltlicher Rechtsetzung kann es mit Blick auf die Wirtschaftsfreiheit unterworfen werden.[184]

---

[181] Die sehr guten Ratings der CDOs waren im Hinblick auf die Informationen zwar nicht falsch, aber insoweit unvollständig, als sie das Risikoszenario nicht voll nachzeichneten, insbesondere die systemischen Risiken vernachlässigten. Dazu ausführlich *R. Stürner* Markt und Wettbewerb (Fn. 2), 89ff.

[182] Dafür *R. Stürner* Markt und Wettbewerb (Fn. 2), 98; *P. Bofinger* Markt (Fn. 154), 53ff.; skeptisch (noch) *H. Eidenmüller* Der homo oeconomicus und das Schuldrecht: Herausforderungen durch Behavioral Law and Economics, JZ 2005, 216 (222); verkürzend insoweit *O. Lepsius* in: Fehling/Ruffert (Fn. 13), § 4, Rn. 88: „Im Regulierungsrecht ist der Gesetzgeber in erster Linie nicht inhaltlich, sondern kompetentiell, verfahrensrechtlich und organisiationsrechtlich gebunden".

[183] *C. Ohler* Finanzkrisen als Herausforderung (Fn. 6), 1061 (1062f.), der das Beispiel der Fristentransformation aufgreift; *ders.* in: Kahl (Fn. 10), 208 (217ff.).

[184] Innerhalb der Dienstleistungsfreiheit geht die Unionsgerichtsbarkeit in entsprechender Weise vor, wenn sie den Mitgliedstaaten einen umso größeren Regelungsfreiraum lässt, je geringer die Selbsthilfemöglichkeiten des Verbrauchers durch Informationsbeschaffung aufgrund der Komplexität der Tätigkeit sind; vgl. dazu *C. Calliess/S. Korte* Dienstleistungsrecht in der EU, 2011, § 3, Rn. 142.

(3) Kriterium des Realwirtschaftsnutzens

Ein weiteres Kriterium für inhaltliche Rechtsetzung könnte die Nähe einer Leistung der Finanzwirtschaft zur Realwirtschaft und damit zum Wohlstand der Gesellschaft sein. Wie erwähnt, dienen vielfältige rein abstrakte Finanzprodukte und -dienstleistungen fast ausschließlich dem Selbstzweck des Finanzmarkts, der bloßen Spekulation.[185] Dazwischen liegen jene Finanzinstrumente, die mittelbar dem realwirtschaftlich orientierten Finanzgeschäft dienen, indem sie deren Risiken, etwa Zinsänderungsrisiken, Laufzeitkongruenzen oder Währungsrisiken, absichern. Insoweit gebietet eine dem Vorsorgeprinzip korrespondierende Sicherung der Finanzmarktstabilität: Je mehr sich ein Finanzprodukt bzw. -unternehmen von der Realwirtschaft entfernt und rein spekulativ ausgerichtet ist, desto intensiverer inhaltlicher Regulierung kann es mit Blick auf die Wirtschaftsfreiheit unterworfen werden.

(cc) Schlussfolgerungen anhand von Beispielen

Jedes Finanzinstrument und jedes Finanzunternehmen kann anhand der beiden vorstehend genannten Kriterien der Systemrelevanz und des Nutzens für die Realwirtschaft untersucht werden und hiernach einer vorsorgeorientierten Rechtsetzung unterworfen werden.[186] Einige Beispiele sollen Ansätze illustrieren.

Vom Grundgeschäft abstrahierte, einer „Wette" vergleichbare Finanzinstrumente wie z.B. die ungedeckten Leerverkäufe,[187] der Handel mit

---

[185] Zur Unterscheidung der „guten" von der „schlechten" Spekulation grundlegend *L. Klöhn* Kapitalmarkt (Fn. 28), 257ff.

[186] Im Lichte der primär grundrechtlich und grundfreiheitlich verbürgten Wirtschaftsfreiheit der Finanzmarktakteure ist im Rahmen der jeweiligen Risikorechtsetzung auf die Verhältnismäßigkeit der jeweiligen Maßnahmen zu achten, dazu ausführlich mit Blick auf den Finanzmarkt *W. Höfling* Finanzmarktregulierung (Fn. 21), F 16f.; *P.-C. Müller-Graff* Finanzmarktkrise und Wirtschaftsordnungsrecht (Fn. 23), 201 (206ff.); allgemein *O. Lepsius* in: Fehling/Ruffert (Fn. 13), § 4, Rn. 45ff., vgl. aber auch Rn. 87ff. und Rn. 74ff. mwN. Hierbei sind auch die Vorgaben des mehrpoligen Verfassungsrechtsverhältnisses, konkretisiert in einer mehrpoligen Verhältnismäßigkeitsprüfung, zu berücksichtigen; vgl. dazu *C. Calliess* Rechtsstaat und Umweltstaat (Fn. 17), 577ff.

[187] Vgl. jetzt § 30h WpHG, der ungedeckte Leerverkäufe von Aktien und Schuldverschreibungen der Mitgliedstaaten der Eurozone verbietet; § 4a WpHG gibt überdies der BaFin die Möglichkeit, „normale" Leerverkäufe befristet zu verbieten, eingeführt durch Gesetz vom 21. 07. 2010 (BGBl. 2010, 945); letztlich zustimmend *D. Zimmer* Finanzmarktregulierung (Fn. 25), G 81ff.; *C. Ohler* in: Kahl (Fn. 10), 208 (221f.); *T. Jorberg* in: Seidl/Zahrnt (Fn. 20), 145 (150).

ungedeckten CDS,[188] das Verleihen von Aktien zu Spekulationszwecken,[189] die Finanzspekulation mit Rohstoffzertifikaten[190] oder der Handel mit verbrieften Kreditforderungen, insbesondere wenn es um hochkomplexe Mehrfachverbriefungen in Form von CDOs geht, sollten angesichts ihrer Systemrelevanz verboten oder einer Gefährdungshaftung der Emittenten unterworfen werden.[191]

Unter Aspekten der Verhältnismäßigkeit kommt ein präventives Verbot mit Erlaubnisvorbehalt (Zulassung[192]) oder eine Risikowarnpflicht in Form einer Kennzeichnung in Betracht,[193] wenn sich das jeweilige Finanzprodukt mit Blick auf die beiden Risikokriterien in einer Grauzone befindet, etwa wenn es um auf einem Grundgeschäft basierende CDS geht.

Die Risikokriterien erfassen aber auch Finanzunternehmen. Hierzu zählen neben Hedgefonds[194] vor allem auch systemrelevante Banken.[195]

---

[188] Vgl. jetzt § 30i WpHG, der Kreditderivate auf Verbindlichkeiten der Mitgliedstaaten der Eurozone insoweit verbietet, eingeführt durch Gesetz vom 21. 07. 2010 (BGBl. 2010, 945); dazu *C. Ohler* in: Kahl (Fn. 10), 208 (221 f.).

[189] *T. Jorberg* in: Seidl/Zahrnt (Fn. 20), 145 (150).

[190] Ebd.

[191] *W. Höfling* Finanzmarktregulierung (Fn. 21), F 54 f.; *R. Stürner* Markt und Wettbewerb (Fn. 2), 262 f.; *P. Kirchhof* Rückbesinnung auf ein Grundrecht – Eigentum als Schule von Freiheit und Risiko, in: Depenheuer (Hrsg.) Eigentumsverfassung und Finanzkrise, 2009, 7 ff.; *F. Kirchhof* FS Steiner, 2009, 412 (420); *T. Jorberg* in: Seidl/Zahrnt (Fn. 20), 145 (149 f.); vorsichtiger *W. Heun* Staat und Finanzkrise (Fn. 9), 53 (61).

[192] *P.-C. Müller-Graff* Finanzmarktkrise und Wirtschaftsordnungsrecht (Fn. 23), 201 (210).

[193] Eine solche normiert nunmehr die RatingVO (Fn. 71) in Art. 10 Abs. 3 für strukturierte Finanzprodukte – allerdings nicht, wie es im von der G-20 als Mindeststandard vereinbarten IOSCO Kodex vorgesehen ist und zu Recht vielfach empfohlen wurde, direkt beim Ratingergebnis, vgl. *CESR* CESR's Second Report to the European Commission on the compliance of credit rating agencies with the IOSCO Code and the role of credit rating agencies in structured finance, Mai 2008, 26; *Financial Stability Forum* (Fn. 72), 34; vgl. aber *T. Möllers* Ratingagenturen (Fn. 69), 861 (866), der von einem Wahlrecht spricht; s. aber auch den Erwägungsgrund Nr. 40 der Verordnung, der die Ratingkategorien durch zusätzlich geeignete Symbole gekennzeichnet sehen will. Diese Formulierung könnte wiederum dafür sprechen, dass tatsächlich das Ratingergebnis gemeint ist.

[194] Zu deren Systemrelevanz *R. Wilhelmi* Möglichkeiten und Grenzen der wirtschaftsrechtlichen Regelung von Hedge-Fonds, WM 2008, 861 ff.; zu deren Regulierung vertiefend *D. Müller* Die Regulierung von Hedgefonds nach Dodd-Frank, RIW 2011, 620 ff.; *M. Lehmann* Die Regulierung und Überwachung von Hedgefonds als internationales Zuständigkeitsproblem, ZIP 2007, 1889 ff.; *B. Weiser/J.-H. Jang* Die nationale Umsetzung der AIFM-Richtlinie und ihre Auswirkungen auf die Fondsbranche in Deutschland, BB 2011, 1219 (1219, 1225); *T. Jesch/U. Klebeck* BB-Gesetzgebungs- und Rechtsprechungsreport zur Fondsregulierung 2011, BB 2011, 1866 ff.

[195] Zur Schwierigkeit, die Systemrelevanz von Banken zu normieren *W. Höfling* Finanzmarktregulierung (Fn. 21), F 58 ff.; *D. Zimmer* Finanzmarktregulierung (Fn. 25), G 25 ff.

Sie sind dadurch definiert, dass sie als Geschäftsbanken einerseits die der Realwirtschaft dienenden Finanzdienstleistungen erbringen, andererseits aber über das Investmentbanking und die Gründung von Zweckgesellschaften (sog. „Schattenbanken“[196]), für die sie vollumfänglich haften, in komplexe, hochabstrakte, spekulative und damit riskante Finanzgeschäfte global eingebunden sind. Eine systemrelevante Bank kann sich ebenso wie ihre Gläubiger auf ein von der Allgemeinheit finanziertes staatliches „Bail-Out“ im Krisenfalle verlassen, mit der fatalen Folge, dass sie nach der „Too-big-to-fail“-Doktrin umso risikogeneigter am Finanzmarkt agieren kann.[197]

Das klassische Wettbewerbsrecht muss insoweit kapitulieren. Es orientiert sich am Kriterium der marktbeherrschenden Stellung, kann aber nicht berücksichtigen, dass Systemrelevanz nicht nur durch Größe (in Form von Marktanteilen), sondern gerade auch durch Verflechtungen entsteht. In Betracht kommt daher nur eine im Einzelfall[198] festzustellende Systemrelevanz.[199] Die insoweit diskutierten Instrumente der umgestaltenden und entziehenden Entflechtung – für letztere ist umstritten, ob es sich um eine Enteignung handelt[200] – lassen sich unter dem Aspekt der Risikovorsorge für die Finanzmarktstabilität als im Ergebnis verhältnismäßiger[201] Eingriff in das Eigentumsgrundrecht rechtfertigen.[202]

---

[196] Vgl. *M. Hellwig* Finanzmarktregulierung (Fn. 9), E 26f.; *D. Hawranek/A. Mahler/C. Pauly/M. Schiessl/T. Schulz* Märkte außer Kontrolle (Fn. 30), 60 (68).

[197] Die solchermaßen begründete wechselseitige Abhängigkeit von Staat und Bank setzt auf diese Weise förmlich noch einen Anreiz, durch internes oder externes Wachstum systemrelevant zu werden, dazu *D. Zimmer* Finanzmarktregulierung (Fn. 25), G 11ff., G 25.

[198] Ausführlich *W. Höfling* Finanzmarktregulierung (Fn. 21), F 58ff.; *D. Zimmer* Finanzmarktregulierung (Fn. 25), G 25ff.

[199] Wie sie nach den Basel II Regeln und der sie umsetzenden europäischen Bankenrichtlinie im Rahmen der Aufsicht bereits gefordert ist; vgl. Art. 124 Abs. 4 Richtlinie 2006/48/EG, umgesetzt wiederum in Art. 6 Abs. 3 Aufsichtsrichtlinie der deutschen Bundesbank.

[200] Dazu *D. Zimmer* Finanzmarktregulierung (Fn. 25), G 35ff.; *C. Ohler* Finanzkrisen als Herausforderung (Fn. 6), 1061 (1065).

[201] Allerdings bestehen insoweit auch Alternativen, die weniger eingriffsintensiv sind: Insoweit werden zum Beispiel zwischen Aufsichtsbehörden und systemrelevanten Banken zu vereinbarende sog. Bankentestamente diskutiert, die einen Plan für eine geordnete Krisenbewältigung formulieren. Zeigen diese Pläne, dass die betreffende Bank für einen effizienten Umgang mit einer Krisensituation zu verschachtelt ist, koppelt sich daran die Möglichkeit, durch Hoheitsakt eine Komplexitätsreduktion durch vorsorgliche Entflechtung in die Wege zu leiten; dazu vertiefend *D. Zimmer* Finanzmarktregulierung (Fn. 25), G 50ff.

[202] Ausführlich *W. Höfling* Finanzmarktregulierung (Fn. 21), F 57ff.; *D. Zimmer* Finanzmarktregulierung (Fn. 25), G 35ff.; *P. Kirchhof* in: Depenheuer (Fn. 191), 7 (9);

Eine relativ einfach einzubauende und damit vorzugswürdige „Risikobremse“ stellt die Berücksichtigung von systemischen Risiken bei der Einlagensicherung und bei der Festlegung der Eigenkapitalanforderungen dar.[203] Für letztere waren mit den 2004 formulierten Basel II-Standards Erleichterungen auf Basis bankeninterner Risikomodelle eingeführt worden, die im Hinblick auf ihre Prognosedefizite und eine der Finanzmarktstabilität dienende Risikovorsorge nicht mehr gerechtfertigt werden können.[204] Insoweit gebietet das Untermaßverbot, dass zumindest die systemrelevanten Banken wieder wie früher eine feste Relation ihres Eigenkapitals zu ihrer ungewichteten Bilanzsumme (in Höhe von etwa 20–30 %) einhalten müssen[205] – und zwar unabhängig davon, wie riskant oder sicher sie ihre Aktiva aufgrund ihrer internen Risikomodelle einschätzen.[206] Zweckgesellschaften, die der Umgehung

---

O. Depenheuer Vertrauen durch Verantwortung – Die Funktion des privaten Eigentums, in: ders. (Hrsg.) Eigentumsverfassung und Finanzkrise, 2009, 3 (5); eher kritisch *P. Kindler* Finanzkrise und Finanzmarktregulierung (Fn. 100), 2465 (2467).

[203] Vgl. § 10 KWG; *D. Zimmer* Finanzmarktregulierung (Fn. 25), G 43 f.; *M. Hellwig* Finanzmarktregulierung (Fn. 9), E 50, E 56.

[204] Im Zuge dieser Erleichterungen sollte die Höhe des Eigenkapitals nunmehr davon abhängen, wie riskant ein Kreditgeschäft ist. Insoweit kam den Bewertungen der Rating-Agenturen eine maßgebliche Rolle zu. Überdies sollten die Banken anhand eigener Risikomodelle selbst das Risiko ihrer Aktiva bestimmen dürfen. Im Zuge dessen benötigten die Banken immer weniger Eigenkapital für ihr Kreditgeschäft und konnten ihre Bilanzsumme, wie z.B. die Hypo Real Estate nach dem Erwerb der DEPFA, teilweise massiv ausweiten, ohne ihr Eigenkapital entsprechend anpassen zu müssen. Auch wenn die in diesem Rahmen getroffenen Bewertungen der Banken einer Genehmigungspflicht durch die Finanzaufsicht unterliegen (§§ 58 ff. SolvV), so wird die Berücksichtigung alternativer Risikomodelle weder von den Baseler Regelungen noch von der Finanzaufsicht verpflichtend verlangt. *A. Thiele* Divergierende Risikomodelle (Fn. 78), 127 (140, 142 f.); *M. Hellwig* Finanzmarktregulierung (Fn. 9), E 32 ff. mwN.

[205] *M. Hellwig* Finanzmarktregulierung (Fn. 9), E 50, E 56; *D. Zimmer* Finanzmarktregulierung (Fn. 25), G 43 f.; kritisch *P. Kindler* Finanzkrise und Finanzmarktregulierung (Fn. 100), 2465 (2465 f.). Insoweit gehen die Ansätze von Basel III in die richtige Richtung; vgl. dazu *T. Manns/H. Schulte-Mattler* Antwort der Bankenaufseher auf die Finanzkrise (Fn. 67), 1577 (1577); *C. Gortsos* „Basel III“: The reform of the existing regulatory framework of the Basel Committee on Banking Supervision for strengthening the stability of the international banking system, in: Meng/Ress/Stein (Hrsg.) Europäische Integration und Globalisierung, 2011, 167 ff.

[206] Dies mag aus Investorensicht zwar nachteilig sein, weil höhere Eigenkapitalpuffer es den vom Aktienmarkt getriebenen Banken erschweren, hohe Eigenkapitalrenditen zu erzielen; kritisch aus ökonomischer Sicht daher *P. Kindler* Finanzkrise und Finanzmarktregulierung (Fn. 100), 2465 (2466); vgl. aber *H. Peukert* Finanzmarktkrise (Fn. 26), 457. Jedoch stellen Ackermann'sche Renditeziele von 25 Prozent eine für den grundrechtlichen Eigentumsschutz irrelevante Gewinnchance dar, die im In-

dieser Vorgaben dienen und damit die Systemrelevanz verschleiern, sollten verboten werden.[207]

Im Hinblick auf die vorstehend problematisierte Rolle, die systemische Risiken negierende Risikomodelle im Rahmen der Finanzkrise spielten,[208] ist schließlich eine öffentliche Institution erforderlich, die diese nach neuesten wissenschaftlichen Erkenntnissen unter Berücksichtigung von Mindermeinungen objektiv ermittelt und erfasst. Die so definierten systemischen Risiken müssten sodann verpflichtend in alle Risikomodelle der Akteure am Finanzmarkt eingespeist werden. Darüber hätten die Aufsichtsbehörden zu wachen,[209] die bislang aus Gründen der Überforderung die Risikomodelle der Banken, z.B. bei der Bestimmung des notwendigen Eigenkapitals, akzeptierten bzw. auf die Bewertungen der Rating-Agenturen vertrauen mussten.[210] Dementsprechend gebieten nicht zuletzt die Grundrechte ein ständiges Monitoring im Hinblick darauf, ob das geltende Aufsichtsrecht an tatsächliche Veränderungen der gängigen Bewertungsverfahren angepasst werden muss.[211] Einen Schritt in die richtige Richtung stellen insoweit die Forderungen der G-20 nach einem kohärenten Aufsichtskonzept unter dem Aspekt systemischer Risikopotentiale dar,[212] die im Rahmen

---

teresse der Finanzmarktstabilität und der mit ihr verknüpften Schutzgüter zumindest aus rechtlicher Sicht bedeutungslos ist; wie hier daher *P. Bofinger* Markt (Fn. 154), 53ff.; *D. Zimmer* Finanzmarktregulierung (Fn. 25), G 43; *P.-C. Müller-Graff* Finanzmarktkrise und Wirtschaftsordnungsrecht (Fn. 23), 201 (210); vgl. auch *G-20* (Fn. 65).

207 *P. Kirchhof* HStR VIII, 2010, § 169, Rn. 115; vgl. *D. Zimmer* Finanzmarktregulierung (Fn. 25), G 29, G 87f.

208 Dazu bereits oben. Vgl. hier nur *A. Thiele* Divergierende Risikomodelle (Fn. 78), 127 (131ff., 145).

209 *A. Thiele* Divergierende Risikomodelle (Fn. 78), 127 (145f.). Dementsprechend muss eine Reform der Finanzaufsicht diese strukturellen Defizite in der Risikoanalyse beseitigen, indem diese stärker in die Bewertung der Risiken eingebunden wird und die von den Banken entwickelten Risikomodelle anhand eigener Modelle im Verbund mit einem wissenschaftlichen Beirat überprüft. Im Zuge dessen bedürften die zuständigen Aufsichtsbehörden, in Deutschland die BaFin, mehr Personal, das überdies marktgerecht bezahlt werden müsste.

210 Vgl. nur die Äußerung des Präsidenten der BaFin *Jochen Sanio* auf der Jahrespressekonferenz am 15. 05. 2008, zitiert bei *A. Thiele* Divergierende Risikomodelle (Fn. 78), 127 (144f.).

211 Vgl. dazu *C. Gusy* Grundrechtsmonitoring: Grundrechtsdurchsetzung außerhalb gerichtlicher Instanzen, Der Staat 47 (2008), 511ff.; *I. Augsberg/S. Augsberg* Prognostische Elemente in der Rechtsprechung des Bundesverfassungsgerichts, VerwArch 98 (2007), 290 (297ff.).

212 *G-20* (Fn. 65), 1; ferner *P.-C. Müller-Graff* Finanzmarktkrise und Wirtschaftsordnungsrecht (Fn. 23), 201 (210); *A. Thiele* Divergierende Risikomodelle (Fn. 78), 127 (145).

des neuen Europäischen Systems der Finanzmarktaufsicht[213] umgesetzt wurden.[214]

IV. Staatsverschuldung und Staatsbankrott als systemisches Risiko in der Eurozone

Die Finanzkrise 2008 und die Schuldenkrise in der Eurozone 2010 sind über die Staatsverschuldung miteinander verwoben. Vermittelt über die Finanzmärkte[215] zeigt sich die bislang zuvorderst unter dem Aspekt der Generationengerechtigkeit und Zukunftsoffenheit diskutierte Staatsverschuldung nunmehr auch als ein für die Gegenwart bedeutsames systemisches Risiko für die Finanzmarktstabilität und die Stabilität in der Eurozone.[216]

---

[213] Ausführlich dazu *U. Häde* Jenseits der Effizienz: Wer kontrolliert die Kontrolleure?, EuZW 2011, 662ff.

[214] Einen Ansatz im hiesigen Sinne bietet in diesem Kontext der Europäische Ausschuss für Systemrisiken (ESRB), der Systemrisiken abwenden und eindämmen sowie einen „nachhaltigen" Beitrag des Finanzsektors im Rahmen des Wirtschaftswachstums gewährleisten soll; vgl. *Europäische Kommission* Vorschlag vom 23. 09. 2009 für eine Verordnung des Europäischen Parlaments und des Rates über die gemeinschaftliche Finanzaufsicht auf Makroebene und zur Einsetzung eines Europäischen Ausschusses für Systemrisiken, KOM (2009) 499 endg.; dazu *K. Hopt* Auf dem Weg zu einer neuen europäischen und internationalen Finanzmarktarchitektur, NZG 2009, 1401 (1404f.); *D. Triantafyllou* Zur Verantwortung des Staates für die Geldwirtschaft. Auf dem Weg zu einer europäischen Bankenaufsicht, EuR 2011, 585 (595ff.); vgl. die Umsetzung durch Verordnung (EU) Nr. 1092/2010 des Europäischen Parlaments und des Rates vom 24. 11. 2010 über die Finanzaufsicht der Europäischen Union auf Makroebene und zur Errichtung eines Europäischen Ausschusses für Systemrisiken (ABl. 2010 Nr. L 331, 1).

[215] Zur Rettung möglicherweise systemrelevanter Banken und zur Vermeidung einer sich als Folge der Finanzkrise anbahnenden Wirtschaftskrise mussten die Staaten dem Markt Kapital bereitstellen, das sie sich zum Teil durch zusätzliche Verschuldung an den Finanzmärkten in Form von Staatsanleihen besorgten. Ausgelöst durch die Herabstufung der Rating-Agenturen stiegen die Zinsen für Staatsanleihen in überverschuldeten Mitgliedstaaten rapide an. Insoweit entscheidend ist die Prognose über die Bonität des Schuldners, die sich bei Staaten vor allem an den Steuereinnahmen und der Leistungsfähigkeit der Wirtschaft orientiert. In der Folge droht diesen aufgrund des plötzlichen Schwenks der Finanzmärkte ein Staatsbankrott, der das Risiko systemisch bedingter Bankeninsolvenzen und einer erneuten Finanzkrise birgt. Instruktiv hierzu *C. Ohler* in: Kahl (Fn. 10), 208ff.

[216] Ähnlich *C. Ohler* Finanzkrisen als Herausforderung (Fn. 6), 1061 (1064).

1. *Die Maßnahmen zur Stabilisierung des Euro und ihre Legalität*

a) *Nothilfen an den Grenzen des Rechts*

Angesichts der Gefahr eines Staatsbankrotts in der Eurozone und der damit einhergehenden „Ansteckungsgefahr"[217] bestand die Alternative für die Politik darin, entweder einmal mehr systemrelevante Banken zu retten, oder aber überschuldeten Eurostaaten in Form von Notkrediten, vermittelt über einen sog. Rettungsschirm[218], für den die Mitgliedstaaten bürgen, direkt zu helfen.[219] Von Anfang an wurde die Rechtmäßigkeit dieser Nothilfen im Hinblick auf die „No-Bail-Out-Klausel" kontrovers diskutiert. Insoweit geht es zum einen um die Auslegung der Tatbestandsmerkmale „haften" und „eintreten" in Art. 125 Abs. 1 AEUV, zum anderen um die Rolle des Art. 122 Abs. 2 AEUV, demzufolge die EU einem Mitgliedstaat im Falle eines „außergewöhnlichen Ereignisses" finanziellen Beistand gewähren kann. Bereits die Existenz dieser Norm zeigt, dass Nothilfen an einen Mitgliedstaat ver-

---

[217] Dies verdeutlicht besonders eindrucksvoll die Studie von *P. Ludlow* In the last resort. The European Council and the euro crisis, Eurocomment Briefing Note Vol. 7, No. 7/8, 2010, 23ff.

[218] Während die Griechenlandhilfe sich noch als bilaterale Hilfe der Mitgliedstaaten darstellte, die von der EU ohne eigene finanzielle Beteiligung bloß koordiniert wurde, ist mit dem als Rettungsschirm bezeichneten Europäischen Stabilisierungsmechanismus (EFSM) eine hochkomplexe Konstruktion, die EU und IWF beteiligt, entstanden, vgl. Erklärung der Staats- und Regierungschefs der Mitgliedstaaten des Euro-Währungsgebietes vom 07. 05. 2010; ferner *ECOFIN* Ratsdokument Nr. 9596/2010 vom 09. 05. 2010 sowie Verordnung (EU) Nr. 407/2010 des Rates vom 11. 05. 2010 zur Einführung eines europäischen Finanzstabilisierungsmechanismus, (ABl. 2010 Nr. L 118, 1). Mit Blick auf das „Bail-Out-Verbot" wurde für die Finanzhilfen der Mitgliedstaaten nach luxemburgischem Recht eine Zweckgesellschaft, die „Europäische Finanzstabilisierungsfazilität" (EFSF) gegründet, die die Darlehen durch die Emission beziehungsweise Übernahme von Anleihen, Schuldscheinen, Liquiditätswechseln oder anderen Finanzierungsformen am Kapitalmarkt finanziert, die durch unwiderrufliche und unbedingte Bürgschaften der Mitgliedstaaten des Euro-Währungsgebiets abgesichert werden, vgl. insoweit den privatrechtlichen EFSF Rahmenvertrag zwischen den Mitgliedstaaten des Euro-Währungsgebietes und der EFSFG vom 07. 06. 2010, abrufbar unter: http://www.bundesfinanzministerium.de/nn_1270/DE/Wirtschaft__und__Verwaltung/Europa/20100609-Schutzschirm-Euro-Anlage__1,templateId=raw,property=publicationFile.pdf (zuletzt abgerufen am 2. 10. 2011).

[219] *U. Häde* Die europäische Währungsunion in der internationalen Finanzkrise (Fn. 89), 854 (860f.); *F. Bonke* Die „Causa Griechenland" (Fn. 91), 493 (504); *W. Frenz/C. Ehlenz* Der Euro ist gefährdet (Fn. 83), 65 (67); *C. Herrmann* Griechische Tragödie – der währungsverfassungsrechtliche Rahmen für die Rettung, den Austritt oder den Ausschluss von überschuldeten Staaten aus der Eurozone, EuZW 2010, 413 (415).

traglich nicht gänzlich ausgeschlossen sein können. Dies muss erst recht gelten, wenn die Gefahr eines Scheiterns der Währungsunion bzw. der EU insgesamt droht.[220] Eine solche Konsequenz kann überdies nicht vom Sinn und Zweck der „No-Bail-Out-Klausel" umfasst sein. Eingedenk dessen werden für diese, vom Vertrag nicht antizipierte Gefahr des Scheiterns des Euro unterschiedliche Lösungen vorgeschlagen.[221] So sollen etwa freiwillige Hilfen vom Wortlaut des Art. 125 Abs. 1 AEUV nicht erfasst sein.[222] Ebenso wird mit Blick auf Kredite argumentiert, jedenfalls wenn sie nicht von den Mitgliedstaaten selbst, sondern über einen Dritten, konkret die im Rahmen des Rettungsschirms EFSM – pikanterweise als private „Zweckgesellschaft" – gegründete Europäische Finanzstabilisierungsfazilität (EFSF), gewährt werden.[223] Andere Stimmen erwägen einen „Unionsnotstand"[224] oder

---

[220] Vertiefend dazu *C. Herrmann* Griechische Tragödie (Fn. 219), 413 (415); *C. Calliess* Perspektiven des Euro zwischen Solidarität und Recht – Eine rechtliche Analyse der Griechenlandhilfe und des Rettungsschirms, ZEuS 2011, 213 (239 ff.); *M. Nettesheim* in: Kadelbach (Fn. 92), 32 ff.

[221] Ausführlich dazu *C. Calliess* Perspektiven des Euro zwischen Solidarität und Recht (Fn. 220), 213 (233 ff.).

[222] Zusammenfassende Darstellung des Streitstandes bzgl. freiwilliger Hilfen bei *K. Rohleder/O. Zehnpfund/L. Sinn* Maßnahmen zur Wahrung der Finanzstabilität in der Europäischen Union, Ausarbeitungen des Wissenschaftlichen Dienstes des Deutsches Bundestages vom 18. 05. 2010, WD 11–3000–114/10, 11 ff; vgl. auch *I. Pernice* Rettung statt Rausschmiss, FAZ Nr. 71 vom 25. 03. 2010, 8; *J. Wieland* Der Rettungsschirm für Irland, NVwZ 2011, 340 (342); *R. Bandilla* in: Grabitz/Hilf/Nettesheim (Hrsg.) Das Recht der EU, 44. EL 2011, Art. 125 AEUV, Rn. 10 ff.; *K. Faßbender* Der europäische „Stabilisierungsmechanismus" im Lichte von Unionsrecht und deutschem Verfassungsrecht, NVwZ 2010, 799 (800); *F. Bonke* Die „Causa Griechenland" (Fn. 91), 493 (505); *W. Frenz/C. Ehlenz* Der Euro ist gefährdet (Fn. 83), 65 (67); *M. Nettesheim* in: Kadelbach (Fn. 92), 31 ff.; *H. Kube/E. Reimer* Grenzen des Europäischen Stabilitätsmechanismus, NJW 2010, 1911 (1913); *M. Ruffert* Der rechtliche Rahmen für die gegenseitige Nothilfe innerhalb des Euro-Raumes, in: Berliner Online-Beiträge zum Europarecht, 2011, Nr. 64, 3.

[223] *H. Kube/E. Reimer* Grenzen des Europäischen Stabilitätsmechanismus (Fn. 222), 1911 (1913 f.); vgl. auch den privatrechtlichen EFSF Rahmenvertrag zwischen den Mitgliedstaaten des Euro-Währungsgebietes und der EFSFG vom 07. 06. 2010 (Fn. 218). Die EFSF hat am 25. 01. 2011 erstmals sehr erfolgreich Anleihen über 5 Milliarden Euro auf dem Markt emittiert, vgl. Glänzendes Anleihedebüt für den Rettungsfonds, FAZ Nr. 21 vom 26. 01. 2011, 21.

[224] So *F. Schorkopf* Gestaltung mit Recht – Prägekraft und Selbststand des Rechts in einer Rechtsgemeinschaft, AöR 136 (2011), 323 (341 ff.), der hierin eine Figur sieht, die über vertragliche Regeln hinausreiche und aus dem Wissen um die Begrenztheit des Rechts sowie der eng begrenzten Notwendigkeit des außerrechtlichen Handelns ebenfalls Teil der gemeinsamen Rechtsregeln der Rechtsgemeinschaft sei. Insoweit soll das Motto gelten: „Recht herrscht nicht, es dient". In den Grundsatz der begrenz-

aber – solche umstrittenen staatlichen Kategorien vermeidend[225] – eine „teleologische Reduktion" des Art. 125 Abs. 1 AEUV.[226] An letzteren Gedanken anknüpfend liegt eine Argumentation nahe, die das europäische Solidaritätsprinzip fruchtbar macht und in Anlehnung daran konzeptionelle Lücken im Verhältnis von Art. 122 Abs. 2 und 125 Abs. 1 AEUV füllt sowie – wo dies wie im Falle der Griechenlandhilfe nicht möglich ist – dessen in Art. 4 Abs. 3 EUV niedergelegte prozedurale Dimension, die Unionstreue, in die Auslegung des Art. 125 Abs. 1 AEUV einspeist. Im Rahmen dessen schulden die Mitgliedstaaten nicht Griechenland, sondern dem vertraglichen Ziel der Stabilität in der Eurozone insgesamt Solidarität.[227] Diese ist freilich keine „Einbahnstraße", so dass die Empfängerstaaten mit Blick auf das vertragliche Ziel der Stabilität ebenfalls loyale Zusammenarbeit in Form von Konsolidierungsmaßnahmen schulden.[228]

Im Ergebnis bewegte sich die Politik in dieser unvorhergesehenen Notsituation[229] zwar an den Grenzen des Rechts. Mit ihren Notmaßnahmen haben Politik und Gesetzgeber unter Berücksichtigung ihres Prognosespielraums jedoch in rechtlich vertretbarer Weise von ihrer in der Unionstreue wurzelnden Gewährleistungsverantwortung für die Stabilität des Euro und die EU insgesamt[230] Gebrauch gemacht. Die von Art. 125 Abs. 1 AEUV intendierte Delegation der Verantwortung an die Finanzmärkte wurde nach deren Versagen mit allen – zu Recht

---

ten Einzelermächtigung sei, so der Gedanke, die „ungeschriebene Ausnahme eines überrechtlichen europäischen Gemeinwohlvorbehalts – eine *salus publica europea* – hineinzulesen." Ähnlich *T. Oppermann* FS Möschel (Fn. 7), 909 (914); *E.-W. Böckenförde* Kennt die europäische Not kein Gebot?, in: ders., Wissenschaft, Politik, Verfassungsgericht, 2011, 299ff.

[225] Vgl. *C. Calliess* Perspektiven des Euro zwischen Solidarität und Recht (Fn. 220), 213 (250ff.).

[226] *U. Häde* Die europäische Währungsunion in der internationalen Finanzkrise (Fn. 89), 854 (856f.).

[227] Ausführlich *C. Calliess* Perspektiven des Euro zwischen Solidarität und Recht (Fn. 220), 213 (250ff.).

[228] Vgl. *C. Calliess* Perspektiven des Euro zwischen Solidarität und Recht (Fn. 220), 213 (273); *J. Hey* Finanzautonomie und Finanzverflechtungen in gestuften Rechtsordnungen, VVDStRL 66 (2007), 277 (296).

[229] Vgl. *P. Ludlow* In the last resort. (Fn. 217), 8ff.

[230] Vgl. Bundeskanzlerin *A. Merkel* Regierungserklärung vor dem Deutschen Bundestag über die Maßnahmen zur Stabilisierung des Euro vom 19. 05. 2010, Deutscher Bundestag, Pl.Prot. 17/42, 4125ff.; *dies.* Rede anlässlich der Eröffnung des 61. Akademischen Jahres des Europakollegs Brügge vom 02. 11. 2010, abrufbar unter http://www.bundesregierung.de/Content/DE/Rede/2010/11/2010-11-02-merkel-bruegge.html (zuletzt abgerufen am 3. 10. 2011); *dies.* Rede im Bundestag vom 07. 09. 2011, Deutscher Bundestag, Pl.Prot. 17/123, 14467ff.

kontrovers diskutierten[231] – politischen, ökonomischen und rechtlichen Konsequenzen staatlicherseits zurückgeholt. Man könnte den „Bail-Out" dergestalt auch als Wiedergewinnung des Primats der Politik in-einer Situation des Marktversagens interpretieren.

b) Mit dem permanenten Rettungsschirm auf dem Wege in die „Transferunion"?

Aufschlussreich ist, dass sich die vorstehende Argumentation im Wortlaut der zukünftigen vertraglichen Ausgestaltung der Gewährung von Nothilfen spiegelt. Wenn ab 2013 der befristete Rettungsschirm des EFSF durch den funktionsgleichen Europäischen Stabilitätsmechanismus (ESM) abgelöst wird,[232] dann wird dieser in einem neuen Art. 136 Abs. 3 AEUV seine Rechtsgrundlage finden.[233] Mit dieser Regelung werden die bisherigen Nothilfen aus ihrer rechtlichen Grauzone herausgeholt und im System der Währungsunion auf eine Legitimationsgrundlage gestellt, die nicht nur ihre Funktion und Konditionalität definiert, sondern ihnen vor allem auch im Hinblick auf das „Bail-Out-Verbot" eine explizite Legitimation in jenen Ausnahmesituationen verschafft, in denen die Stabilität der gesamten Eurozone durch die systemrelevante

---

[231] Vgl. den Überblick *C. Calliess* Perspektiven des Euro zwischen Solidarität und Recht (Fn. 220), 213 (256ff.).

[232] *Europäischer Rat* Schlussfolgerungen von Brüssel, 16./17. 12. 2010, EUCO 30/10, CO EUR 21, CONCL 5 und Schlussfolgerungen des *Europäischen Rates* von Brüssel, 24./25. 03. 2011, EUCO 10/11, CO EUR 6, CONCL 3 (Anlage II).

[233] Dieser lautet: *„Die Mitgliedstaaten, deren Währung der Euro ist, können einen Stabilitätsmechanismus einrichten, der aktiviert wird, wenn dies unabdingbar ist, um die Stabilität des Euro-Währungsgebiets insgesamt zu wahren. Die Gewährung aller erforderlichen Finanzhilfen im Rahmen des Mechanismus wird strengen Auflagen unterliegen."* Vgl. die Schlussfolgerungen des *Europäischen Rates* von Brüssel, 16./17. 12. 2010, EUCO 30/10, CO EUR 21, CONCL 5. Das diesbzgl. vereinfachte Vertragsänderungsverfahren unterliegt derzeit den nationalen Ratifikationsprozessen, nachdem gem. Art. 48 Abs. 6 UAbs. 2 S. 2 EUV alle erforderlichen Institutionen auf europäischer Ebene der Vertragsänderung zugestimmt haben; vgl. *Europäische Kommission* Stellungnahme vom 15. 02. 2011 zum Entwurf des Beschlusses des Europäischen Rates zur Änderung des Artikels 136 des Vertrags über die Arbeitsweise der Europäischen Union hinsichtlich eines Stabilitätsmechanismus für die Mitgliedstaaten, deren Währung der Euro ist, KOM (2011) 70 endg.; *Europäisches Parlament* Legislative Entschließung vom 23. 03. 2011 zu dem Entwurf eines Beschlusses des Europäischen Rates zur Änderung des Artikels 136 des Vertrags über die Arbeitsweise der Europäischen Union hinsichtlich eines Stabilitätsmechanismus für die Mitgliedstaaten, deren Währung der Euro ist, P7_TA-PROV(2011)0103; *European Central Bank* Opinion of 17 March 2011 on a draft European Council Decision amending Article 136 of the Treaty on the Functioning of the European Union with regard to a stability mechanism for Member States whose currency is the euro, CON/2011/24.

Staatsverschuldung eines Mitgliedstaates gefährdet ist. Trotz ESM bleibt es aber dabei, dass das „Bail-Out"-Verbot des Art. 125 AEUV die Regel ist und Finanzhilfen im Rahmen des Art. 136 Abs. 3 AEUV die Ausnahme sind.

Damit wird zugleich deutlich, dass der ESM keineswegs den Einstieg in die vieldiskutierte „Transferunion" bedeutet.[234] Wenn die Finanzhilfen mit Blick auf eine Stabilitätskrise der Eurozone in jedem Einzelfall einstimmig gewährt werden müssen, sie überdies zeitlich begrenzt und vor allem für den systemrelevanten Empfängerstaat mit Auflagen zur Wiederherstellung einer mit den europarechtlichen Vorgaben im Einklang stehenden Haushaltssituation verbunden sind, dann ist – auch in Übereinstimmung mit den Vorgaben des EFSF-Urteils des BVerfG[235] – gewährleistet, dass keine Form eines föderalen Finanzausgleichs etabliert wird. Ohnehin ist ein solcher, wie der vergleichende Blick in die USA[236] und die Schweiz[237] zeigt, selbst in Bundesstaaten nicht zwingend. Im Staaten- und Verfassungsverbund der EU bleiben dem bündischen Solidaritätsprinzip korrespondierende Finanztransfers damit auf jene Bereiche beschränkt, die von den – parallel zur Integrationsvertiefung auszubauenden – Strukturfonds der EU erfasst werden.[238] Das konstatierte Regel-Ausnahmeverhältnis muss sich aber auch in den künftigen Ausführungsbestimmungen zum ESM spiegeln. Um insoweit einen „moral hazard" in Richtung „Transferunion" zu vermeiden und Anreize zur Haushaltssanierung aufrechtzuerhalten, sollten Nothilfen nur unter der zusätzlichen Bedingung gewährt werden, dass der betreffende Mitgliedstaat freiwillig den Weg in die Umschuldung unter Beteiligung privater Gläubiger geht, falls er dem vereinbarten

[234] Vgl. in der öffentlichen Debatte *L. de Winter* Zurück zur EWG – Ein Plädoyer für die Abschaffung des Euro, Der Spiegel, 20/2010, 150; sowie *C. Degenhart* Auf dem Weg zu einer quasi-föderalen Haftungs- und Transfergemeinschaft, Wirtschaftsdienst 2011, 374ff.

[235] BVerfG, NJW 2011, 2946ff. – EFSF.

[236] *W. Heun* Die bundesstaatliche Finanzverfassung der USA. Die Finanzbeziehungen zwischen Bund und Gliedstaaten in den Vereinigten Staaten von Amerika, StWStP 5 (1994), 97 (106); *U. Häde* Die Finanzverfassung der Vereinigten Staaten von Amerika, ZfZ 1994, 228 (233).

[237] Vgl. zur Schweiz *A. Jörg* Finanzverfassung und Föderalismus in Deutschland und in der Schweiz, 1998, 221; *M. Reich* Grundzüge der föderalistischen Finanzverfassung, in: Thürer/Aubert/Müller (Hrsg.) Verfassungsrecht der Schweiz, 2001, 1199ff.; *U. Häfelein/W. Haller/H. Keller* Schweizerisches Bundesstaatsrecht, 7. Aufl. 2008, Rn. 970ff., 1257; vgl. auch insgesamt zu Deutschland der Schweiz und der USA die Analyse von *H.-J. Blanke* Staatsfinanzen im Föderalismus, ZaöRV 65 (2005), 71ff.

[238] *C. Calliess* Perspektiven des Euro zwischen Solidarität und Recht (Fn. 220), 213 (223ff., 233ff.).

Konsolidierungsprogramm nicht nachkommen kann. Soweit dies mit Blick auf die Einführung sog. „Collective Action Clauses“[239] nicht schon erfolgt ist, sollte ein geeigneter verfahrensrechtlicher Rahmen für das sich anschließende Vorgehen geschaffen werden, möglicherweise in einem Protokoll zu den europäischen Verträgen.

2. *Die Maßnahmen zur Stabilisierung des Euro und ihre demokratische Legitimation*

Im Hinblick auf die demokratische Legitimation der Maßnahmen zur Stabilisierung des Euro zeigt sich unter verschiedenen Aspekten ein Ausweichen in die Koordinierung, das man als Distanzierung von der sog. Gemeinschaftsmethode verstehen kann. Ihr Modus[240] ist Ausdruck des im EU-Vertrag angelegten „institutionellen Gleichgewichts“[241] und kann als „Normalfall“ der supranational organisierten europäischen Gesetzgebung, basierend auf der dem europäischen Demokratieprinzip eigenen dualen Legitimation von Europäischem Parlament einerseits sowie Rat und nationalen Parlamenten andererseits (vgl. Art. 10 Abs. 2 EUV)[242], bezeichnet werden.[243] Dieses Konzept soll

---

[239] Darunter sind Vertragsklauseln in Anleiheverträgen zu verstehen, welche u.a. vorsehen, dass sich ein Anleihegläubiger im Krisenfalle des schuldenden Staates einer Mehrheitsentscheidung aller Anleihegläubiger beugt; vgl. *C. Mayer* Wie nähert man sich einem internationalen Insolvenzverfahren für Staaten?, ZInsO 2005, 454 (462); *C. Ohler* Der Staatsbankrott, JZ 2005, 590 (598); *C. Paulus* Rechtliche Handhaben zur Bewältigung der Überschuldung von Staaten, RIW 2009, 11 (13f.); *M. Herdegen* Der Staatsbankrott: Probleme eines Insolvenzverfahrens und der Umschuldung bei Staatsanleihen, WM 2011, 913 (914); *K. v. Lewinski* Öffentlichrechtliche Insolvenz und Staatsbankrott, 2011, 483; ausführlich *A. Szodruch* Staatsinsolvenz und private Gläubiger, 2008, 226ff.

[240] Der begriffliche Ursprung der Gemeinschaftsmethode geht auf die Kommission zurück: *Europäische Kommission* Europäisches Regieren – Ein Weißbuch, 25.07.2001, KOM (2001) 428 endg., 11; vgl. *G. Majone* Dilemmas of European Integration, The Ambiguities and Pitfalls of Integration by Stealth, 2005, 44. Kennzeichnend für die Gemeinschaftsmethode sind danach das alleinige Initiativrecht der Kommission, qualifizierte Mehrheitsentscheidungen im Rat, die Mitentscheidung des Europäischen Parlaments sowie eine umfassende Rechtskontrolle durch den Europäischen Gerichtshof.

[241] Vgl. zum institutionellen Gleichgewicht nur die st. Rspr. des Europäischen Gerichtshofs: Rs. 9/56 (Meroni I), Slg. 1958, 1; Rs. 10/56 (Meroni II), Slg. 1958, 51; Rs. 138/79 (Roquette Frères/Rat), Slg. 1980, 3333.

[242] Dazu *C. Calliess* Die neue Europäische Union (Fn. 84), 168f.; *M. Ruffert* in: Calliess/Ruffert (Hrsg.) EUV/AEUV, 4. Aufl. 2011, Art. 10 EUV, Rn. 5; *M. Nettesheim* in: Grabitz/Hilf/Nettesheim (Hrsg.) Das Recht der Europäischen Union, 41. EL 2010, Art. 10 EUV, Rn. 22; *J. v. Achenbach* Theoretische Aspekte des dualen Konzepts

nach Vorstellungen der Bundeskanzlerin in eine neuartige „Unionsmethode“ eingebunden werden, die von ihr als *„[...] Mischung aus Gemeinschaftsmethode und koordinierendem Handeln der Mitgliedstaaten [...]“* definiert wird.[244] In der europäischen Integrationsgeschichte hat die Unionsmethode mit ihrem ergänzenden intergouvernementalen Vorgehen allerdings durchaus Tradition.[245] Letztere kam insbesondere dann zur Anwendung, wenn die bestehenden europäischen Kompetenzen nicht ausreichten, zugleich aber mit entsprechenden Kompetenztransfers verbundene Vertragsänderungen politisch nicht möglich waren. Das intergouvernementale Vorgehen mag zwar souveränitätsschonend sein, birgt aber beträchtliche demokratische Kosten, von denen nachfolgend die Rede sein soll.[246]

---

demokratischer Legitimation für die Europäische Union, in: Vöneky/Hagedorn/Clados/Achenbach (Hrsg.) Legitimation ethischer Entscheidungen im Recht, 2009, 191ff.

[243] *J. Bast* Einheit und Differenzierung der Europäischen Verfassung, in: Becker u.a. (Hrsg.) 45. AssÖR: Die Europäische Verfassung - Verfassungen in Europa, 2006, 49ff.

[244] Rede von Bundeskanzlerin *A. Merkel* vom 02. 11. 2010 in Brügge (Fn. 230).

[245] In Zeiten der integrationspolitischen Stagnation, in der langen Phase von Anfang der Siebziger Jahre bis zur Verabschiedung der Einheitlichen Europäischen Akte (EEA) im Jahre 1986, wurde über die Gipfeltreffen der Staats- und Regierungschefs, seit 1974 institutionalisiert im Europäischen Rat, eine Politik der Koordinierung außerhalb der damaligen EG verfolgt, deren Ergebnisse im Zuge der Vertragsänderungen der EEA über Maastricht bis Lissabon Stück für Stück in die Verträge integriert wurden. Beispiele sind die Umweltpolitik (heute Art. 191ff. AEUV), die Währungspolitik (heute Art. 127ff. AEUV) und die Außenpolitik (heute Art. 21ff. EUV, Art. 205ff. AEUV) sowie - unter dem Stichwort des „Europas der Bürger“ - die Direktwahl des Europäischen Parlaments (heute Art. 10ff. EUV, Art. 22 AEUV) und die Ausweitung der Freizügigkeit der Bürger, die in der Unionsbürgerschaft mündete (Art. 20, 21 AEUV); dazu *C. Calliess* Die neue Europäische Union (Fn. 84), 26ff.

[246] So gesehen ist die Unionsmethode auch jetzt der Einsicht geschuldet, dass die Mitgliedstaaten mit dem Vertrag von Lissabon an die politischen Grenzen ihrer Reformfähigkeit geraten zu sein scheinen. Dies gilt auch für jene zu Recht als politisch notwendig eingeschätzten Kompetenzübertragungen, mit denen der „Konstruktionsfehler“ der Währungsunion, das Auseinanderfallen der Zuständigkeiten in europäische Währungspolitik und mitgliedstaatliche Wirtschafts-, Finanz- und Haushaltspolitiken, korrigiert werden soll, vgl. dazu die Rede von Bundeskanzlerin *A. Merkel* im Bundestag am 07. 09. 2011, Deutscher Bundestag, Pl.Prot. 17/123, 14467ff.; ferner Bundesfinanzminister *W. Schäuble* Schäuble: EU-Vertragsänderung nötig, FAZ.net vom 02. 09. 2011, abrufbar unter http://www.fazfinance.net/Aktuell/Wirtschaft-und-Konjunktur/Schaeuble-EU-Vertragsaenderung-noetig-2567.html (zuletzt abgerufen am 1. 10. 2011); ähnlich *P. Steinbrück* Interview „Es war ein Erdbeben“, Der Spiegel, 37/2010, 46.

a) *Die demokratische Legitimation der Rettungsschirme*

Als zwischenstaatliche Vereinbarung der Mitgliedstaaten des Euro-Währungsgebietes bewegen sich EFSF und ESM außerhalb der Gemeinschaftsmethode. Das Europäische Parlament leistet somit keinen Legitimationsbeitrag. Daher ist es nicht nur eine Anforderung des grundgesetzlichen, sondern auch des europäischen Demokratieprinzips (analog des in Art. 10 Abs. 2 EUV zum Ausdruck kommenden dualen Legitimationskonzepts[247]), dass die nationalen Parlamente den entscheidenden Legitimationsbeitrag leisten. Wenn Europapolitik überdies als europäisierte Innenpolitik verstanden werden muss, dann muss diese Legitimation – wie Art. 23 GG deutlich macht – über den für die Auswärtige Gewalt typischen bloßen Nachvollzug von Entscheidungen der Exekutive hinausgehen.[248] Geboten ist insoweit also eine präventive Beteiligung und Zustimmung des Parlaments.

Zunächst einmal sind Bundestag und Bundesrat im Rahmen des Vertragsänderungsverfahrens hinsichtlich des neuen Art. 136 Abs. 3 AEUV, der die Konzeption der Währungsunion durch den ESM dauerhaft ergänzt, mit verfassungsändernder Mehrheit nach Art. 23 Abs. 1 S. 3, 79 Abs. 2 GG iVm § 2 IntVG zu beteiligen.[249]

Darüber hinaus stellt sich die Frage der demokratischen Legitimation hinsichtlich der Einrichtung von EFSF und ESM einerseits und der konkreten Nothilfemaßnahmen andererseits.

(aa) Die Budgetverantwortung des Bundestages

In diesem Kontext formulierte das BVerfG in seinem EFSF-Urteil[250] eine Budgetverantwortung des Bundestages, die einerseits der im Lissabon-Urteil[251] entwickelten Integrationsverantwortung korrespondiert, andererseits aber an die ebendort definierten, vielfach kritisierten identitätsbestimmenden und damit weitgehend „europafesten" Staatsaufgaben[252] anknüpft. Aus dieser folge ein Prinzip der dauerhaften

---

[247] *C. Calliess* Die neue Europäische Union (Fn. 84), 168f.; *M. Ruffert* in: Calliess/Ruffert (Fn. 242), Art. 10 EUV, Rn. 5; *M. Nettesheim* in: Grabitz/Hilf/Nettesheim (Fn. 242), Art. 10 EUV, Rn. 22.

[248] Dazu *C. Calliess* HStR IV, 2006, § 83, Rn. 12ff., 46.

[249] Ausführlich *C. Calliess* Perspektiven des Euro zwischen Solidarität und Recht (Fn. 220), 213 (278f.); *U. Hufeld* Zwischen Notrettung und Rütlischwur: der Umbau der Wirtschafts- und Währungsunion in der Krise, Integration 2011, 117 (127).

[250] BVerfG, NJW 2011, 2946ff. – EFSF.

[251] BVerfGE 123, 267 – Vertrag von Lissabon.

[252] Zu Recht kritisch *K. Dingemann* Die „Staatsaufgabenlehre" des BVerfG als demokratisches Erfordernis?, in: C. Calliess/K.-H. Paqué (Hrsg.) Deutschland in der Europäischen Union im kommenden Jahrzehnt – Kreativität und Innovationskraft:

Haushaltsautonomie, dem der Bundestag nur durch inhaltlich hinreichend bestimmte haushaltspolitische Ermächtigungen, die seiner fortdauernden Einflussnahme unterliegen, gerecht werden kann. Im Zuge dessen sei § 1 Abs. 4 S. 1 StabMechG[253] verfassungskonform dahingehend auszulegen, dass die Bundesregierung grundsätzlich verpflichtet ist, vor Übernahme von finanziellen Gewährleistungen im Rahmen des EFSF jeweils die vorherige Zustimmung des Haushaltsausschusses einzuholen.[254] Auch wenn das Urteil bereits hiermit an der Wortlautgrenze der verfassungskonformen Auslegung arbeitet,[255] ist es doch überraschend, dass es nicht unter bestimmten Voraussetzungen eine Entscheidung des Plenums einfordert. Allerdings führt das BVerfG insoweit an anderer Stelle des Urteils zu Recht aus, dass jede ausgabenwirksame solidarische Hilfsmaßnahme des Bundes größeren Umfangs im internationalen oder unionalen Bereich vom Bundestag im Einzelnen bewilligt werden müsse und ein hinreichender parlamentarischer Einfluss auch bei der Art und Weise des Umgangs mit den zur Verfügung gestellten Mitteln zu sichern sei.[256]

(bb) Die Beteiligungsrechte des Gesetzgebers

Im Lichte dieser im Ergebnis überzeugenden Überlegungen des BVerfG sollten sowohl die grundlegende Entscheidung, ob und unter welchen Bedingungen ein Staat Hilfen aus dem Rettungsschirm erhalten kann, als auch alle weiteren wesentlichen Entscheidungen hinsichtlich der Nothilfen im Plenum und nicht in einem Ausschuss gefällt werden. Vor diesem Hintergrund ist die in § 3 Abs. 3 des neuen EFSF-Gesetzes[257] vorgesehene Regelung, wonach ein neunköpfiges Sondergremium aus Mitgliedern des Haushaltsauschusses in eiligen und vertraulichen Fällen entscheiden soll, nicht unproblematisch, wenn mit ihr das Regel

---

Neue Impulse für Staat, Markt und Zivilgesellschaft, 2010, 73 ff.; *D. Halberstam/ C. Möllers* The German Constitutional Court says „Ja zu Deutschland!", GLJ 10 (2009), 1241 (1249 ff.); *C. Schönberger* Lisbon in Karlsruhe: Maastricht's Epigones At Sea, GLJ 10 (2009), 1201 (1205 ff.).

[253] Gesetz zur Übernahme von Gewährleistungen im Rahmen eines europäischen Stabilisierungsmechanismus vom 22. 05. 2010, BGBl. I 2010, 627.

[254] BVerfG, NJW 2011, 2946 (2953) – EFSF.

[255] Vgl. zu den Grenzen der verfassungskonformen Auslegung *K. Hesse* Grundzüge des Verfassungsrechts der Bundesrepublik Deutschland, 20. Aufl. 1995, Rn. 80 ff.; *K. Schlaich/S. Korioth* Das Bundesverfassungsgericht, 8. Aufl. 2010, Rn. 449 ff.

[256] BVerfG, NJW 2011, 2946 (2950 f.) – EFSF.

[257] Gesetz zur Änderung des Gesetzes zur Übernahme von Gewährleistungen im Rahmen eines europäischen Stabilisierungsmechanismus vom 09. 10. 2011, BGBl. I 2011, 1992.

(Plenum) – Ausnahme (Neunergremium) – Verhältnis umgekehrt wird. Entscheidend ist, dass die Bundesregierung in der Pflicht bleibt, den Bundestag zu überzeugen. Nur so kann sie ihrer Europapolitik durch öffentliche Debatten eine gesteigerte demokratische Legitimation verschaffen. Allein Routinefragen zur Auszahlung einzelner Tranchen können danach im Haushaltsausschuss entschieden werden, die Befassung des Neunergremiums darf nur in eng umgrenzten Ausnahmefällen möglich sein. Angesichts der Komplexität der Materie würde sich insoweit überdies ein neuer „Stabilitätsausschuss" empfehlen, der sich nicht nur aus Mitgliedern des Haushalts-, sondern auch des Europa- und Rechtsausschusses zusammensetzt.

Indem das BVerfG sein Ergebnis jedoch allein aus dem Demokratieprinzip herleitet, bleibt dessen normative Anbindung – ähnlich wie schon im Lissabon-Urteil diejenige des an sich überzeugenden Begriffs der Integrationsverantwortung[258] – mit Blick auf die Regeln über die Auswärtige Gewalt[259], insbesondere aber mit Blick auf Art. 23 GG unklar. So richtig die materielle Anknüpfung beim Budgetrecht ist, so naheliegend wäre es doch gerade mit Blick auf den zukünftigen ESM auch gewesen, die Beteiligungsrechte des Bundestages analog den grundgesetzlichen Vorgaben des Europaartikels[260] zu konstruieren.[261] Die institutionelle und materielle Verzahnung von EFSF und Währungsunion, die sich für den ESM explizit in Art. 136 Abs. 3 AEUV

---

[258] Ebenso wie im Lissabon-Urteil für die Integrationsverantwortung kein eindeutiger, über das Demokratieprinzip hinausgehender verfassungsrechtlicher Bezugspunkt benannt wird, fehlt es auch im Euro-Urteil für die Budgetverantwortung an einem solchen; eingehende Kritik insoweit am Lissabon-Urteil bei *M. Jestaedt* Warum in die Ferne schweifen, wenn der Maßstab liegt so nah? Verfassungshandwerkliche Anfragen an das Lissabon-Urteil des BVerfG, Der Staat 48 (2009), 497 (507ff.); krit. auch *C. Classen* Legitime Stärkung des Bundestages oder verfassungsrechtliches Prokrustesbett? Zum Urteil des BVerfG zum Vertrag von Lissabon, JZ 2009, 881 (884f.); *C. Calliess* Nach dem Lissabon-Urteil des Bundesverfassungsgerichts: Parlamentarische Integrationsverantwortung auf europäischer und nationaler Ebene, ZG 2010, 1ff.

[259] Vgl. hierzu *R. Wolfrum* Kontrolle der auswärtigen Gewalt, VVDStRL 56 (1997), 38 (43); *C. Calliess* HStR IV, 2006, § 83, Rn. 35ff.

[260] Dazu *C. Calliess* Nach dem Lissabon-Urteil des Bundesverfassungsgerichts (Fn. 258), 1 (18ff.).

[261] Vgl. für die Beteiligung iRd EFSF *C. Calliess* Stellungnahme zur öffentlichen Anhörung des Haushaltsausschusses des Deutschen Bundestages vom 19. 09. 2011 zum Entwurf eines Gesetzes zur Änderung des Gesetzes zur Übernahme von Gewährleistungen im Rahmen eines europäischen Stabilisierungsmechanismus (BT-Drs. 17/6916) und zum Antrag der Fraktionen der CDU/CSU und FDP (BT-Drs. 17/6945).

Ausdruck verschafft, spricht im Ergebnis dafür, ihre Einrichtung und Tätigkeit als „Angelegenheit der EU" im Sinne von Art. 23 Abs. 2 GG zu begreifen. In der Folge hat der Bundestag – aber auch der im EFSF-Urteil unerwähnt gebliebene Bundesrat – gemäß Art. 23 Abs. 2 S. 2 GG einen umfassenden Anspruch auf Information durch die Bundesregierung.[262] Insbesondere aber sollten die Beteiligungsrechte des Art. 23 Abs. 3–5 GG samt ihrer Konkretisierungen in den Begleitgesetzen zumindest analog auf die Einrichtung und die Durchführungsmaßnahmen im Rahmen der Rettungsschirme angewendet werden. In diesem Rahmen ist sodann die Budgetverantwortung, insbesondere Art. 115 GG, zu berücksichtigen, mit der Folge, dass dem Bundestag ein vorheriges Zustimmungsrecht zukommt.

b) *Die demokratische Legitimation der sog. „Wirtschaftsregierung": Die Sackgasse der Koordinierung*

Betrachtet man das Auseinanderfallen der Zuständigkeiten in Währungs- und Wirtschaftsfragen als „Konstruktionsfehler", so setzt dort der Vorschlag einer „Europäischen Wirtschaftsregierung" an.[263] Damit ist allerdings derzeit keine über die sog. „Euro-Gruppe" (vgl. Art. 137 AEUV) hinausgehende institutionelle Neuordnung der Union verbunden.[264] Vielmehr geht es rechtlich betrachtet nur um eine Flankierung der Währungsunion im Bereich der Wirtschafts- und Finanzpolitik

[262] Nach hM ist der Umfang des Informationsanspruchs identisch, vgl. *R. Scholz* in: Maunz/Dürig (Hrsg.) Grundgesetz, 56. EL 2009, Art. 23, Rn. 164; *R. Streinz* in: Sachs (Hrsg.) Grundgesetz, 5. Aufl. 2009, Art. 23, Rn. 102; aA mit Blick auf § 2 EuZBLG *C. D. Classen* in: v. Mangoldt/Klein/Starck (Hrsg.) Grundgesetz, Band II, 6. Aufl. 2010, Art. 23, Rn. 76. Entgegen *R. Scholz* ebd., Rn. 157 und *M. Brenner* Das Gesetz über die Zusammenarbeit von Bundesregierung und Deutschem Bundestag in Angelegenheiten der Europäischen Union, ThürVBl. 1993, 196 (200) findet dieser Informationsanspruch keine Grenze im sog. Kernbereich exekutiver Eigenverantwortung. Dies entspräche nicht dem Verhältnis kooperativer Zusammenarbeit von Parlament und Regierung in Angelegenheiten der Europäischen Union; vgl. dazu *S. Hansmeyer* Die Mitwirkung des deutschen Bundestages an der europäischen Rechtsetzung, 2001, 136; *M. Fuchs* Art. 23 GG in der Bewährung, DÖV 2001, 233 (235f.).

[263] Diese Idee thematisieren mitunter kritisch *R. Bieber* FS Scheuing, 2011, 493ff.; *M. Ruffert* Überlegungen zur Finanzmarktkrise (Fn. 143), 2093 (2097); *W. Frenz/ C. Ehlenz* Schuldenkrise und Grenzen der europäischen Wirtschaftspolitik, EWS 2010, 211 (214f.).

[264] Vgl. insoweit die politischen Ambitionen in den Schlussfolgerungen des *Europäischen Rates* von Brüssel, 24./25. 03. 2011, EUCO 10/11, CO EUR 6, CONCL 3 sowie in den Schlussfolgerungen des *Europäischen Rates* von Brüssel, 23./24. 06. 2011, EUCO 23/11, CO EUR 14, CONCL 4.

durch sekundärrechtliche Maßnahmen.[265] Insoweit ist daher treffender auch von „Economic Governance" die Rede.[266]

Hauptinstrument im Rahmen des insoweit relevanten „Euro Plus Pakts" und der „Strategie Europa 2020" samt Europäischem Semester[267] ist die Methode der Koordinierung[268], die typischer-

---

[265] Vgl. die Reformbemühungen in den Schlussfolgerungen des *Europäischen Rates* von Brüssel, 24./25. 03. 2011, EUCO 10/11, CO EUR 6, CONCL 3; dazu allgemein *N. Horn* Die Reform der Europäischen Währungsunion und die Zukunft des Euro, NJW 2011, 1398ff.; wichtigstes Element ist insoweit die Reform des Stabilitäts- und Wachstumspaktes, vgl. dazu *C. Ohler* Die zweite Reform des Stabilitäts- und Wachstumspaktes, ZG 2010, 330ff.; *U. Häde* Rechtsfragen der EU-Rettungsschirme, ZG 2011, 1 (22ff.); aber auch die Strategie „Europa 2020" kann in diesem Kontext genannt werden; zu dieser aus politikwissenschaftlicher Sicht *P. Becker* Integration ohne Plan – Die neue EU-Wachstumsstrategie „Europa 2020", ZPol 21 (2011), 67ff.

[266] Dazu *R. Bieber* FS Scheuing (Fn. 263), 493ff.; ferner *C. Ladenburger* Anmerkungen zu Kompetenzordnung und Subsidiarität nach dem Vertrag von Lissabon, ZEuS 2011, 389 (404); *C. Ohler* Finanzkrisen als Herausforderung (Fn. 6), 1061 (1065) spricht von „aufsichtspolitischer Steuerung durch die Verwaltung".

[267] Der „Euro-Plus-Pakt" ist in den Schlussfolgerungen des *Europäischen Rates* von Brüssel, 24./25. 03. 2011, EUCO 10/11, CO EUR 6, CONCL 3 (Anlage I) festgehalten; vgl. dazu *D. Gros/C. Alcidi* Was bringt der „Euro-Plus-Pakt"?, Integration 2011, 164ff. Die Strategie „Europa 2020" sowie das „Europäische Semester" gehen auf die *Europäische Kommission* zurück: Mitteilung der Kommission vom 03. 03. 2010, KOM (2010) 2020 endg.; Mitteilung der Kommission vom 12. 05. 2010, KOM (2010) 250 endg. Sie wurden in den Schlussfolgerungen des *Europäischen Rates* von Brüssel, 17. 06. 2010, EUCO 13/10, CO EUR 9, CONCL 2 bestätigt; vgl. zur Strategie „Europa 2020" auch das integrierte Leitlinienpaket, bestehend aus den Grundzügen der Wirtschaftspolitik (Leitlinien 1 bis 6), (ABl. 2010 Nr. L 191, 28) und den beschäftigungspolitischen Leitlinien (Leitlinien 7 bis 10), (ABl. 2010 Nr. L 308, 46) sowie zum Ablauf des 2011 erstmals durchgeführten Europäischen Semesters den Jahreswachstumsbericht der *Europäischen Kommission*: Mitteilung der Kommission vom 12. 01. 2011, KOM (2011) 11 endg. und die Kommissionsempfehlungen: Mitteilung der Kommission an das Europäische Parlament, den Europäischen Rat, den Rat, den Europäischen Wirtschafts- und Sozialausschuss und den Ausschuss der Regionen vom 07. 06. 2011, KOM (2011) 400 endg.; umfassend zum Verfahren *P. Becker* Integration ohne Plan (Fn. 265), 67ff.

[268] Bereits der 1957 in Rom unterzeichnete „Vertrag zur Gründung der Europäischen Wirtschaftsgemeinschaft" sah in seinem Art. 105 vor, dass die Mitgliedstaaten ihre Wirtschaftspolitik koordinieren. Das mit der Wirtschaftspolitik als Koordinierungsgegenstand verbundene Begriffsverständnis hat sich mit der Zeit freilich gewandelt; vgl. zur damaligen schwierigen Abgrenzung zur Konjunkturpolitik iSd. Art. 103 EWGV: *H. P. Ipsen* Gemeinschaftsrecht (Fn. 18), § 44/5; *U. Everling* Die Koordinierung der Wirtschaftspolitik in der Europäischen Wirtschaftsgemeinschaft als Rechtsproblem, 1964, in: ders., Das Europäische Gemeinschaftsrecht im Spannungsfeld von Politik und Wirtschaft. Ausgewählte Aufsätze 1964–1984, 1985, 199 (220ff.); sowie zum heutigen Begriffsverständnis: *U. Häde* in: Calliess/Ruffert (Fn. 85), Art. 119

weise[269] Bereiche betrifft, die im Schwerpunkt in die Zuständigkeit der Mitgliedstaaten fallen.[270] Ihr stark politischer Charakter gepaart mit den schwachen Kompetenzen der EU hat zur Folge, dass der Europäische Rat die Agenda setzt[271] und die Mitgliedstaaten die entscheidenden Akteure sind.[272] Neben diese Form der vertraglich vorgesehenen Koordinierung trat im Zuge der Schuldenkrise überdies noch eine weitere Form der rein intergouvernementalen Koordinierung, die sich aus kompetentiellen Gründen gänzlich außerhalb der Verträge bewegt. Wenn dies als dauerhafte Abkehr von der Gemeinschaftsmethode hin zur „Unionsmethode" zu deuten sein sollte, dann besteht insoweit ein bedenkliches Demokratiedefizit. Denn im intergouvernementalen Rahmen ist das Europäische Parlament nicht beteiligt, während die Gesetzgebung der nationalen Parlamente auf jenen für die Auswärtige Gewalt typischen automatischen Nachvollzug reduziert wird.

AEUV, Rn. 3ff.; *M. Schulze-Steinen* Rechtsfragen (Fn. 83), 51ff., auch zur Entwicklung seit dem EWGV.

269 Die Koordinierung ist Konsequenz der mit dem Vertrag von Maastricht getroffenen Entscheidung, der europäischen Währungspolitik keine umfassende wirtschaftspolitische Gemeinschafts- bzw. Unionskompetenz an die Seite zu stellen, vgl. *U. Häde* in: Calliess/Ruffert (Fn. 85), Art. 119 AEUV, Rn. 17; *ders.* Die Wirtschafts- und Währungsunion im Vertrag von Lissabon, EuR 2009, 200 (202); *M. Nettesheim* in: Kadelbach (Fn. 92), 31ff.

270 *H. P. Ipsen* Gemeinschaftsrecht (Fn. 18), § 44/7; *H. R. Krämer* Formen und Methoden der internationalen wirtschaftlichen Integration. Versuch einer Systematik, 1969, 59f.

271 Vgl. paradigmatisch für den Erlass der wirtschaftpolitischen Grundzüge gem. Art. 121 Abs. 2 AEUV: *R. Bandilla* in: Grabitz/Hilf/Nettesheim (Fn. 222), Art. 121 AEUV, Rn. 10ff. Zwar verabschiedet formell der Ministerrat die Grundzüge, letztlich ist jedoch der Europäische Rat die politisch entscheidende Institution, da es ausgeschlossen sein dürfte, dass die Minister Vorarbeiten „ihrer" Staats- und Regierungschefs nicht umsetzen werden, vgl. *M. Schulze-Steinen* Rechtsfragen (Fn. 83), 149f.; sowie *B. Martenczuk* Der Europäische Rat und die Wirtschafts- und Währungsunion, EuR 1998, 151 (175).

272 Kritisch *J. Habermas*, Ein Pakt für Europa, in: *U. Guérot/J. Hènard* (Hrsg.), Was denkt Deutschland?, 2011, 3 (4ff.). Rechtlich sind die Mitgliedstaaten in ihrer Entscheidungsfreiheit nicht determiniert, da selbst die Grundzüge der Wirtschaftspolitik nach Art. 121 Abs. 2 UAbs. 3 AEUV in Form einer aus der Sicht der Mitgliedstaaten, kompetenzschonenden, weil unverbindlichen Empfehlung i.S.v. Art. 288 Abs. 5 AEUV erlassen werden.

3. *Risikovorsorge durch nachhaltige Haushaltspolitik in Deutschland und der EU*

a) *Rechtliche Vorgaben in Form von Schuldenbremse und Stabilitätskriterien*

Zur Vermeidung systemischer Risiken für die Finanzmarktstabilität gebietet das Vorsorgeprinzip vor allem auch eine nachhaltige Haushalts- und Finanzpolitik in den Mitgliedstaaten der EU samt europäischer Kontrolle. Der Bezug dieser Politiken zur (Ressourcen-) Vorsorge respektive Nachhaltigkeit[273] kristallisiert sich zuvorderst in der Frage nach dem zulässigen Ausmaß der Staatsverschuldung heraus.[274] Die diesbezügliche Verantwortung des (Haushalts-) Gesetzgebers wird verfassungsrechtlich gebunden: Neben der Bindung an Art. 126 AEUV und dem Stabilitätspakt,[275] konkret die in einem Protokoll festgehaltenen Referenzwerte für laufendes Defizit und Schuldenstand, die sog. Maastricht-Kriterien,[276] sind die Regelungen in den Art. 109 und 115 GG Kernstück der finanzverfassungsrechtlichen Bestimmungen Deutschlands zur Staatsverschuldung. Nachdem sich die alte Regelung als unzureichend erwiesen hatte,[277] wurde

---

[273] Zieht man insoweit wiederum Rückschlüsse aus dem Umweltrecht, so wird deutlich, dass das Vorsorgeprinzip in enger Beziehung zum Nachhaltigkeitsprinzip steht, insbesondere im Bereich der sog. Ressourcenvorsorge besteht insoweit eine gemeinsame Schnittmenge. Das Nachhaltigkeitsprinzip strebt ganz allgemein Langzeitverantwortung und Generationengerechtigkeit an; vgl. dazu *E. Rehbinder* in: Hansmann/Sellner (Hrsg.) Grundzüge des Umweltrechts, 3. Aufl. 2007, 159ff.; *C. Calliess* Rechtsstaat und Umweltstaat (Fn. 17), 177.

[274] Vgl. *M. Möstl* Nachhaltigkeit und Haushaltsrecht, in: Kahl (Hrsg.) Nachhaltigkeit als Verbundbegriff, 2008, 569 (574ff.); *C. Ohler* in: Kahl (Fn. 10), 208 (223ff.).

[275] *C. Ohler* Finanzkrisen als Herausforderung (Fn. 6), 1061 (1067); *U. Häde* Haushaltsdisziplin und Solidarität (Fn. 83), 399 (399); *K. v. Lewinski* (Fn. 239), 483; *M. Potacs/C. Mayer* EU-rechtliche Rahmenbedingungen der Staateninsolvenz, in: Kodek/Reinisch (Hrsg.) Staateninsolvenz, 2011, 105 (111f.); *F. Amtenbrink/J. de Haan* Economic Governance in the European Union: Fiscal policy discipline versus flexibility, CMLRev. 40 (2003), 1075 (1086ff.); ausführlich *C. Konow* Stabilitäts- und Wachstumspakt (Fn. 88), 55ff., 77ff.

[276] Ausführlich dazu *U. Häde* in: Calliess/Ruffert (Fn. 85), Art. 126 AEUV, Rn. 24ff.; *H. J. Hahn/U. Häde* Währungsrecht, 2. Aufl. 2010, § 15, Rn. 1ff., § 27, Rn. 9ff.

[277] Vgl. dazu ausführlich *C. Gröpl* Haushaltsrecht und Reform, 2001, 442ff.; *C. Ryczewski* Die Schuldenbremse im Grundgesetz, 2011, 26ff.; sowie *H. Pünder* HStR V, 2007, § 123, Rn. 80ff.; *J. Wieland* Staatsverschuldung als Herausforderung für die Finanzverfassung, JZ 2006, 751ff.; *B. Scholl* Die Neuregelung der Verschuldungsregeln von Bund und Ländern in den Art. 109 und 115 GG, DÖV 2010, 160 (163f.); *C. Mayer* Greift die neue Schuldenbremse?, AöR 136 (2011), 266 (267f.); *W. Höfling* Haushalts- und Finanzverfassung in der Krise. Steuerungsschwächen, Fehlanreize, Reformoptionen, Der Staat 46 (2007), 163ff.

nach Schweizer Vorbild[278] durch Verfassungsänderung[279] in den Art. 109 Abs. 3 und 115 Abs. 2 GG eine sog. Schuldenbremse eingeführt,[280] deren Wirkung zukünftig durch den Druck der Rating-Agenturen und Finanzmärkte verstärkt, wenn nicht übertroffen werden wird.

b) Reformvorschläge für eine nachhaltige Haushaltspolitik in der Eurozone

Mit dem derzeitigen Auseinanderfallen der Zuständigkeiten in europäische Währungspolitik und mitgliedstaatliche Wirtschaftspolitik sind vielfältige ökonomische Konsequenzen verbunden, die ursächlich für die Krise in der Eurozone sind.[281] Angesichts der europäischen Zuständigkeit für die Währungspolitik haben die Eurostaaten - abgesehen von einer sparsameren Haushaltspolitik, die erst in einer langfristigen Perspektive wirksam wird - einerseits nur noch eingeschränkte Abhilfemöglichkeiten, wenn die Wirtschafts- und Haushaltslage angespannter wird.[282] Andererseits haben sie einen zu geringen Anreiz, eine solide Fi-

[278] Eine Übernahme des Schweizer Modells wurde schon lange befürwortet. So bereits der *Sachverständigenrat zur Begutachtung der gesamtwirtschaftlichen Entwicklung* Staatsverschuldung wirksam begrenzen - Expertise im Auftrag des Bundesministeriums für Wirtschaft und Technologie, 2007, 92ff.; ebenso die fast einhellige Meinung in der Literatur, vgl. *A. Glaser* Begrenzung der Staatsverschuldung durch die Verfassung, DÖV 2007, 98 (106); *ders.* Nachhaltige Entwicklung und Demokratie, 2006, 364; *W. Kahl* Staatsziel Nachhaltigkeit und Generationengerechtigkeit, DÖV 2009, 2 (10); *D. Engels/D. Hugo* Verschuldung des Bundes und rechtliche Schuldengrenzen, DÖV 2007, 445 (456); wohl auch: *M. Möstl* in: Kahl (Fn. 274), 569 (588f.).

[279] BGBl. I 2009, 2248.

[280] Zum Reformbedarf bereits BVerfGE 119, 96 (137ff.) - Staatsverschuldung (Bundeshaushalt 2004). Eine strukturelle Neuverschuldung ist nach neuer Rechtslage nur noch dem Bund in Höhe von 0,35 % des BIP gestattet, Art. 109 Abs. 3 S. 4, Art. 115 Abs. 2 GG, nicht aber den Ländern: Für sie gilt der Grundsatz eines ausgeglichenen Haushalts absolut, Art. 109 Abs. 3 S. 1 GG. Allerdings erlaubt S. 2 einerseits Abweichungen zum Ausgleich konjunkturbedingter Defizite in Phasen des Abschwungs, verbunden mit der Verpflichtung zum symmetrischen Abbau in Hochphasen, andererseits zur Abwehr von außergewöhnlichen, der Kontrolle des Staates entzogenen Notsituationen, die den Haushalt erheblich beeinträchtigen; umfassend dazu: *S. Korioth* Das neue Staatsschuldenrecht - zur zweiten Stufe der Föderalismusreform, JZ 2009, 729ff.; *C. Seiler* Konsolidierung der Staatsfinanzen mithilfe der neuen Schuldenregel, JZ 2009, 721ff.; *C. Lenz/E. Burgbacher* Die neue Schuldenbremse im Grundgesetz, NJW 2009, 2561ff.

[281] Instruktiv dazu *H. Enderlein* Krise im Euro-Raum (Fn. 87), 7ff.

[282] Dazu im föderalen Vergleich *H. Enderlein* Krise im Euro-Raum (Fn. 87), 7 (10); vgl. auch *W. Frenz/C. Ehlenz* Der Euro ist gefährdet (Fn. 83), 65 (66); *M. Seidel* Aktuelle Probleme der europäischen Währungsunion, Integration 2010, 334 (335); *C. Herrmann* in: v. Lewinski (Fn. 10), 29 (31f.).

nanzpolitik präventiv zu verfolgen. Nicht zuletzt weil die Verträge auf eine Regelung zur geordneten Staateninsolvenz mit Umschuldungsmaßnahmen ebenso wie auf die Androhung eines Ausschlusses aus der Währungsunion verzichten,[283] haben – neben den Finanzmärkten – auch sich verschuldende Eurostaaten nie wirklich an die „No-Bail-Out-Klausel" des Art. 125 Abs. 1 AEUV geglaubt und auf „Rettung" gesetzt. Überdies zielen die geltenden Verschuldungsregeln allein auf die Eindämmung des jährlichen Haushaltsdefizits ab, so dass die mit der Entwicklung und Höhe der Staatsverschuldung einhergehenden systemischen Risiken, insbesondere wenn es um die mit Staatsanleihen verbundene Abhängigkeit von den Finanzmärkten geht,[284] nicht hinreichend abgebildet werden.[285] Und schließlich wurden Verstöße gegen die Stabilitätskriterien nicht wirksam kontrolliert und sanktioniert, da das Verfahren zu ihrer Überwachung (Art. 126 Abs. 6 AEUV)[286] unter einem Anwendungsdefizit dergestalt leidet, dass die Beschlusskompetenz über das Vorliegen eines übermäßigen Haushaltsdefizits und entsprechende Sanktionen im Ermessen des Rats liegt, in welchem freilich die „potentiellen Sünder" über die „aktuellen Sünder" zu entscheiden haben.[287]

---

[283] *M. Seidel* Der Euro (Fn. 83), 24; *K. v. Lewinski* Öffentlichrechtliche Insolvenz (Fn. 239), 450; *C. Herrmann* Griechische Tragödie (Fn. 219), 413 (416f.); *M. Herdegen* Die Währungsunion als dauerhafte Rechtsgemeinschaft – Ausstiegsszenarien aus rechtlicher Perspektive, EWU-Monitor Nr. 52 (1998), 3; *D. Meyer* Währungsdesintegration in der EURO-Zone. Staatsbankrott und Inflation als zwei Szenarien infolge der Finanzmarktkrise, Jahrbuch für Regionalwissenschaft 30 (2010), 45 (65).

[284] *H. Enderlein* Krise im Euro-Raum (Fn. 87), 7 (10f.); diesbzgl. sind qualitative Kriterien, die zusätzlich weitere Faktoren berücksichtigen und politisch gewichten, für die einschlägigen Risikomodelle heranzuziehen, dazu *C. Ohler* in: Kahl (Fn. 10), 208 (224f.).

[285] Insoweit ist es unzureichend, wenn die Grenzen der Verschuldung auf nationaler wie europäischer Ebene im Wesentlichen anhand eines Prozentsatzes des Bruttoinlandsprodukts (BIP) und damit rein quantitativ bestimmt werden; ausführlich *C. Ohler* in: Kahl (Fn. 10), 208 (223f.); *H. Krämer* Der Konstruktionsfehler des Euro-Stabilitätspaktes, Wirtschaftsdienst 2010, 379ff.

[286] Die Mitgliedstaaten, allen voran Deutschland und Frankreich, haben den Stabilitätspakt im Jahr 2005 überdies auch noch nach ihren Vorstellungen angepasst und damit geschwächt; vgl. dazu *R. Streinz/C. Ohler/C. Herrmann* Totgesagte leben länger – oder doch nicht? Der Stabilitäts- und Wachstumspakt nach dem Beschluss des Rates vom 25. 11. 2003 über das Ruhen der Defizitverfahren gegen Frankreich und Deutschland, NJW 2004, 1553ff.; *A. Hatje*, Die Reform des Stabilitäts- und Wachstumspaktes (Fn. 93), 597ff.

[287] So die Formulierung von *M. Kühl/R. Ohr* Exzessive Staatsdefizite – die Achillesverse der Europäischen Währungsunion, ifo Schnelldienst 4/2010, 20 (22).

Künftig wird die Haushaltsdisziplin in den Mitgliedstaaten durch ein detailreiches und entsprechend komplexes Bündel sekundärrechtlicher Reformen gestärkt.[288] Dieses sog. „Legislativpaket" (auch Six Pack genannt) bewegt sich freilich schon jetzt teilweise an den Grenzen der geltenden Kompetenzordnung.[289] Die Basis bilden durch europäische Mindestvorgaben nunmehr auch qualitativ abgesicherte Haushaltsdaten und -prognosen.[290] Darauf aufbauend soll ein neuer „Grundsatz vorsichtiger Haushaltspolitik"[291] bereits präventiv dafür Sorge tragen, dass unerwartete Mehreinnahmen tatsächlich zum Schuldenabbau verwendet werden. Ergänzend wird im Rahmen des Defizitverfahrens ganz im Sinne der Nachhaltigkeit nicht nur das Schuldenstandkriterium aufgewertet,[292] sondern auch dem Anwendungsdefizit des Stabilitäts- und Wachstumspaktes durch strengere Sanktionen,[293] die zwar nicht voll, aber doch immerhin halbautomatisch in sog. „umgekehrter Abstimmung" im Rat zu beschlie-

[288] Vgl. die in den Schlussfolgerungen des *Europäischen Rates* von Brüssel, 24./25. 03. 2011, EUCO 10/11, CO EUR 6, CONCL 3 genannten Maßnahmen; dazu der Überblick von *N. Horn* Die Reform der Europäischen Währungsunion (Fn. 265), 1398ff.

[289] Dazu *C. Ladenburger* Anmerkungen zu Kompetenzordnung und Subsidiarität (Fn. 266), 389 (404); *R. Bieber* FS Scheuing (Fn. 263), 493 (504ff.); *C. Ohler* Stabilitäts- und Wachstumspakt (Fn. 265), 330ff.; *M. Ruffert* Der rechtliche Rahmen für die gegenseitige Nothilfe (Fn. 222), 16ff.; *U. Häde* EU-Rettungsschirme (Fn. 265), 1 (22ff.); *U. Häde* Art. 136 AEUV – eine neue Generalklausel für die Wirtschafts- und Währungsunion?, JZ 2011, 333ff.

[290] *Europäische Kommission* Art. 3 und 4 des Vorschlages vom 29. 9. 2010 für eine Richtlinie des Rates über die Anforderungen an die haushaltspolitischen Rahmen der Mitgliedstaaten, KOM (2010) 523 endg.

[291] *Europäische Kommission* Art. 5 Abs. 1, Art. 9 Abs. 1 des Vorschlages vom 29. 9. 2010 für eine Verordnung des Europäischen Parlaments und des Rates zur Änderung der Verordnung (EG) Nr. 1466/97 über den Ausbau der haushaltspolitischen Überwachung und der Überwachung und Koordinierung der Wirtschaftspolitiken, KOM (2010) 526 endg.

[292] *Europäische Kommission* Art. 2 des Vorschlages vom 29. 9. 2010 für eine Verordnung des Rates zur Änderung der Verordnung (EG) Nr. 1467/97 über die Beschleunigung und Klärung des Verfahrens bei einem übermäßigen Defizit, KOM (2010) 522 endg.; sowie *U. Häde* EU-Rettungsschirme (Fn. 265), 1 (22); *C. Ohler* Stabilitäts- und Wachstumspakt (Fn. 265), 330 (340); *R. Bieber* FS Scheuing (Fn. 263), 493 (504ff.); zur primärrechtlichen Gleichrangigkeit der beiden Referenzwerte *B. Kempen* in: Streinz (Hrsg.) EUV/EGV, 2003, Art. 104 EGV, Rn. 16; *N. Gumboldt* Europäisches Gemeinschaftsrecht als nachhaltige Verschuldungsbremse?, DÖV 2005, 499 (506).

[293] So sieht beispielsweise *Europäische Kommission* Art. 11 des Vorschlages vom 29. 9. 2010 für eine Verordnung des Rates zur Änderung der Verordnung (EG) Nr. 1467/97 über die Beschleunigung und Klärung des Verfahrens bei einem übermäßigen Defizit, KOM (2010) 522 endg. auf der Stufe des Art. 126 Abs. 11 AEUV künftig eine Geldbuße als „Regelsanktion" vor.

ßen sind,[294] abgeholfen. Darüber hinaus verpflichtet eine Richtlinie die Mitgliedstaaten zur Einführung numerischer Haushaltsregeln,[295] also von Schuldenbremsen nach grundgesetzlichem Vorbild. Im Rahmen der notwendigen Risikovorsorge erweitert das sog. „Verfahren bei einem übermäßigen Ungleichgewicht“[296] den Blick auf makroökonomische Risiken.[297] Ergänzend soll im Rahmen eines sog. Europäischen Semesters[298] eine präventive Koordinierung der nationalen Haushaltspolitiken auf europäischer Ebene erfolgen: Bevor in den Mitgliedstaaten endgültige Haushaltsentscheidungen für das Folgejahr getroffen werden, ist deren Vereinbarkeit mit europäischen Vorgaben künftig durch Kommission[299] und Rat zu evaluieren.[300]

---

[294] Vgl. nur *Europäische Kommission* Art. 4 Abs. 1, Art. 5 Abs. 1 des Vorschlages vom 29. 9. 2010 für eine Verordnung des Europäischen Parlaments und des Rates über die wirksame Durchsetzung der haushaltspolitischen Überwachung im Euroraum, KOM (2010) 524 endg.

[295] *Europäische Kommission* Art. 5 ff. und 12 des Vorschlages vom 29. 9. 2010 für eine Richtlinie des Rates über die Anforderungen an die haushaltspolitischen Rahmen der Mitgliedstaaten, KOM (2010) 523 endg.

[296] *Europäische Kommission* Art. 7 ff. des Vorschlages vom 29. 9. 2010 für eine Verordnung des Europäischen Parlaments und des Rates über die Vermeidung und Korrektur makroökonomischer Ungleichgewichte, KOM (2010) 527 endg.

[297] In diesem Zusammenhang wird auch auf die Grenzen der Steuerbarkeit makroökonomischer Prozesse hingewiesen, vgl. *M. Ruffert* Der rechtliche Rahmen für die gegenseitige Nothilfe (Fn. 222), 17; *C. Ohler* Stabilitäts- und Wachstumspakt (Fn. 265), 330 (339).

[298] *Europäische Kommission* Mitteilung der Kommission vom 12. 05. 2010, KOM (2010) 250 endg. In diesem Verfahren der politischen ex-ante Koordinierung mit anschließender Überwachung („peer review“) werden die bestehenden und rechtlich getrennt bleibenden Koordinierungsverfahren auf europäischer Ebene samt der Verfahren zum Erlass der nationalen Haushalte in zeitlicher Hinsicht aufeinander abgestimmt; vgl. auch *C. Ladenburger* Anmerkungen zu Kompetenzordnung und Subsidiarität (Fn. 266), 389 (404).

[299] Federführend sind die – hauptsächlich empfehlende – Kommission und der Europäische Rat als das über die politischen Leitlinien entscheidende Organ. Gestützt auf den Jahreswachstumsbericht 2011 hat die Kommission das erste Europäische Semester eingeleitet; vgl. *Europäische Kommission* Mitteilung der Kommission vom 12. 01. 2011, KOM (2011) 11 endg. Die dort genannten Vorschläge für eine Konsolidierung der nationalen Haushalte und wachstumsfördernde Reformen in den Kernbereichen der Strategie Europa 2020 wurden anschließend vom Europäischen Rat aufgenommen; vgl. hierzu insgesamt die Schlussfolgerungen des *Europäischen Rates* von Brüssel, 24./25. 03. 2011, EUCO 10/11, CO EUR 6, CONCL 3, 2f.

[300] Einen Überblick über den Ablauf der Politikkoordinierung iRd Europäischen Semesters bietet die Mitteilung der Kommission vom 30. 06. 2010, KOM (2010) 367 endg. (Anhang II). Solange es sich um unverbindliche Maßnahmen handelt, bestehen in kompetentieller Hinsicht keine Bedenken, vgl. *C. Ohler* Stabilitäts- und Wachstumspakt (Fn. 265), 330 (339).

Im Ergebnis bleiben dennoch Zweifel, ob die demnächst in Kraft tretenden Reformen[301] hinreichend sind, um eine nachhaltige Haushaltsüberwachung zu gewährleisten, das systemische Risiko der Staatsverschuldung einzudämmen und so Vorsorge für die Finanzmarktstabilität zu treffen. Wenn sich aber schon die Maßnahmen des „Legislativpakets" an den Grenzen der Kompetenzordnung der EU bewegen, dann zeigt sich das Kompetenzdilemma der EU.[302] In der Folge sind weiterreichende Verbesserungen nur im Rahmen einer primärrechtlichen Reform, im Kontext einer europarechtlich überformten Finanz-, Wirtschafts-, und Haushaltspolitik, möglich.

Insoweit bieten sich unterschiedliche Reformansätze an, deren Tauglichkeit aber genau zu untersuchen wäre: So könnte der ESM zu einem Europäischen Währungsfonds (EWF) weiterentwickelt werden,[303] der dann – im Verbund mit den EU-Institutionen und einem neu zu schaffenden Stabilitätskommissar – über Durchgriffsrechte in die nationalen Haushalte von Empfängerstaaten verfügen könnte. Er sollte überdies befähigt werden, die geordnete Insolvenz von dauerhaft zahlungsunfähigen Eurostaaten auf den Weg zu bringen.[304] In jedem Fall ist die

---

[301] Das Inkrafttreten des sog. „Six Packs" steht für Anfang 2012 in Aussicht, nachdem das Europäische Parlament und der Rat politische Einigung erzielen konnten: Council confirms agreement on economic governance, *Rat der Europäischen Union* Pressemitteilung vom 04. 10. 2011, 14998/11.

[302] *C. Calliess* Das Euro-Urteil aus Karlsruhe ist nicht frei von Widersprüchen, FAZ Nr. 220 vom 21. 09. 2011, 21; *C. Herrmann* in: v. Lewinski (Fn. 10), 29 (41f.); *H. Enderlein* Krise im Euro-Raum (Fn. 87), 7 (10f.).

[303] Dazu *D. Gros/T. Mayer* How to deal with sovereign default in Europe: Create the European Monetary Fund now!, CEPS Policy Brief No. 202/February 2010, updated 17 May 2010; *U. Häde* Legal Evaluation of a European Monetary Fund, Intereconomics 2/2010, 69ff.; *U. Häde* Die europäische Währungsunion in der internationalen Finanzkrise (Fn. 89), 854 (864ff.); *K. v. Lewinski* Öffentlichrechtliche Insolvenz (Fn. 239), 454; *J. Heß* Finanzielle Unterstützung von EU-Mitgliedstaaten in einer Finanz- und Wirtschaftskrise und die Vereinbarkeit mit EU-Recht, ZJS 2010, 473 (479f.).

[304] Vgl. zum Begriff der „Durchgriffsrechte" *A. Merkel* Rede im Bundestag am 07. 09. 2011, Deutscher Bundestag, Pl.Prot. 17/123, 14467ff. Inhaltlich kommen insoweit verschiedene Möglichkeiten in Betracht: Wenn ein Mitgliedstaat Hilfen im Rahmen des ESM oder eines künftigen EWF empfängt, dann willigt er damit zugleich in eine Beschränkung seiner Haushaltssouveränität ein, so dass ein Vetorecht auf EU-Ebene hinsichtlich des jeweiligen nationalen Haushaltsentwurfs denkbar ist, wenn letzterer die europäischen Vorgaben solider Haushaltsführung evident verletzt und damit die Verwirklichung des vereinbarten Konsolidierungs- und Reformprogramms in Frage stellt. Auf einer zweiten Stufe wären sodann konkrete Vorgaben für den jeweiligen nationalen Haushaltsplan auf der Ausgaben- oder Einnahmenseite denkbar. Auf

Währungsunion um die bereits erwähnte institutionalisierte Staateninsolvenz[305] zu ergänzen. Darüber hinaus könnte im Fall einer ständigen Verletzung des Stabilitätspakts, entgegen dem geltenden Art. 126 Abs. 10 AEUV, ein Klagerecht zum EuGH eingeführt werden. Schließlich kommen über die bisherigen Geldbußen hinausreichende Sanktionen in Betracht, die vom Stimmrechtsentzug im Rat[306] bis hin zum Ausschluss bzw. Ausscheiden überschuldeter Staaten aus der Währungsunion[307] reichen könnten.

c) *Perspektiven einer europäischen Haushaltsüberwachung im Lichte des Grundgesetzes*

Die für diese oder ähnliche Reformen notwendigen Vertragsänderungen, insbesondere der mit ihr verbundene Kompetenztransfer, könnte jedoch einen qualitativen Integrationssprung zur Folge haben, dessen

---

einer dritten Stufe könnte der ESM/EWF bei fehlender Schuldentragfähigkeit zeitlich begrenzte Kredite gewähren, um im Hinblick auf die Finanzmarktstabilität eine geordnete Insolvenz des jeweiligen Mitgliedstaates zu sichern.

305 Die Möglichkeit eines Staatsbankrottes wird v.a. seit der Krise Argentiniens im Jahr 2001 wieder verstärkt diskutiert, vgl. *C. Paulus* Überlegungen zu einem Insolvenzverfahren für Staaten, WM 2002, 725ff.; *A. Krueger* A new approach to Sovereign Debt Restructuring, IMF, 2002; *C. Mayer* Insolvenzverfahren für Staaten? (Fn. 239), 454ff.; *C. Ohler* Der Staatsbankrott (Fn. 239) 590ff.; *J. Kämmerer* Der Staatsbankrott aus völkerrechtlicher Sicht, ZaöRV 65 (2005), 651ff.; *C. Waldhoff* HStR V, 2007, § 116, Rn. 42ff.; *C. Paulus* Rechtliche Handhaben (Fn. 239), 11ff.; *K. v. Lewinski* Öffentlichrechtliche Insolvenz (Fn. 239), 475ff.; mit Bezügen zur EU die Beiträge von *M. Herdegen* Der Staatsbankrott (Fn. 239), 913ff.; *J. Kämmerer* Insolvenz von EU-Mitgliedstaaten – Voraussetzungen und Folgen, Wirtschaftsdienst 2010, 161ff.; *H. Beck/ D. Wentzel* Eine Insolvenzordnung für Staaten?, Wirtschaftsdienst 2010, 167ff.; *C. Paulus* Ein Regelungssystem zur Schaffung eines internationalen Insolvenzrechts für Staaten, ZG 2010, 313ff.; *M. Potacs/C. Mayer* in: Kodek/Reinisch (Fn. 275), 105.

306 Gastbeitrag von Finanzminister *W. Schäuble* in der Financial Times Deutschland vom 12. 03. 2010; zum Stimmrechtsentzug im Rat *C. Ohler* Stabilitäts- und Wachstumspakt (Fn. 265), 330 (342).

307 Hierzu *P. Athanassiou* Withdrawal and Expulsion from the EU and EMU – Some Reflections, ECB Legal Working Paper Series No. 10, December 2009; *M. Seidel* Der Euro (Fn. 83); *P. Behrens* Ist ein Ausschluss aus der Euro-Zone ausgeschlossen?, EuZW 2010, 121; *C. Herrmann* Griechische Tragödie (Fn. 219), 413 (416f.); *M. Heimbach/O. Zehnpfund* Rechtliche Möglichkeiten und Aspekte des Ausschlusses oder Austritts eines Mitglieds der Wirtschafts- und Währungsunion, Ausarbeitung des Wissenschaftlichen Dienstes des Deutsches Bundestages vom 21. 12. 2009, WD 11 – 3000 – 188/09; *N. Horn* FS Maier-Reimer, 2010, 245 (261f.); *F. Bonke* Die „Causa Griechenland“ (Fn. 91), 493 (515ff.).

politische Durchsetzbarkeit im Zeichen der nach dem Vertrag von Lissabon eingetretenen „Reformmüdigkeit" offen ist.[308]

In Deutschland kommt erschwerend hinzu, dass sich jede grundlegende Reform an den vom BVerfG im Lissabon-Urteil[309] definierten identitätsbestimmenden Staatsaufgaben[310] stoßen könnte.[311] Dementsprechend hat das BVerfG in seinem EFSF-Urteil das Budgetrecht über seine Verankerung im Demokratieprinzip an die Ewigkeitsklausel des Art. 79 Abs. 3 GG gekoppelt und insoweit in einem weitgehend von ihm selbst zu bestimmenden Umfang[312] für „europafest" erklärt.[313] Eine verfassungswidrige Übertragung wesentlicher Bestandteile des Budgetrechts des Bundestages soll dann vorliegen, wenn die Festlegung über Art und Höhe der den Bürger treffenden Abgaben in wesentlichem Umfang supranationalisiert und damit der Dispositionsbefugnis des

---

308 Vgl. *W. Schäuble* Reform der Europäischen Finanzregeln – Für eine bessere Verfassung Europas, Humboldt-Rede am 26. 01. 2010 (FCE 02/11), 14, abrufbar unter: http://www.whi-berlin.eu/tl_files/FCE/Rede-Schaeuble.pdf (zuletzt abgerufen am 2. 10. 2011).

309 BVerfGE 123, 267 (359ff.) – Vertrag von Lissabon.

310 Instruktiv dazu *K. Dingemann* in: Calliess/Paqué (Fn. 252), 73ff.

311 Kritisch zu diesem Ansatz *D. Halberstam/C. Möllers* The German Constitutional Court (Fn. 252), 1241 (1249ff.); *C. Schönberger* Lisbon in Karlsruhe (Fn. 252), 1201 (1209f.); *M. Ruffert* An den Grenzen des Integrationsverfassungsrechts: Das Urteil des Bundesverfassungsgerichts zum Vertrag von Lissabon, DVBl. 2009, 1197 (1204f.); *K. Dingemann* Zwischen Integrationsverantwortung und Identitätskontrolle: Das „Lissabon"-Urteil des Bundesverfassungsgerichts, ZEuS 2009, 491 (526); *M. Nettesheim* Ein Individualrecht auf Staatlichkeit? Die Lissabon Entscheidung des BVerfG, NJW 2009, 2867 (2868); *C. Calliess* Die neue Europäische Union (Fn. 84), 251ff.; zustimmend *K. Gärditz/C. Hillgruber* Volkssouveränität und Demokratie ernst genommen – Zum Lissabon-Urteil des BVerfG, JZ 2009, 872 (879f.); *D. Murswiek* Art. 38 GG als Grundlage eines Rechts auf Achtung des unabänderlichen Verfassungskerns, JZ 2010, 702ff.; *F. Schorkopf* The European Union as An Association of Sovereign States: Karlsruhe's Ruling on the Treaty of Lisbon, GLJ 10 (2009), 1219 (1229f.); differenzierend *D. Grimm* Das Grundgesetz als Riegel vor einer Verstaatlichung der Europäischen Union. Zum Lissabon-Urteil des Bundesverfassungsgerichts, Der Staat 48 (2009), 475 (486ff.); *R. Wahl* Die Schwebelage im Verhältnis von Europäischer Union und Mitgliedstaaten. Zum Lissabon-Urteil des Bundesverfassungsgerichts, Der Staat 48 (2009), 587ff.

312 Ein gewisser Spielraum der politischen Gestaltung klang auch im Lissabon-Urteil noch an; vgl. BVerfGE 123, 267 (361f.). Siehe demgegenüber aber die irritierend weit gehenden Festlegungen einzelner Richter des Zweiten Senats im Zuge des EFSF-Urteils in Interviews: *A. Voßkuhle* „Noch mehr Europa lässt das Grundgesetz kaum zu", FAZ am Sonntag Nr. 38 vom 25. 09. 2011, 36f.; *P. Huber* „Keine europäische Wirtschaftsregierung ohne Änderung des Grundgesetzes", SZ Nr. 216 vom 19. 09. 2011, 6.

313 BVerfG, NJW 2011, 2946 (2950f.) – EFSF.

Bundestages entzogen würde. Dieser Ansatz gerät jedoch in ein Spannungsverhältnis, ja vielleicht sogar in einen Widerspruch, zu einer anderen Urteilspassage, in der das Gericht unter Verweis auf seine insoweit maßgebliche Maastricht-Entscheidung[314] nochmals betont, die vertragliche Konzeption der Währungsunion als Stabilitätsgemeinschaft sei Grundlage und Gegenstand des deutschen Zustimmungsgesetzes.[315] Das Grundgesetz setzt im Verständnis des BVerfG dann zwar eine Ausgestaltung der Währungsunion als Stabilitätsgemeinschaft voraus, setzt jedoch gleichzeitig einer diesem Ziel dienenden, über die bisherigen Koordinierungszuständigkeiten hinausgehenden europäischen Wirtschafts- und „Fiskalunion" samt effektiver Haushaltskontrolle eine nur schwer überwindbare Grenze.

Zur Auflösung des entstehenden Dilemmas[316] müsste man entweder die Ausführungen des BVerfG zum Budgetrecht so interpretieren, dass sie sich allein auf die Ausgabenseite beziehen.[317] Oder man stellt sie in den grundgesetzlichen Kontext von Integrationsauftrag (Präambel, Art. 23 Abs. 1 S. 1 GG) und Ewigkeitsklausel (Art. 23 Abs. 1, S. 3, Art. 79 Abs. 3 GG). Dann geht es um die Auflösung eines Spannungsverhältnisses, im Zuge dessen der von Art. 79 Abs. 3 GG allein geschützte, unantastbare Kernbereich des Budgetrechts freigelegt werden muss. Nur wenn in diesen Kernbereich eingegriffen würde, wäre eine Vertragsänderung unzulässig. Wenn das BVerfG aber den von Art. 79 Abs. 3 GG erfassten Bereich des Budgetrechts überdehnt, dann wäre eine Reform nur über Art. 146 GG, mithin mit einer vom Volk zu gebenden neuen Verfassung, die das Grundgesetz ablöst, überwindbar.[318]

---

314 BVerfGE 89, 155 (205) – Vertrag von Maastricht.

315 BVerfG, NJW 2011, 2946 (2946 [dort LS 4], 2951) – EFSF.

316 Hierzu bereits *C. Calliess* Euro-Urteil aus Karlsruhe (Fn. 302), 21; vgl. auch *C. Herrmann* in: v. Lewinski (Fn. 10), 29 (41 f.); *H. Enderlein* Krise im Euro-Raum (Fn. 87), 7 (10 f.).

317 So offenbar *M. Ruffert* Die europäische Schuldenkrise vor dem BVerfG, Anmerkung zum Urteil vom 7. September 2011, EuR 2011 (i.E.).

318 Dazu bereits BVerfGE 123, 267 (343 ff.) – Vertrag von Lissabon; kritisch *C. Schönberger* Die Europäische Union zwischen „Demokratiedefizit" und Bundesstaatsverbot: Anmerkungen zum Lissabon-Urteil des Bundesverfassungsgerichts, Der Staat 48 (2009), 553 ff.; *M. Nettesheim* Ein Individualrecht auf Staatlichkeit? (Fn. 311), 2867 (2868); *D. Halberstam/C. Möllers* The German Constitutional Court (Fn. 252), 1241 (1255 f.); *M. Ruffert* An den Grenzen des Integrationsverfassungsrechts (Fn. 311), 1197 (1205 ff.); *C. Calliess* Das Ringen des Zweiten Senats mit der Europäischen Union: Über das Ziel hinausgeschossen …, ZEuS 2009, 559 (574 ff.); *W. Cremer* Lissabon-Vertrag und Grundgesetz, JURA 2010, 296 (299 ff.).

V. Ausblick

Die in den westlichen Gesellschaften historisch entwickelte Symbiose zwischen Staat, Markt und Demokratie gerät in einer entgrenzten Welt unter Druck. Nachdem im Zuge der Globalisierung zunächst das Ende des Staates und der Demokratie[319] thematisiert wurde, zeichnet sich im Kontext der Finanzkrise jedoch ab, dass der demokratische Verfassungsstaat mehr denn je gefordert ist. Denn der Markt bedarf des Vertrauens der Bürger, die freie Marktwirtschaft bedarf aufbauend auf dem darauf gegründeten gesellschaftlichen Konsens immer wieder der Legitimation. Die Folgen einer Finanz- und Wirtschaftskrise sowie die damit einhergehenden Verwerfungen in der Gesellschaft sind jedoch geeignet, diese Legitimation auszuhöhlen. Dies erkannte bereits der Vordenker des freien Marktes, *Adam Smith.* Neben seinem Hauptwerk „Der Wohlstand der Nationen“ hat er ein weniger bekanntes Werk mit dem schönen Titel „Theorie der ethischen Gefühle“ verfasst.[320] In diesem zeigt er, dass die Marktgesetze nicht alles erklären und dass es nicht ausreicht, egoistische Interessen zu verfolgen, um eine Gesellschaft zu schaffen und zu erhalten. Es bedarf, wie *Adam Smith* es nennt, der „fellow feelings“, dem Gefühl, einer menschlichen Gemeinschaft anzugehören. Daraus entspringt Vertrauen, das wiederum eine Zivilgesellschaft, verstanden als dynamische Bürgerschaft, zwischen Familienstrukturen und Staat hervorbringt. Diese ist – wie der amerikanische Wissenschaftler *Francis Fukuyama*[321] ausführt – Voraussetzung für den Markt und den wirtschaftlichen Erfolg einer Gesellschaft. Um diese Voraussetzungen zu gewährleisten, ist der (Finanz-)Markt auf Staat und Gesetzgeber angewiesen, allein dessen Rechtsetzung vermag die Voraussetzungen des Marktes zu gewährleisten.[322] Finanzmarktrechtsetzung hat so gesehen eine Marktermöglichungsfunktion.

In einer globalisierten Welt kann die Aufgabe der Rechtsetzung freilich nicht adäquat vom Nationalstaat allein geleistet werden. Um seine Entgrenzung zu kompensieren, muss dieser sich – wie im Staaten- und

---

[319] Vgl. *J.-M. Guehenno* Das Ende der Demokratie, 1994, 175f.

[320] Vgl. *A. Smith* Der Wohlstand der Nationen, 2003 (Original: *ders.* An Inquiry into the Nature and Causes of the Wealth of Nations, 1776); *ders.* Theorie der ethischen Gefühle, 2004 (Original: *ders.* The Theory of Moral Sentiments, 1759).

[321] Vgl. *F. Fukuyama* Konfuzius und die Marktwirtschaft. Der Konflikt der Kulturen, 1995. Der Titel dieses Buches ist oft missverstanden worden.

[322] *D. Yergin/J. Stanislaw* Staat oder Markt (Fn. 2), 524ff., insbes. 532ff.; ähnliche Ansätze auch bei *O. Lepsius* in: Adolf-Arndt-Kreis (Fn. 4), 25 (31ff., 47f.); *R. Stürner* Markt und Wettbewerb (Fn. 2), 171f.

Verfassungsverbund der EU[323] – als Mitglied-Staat verstehen. Das bedeutet im Ergebnis Verzicht auf Souveränität, mit dem Ziel gemeinsam Souveränität über die entgrenzten Märkte zurückzugewinnen. Gleichwohl bleiben europäische oder notfalls auch nationale Alleingänge eine Option, die nicht von vornherein zum Scheitern verurteilt sein muss. Ebenso wie im Umweltrecht – erinnert sei z.B. an die aus Gründen des globalen Standortwettbewerbs zunächst heftig umstrittene EU-Gesetzgebung zum Chemikalienrecht (REACH)[324] – können sich auch im Finanzmarktrecht hohe Standards letztlich als Wettbewerbsvorteil herausstellen: Durch Rechtsetzung gewährleistete Finanzmarktstabilität kann für Anleger durchaus ein Grund sein, in der EU oder in Deutschland zu investieren.

Die beschriebenen, ganz unterschiedlichen Formen jener „Privatisierung" der Verantwortung für die Finanzmarktstabilität stehen mitunter in Widerspruch zu Vorgaben des Demokratieprinzips und der staatlichen Gewährleistungsverantwortung. So mögen sich die Finanzmarktakteure jeder für sich ökonomisch zwar rational verhalten, die vielfältigen systemischen Risiken werden jedoch bislang nicht in ihren individuellen Risikomodellen verarbeitet. Rechtsetzung zur Sicherung der Finanzmarktstabilität hat daher im Lichte des Vorsorgeprinzips zu erfolgen, Finanzmarktrecht ist konsequent als Risikorecht auszugestalten.

Aus der Marktermöglichungsfunktion von Finanzmarktrechtsetzung sollte der demokratische Gesetzgeber den Mut schöpfen, erkannten Rechtsetzungsdefiziten auf den Finanzmärkten zu begegnen. Denn gelingt dem Gesetzgeber die Wiederherstellung des Primats der Politik nicht, dann droht eine nicht nur die freie Marktwirtschaft, sondern auch den demokratischen Verfassungsstaat erfassende Legitimationskrise.

---

[323] Ausführlich dazu *C. Calliess* Die neue Europäische Union (Fn. 84), 43ff.

[324] Verordnung (EG) Nr. 1907/2006 des Europäischen Parlaments und des Rates vom 18. 12. 2006 zur Registrierung, Bewertung, Zulassung und Beschränkung chemischer Stoffe (REACH), zur Schaffung einer Europäischen Agentur für chemische Stoffe, zur Änderung der Richtlinie 1999/45/EG und zur Aufhebung der Verordnung (EWG) Nr. 793/93 des Rates, der Verordnung (EG) Nr. 1488/94 der Kommission, der Richtlinie 76/769/EWG des Rates sowie der Richtlinien 91/155/EWG, 93/67/EWG, 93/105/EG und 2000/21/EG der Kommission (ABl. 2006 Nr. L 396, 1); vgl. dazu *C. Calliess/M. Lais* REACH revisited – Der Verordnungsvorschlag zur Reform des Chemikalienrechts als Beispiel einer neuen europäischen Vorsorgestrategie, NuR 2005, 290ff.

Leitsätze des 1. Referenten über:

Finanzkrisen als Herausforderung der internationalen, europäischen und nationalen Rechtsetzung

A. Finanzkrisen und demokratischer Verfassungsstaat

I. Von der globalen Finanzkrise über die europäische Verschuldungskrise zur Demokratiekrise?

1. In der mit der „Bankenrettung" einhergehenden, immensen zusätzlichen staatlichen Verschuldung besteht die Schnittstelle zwischen der globalen Finanzkrise und der Schuldenkrise im Euroraum.

II. Staatliche Verantwortung für die Verhinderung und Bewältigung von Finanzkrisen

2. Staat und Gesetzgeber haben eine verfassungsrechtliche Rahmenverantwortung für die Wirtschaft. Im Zuge der hieraus resultierenden staatlichen Verantwortung für die Finanzmarktstabilität hat der Gesetzgeber dafür zu sorgen, dass Risikofaktoren (definiert durch konjunkturelle Schwankungen sowie Markt-, Kredit- und Liquiditätsrisiken) in ein angemessenes Verhältnis zur Risikotragfähigkeit des Gesamtsystems (definiert durch die Ertragslage von Unternehmen, ihre Kapitalausstattung und Reserven sowie die Existenz von Sicherungseinrichtungen) gesetzt werden. In ökonomischer Hinsicht wird der staatliche Schutzauftrag dadurch unterstrichen, dass es sich bei der Finanzmarktstabilität um ein öffentliches Gut handelt.

III. Herausforderungen an die Rechtsetzung im Finanzmarkt

3. Je weiter sich die Aktivitäten der Finanzmarktakteure von der Realwirtschaft lösen, desto künstlicher und abstrakter wird der Finanzmarkt, der in der Folge neuen und unbekannten Eigengesetzlichkeiten folgt.

4. Die Finanzmärkte bilden ein vielzitiertes Paradebeispiel der Globalisierung. Die weltweite Mobilität des Kapitals kombiniert mit einem rund um die Uhr möglichen Computerhandel gefährdet die Finanzmarktstabilität und entzieht sie zugleich nationaler Rechtsetzung. Die Konkurrenz der

Staaten um investitionsfreundliche Standortbedingungen setzt einen Systemwettbewerb in Gang, der jede Rechtsetzung zusätzlich erschwert.

5. Der durch Globalisierung einerseits und zunehmende Komplexität der zu regelnden Materien andererseits „überforderte Staat“ soll nach Vorstellungen der Staatswissenschaften durch Auslagerung in Form der Privatisierung entlastet werden. Unterschiedliche Ausprägungen der „Privatisierung“ von staatlicher Verantwortung für die Finanzmarktstabilität bilden die Standardsetzung des Baseler Ausschusses für Bankenaufsicht und die Standards der Rating-Agenturen. Eine ganz eigene Form dieser „Privatisierung“ stellt die auf Haushaltsdisziplin zielende „No-Bail-Out-Klausel“ des Art. 125 Abs. 1 AEUV dar, die den Konstruktionsfehler der Währungsunion, das Auseinanderfallen der Kompetenzen für europäische Währungspolitik und nationale Wirtschafts- und Finanzpolitik, kompensieren soll.

B. Rechtsetzung im Finanzmarkt und ihre demokratische Legitimation

I. Rechtliche Begründung und Essentialia der demokratischen Verantwortung des Gesetzgebers

6. Sowohl die Standardsetzung im Rahmen eines informalen Behördennetzwerks (Baseler Ausschuss) als auch die rein private Entwicklung von Standards (Rating-Agenturen) haben den Vorteil, dass eine durch die Globalisierung der Finanzmärkte gestellte Aufgabe effizient und souveränitätsschonend gelöst werden kann. Die „Eins-zu-Eins“-Rezeption extern erarbeiteter Standards durch den Gesetzgeber führt jedoch mit Blick auf das Demokratieprinzip zu Defiziten.

II. Ansätze zur Wiederherstellung der demokratischen Verantwortung des Gesetzgebers

7. Wenn es sich bei den vom Baseler Ausschuss gesetzten Standards um eine „Gesetzgebung über Bande“ handelt, dann muss diese Form der kooperativen Rechtsetzung aus Sicht des Demokratie- und Rechtsstaatsprinzips durch verfahrensrechtliche Mindestanforderungen aufgefangen werden. Sind diese nicht erfüllt, so darf der Gesetzgeber auf diese Standards weder Bezug nehmen, noch sie in eine Rechtsnorm transformieren.

8. Auf der nationalen Ebene ist statt eines automatischen ein autonomer Nachvollzug geboten, im Zuge dessen der Gesetzgeber in materieller Hinsicht die demokratische Letztverantwortung für die Rezeption der Standards übernehmen kann.

9. Im Lichte des Demokratieprinzips muss der Gesetzgeber die rechtliche Koppelung zwischen Ratings und zulässigen Finanzanlagen lösen, indem er all jene gesetzlichen Vorschriften streicht, die die Risikoeinschätzungen der Rating-Agenturen rezipieren und zur verbindlichen Vorgabe von finanzmarktrelevanten Entscheidungen machen. In die entstehende Lücke könnte eine der „Stiftung Warentest" vergleichbare Institution eintreten.

C. Finanzmarktrechtsetzung im Lichte des Vorsorgeprinzips

I. Begrenztheit des Wissens und Vorsorgeprinzip

10. Die Parallelen in der Beschreibung der Regelungsgegenstände „Umweltschutz" und „Finanzmarktstabilität" sowie die ihnen korrespondierenden Herausforderungen an den Gesetzgeber sind, je genauer man hinschaut, verblüffend: Unübersichtlichkeit, Nichtwissen, Ungewissheit, mangelnde Vorhersehbarkeit, lange Latenzzeiten, unbekannte Kausalitäten. Der aus dem Umweltrecht bekannte Kontextverlust der Rechtsordnung spiegelt sich insoweit im Finanzmarktrecht.

II. Vorgaben des Vorsorgeprinzips

11. Finanzmarktrecht ist zumindest teilweise als Risikorecht zu verstehen und dementsprechend stärker als bisher am Vorsorgeprinzip auszurichten.

a) Dies gilt insbesondere dort, wo die verfassungsrechtlich fundierte Verantwortung für die Finanzmarktstabilität durch eine aus den Grundrechten fließende Schutzpflicht verstärkt wird, etwa wenn die Bürger – wie z.B. im Rahmen der Altersvorsorge – staatlicherseits förmlich in den Finanzmarkt gedrängt werden.

b) Im Rahmen des Risikomanagements kommen, dem Verhältnismäßigkeitsprinzip korrespondierend, zunächst prozedurale Instrumente zur Generierung von Informationen und Transparenz in Betracht. Mit einer intensiveren Eingriffstiefe verbunden ist die Einführung von Zulassungsverfahren und ggf. Verboten oder einer Gefährdungshaftung für risikoreiche Finanzmarktprodukte.

III. Das Vorsorgeprinzip als Regulativ von Finanzmarktrisiken

12. Es gibt nicht nur ein Vorsorgedefizit im Hinblick auf jene „neuen" rein abstrakten, spekulativen Finanzprodukte und Finanzunternehmen (z.B. Investmentbanken, Hedgefonds), die einen Großteil der Gewinne am Finanzmarkt erwirtschaften, sondern auch hinsichtlich der zum Einsatz kommenden

Risikomodelle. Die geltenden Regelungen berücksichtigen allenfalls die Risiken eines einzelnen Finanzprodukts oder einer einzelnen Bank, beziehen aber deren Verflechtung im Finanzmarkt samt den sich ergebenden Wechselwirkungen (sog. systemische Risiken) nicht hinreichend ein.

13. Im Lichte des Vorsorgeprinzips muss staatliche Rechtsetzung mitunter über bloß prozedurale Vorgaben in Form von Information und Transparenz hinausreichen und diese durch materielle Vorgaben ergänzen. Insoweit könnte mit Blick auf die im Staaten- und Verfassungsverbund durch deutsche und europäische Grundrechte sowie europäische Grundfreiheiten gewährleistete Wirtschaftsfreiheit gelten:

a) Je mehr systemische Risiken ein Finanzprodukt bzw. -unternehmen im Krisenfalle produziert, desto intensiverer inhaltlicher Rechtsetzung kann es mit Blick auf die Wirtschaftsfreiheit unterworfen werden.

b) Je mehr sich ein Finanzprodukt bzw. -unternehmen von der Realwirtschaft entfernt und rein spekulativ ausgerichtet ist, desto intensiverer inhaltlicher Rechtsetzung kann es mit Blick auf die Wirtschaftsfreiheit unterworfen werden.

D. Staatsverschuldung und Staatsbankrott als systemisches Risiko in der Eurozone

14. Vermittelt über die Finanzmärkte zeigt sich die bislang zuvorderst unter dem Aspekt der Generationengerechtigkeit und Zukunftsoffenheit diskutierte Staatsverschuldung nunmehr auch als ein für die Gegenwart bedeutsames systemisches Risiko für die Finanzmarktstabilität und die Stabilität in der Eurozone.

I. Die Maßnahmen zur Stabilisierung des Euro und ihre Legalität

15. Wie auch immer man mit Blick auf die Rechtmäßigkeit von Rettungsschirmen und Nothilfen im Angesicht der „No-Bail-Out-Klausel" argumentiert, letztlich wird man dem Aspekt, dass ein Scheitern der Währungsunion bzw. eventuell sogar der EU insgesamt nicht Sinn und Zweck des Art. 125 Abs. 1 AEUV sein kann, in irgendeiner Form Rechnung tragen müssen.

16. Nach hier vertretener Auffassung spielt das Solidaritätsprinzip in Form der Unionstreue (Art. 4 Abs. 3 AEUV) eine zentrale Rolle. Insoweit schulden die Mitgliedstaaten nicht Griechenland, sondern dem vertraglichen Ziel der Stabilität in der Eurozone insgesamt Solidarität. Dieser Aspekt ist bei der Auslegung von Art. 125 AEUV zu berücksichtigen. Dieses Verständnis sieht sich nunmehr durch den künftig für den ESM geltenden Art. 136 Abs. 3 AEUV bestätigt.

17. Trotz ESM bleibt es aber dabei, dass das „Bail-Out-Verbot" des Art. 125 AEUV die Regel ist und Finanzhilfen im Rahmen des Art. 136 Abs. 3 AEUV die Ausnahme sind. Insoweit wird ersichtlich, dass der ESM keineswegs den Einstieg in die vieldiskutierte „Transferunion" bedeutet. Daher sollten Nothilfen künftig nur unter der zusätzlichen Bedingung gewährt werden, dass der betreffende Mitgliedstaat freiwillig den Weg in die Umschuldung geht, falls er dem vereinbarten Konsolidierungsprogramm nicht nachkommen kann.

II. Die Maßnahmen zur Stabilisierung des Euro und ihre demokratische Legitimation

18. Sowohl im Hinblick auf die Nothilfen als auch auf jene Maßnahmen, die unter dem Aspekt der „Wirtschaftsregierung" zusammengefasst werden, zeigt sich ein Ausweichen der Mitgliedstaaten in die „Methode" der Koordinierung. Dieses kann man als Hinwendung von der supranationalen Gemeinschaftsmethode zu einer neuartigen, stärker intergouvernemental ausgerichteten „Unionsmethode" (Bundeskanzlerin Merkel) verstehen.

19. Das intergouvernementale Vorgehen mag zwar souveränitätsschonend sein, es birgt jedoch beträchtliche demokratische Kosten.

20. Als zwischenstaatliche Vereinbarung bewegen sich die Rettungsschirme EFSF und ESM außerhalb der Gemeinschaftsmethode. Wenn Europapolitik aber heute als europäisierte Innenpolitik zu verstehen ist, dann muss die Legitimation über den für die Auswärtige Gewalt typischen bloßen Nachvollzug von Entscheidungen der Exekutive hinausgehen (vgl. Art. 23 GG). Geboten ist insoweit eine präventive Beteiligung und Zustimmung des Parlaments. In diesem Kontext ist die vom BVerfG in seinem EFSF-Urteil postulierte Budgetverantwortung des Bundestages zu sehen.

21. Letztlich sollten sowohl die grundlegende Entscheidung, ob und unter welchen Bedingungen ein Staat Hilfen aus dem EFSF und dem künftigen ESM erhalten kann, als auch alle weiteren wesentlichen Entscheidungen hinsichtlich der Nothilfen im Plenum und nicht in einem Ausschuss gefällt werden. Die Regierung wäre dadurch in der Pflicht, den Bundestag zu überzeugen und könnte ihrer Europapolitik durch öffentliche Debatten eine gesteigerte demokratische Legitimation verschaffen.

22. Indem das BVerfG sein Ergebnis allein aus dem Demokratieprinzip herleitet, bleibt dessen normative Anbindung mit Blick auf die Regeln über die Auswärtige Gewalt, insbesondere aber den für „Angelegenheiten der EU" einschlägigen Art. 23 GG unklar. So richtig die Anknüpfung beim Budgetrecht ist, so naheliegend ist es doch gerade mit Blick auf den zukünftigen ESM, die Beteiligungsrechte des Bundestages analog der grundgesetzlichen Vorgaben des Europaartikels samt Begleitgesetzen zu konstruieren.

In diesem Rahmen ist sodann die Budgetverantwortung (insbesondere Art. 115 GG) zu berücksichtigen, mit der Folge, dass dem Bundestag (nicht aber dem Bundesrat) ein vorheriges Zustimmungsrecht zukommt.

23. Wenn sich die Flankierung der Währungsunion im Bereich der Wirtschafts- und Finanzpolitik (sog. Wirtschaftsregierung, treffender: „Economic Governance") im Rahmen sekundärrechtlicher Maßnahmen in engen Kompetenzgrenzen bewegt, dann führen die überschießenden Gehalte über die „Unionsmethode" zu Formen der rein intergouvernementalen Koordinierung und damit zu einem Demokratiedefizit (Art. 20 Abs. 1 und 2 sowie Art. 10 Abs. 2 EUV). Denn im intergouvernementalen Rahmen ist das Europäische Parlament nicht beteiligt, während die nationalen Parlamente auf jenen für die Auswärtige Gewalt typischen automatischen Nachvollzug reduziert werden.

III. Risikovorsorge durch nachhaltige Haushaltspolitik in Deutschland und der EU

24. Zur Vermeidung systemischer Risiken für die Finanzmarktstabilität gebietet das Vorsorgeprinzip eine nachhaltige Haushalts- und Finanzpolitik in den Mitgliedstaaten der EU. Bereits im Hinblick auf die geplanten Reformen des sekundärrechtlichen „Legislativpakets" zur Stärkung des Stabilitätspakts zeigt sich ein Kompetenzdilemma der EU. Weiterreichende Verbesserungen sind nur im Rahmen einer primärrechtlichen Reform, im Kontext einer europarechtlich überformten Finanz-, Wirtschafts- und Haushaltspolitik, möglich.

25. Insoweit kommt erschwerend hinzu, dass sich jede Vertragsreform an den vom BVerfG definierten identitätsbestimmenden und damit „europafesten" Staatsaufgaben (Art. 79 Abs. 3 GG), konkret dem Budgetrecht, stoßen könnte. In diesem Kontext formuliert das BVerfG allerdings ein Spannungsverhältnis: Das Grundgesetz setzt in der zutreffenden Interpretation des Gerichts die Ausgestaltung der Währungsunion als Stabilitätsgemeinschaft zwar voraus, jedoch scheint das BVerfG einer diesem Ziel dienenden, über die bisherigen Koordinierungsmaßnahmen hinausgehenden und damit auch besser demokratisch legitimierten Wirtschafts- und „Fiskalunion" samt europäischer Haushaltskontrolle einen „Riegel" vorschieben zu wollen.

26. Finanzmarktrechtsetzung hat eine Marktermöglichungsfunktion, aus der heraus der demokratische Gesetzgeber den Mut schöpfen sollte, den geschilderten Rechtsetzungsdefiziten auf den Finanzmärkten selbstbewusst zu begegnen. Gelingt ihm die Wiederherstellung des Primats der Politik nicht, dann droht eine nicht nur die freie Marktwirtschaft, sondern auch den demokratischen Verfassungsstaat erfassende Legitimationskrise.

Zweiter Beratungsgegenstand:

Finanzkrisen als Herausforderung der internationalen, europäischen und nationalen Rechtsetzung

2. Referat von Professor Dr. *Frank Schorkopf*, Göttingen

Inhalt

I. Einleitung

1. Krise des Rechts und Krise im Recht

„Wenn aber erst die augenblicklich noch drohenden Wolken vom politischen Horizont Europas verschwunden sein werden, dann [...] werden wir an den Ausgangspunkt gelangt sein, von dem wir besonnen, durch den früheren Irrthum gewarnt, eine gesunde Entwickelung werden anbahnen können.“[1] Die hoffnungsvollen Worte des preußischen Finanzministers *Otto v. Camphausen* in den Etatberatungen des Jahres 1877 waren durch den Gründerkrach angestoßen. Sie würden aber auch die regierungsamtlichen Bulletins der Gegenwart schmücken.

Jede Krise beschwört die Zukunft. Menschen misstrauen der Gegenwart und bauen darauf, dass richtige Entscheidungen getroffen, die Krisenursachen beseitigt werden, damit Normalität zurückkehrt.[2] Dieses von der Aufklärung getragene Verständnis gründet sich auf den ursprünglichen Krisenbegriff. Das Griechische *krisis* beschrieb neutral die Entscheidung in der Schlacht, die Frage nach dem Schicksal des Helden, auf die das Publikum eine Antwort erwartete.[3] Der Schicksalsbezug wirkt hinein bis in die aktuelle Krisensemantik – denn wer sich an einem Abgrund wähnt, erhofft wohl die Rettung durch das Jüngste Gericht.[4]

---

[1] Das Zitat *O. v. Camphausens* stammt aus der Provinzial-Correspondenz, 15. Jhg., Nr. 5, Ausgabe v. 31. 1. 1877; der Sten. Bericht der Rede des Ministers in der 9. Sitzung des Abgeordnetenhauses des Preußischen Landtags v. 30. 1. 1877 zum Staatshaushaltsetat 1877/78, 13. Legislaturperiode, 1. Session, 1877, 172 (173) zeigt, dass das Zitat für die Zeitungsausgabe gestrafft worden ist. Zum politischen Kontext und zur Rolle *v. Camphausens* ausf. *A. Thier* Steuergesetzgebung und Verfassung in der konstitutionellen Monarchie, 1999, 93 ff. passim; Biografisches *E. Angermann* Neue Deutsche Biographie, Bd. 3, 1957, 115.

[2] *A. Doehring-Manteuffel* Langfristige Ursprünge und dauerhafte Auswirkungen, in: Jarausch (Hrsg.), Das Ende der Zuversicht? Die siebziger Jahre als Geschichte, 2008, 313; zur Bedeutung des Normalen *G. Schulze* Krisen, 2011, 21 und 82 ff. *N. Luhmann* Wirtschaft der Gesellschaft, 1994, 324; vgl. zum Mangel an Vertrauen *K. Jaspers* Die geistige Situation der Zeit, 5. Aufl. 1932, Nachdruck 1999, 73; die Bedeutung des Vertrauens für das Phänomen der Finanzkrisen beleuchten *C. Reinhart/K. Rogoff* Dieses Mal ist alles anders. Acht Jahrhunderte Finanzkrisen, 2010 (engl. Orig. 2009), 36; weitere Nachweise zu Vertrauen und Recht s. Fn. 50.

[3] *P. Ricoeur* Ist die „Krise“ ein spezifisch modernes Problem?, in: Michalski (Hrsg.), Über die Krise, 1986, 38 (50 f.); *R. Starn* Historische Aspekte des Krisenbegriffs, in: Jänicke (Hrsg.), Politische Systemkrisen, 1973, 52 ff.

[4] Mit Blick auf die hier interessierenden Finanzkrisen sei an den Ausspruch des ehemaligen Bundesfinanzministers *P. Steinbrück* erinnert, man habe im September und Oktober 2008 am Abgrund gestanden; s. *Deutscher Bundestag* 2. Untersuchungs-

Heute benennt „Krise“ ein gesellschaftlich-psychisches Phänomen. Es geht um widrige Erscheinungen in einem Prozess, in dem Alternativen angelegt sind, über die aber unter Zeitnot zu entscheiden ist.[5] Die soziale Konstruktion der Krise hat Gewicht, weil die Wirklichkeitsdeutung das Handeln bestimmt.[6] In der europäischen Staatsschuldenkrise, über die ausführlicher zu sprechen ist, führt die Frage, ob es sich um Krisen der Schuldnerstaaten, um Krisen der Gläubiger oder gar um eine Gesamthandskrise der Europäischen Union und ihrer Mitglieder handelt, zu grundverschiedenen Antworten.[7]

Für eine rechtswissenschaftliche Betrachtung ist dieser Sprachgebrauch von begrenztem Erkenntnisgewinn. Es wäre aber vorschnell, den Krisenbegriff deshalb aus dem Recht herauszuhalten. Er eignet sich nämlich als analytische Kategorie, um die Bedingungen zu untersuchen, unter denen sich Macht in föderalen Rechtsordnungen oder im Mehrebenensystem verschiebt. Wie verhält sich also das Recht zur Krise?

Jede Rechtsordnung soll eine stabile Ordnung sein, die ihre Normativität bewahrt. Nationales, europäisches und internationales Recht, besonders aber staatliches Recht leugnen nicht, dass es schwierige Zeiten geben kann, für die besondere Regeln vorgehalten werden sollten.[8] Man-

---

ausschuss, Bericht, BT-Drs 16/14000, 49: „Der Zusammenbruch von Lehman Brothers und die Rettung von Hypo Real Estate: Das waren 21 Tage am Abgrund. [...] Die Finanzwelt stand in den Wochen zwischen dem 15. September und dem 5. Oktober 2008 jenseits jeder Dramatisierung von mir nur Millimeter vorm Abgrund; [...].“, für ähnliche endzeitliche Sprachbilder in diesem Zusammenhang vgl. ebd., 186; aus neuerer Zeit Interview mit *J. Delors* FAS v. 25. 9. 2011, 6.

[5] Ausführlicher *R. Koselleck* Einige Fragen an die Begriffsgeschichte von ‚Krise‘, in: ders., Begriffsgeschichten, 2006, 203 (204f.); spez. zum Element der Zeitnot *K. W. Deutsch* Zum Verständnis von Krisen und politischen Revolutionen, in: Jänicke (Hrsg.), Herrschaft und Krise, 1973, 90 (91).

[6] *W. I. Thomas/D. Swaine Thomas* The Child in America, 1928, 572: „If men define situations as real, they are real in their consequences“, zit. nach *F. W. Graf* Missbrauchte Götter, 2009, 63.

[7] *K. Dyson* Krise? Welche Krise? Wessen Krise? APuZ 43/2010, 19ff.; *M. Jänicke* Herrschaft und Krise, 1973, 16.

[8] Auch das überstaatliche Recht kennt den Notstand, vgl. *C. Binder* Nichterfüllung völkerrechtlicher Vertragspflichten wegen Notstands, in: Wittich/Reinisch/Gattini (Hrsg.), Beiträge zum 33. Österreichischen Völkerrechtstag, 2009, 119ff.; *S. Hobe* Völkerrechtlicher Notstand im internationalen Investitionsrecht, Kölner Schrift zum Wirtschaftsrecht 1 (2011), 121ff. Zur völkergewohnheitsrechtlichen *necessitas* s. BVerfGE 118, 124ff. – Argentinien; zu den Hintergründen *S. Schlemmer-Schulte* Sovereign Debt: The Argentine Bond Case, FS Bothe, 2008, 973ff. Für das EU-Recht vgl. Art. 7 EUV iVm Art. 269, 354 AEUV sowie Art. 347 AEUV.

che erkennen in der Ausnahme den Logos der Rechtsordnung,[9] andere denken vernünftigerweise von der Normallage her. Sie erkennen an, dass die Ordnung selbst in Frage gestellt werden könnte und die „Vorrätighaltung von Notstandsregeln“[10] geboten ist. Jenseits dieser Linie beginnt das Denken über den außerrechtlichen Notstand[11], das manchen Intellektuellen – wie die europäische Krise wieder zeigt – in das „Niemandsland zwischen Öffentlichem Recht und politischer Faktizität“ lockt.[12]

Dieser, auf den binären Gegensatz von Normal- und Ausnahmelage verkleinerten *Krise des Rechts* ist ein analytisch ertragreicherer Krisenbegriff an die Seite zu stellen. Er fußt auf der Überlegung, dass Recht gesellschaftlicher Dynamik vorab einen Ordnungsrahmen setzt, der bestimmte Verhaltensweisen sanktioniert. Kommt es in der Gesellschaft zu Krisen, hat sie diese im Recht zu verarbeiten.

Das Recht muss auf diese *Krise im Recht* nicht warten.[13] Es kann sich mit bestimmten Problemen vorab auseinandersetzen und einen kontra-

---

[9] *E.-W. Böckenförde* Die Krise in der Rechtsordnung: der Ausnahmezustand, in: Michalski (Hrsg.), Über die Krise, 1986, 183ff. mit Nachweisen zu den Positionen C. Schmitts; aus der neueren Literatur mit Bezug zur Wirtschaftskrise *W. Leisner* Wirtschaftliche Notstandsverfassung für Krisenzeiten?, DVBl. 124 (2009), 1409ff. vgl. a. *O. Depenheuer* Selbstbehauptung des Rechtsstaates, 2. Aufl., 2008, 35ff.

[10] *G. Folke-Schuppert* Rigidität und Flexibilität von Verfassungsrecht, AöR 120 (1995), 32 (83ff.).

[11] *E. Klein* Der innere Notstand, in: Isensee/Kirchhof, HStR, Bd. VII, 1. Aufl., 1992, § 169 Rn. 1 unter Hinweis auf die Leitentscheidung des EGMR zu Art. 15 EMRK Lawless/Irland, Urt. v. 1. 7. 1961, Series A Nr. 3, Ziff. 28ff. = EGMR-E 1, 10ff.; zum übergesetzlichen Notstand *J. Kohler* Not kennt kein Gebot, 1915; auch die Debatte um das Selbsterhaltungsrecht der Staaten zählt zu diesem Themenbereich, zentral *E. Kaufmann* Das Wesen des Völkerrechts, 1911, s. dazu *F. Degenhardt* Zwischen Machtstaat und Völkerbund, 2008, 34ff.

[12] In der gegenwärtigen Schuldenkrise beschäftigt sich sogar die Bundesregierung mit den methodischen Konsequenzen aus einer Funktionsstörung des Unionsrechts *W. Schäuble* Reform der europäischen Finanzregeln – für eine bessere Verfassung Europas, Rede v. 26. 1. 2011, Forum Constitutionis Europae, Berlin, Manuskript, 5; s.a. *T. Oppermann* Euro-Stabilisierung durch EU-Notrecht, in: FS Möschel, 2011, 909 (914f.). Der Gedanke eines außervertraglichen Unionsnotstandes ist irritierend, weil das Institut mit dem Grundsatz der begrenzten Einzelermächtigung (Art. 5 Abs. 2 EUV) grundsätzlich unvereinbar ist, dazu näher *F. Schorkopf* Gestaltung mit Recht, AöR 136 (2011), 323 (341ff.); vgl. a. *E.-W. Böckenförde* Kennt die europäische Not kein Gebot?, in: ders. Wissenschaft, Politik, Verfassungsgericht, 2011, 299ff. Zum „Niemandsland zwischen Öffentlichem Recht und politischer Faktizität“ *G. Agamben* Ausnahmezustand, 2004, 8, wo der Ausnahmezustand auch als das Bindeglied zwischen „Rechtsordnung und Leben“ theoretisiert wird.

[13] Zu einer Systematik der Krisenbegriffe des Rechts *J. Heckel* Diktatur, Notverordnungsrecht, Verfassungsnotstand mit besonderer Rücksicht auf das Budgetrecht, AöR 61 (1932), 257ff.

faktischen Vorrat typisierender Antworten bereithalten. Bei Krisen mit hoher Eintrittswahrscheinlichkeit wird sogar erwartet, dass das Recht sich nicht erst auf den Ernstfall, sondern schon auf das Risiko einstellt.[14] Für das hier interessierende Thema der Finanzkrisen ist beispielhaft auf die keynesianisch inspirierte Änderung des Finanzverfassungsrechts im Jahr 1969 hinzuweisen, die Regelungen zur Abwehr von Störungen des gesamtwirtschaftlichen Gleichgewichts einfügte.[15] Auch nach der zweiten Föderalismusreform erlaubt das Grundgesetz weiterhin, eine konjunkturbedingte Haushaltskrise im Bund durch eine erhöhte Kreditaufnahme zu bewältigen.[16]

Die Normativität des Rechts kann bei der Krisenbewältigung allerdings auch ein Hindernis sein. Recht legt sich vorab fest. Es kann der Krisenbekämpfung die Chance nehmen, auf die Herausforderungen flexibel und effektiv zu antworten. Der Kampf gegen eine Krise wird wiederum erleichtert durch die Möglichkeit der Rechtsetzung. Rechtsetzer können bestehende Normen streichen oder ändern oder können neues Recht erlassen.[17]

---

[14] Aus historischem Blickwinkel *R. Metz* Konjunkturen im 19. und 20. Jahrhundert, in: Schulz/Buchheim ua (Hrsg.), Sozial- und Wirtschaftsgeschichte, VSWG-Beiheft 169 (2004), 217 (222). Zu dem Übergang von anlassbezogener Bekämpfung konkreter Gefahren zur Vorsorge im Sinne generalisierter Risikoentschärfung und Risikosteuerung *U. Volkmann* Der alltägliche Ausnahmezustand oder: Not kennt viele Gebote, Merkur 2008, Nr. 708, 369ff.

[15] Art. 115 Abs. 2 GG aF, s. zum Begriff weiterhin §§ 6 Abs. 2, 15 Abs. 1, 19 Gesetz zur Förderung der Stabilität und des Wachstums der Wirtschaft vom 8. 6. 1967 (BGBl. I 582), zuletzt geändert durch Verordnung v. 31. 10. 2006 (BGBl. I 2407); dazu unter Berücksichtigung der Verfassungsreform *D. Buscher* Der Bundesstaat in Zeiten der Finanzkrise, 2010, 307ff. Zur Verbindung der Verfassungsänderung mit konjunkturfördernden Wirtschaftstheorien s. *W. Höfling* Staatsschuldenrecht, 1993, 124ff., vgl. a. BVerfGE 79, 311 (331); zu den politischen und intellektuellen Hintergründen *T. Scharnetzky* Die große Ernüchterung, 2007, 82ff.; *G. Metzler* Am Ende aller Krisen?, HZ 275 (2002), 57 (89ff.).

[16] Art. 115 Abs. 2 S. 3; ähnlich Art. 109 Abs. 3 S. 2 GG idF des Gesetzes zur Änderung des Grundgesetzes v. 29. 7. 2009 (BGBl. I 2248), zu den Inhalten *C. Ohler* Maßstäbe der Staatsverschuldung nach der Föderalismusreform II, DVBl. 124 (2009), 1265ff.; *U. Häde* Die Ergebnisse der zweiten Stufe der Föderalismusreform, AöR 135 (2010), 541 (547ff.).

[17] In diesem Prozess hat sich das Gesetz seit den 1970er Jahren stark verändert. Die „Beweglichkeit der Rechtsordnung" insgesamt hat sich erhöht, vgl. *U. Scheuner* Die Funktion der Verfassung für den Bestand der politischen Ordnung, in: Hennis/Kielmannsegg/Matz (Hrsg.), Regierbarkeit, Bd. 2, 1979, 102 (108), zur Normativität als Faktor der Stabilität eines Gemeinwesens, ebd., 112ff.; s. zum Einzelfallgesetz und dem Bereich Staatsverschuldung *G. Kirchhof* Die Allgemeinheit des Gesetzes, 2009, 39ff. und 569ff.

2. *Pathologische und transformatorische Krisen*

Dabei meint „Rechtsetzung" nicht allein die klassische Handlungsform des Gesetzes. Rechtsetzung kann gerade im Krisenkontext auch das formalisierte verbindliche Entscheiden der Exekutive durch gestaltenden Verwaltungsakt sein.[18] Selbst die Judikative ist vom Rechtsetzungsbegriff nicht vollständig auszunehmen, wenn wir etwa auf die methodisch vertretbare Rechtsfortbildung[19] und die Gesetzeskraft von Entscheidungsaussprüchen[20] blicken. Die Staatsschuldenkrise lenkt die Aufmerksamkeit zudem auf die Rechtsquelle des Vertrages und damit auf die überstaatliche Handlungsebene. Wir haben es mit einem mehrdimensionalen Koordinatensystem aus Rechtsetzern – wie der Europäischen Union und der Gruppe der 20 – zu tun.[21]

Rechtsetzung wird angestoßen durch Staatsziele, Schutzpflichten, politische Programme, partikulare Interessen oder tatsächliche Erfordernisse. „Krise" ist zunächst ein Taktgeber für die Politik und das Signal, die Differenz zwischen dem idealen Anspruch und der notleidenden Gegenwart zu verringern. Mit dem Etikett „Krise" wird aber zugleich ein Zustand als krankhaft identifiziert, der im geltenden Recht und mit den verfügbaren Mitteln nicht geheilt werden könne.[22] Die bestehende Ordnung hat also einen Kausalbeitrag geleistet, eine *pathologische Krise* entstehen zu lassen. Den politischen Heilungswillen übersetzen die zuständigen Organe wiederum in Recht.[23] Dadurch wird „Krise" zum selbständigen Handlungsmotiv und setzt jedes politische Gemeinwesen unter einen besonderen funktionalen Druck, die not-

---

[18] Zum Begriff „Rechtsetzung" *C. Tietje* VVDStRL 66 (2007), 45 (47); *O. Lepsius* Aussprache, VVDStRL 66 (2007), 80; weites Verständnis bei *A. v. Bogdandy* Gubernative Rechtsetzung, 2000, 55. Der rechtstheoretische Diskurs geht noch weiter und ordnet auch die Rechtsanwendung als Rechtsetzung ein, vgl. *M. Jestaedt* Rechtsprechung und Rechtsetzung, in: Erbguth/Masing (Hrsg.), Die Bedeutung der Rechtsprechung im System der Rechtsquellen, 2005, 25ff.

[19] Zum unionsrechtlichen Kontext *N. Gvosche* Rechtsfortbildung im Unionsrecht, 2011, insb.79ff.

[20] Art. 94 Abs. 2 GG, § 31 Abs. 2 BVerfGG, dazu *E. Klein* in: Benda/Klein, Verfassungsprozessrecht, 3. Aufl., 2011, Rdnr. 436ff.

[21] Es sind wiederum Zuständigkeits-, Vorrang- und Kollisionsregeln, die das Nebeneinander der Ebenen und Akteure aufeinander abstimmen sollen. Die systematische Aufarbeitung eines solchen öffentlichen Kollisionsrechts unternimmt *Ohler* Kollisionsordnung des Allgemeinen Verwaltungsrechts, 2005, 15ff.

[22] *J. Schumpeter* Konjunkturzyklen, 2010 (engl. Orig. 1939), 171, verwendet die Formulierung „pathologische Begleiterscheinungen", bezogen auf die Wirtschaftswissenschaften und den Streit über die Einordnung der Konjunkturzyklen.

[23] *Luhmann* Recht der Gesellschaft, 1995, 429; *ders.* Gesellschaft der Gesellschaft, 1998, 1116f.

wendigen oder erwarteten Entscheidungen rechtzeitig – wenn nötig über Nacht – zu treffen.[24]

Es könnte sogar sein, dass bei einer internationalen Großkrise die Überzeugung wächst, dass das Recht an sich für die Krisenbewältigung ungeeignet sei. Ein Gemeinwesen müsste dann auch noch die Normativität des Rechts – einschließlich seiner Verfassung und völkerrechtlichen Verträge – gegenüber politischem Pragmatismus und der Faktizität des Handelns behaupten. Solche *transformatorischen Krisen* haben das Potential, den Ordnungsrahmen als solchen in Frage zu stellen und Neugestaltungskräfte zu mobilisieren.[25]

II. Mehrebenenrechtsetzung in Finanzkrisen

1. Kontext: Staat – Wirtschaft – Union

Eine transformatorische Krise, die im gemeinsamen Gedächtnis geblieben ist, ist die Weltwirtschaftskrise von 1929.[26] Der „Große Crash"[27] mit seinen unmittelbaren Marktereignissen und mittelbaren politischen

---

[24] Vom Standpunkt der Rechtsetzung das Musterbeispiel ist das vom deutschen Gesetzgeber zur „Bankenrettung" innerhalb von fünf Tagen erlassene Gesetz zur Umsetzung eines Maßnahmenpakets zur Stabilisierung des Finanzmarktes (Finanzmarktstabilisierungsgesetz – FMStG) v. 17. 10. 2008 (BGBl. 2008 I, 1982); das FMStG wird durch eine Durchführungsverordnung der Bundesregierung konkretisiert (FMStFV), eBAnz AT 123 2008 V1. Die Literatur hat sich mit den Umständen des Gesetzgebungsverfahrens ausf. beschäftigt vgl. *U. Seibert* Deutschland im Herbst: Erinnerungen an die Entstehung des Finanzmarktstabilisierungsgesetzes im Oktober 2008, in: FS Hopt, 2010, 2525ff.; *C. Waldhoff* Das Finanzmarktstabilisierungsgesetz in der föderativen Ordnung, Der Landkreis 2010, 175 (176); *F. Becker/S. Mock* Finanzmarktstabilisierungsgesetz, Kommentar, 2009, Einleitung Rdnr. 6; *T. Kroll* Das Finanzmarktstabilisierungsgesetz – eine Belastung für das Grundgesetz, in: Rensen/Brink (Hrsg.), Linien der Rechtsprechung des Bundesverfassungsgerichts, 2009, 357 (367f.).

[25] Recht ist einstweilen auf allen Ebenen politischer Herrschaft das Gestaltungsinstrument in der akuten Krisenbekämpfung und der vorausschauenden Krisenvermeidung. In der europäischen Schuldenkrise haben sich die EU und die Mitgliedstaaten seit Mai 2010 überwiegend bemüht, ihr Handeln als rechtmäßig darzustellen, eine bemerkenswerte Ausnahme machten die französische Finanzministerin, s. SZ, Interview mit *C. Lagarde* v. 22. 12. 2010 (online-Ausgabe), und der französische Europaminister, s. Financial Times, Interview mit *P. Lellouche* v. 28. 5. 2010 (online-Ausgabe). Es ist aber damit zu rechnen, dass Recht nicht in der Lage ist, Krisen für sich zu verhindern, vgl. *W. Heun* Der Staat und die Finanzkrise, JZ 2010, 53 (62).

[26] *H. James* Deutschland in der Weltwirtschaftskrise 1924–1936, 1988; *A. Ritschl* Deutschlands Krise und Konjunktur 1924–1934, 2002.

[27] *J. K. Galbraith* Der Große Crash 1929, 2008 (engl Orig. 1954).

Verwerfungen[28] ist das bis heute mahnende Muster einer großen Krise.[29] Ökonomische Krisen haben im modernen Industrie- und Wohlfahrtsstaat eine existentielle Bedeutung, nicht nur, weil in ihnen Gesellschafts- und Staatskrisen angelegt sind. Staaten sind auf die Leistungskraft des Wirtschafts- und Finanzsektors angewiesen. Der „Wirtschaftsstaat"[30] und die Europäische Union rechtfertigen sich mit der Wohlfahrt ihrer Bürger, der Hebung des Lebensstandards. Es ist ein Versprechen, das unter den herrschenden Rahmenbedingungen der Pluralität und des gegenstandslosen Gemeinwohls nur noch durch Wachstum[31] und öffentliche Verschuldung auf leistungsfähigen Märkten erfüllt wird.

Aus dieser Bandbreite sind Finanzkrisen nur eine Teilmenge. Eine Finanzkrise ist eine drängende Entscheidungssituation im öffentlichen Geldwesen, die durch ihren konkreten Gegenstand als Banken-, Währungs- und Schuldenkrise und schlussendlich als Finanzmarktsystemkrise typisiert wird.[32] Es gibt eine große Zahl historischer Finanzkrisen, die zumindest seit der Mitte des 19. Jahrhunderts aussagekräftige An-

---

[28] *K. Borchardt* Zwangslagen und Handlungsspielräume in der großen Wirtschaftskrise der frühen dreißiger Jahre, Bayerische Akademie der Wissenschaften, Jahrbuch 1978, 87ff.; insb. zu den autoritären Wirtschaftskonzepten seit 1934 *W. Schivelbusch* Entfernte Verwandtschaft, 2005.

[29] Auffällig sind die Anstrengungen öffentlicher Stellen, die insb. in den Medien angestellten Vergleiche zwischen der Weltwirtschaftskrise 1929 und der Finanzkrise 2007 zu widerlegen, vgl. *Bundesministerium für Wirtschaft* Monatsbericht 6/2009, 8ff.; *Europäische Kommission* Economic Crisis in Europe, European Economy 7/2009, 14ff.; *Internationaler Währungsfonds* World Economic Outlook, 2009, 99ff. Zu Handlungszwängen aus dem historischen Kontext des Jahres 1929 *W. Plumpe* Wirtschaftskrisen, 2010, 120.

[30] *E. R. Huber* Deutsche Verfassungsgeschichte, Bd. IV, 1969, 973 (974f.). Die Verknüpfung von Wirtschaft und Staat reicht zurück bis in die Neuzeit, zu den Überlegungen einer guten Regierung, die auch als „ökonomische Regierung" bezeichnet wurde, vgl. *M. Foucault* Die „Gouvernementalität", in: ders., Analytik der Macht, 2005 (Orig. 1978), 148 (156ff.).

[31] *H. James* Die Krise der Finanzmärkte und die Rückkehr des Staates, ZSE 7 (2009), 14 (25), mit dem Hinweis auf einen Zusammenhang von Höhe des Wachstums und Heftigkeit einer nachfolgenden Krise. Vgl die Zielsetzung der EU: „Ziel der Union ist es, […] das Wohlergehen ihrer Völker zu fördern." (Art. 3 Abs. 1 EUV) sowie das Ziel, auf die nachhaltige Entwicklung Europas u.a. „auf der Grundlage eines ausgewogenen Wirtschaftswachstums und Preisstabilität" hinzuwirken (Art. 3 Abs. 3 S. 2 EUV); zur Bedeutung des Wirtschaftswachstums und der daraus folgenden Notwendigkeit der Krisenbewältigung s. *Europäische Kommission* Jahreswachstumsbericht, KOM (2011) 11 und die politische Strategie „Europa 2020", KOM (2019) 2020.

[32] In Anlehnung an *Internationaler Währungsfonds* World Economic Outlook 1998, 74f.

schauungen liefern:[33] der Gründerkrach 1873,[34] die Hyperinflation 1923, die Konjunktur- und Ölkrisen seit Mitte der 1960er Jahre, der Zusammenbruch des Bretton-Woods-Systems 1973, die Schuldenkrise Lateinamerikas in den 1980er Jahren, die Asien-Krise 1997/98 und das Platzen der Internet-Blase im Jahr 2000.[35]

Die weiteren Überlegungen sind auf die Finanzkrise der Gegenwart bezogen, d.h. auf die Ereignisse auf dem Finanzmarkt seit Mitte des Jahres 2007, die sich seit Herbst 2009 zu einer europäischen Staatsschuldenkrise erweitert haben. Die beiden Teilkrisen werden gemeinsam betrachtet, weil sie einen gemeinsamen Hintergrund haben.

2. *Schwerpunkt: Finanzmarkt- und Staatsschuldenkrise*

Das Handeln nationaler, europäischer und internationaler Rechtsetzung kann nach der Zielrichtung unterteilt werden: kurzfristige Akutmaßnahmen gegen Krisensymptome und ordnende Maßnahmen bezogen auf Krisenursachen.

Der Handlungsdruck auf die Mehrebenenrechtsetzung in der Finanzkrise entlädt sich zunächst in Akutmaßnahmen. Es handelt sich überwiegend nicht um klassische Rechtsetzungsakte, sondern um administrativ-politisches Handeln: Regierungen garantieren Bankaktiva und -passiva;[36] Zentralbanken und Internationaler Währungsfonds vergeben Kredite; Aufsichtsbehörden erproben die angemessene Kapitalausstat-

---

[33] *Plumpe* Wirtschaftskrisen (Fn. 29), 42ff.; *C. Kindleberger* Manien, Paniken, Crash, 2001 (engl. Orig. 1978) sowie die Beiträge in *G. Lingelbach* (Hrsg.), Staatsfinanzen – Staatsverschuldung – Staatsbankrotte in der europäischen Staaten- und Rechtsgeschichte, 2000; allgemein zu Wirtschaftskrisen *K. E. Born* Handbuch der Wirtschaftswissenschaften, Bd. 9 Nachtrag, 1982, 133ff.

[34] Zu den Ereignissen der Gründerzeitkrise *M. Wirth* Handelskrisen, 4. Aufl., 1890, 450ff.

[35] Zu den jüngeren Finanzkrisen *C. Reinhart/K. Rogoff* (Fn. 2); auf den Zeitraum 1960 bis 2007 bezogen *S. Claessens/A. Kose/M. Terrones* What happens during Recessions, Crunches and Busts?, IMF Working Paper WP/08/274, 2008; insb. zum Goldstandard *B. Eichengreen* Globalizing Capital, 2. Aufl., 2008, 15 ff. und 18ff.; zu Lateinamerika und Asien *P. Krugman* Die neue Weltwirtschaftskrise, 2009 (engl. Orig. 1999, 2008), 41ff. Eine Beschreibung der Blasenbildung bei *Plumpe* Wirtschaftskrisen (Fn. 29), 35f.

[36] Besondere Aufmerksamkeit erhielt die Garantie für Spareinlagen durch Bundeskanzlerin *A. Merkel* und Bundesfinanzminister *Steinbrück* am 5. 10. 2008; zur Einordnung der Erklärung vgl. BT-Drucks 16/14112, 5: „Die Erklärung der Bundeskanzlerin und des Bundesministers der Finanzen vom 5. Oktober 2008 stellt eine politische Erklärung dar, mit welcher die Bundesregierung versichert, dass die privaten Spareinlagen der Bürgerinnen und Bürger auch im äußerst unwahrscheinlichen Fall des Versagens der bestehenden Sicherungssysteme zusätzlich durch die Bundesregierung gesichert sind."

tung von Banken und lösen bonitätsschwache Kredite aus den Bilanzen heraus; Staaten stellen anderen notleidenden Staaten Bürgschaften und Kredite zur Verfügung. Die tragende Ressource zu diesem Zeitpunkt ist Geld, weshalb die Staaten mit ihrer Steuerhoheit und Kreditfähigkeit – und nicht die Europäische Union oder internationale Gremien, mit Ausnahme des Währungsfonds und der Europäischen Zentralbank – im Handlungsmittelpunkt stehen. Mit zunehmender Krisendauer überschneiden sich Akutmaßnahmen mit Maßnahmen, die den Ordnungsrahmen ursachenbezogen ändern.

Sie werden vor allem auf europäischer und internationaler Ebene, im institutionellen Bereich ergriffen. Die Staats- und Regierungschefs versuchten, den ersten G 20-Gipfel im November 2008 zu einer Weltfinanzgubernative aufzuwerten;[37] bestehende Exekutivforen nutzen ihre administrative Kapazität, um, wie im Fall des Basel-Ausschusses der Bank für internationalen Zahlungsausgleich, die Regulierungsstandards für Banken („Basel III") anzupassen; der Internationale Währungsfonds hat seine Aufgaben um die kurzfristige Kreditvergabe erweitert.[38] Die Europäische Union unternahm eine Reform der Finanzmarktregulierung, deren sichtbarstes Zeichen, neben zahlreichen Sekundärrechtsakten, ein Europäisches Finanzaufsichtssystem ist.[39] Es hatte sich seit

---

[37] Die G 20 hatten bis zu dem Weltfinanzgipfel v. 15./16. 11. 2008 in Washington auf der Ebene der Finanzminister getagt; zu dem Gedanken einer Gubernative *Tietje* Architektur der Weltfinanzordnung, 2011, 35f.; allgemein zu den Entwicklungen auf internationaler Ebene *M. Giovanoli* The International Financial Architecture, in: ders./Devos (Hrsg.), International Monetary and Financial Law, 2010, 3 Rdnr. 1.08ff. Zum Status und der Rolle der G 20 *Tietje* ebd. 24f.; *J. Norton* NIFA-II (New International Financial Architecture) or „Bretton Woods-II"?, Journal of Banking Regulation 11 (2010), 261ff.

[38] Der Internationale Währungsfonds führte im März 2009 eine *Flexible Credit Line (FCL)* ein, die die Kreditvergabe außerhalb der Konditionalität und vor dem Eintritt von Zahlungsbilanzschwierigkeiten in einem Vertragsstaat ermöglicht. Das neue Kreditinstrument muss im Zusammenhang mit dem Reformprozess gesehen werden, in dem sich der Fonds seit 2007 befindet, vgl. *S. Hagan* Reforming the IMF, in: Giovanoli/Devos (Fn. 37), 40 (58ff.).

[39] Verordnung (EU) Nr. 1095/2010 des Europäischen Parlaments und des Rates v. 24. 11. 2010 zur Errichtung einer Europäischen Aufsichtsbehörde (Europäische Wertpapier- und Marktaufsichtsbehörde), zur Änderung des Beschlusses Nr. 716/2009/EG und zur Aufhebung des Beschlusses 2009/77/EG der Kommission, ABl. EU 2010 Nr. L 331/84. European Securities and Markets Authority – ESMA; European Banking Authority, EBA und European Supervisory Authority Insurance and Occupational Pensions – EIOPA; die drei Behörden koordinieren sich in dem Gemeinsamen Ausschuss der Europäischen Aufsichtsbehörden. Eine Übersicht über die verwobene Struktur europäischer Finanzmarktregulierung geben *H. C. Röhl* Finanzmarktauf-

dem Jahr 2000 entwickelt[40], erhielt aber erst durch die Finanzmarktkrise den entscheidenden politischen Rückenwind. In der Staatsschuldenkrise ist der neue Europäische Stabilitätsmechanismus (ESM) anzuführen, mit dem die Euro-Rettungsfonds entfristet und auf eine völkervertragliche Grundlage gestellt werden sollen.[41]

3. *Schlussfolgerungen: Ursachengewissheit – Gestaltungschance*

Bei einer Gesamtschau fällt auf, dass die Rechtsetzer in der Krise mit bemerkenswerter Gewissheit darüber handeln, welche Schwächen auszugleichen sind. In dem Handeln äußert sich eine nicht hinterfragte Gewissheit über Kausalitäten, die in manchen Fällen sicherlich evident sind.[42] Strengere Haftungsregeln werden die Risikoneigung der Handelnden dämpfen. Solche Ursachenzusammenhänge können jedoch in anderen Fällen schwer zu verstehen sein. Wer vermag heute anzugeben, zu welchen Ausweichbewegungen das neue Europäische Finanzaufsichtssystem bei Kreditinstituten führen wird?

---

sicht, in: Fehling/Ruffert (Hrsg.), Regulierungsrecht, 2009, § 18 und *N. Moloney* EU Financial Regulation after the Global Financial Crisis, CMLR 47 (2010), 1317 ff.

40 Eine zentrale Bedeutung für die Durchführungsrechtsetzung hat in diesem Kontext der so genannte Lamfallussy-Prozess, dazu *K. U. Schmolke* Die Einbeziehung des Komitologieverfahrens in den Lamfalussy-Prozess, EuR 41 (2006), 432 ff., *T. Möllers* Sources of Law in European Securities Regulation – Effective Regulation, Soft Law and Legal Taxonomy from Lamfalussy to de Larosière, European Business Organization Law Review 11 (2010), 379 ff. Eine dichte Analyse der bestehenden Finanzaufsicht am Vorabend der Reform unternimmt *M. Herdegen* Bankenaufsicht im Europäischen Verbund, 2010.

41 *Europäischer Rat* Schlussfolgerungen des Vorsitzes v. 24./25. 3. 2011, EUCO 10/1/11 Rev 1, Anlage II; Umsetzung der Eckpunkte durch den Entwurf für einen Vertrag zur Einrichtung des Europäischen Stabilitätsmechanismus (ESM), inoffizielle Arbeitsübersetzung, o. Datum; eine frühere Entwurfsfassung enthält *Deutscher Bundestag* Ausschuss für Wirtschaft und Technologie, A-Drs 17(9)460 v. 19. 5. 2011. Die Instrumente des ESM sind in Art. 14 (Stabilitätshilfe – ESS) und in Art. 15 (Primärmarkt-Unterstützungsfazilität – PMSF) enthalten, die Liste kann durch einstimmigen Beschluss des Gouverneursrates erweitert werden (Art. 16).

42 Aus der umfangreichen Literatur zu den Ursachen der Finanzmarktkrise seien hervorgehoben *Sachverständigenrat* Jahresgutachten 2007/08, 92 ff.; *M. Hellwig* Finanzkrise und Reformbedarf, Verhandlungen des 68. Deutschen Juristentages, Bd. I, 2010, Gutachten E, E 35 ff.; *ders.* Systemic Risk in the Financial Sector, De Economist 157 (2009), 129 ff.; *B. Rudolph* Die internationale Finanzkrise, ZGR 2010, 1 (4 ff.); *S. Siddiqui/M. Seckelmann* Der Subprime-Kollaps, dms – der moderne staat 2009, 133 f.; speziell zur amerikanischen Sicht *National Commission on the Causes of the Financial and Economic Crisis in the United States (FCIC)* The Financial Crisis Inquiry Report, 2011, 83 ff.

Diese unreflektierte Gewissheit ist verständlich. Im modernen Verfassungsstaat müssen Rechtsetzer den Anspruch der Öffentlichkeit erfüllen, „Probleme rasch in den Griff zu bekommen." Sie können nicht offen ihre Handlungsfähigkeit hinterfragen, soll die Opposition nicht einen Vorteil erhalten oder die Herrschaftsordnung als unregierbar in Frage gestellt werden.[43] Bei diesem Selbstverständnis von Krisenrechtsetzung kommen zwei Aspekte nicht in den Blick: Die Geschichte der Finanzkrisen zeigt zum einen, dass die Handlungsziele der Rechtsetzung einseitig an der Vergangenheit ausgerichtet sind. So waren die heute kritisierten Eigenkapitalregeln für Kreditfinanzierungen auch die Antwort auf die geplatzte Spekulationsblase der „New Economy". Mit der Verbriefung von Hypothekenkrediten antwortete der Finanzmarkt auf die politischen Rahmenvorgaben sozial ausgedehnter Eigentumsförderung und die hohe Zahl renditesuchender Anleger in einem liberalisierten Kapitalmarkt.[44] Auf den eingangs erwähnten Gründerkrach antwortete die Rechtsordnung, indem sie Kartelle zuließ, die später für weit schlimmere Krisen mitverantwortlich gemacht wurden.[45] Die eilfertigen Krisenantworten von heute können die Krisenursachen von morgen sein.

Die Ursachen speziell für Wirtschafts- und Finanzkrisen könnten zum anderen in einem unerwarteten Bereich, nämlich im „Arrangement moderner Gesellschaftsorganisation" liegen, mit der Folge, dass

---

[43] Bemerkenswert die krit. Äußerungen zur Leistungsfähigkeit von Demokratien in Wirtschafts- und Finanzkrisen, s. etwa *A. Kluth* The people's will, The Economist v. 23. 4. 2011, 3ff., zur dysfunktionalen Demokratie in Kalifornien; krit. zum Verhalten der Parteien *H. H. Klein* Metamorphose der Demokratie, FAZ v. 29. 8. 2011, 7. Die aktuelle Kritik hat eine semantische und inhaltliche Nähe zur Unregierbarkeitsthese, *W. Hennis/P. v. Kielmannsegg/U. Matz* (Hrsg.) Regierbarkeit, 2 Bd., 1977/79; in der Rückschau *Isensee* Regierbarkeit in einer parlamentarischen Demokratie, in: Freiherr-Vom-Stein-Gesellschaft (Hrsg.), Zur Regierbarkeit der parlamentarischen Demokratie, 1979, 15, der auf die passivische Konstruktion von Unregierbarkeit als Hinweis auf Unmündigkeit und den Anspruch „mehr Demokratie wagen" aufmerksam macht. Sie ist ihrerseits als das bürgerlich-konservative Gegenstück zu den älteren marxistisch inspirierten Krisentheorien gelesen worden, zu letzteren *C. Offe* Strukturprobleme des kapitalistischen Staates, 1972, (Neuausgabe 2006); *J. Habermas* Legitimationsprobleme im Spätkapitalismus, 1973; zu einer Renaissance der Krisentheorie im Zeichen der Finanzkrise *A. Schäfer* Krisentheorien der Demokratie: Unregierbarkeit, Spätkapitalismus und Postdemokratie, dms – der moderne Staat 2009, 159ff.

[44] *H.-W. Sinn* Kasino-Kapitalismus, 2. Aufl., 2011, Kap. 2.

[45] Von zentraler Bedeutung ist die Entscheidung des Reichsgerichts v. 4. 2. 1897 zum Sächsischen Holzstoffkartell, RGZ 38, 155ff.; einflussreich die spätere herrschende Deutung von *F. Böhm* Das Reichsgericht und die Kartelle, ORDO 1 (1948), 197ff.; ausf. *K. Richter* Die Wirkungsgeschichte des deutschen Kartellrechts vor 1914, 2007, 51ff., zusf. *M. Schmoeckel* Rechtsgeschichte der Wirtschaft, 2008, Rdnr. 375ff.

Finanzkrisen als Krise der Mentalitäten zu verstehen wären.[46] So verfestigt sich vor dem Hintergrund der allseitig kritischen Lage öffentlicher Finanzen[47] die Vorahnung, dass die Finanzmarkt- und Staatsschuldenkrise nicht allein auf technischen Defekten beruht, die sich durch mehr Transparenz, bessere Verwaltung, durch Optimierung und Anstrengung hätten vermeiden lassen.[48]

Die Komplexität der Verhältnisse und die tatsächliche Unsicherheit über Kausalitäten verweisen darauf, dass die „Krise" eine allgemeine Herausforderung für Rechtsetzung bereithält: Die Krise ist nicht nur politisches Motiv für Rechtsetzung, sie kann zudem eine Chance für die Politik sein, lang gehegte Ziele „im Windschatten der Krise" in Recht umzusetzen. Die besondere Bedeutung von Finanzkrisen für Staat und Gesellschaft ist verhältnisgleich zu den enormen Gestaltungspotentialen von Krisenrechtsetzung.[49]

Welches sind die konkreten Herausforderungen, vor denen Mehrebenenrechtsetzung in Finanzkrisen steht? Sie werden in den folgenden Abschnitten unter den Kategorien Gewährleistung (III.), Normativität (IV.) und Verantwortung (V.) diskutiert.

---

[46] *U. Di Fabio* Wachsende Wirtschaft und steuernder Staat, 2010, 83f., unter Hinweis auf *R. Dahrendorf* Nach der Krise, Merkur 63 (2009), Heft 720, 373ff. Ein mentalitätsnahes Erklärungsmuster für Finanzkrisen ist auch die „Spekulationsmanie", *Galbraith* Eine kurze Geschichte der Spekulation, 2010 (engl. Orig. 1990).

[47] *E. Reimer* Nachhaltigkeit durch Begrenzung der Staatsverschuldung, in: Kahl (Hrsg.), Nachhaltige Finanzstrukturen im Bundesstaat, 2011, 147ff.; *P. Kirchhof* Erwerbsstreben nach Maß des Rechts, in: Isensee/ders., HStR, Bd. VIII, 3. Aufl., 2010, § 169 Rdnr. 25ff.; *H. Pünder* Staatsverschuldung, in: Isensee/Kirchhof, HStR, Bd. 5, 3. Aufl., 2007, § 123; *J. Wieland* Staatsverschuldung als Herausforderung für die Finanzverfassung JZ 2006, 151ff.

[48] Das technokratische Vorverständnis, mit effektiveren und besseren Regeln gäbe es die Krise nicht oder sie wäre schneller überwunden, ist in der Politik herrschend, vgl. *J. C. Juncker* Interview mit Der SPIEGEL, Heft 21/2011, 64ff.; s.a. die Hinweise des wiss. Beirates beim Bundesministerium der Finanzen v. Juli 2010 und v. 18. 3. 2011, dass nicht die europäischen Vertragsregeln, sondern deren versäumte Anwendung das Problem sind, dazu *K. A. Konrad* Robuste Finanzmärkte, Max Planck Forschung 1/2011, 12 (16).

[49] „Krise" ist auch hier der analytische Begriff, um das Besondere einer Lage zu erkennen, vgl. *R. Vierhaus* Zum Problem historischer Krisen, in: Faber/Meier (Hrsg.), Theorie der Geschichte, 1978, 313 (315).

III. Gewährleistung

1. Marktstabilität – Wettbewerb – Interessenkonflikt

Recht gewährleistet einen Ordnungsrahmen. Der Bürger soll Zuversicht haben können, dass sein Vorleisten nicht durch opportunistisches Verhalten enttäuscht wird, sondern die erwartete Gegenleistung erfolgt.[50] Zur Finanzmarktkrise wird vertreten, dass der Staat deshalb besonders die Finanzmarktstabilität im Mehrebenensystem gewährleisten müsse.[51] Sie sei die institutionelle Grundlage für ein funktionierendes Wirtschaftssystem und für den staatlichen Anreiz an die Bürger, ihre soziale Absicherung auch dem Kapitalmarkt anzuvertrauen. Noch weitergehend wird es als eine der politischen Hauptaufgaben der freiheitlichen Demokratie gesehen, eine Wirtschaft mit freien Präferenzen einzurichten, zu verteidigen und im Störungsfall laufend wiederherzustellen.[52]

Diese Gewährleistungsaufgabe kann zu widerstreitenden Maßnahmen zwingen – die Finanzmarktstabilität muss sogar möglicherweise zulasten gleichwertiger Güter, wie der Preisstabilität oder des Wettbewerbs gesichert werden. Dies belegt in der Finanzmarktkrise anschaulich die Anwendung des europäischen Beihilferechts. Die Kommission hatte bereits im Oktober 2008 staatliche Finanzhilfen für „angeschlagene Finanzinstitute" genehmigt, die außerhalb der „globalen Finanzkrise" rechtswidrig gewesen wären.[53] Diese krisenorientierte Neuausle-

---

[50] Für den Zusammenhang von Vertrauen und Recht *Luhmann* Vertrauen, 4. Aufl., 2000, 41 ff.; *E. Schmidt-Aßmann/G. Dimitropoulos* Vertrauen in und durch Recht, in: Weingardt (Hrsg.), Vertrauen in der Krise, 2011, 129 ff.; *G. S. Schaal* Vertrauen, Verfassung und Demokratie, 2004, 75 ff.; allgemeiner, im Hinblick auf Strategie gegen Opportunismus *C. Engel* Vertrauen – ein Versuch, Preprint 1999/12, 1999, 4 ff.

[51] *Höfling* Finanzkrise und Reformbedarf, Verhandlungen des 68. Deutschen Juristentages, Bd. I, 2010, Gutachten F, F 9; *Ohler* Finanzkrisen als Herausforderung der internationalen, europäischen und nationalen Rechtsetzung, DVBl. 126 (2011), 1061 (1063 ff.); s.a. Bundeskanzlerin *Merkel* Regierungserklärung v. 15. 10. 2008, Plen. Prot. 16/182, 19349 B (19351 C): „Aufgabe des Staates in einer sozialen Marktwirtschaft ist Kontrolle. Der Staat ist Hüter der Ordnung.", sowie das Finanzmarktstabilisierungsgesetz (Fn. 24), BT-Drucks 16/10600, 9: „Vor diesem Hintergrund führt das Gesetz Maßnahmen ein, die erforderlich sind, um die volle Funktionsfähigkeit der Finanzmärkte zu gewährleisten und das Finanzsystem zu stabilisieren."

[52] *W. Fikentscher* Finanzkrise, Wettbewerb und Regulierung, GRUR Int. 2009, 635 (640).

[53] *Europäische Kommission* Mitteilung – Die Anwendung der Vorschriften für staatliche Beihilfen auf Maßnahmen zur Stützung von Finanzinstituten im Kontext der derzeitigen globalen Finanzkrise, ABl. EU 2008 Nr. C 270/8, verlängert bis zunächst 31. 12. 2011, ABl. EU 2010 Nr. C 329/7. S. dazu auch die bemerkenswerte Aussage des

gung des Beihilfenrechts hat die Kommission später auf die Realwirtschaft erstreckt.[54] In dem zweijährigen Zeitraum von Oktober 2008 bis Oktober 2010 hat sie staatliche Beihilfen im Umfang von 4,6 Billionen Euro genehmigt, von denen knapp die Hälfte tatsächlich ausgekehrt worden sind.[55] Das Beispiel zeigt allerdings auch, dass über einen mittleren Zeitraum hinweg Wettbewerb und Marktstabilität insgesamt wieder zu ihrem Recht kommen können. Die Kommission hat etwa die Verfahren zu den deutschen Rettungsbeihilfen für notleidende Landesbanken genutzt, die Staatsbanken ohne Geschäftsmodell vom Markt zu nehmen.[56]

Europäischen Rates: „Angesichts der derzeitigen außergewöhnlichen Umstände ist bei der Anwendung der europäischen Regeln weiterhin für rasches und flexibles Handeln zu sorgen. Der Europäische Rat befürwortet, dass die Kommission die Regeln der Wettbewerbspolitik, insbesondere hinsichtlich der staatlichen Beihilfen, umsetzt und dabei die Grundsätze des Binnenmarkts und der Vorschriften über staatliche Beihilfen weiterhin anwendet.", Schlussfolgerungen des Vorsitzes v. 15./16. 10. 2008, Dok. 14368/08, Rdnr. 5. Dazu insgesamt *C. Herrmann* Beihilfenrecht als Schönwetterrecht, WiVerw 2010, 36: „Die massive Unterstützung der Finanzinstitute war hierbei politisch und tatsächlich alternativlos.", ebd., 46; skeptisch zum Außerachtlassen einschlägiger Beihilferegeln *J. Schwarze* Die europäische Beihilfenkontrolle (Art. 87ff. EG) in Zeiten der Finanz- und Wirtschaftskrise, DVBl. 124 (2009), 1401 (1405ff.). Die Vereinbarkeit des FMStG mit den neuen Leitlinien untersucht *C. Maurer* Die gesetzlichen Maßnahmen zur Finanzmarktstabilisierung 2008 und 2009, 2010, 9ff.

[54] *Europäische Kommission* Mitteilung – Vorübergehender Gemeinschaftsrahmen für staatliche Beihilfen zur Erleichterung des Zugangs zu Finanzierungsmitteln in der gegenwärtigen Finanz- und Wirtschaftskrise, ABl. EU 2009 Nr. C 83/1. Bemerkenswert ist der Verweis auf die Bonitätsbewertungen der Ratingagentur Standard & Poor's für die Berechnung von Kreditprämien, ebd., Anhang.

[55] *Europäische Kommission* Commission Staff Working Paper – European Financial Stability and Integration Report 2010, SEC (2011) 489, 21 und ausf. Commission Staff Working Document – Facts and Figures on State Aid in the Member States, SEC (2010) 1462, 50. *D. Triantafyllou* Zur Verantwortung des Staates für die Geldwirtschaft, EuR 45 (2010), 585 (594): „Es handelt sich offensichtlich um ein Notstandsrecht, das die Abweichung von der normalen Praxis bis zu einem gewissen Punkt rechtfertigt."

[56] Exemplarisch *Europäische Kommission* Beschluss 2010/395/EG v. 15. 12. 2009 über die staatliche Beihilfe C 17/09 Deutschlands zur Umstrukturierung der Landesbank Baden-Württemberg, ABl. EU 2010 Nr. L 188/1; Entscheidung 2009/971/EG der Kommission v. 12. 5. 2009 über die staatliche Beihilfe C 43/08, die Deutschland zur Umstrukturierung der WestLB AG gewähren will, ABl. EU 2009 Nr. L 345/1. Zur Minimierung der wettbewerblichen Folgen von Rekapitalisierungen *M. Ojo* The Changing Role of Central Banks and the Role of Competition in Financial Regulation during (and in the Aftermath of) the Financial Crisis, ELJ 17 (2011), 513 (519ff.); krit. zum Verhalten der Kommission im Fall der Landesbanken *T. Stein* Ökonomie ohne Grenzen?, in: GS Burmeister, 2005, 391ff.

Das Problem sind jedoch nicht solche Ziel-, sondern die Interessenkonflikte, die der Garant der Ordnung in sich vereint. Der Staat ist erster Adressat des Gewährleistungsanspruchs, wie die Empirie der Finanzkrise belegt. Er ist aber zugleich Marktteilnehmer, d.h.: Setzt der Staat Recht im Bereich des Finanzmarktes, hat er immer auch seine Bedingungen als Großkreditnehmer und politischer Gestalter im Blick. Hinzu kommt, dass sein Handeln, vor allem mit erheblichen Finanz- und Konjunkturhilfen[57] im Rahmen von Akutmaßnahmen gleichwohl nicht die tatsächliche oder rechtliche Begrenztheit staatlicher Handlungsmöglichkeiten überdecken kann. Der Staat, der seinen Banken eine höhere Eigenkapitalunterlegung verordnet, seiner Wirtschaft einseitig einen Wettbewerbsnachteil zufügt, kann sich damit kurzfristig selbst bei Steuereinnahmen und dem Bemühen um Wachstum schädigen. Die europäische und international weit fortgeschrittene Kapitalverkehrsfreiheit[58] erlaubt es Bürgern und Unternehmen, partikulare Regeln zu umgehen, ohne ihre Marktteilnahme entscheidend einzuschränken. Die Antwort ist überstaatliche Regulierung. Europäische und internationale Rechtsetzung soll einen fairen, verlässlichen und effektiven Ordnungsrahmen für den Wettbewerb gewährleisten. Dies setzt wiederum die entsprechende Ermächtigung und optimale Ausstattung der überstaatlichen Einrichtungen durch die Staaten voraus. Wer dann aber den Ordnungsauftrag erhalten hat, Marktstabilität zu gewährleisten, der wird sich in einer Krise nur schwerlich von formalen Kompetenzgrenzen und konkurrierenden staatlichen Ordnungsvorstellungen beeindrucken lassen.

---

[57] Die beiden deutschen Konjunkturpakete v. Dezember 2008 und Frühjahr 2009 hatten ein Finanzvolumen von rund 100 Mrd., Konjunkturpaket I: Gesetz zur Umsetzung steuerrechtlicher Regelungen des Maßnahmenpakets „Beschäftigungssicherung durch Wachstumsstärkung“ v. 21. 12. 2008, BGBl. 2008 I, 2896; Konjunkturpaket II: Gesetz zur Sicherung von Beschäftigung und Stabilität v. 2. 3. 2009, BGBl. 2009 I, 416; das Gesetz über die Feststellung eines Nachtrags zum Bundeshaushaltsplan für das Haushaltsjahr 2009 v. 27. 2. 2009 BGBl. 2009 I, 406; Gesetz zur Neuregelung der Kraftfahrzeugsteuer und Änderung anderer Gesetze v. 29. 5. 2009, BGBl. 2009 I, 1170 sowie Gesetz zur Änderung des Grundgesetzes v. 19. 3. 2009, BGBl. 2009 I, 606, mit der Änderung sind Kompetenzen für verkehrsmittelbezogene Besteuerung auf den Bund gegen finanzielle Kompensation der Länder übertragen worden. Zur ökonomischen Wirkung der Pakte aus Sicht der Bundesregierung vgl. BT-Drucks 17/2568.

[58] Mit Bezug zur weltweiten Entwicklung *M. Ruffert* Free Flow of Capital, in: Wolfrum (Hrsg.), Max Planck Encyclopedia of International Law, 2009 (online-Ausgabe), Rdnr. 6ff.

2. *Gesellschaftliche Dynamik – Grundrechte*

Der institutionelle Gedanke der Gewährleistung einer Ordnung hat auch eine individualrechtliche Seite. Die marktwirtschaftlich-wettbewerbliche Ordnung ist durch Grundrechte auf nationaler und europäischer Ebene garantiert.[59] Das Handeln des Finanzmarktbürgers ist auch im Gewand einer gesellschaftsrechtlichen Unternehmung grundrechtlich geschützt. Die europäischen Grundrechte nehmen dem nationalen Rechtsetzer aufgrund ihres Anwendungsvorranges, Hand in Hand mit den Grundfreiheiten, die Rechtsmacht, selbständig über den Schutzumfang der Berufs- und Eigentumsfreiheit sowie des Gleichheitssatzes in grenzüberschreitenden Sachverhalten zu entscheiden. Die Debatte über eine Wirtschaftsverfassung[60] kann nur in diesem europäischen Kontext geführt werden, will sie nicht tragische Züge annehmen. Das gilt auch für die verfassungsrechtliche Ermächtigung zu einer entschädigungspflichtigen Sozialisierung der Produktionsmittel in Art. 15 GG.[61] Zwar respektiert das Unionsrecht die mitgliedstaatliche Eigentumsordnung,[62] verstaatlichte Finanzinstitute müssten sich aber weiterhin in die marktwirtschaftlich-wettbewerbliche Unionsordnung einfügen.

Die Krise eröffnet eine noch andere Optik auf diesen grundrechtlichen Kontext. Grundrechtsschutz steht in einem Erwartungszusammenhang, der die Verantwortung des Einzelnen für sein Handeln grundsätzlich voraussetzt. Wo dieser Erwartungszusammenhang nicht mehr tragfähig ist, wie im Fall des Eigentums an notleidenden „systemrelevanten" Banken, kann der Grundrechtsschutz nicht zu einer Prämie auf verant-

---

[59] *Di Fabio* Wettbewerbsprinzip und Verfassung, ZWeR 2007, 266 (270), *D. Zimmer* Finanzkrise und Reformbedarf, Verhandlungen des 68. Deutschen Juristentages, Bd. I, 2010, Gutachten G, G 1.

[60] *Ruffert* Zur Leistungsfähigkeit der Wirtschaftsverfassung, AöR 134 (2009), 197ff.; *R. Schmidt* Staatliche Verantwortung für die Wirtschaft, in: Isensee/Kirchhof, HStR, Bd. V, 3. Aufl., § 92, Rdnr. 13ff. und 30ff.; *P. Badura* Wirtschaftsverfassung und Wirtschaftsverwaltung, 4. Aufl., 2011, Rdnr. 14ff.

[61] In der Literatur ist umstritten, ob Banken zu den „Produktionsmitteln" zählen, Nachweise für eine enge und weite Auslegung des Art. 15 GG wie der Hinweis auf eine parlamentarische Geltungsbestätigung des Artikels im Jahr 2009 bei *Kirchhof* Erwerbsstreben (Fn. 47) Rdnr. 40 f; zu möglichen Schnittmengen des Artikels mit aktuellen Entwicklungen *U. Schliesky* in: BK GG (153. Lieferung), Art. 15 GG Rdnr. 10–14.

[62] Art. 345 AEUV; der Artikel bewirkt nach st.Rspr. nicht, dass die in den Mitgliedstaaten bestehende Eigentumsordnung den Grundprinzipien des Vertrags entzogen ist, EuGH, Rs. C-171/08, Urt. v. 8. 7. 2010 (noch nicht in Slg. veröffentlicht) Rdnr. 63f. mwN – Kommission/Portugal.

wortungsloses Handeln werden.[63] Die Finanzkrise testet die klassische Grundrechtsdogmatik und ihre praktische Umsetzung auch darüber hinaus. Denn durch die Krise sind zugleich Grundrechtsschutzbereiche der mittelbar betroffenen Bürger angesprochen. Mit der Einführung der „Schuldenbremse" für Bund und Länder müsste etwa die heute selbstverständliche Annahme zwingender Leistungspflichten überdacht werden. Staatliche Schutzpflichten für die wirtschaftlich-soziale Existenz büßen an juristischer Überzeugungskraft ein, wenn sie – wie im progressiven Hartz IV-Urteil des Ersten Senats – einerseits auf die Menschenwürde gegründet und andererseits nahezu begründungslos unter Finanzierungsvorbehalt gestellt werden.[64]

In der Wahrnehmung der Finanzkrise sind Grundrechte auf europäischer und internationaler Ebene ein weißer Fleck.[65] Auf nationaler Ebene deutet das Grundgesetz in seiner verfassungsgerichtlichen Auslegung den Weg aus der strikten Grundrechtsbindung in einem anderen Zusammenhang an. In der Vermögenssteuerentscheidung des Bundesverfassungsgerichts heißt es, dass in „staatlichen Ausnahmelagen" die Verfassung einen Zugriff auch auf die Vermögenssubstanz erlaube.[66]

---

[63] Gesetz zur Rettung von Unternehmen zur Stabilisierung des Finanzmarktes v. 7. 4. 2009, das Rettungsübernahmegesetz ist Teil des Gesetzes zur weiteren Stabilisierung des Finanzmarktes (Finanzmarktstabilisierungsergänzungsgesetz – FMStErgG), BGBl. 2009 I, 725; vgl. *W. Servatius* Die Enteignung von Bankaktionären – Der Fall Hypo Real Estate, in: Roth (Hrsg.), Europäisierung des Rechts, 2010, 243ff.; *D. Bauer* Staatliches Handeln im systemischen Markt am Beispiel des Rettungsübernahmegesetzes, DöV 63 (2010), 20ff.; *M. Droege* Die Wiederkehr des Staates, DVBl. 124 (2009), 1415 (1419ff.).

[64] BVerfGE 125, 175 (224f.) – Hartz IV. Die Literatur scheint diese Art der Pflichtenkollision auszublenden und nur für den Verteidigungsfall die Achtungspflicht aus Art. 1 Abs. 1 GG zurücktreten zu lassen, vgl. *J. v. Bernstorff* Pflichtenkollision und Menschenwürdegarantie, Der Staat 47 (2008), 21 (39ff.) mwN.

[65] Der UN Independent Expert on Foreign Debt and Human Rights, *C. Lumina*, hat darauf aufmerksam gemacht, dass weitere Austeritätsmaßnahmen in Griechenland die Menschenrechte der Bevölkerung verletzen könnten, Office of the High Commissioner for Human Rights, Pressemitteilung v. 30. 6. 2011. Speziell zu dem verwandten Kontext der Krisenfolgen für Entwicklungsländer *S. v. Schorlemmer* Implications of the World Financial Crisis: What role for the United Nations?, in: FS Simma, 2011, 339ff.

[66] BVerfGE 93, 121 (138f.) – Vermögenssteuer: „Unter besonderen Voraussetzungen, etwa in staatlichen Ausnahmelagen, erlaubt die Verfassung auch unter den geltenden steuerrechtlichen Rahmenbedingungen einen Zugriff auf die Vermögenssubstanz. So konnte das Reichsnotopfergesetz vom 31. Dezember 1919 (RGBl. II 1919 S. 2189) zur Finanzierung der mit dem Versailler Vertrag auferlegten Lasten Vermögenssubstanzen in Anspruch nehmen. Ähnliches gilt für die Steuern nach dem Lastenausgleichsgesetz vom 14. August 1952 (BGBl. I S. 446)."

Es bezieht sich dabei auf den Lastenausgleich und die Finanzierung der Reparationen aus dem Versailler Vertrag. Das Grundgesetz selbst erwähnt für diese Kontexte eine „einmalige Vermögensabgabe".[67] Was, wenn nicht die schwerste Wirtschafts- und Finanzkrise seit 1929 und die schicksalhafte europäische Schuldenkrise[68] wären geeignete Anlässe für diesen im Verfassungsrecht versteckten Notstandsvorbehalt?

3. *Ablösung des Staatsschuldenmodells*

Die Rollenvielfalt des Staates als Schuldner, Gläubiger und Garant setzt nationale Rechtsetzungsorgane unter Druck. Der notwendige Interessenausgleich kann misslingen, weil die gute Absicht sich an komplexen Kausalketten bricht.[69] Gleichwohl hatten nationale, europäische und internationale Rechtsetzung in der Finanzkrise gehandelt und Maßnahmen in einem Umfang erlassen, der hier nicht erfasst werden kann. Dem darauf gegründeten Entsetzen mancher Beobachter, der Staat „sei zurück",[70] ist zu entgegnen: Er war nie fort.

Eine einzelne Ordnungsaufgabe, die die Hauptkrisenursache beseitigen würde, ist bislang jedoch nicht erfüllt: Die Ablösung des herrschenden Staatsschuldenmodells durch kaufmännische Solidität. Die über-

---

[67] Art. 106 Abs. 1 Nr. 5 GG, die Zusammenhänge untersucht mit Hinweis auf entsprechende Überlegungen im politischen Raum *G. Kirchhof* Vermögensabgaben aus verfassungsrechtlicher Sicht, StuW 81 (2011), 189 ff.; s. *Deutscher Bundestag* Plen. Prot. 17/123, 14486 B.

[68] Zum Motiv der Schicksalsgemeinschaft Bundeskanzlerin *Merkel* Regierungserklärung v. 19. 5. 2010, Deutscher Bundestag, Plen. Prot. 17/42, 4125 (4126 A-B): „Die Währungsunion ist eine Schicksalsgemeinschaft. Es geht deshalb um nicht mehr und nicht weniger als um die Bewahrung und Bewährung der europäischen Idee. Das ist unsere historische Aufgabe; denn scheitert der Euro, dann scheitert Europa."; ähnlich Regierungserklärung v. 15. 12. 2010, Plen. Prot. 17/80, 8817 (8820 D) und Rede v. 7. 9. 2011, Plen. Prot. 17/123, 14467 D (14470 B).

[69] Die gegensätzlichen Interessen können sogar zu zweifelhaftem Verhalten motivieren, etwa wenn der Fiskus die Bürger zur Geldleihe zwingt (Zwangsanleihe zur deutschen Investitionshilfeabgabe s. BVerfGE 67, 256 ff.), sich aktiv um ein niedriges Zinsniveau bemüht (s. *C. Reinhart/M. Belen Sbrancia* The Liquidation of Government Debt, National Bureau of Economic Research, Working Paper 16893, März 2011, http://www.nber.org/papers) oder die eigenen Schulden von fremden Staaten und Gesellschaften bezahlen lässt.

[70] Vgl. *Schuppert* Staat als Prozess, 2009, 57 ff.; *James* Die Krise der Finanzmärkte und die Rückkehr des Staates, Berlin-Brandenburgische Akademie der Wissenschaften, Berichte und Abhandlungen, 2009, 23 ff.; für *R. Mayntz* Die Handlungsfähigkeit des Nationalstaats bei der Regulierung der Finanzmärkte, Leviathan 38 (2010), 175 ff., zeigt sich die Handlungsfähigkeit nunmehr u.a. darin, dass der Staat internationale Vereinbarungen verhindere.

dehnten Haushalte und die hohe Schuldenquote[71] engen die politische Handlungsfähigkeit der öffentlichen Hand entscheidend ein. Zugleich beeinflussen Staaten durch ihren Kapitalbedarf mittelbar die Akteure auf dem Finanzmarkt, die die Risiken etwa durch neue Finanzierungsinstrumente zu verringern suchen.

Öffentliche Verschuldung ist das Ergebnis einer politischen Entscheidung, die von parlamentarischer Rechtsetzung getroffen und legitimiert wird. Der moderne Verfassungsstaat hat sich an diesem Junktim von Verschuldung und Budgetverantwortung sogar herausgebildet.[72] Nicht nur die Problematik der Staatsverschuldung, sondern auch deren Verknüpfung mit den Funktionsbedingungen der politisch-parlamentarischen Willensbildung ist erkannt worden. Sie soll durch eine Verrechtlichung des Schuldenmachens und eine relative Begrenzung des Schuldensaldos gelöst werden.[73] Solche „Neuverschuldungsbremsen", zu denen auch der Stabilitäts- und Wachstumspakt zählt und die ein deutsch-französischer Regierungsgipfel allen Euro-Mitgliedstaaten empfahl,[74] haben sicherlich einen vorwirkenden Effekt auf die Politik. Sie disziplinieren zudem die Rechtsetzung, streitige Verteilungsentscheidungen nicht durch die Vergrößerung der Verteilungsmasse zu befrieden.

Die Erfahrungen mit bereits geltenden „Schuldenbremsen" mahnen jedoch, die Hoffnungen zu dämpfen, auf lange Sicht die Hauptkrisenursache dadurch in den Griff zu bekommen. Solange Geld das Hauptmedium politischer Gestaltung bleibt, wird sich die Politik vom Recht in der Krise letzten Endes nicht aufhalten lassen.[75] Das Recht wird ent-

---

[71] Einen Überblick über die Staatsschuldenquote im internationalen Vergleich (Stand: 11/2010) gibt das *Bundesministerium für Finanzen* Monatsbericht 4/2011, 107. Überblick zur Entwicklung des Schuldenstandes und seines Rechtsrahmens bei *H. Kube* in: Maunz/Dürig, GG (Stand: Oktober 2009), Art. 115 Rdnr. 235ff.

[72] *Heun* Staatshaushalt und Staatsleitung, 1989, 52ff.; *Waldhoff* Verfassungsrechtliche Vorgaben für die Steuergesetzgebung im Vergleich Deutschland-Schweiz, 1997, 216ff.

[73] *L. P. Feld* Die Krise der Staatsfinanzen, in: Theurl (Hrsg.), Institutionelle Hintergründe von Krisen, Schriften des Vereins für Socialpolitik, Bd. 332, 2011, 19ff. mwN. Das neue Recht kennt als Ausnahmen vier Verschuldungstatbestände, s. *S. Korioth* Das neue Staatsschuldenrecht – zur zweiten Föderalismusreform JZ 2009, 729 (731ff.).

[74] *Bundesregierung* Gemeinsamer Deutsch-Französischer Brief an EU-Ratspräsident Herman Van Rompoy (vgl. Fn. 107), 3. In dem Brief wird vorgeschlagen, dass „finanzpolitische Regelungen für einen ausgeglichenen Haushalt" möglichst in das Finanzverfassungsrecht aller Euro-Mitgliedstaaten aufgenommen werden sollten.

[75] Zu Ausweichmöglichkeiten der Finanzpolitik *C. Mayer* Greift die neue Schuldenbremse?, AöR 136 (2011), 266 (306ff.). Bemerkenswert in diesem Zusammenhang auch die europäische Statistikregel, nach der Kredite des ESM, anders als die Darle-

weder geändert oder in einer Weise ausgelegt, dass der politische Wille sich durchsetzt. Anschaulich wird dies an der Wirtschafts- und Währungsunion, die bis in die Gegenwart von einem politischen Primat beherrscht wird. Weder das nationale Verfassungsrecht noch das Unionsrecht sind in der Lage, den politischen Führungswillen entscheidend zu begrenzen, der beispielsweise hinter den fortgesetzten sanktionslosen Defizitverstößen[76], der Festlegung des Kreises der Euro-Mitgliedstaaten und den Rettungsfonds steht. „Schuldenbremsen" haben stets eine verrechtlichte Hintertür für „außergewöhnliche Notsituationen",[77] mit der Folge, dass kreative Auslegung Handlungsfreiräume erhält. Die Krise im Recht schlägt hierbei leicht in eine Krise des Rechts um.

Es ist zumindest in Ergänzung des eingeschlagenen Weges notwendig, die Verschuldungsneigung weiterhin durch den Marktmechanismus, d.h. durch das äußere Kriterium des Marktzinses zu begrenzen. Die derzeitigen Bemühungen der Euro-Gruppe, die Krise zu bewältigen, sind nahezu vollständig darauf gerichtet, die Finanzierung der prekären Schuldnerstaaten von den Kapitalmarktzinsen abzukoppeln und zu verstaatlichen. Der Kapitalmarktzins dagegen bewahrt sich ein Stück weit Unabhängigkeit, ist er doch weitgehend vom Wirtschaftsbürger im Sinne eines *citizen creditor* getragen.[78]

---

hen im Rahmen der Griechenland-Hilfe und der Euro-Rettungsfonds, in den Staatskonten der Euro-Mitgliedstaaten aufgrund der völkerrechtlichen Konstruktion des ESM nicht als Anstieg der öffentlichen Verschuldung angerechnet werden, vgl. *Europäische Zentralbank* Monatsbericht 7/2011, 89f. Auf der anderen Seite wurde in der deutschen Schuldenbremse (Art. 115 Abs. 2 GG) die vormals bestehende Ausnahme für Sondervermögen des Bundes gestrichen, möglicherweise als Gegengewicht zum Finanzmarktstabilisierungsfonds, vgl. *C. Lenz/E. Burgbacher* Die neue Schuldenbremse im Grundgesetz NJW 2009, 2561 (2565).

[76] In diese Reihe gehört auch die Änderung des Paktes im Jahr 2005 auf deutsch-französische Initiative; für die Ereignisse und deren unionsrechtliche Würdigung s. EuGH, Rs. C-27/04, Slg. 2004, I-6649 – Kommission/Rat; dazu *U. Palm* Der Bruch des Stabilitäts- und Wachstumspakts EuZW 15 (2004), 71ff. vgl. *Deutsche Bundesbank* Monatsbericht, April 2005, Die Änderung am Stabilitäts- und Wachstumspakt, 15ff. Eindeutig die Äußerungen des damaligen Bundeskanzlers *G. Schröder* in Passauer Neueste Nachrichten, Interview v. 9. 9. 2011 (online-ausgabe): „Wer die Kriterien des Stabilitätspakts als quasi von Gott gegeben hinnimmt, kann in Krisenzeiten nicht mehr adäquat reagieren. Hier geht es um genuin politische Entscheidungen."

[77] Art. 109 Abs. 4 S. 2 und Art. 115 Abs. 2 S. 6 GG. Art. 122 Abs. 2 S. 1 AEUV verwendet den Begriff „außergewöhnliches Ereignis".

[78] *J. MacDonald* A Free Nation Deep in Dept, 2006, 67ff., passim.

IV. Normativität

1. Vertrag und zwischenstaatlicher Konsens

Nationale und europäische Rechtsetzung werden in der europäischen Staatsschuldenkrise im Prinzipiellen herausgefordert. Es geht um die begrenzte Übertragung hoheitlicher Gewalt durch Vertrag und das Vertrauen in die strenge Normativität des Vertragsrechts.

Die Europäische Union beruht auf völkerrechtlichen Verträgen. Diese Verträge enthalten in juristischer Sprache auch die Bedingungen für den geldpolitischen Konsens der Mitgliedstaaten.[79] Die Eckpunkte – Preisstabilität, Europäisches System der Zentralbanken, Konvergenz, finanzielle Eigenverantwortung, Nicht-Haftung für fremde Schuld[80] und Defizitkontrolle – waren konstitutive Grundlage für die Zustimmung von Bundestag und Bundesrat. Sie machen den Integrationsschritt erst vereinbar mit dem Grundgesetz.[81] Der zwischenstaatliche Konsens wird abgesichert durch einen Vertrag, dessen Kerninhalt nur in einem streng formalisierten Verfahren durch alle Mitgliedstaaten geändert werden kann.[82]

---

[79] *D. Marsh* The Euro, 2009, 13ff., die maßgeblichen Dokumente sind abgedruckt in: *H. Krägenau/W. Wetter* (Hrsg.) Europäische Wirtschafts- und Währungsunion, 1993, Dok 1. Ff.; zu der zwiespältigen Verknüpfung von Währungsunion und deutscher Einheit *Marsh* ebd., 133ff.; *A. Rödder* Deutschland einig Vaterland, 2. Aufl., 2009, 264ff.

[80] Mitgliedstaaten, für die die dritte Stufe der Wirtschafts- und Währungsunion nicht gilt, d.h. die den Euro (noch) nicht eingeführt haben, können Kredite der Union erhalten, um ihre Zahlungsbilanz zu stützen, s. Verordnung (EG) Nr. 332/2002 des Rates v. 18. 2. 2002 zur Einführung einer Fazilität des mittelfristigen finanziellen Beistands zur Stützung der Zahlungsbilanzen der Mitgliedstaaten, ABl. EU 2002 Nr. L 53/1; Ungarn (2008), Lettland (2009) und Rumänien (2011) haben Kredite auf dieser Grundlage erhalten. Der Finanzrahmen dieser Fazilität ist wegen der Finanzkrise von ursprünglich 12 Mrd. Euro auf 50 Mrd. Euro angehoben worden, Verordnung (EG) Nr. 431/2009 des Rates v. 18. 5. 2009 zur Änderung der Verordnung (EG) Nr. 332/2002 zur Einführung einer Fazilität des mittelfristigen finanziellen Beistands zur Stützung der Zahlungsbilanzen der Mitgliedstaaten, ABl. EU 2009 Nr. L 128/1. Eine dichte Zusammenfassung der Grundlagen der Wirtschafts- und Währungsunion enthält der Monatsbericht 8/2011 der Deutschen Bundesbank, 66ff.

[81] BVerfGE 89, 155 (200ff.) – Maastricht; 97, 350 (375ff.) – Euro.

[82] Art. 48 Abs. 2 bis 5 EUV (ordentliches Verfahren) und Art. 48 Abs. 6 und 7 EUV (vereinfachtes Verfahren); zu den inhaltsgleichen Verfahrensvarianten des Europäischen Verfassungsvertrages *A. Puttler* Die neuen Vertragsänderungsverfahren der Europäischen Verfassung im Lichte des Grundgesetzes – Ihre Vereinbarkeit mit Art. 23 GG und erforderliche Verfassungsänderungen, DöV 59 (2005), 401ff.

Ein Jahr nach dem zehnten Geburtstag der gemeinsamen Währung[83] hebt eine Krise an, die das Vorhaben als Ganzes in Frage stellt. Die Euro-Staaten fanden für die beabsichtigte Akutmaßnahme, die erste Finanzhilfe für Griechenland, zunächst keinen positiven Rückhalt in den Verträgen. Sie wichen deshalb auf das zwischenstaatliche Vertragsrecht aus und kehren den Großteil der Hilfen aufgrund koordinierter bilateraler Kredite aus. Aus Anlass der Hilfen für Irland und Portugal institutionalisierten sie die bilaterale Kreditvergabe in der Europäischen Finanzstabilisierungs-Fazilität (EFSF),[84] einer luxemburgischen Aktiengesellschaft auf der Grundlage englischen Rechts, und ergänzten sie um einen sekundärrechtlichen Kreditmechanismus der Union (Europäischer Finanzstabilisierungs-Mechanismus – EFSM), den also alle 27 Mitgliedstaaten mittragen.[85] Zahlreiche Kommentatoren halten dieses Vorgehen für rechtmäßig. Das Unionsrecht verbiete zum einen nur die zwangsweise Unterstützung, nicht aber das zeitlich begrenzte, freiwillige Helfen[86] und zum anderen stelle sich die Wirtschafts- und

[83] Mit dem Wissen um die spätere Schuldenkrise geradezu pathetisch *Europäische Kommission* EMU@10: Successes and challenges after 10 years of Economic and Monetary Union, European Economy 2/2008, 329 S.

[84] EFSF Rahmenvertrag v. 7. 6. 2010, zugänglich unter http://www.efsf.europa.eu. Den Widerspruch zwischen der gesellschaftsrechtlichen Organisation der Zweckgesellschaft und ihrem zwischenstaatlichen Zweck beleuchtet *W. Philipp* „Europäische Finanzstabilisierungsfazilität AG", AG 2010, 538 (539f.). Die privatrechtliche Konstruktion der EFSF war der Grund, dass die Bundesregierung den Bundestag über den Vertragsentwurf nicht gem. Art. 23 Abs. 3 GG unterrichtete, vgl. BT-Drucks 17/2412 sowie Rede von Bundesfinanzminister *Schäuble* Deutscher Bundestag, v. 8. 9. 2011, Plen. Prot. 17/124, 14551 D (14552 A).

[85] Verordnung (EU) Nr. 407/2010 des Rates v. 11. 5. 2011 zur Einführung eines europäischen Finanzstabilisierungsmechanismus, ABl. EU 2011 Nr. L 118/1; die Verordnung ist formal nicht befristet und unterliegt lediglich einer Überprüfungspflicht der Kommission. Die EFSF kann dagegen nach Art. 2 Abs. 5 Buchst. b, Abs. 10, Art. 11 Abs. 2 EFSF-Rahmenvertrag (Fn. 84) nur bis zum 30. Juni 2013 neue Darlehen vergeben und ist danach abzuwickeln.

[86] Die Verträge enthielten kein ausdrückliches Verbot: *I. Pernice* FAZ v. 25. 3. 2010, 8; *Wieland* Der Rettungsschirm für Irland, NVwZ 2011, 340 (342): Kredite seien eine andere Kategorie als Finanzhilfen; *ders.* Unter dem Rettungsschirm, in: FS Wahl, 2011, 851ff.: Unionsrecht gebietet finanzielle Solidarität; *Herrmann* Griechische Tragödie – der währungsverfassungsrechtliche Rahmen für die Rettung, den Austritt oder den Ausschluss von überschuldeten Staaten aus der Eurozone, EuZW 21 (2010), 413 (415); *C. Calliess* Perspektive des Euro zwischen Solidarität und Recht, ZEuS 2011, 213 (268ff.); *E. Gnan* in: v. d. Groeben/Schwarze (Hrsg.), Kommentar zum EUV/EGV, 6. Aufl, 2003, Art. 103 EGV Rdnr. 28; *M. Nettesheim* Der Umbau der europäischen Währungsunion, in: *Kadelbach* (Hrsg.), Nach der Finanzkrise, 2012, 31 (47ff.). Als befristete Maßnahmen aus Sinn und Zweck der Verträge erlaubt: *J.-V. Louis* Guest Editorial: The No-bailout Clause and Rescue Packages, CMLR 47 (2010),

Währungsunion „als politisierter Rechtsrahmen politisch-ökonomischen Geschehens“ dar.[87] Die Bundesregierung ist zudem der Ansicht, dass Art. 125 AEUV für den Fall des finanziellen Zusammenbruchs eines Euro-Mitgliedstaates, der die Wirtschafts- und Währungsunion insgesamt zu gefährden droht, eine Lücke enthält. Diese Lücke, auf die sich einst schon Bismarck berief[88], könne durch mitgliedstaatliches Handeln geschlossen werden.[89]

Die Staatsschuldenkrise ist noch nicht beendet. Der bisherige Ereignisfortgang bietet aber schon heute Anknüpfungspunkte für eine rechtswissenschaftliche Würdigung. Die Entscheidung der Mitgliedstaaten im Oktober 2010, die bilateralen Finanzhilfen, d.h. die Europäische Finanzstabilisierungsfazilität über Juni 2013 hinaus zu verstetigen, wird mit einer Vertragsänderung verbunden werden. Ein Art. 136 Abs. 3 AEUV[90] soll den völkerrechtlich selbständigen Europäischen Stabilitätsmechanismus mit dem Unionsrecht verzahnen und eine widerspruchsfreie Auslegung der im Übrigen unveränderten Vertragsartikel ermög-

---

971. Dagegen *H. Kube/E. Reimer* Grenzen des Europäischen Stabilitätsmechanismus, NJW 2010, 1911 (1913); *K. Faßbender* Der europäische „Stabilisierungsmechanismus“ im Lichte von Unionsrecht und deutschem Verfassungsrecht, NVwZ 2010, 799 (800); *U. J. Schröder* Die Griechenlandhilfen im Falle ihrer Unionsrechtswidrigkeit, DöV 64 (2011), 61ff.

[87] *Nettesheim* Umbau (Fn. 86), 54; *U. Everling* FAZ v. 14. 7. 2011, 6: „[...] ist über die Griechenlandhilfe und die übrigen ‚Rettungsschirme‘ in erster Linie nicht rechtlich, sondern politisch von den dazu berufenen Verfassungsorganen zu entscheiden.“

[88] *O. v. Bismarck* rechtfertigte im preußischen Verfassungskonflikt von 1862 das budgetlose Regiment, d.h. das einseitige Regierungshandeln ohne parlamentarische Zustimmung mit dem Argument, dass die Verfassung eine Lücke aufweise, vgl. *R. Wahl* Der preußische Verfassungskonflikt und das dualistische System des Kaiserreichs, in: Böckenförde (Hrsg.), Moderne deutsche Verfassungsgeschichte (1815–1914), 2. Aufl., 1981, 208 (211ff.) mwN.

[89] *Bundesministerium für Finanzen* Bericht über die wesentlichen europa- und verfassungsrechtlichen Fragestellungen im Zusammenhang mit dem Währungsunion-Finanzstabilitätsgesetz v. 4. 5. 2010, Bericht für die Sitzung des Rechtsausschusses am 5. 5. 2010, A-Drs 17(7)051, 2. In dem dreiseitigen Bericht wird streng positivistisch mit dem Wortlaut der Art. 122 und 125 AEUV argumentiert. Auf eine „strukturelle Lücke im Konzept der Währungsunion“ verweist auch *K. Regling*, Vorstandsvorsitzender der EFSF, Deutscher Bundestag, schriftl. Stellungnahme zur öffentlichen Anhörung v. 19. 9. 2011, Sten. Ber. Haushaltsausschuss Nr. 17/62, Anlage 1, 2.

[90] Art. 136 Abs. 3 AEUV wird lauten: Die Mitgliedstaaten, deren Währung der Euro ist, können einen Stabilitätsmechanismus einrichten, der aktiviert wird, wenn dies unabdingbar ist, um die Stabilität des Euro-Währungsgebiets insgesamt zu wahren. Die Gewährung aller erforderlichen Finanzhilfen im Rahmen des Mechanismus wird strengen Auflagen unterliegen.“, *Europäischer Rat* Schlussfolgerungen v. 16./17. 12. 2010, EUCO 30/10, Anlage I.; dazu die Stellungnahme der Europäischen Kommission, KOM (2011) 70.

lichen. Ungeachtet der Motive für diese Vertragsänderung[91] wird in der Rückschau auf die befristeten Finanzhilfen deutlich, dass solche Kriseninstrumente durch ihre Faktizität das Recht der Normallage in ihrem Sinn ändern.[92] Mit der neuen Vertragsnorm wird formal nur noch nachvollzogen werden, was durch die Griechenland-Hilfe und die Euro-Rettungsfonds materiell bereits ins Werk gesetzt worden ist. Die von der Bundesregierung angenommene Lücke im Unionsrecht wird dabei nicht geschlossen. Auch die neue Rettungsarchitektur lässt die Frage unbeantwortet, was mit insolventen und sich verweigernden Euro-Staaten geschehen soll.[93] Die Schuldenkrise wird also nur teilweise verrechtlicht werden und bleibt der politischen Lösung zugänglich. Die europäische Währungsunion wird also weiterhin mit einer Lücke im Recht leben müssen, wenn man denn der offiziellen Lesart folgen will, dass das Primärrecht den Staatsbankrott nicht kennt.

Nach der Einigung auf das zweite Griechenland-Rettungspaket am 21. Juli 2011 ist schließlich fraglich, ob der schmale neue Vertragsartikel, der in die unveränderte Systematik des Währungsrechts eingefügt werden soll, die neuen Hilfsinstrumente - präventive Kredite, Rekapitalisierung von Banken und Monetarisierung von Staatsschulden durch Anleihekäufe - rechtfertigen kann.[94] Die tatsächliche Krisenentwicklung überholt hier bereits das erst projektierte neue Recht.

---

[91] In der Öffentlichkeit wird darauf verwiesen, dass die Vertragsänderung auf deutschen Wunsch erfolgt, auch um mögliche verfassungsrechtliche Bedenken auf der Grundlage des Lissabon-Urteils des Bundesverfassungsgerichts zu zerstreuen, zur Notwendigkeit einer Vertragsänderung im Fall einer Verstetigung der Hilfen s. *Louis* Guest Editorial (Fn. 86), 986.

[92] Eindrucksvoll zu Faktizität und Rechtswerdung bereits *G. Jellinek* Allgemeine Staatslehre, 3. Aufl., 4. Neudruck, 1922, 337ff.

[93] Zu dem Vorschlag für eine Insolvenzordnung für Staaten, der auch im Zuge der europäischen Schuldenkrise diskutiert wurde, vgl. *Bundesministerium für Wirtschaft* Monatsbericht 2-2011, 14ff.; ausf. *K. v. Lewinski* Öffentlichrechtliche Insolvenz und Staatsbankrott, 2011; allgemein zu der Debatte bereits *A. O. Krueger* A New Approach to Sovereign Debt Restructuring, 2002; *C. G. Paulus* Rechtlich geordnetes Insolvenzverfahren für Staaten, ZRP 2002, 383ff. mwN; *K.-A. Schwarz* Neue Mechanismen zur Bewältigung der Finanzkrise überschuldeter Staaten - Erwiderung zu Paulus, ZRP 2003, 170ff. Für die nationale Rechtslage bei der Insolvenz eines Landes *P. Selmer* Der „bundesstaatliche Notstand" eines Landes, KritV 2008, 171ff.

[94] *Rat der Europäischen Union* Erklärung der Staats- und Regierungschefs des Eurowährungsgebiets und der EU-Organe v. 21. 7. 2011, Rdnr. 8 sowie Art. 2 Abs. 1 Buchst. a-c EFSF Rahmenvertrag (Fn. 84) idF des Änderungsvertrages. Die Änderungen im Hinblick auf niedrigere Zinssätze und längere Kreditlaufzeiten dürften im Ergebnis das Argument relativieren, dass der Bund an den Hilfen verdiene, vgl.

2. *Vertragsänderung durch völkerrechtliche Übung*

Die Staatsschuldenkrise legt einen vertragsändernden Automatismus offen, der bislang aus dem Völkerrecht vertraut war: Ein Vertrag wird durch die übereinstimmende spätere Übung der maßgeblichen Parteien, in dem Sinn des ad hoc betätigten Willens geändert.[95] Das ist effektiv und erspart den Vertragsparteien ein mühsames und politisch gefahrvolles Änderungsverfahren.[96] Eine solche faktische Vertragsänderung ließe sich mit dem Argument rechtfertigen, dass die Wirtschafts- und Währungsunion mit ihrer bewusst intergouvernemental organisierten Wirtschaftspolitik ohnehin völkerrechtlichen Auslegungsregeln gehorchen sollte. Denn die unterschiedliche Wirtschaftskraft verbunden mit nationaler Wirtschaftspolitik setzt die supranationale Währungspolitik unter einen Druck, der besser durch flexibles Handeln im Sinn einer exekutiven Vertragskonkretisierung ausgeglichen werden sollte.

Dass die Europäische Union dem Völkerrecht offenbar näher steht als bislang wahrgenommen, ist eine ironische Wendung in der neueren Geschichte des Öffentlichen Rechts. Denn die Europarechtler der ersten und zweiten Stunde hatten doch hart dafür gerungen, den Wesensunterschied zwischen Völker- und Europarecht herauszuarbeiten.[97] Ein klassisch völkerrechtliches Verständnis des Unionsrechts würde die Normativität des supranationalen Primärrechts und damit die Idee der Rechtsgemeinschaft in Frage stellen. Könnte das Unionsprimärrecht durch das konsensuale Handeln der Mitgliedstaaten aufgrund von Sachzwängen formlos geändert werden, wären der Grundsatz der begrenzten Einzelermächtigung und das Bemühen um eine wirk-

---

BT-Drucks 17/6164, 23 f.; zur Kritik *Häde* Art. 136 AEUV – eine neue Generalklausel für die Wirtschafts- und Währungsunion?, JZ 2011, 333 ff., der mit Blick auf die Systematik der Verträge auf den an sich begrenzten Anwendungsbereich des Artikels aufmerksam macht, sowie *U. Hufeld* Zwischen Notrettung und Rütlischwur, integration 2011, 117 (124 ff.)

[95] *Herdegen* in: Maunz/Dürig, GG (Stand: Januar 2011), Art. 88, Rdnr. 24 unter Hinweis auf Art. 31 Abs. 3 Buchst. b WVRK.

[96] Diese Vorteile der zwischenstaatlichen Konstruktion des Euro-Rettungspakets betont *D. Thym* Euro-Rettungsschirm, EuZW 22 (2011), 167 (171).

[97] *H. P. Ipsen* Europäisches Gemeinschaftsrecht, 1972, 103 f., 183 ff.; *Everling* Sind die Mitgliedstaaten der Europäischen Gemeinschaft noch Herren der Verträge?, in: FS Mosler, 1983, 173 ff.; *Schwarze* Das allgemeine Völkerrecht in den innergemeinschaftlichen Rechtsbeziehungen, EuR 1983, 1 ff., mwN in Fn. 2. Die Leitfunktion der völkerrechtlich handelnden, im Rat vereinigten Vertreter der Mitgliedstaaten ist stets anerkannt worden.

same Kompetenzabgrenzung zwischen Union und Mitgliedstaaten sinnlos.[98]

Die Ratifikation europäischer Verträge durch die nationalen Parlamente bliebe ein substanzloser Formalakt. Der Vertragswortlaut könnte nicht die Grundlage sein, die Integrationsverantwortung wahrzunehmen. Aus diesem Blickwinkel müsste die Geschäftsgrundlage hinterfragt werden, auf der der Deutsche Bundestag seinerzeit die Wirtschafts- und Währungsunion beschlossen und gegenüber einer skeptischen Bürgerschaft gerechtfertigt hat.[99] Der deutsche Gesetzgeber hätte das Geld in eine politisierte Institution mit experimentellem Status eingebracht.[100] In Folge eines solchen Bildes vom europäischen Recht verlören die Bürger ihr Vertrauen in die verfassungsrechtlich erwünschte europäische Integration.

3. *Intergouvernementale Transformation*

Als politisches Motiv für Rechtsetzung hat eine Krise die Kraft, den Ordnungsrahmen eines Gemeinwesens in Frage zu stellen. Die Europäische Union befindet sich in solch einer transformatorischen

---

[98] Ausf. zur Kompetenzordnung der Union *Nettesheim* Kompetenzen in: v. Bogdandy/Bast (Hrsg.), Europäisches Verfassungsrecht, 2. Aufl., 2009, 389 (397ff.); zu der föderalen Problematik der Kompetenzfrage *F. C. Mayer* Die drei Dimensionen der europäischen Kompetenzdebatte ZaöRV 61 (2001), 577ff.

[99] *E. Noelle-Neumann/T. Petersen* Die öffentliche Meinung, Jahrbuch der europäischen Integration 1997/98, 295ff. mit einer Zusammenfassung der demoskopischen Daten der 1990er Jahre zum Euro; *Europäische Kommission*, Eurobarometer, Nr. 38 12/1992, 34 und Nr. 46, 5/1997. Zur Motivlage der skeptischen Haltung in der deutschen Bevölkerung s. *Noelle-Neumann* Mit dem Euro wird gerechnet, FAZ v. 11. 6. 1997, Nr. 132, 5. Die Skepsis der Bevölkerung spiegelte sich auch in den Beratungen des Bundestages über den Eintritt in die dritte Stufe der Wirtschafts- und Währungsunion wider, s. *Deutscher Bundestag* Plen. Prot. 13/210 v. 11. 12. 1997, 19108 D-19139 D, 13/227 v. 2. 4. 1998, 20759 B-20812 B sowie 13/230 v. 23. 4. 1998, 21028 A-21108 D. Der Bundestag stimmte bei 35 Nein-Stimmen dem Eintritt in die letzte Stufe der Euro-Einführung zu, Plen. Prot. 13/230 v. 23. 4. 1998, 21114 B. Bereits im Rahmen der ersten Lesung wurden Forderungen nach einer Volksabstimmung, die von der PDS (BT-Drs. 13/7307; 13/9332) und einzelnen Abgeordneten der Fraktionen von SPD und von Bündnis 90/Die Grünen erhoben worden waren, abgelehnt. Zusf. zu der politischen Debatte *T. Risse*, Deutsche Identität und Außenpolitik, in: Schmidt/Hellmann/Wolf (Hrsg.), Handbuch zur deutschen Aussenpolitik, 2007, 56f.

[100] *Louis* The Economic and Monetary Union: Law and Institution CMLR 41 (2004), 575 (607f.): „[...] the EMU, a unique and original experiment." Noch einen Schritt weiter gedacht müsste gefragt werden, welche Maßnahmen dann in der tatsächlich intergouvernemental organisierten Gemeinsamen Außen- und Sicherheitspolitik möglich wären.

Krise. Die Finanzkrise lässt einen Europäischen Staatshaushaltsfonds entstehen, erzwingt einen Finanzausgleich, fordert eine einheitliche Wirtschaftspolitik und drängt zu einer zentralen Finanzaufsicht. Finanz- und Schuldenkrise werden zu Sprossen auf der Leiter der Integration.[101]

Die konkreten Ereignisse seit März 2010 zeigen, dass eine Transformation über die intergouvernementale Ebene stattfindet. Das Ausweichen auf die zwischenstaatliche Regelungs- und Politikebene, die wieder einstimmiges Entscheiden ohne Parlaments- und Kommissionsbeteiligung ermöglicht, wird offensiv vertreten. Es scheint ein neues Unionsgefüge und neue Vertiefungsschritte vorzubereiten. Die Bundeskanzlerin hat Ende des Jahres 2010 dafür einen theoretischen Überbau öffentlich gemacht. Ausgangspunkt war die Kritik an der Umgehung der so genannten Gemeinschaftsmethode durch das Handeln des Europäischen Rates und der Mitgliedstaaten. Stattdessen geht es bei der „Unionsmethode" um „abgestimmtes solidarisches Handeln – jeder in seiner Zuständigkeit, alle für das gleiche Ziel".[102] Der Euro-Plus-Pakt,[103] die Rettungsfonds, der Stabilitätsmechanismus und der Fiskalpakt sind ebenso Ausdruck dieser Unionsmethode wie bereits der Schengen-Raum.[104] Das intergouvernementale Handeln der Mitgliedstaaten soll nicht länger als eine Behelfskonstruktion wahrgenommen werden, als eine zweitbeste Lösung, bis das notleidende Thema supranationalisiert und in den institutionellen Rahmen eingebettet ist. In der Praxis wird allerdings deutlich, dass der zeitlich gestreckte Prozess intergouvernementaler Rechtsetzung zu erheblicher Unsicherheit führt,

---

101 In Anlehnung an *J. Wolf* Sozialismus und kapitalistische Gesellschaftsordnung, 1892, zit. nach *Koselleck* in: Geschichtliche Grundbegriffe, Bd. 3, Stichwort: „Krise", 1982, 617 (644). Zur ideellen Aufladung des Integrationsbegriffs *Schorkopf* Der Europäische Weg, 2010, 178 ff.

102 Rede von Bundeskanzlerin *Merkel* anlässlich der Eröffnung des 61. akademischen Jahres des Europakollegs Brügge v. 2. 11. 2010, zugänglich unter http://www.bundesregierung.de.

103 Der Pakt verpflichtet nationale Haushalts- und Wirtschaftspolitik im Wege der offenen Koordinierung, *Europäischer Rat* Schlussfolgerungen des Vorsitzes v. 24./25. 3. 2011, EUCO 10/1/11 Rev 1, Anlage I; krit. Detailanalyse einer Vorfassung bei *L. Gerken/M. Kullas* cepStandpunkt v. 22. 3. 2011 zugänglich unter http://www.cep.eu.

104 Das Unionsrecht versucht der Entwicklung der Europäischen Union zu einem Raum differenzierter Integration mit dem Instrument der verstärkten Zusammenarbeit Rechnung zu tragen, s. Art. 326–334 AEUV; weitere Beispiele bei *A. Fischer-Lescano/S. Kommers* Verstärkte Zusammenarbeit in der EU, Friedrich-Ebert-Stiftung, September 2011.

weil die interne politische Beschlusslage einerseits und der veröffentlichte Rechtskonsens andererseits auseinanderfallen.[105]

Indem die Mitgliedstaaten auf die intergouvernementale Ebene ausweichen und sich dennoch im thematischen Kontext der europäischen Integration bewegen, können sie bestehende Rechtsbindungen nicht abstreifen. Unionsbezogenes Exekutivhandeln muss zur Folge haben, dass der nationale parlamentarische Rechtsetzer vollständig und uneingeschränkt nach den verfassungsrechtlichen Regeln für die innerstaatliche Willensbildung in europäischen Angelegenheiten beteiligt wird.[106]

V. Verantwortung

1. Politische Strukturierung durch Exekutiven

Parlamentarische Rechtsetzung hat in Finanzkrisen einen gewichtigen Nachteil. Sie unterliegt der politischen Strukturierung durch Exekutiven. In der Krise ist parlamentarische Rechtsetzung erst auf der Ebene der Ordnungsmaßnahmen zur Krisenvorbeugung in der Vorhand. Bis zu diesem Zeitpunkt sind jedoch die Akutmaßnahmen im Rahmen exekutivischer Prärogative – durchaus auch unter parlamentarischer Beteiligung – getroffen. Der politische Rahmen für die Krisenbewältigung ist damit vorgezeichnet. Die überstaatliche exekutivgeleitete Absprache dieser Maßnahmen macht es Parlamenten schwer, hinter das bereits Vereinbarte zurückzugehen.

Im konkreten Fall der Staatsschuldenkrise wird das anschaulich an der dichten Zeitfolge der Griechenland-Hilfe und den wenige Tage später errichteten Euro-Rettungsfonds. Der „Schirm" muss über längere Zeit auf Exekutivebene vorbereitet worden sein. Als seine europäisch abgestimmte Blaupause „aufgespannt wurde", hatten andere Akteure kaum Zeit und geringe politisch-administrative Kapazität, einen Alternativvorschlag zu entwerfen. Parlamente können den konzeptionellen

---

105 Beispiele für diese Unsicherheit aus dem Kontext der Staatsschuldenkrise sind Beschlüsse der Staats- und Regierungschefs über eine „tatsächliche" Wirtschaftsregierung, die „freiwillige" Beteiligung Privater an dem zweiten Griechenland-Rettungspaket und die Finnland am 21. 7. 2011 zugesicherte Absicherung („Pfand") seiner Finanzhilfen an Griechenland; eine bessere Forderungsabsicherung ist auch vom Bundestag, wohl ergebnislos, eingefordert worden, BT-Drucks 17/6163, 3.

106 *Schorkopf* Grundgesetz und Überstaatlichkeit, 2007, 284ff.; der Bundestag hat gegenüber dem Bundesrat in dieser Hinsicht einen Nachholbedarf vgl. *ders.* in: BK GG (153. Lieferung), Art. 23 Rdnr. 2ff. für einen Ausbau der Rechte aus Art. 23 Abs. 2 und 3 GG; *R. Poscher* Das Verfassungsrecht vor den Herausforderungen der Globalisierung, VVDStRL 67 (2008), 160 (184ff.).

Vorsprung der Exekutive im Takt der Krisengeschehnisse kaum einholen. Ein weiteres Beispiel ist die gemeinsame Aussage der Bundeskanzlerin und des französischen Staatspräsidenten, dass ihre Länder entschlossen seien, die Beschlüsse vom 21. Juli 2011 „vollständig und fristgerecht" umzusetzen.[107] In diesem Fall wird öffentlich ein Erwartungsdruck erzeugt, der den Parlamenten unmissverständlich bedeutet, dass sie mit einem „Nein" die wahre Globalkrise auslösen würden. Gleichwohl sind es weiterhin die Parlamente, die Krisenmaßnahmen in einem freiheitlichen Gemeinwesen erst die notwendige demokratische Legitimation spenden und das Handeln verantwortbar machen.

2. *Gemeinwohlpluralität*

Diese These wird in der Krise auf die Probe gestellt. In einer weltweiten Finanzkrise gerät nämlich nicht nur die staatliche Gewaltenordnung, sondern zugleich das mehrdimensionale Kompetenzgefüge unter Druck, den bestgeeigneten Akteur handeln zu lassen. Wenn es heißt, die Krise sei die Stunde der Exekutive, dann ist heute außerdem zu fragen, welcher Exekutive: Ist es die Stunde der Bundesregierung, der Europäischen Kommission, des Europäischen Rates, der G 20 oder eines deutsch-französischen Direktorats? Und verfügen die Exekutiven nicht auch über das bessere Wissen und die effektiveren Handlungsmöglichkeiten? Ist es nicht angezeigt, dass ein entfesselter Finanzmarkt und heimatloses Kapital durch einen globalen Exekutivenverbund reguliert werden?

Eine zustimmende Antwort setzt voraus, dass ein solcher Exekutivenverbund erkennen könnte, was richtiges Handeln in einer Krisensituation ist, wie das Gemeinwohl zu konkretisieren und umzusetzen ist.[108] Der Blick auf die internationale Ebene, etwa auf die G 20, macht

---

[107] *Bundesregierung* Gemeinsames deutsch-französisches Kommuniqué zur aktuellen Situation in der Euro-Zone v. 7. 8. 2011, Pressemitteilung Nr. 279 des Presse- und Informationsamts; die dort zitierten Aussagen sind entnommen dem Gemeinsamen Deutsch-Französischen Brief an EU-Ratspräsident Herman Van Rompoy, o. Datum.

[108] Dass eine „prekäre Gemeinwohlsubstanz" sich nur durch Prozeduralisierung anreichern lässt und sodann verantwortet werden muss, hat sich erst in den 1970er Jahren als Konsens in der Staatsrechtslehre herausgebildet, s. *H. F. Zacher* Pluralität der Gesellschaft als rechtspolitische Aufgabe, Der Staat 9 (1970), 161 ff.; *P. Häberle* Gemeinwohlproblematik in rechtswissenschaftlicher Sicht, Rechtstheorie 14 (1983), 257 ff.; *Isensee* Gemeinwohl im Verfassungsstaat, in: ders./Kirchhof, HStR, Bd. IV, 3. Aufl., § 70 Rdnr. 89 ff.; aus wissenschaftsgeschichtlichem Blickwinkel *M. Stolleis* Staatslehre zwischen etatistischer Tradition und pluralistischer Öffnung, in: FS Wahl, 2011, 239 (258 f.). Mit Bezug zum Mehrebenensystem umfassend *M. Anderheiden* Gemeinwohl in Republik und Union, 2006.

diesen Ansatz bereits wegen der heterogenen Gestalt seiner Mitglieder fragwürdig. Konsensfähig ist der funktionale Grundsatz der Finanzmarktstabilität. Die Rechtsetzung auf dieser Ebene erschöpft sich in durchaus nützlichen, aber technischen Regelwerken und einer politischen Grobkoordinierung, die stets ausreichenden Freiraum für partikularen Eigensinn lässt. Für weiterreichende politische Gestaltung, wie etwa eine Steuer auf Finanztransaktionen, besteht Dissens selbst unter den demokratisch verfassten G 20-Teilnehmerstaaten.[109] Der Internationale Währungsfonds bindet seine Kredite grundsätzlich an ein wirtschafts- und finanzpolitisches Programm, kann dafür aber nur die Legitimation technokratischer Herrschaft beanspruchen.[110] Repräsentationsorgane, die eine entsprechende gemeinwohlbezogene Konkretisierungsleistung erbringen könnten, gibt es auf internationaler Ebene nicht.[111]

Auf europäischer Ebene besteht zwischen den Mitgliedstaaten eine größere Übereinstimmung. Auch sind die Verfassungsstrukturen vergleichbar. Nach einer verbreiteten Ansicht stünde zudem das Europäische Parlament als legitimierende Kraft zur Verfügung.[112] Der Blick auf die Ordnungsmaßnahmen zur Finanzmarktkrise zeigt, dass dieses Parlament seine Aufgabe ernst nimmt, wenn es mit dem Rat über das geeignete Beschlussverfahren im reformierten Stabilitäts- und Wachs-

---

[109] Die von Deutschland vorgeschlagene Einführung einer Finanztransaktionssteuer fand auf dem G 8/G 20 Gipfel in Kanada v. Juni 2010 keine Mehrheit: vgl. zu der Thematik, den verschiedenen Regulierungsansätzen aus Sicht der Bundesregierung BT-Drucks 17/3634, Fragen 1 bis 33. Zur unionsrechtlichen Zulässigkeit einer solchen Steuer *F. C. Mayer/C. Heidfeld* Europarechtliche Aspekte einer Finanztransaktionssteuer, EuZW 22 (2011), 373ff.; die Europäische Kommission hat einen entsprechenden Richtlinienvorschlag angenommen, KOM (2011) 594 v. 28. 9. 2011.

[110] Einzelne Staaten weisen Finanzhilfen des Internationalen Währungsfonds mittlerweile zurück; ausf. zu den Einzelheiten und zur Berücksichtigung der Reformbemühungen im Internationalen Währungsfonds *L. Gramlich* Internationale Finanzordnung (IMF und IBRD) – Legitimität, Effektivität, Reform, in: Giegerich (Hrsg.), Internationales Wirtschafts- und Finanzrecht in der Krise, 2011, 71 (89ff.).

[111] Die Bedeutungslosigkeit von Grund- und Menschenrechten im Krisendiskurs (s. aber Fn. 65) bestätigt diese These, ohne dabei prinzipiell in Frage zu stellen, dass der Schutz der Menschenrechte der Kern universalen Gemeinwohls sein kann, vgl. *B. Fassbender* Der Schutz der Menschenrechte als zentraler Inhalt völkerrechtlichen Gemeinwohls, EuGRZ 2003, 1 (13).

[112] Die Unionsbürger sind nach Art. 10 Abs. 2 EUV auf Unionsebene unmittelbar im Europäischen Parlament vertreten, das die repräsentative Demokratie in der Union zusammen mit dem Rat trägt; dazu *Schorkopf* Maßstäbe für die institutionelle Architektur der Europäischen Union, in: Pache/ders. (Hrsg.), Die institutionelle Architektur der Europäischen Union nach Lissabon, 2009, 77 (80ff.).

tumspakt streitet.[113] In der Staatsschuldenkrise ist der Legitimations- und Verantwortungssaldo allerdings negativ. Zwar mischt sich das Parlament in die Debatte ein,[114] die finanzwirksamen Rechtsakte und insbesondere die von der „Troika“ aus Kommission, Europäischer Zentralbank und Währungsfonds formulierten Sanierungsprogramme ergehen jedoch ohne seine Beteiligung oder stehen außerhalb der Verträge.[115] Sollte das Europäische Parlament in Zukunft stärker in die Rechtsetzung im Finanzmarkt- und Währungsbereich einbezogen werden, wäre die Gemeinwohlkonkretisierung dennoch kaum zu leisten. Der Euro-Raum umfasst nur eine Teilmenge der Unionsbürger, die zudem aus Sanierungsstaaten und Staaten mit Leistungsbilanzüberschüssen kommen und deren numerische Betroffenheit durch die degressiv proportionale Zusammensetzung des Parlaments verzerrt abgebildet ist. Entscheidend ist aber, dass finanzwirksamer europäischer Rechtsetzung keine Finanzierungsverantwortung durch europäische Besteuerung gegenüber steht.

Die nationale Ebene verfügt über eine Gemeinwohlvorstellung und hat ausreichende Kraft, ein Gemeinwohl zu prozeduralisieren. Es ist aber mittlerweile fraglich, ob Bundestag und Bundesrat noch über ausreichende Kompetenzen verfügen, entsprechende Ziele erreichen zu können. Auch gewinnt eine Betroffenheitsphilosophie an Einfluss, die den Bundestag nicht mehr auf das Wohl des deutschen Volkes, sondern

---

113 Das Europäische Parlament beschloss am 6. 7. 2011, seine Schlussabstimmung in der ersten Lesung über das Gesetzespaket mit den sechs Kommissionsvorschlägen (*Europäische Kommission* KOM (2010) 522 bis 527, dazu die ausf. Stellungnahme der EZB v. 16. 2. 2011, ABl. EU 2011 Nr. L 150/1) auf den Herbst 2011 zu vertagen. Das Parlament und der Rat konnten den Streit über die Regel, nach der im Defizitverfahren über Sanktionen entschieden werden soll, Ende Spetember 2011 beilegen. Das Parlament bevorzugte, offenbar nach dem Vorbild der WTO-Streitschlichtung, eine „umgekehrte qualifizierte Mehrheit“. Nach dieser Idee müsste die Nichtverhängung von Sanktionen mit qualifizierter Mehrheit vom Rat beschlossen werden. Der ECOFIN-Rat lehnt den damit verbundenen Automatismus ab. Der Gesetzgeber nahm am 28. 9. 2011 (EP) und am 4. 10. 2011 (Rat) einen Kompromiss zu allen sechs Vorschlägen an, s. *Rat der EU* Pressemitteilung v. 4. 10. 2011, Nr. 14988/11, Annex, 5 („Automaticity in the voting procedure“).

114 Das Europäische Parlament hat einen Sonderausschuss zur Finanz-, Wirtschafts- und Sozialkrise (CRIS) eingerichtet, vgl. u.a. die Entschließung v. 6. 7. 2011 (A7-0228/2011).

115 *F. Scharpf* Monetary Union, Fiscal Crisis and the Preemption of Democracy, ZSE 9 (2011), 163 (193 ff.), weist auf die tatsächlichen und integrationspolitischen Folgen hin, die nicht eigenverantwortete Reformprogramme in den betroffenen Mitgliedstaaten wie Griechenland und Portugal haben könnten. In dieselbe Richtung geht die Argumentation von *M. Goldmann* The Financial Crisis as a Crisis of Democracy, German Law Journal 13 (2012), i.E.

ebenso auf das Wohl der Europäischen Union wie anderer europäischer Nationen verpflichtet sieht. Dabei wird außen vor gelassen, dass mögliche Pflichten gegenüber Dritten sich in der Europäischen Union über den institutionellen Kontext der Verträge und nicht über Präambeln und Prinzipien verwirklichen.[116]

Das Bundesverfassungsgericht hat den Bundestag wiederholt aufgefordert, im Zusammenhang mit der überstaatlichen Einbindung Deutschlands aufgegebene Handlungsmöglichkeiten durch selbstbewusste Beteiligung an der innerstaatlichen Willensbildung auf Kosten der Exekutive zu kompensieren.[117] Die nationale Rechtsetzung zur Finanzmarkt- und zur europäischen Schuldenkrise zeigt, dass der Bundestag sich dieser Lage bewusst ist und dass er erste Schritte in diese Richtung wagt.[118] In der Auseinandersetzung mit der Bundesregierung über die parlamentarische Beteiligung bei Finanzhilfen aufgrund der ertüchtigten Euro-Rettungsfonds hat er sich, wieder unterstützt vom Verfassungsgericht,[119] behauptet.[120] Dass die Beteiligungsrechte in eilbedürfti-

---

[116] Vgl. dazu *Wieland* (Fn. 86), 340 (343); *Calliess* (Fn. 86), 213 (224ff.) und FAZ, Interview mit Finanzminister *Schäuble* v. 22. 9. 2011, 8.

[117] BVerfGE 113, 273ff. - Europäischer Haftbefehl; 126, 267ff. - Lissabon; Urteil v. 7. 9. 2011, 2 BvR 987/10, 1485/10 und 1099/10, NJW 2011, 2946ff. - Griechenland-Hilfe und Euro-Rettungspaket.

[118] Art. 1 § 10a FMStG (Fn. 24), der die Einrichtung eines aus Abgeordneten bestehenden Gremiums zum Finanzmarktstabilisierungsfonds (Soffin-Ausschuss) vorsieht, verpflichtet die Bundesregierung, den Ausschuss über die Aktivitäten im Rahmen des Gesetzes zu unterrichten; § 1 Abs. 3 des Gesetzes zur Übernahme von Gewährleistungen zum Erhalt der für die Finanzstabilität in der Währungsunion erforderlichen Zahlungsfähigkeit der Hellenischen Republik (Währungsunion-Finanzstabilitätsgesetz - WFStG) v. 7. 5. 2010 sieht immerhin schon vor, dass der Haushaltsausschuss des Bundestages grundsätzlich zu unterrichten ist, bevor konkrete Gewährleistungen übernommen werden. Das kurze Zeit später erlassene Gesetz zur Übernahme von Gewährleistungen im Rahmen eines europäischen Stabilisierungsmechanismus (Euro-Stabilisierungsmechanismus-Gesetz - StabMechG) v. 22. 5. 2010 (BGBl. I 2010, 627) verpflichtet die Bundesregierung in § 1 Abs. 4, sich vor der Gewährleistungsübernahme um das Einvernehmen mit dem Haushaltsausschuss des Bundestages zu bemühen. Vgl. sodann *Deutscher Bundestag* Entschließung v. 10. 6. 2011, Plen. Prot. 17/115, 13207 A (13230 D), BT-Drucks 17/6163, 3: „Der Deutsche Bundestag stellt fest, dass alle Entscheidungen und Vereinbarungen mit finanzieller Auswirkung der Zustimmung des Deutschen Bundestages bedürfen und fordert die Bundesregierung auf, diese einzuholen." § 1 Abs. 4 StabMechG ist dahingehend verfassungskonform auszulegen, dass die Bundesregierung die vorherige Zustimmung des Bundestages einholen muss, BVerfG, (Fn. 117), NJW 2011, 2946 (2953).

[119] BVerfG (Fn. 117).

[120] *Deutscher Bundestag* Beschluss v. 29. 9. 2011 über den Gesetzentwurf zum EFSF II, BT-Drucks 17/6916 idF BT-Drucks 17/7067, 6ff. und BT-Drucks 17/7130, Plen. Prot. 17/130, 15236 D; der Entschließungsantrag BT-Drucks 17/6945 wurde für erle-

gen und vertraulichen Fällen jedoch von einem stark verkleinerten, vertraulich beratenden Haushaltskernausschuss wahrgenommen werden sollen, macht darauf aufmerksam, wie weit Exekutivstrukturen bereits vom parlamentarischen Selbstverständnis akzeptiert und übernommen werden.[121]

3. *Parlamentarischer Primat*

Der Parlamentarismus im offenen Verfassungsstaat bewegt sich in einer zweiten Phase des Konstitutionalismus. Anders als im 19. Jahrhundert stehen Parlamente heute vor der Aufgabe, die bestehenden Rechte gegen eine substantielle Bürokratisierung und die Kommunitarisierung zu verteidigen. Mit dem Hinweis auf die Sachzwänge und die Funktionsgesetze überstaatlicher Zusammenarbeit kann sich parlamentarische Gestaltungsfreiheit zu einer Entscheidung über das Notwendige oder zur Ermächtigung von Experten verkürzen.[122] In der Finanzkrise kann dies zu der konkreten Frage umformuliert werden, was es verfassungsrechtlich bedeuten soll, wenn behauptet wird, dass das „Budgetrecht im 21. Jahrhundert“[123] besonderen Bedingungen und Veränderungen unterliege.

Es kann nicht bedeuten, dass die konstitutive Entscheidung des unmittelbar demokratisch legitimierten Rechtsetzers über den Haushalt, d.h. die Einnahmen und Ausgaben eines politischen Gemeinwesens und damit die Entscheidung über Steuererhebung und Kreditauf-

---

digt erklärt. Vgl. die Stellungnahme von *Calliess* in der öffentlichen Anhörung des Haushaltsausschusses des Bundestages vom 19. 9. 2011, Protokoll Nr. 17/62, Anlage 1, 4ff. Auch der EFSF-Änderungsvertrag ist nicht förmlich in das Gesetzgebungsverfahren eingeführt worden. Nach der ursprünglichen Konzeption des Bundesfinanzministeriums sollte der Bundestag lediglich dem EFSF-Vertrag (Fn. 84, 94) zustimmen und bei der konkreten Kreditvergabe nicht mehr beteiligt werden, vgl. *Handelsblatt* Schäuble will Bundestag beim Euro-Rettungsschirm austricksen v. 24. 8. 2011 (online-Ausgabe).

[121] § 3 Abs. 3 StabMechG (neu), BT-Drucks 17/7067, 7; es kommt erschwerend hinzu, dass das Gesetz Notmaßnahmen, die auf die neuen Finanzierungsinstrumente des EFSF II zurückgreifen (Fn. 94), für im Regelfall eilbedürftig und vertraulich erklärt.

[122] Die Problematik wird unter den Stichwörtern Informalisierung und Entparlamentarisierung geführt, vgl. *Herdegen* und *M. Morlok*, VVDStRL 62 (2003), 7ff. und 32 ff; mit Schwerpunkt auf der Europäischen Union *P. Dann* Parlamente im Exekutivföderalismus, 2004, 163ff.

[123] *F. C. Mayer* argumentierte als Prozessbevollmächtigter für den Deutschen Bundestag in der mündlichen Verhandlung vor dem BVerfG am 5. 7. 2011, dass das Budgetrecht im 21. Jahrhundert besonderen Bedingungen und Veränderungen unterliege; s. *C. Karpenstein/M.-C. Fuchs* Bericht über die mündliche Verhandlung des Bundesverfassungsgerichts zur Vereinbarkeit der „Griechenland-Hilfe“ und des „Euro-Rettungsschirms“ mit dem Grundgesetz, Redeker/Sellner/Dahs, o. Datum, 12.

nahme, zu einem Recht auf bloße Mitentscheidung oder inhaltsarme Richtungsentscheidung beschränkt wird. Sicherlich tritt auch in Deutschland erst allmählich in das öffentliche Bewusstsein, dass andere Nationen und Gemeinschaften einen größeren Anteil vom nationalen Wohlstand als Gegenleistung für wirtschaftliche Öffnung und politische Zusammenarbeit beanspruchen.[124] Dieser Transfer, der bereits auf europäischer wie auf internationaler Ebene stattfindet, beruht allerdings auf bewussten und umkehrbaren Einzelentscheidungen des Deutschen Bundestages. Ein europäischer Finanzausgleich ist durchaus zulässig, soweit er keine Finanzierungsautomatismen nach sich zieht. Das Transfervolumen muss deshalb der Höhe und dem Verpflichtungszeitraum nach begrenzt sein. Orientierungsgrößen können der politisch frei verfügbare Anteil am nationalen Gesamthaushalt unter Berücksichtigung der Schuldenquote und die Dauer einer Wahlperiode sein. Der ESM-Vertragsentwurf hätte deshalb um eine Regelung ergänzt werden müssen, der einen Austritt aus dem Mechanismus ausdrücklich vorsieht.

Die Finanzkrise der Gegenwart führt vor Augen, dass die politische Ökonomie des Mehrebenensystems an eine Grenze stößt und die beteiligten politischen Räume überfordert. Dass effektives überstaatliches Exekutivhandeln durch eine parlamentarische Selbstbehauptung erschwert werden könnte, wäre eine heilsame Korrektur der bereits erfolgten Gewichtsverschiebung.

VI. Schluss

1. „Krise ohne Alternative"?

Das Vorverständnis des herrschenden Krisendenkens ist davon geprägt, dass Krisen vermeidbar sind und dass Verantwortung zugeordnet werden kann. Eine „Krise" setzt denklogisch voraus, dass es Alternativen gibt. Dieses Vorverständnis, und damit die Annahme einer „inneren Souveränität" des Rechtsetzers, beruht aber möglicherweise auf einem Irrtum. Das Schlagwort der „Alternativlosigkeit"[125] könnte mehr

---

[124] Zu diesem Gedanken aus dem Blickwinkel internationaler Politik Bundesverteidigungsminister *T. de Maizière* Deutscher Bundestag, Rede v. 27. 5. 2011, Plen. Prot. 17/112, 12815 D (12816 C). Zu den transnationalen Gerechtigkeitsvorstellungen hinter Transferforderungen s. *Giegerich* Einleitung, in: ders. (Hrsg.), Krise (Fn. 110), 7 ff.

[125] Im englischen Sprachgebrauch wird das Akronym TINA – *There Is No Alternative* – verwendet. Zu den Ursprüngen der Wendung *C. Berlinski* „There Is No Alternative": Why Margaret Thatcher Matters, 2010. Gegen die politische Versteinerung durch den Gebrauch des Begriffs „Alternativlosigkeit" *F. Schäffler* Deutscher Bundestag, Rede v. 17. 3. 2011, Plen Prot. 17/96, 11094 C-11095 D.

bedeuten als der Versuch, die eigene politische Strategie gegen Kritik und Gegenkräfte zu immunisieren. Es könnte einen Einblick in das Selbstempfinden der Entscheidungsträger geben, die davon überzeugt sind, dass der gewählte Weg tatsächlich der einzig begehbare ist. Ist die Finanzmarkt- und Staatsschuldenkrise der Gegenwart möglicherweise eine „Krise ohne Alternative"?

Der Begriff, entwickelt vom Althistoriker *Christian Meier*, beruht auf der Beobachtung, dass Akteure in einer zeitbedingten Gesamtkonstellation nur Macht in den Verhältnissen, nicht aber über die Verhältnisse haben. Die Zeitgenossen wähnen sich in einer alternativlosen Lage und handeln entsprechend dem vorgezeichneten Pfad. Das Entscheidende ist dabei nicht, dass es in der Krise objektiv stets eine Alternative gegeben haben mag, sondern dass der Rahmen diese nicht ergreifbar scheinen ließ.[126] Das Erkenntnisinteresse der „Krise ohne Alternative" ist darauf gerichtet, wie sich gesellschaftliche Verhältnisse aus nichtbeabsichtigten Nebenwirkungen erheben. Die „gesellschaftlichen Verhältnisse", die sich in der gegenwärtigen Finanzkrise erheben, sind die überforderter, wachstumsschwacher Bürokratien, die sich in Europa zu einem zentral geführten, nach außen geschlossenen Politikraum mit Wohlstandstransfers organisieren.[127]

2. *Alternativen*

Bleiben als Fluchtpunkt also nur die Mentalitäten der beteiligten Personen? Die Mandats- und Amtsträger der Rechtsetzungsorgane auf nationaler, europäischer und internationaler Ebene haben Macht und Recht, andere als die erwarteten oder vorstrukturierten Entscheidungen zu treffen. Die Institutionen des freiheitlichen Verfassungsstaates stehen auch in Finanzmarktfragen nicht unter einer Überstaatsräson.[128]

---

[126] *C. Meier* res publica amissa, 2. Aufl. 1988, XLIII, S. 201 ff; *ders.* Caesar, 2004, 420 ff; vgl. a. *Borchardt* Zwangslagen (Fn. 28), 87 (112) Fn. 10, dort angewendet auf die Wirtschaftspolitik der Reichsregierung Anfang der 1930er Jahre.

[127] Der Gedanke einer europäischen Föderation wird aufgenommen und in aktualisierter Form vertreten vom Präsidenten der Europäischen Zentralbank *J.-C. Trichet* Rede anlässlich der Verleihung des Internationalen Karlspreises zu Aachen v. 2. 6. 2011, Manuskript, 9f.; *ders.* Trois ans après la chute de Lehman Brothers: leçons et défis de la crise, Rede v. 5. 9. 2011, zugänglich unter http://www.ecb.int/press; vom klassischen Standpunkt der europäischen Bewegung *A. Duff* Federal Union Now, 2011 sowie das „Schäuble-Lamers-Papier" v. 1. 9. 1994; mit Bezug zu seiner Rede aus dem Jahr 2000 *J. Fischer* Es geht um fast alles!, SZ v. 21. 6. 2011 (online-Ausgabe); zusf. für erwogene politische Szenarien The Economist v. 17. 9. 2011, Editorial, 9f.

[128] Exemplarisch ist das deutsche Verbot bestimmter („ungedeckter") Leerverkäufe von Kreditausfallversicherungen (*Credit Default Swaps – CDS*) zu nennen, das die

Stattdessen hält die nationale und europäische Rechtsetzung an Dogmen fest und besteht auf Wahrheiten.[129] Die dadurch begründeten Abhängigkeiten vom alternativlosen Weg führen nicht nur zu unverantwortbaren Gubernativnetzwerken, sondern auch zu kulturellen und ökonomischen Verirrungen, die das freiheitliche Koordinatensystem verschieben. Sind wir wirklich gut beraten, in einer Finanzkrise auf die Rettung durch die zweifelhaften Währungsreserven einer Diktatur zu hoffen, die vermeintlich gut durch die Krise gekommen ist? Weder ist der geordnete Markt an sich eine Bedrohung der Freiheit, noch verhindert die Herrschaftsform der parlamentarischen Demokratie, dass notwendige Entscheidungen getroffen werden können.

Die größte Herausforderung für Rechtsetzung in einer Finanzkrise ist es, sich von einer „Krise" nicht beeindrucken zu lassen. Rechtsetzung neigt dazu, das politische Motiv „Krise" dauerhaft werden zu lassen, um Exzeptionelles zu rechtfertigen.[130] Die Krise ist aber kein technokratischer Ausnahmezustand.

Die augenblicklich drohenden Wolken sind vom politischen Horizont Europas nicht verschwunden. Die Finanzkrise könnte noch eine Entwicklung nehmen, an der seinerzeit auch die Hoffnungen *v. Camphausens* zerstoben, als sich die Stockung auf den Märkten der Gründerzeit zur Großen Depression auswuchs.[131] Berechtigt ist aber die Hoffnung, dass nationale, europäische und internationale Rechtsetzung eine vielversprechende Entwicklung anbahnen und dass das Öffentliche Recht sowie die Staatsrechtslehre dazu einen Beitrag leisten werden.

---

deutsche Finanzaufsicht im September 2009 erließ und das vom Gesetzgeber aufgenommen wurde (s. Gesetz zur Vorbeugung gegen missbräuchliche Wertpapier- und Derivategeschäfte, BGBl. 2010 I, 945 – § 30h Wertpapierhandelsgesetz), dazu *F. Walla* Kapitalmarktrechtliche Normsetzung durch Allgemeinverfügung, DöV 63 (2010), 853 ff. Das Verbot kann entweder als innenpolitischer Preis der Bundesregierung für die Vermeidung einer Finanztransaktionsteuer oder als erster Schritt für ein unionsweites Verbot gesehen werden. Ein (vorläufiges) Verbot bestimmter Leerverkäufe ist aufgenommen worden von Frankreich, Spanien, Italien und Belgien; ein entsprechender Verordnungsvorschlag befindet sich im Gesetzgebungsverfahren der Union, s. KOM (2010) 482 v. 15. 9. 2010.

[129] *W. Abelshauser* It's not the economy, stupid! Die politische Ökonomie der europäischen Integration in der Krise, ZSE 8 (2010) 1 ff.

[130] Vgl. zur Permanenz der Krise *Schivelbusch* Verwandtschaft (Fn. 28), 170.

[131] Die These von der „Großen Depression" stammt von *H. Rosenberg* Die Große Depression und Bismarckzeit, 1967; der Autor fand rückblickend „Große Deflation" sei eine noch treffendere Beschreibung, *ders.* Weltwirtschaftskrise 1857–1859, 1974, Vorbericht, XIII f.

Leitsätze des 2. Referenten über:

Finanzkrisen als Herausforderung der internationalen, europäischen und nationalen Rechtsetzung

I. Einleitung

1. Krise des Rechts und Krise im Recht

(1) Der Krisenbegriff eignet sich für die Rechtswissenschaft als analytische Kategorie, um die Bedingungen zu untersuchen, unter denen sich Macht in föderalen Rechtsordnungen oder im Mehrebenensystem verschiebt.

(2) Recht setzt sich mit bestimmten unerwünschten Zuständen vorab auseinander und hält einen kontrafaktischen Vorrat typisierender Antworten bereit, mit denen Krisen rechtlich verarbeitet werden können (Krise im Recht). Die Krise des Rechts beginnt mit dem Nachdenken darüber, eine Ausnahmelage mit außerrechtlichen Notmaßnahmen zu bewältigen.

2. Pathologische Krisen und transformatorische Krisen

(3) Mit „Krise" wird ein Zustand als krankhaft identifiziert, der im geltenden Recht und mit den verfügbaren Mitteln nicht geheilt werden kann (pathologische Krise). Eine Krise wird dadurch zu einem selbständigen Handlungsmotiv, das jedes politische Gemeinwesen unter einen funktionalen Druck setzt, die notwendigen oder zumindest erwarteten Entscheidungen rechtzeitig zu treffen.

(4) In einer Großkrise kann die Überzeugung wachsen, dass Recht an sich für die Krisenbewältigung ungeeignet ist. Solche transformatorischen Krisen haben das Potential, den geltenden Ordnungsrahmen als solchen in Frage zu stellen und Neugestaltungskräfte zu mobilisieren.

II. Mehrebenenrechtsetzung in Finanzkrisen

1. Kontext: Staat – Wirtschaft – Union

(5) Ökonomische Krisen haben im modernen Industrie- und Wohlfahrtsstaat eine existentielle Bedeutung, nicht nur, weil in ihnen Gesellschafts- und Staatskrisen angelegt sind, sondern weil Staaten auf die Leistungskraft des Wirtschafts- und Finanzsektors angewiesen sind.

(6) Eine Finanzkrise ist eine drängende Entscheidungssituation im öffentlichen Geldwesen, die durch ihren konkreten Gegenstand als Banken-, Währungs- und Schuldenkrise und schlussendlich als Finanzmarktsystemkrise typisiert wird.

2. Schwerpunkt: Finanzmarkt- und Staatsschuldenkrise

(7) In der Finanzkrise entlädt sich der Handlungsdruck auf die Mehrebenenrechtsetzung zunächst in kurzfristigen Akutmaßnahmen gegen Krisensymptome. Diese überschneiden sich mit zunehmender Krisendauer mit ursachenbezogenen Ordnungsmaßnahmen.

3. Schlussfolgerungen: Ursachengewissheit – Gestaltungschance

(8) Rechtsetzer handeln in der Krise mit unreflektierter Gewissheit, auf welchen Kausalitäten die Schwächen der geltenden Ordnung beruhen und wie diese auszugleichen sind. Im Verfassungsstaat will Rechtsetzung die Erwartung der Öffentlichkeit auf effektive Problemlösung erfüllen, damit die Opposition keinen Vorteil erhält oder die Herrschaftsordnung als unregierbar in Frage gestellt wird.

(9) Vor dem Hintergrund der kritischen Lage öffentlicher Finanzen verfestigt sich die Vorahnung, dass die Finanzmarkt- und Staatsschuldenkrise nicht allein auf technischen Defekten beruht, die sich durch mehr Transparenz, bessere Verwaltung, durch Optimierung und Anstrengung hätten vermeiden lassen. Die Krisenrechtsetzung ist einseitig an der Vergangenheit ausgerichtet. Sie unterschätzt die Kreativität gesellschaftlicher Dynamik und blendet aus, dass die Finanzkrise auch eine Krise der Mentalitäten sein kann.

(10) Eine besondere Herausforderung für Rechtsetzung ist, dass „Krise" eine Chance für die Politik ist, lang gehegte Ziele „im Windschatten der Krise" in Recht umzusetzen. Die besondere Bedeutung von Finanzkrisen für Staat und Gesellschaft ist spiegelbildlich zu den Gestaltungspotentialen von Krisenrechtsetzung.

III. Gewährleistung

1. Marktstabilität – Wettbewerb – Interessenkonflikt

(11) Die Interessenkonflikte des Staates als Gläubiger, Schuldner und erster Adressat des Auftrages, Finanzmarktstabilität zu gewährleisten, führen dazu, dass nationale Rechtsetzung im Bereich des Finanzmarktes immer auch die staatlichen Bedingungen für die Kreditaufnahme und die politische Gestaltung im Blick hat.

(12) Die Erwartung an europäische und internationale Rechtsetzung, einen fairen, verlässlichen und effektiven Ordnungsrahmen für den Finanzmarkt zu gewährleisten, setzt die entsprechende Ermächtigung und optimale Ressourcenausstattung der überstaatlichen Einrichtungen durch die Staaten voraus. Wer den Ordnungsauftrag erhalten hat, Marktstabilität zu gewährleisten, wird sich in einer Krise nicht von Kompetenzgrenzen und konkurrierenden staatlichen Ordnungsvorstellungen beeindrucken lassen.

2. Gesellschaftliche Dynamik – Grundrechte

(13) Grundrechtsschutz steht in einem Erwartungszusammenhang, der die Verantwortung des Einzelnen für sein Handeln voraussetzt. Trägt dieser Erwartungszusammenhang nicht mehr, wie im Fall des Eigentums an notleidenden „systemrelevanten" Finanzinstituten, kann der Grundrechtsschutz nicht zu einer Prämie auf verantwortungsloses Handeln werden.

(14) Die „Schuldenbremsen" für Bund und Länder, die durch die unionsrechtlichen Vorgaben des Stabilitäts- und Wachstumspaktes unterfüttert werden, müssen in Einklang gebracht werden mit der Annahme voraussetzungsloser, menschenwürdegetragener Leistungspflichten.

3. Ablösung des Staatsschuldenmodells

(15) Die Ablösung des herrschenden Staatsschuldenmodells durch „kaufmännische Solidität" würde die Hauptursache für Finanzkrisen beseitigen.

(16) Die hohen Erwartungen, dass das Staatsschuldenmodell über die Institution der „Schuldenbremse" entscheidend verändert werden kann, sind nicht berechtigt. In der Krise kann Recht die Politik nur schwer begrenzen, solange finanzielle Leistungen das Hauptmedium politischer Gestaltung sind.

(17) Die Verschuldungsneigung öffentlicher Haushalte ist weiterhin durch den Marktmechanismus, d.h. durch das äußere Kriterium des Kapitalmarktzinses zu begrenzen.

IV. Normativität

1. Vertrag und zwischenstaatlicher Konsens

(18) Die Mitgliedstaaten der Europäischen Union werden mit Art. 136 Abs. 3 AEUV-neu formal nachvollziehen, was die Euro-Gruppe sowie die Staats- und Regierungschefs durch die Griechenland-Hilfe und die Euro-Rettungsfonds (Europäische Finanzstabilisierungs-Mechanismus – EFSM; Europäische Finanzstabilisierungs-Fazilität – EFSF I und EFSF II) materiell bereits ins Werk gesetzt haben.

(19) Der geplante Europäische Stabilitätsmechanismus (ESM) wird die behauptete Regelungslücke im AEUV-Titel über die Wirtschafts- und Währungspolitik nicht schließen. Die Staatsschuldenkrise bleibt einer politischen Lösung zugänglich, weil der Stabilitätsmechanismus – wie auch schon die Rettungsfonds – nicht positiv regeln wird, was mit insolventen oder sich verweigernden Euro-Sanierungsstaaten geschehen soll.

2. Vertragsänderung durch völkerrechtliche Übung

(20) Die Staatsschuldenkrise legt einen vertragsändernden Automatismus in der Europäischen Union offen, der aus dem klassischen Völkervertragsrecht vertraut ist: Ein Vertrag wird durch die übereinstimmende spätere Übung der maßgeblichen Vertragsparteien in dem Sinn des ad hoc betätigten Willens geändert. Der Grundsatz der begrenzten Einzelermächtigung, das Bemühen um die Kompetenzabgrenzung zwischen Union und Mitgliedstaaten sowie das Vertrauen der Bürger in die europäische Rechtsgemeinschaft stehen einer solchen formlosen Änderung entgegen.

(21) Die Übertragung nationaler Hoheitsgewalt auf nichtstaatliche Hoheitsträger setzt Vertrauen in die strenge Normativität von Vertragsrecht voraus. Krisen dürfen auf europäischer Ebene nur im geltenden Recht verarbeitet werden.

3. Intergouvernementale Transformation

(22) Das Ausweichen von Euro-Staaten auf die zwischenstaatliche Regelungs- und Politikebene, die einstimmiges Entscheiden ohne Beteiligung des Europäischen Parlaments und der Europäischen Kommission ermöglicht, ist Ausdruck einer transformatorischen Krise der Europäischen Union.

(23) Die Mitgliedstaaten können durch das Anwenden der neuen „Unionsmethode" die bestehenden Rechtsbindungen nicht abstreifen. Unionsbezogenes Exekutivhandeln hat zur Folge, dass der nationale parlamentarische Rechtsetzer vollständig und uneingeschränkt nach den verfas-

sungsrechtlichen Regeln für die innerstaatliche Willensbildung in europäischen Angelegenheiten (Art. 23 GG) beteiligt wird.

V. Verantwortung

1. Politische Strukturierung durch Exekutiven

(24) Parlamentarische Rechtsetzung in Finanzkrisen unterliegt der politischen Strukturierung durch Exekutiven. Parlamente werden besonders durch Akutmaßnahmen im Rahmen exekutivischer Prärogative einem Erwartungsdruck ausgesetzt, der unmissverständlich bedeutet, dass sie mit der rechtlich möglichen Ablehnung beabsichtigter Rechtsetzung die Finanzkrise vertiefen oder verlängern würden.

2. Gemeinwohlpluralität

(25) Rechtsetzung in einer Finanzkrise braucht Verfassungsstaaten, weil nur sie die notwendige Prozeduralisierung des Gemeinwohls leisten und die erforderliche Legitimation getroffener Maßnahmen spenden können. Europäische und internationale Rechtsetzung ergänzt und koordiniert nationale Rechtsetzung, ohne diese ersetzen zu können.

3. Parlamentarischer Primat

(26) Der Parlamentarismus im offenen Verfassungsstaat bewegt sich in einer zweiten Phase des Konstitutionalismus. Parlamentarische Rechtsetzung steht heute vor der Aufgabe, die errungenen Rechte gegen eine substantielle Bürokratisierung und die Kommunitarisierung zu verteidigen.

(27) Der bereits erfolgende Wohlstandstransfer im Mehrebenensystem beruht auf bewussten und umkehrbaren Einzelentscheidungen des Deutschen Bundestages. Ein weitergehender, europäischer Finanzausgleich ist zulässig, soweit er keine Finanzierungsautomatismen nach sich zieht, d. h. solange das Transfervolumen der Höhe und dem Verpflichtungszeitraum nach begrenzt sind. Orientierungsgrößen können der politisch frei verfügbare Anteil am nationalen Gesamthaushalt unter Berücksichtigung der Schuldenquote und die Dauer einer Wahlperiode sein. Der Vertrag über den Europäischen Stabilitätsmechanismus (ESM) hätte um eine Austrittsregelung ergänzt werden müssen.

VI. Schluss

1. „Krise ohne Alternative"?

(28) Das Schlagwort der „Alternativlosigkeit" gibt einen Einblick in das Selbstempfinden der Rechtsetzer, die davon überzeugt sind, dass der gewählte Weg tatsächlich der einzig begehbare ist. Die maßgeblichen Akteure sind nämlich überzeugt, dass die gemeinsame Währung eine Sprosse auf der Leiter der Integration ist. Jede Besitzstandsaufgabe würde einen Integrationsrückschritt bedeuten und damit eine Unionskrise herbeiführen. Von diesem Standpunkt aus ist die Staatsschuldenkrise eine „Krise ohne Alternative".

2. Alternativen

(29) Nationale Rechtsetzung kann beginnen, das herrschende Staatsschuldenmodell abzulösen und seine Ausdehnung auf die Europäische Union zu verhindern. Nationale und europäische Rechtsetzung müssen erkennen, dass die europäische Integration sich nicht aus einer transformatorischen Krise heraus, sondern allein innerhalb der Verträge, einschließlich nationaler Ratifikationsverfahren und Referenden, vertiefen lässt. Exekutivische Mehrebenenrechtsetzung ist auch in Finanzkrisen nur dann verantwortbar, wenn die parlamentarische Budgethoheit gewahrt bleibt. Eine Finanzkrise ist für Rechtsetzung kein technokratischer Ausnahmezustand.

(30) Die größte Herausforderung für Rechtsetzung in einer Finanzkrise ist es, sich von der „Krise" unbeeindruckt zu zeigen. Die Institutionen des freiheitlichen Verfassungsstaates stehen auch in Finanzmarktfragen nicht unter einer Überstaatsräson.

Finanzkrisen als Herausforderung der internationalen, europäischen und nationalen Rechtsetzung

Lepsius: Meine Damen und Herren, ich begrüße Sie zu unserer Aussprache zum zweiten Beratungsgegenstand. Wir haben die Diskussion ein wenig gegliedert und beginnen mit staatstheoretischen und demokratietheoretischen Argumenten. Es geht weiter mit interdisziplinären Aspekten, dann über zum Internationalen, schließlich ins Spezielle und am Ende ins Vage, d.h. zu Beiträgen, die wir nicht anders zuordnen konnten. Wie üblich haben Sie vier Minuten Redezeit. Wir möchten Herrn Murswiek bitten, die Diskussion zu eröffnen. Ihm sollen folgen Herr Kotzur und Herr Lege.

Murswiek: Sehr geehrte Kolleginnen und Kollegen! Das Thema, das Herr Calliess mit seiner Schlussthese angesprochen hat, wie sieht die demokratische Legitimation aus in der Finanzkrise, halte ich für das zentrale Thema, das sich im Zusammenhang mit der Finanzkrise stellt. Und den Schlusssatz von Herrn Calliess – gelingt dem Gesetzgeber die Wiederherstellung des Primats der Politik nicht, dann droht nicht nur der freien Marktwirtschaft, sondern auch dem demokratischen Verfassungsstaat eine Legitimationskrise – möchte ich ausdrücklich unterstreichen. Wenn man sich überlegt, wie demokratische Legitimation gefährdet ist in der Finanzkrise und was getan werden muss, um demokratische Legitimation sicherzustellen, dann reicht es allerdings nicht aus, sich mit eher peripheren Fragen zu befassen, wie z.B., ob Normsetzung durch private Verbände oder durch inoffizielle Gremien demokratisch legitimiert ist oder ob das Parlament an Entscheidungen im Rahmen des Rettungsschirms hinreichend beteiligt ist, sondern dann muss man sich fragen, wo ist eigentlich im Kern die Demokratie gefährdet. Und ich möchte auf einen Punkt hinweisen, der mir ganz zentral erscheint. Die Parlamente, aber auch die Regierungen, von denen hier Herr Calliess zu Recht verlangt, dass sie das Steuer in die Hand nehmen sollen, agieren nicht als Steuerleute, sondern sie fahren hier auf einer rettungspolitischen Geisterbahn, die von ganz anderen, nämlich von den Finanzmärkten, auf das Gleis gesetzt worden ist. Die Politiker sind nur Getriebene, weil die Finanzinstitute, weil Großbanken systemische Risiken eingehen bzw. aufgrund ihrer Organisationsstruktur selbst von systemischer Bedeutung sind und weil der Staat es sich nicht leisten kann, eine solche Institution pleite gehen zu lassen. Großbanken hebeln ihr Eigenkapital um das 30fache, um Traumrenditen von 25% des Eigenkapitals zu erzielen, um den Bankmanagern Millionenboni einzubringen, und wenn die Spekulationsgeschäfte, die sie eingehen, schiefgehen, dann muss der Steuerzahler haften, weil der Zusammenbruch eines solchen Finanzinstituts nicht nur die gesamte Finanzwirtschaft, sondern infolge dessen auch die Realwirtschaft in eine Existenzkrise bringen würde. Auf diese Weise haben die Banken ein Erpressungspotential, das dem Gesetzgeber gar keine Wahl mehr lässt, milliardenhohen Rettungspaketen zuzustimmen. Darin sehe ich ein zentrales Demokratieproblem: Der Gesetzgeber, der nicht frei entscheiden kann, kann im Grunde genommen keine demokratische Legitimation mehr vermitteln. Was wäre die Lösung? Die Lösung kann nicht nur sein, dass systemrelevante Institute in irgendeiner Weise reguliert und insofern eingehegt werden, sondern man müsste dafür zu sorgen, etwa durch ein Bankenkartellrecht, dass Finanzinstitute überhaupt keine systemische Bedeutung mehr haben oder dass sie keine systemrelevanten Risiken mehr eingehen, oder man müsste zumindest dafür sorgen, dass solche Risiken innerhalb des Bankensystems aufgefangen werden. Dazu reicht keine Gefährdungshaftung. Gefährdungshaftung nützt mir nichts mehr, wenn der Emittent selbst pleite ist. Also, wir bräuchten einen bankensysteminternen Rettungsschirm, der es dann überflüssig macht, dass der Steuerzahler haftet.

Kotzur: Vielen Dank. Die beiden glänzenden, teils konträren, teils komplementären Referate provozieren eine unglaubliche Fülle von Fragen, von denen ich drei zu stellen wage bzw. versuche. Zunächst einmal haben wir von Herrn Schorkopf gelernt, das fand ich ganz großartig, dass schon Bismarck die Lücke in Art. 125 AEUV vorausgesehen hat: der „eiserne Kanzler“ wurde so zum vorausschauenden Europäer. Insofern war das ein wunderbares Bonmot. Sie haben vor allen Dingen, Herr Schorkopf, eine ganz außerordentlich geglückte Analyse des Krisenbegriffs geleistet, der für das Thema wirklich zentral ist, und das möchte ich mit einer Frage verbinden. Sie haben die Krise ja ein Stückchen weit auch zum Anlass genommen, herauszuarbeiten, dass die Europäische Union vielleicht doch ihrem völkervertraglichen Gründungsmoment ironischerweise ein Stückchen nähersteht als wir das manchmal denken. Könnte man nicht auch eine andere Brille aufsetzen und in der Krise so etwas sehen wie einen Constitutional Moment im Sinne von Bruce Ackerman, ein Gründungsmoment, einen neuen Startpunkt für die Europäische Union, die uns je nach Vorverständnis dann von der völkerrechtlichen zu der stärker konstitutionellen Lesart hinführt? Diese stärker konstitutionelle Lesart scheint mir Herr Calliess insbesondere in seiner Interpretation des Bail-Out-Verbotes und durch sein Heranziehen von Art. 4 Abs. 3 des EUV angeboten zu haben. Ich fand das sehr eindrucksvoll und wollte hier zuspitzend nachfragen, ob die Vorsorgedimension, die Sie uns angeboten haben, nicht – gewiss in bewusste Anführungszeichen gesetzt – mit dem Begriff einer neuen „Daseinsvorsorgeaufgabe Finanzmarktstabilität“ bezeichnet werden könnte. Diese „Daseinsvorsorgeaufgabe“ teilen sich sodann Mitgliedstaaten und Europäische Union in einer Art „Daseinsvorsorgeverbund“. Das mag sicherlich manche Abgrenzungsschwierigkeiten, das mag manche Kompetenzprobleme aufwerfen, ohne Zweifel. Aber ich glaube, beide Referenten waren einig, dass die zentrale Frage dieses „Risiko-Tragens“ und dieser Risikovorsorge darin liegt, dass sie demokratisch hinreichend abgesichert ist. Angesichts der Fülle von drängenden Entscheidungsfragen, zu deren Lösung wir angesichts unserer eingeschränkten Rationalität, um an den heutigen Vormittag anzuknüpfen, auch nur eingeschränkt in der Lage sind, mag mehr nicht möglich und ein Zitat des berühmten US-Supreme Court Justice Oliver Wendell Holmes tröstlich sein. Er hat einmal gesagt: „Unsere Verfassung ist ein Experiment, so wie das ganze Leben ein Experiment ist.“ Und vielleicht können wir solchermaßen ermutigt auch das unsichere Experiment der Europäischen Union als „Daseinsvorsorgeunion“ wagen, wenn diese experimentelle Seite demokratisch hinreichend abgesichert und rückgebunden ist. Vielen Dank.

Lege: Drei Punkte. Zunächst eine Frage an Herrn Calliess. Sie haben in Ihren Thesen und Ihrem Vortrag zweimal das Wort „souveränitätsschonend“ verwendet. Ich möchte nun genauer von Ihnen wissen, was Sie unter Souveränitätsschonung verstehen. Ist es eine Art von Souveränitätsverzicht von Seiten des Staates? Ich stelle mir allerdings die Frage, gerade in Münster, ob Souveränität überhaupt „geschont“ werden kann; ob nicht immer eine Souveränitäts„schonung“ zu einer Verlagerung der Souveränität, oder sagen wir dann besser: Verlagerung der politischen Macht auf andere Institutionen als den Staat führt. Daher: Erkennen Sie nicht in dem Wort Souveränitätsschonung eine Verlagerung politischer Macht vom Staat auf die Wirtschaft an? Oder noch pointierter: vom Staat, als dem Zentrum der Politik, auf das Zentrum der Wirtschaft, nämlich die Banken?

Der zweite Punkt: Vielleicht sollte man überhaupt über den Begriff Souveränität weiter nachdenken, ob man ihn nicht heute durch „politische Herrschaft" ersetzen sollte (dies knüpft an den Gesprächskreis „Grundlagen" an). Aber das lasse ich unvertieft und gehe über zum letzten Punkt: Eine kleine Anmerkung zu Herrn Schorkopf. Sie haben am Ende hingewiesen auf die Gefahr der Rettung durch eine Diktatur, die aus der Krise heil herausgekommen zu sein scheint (also China). Mich hat das Ganzean Platon erinnert. Platon schildert im 8. Buch der „Politeia" die Entwicklung der politischen Herrschaft vom Idealstaat (wenn man so will: unserem Rechtsstaat) über Verfallsformen wie Oligarchie (Herrschaft der Reichen) und Demokratie (Herrschaft der Armen) hin zur Tyrannis – die dann dafür sorgt, dass Wohlstandsverlagerungen scheinbar besser umverteilt werden, als es zuvor der Fall war. Meine Frage an Sie: Sehen Sie trotz Ihrer Mahnung, Krisen gelassen zu begegnen, auch eine Entwicklung solcher Art in Europa für möglich an? Danke schön.

Schoch: Verehrte Kolleginnen und Kollegen! Wenn ich recht sehe, stimmen die Referenten mit dem Bundesverfassungsgericht darin überein, dass das Parlament gestärkt werden muss. Wir sprechen also von der „Stunde des Parlaments". Ich möchte fragen: Kann man dabei über die Situation hinwegsehen, in der sich das Parlament real befindet. Erlauben Sie vor diesem Hintergrund einige Fragen an die Referenten.

Erster Aspekt: Welche zeitlichen Kapazitäten haben die Parlamentarier, um hochkomplexe Fragen zu bearbeiten, ja bearbeiten zu können? Zweiter Punkt: Es besteht eine Informationsasymmetrie zwischen der Regierung (Exekutive) und Fachleuten einerseits und dem Parlament andererseits; diskutieren wir nicht einen Weg in die Sackgasse? Wissen denn die Parlamentarier in der Sache wirklich, worüber sie entscheiden, was sie verantworten? Reden sie de facto nicht von dem, was ihnen jemand – wer immer das sein mag –, der von der Sache etwas versteht, aufschreibt oder vorsagt? Ist hier nicht ein idealisiertes Bild gezeichnet worden, das der Realität kaum standhält?

Der dritte Punkt ist mir der wichtigste: die Entscheidungsverantwortung, in der sich die Parlamente befinden. Die Regierungen der Euro-Staaten oder die Staats- und Regierungschefs aller 27 EU-Mitgliedstaaten haben sich mühsamst in Wochenendsitzungen oder in mehrtägigen Tages- und Nachtsitzungen in einer Angelegenheit geeinigt; ein Kompromiss wurde gefunden. Nun kommen die Staats- und Regierungschefs nach Hause. In welcher Situation befindet sich denn das Parlament in einem parlamentarischen Regierungssystem? In diesen Tagen konnten wir doch beobachten, wie Parlamentarier mit Berichten zu „Mobbing" an die Öffentlichkeit getreten sind. Kann sich das Parlament erlauben, nachdem sich die Staats- und Regierungschefs der Staaten der Euro-

Zone oder aller EU-Mitgliedstaaten – getrieben von den Märkten – mühsamst verständigt haben, mit „Nein" zu stimmen? Gehen wir ernsthaft davon aus, dass sich das Parlament in einer anderen Lage als in einer „Ratifikationslage" befindet? Wie ist dazu die Analyse der Referenten?

Nun kann man darauf verweisen, dass es in Europa auch Minderheitenregierungen gibt. Stellen wir uns vor, die „Wahren Finnen" in Finnland oder einer der Koalitionspartner in der Slowakei spielen nicht mit, das Einigungspaket scheitert. Dann hat der Parlamentarismus gesiegt. Ist das der Sieg, den wir wollen, den Sie – die Referenten – wollen? Am Ende wird gar nicht entschieden. Wie ist denn die Befindlichkeit der Parlamente in dieser Lage? Jetzt kommt es zu den Parteienverbünden in Europa; die Sozialistische Fraktion im EU-Parlament, die Konservativen (etc.) versuchen, ihre Parteifreunde in den Parlamenten der Mitgliedstaaten durch eine Art „Mund-zu-Mund-Beatmung" dazu zu bringen, dass der Entscheidungsprozess am Leben gehalten wird, dass es also weitergeht. Meine etwas zugespitzte Frage dazu: Bietet das Bundesverfassungsgericht wesentlich mehr als ein Arbeitsbeschaffungsprogramm für Fraktionschefs, Fraktionsgeschäftsführer etc.? Können wir unsere heutige Thematik ernsthaft behandeln und den Realbereich ausblenden?

Letzter Gedanke: Wie sieht es im Bereich der Regierung aus? Sie hängt doch von dem ab, was Fachleute ihr raten. Kommen wir im Grunde nicht im Zeitalter der „Expertokratie" an? Gibt es, falls inhaltlich fundiert entschieden werden soll, eine Alternative zur Verlagerung von Kompetenzen auf die EU-Ebene? Das aber bedeutet nun einmal eine Stärkung der EU-Kommission. Dies mag uns nicht passen. Aber sind wir nicht zu sehr noch von der Gedankenwelt des 19. Jahrhunderts getragen, als das Parlament Schritt für Schritt an Einfluss gewonnen hat, während es sich jetzt auf einmal in einer Situation der Überforderung befindet? Muss heute nicht in eine ganz andere Richtung gedacht werden? Vielen Dank!

Waechter: Ich habe einige Fragen zur Gliederung Ihrer Vorträge. Wenn ich das Thema recht verstanden habe, hat es den Doppelaspekt Finanzwirtschaftsaufsicht und Verschuldungsbegrenzung. M. E. liegen die Probleme auf diesen beiden Feldern etwas unterschiedlich.

Im Bereich der Finanzwirtschaftsaufsicht fehlt ein Recht überhaupt, jedenfalls im Großen und Ganzen. Im Bereich der Verschuldungskrise hatten wir ein Recht, es wurde aber nicht beachtet. Deswegen die Frage: Müsste man das nicht getrennter behandeln?

Die zweite Scheidung ist die zwischen Dauerrecht und Maßnahmerecht zum Übergang aus der Krise. Sie haben beides behandelt. Auch da meine ich, man muss die Felder unterschiedlich behandeln.

Zunächst zum Dauerrecht bei der Finanzwirtschaftsaufsicht. An sich ist Finanzwirtschaftsaufsicht ein ganz normales Rechtsgebiet wie sonst die Gewerbeaufsicht, das lässt sich regeln. Ich frage mich nur an ein paar Punkten: Ist das wirklich so einfach? Zwei der wesentlichen Punkte sind erstens, was bereits Herr Murswiek angesprochen hat, Unternehmensgröße. Natürlich ist auch das VW-Werk ein systemrelevanter Akteur. Das sind nicht nur die bösen Banken, sondern das ist die Struktur unserer Wirtschaft. Und die Frage ist: Sind wir in der Lage, eine exportfähige Wirtschaft zu behalten, wenn wir der Größe nach nur nicht-systemrelevante Unternehmen zulassen? Die zweite Frage ist: Die Gefahr der Finanzwirtschaft beruht im wesentlichen aus meiner Sicht auch in der Geschwindigkeit von Wechselwirkungen. Die ist ganz anders als im Umweltrecht. Kann man einen Rechtsrahmen schaffen, der die Finanzwirtschaft so verlangsamt, dass finanzwirtschaftsaufsichtliche Maßnahmen noch rechtzeitig ergehen können? Oder ist die Finanzwirtschaft dann tot?

Zweiter Punkt: Maßnahmerecht. Sie haben beide den übergesetzlichen Notstand abgelehnt. Aber wir haben doch alle Glück, wenn wir morgen früh aus unserem Portemonnaie noch einen Dollar kaufen können. Wenn es um Stunden geht, dann kommt eine Parlamentsbeteiligung kaum in Frage. Wir wissen alle, die absolute Ausnahme lässt sich nicht kodifizieren, es sei denn als kodifizierter übergesetzlicher Notstand in Form einer Generalklausel. Aber dann kann man es auch gleich lassen, das ist kein rechtsstaatlicher Gewinn. Und deswegen die Frage: Lohnt es überhaupt, über solche Beteiligungen sich sonderlich viel Gedanken zu machen? Natürlich kann man für die Parlamentsbeteiligung Fallgruppen je nach Dringlichkeit bilden. Im Übrigen: Wenn eine Regierung eine Maßnahme trifft, dann kann sie zurücktreten. Das kann das Parlament nicht.

Dritter Punkt: Dauerrecht im Verschuldungsbereich. Da war das Problem ja nicht, dass es keine Normen gab, sondern sie wurden nicht beachtet. Und ich sehe in Ihren Vorträgen keine neue Aspekte, warum in Zukunft ein solches Recht beachtet werden sollte. Auch wenn die Union selber eine Finanzpolitik hat, warum sollte sie nicht selber sich wieder in übermäßige Verschuldung begeben? Das ist doch ein Problem von heute Vormittag. Es fehlt an einer demokratischen Rationalität, die dieses Interesse durchsetzt, und nicht an Rechtsnormen. Rechtsnormen hatten wir schon. Danke.

Kloepfer: Beide Referenten haben ihre Vorträge so angelegt, wie ich sie mir grundsätzlich vorstelle: als intellektuelle Herausforderung und auch mit ein bisschen Wagemut. Besser eine These ist etwas überpointiert als dass sie nur bulletinhafte Äußerung ist.

Ich will dies an zwei Beispielen klar machen: Da ist zum einen die mir natürlich besonders zu Herzen gegangene Parallele zum Umweltrecht im Finanzwesen durch Herrn Calliess und zum anderen das Krisenkonzept von Herrn Schorkopf.

Das deutsche Umweltrecht ist, obwohl es nun auch schon über 40 Jahre alt ist, nach wie vor *die* Ideenwerkstatt des heutigen Öffentlichen Rechts, vielleicht im heiteren Streit mit dem Informationsrecht. Was im Umweltrecht an Vorgedachtem, an Ideenreserven, an rechtspolitischen wie rechtsdogmatischen Herausforderungen vorhanden ist, sucht seinesgleichen. Deswegen ist es richtig, danach zu fragen, ob das Umweltrecht sozusagen einen intellektuellen und instrumentellen Vorrat von Lösungen für andere Rechtsgebiete bereithält. Ich meine: ja. Die Beispiele, die Herr Calliess vorgetragen hat, sind überzeugend, und es wäre demgegenüber eher Beckmesserei darauf hinzuweisen, dass es natürlich auch eine Begrenzung der Vergleichbarkeit von Rechtsgebieten gibt. Beispielsweise wird dies bei der Umweltverträglichkeitsprüfung oder beim Vorsorgeprinzip deutlich. Wenn ich an die Diskussion im Umweltrecht denke, gibt es ja nicht nur eine Risikovorsorge, sondern möglicherweise auch eine Ressourcenvorsorge. Bei der Ressourcenvorsorge jedenfalls sind die Grenzen der Vergleichbarkeit zwischen Finanzrecht und Umweltrecht erreicht. Das ist eigentlich kein Einwand, sondern man stellt zwei Rechtsgebiete nebeneinander und sieht, wo sind gleiche und wo sind ungleiche Probleme. Vergleichung von Rechtsgebieten ist die gegenseitige geistige Anregung von Rechtsgebieten untereinander. Es geht also nicht nur um ein Lernen des Finanzrechts vom Umweltrecht, sondern auch um ein Lernen des Umweltrechts vom Finanzrecht. So könnte beispielsweise die Selbstverständlichkeit, mit der im Finanzrecht supranationale Institutionen oder internationale Institutionen Entscheidungsbefugnisse erhalten, vorbildhaft auch im Klimaschutzrecht sein.

Herr Schorkopf, Ihr Krisenkonzept ist hochinteressant. Ich würde es noch erweitern wollen durch den Hinweis auf ein Schwerpunktgebiet welches noch Anhänger sucht: das Katastrophenrecht. Letztlich ist die Bezeichnung der wirtschaftlichen Vorgänge von 1929 als Wirtschaftskrise nur eine verharmlosende Bezeichnung. Das war gewiss eine Wirtschaftskatastrophe. Und möglicherweise werden wir in der Zukunft noch eine neue Wirtschaftskatastrophe erleben. Deswegen gilt auch hier meine Aufforderung, darüber nachzudenken, ob man das, was im Katastrophenrecht geleistet worden und als Vorrat von Lösungen vorhanden ist, für das Finanzrecht gebrauchen kann. Stichworte: Die Funktionen der Kompetenzverlagerung und der normativen Entscheidungsreserven für den Notfall. Die Sicherung handlungsfähiger Strukturen im Staat auch bei Notfällen betrifft gerade die Regierung. Herausforderungen an die Normierbarkeit der Katastrophenbekämpfung stellen insbesondere die Zeitprobleme auf Grund der hohen Ablaufgeschwindigkeit vieler Katastrophen und Krisengeschehen dar. Das kann auch für Finanzkrisen gelten. Katastrophen- und Finanzrecht einigt das Grundanliegen, Rechtsordnungen auch in Notfällen aufrechtzuerhalten. Es gilt das Wort zu widerlegen, dass Not angeblich kein Gebot kennt. Genau umgekehrt ist die Verfassungslage: das Gebot muss die Not überstehen. Deshalb müssen Mechanismen entwickelt werden, durch welche die Verfassungsordnung auch in Notfällen möglichst weitgehend erhalten bleibt.

Insgesamt zeigen die vorstehenden geistigen Anleihen beim Umweltrecht bzw. beim Katastrophenrecht, wie wichtig es (auch) im Öffentlichen Recht ist, sich über jeweils andere rechtliche Teilgebiete zu informieren. Nicht selten hat man ja auch unter Kollegen gar keine Ahnung mehr davon, was der andere im Einzelnen fachlich macht. Deswegen müssen wir im Öffentlichen Recht über die fachlichen Parzellen der Spezialgebiete hinausschauen. Der Finanzrechtler darf sich nicht selbst genug sein, der Umweltrechtler auch nicht. Wir müssen vielmehr, und dafür steht ja unsere Vereinigung in hervorragender Form, bereit sein, voneinander als jeweilige Spezialisten für öffentlich-rechtliche Teilgebiete zu lernen. Es kommt dabei insgesamt allemal mehr heraus, als bei einer reinen Fokussierung auf die jeweiligen Fachgebiete allein.

Thym: Herr Schorkopf, Sie haben Ihre Thesen in der sprachlich greifbaren Formel von der „Krise des Rechts" auf den Punkt gebracht – und meinen, in Bezug auf die EU, die Krise des supranationalen Rechts. Ich bin nicht sicher, ob ich Ihnen zustimmen kann. Dies will ich mit zwei Gedanken untermauern. Erstens: Ein charakteristischer Unterschied zwischen einer klassischen internationalen Organisation kraft Völkerrechts und der Europäischen Union ist bekanntlich die Institution des Gerichtshofs. Der EuGH sichert als supranationales Gericht die Wahrung des Rechts auf überstaatlicher Ebene. Nun hat der EuGH in Ihrem Vortrag keine Rolle gespielt, und ich finde, er hätte es spielen sollen. Aus welchem Grund? Der EuGH sagt in ständiger Rechtsprechung, dass die EU-Organpraxis die Verträge nicht abändern kann. Eine faktische Vertragsänderung – etwa in Bezug auf das Bailout-Verbot der Währungsunion – ist also europarechtswidrig. Doch damit nicht genug. Der EuGH sagt zudem, dass völkerrechtliche Verträge der Mitgliedstaaten selbstverständlich das EU-Primärrecht beachten müssen. Der EuGH ist also ganz auf Ihrer Seite, wenn Sie die Beachtung des Artikels 125 AEUV durch die Europäische Finanzstabilisierungsfazilität

(EFSF) einfordern. Vor diesem Hintergrund würde ich Ihr Fazit von einer Krise des supranationalen Rechts erst teilen, wenn der EuGH nicht in der Lage wäre, auf europäischer Ebene als Selbstkorrekturmechanismus einzugreifen. Dies setzt natürlich voraus, dass der EuGH mit diesen Themen befasst wird und beweist, dass er die Wahrung des Rechts auch in Krisensituationen ernst nimmt. Garantiert ist dies nicht, auch wenn ich persönlich optimistisch bin, dass der EuGH, wenn er mit der Europarechtskonformität des Rettungsschirms befasst würde, die Frage verantwortlich behandeln würde. Das war mein erster Punkt. Mein zweiter Punkt betrifft Ihr Argumenteines transformatorischen Wandels. Sie argumentieren, dass wir die supranationale Integrationsmethode durch eine intergouvernementale „Unionsmethode“ (in den Worten Angela Merkels) ersetzen. Auch hier bin ich nicht sicher, ob wir gegenwärtig einen dauerhaften Wandlungsprozess erleben. Ichmöchte nur daran erinnern, dass in Europa Reformschritte selten in einem großen Wurf verwirklicht wurden, der gleichsam von heute auf morgen von der nationalen Kompetenz hin zur föderalen Supranationalisierung führte. Sie selber erwähnten das Schengener Recht. Dieses durchlief in einem Prozess von 25 Jahren einen Wandel, der vom völkerrechtlichen Abkommen über die Verträge von Maastricht, Amsterdam, Nizza und Lissabon schrittweise supranationalisiert wurde. Mir scheint, dass wir momentan im Finanzbereich dasselbe erleben: 2010 als erster Schritt der EFSF, im Jahr darauf dessen erste Reform, 2013 folgt der dauerhafte ESM und wer weiß, welche Neuerungen uns in den kommenden Monaten und Jahren noch bevorstehen. Es könnte also sein, dass wir momentan keinen Wandel der Integrationsmethode erleben, sondern im Jahr 2020 oder 2030 in der Rückschau schlicht feststellen, dass sich im Finanzbereich dasselbe abspielte, was wir zuvor in anderen Bereichen erlebten: ein schrittweiser Prozess des Übergangs zur supranationalen Gemeinschaftsmethode. Diese Überlegung führt mich zu einem letzten Punkt, zum Bundesverfassungsgericht. Wenn wir einen Prozess der schrittweisen Herausbildung einer Fiskalunion erleben, ergibt sich für das BVerfG bei der Anwendung des Art. 79 III GG dasselbe Dilemma, das sich zuvor bei der Ultra-vires-Kontrolle stellte. Karlsruhe sieht sich mit dem Problem konfrontiert, dass sich die meisten Reformschritte auf europäischer Ebene graduell abspielen, während eine Aktivierung des Art. 79 III GG gegen die Übertragung weiterer Zuständigkeiten im Rahmen der Identitätskontrolle nur dann überzeugt, wenn das Gericht einen großen Wurf überprüft, der es für sich genommen rechtfertigt, die Schwelle zum europäischen Bundesstaat als überschritten anzusehen. Derartige große Würfe wird es bei der Identitätskontrolle ebenso selten geben wie bei Ultra-vires-Beschwerden. Letztere beschränkte das BVerfG im Honeywell-Beschluss bekanntlich auf Fälle des ausgreifenden Systemwandels. Ich vermute, dass dieselbe Annahme die Identitätskontrolle einschränkt – mit der Folge, dass diese wegen der Gradualität der Rechtsentwicklung auf EU-Ebene regelmäßig ins Leere läuft. Danke.

Ohler: Herr Vorsitzender, vielen Dank. Drei Fragen beschäftigen mich, die jeweils die Perspektive auf die von den Referenten geschilderten Phänomene betreffen. Die erste Perspektive ist eine zeitliche. Wir sind ja hier in der privilegierten Situation, ex post Dinge analysieren zu dürfen, die sich vor unseren Augen in den letzten Jahren entwickelt haben. Das ist allerdings nicht die reale politische und gesetzgeberische Perspektive gewesen, unter der all diese Ereignisse stattgefunden haben. Der Gesetzgeber musste neuartige Probleme aus der ex ante-Perspektive bewältigen und das grenzt, wie wir heute morgen schon lernen durften, ein wenig die Bereitschaft ein, die Alternativen, die möglicherweise bestehen, angemessen zu würdigen. Hinzu kommt, und das ist ein explizit unjuristischer Hinweis, ein psychologisches Moment. Alle relevanten Akteure befanden sich in einer Situation außerordentlicher seelischer Angespanntheit oder sogar auch Angst. Das betrifft Staatenvertreter genauso wie Vertreter der Europäischen Zentralbank oder große Kapitalmarktinvestoren, deren erstes Bestreben es ist, ihre eigene Existenz und ihre eigene Handlungsfähigkeit zu sichern. Juristisch wirft das dann die Frage auf, wie realistisch sind überhaupt die Gefahreneinschätzungen, über die wir reden? Wie zutreffend sind die Einschätzungen der Europäischen Zentralbank, dass bestimmte sehr hohe Ansteckungsgefahren auf den internationalen Finanzmärkten bestehen? Wir nehmen diese Analysen hin, sie bilden die Grundlage nahezu aller Reformschritte, die derzeit stattfinden. Wir verfügen aber ex post nur sehr eingeschränkt über die Möglichkeit, die Ansteckungsgefahren zu einem vergangenen Zeitpunkt sachlich zu überprüfen, weil ihre Eigenart gerade darin besteht, dass sie situationsabhängig sind. Neben der zeitlichen Perspektive ist die räumliche Perspektive zu beachten. Wir neigen sehr dazu, die Probleme aus deutscher und europäischer verfassungsrechtlicher Perspektive zu betrachten. Tatsächlich sind wir mit globalen Problemen konfrontiert. Das sieht man ganz deutlich daran, wie die USA versuchen, auf Diskussionen in Europa einzuwirken. Wir können es beispielsweise auch daran erahnen, dass es Staaten auf dieser Welt gibt, deren Zusammenbruch uns noch vor viel größere Probleme stellen würde als ein möglicher Zusammenbruch Griechenlands, zu nennen sind wiederum die USA oder Japan. Das sollte uns ein bisschen Bescheidenheit lehren, wenn wir über diese Dinge sprechen. Wir haben es mit globalen Phänomenen zu tun, die aber regional entstehen und die wir am Ende auch nur werden regional bewältigen können. Zudem sind wir nach meiner Überzeugung nur mit relativ wenigen Mitteln ausgestattet. Eine letzte Anmerkung zur sachlichen Perspektive: Herr Schorkopf und Herr Calliess haben zu Recht darauf hingewiesen, dass wir ein neues Paradigma haben, nämlich den Stabilitätsgedanken. So wichtig dieser Stabilitätsgedanke in der aktuellen Situation ist, so sehr birgt dieser Stabilitätsgedanke auch massive Gefahren. Hingewiesen wurde bereits auf das problematische Verhältnis zum Wettbewerbsprinzip. Aber ich glaube, es gibt auch ein problematisches Verhältnis zum Rechtsstaatsprinzip. Denn wir haben es häufig mit Notfallgesetzgebung zu tun, die die verfassungsrechtlichen Möglichkeiten bis zum äußersten ausreizt und die am Ende auch massive grundrechtliche Konflikte auslösen kann. Das betrifft die Frage der Eigentumsfreiheit und den Umfang der Vertragsfreiheit. Wie tief künftige Einschnitte hier sein werden, lässt sich nicht prognostizieren, aber ich bin etwas besorgt, was die Zukunft angeht, wenn es uns nicht bald gelingen sollte, unserer wirtschaftlichen Probleme Herr zu werden.

Gurlit: Beide Referenten haben das Primat des Gesetzgebers eingefordert, ja eingeklagt. Ich möchte nur zu einem Aspekt etwas sagen, nämlich zu der Frage der Akteure und der Verfahren der Standardsetzung. Herr Calliess, Sie hatten einerseits die privaten Rating-Agenturen als Akteure genannt, zum zweiten den Basler Ausschuss für Bankenaufsicht. Wenn man auch nur ein ansatzweise vollständiges Bild haben will, würde man wohl auch die European Banking Authority und ihre Schwesteragenturen benennen. Dort kommen die Technical Standards zustande, einerseits durch den Verwaltungsrat dieser Agenturen, andererseits durch die Kommission. Die Kommission verabschiedet sie der Sache nach, aber sie werden in der Tatim Verwaltungsrat von den Vertretern der Mitgliedstaaten ausgearbeitet. Auf nationaler Ebene würde man dann wohl noch die BaFin nennen, unsere All-Finanzaufsicht, die technische Standards häufig schlicht in Rundschreiben, Mitteilungen, Merkblättern, Auslegungsentscheidungen u. Ä. umsetzt. Wenn man das Gesamtbild betrachtet, wird man feststellen, dass man auf jeder Ebene immer wieder dieselben Akteure antrifft. Herr Sanio, derzeitig noch Chef der BaFin, ist Vertreter der Bundesrepublik im Basler Ausschuss, er sitzt in den Ausschüssen der EBA, und man findet ihn auf nationaler Ebene wieder. Das Gleiche wird gelten für seine Nachfolgerin. Man hat es also mit einer Versäulung zu tun, wo sich auf jeder Ebene immer wieder dieselben Akteure begegnen. Dabei handelt es sich im Wesentlichen um Formen administrativer Rechtsetzung. Wo kann da überhaupt der

Gesetzgeber ins Spiel kommen? Er kommt einerseits ins Spiel, wenn die vom Basler Ausschuss gesetzten Standards sozusagen auf die nationale Ebene durchrieseln. Dann wird möglicherweise die EU zunächst einmal die Bankenrichtlinien oder andere Finanzmarktrichtlinien überarbeiten. Entsprechende Anpassungen wird es sodann im deutschen Recht im WpHG, im KWG usw. geben. Häufig kann man allerdings in der Praxis beobachten, dass diese legislativen Stufen ausgelassen werden, dass also die Standards des Basler Ausschusses unmittelbar in die Rundschreiben der BaFin umgesetzt werden, ohne den Umweg über das Gesetz zu nehmen. Bevor man das jetzt skandalisiert, sollte man sich klarmachen, dass das schon immer so war, es handelt sich also mitnichten um ein spezielles Krisenphänomen. Das bringt mich zu der Frage: Wo und wie kann der Gesetzgeber tatsächlich gestalterische Entscheidungen treffen? Wenn man sich die Gesetzgebungspraxis seit Beginn der 90er Jahre anschaut, so wurde seither das Finanzmarktrecht vorangetrieben mit den sog. Finanzmarktförderungsgesetzen. Aus der jetzigen Zeit betrachtet erscheinen einem diese Gesetze mit ihrem naiven Glauben an die Leistungsfähigkeit deregulierter Märkte teilweise bizarr, man möchte manchmal fast weinen. Aber auch diese Gesetze waren in aller Regel nicht von gestalterischer Kraft geprägt. Es handelte sich ganz überwiegend um Umsetzungsgesetze, die EU-rechtliche Vorgaben aufgriffen. Zudem waren sie sehr stark bürokratie getrieben. Sie nahmen ihren Ausgang in der Ministerialbürokratie und wurden dann ggf. noch in den Bundestagsausschüssen geringfügig überarbeitet. Ich komme damit auch zu meinem Fazit. Ich sehe die Gestaltungskraft des Gesetzgebers, was die dauerhafte Finanzmarktregulierung betrifft, als eher begrenzt an, und mein Plädoyer geht im Grunde in eine ähnliche Richtung, wie sie auch schon Herr Calliess ansatzweise entworfen hat. Man sollte daran arbeiten, die Verfahren der Standardsetzung mit Blick auf Transparenz und Verfahrensteilhabe zu stärken, und zwar sowohl auf der internationalen als auch auf der nationalen Ebene. Man kann feststellen, dass zumindest der Basler Ausschuss bei der Standardsetzung schon heute notice and comment procedures nutzt, dies auch zu legitimatorischen Zwecken. Die EBA und ihre Schwesteragenturen verfügen ebenfalls über diese Möglichkeit. Schließlich hat auch die BaFin damit begonnen, ihre Entwürfe von Rundschreiben online zu stellen und um Kommentare zu bitten. Mir scheint der Weg, diesen Prozess zu begleiten oder auch zu verbessern, aussichtsreicher, als im Bereich der dauerhaften Finanzmarktregulierung auf eine tatsächliche gestalterische Kraft des Gesetzgebers zu vertrauen. Vielen Dank.

Lepsius: Dankeschön, Frau Gurlit. Herr Häberle hat sich zu einem Spontanbeitrag veranlasst gesehen.

Häberle: Herr Vorsitzender, verehrte Kolleginnen und Kollegen! Erlauben Sie einen Spontanbeitrag von zwei Minuten – in der großen Tradition von Günther Dürig bis Hans Meyer. Frau Gurlit soeben, wie die Referenten zuvor, haben die Rating Agenturen erwähnt. Für mich sind diese Agenturen eine große Gefahr für den freiheitlichen Verfassungsstaat, die soziale Marktwirtschaft und die Demokratie. Die gewinnsüchtige, unkontrollierte Herabstufung einzelner nationaler Volkswirtschaften (jüngst Italiens) bzw. ihrer einzelnen Teile, etwa von Banken, auch die bloße Androhung, gleichen dem, was im 18. und 19. Jahrhunderten eine *Kriegserklärung* war. Sowohl das Völkerrecht als auch die Gemeinschaft der Verfassungsstaaten bzw. ihrer Staatsrechtslehren müssen daran arbeiten, dass sie gemeinsam Instrumente entwickeln, um Kontroll- und Transparenzverfahren gegen die übermächtigen Rating Agenturen und ihren Machtanmaßungen in Stellung zu bringen. Wir brauchen heute ein globalisiertes Anti-Rating-Agenturen-Recht – so wie geschichtlich allmählich das Kriegsvölkerrecht entwickelt wurde. Mindestens Europa muss sich schützen und regulieren. Die bloße überzeichnende Feststellung von möglichen Entwicklungen kann unselige realwirtschaftliche Konsequenzen zeitigen und die Märkte auf Kosten der Demokratie destabilisieren.

Lorz: Sehr verehrter Herr Häberle, Sie provozieren jetzt natürlich den Völkerrechtler dazu, sich über die Rolle privater Akteure im modernen bewaffneten Konflikt und in der asymmetrischen Kriegführung Gedanken zu machen. Aber das sollte ich an dieser Stelle wohl nicht weiter vertiefen. Es bringt uns aber direkt auf die Ebene, die ich auch ansprechen wollte. Nach zwei so großartigen Referaten, die wahrlich genug damit zu tun hatten, die verfassungsstaatliche und die europarechtliche Dimension dieser Problematik in ihrer Komplexität auszuleuchten, ist es fast unpassend, jetzt noch eine Dimension hinzuzufügen. Ich wage es auch nur deswegen, weil erstens schon die letzten Beiträge in diese Richtung zielten und zweitens das offizielle Thema heute Nachmittag ja hieß: Finanzkrisen als Herausforderung der internationalen, europäischen und nationalen Rechtsetzung. Und ich tue es deswegen, weil ich glaube, dass wir ohne Berücksichtigung der internationalen Ebene nicht besonders weit kommen werden – jedenfalls ist das meine Befürchtung. Ich frage mich nämlich: Wie können wir bei allen Maßnahmen, die wir auf nationalstaatlicher oder auch auf europäischer Ebene ergreifen, unsere Finanzmärkte gegen die nächste Krise immunisieren, die von Immobilien oder von was auch immer ausgelöst wird, vielleicht wieder vom amerikanischen Markt herüberkommt, vielleicht aber auch in naher Zukunft ansteht, wenn auf dem chinesischen Markt eine Blase platzt. Wer weiß schon, was in dieser Hinsicht an zukünftigen Krisen auf uns zukommen wird? Das können wir meines Erachtens nur auf internationaler Ebene sinnvoll angehen. Frau Gurlit hat eben schon das Problem des Standard-Setting angesprochen und darauf hingewiesen, dass man das noch weiter optimieren und verbessern kann. Diesen Weg muss man sicherlich auf jeden Fall beschreiten. Aber ansonsten erinnert mich die Lage sehr an die Klimaschutzproblematik, und das ist ja nicht von ungefähr die Parallele, die Herr Calliess und auch Herr Kloepfer schon gezogen haben. Deutschland und Europa können die schönsten Maßnahmen ergreifen; das alleine wird das Klima nicht retten. Und vor allen Dingen werden wir, wenn es zu Klimaveränderungen kommt, damit genauso zu tun haben wie der Rest der Welt auch. Meine Frage lautet daher: Bleibt uns tatsächlich wie im Klimaschutz nichts anderes übrig, als mit gutem Beispiel voranzugehen und zu hoffen, dass unsere Freunde in London und Washington oder die Herrschenden in Peking irgendwann auf den Gedanken kommen, diesem Beispiel zu folgen und das vielleicht auch in der klassischen Vertragsform zu kodifizieren? Liegt in dem Bemühen um einen entsprechenden Konsens darüber, auf lange Sicht eine globale Finanzaufsicht nach Art einer internationalen Organisation zu schaffen, vielleicht sogar die einzige Möglichkeit? Ich rede jetzt von der Finanzkrise des Jahres 2008, also nicht von der Staatsschuldenkrise, die wir im Moment haben und die einem regionalen Herangehen vielleicht eher zugänglich ist als das Problem der global verbrieften wertlosen Hypothekendarlehen. Und wenn das alles nicht funktioniert: bleibt uns dann als gegenteilige Konsequenz nur die Abschottung unseres Finanzmarktes, vielleicht auf der europäischen Ebene, gegen den Rest der Welt und die Ansteckungsgefahren, die davon ausgehen, und wenn ja, wie wollen wir das machen? Das müsste ja eine sehr gründliche Abschottung sein. Sie würde erstens mit rechtlichen Parametern wie etwa der Kapitalverkehrsfreiheit kollidieren, aber vor allen Dingen natürlich die ganzen Vorteile der globalisierten Verfügbarkeit von Kapital wieder aufheben. Ich habe darauf keine wirkliche Antwort, aber diese Dimension erfüllt mich mit noch mehr Sorgen als die nationalstaatliche oder europäische. Deshalb wollte ich die Referenten an dieser Stelle um einen Kommentar bitten. Vielen Dank.

B. Raschauer: Meine Damen und Herren, heute ist das Genre der tatsächlichen Anfrage wiederbelebt worden, also belebe ich jetzt das

Genre der tatsächlichen Berichtigung wieder. In Österreich ist es immer mit ein wenig Schmunzeln verbunden, wenn man von der demokratischen Verantwortlichkeit des Gesetzgebers, von der Vorsorgeverantwortung und dgl. liest oder hört. Halten wir kurz inne: Was soll denn bitte der deutsche KWG-Gesetzgeber tun im Lichte dessen, was wir hier gehört haben? Wir haben vom Basler Ausschuss gehört, von Asset-backed Securities und Swap-Verträgen sowie von Rating-Agenturen. Sehen wir uns rechtsquellenmäßig an, worum es da geht. Der Basler Ausschuss ist kein Begriff des österreichischen BWG, ich vermute auch nicht des deutschen KWG. Wo kommt das her? Das kommt aus Rechtsakten der Union, und die wurden umgesetzt, und zwar so, dass im Rahmen des Standardansatzes der Kreditrisikobewertung auf Rating-Agenturen Bedacht genommen werden kann. Das stammt aus einer EG-Richtlinie. Nun könnte man sagen, es gibt noch immer die demokratische und verfassungsrechtliche Verantwortung des Umsetzungs-Gesetzgebers. Aufwachen, meine Damen und Herren! Alles, von dem ich spreche, wird zum Ende dieses Jahres in einer EU-Verordnung geregelt sein, die unter „CRD4" diskutiert wird; Fragen der Eigenmittel, der Eigenmittelbestandteile und der Qualität, insgesamt ein ca. 450 Seiten starkes Dokument. Was wird der nationale Gesetzgeber machen können? In Österreich wird er die §§ 22, 23 BWG ersatzlos aufheben müssen, weil Fragen der Eigenmittel in einer unmittelbar anwendbaren EU-Verordnung geregelt sein werden, und dasselbe wird der deutsche Gesetzgeber machen müssen. Er hat überhaupt keinen Spielraum. Warum ist das so wichtig? Die Rating-Agenturen sind kein Begriff, der aus dem nationalen Recht stammt. Bei den unionsrechtlich vorgegebenen Eigenmittelvorschriften gibt es beim Kreditrisiko den „Standardansatz 2. Variante": Bestimmung auf Grund von externen Ratings. Daraus ergibt sich die Rechtserheblichkeit. Das ist der nationalen Regelung entzogen. Überdies werden Rating-Agenturen schon seit zwei Jahren auf der Grundlage einer EG-Verordnung, also unmittelbar anwendbarem Recht, anerkannt, sie werden nicht durch die deutsche BaFin anerkannt. Was also will man denn da noch regeln? Im unionsrechtlichen Eigenmittelregime ist auch die Relevanz von Swap-Verträgen geregelt, wie man sie eigenmittelmäßig unterlegen muss. Swap-Verträge kann man national nicht verbieten, auch wenn wir hundertmal um den Risikogehalt wissen. In einem weiteren Schritt müssen wir bedenken, dass Produkte im Finanzmarktrecht rechtspolitisch einer der sensibelsten Bereiche sind. Wer mit Versicherungsaufsicht zu tun hat, weiß, dass dort produktspezifische Beschränkungen explizit verboten sind. Der Nachfrager, der Kunde, der Versicherungsnehmer soll informiert wählen. Aber wehe, der Gesetzgeber oder die Verwaltung schränkt Produkte ein. So deutlich ist es im Bankaufsichtsrecht nicht geregelt, aber der Grundsatz gilt genauso. Sie werden kein EU-Dokument finden, in dem Staaten eine Möglichkeit eröffnet wird, gewisse gefährliche Produkte mit inhärentem Risikogehalt, etwa die dritte Tranche in den Asset-backed Securities-Konstruktionen, zu verbieten. Dem steht das Unionsrecht entgegen, das Unionsrecht will den Binnenmarkt. Man muss die Kirche im Dorf lassen, die Verantwortung des nationalen Gesetzgebers in diesem Bereich ist eine minimale.

Oppermann: Nach den beiden brillanten Referaten und den vielen klugen Bemerkungen möchte ich auf die Kernfrage zurückkommen. Wir sind in einer Krise des Euro, und wir sind vielleicht darüber hinaus schon in einer Krise der Europäischen Union. Wir sind mit der Krise des Euro in einer Existenzkrise der Gemeinschaft. Mit anderen Worten sind wir im Notstand. Die EU ist auf diese Krise europarechtlich nicht vorbereitet, mit den Mitteln, die das Europarecht heute zur Verfügung hat. Daher sind die Staats- und Regierungschefs als Ersatzgesetzgeber eingetreten, mit der sog. „Unionsmethode". Sie haben das nicht getan, um Dinge an sich zu reißen, sondern weil die Europäische Union nicht die Finanzmittel hatte, um die verschiedenen Rettungsschirme auszustatten. Die EU konnte in den ersten Rettungsschirm 60 Millionen Euro einbringen, das war es – vom EU-Haushalt her gesehen. Nur auf dem extraordinären Wege des Handelns der 17 Staats- und Regierungschefs kamen die nötigen Summen zustande.

Auch sonst war das Europarecht schlecht vorbereitet. Ich fand Ihre Bemerkung, Herr Calliess, ganz richtig, dass man bei der Frage einer Transferunion großzügig denken muss. Wir sind in der Krise. Wollen wir den Euro retten? Es gibt viele gute Gründe, den Euro zu retten. Sie haben mit Recht, Herr Schorkopf, vom Primat der Politik in dieser Situation gesprochen. Hier muss man das Recht, wenn es nicht in Rabulistik ausartet, so auslegen, dass man die Rettungsschirme rechtfertigt. Das bedeutet u.a., auf den Art. 125 Abs. 2 AEUV zurückzugreifen, das bedeutet die Möglichkeit freiwilliger Hilfen, die vertraglich nicht ausgeschlossen sind, das bedeutet vielleicht einen Rückgriff auf Notrecht oder Ähnliches. Das darf man machen, weil das Ziel hier die Mittel heiligt. Wenn man den Euro nicht retten kann, kommen wir in eine sehr, sehr schwierige Situation.

Gelingt die Euro-Rettung? Ich kann mir nur vorstellen, dass die Dinge dann gut laufen, wenn es eines Tages zu der wahrscheinlich unvermeidlichen Insolvenz Griechenlands kommt, während inzwischen die über die Rettungsschirme gekaufte Zeit den anderen Krisenstaaten genügend Möglichkeiten belässt, die „Ansteckungsgefahr" zu vermeiden. Auf diese Weise könnte der Euro jedenfalls zum großen Teil gerettet werden. Garantieren kann das freilich heutzutage niemand. Wir müssen uns auch mit dem Gedanken vertraut machen, was würde aus der Europäischen Union, wenn die Währungsunion auseinanderbricht. Die Bundeskanzlerin hat das schöne Wort geprägt: Wenn der Euro scheitert, dann scheitert Europa. Dem muss man widersprechen. Die Europäische Union hat existiert, lange bevor es den Euro gab. Wir haben 10 Mitgliedstaaten, die ohne den Euro leben, wir haben den Binnenmarkt, wir haben die Wertegemeinschaft, wir haben die Stellung Europas in der Welt. Es ist nicht blinde Europabegeisterung, wenn man sagt, die EU ist mehr als die Eurozone und muss auch ohne sie erhalten bleiben. Es ist einfach Selbsterhaltungstrieb. Es wäre politischer Selbstmord, ein Rückfall in eine überwundene europäische Kleinstaaterei, wenn man das Schicksal der Europäischen Union mit dem der Eurozone gleichsetzen würde

Meessen: Herr Calliess, Sie haben zweimal zum Bail out-Verbot Stellung genommen, zunächst in Leitsatz 15, wonach die No-Bail-out-Klausel eine Form der Privatierung darstelle. Ich halte das für richtig. Es ist eine eigene Form der Privatisierung insofern, als die Bail-out-Klausel sagt, wenn der Staat es nicht schafft – unser Staat schafft es ja auch nicht – seine Ausgaben durch laufende Einnahmen auszugleichen, dann mag er sich an den Privatmarkt begeben, aber unterliegt dann den Gesetzen des privaten Markts. Zu diesen Gesetzen gehört, dass jeder Schuldner nach seiner Bonität gewertet wird. Je schlechter die Bonität ist, umso schwerer ist der Zugang zum privaten Kapitalmarkt. Ich würde hinzufügen: damit wird auch ein Wettbewerb gesichert zwischen den Mitgliedstaaten der Eurozone, und zwar insofern, als gesagt wird, wir helfen uns nicht gegenseitig, d.h. jeder soll sehen, was er mit seinem Geld macht und wie er für eine Erhaltung seiner Bonität sorgt. In Leitsatz 15 heißt es dann aber, es könne nicht Sinn und Zweck des Art. 125 sein, dass die Währungsunion, vielleicht sogar die Europäische Union scheitert. Natürlich ist das nicht Sinn und Zweck des Bail-out-Verbots, das gerade der Erhaltung der Europäischen Union dient. Dass das Scheitern die einzige Alternative gewesen wäre, wenn man im März 2010 das Bail-out-Verbot beachtet hätte, das kann keiner sagen. Insbesondere haben die Wirtschaftswissenschaftler das nicht gesagt. Auch anderenorts gilt zumindest politisch ein Bail-out-Verbot, etwa in den USA gegenüber Kalifornien, unter Schwarzenegger und auch vorher schon. Wer hat Kalifornien geholfen? Kalifornien musste sich selbst helfen. Wer in ein und demselben Währungssystem ins Schleudern gerät, hilft sich selbst – wenn es nicht anders geht, durch Verhandlungen mit den Gläubigern. New York City hatte diese Probleme in den 70er Jahren. Der Ruf nach Aufsicht, das ist die große Gefahr: dieser Ruf nach Aufsicht unter der Auflagenregel des Art. 136 III wird verhallen. Man kann einer derartigen Pflicht gar nicht nachkommen. Die Griechen würden es nicht ertragen, und wir Deutschen übrigens auch nicht, wenn im Einzelnen immer Aufsicht ausgeübt wird. Letztlich muss man zu einem Ausschluss von Bail-outs zurückkehren und den Kapitalmarkt entscheiden lassen.

Grewlich: In der Negativität einer Situation sieht Hegel die Voraussetzung ihres Umschwungs ins Positive. Und der praktische Menschenverstand kennt das Sprichwort „in Gefahr und höchster Not bringt der Mittelweg den Tod". Also ein entschlossener europäischer Integrationsschub als Antwort auf die Schuldenkrise der EU-Mitgliedstaaten! Übersteigen nämlich die Verpflichtungen aus den bestehenden Staatsverschuldungen langfristig die Zahlungsfähigkeit einzelner Euro-Staaten, so liegen keine Liquiditätsengpässe, sondern Solvenzprobleme vor, mit der befürchteten Folge von Staatsbankrotten und Ansteckungseffekten auf andere Euro-Länder. Der in beiden Referaten glanzvoll beschworene Logos des Rechts richtet sich daher auf die Entschärfung der explosiven Krise, was konkret erfordert, dass die Euro-Staaten, zwingend ihre jeweiligen Schulden sanieren, realwirtschaftliche Reformen durchführen, insbesondere die „too-big-to fail-Problematik" bei sog. systemrelevanten Banken lösen. Die geäußerte Skepsis betr. „Schuldenbremsen" teile ich in solchen Fällen, in denen nicht gleichzeitig – durch Rechtsetzung – zwingend und effektiv erreicht wird, dass insolvenzbedrohte Staaten ihre Wettbewerbsfähigkeit steigern und Leistungsbilanzdefizite drastisch verringern, – vor allem durch den Abbau von überhöhten Lohnstückkosten, wuchernder Bürokratie und Überregulierung. Wie aber wird verhindert, dass eine Monetarisierung der Schulden – ohne Unterwerfung unter das Renditeurteil der Märkte – die Währungsunion zu einer Haftungsunion umfunktioniert? – Riskant ist das Wort von der „Stunde der Exekutive" im Sinne von „Not kennt kein Gebot" bis hin zur Beschwörung (verfassungsrechtlich bedenklicher) parlamentarischer „Minigremien" bzw. sogar eines „übergesetzlichen Notstands", etwa im Falle eines Schuldenschnitts verbunden mit (Zwangs)Kapitalisierung der Banken, nach vorheriger Geheimhaltung, aber eben auf Kosten des Demokratieprinzips und vielleicht auch zum Nachteil der Steuerzahler. Entscheidend ist, dass das Recht notwendiger Begleiter funktionierender Märkte bleibt! Dies ist „die Stunde der europäischen Rechtsgemeinschaft", die der Not Herr wird durch die Treue zum Gebot. Instrumente wie die Euro-

Rettungsschirme, die Schuldenentlastung durch die EZB oder auch Eurobonds sind verkappte „Transferleistungen“; und gerade deshalb müssen sie, wenn überhaupt statthaft, mit einer rechtlich abgesicherten vertieften wirtschafts- und finanzpolitischen Koordination einhergehen. Die in den Referaten erwähnte „Economic Governance“ im EU-Raum sollte sich in einer rechtlich abgesicherten Doppelstrategie aus finanzieller Stabilisierung und verbesserter Koordinierung vollziehen. Wir brauchen einen europäischen Liquiditätsfonds, ein Insolvenzrecht für europäische Staaten ebenso wie eine europäische Rating-Agentur. Zwar meinen wir, dass wir weniger Erkenntnisprobleme als Umsetzungsschwierigkeiten haben. Doch, wie sagte Louis Armand: „*Les mentalités sont en arrière sur les faits*“. Vielleicht begreifen wir in der Krise, dass wir besser führen, wenn wir realitätsnahe kognitive Modelle im Kopf hätten. Faktisch planen und handeln wir in einer dreidimensionalen Governance-Lage: „Governance“ vollzieht sich auf mehreren Handlungsebenen – lokal, national, regional/europäisch, global – die mit einander verbunden sind *(Mehr-Ebenen Ansatz)*; reicht über den Staat hinaus, d.h. umfasst auch Internationale Organisationen, Transnationale Unternehmen wie in bestimmten Fällen auch Nichtregierungsorganisationen und weitere mit Wirkungsmacht ausgestattete nichtstaatliche Akteure privater oder hybrider Art wie z.B. „Rating-Agenturen“ *(Multi-Akteur-Ansatz);* setzt nicht allein imperative Instrumente wie völkerrechtliche Verträge, Gesetze, Verordnungen, Richtlinien ein, sondern aktualisiert sich auch durch „soft law“, Selbstregulierung (z.T. „im Schatten von Hierarchie“), „Kodizes“ wie auch moral suasion *(Multi-Instrumentalansatz).*

Fisahn: Danke schön. Einer der beiden Referenten hat sinngemäß gesagt, in der Krise ist es oft so, dass die Entwicklungen ihre Reflexion überholen. Das trifft gegenwärtig zu. Heute hat die Financial Times getitelt: „Die EU zwingt den Banken mehr Geld auf.“ In so eine Situation möchten wir auch einmal kommen. Aber im Ernst: Gemeint ist, dass der Rettungsschirm, der damals mit dem SoFFin in Deutschland aufgespannt wurde, erneuert, also wieder aufgespannt wird. Das geschieht vielleicht mit einem anderen Namen, aber ähnlich, in den anderen europäischen Ländern auch, um den möglicherweise maroden Banken oder strauchelnden Banken wieder zu helfen, eine Pleite zu vermeiden. Daraus kann man jetzt zwei Dinge schließen: Wenn das so beraten worden ist, wird erstens die Griechenlandpleite vorbereitet. Zweitens: die Europäische Union hat nach der Lehmann-Pleite eine intensive Gesetzgebung im Bereich der Finanzmarktregulation betrieben. Der Basler Ausschuss, darauf wurde hingewiesen, hat neue Kriterien entwickelt,

die EBA, ist eines der neu geordneten Aufsichtssysteme der Europäischen Union mit erweiterten Kompetenzen. Sie hat die berühmten Stresstests durchgeführt, meistens schon auf der Grundlage der Basel III-Kriterien und hat immer gesagt: „Es ist weitgehend alles in Ordnung, hier und da muss man vielleicht mal nachbessern, aber sonst ganz gut." Und auch die Zeitungen berichten im Anschluss an diese Schlagzeile, die Banken würden eigentlich die Basel-III-Kriterien einhalten. Wenn für die Banken nun ein neuer Rettungsschirm aufgespannt werden muss, heißt das doch: Was nach 2008 an Gesetzgebung durchgeführt worden ist, reicht nicht aus, um eine erneute Kernschmelze des Bankensystems zu vermeiden. Also – das ist die Schlussfolgerung für zweitens – hat die EU da offensichtlich deutlich zu wenig getan.

Christian Calliess hat richtig gesagt, wir müssen weitergehen, und das bedeutet, dass sozusagen überflüssige, gesellschaftlich nicht notwendige Finanzinstrumente, wie CDS und CDO einfach verboten werden müssen. So habe ich das jedenfalls verstanden. Die Frage ist, und da setzt meine Kritik an, ob das ausreicht. Am Anfang der Vorträge kam eine kleine Bemerkung zur Ursache der Krise, und das war die Bemerkung von Christian Calliess, das Geld sei zu billig gewesen. Das ist einer der Diskussionspfade, die aus Amerika kommend, vorherrschen. Man kann aber auch sagen, etwas tiefer greifend, es hat sich seit den 70er Jahren ein Akkumulationsmodell entwickelt, bei dem sozusagen aus Geld mehr Geld produziert wird, ohne dass irgendwelche Waren dazwischen treten, produziert oder gehandelt werden. Das hat schon Keynes Casino-Kapitalismus genannt, und jetzt, nach der Krise hat Herr Sinn vom ifo-Institut ein Buch geschrieben mit dem Titel „Der Kasino-Kapitalismus" und hat sich damit der Begriffsbildung von attac angeschlossen. Wenn man diese Form des Wirtschaftens zusammenfassend als Akkumulationsmodell bezeichnet, dann muss man dort ansetzen und fragen, mit welchen rechtlichen Instrumenten schiebt man ein Akkumulationsmodell an, das sozusagen nicht aus Geld mehr Geld produziert. Solange dieses Modell herrscht, sind natürlich CDOs und CDS und diese ganzen Instrumente, die da durch die Gegend wabern, alle ausgesprochen sinnvoll. Das Modell ist auch nicht völlig irrational, weil diejenigen, die damit verdienen, neue hochpreisige Konsumgüter, neue Porsche usw. kaufen können, die dann von jemand anderem produziert werden, der wiederum die allgemeine Nachfrage erhöht oder mindestens stabil hält. Aber: weil das Modell so krisenanfällig ist, wie es sich jetzt zeigt, muss vollständig umgesteuert werden und die Gesellschaft muss möglicherweise weiter reichende neue Arrangements finden und Vereinbarungen treffen – in der Diskussion ist der neue New Deal oder der Green New Deal oder ähnliche Dinge. Kurz: diese Fragen muss man, glaube ich, mit aufwerfen, wenn man über die Finanzmarktkrise diskutiert. Danke schön.

F. Mayer: Ich will auch noch einmal für zwei großartige Referate Dank sagen, die, wie ich finde, die Vielzahl der Problemstellungen haben erkennen lassen. Ich habe eine Reihe von konkreten Nachfragen, dann eine allgemeinere Bemerkung. Zunächst eine Frage zur Vertragsänderung. Sie richtet sich vor allem an Christian. Es geht um Art. 136 Abs. 3 AEUV. Mein Verständnis ist, dass es sich hier um eine enabling clause handelt. Es wird klargestellt, was eben nicht an Hoheitsrechten an die EU übertragen worden ist, worüber die Mitgliedstaaten daher weiter völkerrechtliche Absprachen treffen können. Warum soll für eine solche Vertragsänderung innerstaatlich die Ratifikation mit Zweidrittelmehrheit erforderlich sein, Christian? Da hängt ja einiges dran, an der Einordnung dieser Vertragsänderung, etwa die Frage, ob eine vereinfachte Vertragsänderung auf europäischer Ebene möglich ist oder nicht. Danach richtet sich dann beispielsweise in Irland, ob vor der Ratifikation ein Referendum stattfinden muss. Beim Stichwort Art. 23 GG möchte ich auch die Nachfrage stellen, ob ich richtig verstanden habe, dass beim Verabreden von neuartigen Hilfsinstrumente wie EFSF oder künftig ESM Art. 23 GG die innerstaatlich maßgebliche Grundlage sein soll. Ich sehe nicht recht, wo da Hoheitsrechte übertragen werden. Ich sehe freilich den Punkt mit den Informationsrechten des Deutschen Bundestages. Das ist etwas, was bei dem derzeit vor dem Bundesverfassungsgericht anhängigen Organstreit rund um die Information des Bundestages im Kontext des ESM sicherlich geklärt werden wird. Hier gibt es das Argument, der ESM sei formal betrachtet außerhalb der EU angesiedelt, deswegen müsse der Bundestag auch nicht so einbezogen werden, wie es sonst für EU-Angelegenheiten vorgesehen ist. Ob ein solches formales Argument trägt – ich vermute nein. Aber das wird man sehen. Frank, ich glaube, Du hast das Thema konzeptioneller Vorsprung der Exekutiven angesprochen. Dass es einen derartigen Vorsprung gibt, hört man relativ häufig: Das Parlament weiß im Vergleich zur Exekutive in Sachfragen nicht so recht Bescheid. Eigentlich weiß nur die Regierung Bescheid, mögen viele denken. Das ist auch in einzelnen Fragen hier angeklungen. Was aber, wenn es noch schlimmer steht: wenn weder das Parlament – in bestimmten Konstellationen – so richtig weiß wie die Dinge liegen, noch das Bundesfinanzministerium, sondern nur die Troika aus Kommission, EZB und IWF? Wie gehen wir damit um, verfassungsrechtlich? Wir können ja nicht bei jeder Troika-Mission zwei Staatsrechtslehrer mitschicken. Hier scheint mir noch eine offene Frage zu bestehen, die auf eine Dimension hinweist, über die wir wenig gesprochen haben: die des IWF. Ich entnehme der Presse heute, dass es Überlegungen beim IWF gibt, auf dem Sekundärmarkt Staatsanleihen anzukaufen. Muss da eigentlich jedes Mal der Bundestag zustimmen – Herr Di Fabio? Ich schaue Sie jetzt so an, weil Sie gerade vor mir sitzen ... Eine weitere Frage. Sie betrifft das Europäische Parlament als legitimatorische Kraft. Frank, das war auch ein Punkt bei Dir. Was Du dazu ausgeführt hast, schien mir nicht plausibel – nicht zuletzt wegen der Kompetenzfrage, aber auch, weil das EP natürlich alle 27 Mitgliedstaaten abdeckt und der Eurobereich dem gegenüber kleiner ist. Vor dem Hintergrund würde ich die Frage gerne umdrehen und überlegen, ob wir eigentlich bei diesen Fragen, die den Euro angehen, wirklich dem nationalen Parlament so viel legitimatorische Kraft zutrauen dürfen? Ist es nicht doch ein gewisser Widerspruch, dass vorrangig ein am nationalen Gemeinwohl orientiertes nationales Parlament sich um die europäische Währung kümmern soll, soweit es um Legitimation geht? Ist da nicht dieselbe Unwucht, die Du für das EP beschrieben hast? Und daran möchte ich natürlich die Frage nach diesem Neunergremium anschließen. Frank, Du hast gesagt, dass das sehr exekutivisch daherkommt. Das hätte eine gewisse Plausibilität, schließlich werden die Regierungen immer legislatorischer und dann kann vielleicht auch das Parlament gelegentlich etwas exekutivischer arbeiten. Aber gibt es da nicht doch ein Problem? Ist neun nicht doch sehr wenig? Man könnte doch dann auch sagen, der gegenwärtige Bundesfinanzminister ist MdB, und wenn er noch einen Parlamentarischen Staatssekretär dabei hat, dann sind doch schon zwei Parlamentarier informiert. Reicht das? Wo ist die Grenze nach unten? Ist dieses Neunergremium nicht doch problematisch? Dann noch eine allgemeine Bemerkung, anknüpfend an das Wort von den unreflektierten Gewissheiten. Ich glaube, es ist schon sichtbar, dass es hier weitgehend um „Trial and Error" geht. Die Politik fährt auf Sicht. Die Frage ist, wie das Recht mit diesen Suchprozessen umgehen soll. Die Frage ist insbesondere, ob die wahren Trennlinien nicht doch weniger zwischen supranational und intergovernmental liegen, sondern vielmehr zwischen Recht und Informellem. Und die Frage ist auch, ob diese Suchbewegung allzu juristisch zu begleiten nicht das Risiko birgt, dass Grenzen des Rechts überdehnt werden. Sicherlich gibt es stets Gestaltungsansätze – ich sage nur Art. 146 GG, wie er derzeit im EU-Kontext diskutiert wird. Aber müssen wir nicht auch über die Grenzen des Rechts und dann auch über die Grenzen der Juristen nochmals sprechen? Vielen Dank.

Lepsius: Vielen Dank, Herr Mayer. Damit ist die Diskussionsliste erschöpft. Aber die Erschöpfung zeigt sich nur in der Liste, nicht im Saale hier, denn nun sind alle gespannt auf die Schlussworte, und wir beginnen, wie üblich, in umgekehrter Reihenfolge. Ich bewundere schon Ihre Fähigkeit, Herr Schorkopf, aus all diesen vielen Elementen nun noch ein genauso feuriges Schlusswort zu machen wie Ihr Referat war. Bitte, Sie haben das Wort.

Schorkopf: Sehr geehrte Kolleginnen und Kollegen. Ich freue mich, dass einige von Ihnen, die ich nicht namentlich, aber mit Gedanken und Zitaten angesprochen habe, sich auch angesprochen fühlten und zu Wort gemeldet haben. Einige, die sich zu Wort gemeldet haben, vertreten Gegenargumente und Gegenthesen. Dazu möchte ich nichts sagen. Ich habe lange genug gesprochen, und das kann so im Raum stehen bleiben. Ich möchte drei Argumente vortragen und in diesem Zusammenhang dabei auf einzelne eingehen, wobei ich glaube, dann auch eine Antwort geben zu können. Zum ersten: Ich habe ein positives Bild vom Parlament und vom Parlamentarismus, und ich bemühe mich, nicht der deutschen Parlamentarismuskritik auf den Leim zu gehen, die aus den zweifelsohne vorhandenen Defiziten, die wir im Alltag parlamentarischer Rechtsetzung und des parlamentarischen Regierungssystems sehen, in einer Extrapolation nur die Defizite dieser Institution insgesamt sieht. Auch glaube ich, dass das 19. Jahrhundert eher eines der besseren in der deutschen Rechtsgeschichte war. Ich sage Ihnen, das ist wieder im Kommen, das 19. Jahrhundert, wenn es momentan auch nicht nur von Ihnen, sondern auch noch von vielen anderen Menschen diskreditiert wird. Man kann am Parlamentarismus immer etwas verbessern.

Auf einen Gedanken, den Franz Mayer hier eingeführt hat, möchte ich konkret eingehen. Was mich beispielsweise verstört an dem, was wir in den letzten drei Wochen gesehen haben und die Ertüchtigung des Euro-Rettungsfonds angeht, ist die Tatsache, dass dieses Vertragswerk gar nicht Gegenstand der parlamentarischen Beratung war. Die Bundesregierung vertritt die Auffassung, dass es ein privatrechtlicher Vertrag ist. Privatrechtliche Verträge fallen weder unter Art. 59 II noch unter Art. 23. Dennoch nimmt das Änderungsgesetz zum Stabilisierungsmechanismusgesetz häufig darauf Bezug, aber kein Mensch kennt diesen Vertrag. Man kann sich den Vertrag im Internet beschaffen, er ist aber nicht förmlich eingeführt und verzahnt, mit der Folge, dass das deutsche Zustimmungsgesetz teilweise andere Vokabeln benutzt, viel härtere Bedingungen formuliert, z.B. die zentrale Frage, wie mit Primärmarktkäufen umzugehen ist, die der EFSF seit März möglich sind. Kein Wort dazu. Das ist verstörend, und ich denke, die Parlamentarier hätten die Macht und das Recht, das sofort zu ändern, indem sie sagen, wir sehen das mit dem privatrechtlichen Status anders. Aber sie scheuen diesen Konflikt. Das sind Grundlagen, über die ich gesprochen und Überlegungen angestellt habe. Diese Chance auf eine Flucht ins Privatrecht wenigstens, wie einige Parlamente schon erkannt haben, sollte zugemacht werden. Natürlich ist Art. 23 darauf anwendbar; wenn man sich den ESM-Vertragsentwurf und auch die EFSF anschaut – bei den Akronymen kommt man leicht ins Stottern –, handelt es sich um Rechtsakte, die sich im Anwendungsbereich der Europäischen Union bewegen. Es gibt viele Argumente, auch Rechtsargumente, warum der ESM sich im Anwendungsbereich von Art. 23 bewegt. Vielleicht abschließend konkret die Frage, wie es sich mit dem Haushaltskernausschuss verhält? Im Gesetz steht, dass er die kleinstmögliche Besetzung hat, die noch eine spiegelbildliche Zusammensetzung ermöglicht, d.h. neun Mitglieder sind nur die momentane Besetzung. Der Ausschuss könnte noch kleiner sein. Was mich in dieser Sache seltsam berührt, ist, ob wir nicht den Gedanken des parlamentarischen Minderheitenschutzes, insofern eine Anregung an die Verfassungsrichter, betonen müssten. Denn es ist die Regel aufgestellt worden, dass nur eine Mehrheit dieses Haushaltskernausschusses der Einschätzung der Bundesregierung widersprechen kann, dass es sich um eine vertrauliche, eilbedürftige Frage handele. Die Mehrheit, also fünf Mitglieder, müssten widersprechen. Mit anderen Worten, die Mehrheit, die ohnehin die Regierung trägt, müsste widersprechen, was in der Praxis eine hohe Hürde ist. Der Gedanke der Parlamentarisierung, so wie ich ihn verstehe, aus dem positiven Bild des Parlamentarismus heraus, ist Opposition und Öffentlichkeit. Das klang auch im ersten Referat an. Müsste man nicht aus Gründen des Minderheitenschutzes sagen, die Opposition, vier Mitglieder würden eigentlich ausreichen, um eine Vorlage ins Plenum zu bringen? Das sind Fragen, bei denen wir im Detail jetzt streiten können, das Parlament aber im Grunde genommen alles selbst richtig machen könnte, wenn es denn die Kraft hätte und wollte.

Zum zweiten Gedanken, das aufnehmend, was Herr Ohler und Herr Oppermann eingespeist haben. Herr Oppermann, Sie sind Herausgeber der Reden Hallsteins, auch der schönen Rede, in der er die Rechtsgemeinschaft erfand. Ich vertrete einen substantiellen Begriff der Rechtsgemeinschaft, also „Rechtsgemeinschaft" nicht nur verstanden als Überschrift, die sagt, die Union handelt irgendwie mit Recht. Sondern in dem Sinn eines substantiellen Konzepts, wie es Hallstein entwickelte. Es ist problematisch, ich habe ja auch von einem psychischen Phänomen gesprochen, dass in der Krise die Erwartungen, die einst verrechtlicht worden sind, nicht – sagen wir vorsichtig – vollständig erfüllt worden sind. Das wird vom Markt aufgenommen und von der Psyche der Gesellschaft verarbeitet. Warum sollte ein Rechtssatz, der in der Vergangenheit in einer Krisensituation nicht eingehalten oder sehr extensiv ausgelegt worden ist, warum sollte ein neuer Rechtssatz in der Krise entsprechend seiner normativen Erwartung ausgelegt werden? Aus Sicht der Marktakteure, die ja sehr kritisch beguckt werden, muss man sagen: Das testen wir aus; wir machen uns Gedanken und schauen einmal, was dieser Rechtssatz leistet. Das Recht ist in der Krise schon substantiell deformiert worden. Eine Rechtsgemeinschaft, die Union ist deshalb Rechtsgemeinschaft, weil sie nur mit Recht handelt, sie hat eben keine Truppen und sie hat keinen Zwangsapparat, sie muss uns mit Rechtsetzung und Recht überzeugen. Das Geschehene ist schon eine starke Deformation und der Gedanke eines Notrechts, der passt nun gar nicht in die Konzeption der Europäischen Union hinein.

Ein dritter Gedanke, zur Intergouvernementalität, bei der ich noch einmal nachlegen möchte: Ich denke, in der transformatorischen Krise der Europäischen Union steht die Europäische Union in einem Machtkampf. Er spielt sich ab, wenn man diese Kategorie hier einführt, zwischen der Union und den 27 Mitgliedstaaten, zwischen einzelnen Gruppen von Mitgliedstaaten untereinander. Was mir dabei Sorge bereitet ist, dass mit der Unionsmethode, über die wir weiter nachdenken sollten, sehr starke Unruhe in die Gemeinschaft gebracht wird. Wir kennen die Zukunft nicht – es kann sein, dass auch diese Erfolgsgeschichte sich supranationalisiert, aber das kann auch nicht sein. Denn wenn wir schauen, was an Szenarien diskutiert wird, Gründung einer EU der 17, dann kommt das Kerneuropa hervor – es gibt dazu ein Papier zweier einflussreicher Politiker aus den 90er Jahren. Auch der Gedanke, dass die Union auf diesem Weg elegant die Briten loswerden könnte, die doch wohl substantiell Schwierigkeiten machen wollen, etwa mit Volksabstimmungen zu Vertragsänderungen, hat das Potential, dem eigentlichen Friedensmotiv der europäischen Integration fundamental zu widersprechen. Das ist ein Gedanke, dem Einige nähertreten, und das Handeln des deutsch-französischen Direktorats, das wir auftreten sehen, hat dieses Potential. Der Clou der europäischen Integration ist doch gerade, dass nicht Deutschland, oder deutsche Minister auftreten und sagen, dass die Griechen einmal sparen und arbeiten, und nicht in Urlaub fahren sollten. Es ist verständlich, dass das Widerspruch auslöst, vielleicht sogar irgendwann Hass. Wir überantworten das einer Kommission, einem institutionellen System, in dem man gar nicht so ganz genau weiß, welchen Einfluss der einzelne Mitgliedstaat dort hat. Die intergouvernementale Methode legt jetzt sehr klar offen, was geschieht, und es ist eben nicht nur Pragmatismus, sondern es steht ein Konzept mit dem Gedanken dahinter, Vertiefungsschritte, die momentan außer Reichweite sind, über einen ganz anderen konzeptionellen

Ansatz zu erreichen. Die Friedensidee, also die eigentliche europäische Integration, könnte hier Schaden nehmen und diejenigen, die meinen, dass sie die Integration fördern, machen möglicherweise genau das Gegenteil. Dann noch zu Herrn Lege und Herrn Kotzur, die ich auch in diesem dritten Teil verorten möchte: Ja, ich denke nur, Herrschaft von unten – ich bin kein Anhänger eines constitutional moment von oben, sondern eines verfassungsgebenden Moments, das es vielleicht irgendwann einmal geben wird, von unten. Ein solches Moment aus einem individuellen Impuls heraus sehe ich in der Krise aber derzeit nicht. Wir haben da momentan wenig, und ich glaube, wir sollten die Krise nicht als Chance für eine Vertiefung begreifen, obwohl das ja auch von höchster Stelle vertreten wird, denn es wäre eine sehr negative Empfehlung, auf die wir Europa gründen würden. Dass wir diese große Krise, die sehr Vieles grundsätzlich in Frage stellt, dass wir sie nutzen, um darauf eine vertiefte politische Gemeinschaft zu gründen, hoffe ich nicht. Danke.

Calliess: Ich bedanke mich bei allen Rednern für Ihre Hinweise und Anregungen. Ich möchte versuchen, möglichst viele der angesprochenen Aspekte unter verschiedenen Überschriften aufzunehmen.

Zunächst zu den Aspekten, die die Europäische Union betreffen. Eine grundlegende Frage ist, ob die Unionsmethode, die die Bundeskanzlerin in ihrer Brügger Rede vorgestellt hat, etwas Neues ist. Oder erfasst sie nicht, wie es in Wortbeiträgen anklang, eine Vorgehensweise, die wir schon kennen? Denn es soll ja offenbar um eine Mischung aus Gemeinschaftsmethode und koordinierendem Handeln der Mitgliedstaaten gehen. Dennoch gibt es in der Rede einige missverständliche Hinweise, die zu Recht auf Kritik stoßen, so auch im Beitrag meines Korreferenten Frank Schorkopf. Jedoch kann die Unionsmethode auch so interpretiert werden, dass es sich um etwas handelt, was wir sogar „innerhalb" der „alten" Europäischen Union in Form der Drei-Säulen-Konstruktion praktiziert haben: Eine supranationale Säule, zwei intergouvernementale Säulen. Oder etwa im Schengen-Raum, in dem intergouvernemental begonnen wurde, der dann aber Stück für Stück vergemeinschaftet worden ist. So gesehen wäre die Unionsmethode vielleicht nur eine Beschreibung des historischen Integrationsprozesses. Und dennoch bleibt natürlich als Problem, wenn wir innerhalb der Unionsmethode intergouvernemental arbeiten – und das ist mir ein wichtiger Punkt – die Frage der demokratischen Legitimation. Hier versagt die Unionsmethode, indem weder das Europäische Parlament noch die nationalen Parlamente begleitend eingebunden werden. Letzteren bleibt nur noch ein Nachvollzug dessen, was auf politischer

Ebene in intergouvernementalen Verhandlungen beschlossen worden ist. Die beschlossenen „Paketlösungen" können kaum noch aufgeschnürt werden, daraus resultiert Druck für die nationalen Parlamente. Und deswegen ist es so wichtig, Europapolitik als europäisierte Innenpolitik zu verstehen. Hier müssen die Strukturen andere sein als in der klassischen Auswärtigen Gewalt. Dies mit der Folge, dass, wenn das Europäische Parlament – als ein Legitimationsstrang der für das europäische Demokratieprinzip maßgeblichen dualen Legitimation – ausfällt, die nationalen Parlamente präventiv eingebunden werden; Art. 23 GG trägt diesem Gedanken Rechnung. Mit Blick auf die Gemeinschaftsmethode gilt aber auch: Nur wenn die intergouvernementale Koordinierung im Rahmen der Unionsmethode tatsächlich eine Übergangsmethode bleibt, die der Einsicht in die aktuelle Reformmüdigkeit nach dem Vertrag von Lissabon geschuldet ist, kann sie gerechtfertigt werden.

Wenn man sich nun die Maßnahmen zur Stärkung der Stabilität in der Eurozone anschaut, etwa das erwähnte Legislativpaket, das sog. Six Pack, dann bewegen sich diese am Rande der gegenwärtigen Kompetenzen. Vor allem fehlt es vielen Maßnahmen an Rechtsverbindlichkeit, denn zumeist bleibt es bei Empfehlungen, denen die Mitgliedstaaten folgen können oder nicht. Die politische Forderung nach Durchgriffsrechten in nationale Haushalte, abgesichert durch den EuGH, erfordert daher Kompetenztransfers, die nur im Rahmen einer Vertragsänderung durchsetzbar erscheinen. Damit sich eine Krise wie die jetzige nicht wiederholt, damit künftig Rettungsmaßnahmen an den Grenzen zum Rechtsverstoß vermieden werden, damit sich die Mitgliedstaaten an das Recht halten, ist eine europäische Überformung der nationalen Finanz- und Haushaltspolitiken in der Tat unumgänglich. Insoweit kommt nun das kürzlich ergangene EFSF-Urteil des Bundesverfassungsgerichts vom 7. September ins Spiel. Denn man kann das Urteil so verstehen, dass solche Kompetenztransfers sich an den identitätsbestimmenden Staatsaufgaben und dem Budgetrecht stoßen. Daraus entstünde ein Dilemma, demzufolge die Stabilitätsgemeinschaft, die wir alle wollen, die uns vom Grundgesetz und vom Bundesverfassungsgericht aufgegeben ist, nicht verwirklicht werden kann. Insoweit ist zu hoffen, dass das Bundesverfassungsgericht das hierin liegende Spannungsverhältnis auflöst und das Budgetrecht nur in seinem Kern von der Ewigkeitsklausel des Art. 79 Abs. 3 GG umfasst sieht, so dass im Interesse einer Stabilitätsunion und einer effektiven Haushaltskontrolle notwendige Kompetenztransfers auf die europäische Ebene ermöglicht werden.

Nun zur Krise der Europäischen Union, der Verschuldungskrise in der Eurozone: Ich glaube zwar nicht, dass das Ziel des Erhalts der Europäischen Union jegliche Mittel heiligt. Ich jedenfalls habe in meinem Vortrag versucht, zwar an den Grenzen des Rechts, aber doch auf dem Boden des Rechts zu argumentieren. Dabei wende ich mich anders als mein Korreferent Frank Schorkopf in einem AöR-Beitrag und wohl auch anders als mancher Redebeitrag hier gegen einen Unionsnotstand. Vielmehr versuche ich, mit der im Vertrag in Art. 4 Abs. 3 EUV angelegten Unionstreue zu argumentieren, die uns auf die Ziele des Erhalts von Euro und Europäischer Union verpflichtet. Die No-Bail-Out-Klausel lässt im Rahmen der Auslegung schon von ihrem Wortlaut her nicht viel Spielraum, etwa für freiwillige Hilfen. Insoweit sehe ich Grenzen der Argumentation, meine jedoch auch, dass eine Norm von ihrem Sinn und Zweck her nicht gegen den „Geist der Verträge", konkret das Gesamtsystem, hier Bestand des Euro und der Europäischen Union, gewendet werden darf, sondern vielmehr in diesem System interpretiert werden muss. Über das europäische Solidaritätsprinzip und seine prozedurale Ausprägung in Form der Unionstreue wird Art. 125 AEUV daher teleologisch reduziert. Und ich sehe mich insoweit bestätigt durch den neuen Art. 136 Abs. 3 AEUV, der für systemisch notwendige Hilfen eine Legitimationsgrundlage schafft, die das eines Staats- und Marktversagens überführte System der Währungsunion in Ausnahmesituationen verändert. Und hier schließt sich der Kreis zum Thema der Vertragsänderung: Nur in einer effektiv kontrollierten Stabilitätsunion bleiben systemische Nothilfen die Ausnahme. Mit Blick auf Art. 136 Abs. 3 AEUV, so meine ich übrigens auch, wird deutlich, dass es sich bei den Nothilfen um eine Angelegenheit der Europäischen Union handelt, die nicht außerhalb der Verträge stehen dürfte und verfassungsrechtlich, zumindest was die Beteiligung des Parlaments anbelangt, besser unter dem Dach des Art. 23 GG als unter demjenigen der vom BVerfG herangezogenen Budgetverantwortung aufgehoben wäre.

Ich möchte unter einer nächsten Überschrift einige Antworten zum Fragenkreis geben, wie die Finanzkrise auf das Verhältnis von Politik, Verfassungsstaat und Demokratie einwirkt. Der Publizist Charles Moore, bekannt als Biograph von Margaret Thatcher und Freund liberaler Märkte, sieht sein Weltbild erschüttert: Die Banken kommen nur noch nach Hause, wenn sie kein Geld mehr haben, dann geben unsere Regierungen ihnen neues und nichts ändert sich. Diese berechtigte Frustration eines Marktliberalen skizziert die grundlegende Herausforderung für den demokratischen Verfassungsstaat. Sie bedarf einer Antwort, will der demokratische Verfassungsstaat sich nicht seiner Grundlagen berauben. Vielleicht kann mein Vorschlag, systemischen Risiken für die Finanzmarktstabilität über das Vorsorgeprinzip zu begegnen hier einen Weg weisen. Der diesbezügliche Zuspruch in den Diskussionsbeiträgen zeigt mir jedenfalls, dass dieser Gedanke nicht ganz fernliegend war. Jedoch wurde zu Recht auch darauf hingewiesen, dass nationale Alleingänge im Hinblick auf die – von mir ja auch thematisierten – Herausforderungen globalisierter Finanzmärkte nicht ganz unproblematisch sind. Wir verlieren Wettbewerbsvorteile, es kann sein, dass Finanzinstitutionen abwandern, es kann sein, dass Deutschland als Finanzplatz unattraktiver wird. Ich möchte insoweit aber auch noch einmal hervorheben, dass man vielleicht auch hier von den Erfahrungen des Umweltrechts lernen kann. Diese belegen die Notwendigkeit europäischer Lösungen, die als solche nicht nur innerhalb der Europäischen Union für gleiche Wettbewerbsbedingungen sorgen, sondern sich auch global behaupten können. Ein gutes Beispiel ist in diesem Zusammenhang das erwähnte europäische Chemikalienrecht. Zunächst bestanden Sorgen, dass die ganze Chemieindustrie abwandert, wenn die Gesundheits- und Umweltstandards durch eine stärker vorsorgeorientierte europäische Rechtsetzung steigen. Das ist nicht passiert, sondern im Gegenteil: Die europäischen Standards haben sich, so wurde mir von einem Verbandsvertreter einmal gesagt, für europäische Unternehmen durchaus auch als ein Marktvorteil dergestalt erwiesen, dass deren Chemikalien auf dem globalen Markt als geprüfte, sichere und damit qualitativ hochwertige Produkte gelten. So ähnlich könnte es mit dem Finanzmarkt sein. Wenn also Rechtsetzung Finanzmarktstabilität schaffen kann, und das kann überwiegend nicht national, sondern im europäischen Binnenmarkt nur europäisch bewirkt werden, entsteht im stürmischen Meer der globalen Finanzmärkte ein sicherer Hafen, der für viele Anleger, vor allem auf Sicherheit verpflichtete institutionelle Anleger, attraktiv sein könnte. Es könnte also ein Wettbewerbsvorteil durch Rechtsetzung entstehen.

Insoweit ist auch die internationale Rechtsetzung, so meine ich jedenfalls, in meinem Vortrag nicht zu kurz gekommen. Vielmehr habe ich gezeigt, dass sich eine internationale Finanzmarktarchitektur nur in vorsichtigen Ansätzen entwickelt, die für das Recht schwer zu fassen und mit demokratischen Defiziten behaftet sind. Die Rechtsetzung privater Akteure, etwa durch Rating-Agenturen, habe ich insoweit wie manche von Ihnen eher kritisch beurteilt. Erlauben Sie mir insoweit noch eine Bemerkung: Ob das derzeit insbesondere im angelsächsischen Raum viel diskutierte transnationale Recht Gemeinwohlbelange wie Finanzmarktstabilität generieren kann, erscheint mir fraglich; ich musste die dahingehenden Überlegungen aus Zeitgründen ausklammern und habe mich unter Berücksichtigung der aktuellen Debatte über das Verhältnis von „Markt-Staat-Demokratie“ auf die staatliche Perspektive von Rechtsetzung konzentriert. Und im Hinblick auf diese habe ich für die globale Ebene von Soft Institutions und Soft Law gesprochen, das im skizzierten Kaskadensystem erst durch den europäischen und den nationalen Gesetzgeber Verbindlichkeit erlangt.

Schließen möchte ich unter einer dritten Überschrift mit einem Ausblick auf die Bedeutung des Vorsorgeprinzips im Kontext der Finanzkrise. Ein kürzlich in den Kinos angelaufener Film mit dem Titel „Margin Call", der sich mit der Finanzkrise in den USA und einer Bank, die es erstaunlicherweise noch immer am Markt gibt, beschäftigt, also auf Fakten beruht, endet nach dem mit Lug und Trug überstandenen Sturm der Märkte mit einem nachdenklichen Gespräch über den Dächern von New York. Da fällt der schöne Satz: „Wann haben wir eigentlich begonnen, den Überblick zu verlieren?" Und ich glaube, dieser Satz ist entscheidend für unser Thema, verstanden als Antwort auf das langjährige Vertrauen in die Rationalität der Märkte.

Denn die Finanzmärkte sind so abstrakt geworden, so artifiziell, dass sie sich weitgehend von der Realwirtschaft abgekoppelt haben. Damit haben wir eine Situation erreicht, in der wir nicht mehr so ohne weiteres auf die Rationalität der Märkte bzw. ihrer Akteure vertrauen können. Sie verhalten sich, und das hat die Finanzkrise gezeigt, vielleicht individuell rational, nicht aber mit Blick auf die Finanzmarktstabilität als Belang des Gesamtsystems. Alle Ansätze, insoweit private Akteure einzuspannen und auf die über sie vermittelte Rationalität der Märkte zu vertrauen, sind insoweit gescheitert. Ich habe das an Beispielen in meinem Vortrag gezeigt und daraus gefolgert, dass neue Risikomodelle zu entwickeln sind, an die, zumindest für systemische Risiken, Maßnahmen im Lichte des Vorsorgeprinzips zu koppeln sind. Genau an dieser Stelle will ich daher auch noch einmal auf die in vielen Diskussionsbeiträgen thematisierte Bedeutung des Art. 125 AEUV eingehen. Es geht hier nicht nur um ein Staatsversagen. Ohne Fragen sind die Stabilitätskriterien im Rat ausgehebelt worden, mit den bekannten Konsequenzen. Es geht insoweit aber zugleich auch um ein Marktversagen. Die Finanzmärkte haben auch hier nicht so reagiert, wie erhofft. Denn sonst wäre nicht so viel Geld nach Griechenland und in andere überschuldete und schwächelnde Staaten geflossen. Die Finanzmärkte haben, ihrem Herdentrieb folgend, investiert und investiert und plötzlich wird die Staatsschuldenkrise zum Thema. Nachdem die Ratingagenturen im Falle Griechenlands viel zu spät reagiert haben, geht der Herdentrieb nunmehr in die entgegengesetzte Richtung. Dieses Beispiel macht doch deutlich, wie wenig rational und damit berechenbar die Finanzmärkte sind. Dies hat die No-Bail-Out-Klausel nicht einkalkuliert. Dieses Marktversagen, verstanden als enttäuschte Erwartung des Art. 125 AEUV, ist auch der Grund, warum ich es im Ergebnis für legitim halte, wenn die Politik ihre Auffangverantwortung wahrnimmt und Rettungsschirme aufspannt. Der Fall der Staateninsolvenz kommt im Rahmen der Währungsunion nicht vor, weil die Finanzmärkte, bereits viel früher hätten Alarm schlagen müssen. Wenn also das System, das man sich im Vertrag überlegt hat, versagt, dann kann und muss unter dem Aspekt der staatlichen Auffangverantwortung eine Regelung gefunden werden, nicht um Griechenland zu helfen, sondern um die Eurozone insgesamt zu stabilisieren. In tatsächlicher Hinsicht muss man – und das hat das Bundesverfassungsgericht was die Einschätzung der Lage anbelangt auch getan – der Politik einen entsprechenden Einschätzungsspielraum gewähren. Vielen Dank.

Dritter Beratungsgegenstand:

Höchstrichterliche Rechtsfindung und Auslegung gerichtlicher Entscheidungen

1. Referat von Professorin Dr. jur. *Marion Albers*, Dipl. soz., Hamburg

Inhalt

I. Einleitung

Über Macht und Legitimation der Rechtsprechung wird im nationalen ebenso wie im internationalen Kontext immer wieder diskutiert.[1] Besondere Aufmerksamkeit richtet sich dabei auf die Höchstgerichte im breiten Sinne unseres Themas, also Bundesgerichte, Europäischer Gerichtshof und Europäischer Gerichtshof für Menschenrechte. Höchste Instanzgerichte sind in Fragen des Arbeitslebens und des Lebensendes entscheidungsfreudiger als der Gesetzgeber[2], das Bundesverfassungsgericht entwickelt ein IT-Grundrecht[3], der EuGH eine unmittelbare Wirkung von Richtlinien noch vor Ablauf der Umsetzungsfrist[4], und der EGMR verändert die nationale Rechtsprechung vom Persönlichkeitsschutz Prominenter bis hin zur Sicherungsverwahrung.[5]

Dagegen steht die Rechtsprechung eher im Schatten moderner Debatten um den Wandel von Recht und Staatlichkeit, die sich auf Gesetzgebung und Verwaltung konzentrieren. Wie aber kann man „Rechtspre-

---

[1] Aus der aktuellen Diskussion s. nur *G. Hirsch* JZ 2007, 853ff.; *W. Hassemer* ZRP 2007, 213ff.; *B. Rüthers* JZ 2008, 446ff.; *ders.* Rechtstheorie 40 (2009), 253ff.; zum BVerfG die Beiträge in *O. Lepsius/C. Möllers/M. Jestaedt/C. Schönberger* Das entgrenzte Gericht, 2011; zum EuGH *R. Herzog/L. Gerken* DRiZ 2009, 141ff.; *J. Wieland* NJW 2009, 1841ff. Zur internationalen Debatte s. nur die Beiträge in: *A. v. Bogdandy/I. Venzke* (Eds.) Beyond Dispute: International Judicial Institutions as Lawmakers, GLJ 12 (2011), 979ff.; *K. F. Gärditz* Der Staat 47 (2008), 381ff. S. außerdem *R. Hirschl* Towards Juristocracy, 2004; sowie deutlich differenzierter zum EuGH und mit Blick auf die strategische Nutzung gerichtlicher Möglichkeiten *R. A. Cichowski* The European Court and Civil Society, 2007.

[2] Zur Rechtsprechung im Arbeitsrecht statt vieler *A. Söllner* ZG 10 (1995), 1 (4ff.); *U. Zachert* in: Oetker/Preis/Rieble (Hrsg.) 50 Jahre Bundesarbeitsgericht, 2004, 577ff. Zur Rechtsprechung hinsichtlich des Endes des Lebens etwa BGHSt 40, 257; BGHZ 154, 205; 163, 195; zur Bedeutung dieser Entscheidungen und zum Gesamtkomplex s. die Beiträge in: *M. Albers* (Hrsg.) Patientenverfügungen, 2008.

[3] BVerfGE 120, 274 (302ff.).

[4] Etwa EuGH, Urt. v. 22. 11. 2005, Rs. C-144/04, Slg. 2005, I-9981 (Mangold), wobei die noch nicht abgelaufene Umsetzungsfrist mittels Rückgriffs auf allgemeine Rechtsgrundsätze überwunden wurde; ausf. und krit. dazu *L. Gerken/V. Rieble/G. H. Roth/T. Stein/R. Streinz* „Mangold" als ausbrechender Rechtsakt, 2009; s. weiter BAGE 118, 76 (77ff.); BVerfGE 126, 286 (302ff.). Außerdem EuGH NZA 2010, 85 (86ff. – Kücükdeveci).

[5] Zum Persönlichkeitsschutz Prominenter BGHZ 131, 332 (335ff.); BVerfGE 101, 361 (379ff.); EGMR NJW 2004, 2647 (2648ff.); BGHZ 171, 275 (277ff.); BVerfGE 120, 180 (196ff.). Zur Sicherungsverwahrung EGMR, NJW 2010, 2495 (2497ff.); NJW 2011, 3423 (3424ff.); NJOZ 2011, 1494 (1495ff.); BVerfGE 128, 326 (363ff.); EGMR, Urt. v. 9. 6. 2011, No. 30493/04, 31047/04 und 43386/08 (Schmitz bzw. Mork v. Germany), abrufbar unter www.ehcr.coe.int; s. weiter *U. Volkmann* JZ 2011, 835ff.

chung" heute begreifen? Im Folgenden wird herausgearbeitet, wie in der höchstrichterlichen Rechtsprechung ein eigenständiges Text- und Kommunikationsformat und wie in den Interpretationen und Anschlusskommunikationen ein eigenständiges Rechtsformat entsteht: Rechtsprechungsrecht. Heutige Rechtsprechung bewegt sich zudem in Rechtsprechungsverbünden. Dieses Verständnis eröffnet neue Möglichkeiten der Analyse und des Anschlusses an die modernen Diskussionen.

II. Rechtserzeugung im Wege der Rechtsprechung

1. *Entscheidungsfindung als Rechtsfindung*

Nach der grundgesetzlichen Konzeption soll die Rechtsprechung vor dem Hintergrund der normativen Ideen des Rechtsstaats[6] und der Gewaltenteilung[7] als neutrale Instanz an sie herangetragene Fälle in einem Partizipation und Objektivität gewährleistenden Verfahren letztverbindlich am Maßstab des Rechts entscheiden.[8] Fallnähe und Gerechtigkeitserwartungen, Letztentscheidungskompetenz und Entscheidungszwang rücken Gerichte in das Zentrum des Rechtssystems.[9] Eine Reihe normativer Bausteine dient der Ausgestaltung und Begrenzung gerichtlicher Macht: Richterrekrutierungsmechanismen[10], die Entscheidung

---

[6] Zur Rechtsstaatsidee *H. Hofmann* Der Staat 34 (1995), 1ff.

[7] Zum Gewaltenteilungsprinzip, auch zu dessen Vielschichtigkeit und mit weiterführenden Überlegungen *C. Möllers* Gewaltengliederung, 2005; *M. Cornils* Gewaltenteilung, in: Depenheuer/Grabenwarter (Hrsg.) Verfassungstheorie, 2010, § 20.

[8] Zur – schwierigen – Beschreibung der Rolle der Rechtsprechung *K. Stern* Das Staatsrecht der Bundesrepublik Deutschland, Bd. 2, 1980, 889ff.; *E. Schmidt-Aßmann* Der Rechtsstaat, in: HStR II, 3. Aufl. 2004, § 26 Rn. 52; *W. Leisner* Das letzte Wort, 2003, 39ff. Weiterführend *A. Voßkuhle* Rechtsschutz gegen den Richter, 1993, 65ff., 94ff.

[9] Vgl. mit Blick auf das Rechtsverweigerungsverbot *N. Luhmann* Rechtstheorie 21 (1990), 459 (466ff.). Für weitere Ausarbeitungen zum – historisch nicht selbstverständlichen – Rechtsverweigerungsverbot und seinen Funktionen s. *M. Fögen* in: Vismann/Weitin (Hrsg.) Urteilen/Entscheiden, 2006, 37 (37 ff). Zur Bedeutung der Gerechtigkeit in Form eines überschießenden Moments *J. Reinhardt* Der Überschuss der Gerechtigkeit, 2009.

[10] Überblick über die Rekrutierungsmechanismen in den Ländern bei *F. Wittreck* Die Verwaltung der Dritten Gewalt, 2006, 392ff., 414ff. Zu den Rekrutierungsmechanismen mit kritisierendem Ergebnis für das BVerfG *S. U. Pieper* Verfassungsrichterwahlen, 1998, 22ff. Ausf. zum EuGH und zu den entspr. Diskussionen *K. F. Baltes* Die demokratische Legitimation und die Unabhängigkeit des EuGH und des EuG, 2011, 138ff.

von Fällen nur auf Drittinitiative, Neutralitäts- und Unabhängigkeitsvorkehrungen[11] und die Bindung an Gesetz und Recht.

Diese Bindung ist nach überkommener Sicht maßgeblicher Faktor der Rechtsfindung durch Gerichte, und das Bild ist das der Rechtsprechung als Rechtsanwendung in Abgrenzung zur Rechtsetzung.[12] Im Hintergrund stehen positivistische Normkonzepte. Deren nachhaltiger Einfluss erklärt sich mit der Vielschichtigkeit sowohl der Konzepte als auch ihrer Funktionen.[13] Sie kommen den Erfordernissen der Vertextlichung modernen Rechts entgegen[14] und zeichnen sich durch eine ausgeprägte immanente Rationalität aus. Gesetzesvorschriften und juristische Interpretationsmethoden, die als rechtserkenntnisorientierter Zugang der Kompetenzverteilung Rechnung tragen[15], vermitteln die Gesetzesbindung und damit zugleich die demokratische Legitimation.[16] In diesem Rahmen erscheint gerichtliche Entscheidungsfindung als Rechtsfindung.

2. *Rechtsfindung als Entscheidungsfindung*

Diese traditionelle Konzeption ist nicht nur anspruchs-, sondern auch voraussetzungsvoll, und eben deswegen ist sie mittlerweile brü-

---

[11] Zum Überblick über die Garantie der richterlichen Unabhängigkeit *Wittreck* (Fn. 10), 174ff.

[12] Vgl. die Eingangsbeschreibung gängiger Sehweisen bei *J. Esser* Vorverständnis und Methodenwahl in der Rechtsfindung, 1977, 14: „Rechtsfindung" als die „Gewinnung von rechtlichen Entscheidungen aus nachweislich einschlägigen Figuren oder doch Regeln des geltenden Rechts".

[13] Näher *M. Stolleis* Geschichte des öffentlichen Rechts in Deutschland, Bd. 2, 1992, 330ff.; *P. v. Oertzen* Zur sozialen Funktion des staatsrechtlichen Positivismus, 1. Aufl. 1974; *W. Heun* Der Staat 28 (1989), 380ff. Zur politikstrategischen Funktion positivistischer Normkonzepte als Argumentationsstrategien zur Durchsetzung justizieller Kontrolle *R. Ogorek* Aufklärung über Justiz. Richterkönig und Subsumtionsautomat, 2. Aufl. 2008, 292ff.

[14] Zu der mit dem Buchdruck ausgelösten Umkodierung rechtlichen in textliches Wissen, die erst Interpretationslehren entstehen oder das gerichtliche Verfahren als „Inszenierung der im Text abgelagerten Informationen" erscheinen lässt, vgl. *A. Görgen* in: Feldner/Forgó (Hrsg.), Norm und Entscheidung. Prolegomena zu einer Theorie des Falls, 2000, 86 (89ff.). Zur weitergehenden, auch auf Dogmatik aufbauenden Idee der Kodifikation *A. Voßkuhle* in: Schlosser (Hrsg.) Bürgerliches Gesetzbuch 1896 – 1996, 1997, 77 (78ff.); *T. Vesting* in: Schmidt-Aßmann/Hoffmann-Riem (Hrsg.) Methoden der Verwaltungsrechtswissenschaft, 2004, 253 (264ff.).

[15] Hervorhebung der Zusammenhänge zwischen Interpretationsmethoden und Kompetenzverteilung bereits bei *F. C. v. Savigny* System des heutigen Römischen Rechts, Erster Band, 1840, 213ff.

[16] Näher im Sinne dieser Sicht *W. Krebs* in: Schmidt-Aßmann/Hoffmann-Riem (Fn. 14), 209 (218); s. auch *E.-W. Böckenförde* HStR II, 3. Aufl. 2004, § 24 Rn. 24.

chig geworden. Die Gründe dafür sind nicht primär rechtsprechungsexterner Art, wie etwa die Qualität der Gesetze.[17] Sie ergeben sich aus der Beobachtung der Rechtsprechung selbst und des darin eingebetteten Umgangs mit Gesetzen. Gesetzestexte differenzieren Gesetzesproduktions- und Fallentscheidungskontexte, in denen sie zeitlich später unter zusätzlichen sachlichen Anwendungsbedingungen eingesetzt werden.[18] Sie begrenzen die denkbaren Entscheidungsmöglichkeiten, und zugleich ermöglichen sie als herstellungs- und interpretationsbedürftiges Normprogramm Variabilität.[19] Herstellungserfordernisse steigern sich mit den komplexen verfassungs- und europarechtlichen Bindungen.[20] Die besondere Bedeutung der Interpretation erschließt sich mit Blick auf interdisziplinär gespeiste Einsichten zum Sinnverstehen in der Anwendung.[21] Hinzu kommt die durch Metaregeln nicht strikt determinierte Pluralität von Methoden.[22] Deren Zusammenspiel ist gerade we-

---

[17] Zur nicht hinreichenden Erklärungskraft der Gesetzesqualität als Grund vgl. etwa *G. Ortmann* Regel und Ausnahme, 2003, 238.

[18] Näher *H.-H. Trute* FS Schmidt-Aßmann, 2008, 211 (215 ff.).

[19] Vgl. zur Bedeutung schriftlich fixierter Texte auch *N. Luhmann* Das Recht der Gesellschaft, 1. Aufl. 1993, 255: „ein Doppelvorgang der Reduktion und Erzeugung von Komplexität"; *M. Fögen* Römische Rechtsgeschichten, 2. Aufl. 2003, 83 f. Umfassend auch *N. Jansen* The Making of Legal Authority, 2010.

[20] Vgl. noch Punkt III. 1. mwN in Fn. 44 – 48.

[21] Weiterführend dazu *A. Wellmer* in: ders., Wie Worte Sinn machen, 2007, 122 ff. Viel rezipiert worden sind etwa *H. G. Gadamer* Wahrheit und Methode, in: ders. Gesammelte Werke Bd. 1, 5. Aufl. 1986, bes. 270 ff., 330 ff.; die Debatte zwischen *R. Dworkin* in: ders., A Matter of Principle, 1985, 146 ff.; und *S. Fish* in: ders., Doing What Comes Naturally, 1989, 87 ff.; 103 ff.; sowie *R. B. Brandom* Making It Explicit, 1994. Zur – auch bei gleichen Ausgangstexten keineswegs immer gleichsinnigen – juristischen Rezeption und Transformation unterschiedlicher Ansätze mit entsprechend unterschiedlichen juristischen Herangehensweisen s. etwa *J. Esser* Vorverständnis und Methodenwahl in der Rechtsfindung, 1977; *R. Christensen* Was heißt Gesetzesbindung?, 1989; *M. Klatt* Theorie der Wortlautgrenze, 2004; *R. Christensen/A. Fischer-Lescano* Das Ganze des Rechts, 2007, 113 ff.; *D. Busse* Juristische Semantik, 2. Aufl. 2010. Die für die Praxis zentrale Folge besteht darin, dass es eben keinen Konsens über Beschreibungsformen und methodische Rolle der Textdeutung gibt.

[22] Vertiefend zu den „klassischen" Methoden etwa *J. Neuner* Die Rechtsfindung contra legem, 2. Aufl. 2005, 90 ff.; *D. Looschelders/W. Roth* Juristische Methodik im Prozeß der Rechtsanwendung, 1996, 21 ff. Eine Rechtsprechungsanalyse zur Rolle der genetischen Interpretation findet sich bei *H. Fleischer* FS Goette, 2011, 75 (85 ff.). Als Beispiel für die Problematik des Zusammenspiels von Wortlaut, Systematik und Gesetzgebungsmaterialien s. BFH, Urt. v. 28. 7. 2011, VI R 7/10 (Werbungskostenabzug für Aufwendungen eines Erststudiums), abrufbar unter www.bundesfinanzhof.de. Weiterführende Überlegungen für das Verwaltungsrecht bei *C. Möllers* in: Hoffmann-Riem/Schmidt-Aßmann/Voßkuhle (Hrsg.) GVwR I, 2006, § 3 Rn. 23 ff.

gen der engen Zusammenhänge zwischen Methoden und Kompetenzverteilung relativ offen und muss von der Rechtsprechung geschlossen werden.[23]

Rechtsfindung wird also mit dem Bild des Containers, als Auspacken eines im Gesetz immer schon vorhandenen Inhalts, nicht hinreichend erfasst. Unzureichend ist aber auch die in der Rechtswissenschaft dann oft gewählte personen- und akteurszentrierte Sicht: Danach hat Rechtsprechung einen Rechtserzeugungsanteil, der einem schöpferischen Willensakt des entscheidenden Richters zugewiesen wird.[24] Diese Verdunkelung sorgt für unendliche Legitimationsdebatten. Normativ ist sie weder nötig noch sinnvoll. Stattdessen muss die Beschreibung gerichtlicher Entscheidungsfindung als Rechtsfindung vom Kopf auf die Füße gestellt werden: Rechtsfindung ist Entscheidungsfindung.

3. Kontextualisierungen und Formen der Beobachtung der Rechtsprechung

Dieser Fokus hat keine rein hermeneutische Bedeutung. Vielmehr legt er im ersten Schritt Kontextualisierungen nahe, etwa den Blick auf den Herstellungskontext, also auf Entscheidungsverfahren und -organisation.[25] Gegenstand und Kontext hängen in Konstitution und Be-

---

[23] Zu den Zusammenhängen zwischen Kompetenzverteilung und Methoden oben Punkt II.1. mit Fn. 15. Der Blick auf die – wiederum im Wege der Interpretation zu ermittelnde – Kompetenzverteilung kann je nach Fallkonstellation Deutungsmöglichkeiten einengen oder auch weiter öffnen. Zur Reformulierung von Methoden- als Kompetenzverteilungsfragen sowie zur Konstitutionalisierung und zur Europäisierung der Methodenlehre *R. P. Schenke* Die Rechtsfindung im Steuerrecht, 2007, 326ff., 427ff. mwN.

[24] Typische Ausführungen etwa bei *Gärditz* (Fn. 1), 392: „Jeder Rechtsprechungsakt ist dabei nicht nur Rechtserkenntnis, sondern aufgrund seiner Konkretisierungs- und Individualisierungsleistungen zugleich auch auf einem Willensakt gründende Rechtsetzung."; *J. Singer* Rechtsklarheit und Dritte Gewalt, 2010, 125: „Konvergenz von Rechtsetzung und Rechtsanwendung in der Person des Richters". S. auch *H. Kelsen* Reine Rechtslehre, 2. Aufl. 1960, 242ff., 350f. Das von ihm zu Grunde gelegte Modell des Stufenbaus, nach dem Gerichte „individuelle, in ihrem Inhalt durch die generellen Normen bestimmte Normen setzen" (242), erkennt zwar den Rechtserzeugungscharakter gerichtlicher Entscheidungen an (s. dazu die zutr. Ausführungen auf S. 244), trägt aber dem Problem der Eigenständigkeit der Text- und Normdeutung nicht genügend Rechnung. Vgl. weiter *M. Auer* Materialisierung, Flexibilisierung, Richterfreiheit, 2005, 70ff.

[25] Dies ist entscheidungstheoretisch und für die Verwaltung auch in der Rechtswissenschaft gängig, s. insoweit prägnant *H.-H. Trute* DV Beiheft 2, 1999, 9 (17). Für Gerichte wird dies eher selten ausgearbeitet. Vgl. dazu, wenn auch jeweils anders zu-

schreibung freilich immer von den beobachtungserzeugten Unterscheidungen und vom Erkenntnisinteresse ab. Im zweiten Schritt wird man daher auf die Vielzahl von Möglichkeiten der Selbst- und Fremdbeobachtung verwiesen, die auch als Beobachtung höherer Ordnung gestaltet und reflexiv werden können.[26] Wie man die Rechtsfindung von Gerichten beobachtet, ist nicht per se festgelegt. Die gerichtliche Kontrolle konzentriert sich darauf, die Entscheidungen anderer Gerichte als Produkt anhand normativer Maßstäbe zu überprüfen.[27] Rechtswissenschaftliche Beobachtungsweisen grenzen sich dagegen allerdings nicht einfach nur mit einer Theorie/Praxis-Unterscheidung, sondern in Gestalt eigenständiger systemischer oder zumindest institutioneller Zusammenhänge ab.[28] Es gehört zwar zum rechtswissenschaftlichen Selbstverständnis, „richtiges" Entscheiden methodisch anzuleiten oder dogmatisch einzubetten und die Rechtsprechung daran zu messen.[29] Das ist aber nicht der einzig denkbare rechtswissenschaftliche Rahmen einer Beobachtung gerichtlicher Rechtsfindung. Gerade bei Grundsatzfragen ist er zudem nicht der produktivste. Grundsatzfragen erfordern Metabeobachtungen der Rechtsprechung selbst sowie der Methoden[30]

---

geschnitten: *M. Morlok/R. Kölbel/A. Launhardt* Rechtstheorie 31 (2000), 15 (22ff.); *H.-J. Strauch* Rechtstheorie 32 (2001), 197 (203ff.); *W. Hoffmann-Riem* in: Scherzberg (Hrsg.) Kluges Entscheiden, 2006, 3 (11ff.); *H.-H. Trute* in: Scherzberg et al. (Hrsg.) Klugheit, 2008, 129 (139, 143f.); s. außerdem *J. Berkemann* KritV 1988, 29 (30ff.); in Grundzügen mit diskurstheoretischer Wendung auch *Christensen/Fischer-Lescano* (Fn. 21), 142ff. Vgl. außerdem weitergreifend unter Einbeziehung u.a. institutionentheoretischer und wissenssoziologischer Ansätze *J. MacLean* Rethinking Law as Process, 2011, bes. 113ff. Zur wissenssoziologisch-ethnographischen Analyse richterlicher Entscheidungsfindung *P. Stegmaier* Wissen, was Recht ist, 2009, bes. 141ff.

[26] Vgl. *A. Kieserling* in: ders., Selbstbeschreibung und Fremdbeschreibung, 2004, 46 (49ff.).

[27] Auch das „Produkt" der Justiz kann man je nach Beobachtungs- und Erkenntnisinteresse unterschiedlich beschreiben, vgl. etwa *M. Eifert* in: Hoffmann-Riem (Hrsg.) Reform der Justizverwaltung, 1998, 163 (168: Verfahrensabschluss nach ordnungsgemäßer Verfahrensdurchführung); und *A. Voßkuhle* DV Beiheft 5 (2002), 33 (38ff.).

[28] Näher *A. Bora* Rechtstheorie 32 (2001), 259 (260ff.); *Strauch* (Fn. 25), 205ff.

[29] Vgl. *E.-W. Böckenförde* in: ders., Staat, Verfassung, Demokratie, 1991, 11 (18ff.); darstellend *H. Schulze-Fielitz* in: FG 50 Jahre Bundesverwaltungsgericht, 2003, 1061 (1063, 1071ff.).

[30] Zur Methodenentwicklung aus Perspektive einer Beobachtung zweiter Ordnung *D. Grimm* in: ders., Recht und Staat der bürgerlichen Gesellschaft, 347 (348ff.). Stärker personenzentriert und ideengeschichtlich *J. Rückert* in: Acham/Nörr/Schefold (Hrsg.), Erkenntnisgewinne, Erkenntnisverluste, 1998, 113 (114ff.), bei dem zugleich Vielfalt und Tiefenschichten der Methodenlehre deutlich werden.

oder Dogmatiken[31] und eine rechtssystemspezifische Rezeption der Erkenntnisse anderer Disziplinen[32] oder auch Interdisziplinarität[33].

4. *Entscheidungsherstellung und -darstellung, Entscheidungsrezeption und Reflexivität*

Für unser Thema soll zum einen die Rechtsfindung der Höchstgerichte mit Blick auf zentrale Faktoren der Entscheidungsorganisation und -verfahren analysiert werden. Maßgeblich sind hier vor allem der Zugang als fremdinitiative Verfahrensauslösung, Sachverhalts- und Normkonstruktionen im Gerichtsverfahren[34], die Abschlussentschei-

---

[31] Dogmatiken schaffen, gespeist von Gesetzgebung, Rechtsprechung oder Wissenschaft, Wissensgrundlagen und dabei – dies als Ergebnis einer Meta-Beobachtung – nicht nur Zwischenschichten zwischen Gesetzen und Entscheidungen, sondern gesetzesübergreifende Begriffe, Bausteine und Strukturen, die wiederum das Gesetzesverständnis – je nach theoretischem Vorverständnis mehr oder weniger weit reichend – mitprägen. S. noch näher mit den nötigen Differenzierungen Punkt III. 1. mit Fn. 57 – 59. Vgl. außerdem *J. Harenburg* Die Rechtsdogmatik zwischen Wissenschaft und Praxis, 1986, 6ff.; *W. Brohm* FS Maurer, 2001, 1079 (1082ff.); *N. Jansen* Rechtsdogmatik im Zivilrecht, in: Enzyklopädie zur Rechtsphilosophie, www.enzyklopaedie-rechtsphilosophie.net, 2011, Anm. 1ff. (abgerufen am 22. 9. 2011); *ders.* ZRG(germ.) 128 (2011), 1 (7). Zu Funktionen von Dogmatiken etwa *R. Alexy* Theorie der juristischen Argumentation, 3. Aufl. 1996, 326ff.; s. weiter mit einer schärferen Differenzierung zwischen Dogmatik und Systematik *E. Schmidt-Aßmann* Das allgemeine Verwaltungsrecht als Ordnungsidee, 2. Aufl. 2006, Rn. 3ff. Zur Trennung und Verknüpfung theoretischer und dogmatischer Diskurse vgl. auch *O. Lepsius* in: Jestaedt/Lepsius (Hrsg.) Rechtswissenschaftstheorie, 2008, 1 (3ff.).

[32] S. dazu, auch zur Abgrenzung der Rezeption von Wissensbeständen anderer Disziplinen von Interdisziplinarität, *H.-H. Trute* DV Beiheft 7 (2007), 115 (125ff., 129ff.). Vgl. weiter mit Blick auf die Verfassungstheorie (bei allerdings zu engem Verständnis der Dogmatik) *M. Jestaedt* Die Verfassung hinter der Verfassung, 2010, 67ff. Zur Rezeption naturwissenschaftlicher Denkweisen im Kontext der Ausarbeitungen der Juristischen Methode *Vesting* (Fn. 14), 264ff. Für die europäische Ebene *I. Pernice* DV Beiheft 7 (2007), 225 (245ff.; mit Übergängen zur Interdisziplinarität).

[33] Zur Interdisziplinarität *C. Engel* in: ders (Hrsg.), Methodische Zugänge zu einem Recht der Gemeinschaftsgüter, 1998, 11ff. Zum Folgeproblem der disziplinären Identität in Abgrenzung gegen andere Disziplinen s. die Beiträge in *C. Engel/W. Schön* (Hrsg.) Das Proprium der Rechtswissenschaft, 2007; und den zutr. Hinweis von *Trute* (Fn. 32), 128, dass das eigentliche Problem nicht in einer Interdisziplinarität, sondern in einer disziplinären Verengung liegt. Wichtigeres Folgeproblem ist, dass sich die Rechtswissenschaft auf eine grundlegende Pluralität theoretischer ebenso wie dogmatischer Ansätze einstellen muss.

[34] Mit Blick auf die rechtlichen Regelungen wird der Sachverhalt mittels der die Sachverhaltserfassung von Vornherein und in einem Wechselspiel mitprägenden Fallentscheidungsnormen sowie der Darlegungs-, Beweislast-, Vermutungs- oder Fik-

dung[35] und deren nachfolgende Begründung und Veröffentlichung.[36] Zum anderen werden die beiden Komponenten des Themas – Rechtsfindung und Auslegung gerichtlicher Entscheidungen – von Anbeginn an miteinander verbunden. Rechtsfindung und Entscheidungswirkungen werden normativ zwar regelmäßig entkoppelt. Der Richter soll sich nicht davon beeinflussen lassen, welche finanziellen Kosten seine Entscheidung hat oder ob er in den Medien als kluger Verhandlungsführer oder als „überforderter Trottel" erscheint. Dennoch gibt es zwischen Entscheidungsfindung und Entscheidungswirkungen einige Bezüge. Das gilt nicht nur für die meist nicht ordentlich differenzierte Folgenberücksichtigung.[37] Bei einem Blick über das Einzelverfahren hinaus zeigen sich wichtige Verschleifungen vor allem darin, dass bei der Konstruktion der entscheidungsrelevanten Normen zunehmend Rechtswirkungen der Entscheidungen anderer Gerichte, vor allem europäischer Gerichte, zu beachten sind. Das verweist darauf, dass der Entscheidungstext Abschluss gerichtlicher Entscheidungsfindung und zugleich

---

tionsregeln zugeschnitten. In der Zeit- und Sachdimension notwendige Stoppregeln der Wirklichkeitserfassung – übergreifender dazu *W. Hoffmann-Riem* in: Schmidt-Aßmann/Hoffmann-Riem (Fn. 14), 9 (64ff.) – werden mit Verantwortlichkeits- und Zurechnungsregeln in der Sozialdimension verknüpft und so tragbar gemacht. Unabhängig davon muss die Sachverhaltserfassung in übergreifendere Kontexte eingebettet werden, s. etwa *Strauch* (Fn. 25), 205ff. Vgl. auch die empirische Untersuchung *J. Schmidt/T. Drosdeck/D. Koch* Der Rechtsfall – ein richterliches Konstrukt, 1997; s. außerdem *A. Upmeier* Fakten im Recht, 2010; vgl. auch aus historischer Perspektive *S. Lepsius* in: Vismann/Weitin (Fn. 9), 119ff.

35 Zum Kontroll- und Entscheidungsaspekt von Gerichtsentscheidungen *W. Krebs* Kontrolle in staatlichen Entscheidungsprozessen, 1984, 53ff.

36 Zur Differenzierung von Herstellung und Darstellung von Entscheidungen vgl. *M. Morlok/R. Kölbel/A. Launhardt* Rechtstheorie 31 (2000), 15 (22ff.); *Trute* in: Scherzberg et al. (Fn. 25), 143ff.; zur Unterscheidung zwischen „context of discovery" oder „context of explanation" und „context of justification" mit Blick auf den EuGH und auf Wechselbezüge *J. Bengoetxea* The Legal Reasoning of the European Court of Justice, 1993, 112ff.; *J. Bengoetxea/ N. MacCormick/L. Moral Soriano* in: de Búrca/Weiler (Eds.) The European Court of Justice, 2001, 43 (48ff.). Für Verwaltungsentscheidungen s. außerdem *H.-H. Trute* in: Schmidt-Aßmann/Hoffmann-Riem (Fn. 14), 293ff. Übergreifend zur Vermittlung von Gerichtsentscheidungen *C. Vismann* Medien der Rechtsprechung, 2011. S. außerdem, auch unter Legitimationsaspekten, *T. Gostomzyk* Die Öffentlichkeitsverantwortung der Gerichte in der Mediengesellschaft, 2006.

37 Zur Folgenberücksichtigung *D. Grimm* in: Teubner (Hrsg.) Entscheidungsfolgen als Rechtsgründe, 1995, 139ff.; *M. R. Deckert* Folgenorientierung in der Rechtsanwendung, 1995, 5ff.; *H. Johlen* in: FG 50 Jahre Bundesverwaltungsgericht, 2003, 1085 (1087ff.); sowie die Beiträge in: Folgenabschätzung im Arbeitsrecht, 2007. Aufschlüsselungen der Problematik für die Verwaltung bei *C. Franzius* in: Hoffmann-Riem/Schmidt-Aßmann/Voßkuhle (Fn. 22), § 4 Rn. 67ff. mwN.

Anfang von Deutungs- und Rezeptionsprozessen in anderweitigen Kontexten ist, etwa in anderen Gerichtsverfahren, in Gesetzgebung und Politik oder in der Wissenschaft. Rückwärts geschaut werden diese Deutungserfordernisse und -kontexte bereits bei der Entscheidungsdarstellung reflektiert.[38] Vorwärts geschaut kristallisieren sich in den Deutungskontexten die Sinn- und damit auch die Rechtsgehalte der Entscheidung erst jeweils heraus.

Im nächsten Punkt wird erstens gezeigt, dass und wie die höchstrichterliche Rechtsprechung über ihre Entscheidungsfindung ein eigenes Text- und Kommunikationsformat erzeugt, das in den sich jeweils anschließenden Deutungen und Deutungskontexten mehr oder weniger nachhaltige Wirkungen entfaltet und sich als spezifisches Rechtsformat herausbildet. So entsteht eine eigenständige, also nicht einfach „zwischen" Gesetz und Fallentscheidung anzusiedelnde Form des Rechts: Rechtsprechungsrecht. Zweitens wird die dabei wichtige Rolle von Rechtsprechungsverbünden deutlich. Die Analyse folgt den Höchstgerichten mit jeweils spezifischen Akzentuierungen.

III. Höchstgerichtliche Rechtsprechung als eigenständiges Text-, Kommunikations- und Rechtsformat

1. *Instanzgerichtsbarkeiten*

Funktion der höchsten Instanzgerichte, die im Kern sachgebietsspezifisch ausgestaltet sind[39], ist die Gewährleistung der Einheitlichkeit der Rechtsprechung, die Fortbildung des Rechts und – darüber vermittelt – der Rechtsschutz.[40] Die höchstgerichtliche Rechtsfindung wandert

[38] S. zur Unterscheidung von Entscheidungsherstellung und Entscheidungsdarstellung die Nw. in Fn. 36; weiterführend zum obigen Kontext auch *A. Launhardt* Rechtstheorie 32 (2001), 141 (152ff.); zur juristischen Argumentation in der Entscheidungsbegründung *U. Neumann* Rechtstheorie 32 (2001), 239ff.

[39] Höchstrichterliche Rechtsprechung schließt hier an die hinsichtlich konkreter Funktionen, organisatorischer Ausgestaltung, Zugang oder Maßstäben unterschiedlichen Gerichtszweige und Verfahren an und wird auch davon geprägt. S. etwa zu Limitationen und Erweiterungsstrategien in der Verwaltungsgerichtsbarkeit *V. Mehde* DV 42 (2009), 379 (385ff.).

[40] Vgl. die Regelungen für die Großen Senate in §§ 132 Abs. 4 GVG, 11 Abs. 4 VwGO, 45 Abs. 4 ArbGG, 41 Abs. 4 SGG. Zu den Schwierigkeiten einer kategorialen Abgrenzung von Rechtsauslegung in einer Sache von grundsätzlicher, also bis dahin nicht bundesgerichtlich geklärter Bedeutung und Rechtsfortbildung s. die Beschreibung und Analyse mit ablehnendem Ergebnis hinsichtlich der Abgrenzungsmöglichkeiten bei *C. Fischer* Topoi verdeckter Rechtsfortbildungen im Zivilrecht, 2007, 38ff.

somit durch die darauf zugeschnittenen Filter der Revisionszulassung. Neben den relevanten Verfahrensmängeln sind dies zum einen die grundsätzliche Bedeutung der Rechtssache, zum anderen die Divergenz oder die Erfordernisse der Rechtsfortbildung und judikativer Einheitlichkeit.[41] Trotz dieser Filter sorgen die Kombinationen dieser Zulassungsgründe einerseits und untergerichtlicher Zulassung sowie Nichtzulassungsbeschwerde andererseits[42] dafür, dass keine thematische Engführung und keine Versteinerung der Rechtsprechung entsteht.

Sobald die Zulassungsschwelle überwunden ist, entscheiden die höchsten Instanzgerichte auf der Basis grundsätzlich nicht mehr in Frage gestellter Sachverhalte. Zentrum ihrer Rechtsprechung ist die Rechtspflege in relativer Entkoppelung von Zulassungsgründen oder untergerichtlich herangezogenen Normen[43] und nach breit angelegten Maßstäben revisiblen Rechts. Die Ausarbeitung dieser Maßstäbe ist angesichts zunehmender verfassungs- und europarechtlicher Bindungen hochkomplex.[44] Die Inhalte[45] und Reichweite[46] einschlägiger Regelun-

---

[41] Die Zulassungsgründe werden oft nicht klar gegeneinander abgegrenzt, da sie sich in Abhängigkeit von ihrem Verständnis überlagern. Zum Verständnis der grundsätzlichen Bedeutung der Rechtssache und der Divergenz s. für § 132 Abs. 2 VwGO *I. Kraft* in: Eyermann, VwGO, 13. Aufl. 2010, § 132 Rn. 14ff. Zum Zulassungsgrund der Rechtsfortbildung in § 543 ZPO s. BGHZ 154, 288 (292): „Dieser Zulassungsgrund setzt voraus, daß der Einzelfall Veranlassung gibt, Leitsätze für die Auslegung von Gesetzesbestimmungen des materiellen oder formellen Rechts aufzustellen oder Gesetzeslücken auszufüllen. Ein solcher Anlaß besteht für die Entwicklung höchstrichterlicher Leitsätze nur dann, wenn es für die rechtliche Beurteilung typischer oder verallgemeinerungsfähiger Lebenssachverhalte an einer richtungsweisenden Orientierungshilfe ganz oder teilweise fehlt […].“

[42] Zulassungsentscheidungen der Berufungsgerichte sind bindend, s. z.B. §§ 543 Abs. 2 S. 2 ZPO, 132 Abs. 3 VwGO, 72 Abs. 3 ArbGG, 160 Abs. 3 SGG, 115 Abs. 3 FGO. Zu verfassungsrechtlichen Vorgaben bei Entscheidungen über Nichtzulassungsbeschwerden s. etwa BVerfGK 12, 341 (344ff.).

[43] Zum Grundsatz der Vollrevision s. etwa *Pietzner/Buchheister* in: Schoch/Schmidt-Assmann/Pietzner, Verwaltungsgerichtsordnung, 20. Erg.lfg. 2010, § 132 Rn. 14ff.; *Eichberger* ebda., § 137 Rn. 221.

[44] Vgl. *E. Schmidt-Aßmann* in: Hoffmann-Riem/Schmidt-Aßmann/Voßkuhle (Fn. 22), § 5 Rn. 67 (bezogen auf die Verwaltung); *M. Schröder* Gesetzesbindung des Richters und Rechtsweggarantie im Mehrebenensystem, 2010, 2ff.

[45] Nicht nur die Aussagen, auch die dogmatischen Figuren können folgenreich unklar sein, dies für die Grundrechtsnormen etwa bei faktischen Beeinträchtigungen oder bei der Konstruktion der „Drittwirkung“.

[46] Die Verfassungsbindung führt zu zusätzlichen Deutungskomponenten bei der Ermittlung des Gesetzessinns, vgl. etwa BVerfGE 54, 277 (285ff.). Zur – schwierigen – Abgrenzbarkeit und zum Problem der verfassungskonformen Auslegung iS einer Interpretations- und Kontrollfunktion verbindenden Beschränkung auf verfassungsmäßige Varianten vgl. etwa *A. Voßkuhle* AöR 125 (2000), 177 (178ff. mwN). Zu den

gen müssen ausgelegt, etwaige Vorlagepflichten[47] müssen ermittelt, und es müssen die Aussagen einschlägiger Entscheidungen des Bundesverfassungsgerichts, des EuGH oder des EGMR unter Berücksichtigung unterschiedlich strikter Bindungswirkungen[48] gedeutet werden. Daraus resultiert eine ausgeprägte Verwobenheit der Auslegung von Normen zum einen und der Deutung anderweitiger Gerichtsentscheidungen zum anderen. Diese Verwobenheit und der darin angelegte Rechtsprechungsverbund kennzeichnen heutige höchstrichterliche Rechtsfindung bis hin zur Entscheidungsnorm.[49]

Die getroffene Entscheidung selbst mündet in eine begründende Entscheidungsdarstellung. Dabei handelt es sich um ein besonderes Textformat. Es setzt sich regelmäßig aus Leitsätzen, Tenor, Sachverhaltsbeschreibung, Verfahrensgeschichte mit dem Vorbringen oder den Stellungnahmen Beteiligter und Entscheidungsgründen zusammen. Die Formenvielfalt der Gründe schließt dabei die Entfaltung relevanter Normen, die Deutung einschlägiger Gerichtsentscheidungen eigener

---

gleichermaßen weit reichenden Interpretationserfordernissen sowohl des Unionsrechts, das ggf. im Wege des Vorabentscheidungsverfahrens zu klären ist, als auch des nationalen Rechts wegen des Anwendungsvorrangs und der Pflicht zu europarechtskonformer Auslegung s. als Beispiele BGH, JZ 2009, 518 (519ff.), im Anschluss an EuGH, NJW 2008, 1433; BAG, NZA 2009, 538 (bes. 542ff.), im Anschluss an EuGH, NJW 2009, 495; näher zu diesen Entscheidungen und zur richtlinienkonformen Rechtsfortbildung *K. Kroll-Ludwigs/M. Ludwigs* ZJS 2009, 7ff., 123ff.; *S. Pötters/R. Christensen* JZ 2011, 387ff.; vgl. auch die nicht-hierarchische, insoweit allerdings nur begrenzt anhand der einschlägigen Entscheidungen begründete Lesart bei *M. Amstutz* in: Joerges/Teubner (Hrsg.) Rechtsverfassungsrecht, 2003, 213 (bes. 218ff.). Zur ebenfalls anforderungsreichen „Berücksichtigungspflicht" hinsichtlich der EMRK s. BVerfGE 111, 307 (315ff.); 128, 326 (371f.).

[47] Zu den Anforderungen des Art. 100 Abs. 1 GG s. nur BVerfGE 127, 335 (355f.). Zu den Anforderungen des Art. 20 AEUV (ex-Art. 177 EWG-Vertrag) grundlegend EuGH, Urt. v. 6. 10. 1982, Rs. 283/81 – CILFIT, Slg. 1982, 3415 Rn. 5ff. Zur Absicherung über das Haftungsrecht und über die Vertragsverletzung: EuGH, Urt. v. 30. 9. 2003, Rs. C-224/01 – Köbler, Slg. 2003 I-10239 Rn. 30ff.; Urt. v. 9. 12. 2003, Rs. C-129/00 – Kommission/Italienische Republik, Slg. 2003 I-14637 Rn. 29ff. Zum (relativen) Wahlrecht zwischen den Vorlageverfahren BVerfGE 116, 202 (214f.); zum etwaigen Erfordernis einer kumulativen Vorlage BVerfGE 106, 275 (294ff.). Zu den sich daraus ergebenden strategischen Optionen *U. Haltern* VerwArch 96 (2005), 311 (315, 325ff.); *K. Alter* in: A.-M. Slaughter/A. Stone Sweet/J. Weiler (Eds.) The European Court and National Courts – Doctrine and Jurisprudence, 1998, 227 (241ff.).

[48] Vgl. noch Punkt II. 2. mit Fn. 100 – 102, 105 – 107, Punkt II. 3. mit Fn. 121 – 122, 128, Punkt II. 4. mit Fn. 136 – 139.

[49] Anschauliche Beispiele: BGHZ 171, 275 (279ff.); BGH, Urt. v. 26. 10. 2011, IV ZR 150/10, abrufbar unter: www.bundesgerichtshof.de; BVerwGE 130, 20 (22ff.); BVerwG, NVwZ 2011, 549 (550ff.); NVwZ 2011, 554 (555ff.).

oder anderweitiger Provenienz, typisierende Konfliktbewältigungsregeln und Fallentscheidungsaussagen ein. Dieses Textformat ist darauf abgestimmt und muss darauf abgestimmt werden, dass die Bundesgerichte nach gesetzlicher Vorgabe und eigenem Selbstverständnis eben nicht allein den Fall noch einmal entscheiden. Sie sollen fallübergreifende Funktionen der Gewährleistung einer Rechtsprechungseinheitlichkeit und der Fortbildung des Rechts erfüllen. Entsprechend müssen ihre Entscheidungen von den Entscheidungsadressaten und in den relevanten sozialen Umwelten verstanden werden. Mit Blick darauf sind sie auch ein besonderes Kommunikationsformat.

Gedeutet wird die Entscheidung zunächst von den Untergerichten als zentralen Entscheidungsadressaten. Hier springt die Diskrepanz zwischen fallübergreifenden Funktionen und gesetzlicher Ausgestaltung der rechtlichen Bindungswirkungen ins Auge. Die Bindungswirkungen sind auf Tenor und diesen tragende Gründe in der zurückverwiesenen oder durchentschiedenen Sache beschränkt.[50] Diese Diskrepanz kann man, wie auch die verfassungsgerichtliche Kriteriensuche bei der Kontrolle des Art. 20 Abs. 3 GG zeigt[51], weder deswegen vernachlässigen, weil die Gesetzesbindung eine ausreichende Brücke böte[52], noch damit erklären, dass die Verbürgung richterlicher Unabhängigkeit die gewählte Ausgestaltung erzwinge.[53] Die Einheitlichkeit der Rechtsprechung[54] verlangt aber auch keine andere Gestaltung, denn die Instanzenzüge sind nicht als reine Hierarchie, sondern im Mitdenken relativer

---

50 Für die Zurückverweisung §§ 144 Abs. 6 VwGO, 358 Abs. 1 StPO, 563 Abs. 2 ZPO; dazu OLG Schleswig ZIP 2005, 1127; und die Folgeentscheidung BGH NJW 2007, 1127. Unter dem Aspekt richterlicher Unabhängigkeit vgl. *S. Detterbeck* in: Sachs (Hrsg.) GG, 6. Aufl. 2011, Art. 97 Rn. 14 mwN. Die Reichweite von Tatbestands- oder Rechtskraftwirkungen in anderweitigen Gerichtsverfahren oder für Verwaltungsentscheidungen ist im Einzelnen umstritten.

51 BVerfGE 122, 248 (257ff.; mit Sondervoten 282ff.; 302f.).

52 Anders jedenfalls hinsichtlich der Bindungen an eine zurückverweisende Entscheidung und an rechtskräftige Entscheidungen eines Vorprozesses *C. Hillgruber* in: Maunz/Dürig, GG, 61. Erg.lfg. 2011, Art. 97 Rn. 96.

53 Auf die richterliche Unabhängigkeit wird hier oft hingewiesen, meist jedoch ohne die nötige Tiefenschärfe. Vgl. BVerfGE 78, 123 (126): „[...] die Rechtspflege ist durch die Unabhängigkeit der Richter (Art. 97 GG) konstitutionell uneinheitlich"; 87, 273 (278). Demgegenüber zutr. dazu, dass die Verbürgung richterlicher Unabhängigkeit trotz ihrer Schutzfunktion auch innerhalb der Gerichtsbarkeit – dazu BVerfG (K), NJW 1996, 2149 (2150) – eine gesetzliche Bindung an Entscheidungen anderer Gerichte nicht ausschließt *A. Tschentscher* Demokratische Legitimation der dritten Gewalt, 2006, 157; *Schröder* (Fn. 44), 58; *M. Reinhardt* Konsistente Jurisdiktion, 1997, 114ff. sowie mit ausf. weiteren Überlegungen 425ff.

54 Zur verfassungsrechtlichen Verankerung s. Art. 95 Abs. 3 GG.

Variabilität konzipiert.[55] Orientierungswirkungen und Kontrollerwartungen reichen für eine angemessene Erfüllung der spezifisch revisionsgerichtlichen Funktionen daher aus.

Und sie werden erfüllt, indem die Untergerichte die höchstrichterlichen Entscheidungen als entsprechenden Kommunikationsakt verstehen. Sie kristallisieren aus dem Text den typisierbaren Konflikt heraus, relationieren Sachverhalt, Parteivorbringen und Gründe und ermitteln die nicht immer leicht zu bestimmenden tragenden Gründe[56] oder die allgemein-rechtsprechungsstabilisierenden oder -modifizierenden Elemente. Bei all dem haben sie die Linien vorangegangener höchstgerichtlicher Rechtsprechung und vor allem auch die einschlägigen Gesetzesvorschriften im Blick. Die Untergerichte legen die Entscheidungen nicht wie Gesetze aus. Sie deuten sie mit ihrem impliziten Wissen, wie Gerichtsentscheidungen zu verstehen sind. Davon wird der fallübergreifend-bleibende, in der untergerichtlichen Rechtsprechung weitergetragene Rechtsgehalt geprägt, und das macht das spezifische Rechtsformat aus, das über die höchstgerichtlichen Entscheidungen entsteht.

Gedeutet werden Entscheidungen darüber hinaus in dogmatischen Zusammenhängen. Diese lassen sich nicht einfach als eine Schnittmenge zwischen der Rechtsprechung – oder der „Praxis“ – und der Wissenschaft begreifen.[57] Dogmatiken speichern mit ihren gesetzesbezogenen oder gesetzesübergreifenden Begriffen, Bausteinen und Strukturen Wissensgrundlagen des Rechtssystems. Rechtsprechung und Wissenschaft knüpfen an sie an, entwickeln und nutzen sie wegen und im Rahmen ihrer je spezifischen systemischen oder institutionellen Kontexte jedoch in je eigenständiger Form. In der immer selektiven

---

[55] Vgl. auch *Trute* in: Scherzberg et al. (Fn. 25), 139 ff.; *Mehde* (Fn. 39), 381 ff. Auch innerhalb der Bundesgerichte selbst besteht eine gewisse Uneinheitlichkeit der Rechtsprechung, zumal die Gerichte Vorlagen nach § 132 GVG oft zu vermeiden suchen, vgl. zur Zivilgerichtsbarkeit *C. Jungmann* JZ 2009, 380 (381 ff.).

[56] Zu deren Reichweite vgl. etwa GemS-OGB, BGHZ 60, 392 (396 ff.); ferner BGHZ 132, 6 (10); 145, 316 (319); 163, 223 (233); *W. Ball* in: Musielak (Hrsg.), Zivilprozessordnung, 8. Aufl. 2011, § 563 Rn. 10 ff.; weiter BVerwGE 42, 243 (245 ff.); BVerwG, NJW 1997, 3456 (3456); NVwZ 2000, 1299 (1299).

[57] Anders etwa *Möllers* (Fn. 22), Rn. 35. Mit stärkeren Differenzierungen s. auch *Harenburg* (Fn. 31), 154 ff.; *C. Bumke* Die Wechselwirkung zwischen Rechtsprechung und Dogmatik, in: Verein deutscher Verwaltungsgerichtstag e.V. (Hrsg.), Dokumentation 16. Deutscher Verwaltungsgerichtstag, 2011, 143 (147 ff.); *M. Jestaedt* in: ders./Lepsius/Möllers/Schönberger (Fn. 1), 77 (126, 133 ff.). Zur Praxis/Theorie-Unterscheidung vgl. bereits oben Punkt II. 3. mit Fn. 28. Zu Dogmatik und Theorie in der Rechtswissenschaft vgl. *M. Morlok* DV Beiheft 7, 2007, 49 (75 f.); *H.-H. Trute* ebda., 115 (119 ff.).

Form aktualisierten Wissens wirken Dogmatiken auf Gerichtsentscheidungen ein, sei es als Vorverständnis, sei es über die Antizipation der dogmatischen Anschlussfähigkeit einer noch zu treffenden Entscheidung; so und nur so gewinnen sie im engeren Sinne normative Relevanz.[58] Umgekehrt greifen sie neue höchstrichterliche Entscheidungen auf. Deren Text wird in Abhängigkeit vom Erkenntnisinteresse unter dogmatischen Perspektiven gelesen und verarbeitet. Dabei kristallisieren sich fallübergreifende Rechtsgehalte heraus, die stabilisierend, innovativ oder auch uninteressant oder nicht anschlussfähig sein können. In den Rezeptionsprozessen be- und entsteht eine dogmatikspezifische Abstraktion. Aber jede gute Dogmatik kontextualisiert Entscheidungen und sich selbst.[59] Sie kann mit ihren Verweisen etwa auf BGHZ 154, 205 – die zentrale Entscheidung zur Patientenverfügung – den Entscheidungstext im Hintergrund vergegenwärtigen, der immer wieder neu gelesen und neu gedeutet werden kann. Online-Kommentare und die Internet-Präsenz der Höchstgerichte bieten hier mediale Möglichkeiten, Aussagen höchstrichterlicher Entscheidungen als Rechtsprechungsrecht auszuweisen.[60]

Die Rezeption höchstgerichtlicher Entscheidungen in Gesetzgebung und Politik wird von den Möglichkeiten gesetzgeberischer Intervention oder Nicht-Intervention geprägt. Patientenverfügungen oder PID haben dies anschaulich gemacht.[61] Aber nicht jede Entscheidung wird re-

---

[58] Antworten auf die Frage nach der normativen Bedeutung von Dogmatik setzen ein präzisiertes Normativitätsverständnis voraus. Dogmatik verbindet als Konstrukt – s. *A. Scherzberg* FS Schmidt-Aßmann, 2008, 837 (849) – deskriptive, begriffliche und normative iS präskriptiver Aussagegehalte, vgl. *N. Jansen* ZEuP 2005, 750 (753ff.); im Ansatz ähnlich und dann enger mit Blick auf argumentative Begründungen *R. Alexy* Theorie der juristischen Argumentation, 3. Aufl. 1996, 307ff.; für die Verfassungstheorie s. *M. Morlok* Was heißt und zu welchem Ende studiert man Verfassungstheorie? 1988, 54ff. Eine „normative Relevanz" iS normativer Geltung gewinnen dogmatische oder auch theoretische Aussagen insoweit und nur insoweit, als sie in Kommunikationen in Form selektiv-präsenten oder auch impliziten Wissens aktualisiert werden und so vermittelt etwa in Gerichtsentscheidungen oder auch in Gesetzgebungsentscheidungen einfließen.

[59] Überspitzend kritisch zur gegenwärtigen Dogmatik *O. Lepsius* Kritik der Dogmatik, in: Kirchhof/Magen/Schneider (Hrsg.) Was weiß Dogmatik?, 2012, 39ff. Zur Forderung nach verstärkten, vor allem historischen, Kontextualisierungen von Gerichtsentscheidungen s. *dens.* DV Beiheft 7 (2007), 319 (354ff.).

[60] Vgl. aus Perspektive der Intertextualität *M. Morlok* FS Häberle, 2004, 93 (120ff.).

[61] Zu Patientenverfügungen s. BGHZ 154, 205 (210ff.); 163, 195 (197ff.), sowie das Dritte Betreuungsrechtsänderungsgesetz – Patientenverfügungsgesetz v. 29. 7. 2009, BGBl. I 2286, und sodann BGH NJW 2010, 2963 (2965ff.); BGH NJW 2011, 161 (162f.). Zur PID s. die zentrale Entscheidung BGHSt 55, 206 (210ff.), sowie das Gesetz zur Regelung der Präimplantationsdiagnostik – Präimplantationsdiagnostikgesetz

levant. Gerade und erst mit der fallübergreifenden Stabilisierung bestimmter Rechtsinhalte bieten höchstgerichtliche Entscheidungen den nötigen bündelnden Anknüpfungspunkt für Rechtsprechungsbeobachtungen und für eine etwaige Korrektur via Gesetz.[62] Gesetzgeberische Aktivitäten erfordern dabei inzwischen meist den Blick auf mehrere Rechtsebenen und auf den Rechtsprechungsverbund.[63]

2. *Bundesverfassungsgericht*

In diesem Rechtsprechungsverbund hat das Bundesverfassungsgericht (BVerfG) die Funktion der Sicherstellung der Verfassungsmäßigkeit staatlicher Entscheidungen.[64] Diese Funktion verweist sofort auf das Verfassungsverständnis. Es ist verfassungsgerecht, dass die Jurisprudenz bei dessen Bestimmung nie alleine war und ihr Wissen angereichert hat. Das Spektrum reicht bis hin zur grundlegenden Gerechtigkeitsordnung, deren Tiefenschichten auch mit Hilfe ethischer und politischer Leitbilder[65] oder individueller und gesellschaftlicher Praktiken[66] sowie spezifischer Interpretationsmethoden[67] zu erschlie-

---

v. 21. 11. 2011, BGBl I 2228. Als weiteres Beispiel für das Wechselspiel von Bundesgerichten und Gesetzgebung s. BFH, Urt. v. 28. 7. 2011, VI R 7/10 (Werbungskostenabzug für Aufwendungen eines Erststudiums), abrufbar unter www.bundesfinanzhof.de.

[62] Rechtsprechung kann von der Gesetzgebung als korrekturbedürftiges Kontrastprogramm registriert werden, ihr aber durchaus auch Synergieeffekte bieten. Ob eine Rechtsprechung auf dürftiger gesetzlicher Basis, wie sie traditionell in Teilen des Arbeitsrechts besteht, gesetzgeberische Aktivitäten verlangt, richtet sich nach vielschichtigen Kriterien.

[63] Für das Arbeitsrecht hinsichtlich der Altersdiskriminierung s. etwa *U. Preis/ F. Temming* NZA 2010, 185 (192).

[64] Art. 93 GG. Zum Hintergrund der Verfassungsmäßigkeitskontrolle vgl. auch *W. Heun* Der Staat 42 (2003), 267 ff.

[65] Prägnant herausgearbeitet bei *U. Volkmann* Verfassungsrecht zwischen normativem Anspruch und politischer Wirklichkeit, VVDStRL 67 (2008), 57 (62 ff.); s. weiter *dens.* AöR 134 (2009), 157 (158 ff.); vgl. auch *D. Robertson* The Judge as Political Theorist, 2010, 13 ff., 347 ff.

[66] Dazu fundiert *M. Morlok* Selbstverständnis als Rechtskriterium, 1993; vgl. weiter für die USamerikanische Verfassung *L. D. Kramer* The People Themselves, 2004. Vgl. außerdem als politikwissenschaftliche Beschreibung *H. Vorländer* in: Becker/Zimmerling (Hrsg.) Politik und Recht, PVS Sonderheft 36 (2006), 229 (bes. 240 ff.).

[67] Zur Diskussion s. nur die Beiträge in *R. Dreier/F. Schwegmann* (Hrsg.) Probleme der Verfassungsinterpretation, 1976; sowie übergreifend-rechtsvergleichend in: *J. Goldsworthy* (Ed.) Interpreting Constitutions, 2006; außerdem *H.-J. Koch* EuGRZ 1986, 345 ff.; *E.-W. Böckenförde* NJW 1976, 2089 ff. Zur Verfassungsinterpretation als eine Art „moral reading" (mit Bezug auf die USamerikanische Verfassung) *R. Dworkin*

ßen sind. Entsprechend weit reichend werden die Funktionen der Tätigkeit des Verfassungsgerichts beschrieben, zum Beispiel unter Aspekten gesellschaftlicher Integration und demokratischer oder reflexiver Rationalität.[68] Das Gericht kann all dies in Selbstverständnis und Entscheidungspraxis aufgreifen, weil ihm im nationalen Verfassungsstaat konstruktionsbedingt die Mitbestimmung seiner eigenen Rolle als Gericht und als Verfassungsorgan[69] möglich ist.

Eine Analyse der Rechtsfindung als Entscheidungsfindung lenkt den Blick zunächst erneut auf Zugangsfilter.[70] Die verfassungsgerichtlichen

---

Freedom's Law, 1996. Die Rolle des Verfassungsgebers wird diskutiert von *M. Jestaedt* FS Isensee, 2002, 183 (188ff.).

68 Zur Diskussion um das BVerfG als Integrationsinstanz differenziert *H. Rossen-Stadtfeld* in: Schuppert/Bumke (Hrsg.) Bundesverfassungsgericht und gesellschaftlicher Grundkonsens, 2000, 169ff.; vgl. weiter *U. Haltern* JöR N.F. 45 (1997), 31ff.; mit anderem Akzent weiterentwickelt bei *dems.* in: van Ooyen/Möllers (Hrsg.) Das Bundesverfassungsgericht im politischen System, 2006, 47 (54ff.). Zum BVerfG als auch politischem oder demokratischem Akteur etwa *S. Oeter* Rechtsprechungskonkurrenz zwischen nationalen Verfassungsgerichten, Europäischem Gerichtshof und Europäischem Gerichtshof für Menschenrechte, VVDStRL 66, 361 (387); sowie als politikwissenschaftliche Untersuchungen *Robertson* (Fn. 65), 13ff., 40ff., 347ff.; *S. Kneip* Verfassungsgerichte als demokratische Akteure, 2009, bes. 55ff., 284ff., in denen jeweils deutlich wird, wie voraussetzungsvoll eine solche Beschreibung ist. Zur Verfassungsgerichtsbarkeit als Gewährleistung reflexiver Rationalität etwa *P. Rosanvallon*, Demokratische Legitimität, 2010, 171ff. S. weiter die Überlegungen bei *I. Ebsen* Das Bundesverfassungsgericht als Instrument gesellschaftlicher Selbstregulierung, 1986, 218ff.; und bei *U. Haltern* Verfassungsgerichtsbarkeit, Demokratie und Mißtrauen, 1998, bes. 273ff. Anspruchsvolle Beschreibungen der Funktionen des BVerfG sind verknüpft mit dem Verfassungsverständnis und verweisen auf dessen Probleme zurück. Zur Suche nach funktionell-rechtlichen Grenzen in Anknüpfung an die Gerichtsförmigkeit *K. Hesse* FS Huber, 1981, 261 (264ff.); *G. F. Schuppert* DVBl 1988, 1191 (1192ff.); *W. Heun* Funktionell-rechtliche Schranken der Verfassungsgerichtsbarkeit, 1992, 12ff.; *J. Riecken* Verfassungsgerichtsbarkeit in der Demokratie, 2003, 429ff.; übergreifender im Hinblick auf die Verfassungsgerichtsbarkeit als Rechtsprechung *K. Schlaich* Die Verfassungsgerichtsbarkeit im Gefüge der Staatsfunktionen, VVDStRL 39 (1981), 99 (126ff.).

69 Zur Debatte um die Rolle als Verfassungsorgan (vgl. auch § 1 BVerfGG), auf die das Gericht ebenfalls erheblichen Einfluss genommen hat, s. die Denkschrift vom 27. Juni 1952 über die Stellung des Bundesverfassungsgerichts, JöR N.F. 6 (1957), 144ff., und die Selbstbeschreibung in BVerfGE 7, 1 (14); näher dazu *G. Roellecke* HStR III, 3. Aufl. 2005, § 67 Rn. 15ff.

70 Gerade bei Verfassungsgerichten finden sich öfters personalisierende Erklärungen, dies u.a. in der US-amerikanischen Debatte und für das BVerfG etwa bei *C. Stahl* Bundesverfassungsgericht und Schwangerschaftsabbruch, 2004, 33ff. Für die verfassungsgerichtliche Entscheidungsfindung kommt Personen in der Tat eine besondere Bedeutung zu. Darin den zentralen Faktor zu sehen, wäre jedoch eine akteurszentrierte Überschätzung und angesichts der normativ verankerten Unabhängigkeit zudem von

Zuständigkeiten reichen weit, zumal wenn man sie ergänzt um die Prüfungsausdehnungstechniken bei der Verfassungsbeschwerde[71] oder die Erfolgsgeschichte der Institution[72] mitbedenkt. Zugangslimitationen in Form von Annahmeverfahren[73] oder Darlegungs- und Subsidiaritätsanforderungen[74] gestaltet das Gericht in weitem Umfang mit. Funktional gilt selbst für die individualrechtsschützende Verfassungsbeschwerde nach heutiger Ausgestaltung, dass das Gericht regelmäßig nur Fälle von grundsätzlicher verfassungsrechtlicher Bedeutung oder übergreifender Relevanz entscheiden soll.

Mit entsprechend übergreifendem Blick werden der Fall und seine Probleme in der Entscheidungsfindung aufbereitet, die je nach Verfahrensart mit oder regelhaft ohne mündliche Verhandlung abläuft.[75] Der Sachverhalt wird zunächst von den Beteiligten mit ihrem Vorbringen geprägt. Das Gericht schneidet ihn allerdings zu, und ihm stehen – auf Basis einer dürftigen verfassungsprozessualen Ausgestaltung[76] – auch eine Reihe eigener Möglichkeiten der Wissensgenerierung offen. Trotzdem wird in komplexen Verfahren immer wieder deutlich, wie sehr die

---

begrenztem Wert. Vgl. auch die breiter angelegten Überlegungen bei *R. A. Posner* How Judges Think, 2008, 57 ff.; s. außerdem aus politikwissenschaftlicher Sicht *C. Hönnige/T. Gschwend* Das Bundesverfassungsgericht im politischen System der BRD – ein unbekanntes Wesen? PVS 51 (2010), 507 (511 ff.).

[71] Hier hat das BVerfG seine Position gleich in der Anfangszeit ausgebaut, etwa hinsichtlich der Vollprüfung nach gefundenem subjektivrechtlichem Einstieg, dazu BVerfGE 6, 32 (41), oder hinsichtlich der Zivilgerichtsbarkeit mit der Lüth-Entscheidung, BVerfGE 7, 198 (203 ff.); zur historischen Bedeutung dieser Entscheidung s. die Beiträge in *T. Henne/A. Riedlinger* (Hrsg.) Das Lüth-Urteil aus (rechts-)historischer Sicht, 2005.

[72] Vgl. dazu mit dem Topos der „Deutungsmacht" *A. Brodocz* Die Macht der Judikative, 2009, 139 ff.

[73] Zur Diskussion um die Gestaltung des Annahmeverfahrens *M. Albers* KritV 1998, 193 ff.; *J. Wieland* KritV 1998, 171 ff.

[74] Zu den Darlegungsanforderungen nach § 80 Abs. 2 S. 1 BVerfGG etwa BVerfGE 105, 48 (56 ff.); 124, 251 (260 ff.); 127, 335 (355 ff.); den strengen Anforderungen zust. *F.-W. Dollinger* in: Umbach/Clemens/Dollinger (Hrsg.), Bundesverfassungsgerichtsgesetz, 2. Aufl. 2005, § 80 Rn. 56; z. T. krit. *J. Wieland* in: Dreier (Hrsg.), GG Bd. III, 2. Aufl. 2008, Art. 100 Rn. 19 ff. S. weiter zu den Anforderungen hinsichtlich der Unterschreitung des unabdingbar gebotenen Grundrechtsstandards in der Union: BVerfGE 102, 147 (161 ff.); vgl. auch die (mit Blick auf das Verhältnis zwischen BVerfG und EuGH affirmative) Einschätzung von *H.-J. Papier* in: Hilf/Kämmerer/König (Hrsg.) Höchste Gerichte an ihren Grenzen, 2007, 135 (141: „verfassungsprozessuale Hürden [...], die von den Fachgerichten und von Beschwerdeführern kaum mehr überwunden werden können.").

[75] Zu Entscheidungsorganisation und -verfahren *U. Kranenpohl* Hinter dem Schleier des Beratungsgeheimnisses, 2010, 81 ff.

[76] §§ 26 ff. BVerfGG.

rechtlich weit angelegte Verfassungsmäßigkeitskontrolle auf Probleme gerichtlicher Wissensgewinnung und -verarbeitung stößt. Anschauliche Beispiele für die daraus folgenden Leistungsgrenzen gerichtlicher Entscheidung sind die Verfahren zum NPD-Verbot und zum Euro-Rettungsschirm.[77]

Wissensprobleme gibt es auch im Rahmen des Normprogramms. Dabei schiebt das Gericht manche Fragen in einem Wechselspiel von Sachverhalts- und Prüfungsmaßstabskonstruktion in Fachgerichts- oder Gesetzgebungsverfahren zurück, indem es statt materieller Vorgaben Beurteilungs- und Prognoseprärogativen[78], Wissensgenerierungs- und Verfahrensanforderungen[79] oder Evaluationsregeln[80] ausarbeitet. Bei anderen Fragen reicht ihm eigenes als gewiss unterstelltes Wissen, etwa bei der Annahme eines „chilling effects".[81] Die Rechtsgehalte der Verfassungsnormen entfaltet das Gericht mit Hilfe unterschiedlicher theoretischer, dogmatischer und methodischer Ansätze.[82] Es operiert zudem mit Unschärfen.[83] Beides ist als notwendige Bewahrung von Flexibilität erklärbar und gerechtfertigt: Das Gericht will und darf sich angesichts der Pluralität und Implikationen rechtswissenschaftlicher Ansätze und angesichts des Horizonts künftiger Fälle nicht zu sehr festlegen. Für das nötige Vorverständnis und für Kohärenz sorgt eine ausgeprägte Selbstreferentialität bereits im Entscheidungsfindungsprozess.

---

77 Der Antrag auf ein Verbot der NPD ist gerichtsintern aufwändig bearbeitet worden; zum Einstellungsbeschluss mit Blick auf Verfahrenshindernisse s. BVerfGE 107, 339 (356ff.). Zur Griechenlandhilfe und zu den europäischen Finanz- und Währungsstabilisierungsmaßnahmen BVerfG, EuGRZ 2011, 525.

78 Etwa BVerfGE 50, 290 (332ff.); 90, 145 (173ff.); 111, 333 (355f.); 116, 202 (224, 225, 226f.). Differenzierend, z.T. kritisch und mit übergreifenden Einordnungen dazu *I. Augsberg/S. Augsberg* VerwArch 98 (2007), 290 (297ff.); *F. Ossenbühl* in: FG BVerfG Bd. I, 1976, 458 (498ff.).

79 Etwa BVerfGE 116, 69 (90); 125, 175 (225f.); als Anforderung an den Gesetzgeber, Wissensgenerierungs- und Anpassungsmechanismen bei Privatunternehmen sicherzustellen, s. BVerfGE 125, 260 (326f.).

80 Z.B. BVerfGE 49, 89 (130ff.); 56, 54 (78ff.); 88, 203 (309ff.); 95, 267 (313ff.); 103, 242 (267ff.); 110, 141 (166, 169); 111, 333 (360); 112, 304 (316f., 320f.); 116, 69 (91). Zu Evaluationen und zu den verfassungsrechtlichen Grundlagen von Evaluationsgeboten ausf. *M. Albers* VerwArch 99 (2008), 481ff. S. weiter die Beiträge in *M. Albers/R. Weinzierl* (Hrsg.) Menschenrechtliche Standards in der Sicherheitspolitik, 2010.

81 S. nur BVerfGE 43, 130 (136); 82, 43 (52, 53); 93, 266 (292, 295). Das kann sich das Gericht hier leisten, weil solche Unterstellungen die grundrechtsfreundlichere Lösung sind.

82 Vgl. hierzu, auch zur Angemessenheit einer solchen Selektivität, *P. Lerche* in: ders. Ausgewählte Abhandlungen, 2004, 529 (535); *W. Schmidt* in: D. Simon (Hrsg.) Rechtswissenschaft in der Bonner Republik, 1994, 188 (219).

83 Dazu *Kranenpohl* (Fn. 75), 336ff.

Dazu tragen die interne Organisation[84], Textbausteine[85] und Konsenserfordernisse[86] im Kollegium bei. Zum Teil entstehen so Geschichten dogmatischer Figuren, dies manchmal auch in kurzschlüssigen Rückbezügen – bestes Beispiel dafür ist das inzwischen zurechtgerückte Verfügungsrecht über die Darstellung der eigenen Person.[87] Kohärenzrelativierend wirkt der Trend zu detaillierteren und kasuistischeren Maßstäben. Er erklärt sich zum einen mit der steigenden Komplexität der Dogmatik, die etwa infolge von Schutzpflichten oder Abwägungsanforderungen oder wegen der Neigung zu Ja-Aber-Lösungen bei der Überprüfung der Verfassungsmäßigkeit von Sicherheitsgesetzen[88] entsteht.[89] Zum anderen sind kasuistischere Vorgaben auch beim Verfassungsgericht Folge des Einbaus rechtlicher Argumentationen europäischer Gerichte.[90]

Die Senatsentscheidungen sind erkennbar ein eigenes Textformat. Man kann ihre Aussagen in Leitsätze, Tenor, Sachverhaltsbeschreibung, Verfahrensgeschichte und Beteiligtenvorbringen, ausführliche historische oder soziale Problembeschreibungen, teils vorangestellte, teils eingewobene abgestufte Rechtsmaßstäbe, Fallentscheidungsregeln und Fallentscheidung differenzieren.[91] Maßstäbe und Fallentscheidungsregeln werden nicht zuletzt durch Bezugnahmen auf vorangegangene Verfassungsgerichtsentscheidungen[92] gefestigt oder auch abgewandelt; so

---

[84] Näher dazu *Kranenpohl* (Fn. 75), 81ff.

[85] Textbausteine dienen nicht nur der Arbeitseffizienz, sondern auch der Konsensfindung und der Reduktion von Unsicherheit, s. dazu auch *Trute* in: Scherzberg et al. (Fn. 25), 144.

[86] Vgl. hierzu auch *O. W. Lembcke* Hüter der Verfassung, 2007, 252ff.

[87] BVerfGE 35, 202 (220); 54, 148 (155f.); 63, 131 (142); schließlich zurechtrückend BVerfGE 101, 361 (380). Ausf. Analyse und Rekonstruktion bei *M. Albers* Informationelle Selbstbestimmung, 2005, 217ff., 255ff., 396ff.; vgl. auch *U. Rühl* Tatsachen – Interpretationen – Wertungen, 1998, 108ff.; *G. Britz* Freie Entfaltung durch Selbstdarstellung, 2007, bes. 44ff.

[88] Dazu etwa BVerfGE 100, 313 (358ff.); 109, 279 (309ff.); 115, 320 (341ff.); 120, 274 (302ff.); 125, 260 (309ff.).

[89] Überspitzt mit dem Befund eines Abschieds von der Dogmatik *B. Schlink* JZ 2007, 157 (bes. 161f.).

[90] Anschauliches Beispiel: BVerfGE 120, 180 (199ff.); näher *M. Albers* DVBl 2010, 1061 (1066f., 1067f.).

[91] Überspitzt zum „Maßstäbeteil" *O. Lepsius* in: Scholz et al. (Hrsg.), Realitätsprägung durch Verfassungsrecht, 2008, 103 (111ff.); zuletzt *ders.* in: Lepsius/Möllers/Jestaedt/Schönberger (Fn. 1), 159 (168ff.).

[92] Vgl. auch zum Selbstzitat, allerdings zu pauschal *M. Jestaedt* FS Bethge, 2009, 513 (532f.). Vgl. weiter die Analyse und die (begrenzten) politikwissenschaftlichen Erklärungsversuche bei *S. Schäller* in: Vorländer (Hrsg.) Die Deutungsmacht der Verfassungsgerichtsbarkeit, 2006, 205ff.

entsteht ein entscheidungsinternes Referenznetzwerk.[93] Die Entscheidungsdarstellung als Kommunikationsformat ist in besonderer Weise auf verschiedene Adressaten und auf verschiedene soziale Umwelten zugeschnitten.[94] Denn hier muss sie verstanden werden und namentlich über Akzeptanz wirken. Sie beschränkt sich nicht auf Tenor[95] und diesen tragende Gründe[96], sondern schließt Erläuterungen für die Parteien, obiter dicta[97], dogmatische Argumente oder auch Signale an den EGMR oder den EuGH ein, die der Positionierung des Gerichts dienen.[98]

Auch verfassungsgerichtliche Entscheidungen werden außerhalb der Tenorierungen mit Gesetzeskraft oder gesetzesähnlicher Anordnungen[99] nicht wie Gesetze ausgelegt. Ihr Rechtsgehalt und ihre Wirkungen als Rechtsformat sind allerdings nachhaltig. In bestimmtem Umfang sorgt das Gericht dafür noch selbst, indem es die Bindungswirkungen

---

93 Vgl. dazu *G. S. Schaal* in: Müller/Schaal/Tiersch (Hrsg.) Dauer durch Wandel, 2002, 163 (165f.). Zu den Folgen für das Rechtsprechungsrecht als eigenes Format s. noch Punkt III. 5.

94 Dazu zählen in Abhängigkeit vom Fall Gesetzgebung, Exekutive, andere Gerichte, Fachwissenschaft oder Öffentlichkeit. Zur weitergehenden Kommunikation mit der Öffentlichkeit, die auf die besonderen Akzeptanzanforderungen reagiert, übergreifend *Kranenpohl* (Fn. 75), 253ff.; zum Tag der offenen Tür *A. Brodocz/ S. Schäller* in: Vorländer (Fn. 92), 235ff.; zum Wechselverhältnis zu den Medien *R. Lamprecht* in: Guggenberger/Würtenberger (Hrsg.) Hüter der Verfassung oder Lenker der Politik?, 1998, 282ff. Vgl. auch *H.-P. Schneider* FS Zeidler, 1987, 293ff., zur Begründung unter dem Aspekt der Integrations- und Vermittlungsfunktion. Zu den Schwierigkeiten, den unterschiedlichen Rezipienten gerecht zu werden, *H. Schulze-Fielitz* in: Schuppert/Bumke (Fn. 68), 111 (117ff.).

95 Zu den verschiedenen Entscheidungsaussprüchen in Abhängigkeit von Kontrollgegenstand und Entscheidungsfolgen *H. Schulze-Fielitz* FS BVerfG Bd. I, 2001, 385 (389f.); s. weiter etwa *M. Schulte* in: Hoppe/Krawietz/Schulte (Hrsg.) Rechtsprechungslehre, 1992, 179ff.

96 Nach der verfassungsgerichtlichen Rechtsprechung sind „tragende Gründe" jene Rechtssätze, die nicht hinweggedacht werden können, ohne dass das konkrete Entscheidungsergebnis nach dem in der Entscheidung zum Ausdruck gekommenen Gedankengang entfällt, BVerfGE 96, 375 (404); 115, 97 (110).

97 Die Abgrenzung zwischen tragenden Gründen und obiter dicta kann schwer fallen, weil das Abstraktionsniveau der zu entscheidenden Frage ebenso bestimmt werden muss wie der „Begründungszusammenhang zwischen genereller Rechtsregel und konkreter Entscheidung", vgl. dazu den die Deutungskompetenzverteilung einschließenden Streit zwischen Erstem und Zweitem Senat im Kontext der Arzthaftung BVerfGE 96, 375 (404ff.) und 96, 409 (409ff.). Kritisch zu obiter dicta unter dem Aspekt der Gewaltenteilung *H.-J. Vogel* NJW 1996, 1505 (1510).

98 Vgl. dazu kritisch im Kontext der Entscheidung über den Europäischen Haftbefehl das Sondervotum *G. Lübbe-Wolff*, BVerfGE 113, 327 (329f.).

99 Dies betrifft Übergangsregeln in einstweiligen Anordnungen oder für Übergangszeiten.

des § 31 BVerfGG auf die den Tenor tragenden Gründe erstreckt.[100] Gerade da der Text mehr enthält als dies, müssen seine Aussagen aber in der Interpretation differenziert werden.[101] Und diese nachfolgende Deutung entzieht sich der Kompetenz des Gerichts, selbst dann, wenn es drei Mal in die Begründung hineinschreibt, dass aus seiner Sicht sämtliche der genannten Gründe tragend sind.[102]

Gesetzgebung und Politik als Entscheidungsadressaten sezieren die Begründung je nach politischem Bedarf messerscharf nach Tenor, tragenden Gründen und sonstigen Ausführungen. Sie achten auf die Reaktionen der Öffentlichkeit und reagieren mit dem verbleibenden Optionenspektrum. Als Beitrag zur Dogmatik entfalten verfassungsgerichtliche Entscheidungen nachhaltige fallübergreifende Rechtsgehalte nach dogmatikspezifischen Kriterien.[103] Am Bau der Dogmatik sind Wissenschaft[104] und Instanzgerichte mitbeteiligt, und auch hier gilt, dass jede gute Dogmatik abstrahiert und kontextualisiert. Instanzgerichte deuten Entscheidungen im Rahmen eines erneut zu entscheidenden oder gleich-

---

[100] Die ursprünglich weit gefasste Rechtsprechung wird mittlerweile meist einengend modifiziert. Grundlegend zunächst BVerfGE 1, 14 (37); 19, 377 (391f.); 40, 88 (93f.). Zur Einengung der hier gewählten weiten Formulierungen vgl. 96, 375 (404); noch enger 104, 151 (197). In BVerfGE 112, 268 (277) wird BVerfGE 40, 88 (93f.) umformuliert in „die diesen Tenor tragenden Gründe, soweit diese Ausführungen zur Auslegung der Verfassung enthalten". In BVerfGE 115, 97 (109) wird die Reichweite der Bindungswirkungen ausdrücklich offen gelassen. Ausführlicher und kritisch zur Erstreckung der Bindungswirkung auf die tragenden Gründe *C. Gusy* Parlamentarischer Gesetzgeber und Bundesverfassungsgericht, 1985, 236ff.; *Schulze-Fielitz* (Fn. 95), 390f., 393f.; *K. Schlaich/S. Korioth* Das Bundesverfassungsgericht, 8. Aufl. 2010, Rn. 485ff.; *A. Voßkuhle* in: von Mangoldt/Klein/Starck (Hrsg.), GG, 6. Aufl. 2010, Art. 94 Rn. 32 mwN. Zu Gestalt und Reichweite der vom BVerfG angenommenen Bindung s. die Nw. in Fn. 105.

[101] Dazu BVerfGE 96, 375 (404: „Angesichts der besonderen Tragweite, die verfassungsgerichtlichen Entscheidungen nach § 31 BVerfGG zukommt, müssen ihre rechtlich bindenden Aussagen auf den auch für Außenstehende erkennbaren Gehalt beschränkt sein"; relevant ist die niedergelegte „Begründung in ihrem objektiven Gehalt".). Im Anschluss daran auch BVerfGE 115, 97 (109f.).

[102] Bsp.: BVerfGE 123, 267 (270, 339, 369). Die obigen Ausführungen gelten für die Deutung der Entscheidung als solche. In initiierungsbedürftigen nachfolgenden Verfahren kann die Beachtung der Bindungswirkungen der Kontrollkompetenz des Gerichts unterliegen, dies mit dem Ergebnis einer in neuer Form deutungsbedürftigen Entscheidung.

[103] Für die Dogmatik ist das Auseinanderziehen von tragenden Gründen und obiter dicta weniger relevant; sie beurteilt die Entscheidung nach eigenen Kriterien, nicht allein nach denen der förmlichen Bindungswirkung.

[104] Zur Beschreibung der Rolle der Staatsrechtswissenschaft gegenüber dem BVerfG einerseits *B. Schlink* Der Staat 28 (1989), 161ff.; andererseits *F. Schoch* DV Beiheft 7 (2007), 177 (186ff.).

gelagerten Falles aus der für sie relevanten Perspektive. Soweit das Verfassungsgericht die Beachtung der Bindungswirkungen wiederum einer Kontrolle am Maßstab des Art. 2 Abs. 1 GG i.V.m. Art. 20 Abs. 3 oder 19 Abs. 4 GG unterzieht, erwartet es genau die spezifische Deutung gerichtlicher Entscheidungen mit Blick auf festgehaltene Sachverhalte, Tenor und tragende Gründe (und macht dies in der Kontrolle entsprechend selbst).[105] Im Übrigen stimmen die Instanzgerichte die Aussagen mit Bindungswirkungen zunehmend relativierend oder ergänzend mit einschlägigen Entscheidungen europäischer Gerichte ab. Gut beobachten lässt sich dies in der Linie der Caroline-Entscheidungen des BGH mit Blick auf den EGMR[106] oder in den Sportwetten-Entscheidungen des Bundesverwaltungsgerichts mit Blick auf den EuGH.[107]

3. *Europäischer Gerichtshof*

Funktion des Europäischen Gerichtshofs (EuGH)[108] ist die Sicherung der Wahrung des Rechts im institutionellen Gefüge der Union[109] und im europäischen Integrationsverbund.[110] Im Spektrum der darauf zuge-

[105] Vgl. etwa BVerfGE 115, 97 (108ff.). Zu Gestalt und Reichweite der vom BVerfG angenommenen Bindung etwa BVerfGE 33, 199 (203f.); 82, 198 (205f.).

[106] BGHZ 171, 275 (279ff.). Soweit divergierende Entscheidungen bestehen und der EGMR nach dem BVerfG eine andere Wertung getroffen hat, muss das Instanzgericht davon ausgehen, dass die Bindungswirkung nach § 31 Abs. 1 BVerfGG relativiert wird, vgl. explizit KG Berlin, NJW 2005, 605 (607); *Schröder* (Fn. 44), 197f.; *J. M. Schilling* Deutscher Grundrechtsschutz zwischen staatlicher Souveränität und menschenrechtlicher Europäisierung, 2010, 147ff. Das BVerfG ist bemüht, das Problem im Wege der Interpretation seiner vorangegangenen Entscheidungen und der Entscheidungen des EGMR zu invisibilisieren, vgl. etwa BVerfGE 120, 180 (211ff.). S. aber auch explizit BVerfGE 128, 326 (364f.).

[107] BVerwG, NVwZ 2011, 549 (550ff.); NVwZ 2011, 554 (555ff.).

[108] Zur Begrifflichkeit s. Art. 19 Abs. 1 S. 1 EUV. „EuGH" bezieht sich im Folgenden auf den Gerichtshof.

[109] Zum Prinzip des „institutionellen Gleichgewichts" mit Hinweisen auf die Rechtsprechung, die dieses zunächst allgemein hergeleitet hat und mittlerweile zunehmend an Vertragsbestimmungen knüpft, s. *H. Goeters* Das institutionelle Gleichgewicht – seine Funktion und Ausgestaltung im Europäischen Gemeinschaftsrecht, 2008, 205ff.

[110] Dazu Art. 19 Abs. 1 S. 2 EUV: Sicherung der Wahrung des Rechts bei der Auslegung und Anwendung der Verträge, dies zum Teil im Verbund mit den mitgliedstaatlichen Gerichten. Zum EuGH als „Verfassungsgericht" s. EuGH, Gutachten 2/94, Slg. 1996, I-1759 (1789) – Beitritt zur EMRK; außerdem etwa *Oeter* (Fn. 68), 363f.; zur Erörterung des Verfassungsbegriffs auf der Ebene der Europäischen Union *M. Albers* in: dies./Heine/Seyfarth (Hrsg.) Beobachten – Entscheiden – Gestalten, 2000, 129 (149ff.). Zu Entscheidungsorganisation und -verfahren *C. Naômé* in: Best/Christiansen/Settembri (Eds.) The Institutions of the Enlarged European Union, 2008, 100 (101ff.).

schnittenen Verfahren sind Nichtigkeitsklagen relativ selten und meist erfolglos. Vertragsverletzungsverfahren werden je nach Kapazitäten und nach Maßgabe auch politischer Erwägungen initiiert[111] und spielen eine wichtige Rolle. Ganz wesentlich für die Union als einer gerade auch im Wege des Rechts hergestellten Gemeinschaft sind aber Vorabentscheidungsverfahren.[112] Sie gelten mittlerweile als Erfolgsgeschichte.

Angestoßen durch Vorlagefragen nationaler Gerichte erfordern diese Verfahren die Interpretation des Unionsrechts. Dabei bergen die inhaltliche Bestimmung und die methodische Erschließung des Primär- oder Sekundärrechts vielschichtige Dynamiken.[113] Diese hat der EuGH überwiegend von sich aus, teilweise auf Anstoß und jedenfalls in sozial- und institutionengeschichtlich differenzierungsbedürftigen Wellen genutzt.[114] Beispiele sind der Ausbau der Grundfreiheiten[115] und der Auf-

---

[111] S. etwa *U. Haltern* VerwArch 96 (2005), 311 (313 f.).

[112] Zu deren quantitativer Relevanz s. Gerichtshof der Europäischen Union, Jahresbericht 2010, 2011, 90. Zu dem durch unterschiedliche Faktoren gekennzeichneten Zusammenspiel mit mitgliedstaatlichen Gerichten s. die Länderberichte in: Slaughter/Stone Sweet/Weiler (Fn. 47), 3 ff.; *Alter* (Fn. 47), 227 ff.; *W. Mattli/A.-M. Slaughter* in: Slaughter/Stone Sweet/Weiler (Fn. 47), 253 (257 ff.); *U. Haltern* VerwArch 96 (2005), 311 (314 ff.); *B. Zwanziger* in: Hilf/Kämmerer/König (Fn. 74), 159 (170 ff.); *J. Ketelhut* Der EuGH und die deutschen Arbeitsgerichte – Strategische Interaktionen in komplexen Entscheidungskontexten, 2010, bes. 241 ff.

[113] Zu den Spezifika der Verträge und den Auswirkungen auf die Rechtsprechung *T. v. Danwitz* EuR 2008, 769 (779 ff.). Zur relativen Eigenständigkeit unionsrechtlicher Methoden bei der Auslegung des Primärrechts *M. Pechstein/C. Drechsler* in: Riesenhuber (Hrsg.) Europäische Methodenlehre, 2. Aufl. 2010, § 8 Rn. 14 ff. Differenziert zur unionsautonomen Auslegung des Sekundärrechts *K. Riesenhuber* in: ebda., § 11 Rn. 4 ff. S. ansonsten *N. Colneric* ZEuP 2005, 225 (226 ff.); *P. Dobler* in: Roth/Hilpold (Hrsg.) Der EuGH und die Souveränität der Mitgliedstaaten, 2008, 509 (514 ff.); *G. Hager* Rechtsmethoden in Europa, 2009, 249 ff.

[114] Zur – teilweise kritischen und aus auch politikwissenschaftlicher Sicht erfolgenden – Beschreibung des EuGH als „Motor" oder als auch politischer Akteur im Integrations- oder Konstitutionalisierungsprozess s. statt vieler *E. Stein* American Journal of International Law 75 (1981), 1 ff.; *T. Stein* in: Hochschullehrer der Juristischen Fakultät der Universität Heidelberg (Hrsg.), Richterliche Rechtsfortbildung, 1986, 619 ff.; *R. Dehousse* The European Court of Justice, 1998, 36 ff.; *J. H. H. Weiler* in: ders. The Constitution of Europe, 1999, 188 ff.; *M. P. Maduro* We, the Court, 1998, insbes. 7 ff., 61 ff.; *A. Stone Sweet* The Judicial Construction of Europe, 2004; *M. Höreth* Die Selbstautorisierung des Agenten, 2008, 52 ff. mwN und 320 ff., hier zu den aus politischen Gründen eingeschränkten Reaktionsmöglichkeiten. Zutr. Hinweise auf notwendige Differenzierungen bei *U. Everling* JZ 2000, 217 (218 ff., bes. 223 f.); *R. Streinz* AöR 2010, 1 (6 ff.).

[115] Zu zurückhaltenden Tendenzen in jüngerer Zeit *R. Streinz* AöR 2010, 1 (21 f.). Bsp. sind etwa EuGH, Rs. C-243/01, Slg. 2003, I-13031, Rn. 63 ff. – Gambelli; Rs. C-36/02, Slg. 2004, I-9609, Rn. 31 ff. – Omega; Rs. C-244/06, Slg. 2008, I-505

bau der Grundrechte[116] oder der weit reichende Einsatz des effet utile[117]. Rechtsentwicklungen werden wiederum mittels Selbstreferentialität stabilisiert oder variiert.[118]

Als Textformat zeichnen sich die Entscheidungen vor dem Hintergrund gerichtsinterner Konsensfindungszwänge durch eine vergleichsweise knappe Begründung aus.[119] Diese Gestaltung bedeutet allerdings nicht, dass man das Format als eher kasuistisch bezeichnen könnte.[120] Immerhin sind selbst die Auslegungsentscheidungen im Vorabentscheidungsverfahren insoweit auf fallübergreifende Bindungswirkungen[121]

Rn. 49ff. – Dynamic Medien; Urt. v. 8. 7. 2010, Rs. C-447, 448/08, Rn. 37ff. – Sjöberg und Gerdin.

[116] Beginnend mit EuGH, Rs. 29/96, Slg. 1969, 419 (425) – Stauder; sowie näher EuGH, Rs. 11/70, Slg. 1970, 1125 (1135ff.) – Internationale Handelsgesellschaft; ausf. zur Entwicklung der Grundrechte *Albers* (Fn. 110), 136ff.

[117] Dazu *R. Streinz* FS Everling Bd. II, 1995, 1491 (1492ff.); *S. Seyr* Der *effet utile* in der Rechtsprechung des EuGH, 2008, 100ff.; *M. Potacs* EuR 2009, 465 (467ff.).

[118] Grundlage für Rechtsfortbildungen, die im europäischen Kontext nicht streng gegen Rechtsauslegungen abgegrenzt werden, ist Art. 19 Abs. 1 S. 2 EUV. Vgl. etwa EuGH, Urt. v. 5. 3. 1996, verb. Rs. C-46/93 und C-48/93, Slg. 1996, I-1029 Rn. 27. Zu Grundlagen und Grenzen s. außerdem *U. Everling* JZ 2000, 217 (218ff.); *C. Calliess* NJW 2005, 929 (930ff.); *Dobler* (Fn. 113), 521ff. Zur Beurteilung aus verfassungsrechtlicher Sicht vgl. BVerfGE 75, 223 (243f.); 126, 286 (305ff.). Zur Selbstreferentialität s. etwa *R. Stotz* in: Riesenhuber (Hrsg.) Europäische Methodenlehre, 2. Aufl. 2010, § 22 Rn. 41; s. aber auch aus Perspektive der Common Law-Tradition, aus der die Anknüpfung des EuGH an vorangegangene Entscheidungen als eher unzureichend eingestuft wird, *A. Arnull* The European Union and its Court of Justice, 2. Aufl. 2006, 622ff.

[119] Zum Stil der Begründungen des EuGH mit vergleichendem Blick auf mitgliedstaatliche Begründungsstile sowie dazu, dass der Begründungsstil der Entscheidungen zur nachhaltigen Wirkung in Anschlussentscheidungen und -kommunikationen beiträgt, *C. J. Mann* The Function of Judicial Decision in European Economic Integration, 1972, 359ff.; differenzierte Darlegung bei *U. Everling* EuR 1994, 127ff.; *K. Gebauer* Parallele Grund- und Menschenrechtsschutzsysteme in Europa?, 2007, 269ff.; *T. v. Danwitz* (Fn. 113), 777f.; *Dobler* (Fn. 113), 552ff., hier auch in Auseinandersetzung mit der Sicht, die zuweilen umfangreichere Argumentation in den Schlussanträgen der Generalanwälte könne die knappen Entscheidungsbegründungen kompensieren.

[120] Im Gegenteil erklärt sich ein Teil der Kritik mit dem Zusammenspiel fall- und maßstabsbedingt-selektiver Perspektiven einerseits und weit reichender Wirkungen andererseits. S. etwa *F. Scharpf* in: Dobner/Loughlin (Eds.) The Twilight of Constitutionalism?, 2010, 89 (bes. 109ff.).

[121] Die Bindungswirkungen erstrecken sich auf den „im Lichte der Gründe" zu verstehenden Tenor, so EuGH, Rs. 135/77 (Bosch), Slg. 1978, 855 (855, 859). In der Literatur wird dies zum Teil so verstanden, dass die Bindungswirkungen auf den Tenor beschränkt und die Gründe ggf. zur Auslegung heranzuziehen sind, s. *B. Heß* ZZP 108 (1995), 59 (67). Zum Teil werden die Bindungswirkungen auf Tenor und tra-

angelegt, als zumindest letztinstanzliche nationale Gerichte davon nur vermittels einer neuen Vorlage abweichen dürfen.[122] Wirkungen und Vorlagepflichten hat der EuGH haftungsrechtlich flankiert.[123] Eben wegen dieser übergreifenden Wirkungen ist es ein solches Problem, dass die Nachvollziehbarkeit der Entscheidungen als Kommunikationsformat durch knappe Begründungen erschwert sein kann.

Die Rezeption der fallübergreifenden Rechtsgehalte erfolgt in dogmatischen Kontexten im Wechselspiel mit nur begrenzt gefestigten europarechtlichen Ordnungsmustern.[124] Deutungs- und Umsetzungsprozesse der nationalen Gerichte[125] werden dadurch erleichtert und davon geprägt, dass die Gerichte nicht nur mit der Sprache des Rechts[126], sondern gerade auch mit Gerichtsentscheidungen umzugehen wissen.[127] Mit Hilfe und im Rahmen ihres deutungsleitenden Vorverständnisses gleichen sie Fallkonstellationen miteinander ab, interpretieren Tenor sowie Gründe und setzen die Aussagen der EuGH-Rechtsprechung im mitgliedstaatlichen Kontext um. Sie verstehen Auslegungsentscheidungen im Spannungsfeld zwischen Bindungswirkungen und der Option

---

gende Gründe bezogen, so *M. A. Dauses* Das Vorabentscheidungsverfahren nach Artikel 177 EG-Vertrag, 2. Aufl. 1995, 149. Vermittelnd *S. Kadelbach* in: Holoubek/Lang (Hrsg.) Das EuGH-Verfahren in Steuersachen, 2000, 119 (122). Im Falle enger Zusammenhänge zwischen Tenor und Entscheidungsgründen führen die Positionen nicht zu unterschiedlichen Ergebnissen.

[122] Nähere Ausführungen mit unterschiedlichen Akzentuierungen bei *C. Gaitanides* in: von der Groeben/Schwarze (Hrsg.) Kommentar zum EU-/EG-Vertrag, 6. Aufl. 2003, Art. 234 EGV Rn. 92f.; *W. Frenz* Handbuch Europarecht Bd. 5, 2010, Rn. 3405ff.; ausf. *Schröder* (Fn. 44), 131ff., jeweils auch mN zur Rechtsprechung des EuGH. Ergänzend greift die allgemeine Loyalitätspflicht des Art. 4 Abs. 3 EUV.

[123] Grundlegend EuGH, Urt. v. 30. 9. 2003, Rs. C-224/01 – Köbler, Slg. 2003 I-10239 Rn. 30ff.; Urt. v. 9. 12. 2003, Rs. C-129/00 – Kommission – Italienische Republik, Slg. 2003 I-14637 Rn. 29ff.

[124] Eine begrenzte Rolle der Dogmatik bei Berücksichtigung mitgliedstaatlicher Spezifika ist auch das Ergebnis der Länderberichte in: Slaughter/Stone Sweet/Weiler (Fn. 47), 3ff. S. außerdem *A. v. Bogdandy* Der Staat 40 (2001), 3ff.; *T. v. Danwitz* (Fn. 113), 781; *N. Jansen* (Fn. 31), Anm. 23. Forderungen nach einer verstärkten Dogmatik etwa bei *J. Kühling/O. Lieth* EuR 38 (2003), 371 (383ff.); *D. Leczykiewicz* ELJ 14 (2008), 773 (776ff.). Näher zur Frage einer gemeineuropäischen Methodenlehre *S. Vogenauer* ZEuP 2005, 234ff.

[125] Zur Rolle der Gerichte als insoweit europäische Gerichte *I. Pernice* EuR 2011, 151 (153ff. mwN).

[126] Das wird oft als Erklärung für den Einfluss des Unionsrechts mittels Vorabentscheidungsverfahren hervorgehoben, vgl. etwa *C. Timmermans* CMLRev 41 (2004), 393 (399); *Alter* (Fn. 47), 230ff.

[127] Partielle Defizite sollen damit nicht negiert werden, vgl. – dies allerdings überspitzt – *Vogenauer* ZEuP 2005, 234 (255f.).

erneuter, gestaltbarer Vorlagen[128] und in diesem Sinne vor dem Hintergrund eines richterlichen Dialogs.[129] Insofern wird auch hier ein besonderes Rechtsformat generiert.

4. *Europäischer Gerichtshof für Menschenrechte*

Der Europäische Gerichtshof für Menschenrechte (EGMR) als Höchstgericht bildet bei unserem Thema den Abschluss. Seine Funktion ist die Sicherstellung der Einhaltung der Verpflichtungen aus der EMRK.[130] Nicht zuletzt der Zugang im Wege der Individualbeschwerde hat seinen enormen Aufschwung gefördert.[131] Im Laufe der Zeit hat er die völkerrechtlich als Mindeststandard konzipierte Europäische Menschenrechtskonvention grundlegend ausgebaut[132], unter anderem mit Techniken wie der Figur des „living instruments"[133].

Die Darstellung seiner Entscheidungen bringt er in eine durchaus strenge Form.[134] Im Teil der Fakten erläutert er die Umstände des Fal-

---

[128] Die Deutung hängt insofern auch von der Vorlagekonstellation, von Zuschnitt und Abstraktionsgrad der Vorlagefrage und vom Abstraktionsgrad der Entscheidung ab. Zur Option erneuter, ggf. anders gestalteter Vorlagen vgl. mit Bsp. aus dem Arbeitsrecht *Zwanziger* (Fn. 112), 170ff.; *Ketelhut* (Fn. 112), 171ff.

[129] Beschreibung des Vorabentscheidungsverfahrens als Dialog etwa bei *V. Skouris* EuGRZ 2008, 343 (343f.).

[130] S. Art. 19 EMRK. Umfassender Überblick zur Entwicklung der EMRK und der Sicherstellung der Einhaltung der Verpflichtungen bei *E. Bates* The Evolution of the European Convention on Human Rights, 2010.

[131] Art. 34 EMRK. Zu Entscheidungsorganisation und -verfahren *N.-L. Arold* The Legal Culture of the European Court of Human Rights, 2007, 41ff.

[132] Zum Paradigma des autonomen, unabhängig zu interpretierenden Konzepts s. *E. Klein* in: Merten/Papier (Hrsg.) Handbuch der Grundrechte in Deutschland und Europa IV/1, 2010, § 150 Rn. 36ff. Zu den Auslegungsmethoden des EGMR *J. H. Wiethoff* Das konzeptionelle Verhältnis von EuGH und EGMR, 2008, 102ff. Zur Sicht als gemeineuropäische Verfassungsordnung s. EGMR (GK), Urt. v. 23. 3. 1995, No. 15318/89 (Loizidou), Rn. 75: „constitutional instrument of European public order"; ebenso EGMR (GK), Urt. v. 30. 6. 2005, No. 45036/98 (Bosphorus), Rn. 156; s. weiter etwa *C. Walter* ZaöRV 59 (1999), 961ff.; *C. Grabenwarter*, Europäisches und nationales Verfassungsrecht, VVDStRL 60 (2001), 290 (294, 316); *L. Wildhaber* EuGRZ 2009, 541 (551f.). S. auch *E. Chiariello* Der Richter als Verfassungsgeber? – Zur Fortbildung von Grundlagen des Rechtsstaats und der Demokratie durch höchste Gerichte, 2009, 212ff.

[133] Zum Verständnis als „living instrument" grundlegend EGMR, Urt. v. 25. 4. 1978, No. 5856/72 (Tyrer), Rn. 31; aktuell etwa EGMR (GK), Urt. v. 7. 7. 2011, No. 23459/03 (Bayatyan), Rn. 102; Urt. v. 15. 9. 2011, No. 17080/07 (Schneider), Rn. 100.

[134] Vgl. etwa EGMR (GK), Urt. v. 7. 7. 2011, No. 23459/03 (Bayatyan). Allgemein zur Struktur der Entscheidungen des EGMR *F. de Londras/ C. Kelly* European Convention on Human Rights Act, 2010, 139ff.; *K. Gebauer* (Fn. 119), 225ff.

les, entscheidende Rechtsmaterialien, rechtsvergleichende Grundlagen und relevante internationale Dokumente und Praktiken. Seine rechtlichen Überlegungen zeichnen sich durch eine ausführliche Auseinandersetzung mit dem Vorbringen der Beteiligten, durch Bezugnahmen auf eigene vorangegangene Entscheidungen und durch die Rezeption von Entscheidungen vertragsstaatlicher und auswärtiger Höchstgerichte oder anderer Institutionen[135] aus. Gerade durch solche Rezeptionen inszeniert er sich als gemeineuropäisches Gericht. Wichtige EGMR-Entscheidungen sind als Textformat ausführlich gestaltet. Als Kommunikationsformat bergen sie deswegen auch weitaus mehr als eine bloße Fallentscheidung. Ihre Bindungswirkungen sind nach der Ausgestaltung der EMRK – außerhalb der im Jahre 2004 eingeführten Pilotverfahren[136] – zwar fallbezogen-beschränkt.[137] Dennoch wirken ihre grundsätzlich angelegten rechtlichen Aussagen darüber hinaus, weil ihnen eine solche übergreifende Wirkung in den Deutungsprozessen vertragsstaatlicher Organe und in der grundrechtsbezogenen Rechtsprechung des EuGH[138] beigemessen wird. Das entstehende Rechtsformat verfestigt sich in der Rezeption vertragsstaatlicher Organe und des EuGH über Figuren wie derjenigen der Auslegungshilfe, des Berücksichtigungsgebots oder der Rechtserkenntnisquelle.[139] Die Ausgestal-

---

135 S. auch *C. L. Rozakis* The European Judge as Comparatist, Tulane Law Review 80 (2005 – 2006), 257 (260ff.). Differenziert zur Verfassungsvergleichung mit der Forderung nach einer verstärkten dogmatischen Durchdringung *M. Breuer* Journal für Rechtspolitik 18 (2010), 223 (225ff.).

136 Näher dazu *Bates* (Fn. 130), 490ff.; *K. Rohleder*, Grundrechtsschutz im europäischen Mehrebenen-System, 2009, 93ff.

137 Zur formellen und materiellen Rechtskraft: Artt. 42, 44 und 46 Abs. 1 EMRK; s. außerdem Art. 41 EMRK. Insgesamt zu den Entscheidungswirkungen ausf. *H.-J. Cremer* in Grote/Marauhn (Hrsg.) EMRK/GG, Konkordanzkommentar, 2006, Kap. 32. Aus der Rechtsprechung s. jüngst EGMR, NJOZ 2011, 1494 (1497f.).

138 Vgl. nunmehr auch die Klausel des Art. 52 Abs. 3 GRC; dazu *S. Alber/U. Widmaier* EuGRZ 2006, 113 (116f., 119ff.); *T. Lock* Das Verhältnis zwischen dem EuGH und internationalen Gerichten, 2010, 282ff. Als aktuelles Bsp. zu Art. 7 und 8 GRC s. EuGH (GK), Urt. v. 9. 11. 2010, Rs. C-92, 93/09, Rn. 51ff. – Agrarbeihilfen. Zum Beitritt der EU zur EMRK s. das Reflexionspapier des EuGH, EuGRZ 2010, 366f.

139 Vgl. auch Section 2 (1) des UK Human Rights Act 1998; zur Rezeption der EMRK und der Rechtsprechung des EGMR in Großbritannien ausf. die Beiträge in: *H. Fenwick/G. Phillipson/R. Masterman* (Eds.) Judicial Reasoning under the UK Human Rights Act, 2007; außerdem *J. M. Hoffmann* Die Europäische Menschenrechtskonvention und nationales Recht, 2010, 43ff. mwN. S. weiter Section 4 des irischen European Convention on Human Rights Act 2003, ausf. dazu *de Londras/Kelly* (Fn. 134), 130ff. Zur Rezeption und Rezeptionsentwicklung im französischen Verwaltungsrecht s. die Ausführungen und Überlegungen bei *S. Braconnier* Jurisprudence de

tung der Bindungswirkungen und die anerkannten Umsetzungsspielräume der Vertragsstaaten[140] weisen heute weniger auf eine bloß fallbezogene Relevanz als vielmehr darauf hin, dass die vertragsstaatlichen Reaktionsmöglichkeiten relativ offen bleiben.

Das BVerfG hat den EGMR-Entscheidungen über die Figur der Völkerrechtsfreundlichkeit des Grundgesetzes eine fallübergreifende „normative Leitfunktion" im Sinne einer Auslegungshilfe bei der Grundrechtsinterpretation und im Sinne eines Berücksichtigungsgebots auf einfachrechtlicher Ebene zuerkannt.[141] Allerdings hat es sich beeilt, dies sogleich mit einer instanzgerichtlichen und nachfolgend eigenen Kompetenz zur Deutung der EMRK ebenso wie der Entscheidungen des EGMR zu verknüpfen.[142] Und es deutet sie als Gerichtsentscheidungen, deren Rechtsgehalt im Rahmen bestimmter Rechtsprechungszusammenhänge[143] oder in einem bestimmten Verfahrensarrangement erzeugt wird und entsprechend verstanden werden muss. Ein Beispiel liefert der Caroline-II-Beschluss: Das BVerfG führt hier aus, bei der Einpassung der Entscheidungen des EGMR in die nationale Rechtsordnung sei auch zu berücksichtigen, dass im Individualbeschwerdeverfahren nach Art. 34 EMRK die Interessen Drittbetroffener mangels

---

la Cour Européenne des Droits de l'Homme et Droit Administratif Français, 1997, bes. 57ff. S. außerdem *N. Krisch* The Modern Law Review 71 (2008), 183 (186ff.).

140 Zur margin of appreciation s. etwa EGMR (GK), Urt. v. 16. 12. 2010, No. 25579/05 (A, B und C v. Ireland), Rn. 231ff.; Urt. v. 3. 11. 2011, No. 57813/00 (Fortpflanzungsmedizingesetz), Rn. 94ff.; s. weiter den zwischen Fallentscheidungsregeln und Fallentscheidung differenzierenden Zugriff in EGMR, Urt. v. 15. 9. 2011, No. 17080/07 (Schneider), Rn. 91ff. S. auch Art 53 EMRK.

141 BVerfGE 111, 307 (315ff., bes. 322ff.); 128, 326 (366ff.). Vgl. auch EGMR, Urt. v. 9. 6. 2011, No. 30493/04, (Schmitz v. Germany), Rn. 28, 41; sowie No. 31047/04 und 43386/08 (Mork v. Germany), Rn. 31, 54. Da die Berücksichtigungspflicht sämtlicher Träger öffentlicher Gewalt sowohl auf das konkrete fortlaufende Verfahren bezogen als auch übergreifend verankert wird, wirkt sie hinsichtlich des konkreten Verfahrens relativierend, hinsichtlich anderweitiger Verfahren ausweitend. Zur über den entschiedenen Einzellfall hinausreichenden Orientierungs- und Leitfunktion der Entscheidungen des EGMR vgl. BVerfG (K), NVwZ 2007, 808 (811f.); BVerfG, NJW 2011, 1931 (1935). Im Übrigen wird dem EGMR kein Auslegungsmonopol zuerkannt; anders dagegen etwa *S. Mückl* Der Staat 44 (2005), 403 (416 mN).

142 BVerfGE 111, 307 (328ff.); vgl. dazu auch *H.-J. Papier* EuGRZ 2006, 1 (2). S. weiter – auch zu den Debatten über die Konsequenzen für die fachgerichtliche Rechtsprechung – *M. Albers* in: Erbguth/Masing (Hrsg.) Verfassungs- und Verwaltungsgerichtsbarkeit im Mehrebenensystem, 2008, 51 (59, 61f., 63f.). Als Beispiel aus der fachgerichtlichen Rechtsprechung s. etwa BVerwG, NVwZ 2006, 92 (92ff.).

143 S. dazu BVerfGE 128, 326 (371f., 391ff.).

förmlicher Beteiligung möglicherweise nicht hinreichend abgebildet würden.[144] Die konkreten Bedenken braucht man nicht zu teilen.[145] Aber das Verständnis als eigenständiges Format ist treffend.

5. *Rechtsprechungsrecht als eigenes Format*

Im Ergebnis erzeugen höchste Gerichte mit ihren in Gerichtsverfahren gewonnenen Entscheidungen ein eigenständiges Text- und Kommunikationsformat, dessen Rechtsgehalt sich in den anschließenden Deutungsprozessen entfaltet und herauskristallisiert. Text- und Kommunikationsformat werden von typisierten Konflikten oder Problemen, von den Rechtsvorstellungen der Parteien, von dogmatischen Vorverständnissen, von der Rechtsprechungsgeschichte[146] oder Aussagen anderweitiger Entscheidungen oder auch von Gerichtskulturen[147] mitbestimmt. Das daran anknüpfende Rechtsformat stabilisiert sich in Form des Rechtsprechungsrechts in den auf das Verständnis von Gerichtsentscheidungen zugeschnittenen[148] Deutungen und Deutungskontexten. Rechtsprechungsrecht verknüpft Text-, Kommunikations- und Rechtsformat und die in dieser Verknüpfung aufgehobenen Differenzen führen zu seiner besonderen Gestalt. Das Format ist insgesamt hinsichtlich der verschiedenen Höchstgerichte und mit Blick auf deren rechtliche Kontexte jeweils spezifisch ausgeprägt.

Rechtsprechungsrecht bewegt sich nicht schlicht „zwischen" Gesetz und Fallentscheidung. Es ist auch nicht etwa gesetzesähnlich, weil, wie gezeigt, die Formen sowohl der Aussagen als auch der Bindung[149] sowie

---

144 BVerfGE 111, 307 (327f.).

145 Einwände wären die aus dem Instanzenzug umfassend vorliegenden Akten, der Vortrag der Vertragspartei, die die Rechtspositionen des Dritten regelmäßig hervorheben wird, und die dann in ihrer Ergänzungsfunktion ausreichende Beteiligung nach Art. 36 Abs. 2 EMRK.

146 Vgl. dazu auch *R. Christensen/H. Kudlich* Gesetzesbindung: Vom vertikalen zum horizontalen Verständnis, 2008, 126ff.

147 Zur Legal Culture-Perspektive mit Blick auf den EGMR *Arold* (Fn. 131), bes. 67ff.

148 Daher überspitzt *Lepsius* (Fn. 31), 44: „Entscheidungen von Ober- und Verfassungsgerichten scheinen eine generell-abstrakte Bindungswirkung zu genießen, als ob es sich um gesetzesgleiche normative Aussagen handelte." Ähnlich *V. Mehde* DV 42 (2009), 379 (382): „In der Praxis wird aber darüber hinaus der gerichtlichen Auslegung eine mit den Gesetzen vergleichbare Bedeutung zugeschrieben […] Die gerichtliche Auslegung von Normen wird so im Zuge der Adaption der Rechtsprechung funktional gesehen ein Teil der Norm selbst."

149 Vgl. insoweit auch *Hager* (Fn. 113), 212.

die insgesamt entstehenden Sinnverweise sich anders gestalten[150] und weil das Rechtsprechungsrecht mit den ihm zugrunde liegenden Entscheidungen immer auch in der Differenz zu den Rechtsnormen beobachtet und beurteilt wird. Rückkoppelungen zu den Rechtsnormen, wie sie in der Entscheidungsfindung und in Entscheidungsrezeptionen immer wieder hergestellt werden, sind insofern konstitutives Moment des Rechtsprechungsrechts. Auch in normativer Perspektive reichen sie allerdings für dessen Beschreibung nicht aus.

Rechtsprechungsrecht ist zudem durch seinen Verbundcharakter geprägt. Wie gezeigt, bewegt sich höchstgerichtliche Rechtsprechung nämlich wesentlich in Rechtsprechungsverbünden. Der nächste Punkt soll deren verschiedene Dimensionen aufschlüsseln und das Bild mit sachbezogenen Querperspektiven komplettieren. Im Anschluss daran erschließen sich neue Möglichkeiten der Analyse aus Metaperspektiven.

IV. Der Verbundcharakter höchstgerichtlicher Rechtsprechung

1. Dimensionen und Kennzeichen des Rechtsprechungsverbundes

Die Beschreibung der Rechtsprechung als Rechtsprechungsverbund ordnet sich in eine Reihe sich ähnelnder Beschreibungen ein. Die „Gemeinschaft der Gerichte" oder „Community of Courts"[151] bleibt allerdings vage, das „Rechtsprechungsnetzwerk"[152] unscharf, und so erscheint der „Rechtsprechungsverbund"[153] als Topos am stimmigsten. Er kann spezifische Verschränkungen meinen, etwa zwischen nationalen Gerichten und EuGH. Er ist dabei nicht auf Höchstgerichte be-

---

[150] Etwa entfalten Gerichtsentscheidungen und Rechtsprechungsrecht u.a. durch die systematische Entfaltung eines rechtsprechungsinternen Referenznetzwerks Eigenzeit, vgl. *A. Brodocz* ZRSoz 24 (2003), 183 (189ff.); *Schaal* (Fn. 93), 165f.

[151] Dazu *A.-M. Slaughter* A New World Order, 2004, 65ff. mit dieser Beschreibung auf S. 68; ähnlich unter dem Titel „A Global Community of Courts" *dies.* in: Harvard International Law Journal 44 (2003), 191ff.

[152] Zum Bild des Netzwerks *A. Kemmerer* in: Boysen et al. (Hrsg.) Netzwerke, 2007, 195 (198ff.). Zur Umstellung von Hierarchiemodellen auf Netzwerke und in diesem Rahmen insgesamt zur veränderten Rolle der Rechtsprechung *F. Ost/M. van de Kerchove* De la pyramide au réseau? Vers un nouveau mode de production du droit?, abrufbar unter www.dhdi.free.fr/recherches/theoriedroit/articles/ostvdkpyram.pdf (abgerufen am 4. 10. 2011), 3ff., 63ff.

[153] *Oeter* (Fn. 68), bes. 375ff.; *I. Pernice*, Das Verhältnis europäischer zu nationalen Gerichten im europäischen Verfassungsverbund, 2006, 6ff.; *A. Voßkuhle* NVwZ 2010, 1ff. Kritisch zum Verfassungsverbundbegriff und seinen Implikationen *M. Jestaedt* GS Blomeyer, 2004, 637 (645ff.).

schränkt, und das passt zum insgesamt nicht rein hierarchischen Verbund der Rechtsprechung.

Der Begriff „Rechtsprechungsverbund" bezieht sich zunächst auf die rechtlich vermittelten Verknüpfungen zwischen Gerichten. Solche Verknüpfungen können an inhaltliche Normen rückgekoppelt sein, beispielsweise als Vorrang-, Vorbehalts-, Loyalitäts-, Entscheidungsspielraum- oder Kontrollverzichtsregeln. Sie können sich auch über prozessuale Anker ergeben, etwa in Form von Vorlagerechten und -pflichten oder Bindungs- und Berücksichtigungswirkungen. Dabei sind in gegebenenfalls interner Variation unterschiedliche Formen eingeschlossen, von der Hierarchie über die Kooperation bis hin zur wechselseitigen Rücksichtnahme.[154] Darüber hinaus bezieht der Verbundbegriff informelle und nicht-rechtliche Formen der Abgrenzung, Abstimmung oder wechselseitigen Berücksichtigung ein. Beispiele sind persönliche Gespräche, Konferenzen oder auch die eher konfrontative oder eher konsensorientierte Positionierung in Medien.[155]

Auf dieser Grundlage ist der Topos des „Rechtsprechungsverbundes" nicht nur vielschichtig. Er ist ein rahmenartiges Konzept, welches das Verständnis der jeweiligen Verbundbeziehungen nicht aus sich heraus festlegt. Damit fungiert er als Schlüsselbegriff[156] trotz oder gerade wegen unterschiedlicher Verständnisweisen im Detail und trotz oder wegen entweder unitarischer oder eher pluralistischer Rechtskonzeptionen.[157] Das Verbundmodell hebt dabei den eigenständigen Anteil

---

[154] *Oeter* (Fn. 68), 375 ff.; *A. Voßkuhle* NVwZ 2010, 1 (3 ff.); *A. Rosas* EJLS 1 (2007), 6 ff., abrufbar unter: www.ejls.eu. Zu rechtlichen Verknüpfungen unter dem Aspekt des Jurisdiktionskonflikts vgl. auch *H. Sauer* Jurisdiktionskonflikte in Mehrebenensystemen, 2008.

[155] Vgl. *Slaughter* (Fn. 151), 65 ff.; *J. Limbach* VRÜ 2008, 51 (52 ff.).

[156] Zu Schlüsselbegriffen und ihren Verständigungs-, Deutungs-, Vernetzungs- und Orientierungsfunktionen *A. Voßkuhle* in: Hoffmann-Riem/Schmidt-Aßmann/Voßkuhle (Fn. 22), § 1 Rn. 40 f.

[157] Vgl. etwa die unterschiedlichen Ansätze bei *C.-O. Lenz* in: Delbrück/Einsele (Hrsg.) Wandel des Staates im Kontext europäischer und internationaler Integration, 2006, 43 ff.; *Pernice* (Fn. 153), bes. 49 ff.; *Oeter* (Fn. 68), 375 ff.; *M. P. Maduro* in: Dunoff/Trachtmann (Eds.) Ruling the World?, 2009, 356 ff. Zu – nach Erkenntnisinteresse und Konzeption differenzierungsbedürftigen – pluralistischen Perspektiven s. etwa *E. Melissaris* Ubiquitous Law, 2008, 25 ff.; *N. Krisch* Beyond Constitutionalism: The Pluralist Structure of Postnational Law, 2010, 69 ff.; *N. Jansen* in: Niglia (Ed.) Legal Pluralism, i. E. S. weiter *M. Delmas-Marty* Ordering Pluralism, 2009; vgl. auch übergreifender *dies.* Le Relativ et l'Universel, 2004; s. außerdem *N. Walker* in: de Búrca/Scott (Eds.) Constitutional Change in the EU: From Uniformity to Flexibility?, 2000, 9 (bes. 14 ff.). Allgemeiner zu Hintergrund und Ansätzen des Rechtspluralismus *K. Günther* FS Habermas, 2001, 539 ff.

der Rechtsprechung hervor, den diese sowohl zur Gestalt des Rechts als auch zur Ausgestaltung der Verbundbeziehungen beisteuert. Anwendungsvorrang oder Kooperationsverhältnisse sind Beispiele.

Wichtig daran ist, dass die Gerichte ein Spektrum an „Verbundtechniken“[158] herauszuarbeiten oder zu entwickeln vermögen, das auch in rechtlichen Formen graduell verfestigt ist und das deswegen eher inkrementalistische oder auch prozeduralisiert-reflexive Vorgehensweisen ermöglicht.[159] Das Format des Rechtsprechungsrechts und die Funktionsweisen des Rechtsprechungsverbundes hängen eng zusammen. Im Verhältnis zwischen den Gerichten können bestimmte Entscheidungen „harte Ansagen“ enthalten, während in der nächsten Entscheidung wieder „zurückgerudert“ wird – Lissabon-Entscheidung, Vorratsdatenspeicherungsurteil und Honeywell-Beschluss zeigen dieses eher schlängelnd-tastende Vorgehen auf.[160] Man mag die Kohärenz in der Rechtsprechungslinie eines Gerichts vermissen.[161] Aber eine Präjudizienbindung gibt es insoweit nicht[162], und eine solche striktere Bindung an eigene vorangegangene Entscheidungen würde auch eine zusätzliche Pfadabhängigkeit schaffen, die nicht in das neue Bild der Rechtsprechung im Rechtsprechungsverbund passt. Für den Verbund tritt hinzu, dass rechtliche und nicht-rechtliche Verbundmechanismen in ihren Grenzen fließend sind. Ein gutes Beispiel dafür sind strategische Botschaften, die in die Gerichtsentscheidungen eingewebt werden. Anschaulich ist das in einer Verfassungsgerichtsentscheidung festgehaltene Lob für das Urteil des Bundesverwaltungsgerichts zum Emissionshandelssystem: Dessen Verhältnismäßigkeitsprüfung im Rahmen unionsgrundrechtlicher Maßstäbe, die über die Standards des EuGH hinausgeht, sei „Teil des Dialogs der Gerichte in der Gemeinschaft“.[163] Die Mechanismen des Rechtsprechungsverbundes sind zudem funktional miteinander verschränkt und funktionieren im Zusam-

---

[158] Begriff bei *A. Voßkuhle* NVwZ 2010, 1 (3).

[159] Vgl. auch aus rechtspluralistischer Perspektive *N. Krisch* (Fn. 157), 78ff., 247ff.

[160] BVerfGE 123, 267 (339ff.); 125, 260 (307, 308f.); dazu *M. Albers/J. Reinhardt* ZJS 2010, 767 (769f.); BVerfGE 126, 286 (298ff.).

[161] Zur Forderung nach Kohärenz etwa *H.-J. Strauch* KritV 2002, 311 (322ff.). Zur Anerkennung und Umsetzung eines gewissen Vertrauensschutzes s. aus der Rspr. des EuGH grundlegend EuGH, Rs. 43/75, Slg. 1976, 455 Rn. 69ff.; außerdem etwa BGHZ 132, 119 (129ff.).

[162] Zur Diskussion um eine Präjudizienbindung *Reinhardt* (Fn. 53), 409ff.; *L. Kähler* Strukturen und Methoden der Rechtsprechungsänderung, 2. Aufl. 2011, 287ff. Zur Diskussion um eine Annäherung kontinentaleuropäischer und anglo-amerikanischer Sehweisen *S. Vogenauer* ZEuP 2005, 234 (255ff.).

[163] BVerfGK 11, 189 (202); BVerwG, NVwZ 2005, 1178 (1181f.); vgl. dazu auch *F. Becker* NVwZ 2006, 782 (784).

menwirken. Deshalb verdeutlicht erst eine breit angelegte Betrachtung das Gesamtarrangement.

2. *Rechtsprechungsverbund und sachbezogene Teilregime*

Das Verständnis des „Rechtsprechungsverbundes" lässt sich mit Blick auf die beschriebenen Charakteristika der Rechtsprechung und des Rechtsprechungsrechts noch weiter vervollständigen. Es muss durch gleichsam quer liegende Perspektiven ergänzt werden, die sich auf bereichsspezifische Probleme, Akteure oder soziale Umwelten richten. Denn auch im Rechtsprechungsverbund bleiben die Implikationen des Rechtsprechungsrechts wichtig: Es entsteht auf der Grundlage immer neuer Rechtsfälle mit bestimmten sachlichen Problemen; Entscheidungen werden in Gerichtsverfahren unter Berücksichtigung des Problem- und Rechtsverständnisses anderer Akteure und Institutionen entwickelt; fallübergreifende Rechtsgehalte stabilisieren sich im Wesentlichen über Akzeptanzmechanismen in bereichsspezifischen Feldern und wirken sich dort aus; zwischen allem gibt es reflexive Verknüpfungen. Man kann hier an ausdifferenzierte sachliche Teilregime anschließen. Zum Beispiel schärft sich mit Blick auf Wirtschaft und Arbeit die Analyse des judiziellen Dialogs zwischen BAG und EuGH.[164] Sachlich angebunden werden muss auch die normative Beurteilung des konkreten Einsatzes des Berücksichtigungsgebots oder eines wechselseitigen argumentativen Lernens, wie es durch das gerichtliche „Ausleihen" von Gründen anderweitiger Gerichtsentscheidungen außerhalb rechtlicher Bindungswirkungen stattfindet.[165]

V. Neue Analysemöglichkeiten

Wechselt man abschließend noch einmal auf eine Metabeobachtungsperspektive, ergeben sich vielfältige neue Möglichkeiten der Analyse der Rechtsprechung und des Rechtsprechungsrechts. Man kann sie angemessen in aktuelle Diskussionen um Recht und Staatlichkeit einbetten.

---

[164] *Ketelhut* (Fn. 112), 121 ff.

[165] Zur Diskussion des „Borrowing" *Slaughter* (Fn. 151), 66, 69 ff.; *E. A. Posner/C. R. Sunstein* Stan. L. Rev 59 (2006), 131 ff. *N. Q. Rosenkranz* Stan. L. Rev 59 (2007), 1281 ff.; *E. A. Posner/C. R. Sunstein* Stan. L. Rev. 59 (2007), 1309 ff.; *Maduro* (Fn. 157), 376 ff.; *Robertson* (Fn. 65), 381 ff. In der Breite geht die Diskussion weit über den Topos des argumentativen Lernens hinaus und führt in Grundsatzfragen nach der Rolle und Legitimation der Gerichte oder auch nach der Einheit des Rechts.

Produktive Anschlussmöglichkeiten bestehen etwa zu Governance-Ansätzen. Diese – heterogenen und auch in ihrer transdisziplinären Brauchbarkeit differenzierungsbedürftigen – Ansätze zielen und reagieren auf die Transformationen des Rechts, der Staatlichkeit und der Gesellschaft.[166] Ihr Kern liegt im Bemühen, aufgabenbezogene institutionelle Arrangements in deren Komplexität zu erfassen, also das Zusammenspiel staatlicher und nichtstaatlicher Akteure, unterschiedlicher Wissensformen, divergierender Verhaltensrationalitäten oder rechtlicher und nicht-rechtlicher Koordinationsweisen.[167] Bei hinreichender Ausarbeitung schließen Governance-Ansätze normative Dimensionen ein[168], und zwar nicht nur als externe Fremdbeschreibung, sondern auch hinsichtlich normativer Selbstverständnisse und Selbstbeschreibungen.

Gerichte, Rechtsprechungsverbünde und Rechtsprechungsrecht können bei entsprechend selektivem Fokus selbst im Sinne eines institutionellen Arrangements untersucht werden.[169] In den Überlegungen dieses Beitrags ist dies schon angelegt. Bei weiter gefasstem Fokus können sie als Teil institutioneller Arrangements eingeordnet werden.[170] Man könnte dann etwa Aspekte des Zugangs zu Gerichten[171], der strategischen Inanspruchnahme durch Akteure, katalysatorischer Anstöße bestimmter Entwicklungen durch Gerichte[172] oder der Rationalität gerichtlicher Konfliktlösung analysieren. Zentrale neue Analysemöglichkeiten betreffen rechtliche Strukturierungen, wie sie im Wege der Rechtsprechung höchster Gerichte und des Rechtsprechungsrechts geschaffen werden.

---

[166] Näher dazu die Beiträge in: *J. Pierre* (Ed.) Debating Governance, 2000; *G. F. Schuppert/M. Zürn* (Hrsg.) Governance in einer sich wandelnden Welt, PVS-Sonderheft 41 (2008); *A. Benz/N. Dose* (Hrsg.) Governance – Regieren in komplexen Regelsystemen, 2. Aufl. 2010. Zu den Grundlagen des Paradigmas *H.-H. Trute/W. Denkhaus/D. Kühlers* DV 37 (2004), 451 (452 ff.); *Ketelhut* (Fn. 112), 42 ff.; *M. Bevir* Democratic Governance, 2010, 17 ff.

[167] *H.-H. Trute/D. Kühlers/A. Pilniok* in: Schuppert/Zürn (Fn. 166), 173 (175 ff.).

[168] In Abgrenzung zu anderen in der Rechtswissenschaft eingesetzten Paradigmata *H.-H. Trute/D. Kühlers/A. Pilniok* in: Benz/Lütz/Schimank/Simonis (Hrsg.), Handbuch Governance, 2007, 240 (241 ff., 244 ff.). S. außerdem, wenn auch im Zugriff äußerlich bleibend, *M. Ruffert* in: Botzem/Hofmann/Quack/Schuppert/Straßheim (Hrsg.) Governance als Prozess, 2009, 55 ff. Weiter *Bevir* (Fn. 166), 153 ff.

[169] Vgl. etwa *Ketelhut* (Fn. 112), 54 ff., 241 ff.

[170] S. mit Blick auf unterschiedliche Ansätze *S. Frerichs* Judicial Governance in der europäischen Rechtsgemeinschaft, 2008, 59 ff. Vgl. außerdem die politikwissenschaftliche Analyse im Bereich des Arbeitsrechts von *B. Rehder* Rechtsprechung als Politik, 2011.

[171] Vgl. etwa die Beiträge in: Courts, Democracy, and Governance, Comparative Political Studies 39 (2006).

[172] Dazu *J. Scott/S. Sturm* Courts as Catalysts: Re-Thinking the Judicial Role in New Governance, Columbia Journal of European Law 13 (2007), 565 (570 ff.).

Leitsätze der 1. Referentin über:

Höchstrichterliche Rechtsfindung und Auslegung gerichtlicher Entscheidungen

I. Ausgangspunkt

(1) Bei Grundsatzfragen steht die Rechtsprechung eher im Schatten aktueller Diskussionen um den Wandel von Recht und Staatlichkeit. Zugleich versteht sich, dass die Transformationen auch das Verständnis der Rechtsprechung betreffen. Wie kann man „Rechtsprechung", vor allem die Rechtsprechung der Höchstgerichte, heute begreifen?

II. Rechtserzeugung im Wege der Rechtsprechung

1. Entscheidungsfindung als Rechtsfindung

(2) Nach überkommener Sicht sind die Bindung an Gesetz und Recht und ein rechtserkenntnisorientierter Zugang maßgeblicher Faktor der Rechtsfindung durch Gerichte. Gerichtliche Entscheidungsfindung erscheint als Rechtsfindung.

2. Rechtsfindung als Entscheidungsfindung

(3) These 1: Die Beschreibung gerichtlicher Entscheidungsfindung als Rechtsfindung muss vom Kopf auf die Füße gestellt werden: Rechtsfindung ist Entscheidungsfindung.

3. Kontextualisierungen und Formen der Beobachtung der Rechtsprechung

(4) Dieser Fokus legt Kontextualisierungen nahe und verweist auf eine Vielzahl von Möglichkeiten der Selbst- und Fremdbeobachtung. Grundsatzfragen erfordern Metabeobachtungen der Rechtsprechung selbst sowie der Methoden oder Dogmatiken und eine Rezeption der Erkenntnisse anderer Disziplinen oder auch Interdisziplinarität.

4. *Entscheidungsherstellung und -darstellung, Entscheidungsrezeption und reflexive Verknüpfungen*

(5) These 2: Höchstgerichtliche Rechtsprechung mündet über die durch Aufgaben, Organisation und Verfahren geprägte Entscheidungsfindung in eine begründete Entscheidungsdarstellung, die als Entscheidungstext Anfang von Deutungs- und Rezeptionsprozessen in anderweitigen Kontexten, etwa in anderen Gerichtsverfahren, in Gesetzgebung und Politik oder in der Wissenschaft ist. Zwischen Entscheidungsfindung und Entscheidungswirkungen bestehen reflexive Verknüpfungen.

III. *Höchstgerichtliche Rechtsprechung als eigenständiges Text-, Kommunikations- und Rechtsformat*

(6) These 3: Höchstgerichtliche Rechtsprechung erzeugt ein eigenständiges Text- und Kommunikationsformat, das sich in den sich jeweils anschließenden Deutungen und Deutungskontexten als eigenständiges Rechtsformat herausbildet. So wird eine eigenständige, nicht einfach „zwischen" Gesetz und Fallentscheidung anzusiedelnde Form des Rechts generiert: Rechtsprechungsrecht.

1. *Instanzgerichtsbarkeiten*

(7) Funktion der höchsten Instanzgerichte ist die Gewährleistung der Einheitlichkeit der Rechtsprechung, die Fortbildung des Rechts und – darüber vermittelt – der Rechtsschutz. Ihre Entscheidungen münden in ein Textformat, das als Kommunikationsformat auf ihre Aufgaben abgestimmt ist. Fallübergreifend-nachhaltige Rechtsaussagen entwickeln sich bei den Untergerichten auf der Grundlage impliziten Wissens, wie Gerichtsentscheidungen zu verstehen sind, im Blick auf typisierte Konfliktkonstellationen, auf Rechtsprechungslinien und auf Gesetzesvorschriften. In dogmatischen Zusammenhängen entstehen dogmatikspezifische Abstraktionen bei präsent gehaltenen Kontextualisierungen. Für Gesetzgebung und Politik bieten fallübergreifende Stabilisierungen höchstgerichtlicher Rechtsprechung bündelnde Anknüpfungspunkte für Rechtsprechungsbeobachtungen und für etwaige Interventionen via Gesetz.

2. *Bundesverfassungsgericht*

(8) Funktion des BVerfG ist die Sicherstellung der Verfassungsmäßigkeit staatlicher Entscheidungen. Diese Funktion verweist auf das weite Spek-

trum des Verständnisses der Verfassung und der Rolle des Gerichts. Zugangsfilter konzentrieren die gerichtliche Entscheidungspraxis auf Fälle von grundsätzlicher verfassungsrechtlicher Bedeutung oder übergreifender Relevanz. Die Entscheidungen führen zu einem spezifischen Textformat und sind als Kommunikationsformat in besonderer Weise auf verschiedene Adressaten und Umwelten zugeschnitten. Als Beitrag zur Dogmatik entfalten sie fallübergreifende Rechtsgehalte nach dogmatikspezifischen Kriterien. Gesetzgebung und Politik oder Gerichte schlüsseln sie mit Rücksicht auf die verstärkten Bindungswirkungen nach Tenor, tragenden Gründen und sonstigen Ausführungen auf und stimmen sie gegebenenfalls relativierend oder ergänzend mit einschlägigen Entscheidungen europäischer Gerichte ab.

3. Europäischer Gerichtshof

(9) Funktion des EuGH ist die Sicherung der Wahrung des Rechts im institutionellen Gefüge der Union und im europäischen Integrationsverbund. Als Textformat zeichnen sich die Entscheidungen durch eine eher knappe Begründung aus. Allerdings haben sie als Kommunikationsformat, zumal in Vorabentscheidungsverfahren, keine bloß kasuistische Gestalt. Fallübergreifende Rechtsgehalte bilden sich in dogmatischen Kontexten im Wechselspiel mit nur begrenzt gefestigten Ordnungsmustern oder bei nationalen Gerichten im Rahmen zu entscheidender Fälle vor dem Hintergrund gerichtlichen Dialogs.

4. Europäischer Gerichtshof für Menschenrechte

(10) Funktion des EGMR ist die Sicherstellung der Einhaltung der Verpflichtungen aus der EMRK. Wichtige EGMR-Entscheidungen sind ein eigenständiges und in seiner Gesamtheit teilweise ausführlich gestaltetes Textformat. Trotz der nach der prozessualen Ausgestaltung grundsätzlich fallbezogen-beschränkten Bindungswirkungen reichen sie als Kommunikationsformat über Fallentscheidungen hinaus. Das entstehende Rechtsformat verfestigt sich in der Rezeption vertragsstaatlicher Organe und des EuGH über Figuren wie derjenigen des Berücksichtigungsgebots oder der Rechtserkenntnisquelle.

5. Rechtsprechungsrecht als eigenes Format

(11) These 4: Das Rechtsprechungsrecht höchster Gerichte ist ein eigenes Format des Rechts mit je spezifischen Ausprägungen.

(12) Rückkoppelungen zu den Rechtsnormen, wie sie in den Entscheidungsfindungs- und in den Rezeptionsprozessen immer wieder hergestellt werden, sind konstitutives, allerdings kein hinreichendes Moment des Rechtsprechungsrechts. Rechtsprechungsrecht ist zudem durch seinen Ver-

bundcharakter geprägt. Höchstgerichtliche Rechtsprechung bewegt sich nämlich wesentlich in Rechtsprechungsverbünden.

IV. Der Verbundcharakter höchstgerichtlicher Rechtsprechung

1. Dimensionen und Kennzeichen des Rechtsprechungsverbundes

(13) Der Begriff „Rechtsprechungsverbund“ bezieht sich zunächst auf die rechtlich vermittelten Verknüpfungen zwischen Gerichten. Dabei sind in gegebenenfalls interner Variation unterschiedliche Formen von der Hierarchie über die Kooperation bis hin zur wechselseitigen Rücksichtnahme eingeschlossen. Darüber hinaus bezieht der Verbundbegriff informelle und nichtrechtliche Formen der Abgrenzung, Abstimmung oder wechselseitigen Berücksichtigung ein.

(14) These 5: Der Topos des „Rechtsprechungsverbundes“ fungiert als Schlüsselbegriff trotz oder wegen unterschiedlicher Verständnisweisen der jeweiligen Verbundbeziehungen im Detail und entweder unitarischer oder eher pluralistischer Rechtskonzeptionen. Höchstgerichtliche Rechtsprechung trägt zur Gestalt des Rechts ebenso wie der Verbundbeziehungen bei. Rechtliche und nicht-rechtliche Verbundmechanismen erweisen sich als funktional verschränkt.

2. Rechtsprechungsverbund und sachbezogene Teilregime

(15) These 6: Das Verständnis des Rechtsprechungsverbundes lässt sich mit Blick auf die Charakteristika gerade von Rechtsprechung und Rechtsprechungsrecht weiter vervollständigen. Es muss durch gleichsam quer liegende Perspektiven ergänzt werden, die sich auf bereichsspezifische Probleme, Akteure oder je relevante soziale Umwelten richten und an ausdifferenzierte sachliche Teilregime anschließen.

V. Neue Analysemöglichkeiten

(16) These 7: Rechtsprechung und Rechtsprechungsrecht sind angemessen in die Diskussionen um Recht und Staatlichkeit einzubetten. Produktive Anschlussmöglichkeiten bestehen etwa zu Governance-Ansätzen. Gerichte, Rechtsprechungsverbünde und Rechtsprechungsrecht sind Teil institutioneller Arrangements, die man beispielsweise unter Aspekten des Zugangs zu Gerichten, der strategischen Inanspruchnahme durch Akteure, der Rationalität gerichtlicher Konfliktlösung oder der Strukturierung durch Rechtsprechungsrecht analysieren kann.

Dritter Beratungsgegenstand:

Höchstrichterliche Rechtsfindung und Auslegung gerichtlicher Entscheidungen

2. Referat von Professor Dr. *Christoph Schönberger*, Konstanz

Inhalt

Einführung

Das Amt des Richters ist älter als die moderne Gewaltenteilung. Es fügt sich in diese bis heute nur auf sperrige Weise ein. *Rudolf Smend* hat das vor fünfzig Jahren, in seinem Festvortrag zum zehnjährigen Bestehen des Bundesverfassungsgerichts, eindringlich formuliert. „Justiz überhaupt", so *Smend* damals, „wird von der Gewaltenteilung nur vorgefunden und schlecht und recht in sie eingeordnet ...".[1] Dass das Richteramt zur Gewaltenordnung immer etwas quer liegt, beruht auf dem Paradox der richterlichen Rechtsbindung. Der Richter ist an das Recht gebunden, aber er entscheidet aufgrund seiner Unabhängigkeit selbst, wie das ihn bindende Recht zu verstehen ist. Besonders deutlich wird dieses Paradox bei den höchsten Gerichten, weil hier die Einhaltung der Rechtsbindung nicht noch einmal durch eine weitere gerichtliche Instanz überprüft werden kann. Sie sind insoweit, wie man in Österreich treffend sagt, „Grenzgerichte"[2].

Dieses Problem wird in Kontinentaleuropa traditionell verdrängt. Seit dem Übergang zum modernen Verfassungs- und Gesetzesstaat arbeitet man hier mit dem Gegensatzpaar von Rechtsetzung und Rechtsanwendung. Rechtsetzung wird herkömmlich bei der ersten und, in begrenztem Umfang, der zweiten Gewalt verortet; die dritte soll es hingegen nur mit Rechtsanwendung zu tun haben.[3] Mit besonderer Konsequenz hat bereits das Verfassungsrecht der französischen Revolution diesen Ansatz verfolgt. *Robespierre* wollte damals sogar das Wort für die richterliche Rechtsfindung, „jurisprudence", ganz aus dem Sprachgebrauch verbannen.[4] *Robespierres* Radikalität ist in unserer

---

[1] *R. Smend* Das Bundesverfassungsgericht. Festvortrag zur Feier des zehnjährigen Bestehens des Bundesverfassungsgerichts am 26. Januar 1962, in: ders. Staatsrechtliche Abhandlungen und andere Aufsätze, 3. Aufl. 1994, 581 (582).

[2] Vgl. *M. Jestaedt* Wirken und Wirkungen höchstrichterlicher Judikatur – Rechtsprechung von Grenzorganen aus Sicht der Reinen Rechtslehre, in: C. Jabloner (Hrsg.) Wirken und Wirkungen höchstrichterlicher Judikatur. Symposion zum 60. Geburtstag von Heinz Mayer, 2007, 9 (9).

[3] Im überkommenen Sinn *K. A. Bettermann* Die rechtsprechende Gewalt, in: Isensee/Kirchhof, HStR III, 2. Aufl. 1996, § 73 Rdnr. 27f.; anders etwa *B. Rüthers/C. Fischer* Rechtstheorie, 5. Aufl. 2010, Rdnr. 236ff. (höchstrichterliche Grundsatzentscheidungen als Rechtsquelle).

[4] *M. Robespierre* Rede in der Nationalversammlung am 18. November 1790, Archives Parlementaires de 1787 à 1860. Première Série (1787–1799), Bd. XX (23. Oktober 1790 bis 26. November 1790), 1885, 516: „ ... Ce mot de jurisprudence des tribunaux, dans l'acception qu'il avait dans notre ancien régime, ne signifie plus rien dans le nouveau; *il doit être effacé de notre langue.* Dans un État qui a une Constitution, une légis-

überkommenen Rechtsquellenlehre in gleichsam erkalteter Form noch präsent. Dass die Vereinigung der Deutschen Staatsrechtslehrer auf einer in erster Linie der Rechtsetzung gewidmeten Tagung auch den Gerichten einen Platz einräumt, ist vor diesem Hintergrund bereits eine kleine Revolution. Denn Rechtsetzung betreiben die Gerichte nach traditioneller und bis heute verbreiteter Lesart ja gerade nicht.

Ich will Ihnen im Folgenden eine Konzeption vorstellen, wie sich die Bedeutung höchstrichterlicher Judikate innerhalb des Rechtssystems genauer erfassen lässt. Im Kern plädiere ich dabei für eine institutionelle Perspektive auf die höchstrichterliche Rechtsfindung. Es geht darum, Funktion und Aufgaben der Höchstgerichte als Spitze eines arbeitsteiligen Justizgefüges zu begreifen, in dem etwa das Verhältnis zu Untergerichten ebenso eine Rolle spielt wie dasjenige zum Gesetzgeber. Mein Referat entwickelt eine rechtsvergleichend informierte, modellhafte Beschreibungsform für Höchstgerichte und spielt diese am Beispiel der obersten Bundesgerichte durch. Diese entsprechen am stärksten dem klassischen Typus der Höchstgerichtsbarkeit, die einen regelmäßigen Instanzenzug abschließt. Die hier entwickelte Modellbildung könnte auch für andere Höchstgerichte und insbesondere den Europäischen Gerichtshof fruchtbar gemacht werden. Meine bewusste Konzentration auf die obersten Bundesgerichte trägt der Tatsache Rechnung, dass höchstrichterliche Rechtsfindung kein einheitliches Phänomen ist, das sich etwa für den Bundesgerichtshof genauso darstellt wie für den Supreme Court der Vereinigten Staaten oder den Europäischen Gerichtshof.[5] Jedes Höchstgericht spricht Recht vielmehr in einem besonderen Umfeld. Ich gehe im Folgenden in drei Schritten vor. Zunächst analysiere ich die höchstrichterliche Rechtsfindung im institutionellen Gesamtgefüge der Gerichtsbarkeit (I). Im Anschluss geht es um die Frage, wie die höchstrichterlichen Judikate wirken und verarbeitet werden (II). Schließlich wende ich mich der Frage zu, ob das Verfassungsrecht spezifische Anforderungen an die höchstrichterliche Rechtsfindung stellt (III).

---

lation, la jurisprudence des tribunaux n'est autre chose que la loi: alors il y a toujours identité de jurisprudence" (Hervorhebung nur hier); vgl. dazu *F. Zénati* La jurisprudence, 1991, 47.

[5] Das gilt erst recht, wenn man die wachsende Zahl von Gerichten und judicial bodies im allgemeinen völkerrechtlichen Raum in die Betrachtung einbezieht. Dazu jüngst die Beiträge Beyond Dispute: International Judicial Institutions as Lawmakers, German Law Journal 12 (2011), 979 ff.

I. Höchstrichterliche Rechtsfindung in institutioneller Perspektive

Höchstrichterliche Rechtsfindung lässt sich besser begreifen, wenn man sich ihr in einer institutionellen Perspektive zuwendet. Dies bedeutet, dass man die Höchstgerichte als Spitze eines arbeitsteiligen Justizgefüges genauer in den Blick nimmt.

1. Vorüberlegung: Die Fragwürdigkeit der überkommenen Methodenlehre

Die Hinwendung zu einer stärker institutionell geprägten Betrachtungsweise ist umso nötiger, weil die rechtswissenschaftliche Methodendiskussion seit der Zeit der Freirechtsschule zu Beginn des zwanzigsten Jahrhunderts die Grenzen einer verlässlichen Bindung richterlichen Entscheidens an Rechtstexte herausgearbeitet hat.[6] Die juristische Methodenlehre, die etwa mit den meist *Savigny* zugeschriebenen Canones der Gesetzesinterpretation argumentiert, stellt kein Instrumentarium zur Verfügung, das die richterliche Rechtsarbeit in berechenbarer Weise anleiten könnte. Immer noch trifft der ernüchternde Befund *Josef Essers* zu, „dass unsere akademische Methodenlehre dem Richter weder Hilfe noch Kontrolle bedeutet"[7]. Die Bindung an Texte hat sich insgesamt als ungesichert erwiesen. Zudem ist die Anwendung von Texten auf einen Sachverhalt ohnehin immer mehr und Anderes als Textverstehen.[8] Gerade deshalb haben auch die immer wieder unternommenen Versuche, zwischen einer bloßen Konkretisierung gegebe-

---

[6] Aus der frühen Diskussion etwa *O. Bülow* Gesetz und Richteramt, 1885; *P. Heck* Das Problem der Rechtsgewinnung, 1912; *C. Schmitt* Gesetz und Urteil, 1912; *H. Isay* Rechtsnorm und Entscheidung, 1929; aus der Diskussion nach dem Zweiten Weltkrieg vor allen: *J. Esser* Grundsatz und Norm in der richterlichen Rechtsfortbildung des Privatrechts, 1956; *ders.* Vorverständnis und Methodenwahl in der Rechtsfindung. Rationalitätsgarantien der richterlichen Entscheidungspraxis, 1970; aus dem Bereich des öffentlichen Rechts etwa *H. Ehmke* Prinzipien der Verfassungsinterpretation, VVDStRL 20 (1963), 53 ff.; *M. Kriele* Theorie der Rechtsgewinnung, 1967; vgl. auch *R. Christensen/H. Kudlich* Theorie richterlichen Begründens, 2001.

[7] *Esser* Vorverständnis und Methodenwahl (Fn. 6), 7, dort kursiv. Diese nüchterne Einschätzung bedeutet selbstverständlich kein Plädoyer dagegen, das in der überkommenen Methodenlehre liegende Potential zur Rationalisierung juristischer Argumentation voll auszuschöpfen: *J. Esser* Bemerkungen zur Unentbehrlichkeit des juristischen Handwerkszeugs, JZ 1975, 555 ff.; *K. F. Röhl/H. C. Röhl* Allgemeine Rechtslehre, 3. Aufl. 2008, 607 ff.; *W. Seiler* Höchstrichterliche Entscheidungsbegründungen und Methode im Zivilrecht, 1999.

[8] *G. Zimmer* Funktion – Kompetenz – Legitimation. Gewaltenteilung in der Ordnung des Grundgesetzes, 1979, 105 ff.; *J. Bung* Subsumtion und Interpretation, 2004, 13 ff.

ner Normen, der Auffüllung von Gesetzeslücken und neuartiger Rechtsfortbildung grundsätzlich zu unterscheiden, nicht zu belastbaren Erkenntnissen geführt.[9]

Vor diesem Hintergrund kann eine grundlegende theoretische Einsicht heute leichter durchdringen: Auch gerichtliche Urteile erzeugen Recht, sie wenden dieses nicht lediglich an.[10] Die klassische Entgegensetzung von Rechtsetzung und Rechtsanwendung ist falsch. Jedes Judikat fügt vielmehr dem existierenden Rechtsbestand etwas hinzu, was es vorher nicht gab. Der jeweilige Einzelfall wird mit Rechtskraftwirkung verbindlich entschieden. Zugespitzt formuliert: Jedes Gerichtsurteil setzt Recht, Richterrecht. So verstanden, ist Richterrecht nicht ein seltener, gewissermaßen pathologischer Sonderfall, sondern eine notwendige Erscheinungsform des Rechtssystems.[11] Diese Feststellung kann beunruhigen – nicht zuletzt die Richter selbst. Gerade in der Rechtspraxis ist es denn auch nicht selten, dass Richter ihre Arbeitsweise auch da als hermeneutische Textinterpretation verstehen wollen, wo dieses Textverstehen jedenfalls nur einen Teil der jeweiligen Rechtsarbeit abdecken kann.[12] Der Befund, dass richterliches Entscheiden nur sehr

---

[9] *Esser* Rechtsprechung und Lehre als Rechtsquellen?, ZVglRWiss 75 (1976), 67 (75). Als Position der klassischen Methodenlehre vgl. demgegenüber etwa *K. Larenz/ C.-W. Canaris* Methodenlehre der Rechtswissenschaft, 3. Aufl. 1995, 187ff., wo die richterliche Rechtsfortbildung als „Fortsetzung der Auslegung" begriffen wird. Aus dieser Perspektive muss stets mit der Figur einer offenen oder verdeckten Gesetzeslücke gearbeitet werden. Aufgrund der Unsicherheiten der Abgrenzung hat sich auch eine allgemein anerkannte Typologie von Rechtsfortbildung nicht herausgebildet; vgl. dazu etwa die Vorschläge bei *C. Gusy* Richterrecht und Grundgesetz, DÖV 1992, 461 (463ff.). Gelegentlich schwingt im Eintreten für die traditionelle Methodenlehre bei der Gesetzesinterpretation überdies eine Art Kodifikationsnostalgie mit, welche die Bedingungen kompromisshafter demokratischer Gesetzgebung ausblendet: *F. Kübler* Kodifikation und Demokratie, JZ 1969, 645 (649ff.).

[10] Dazu grundlegend *A. J. Merkl* Gesetzesrecht und Richterrecht (1922), in: *ders.* Gesammelte Schriften, Bd. I/1, 1993, 317 (325ff.); *H. Kelsen* Reine Rechtslehre, 2. Aufl. 1960, 242ff.

[11] *Merkl* (Fn. 10), 319; *M. Jestaedt* Rechtsprechung und Rechtsetzung – eine deutsche Perspektive, in: W. Erbguth/J. Masing (Hrsg.) Die Bedeutung der Rechtsprechung im System der Rechtsquellen; Europarecht und nationales Recht. Referate und Diskussionen des XIII. Deutsch-Polnischen Verwaltungskolloquiums vom 17. bis 20. September 2003, 2005, 25ff.

[12] *J. Berkemann* Rechtsfortbildung – Aspekte tatsächlichen Richterverhaltens, KritV 1988, 29 (33); *C. Fischer* Topoi verdeckter Rechtsfortbildungen im Zivilrecht, 2007, 310f., 318ff. Das – spannungsreiche – Gegenstück zu diesem normtextbezogen-deduktiven Verständnis ist das unter Praktikern gleichfalls sehr verbreitete fallbezogene Rechtsfindungsverständnis, nach dem jeder Fall seine Lösung in sich tragen soll; dazu *Fischer* ebd., 321f.

begrenzt durch Rechtstexte anleitbar ist, redet indes nicht etwa einer fröhlichen postmodernen Beliebigkeit oder purem Richterdezisionismus das Wort. Er macht aber deutlich, dass diesem Entscheiden nicht selten ein hohes Maß an Offenheit innewohnt. Die Einbindung und Stabilisierung dieser Offenheit darf nicht allein von der Bindung des Richters an das Gesetz erwartet werden. Dem allgemeinen Prozessrecht ist diese Erkenntnis seit jeher nicht fremd. Es betrachtet die inhaltliche Determinationskraft des materiellen Rechts immer schon mit erfrischender Nüchternheit.[13] Die Stabilisierung der Entscheidungsfindung wird im Verfahren gesucht. Die Einwirkungsmöglichkeiten der Parteien im Prozess, die Überprüfbarkeit von Urteilen im Instanzenzug bis hin zur Revision, das auf Konsensbildung zielende Kollegialprinzip in den Obergerichten: all das sind Mechanismen, die erkennen lassen, dass das Prozessrecht bei der Herstellung von Rechtsgewissheit nicht allein auf Texthermeneutik vertraut. Umso mehr bedarf es auch für die Höchstgerichtsbarkeit eines genaueren Blicks auf ihre institutionellen Bedingungen und Umhegungen.

2. *Die Funktion von Höchstgerichten*

a) *Höchstgerichte als Gerichte*

Höchstgerichte sind zunächst einmal Gerichte[14], wenn auch Gerichte besonderer Art. Die zentrale Funktion von Gerichten ist die verbindliche Lösung von Konflikten durch eine individuelle Streitentscheidung.[15] Die Streitentscheidung durch unabhängige Richter stellt den Rechtsfrieden zwischen den Parteien wieder her.[16] Aus dieser Streitschlichtungsfunktion gewinnt die Justiz von jeher ihre elementare Legitimität. Die Struktur der Konfliktlösung zwischen zwei Parteien durch einen unabhängigen Dritten stellt gewissermaßen den Archetyp von

---

[13] Sehr treffend dazu *Berkemann* (Fn. 12), 30f.

[14] Allgemein zu den Aufgaben einer rechtswissenschaftlichen Rechtsprechungslehre bereits *N. Achterberg* Rechtsprechung als Staatsfunktion, Rechtsprechungslehre als Wissenschaftsdisziplin, in: ders. (Hrsg.) Rechtsprechungslehre. Internationales Symposium Münster 1984, 1986, 3ff.; zu den Aufgaben einer Theorie der richterlichen Entscheidung bereits J. Harenburg/A. Podlech/B. Schlink (Hrsg.) Rechtlicher Wandel durch richterliche Entscheidung. Beiträge zu einer Entscheidungstheorie der richterlichen Innovation, 1980.

[15] Gerade aus diesem Hintergrund erklärt sich die zunächst im französischen Recht entwickelte Idee des Rechtsverweigerungsgebots: *E. Schumann* Das Rechtsverweigerungsgebot. Historische und methodologische Bemerkungen zur richterlichen Pflicht, das Recht auszulegen, zu ergänzen und fortzubilden, ZZP 81 (1968), 79ff.

[16] Vgl. *A. Voßkuhle* Rechtsschutz gegen den Richter, 1993, 94ff.

Gerichtsbarkeit dar, der durch Zeit und Raum hindurch in vielen Gesellschaften auf hohe Akzeptanz stößt.[17] Die Höchstgerichte partizipieren an dieser elementaren Legitimität von Justiz überhaupt. Allerdings liegen die Dinge dort anders und besonders.[18] Ohne dass diese Gerichte sich von der Funktion individueller Streitentscheidung ganz lösen, tritt doch bei ihnen die Aufgabe einer Vereinheitlichung und Fortbildung des Rechts stärker hervor. Sie stehen deshalb auch in einer spezifischen Position im Justiz- und Verfassungsgefüge insgesamt.[19]

---

[17] *M. Shapiro* Courts. A Comparative and Political Analysis, 1981, 1ff. Von dieser elementaren Legitimität zehrt die Justiz regelmäßig auch in Bereichen, die sich – wie etwa die Strafjustiz – stärker von der archetypischen Konfliktschlichtung zwischen Privaten entfernen und in denen die Gerichtsbarkeit vor allem als Institution sozialer Kontrolle in Erscheinung tritt: *Shapiro* ebd., 17ff.

[18] Hier gibt es ein gewisses Aufmerksamkeitsdefizit. Allgemein thematisiert wird häufig nur die Stellung des Richters und der Gerichte generell. Die höchstrichterliche Rechtsprechung gerät meist nur stellvertretend für die gesamte Justiz in den Blick. Ihre spezifische Bedeutung innerhalb des arbeitsteiligen Gefüges der Gerichtsbarkeit bleibt hingegen häufig ausgeblendet. Darauf weisen mit Recht hin: *G. Roellecke* Über richterliche Gewalt und höchstrichterliche Entscheidung, in: ders. (Hrsg.) Zur Problematik der höchstrichterlichen Entscheidung, 1982, 1 (23); *R. Wank* Grenzen richterlicher Rechtsfortbildung, 1978, 30ff. Eingehend aber: *J. Komárek* Judicial Lawmaking and Precedent in Supreme Courts, LSE Law, Society and Economy Working Papers 4/2011, abrufbar unter: www.lse.ac.uk/collections/law/wps/wps.htm; La Cour Judiciaire Suprême. Une enquête comparative, Revue internationale de droit comparé 30 (1978), 1ff.; The role of the supreme courts at the national and international level. Reports for the Thessaloniki international colloquium (21–25 May 1997), 1998; *M. Lasser* Judicial Deliberations. A Comparative Analysis of Judicial Transparency and Legitimacy, 2004; N. Huls/M. Adams/J. Bornhoff (Hrsg.) The Legitimacy of Highest Court's Rulings. Judicial Deliberations and Beyond, 2009. Es fehlt überdies weitgehend an stärker empirischen Studien über die innere Arbeitsweise von Höchstgerichten; vgl. aber als anregende Einzelstudien für den französischen Staatsrat: *B. Latour* La fabrique du droit, 2002 = The Making of Law. An Ethnography of the Conseil d'État, 2010; für den französischen Verfassungsrat: *D. Schnapper* Une sociologue au Conseil constitutionnel, 2010; für das Bundesverfassungsgericht: *U. Kranenpohl* Hinter dem Schleier des Beratungsgeheimnisses. Der Willensbildungs- und Entscheidungsprozess des Bundesverfassungsgerichts, 2010.

[19] Die Errichtung von Höchstgerichten war entwicklungsgeschichtlich immer besonders eng mit der jeweiligen politischen Ordnung verknüpft. Meist war sie Ausdruck eines Zentralisierungsprozesses öffentlicher Gewalt: L. Auer/W. Ogris/E. Ortlieb (Hrsg.) Höchstgerichte in Europa. Bausteine frühneuzeitlicher Rechtsordnungen, 2007; B. Diestelkamp (Hrsg.) Oberste Gerichtsbarkeit und zentrale Gewalt im Europa der Frühen Neuzeit, 1996. Die obersten Bundesgerichte sind im heutigen Deutschland die Ausläufer der Bundesstaatsgründung in der zweiten Hälfte des 19. Jahrhunderts, die in der Justizorganisation mit der Errichtung des Bundesoberhandelsgerichts und dann des Reichsgerichts in Leipzig ihren Anfang nahm: *A. Laufs* Die Anfänge einheitlicher höchster Gerichtsbarkeit in Deutschland, JuS 1969, 257ff.

b) *Das Spannungsverhältnis von Streitentscheidung und Normbildung*

Höchstgerichte haben in allen Rechtssystemen die Aufgabe, das Recht zu vereinheitlichen und es in gewissem Umfang fortzubilden.[20] Im deutschen Verfahrensrecht[21] ist diese Vereinheitlichungs- und Fortbildungsaufgabe in einer Vielzahl von Vorschriften anerkannt.[22] Durch

---

Gerade in den Bundesstaaten oder in der föderalen Struktur der Europäischen Union kommt dabei der Aufgabe der Einheit der Rechtsprechung besondere Bedeutung zu: *R. Hauser* Die Wahrung der Einheit der Rechtsprechung in rechtsvergleichender Sicht, FS Karl Heinz Schwab, 1990, 197ff.; *G. Biaggini* Richterrecht und Verfassung. Verfassungsrechtliche Grenzen der Rechtsfortbildung im Wege der bundesgerichtlichen Rechtsprechung, 1991, 204ff.; E. McWhinney/P. Pescatore (Hrsg.) Federalism and Supreme Courts and the Integration of Legal Systems, 1973; E. Orban (Hrsg.) Fédéralisme et Cours Suprêmes, 1991.

[20] Vergleichender Überblick: *A. Tunc* Conclusions: La Cour Suprême Idéale, in: La Cour Judiciaire Suprême (Fn. 18), 433 (435ff.); dazu auch *J. G. Wetter* The Styles of Appellate Judicial Opinions. A Case Study in Comparative Law, 1960, 73; *M. Bobek* Quantity or Quality? Reassessing the Role of Supreme Jurisdictions in Central Europe, The American Journal of Comparative Law 57 (2009), 33 (40).

[21] Art. 95 Abs. 3 GG, § 11 Abs. 4 VwGO, § 132 Abs. 4 GVG, §§ 511 Abs. 4 Nr. 1, 543 Abs. 2 Nr. 2 ZPO, § 45 Abs. 4 ArbGG, § 41 Abs. 4 SGG, § 70 Abs. 2 Nr. 2 FamFG. Zur Frage der Bedeutsamkeit der Tatsache, dass der Fortbildungszweck im GVG erstmals im Jahr 1935 verankert wurde, siehe die unterschiedlichen Einschätzungen bei *C. Hillgruber* „Neue Methodik" – Ein Beitrag zur Geschichte der richterlichen Rechtsfortbildung in Deutschland, JZ 2008, 745ff., und *R. Ogorek* Gefährliche Nähe? Richterliche Rechtsfortbildung und Nationalsozialismus, FS Winfried Hassemer, 2010, 159ff.

[22] Die expliziten Vorschriften dazu beziehen sich aber in erster Linie auf das Problem der Divergenz zwischen Spruchkörpern der Höchstgerichte bzw. diesen Höchstgerichten selbst. Vereinheitlichung ist im Verfahrensrecht also kein vertikales Problem – im Verhältnis zu den Instanzgerichten –, sondern ein horizontales Problem der Koordination zwischen Spruchkörpern und Gerichten gleicher Stufe. Dieses wird durch Vorlagepflichten an einen übergeordneten Spruchkörper bewältigt. Dazu näher *F. Lauterjung* Die Einheit der Rechtsprechung innerhalb der höchsten Gerichte, 1932; *E.-W. Hanack* Der Ausgleich divergierender Entscheidungen in der oberen Gerichtsbarkeit, 1962; *K. Miebach* Der Gemeinsame Senat der obersten Gerichtshöfe des Bundes, 1971; *M. Schulte* Rechtsprechungseinheit als Verfassungsauftrag, 1986. Die Landschaft der obersten Gerichte ist in Deutschland durch die Existenz von fünf obersten Bundesgerichten besonders zerklüftet; dazu zusammenfassend *Voßkuhle* in: von Mangoldt/Klein/Starck (Hrsg.) GG, 6. Aufl. 2010, Art. 95 Rn. 20ff. In der Organisation der höchsten Gerichte wirkt hier nach, dass sich in einem erst spät national geeinten Staatswesen zentrale Institutionen gerade auch auf der Ebene der Gerichtsbarkeit nur zögerlich und uneinheitlich herausbilden konnten. Die hohe Ausdifferenzierung innerhalb der Fachgerichte und zwischen ihnen bringt einen nicht unerheblichen Koordinationsbedarf mit sich, zumal angesichts ebenfalls stark in sich abgeschlossener, fachgerichtlich ausgerichteter Richterkarrieren: *E. Blankenburg* Changes in Political Regimes and Continuity of the Rule of Law in Germany, in: H. Jacob u.a. (Hrsg.)

die europäische Integration hat sich diese Vereinheitlichungsaufgabe für die obersten Bundesgerichte zudem erweitert. Denn Vereinheitlichung bedeutet nun auch die Einpassung des Unionsrechts in das deutsche Recht und den korrespondierenden Vorlagedialog mit dem Europäischen Gerichtshof.

Aufgrund ihrer Vereinheitlichungsaufgabe tritt bei den obersten Bundesgerichten wie bei allen Höchstgerichten ein spezifisches Spannungsverhältnis hervor: das Spannungsverhältnis zwischen befriedender Konfliktlösung im Einzelfall und verallgemeinernder Regel, zwischen Streitentscheidung und Normbildung[23]. Für die Entscheidungen der Eingangsinstanzen steht der Dialog mit den Parteien im Vordergrund. In den Urteilen der obersten Bundesgerichte tritt die Rechtfertigung gegenüber den Parteien hingegen stark zurück.[24] Sie kommunizieren in erster Linie mit den Instanzgerichten, mit anderen Spruchkörpern gleicher Rangstufe und mit der wissenschaftlichen Rechtsdogmatik.[25] Ihre

---

Courts, Law and Politics in Comparative Perspective, 1996, 249 (264). Die Vereinheitlichung durch Ausgleichsmechanismen innerhalb der Gerichtsbarkeit gelingt allerdings in der Praxis nur begrenzt, weil die erkennenden Senate entsprechende Vorlagen nicht selten vermeiden („horror pleni"): *W. Späth* Der Gemeinsame Senat der obersten Gerichtshöfe des Bundes. Seine Stellung und Aufgabe – Umgehungstendenzen in der Rechtsprechung, BB 1977, 153ff.; *C. Jungmann* Ein neuer „horror pleni" in den Zivilsenaten des Bundesgerichtshofs?, JZ 2009, 380ff. In gewissem Umfang wird die Vereinheitlichungsaufgabe indes auch vom Bundesverfassungsgericht geleistet: *Miebach* ebd., 174ff.

23 Begriffspaar nach *F. Maultzsch* Streitentscheidung und Normbildung durch den Zivilprozess. Eine rechtsvergleichende Untersuchung zum deutschen, englischen und US-amerikanischen Recht, 2010. Auch das US-amerikanische Recht, das den Zugang zum Supreme Court und den Bundesgerichten strikt an das Vorliegen eines „case or controvery" bindet, weist insoweit ein spürbares Spannungsverhältnis auf, weil die Bindungswirkung als künftiger Präzedenzfall die Fallentscheidung von vornherein bereits in den Kontext künftiger Fälle hineinstellt: *M. C. Dorf* Dicta and Article III, University of Pennsylvania Law Review 142 (1997), 1997ff.

24 Dies gilt zumal deshalb, weil den Parteien im Revisionsprozess wegen des Anwaltszwangs immer ein qualifizierter Rechtsanwalt zur Verfügung steht, der ihnen das Urteil bei Bedarf erläutern kann: *H. Hattenhauer* Die Kritik des Zivilurteils, 1970, 66. Dem Rechtsgespräch mit einer qualifizierten Anwaltschaft kommt hingegen vor den Revisionsgerichten sogar besondere Bedeutung zu; vgl. dazu den Erfahrungsbericht von *B. Heusinger* Rechtsfindung und Rechtsfortbildung im Spiegel richterlicher Erfahrung, 1975, 153ff.

25 Vgl. *W. Schlüter* Das Obiter dictum, 1973, 96; *Wetter* (Fn. 20), 71, mit folgender zugespitzter Beschreibung der Kommunikation mit den Instanzgerichten: „Like the high French Court, its German counterpart (der Bundesgerichtshof, d. V.) also reviews the judgment of the appellate court, and its opinions therefore have the appearance of being addressed to other judges, much like notes and instructions by a teacher or a superior are formally communicated to students and subordinates";

Urteilsgründe wenden sich in der Tendenz der verallgemeinernden Regelbildung für künftige Fälle zu. Sie sind in besonderer Weise janusköpfig, weil sie zugleich rechtfertigend auf die getroffene Entscheidung zurückblicken und bereits ähnliche Konstellationen in der Zukunft mitbedenken müssen. Ein anschauliches Beispiel für das Zwischenreich, in dem sich die Obergerichte bewegen, ist die sogenannte „Düsseldorfer Tabelle". Dort werden die gesetzlichen Unterhaltsbestimmungen des Familienrechts jährlich auf Heller und Pfennig genau konkretisiert.[26] Mit derartigen „gegriffenen Größen" verwandeln die Obergerichte die Worte des Gesetzes in Zahlen. Nun ist das sicherlich eine besondere Konstellation. Aber in ihr verdichtet sich doch die für Höchstgerichte charakteristische Problematik: Das Gestaltungselement richterlichen Entscheidens trifft zusammen mit der Aufgabe von Vereinheitlichung und Generalisierung.

c) *Die unvermeidliche Nähe zur Gesetzgebung*

Die Höchstgerichte geraten damit unvermeidlich in eine gewisse Nähe zur Gesetzgebung. Dieses Dilemma hat schon die französische Revolution beschäftigt.[27] Fragen der Gesetzesinterpretation wollten die

---

C. Perelmann La motivation des décisions de justice. Essai de synthèse, in: ders./Paul Foriers (Hrsg.) La motivation des décisions de justice, 1978, 415 (422).

[26] Die Düsseldorfer Tabelle zum Unterhaltsbedarf wird vom Oberlandesgericht Düsseldorf unabhängig von konkreten Verfahren aufgestellt und auch von anderen Oberlandesgerichten angewendet. Der Bundesgerichtshof sieht in den Beträgen der Tabelle „auf allgemeiner Erfahrung beruhende Richtsätze, die dem Rechtsanwender die Ausfüllung des unbestimmten Rechtsbegriffs des ‚angemessenen Unterhalts' erleichtern sollen": BGH FamRZ 2000, 1492 (1493); näher *H. Schürmann* Unterhaltsrechtliche Leitlinien, FamRZ 2005, 490ff.; vgl. auch *M.-L. Hilger* Überlegungen zum Richterrecht, FS Karl Larenz, 1973, 109 (120ff.). Zu derartigen „gegriffenen Größen" allgemein: *M. Reinhardt* Konsistente Jurisdiktion. Grundlegung einer verfassungsrechtlichen Theorie der rechtsgestaltenden Rechtsprechung, 1997, 439, 516. Zum darin liegenden Gestaltungselement, das an die Grenzwertfestsetzung in umweltrechtlichen Verwaltungsvorschriften erinnert: *R. Poscher* Geteilte Missverständnisse. Theorien der Rechtsanwendung und des Beurteilungsspielraums der Verwaltung – zugleich eine Kritik der normativen Ermächtigungslehre, FS Rainer Wahl, 2011, 527 (544f.).

[27] Man gründete damals den Pariser Kassationshof, die französische Entsprechung zum Bundesgerichtshof, der anfangs als Organ beim Parlament organisiert wurde und zunächst nicht über die Kompetenz der Gesetzesauslegung verfügte. Die zentrale Aufgabe der Cour de Cassation lag und liegt bis heute in der Kontrolle der korrekten Gesetzesauslegung durch die Instanzgerichte. Zusammenfassend zur Entwicklung: *E. Schwinge* Grundlagen des Revisionsrechts, 2. Aufl. 1960, 43ff.; *Zénati* (Fn. 4), 52ff. Dieses französische Urbild des verfassungsstaatlichen Höchstgerichts hat auf ganz Kontinentaleuropa und insbesondere auch auf Deutschland ausgestrahlt. Zusammen-

Revolutionäre deshalb ursprünglich dem höchsten Gericht ganz vorenthalten und durch Anfrage beim Parlament (*référé législatif*) klären lassen.[28] Dieses Vorlageverfahren erwies sich freilich rasch als unpraktikabel, und es entstand dann doch, was Robespierre einst hatte unterbinden wollen: *jurisprudence*, Rechtsprechung.[29] Die besondere Nähe der Höchstgerichte zur Aufgabe der Legislative relativiert übliche Entgegensetzungen zwischen Gesetzgeber und Gerichtsbarkeit im Gewaltenteilungsschema. In einer idealtypischen Gegenüberstellung handelt der Gesetzgeber verallgemeinernd, zukunftsbezogen und offen, die Justiz hingegen individualisierend, vergangenheitsbezogen und rechtlich determiniert.[30] Eine derartige typisierende Kontrastierung kann die Eigenart der Höchstgerichte aber nicht erfassen[31] und bleibt zu sehr der überkommenen Entgegensetzung von Rechtsetzung und Rechtsanwendung verhaftet. Denn in höchstgerichtlichen Judikaten tritt nicht selten gerade die Dimension verallgemeinernder, zukunftsbezogener Rechtsgestaltung in den Vordergrund.[32]

3. *Modelle von Höchstgerichtsbarkeit und deren Konsequenzen für die Bedeutung der höchstrichterlichen Entscheidung*

Der Spagat der Höchstgerichte zwischen Streitentscheidung und Normbildung kann indes unter sehr unterschiedlichen institutionellen Be-

---

fassend dazu *R. Fischer* Höchstrichterliche Rechtsprechung heute – am Beispiel des Bundesgerichtshofs –, in: Roellecke (Hrsg.) Zur Problematik der höchstrichterlichen Entscheidung (Fn. 18), 368 (373ff.); umfassende europäisch-vergleichende Einordnung mit Analyse der umformenden Rezeption des französischen Modells in Deutschland und Italien bei *P. Calamandrei* La Cassazione Civile. Bd. 1: Storia e Legislazioni (1920), in: *ders.* Opere Giuridiche, hrsg. v. M. Cappelletti, Bd. 6, 1976.

[28] *M. Miersch* Das sogenannte référé législatif. Eine Untersuchung zum Verhältnis Gesetzgeber, Gesetz und Richteramt seit dem 18. Jahrhundert, 2000, 27ff.; *Y.-L. Hufteau* Le référé législatif et les pouvoirs du juge dans le silence de la loi, 1965. Hierbei knüpfte man an absolutistische Vorbilder an: *Miersch* ebd., 25ff., 40ff.; *L. Spiegel* Das référé législatif oder die Anfrage bei Hof, in: ders. Gesetz und Recht. Vorträge und Aufsätze zur Rechtsquellentheorie, 1913, 100ff.; *H. Müller* Zur Geschichte der bindenden Gesetzesauslegung, 1939, 35ff.

[29] Näher *Zénati* (Fn. 4), 180ff.

[30] *C. Möllers* Gewaltengliederung. Legitimation und Dogmatik im nationalen und internationalen Rechtsvergleich, 2005, 94ff.

[31] Für die Verfassungsgerichtsbarkeit ist das ohnehin offenkundig, insoweit sie durch die Normenkontrolle von vornherein eine materiell legislative Funktion ausübt: *Möllers* (Fn. 30), 136ff. Auch die anderen Höchstgerichte entsprechen dieser Typisierung aber nicht.

[32] *P. Lames* Rechtsfortbildung als Prozesszweck, 1992; *C. W. Hergenröder* Zivilprozessuale Grundlagen richterlicher Rechtsfortbildung, 1995.

dingungen stattfinden. Welche das für die obersten Bundesgerichte sind, wird deutlicher, wenn man diese rechtsvergleichend genauer einordnet.

a) *Zwei Modelle von Höchstgerichtsbarkeit*

Tritt man einen Schritt zurück, dann lassen sich idealtypisch-vereinfachend zwei Modelle von Höchstgerichtsbarkeit ausmachen. Das eine ist das Supreme-Court-Modell der Common-Law-Tradition, das andere das hierarchisch-bürokratische Höchstgericht Kontinentaleuropas. Die Unterschiede zwischen beiden Modellen sind beträchtlich[33]: Das Höchstgericht des Common Law ist ein einheitlicher, kompakter und kleiner Spruchkörper: etwa die neun Richter des Supreme Court in Washington.[34] Hingegen gibt es in Kontinentaleuropa mehrere Höchstgerichte nebeneinander, vor allem durch die Spaltung von ordentlicher

---

[33] Dazu *M. Cappelletti* Stare Decisis and Civil Law, FS Konrad Zweigert, 1981, 381 (383ff.); *ders.* Giudici Legislatori?, 1984, 104ff.; *Bobek* (Fn. 20); eingehende Gegenüberstellung bei *Tunc* Synthèse, in: La Cour Judiciaire Suprême (Fn. 20), 5 (8ff.); vgl. auch *S. M. F. Geeroms* Comparative Law and Legal Translation: Why the Terms Cassation, Revision and Appeal should not be translated ..., The American Journal of Comparative Law 50 (2002), 201 (202ff.); *M. Meyer-Mickeleit* Revision, Kassation und Final Appeal. Eine rechtsvergleichende Untersuchung über das Verfahren vor den obersten Gerichtshöfen in Zivilsachen in Deutschland, Frankreich und England, 1996; *R. Bernhardt* Die Stellung oberster Gerichte im Staat. Ein rechtsvergleichender Überblick, ZaöRV 26 (1966), 269 (272ff.). Die durchaus nicht unbeträchtlichen Unterschiede zwischen den Höchstgerichten innerhalb der Tradition der Common Law – etwa zwischen den USA, Großbritannien und Kanda – können hier nicht näher untersucht werden.

[34] Vor diesem Hintergrund können in Kontinentaleuropa weder die einzelnen Höchstgerichte selbst noch ihre Entscheidungen dieselbe Autorität haben wie die Urteile eines einheitlichen Höchstgerichts mit wenigen Richtern an der Spitze des gesamten Justizsystems. Die Aura des Supreme Court muss dem Bundesgerichtshof oder der Pariser Cour de Cassation fehlen. Hieraus erklärt sich auch, dass sich die Funktion einer Verfassungsgerichtsbarkeit im Supreme-Court-Modell an das – besonders sichtbare und herausragende – einheitliche Höchstgericht anlagern konnte, während sie in Kontinentaleuropa ebenso selbstverständlich typischerweise als eigenständige Sondergerichtsbarkeit neben die überkommenen Höchstgerichte getreten ist: *Cappelletti* Stare Decisis (Fn. 33), 383f.; *M. Cappelletti/T. Ritterspach* Die gerichtliche Kontrolle der Verfassungsmäßigkeit der Gesetze in rechtsvergleichender Betrachtung, JöR 1971, 65 (89ff.). In der deutschen Rechtsentwicklung wäre zu Zeiten des Reichsgerichts vielleicht auch ein anderer Entwicklungspfad vorstellbar gewesen. So konnte Reichsgerichtspräsident Simons noch in der Weimarer Zeit anstreben, aus dem Reichsgericht eine Art deutschen Supreme Court zu machen – mit wichtigen Aufgaben auch auf dem Gebiet des öffentlichen Rechts, eingegliederten oder doch angelagerten höchsten Fachgerichtsbarkeiten und einer möglichen integrierten Funktion der Verfassungskontrolle: *W. Simons* Das Reichsgericht, in: J. Magnus (Hrsg.) Die Höchsten Gerichte der Welt, 1929, 3 (25ff.).

Gerichtsbarkeit und Verwaltungsgerichtsbarkeit. Die kontinentaleuropäischen Höchstgerichte sind überdies nach innen noch einmal in viele spezielle Spruchkörper aufgeteilt. Sie sind regelmäßig auf die Prüfung von Rechtsfragen beschränkt und müssen über eine große Zahl von Fällen urteilen. Common-Law-Höchstgerichte können dagegen frei über die Annahme von Klagen entscheiden und bearbeiten nur eine geringe Zahl von Fällen. Schließlich zeigt sich ein markanter Unterschied auch im Personal der Richter. Die Höchstgerichte in Kontinentaleuropa bestehen regelmäßig aus auf Lebenszeit tätigen Berufsrichtern im Rahmen eines Justizsystems, das in Parallele zur Verwaltung eine Art Karrierebürokratie darstellt.[35] In den Common-Law-Ländern waren die Richter hingegen meist zuvor für längere Zeit in anderen Berufen (Anwaltschaft, Verwaltung) tätig.[36] Zusammenfassend lässt sich sagen: Das Supreme-Court-Modell ist Ausdruck eines vergleichsweise gering hierarchisierten Justizsystems. Das kompakte Höchstgericht überwacht die Instanzgerichte nicht sehr stark durch Rechtsmittelentscheidungen. Hier übernimmt die Bindung an Präzedenzfälle die Aufgabe einer gewissen Vereinheitlichung. Im Kontrast dazu stehen die Höchstgerichte Kontinentaleuropas an der Spitze eines stärker hierarchisierten und fachlich spezialisierten Justizsystems.

b) Die Eigenart des deutschen Systems der Höchstgerichtsbarkeit

Das deutsche System der Höchstgerichtsbarkeit und des Revisionsrechts teilt viele Züge des kontinentaleuropäisch-bürokratischen Modells. Es weist aber innerhalb dieses Modells Besonderheiten auf. Anders als in den romanischen Ländern beruht es nicht auf einem praktisch unbegrenzten Zugang zu den Höchstgerichten, der etwa in Frank-

---

[35] Junge Richter bewähren sich nach einer juristischen Ausbildung in den unteren Instanzen, um dann unter Berücksichtigung ihrer Leistungen und ihres Dienstalters zu wichtigeren Ämtern an höheren Gerichten aufzusteigen. Vergleichend dazu für Frankreich, Italien und Deutschland *K. Zweigert/H. Kötz* Einführung in die Rechtsvergleichung, 3. Aufl. 1996, 123; *Cappelletti* Stare Decisis (Fn. 33), 387f.

[36] Grundlegende vergleichende Analyse allgemein bei *M. R. Damaška* The Faces of Justice and State Authority, 1986, hier besonders 36f.; vgl. auch *J. H. Merryman* How Others Do It: The French and German Judiciaries, Southern California Law Review 61 (1988), 1864 (1865). Dieser Unterschied dürfte im Übrigen auch dafür verantwortlich sein, dass sich ein echtes Präzedenzrecht in Kontinentaleuropa nicht entwickelt hat. Die Bindung an frühere Entscheidungen hätte hier aufgrund der fehlenden Orientierung an Sachverhalten rasch zu Erstickungserscheinungen geführt: *Damaška* ebd., 37. Die angloamerikanische Justiz mit ihren geringen Hierarchisierungen braucht zur Stabilisierung das Präzedenzsystem, während eine hierarchische Karrierejustiz besser ohne ein solches funktioniert.

reich oder Italien zu einer großen Zahl äußerst kurz gehaltener und häufig disparater Einzelentscheidungen führt. Das System der Revision beruht vielmehr in der Tendenz auf dem Leitgedanken, dem Höchstgericht zwar keine freie Auswahl seiner Fälle zu gestatten, den Zugang dorthin aber doch in erster Linie nur für Fälle von grundsätzlicher Bedeutung zu eröffnen.[37] Auf einer Skala zwischen beiden Modellen ist das deutsche Recht insoweit eher in der Mitte einzuordnen.

Das wirkt sich auf die Bedeutung der höchstrichterlichen Judikatur grundlegend aus. Im Common-Law-Modell – vor allem in dessen US-amerikanischer Ausprägung – ist das höchstrichterliche Urteil von vornherein ein zukunftsgerichtetes Grundsatzurteil. Der Fall wird nicht um der Parteien willen entschieden, sondern gezielt wegen der Bedeutung der Entscheidung für künftige Fälle ausgewählt. Richterrecht im Sinne einer bewusst zukunftsorientierten Fortbildung des Rechts liegt hier in der Natur der Sache. Die massenhaften höchstgerichtlichen Urteile in den romanischen Ländern sind hingegen nicht selten Einzelentscheidungen, die schon wegen ihrer Knappheit und Aussagearmut kaum über den entschiedenen Fall hinausweisen. Hier fällt es den Höchstgerichten traditionell schwer, eine generalisierende Leitfunktion zu übernehmen; stattdessen disziplinieren sie die Untergerichte schlicht durch die Entscheidung über eine riesige Masse von Einzelfällen.[38] Die Judikatur der deutschen obersten Bundesgerichte ist dazwischen ange-

---

[37] Allgemein dazu *Schwinge* (Fn. 27), 49f.

[38] Es ist im Übrigen gerade auch die Kürze der Entscheidungen, die das Entstehen eines ausgreifend-konzeptionellen Richterrechts stark behindert; dazu sehr treffend *Komárek* (Fn. 18), 25f. Reformvorschläge zielen denn etwa auch in Frankreich vor allem für die Cour de Cassation stets darauf ab, den Zugang einzuschränken, um ihr die Konzentration auf eine Grundsatzjudikatur zu erlauben: *Tunc* (Fn. 20), 439ff.; vgl. schon *A. Touffait/A. Tunc* Pour une motivation plus explicite des décisions de justice notamment de celles de la Cour de Cassation, Revue Trimestrielle de Droit Civil 72 (1974), 487 (501ff.); in diese Richtung auch für den Conseil d'État: *M.-C. Ponthoreau* Réflexions sur la motivation des décisions juridictionnelles en droit administratif français, Revue de droit public et de science politique 1994, 747ff. Bei allen Schwierigkeiten der Statistik macht das auch ein Blick auf Zahlen deutlich. Die Pariser Cour de Cassation entscheidet mit ca. 100 Richtern ca. 30000 Fälle im Jahr, die italienische Corte di Cassazione mit ca. 350 Richtern ca. 40000 Fälle jährlich. Zum Vergleich: Der Bundesgerichtshof bearbeitet mit ca. 125 Richtern etwa 3300 Fälle im Jahr, das Bundesverwaltungsgericht mit mehr als 40 Richtern weniger als 2000 Fälle im Jahr. Zum Kontrast *Komárek* (Fn. 18), 25f.; vgl. auch *Cappelletti* Giudici Legislatori? (Fn. 33), 105f.; *Geeroms* (Fn. 33), 208, 217f. Zur Bedeutung der Verfahrenskennzahlen für die Wahrnehmung der Rolle des jeweiligen Gerichts allgemein *Jestaedt* Der „Europäische Verfassungsgerichtsverbund" in (Verfahrenskenn-) Zahlen. Die Arbeitslast von BVerfG, EuGH und EGMR im Vergleich, JZ 2011, 872ff.

siedelt. Das Interesse der Parteien an der Einzelentscheidung wird hier nicht hintan gestellt, tritt aber doch in der Tendenz hinter die grundsätzliche Bedeutung des Falles zurück.[39] Das schlägt sich auch im Umfang der Entscheidungen nieder, die in Frankreich von legendärer Kürze und im Common-Law-Raum von legendärer Länge sind. Die deutschen höchstgerichtlichen Judikate liegen wiederum dazwischen.[40]

4. Eigenheiten der Regelbildung durch Höchstgerichte im Vergleich mit dem Gesetzgeber

a) Schwächen höchstrichterlicher Regelbildung gegenüber dem Gesetzgeber

Können die obersten Bundesgerichte der Aufgabe einer generalisierenden Regelbildung, die ihnen das deutsche System der Revision nahelegt, aber institutionell überhaupt gerecht werden? Hier drängen sich Zweifel auf. Für eine quasilegislative Tätigkeit sind die Höchstgerichte im Vergleich mit dem Gesetzgeber generell eher schlecht gerüstet. Es fehlt ihnen insoweit nicht nur die spezifische demokratische Legitimation, über die der Gesetzgeber verfügt.[41] Sie können auch Informationen nicht so umfassend beschaffen und aufbereiten, wie das einem Parlament durch die unterschiedlichen Erfahrungshintergründe seiner Mitglieder, die Vorarbeit der Ministerialbürokratie und vielfältige Beratungsmechanismen möglich ist. Im Gegenteil sind ihre Informationsmöglichkeiten durch das Prozessrecht in spezifischer Weise auf den je-

---

[39] Prägnanter Vergleich bei *Geeroms* (Fn. 33), 214ff.

[40] Vergleichende Analysen: *H. Kötz* Über den Stil höchstrichterlicher Entscheidungen, 1973; *J. Lashöfer* Zum Stilwandel in richterlichen Entscheidungen, 1992; *Wetter* (Fn. 20); *F. Schmidt* The Ratio Decidendi. A Comparative Study of a French, a German and an American Supreme Court Decision, 1965; vgl. auch: *J. L. Goutal* Characteristics of Judicial Style in France, Britain and the U.S.A., The American Journal of Comparative Law 24 (1976), 43ff.; *M. Wells* French and American Judicial Opinions, Yale Journal of International Law 19 (1994), 81ff. Hinsichtlich der Länge der Entscheidungen besteht auch innerhalb Deutschlands wiederum ein markanter Unterschied zwischen den obersten Bundesgerichten und dem Bundesverfassungsgericht. Kommen etwa Bundesgerichtshof und Bundesverwaltungsgericht im Schnitt mit knapp zehn Druckseiten pro Judikat aus, hat eine Senatsentscheidung des Bundesverfassungsgerichts im Durchschnitt 29 Druckseiten: *Jestaedt* Autorität und Zitat, FS Herbert Bethge, 2009, 513 (518 mit Fn. 16).

[41] Zur Problematik der demokratischen Legitimation der Gerichtsbarkeit *A. Voßkuhle/G. Sydow* Die demokratische Legitimation des Richters, JZ 2002, 673; *A. Tschentscher* Demokratische Legitimation der Dritten Gewalt, 2006; *Cappelletti* Giudici Legislatori? (Fn. 33), 82ff.

weiligen Einzelfall hin kanalisiert und begrenzt.[42] Die justiztypische Gefahr, dass außergewöhnliche Einzelfälle die Wahrnehmung verzerren können[43], kommt noch hinzu.

b) Vorteile höchstrichterlicher Regelbildung in Ergänzung zum Gesetzgeber

Diesen justiztypischen Problemen stehen aber durchaus Strukturvorteile der Höchstgerichte gegenüber, welche diese ausgleichen können. Die Problemsicht des Richters mag enger sein als die des Gesetzgebers, aber sie ist doch durch die Konfrontation mit den konkreten Fallgestaltungen zugleich tiefer.[44] Das zeigt sich auch daran, dass die Gesetzgebungspraxis bei neuartigen Gesetzen nicht selten auf das Erfahrungswissen der Gerichte zurückgreift, wenn deren Novellierung ansteht.[45] Durch den Instanzenzug im Gefüge der Rechtsprechung[46] erreicht das

---

[42] *J. Ipsen* Richterrecht und Verfassung, 1975, 146ff.; *Wank* (Fn. 18), 154ff.; *E. Picker* Richterrecht und Richterrechtsetzung, JZ 1984, 153 (156f., 160); *Lames* (Fn. 32), 52ff.; *D. L. Horowitz* The Courts and Social Policy, 1977, 33ff., 255ff.; *Cappelletti* Giudici Legislatori? (Fn. 33), 76ff.; *J. R. Rachlinsky* Bottom-Up versus Top-Down Lawmaking, The University of Chicago Law Review 73 (2006), 933ff. Hier liegt einer der bedeutsamen Unterschiede zwischen den obersten Bundesgerichten und dem Bundesverfassungsgericht, dem nach §§ 26ff. BVerfGG umfangreiche Möglichkeiten zur Erschließung von „legislative facts" eröffnet sind: *Ipsen* ebd., 150; vgl. auch *K. J. Philippi* Tatsachenfeststellungen des Bundesverfassungsgerichts, 1971, 9f.; allgemein *W. Kluth* Beweiserhebung und Beweiswürdigung durch das Bundesverfassungsgericht, NJW 1999, 3513ff.

[43] Zu dieser Gefahr *F. Schauer* Do Cases Make Bad Law?, The University of Chicago Law Review 73 (2006), 883 (899ff.); *Rachlinsky* (Fn. 42), 937ff.; vgl. auch *T. Eckhoff* Zur Rechtschöpfungsfunktion der Gerichte, in: Harenburg u.a. (Hrsg.) Rechtlicher Wandel durch richterliche Entscheidung (Fn. 14), 391 (394).

[44] *Biaggini* (Fn. 19), 394.

[45] *Biaggini* (Fn. 19), 402.

[46] Treffend dazu schon *P. Möhring* Vorschläge zur Reform des Revisionsrechts: Eine Stellungnahme zu dem Bericht der Kommission zur Vorbereitung einer Reform der Zivilgerichtsbarkeit, NJW 1962, 1 (3). Wie problematisch es ist, wenn dieser Klärungsprozess durch den Instanzenzug fehlt, zeigt sich besonders deutlich im Vorabentscheidungsverfahren durch den Europäischen Gerichtshof, in dem dieser nicht selten gezwungen ist, abstrakte Rechtsfragen zu beantworten, die ihm Instanzgerichte ohne einen vorherigen schrittweisen Klärungsprozess des Tatsachenmaterials vorlegen: *Komárek* (Fn. 18), 37. Das Verfahren hat allerdings im Unterschied zu förmlichen Berufungs- oder Revisionsverfahren den Vorzug, ein sehr viel weniger konfrontatives Verhältnis von Höchstgericht und Instanzgerichten zu ermöglichen; vgl. dazu im Kontrast zu den USA *J. C. Cohen* The European Preliminary Reference and U.S. Supreme Court Review of State Court Judgments: A Study in Comparative Judicial Federalism, The American Journal of Comparative Law 44 (1996), 421ff.

Höchstgericht eine gewisse Breite von „lebendigem Anschauungsmaterial“[47]. Gerade in den Fachsenaten der obersten Bundesgerichte können sich die Richter ein hohes Maß an spezieller Sachkunde erwerben und die Erkenntnisse aus diesem Material über die Zeit hinweg bündeln.[48] Hier wird deutlich, in welcher Form höchstrichterliche Normbildung möglich und sinnvoll ist, nämlich als das Ergebnis eines tastenden Klärungsprozesses an einer Reihe unterschiedlicher Fälle.[49] Aus einem derartigen „fallbezogenen Entdeckungsverfahren“[50], das sich im Rahmen eines arbeitsteiligen Justizgefüges schrittweise vollzieht, gewinnt die richterliche Regelbildung ihre spezifische Überzeugungskraft. Sie kann den Gesetzgeber – der meist nur in größeren Zeitintervallen tätig werden kann – dann sinnvoll ergänzen, zumal sie leichter als dieser zu schrittweisen Anpassungen in der Lage ist.[51] Diese Regelbildung bleibt überdies unter der Kontrolle des Gesetzgebers, der entsprechendes Richterrecht durch Korrekturgesetze ändern kann und dies auch immer wieder tut. Die nicht seltenen Fälle, in denen der Gesetzgeber beispielsweise die Rechtsprechung des Bundesfinanzhofs im Steuerrecht korrigiert,[52] sind ein Beispiel dafür.

---

[47] *Eckhoff* (Fn. 43), 394.

[48] Dazu *R. Fischer* Das Entscheidungsmaterial in seiner Bedeutung für die höchstrichterliche Rechtsprechung, in: R. Fischer/A. M. Adams/W. Sperl/W. R. Cornish (Hrsg.) Das Entscheidungsmaterial der höchstrichterlichen Rechtsprechung. Welche sozialen Konflikte kommen vor die staatliche Gerichtsbarkeit, insbesondere die obersten Gerichte?, 1975, 11 (13); *Schlüter* (Fn. 25), 32; *Wank* (Fn. 18), 159; *H. Kötz* Buchbesprechung zu: W. Schlüter, Das Obiter dictum, 1973, AcP 175 (1975), 361 (364); *U. Köbl* Obiter Dicta – Ansätze einer Rechtfertigung, JZ 1976, 752 (753). Die Richter dieser Fachsenate sind zudem häufig in ein fachliches Kommunikationsnetzwerk zwischen Höchstgerichtsbarkeit, Wissenschaft und interessierten Verkehrskreisen eingebunden, dessen Informationsquellen informell in die Entscheidungsfindung einfließen. Zu diesen kommunikativen Einbindungen und ihrer prozessualen Problematik: *H. Hirte* Der amicus-curiae-brief – das amerikanische Modell und die deutschen Parallelen, ZZP 104 (1991), 11 (54ff.); *Maultzsch* (Fn. 23), 398f.

[49] So eindringlich schon *J. Esser* Not und Gefahren des Revisionsrechts. Zur Problematik der „Grundsatzrevision“ in Zivilsachen, JZ 1962, 513 (515); vgl. auch *Eckhoff* (Fn. 43), 394; näher *Rachlinsky* (Fn. 42), 951ff.

[50] *Maultzsch* (Fn. 23), 252ff.

[51] Dazu *Rachlinsky* (Fn. 42), 951ff.; *Biaggini* (Fn. 19), 402; *Lames* (Fn. 32), 69.

[52] Dazu *H. Fleischer/F. Wedemann* Kodifikation und Derogation von Richterrecht. Zum Wechselspiel von höchstrichterlicher Rechtsprechung und Reformgesetzgebung im Gesellschaftsrecht, AcP 209 (2009), 597 (618ff.). Dabei ist freilich nicht zu übersehen, dass die Derogation von Richterrecht gesetzgebungstechnisch nicht selten erhebliche Probleme bereitet; vgl. dazu ebd., 618.

c) *Die Gefahr einer Ablösung der Höchstgerichte von der individuellen Streitentscheidungsfunktion*

Bei einer derartigen tastenden Normbildung durch die obersten Bundesgerichte zeigt sich freilich ein Dilemma, das durch die jüngeren Reformen des Prozessrechts verschärft worden ist. Es hängt mit einem Grundproblem zusammen, das die Höchstgerichte Kontinentaleuropas seit jeher plagt: die Gefahr der Überlastung.[53] Der Zugang zu den höchsten Bundesgerichten ist immer stärker eingeengt worden, um dieser Überlastung Herr zu werden und ihnen eine überzeugende Grundsatzjudikatur zu ermöglichen. Besonders anschaulich zeigt sich das im Zivilprozessrecht, wo die traditionelle Streitwertrevision aufgegeben worden ist.[54] Je stärker der Zugang zu den obersten Bundesgerichten auf Sachverhalte beschränkt wird, denen bereits bei der Zulassung der Revision eine grundsätzliche Bedeutung bescheinigt werden muss, desto mehr wird die Höchstgerichtsbarkeit zu streitferner abstrakter Normbildung gedrängt.

Das kann mittelfristig einer problematischen Auffassung von Rechtsfortbildung durch die Höchstgerichte Vorschub leisten, die darin eine völlig eigengeartete Aufgabe neben der „normalen“ Judikatur sieht.[55] In der Konsequenz dieser Konzeption könnte es liegen, die obersten Bundesgerichte mit gesetzgebungsähnlichen Informationsmitteln (amicus-curiae-briefs, Hearings, sozialwissenschaftliche Gutachterdienste) auszustatten[56], um ihnen die Ermittlung der entsprechenden Normbildungstatsachen zu ermöglichen. Eine derartige Entwicklung wäre aber nicht wünschenswert. Sie brächte die obersten Bundesgerichte in einen

---

[53] Anschaulich zu diesem Grundproblem *Tunc* (Fn. 20), 439ff.

[54] Dazu eingehend *Maultzsch* (Fn. 23), 334ff. Im Verwaltungsprozessrecht ist die Entwicklung etwas anders verlaufen, weil hier mit der Einführung der Zulassungsberufung bereits der Zugang zur zweiten Instanz stark beschränkt wurde, wodurch von vornherein weniger Fälle die dritte Instanz erreichen. Der Entwicklungstrend ist in Mitteleuropa allgemeiner spürbar: *Bobek* (Fn. 20). Auf andere Weise wirkt in eine ähnliche Richtung die Tendenz des Gesetzgebers, für bestimmte Angelegenheiten eine erstinstanzliche Zuständigkeit der obersten Bundesgerichte zu begründen und damit den Instanzenzug von vornherein auszuschließen; vgl. dazu *Hergenröder* (Fn. 32), S. 24ff.

[55] In diese Richtung etwa *C. D. Classen* Funktional ausdifferenzierte Rechtsprechungskompetenzen? Zur Freiheit im Umgang mit dem Recht, JZ 2007, 53 (59f.), der Rechtsfortbildung deshalb für Bundesrecht allein bei den obersten Bundesgerichten angesiedelt sehen will.

[56] Vorschläge dazu etwa bei *Hilger* (Fn. 26), 119; *K. J. Hopt* Was ist von den Sozialwissenschaften für die Rechtsanwendung zu erwarten?, JZ 1975, 341 (348); *Hirte* (Fn. 48), 63ff.; *Cappelletti* Giudici Legislatori? (Fn. 33), 78f.

Zwischenbereich zwischen Justiz und Gesetzgebung, der deutlich hybrider wäre, als es für Höchstgerichte ohnehin unvermeidlich ist. In einem derartigen hybriden Zwischenbereich ist bis jetzt allein das Bundesverfassungsgericht angesiedelt. Dieses ist aber durch die Rekrutierung seiner Mitglieder und die Aufgabe der Normenkontrolle der Gesetzgebung ohnehin von vornherein deutlich näher.[57] Für die obersten Bundesgerichte wäre eine derartige Hybridisierung problematisch. Die Überzeugungskraft ihrer Lösungen lebt aus der arbeitsteiligen Fallbehandlung im Instanzengefüge insgesamt. Nur diese gewährleistet es, dass die Höchstgerichte an der justiztypischen Legitimität individueller Streitentscheidung weiter partizipieren können. Die institutionelle Kompetenz der obersten Bundesgerichte zu generalisierender Normbildung muss paradoxerweise gerade deshalb in einer prekären Vorläufigkeit verharren[58], damit sie zu dieser Normbildung eben in ihrer Qualität als Gerichte beitragen können.

II. Die Bedeutung höchstrichterlicher Entscheidungen

Wie wirken nun die höchstrichterlichen Entscheidungen, wenn sie einmal getroffen wurden? Wie werden sie wahrgenommen und verarbeitet? Solche Fragen werden selten explizit erörtert, obwohl die Bedeutung dieser Entscheidungen stetig gewachsen ist[59]. Die höchstrichterliche Judikatur stellt neben dem geschriebenen Recht das Haupt-

---

[57] Zu diesem für das Bundesverfassungsgericht typischen Phänomen der Hybridisierung zwischen Justiz und Politik näher *C. Möllers* Legalität, Legitimität und Legitimation des Bundesverfassungsgerichts, in: M. Jestaedt/O. Lepsius/C. Möllers/C. Schönberger, Das entgrenzte Gericht. Eine kritische Bilanz nach sechzig Jahren Bundesverfassungsgericht, 2011, 281 (320ff.).

[58] In diesem Sinne gibt es eine Grenze der institutionellen Innovation, jenseits derer Gerichte aufhören, Gerichte zu sein. Plastisch dazu *Horowitz* (Fn. 42), 298; *Cappelletti* Giudici Legislatori? (Fn. 33), 69f., 80. Sie zeigt sich auch im Kontrast zur Kompetenz der Höchstgerichte in den kommunistischen Systemen, die Entscheidungspraxis der Instanzgerichte durch verbindliche abstrakt-generelle Richtlinien zu steuern; vgl. dazu *D. Schefold* Rechtsprechung oder Interpretationsrichtlinie?, NJW 1973, 122 (125); *Schlüter* (Fn. 25), 58ff.; *E. Jacobi* Die Richtlinien des Obersten Gerichts der Deutschen Demokratischen Republik, FS Willibalt Apelt, 1958, 203ff. Diese Form streitunabhängiger Leitungsakte der Höchstgerichte existiert in Mittel- und Osteuropa teilweise fort; vgl. dazu *Bobek* (Fn. 20), 45.

[59] Eine glänzende Analyse des gemeineuropäischen Bedeutungsanstiegs der Judikatur – vor allem im Verlauf des zwanzigsten Jahrhunderts – im Vergleich zwischen England, Frankreich und Deutschland findet sich bei *J. P. Dawson* The Oracles of the Law, 1968.

material dar, das Gerichte und Wissenschaft berücksichtigen und verarbeiten. In wachsendem Ausmaß wird es zur Aufgabe von Rechtspraxis und Rechtswissenschaft, Formen für den Umgang mit der bereits existierenden Judikatur zu entwickeln.

1. Die unterschiedliche Wahrnehmung von Präzedenzfällen in Kontinentaleuropa und im Bereich des Common Law

Die kontinentaleuropäischen Rechtsordnungen tun sich damit freilich schwer.[60] So sehr man sich hier traditionell an der Deutung von Gesetzestexten abarbeitet, so wenig verwendet man vergleichbare Mühen auf das Verstehen der Bedeutung von Gerichtsurteilen. Im angloamerikanischen Raum ist es traditionell umgekehrt. Einer vergleichsweise spärlichen und holzschnittartigen Interpretationslehre für Gesetzestexte steht dort eine reiche und differenzierte Kultur des Umgangs mit Gerichtsentscheidungen gegenüber. In der Praxis hat sich die Bedeutung von Präzedenzfällen zwischen dem angloamerikanischen Recht und demjenigen Kontinentaleuropas indes durchaus angenähert. Für Deutschland hat man bereits in den zwanziger Jahren des vergangenen Jahrhunderts davon sprechen können, es existiere hier tatsächlich ein „Kryptopräzedenziensystem"[61]. Der Umgang mit den Präzedenzfällen ist in beiden Traditionen aber weiterhin sehr unterschiedlich.

Das liegt sicherlich zunächst daran, dass Gerichtsentscheidungen bei uns nach den Prozessordnungen grundsätzlich nur zwischen den Par-

---

[60] *H. Coing* Zur Ermittlung von Sätzen des Richterrechts, JuS 1975, 277 (277).

[61] *H. Gerland* Probleme des englischen Rechtslebens, insbesondere das Praecedentiensystem und die Aufstellung von Verfahrensvorschriften. Zugleich ein Beitrag zur Rationalisierung der Gesetzgebung, 1929, 24. Zur Konvergenzentwicklung zwischen common law und kontinentaleuropäischem Recht: D. N. MacCormick/ R. S. Summers (Hrsg.) Interpreting Precedents. A Comparative Study, 1997; relativierend *M. Adams* The Rhetoric of Precedent and Comparative Legal Research, Modern Law Review 62 (1999), 464 (465f.). Zu ähnlichen Konvergenzprozessen bei der Gesetzesinterpretation D. N. MacCormick/R. S. Summers (Hrsg.) Interpreting Statutes. A Comparative Study, 1991; *Stefan Vogenauer* Die Auslegung von Gesetzen in England und auf dem Kontinent. Eine vergleichende Untersuchung der Rechtsprechung und ihrer historischen Grundlagen, zwei Bände, 2001 (wo freilich die Konvergenzthese wiederum übertrieben wird; dazu die Kritik von *K. Lerch* Das Verschwinden der Unterschiede, Rg 3 [2003], 38ff.); vgl. auch *Zweigert/Kötz* (Fn. 35), 262ff.; *V. G. Curran* Romantic Common Law, Enlightened Civil Law: Legal Uniformity and the Homogenization of the European Union, Columbia Journal of European Law 7 (2001), 63ff.

teien des Einzelfalls wirken.[62] Im angloamerikanischen Recht gibt es hingegen eine regelmäßige Bindung an ältere Gerichtsentscheidungen. Deshalb hat sich dort ein ausdifferenziertes Argumentationssystem zum Umgang mit früheren Urteilen entwickelt. Es kreist zentral um die Fragen, ob der zu entscheidende Fall von einem bereits entschiedenen in relevanter Weise abweicht („distinguishing“) oder die dort entwickelte Rechtsregel nicht länger aufrechterhalten werden soll („overruling“). Aus dieser Situation heraus entsteht eine besondere Aufmerksamkeit für die entschiedenen Sachverhalte wie auch für die Unterscheidung zwischen tragenden Gründen und obiter dicta.[63] Im deutschen Recht – wie in ganz Kontinentaleuropa – sind ähnliche Präjudizienbindungen hingegen sehr selten; sie treten hier vor allem in Fällen des Divergenzausgleichs auf.[64] Im Übrigen sind Richter aufgrund ihrer in Art. 97 Abs. 1 GG gewährleisteten Unabhängigkeit nicht an die höchstrichterliche Rechtsprechung gebunden.[65] Es hat sich deshalb für unsere Rechtspraxis nicht als nötig erwiesen, ein ähnlich differenziertes Argumentationsinstrumentarium für den Umgang mit früheren Gerichtsentscheidungen zu entwickeln wie im Common Law.

---

[62] Vgl. dazu auch BVerfGE 122, 248 (277).

[63] *N. Duxbury* The Nature and Authority of Precedent, 2008; *F. Schauer* Precedent, Stanford Law Review 39 (1987), 571ff.; *W. Fikentscher* Methoden des Rechts in vergleichender Darstellung, Bd. 2, 1975, 62ff., 95ff.; *Reinhardt* (Fn. 26), 249ff.

[64] Vgl. zu diesen Divergenzfällen zwischen Spruchkörpern oder Gerichten gleicher Stufe oben Fn. 22. In diesen besonderen Konstellationen entsteht durchaus ein ziseliertes Argumentieren über die tragenden Gründe, ein haarfeines distinguishing von Fällen, das es mit common law-Juristen aufnehmen kann – und nicht selten dem Ziel dient, eine Vorlagepflicht des entsprechenden Spruchkörpers zu vermeiden: *Schlüter* (Fn. 25), 40ff., 77ff.; *H. Lilie* Obiter dictum und Divergenzausgleich in Strafsachen, 1993. Ein Entwurf einer umfassenderen Rechtsprechungsbindung für die Rechtsordnung unter dem Grundgesetz findet sich bei *Reinhardt* (Fn. 26).

[65] Vgl. etwa BVerfGE 87, 273 (278); 98, 17 (48). Eine derartige Bindung ist auch nicht aus Art. 3 Abs. 1 GG abzuleiten, da Selbstbindung nicht auf die Funktion, sondern auf das Organ abstellt. Gebunden ist nur der konkrete Spruchkörper: *R. Riggert* Die Selbstbindung der Rechtsprechung durch den allgemeinen Gleichheitssatz (Art. 3 I GG), 1993, 51ff. Mit einer generellen Pflicht zur Befolgung obergerichtlicher Judikate ist im 19. Jahrhundert gelegentlich experimentiert worden. Sie hat sich aber nicht durchsetzen können, weil sie lediglich eine Ansammlung unverbundener Leitsätze hervorbrachte und damit die Rechtsunsicherheit eher vergrößerte. Zu den entsprechenden Gesetzen in einzelnen deutschen Staaten (vor allem Hannover, Bayern) näher *H. Weller* Die Bedeutung der Präjudizien im Verständnis der deutschen Rechtswissenschaft. Ein rechtshistorischer Beitrag zur Entstehung und Funktion der Präjudizientheorie, 1979, 82ff.; *Fischer* (Fn. 27), 372f.

2. *Rechtliche und faktische Bedeutsamkeit der höchstrichterlichen Judikatur*

a) *Rechtliche Beachtlichkeit höchstrichterlicher Entscheidungen*

Gleichwohl griffe es zu kurz, wollte man bei dem Befund stehen bleiben, dass bei uns weder die Höchstgerichte selbst an ihre früheren Judikate gebunden sind noch die Instanzgerichte derartige Judikate befolgen müssen. Bereits die bestehenden Mechanismen für den Ausgleich divergierender Entscheidungen der Obergerichte setzen voraus, dass deren Entscheidungen Wirkungen über den entschiedenen Einzelfall hinaus zukommen. Solche prozessrechtliche Vorkehrungen beruhen auf der Annahme und Erwartung, dass die obergerichtlichen Entscheidungen eine Leitwirkung für das gesamte Rechtssystem entfalten.[66] In der Rechtsprechung selbst finden sich überdies Anforderungen an die Judikatur, die älteren Entscheidungen durchaus eine gewisse rechtliche Beachtlichkeit zusprechen.[67] So ist das Abgehen von einer ständigen Rechtsprechung nur in den Grenzen eines gewissen Vertrauensschutzes zulässig.[68] Werden höchstrichterliche Entscheidungen nicht berücksichtigt, so kann dies haftungsrechtliche Konsequenzen für die Verwaltung[69] oder die Anwaltschaft[70] haben.[71]

---

[66] In vielen kontinentaleuropäischen Rechtsordnungen zeigen gerade diese organisatorischen Mechanismen zur Vereinheitlichung der obergerichtlichen Rechtsprechung an, wie sehr den höchstrichterlichen Judikaten faktisch eine Leitfunktion zukommt; vgl. dazu bereits *M. Ancel* Réflexions sur l'étude comparative des Cours suprêmes et le „Recours en Cassation", Annales de l'Institut de Droit comparé de l'Université de Paris III (1938), 285 (301).

[67] Überblick bei *C. Bumke* Verfassungsrechtliche Grenzen fachrichterlicher Rechtserzeugung, in: *ders.* (Hrsg.) Richterrecht zwischen Gesetzesrecht und Rechtsgestaltung, 2012, S. 33, 38ff.

[68] Vgl. etwa BGHZ 85, 64 (68). Überblick über die Rechtsprechung bei *H. Maurer* in: Isensee/Kirchhof, HStR IV, 3. Aufl., 2006, § 79 Rn. 139ff.; vgl. auch *L. Kähler* Strukturen und Methoden der Rechtsprechungsänderung, 2004, 132ff.; *K. Langenbucher* Die Entwicklung und Auslegung von Richterrecht. Eine methodologische Untersuchung zur richterlichen Rechtsfortbildung im deutschen Zivilrecht, 1996, 121ff.; *M. Herdegen* Vertrauensschutz gegenüber rückwirkender Rechtsprechung im Zivilrecht, WM 2009, 2202ff.

[69] Grundlegend BGH NJW 1963, 1453 (1454); näher *F. Ossenbühl* Die Bindung der Verwaltung an die höchstrichterliche Rechtsprechung (1967), in: Roellecke (Hrsg.) Zur Problematik der höchstrichterlichen Entscheidung (Fn. 18), 307 (319ff.).

[70] Zur entsprechenden Judikatur näher *J. Friedmann* Anwaltspflichten und Präjudizien, 2003, 24ff.

[71] Im Hinblick auf den EGMR hat das Bundesverfassungsgericht sogar ausdrücklich eine Pflicht der Gerichte formuliert, dessen Rechtsprechung zu berücksichtigen und sich inhaltlich damit auseinanderzusetzen: BVerfGE 111, 307 (316ff.).

b) *Faktische Leitfunktion der höchstrichterlichen Judikate*

Die Bedeutung der höchstrichterlichen Judikate geht in der Praxis über diese besonderen Fallgruppen weit hinaus. Die Instanzgerichte folgen der höchstrichterlichen Judikatur regelmäßig, obwohl sie dazu rechtlich nicht verpflichtet sind. Erst durch diese Folgsamkeit entwickelt die höchstrichterliche Entscheidung die für sie charakteristische ungefähre, verschwommene, gewissermaßen persuasive Verbindlichkeit.[72] Aber warum sind die Untergerichte eigentlich regelmäßig so folgsam? Hier ist ein Bündel von Motiven ausschlaggebend.[73] Sicherlich spielt dabei die Überzeugungskraft der Entscheidungsgründe des Präjudizes eine Rolle.[74] Auch wollen die Untergerichte eine mögliche Aufhebung im Instanzenzug vermeiden, weil ihre Entscheidungen ansonsten als fehlerhaft gelten.[75] Überdies ist die Justiz trotz der formalen Egalität der Richter durch vielfältige Mechanismen informeller Hierarchisierung gekennzeichnet.[76] Eine solche quasihierarchische Prägung legt die Beachtung obergerichtlicher Judikate nahe. Besonders ins Gewicht fällt aber vor allem auch schlicht die Entlastung der richterlichen Rechtsarbeit in den Unterinstanzen. Die Arbeitsbelastung der Instanzgerichte ist hoch, und ihre Hauptaufgabe liegt zumeist in der Feststellung des Sachverhalts. Sie sind geradezu darauf angewiesen, sich die Arbeits-

---

[72] *Roellecke* (Fn. 18), 16: „ungefähre, verschwommene, allgemeine Verbindlichkeit". Das gilt erst recht für die Entscheidungen des Bundesverfassungsgerichts, deren Beachtung in der gesamten Gerichtsbarkeit die durch § 31 BVerfGG angeordnete Bindungswirkung erheblich übersteigt: *E. Luetjohann* Nicht-normative Wirkungen des Bundesverfassungsgerichts. Ein Beitrag zur Rechtsprechungslehre, 1991, 4ff., 78ff.; dazu allgemein auch *O. Lepsius* Zur Bindungswirkung von Bundesverfassungsgerichtsentscheidungen, in: R. Scholz u.a. (Hrsg.) Realitätsprägung durch Verfassungsrecht. Kolloquium aus Anlass des 80. Geburtstages von Peter Lerche, 2008, 103ff.

[73] Dazu schon *Kriele* (Fn. 6), 258ff.

[74] BVerfGE 122, 248 (277); *K. Larenz* Über die Bindungswirkung von Präjudizien, FS Hans Schima, 1969, 247 (252). *Kriele* (Fn. 6), 243ff., hat aus diesem Gesichtspunkt sogar eine „präsumptive Verbindlichkeit der Präjudizien" ableiten wollen.

[75] *Roellecke* (Fn. 18), 16; *R. Lautmann* Justiz – die stille Gewalt. Teilnehmende Beobachtung und entscheidungssoziologische Analyse, 1972, 95ff.; *Rüthers/Fischer* (Fn. 3), Rdnr. 244.

[76] Zusammenfassend *C. Schütz* Der ökonomisierte Richter. Gewaltenteilung und richterliche Unabhängigkeit als Grenzen Neuer Steuerungsmodelle in den Gerichten, 2005, 76ff.; *H. Schulze-Fielitz*, in: Dreier, GG, Bd. 3, 2. Aufl. 2008, Art. 97 GG, Rdnr. 39. Die informelle Hierarchisierung knüpft an die ältere Beamtenstruktur der deutschen Richterschaft an; zugleich informativ und affirmativ dazu schon *K. A. Bettermann* Der Richter als Staatsdiener, 1967; zur verbliebenen Einbindung der Justiz in die allgemeine Verwaltung *F. Wittreck* Die Verwaltung der Dritten Gewalt, 2006.

ergebnisse des Höchstgerichts zu eigen zu machen und damit die Vorteile der Arbeitsteilung innerhalb des jeweiligen Instanzenzuges zu nutzen.[77]

3. *Der Umgang mit höchstrichterlichen Judikaten zwischen rechtssatzmäßiger Anwendung und verstärkter Sachverhaltsberücksichtigung*

Die grundsätzliche Folgebereitschaft der Instanzgerichte beantwortet freilich noch nicht die Frage, wie die Gerichte selbst die höchstgerichtlichen Entscheidungen verarbeiten.

a) *Der Umgang mit den Judikaten in der Praxis*

Das beginnt beim Umgang der Höchstgerichte mit ihren eigenen Judikaten und setzt sich in der Art fort, wie die Instanzgerichte diese Entscheidungen aufgreifen. Die deutsche Rechtsprechung neigt dazu, früheren Urteilen Leitsätze[78] oder leitsatzmäßig formulierte Aussagen zu entnehmen und diese in weiteren Entscheidungen unverändert zu wiederholen.[79] Seit den Zeiten des Reichsgerichts[80] ist eines der wesent-

---

[77] Vgl. *P. Stegmaier* Wissen, was Recht ist. Richterliche Rechtspraxis aus wissenssoziologisch-ethnographischer Sicht, 2009, 219ff.; *Fischer* (Fn. 27), 384f.; *Hauser* (Fn. 19), 198f.; ähnlich aus US-amerikanischer Perspektive *E. H. Caminker* Why Must Inferior Courts Obey Superior Court Precedents?, Stanford Law Review 46 (1994), 817 (827). Dies gilt zumal unter den heutigen Bedingungen einer verstärkt ökonomisierten Justiz, in der richterliche Arbeit auch und gerade an den Erledigungsziffern gemessen wird: *Schütz* (Fn. 76). Überdies muss man verdeckte Umgehungsmöglichkeiten in Rechnung stellen. Die Tatsachengerichte haben durchaus Wege, einer höchstgerichtlichen Judikatur in der Sache nicht zu folgen, wenn sie das Ergebnis im konkreten Fall für untragbar halten, ohne formal dagegen zu rebellieren. Gerade die Sachverhaltsfeststellung und erste rechtliche Einordnung eines Rechtsstreites (zu den hier bestehenden Spielräumen anschaulich *O. Hartwieg* Innovationsleistungen zivilrichterlicher Sachverhaltsarbeit, in: Harenburg u.a. (Hrsg.) Rechtlicher Wandel durch richterliche Entscheidung [Fn. 14], 339ff.) gibt dem Tatsachengericht vielfältige Möglichkeiten, die Wahrnehmung eines Falles durch die Oberinstanzen in einer Weise zu prägen, die den offenen Konflikt vermeidet: *F. Bruinsma* A Socio-Legal Analysis of the Legitimacy of Highest Courts, in: Huls u.a. (Hrsg.) The Legitimacy of Highest Court's Rulings (Fn. 18), 61 (73).

[78] Zu ihrer Bedeutung und Problematik *Heusinger* (Fn. 24), 182ff.; *Schlüter* (Fn. 25), 2ff.; *Köbl* (Fn. 48), 755; *W. Herschel* Der Leitsatz höchstrichterlicher Entscheidungen, FS 25 Jahre Bundesarbeitsgericht, 1979, 201ff.; *S. Uhlig* Leitsatzbildung, DRiZ 1974, 75ff.; *Schefold* (Fn. 58), 124f.

[79] Dazu *A. Ohly* Generalklausel und Richterrecht, AcP 201 (2001), 1 (4, 42); *Kötz* (Fn. 40), 21f.; vgl. auch *Esser*, Vorverständnis und Methodenwahl (Fn. 6), 185: „Absicherungsbedürfnis und Schematisierungsinteresse".

[80] Zur Zitierpraxis des Reichsgerichts *H.-G. Mertens* Untersuchungen zur zivilrechtlichen Judikatur des Reichsgerichts vor Inkrafttreten des BGB, AcP 174 (1974),

lichen Begründungsmittel der höchstrichterlichen Judikatur das Selbstzitat. Die Höchstgerichte verweisen in nicht selten langen Zitatketten auf die eigene Judikatur.[81] Solche selbstreferentiellen Kettenverweise dienen der Selbststabilisierung der Gerichte und ihrer Vergewisserung über Kohärenz und Kontinuität der eigenen Rechtsprechung.[82] Frühere Urteile geraten dadurch freilich gerade nicht als Fallentscheidungen in den Blick. Abstrakte Passagen ihrer Begründungen werden vielmehr sozusagen rechtssatzartig verwendet.[83] Dieses Verfahren leistet einer Vernachlässigung der entschiedenen Sachverhalte Vorschub. Allerdings hat es gerade für die Instanzgerichte auch Vorteile: Die regelhafte Formulierung erleichtert die Handhabung der Präzendenzfälle erheblich und entlastet damit die Untergerichte.[84] Das zeigt sich heute selbst in

---

333 (338); dazu kritisch *Dawson* (Fn. 59), 448; vgl. auch bereits die Kritik an fehlenden oder unzureichenden Sachverhaltsangaben bei der Veröffentlichung von Reichsgerichtsentscheidungen bei *O. Bähr* Urteile des Reichsgerichts mit Besprechungen, 1883, Vorrede, VII.

[81] *R. Wagner-Döbler/L. Philipps* Präjudizien in der Rechtsprechung. Statistische Untersuchungen anhand der Zitierpraxis deutscher Gerichte, Rechtstheorie 23 (1992), 228 (233); *R. Alexy/R. Dreier* Precedent in the Federal Republic of Germany, in: MacCormick/Summers (Hrsg.) Interpreting Precedents (Fn. 61), 17 (23 f.). Besonders ausgeprägt ist diese Neigung beim Bundesverfassungsgericht: *Jestaedt* (Fn. 40), 528 ff.; *O. Lepsius* Die maßstabsetzende Gewalt, in: Jestaedt/Lepsius/Möllers/Schönberger, Das entgrenzte Gericht (Fn. 57), 159 (200 f.).

[82] Dazu *Jestaedt* (Fn. 40), 530. Die Neigung zum leitsatzartigen Zitieren wird auch durch das Verfahrensrecht gefördert. Denn die ein Rechtsmittel oder Vorlageverfahren eröffnende Divergenz stellt allein darauf ab, ob das Gericht von einer abstrakten Regelformulierung eines divergenzfähigen Gerichts abweicht, während eine fehlerhafte Subsumtion unter eine derartige Regelformulierung dafür nicht genügt; vgl. *Hanack* (Fn. 22), 137 ff. Man kann bei den deutschen Höchstgerichten – etwa im Kontrast zu den französischen, die nicht einmal ihre eigene Judikatur zitieren – überdies aufgrund der vielfältigen Brüche der deutschen Geschichte insgesamt ein vergleichsweise stärker ausgeprägtes Bedürfnis ausmachen, ihre Entscheidungen in den Urteilsgründen zu rechtfertigen: *U. Everling* Zur Begründung der Urteile des Gerichtshofs der Europäischen Gemeinschaften, EuR 1994, 127 (135).

[83] Plastisch *Coing* (Fn. 60), 277: „Wir neigen immer noch dazu, Sätze des Richterrechts wie solche des Gesetzesrechts zu verwenden – nur dass wir statt eines Gesetzesparagraphen Band und Seite aus einer offiziellen Entscheidungssammlung zitieren“.

[84] Dazu *H. Hattenhauer* Zur Theorie und Praxis der Rezeption richterlicher Entscheidungsgründe, in: H. Hof/M. Schulte (Hrsg.) Wirkungsforschung zum Recht III, 2001, 25 (29); vgl. auch *Lautmann* (Fn. 75), 95 ff. Hier zeigt sich eine merkwürdige Beziehung zwischen Verbindlichkeit und Interpretation: Leitsatzartige Begründungen kontinentaler Höchstgerichte können von den Instanzgerichten vergleichsweise leicht begriffen und befolgt werden, obwohl diese für sie theoretisch nicht verbindlich sind. Hingegen fällt es dem Instanzrichter im Bereich des *common law* nicht selten schwer, aus den vielfältigen Ansätzen der richterlichen „opinions“ in einem Präzedenzfall die

den Vereinigten Staaten. Auch dort ist eine gewisse Tendenz zu beobachten, dass Präzendenzfälle stärker über ihre generellen Regeln wirken und ihre Wahrnehmung sich von den entschiedenen Sachverhalten ablöst.[85]

Gleichwohl bringt der sehr abstrahierende Umgang mit höchstrichterlichen Judikaten Gefahren mit sich. Er kann einer schematischen Übertragung der richterlichen Regelformulierung auf anders liegende Sachverhalte Vorschub leisten.[86] Dieser Umgang trägt überdies zu der immer wieder einmal zu beobachtenden Überinterpretation höchstrichterlicher Entscheidungen bei[87]; diese wird durch das Bedürfnis der Instanzgerichte und der Rechtspraxis begünstigt, rechtliche Unsicherheiten möglichst schnell und umfassend höchstrichterlich geklärt zu sehen[88]. Vom Common Law ließe sich hier eine genauere Beobachtung der Urteile gerade als Entscheidungen lernen. Das bedeutet vor allem eine intensivere Auseinandersetzung mit dem entschiedenen Sachverhalt, zum anderen aber auch eine gründlichere Unterscheidung von tragenden Gründen und obiter dicta.[89] Nur ein derartiger differenzierter Umgang mit den Judikaten kann verhindern, dass die vom Höchstgericht formulierten normausfüllenden Zwischensätze sich zu rasch verselbständigen.

---

tragenden Gründe herauszuschälen, an die er in der Theorie gebunden ist: *Ancel* (Fn. 66), 300f.; *A. Samuels* Those multiple long judgments, Civil Justice Quarterly 24 (2005), 279ff.; *F. H. Lawson* Comparative Judicial Style, The American Journal of Comparative Law 25 (1977), 364 (371).

[85] *F. Schauer* Opinions as Rules, The University of Chicago Law Review 62 (1995), 1455ff.; *P. M. Tiersma* The Textualization of Precedent, The Notre Dame Law Review 82 (2007), 1187ff., mit Kontrastierung der unterschiedlichen Entwicklung in England und den Vereinigten Staaten; vgl. dazu schon *H. Oliphant* A Return to Stare Decisis, The American Bar Association Journal 14 (1928), 71ff., der bereits beklagte, „stare decisis" werde zunehmend von „stare dictis" abgelöst.

[86] *Coing* (Fn. 60), 281f.; für Verfassungsgerichtsentscheidungen *Lepsius* (Fn. 81), 202.

[87] Die Entwicklung, dass etwa Richter des Bundesverwaltungsgerichts im Informationssystem „juris" Entscheidungen ihres Gerichts kommentieren, dürfte auch mit dieser Problematik der Überinterpretation in der Praxis zu tun haben.

[88] Dazu *Schlüter* (Fn. 25), 2.

[89] Dazu *Coing* (Fn. 60), 281ff.; *Langenbucher* (Fn. 68), 78ff.; *Ohly* (Fn. 79), 46; *Lepsius* (Fn. 81), 202, 242f., 259ff.; vgl. auch bereits *W. Sauer* Die grundsätzliche Bedeutung der höchstrichterlichen Rechtsprechung für Praxis und Wissenschaft (1929), in: Roellecke (Hrsg.) Zur Problematik der höchstrichterlichen Entscheidung (Fn. 18), 92 (121f.).

b) *Der Umgang mit den Judikaten als Problem von Wissenschaft und Ausbildung*

Dieses Problem ist indes in der Wissenschaft größer als in der Praxis. Denn die Gerichte praktizieren durchaus in der Regel einen differenzierten Umgang mit obergerichtlichen Judikaten, auch wenn sie die entsprechenden Vorsichtsregeln nicht explizit formulieren.[90] In der Rechtsdogmatik ist das häufig anders. Sie verwertet zwar die Gerichtsentscheidungen, indem sie die Entscheidungsbegründungen auf deren Konsistenz prüft und in ihre Systematisierungsangebote einfügt. Durch diese auf argumentative Verallgemeinerung ausgerichtete Perspektive schneidet sie sich aber den Blick auf das richterliche Urteil als eigenständiges Phänomen ab.[91] Gerade weil der Dogmatiker imaginär auf dem Richterstuhl Platz nimmt, verliert er allzu rasch die Gerichte als Institutionen aus dem Blick.[92] Zwar ist die Perspektive verallgemeinernder wissenschaftlicher Systembildung durchaus legitim und kann die Regelbildung durch die Höchstgerichte unterstützen.[93] Man muss sich nur darüber im Klaren sein, dass das richterliche Urteil als eigenständiger Beschäftigungsgegenstand so nicht genügend Aufmerksamkeit bekommt.

Rechtswissenschaft und juristische Ausbildung schulen gerade vor diesem Hintergrund die eingehende kritische Beschäftigung mit Gerichtsurteilen zu wenig und lassen damit auch die künftige Praxis weit-

---

[90] Anschaulich dazu *Stegmaier* (Fn. 77) 219f.; vgl. auch *Wagner-Döbler/Philipps* (Fn. 81), S. 240.

[91] Welches Prozessgeschehen zugrunde lag, welche Weichen bei der Sachverhaltsfeststellung in den Unterinstanzen wie gestellt wurden (dazu anschaulich *Hartwieg* [Fn. 77]), welche Kompromisszwänge innerhalb eines Kollegialgerichts die Begründung in eine bestimmte Richtung gelenkt haben (dazu *Berkemann* [Fn. 12], 46, 54), alle derartige Fragen interessieren für eine abstrahierende Dogmatik nicht.

[92] Plastisch zum Problem *C. R. Sunstein/A. Vermeule* Interpretation and Institutions, Michigan Law Review 101 (2003), 885 (888): „Legal education, and the legal culture more generally, invite interpreters to ask the following role-assuming question: ‚If you were the judge, how would you interpret this text?' If the question is posed in that way, institutional issues drop out. The very form of the question makes them irrelevant." Sehr prägnant dazu auch *Ohly* (Fn. 79), 28: „ … ist das Urteil im Gegensatz zu einer rechtswissenschaftlichen Theorie keine bloße unverbindliche Aussage über die Rechtslage. Es ist ein vom zuständigen staatlichen Organ aufgestellter Sollenssatz, der einem Tatbestand mit hoheitlicher Wirkung eine Rechtsfolge zuordnet …".

[93] Dazu *C. Bumke* Die Wechselwirkungen zwischen Rechtsprechung und Dogmatik, in: 16. Deutscher Verwaltungsgerichtstag, hrsg. vom Verein Deutscher Verwaltungsgerichtstag e.V., 2010, S. 143ff.

gehend allein.[94] Die etwa im französischen Ausbildungswesen fest verankerte Form eines „commentaire d'arrêt“[95], einer vertieften wissenschaftlichen Urteilskritik, könnte durchaus auch in der deutschen Juristenausbildung gute Dienste tun. Dies gilt zumal deshalb, weil die zunehmende Bedeutsamkeit von ganz anders verfertigten Judikaten – wie etwa den Entscheidungen des stärker in der französischen Urteilstradition stehenden Europäischen Gerichtshofs[96] – ohnehin eine stärkere Beschäftigung mit Form und Eigenart von Gerichtsurteilen nahelegt.[97] Nähme die Wissenschaft die höchstrichterlichen Leitjudikate stärker in ihrem Entscheidungscharakter wahr, in ihrer Geprägtheit durch die jeweiligen Sachverhalte und Zeitumstände, dann leistete sie damit auch der Gerichtsbarkeit selbst einen Dienst. Diese könnte so einen differenzierteren Blick auf ihre eigenen Rechtsprechungstraditionen bekommen und sich aus ihnen auch möglicherweise leichter wieder herauslösen.[98] Gerade innerhalb der deutschen Rechtsordnung, in der die Judikatur der obersten Bundesgerichte nun über sechzig Jahre hinweg angewachsen ist, wird eine derartige Kontextualisierung und Historisierung früherer Leitentscheidungen zunehmend wichtiger.

---

[94] Vorbildlich, aber ohne Nachfolge geblieben: *Hattenhauer* (Fn. 24); vgl. auch *Coing* (Fn. 60), 280ff.; zu dieser Aufgabe der Juristenausbildung auch *Hattenhauer* (Fn. 84), 30; *Fischer* (Fn. 12), 407f.

[95] Vgl. etwa *R. Mendegris/G. Vermelle* Le commentaire d'arrêt en droit privé, 7. Aufl. 2004. Diese Aufgabe antwortet im französischen Recht angesichts der gedrängten Kürze der höchstgerichtlichen Entscheidungen und der extrem hohen Technizität des Systems der Kassationsgründe („moyens“) allerdings auf eine gegenüber der deutschen Situation spezifische Problematik: *J. Ghestin* L'interprétation d'un arrêt de la Cour de Cassation, Recueil Dalloz. Chroniques, 2004, 2239ff.

[96] Dazu *Everling* (Fn. 82); *Lasser* (Fn. 18), 203ff.; *Lashöfer* (Fn. 40), 130ff.; *A. Arnull* Owning Up to Fallibility: Precedent and the Court of Justice, CMLRev. 30 (1993), 247ff.

[97] Hier kann die rechtshistorische und -vergleichende Forschung zu Urteilsformen und -stilen fruchtbar gemacht werden; vgl. dazu *F. Ranieri* Stilus Curiae. Zum historischen Hintergrund der Relationstechnik, Rechtshistorisches Journal 1985, 75ff., und die Nachweise in Fn. 40.

[98] Hierzu *Lepsius* (Fn. 81), 260. Der Beginn einer derartigen historisierenden Kontextualisierung von höchstgerichtlichen Entscheidungen ist etwa für das Bundesverfassungsgericht gemacht in der Sammlung: J. Menzel (Hrsg.) Verfassungsrechtsprechung. Hundert Entscheidungen des Bundesverfassungsgerichts in Retrospektive, 2000. Für die frühe Judikatur des Bundesverwaltungsgerichts: *C. Schönberger* Verwaltungsrecht als konkretisiertes Verfassungsrecht. Die Entstehung eines grundgesetzabhängigen Verwaltungsrechts in der frühen Bundesrepublik, in: M. Stolleis (Hrsg.) Das Bonner Grundgesetz. Altes Recht und neue Verfassung in den ersten Jahrzehnten der Bundesrepublik Deutschland, 2006, 53ff.

III. Verfassungsrechtliche Grenzen höchstrichterlicher Rechtserzeugung?

Lassen Sie mich schließlich in einem letzten Schritt auf den angemessenen verfassungsrechtlichen Umgang mit höchstrichterlicher Rechtserzeugung eingehen. Die Problematik ist jüngst mit der Entscheidung des Ersten Senats zur Frage der Bemessung des nachehelichen Unterhalts[99] neu ins Blickfeld gerückt. Das Bundesverfassungsgericht hat dem Bundesgerichtshof dort bescheinigt, dessen Rechtsprechung zur Berechnung des nachehelichen Unterhalts überschreite die Grenzen zulässiger Rechtsfortbildung und verletze damit Art. 20 Abs. 3 GG.

1. Das Grundproblem der richterlichen Kontrolle richterlicher Gesetzesbindung

Um das Sachproblem derartiger Entscheidungen einzuordnen, muss man zunächst die Besonderheit der institutionellen Situation in den Blick nehmen. Die Rechtsbindung des Richters wirft, wie eingangs erwähnt, stets das Problem einer rekursiven Schleife auf. Der Richter entscheidet aufgrund seiner Unabhängigkeit selbst, wie das Recht zu verstehen ist, an das er gebunden ist. Eine Überprüfung kann nur im Instanzenzug durch höhere Richter vorgenommen werden. Das jeweilige Höchstgericht entwickelt dann am Ende des Instanzenzugs die maßgebliche Interpretation. Es ist eine Besonderheit des deutschen Rechts, dass es mit dem Mittel der Urteilsverfassungsbeschwerde die Möglichkeit eröffnet, auch Entscheidungen und Rechtsprechungen der obersten Bundesgerichte einer weiteren Kontrolle am Maßstab des Grundgesetzes zu unterwerfen.[100] Die Frage ist jedoch, was diese Kontrollmöglichkeit im Hinblick auf die Bindung des Richters an Gesetz und Recht nach Art. 20 Abs. 3 GG bedeuten und leisten soll.

2. Das Dilemma des Bundesverfassungsgerichts

a) Das Fehlen eines eigenständigen verfassungsrechtlichen Maßstabs

Das Bundesverfassungsgericht steht insoweit vor einem offenkundigen Dilemma. Versteht es die Gesetzesbindung aus Art. 20 Abs. 3 GG

---

[99] BVerfG, B. v. 25. 1. 2011 – 1 BvR 918/10 –, NJW 2011, 836; dazu: *V. Rieble* Richterliche Gesetzesbindung und BVerfG, NJW 2011, 819ff.; *B. Rüthers* Klartext zu den Grenzen des Richterrechts, NJW 2011, 1856ff.

[100] Eingehende Zwischenbilanz bei *G. Hermes* Verfassungsrecht und einfaches Recht – Verfassungsgerichtsbarkeit und Fachgerichtsbarkeit, VVDStRL 61 (2002), 119ff.

als umfassendes Kontrollprogramm für die fachrichterliche Rechtserzeugung, so unterscheidet sich seine Aufgabe nicht von der des Revisionsgerichts. Es muss dann prüfen, was auch das Revisionsgericht stets prüfen muss: ob ein Gesetz korrekt ausgelegt wurde. Das Bundesverfassungsgericht verlängert in diesem Fall den Instanzenzug um eine weitere Schleife und setzt seine Interpretation des einfachen Rechts an die Stelle derjenigen des obersten Bundesgerichts. Das wäre aber mit der Systematik der Verfassungsbeschwerde als eines außerordentlichen Rechtsbehelfs unvereinbar, der nur der Überprüfung einer Verletzung von „spezifischem Verfassungsrecht" dient, und wird vom Gericht auch ausdrücklich abgelehnt.[101]

Das Bundesverfassungsgericht will den spezifisch verfassungsrechtlichen Standard deshalb dahin bestimmen, dass die Fachgerichte die Grundentscheidung des Gesetzgebers und dessen Ziele respektieren und den anerkannten Methoden der Gesetzesauslegung folgen müssen.[102] Das Problem besteht nur darin, dass es sich dabei um keinen spezifisch verfassungsrechtlichen Standard handelt. Die Ermittlung von Grundentscheidungen des Gesetzgebers und die Auslegung des Gesetzes nach den anerkannten Methoden ist die selbstverständliche Pflicht aller Gerichte, wenn es bei ihren Urteilen auf das Gesetz ankommt.[103] Zu einem spezifisch verfassungsrechtlichen Kontrollmaßstab wird diese Anforderung auch nicht etwa vermittelt durch den Gewaltenteilungsgrundsatz.[104] So richtig es ist, dass die Bindung des Richters an das Ge-

---

[101] Zusammenfassend *K. Schlaich/S. Korioth* Das Bundesverfassungsgericht. Stellung, Verfahren, Entscheidungen, 8. Aufl. 2010, Rn. 280ff. Vgl. etwa BVerfG, B. v. 25. 1. 2011 (Fn. 99), 837: „Die Auslegung des einfachen Rechts, die Wahl der hierbei anzuwendenden Methoden sowie seine Anwendung auf den Einzelfall sind Sache der dafür zuständigen Fachgerichte und vom BVerfG nicht auf ihre Richtigkeit zu untersuchen."

[102] Vgl. etwa BVerfGE 87, 273 (280); 96, 56 (62f.); 96, 375 (394); BVerfG, B. v. 25. 1. 2011 (Fn. 99), 838; nähere Präzisierungsversuche in der Abweichenden Meinung der Richter Voßkuhle, Osterloh und Di Fabio BVerfGE 122, 248 (282ff.). Zu den vielfältigen sonstigen Formeln des Gerichts in diesem Zusammenhang siehe den Überblick bei *B. Pieroth/T. Aubel* Die Rechtsprechung des Bundesverfassungsgerichts zu den Grenzen richterlicher Entscheidungsfindung, JZ 2003, 504ff.

[103] Vgl. dazu die Kritik bei *Jestaedt* (Fn. 11), 34ff. Es erschließt sich deshalb auch nicht, wie das Bundesverfassungsgericht den Fachgerichten einerseits die Wahl der bei der Auslegung des einfachen Rechts anzuwendenden Methoden überlassen, andererseits aber überprüfen will, ob eine rechtsfortbildende Auslegung durch die Fachgerichte den anerkannten Methoden der Gesetzesauslegung folgt: BVerfG, B. v. 25. 1. 2011 (Fn. 99), 836, 838.

[104] Berufung auf den Gewaltenteilungsgrundsatz etwa in BVerfGE 96, 375 (394); vgl. auch die Abweichende Meinung der Richter Voßkuhle, Osterloh und Di Fabio BVerfGE 122, 248 (282).

setz auch dem Schutz des parlamentarischen Gesetzgebers dient, so wenig folgt daraus ein eigenständiges verfassungsrechtliches Prüfprogramm für die Beurteilung von Auslegungen der Fachgerichte. Vielmehr kommt es so zu der Situation, dass ein lege artis begründetes Auslegungsergebnis eines obersten Bundesgerichts einem ebenso lege artis begründeten abweichenden Auslegungsergebnis des Bundesverfassungsgerichts gegenüberstehen kann. Das ist nichts anderes als Superrevision im engsten Sinne des Wortes.[105]

b) Die fehlende Berücksichtigung des institutionellen Kontextes der Rechtserzeugung innerhalb der Fachgerichtsbarkeit

Hierbei wird der institutionelle Kontext verkannt, innerhalb dessen sich Auslegung und Rechtsfortbildung innerhalb der Fachgerichtsbarkeit vollziehen. Es handelt sich um Gerichte, die in ein komplexes System von Rechtsmitteln und Vorlageverfahren eingebunden sind; dieses stellt auch praktisch regelmäßig sicher, dass Grundsatzfragen der Rechtsfortbildung nicht ohne die Bereitschaft zur Orientierung an Recht und Gesetz entschieden werden.[106] Dem Bundesverfassungsgericht selbst fehlt hingegen gerade die alltägliche Vertrautheit mit dem entsprechenden Fachrecht und das institutionelle Fundament in einem arbeitsteiligen Instanzenzug.

Gegen diese Superrevision spricht zudem, dass eine stärkere Einengung fachrichterlicher Rechtserzeugung unerwünschte Konsequenzen haben dürfte. Sie könnte dazu führen, dass die Fachgerichte einen von ihnen empfundenen Rechtsfortbildungsbedarf verstärkt in die Form der verfassungskonformen Auslegung kleiden.[107] Die höchstrichterliche Rechtsfortbildung löste sich damit in der Tendenz stärker aus den sachlichen und instanziellen Prägungen der Fachgerichtsbarkeit heraus. Ge-

---

[105] Vgl. dazu die prägnante Abweichende Meinung des Richters Gerhardt BVerfGE 122, 248 (302f.): „Hingegen ist es nicht Aufgabe des Bundesverfassungsgerichts, sich in die Rolle der Superrevisionsinstanz zu begeben und die angegriffene Entscheidung des obersten Bundesgerichts nachvollziehend auf ihre Vereinbarkeit mit dem, was das Bundesverfassungsgericht selbst und unter Umständen mit erheblichem Aufwand zur Rechtslage ermittelt hat, zu überprüfen."

[106] Auch hierzu wiederum die Abweichende Meinung des Richters Gerhardt ebd., 302.

[107] Als Problem beschrieben bei *C. Hillgruber* Richterliche Rechtsfortbildung als Verfassungsproblem, JZ 1996, 118 (125); Grundsatzkritik an der verfassungskonformen Auslegung durch die Fachgerichtsbarkeit bei *A. Voßkuhle* Theorie und Praxis der verfassungskonformen Auslegung von Gesetzen durch die Fachgerichtsbarkeit. Kritische Bestandsaufnahme und Versuch einer Neubestimmung, AöR 125 (2000), 177 (186f.), dort im Hinblick auf die mögliche Vereinigung der Rechtsfortbildungspflicht mit der verfassungskonformen Auslegung zu „einer Art Megakompetenz".

rade von dort her ist sie aber durch die tägliche Konfrontation mit der Sachanschauung am besten legitimiert. Eine Verlagerung auf die verfassungskonforme Auslegung wäre auch deshalb fragwürdig, weil sie dem Gesetzgeber die Möglichkeit zur Reaktion durch Gesetzesänderung abschnitte oder doch erschwerte. Sie wäre überdies aufgrund der Europäisierung nicht wünschenswert. Denn diese bringt gerade die obersten Bundesgerichte zunehmend in die Rolle einer Clearingstelle für die Verknüpfung von einfachem Recht und Unions- bzw. Völkerrecht innerhalb des deutschen Rechtssystems[108], was vom Verfassungsrecht her nicht zu leisten ist.

3. *Eine andere Operationalisierung: Rückzug aus der Methodenkontrolle und Ausdifferenzierung der inhaltlichen verfassungsrechtlichen Maßstäbe*

Vor diesem Hintergrund ist die Antwort auf das Dilemma der Operationalisierung von Art. 20 Abs. 3 GG gegenüber der fachgerichtlichen Judikatur in der Kombination von zwei Lösungen zu suchen:

a) *„Solange II" bei der Methodenkontrolle der Fachgerichtsbarkeit*

Zunächst sollte sich das Bundesverfassungsgericht aus der Methodenkontrolle der Gesetzesauslegung durch die Fachgerichte im Wege einer „Solange II"-Formel[109] zurückziehen. Eine methodische Kontrolle einzelner Judikate der Fachgerichte und insbesondere der obersten Bundesgerichte schiede dann aus, solange das Argumentationsniveau richterlicher Rechtserzeugung im Gesamtgefüge der Fachgerichtsbarkeit strukturell den anerkannten Methoden der Gesetzesauslegung genügt. Das Gericht verzichtete so auf die maßstabslose Überprüfung von Auslegungsbegründungen der Fachgerichtsbarkeit. Eine derartige Zurücknahme der verfassungsgerichtlichen Kontrolltätigkeit entspräche in der Sache durchaus der bisherigen, überwiegend zurückhaltenden Kontrollpraxis des Gerichts.[110]

[108] Zu dieser wachsenden Schlüsselfunktion der obersten Bundesgerichte für die Koordination unterschiedlicher Rechtsschichten am Beispiel der ausländerrechtlichen Rechtsprechung des Bundesverwaltungsgerichts anschaulich *D. Thym* Migrationsverwaltungsrecht, 2010, 246ff.

[109] Vgl. BVerfGE 73, 339.

[110] Vgl. dazu den Überblick über die Rechtsprechung bei *Pieroth/Aubel* (Fn. 102).

b) *Ausdifferenzierung sonstiger verfassungsrechtlicher Anforderungen*

Das Gegenstück dazu wäre die genauere Ausdifferenzierung sonstiger inhaltlicher Anforderungen des Grundgesetzes. Gerade in den Judikaten zur richterlichen Rechtsfortbildung schwingen nicht selten bestimmte Sachgesichtspunkte mit, die sich von den methodischen Fragen abschichten lassen. Das können grundrechtliche Aspekte sein[111], solche des Vertrauensschutzes und des Rückwirkungsverbots bei Rechtsprechungsänderungen[112] oder auch die Problematik, wie weit der Gesetzesvorbehalt in Bereiche zu erstrecken ist, die wie das Arbeitskampfrecht derzeit allein richterrechtlich gestaltet werden[113]. Statt Methodenfragen zu beurteilen, für die eigenständige verfassungsrechtliche Kategorien fehlen, sollte das Gericht vertiefter prüfen, ob die Auslegung des Fachrechts unter anderen verfassungsrechtlichen Gesichtspunkten zu beanstanden ist, und diese möglicherweise inhaltlich neu ausdifferenzieren. Die Einhaltung der Bindung des Richters nach Art. 20 Abs. 3 GG muss hingegen innerhalb der Fachgerichtsbarkeit selbst sichergestellt und dort auch verantwortet werden.

Schluss

Es hat sich gezeigt, dass höchstrichterliche Rechtserzeugung nicht allein im Horizont hermeneutischer Textinterpretation verstanden werden darf, sondern aus ihren institutionellen Bedingungen heraus begriffen werden muss. Erst durch eine derartige Analyse von Produktion und Rezeption tritt die Eigenart der Rechtserzeugung durch die höchsten Gerichte hervor. Die erheblichen Gestaltungsräume der obersten Bundesgerichte sind in vielfältiger Weise institutionell eingehegt: durch das immer neu hinzukommende Anschauungsmaterial der Fälle, die Rückkopplung mit den Instanzgerichten und dem Europäischen Gerichtshof, die Reaktionsmöglichkeiten des Gesetzgebers, die Beobachtung durch das Bundesverfassungsgericht im Hinblick auf spezifisch verfassungsrechtliche Anforderungen. Ihre Rechtsprechung ist in jedem Fall auf eine aufmerksame wissenschaftliche, gelegentlich auch öffent-

---

111 Zumindest angedeutet in BVerfGE 122, 248 (267f.).

112 Dazu *C. Möllers* Nachvollzug ohne Maßstabbildung: richterliche Rechtsfortbildung in der Rechtsprechung des Bundesverfassungsgerichts, JZ 2009, 668 (672), der derartige Gesichtspunkte indes als Teil einer Methodenkontrolle verstehen will.

113 Vgl. BVerfGE 84, 212 (226f.); 88, 103 (115f.); zur Kritik daran zusammenfassend *Hermes* (Fn. 100), 137ff.

liche Begleitung angewiesen. Das Unbehagen gegenüber den richterlichen Gestaltungsräumen verschwindet dadurch freilich nicht. Es beruht im Kern darauf, dass auch im modernen Verfassungsstaat nicht Gesetze herrschen, sondern Menschen.

Leitsätze des 2. Referenten über:

Höchstrichterliche Rechtsfindung und Auslegung gerichtlicher Entscheidungen

Einführung

(1) Das Amt des Richters fügt sich in die moderne Gewaltenteilung nur auf sperrige Weise ein. Das beruht auf einem Paradox: Die richterliche Bindung an das Recht kann nur innerhalb der Justiz selbst sichergestellt werden. Bei den höchsten Gerichten wird dieses Paradox offenkundig.

(2) Dieses Problem wird in der traditionellen Gegenüberstellung von Rechtsetzung und Rechtsanwendung verdrängt, die der dritten Gewalt allein die Rechtsanwendung zuweist. Das Gestaltungselement richterlichen Entscheidens wird dabei ausgeblendet und richterliche Tätigkeit auf Texthermeneutik reduziert.

(3) Höchstrichterliche Rechtsfindung muss aus einer institutionellen Perspektive analysiert werden. Funktion und Aufgabe des jeweiligen Höchstgerichts sind als Spitze eines arbeitsteiligen Justizgefüges zu begreifen, in dem etwa das Verhältnis zu Untergerichten ebenso eine Rolle spielt wie dasjenige zum Gesetzgeber.

(4) Das Referat entwickelt eine rechtsvergleichend-modellhafte Beschreibungsform für Höchstgerichte und spielt diese am Beispiel der obersten Bundesgerichte durch. Diese entsprechen am stärksten dem klassischen Typus der Höchstgerichtsbarkeit, die einen regelmäßigen Instanzenzug abschließt. Die hier entwickelte Modellbildung könnte auch für andere Höchstgerichte und insbesondere den Europäischen Gerichtshof fruchtbar gemacht werden.

(5) Das Referat geht in drei Schritten vor: Es analysiert zunächst den institutionellen Kontext, in dem die Höchstgerichte ihre Entscheidungen treffen (I). Es untersucht dann, wie deren Judikate wirken und verarbeitet werden (II). Schließlich geht es um die Frage nach spezifisch verfassungsrechtlichen Anforderungen an die höchstrichterliche Rechtsfindung (III).

I. Höchstrichterliche Rechtsfindung in institutioneller Perspektive

1. Vorüberlegung: Die Fragwürdigkeit der überkommenen Methodenlehre

(6) Die Hinwendung zu einer institutionellen Perspektive auf die höchstrichterliche Rechtsfindung ist um so nötiger, als die juristische Methodendiskussion seit gut hundert Jahren die Grenzen einer verlässlichen Bindung an Rechtstexte herausgearbeitet hat. Alle Versuche, zwischen Konkretisierung von Normen, Auffüllen von „Lücken" und neuartiger Rechtsfortbildung klar zu unterscheiden, haben nicht zu belastbaren Erkenntnissen geführt.

(7) Auch gerichtliche Urteile erzeugen Recht, sie wenden dieses nicht nur an. Jedes Gerichtsurteil setzt Recht, Richterrecht. Richterrecht ist nicht ein pathologischer Sonderfall, sondern eine notwendige Erscheinungsform des Rechtssystems.

(8) Gerade deshalb sucht auch das allgemeine Prozessrecht Rechtsgewissheit nicht allein in der Texthermeneutik, sondern im Verfahren (Einwirkungsmöglichkeiten der Parteien, Instanzenzug, kollegiale Entscheidung in den Obergerichten).

2. Die Funktion von Höchstgerichten

(9) Höchstgerichte sind als Gerichte Organe individueller Streitentscheidung. Sie gehen aber über diesen Archetyp von Justiz hinaus. Bei ihnen tritt zur Streitschlichtung die Aufgabe einer Vereinheitlichung und Fortbildung des Rechts hinzu. Damit entsteht dort ein besonderes Spannungsverhältnis zwischen Streitentscheidung und Normbildung.

(10) Dies bedeutet unvermeidlich eine gewisse Nähe der Höchstgerichte zur Gesetzgebung. Nach einer üblichen Entgegensetzung im Gewaltenteilungsschema handelt der Gesetzgeber verallgemeinernd, zukunftsbezogen und offen, die Justiz hingegen individualisierend, vergangenheitsbezogen und rechtlich determiniert. Höchstgerichte sind mit dieser Entgegensetzung aber nicht zu erfassen. Bei ihren Judikaten tritt nicht selten gerade die verallgemeinernde, zukunftsbezogene Rechtsgestaltung in den Vordergrund.

3. Modelle von Höchstgerichtsbarkeit

(11) Bei einer rechtsvergleichenden Modellbildung lassen sich idealtypisch vereinfachend zwei Modelle von Höchstgerichtsbarkeit ausmachen: das Supreme-Court-Modell der Common-Law-Tradition und die hierarchisch-bürokratischen Höchstgerichte Kontinentaleuropas.

(12) Die Unterschiede zwischen beiden sind groß: Hier ein einheitlicher, kompakter, kleiner Spruchkörper, dort eine Mehrzahl von Höchstgerichten, die nach innen noch einmal in spezielle Spruchkörper aufgeteilt sind. Hier die Entscheidung weniger Fälle, dort eine Fülle von Rechtsmittelentscheidungen.

(13) Das deutsche System der Höchstgerichtsbarkeit entspricht grundsätzlich dem kontinentaleuropäisch-bürokratischen Typus. Anders als in den romanischen Ländern beruht es aber nicht auf einem sehr weiten Zugang zu den Höchstgerichten, sondern auf der Eröffnung des Zugangs vor allem für Fälle von grundsätzlicher Bedeutung.

(14) Daraus folgen grundlegende Unterschiede für die Bedeutung der jeweiligen höchstrichterlichen Judikatur. Zwischen dem Grundsatzurteil des Common Law und den häufig knappen und aussagearmen Massenjudikaten der romanischen Länder befinden sich die Urteile der deutschen obersten Bundesgerichte in einer mittleren Position vorsichtiger Generalisierung.

4. Regelbildung durch Höchstgerichte im Vergleich mit dem Gesetzgeber

(15) Für eine generalisierende, quasilegislative Regelbildung sind die Höchstgerichte im Vergleich mit dem Gesetzgeber generell eher schlecht gerüstet, sowohl was ihre demokratische Legitimation als auch was ihre Information angeht.

(16) Anders als der Gesetzgeber verfügen sie aber über eine am Fallmaterial gewonnene konkretere Anschauung, die sich in Fachsenaten zu spezieller Sachkunde bündelt. Eine tastende Normbildung von diesem Material her kann den Gesetzgeber sinnvoll ergänzen, zumal sie weiter unter dessen Kontrolle bleibt und von ihm korrigiert werden kann.

(17) Die Einschränkung des Zugangs zu den Höchstgerichten bringt diese allerdings in die Gefahr, zu streitferner abstrakter Normbildung gedrängt zu werden. Das stellte ihre justiztypische Legitimität in Frage.

II. Die Bedeutung höchstrichterlicher Entscheidungen

(18) Die gewachsene Bedeutung der Judikatur erfordert es, dass Rechtspraxis und Rechtswissenschaft einen bewussteren Umgang mit Gerichtsurteilen entwickeln.

1. Die unterschiedliche Wahrnehmung von Präzendenzfällen in Kontinentaleuropa und im Bereich des Common Law

(19) Weil die Bindung an frühere Judikate im deutschen Recht sehr selten ist, hat sich hier anders als im Common Law keine differenzierte Form des Umgangs mit älteren Urteilen entwickelt.

2. Rechtliche und faktische Bedeutsamkeit der höchstrichterlichen Judikatur

(20) Auch im deutschen Recht gibt es eine gewisse rechtliche Beachtlichkeit älterer Judikate, etwa im Hinblick auf den Vertrauensschutz bei Rechtsprechungsänderungen oder haftungsrechtliche Konsequenzen bei Nichtberücksichtigung höchstrichterlicher Judikatur.

(21) Die faktische Leitfunktion der höchstrichterlichen Judikate geht sehr viel weiter, weil ihnen die Instanzgerichte regelmäßig folgen.

3. Der Umgang mit höchstrichterlichen Judikaten zwischen rechtsatzmäßiger Anwendung und verstärkter Sachverhaltsberücksichtigung

(22) Die deutsche Tendenz zur rechtssatzartigen Leitsatzjudikatur kann zwar die Instanzgerichte entlasten, bringt aber die Gefahr einer schematischen Übertragung auf andersartige Sachverhalte mit sich.

(23) Die rechtsdogmatische Verarbeitung der Judikatur bevorzugt eine Perspektive systematischer Verallgemeinerung. Damit verschwindet aber das Gerichtsurteil als eigenständiger Beschäftigungsgegenstand. In Wissenschaft und Ausbildung bedarf es einer intensiveren Auseinandersetzung mit Form und Eigenart von Gerichtsurteilen. Ältere Leitentscheidungen müssen stärker kontextualisiert und historisiert werden.

III. Verfassungsrechtliche Grenzen höchstrichterlicher Rechtserzeugung?

1. Das Grundproblem der richterlichen Kontrolle richterlicher Gesetzesbindung

(24) Die Rechtsbindung des Richters wirft das Problem einer rekursiven Schleife auf. Die Normdeutung der letzten Instanz kann nicht mehr überprüft werden. Durch die Möglichkeit der Urteilsverfassungsbeschwerde entsteht im deutschen Recht die Frage, was die Bindung des Richters an Gesetz und Recht nach Art. 20 Abs. 3 GG für die verfassungsgerichtliche Kontrolle der Rechtsprechung der obersten Bundesgerichte bedeutet.

2. *Das Dilemma des Bundesverfassungsgerichts*

(25) Das Bundesverfassungsgericht will nicht Superrevisionsinstanz sein, hat aber keinen eigenständigen verfassungsrechtlichen Maßstab für die Kontrolle der richterlichen Rechtserzeugung durch die Fachgerichte. Die Kontrolle der Gesetzesauslegung auf die Einhaltung methodischer Standards führt unvermeidlich zur Superrevision. Sie verkennt die Eigenart der arbeitsteiligen Rechtserzeugung im Gefüge der Fachgerichtsbarkeit.

3. *Eine andere Operationalisierung von Art. 20 Abs. 3 GG*

(26) Das Bundesverfassungsgericht sollte sich aus der Methodenkontrolle der Gesetzesauslegung durch die Fachgerichtsbarkeit im Wege einer „Solange II"-Formel zurückziehen. Eine methodische Kontrolle einzelner Judikate schiede dann aus, solange das Argumentationsniveau richterlicher Rechtserzeugung im Gesamtgefüge der Fachgerichtsbarkeit strukturell den anerkannten Methoden der Gesetzesauslegung genügt. Die Einhaltung der Bindung des Richters nach Art. 20 Abs. 3 GG ist innerhalb der Fachgerichtsbarkeit sicherzustellen und zu verantworten.

(27) Das Gegenstück dazu wäre die genauere Ausdifferenzierung sonstiger inhaltlicher Anforderungen des Grundgesetzes. Das können etwa grundrechtliche Aspekte sein, solche des Vertrauensschutzes oder des Rückwirkungsverbots bei Rechtsprechungsänderungen. Statt Methodenfragen zu beurteilen, für die eigenständige verfassungsrechtliche Kategorien fehlen, sollte das Gericht vertiefter prüfen, ob die Auslegung des Fachrechts unter anderen verfassungsrechtlichen Gesichtspunkten zu beanstanden ist und diese möglicherweise inhaltlich neu ausdifferenzieren.

Bilanz und Ausblick

(28) Erst durch eine institutionelle Analyse der Bedingungen von Produktion und Rezeption ihrer Judikate tritt die Eigenart der Rechtserzeugung durch die höchsten Gerichte hervor. Für die obersten Bundesgerichte zeigt sich, dass ihre erheblichen Gestaltungsräume in vielfältiger Weise eingehegt sind: durch das immer neue Fallmaterial, die Rückkopplung mit den Instanzgerichten und dem Europäischen Gerichtshof, die Reaktionsmöglichkeiten des Gesetzgebers und die Beobachtung durch das Bundesverfassungsgericht im Hinblick auf spezifisch verfassungsrechtliche Anforderungen. Ihre Rechtsprechung bedarf gerade wegen der bestehenden Spielräume überdies einer besonders aufmerksamen wissenschaftlichen und öffentlichen Begleitung.

3. *Aussprache und Schlussworte*

Höchstrichterliche Rechtsfindung und Auslegung gerichtlicher Entscheidungen

Lepsius: Verehrte Kolleginnen und Kollegen, wir heißen Sie zur Diskussion über den dritten Beratungsgegenstand willkommen. Es liegen über 20 Wortmeldungen vor, so dass wir gezwungen waren, die Redezeit auf drei Minuten zu beschränken. Wir möchten so viele wie möglich sprechen lassen, bitte bedenken Sie das bei Ihren Beiträgen. Und nun ohne weitere Verzögerungen in die Diskussion, die Herr Hoffmann-Riem eröffnen wird. Nach ihm folgen Herr Möllers und Herr Engel.

Hoffmann-Riem: Sehr verehrte Kolleginnen und Kollegen. Ich glaube, wir haben soeben eine Sternstunde in der Arbeit der Staatsrechtslehrervereinigung erlebt: zwei exzellente Vorträge. Sie haben mir auch gezeigt, dass wir darüber nachdenken müssen, ob unsere bisherigen Methodenlehren ausreichen. Eine Hauptthese lautet ja, dass wir uns entfernen müssen von der Konzentration und Reduktion der Methodenlehren auf Textauslegung, also auf die reine Textorientierung. Natürlich ist diese weiterhin wichtig. Sie ist aber nur ein Bestandteil juristischer Arbeit. Ebenso wichtig ist, dass wir angesichts der Offenheit vieler Texte für unterschiedliche Interpretationen lernen, bei der Rechtsanwendung mit dieser Offenheit angemessen umzugehen. Insofern ist die Ebene der Herstellung der Entscheidung und der vielen Faktoren, die dort auf die Ausfüllung dieser Offenheit einwirken, besonders wichtig. Ich danke den beiden Referenten dafür, dass sie insbesondere die maßgebenden institutionellen Faktoren betont haben. Von Bedeutung sind nicht nur die innerinstitutionellen Gegebenheiten, so ob ein Gericht als Kollegial- oder Einzelrichterorgan entscheidet, oder ob es personell so zusammengesetzt ist, dass es auch die plurale Vielfalt der Werte und Erfahrungen einer Gesellschaft widerspiegelt, wie etwa das Bundesverfassungsgericht. Ferner ist für die praktische Rechtsanwendung auch der formelle oder informelle Verbund mit anderen Institutionen wichtig, so neben dem Gerichtszug auch der vertikale Mehrebenenverbund nationaler Gerichte mit den europäischen. Das Nebeneinander unterschiedlicher Gerichtszweige mit je unterschiedlichen Selbstverständnissen kann zu unterschiedlichen Sichten auf die gleichen Rechtsnormen führen. Die Einsicht in die Abhängigkeit der Rechtsanwendung von institutionellen Kontexten sowie auch von situativ maßgebend werden Faktoren muss dazu führen, unsere herkömmlichen Methodenlehren zu erweitern. Sind Methodenlehren als Entscheidungslehren zu verstehen, muss Rechtswissenschaft als Entscheidungswissenschaft die vielfältigen Faktoren, die auf die Herstellung der Entscheidung einwirken, berücksichtigen und in Lehren über Methoden einbauen. Die Darstellung der Richtigkeit einer Entscheidung ist selbstverständlich weiterhin wichtig, steht aber nicht am Anfang des Prozesses der Rechtsanwendung. Für eine erweiterte Methodenlehre tauchen neue Fragen auf, etwa die: Wie können in unserer Methodenlehre Sicherungen geschaffen werden, dass die vielen Faktoren, die nicht textgebunden sind, dennoch als juristisch richtige legitimiert sind? Mit anderen Worten: Wie können wir die Rechtswissenschaft so erweitern, dass das, was auf der Herstellungsebene maßgebend wird, etwa die Nutzung impliziten Wissens, durch Methoden diszipliniert wird?

Eine kleine Anmerkung kritischer Art zu Herrn Schönberger, und zwar zu seiner These über die fehlende Kontrollzurückhaltung des Bundesverfassungsgerichts. Ich kenne aus meiner Zeit als Verfassungsrichter keine Entscheidung, jedenfalls keine, an der ich mitgewirkt hätte, in der das Gericht eine Entscheidung eines Zivil- oder sonstigen Gerichts, die lege artis begründet war, beanstandet hat. Dass das Bundverfassungsgericht auch eine lege artis-Prüfung – zumindest in der Intensität der Willkürkontrolle – vornehmen darf und muss, gehört zu seiner vom Rechtsstaatsprinzip her legitimierten Aufgabe. Eine bei der Gesetzesauslegung methodische Standards nicht einhaltende Entscheidung kann den Anforderungen der Gesetzesbindung richterlichen Handelns nicht genügen. Ich habe im Übrigen in meiner Zeit im Ersten Senat immer beobachten können, wie sehr das Gericht versucht hat, so etwas wie die von Herrn Schönberger geforderte neue „Solange 2-Formel" gewissermaßen zu verinnerlichen. Der Befund verfassungsgerichtlicher Zurückhaltung ist zwar von der Rechtswissenschaft nicht immer als hinreichend anerkannt worden. Über das Prinzip und seine Einhaltung ist aber im Gericht viel diskutiert worden. Es wurde stets als richterliches Berufsethos verstanden, nach diesem Prinzip zu handeln. Vielen Dank.

Möllers: Ich möchte mich zunächst dem Vorredner anschließen: Es ist wichtig, dass hier eine institutionelle Perspektive gewählt wurde, die von der klassischen Fixierung auf materielles Recht Abstand gewinnt, und die dadurch auch wieder an Kelsens Einsicht anschließen kann, dass auch Rechtsprechung Rechtsetzung ist. Ob man daraus schließen sollte, andere Methodenlehren schreiben zu müssen, wie Herr Hoffmann-Riem annahm, oder vielleicht auch einfach nur, gar keine Methodenlehren mehr zu schreiben, weil Methodenlehren als solche gar nichts bringen, und sich der institutionelle Kontext, eben analysieren aber nicht lehrbuchhaft einfangen lässt, ist eine andere Frage.

Zwei kritische Bemerkungen: Die erste fragt nach den normativen Kriterien. Frau Albers hat darauf verzichtet. Sie hat gesagt, so ist es, es „schlängelt“ sich, „Lissabon“ hier, „Honeywell“ dort. All dies ist Rechtsprechung, die ihre Funktion erfüllt. Da, denke ich, könnte man aus dem funktionalen Ansatz mehr herausholen, als Sie explizit gemacht haben. Herr Schönberger hat dagegen, wie ich finde, ein normativ etwas parasitäres Verhältnis zur klassischen Gewaltenteilungslehre entwickelt. Er hat diese erst einmal verworfen, um dann zu sagen, dass es natürlich Legitimationsprobleme gibt, wenn Höchstgerichte auf einmal nur noch Höchstrichterliches tun und nicht mehr an konkrete Fälle angebunden werden. Dahinter steckt doch eine sehr klassische Vorstellung von Gewaltenteilung und ein Glaube an die Bindungswirkung von Rechtstexten. Hier zeigt sich eine Ambivalenz im Referat, das nicht anders konnte als die Theorien, die zunächst kritisiert wurden, anschließend zu rehabilitieren.

Die zweite Frage zur deskriptiven Seite: Man könnte Herrn Schönbergers Beitrag kritisch auf Frau Albers anwenden und fragen, ob das Abstraktionsniveau des Vortrags nicht insofern zu hoch war, als es Verfassungsgerichte und Höchstgerichte gemeinsam behandelt hat. Funktionieren Höchstgerichte nicht ganz anders als Verfassungsgerichte? Macht dies nicht eine grundsätzliche Unterscheidung erforderlich, um sehen zu können, dass der EuGH als ein Höchstgericht ganz andere Mechanismen der Entscheidungsfindung hat als der EGMR als ein Verfassungsgericht, ebenso das Bundesverfassungsgericht im Vergleich zum Bundesgerichtshof? Hier liegt eine grundlegende Differenz, die bei aller Freude an abstrakter Begriffsbildung notwendig erscheint, um die Phänomene sinnvoll beschreiben zu können. Vielen Dank.

Engel: Beim Hören dieser beiden ausgesprochen interessanten Referate hatte ich den Eindruck, das sei ein Gegenstand, bei dem man Grund hat, auch auf die Akteure zu achten. Oder anders gesagt: die doch ziemlich naheliegende Einsicht kam in den Referaten relativ wenig vor, dass Gerichte, wenn sie in Wahrheit das Recht bilden, Macht ausüben. Dem möchte ich die provozierende Gegenfrage von Richard Posner entgegenhalten: Was maximieren Richter? Antwort: Dasselbe wie Jedermann sonst. Was heißen würde, Geld, oder möglichst wenig tun für möglichst viel Einkommen. Sie lachen zu Recht. Diese Motive erscheinen uns völlig inadäquat. Aber die Frage ist deshalb nicht inadäquat, sondern dadurch wird sie erst richtig interessant. Wir glauben, und ich denke zu Recht, daran, dass das viel zu plump ist. Aber deswegen geschieht Rechtsprechung noch nicht in einem Raum frei von Interessen. Wer in einem Höchstgericht eine Aufgabe erfüllt, hat Freude daran, zu gestalten. Und er gestaltet, wohlwissend, dass ihm jede Form von Inputlegitimation abgeht. Er hat ein Amt, und er kann handeln. Die Frage ist, warum man erwarten soll, dass trotzdem keine Willkür geschieht. Zu dieser Frage, denke ich, haben Sie beide sehr hilfreiche Beiträge geleistet, sie haben es nur nicht unter dieser Perspektive getan. Bei Ihnen, Herr Schönberger, habe ich sehr viel über den institutionellen Kontext als Bindungsressource herausgehört. Und bei Ihnen, Frau Albers, habe ich herausgehört, dass soziale und diskursive Praxis – in ökonomischen Kategorien gesprochen – eine relativ strukturierende Opportunitätsstrukturschaffen, die viel mehr Verlässlichkeit in diesen Prozess hineinbringt als die simple Beobachtung, die haben die Macht.

von Arnim: Vielen Dank. Ich möchte versuchen, einen Bogen zu schlagen zur gestrigen Diskussion. Wir sprachen da über Fachrationalität und politische Rationalität. Kann man nicht im Großen und Ganzen die Arbeitsweise der Gerichte als durch eine spezifische richterliche Rationalität gekennzeichnete Arbeitsweise ansehen, während die normale Gesetzgebung eben auch als sehr stark von politischer Rationalität gekennzeichnet ist? Mich hätte, wenn man dem halbwegs folgt, interessiert, welches das Spezifikum richterlicher Rationalität im Unterschied eben zur politischen Rationalität ist. Darüber habe ich aber, glaube ich, nichts gehört außer eben zum Beispiel im Diskussionsbeitrag von Herrn Hoffmann-Riem, der das aber in ein ganzes Lehrbuch hinein verlagern will. Vielleicht ist die damit angesprochene umfassende Thematik ein Grund dafür, das hier zu übergehen. Aber lohnt es nicht zu fragen, welche Rolle hier Prinzipien, welche Rolle Regeln spielen, welche Rolle die Optimierung von Verfassungswerten spielt, alles vornehmlich aus der Sicht des Verfassungsgerichts? Könnte man nicht sagen, dass die Aufgabe der Rechtsprechung auch als fleet in being nicht nur in ihren tatsächlichen Entscheidungen darin besteht, der politischen Rationalität soviel richterliche Rationalität abzuringen wie irgend möglich? Das war der erste Punkt, den ich ansprechen wollte. Der zweite ist: Die Richter entscheiden ja nur auf Antrag. Wo kein Kläger, da auch kein Richter. Nun haben wir z.B. beim Euro-Rettungsschirm ja das Problem, dass das Bundesverfassungsgericht es abgelehnt hat, über die Vereinbarkeit des Rettungsschirms mit Europarecht zu entscheiden. Der EuGH wird aber nicht angerufen werden, jedenfalls besteht keine Möglichkeit des civis ex populo, ihn anzurufen. Wir haben also hier eine Situation, wo vielleicht hunderte von Milliarden den Steuerzahler, den Bürger belasten, und trotzdem keine Klagbarkeit für ihn besteht. Liegt nicht auch hier – beim Ausschluss der Klagbarkeit durch die Gesetzgebung, wenn also die Politik dem Bürger die Klage gegen die Politik verweigert – eine problematische Entscheidung in eigener Sache vor? Damit bin ich wieder bei meinem Thema. Vielen Dank.

Waechter: Ich möchte etwas dazu sagen, warum die Überlegungen im heutigen Themenfeld so oft damit anfangen, dass die Methodenlehre nichts mehr bringt und so häufig damit enden, dass aber alles lege artis stattfinden muss. Wir sind uns darüber einig, jedenfalls mit Ihnen, Herr Schönberger, dass Urteile, die behaupten, Rechtsanwendungen zu sein, keine Rechtsanwendungen sind. Kelsen hat gesagt, alles ist Rechtsetzung. Das ist so, das lässt sich m.E. theoretisch nicht bestreiten. Das kann aber ein Richter nicht akzeptieren in der Praxis. Warum nicht? Erstens wird er von den Parteien beleidigt, weil er nicht die Legitimation hat, wenn er zugibt, dass er nicht Rechtsanwendung macht. Zweitens eröffnet dieses Zugeben den Spielraum zulässiger Argumente. Er müsste sich dann auch mit entgegenstehenden politischen Argumenten auseinandersetzen. Das will er nicht, das kann er nicht, das haben wir nicht gelernt. Also, jedes Urteil, das in Anspruch nimmt, Gesetzesauslegung zu sein, ist eine Fiktion. Eine Fiktion ist kontrafaktisch. Kontrafaktische Behauptungen werden ungern und nur unter bestimmten Bedingungen geglaubt. Wenn also ein Höchstgericht eine Entscheidung treffen will unter der Behauptung, das sei Gesetzesanwendung, muss es a) die Instanzgerichte, den Verbund überzeugen, b) die öffentliche Meinung. Das ist mir etwas kurz kommen. Wann kann diese Überzeugung gelingen? Welche Kritierien gibt es dafür? Und jetzt schließt sich der Zirkel in unangenehmer Weise, nämlich die Überzeugung gelingt nur dann, wenn das Gericht dartun kann, dass es lege artis gehandelt hat. Wieso ist also dieser Widerspruch im Zirkel da? Weil eine Fiktion begründet werden muss, also eine Behauptung, die unwahr ist. Infolgedessen kann das nie gelingen, muss aber gelingen. Ein zweiter Punkt ist mir ein bisschen zu kurz gekommen, aber angesprochen worden: Es geht um Menschen. Sie haben es angesprochen, die Bereitschaft der Richter, dem Gesetz zu folgen. Ein wichtiger Punkt. Wenn der Richter nicht vermittelt, dass er diese Bereitschaft hat, sowohl im Prozess wie in seinem sonstigen Verhalten, dann öffnet er auch diesen Anwendungsraum für andere Argumente und suggeriert, dass er sich diesem weiteren Argumentationsfeld aussetzen muss. Danke.

Gallwas: Zunächst ein Kompliment an Frau Albers. Wenn wir in der Vereinigung jemanden hätten, der über die Formulierungskraft von Heinrich von Kleist verfügte, dann würde er vielleicht Ihren Vortrag unter die Überschrift stellen: „Über die allmähliche Formatierung der Rede durch das Format. Wobei mit Format nicht nur der informationsgeprägte Begriff gemeint ist. Dies vorab und nebenbei. Ich habe ein Problem mit der These 15 von Herrn Schönberger. Sie schreiben dort, dass die Höchstgerichte schlecht gerüstet seien, was die demokratische Legitimation ihrer Entscheidungen angeht. Wenn man jedoch in das Grundgesetz schaut, ergibt sich vielleicht doch eine Legitimationsgrundlage, und zwar in der Bestimmung, die Sie, wenn auch in einem anderen Zusammenhang, genannt haben, in Art. 20 Abs. 3. Nur wenige von uns haben sich intensiv mit der Entgegenstellung von „Gesetz und Recht" beschäftigt. Der Frage stellt sich: Warum ist die Rechtsprechung, warum ist die Verwaltung an Gesetz und Recht gebunden und die Gesetzgebung nur an die verfassungsmäßige Ordnung? Es wäre vielleicht doch sinnvoll, mal über den Gegensatz von Gesetz und Recht in anderer Weise nachzudenken als dies, bis heute zumal in den Kommentaren, geschehen ist. Das Wort „Recht" ist hier mitnichten ohne eigene Aussagekraft. Es bezieht sich auf die Einzelfallentscheidung, Gesetz dagegen auf das Allgemeine, eben auf die abstrakte und generelle Regelung. Das Bundesverfassungsgericht hat in seiner Soraya-Entscheidung auf diese Spannung erstmals hingewiesen. Aber dieser Ansatz ist von der Wissenschaft nicht aufgegriffen worden, vor allem nicht als eigenständige verfassungsrechtliche Legitimationsgrundlage für das, was Rechtsprechung ausmacht, nämlich im Einzelfall auch mal vom Gesetz abzuweichen, um Recht zu verwirklichen und, freilich in verfassungsrechtlicher Weise gebunden, zu definieren, was im Einzelfall auch gegen das Gesetz Recht sein könnte. Ich habe als Student bei Wintrich, dem damaligen Präsidenten des Bundesverfassungsgerichts die Vorlesung gehört. Herr Wintrich hat uns die Drittwirkungsentscheidung erklärt. Er sagte uns, das Gericht sei der Meinung gewesen, es dürfe im Hinblick auf § 826 BGB nicht bei der bisherigen Auslegung bleiben, vielmehr müsse man, um dem Einzelfall Lüth gerecht zu werden, den Grundrechten eine andere Wendung geben. Die Drittwirkung ist unterdessen überholt. Heute arbeiten wir mit der Schutzwirkung der Grundrechte. Aber die Grundlage dafür liegt letztlich in der Entgegensetzung von Gesetz und Recht. Eine letzte Bemerkung zu Herrn Schönberger. Ich möchte anregen, in der Ziffer 26, wo er den Art. 20 Abs. 3 GG gewissermaßen fachgerichtsbarkeitsbezogen interpretiert, nach dem „ist" einzufügen: „in erster Linie". Auch das Bundesverfassungsgericht ist vor allem in seinen Grundrechtsentscheidungen nicht nur an das Gesetz, an das Grundgesetz gebunden, sondern eben auch „an Recht“. Vielen Dank.

H.-P. Schneider: Herr Vorsitzender, meine sehr verehrten Damen und Herren. Frau Albers, mir hat sehr gut gefallen, dass Sie von einer Dialogkultur zwischen den Obergerichten gesprochen haben und hier gewissermaßen eine Art richterlichen „Diskurs“ entdecken. Dies hat natürlich auch eine demokratische Komponente und legitimiert die höchstrichterlichen Entscheidungen in besonderer Weise, wenn man in diesen Diskurs auch die Wissenschaft und die Öffentlichkeit mit einbezieht. Allerdings ist dieser Diskurs keine Einbahnstraße, sondern er bezieht sich – so wie ich Sie verstanden habe – in gleicher Weise mindestens auf alle Obergerichte, vielleicht überhaupt auf die gesamte Gerichtsbarkeit. Dabei fallen mir insbesondere die Landesverfassungsgerichte ein, die nach meinem Eindruck eigentlich vom Bundesverfassungsgericht viel zu wenig beachtet und in Bezug genommen werden. Ich kenne nur ganz wenige Entscheidungen des Bundesverfassungsgerichts – Sie können mich korrigieren –, in denen irgendwann einmal mehr zufällig ein Landesverfassungsgericht zitiert worden ist. Das gibt es sehr eher selten. Man blickt in Karlsruhe lieber in den hehren Himmel der ewigen Werte, aber nicht auf die Niederungen der Landesverfassungsgerichtsbarkeit. Dies nur am Rande, das ist nicht mein Hauptgegenstand.

Auch Ihr Referat, Herr Schönberger, verdient ganz überwiegend Zustimmung. Deshalb bitte ich meine kritische Anmerkung nicht falsch zu verstehen. Sie bezieht sich auf These 26, zu der entschiedenen Widerspruch anmelden möchte. Der Art. 20 Abs. 3 GG – Herr Gallwas hat das gerade gesagt – ist natürlich verfassungsrechtlicher Maßstab auch für das Bundesverfassungsgericht. Das lässt sich überhaupt nicht trennen. Wenn man das so sieht, kommt man auch mit einer institutionellen Betrachtungsweise m.E. wenig weiter, sondern nur mit einer funktionellen Sicht, die im Grunde beim Gewaltenteilungsprinzip ansetzt, auch wenn sich das Bundesverfassungsgericht dort schwer einordnen lässt. Wenn man das funktionell sieht und auch das Bundesverfassungsgericht in das Gewaltenteilungsschema einfügt, dann folgt daraus gegenüber den höchstrichterlichen Entscheidungen, die bei der Urteilsverfassungsbeschwerde zu überprüfen sind, dass abgestufte Kontrollmaßstäbe zur Anwendung kommen müssen. Ich erinnere nur an das, was von einst von Hesse, Schuppert, auch von Rinken und mir entwickelt worden ist: nämlich zu differenzieren zwischen Inhaltskontrolle, Ergebniskontrolle und Vertretbarkeitskontrolle. Was die Methodenfrage angeht, würde ich immer sagen: niemals Inhaltskontrolle, vielleicht einmal Vertretbarkeitskontrolle, jedenfalls aber Ergebniskontrolle. Das ist unerlässlich. Vielen Dank.

Jachmann: Ich möchte an die Kernaufgabe der höchstrichterlichen Rechtsprechung anknüpfen, Rechtsfortbildung zu betreiben und Divergenzen zu vermeiden. Schon diese Aufgabenstellung bedingt zwingend eine nicht nur faktische Präjudizienbildung – und dies in einem konkreteren Sinne als die beiden Referenten es gesehen haben, nämlich unmittelbar über Art. 3 Abs. 1 GG (Rechtsprechungsgleichheit). So kann schon dasselbe Bundesgericht Parallelfälle nicht frei in unterschiedlicher Weise entscheiden, nur weil der eine Richter meint, dies läge in seiner richterlichen Unabhängigkeit, und der andere Richter meint, die Rechtslage wäre anders. Handelt es sich um zwei verschiedene, beide zuständige Senate, muss der Große Senat entscheiden. Weicht ein Senat von seiner eigenen Rechtsprechung ab, bedarf es ggf. des Vertrauensschutzes, wie ihn der Große Senat des BFH ja auch bejaht hat. M. E. ist materiell bei Art. 3 Abs. 1 GG anzusetzen, und das führt dann auch zur Rechtfertigung von Vertrauensschutz gegenüber Rechtsprechungsänderungen. Denn nur, wenn ein höchstrichterliches Judikat eine normative, zwar nicht im engeren Sinne Gesetzeskraft, aber doch rechtliche Kraft hat – jedenfalls im Sinne einer präsumtiven Verbindlichkeit –, kann auch Vertrauensschutz relevant werden. Hieran schließt sich dann die weitergehende Frage an, ob nicht auch die Verwaltung, natürlich im Steuerrecht besonders virulent, an höchstrichterliche Entscheidungen gebunden ist.

Gestatten Sie mir nun noch abschließend ein Wort zu den gerügten Eigenzitaten. Damit wird präzise ständige Rechtsprechung kreiert und es werden unnötige Wiederholungen vermieden. Danke.

D. Dörr: Liebe Kolleginnen und Kollegen! Ich möchte auch aus Zeitgründen aus den beiden faszinierenden Vorträgen nur einen Punkt herausgreifen, nämlich die Frage, die Sie, Herr Schönberger, vertieft haben: Inwieweit soll das Verfassungsgericht höchstrichterliche Rechtsfortbildung kontrollieren dürfen und kontrollieren sollen? Sie haben dort eine These entwickelt, der ich mit Herrn Schneider widersprechen möchte. Sie plädieren dafür, die Kontrolle auf eine Solange-Formel zurückzunehmen. Damit werden Sie, so glaube ich, dem Verfassungsgericht bei der Wahrnehmung seiner Kontrolltätigkeit nicht ganz gerecht. Ich teile Ihren Ausgangspunkt, dass man natürlich vor einem Dilemma steht. Auf der einen Seite spricht die Gesetzesbindung des Art. 20 III GG für eine weit reichende Kontrolle und auf der anderen Seite darf das Bundesverfassungsgericht selbstverständlich keine Superrevisionsinstanz sein. Aber das ist dem Verfassungsgericht m.E., und da knüpfe ich an Herrn Hoffmann-Riem an, sehr wohl bewusst gewesen und weiterhin bewusst. Und es hat auch durchaus Formeln entwickelt, um das Problem zu lösen. Ich möchte Sie deshalb fragen, ob nicht diese vom Bundesverfassungsgericht entwickelte Formel vielleicht der Sachlage besser gerecht wird. Es hat nämlich, um diesem Dilemma gerecht zu werden, in beiden Senaten schon seit geraumer Zeit die objektive Willkürkontrolle durchgeführt und daran versucht zu messen, ob die Regeln de lege artis eingehalten sind oder nicht. Ist nicht die Willkürformel sehr viel besser geeignet, um eben dem Dilemma, bei der Einzelkontrolle nicht zu weit zu gehen, aber auf der anderen Seite auch Maßstäbe einhalten zu müssen, gerecht zu werden? Vielen Dank.

Birk: Ich würde gerne eine Anmerkung zu dem Referat von Herrn Schönberger machen und auch eine Frage anschließen. Sie haben Ihr Referat mit der Grundaussage der Bindung des Richters an das Gesetz begonnen, und ich denke, das ist auch der Ausgangspunkt, denn die sachliche und persönliche Unabhängigkeit des Richters rechtfertigt sich nur aus der strikten Gesetzesbindung. Der Richter ist eben nur dem Gesetz verpflichtet. Die Frage ist nur, wie ist zu verfahren ist, wenn eine Funktionsstörung eintritt, wenn also der Richter sich aus der Gesetzesbindung befreien möchte. Aus meiner Sicht gibt es zwei Möglichkeiten, die eine ist die, die die Verfassung selbst vorsieht, nämlich die Vorlage nach Art. 100 an das Bundesverfassungsgericht. Das ist mühsam und mit vielen Risiken verbunden, aber es ist der von der Verfassung vorgegebene Weg. Viel schwieriger ist der Fall, dass der Richter sich argumentativ aus der Gesetzesbindung befreien will, also unter Umgehung der Richtervorlage. Das führt dann zur Frage, was ist die richtige Methode der Gesetzesanwendung. Und da möchte ich auf einen Fall hinweisen, der im Juli dieses Jahres vom Bundesfinanzhof entschieden worden ist. Der 6. Senat hat nämlich gegen den Wortlaut des Gesetzes, gegen die Entstehungsgeschichte und gegen die eindeutige Anordnung des Gesetzgebers entschieden, dass Aufwendungen für das Erststudium abzugsfähig sind.[1] Der Gesetzgeber hat es aber genau andersherum geregelt. Ich kann jetzt aus Zeitgründen nicht darauf eingehen, wie die Vorgeschichte dieser Vorschrift war. Aber es ist klar, der Richter, der 6. Senat, stellt sich gegen das Gesetz mit einem argumentativen Versuch, der aber nach den anerkannten Methoden der Gesetzesauslegung nicht überzeugen kann. Was macht man in einem solchen Fall? Sie kön-

[1] BFH vom 28. 7. 2011, VI R 38/10 und VI R 7/10, FR 2011, 259 und DStR 2011, 1559.

nen natürlich, Frau Albers hat das auch gesagt, darauf hinweisen, dass der Gesetzgeber den Richter wieder korrigieren kann. Aber recht viel klarer als der Gesetzgeber es schon geregelt hat, kann man es nicht regeln. Es steht im Gesetz, dass Aufwendungen für ein Erststudium nicht abzugsfähig sind. Die Solange II-Formel funktioniert nicht, denn der Staat, der Fiskus kann sich nicht an das Bundesverfassungsgericht wenden, selbst wenn er es wollte. Es gibt keine Korrektur. Der sog. Nichtanwendungserlass nutzt nichts, denn der nächste Fall geht wieder an den 6. Senat, der dann möglicherweise an seiner gesetzeswidrigen Spruchpraxis festhält. Welche Möglichkeit gibt es, eine solche grundlegende Funktionsstörung, die, wie das Beispiel zeigt, nicht nur theoretischer Natur ist, zu bewältigen?

F. Kirchhof: Auch ich habe zu danken für zwei sehr erfreuliche Referate; nur der Zeitdruck verhindert es, dass ich das weiter ausführe. Deshalb darf ich gleich zu den Kritikpunkten kommen, die ich an Herrn Schönberger wegen seiner Thesen 25 und 26 richten will. Sie betreffen das Bundesverfassungsgericht als Superrevisionsinstanz. Hier glaube ich, dass wir Probleme, die sich sowohl in der Praxis als auch in der Dogmatik erledigt haben, nicht ständig wieder aufrühren sollten. Auch in unserer Wissenschaft gibt es Fragen, von denen man feststellen kann, dass Sie endgültig beantwortet wurden, und sich damit zufrieden geben kann. Die größte Zahl unserer Entscheidungen besteht aus Annahmeabweisungen ohne Begründung. Hier taucht das Thema einer Superrevisionsinstanz überhaupt nicht auf. Viel geringer ist die Zahl der Entscheidungen, die fachgerichtliche Judikate aufheben. Da sie manchmal spektakuläre Fälle betreffen, konzentriert sich die öffentliche Wahrnehmung darauf; dass verstellt die Sicht auf das Verhältnis zwischen Bundesverfassungsgericht und Fachgerichtsbarkeit etwas. In der Praxis tauchen in dieser Hinsicht aber kaum Probleme auf. Wir versuchen, der Gefahr der Superrevision auch durch eine zurückhaltende Anwendung des Art. 3 GG zu begegnen. Das Bundesverfassungsgericht hebt eine fachgerichtliche Entscheidung nur auf, wenn Sie objektiv willkürlich ist, unter keinem denkbaren Aspekt mehr rechtlich vertretbar ist und offensichtlich auf sachfremden Erwägungen beruht. Eine unzutreffende Rechtsanwendung allein wird nicht berücksichtigt. Ich glaube, dass mit dieser Formel klare und einsichtige Konturen zur Erhaltung der Selbständigkeit der Fachgerichtsbarkeit unter gleichzeitiger Wahrung verfassungsrechtlicher Anforderungen an die dritte Gewalt vorhanden sind. Auf diese Weise gehen wir auch bei der Vorlagepflicht nach Art. 267 AEUV vor. Auch dort nimmt das Bundesverfassungsgericht seine Rechtsprechung weit zurück und prüft nur, ob es vernünftige

Gründe gibt, warum ein Gericht nicht vorgelegt hat. Hier kann man sich kaum noch weiter zurückhalten. Die Formel von der objektiven Willkür als Voraussetzung der Aufhebung fachgerichtlicher Judikate birgt zudem ein psychologisches Problem. Wenn man nur bei objektiver Willkür korrigieren darf, muss man an die Richter eines Fachgerichts diesen erheblichen Vorwurf im Einzelfall auch ausdrücklich richten. Zu Anfang der Anwendung der Willkürformel ist der Fall vorgekommen, dass der Senatsvorsitzende eines obersten Bundesgerichts sich um vorzeitige Beendigung seines Dienstes mit dem Hinweis bemüht hat, wenn ihm Karlsruhe so etwas Ungeheuerliches vorwerfe, wäre er ein schlechter Richter. Der Fall klingt heute vielleicht amüsant, war aber für den betroffenen Richter sicher ein persönlich tiefgreifender Konflikt.

Wenn sich die Frage nach der objektiven Willkür eines fachgerichtlichen Urteils stellt, muss man allerdings – Herr Hoffmann-Riem hat das schon ausgeführt – die zur Gesetzesauslegung vom Fachgericht verwendeten Methode mit berücksichtigen. Wo Gesetzesbindung besteht, kann im Rechtsstaat nur lege artis unter Einbeziehung der zulässigen Methoden geurteilt werden. Unsere Entscheidung zur Dreiteilungsmethode bei der Berechnung des nachehelichen Unterhalts, die Herr Schönberger als Beispiel angeführt hat, stellte diese Methode in erster Linie dar, um zu erklären, wie der BGH zu seinem fachgerichtlichen, auf den ersten Blick schwer verständlichen Urteil kam. Entscheidend war aber die Ergebniskontrolle des Urteils, in der sich herausstellte, dass der BGH eine kurz zuvor vorgenommene Gesetzesänderung nicht nachvollzogen, sondern den Willen des Gesetzgebers und den Normtext konterkariert hatte.

Im Verhältnis zu den Fachgerichten steht das Bundesverfassungsgericht fast in derselben Distanz wie nach der Solange II-Entscheidung zur europäischen Rechtsprechung. Natürlich verwenden wir dieses Etikett nicht für das Verhältnis zu den deutschen Fachgerichten, weil Solange II für eine andere Perspektive reserviert ist und eine identische Bezeichnung nur zur Verwirrung führen würde. Im Ergebnis haben wir uns aber gegenüber den Fachgerichten in ähnlicher Weise sehr weit zurückgezogen. In der Praxis dürfte deswegen die Frage der Superrevisionsinstanz längst beantwortet sein und keine Probleme mehr aufwerfen.

Huster: Ich möchte an Einiges anknüpfen, das schon gesagt worden ist, und insbesondere möchte ich daran anknüpfen, dass wir wirklich zwei außergewöhnlich gute, ganz exzellente Referate gehört haben. Vor diesem Hintergrund möchte ich trotzdem ein kleines Unbehagen zum

Ausdruck bringen und einige Punkte aus methodischer Sicht aufgreifen. Was Rechtswissenschaft ist, ist schwer zu sagen, aber jedenfalls werden wir uns darauf verständigen können, dass es sich irgendwie um eine praxis- oder anwendungsbezogene Wissenschaft handelt. Das zeigt sich u.a. daran, dass wir auch junge Juristen ausbilden. Da scheint es mir unumgänglich zu sein, dass wir die juristische Praxis nicht nur beobachten und beschreiben; wir müssen den jungen Leuten auch sagen, wie es denn richtig gemacht werden soll. Wir müssen also auch normativ sein. Beide Referate haben jetzt aber eine sehr stark deskriptive Beobachterperspektive eingenommen. Herr Schönberger hat dann versucht, im dritten Teil seiner Ausführungen, insbesondere in dieser ganz umstrittenen These 26, aus dem Verfassungsrecht noch gewisse normative Vorgaben abzuleiten. Ich habe gar nichts in der Sache gegen die These 26; ich darf ja auch ganz unbefangen sagen, dass mir z.B. die Entscheidung des Bundesverfassungsgerichts zum Unterhaltsrecht etwas naseweis vorkam. Was mich dann aber wundert, ist, dass Sie in These 26 sagen, das Verfassungsgericht solle kontrollieren, ob strukturell den anerkannten Methoden der Gesetzesauslegung genügt wird. Wenn ich das richtig verstanden habe, sind das die gleichen Methoden der Gesetzesauslegung, von denen Sie vorher gesagt haben, die seien weder Hilfe noch Kontrolle. Ich will das gar nicht kritisieren, aber hierin kommt ein Spannungsverhältnis zum Ausdruck, nämlich ein Spannungsverhältnis zwischen der Beobachterperspektive, aus der man immer sagen kann, das taugt alles nichts, und der Teilnehmerperspektive, die wir notwendigerweise immer einnehmen müssen, wenn wir uns als Teilnehmer an diesem juristischen Diskurs verstehen. Auf diese Teilnehmerperspektive können wir aber nicht verzichten, weil es schon wichtig ist, dass z.B. ein Richter von seinem Selbstverständnis her Rechtsanwendung und nicht Rechtsetzung betreibt. Wir müssen auch den Studenten diesen Unterschied klar machen. Deswegen wäre meine Rückfrage: Wie kommen die für die juristische Praxis und vor allem auch für die Ausbildung wichtigen Elemente des juristischen Selbstverständnisses dieser Teilnehmerperspektive bei Ihnen wieder ins Spiel? Vielleicht ist das die Frage nach einer neuen Methodenlehre, das kann schon sein. Aber was bedeutet das dann?

F. Reimer: Frau Albers und Herr Schönberger haben gleichermaßen überzeugend dargelegt, dass ein Judikat nicht nur das Ende eines Kommunikationsvorgangs ist, sondern zugleich der Beginn eines neuen – und zwar eines neuen Kommunikationsprozesses, der multidimensional ist, der also viele Adressaten hat: nicht nur die Parteien, die überzeugt sein wollen, sondern auch die Obergerichte, die Höchstgerichte, das Bundesverfassungsgericht, der EGMR, der EuGH. Das ist überzeugend. Aber müssen wir diese Problembeschreibung, diese Analyse nicht vertiefen? Skeptisch gefragt: Kann eine solche multifunktionale oder multidimensionale Kommunikation überhaupt gelingen? Etwas weniger skeptisch gefragt: Welche Hilfen können wir entwickeln, um diese Kommunikation zu verstehen, um die verschiedenen Botschaften abzuschichten? Welche Hilfen können wir unseren Studierenden an die Hand geben? Meine kleine Spitze gegenüber dem Zweitberichterstatter kann ich verkürzen. Die These von der Fragwürdigkeit der überkommenen Methodenlehre erinnert stark an das Diktum von Karl Kraus: „Ich schnitze mir meinen Gegner nach meinem Pfeil zurecht." Jedenfalls mutiert die fragwürdige „überkommene Methodenlehre" zu den „anerkannten Methoden der Gesetzesauslegung", wie soeben dargelegt worden ist. Vielen Dank.

Häberle: Herr Vorsitzender, verehrte Kolleginnen und Kollegen! Wenn man sich selbst dem „Winter des Altertums" nähert, freut man sich über große Erkenntnisgewinne auf Seiten der wissenschaftlichen Jugend, wie sie heute geglückt sind. Mein Wort von der „Jugend" bezieht sich natürlich nur auf Frau Albers ... Zu Recht haben die beiden Referate viel Zustimmung erfahren. Was haben wir heute erlebt? Geglückt ist eine feine Revision der herkömmlichen Rechtsquellenlehre, wobei die Metapher „Quelle" in Frage zu stellen ist. Es gibt keinen numerus clausus der Rechtsquellen, wie man an den „allgemeinen Rechtsgrundsätzen" nicht nur des EuGH, sieht. Zustimmung verdient die Aufwertung des Richterrechts in Leitsatz 7 von Herrn Schönberger zum Normalfall hin bzw. die Annäherung an eine pluralistische Rechtsquellenlehre. Ich begrüße sehr die Wortschöpfung „Rechtsprechungsrecht" bzw. „Rechtsprechungsverbund" (Frau Albers). Darf ich noch kurz vier Fragen stellen? Für mich gehört neben die Kunst behutsamer obiter dicta bzw. von leisen Rechtsprechungsänderungsankündigungen – Ausdruck des Gesamtrahmens von „Zeit und Verfassung" – das maßvolle verfassungsgerichtliche Sondervotum als Reservoir und Potenzial hierher. Sondervoten sind Teil des „Rechtsprechungsrecht" und haben sich in großer Tradition vielfach bewährt, zunächst in den USA, aber auch anderen Orts, wie in Brasilia und in Straßburg. In Deutschland denken wir an die bahnbrechenden Wirkungen der Sondervoten von Frau Rupp von Brünneck und eines solchen von Herrn Grimm. Sondervoten können im „Kommunikationsprozess" sehr fruchtbar wirken. Spanien kennt sie auf Verfassungsstufe, die Corte in Rom und der EuGH haben sie leider noch nicht. Ausnahmsweise jetzt ein kritisches Wort. Frau Albers spricht in Bezug auf den EuGH von der bloßen

„Wahrung des Rechts" (Leitsatz 9). Dieser Ansatz ist mir zu eng, es geht in Luxemburg substantiell auch um Fortbildung des Europäischen Verfassungsrechts. Zuletzt eine abschließende Bemerkung rechtsvergleichender Art. Die beiden Referenten behandelten immer nur die Verfassungsgerichtsbarkeit – mit ihr muss jedoch von vorneherein ein Blick auf das Verfassungsprozessrecht geworfen werden. Es ist „konkretisiertes Verfassungsrecht". Hier ein vergleichender Blick: Der Supreme Court in Brasilia vitalisiert das Verfassungsprozessrecht seit einigen Jahren unter seinem Präsidenten Gilmar Mendes in vorbildlicher Weise – dieser hat übrigens vor Jahrzehnten bei Herrn Erichsen in Münster promoviert. Der brasilianische Konstitutionalismus ist in Lateinamerika pionierhaft tätig. In Brasilia werden die öffentlichen Hearings und das Institut „Amicus curiae", von der Wissenschaft vorbereitet, vom Gesetzgeber begleitet, mit großem Erfolg eingesetzt, um Teile der betroffenen Zivilgesellschaft in das verfassungsgerichtliche Verfahren zu integrieren und das Verfassungsprozessrecht zu öffnen. Dies geschieht weit über unseren neuen § 27a BVerfGG hinaus.

Eifert: Ich habe eine schlichte Frage an Marion Albers. Ich habe das Referat verstanden als eine institutionell eingefärbte kommunikationstheoretische Rekonstruktion der Rechtsprechungszusammenhänge. Und im Kern schienen Sie mir eine affirmative Haltung zur Multifunktionalität dieser Rechtsprechung im Kommunikationsverbund einzunehmen, woran meine Frage anschließt: Liegt im Zuge einer solchen Perspektive nicht auch die Frage nach einer notwendigen Ausdifferenzierung der Formate nahe? Eine solche Ausdifferenzierung klingt in These 13 an, in der auch eine nichtrechtliche und informelle Kommunikation eingeführt wird, die davor noch keinen rechten Ort hatte. Aber liegt es dann nicht nahe, dass die Rechtsprechung als Format funktional überfordert zu werden droht, wenn Unklarheit darüber herrscht, welche Passage auf welcher Kommunikationsebene an welchen Adressaten mit welchem Inhalt eigentlich kommuniziert werden soll? Und wäre in diesem Fall nicht die logische Konsequenz, dass man dann stärker auf eine Trennung der Formate drängt und dafür aus einer kommunikationswissenschaftlichen Perspektive vielleicht die umfangreiche Begleitkommunikation stärker mit in den Blick nimmt, die ja von den Gerichten auch zunehmend betrieben wird und die das Rechtsprechungsformat als solches für einzelne Kommunikationsbeziehungen stark entlasten kann? Insoweit also die Frage, ob nicht an Ihre kommunikationstheoretische Analyse ein zweites Kapitel der Ausdifferenzierung der Formate anzuschließen wäre?

Kotzur: Vielen Dank. Ich darf meine Frage ein Stück weit an Herrn Reimer und Herrn Eifert anschließen und auch die Kommunikationsperspektive ins Blickfeld nehmen. Sie, Frau Albers, haben wunderbar dargestellt, dass gerichtliche Entscheidungen ein Kommunikationsformat und damit letztlich auch Kommunikationsakte sind. Sie markieren folglich nicht den Abschluss eines Prozesses, sondern wollen immer neue Kommunikationsprozesse anstoßen. Für die konkrete Entscheidung, für den konkreten Einzelfall, mag gewiss ein eindeutig entschiedener Abschluss unverzichtbar sein, aber kommunikationstheoretisch geht es von Ihrem Ansatz aus „in abstracto" immer weiter, was ich sehr inspirierend und sehr einleuchtend finde. Und damit verbindet sich eine Frage. Wenn man Ihrem kommunikationstheoretischen Ansatz folgt, relativiert sich dann damit nicht im Rechtsprechungsverbund letztlich auch die Frage nach der Letztentscheidungskompetenz? Diese Frage ist nicht mehr so entscheidend, weil zwar im Einzelfall immer letztentschieden wird, damit aber zugleich immer neue Kommunikationsprozesse einen neuen Anstoß finden. Und wenn man dieser Kommunikationstheorie folgt, dann glaube ich, kann man das Kooperationsverhältnis, das das Bundesverfassungsgericht zwischen EuGH, BVerfG, EGMR angesprochen hat, als ein solches Kommunikationsverhältnis deuten. Und ich glaube, das ist bei allen „Unkonkretheiten", die damit verbunden sind, ein sehr, sehr hilfreicher Ansatz. Erlauben Sie mir, ein Bonmot zu zitieren, das im letzten Jahr der britische Richter Sir Konrad Schiemann beim Freiburger Verwaltungsgerichtstag zum Besten gegeben hat – und zwar genau im Blick auf diese Frage der Letztentscheidungskompetenz. Er sagte in einer Podiumsdiskussion, das Geheimnis seiner glücklichen Ehe liege darin, dass die Frage der Letztentscheidungskompetenz stets offen geblieben sei. Das ist – cum grano salis – mit dem kommunikationstheoretischen Ansatz von Frau Albers sehr gut verallgemeinerungsfähig. Ganz herzlichen Dank.

Luther: Herzlichen Dank. Ich fühle mich meisterlich fortgebildet, habe aber einige Fragen, vorab zur Übersetzung der Terminologie von Frau Albers. „Rechtsprechungsrecht" ist dem ohnehin schwer übersetzbaren „Richterrecht" vorzuziehen und z.B. mit „diritto giurisprudenziale" schön weiterzugeben. So wird es nicht notwendig zur Rechtsquelle, kann aber den ursprünglich rechtssoziologischen und in der Normenkontrollpraxis eingebürgerten Begriff des „lebenden Rechts" bzw. des „diritto vivente" ersetzen, der die „ständige Rechtsprechung", im weiteren Sinne auch die Verwaltungs- und Staatspraktiken umfasst. Schwieriger zu übersetzen ist Rechtsprechungsverbund, weil darin der Verbundbegriff steckt, der seinerseits letztlich – wenn ich recht sehe –

eine Übersetzung bzw. Übertragung des Unionsbegriffs ist. Im Verbund steckt einerseits das Verbinden, andererseits das Verbünden, wobei das Verbinden eher objekt-, das Verbünden eher subjektbezogen gedacht werden kann. „Rechtsprechungsverbund" ist nun gewiss angemessener als „Richterverbund", was nach einer „Internationalen der Richter" klänge. Mir ist jedoch einerseits nicht ganz klar, warum Ihnen nicht der Begriff „Rechtsprechungsnetzwerk" gefällt, der vielleicht auch aus soziologischer Sicht naheliegender wäre. Im Verbund bleiben andererseits die „rechtlich vermittelten Verknüpfungen" unklar, speziell wenn sie rechtsordnungsübergreifend sind. Beruhen diese Vermittlungen, auch soweit sie informelle Mechanismen sind, letztlich nicht vor allem auf Konventionalregeln, ja sogar auf Verfassungskonventionalregeln?

Noch kurz zur komparativen Analyse von Herrn Schönberger, speziell seiner These 13, die Common und Civil Law, Supreme Court und Cour de Cassation konfrontiert. Aus Sicht der Zivilrechtler ließe sich kritisch anmerken, dass heute eigentlich eine Tendenz zur Konvergenz der Rechtssysteme besteht und sich eher die Frage stellt, ob nicht gerade die Judikate der Verfassungsgerichte mittlerweile eine über die Präjudizienbindung hinausgehende eigene Rechtsquellenfunktion haben. Damit kommt man zur Frage, worin nun gerade das deutsche Modell besteht. Ganz kurz gefasst: es ist eine besonders richterorientierte Juristenausbildung, eine starke Einbeziehung von Professoren als Richter und eine umfangreiche Praxis der Zitierung von Lehrsätzen, die in anderen Ländern verboten ist. Diese Merkmale sichern die Qualität und Autorität der richterlichen Auslegung und stellen eine besondere interpretatorische Verbindung zwischen Rechtsprechung und universitärer „Jurisprudenz" her. Ihre Tradition wird im Ausland als „das deutsche Modell" verstanden.

Sydow: Ich möchte die instruktive Gegenüberstellung zweier Modelle der Höchstgerichtsbarkeit durch Herrn Schönberger um eine Beobachtung ergänzen, die viele Unterschiede zwischen den Rechtsordnungen erklären kann: Man muss dazu die Frage stellen, wer eigentlich – Richter oder Parlamentarischer Gesetzgeber – für das Allgemeine und wer für das Besondere zuständig ist. In der deutschen Rechtsordnung erwarten wir die allgemeine Regel vom Gesetz. Die Gerichte leisten überwiegend eine Konkretion, eine Ausdifferenzierung dessen, was in allgemeiner Form bereits im Gesetz steht. Das britische Recht kennt dieses Verhältnis von Gesetz und richterlicher Spruchtätigkeit nicht; das Verhältnis ist letztlich genau umgekehrt: Das Common Law, das von den Gerichten festgestellt, entwickelt und fortentwickelt wird, hat den Anspruch der allgemeinen Regelung. Das Parlamentsgesetz ist demgegenüber nur eine punktuelle Korrektur dessen, was das Common Law regelt. Dieser Unterschied beider Rechtsordnungen wird durch vieles abgestützt, das Herr Schönberger dargestellt hat: So führt etwa die differenzierte Gerichtsverfassung in Deutschland mit ihren Fachgerichtsbarkeiten und spezialisierten Senaten dazu, dass Rechtsprechung tendenziell ausdifferenziert und sehr konkret ist. Dies ist der Ausgangspunkt meiner Beobachtung. Dieser Grundunterschied zwischen beiden Rechtsordnungen hat nun eine Reihe von Folgen, von denen ich zwei herausgreifen möchte. Erstens stellen sich die Fragen der Superrevision, die Herr Schönberger in seiner These 25/26 dargestellt hat und die eben sehr kontrovers diskutiert worden sind, aus der Perspektive des britischen Rechts schon vom Ansatz her nicht. Denn es gibt keine so ausdifferenzierte Rechtsprechung, dass gefragt werden müsste, welche Kontrollfunktion ein Verfassungsgericht aus einer übergeordneten, verfassungsrechtlich eingeschränkten Perspektive wahrnehmen sollte. Die zweite Folge betrifft methodische Fragen, nämlich die Gesetzesauslegung. Bei aller methodischen Diskussion und Reflexion dominiert in Großbritannien die Wortlautinterpretation in einer Weise, die aus deutscher Perspektive teilweise naiv anmutet. Vor dem Hintergrund dessen, was das Parlamentsgesetz leistet, mag dies verständlicher sein, als es aus unserer Sicht zunächst erscheint. Wenn nämlich ein Gesetz immer nur eine punktuelle Korrektur ist, dann hat die Vorstellung, der Wortlaut reiche zur Gesetzesanwendung aus, eine höhere Plausibilität für sich, als wenn man diesen methodischen Ansatz für das hiesige Verhältnis von Gesetz und Rechtsprechung zu Grunde legen wollte.

Lepsius: Danke, Herr Sydow. Dazu liegt eine Spontanmeldung von Herrn Hans-Peter Schneider vor. Ich darf vielleicht für die neuen Mitglieder sagen, es gibt die alte Übung, dass man sich auf einen Redner direkt beziehen kann, wenn man beide Arme in die Luft streckt, dann sofort das Wort erhält, es aber nur für eine Minute behält.

H.-P. Schneider: Eine kleine Korrektur zum Common Law und zum vorigen Beitrag: Auch das Common Law kennt das sog. reading in, das „Hineinlesen" von ungeschriebenen Normelementen in einen für unvollständig gehaltenen Gesetzeswortlaut, was bei uns methodisch als Analogie, als „Lückenfüllung", als Interpretation „praeter legem" oder gar als verfassungskonforme Auslegung betrachtet wird. Das „reading in" ist akzeptiert, wenn auch unter sehr engen Voraussetzungen.

J.-P. Schneider: Bevor ich an die Diskussion zum Common Law anknüpfe, möchte ich die beiden Referate als Verbundreferate einstufen, die sich ganz wunderbar ergänzt haben und uns weiterführende Perspektiven eröffnet haben. Meines Erachtens ist nämlich die präzise Beobachtung von Rechtsentwicklungen, wie sie uns von Frau Albers geboten wurde, ein wesentlicher Baustein der Rechtswissenschaft, denn normativ einfangen kann man nur, was man zuvor genau analysiert und beschrieben hat. Hinsichtlich des Common Law möchte ich allerdings vor zu einseitigen Charakterisierungen warnen, wie sie sich eventuell in These 14 von Herrn Schönberger verbergen. Jedenfalls zeichnen sich englische Urteile keineswegs durch klare dogmatische Grundlegungen im Sinne von Grundsatzurteilen aus. So hat Lord Bingham, der frühere Lord Chief Justice of England and Wales, in seinem instruktiven Buch über die Rule of Law gerade beklagt, dass man oft gar nicht so genau erkennen könne, was die wirkliche ratio eines englischen Urteils sei. Denn während deutsche Urteile auch von Kollegialgerichten als zumindest dem Anspruch nach als einheitliche Stellungnahme formuliert werden und die Gerichte sogar amtliche Leitsätze formulieren können, ergehen englische Urteile als eine Zusammenfassung mehr oder minder konformer, oft aber sehr persönlich formulierter „speeches" der einzelnen Richter. Eine Ausnahme besteht nur, wenn ein Richter sich auf ein schlichtes „I agree" zur „speech" des „Berichterstatters" beschränkt. So ist es eine der wichtigsten Aufgaben der juristischen Ausbildung und Wissenschaft in England, aus den diversen „speeches" eines Urteils eine konsistente ratio herauszufiltern oder nicht selten, diese zu konstruieren. Wie so oft in der Rechtsvergleichung gilt es also, sich vor allzu pauschalen Bildern zu hüten. Ferner möchte ich eine kleine Anmerkung zur These 17 von Herrn Schönberger machen.

Sicherlich haben wir eine ganze Reihe von Zugangsbeschränkungen bei unseren Höchstgerichten und deswegen besteht vielleicht eine Gefahr zur abstrakten Normbildung. Aber wir beobachten interessanterweise auch genau das Gegenteil. So müssen Höchstgerichte wie das BVerwG im Bereich der Infrastrukturplanung zunehmend erstinstanzlich mit umfangreichen Aktenordnern kämpfen und beim Bundesgerichtshof gibt es zweitinstanzliche Zuständigkeiten zur Entlastung der von den Bundesländern zu finanzierenden Oberlandesgerichte im für Verwaltungsrechtler eigentlich sehr interessanten Bereich der Abschiebehaft mit einer ganz erheblichen Fallzahl. Fachrichtern mit hinreichender spruchrichterlicher Erfahrung ist die Gefahr streitferner abstrakter Normbildung, die sich im Lichte späterer realer Streitfälle als unbefriedigende Selbstbindung erweisen, sehr bewusst, weshalb jedenfalls nicht wenige von ihnen obiterdicta aus guten Gründen sehr scheuen. Meine letzte, wirklich wohlwollend kritische Anmerkung zu Herrn Schönbergerbetrifft seine These 25, denn wir haben heute zu Recht sehr oft gehört, dass Urteile im Kontext analysiert werden müssen. Dies wäre vermutlich auch bei dem bei These 25 angesprochenen Streit zwischen dem Bundesverfassungsgericht und dem BGH hilfreich gewesen. Vielleicht wäre die These bei stärkerer Berücksichtigung des Kontextes dann auch anders geraten. Mein letzter Punkt betrifft das schöne Referat von Frau Albers. Ihre Ausführungen zum Rechtsprechungsverbund interessieren mich als europäischer Verwaltungsrechtswissenschaftlernatürlich sehr. Wie realistisch ist ein Verbund? Schon innerhalb der deutschen Höchstgerichte und erst recht zwischen diesen scheint es gelegentlich an einem echten Verbunddenken zu fehlen. Also wie realistisch ist also ein europäischer Rechtsprechungsverbund oder brauchen wir gar ein Verbundgericht von EuGH und nationalen Verfassungsgerichten etwa in Kompetenzfragen? Vielen Dank.

Winkler: Herzlichen Dank. Ich bin wahrscheinlich durch eigene Schuld in diesen rechtsvergleichenden Block hineingeraten, weil mein Wortmeldungszettel zu kurz und dunkel formuliert war und deswegen seine Auslegung schwierig war. Ich zielte eigentlich eine Frage an Frau Albers, eher noch an Herrn Eifert an. Sie haben den unterschiedlichen Kommunikationsstil der verschiedenen Höchstgerichte sehr schön beschrieben, und ich finde, das ist eine Methodenlehre, die man durchaus auch benötigt. Es fällt auf, dass der Europäische Gerichtshof hier herausfällt durch besonders kurze und dunkle Begründungen. Ich habe bisher immer gedacht, das sei vor allem der französischen Rechtstradition geschuldet, die von ihm übernommen worden ist oder vielleicht auch ein bisschen professionelle Arroganz. Wenn man die Entscheidungen liest, dann ärgert man sich ja ganz gerne, gerade wenn der Generalanwalt lange Schlussanträge gemacht hat und wenn die Parteien viel vorgetragen haben und das alles überhaupt keine Berücksichtigung findet. Ihr Referat hat mir jetzt eine Idee eingegeben, da würde ich Sie bitten, zu sagen, ob die aus Ihrer Sicht zutreffend sein könnte, nämlich, dass der EuGH im Gegensatz zu nationalen Höchstgerichten und auch zum Europäischen Gerichtshof für Menschenrechte nicht in demselben Maße auf einen öffentlichen und wissenschaftlichen Diskurs über seine Entscheidungen und deren Begründungen zurückgreifen kann, wie er bei nationalen Gerichten selbstverständlich ist, wie es aber auch beim Europäischen Gerichtshof für Menschenrechte der Fall ist. Da gibt es eine europaweite Diskussion, während, wenn man sich deutsche Entscheidungen, die mit Europarecht zu tun haben, aber auch die deutsche Literatur ansieht, deutsche Quellen zitiert werden, vielleicht mal eine englische oder französische, sehr selten solche aus anderen europäischen Staaten. Könnte das der Grund sein, weshalb der EuGH sich in den Begründungen weise zurückhält: weil es gar nicht die tatsächliche Voraussetzung für umfangreich begründete Entscheidungen gibt und er sich deswegen sozusagen dem Spiel des Gebens und Nehmens von Gründen verweigert?

Dietz: Vielen Dank, Herr Vorsitzender. Meine Damen und Herren, ich möchte die Richtigkeit der Thesen 22 und 23 von Herrn Schönberger an einem kleinen Beispiel illustrieren. Er hatte dort festgestellt, dass zwischen den obersten Gerichten und den Instanzgerichten eine Art arbeitsteilige Entlastung stattfindet, aber auch eine Tendenz zu systematischer Verallgemeinerung festgestellt. Ich schließe daraus auch eine leise Kritik daran. Ein Beispiel direkt aus der Verwaltungsgerichtsbarkeit: In den letzten Jahren hat sich im Asylprozess das Argument einer posttraumatischen Belastungsstörung zu einem „Allzweckwerkzeug" entwickelt. Die Schweizer Kollegen mögen mir nachsehen, geradezu ein „Schweizer Taschenmesser". Immer wieder, wenn das politische Verfolgtsein kaum glaubwürdig war, ging es in Richtung psychischer Erkrankung, um möglicherweise einen Daueraufenthalt in Deutschland sicherzustellen. Es wurde immer schwieriger festzustellen, in welchen Fällen war dieses Argument begründet, und in welchen nur vorgeschoben. Die Instanzgerichte schwankten hin und her: An welchem Punkt beginnt die richterliche Aufklärungspflicht und bis wo reicht eine gewisse Darlegungslast der Beteiligten? Das Bundesverwaltungsgericht hat dann entschieden und bewusst abstrakt-generell entschieden, es bedarf eines substantiierten fachärztlichen Gutachtens mit einer nachvollziehbaren Diagnose. Ein Allgemeinarzt, der nur einen Einzeiler schreibt – „meine Patientin scheint krank zu sein" – das genügt sicher nicht. Der Vollbeweis eines universitätsklinischen Gutachtens konnte auch nicht verlangt werden, selbstverständlich. Die Instanzgerichte haben diese Argumentation sofort übernommen und angewandt, d.h. wir haben jetzt eine relativ einheitliche Rechtsprechung im Bereich der psychischen Erkrankungen. Denn sie haben, so wie Herr Schönberger feststellte, diese Argumente immer weiter ausgedehnt auf nahezu alle psychischen Erkrankungen. Es ist Rechtsfortbildung, Rechtsetzung quasi durch einen richterlichen Rechtssatz im Bereich des § 86 VwGO. Und ich möchte Ihrer Analyse insoweit auch zustimmen: Es besteht durchaus ein leiser Zweifel, wie weit das denn reichen darf. Denn stellen wir uns vor, die Instanzgerichte wenden das auf immer mehr Krankheiten an, dann stellt sich irgendwann die Frage: Wo ist die absolute Grenze, wo kann es noch transferiert werden und wo handelt es sich um einen anderen Sachverhalt? Und diese Grenzziehung wird natürlich wieder den obersten Gerichten des Bundes überlassen bleiben, jene, die den abstrakten Satz erst aufgestellt haben. Und dann stellt sich die Frage – ich darf an meinen Vorredner mit dem Beispiel des Bundesfinanzhofs anknüpfen – wer kontrolliert dann diesen selbstreferierenden Argumentationszirkel? Vielen Dank.

Küpper: Herr Vorsitzender, vielen Dank. Auch ich darf mich für die sehr befruchtenden beiden Vorträge bedanken und möchte eine rechtsvergleichende Anmerkung zu einem Detail beisteuern, das von beiden Referenten angesprochen worden ist, nämlich die Doppelfunktion der obersten Gerichte, einmal in Richtung Einzelfallentscheidung und zum anderen in Richtung allgemeinere, vielleicht sogar materielle Rechtsetzung zur Wahrung der Einheitlichkeit der Rechtsprechung. In diesem Feld gibt es in zahlreichen Ländern innerhalb und außerhalb Europas, alles Länder des kontinentaleuropäischen Rechtskreises, eine besondere Verfahrensart, in der quasi normative Auslegungsbeschlüsse erlassen werden können, unabhängig von anhängigen Prozessen. Wir haben also eine verfahrensrechtliche, prozessrechtliche Trennung von materieller Rechtsetzung zum einen und Einzelfallentscheidung zum anderen. Wenn Sie sich die Praxis dieser Länder ansehen, sind diese Entscheidungen häufig sehr dogmatisch. Es geht meistens um eine Art Auswahl dessen, was an verschiedenen Auslegungen zu einem gegebenen Gesetzestext bereits vorhanden ist, und die Obergerichte legen dann quasi normativ fest, welche dieser Auslegungen in Zukunft verbindlich gelten soll. Rechtsfortbildung im Sinne der Füllung von Lücken wird dagegen von diesen Gerichten in den Verfahren regelmäßig abgelehnt. M. E. bietet dies mehrere Vorteile. Zum einen entlastet es die Einzelfallentscheidungen des obersten Gerichts, weil da nicht mehr so sehr auf allgemeine Gesichtspunkte geachtet werden muss; dafür besteht eben diese besondere Verfahrensart, in der unabhängig von einem konkreten Rechtsstreit die Rechtseinheitlichkeit gewahrt werden kann. Damit nähern sich, um mit Frau Albers zu sprechen, die Einzelfallentscheidungen des obersten Gerichts im Textformat eher den Entscheidungen der Untergerichte an. Zweiter Vorteil aus meiner Sicht ist, dass die Rechtsvereinheitlichung durch oberste Gerichte nicht mehr vom Filter der Revisionsentscheidung abhängt, wie beispielsweise Streitwerte und Ähnliches, sondern man für diese besondere Verfahrensart besondere Verfahrensvoraussetzungen schaffen kann, die dieser Verfahrensart angemessen sind, beispielsweise eine divergierende untergerichtliche Rechtsanwendung. Diese Verfahrensarten sind überall da, wo es sie gibt, in der Verfassung festgelegt. Damit haben sie zumindest auch eine formale Legitimität. Das ist schon wichtig wegen der Bindungswirkung, die diese Beschlüsse für die Untergerichte haben, und, Herr Schönberger, Sie haben die Gefahr der Hybridisierung angesprochen, aber die ist ja ohnehin da. M. E. ist es vielleicht gar nicht schlecht, wenn durch getrennte Verfahrensarten diese Hybridisierung offengelegt wird. Dann haben sie doch mehr Ehrlichkeit und vielleicht auch mehr Problembewusstsein. Vielen herzlichen Dank.

Lege: Ich beschränke mich auf zwei Anmerkungen zum Referat von Herrn Schönberger. Die erste Anmerkung: Ich stimme Ihnen weitgehend in allem zu, insbesondere auch der These 7. Es gibt keine strikte Trennung zwischen Rechtsetzung und Rechtsanwendung, und dadurch lösen sich manche Probleme von selbst. Im Hauptpunkt will ich mich Ihrer Kritik am Umgang mit Präjudizien anschließen. Insofern gibt es in der deutschen Rechtswissenschaft in der Tat eine wenig ausgeprägte Kultur (und die Sache wird auch, wie Sie in These 23 angemahnt haben, an den Universitäten nicht genügend gelehrt). Zwei Beispiele für unsere Unkultur, eines aus der akademischen Rechtswissenschaft, das zweite aus der Rechtsprechung:

Das erste Beispiel betrifft den Umgang mit der Unterscheidung von ratiodecidendi und obiterdictum. Im Staatshaftungsrecht dürfte es ganz herrschender Meinung entsprechen, dass das Bundesverfassungsgericht das Institut des „enteignungsgleichen Eingriffs" anerkannt habe. Wenn man genau hineinschaut in die einzige Entscheidung hierzu – noch dazu ist es lediglich eine Kammerentscheidung –, so findet man dort nur die Formulierung: Der enteignungsgleiche Eingriff sei ein Institut des einfachen Rechts, das die Zivilgerichte so entwickelt hätten. Aber das war im konkreten Fall überhaupt nichtentscheidungsrelevant, sondern betraf allein die Frage, ob spezifisches Verfassungsrecht vorliegt oder nicht. Daraus kann man keine Anerkennung des „enteignungsgleichen Eingriffs" herleiten. Und doch zieht sich dies als herrschende Meinung seit 1992 durch sämtliche Lehrbücher hindurch.

Zweites Beispiel, diesmal der Umgang des Bundesverfassungsgerichts mit seinen eigenen Präjudizien, wieder aus dem Bereich des Art. 14 GG. Der Begriff der Enteignung wurde ja erfreulicherweise in BVerfGE 104, 1 dergestalt zurückgeführt, dass man gesagt hat, es sei ein Güterbeschaffungsvorgang. Dafür wurden vom Gericht eine Reihe von Präjudizien zitiert. Nicht zitiert wurde die Entscheidung BVerfGE 83, 201. Darin steht das genaue Gegenteil: Die Entziehung – und allein die Entziehung – des Eigentumsobjekts kennzeichne die Enteignung; auf einen Güterbeschaffungsvorgang komme es nicht an. – Dies ist gewiss ein Umgang mit Präjudizien, der nicht mehr *lege artis* erfolgt.

Oder wie die jungen Leute heute sagen: Das geht gar nicht. – Und warum geht das nicht? Aus logischen Gründen. Denn wir sind ja nicht an *Texte* gebunden, Herr Hoffmann-Riem, sondern an *Begriffe*. Und Begriffe sind die Gesamtheit der praktischen Folgen, die sich an sie knüpfen. Wenn man zu einem Begriff zwei Definitionen hat, die sich widersprechen, dann ist das die Eröffnung von Willkür. Denn *ex contradictione quod libet*: aus Widersprüchlichem folgt Beliebiges. Vielen Dank.

N. Weiß: Entschuldigen Sie, dass ich zu diesem späten Zeitpunkt nochmals auf das Thema objektive Willkür zu sprechen komme. Wenn man sich lange mit einer Frage beschäftigt hat, liegt sie einem eben doch am Herzen. Aber Sie brauchen nicht zu befürchten, dass ich jetzt selbstreferenziell werde, sondern ich versuche, das in den Kontext der Konferenz einzubauen. Wenn wir sagen, das Bundesverfassungsgericht versucht in einzelnen Fällen, mit dieser Figur Zugriff auf die schlechterdings unverständliche Entscheidung oder Prozessführung im Einzelfall zu gewinnen, so ist ja einer der Gründe, der dafür angeführt und rechtfertigend herangezogen wird, der Rechtsschutzauftrag. Dem wohnt ja doch eine gewisse und in vielen Fällen auch überzeugende Rationalität inne. Herr Schönberger, haben Sie Platz in Ihrem Denkmodell für dieses Rationalitätsargument, das das Bundesverfassungsgericht hier vorbringt? Das würde mich interessieren.

Zweitens habe ich eine Beobachtung und eine daran anschließende Frage an beide Referenten. Mir scheint, dass Gerichte insbesondere in der Anfangszeit ihrer Tätigkeit einen freudigen Zugriff auf möglichst viele Fälle pflegen. Das kann man beim Europäischen Gerichtshof für Menschenrechte beispielsweise sehr gut beobachten und in gewisser Weise auch beim Bundesverfassungsgericht. Hinterher muss man sich mit der Last der hohen Fallzahl herumschlagen. Können Sie das einerseits empirisch so bestätigen und zweitens daraus eine Schlussfolgerung ableiten, die sich etwa mit Blick auf den Inhalt, auf die Form, auf Argumentationsmuster der späteren Entscheidungen im Vergleich zu diesem früheren zupackenden Ansatz ergibt, ob sich da eine Entwicklung abzeichnet.

Und drittens eine Abschlussbemerkung: Das Problem der Ausbildung wurde in den Vorträgen und auch von Herrn Huster angesprochen. In meinen Stationszeugnissen steht immer die Formel „Der Referendar ist sich der sozialen Auswirkungen seiner Entscheidungen bewusst“. Beide Referate und die Diskussion heute haben gezeigt, dass hier ein Auftrag an uns besteht: Wie kann dieser wichtige Aspekt bereits im Studium behandelt werden, ohne unserem wissenschaftlichen Anspruch Abbruch zu tun? Danke schön.

Wißmann: Die Aufklärung der Juristen, in Sonderheit der Richter, über die Kontextabhängigkeit ihres Tuns wie über die immanente Gestaltungsdimension jeglicher juristischer Arbeit, verdient Unterstützung. Und wenn ich unsere heutige Diskussion zusammenfasse, haben die Referenten in diesem Anliegen überreiche Zustimmung erfahren, ja vielleicht weniger Widerspruch geerntet, als sie erhofft hatten. Insofern hat heute eine Zusammenführung verschiedener Traditionslinien im Sinn einer Selbstvergewisserung der Vereinigung stattgefunden, und so möchte ich Herrn Hoffmann-Riem beipflichten: eine Sternstunde des Fachs.

Wenn man nun in den Bereich der konkreten Folgerungen dieser grundsätzlichen Einsichten kommt, kommt dem Wort vom „Verbundsystem" besondere Bedeutung zu, in dem anklingt, dass für die konkrete Gestaltung der Rechtsfindung vielfach die institutionelle Anordnung der Akteure entscheidend ist und diese heute kaum noch monistisch oder linear-hierarchisch gedacht werden kann. Ich möchte hervorheben, was beide Referenten schon angedeutet haben: Es geht nicht nur um das in der Öffentlichkeit oft in den Vordergrund gerückte „horizontale" Verhältnis zwischen nationalen und europäischen Höchstgerichten, also in Sonderheit zwischen Bundesverfassungsgericht und EGMR bzw. EuGH. Die Aufgabe des Alltags liegt viel öfter dort, wo wir „vertikale" Verbundsysteme haben, zwischen internationalrechtlichen Judikaten und ihrer Weiterführung in der Fachgerichtsbarkeit. Um es an einem Beispiel zu illustrieren: Die deutschen Verwaltungsgerichte sind gerade dabei, aus einer Entscheidung des EGMR zum Organisationsverbot für Gewerkschaften in der Türkei die Aufhebung des hergebrachten Grundsatzes des Berufsbeamtentums, wonach Beamten kein Streikrecht haben, abzuleiten. Über die offensichtlichen Unterschiede in der Ausgangslage wird zugunsten eines scheinpräzisen Anwendungs- und Übertragungsfurors hinweggegangen. Woran liegt das? Es liegt an der abstrahierenden Regelbildung deutscher Gerichtstradition, die aus höchstrichterlichen Entscheidungen allgemeingültige Normen macht. Das entspricht vielfach aber nicht der Perspektive internationaler Gerichte, so dass deren Vorgaben in Deutschland auf Felder transferiert werden, für die sie gar nicht gemacht waren. Wir benötigen also dringend eine neue Kultur der Präjudizienbildung und damit der Limitierung erweiternder Ableitungen aus Höchstjudikaten, wenn wir im internationalisierten Verbundsystem arbeitsfähig bleiben wollen.

Eine zweite, sich daran anschließende Frage: Beide Referenten haben sich sehr stark, und das entspricht der deutschen Üblichkeit, auf die Arbeit der Gerichte konzentriert. Sind Gerichtsverfahren nicht aber nur eine Randfunktion dessen, was wir im Recht betrachten, insbesondere im Öffentlichen Recht? Ist nicht unser viel größeres Aufgabenfeld, wie gerade schon die Verwaltung mit den Vorgaben etwa der Höchstgerichte umgeht? Das wäre eine offene Frage zum Schluss: Was können wir anbieten in Sachen differenzierter Implementation von höchstgerichtlichen Regeln für die Arbeit der Verwaltung? Es wird weder reichen, auf eine förmliche Bindung zu setzen, noch im Gegenteil lapidar festzustellen, dass Verwaltungsbeamte wie eben auch der Richter notwendig Gestaltungsaufgaben hätten. Wir brauchen ein noch einmal eigenes Handwerkszeug, wie wir in der Verwaltung mit Judikaten umgehen. Vielen Dank.

Lepsius: Danke unsererseits, Herr Wißmann, und jetzt folgen die Schlussworte, ca. 10 Minuten. Das ist ja immer eine besonders schwierige Aufgabe, gerade bei 25 Wortmeldungen. Ich bin insbesondere neugierig, ob Robespierre nochmal als der Gewährsmann von Herrn Schönberger auftaucht in der Diskussion. Nun ja! Sie haben das Wort, Herr Schönberger.

Schönberger: Vielen Dank. Ich bedanke mich für alle Wortmeldungen und werde versuchen, die Fragen, die diskutiert worden sind, ein wenig zu bündeln.

Ich beginne damit, dass ich noch einmal mein Kernanliegen formuliere. Dieses Kernanliegen ist der Blick auf die institutionelle Dimension. Ich habe mich deshalb auch nicht zufällig gerade auf Höchstgerichte konzentriert, die einen ausdifferenzierten Instanzenzug unter sich haben, nämlich die obersten Bundesgerichte. Diese Einbindung in einen regelmäßigen Instanzenzug ist zentral. Wenn wir uns im Vergleich das Bundesverfassungsgericht oder EGMR ansehen, bedeutet die Tatsache, dass diese Gerichte nicht über einen derartigen Instanzenzug für ihre spezifische Aufgabe verfügen, eine grundlegend andere Funktionsweise. Die Formulierung, die uns allzu schnell von den Lippen geht, dass alle diese Gerichte irgendwie als „Höchstgerichte“ gelten, weil es gegen ihre Entscheidungen kein Rechtsmittel mehr gibt, reicht als Fundament für allgemeine Analysen nicht aus. Je mehr ich mich mit den verschiedenen Formen höchster Gerichte beschäftigt habe, desto skeptischer bin ich gegenüber solchen Generalisierungen geworden. Ich finde, dass das ganz deutlich in den Vordergrund gerückt werden muss. Das erklärt dann auch, warum gerade für das Bundesverfassungsgericht viele der Analysen, die wir für die obersten Bundesgerichte machen können, einfach nicht weiterhelfen und nicht zutreffend sind. Wir müssen wirklich bei jedem Gericht konsequent seine spezifische institutionelle Situation durchdenken.

Das führt mich als zweiten Generalpunkt nochmals zur Vergleichung. Es ist ja in der Diskussion verschiedentlich der Gedanke hervorgehoben worden, dass die Supreme-Court-Systeme verallgemeinernde Systeme sind. Man hat es mit einem Höchstgericht zu tun, das tatsächlich vergleichsweise generalistisch mit einer sehr kleinen Gruppe von Richtern das gesamte Rechtssystem steuert, mit notwendigerweise eher allgemeinen Entscheidungen. Das Allgemeine wird vom Höchstgericht verwaltet. Und deswegen ist auch das Verhältnis zum Gesetz prekär, weil das Allgemeine eben vom Höchstgericht organisiert wird. Bei uns gibt es diesen Ort des Allgemeinen in der Gerichtsbarkeit dagegen eigentlich nicht. Wir haben vielmehr eine hochspezialisierte Fachgerichtsbarkeit, die sich mit Fachfragen beschäftigt, und daneben eine spezialisierte Verfassungsgerichtsbarkeit, deren Legitimation sich spezifisch nur auf das Verfassungsrecht bezieht. Das heißt also, im Grunde genommen ist in unserem Justizsystem der Ort verallgemeinernder Zentralisierung institutionell nicht abgebildet. Das scheint mir als Beobachtung wichtig, weil man dann sieht, dass wir mit dieser unterschiedlichen Grundstruktur umgehen müssen. Es wurde ja in der Diskussion das Begriffspaar von Fachrationalität und politischer Rationalität erwähnt. Unser System der Höchstgerichte ist natürlich ein stark fachrationales System. Dem steht aber nicht ein allgemeines Höchstgericht gegenüber, sondern eines, das wiederum spezialisiert ist, indem es auf eine eigenartige Generalmaterie, nämlich das Verfassungsrecht, bezogen bleibt. Diese institutionelle Kombination führt natürlich zu Koppelungsproblemen, die ein Supreme Court-Modell in dieser Art gar nicht hervorbringen kann.

Mehrfach wurde nach meinen normativen Kriterien gefragt. Ist das, was ich vorgestellt habe, nicht eigentlich dann doch wieder die gute alte Gewaltenteilungsdogmatik? Verabschiede ich sie, ohne mich doch von ihr ganz lösen zu können? Ich würde das in gewissem Umfang einräumen. Für die obersten Bundesgerichte ist das Interessante ja gerade, dass sie von der Individualentscheidung herkommen, sich von ihr nie ganz lösen, gleichzeitig aber eben eine Form von Generalisierung entwickeln, die mit der Beschreibung: „Gerichte treffen Individualentscheidungen“ nicht sinnvoll zu rekonstruieren ist. Wir haben es also bei den obersten Bundesgerichten automatisch mit einer gewissen Hybridisierung von Einzelentscheidung und Normbildung zu tun. Gerade deshalb würde ich erst recht dafür plädieren, ihre Justizförmigkeit besonders ernst zu nehmen. Gerade weil diese Gerichte ihrer natürlichen Tendenz nach die Justizförmigkeit immer schon ein Stück überschreiten, muss man sie umso nachdrücklicher an das Fallmaterial, an die Individualisierung, an die Streitentscheidung zurückbinden. Daher ja auch mein Plädoyer gegen gewisse Verselbständigungen, auch gegen sozusagen sozialwissenschaftliche Sondererkenntnismechanismen für diese Gerichte. Ich denke, ihre Legitimität – und insofern bin ich natürlich durchaus der traditionellen Gewaltenteilung noch verpflichtet – speist sich hauptsächlich weiterhin gerade aus der Individualentscheidung. Das ist wiederum beim Bundesverfassungsgericht schon wegen der Normenkontrollfunktion ganz anders. Die Einhegung kann hier nicht nur von der Individualentscheidung her gelingen, sondern muss auf einer anderen Ebene sichergestellt werden, etwa durch eine stärkere Kommunikation mit der Wissenschaft und ähnliche Formen.

Ich bin in diesem Zusammenhang auch dankbar für gewisse rechtsvergleichende Beispiele, auf die in der Diskussion hingewiesen wurde. In einigen Ländern haben Höchstgerichte die Möglichkeit, generelle Direktiven zu erlassen. Das ist ja in Deutschland auch vom Obersten Gericht der DDR praktiziert worden. Es geht häufig um frühere kommunistische Länder, wir haben so etwas etwa heute noch in Tschechien. Das Höchstgericht kann in einer nicht streitbezogenen Entscheidung generelle Richtlinien aufstellen, die dann von den Untergerichten zu befolgen sind. Das hat eine gewissermaßen kommunistische Effizienz, die aber natürlich ein Problem für die Unabhängigkeit des Richters darstellt. Jedenfalls zeigt sich hier eine weitere Möglichkeit, wie die Vereinheitlichungsfunktion von Höchstgerichten auch praktiziert werden kann. Ich wäre sehr gegen ein solches Modell, nicht allein wegen der kommunistischen Reminiszenzen, sondern weil mir daran liegt, die Normerzeugungsfunktion der Höchstgerichte nicht zu verselbständigen, also nicht den Akzent auf eine völlig eigene Form von Rechtsfortbildung zu legen, die etwas ganz Anderes wäre als das, was im Alltag der Justiz insgesamt gemacht wird. Die Legitimität der Höchstgerichte beruht gerade auf deren Verbindung mit dem Alltagsmaterial der Instanzgerichte. Sie muss dort angebunden bleiben. Das ist sicherlich ein Gewaltenteilungskonzept, vielleicht aber doch eines, das spezifisch ausdifferenziert ist.

Schließlich zu den Methoden: Der Einwand, dass Methoden doch wichtiger sind, als es die übliche Verabschiedung der juristischen Methodenlehre nahelegt, ist berechtigt. Die Frage ist nur, was daraus folgt. Methoden sind im Grunde den Juristen insgesamt anvertraut und werden von ihnen zwischen Wissenschaft und Praxis immer neu verhandelt, teils implizit, teils explizit. Wir sind längst übergegangen zu einer Form juristischer Argumentation, die nicht so streng bindend sein kann wie jedenfalls die alte Methodenlehre einmal behauptet hat, die aber natürlich auch nicht einfach ein völlig beliebiges Argumentationsspiel ist. Die Frage ist: Wie kann das in Kontrollmaßstäben operationalisiert werden, was wir alle als Juristen täglich neu aushandeln? Das können wir, glaube ich, innerhalb des Rechtssystems nur sehr begrenzt hinbekommen. Die obersten Bundesgerichte sind insofern in einer durchaus günstigen Situation. Sie haben einen Instanzenzug unter sich, in dem arbeitsteilig diese Probleme schon mehrmals durchbehandelt wurden – ich lasse hier die Sonderfälle erstinstanzlicher Zuständigkeit einmal beiseite – und können bündeln, was sich in diesem Gespräch über die Normen aus dem Instanzenzug ergibt. Und darin müssen wir meiner Ansicht nach die eigentliche Gewährleistung für eine gewisse Rationalität dieser Art von Rechtsprechung sehen.

Aber was machen wir dann mit dem Ausreißerfall? Was machen wir mit dem Bundesfinanzhof, wenn er eine nach Meinung von Beobachtern evident gesetzwidrige Entscheidung trifft (wobei diese Einschätzung freilich wiederum auf einer vielleicht bestreitbaren Interpretation beruht)? Ich würde sagen, wir müssen ertragen, dass an einer bestimmten Stelle das oberste Bundesgericht zu einer verbindlichen Interpretation kommt. Diese Interpretation bleibt natürlich rechtswissenschaftlich anfechtbar, sie bedarf der wissenschaftlichen Kritik und Begleitung, auch der Kritik aus der Rechtspraxis, auch der Kritik von den Instanzgerichten. In einer solchen Entscheidung zeigt sich aber zunächst einmal nur das allgemeine Problem, dass irgendwann der Instanzenzug zu Ende ist. Das ist offenbar schwer zu ertragen. Daraus ergibt sich das Bemühen, dann doch noch das Bundesverfassungsgericht auch in dieser Problematik ins Spiel zu bringen. Ich bin aber etwas verwundert darüber, dass man glaubt, dass das Bundesverfassungsgericht das Problem lösen könne. Denn es entsteht so doch nur eine weitere Instanz, die die Sache vielleicht auch falsch beantwortet. Was ist also eigentlich gewonnen, wenn es einen spezifisch verfassungsrechtlichen Standard der Methodeneinhaltung eben nicht gibt, weil die Methoden den Juristen generell anvertraut sind, in einem schwierigen Gespräch, das aber nicht beliebig ist? Das Bundesverfassungsgericht kann zur Beantwortung allgemeiner Rechtsfragen nichts Spezifisches beitragen. Und weil es nichts Spezifisches dazu beitragen kann, sollten wir diese Beantwortung bei den obersten Bundesgerichten lassen. Dabei entsteht sicherlich das Risiko, dass ein oberstes Bundesgericht zu einer Entscheidung kommt, die viele aus methodischen Gründen für falsch halten. Das ist aber nichts anderes als Letztinstanzlichkeit. Oder, wie Horst Ehmke einmal gesagt hat: Dann geht die Sache eben schief. Danach gibt es immer noch die wissenschaftliche Kritik, die weiterhin möglich und manchmal sehr nötig ist, und auch die Möglichkeit politischer Reaktion durch Gesetzesänderung. Insofern, glaube ich, sollten wir gerade bei diesen Problemen immer wieder institutionell denken und fragen: Was kann die Fachgerichtsbarkeit besser als das Bundesverfassungsgericht? Ich glaube dabei nicht, dass der Rückzug auf Willkürformeln und Ähnliches die Sache befördert. Nichts ist willkürlicher als Willkürformeln. Da sehe ich keinen verlässlichen verfassungsrechtlichen Prüfungsstandard. Stattdessen wäre ich sehr dafür, dass das Bundesverfassungsgericht seine sonstigen inhaltlichen Kriterien bei der Urteilskontrolle stärker präzisiert. In den Verfassungsgerichtsentscheidungen zur richterlichen Rechtsfortbildung schwingt häufig irgendein Unbehagen inhaltlicher Art mit, das aber nicht offengelegt, sondern durch angebliche Methodenkontrolle eher verdeckt wird. Dann ist es die Aufgabe des Bundesverfassungsgerichts, dieses Unbehagen inhaltlich zu füllen und zu fragen, wieweit es in der Sache trägt, etwa unter grundrechtlichen Gesichtspunkten. Wenn es dagegen nur ein unspezifisches Unbehagen empfindet, dann ist nicht erkennbar, warum dieses größere Bedeutung haben sollte als das Auslegungsergebnis der Fachgerichtsbarkeit und besonders der obersten Bundesgerichte. Ich bedanke mich.

Albers: Ich werde meine Antwort etwas bündeln und hoffe, Ihnen allen damit gerecht zu werden. Zunächst eine Vorabbemerkung: Mein Vortrag war ein rechtswissenschaftlicher, kein soziologischer Vortrag. Einen soziologischen Vortrag hätte man anders machen müssen, und ich hätte ihn anders gemacht. Die Soziologie einerseits und die Rechtswissenschaft mit der sie kennzeichnenden Normativität andererseits lassen sich allerdings nicht mit Hilfe einer schlichten Unterscheidung „deskriptiv“ / „normativ“ gegeneinander abgrenzen. Die Rechtswissenschaft schließt immer schon sowohl deskriptive als auch präskriptive Aussagen sowie insbesondere auch Metabeobachtungsebenen ein, die oberhalb der Differenz zwischen deskriptiven und präskriptiven Aussagen ansetzen. Mein Vortrag hat sich im Wesentlichen auf einer Metabeobachtungsebene bewegt. Er war also alles andere als empirisch-deskriptiv. Wenn ich etwa ausgeführt habe, dass die Untergerichte Gerichtsentscheidungen mit ihrem impliziten Wissen darüber deuten, wie man Gerichtsentscheidungen versteht, dann steckt in einer solchen Beschreibung ein präskriptiver Gehalt, weil es durchaus Untergerichte geben mag, die höchstgerichtliche Entscheidungen zu schematisch verstehen. Die Beschreibung des schlängelnd-tastenden Vorgehens der Gerichte im Rechtsprechungsverbund liegt ebenfalls auf einer Metabeobachtungsebene, die man unterhalb dieses Abstraktionsniveaus noch vielfältig, aus unterschiedlichen Perspektiven und gegebenenfalls normativ oder methodisch kritisch analysieren kann. Ich hatte einleitend auf die Vielzahl der Möglichkeiten der Selbst- und Fremdbeobachtung und der Beobachtung höherer Ordnung hingewiesen, die innerhalb eines rechtswissenschaftlichen Zugriffs bestehen. Das in meinem Vortrag gezeichnete Bild lässt sich deswegen auch noch weiter aufschlüsseln und ausarbeiten. Diese Vorbemerkung ist mir sehr wichtig, damit keine Missverständnisse entstehen.

Zunächst zu den Fragen nach der Rolle und zur These eines Bedeutungsverlusts der juristischen Methoden: Ich selbst bin überhaupt nicht der Ansicht, dass man gar keine Methoden mehr bräuchte. Selbstverständlich sollen und müssen die gerichtliche Entscheidungsfindung und der Umgang mit Gesetzestexten lege artis stattfinden. Rechtswissenschaftliche Metabeobachtungen oder Beobachtungen zweiter Ordnung zeigen zwar die begrenzte Rolle und die Relativität der juristischen Methoden auf. Aber sie machen Methoden nicht überflüssig, sondern schärfen im Gegenteil den Blick und ermöglichen Reflektionen, die wiederum die Handhabung der juristischen Methoden verbessern mögen. Auch die Praxis- und Teilnehmerperspektiven, die in der Diskussion angesprochen worden sind, sind im Abstraktionsgrad der Ausführungen meines Vortrags aufgehoben und insofern nicht verschwunden, sondern im Gegenteil von großer Bedeutung. Rechtswissenschaftliche Analysen können in immer wieder neuartigen Gesamtbildern verschiedene Beobachtungsebenen und -perspektiven zusammenführen.

In Abgrenzung gegen einige andere wissenschaftliche Beschreibungen geht die in meinem Vortrag gewählte Beschreibung gerichtlicher Entscheidungsfindung nicht von einem akteurs- und personenzentrierten Zugriff aus. Ich halte solche Ansätze für gelegentlich ganz anschaulich, aber sie sind selten wirklich weiterführend. Selbst Richard Posner, der mit „How Judges Think“ differenzierte Überlegungen vorgelegt hat, greift aus meiner Sicht mit seinem Ansatz nicht weit und nicht tief genug.

In der Diskussion gab es außerdem eine Reihe von Fragen zum Rechtsprechungsrecht und zum Rechtsprechungsverbund. Zunächst zum Begriff der „Höchstgerichte“ und zur Befassung mit allen Höchstgerichten: Die Anregung, alle Höchstgerichte im Sinne der Bundesgerichte, des Bundesverfassungsgerichts, des EuGH und des EGMR einzubeziehen, kam vom Vorstand. Die Beteiligten werden sich erinnern, dass ich dieser Anregung am Anfang etwas skeptisch gegenüberstand, weil ich nicht sicher war, ob man den Differenzierungserfordernissen in der auf 45 Minuten begrenzten Zeit hinreichend Rechnung tragen kann. Im Ergebnis hat sie sich für meinen Vortrag allerdings als weise Anregung erwiesen. Auch wenn man einen übergreifenden Rahmen formuliert, muss man aber selbstverständlich zwischen den Höchstgerichten angemessen differenzieren. Das habe ich etwa hinsichtlich der Text-, Kommunikations- und Rechtsformate, der Gerichtskulturen oder der verschiedenen Rechtskontexte deutlich gemacht. Der Topos des Rechtsprechungsverbundes erfordert ebenfalls entsprechende Aufschlüsselungen und Differenzierungen. Ein schönes Beispiel für die relative Eigenständigkeit der jeweiligen Höchstgerichte ist die von Herrn Häberle angesprochene Beschreibung der Aufgaben des EuGH: Diese als „Sicherung der Wahrung des Rechts“ zu umreißen, folgt dem Text der Aufgabenzuweisung in Art. 19 EUV. Auf europäischer Ebene ist darin jedoch immer schon die Rechtsfortbildung eingeschlossen, so dass sich Abgrenzungsprobleme zwischen Rechtsauslegung und Rechtsfortbildung hier nicht in dem uns aus den nationalen Debatten vertrauten Umfang stellen.

Für das Verständnis von „Rechtsprechung“ ist mir dann im Ausgangspunkt ein Aspekt wichtig, der in der Diskussion aufgegriffen worden ist: Gerichte haben keineswegs in uneingeschränkter Form das „letzte Wort“. In einem bestimmten Verfahren treffen sie eine letztverbindliche Entscheidung. Von der Metabeobachtungsperspektive aus, wie ich sie gewählt habe, fließt die Kommunikation allerdings weiter: Die Gerichtsentscheidungen werden beobachtet, zustimmend rezipiert oder kritisiert, immer wieder an die Normen rückgekoppelt und in unterschiedlichen Kontexten zu verschiedenen Zeitpunkten immer wieder gedeutet. Die Kennzeichnung der Rechtsprechung mit Hilfe des Merkmals des „letzten Worts“ ist eben auch nur eine der möglichen Perspektiven, die man einnehmen mag, wenn man sich auf das Einzelverfahren konzentriert, deren Überzeugungskraft aber selbst dann von vielen Prämissen abhängt.

Legt man fortlaufende Kommunikationen und unterschiedliche Kommunikationskontexte zugrunde, scheint es mir sinnvoll und weiterführend zu sein, „Rechtsprechung“ mit Hilfe einer Unterscheidung von Text-, Kommunikations- und Rechtsformat zu begreifen. Der Begriff „Format“ ist dabei ein recht abstrakter Begriff, und unterhalb dieser Abstraktionsebene oder auch mit Blick auf die Differenzierung der drei Komponenten erschließen sich wieder ganz viele Fragen, die zu analysieren wären. Wenn etwa das Bundesverfassungsgericht in einen bestimmten Entscheidungstext verschiedenartige Aussagen einfließen lässt, die sich an unterschiedliche Rezipienten richten oder einen je eigenen und darin interpretationsbedürftigen kommunikativen Status haben, mag die Entscheidung als Kommunikationsformat Missverständnisse und sinnwidrige Folgen auslösen. Ist es beispielsweise nützlich oder schädlich, wenn in BVerfG-Entscheidungen „dunkle Signale“ an den EuGH ausgesendet werden, wie es Frau Lübbe-Wolff in ihrem Sondervotum zur Entscheidung über den Europäischen Haftbefehl kritisch hervorgehoben hat? Welche Funktionen kommen Sondervoten zu? Operiert das Bundesverfassungsgericht möglicherweise kontraproduktiv, wenn es einerseits betont, die Bindungswirkung seiner Entscheidungen erstrecke sich auf die tragenden Gründe, und dann anderseits so viel in seine Entscheidungen hineinschreibt, dass die Entscheidungsinterpreten die Chance haben, alles, was ihnen nicht passt, als nicht tragend aus den Bindungswirkungen auszugrenzen? Hier lässt sich eine Fülle von Themen ausarbeiten. Mit dem „Rechtsprechungsrecht" meine ich dann die Verknüpfung dieser drei Komponenten, nämlich des Textformats, des Kommunikationsformats und des sich in den Deutungsprozessen und -kontexten herauskristallisierenden Rechtsformats. Man kann dies als Einheit dreier Komponenten sehen, aber Rechtsprechungsrecht erschließt sich erst mit Hilfe eines prozeduralen, die Differenz von Text-, Kommunikations- und Rechtsformat aufrechterhaltenden Blicks. So ist das Rechtsformat nicht etwa das Ergebnis eines linearen Prozesses, sondern stabilisiert sich – in Form relativer Stabilität – in immer neuen Kommunikationen und Kommunikationskontexten sowie in immer wieder neu vorgenommenen Rückkoppelungen an das Textformat als dem spezifisch gestalteten Anknüpfungspunkt von Deutungen. Es löst sich also nicht vollständig ab. Hinzu kommt, dass Rechtsprechungsrecht immer auch in der Differenz zu den jeweils relevanten Normen beobachtbar ist. Die stetigen Rückkoppelungen sind, ich komme bei meinem letzten Punkt darauf zurück, für die Legitimation der Rechtsprechung wichtig. Dieser Zugriff verdeutlicht und erklärt zugleich, dass Rechtsprechungsrecht sich etwa hinsichtlich der Formen der Aussagen und der Formen der Bindungen anders gestaltet als Gesetzesrecht. Es ist, das zeigt sich dann eben auch im Rechtsprechungsverbund, vorläufiger, relativierbarer, fallbezogener, von weniger weit reichendem Allgemeinheitsanspruch und lässt mehr Abweichungen zu. Es wirkt fallübergreifend, ohne dass es deswegen in die Nähe des Gesetzes rückt. Vielmehr stellt es ein eigenständiges Format dar. Rechtsprechungsrecht ist deshalb insgesamt nicht einfach eine neutrale Bezeichnung anstelle von „Richterrecht", sondern ein anderer Ansatz.

Der letzte Punkt ist die in der Diskussion angesprochene Frage nach der Legitimation der Rechtsprechung und des erzeugten Rechts, und ich darf verraten, dass ich sie bei der Ausarbeitung meines Vortrages eine Zeitlang in den Mittelpunkt gestellt hatte, weil sie eine sehr wichtige Frage ist und bleibt. Zu den Ergebnissen meiner Überlegungen gehörte dann jedoch, dass man – dies gegen den Trend, von Was-Fragen auf Wie-Fragen umzustellen – anstelle der Frage „Wie wird Rechtsprechung legitimiert?" zunächst fragen muss: „Was muss eigentlich legitimiert werden?" Die dann erforderliche Antwort darauf, wie man

„Rechtsprechung“ und das von dieser erzeugte Recht begreifen kann, benötigt ausführlichere neue Erläuterungen, und die Legitimationsfrage erweist sich selbst als ein neues, nicht mit wenigen Sätzen abzuhandelndes Thema. Einige Aspekte kann ich verdeutlichen. Bei meinem Konzept greift das auf die Rechtsbindung konzentrierte traditionelle Legitimationsmodell zu kurz. Trotzdem bleibt die Rechtsbindung von recht großer Bedeutung. Allerdings wird sie zum einen anders angelegt, nämlich statt im Sinne eines vertikalen Ableitungszusammenhanges der Rechtsfindung in Gestalt eines im Grundsatz horizontalen Prozesses der Entscheidungsfindung, im Rahmen derer immer wieder Rückkoppelungen zu den Rechtsnormen erfolgen, und der weiteren Entscheidungsrezeptionen, in denen ebenfalls immer wieder diese Rückkopplungen hergestellt werden. Zum anderen reicht die Rechtsbindung auch im Sinne dieses erweiterten Verständnisses zur Sicherstellung der Legitimation der Rechtsprechung nicht aus. Man benötigt ein plurales Legitimationsmodell. Insoweit eröffnet sich wiederum ein sehr interessantes Forschungsfeld, weil das hier vorgestellte Paradigma des Rechtsprechungsrechts angemessene Anknüpfungspunkte für ein solches Modell bietet. Ohnehin ist Legitimation selbst im traditionellen Konzept keine Einbahnstraße von der Gesetzgebung zur Rechtsprechung. Denn schließlich tragen die Gerichte mit ihrer Leistung einer Gerechtigkeitsherstellung im Wege der Gerichtsverfahren ihrerseits zur Legitimation der Gesetzgebung bei. Im Übrigen gilt auch unter Legitimationsaspekten, dass man die verschiedenen Höchstgerichte angemessen differenziert betrachten muss. Am Schluss verbleibt also eine Vielzahl von Fragen. Aber es gehört ja traditionell zur Tagung der Staatsrechtslehrer und Staatsrechtslehrerinnen, ebenso wie zu jeder wissenschaftlichen Tagung, dass man mit vielen Fragen kommt und auch mit einer Reihe von Fragen wieder geht. Und das ist ja das Schöne, solange es nicht genau die gleichen Fragen sind.

Vierter Beratungsgegenstand:

Rechtsetzungen der europäischen und nationalen Verwaltungen

1. Referat von Universitätsprofessor
Dr. *Ulrich Stelkens*, Speyer

Inhalt

I. Begriffsklärungen und Themenabgrenzungen

1. Verwaltung als Rechtsetzer

Unter Rechtsetzungen der europäischen und nationalen *Verwaltungen* will ich nicht nur die Rechtsetzungen der Selbstverwaltungskörperschaften[1] und der Europäischen Agenturen, sondern auch die gubernative Rechtsetzung, also den Erlass von Rechtsverordnungen und Verwaltungsvorschriften durch die Bundes- und Landesregierungen[2] und die rechtsetzende Tätigkeit der Europäischen Kommission[3] fassen. Als Rechtsetzung durch die Verwaltungen will ich also begriffserweiternd alles verstehen, was nicht parlamentarische Rechtsetzung, Richterrecht und Rechtsetzung durch Private ist.[4] Dies passt seit dem Vertrag von Lissabon auch auf die EU-Ebene:[5] Der Vertrag über die Arbeitsweise der Europäischen Union unterscheidet zwischen „Gesetzgebungsakten" i. S. des Art. 289 AEUV, die dadurch gekennzeichnet sind, dass an ihrem Erlass das Europäische Parlament beteiligt ist,[6] und

---

[1] Nur hier dürfte anerkannt sein, dass es gerade die Verwaltung – und nicht die Regierung – ist, die rechtsetzend tätig wird: Zum „Verwaltungscharakter" des Satzungserlasses: BVerfG v. 22. 11. 1983 – 2 BvL 25/81 –, BVerfGE 65, 283 (289); *H. Hill* Soll das kommunale Satzungsrecht gegenüber staatlicher und gerichtlicher Kontrolle gestärkt werden?, Gutachten D für den 58. DJT, 1990, 13 f.; *E. Schmidt-Aßmann* Soll das kommunale Satzungsrecht gegenüber staatlicher und gerichtlicher Kontrolle gestärkt werden?, Verhandlungen des 58. DJT, 1990, N 8 (N 10).

[2] *A. v. Bogdandy* (Gubernative Rechtsetzung, 2000, 217 ff.) behandelt etwa unter „gubernativer Rechtsetzung" nur Rechtsverordnungen und Verwaltungsvorschriften, die von der Regierung im institutionellen Sinn (auf zentralstaatlicher Ebene) erlassen werden.

[3] Zur Einordnung der Kommission als Gubernative in diesem Zusammenhang: *C. Möllers* Durchführung des Gemeinschaftsrechts, EuR 2002, 483 (508 ff.).

[4] Der Begriff exekutive Rechtsetzung (so etwa *H. Hill* Normsetzung und andere Formen exekutivischer Selbstprogrammierung, in: Hoffmann-Riem/Schmidt-Aßmann/Voßkuhle [Hrsg.], Grundlagen des Verwaltungsrechts II, 2008, § 34 Rn. 1) hat den Nachteil, das hier zu behandelnde Problem als Problem der *Gewaltenteilung* zu kennzeichnen (*v. Bogdandy* [Fn. 2], 107 ff.), was – wie zu zeigen ist – nicht zwingend ist.

[5] Wie hier auch *M. Möstl* Rechtsetzungen der europäischen und nationalen Verwaltungen, DVBl. 2011, 1076 (1077).

[6] *L. Guilloud* L'inscription des actes lègislatifs de l'Union européenne dans les traités, Revue de l'Union européenne 2011, 285 (289); *D. Ritleng* L'identification de la fonction exécutive dans l'Union, in: Dutheil de la Rochère (Hrsg.), L'exécution du droit de l'Union, entre mécanismes communautaires et droits nationaux, 2009, 27 (44 ff.). Dies schließt die Existenz von Gesetzgebungsakten aus, die allein vom Rat oder allein von der Kommission erlassen werden: *P. Craig* The Lisbon Treaty, 2010, 257 f.

den hauptsächlich von der Kommission auf Grundlage der Art. 290 und 291 Abs. 2 bis 4 AEUV zu erlassenden delegierten Rechtsakten und Durchführungsrechtsakten, dem sogenannten „Tertiärrecht".[7] Dieses ist – neben den rechtssatzähnlich formulierten Mitteilungen und Leitlinien der Kommission[8] – wohl am ehesten das, was sich auf EU-Ebene als Rechtsetzung durch die Verwaltung begreifen lässt.

2. *Rechtsetzung als Formulierung abstrakt-genereller Regelwerke*

Was ist nun aber Rechtsetzung? Ich will hierunter das Aufstellen allgemeiner, d.h. abstrakt-generell formulierter Regelwerke begreifen, ungeachtet der Form, in der dies geschieht. Und ungeachtet dessen, ob diese Regelwerke dann für die Verwaltung, den Bürger und die Gerichte bindend sind und wie sich eine solche Bindungswirkung darstellt:[9] In Form einer echten Rechtsbindung, in Form einer bloßen Obliegenheit oder eher faktisch kraft Autorität der rechtssatzerlassenden Stelle.[10] Die Set-

---

[7] Zum Begriff Tertiärrecht: *T. v. Danwitz* Rechtsetzung und Rechtsangleichung, in: Dauses (Hrsg.), Handbuch des Europäischen Wirtschaftsrechts, Loseblatt, Stand: Juni 2011, B. II Rn. 72; *W. Frenz* Handbuch Europarecht – Band V, 2011, Rn. 818, 1227; *I. Härtel* Handbuch Europäische Rechtsetzung, 2006, § 15 Rn. 8f.; *D. König* Gesetzgebung, in: Schulze/Zuleeg/Kadelbach (Hrsg.), Europarecht, 2. Aufl. 2010, § 2 Rn. 2 und 37.

[8] Derartige Regelwerke sollten daher nicht (mehr) als Tertiärrecht bezeichnet werden; so aber noch *T. Groß* Exekutive Vollzugsprogrammierung durch tertiäres Gemeinschaftsrecht, DÖV 2004, 20 (24); *L. Senden* Soft Law in European Community Law, 2004, 55f.; *T. Siegel* Auslegungsmitteilungen der Kommission als tertiäres Unionsrecht, NVwZ 2008, 620.

[9] Wird die Frage seiner rechtlichen Verbindlichkeit im vorliegenden Zusammenhang schon in den Begriff des Rechtssatzes mit aufgenommen (so etwa *P. Axer* Normsetzung der Exekutive in der Sozialversicherung, 2000, 35ff.; ferner *M. Möstl* Normative Handlungsformen, in: Erichsen/Ehlers [Hrsg.], Allgemeines Verwaltungsrecht, 14. Aufl. 2010, § 19 Rn. 3 [*Möstl* verlangt für das Vorliegen einer „normativen Handlungsform" zwar eine abstrakt-generelle *Regelung*, also das Setzen einer Rechtsfolge, die einen gewissen Grad an rechtlicher Verbindlichkeit entfaltet, nimmt dieses „Verbindlichkeitspostulat" dann jedoch durch die Worte „einen gewissen Grad an" wieder deutlich zurück]), besteht die Gefahr, dass die Frage, ob ein abstrakt-generelles Regelwerk verbindliche Wirkungen entfaltet, schon auf der begrifflichen Ebene vorentschieden wird.

[10] So in Zusammenhang mit der „Bindungswirkung" von Empfehlungen internationaler Organisationen: *H. Jung* Die Empfehlungen des Ministerkomitees des Europarates – zugleich ein Beitrag zur europäischen Rechtsquellenlehre, in: Bröhmer/Bieber/Calliess/Langenfeld/Weber/Wolf (Hrsg.), Internationale Gemeinschaft und Menschenrechte – FS Ress, 2005, 519 (522ff.).

zung von Soft Law durch die nationalen und europäischen Verwaltungen[11] gehört also durchaus zum Thema.

II. Administrative Rechtsetzung als rechtsstaatliche Errungenschaft

Damit komme ich zum ersten Schritt meiner Analyse: Ich habe betont, dass es um von der Verwaltung geschaffene abstrakt-generelle Regelwerke gehen soll. Dies wirft die Frage nach dem Rechtsgrund der Unterscheidung zwischen allgemeiner Norm und Einzelakt und der Bedeutung dieser Unterscheidung für unser Thema auf. Handelt es sich hierbei nur um eine Formel zur Abgrenzung von Legislativ- und Exekutivfunktionen und damit vor allem um eine Abgrenzung der Zuständigkeit von Parlament und Exekutive, also um eine Frage der Gewaltenteilung und Gewaltengliederung? Wenn es sich nur um eine Gewaltenteilungsfrage handelt, ließe sich die Relevanz dieser Unterscheidung für das Recht der Europäischen Union nur schwer begründen, da derartige Erwägungen nicht ohne Weiteres auf die EU-Ebene übertragbar sind.[12] Wenn es nicht nur um Gewaltenteilung geht, stellt sich dagegen die Frage, ob sich administrative Rechtsetzung und Einzelfallvollzug als Verwaltungstätigkeit kategorisch unterscheiden oder ob Gemeinsamkeiten bestehen. Hiervon hängt ab, inwieweit für den Einzelfallvollzug anerkannte rechtsstaatliche Erfordernisse – insbesondere Verfahrenserfordernisse – auf die administrative Rechtsetzung übertragen werden können.

1. Rechtsgrund und Funktion der Unterscheidung zwischen Rechtsetzung und Einzelakt

Die Unterscheidung zwischen allgemeiner Norm und Einzelakt durchzieht nun als Grundlage der Forderung nach allgemeinen, auch den Herrscher bindenden Gesetzen die europäische Rechtsgeschichte.[13]

---

[11] Zum Begriff des Soft Law in diesem Zusammenhang: *D. E. Arndt* Sinn und Unsinn von Soft Law, 2011, 36 ff.; *M. Knauff* Der Regelungsverbund: Recht und Soft Law im Mehrebenensystem, 2010, 214 ff.; *Senden* (Fn. 8), 111 ff.

[12] Vgl. insoweit nur *C. Möllers* Gewaltengliederung, 2005, 257 ff.

[13] *F. Ossenbühl* Gesetz und Recht – Die Rechtsquellen im demokratischen Rechtsstaat, in: Isensee/Kirchhof (Hrsg.), Handbuch des Staatsrechts V, 3. Aufl. 2007, § 100 Rn. 11; *H. Schneider* Gesetzgebung, 3. Aufl. 2002, § 3 Rn. 32; ausführlich hierzu *E.-W. Böckenförde* Gesetz und gesetzgebende Gewalt, 2. Aufl. 1981, 20 ff.; *G. Kirchhof* Die Allgemeinheit des Gesetzes, 2009, 69 ff.; *C. Starck* Der Gesetzesbegriff des Grundgesetzes, 1970, 109 ff.; *K. Sobota* Das Prinzip Rechtsstaat, 1997, 77 ff.; *K.-C. Zahn* Gesetz und Einzelakt, 1963, 11 ff.

Dabei ging es zunächst darum, willkürliche Diskriminierungen oder Privilegierungen Einzelner zu verhindern.[14] Später ist die Idee der Allgemeinheit des Gesetzes in Deutschland dann jedoch vornehmlich zur Lösung staatsorganisationsrechtlicher Probleme, nämlich zur Bestimmung der Reichweite der Parlamentszuständigkeit instrumentalisiert worden.[15] Die Debatten um die Abgrenzung zwischen allgemeiner Norm und Einzelakt standen daher oft in Zusammenhang mit Fragen der Gewaltenteilung und Gewaltengliederung. Hiervon ist aber die eigentliche rechtsstaatliche Funktion der Abgrenzung zu unterscheiden:

a) Funktion der Unterscheidung nach Rudolf von Jhering

Diese wird von *Otto Mayer* mit der Formel von der *„zweiseitigen Bindung des Verwaltungsgesetzes"* als rechtsstaatliche Errungenschaft gekennzeichnet.[16] Zur näheren Erläuterung verweist *Otto Mayer* auf die Beschreibung der „Entwicklung des staatlichen Imperativs" in *Rudolf von Jherings* Werk „Der Zweck im Recht",[17] die das Gemeinte besonders deutlich mache.[18]

Nach dieser Beschreibung *v. Jherings* werde ein Herrscher, der nicht mehr alles selbst ad hoc entscheiden wolle,[19] durch Formulierung von abstrakt-generellen Geboten[20] zunächst eine Ordnung verkünden, nach der die für ihn handelnden Amtswalter Einzelfälle entscheiden sollen:

---

[14] Deutlich *M. Kloepfer* Der Vorbehalt des Gesetzes im Wandel, JZ 1984, 685; *Ossenbühl* (Fn. 13), § 100 Rn. 12; *Sobota* (Fn. 13), 77.

[15] Deutlich zu diesem Aspekt der Diskussion: *H.-D. Horn* Die grundrechtsunmittelbare Verwaltung, 1999, 47; *D. Jesch* Gesetz und Verwaltung, 2. Aufl. 1968, 108ff.; *H. Maurer* Der Verwaltungsvorbehalt, VVDStRL 43 (1985), 135 (142ff.). *Sobota* ([Fn. 13], 80ff., 107f.) spricht insoweit zu Recht von einer „Politisierung des Gesetzesbegriffs".

[16] Erstmals verwendet in *O. Mayer* Deutsches Verwaltungsrecht I, 1. Aufl. 1895, 81 ff. In *O. Mayers* „Theorie des französischen Verwaltungsrechts" (1886) wird die Formel von der zweiseitigen Bindung des Verwaltungsgesetzes noch nicht verwendet, auch nicht auf den S. 16ff., die den oben zitierten Passagen des „Deutschen Verwaltungsrechts" am ehesten entsprechen.

[17] *R. v. Jhering*, Der Zweck im Recht – Band I, 3. Aufl. 1893, 329ff.

[18] *Mayer* (Fn. 16), 83 Fn. 3. Im deutlichen Widerspruch zur Zustimmung zu *Jhering* stehen allerdings *Mayers* Ausführungen in Deutsches Verwaltungsrecht II, 2. Aufl. 1917, 319 Fn. 8 und 3. Aufl. 1924, 183 Fn. 5 (in der ersten Auflage fehlt noch eine entsprechende Passage): „Daß eine Behörde an die eigenen Rechtssätze gebunden ist, hängt damit zusammen, daß sie diese mit der entlehnten höheren Kraft des Gesetzes erläßt [...]. Von selbst versteht sich keineswegs, daß das in Form einer allgemeinen Regel Ausgesprochene mehr bindet als der Einzelbefehl. Dieser wirkt im Gegenteil von Natur aus bestimmter und kräftiger."

[19] Zu diesem fiktiven Urzustand *v. Jhering* (Fn. 17), 339f.

[20] *v. Jhering* (Fn. 17), 346ff.

Diese allgemeinen Normen seien aber für den Herrscher selbst nicht bindend. Und dennoch: Die Verpflichteten erwarten, dass sich der Herrscher an die von ihm gesetzten allgemeinen Normen halte, alles andere wird als Ungleichbehandlung erkennbar. In der Despotie könne jedoch noch jederzeit spontan von der allgemeinen Norm abgewichen werden. Ohne Rechtssicherheit könne jedoch kein blühendes Gemeinwesen entstehen. Der Herrscher werde daher schon im eigenen Interesse[21] Rechtsnormen zunehmend mit der Zusicherung erlassen, sich selbst daran zu binden. Erst hierdurch erlange das Recht seine vollendete Gestalt: die Sicherheit der unausbleiblichen Verwirklichung der einmal aufgestellten allgemeinen Norm. So werde der Zufall aus der Normanwendung verbannt, an die Stelle der Willkür trete die Gleichmäßigkeit, Sicherheit, Berechenbarkeit des Gesetzes.[22]

Auffällig ist: Das Parlament kommt bei *v. Jhering* nicht vor. Er weist der Bindung der im Einzelfall entscheidenden Verwaltung an zuvor erlassene allgemeine Normen einen rechtsstaatlichen Eigenwert zu, der von Erwägungen zur Gewaltenteilung und demokratischen Legitimation der Gesetzgebung unabhängig ist: Sie wird allein als Ausdruck von Rechtssicherheit verstanden. Diese rein rechtsstaatliche Begründung der Bindung der Verwaltung an allgemeine Normen wirkt bis heute fort, wenn ganz selbstverständlich angenommen wird, dass die Verwaltung beim Einzelfallvollzug auch an das von ihr selbst gesetzte Recht gebunden ist[23] – aus dem Demokratieprinzip lässt sich dies nur ableiten, wenn administrative Rechtsetzung vor allem als vom Parlament delegierte Rechtsetzung begriffen wird.[24]

---

[21] *v. Jhering* (Fn. 17), 377f.

[22] *v. Jhering* (Fn. 17), 339 und 357ff. Als Garantie der Glaubhaftigkeit des Versprechens hält *v. Jhering* (387ff.) darüber hinaus dann noch für notwendig, dass die Bindung der Staatsgewalt an die Gesetze durch unabhängige Richter gewährleistet wird.

[23] Besonders deutlich *v. Bogdandy* (Fn. 2), 166; *J. Pietzcker* Vorrang und Vorbehalt des Gesetzes, JuS 1979, 710; ferner zB *H. P. Bull/V. Mehde* Allgemeines Verwaltungsrecht mit Verwaltungslehre, 8. Aufl. 2009, § 5 Rn. 158; *D. Ehlers* Rechtsquellen und Rechtsnormen der Verwaltung, in: Erichsen/Ehlers (Fn. 9), § 2 Rn. 39; *H. Maurer* Allgemeines Verwaltungsrecht, 18. Aufl. 2011, § 6 Rn. 2; eine andere Frage ist, ob sich die Bindung der Verwaltung an selbst gesetztes Recht in Deutschland aus Art. 20 Abs. 3 GG ergibt (was voraussetzt, dass mit „Gesetz" iS des Art. 20 Abs. 3 GG auch das von der Verwaltung gesetzte Recht verstanden, also der Gesetzesbegriff mit dem Begriff des materiellen Gesetzes gleichgesetzt wird) oder aus allgemeinen rechtsstaatlichen Erwägungen: hierzu *Horn* (Fn. 15), 23ff.; *T. Sauerland* Die Verwaltungsvorschrift im System der Rechtsquellen, 2005, 90ff.; *J. Saurer* Die Funktionen der Rechtsverordnung, 2005, 211ff.

[24] So deutlich *W. Schmidt* Gesetzesvollziehung durch Rechtsetzung, 1969, 21f. und 94ff.

b) *Bestätigung durch den Gesetzesbegriff der Europäischen Menschenrechtskonvention*

Darf man aber das Phänomen der Bindung der Verwaltung an allgemeine Normen heute noch unabhängig von Fragen der demokratischen Legitimation sehen? Aus der Sicht des Europäischen Gerichtshofs für Menschenrechte und seines Verständnisses des Gesetzesbegriffes der Europäischen Menschenrechtskonvention schon. Bekanntlich stehen eine Reihe der von der EMRK gewährten Menschenrechte unter dem Vorbehalt, dass Eingriffe in diese Rechte, also belastende Einzelfallmaßnahmen, nur zulässig sind, wenn sie „gesetzlich" vorgesehen sind. In ständiger Rechtsprechung legt der EGMR nun insoweit einen materiellen Gesetzesbegriff zu Grunde[25] und setzt damit jedenfalls nicht den Schwerpunkt auf die Rückführbarkeit des Eingriffs auf ein Parlamentsgesetz, sondern verlangt nur eine Rückführbarkeit auf einen allgemein formulierten[26] Rechtssatz, der nach innerstaatlichem Recht als gültiges Recht anzusehen ist.[27] Dessen Auswirkungen müssten für den Betroffenen vorhersehbar sein,[28] was formell eine „hinreichende Zugänglichkeit", also zumeist eine Publikation des Rechtssatzes, und materiell dessen hinreichende Bestimmtheit verlange. Indem der EGMR allein auf einen materiellen Gesetzesbegriff und Rechtssicherheitsgesichtspunkte abstellt,[29] wird aber die von Gewaltenteilungs- und Demokratie-

---

[25] Besonders deutlich: EGMR, Urt. v. 10. 11. 2005 – 44774/98 – Rn. 88 (Leyla Şahin ./. Türkei); EGMR, Urt. v. 6. 11. 2008 – 58911/00 – Rn. 87 (Leela Förderkreis ua ./. Deutschland).

[26] Deutlich insoweit *F. Matscher* Der Gesetzesbegriff der EMRK, in: Adamovich/ Kobinza (Hrsg.), Der Rechtsstaat in der Krise – FS Loebenstein, 1991, 105 (111ff.); *H. Rieckhoff* Der Vorbehalt des Gesetzes im Europarecht, 2007, 144; *R. Weiß* Das Gesetz im Sinne der Europäischen Menschenrechtskonvention, 1996, 108ff.

[27] *T. Schilling* „Gesetz" und Demokratieprinzip: Eine Inkohärenz in der Rechtsprechung des EGMR, AVR 44 (2006), 57 (59).

[28] Dies wird sehr deutlich in EGMR, Urt. v. 27. 10. 1978, Series A, Bd. 30, Rn. 49 (Sunday Times ./. Vereinigtes Königreich). Eine andere Frage ist, ob es nicht allgemein geboten wäre, dass der EGMR so etwas wie einen Parlamentsvorbehalt als Eingriffsvoraussetzung anerkennt. Die Rechtsprechung des EGMR wird insoweit uneinheitlich ausgelegt, die Notwendigkeit eines der EMRK inhärenten Parlamentsvorbehalts unterschiedlich gewürdigt: für einen solchen Parlamentsvorbehalt zB *Rieckhoff* (Fn. 26), 145ff.; *Schilling* (Fn. 27), 63ff.

[29] Wenn der Gerichtshof Verwaltungsvorschriften und Rundschreiben nicht als „Gesetz" iS der EMRK angesehen hat, beruhte dies va darauf, dass der betreffende Mitgliedstaat selbst Derartiges nicht als Grundlage für Grundrechtseingriffe genügen ließ: EGMR, Urt. v. 25. 3. 1983, Series A, Bd. 61, Rn. 86 (Silver ua ./. Vereinigtes Königreich); anders wohl das Verständnis bei *Weiß* (Fn. 26), 83f.

erwägungen unabhängige rechtsstaatliche Funktion der Abgrenzung zwischen allgemeiner Norm und Einzelakt bestätigt und auch deutlich, dass diese Sichtweise nach wie vor aktuell ist.[30]

c) Keine gegenteilige Vorbildwirkung des französischen Verwaltungsprozessrechts

Die rechtsstaatliche Bedeutung der Unterscheidung gerade zwischen administrativer Rechtsetzung und Einzelfallentscheidung lässt sich auch nicht mit einem Verweis auf das französische Recht in Frage stellen, das eine derartige Unterscheidung so nicht kenne.[31] Tatsächlich fasst zwar das französische Verwaltungsprozessrecht sowohl die administrative Rechtsetzung als auch die administrative Einzelfallentscheidung unter dem Oberbegriff des „acte administratif" zusammen, gegen den Rechtsschutz mit einer einheitlichen Klageart, dem recours pour excès de pouvoir, gewährt wird.[32] Auch das gerichtliche Prüfungsraster unterscheidet nicht danach, ob der Kläger eine abstrakt-generelle Regelung oder eine Einzelfallentscheidung angreift.[33] Diese prozessuale Gleichbehandlung sollte aber nicht zu dem Schluss verleiten, das französische Recht betrachte administrative Rechtsetzung und administrativen Einzelfallvollzug schlechthin als gleichartige Verwaltungstätigkeiten. Im Hinblick auf das Verfahren, die Fehlerfolgen und die Aufhebbarkeit, also im Hinblick auf das Verwaltungsverfahrensrecht und die Handlungsformenlehre des materiellen Rechts wird nämlich auch im französischen

---

[30] Bestätigt wird dies auch dadurch, dass auch in der pan-europäischen Diskussion zum Begriff der „Rule of Law" die Garantie vorhersehbaren staatlichen Handelns durch Bindung dieses Handelns an allgemeine, nicht-rückwirkende, zugängliche und hinreichend klare Gesetze – unabhängig von deren Urheber – als ein Kernelement europäischer Rechtsstaatlichkeit gesehen wird: *R. Gosalbo Bono* État de droit et droit de l'Union Européenne, Revue de l'Union européenne, 2011, 13f.; *E. O. Wennerström* The Rule of Law in the European Union, 2007, 87f.

[31] So *v. Bogdandy* (Fn. 2), 360ff. (im Hinblick auf die Frage der Übertragbarkeit der für Verwaltungsakte entwickelten Ermessenslehre auf den Erlass von Rechtsverordnungen).

[32] Dies hängt vor allem mit der historischen Entwicklung und Funktion des recours pour excès de pouvoir als Instrument zur Kontrolle der Gesetzmäßigkeit der Verwaltung zusammen. Hierzu *M. Fromont* Droit administratif des États européens, 2006, 164ff., 275f.; speziell in Bezug auf die Klagebefugnis s. *J. Schwarze* Grundlinien und neuere Entwicklungen des Verwaltungsrechtsschutzes in Frankreich und Deutschland, NVwZ 1996, 22 (23f.).

[33] Dies hängt wiederum damit zusammen, dass das gerichtliche Prüfungsraster im Rahmen des recours pour excès de pouvoir entwickelt wurde, hierzu *Fromont* (Fn. 32), 198; s. auch *R. Chapus* Droit administratif général – Band 1, 2001, Rn. 1208ff., 1248ff.

Recht deutlich zwischen „actes administratifs réglementaires“ und „actes administratifs individuels“ differenziert.[34]

d) Keine gegenteilige Vorbildwirkung der Handlungsformenlehre des EU-Rechts

Entsprechendes gilt auch für die Handlungsformenlehre des EU-Rechts. Zwar war bekanntlich das französische Klagesystem Vorbild für die Ausgestaltung der Nichtigkeitsklage in Art. 263 AEUV und seiner Vorläufer, so dass das Primärrecht ebenfalls weitgehend einheitliche Zulässigkeits- und Begründetheitsvoraussetzungen für Klagen gegen alle Rechtsakte der EU vorsieht – unabhängig davon, ob sie abstrakt-genereller oder individueller Natur sind. Dennoch ist unstreitig, dass Einzelfallentscheidungen der EU-Eigenverwaltung die abstrakt-generellen Vorgaben z.B. einer EU-Verordnung nicht durchbrechen dürfen – auch wenn die Einzelfallentscheidung in demselben Verfahren und von denselben Organen erlassen worden ist wie die Verordnung.[35] Selbst wenn die Europäische Handlungsformenlehre jenseits des Gewaltenteilungsschemas zu entwickeln sein sollte,[36] scheint daher dennoch die Unterscheidung zwischen abstrakt-genereller Regelung und ihrer Anwendung im Einzelfall ein Schlüsselelement hierfür zu sein.[37]

---

[34] Siehe hierzu nur *Chapus* (Fn. 33), Rn. 697ff. mwN; *G. Vedel/P. Delvolvé* Droit administratif, 10. Aufl. 1988, 251ff.; ferner *N. Marsch* Frankreich, in: J.-P. Schneider (Hrsg.), Verwaltungsrecht in Europa – Band 2, 2009, 102ff.

[35] So bereits *H. P. Ipsen* Europäisches Gemeinschaftsrecht, 1972, 405f.; ferner: *J. Bast* Grundbegriffe der Handlungsformen der EU, 2006, 304f.; *C. Bumke* Rechtsetzung in der Europäischen Gemeinschaft, in: Schuppert/Pernice/Haltern (Hrsg.), Europawissenschaft, 2005, 643 (655f.); *Senden* (Fn. 8), 55.

[36] *Bast* (Fn. 35), 21ff.; dem folgend *Möstl* (Fn. 5), 1077.

[37] Siehe auch die Empfehlung CM/Rec(2007)7 über gute Verwaltung des Ministerkomitees des Europarates, die zwar ebenfalls teilweise in Sektion II entsprechend dem französischen Vorbild versucht, gemeinsame Grundsätze guter Verwaltung sowohl für administrative Einzelfallentscheidungen als auch für administrative Rechtsetzungsakte zu formulieren, jedoch im Ergebnis ebenfalls letztlich zwischen beiden Entscheidungsformen deutlich differenziert.

Zum Inhalt der Empfehlung ausführlich *P. Gerber* Recommendation CM/Rec[2007]7 on good administration, 2008, 5ff. (abrufbar http://www.coe.int/t/dghl/standardsetting/cdcj/administrative%20law/conf2007_2_EN.asp?); ferner *G. M. Palmieri* L'internationalisation du droit public: La contribution du Conseil de l'Europe, ERPL/REDP 18 (2006), 51 (75); *M.-C. Runavot* La „bonne administration“: consolidation d'un droit sous influence européenne, rfda 2010, 395ff.

e) *Rechtstheoretische Haltbarkeit*

Wird der Unterscheidung zwischen abstrakt-genereller Rechtsetzung und der hieran gebundenen Rechtsanwendung im Einzelfall eine besondere rechtsstaatliche Funktion zugewiesen, setzt dies jedoch natürlich voraus, dass eine solche Unterscheidung überhaupt möglich ist. Dagegen spricht nicht schon, dass alle Versuche einer begrifflich-logischen Abgrenzung[38] in Grenzfällen versagen.[39] Dies zeigt nur, dass es Abgrenzungsprobleme geben kann. Es geht mir hier aber nicht um die Einordnung bestimmter staatlicher Entscheidungen als allgemeine Norm oder Einzelakt, sondern um die allgemeine rechtsstaatliche Gebotenheit einer Gliederung des staatlichen Rechtsbildungsprozesses in der Form, dass zunächst abstrakt-generell bindende Kriterien festgelegt und verkündet werden, nach denen dann nachfolgend die jeweiligen Einzelfallentscheidungen zu treffen sind.

Damit wird auch nicht an einer Trennung von Rechtserzeugung und Rechtsanwendung festgehalten, die rechtstheoretisch schon lange als überwunden gilt.[40] Zwar ist die Verwaltung bei ihren Einzelfallentscheidungen selten vollständig gesetzlich „vorprogrammiert", ist kein Subsumtionsautomat, sondern agiert in einer Rechtsordnung, die von der höchsten Stufe der Verfassung bis zum administrativen Einzelakt als „gestuft-arbeitsteiliger Prozess der Konkretisierung und Individualisierung von Recht organisiert" ist.[41] Gerade wenn aber in jeder Rechtsanwendung zugleich Rechtserzeugung zu sehen ist, die sich (auch) in einer Einzelfallentscheidung manifestiert, kann es zum Schutz vor Willkür geboten sein, durch Statuierung abstrakt-genereller Rechtssätze den Rechtsbildungsprozess zu kanalisieren und so die im Einzelfallvollzug erwartbaren Ergebnisse vorhersehbar zu machen:[42] Denn diese

---

[38] Siehe nur *D. Buchwald* Kritik der herkömmlichen Dogmatik des Verwaltungsakts, Rechtstheorie 28 (1997), 85ff.; *T. Jaag* Die Abgrenzung zwischen Rechtssatz und Einzelakt, 1985, 29ff.; *F. Kirchhof* Private Rechtsetzung, 1987, 59ff.; *D. Volkmar* Allgemeiner Rechtssatz und Einzelakt, 1962, 47ff.

[39] Siehe nur *Axer* (Fn. 9), 37ff.

[40] Vgl. nur *R. P. Schenke* Rechtsfindung im Steuerrecht, 2007, 22 mwN.

[41] Siehe nur *M. Jestaedt* Maßstäbe des Verwaltungshandelns, in: Erichsen/Ehlers (Fn. 9), § 11 Rn. 7ff.

[42] So deutlich auch *Maurer* (Fn. 15), 147, 157f.; ähnlich auch *M. Kloepfer* Wesentlichkeitstheorie als Begründung oder Grenze des Gesetzesvorbehalts, in: Hill (Hrsg.), Zustand und Perspektiven der Gesetzgebung, 1988, 187 (200f.); *Sobota* (Fn. 13), 122 („Die Gesetzesherrschaft, die nicht notwendig eine demokratische sein muß, bezieht ihre Wertschätzung aus der Überlegung, daß Gerechtigkeit und Willkürfreiheit durch die distanzerzeugende Allgemeinheit von Gesetzen gesichert werden können."); vgl. ferner die Überlegungen von *W. Krebs* Zur Rechtsetzung der Exekutive durch Verwal-

Kanalisierung bändigt die „flutende Masse der rechtserzeugenden Verwaltungstätigkeit", indem sie ihr eine klare Richtung gibt. Die funktionelle Unterscheidung zwischen administrativer Rechtsetzung und administrativer Einzelfallentscheidung ist daher nicht entbehrlich.[43]

2. *Gebot administrativer Rechtsetzung*

Unabhängig von Gewaltenteilungserwägungen wird daher zu Recht auch von einer *Pflicht der Verwaltung zur „Verrechtssatzlichung" ihrer Tätigkeit* ausgegangen, bevor sie in den Einzelfallvollzug eintritt, wenn es an Parlamentsgesetzen gänzlich fehlt oder wenn sich die Inhalte derartiger Gesetze auf Generalklauseln oder schlichte Zielvorgaben beschränken. So soll sichergestellt werden, dass vergleichbare Fälle gleich behandelt werden, und es sollen natürlich auch Kontrollmaßstäbe generiert werden, an denen die Einzelfallentscheidungen zu messen sind.[44] Eine solche allgemeine „Pflicht zum Verwaltungshandeln nach [zuvor festgelegten] Grundsätzen"[45] wird zwar selten deutlich ausgesprochen, jedoch vielfach stillschweigend vorausgesetzt.

Für die Leistungsverwaltung zeigt dies ein „Klassiker" des deutschen Allgemeinen Verwaltungsrechts: Die Frage nach der Rechtsgrundlage der Subventionsgewährung. Bekanntlich lässt das BVerwG insoweit als Grundlage einen Ansatz im Haushaltsplan genügen,[46] so dass die konkreten Subventionsvergabebedingungen dann nicht in förmlichen Rechtssätzen, sondern „nur" in Vergaberichtlinien niederlegt sind.[47] Trotzdem hat die Rechtsprechung unmissverständlich klar gemacht, dass eine Subventionsvergabe allein auf Grundlage eines haushaltsrechtlichen Mittelansatzes ohne vorherige Selbstprogrammierung der Verwaltung durch Erlass von Subventionsrichtlinien ausgeschlossen ist. Bleibe es jeder Behörde überlassen, in den ihr geeignet erscheinenden

---

tungsvorschriften, VerwArch 70 (1979), 259 (268ff.); *A. v. Mutius* Rechtsnorm und Verwaltungsakt, in: Menger (Hrsg.), Fortschritte des Verwaltungsrechts – FS H. J. Wolff, 1973, 167 (189f.); *B. Remmert* Rechtsprobleme von Verwaltungsvorschriften, Jura 2004, 728 (732f.); *M. Schröder* Verwaltungsvorschriften in der gerichtlichen Kontrolle, 1987, 55ff.

[43] Zur früheren Diskussion *T. v. Danwitz* Die Gestaltungsfreiheit des Verordnungsgebers, 1989, 55f.

[44] So *D. Lorenz* Der Rechtsschutz des Bürgers und die Rechtsschutzgarantie, 1973, 19ff., 37ff. („Verrechtlichungsgebot"); *Schmidt* (Fn. 24), 103ff. (Pflicht zur Aufstellung eines Vollzugsprogramms).

[45] *Schmidt* (Fn. 24), 104; *S. Müller-Franken* Maßvolles Verwalten, 2004, 403ff.; *J. Pietzcker* Selbstbindungen der Verwaltung, NJW 1981, 2087 (2089).

[46] Grundlegend BVerwG, Urt. v. 21. 3. 1958 – VII C 6/57 –, BVerwGE 6, 282 (287f.).

[47] BVerwG, Urt. v. 26. 4. 1979 – 3 C 111/79 –, BVerwGE 58, 45 (48ff.).

Fällen Gelder an Dritte nur auf Grund der vagen Zweckbestimmung des Haushaltsplanes zu gewähren, so führe dies zu Willkür und verstieße gegen das Rechtsstaatsprinzip und das Gebot der Gleichbehandlung.[48]

Für den Bereich der Eingriffsverwaltung liegen ähnliche Überlegungen der neueren Vorstellung von sog. „Konzeptpflichten" zu Grunde. Diese reagiert auf die sehr unspezifischen parlaments-gesetzlichen Eingriffsermächtigungen des Regulierungsverwaltungsrechts, des Umweltrechts und des Polizeirechts, insbesondere soweit schon bloße Verdachtslagen zu Grundrechtseingriffen ermächtigen sollen. Um hier eine kohärente Verwaltungspraxis sicherzustellen, wird in der neueren Literatur und Rechtsprechung eine „Pflicht zur Eigenprogrammierung" der Verwaltung durch abstrakt-generelle *Konzepte* gefordert.[49] Dabei wird

---

[48] BVerwG, Urt. v. 19. 6. 1963 – V C 176.62 –, DVBl. 1963, 859; BVerwG, Urt. v. 8. 4. 1997 – 3 C 6/95 –, BVerwGE 104, 220, 223; ebenso OVG Berlin, Urt. v. 14. 1. 1972 – OVG II B 64/69 –, NJW 1972, 1384, 1385; OVG Bremen, Urt. v. 25. 8. 1987 – 1 BA 66/86 –, NVwZ 1988, 447; zustimmend zB *H. D. Jarass* Das Recht der Wirtschaftssubventionen, JuS 1980, 115 (117); *M. Oldiges* Richtlinien als Ordnungsrahmen der Subventionsverwaltung, NJW 1984, 1927 (1929f.); *Pietzcker* (Fn. 45), 2090; *M. Rodi* Die Subventionsrechtsordnung, 2000, 547ff.; *M. Sachs*, in: Stelkens/Bonk/Sachs (Hrsg.), VwVfG, 7. Aufl. 2008, § 44 Rn. 72. Hieraus lässt sich natürlich nicht umgekehrt schließen, dass ein *gesetzlich vorgesehener* Subventionsanspruch erst erfüllt werden darf, wenn Subventionsrichtlinien vorliegen: BVerwG, Beschl. v. 19. 8. 2003 – 3 B 11/08 –, NVwZ 2008, 1355 Rn. 17.

[49] *M. Eifert* Das Verwaltungsrecht zwischen „klassischer" Dogmatik und steuerungswissenschaftlichem Anspruch, VVDStRL 67 (2008), 286 (317ff.); *H. C. Röhl* Ausgewählte Verwaltungsverfahren, in: Hoffmann-Riem/Schmidt-Aßmann/Voßkuhle (Fn. 4), § 30 Rn. 44; *F. Wollenschläger* Wissensgenerierung in Verfahren, 2009, 197f. Krit. gegenüber derartigen Pflichten als Mittel exekutiver Kompensation zu weit gefasster gesetzlicher Ermächtigungsgrundlagen: *E. Gurlit* Der Eigenwert des Verfahrens im Verwaltungsrecht, VVDStRL 70 (2011), 227 (248ff.). Teilweise sind derartige Konzeptpflichten auch gesetzlich vorgesehen, was dann idR auf EU-Richtlinien zurückzuführen ist, so etwa in § 8 Abs. 2 S. 2 des Gesetzes über technische Arbeitsmittel und Verbraucherprodukte, der die zuständige Behörde dazu verpflichtet, ein Überwachungskonzept aufzustellen. Zu nennen sind aber auch die zahlreichen Pflichten der Bundesnetzagentur zur Festlegung bestimmter Methoden zur Entgeltberechnung oder Strukturkriterien nach dem Energiewirtschaftsgesetz, die ebenfalls die Funktion haben, zunächst allgemeine Leitlinien für eine Vielzahl von Einzelgenehmigungen im Rahmen der energiewirtschaftlichen Preisaufsicht festzulegen: siehe hierzu (mit unterschiedlichen Ansätzen zur Rechtsnatur derartiger Festsetzungen): BGH, Beschl. v. 29. 4. 2008 – KVR 28/07 –, NVwZ 2009, 195 Rn. 8ff.; *T. Attendorn* Die Festlegungsentscheidung nach § 29 EnWG, RdE 2009, 87ff.; *G. Britz* Behördliche Befugnisse und Handlungsformen für die Netzentgeltregulierung nach dem neuen EnWG, RdE 2006, 1 (4); *M. Eifert* Die gerichtliche Kontrolle der Entscheidungen der Bundesnetzagentur, ZHR 174 (2010), 449 (474ff.); *M. Ludwigs* Die Bundesnetzagentur auf dem Weg zur Independent Agency, Die Verwaltung 44 (2011), 41 (56f.).

der Unterschied des Konzepts zur klassischen Verwaltungsvorschrift teilweise darin gesehen, dass die Konzepte nicht über die Verwaltungshierarchie vorgegeben, sondern von der Behörde selbst erarbeitet werden.[50] Dass Unterschiede zwischen Konzepten und Verwaltungsvorschriften bestehen mögen, sollte aber nicht darüber hinwegtäuschen, dass es sich in beiden Fällen um von der Verwaltung erstellte allgemeine Regelwerke handeln soll, die bei den nachfolgenden Einzelfallentscheidungen zu beachten sind.[51]

Wir können also festhalten: Die Bindung der Verwaltung an allgemeine Rechtssätze bei ihren Einzelfallentscheidungen hat einen von demokratischen Erwägungen unabhängigen rechtsstaatlichen Eigenwert. Er verbietet nicht nur negativ eine Abweichung vom gesetzten Recht, sondern verlangt positiv eine Steuerung der Verwaltung durch abstrakt-generell formulierte Regelwerke – und zwar bei jeder Verwaltungstätigkeit,[52] sofern sie überhaupt einer normativen Steuerung zugänglich ist.[53] Fehlt es an einer hinreichend konkreten Steuerung durch das parlamentarische Gesetz, muss die Verwaltung sich selbst „programmieren", bevor sie in den Einzelfallvollzug eintritt – unabhängig davon, welche Rechtssatzform der Verwaltung überhaupt zur Verfügung steht. Insoweit wird von einer Pflicht der Verwaltung zum *programmgeleiteten Handeln* gesprochen.[54]

---

[50] *Wollenschläger* (Fn. 49), 199. Teilweise werden derartige Konzepte aber auch als Instrument der Selbstbindung der Verwaltung auf einer im Vergleich zu Verwaltungsvorschriften konkreteren Ebene, als Instrument mit einer Nähe zum Plan verstanden: *J. Aulehner* Polizeiliche Gefahren- und Informationsvorsorge, 1998, 530ff.; *E. Schmidt-Aßmann* Das Allgemeine Verwaltungsrecht als Ordnungsidee, 2. Aufl. 2004, Kap. 6/98f.

[51] Konzepte werden daher zu Recht der administrativen Rechtsetzung zugeordnet: *Aulehner* (Fn. 50), 532ff.

[52] Insoweit unterscheidet sich der hier vertretene Ansatz vom Ansatz des „Rechtssatzvorbehalts" von *M. Kloepfer* ([Fn. 14] 693ff. und [Fn. 42], 209f.).

[53] Zu Fällen in denen eine Steuerung durch abstrakt-generelle Regelwerke an Grenzen stößt: *F. Ossenbühl* Vorrang und Vorbehalt des Gesetzes, in: Isensee/Kirchhof (Fn. 13), § 101 Rn. 80.

[54] *Möstl* (Fn. 9), § 20 Rn. 21; *D. H. Scheuing* Selbstbindungen der Verwaltung, VVDStRL 40 (1982), 154 (157f.); *M.-J. Seibert* Die Einwirkungen des Gleichheitssatzes auf das Rechtsetzungs- und Rechtsanwendungsermessen der Verwaltung, in: Schmidt-Aßmann/Sellner/Hirsch/Kemper/Lehmann-Grube (Hrsg.), FG 50 Jahre Bundesverwaltungsgericht, 2003, 535 (539f.).

III. Folgerungen aus den unterschiedlichen Funktionen von administrativer Rechtsetzung und administrativem Einzelfallvollzug

Welche Schlüsse lassen sich nun aus den unterschiedlichen Funktionen von administrativer Rechtsetzung und administrativem Einzelfallvollzug ziehen?

1. Rechtsetzungskompetenzen als Vollzugskompetenzen?

Zunächst und vor allem, dass zwischen gesetzlichen Ermächtigungen zur administrativen Rechtsetzung und Ermächtigungen zum administrativen Einzelfallvollzug strikt zu unterscheiden ist. Als Auslegungsregel folgt hieraus, dass im Zweifel nicht anzunehmen ist, dass dieselbe Rechtsgrundlage die Verwaltung sowohl zur Rechtsetzung als auch zu Einzelfallentscheidungen ermächtigt. Denn es handelt sich bei beiden Tätigkeiten um wesensverschiedene Verwaltungsaufgaben.

a) Unterscheidung zwischen Polizeiverordnung und Polizeiverfügung

Im deutschen Polizeirecht kommt dieser Grundsatz schon in der traditionellen Unterscheidung zwischen der Ermächtigung zum Erlass von Polizeiverordnungen zur Bekämpfung abstrakter Gefahren und der Ermächtigung zum Erlass von Polizeiverfügungen zur Bekämpfung konkreter Gefahren zum Ausdruck.[55] Er liegt zudem auch der nicht endenden Diskussion über die Abgrenzung zwischen Rechtsverordnung und Allgemeinverfügung im Gefahrenabwehrrecht zu Grunde: Endiviensalat, Smog-Alarm, Bade-Verbot.[56] Diese Diskussion setzt nämlich als Gemeingut der Verwaltungsrechtswissenschaft voraus, dass es auf Grund unterschiedlicher Zuständigkeits- und Verfahrensanforderungen, Wirksamkeits- und Vollstreckungsvoraussetzungen nicht selbstverständlich ist, dass in die Zukunft offene, an jedermann gerichtete Regelungen auf Grundlage solcher gesetzlicher Ermächtigungen erlassen werden dürfen, die auf den Erlass von Maßnahmen zugeschnitten sind, die an konkrete Personen adressiert sind.[57]

---

[55] Zur Geschichte dieser Unterscheidung s. *S. Wandschneider* Die Allgemeinverfügung in Rechtsdogmatik und Rechtspraxis, 2009, 55ff.

[56] Siehe hierzu die Nachweise bei *U. Stelkens*, in: Stelkens/Bonk/Sachs (Fn. 48), § 35 Rn. 285ff., 313, 342.

[57] Bedenklich ist daher die Vorgehensweise im folgenden Fall: Eine für die Überwachung des rheinland-pfälzischen Ladenöffnungsgesetzes zuständige Behörde hatte an alle Tankstellenpächter ihres Bezirks gleichlautende Verwaltungsakte gerichtet, mit denen sie unter Zwangsgeldandrohung bei Nichtbeachtung näher konkretisiert hatte,

b) Art. 291 Abs. 2 AEUV als „doppelfunktionale" Norm?

Für die europäische Ebene ist diese Erkenntnis allerdings noch nicht gesichert. Dies zeigt die Diskussion zur Bedeutung des Art. 291 Abs. 2 AEUV: Die Bestimmung befasst sich mit der „Durchführung" des Rechts der Union durch die Mitgliedstaaten. Im Grundsatz soll diese „Durchführung" den Mitgliedstaaten obliegen, soweit es hierfür nicht einheitlicher Bedingungen bedarf und deshalb der Kommission „Durchführungsbefugnisse" übertragen werden. Entsprechend dem Verständnis, das vor Inkrafttreten des Vertrags von Lissabon ex-Art. 202 Spiegelstrich 3, ex-Art. 211 Spiegelstrich 4 EGV gefunden hatten, die Grundlage für das frühere Komitologieverfahren gewesen waren,[58] geht

---

unter welchen Voraussetzungen Reisebedarf an Tankstellen auch außerhalb der regulären Ladenöffnungszeiten zulässig sei. Der Text dieser Verfügung unterschied sich in Nichts vom Text einer abstrakt-generellen Regelung. Der Einzelfallbezug wurde nur dadurch hergestellt, dass die Regelung eben im Wege der Einzelbekanntgabe an bestimmte Adressaten, nämlich die jeweils konkreten Tankstellenpächter, versandt worden ist (vgl. hierzu *U. Stelkens* [Fn. 56], § 35 Rn. 280). Gestützt wurde diese Verfügung auf § 14 Abs. 2 des Ladenöffnungsgesetzes, nach dem die zuständigen Behörden die zur Einhaltung dieses Gesetzes erforderlichen Anordnungen treffen können. Das OVG Koblenz hielt die Vorgehensweise der Behörde auf dieser Grundlage für zulässig, da die Bestimmung keine konkrete Gefahr voraussetze (OVG Koblenz, Urt. v. 19. 3. 2009 - 6 A 11324/09 –, NVwZ-RR 2009, 674f.) Das BVerwG hat hierin keinen Verstoß gegen Bundesrecht gesehen (BVerwG, Urt. v. 23. 2. 2011 - 8 C 51/09 –, NVwZ 2011, 1142 Rn. 16, 29ff.). Dennoch bestehen unter dem Gesichtspunkt des Formenmissbrauchs gegen diese Auslegung derartiger Bestimmungen Bedenken, eben weil auf diese Weise eine abstrakt-generelle Normenkonkretisierung unmittelbar auf die Ebene des Normenvollzugs gleichsam „heruntergedrückt" wird und zwar – auf Grund der Formulierung als Unterlassungsverfügung – mit unbegrenzter Wirkung für die Zukunft. Nimmt man den Grundsatz ernst, dass eine Ermächtigung zum administrativen Einzelfallvollzug nicht zugleich eine Ermächtigung zur administrativen Rechtsetzung beinhaltet, hätte § 14 Abs. 2 des Ladenöffnungsgesetzes restriktiv dahingehend ausgelegt werden müssen, dass nur auf Grundlage nachgewiesener Anlässe, nur bei konkreten Gefahren, behördliche Maßnahmen gegenüber den einzelnen Verkaufsstelleninhabern möglich sind.

[58] EuGH, Urt. v. 24. 20. 1989 - Rs. 16/88 –, Slg. 1989, 3457, Rn. 9ff. (Kommission ./. Rat); EuGH, Urt. v. 23. 2. 2006 - Rs. C-122/04 –, Slg. 2006, I-2001, Rn. 41 (Kommission ./. Rat); EuGH, Urt. v. 13. 9. 2007 - Rs. C-443/05 P –, Slg. 2007, I-7209, Rn. 115 (Common Market Fertilizers); ausführlich zu diesem „Durchführungsverständnis": *B. Dubey* Administration indirecte et fédéralisme d'exécution en Europe, CdE 39 (2003), 87 (104f.); *Möllers* (Fn. 3), 487; *D. Riedel* Die Durchführungsrechtsetzung nach Art. 211, 4. Sp. EG – zwei Arten tertiärer Kommissionsakte und ihre dogmatischen Fragestellungen, EuR 2006, 512 (530ff.). Dementsprechend sieht zB das sekundärrechtliche Produktzulassungsrecht vor, dass die Kommission, soweit sie in Produktzulassungsverfahren mitwirkt, Einzelfallentscheidungen im früheren Komitologieverfahren zu treffen hat: *C. F. Durand* Les champs d'intervention du pou-

die wohl herrschende Auffassung nun davon aus, dass die „Durchführungsbefugnisse" der Kommission sowohl darin bestehen können, das Unionsrecht selbst direkt im Wege des administrativen Einzelfallvollzugs zu vollziehen, als auch darin, durch Durchführungsrechtsetzung auf den einheitlichen indirekten Vollzug durch die Mitgliedstaaten einzuwirken.[59]

Ein solches doppeldeutiges Verständnis des Art. 291 Abs. 2 AEUV ist abzulehnen. Andernfalls würde sich die Bestimmung einerseits mit der *vertikalen* Aufteilung der Vollzugskompetenzen zwischen der EU und den Mitgliedstaaten und andererseits mit der *horizontalen* Auftei-

---

voir d'exécution communautaire, in: Dutheil de la Rochère (Fn. 6), 53 (59f.); *A. M. Keessen* European Administrative Decisions, 2009, 30f.; *M. Klepper* Vollzugskompetenzen der EG aus abgeleitetem Recht, 2001, 31ff.; *T. Siegel* Entscheidungsfindung im Verwaltungsverbund, 2009, 347f.; *M. Vogt* Die Entscheidung als Handlungsform des Europäischen Gemeinschaftsrechts, 2005, 286f., 290ff. (jeweils mwN).

[59] Nr. 2.2. der Mitteilung der Kommission zur Umsetzung von Art. 290 AEUV (KOM[2009]673 endg.); *B. Driessen* Delegated legislation after the Treaty of Lisbon: An analysis of Article 290 TFEU, ELRev 35 (2010), 837 (845); *C. Blumann* Comitologie et administration indirecte, in: Dutheil de la Rochère (Fn. 6), 139 (155); *H. Hofmann* Legislation, Delegation and Implementation under the Treaty of Lisbon: Typologie Meets Reality, ELJ 15 (2009), 488 (495); *T. Kröll* Art. 290 und 291 AEUV – Neue vertragliche Grundlagen der Rechtsetzung durch die Europäische Kommission, in: Debus/Kruse/Peters/Schröder/Seifert/Sicko/Stirn (Hrsg.), Verwaltungsrechtsraum Europa, 2011, 195 (206); *Möstl* (Fn. 5), 1081; *P. Ponzano* ‚Executive' and ‚delegated' acts: The situation after the Lisbon Treaty, in: Griller/Ziller (Hrsg.), The Lisbon Treaty, 2008, 135 (140); *M. Ruffert*, in: Calliess/Ruffert, EUV – AEUV, 4. Aufl. 2011, Art. 291 AEUV Rn. 5; *W. Weiß* Der Europäische Verwaltungsverbund, 2010, 57f.; zur „Vorbildbestimmung" des Art. I-37 des Vertrags über eine Verfassung für Europa: *Härtel* (Fn. 7), § 15 Rn. 136; unklar insoweit *P. Cassia*, in: Bourgorgue-Larsen/Levade/Picod (Hrsg.), Traité établissant une Constitution pour l'Europe – Tome 1, 2007, Art. I-37 Rn. 2ff.; zweifelnd hinsichtlich der Berechtigung zum Erlass *abstrakt-genereller Regelungen* jedoch bei *M. P. Chiti* Forms of European Administrative Action, LContempProbl 68 (2005), 37 (43); *P. Craig* The Role of the European Parliament under the Lisbon Treaty, in: Griller/Ziller (Hrsg.), The Lisbon Treaty, 2008, 109 (119ff.); *ders.* (Fn. 6), 272ff. Auch die zur Durchführung des Art. 291 Abs. 3 AEUV erlassene Verordnung (EU) Nr. 182/2011 legt sich insoweit nicht eindeutig fest, sondern lässt den Begriff der „Durchführung" unbestimmt. Die Erwägungsgründe Nr. 11 und Art. 2 Abs. 2 der Verordnung differenzieren zwar zwischen „Durchführungsrechtsakten von allgemeiner Tragweite" (nicht wie bei Art. 290 Abs. 1 AEUV: Akte von allgemeiner Geltung) und „sonstigen Durchführungsrechtsakten" sowie „spezifischen Durchführungsrechtsakten", jedoch muss diese Differenzierung nicht zwingend mit der Differenzierung zwischen Norm und Einzelakt gleichgesetzt werden. Auch andere Sprachfassungen legen dies nicht zwingend nahe: Für englische Version: „acts of general scope/specific implementing acts/other implementing acts"; für französische Version: „actes de portée générale/actes d'exécution spécifiques/autres actes d'exécution".

lung der Rechtsetzungskompetenzen im Verhältnis zwischen dem Europäischen Parlament, dem Rat und der Kommission befassen.[60] Dies sind ganz unterschiedliche Fragen.[61] Art. 291 AEUV kann daher nur entweder als Norm verstanden werden, die die Durchführungsrechtsetzung regelt, oder als Norm, die sich mit dem administrativen Einzelfallvollzug des EU-Rechts befasst. Nur die erste Alternative ist zutreffend: Denn wenn Art. 291 AEUV auch als Ermächtigung und Begrenzung der Möglichkeit zu verstehen wäre, der Kommission Befugnisse zum administrativen Einzelfallvollzug zuzuweisen, würde dies die Vollzugsstruktur der EU in einem Umfang hinter dem bis zum Vertrag von Lissabon erreichten Acquis Communautaire zurückwerfen, der von den einschlägigen „Vertragsmaterialien“ nicht gestützt ist[62] und auch der systematischen Stellung der Norm nicht gerecht wird.[63]

Sind die „Durchführungsbefugnisse“ i. S. des Art. 291 Abs. 2 AEUV daher nur als Durchführungsrechtsetzungskompetenzen zu verstehen, muss diese Durchführungsrechtsetzung allerdings von der delegierten Rechtsetzung im Sinne des Art. 290 AEUV abgegrenzt werden. Dies ist jedoch keine praktische Konsequenz der unterschiedlichen Funktionen von administrativer Rechtsetzung und administrativer Einzelfallentscheidung, sondern Folge der Existenz verschiedener Formen administrativer Rechtsetzung – auf diese Abgrenzung wird daher später zurück zu kommen sein.

---

[60] So deutlich *Kröll* (Fn. 59), 204; *R. Schütze* From Rome to Lisbon: „Executive Federalism“ in the (New) European Union, CML Rev. 47 (2010), 1385 (1398).

[61] So bereits zum früheren Komitologieverfahren *Riedel* (Fn. 58), 541 ff.

[62] Tatsächlich finden sich in den „Vertragsmaterialien“ zum Vertrag über eine Verfassung für Europa zwar verschiedene Äußerungen verschiedener Konventionsmitglieder, die hervorheben, es sei notwendig einen Vorrang des mitgliedstaatlichen Vollzugs des Unionsrechts in den Verfassungsvertrag mit aufzunehmen (s. die Nachw. bei *Dubey* [Fn. 58], 114 ff.; *V. Götz* Kompetenzverteilung und Kompetenzkontrolle in der Europäischen Union, in: Schwarze [Hrsg.], Der Verfassungsentwurf des Europäischen Konvents, 2004, 43 [56 ff.]; *Härtel* [Fn. 7], § 11 Rn. 137). Eine solche Garantie würde dann – natürlich und gerade – den administrativen Einzelfallvollzug betreffen. Aus den „Vertragsmateralien“ ergibt sich jedoch letztlich nicht zwingend, dass diese Absicht gerade durch Art. I-37 Abs. 1 des Verfassungsvertrages (und nachfolgend durch Art. 291 Abs. 1 AEUV) umgesetzt worden ist. Es finden sich letztlich nur Aussagen, die darauf hindeuten, dass einige Konventsmitglieder einen Vorrang mitgliedstaatlichen Vollzugs im Verfassungsvertrag verankert haben wollten, aber keinen Beleg dafür, dass dieser Forderung (gerade) durch Art. I-37 Abs. 1 des Verfassungsvertrages (und damit heute durch Art. 291 Abs. 1 AEUV) nachgekommen wurde.

[63] Ausführlich hierzu: *U. Stelkens* Art. 291 AEUV, das Unionsverwaltungsrecht und die Verwaltungsautonomie der Mitgliedstaaten, FÖV-Discussion Paper Nr. 68, 2011, 23 ff.

2. *Rechtsetzungsverfahren als Verwaltungsverfahren?*

Zuvor möchte ich jedoch als nächste Implikation der Wesensverschiedenheit von administrativer Rechtsetzung und Einzelfallentscheidung fragen, ob es gerechtfertigt ist, administrative Rechtsetzungsverfahren als Verwaltungsverfahren zu begreifen und in die Lehre vom Verwaltungsverfahren mit einzubeziehen[64] – eine Frage, die vor allem für das deutsche Recht gestellt wird, auf das ich mich hier beschränken will. Denn insoweit wird ein Rückstand des deutschen Rechts vor allem gegenüber dem US-amerikanischen Recht – dem dortigen Rulemaking-Verfahren[65] – ausgemacht.[66] Vor diesem Hintergrund werden als Standardelemente derartiger administrativer Rechtsetzungsverfahren, die in das deutsche Recht zu implementieren wären, v.a. Begründungspflichten, die Beteiligung einer informierten Öffentlichkeit und die Pflicht zur Anhörung von Sachverständigen und unmittelbar Betroffenen genannt[67] – alles Pflichten, die aus dem klassischen Verwaltungs-

[64] Für eine solche Einbeziehung va *M. Fehling* Verwaltung zwischen Unparteilichkeit und Gestaltungsaufgabe, 2001, 26f., 329ff.; *H. Hill* Das fehlerhafte Verfahren und seine Folgen im Verwaltungsrecht, 1986, 66ff.; *F. Hufen* Fehler im Verwaltungsverfahren, 4. Aufl. 2002, Rn. 446ff.; *W. Kahl* Das Verwaltungsverfahrensgesetz zwischen Kodifikationsidee und Sonderrechtsentwicklungen, in: Hoffmann-Riem/Schmidt-Aßmann (Hrsg.), Verwaltungsverfahren und Verwaltungsverfahrensgesetz, 2002, 67 (131); *J. Pietzcker* Verwaltungsverfahren zwischen Verwaltungseffizienz und Rechtsschutzauftrag, VVDStRL 41 (1983), 192 (218f.); *E. Schmidt-Aßmann* Der Verfahrensgedanke im deutschen und europäischen Verwaltungsrecht, in: Hoffmann-Riem/Schmidt-Aßmann/Voßkuhle (Fn. 4), § 27 Rn. 13, 49.

[65] Ausführlich hierzu *Möllers* (Fn. 12), 191ff.; *M. C. Orlowski* Der Erlass von Rechtsverordnungen nach amerikanischem Recht, DÖV 2005, 133 (137ff.); *H. Pünder* Exekutive Normsetzung in den Vereinigten Staaten von Amerika und der Bundesrepublik Deutschland, 1995, 117ff.; *J. Saurer* Die Begründung im deutschen, europäischen und US-amerikanischen Verwaltungsrecht, VerwArch 100 (2009), 364 (378ff.); *D. Wolfram* Prozeduralisierung des Verwaltungsrechts, 2005, 104ff.; zu ähnlichen Verfahren in Kanada *A. Frankenberger* Umweltschutz durch Rechtsverordnung, 1998, 111ff.

[66] *D. Ehlers* Anhörung im Verwaltungsverfahren, Jura 1996, 617f.; *M. Fehling* Der Eigenwert des Verfahrens im Verwaltungsrecht, VVDStRL 70 (2011), 278 (325 Fn. 190); *Hill* (Fn. 4), § 34 Rn. 14; *Orlowski* (Fn. 65), 141f.; *Pietzcker* (Fn. 64), 218f.; *E. Schmidt-Aßmann* Verwaltungsverfahren, in: Isensee/Kirchhof (Fn. 13), § 109 Rn. 9. Krit. zu solchen allgemeinen Aussagen jedoch *Möllers* (Fn. 12), 197; *H. Pünder* Rechtsverordnungen nach amerikanischem Vorbild?, ZG 1998, 242 (252ff.).

[67] Ferner werden bestimmte Form- und Bekanntgabeerfordernisse und der Ausschluss befangener Personen am Rechtsetzungsprozess in Anlehnung an § 20, § 21 VwVfG und die entsprechenden Regelungen über Mitwirkungsverbote im kommunalen Satzungsrecht (hierzu Fn. 83) gefordert. Ausführlich hierzu *Hufen* (Fn. 64),

verfahrens- und Planungsrecht wohl bekannt sind. Haben administrative Rechtsetzung und die Entscheidung im Einzelfall unterschiedliche Funktionen, impliziert dies jedoch, dass auch die auf Erlass dieser Maßnahmen gerichteten Verfahren unterschiedliche Funktionen haben.[68] Daher wäre es eher zufällig, wenn administrative Rechtsetzungsverfahren größere Ähnlichkeiten mit Verwaltungsverfahren hätten, die auf Erlass von Einzelfallentscheidungen gerichtet sind.

a) Keine Vorbildwirkung des Rechts der raumbezogenen Planung

So können etwa die besonderen Verfahrensregelungen für den Bebauungsplanerlass (§§ 2ff. BauGB) kaum Vorbildwirkung für allgemeine Grundsätze des administrativen Rechtsetzungsverfahrens haben.[69] Sie sind der besonderen Normstruktur der Bebauungsplan-Satzung geschuldet.[70] Denn auch wenn der Bebauungsplan als Satzung ergeht, ist er wie jede Form der raumbezogenen Gesamt- oder Fachplanung der administrativen Einzelfallentscheidung näher als der administrativen Rechtsetzung, da er auf konkrete Grundstücke bezogen ist.[71] Es ist daher folgerichtig, wenn für die raumbezogene Planung in Form von Satzungen – aber auch von Rechtsverordnungen[72] – wegen ihres besonderen rechtlichen Inhalts besondere Verfahrensanforderungen gelten, die denen angenähert sind, die für die raumbezogene Planung in Form eines Verwaltungsakts gelten. Umgekehrt formuliert: Es besteht

---

Rn. 452ff.; etwas abweichend die Vorstellungen von *Schmidt-Aßmann* (Fn. 50), Kap. 6/87.

[68] So deutlich auch *C. Gößwein* Allgemeines Verwaltungs(verfahrens)recht der administrativen Normsetzung, 2001, 94ff.; *Hill* (Fn. 4), § 34 Rn. 9.

[69] So aber die Argumentation bei *Hufen* (Fn. 64), Rn. 447.

[70] Ebenso für die Frage der gerichtlichen Kontrolldichte und des Satzungsermessens: *Hill* (Fn. 1), 18f.

[71] Zu Recht wird daher der Bebauungsplan als konkret-individuelle Regelung bezeichnet und damit verdeutlicht, dass sein Regelungsgegenstand auch durch Verwaltungsakt in Form der Allgemeinverfügung geregelt werden könnte: BVerfG (1. Kammer des 1. Senats), Beschl. v. 19. 7. 2000 – 1 BvR 1053/93 –, NVwZ 2000, 1283 (1284); BVerwG, Urt. v. 30. 1. 1976 – IV C 26/74 –, BVerwGE 50, 114 (119); BVerwG, Urt. v. 5. 8. 1983 – 4 C 96/79 –, BVerwGE 67, 334 (338); BVerwG, Beschl. v. 2. 9. 1983 – 4 N 1/83 –, BVerwGE 68, 12 (14); weitere Nachweise bei *U. Stelkens* (Fn. 56), § 35 Rn. 264; ablehnend dagegen *Schmidt-Aßmann* (Fn. 1), N 22.

[72] Zu Recht wurde ebenfalls unabhängig von ihrer förmlichen Einfassung als Rechtsverordnung die Festlegung von Flugrouten einem Planungsverfahren unterworfen (siehe hierzu nur *F. Michl* Die Festlegung von Flugrouten nach § 27a Abs. 2 S. 1 LuftVO, ThürVBl 2011, 121ff.; *U. Repkewitz* Festlegung von Flugrouten – Materielle und formelle Anforderungen, Rechtsschutz, VBlBW 2005, 1 [9ff.]; *G. Sydow* Flugroutenfestlegung – Zum Verhältnis von Verwaltungs- und Gerichtsverfahren am Beispiel der Bestimmung von Flugrouten, DVBl. 2006, 1420ff.).

keine Rechtfertigung, das anwendbare Verfahren an die Form zu knüpfen, die der Gesetzgeber für raumbezogene Planungen vorsieht. Die Anforderungen an ein rechtsstaatliches Planungsverfahren bestehen unabhängig von dieser Form.[73] Gerade deshalb kann aber aus dem Umstand, dass dieses Planungsverwaltungsverfahrensrecht auch anwendbar ist, wenn der Plan durch Satzung oder Rechtsverordnung festgestellt wird, nicht geschlossen werden, dieses Planungsverwaltungsverfahrensrecht würde auch für den Erlass „echter" abstrakt-genereller Regelwerke passen.[74]

b) *Funktionen eines Verfahrensrechts für administrative Rechtsetzung*

Ein Verfahrensrecht für administrative Rechtsetzung muss vielmehr unabhängig von den bekannten verwaltungsverfahrensrechtlichen Kategorien entwickelt werden. Insoweit geht es hier – wie sonst auch – nicht darum, überhaupt erst ein Verfahren der Entscheidungsfindung zu schaffen, sondern darum, Verfahrensvorschriften zu kreieren, die möglichst „richtige" Rechtsetzungsentscheidungen in angemessener Zeit zu angemessenen Kosten in einem transparenten Verfahren generieren.[75] Man könnte etwa fragen, inwieweit die kommunalrechtlichen Regelungen über das beim Satzungserlass zu beachtende Verfahren – insbesondere die Regelungen über die Mitwirkungsverbote – Vorbildwirkung haben können. Eine nähere Analyse der existierenden Verfahrensvorschriften, die das Besondere Verwaltungsrecht für den Erlass bestimmter Rechtsverordnungen, Satzungen und sonstiger Formen administrativer Rechtsetzung vorsieht, zeigt jedoch deren ganz unterschiedliche Funktionen: So dienen bestimmte Begründungsvorschriften weniger der Information der Öffentlichkeit als der Information derjenigen Stelle, die am Zustandekommen eines administrativen Rechtsetzungsakts mitwirken soll,[76] etwa wenn für das Inkrafttreten einer Rechtsverordnung die Zustimmung des Bundesrats[77] oder des

---

[73] *Schmidt-Aßmann* (Fn. 66), § 109 Rn. 9; wohl auch *Möllers* (Fn. 12), 195f.; *Möstl* (Fn. 9), § 20 Rn. 17. Insoweit ist es auch zutreffend und konsequent, wenn *R. Wahl* (Verwaltungsverfahren zwischen Verwaltungseffizienz und Rechtsschutzauftrag, VVDStRL 41 [1983], 151 [158]) nur für die Einbeziehung der *raumbezogenen* Rechtsetzungsverfahren in den Begriff des Verwaltungsverfahrens plädiert.

[74] Wie hier für Begründungspflichten *U. Kischel* Die Begründung, 2003, 312ff.; für Verfahrensfehlerfolgen: *Hill* (Fn. 1), 51ff.; anders jedoch für die Frage des Rechtsetzungsermessens jedenfalls bei Gemeindesatzungen *Schmidt-Aßmann* (Fn. 1), N 20f.

[75] Vgl. *Pünder* (Fn. 65), 19ff.

[76] Vgl. *Möstl* (Fn. 9), § 19 Rn. 22; *F. Ossenbühl* Rechtsverordnung, in: Isensee/Kirchhof (Fn. 13), § 103 Rn. 73 (interne Begründungspflicht).

[77] Ausführlich hierzu *Saurer* (Fn. 23), 84ff. und 353ff.

Bundestags[78] vorgesehen ist. Soweit vor Erlass eines Rechtsetzungsakts eine Beteiligung der informierten Öffentlichkeit oder der „betroffenen Kreise“ vorgesehen ist, kann dies entweder – eher technisch – als Nutzung externen Sachverstands[79] oder als Versuch der Schaffung zusätzlicher demokratischer Legitimation auch durch Transparenz verstanden werden.[80]

Aus verfassungsrechtlicher Sicht gilt meines Erachtens Folgendes: Es ist nicht zu erwarten, dass aus dem Rechtsstaatsprinzip weitergehende ungeschriebene Verfahrensanforderungen an die administrative Rechtsetzung hergeleitet werden können, als sie beim Gesetzgebungsverfahren anerkannt sind. Soweit etwa für das Gesetzgebungsverfahren Begründungspflichten und Beteiligungsrechte der betroffenen Kreise nicht für rechtsstaatlich geboten erachtet werden, kann dies für die administrative Rechtsetzung nicht wesentlich anders sein.[81] Werden für das Gesetzgebungsverfahren dagegen derartige Verfahrensanforderungen für rechtsstaatlich geboten erachtet, müssen sie auch für die administrative Rechtsetzung gelten.[82] Das Rechtsstaatsprinzip und seine Vorgaben für das Normsetzungsverfahren können nicht sinnvoll zwischen parlamentarischer und administrativer Rechtsetzung unterscheiden.[83]

---

78 Zur Möglichkeit der Beteiligung des Parlaments am Rechtsverordnungserlass s. nur *M. Martini* Normsetzungsdelegation zwischen parlamentarischer Steuerung und legislativer Effizienz, AöR 133 (2008), 155 (172 ff.); *Ossenbühl* (Fn. 76), § 103 Rn. 57 ff.; *ders.* Gesetz und Verordnung im gegenwärtigen Staatsrecht, ZG 1997, 305 (314 ff.); *Saurer* (Fn. 23), 371 ff.

79 So deutlich *Ossenbühl* (Fn. 76), § 103 Rn. 66; *M. Trips* Das Verfahren der exekutiven Rechtsetzung, 2006, 150 ff.

80 So dezidiert *v. Bogdandy* (Fn. 2), 67 ff.

81 AA wohl *E. Schmidt-Aßmann* Der Rechtsstaat, in: Isensee/Kirchhof (Hrsg.), Handbuch des Staatsrechts II, 3. Aufl. 2004, § 26 Rn. 78; differenzierend im Hinblick auf die Begründungspflicht für Verordnungen auch *v. Danwitz* (Fn. 43), 138 f.; *Kischel* (Fn. 74), 328 ff.

82 *Frankenberger* (Fn. 65), 264 ff.; ablehnend zu diesem Umkehrschluss wegen der unterschiedlichen Erkenntnisfähigkeit von Parlament und Verordnungsgeber: *O. Lepsius* Die erkenntnistheoretische Notwendigkeit des Parlamentarismus, in: Bertschi/Gächter/Hurst/Klaus/Reller/Schmithüsen/Steimen/Widmer/v. Wyss (Hrsg.), Demokratie und Freiheit, 1999, 123 (171 f.).

83 Anknüpfungspunkt für Unterscheidungen im Hinblick auf rechtsstaatliche Anforderungen könnten allenfalls die geringere Zahl der an der administrativen Rechtsetzung beteiligten Personen im Vergleich zum parlamentarischen Gesetzgebungsverfahren sein, die etwa bestimmte Mitwirkungsverbote für „befangene“ Personen als geboten erscheinen lassen können (*Fehling* [Fn. 64], 228 f.; *Trips* [Fn. 79], 129 ff.), deren „befangenes“ Stimmverhalten im parlamentarischen Gesetzgebungsprozess wegen der vergleichsweise großen Zahl der Parlamentarier von vornherein nicht ausschlaggebend wäre, vgl. *Lepsius* (Fn. 82), 154 ff.

Eine andere Frage ist, ob die geringere Intensität der demokratischen Legitimation der administrativen Rechtsetzung gegenüber der parlamentarischen Rechtsetzung von Verfassungs wegen Bürger- und Sachverständigenbeteiligungen im Vorfeld administrativer Rechtsetzung gebieten kann. Derartige Herleitungen scheinen mir jedoch nach wie vor zu unspezifisch, um hieraus *konkrete* ungeschriebene Beteiligungsrechte *konkreter* Personen oder *konkrete* Verfahren der Öffentlichkeitsbeteiligung oder sonstiger Partizipationsformen ableiten zu können.[84] Sie vermögen *geschriebene* Beteiligungsrechte zu erklären, nicht aber die Schaffung weiterer Beteiligungsrechte zu gebieten.[85]

c) *Insbesondere: Staatszielgewährleistung durch Rechtsetzungsverfahren (zu BVerfG, Urt. v. 12. 10. 2010 – 2 BvF 1/07 –)*

Im letzten Jahr hat das BVerfG jedoch noch einen neuen Aspekt in die Diskussion geworfen. Es ging um das ordnungsgemäße Zustandekommen einer Tierschutzverordnung, einer Verordnung zur Haltung von Legehennen.[86] Vor Erlass solcher Verordnungen ist nach § 16b Abs. 1 S. 2 TierSchG zwingend eine aus zwölf Sachverständigen bestehende[87] Tierschutzkommission zu hören. Entsprechend ständiger Rechtsprechung nahm das BVerfG insoweit an, die Ermächtigung zum Erlass von Rechtsverordnungen könne auch daran geknüpft werden,

---

[84] Gegen Verallgemeinerungen in diesem Zusammenhang auch *Gößwein* (Fn. 68), 99ff.

[85] Ähnlich *Möstl* (Fn. 9), § 19 Rn. 18ff. Daher eignen sich solche Herleitungen auch nicht dazu, die Nichteinhaltung der Anforderungen des Art. 80 Abs. 1 S. 2 GG zu kompensieren. Ist dort vorgesehen, dass der parlamentarische Gesetzgeber den Rechtsverordnungserlass durch inhaltliche Vorgaben steuern soll, kann die Nichtbeachtung dieses Erfordernisses ohne Verfassungsänderung nicht dadurch „ausgeglichen" werden, dass die Verordnungsermächtigung Öffentlichkeitsbeteiligungen und Sachverständigenanhörungen vor Rechtsverordnungserlass vorschreibt: Wie hier *Saurer* (Fn. 23), 385ff. Für eine derartige „Öffnung" der Anforderungen des Art. 80 Abs. 1 S. 2 GG jedoch: *M. Ruffert* Rechtsquellen und Rechtsschichten des Verwaltungsrechts, in: Hoffmann-Riem/Schmidt-Aßmann/Voßkuhle (Hrsg.), Grundlagen des Verwaltungsrechts I, 2006, § 17 Rn. 62; *E. Schmidt-Aßmann* Die Rechtsverordnung im Verhältnis zu Gesetz und Verwaltungsvorschrift, in: Kirchhof/Lehner/Raupach/Rodi (Hrsg.), Staaten und Steuern – FS Vogel, 2000, 477 (490f.); nuancierend: *Möstl* (Fn. 9), § 20 Rn. 3.

[86] §§ 12ff. der Verordnung zum Schutz landwirtschaftlicher Nutztiere und anderer zur Erzeugung tierischer Produkte gehaltener Tiere bei ihrer Haltung (Tierschutz-Nutztierhaltungsverordnung) idF v. 22. 8. 2006 (BGBl. I 2043).

[87] Die Zusammensetzung richtet sich nach der Verordnung über die Tierschutzkommission beim Bundesministerium für Ernährung, Landwirtschaft und Verbraucherschutz (Tierschutzkommissions-Verordnung) v. 23. 6. 1987 (BGBl. I 1557), zul. geänd. durch Art. 418 der Verordnung v. 31. 10. 2006 (BGBl. I 2407).

dass der Verordnungsgeber ein bestimmtes Rechtsetzungsverfahren zu beachten habe, etwa eine Pflicht, vor Verordnungserlass eine Sachverständigenkommission zu hören.[88] Werde ein solches Anhörungserfordernis missachtet, sei die so erlassene Verordnung nicht durch die Verordnungsermächtigung gedeckt, so dass ein grundsätzlich beachtlicher Verfahrensfehler vorläge.[89] Dies sei auch dann der Fall, wenn die Anhörung erst zu einem Zeitpunkt stattfinde, in dem der Verordnungsgeber sich schon festgelegt habe, die Anhörung also nur noch formal durchgeführt werde.[90] Einen solchen Verfahrensfehler nahm das BVerfG hier an und dem mag man (noch) zustimmen.[91]

Problematischer ist dagegen die weitere Feststellung des BVerfG: Eine Verordnung, die unter Verstoß gegen § 16b Abs. 1 S. 2 TierSchG erlassen werde, verletze zugleich das Staatsziel Tierschutz des Art. 20a GG. Denn die Verfahrensvorschrift des § 16b Abs. 1 S. 2 TierSchG solle das Zustandekommen materiell tierschutzgerechter Ergebnisse gewährleisten und so dem Staatsziel Tierschutz dienen.[92] Damit konstruiert das BVerfG unter ausdrücklicher Berufung auf die Mühlheim-Kärlich-Entscheidung[93] eine *Staatszielgewährleistung durch Rechtsetzungsverfahren.*

Die Mühlheim-Kärlich-Entscheidung bezog sich allerdings gerade nicht auf ein administratives Rechtsetzungsverfahren, sondern auf ein atomrechtliches Genehmigungsverfahren. Zudem waren die durch die jeweiligen Verfahrensvorschriften zu schützenden Interessen auch kaum vergleichbar, da es bei Mühlheim-Kärlich nicht um Staatszielgewährleistung, sondern um Grundrechtsschutz durch Verfahren ging.

---

[88] Siehe hierzu etwa BVerfG, Beschl. v. 24. 2. 1970 – 2 BvL 12/69, 2 BvR 665/65, 26/66 und 467/68 –, BVerfGE 28, 66 (82); ferner *Saurer* (Fn. 23), S. 365ff.

[89] Zur früheren Diskussion zur Beachtlichkeit von Verfahrensfehlern beim Erlass von Rechtsverordnungen: *Saurer* (Fn. 23), 369ff.

[90] BVerfG, Urt. v. 12. 10. 2010 – 2 BvF 1/07 –, BVerfGE 127, 293 (319ff.).

[91] Bedenken bestehen deshalb, weil kaum vorstellbar ist, wie in derartigen Fällen durch schlichte „Beseitigung" der verfahrensfehlerhaft zu Stande gekommenen Rechtsverordnung wieder eine politisch „offene" Entscheidungssituation hergestellt werden kann (vgl. hierzu [für Verfahren nach §§ 9ff. VwVfG]: *U.Stelkens* Der Eigenwert des Verfahrens im Verwaltungsrecht, DVBl. 2010, 1078 [1080]). Deshalb hätte es näher gelegen, § 16b TierSchG als bloße Ordnungsvorschrift zu verstehen.

[92] BVerfG, Urt. v. 12. 10. 2010 – 2 BvF 1/07 –, BVerfGE 127, 293 (328ff.).

[93] Insoweit sieht das BVerfG eine „vergleichbare verfassungsrechtliche Bedeutung von Verfahrens- und Kompetenznormen, die in Erfüllung des Verfassungsauftrags zum Schutz von Grundrechten erlassen wurden" (BVerfG, Urt. v. 12. 10. 2010 – 2 BvF 1/07 – BVerfGE 127, 293 [328f.] mit Verweis auf BVerfG, Beschl. v. 20. 12. 1979 – 1 B 15/77 –, BVerfGE 53, 30 [66] und BVerfG, Beschl. v. 25. 2. 1981 – 1 BvR 413/80 –, BVerfGE 56, 216 [242]).

Die vom BVerfG gezogenen Parallelen überzeugen daher nicht.[94] Vor allem aber ist unklar, welcher rechtliche Mehrwert der Konstruktion einer Staatszielgewährleistung durch Rechtsetzungsverfahren zukommen soll:[95] Die Hennenhaltungsverordnung war bereits wegen Verstoßes gegen die Verfahrensanforderungen der Verordnungsermächtigung mit höherrangigem Recht unvereinbar. Wozu dann noch die Betonung der Verletzung des Art. 20a GG? Soll hierdurch im Sinne eines Verschlechterungsverbots[96] verhindert werden, dass der Bundesgesetzgeber die Tierschutzkommission als zu aufwändig abschafft? Läge es nicht eher im Interesse des Tierschutzes, inhaltlich zu prüfen, ob die Verordnung dem von Art. 20a GG jedenfalls gewährleisteten materiellen Mindesttierschutz[97] genügt?[98] Kann das schlichte Erfordernis der Anhörung einer Sachverständigengruppe, deren Votum für den Verordnungsgeber nicht bindend ist – und aus verfassungsrechtlichen Gründen nicht bindend sein darf[99] –, eine solche materielle Rechtskontrolle ersetzen?[100]

---

[94] Zustimmend dagegen *T. Cirsovius/C. Maisack* Anmerkung zu BVerfG, Urt. v. 12. 10. 2010 - 2 BvF 1/07 -, AuR 2011, 273ff.

[95] Ebenso *W. Durner* Anmerkung zu BVerfG, Urt. v. 12. 10. 2010 - 2 BvF 1/07 -, DVBl. 2011, 97 (98); *L. Ketterer* Ende der Käfighaltung von Legehennen?, NuR 2011, 417 (419).

[96] Für die Annahme eines tierschutzrechtlichen „Verschlechterungsverbots" *J. Caspar/M. Geissen* Das neue Staatsziel „Tierschutz" im Grundgesetz, NVwZ 2002, 913 (914); *M. Faber* Der grundgesetzliche Tierschutzauftrag aus Art. 20a GG, UPR 2002, 378 (381); *A. Hirt/C. Maisack/J. Moritz* Tierschutzgesetz, 2. Aufl. 2007, Art. 20a GG Rn. 13; *A. Lorz/E. Metzger* Tierschutzgesetz, 6. Aufl. 2008, Art. 20a GG Rn. 12; hiergegen *M. Cornils* Reform des europäischen Tierversuchsrechts, 2011, 95f.; *R. Faller* Staatsziel „Tierschutz", 2005, 204f.; *H. Schulze-Fielitz*, in: Dreier (Hrsg.), Grundgesetz-Kommentar II, 2. Aufl. 2006, Art. 20a Rn. 57.

[97] *A. Epiney*, in: v. Mangoldt/Klein/Starck (Begr. und Hrsg.), Kommentar zum Grundgesetz II, 6. Aufl. 2010, Art. 20a Rn. 88; *D. Murswiek*, in: Sachs (Hrsg.), Grundgesetz, 5. Aufl. 2009, Art. 20a Rn. 51a.

[98] Hierauf hatte das BVerfG – ebenfalls im Fall einer Legehennenhaltungsverordnung (Verordnung zum Schutz von Legehennen bei Käfighaltung [Hennenhaltungsverordnung] v. 10. 12. 1987 [BGBl. I 2622]) – noch in einem Urteil v. 6. 7. 1999 (2 BvF 3/90 –, BVerfGE 101, 1 [36ff.]) entscheidend abgestellt.

[99] *v. Danwitz* (Fn. 43), 109f.; *Schneider* (Fn. 13), § 9 Rn. 265.

[100] Dass die Auffassung des BVerfG in dem Urt. v. 12. 10. 2010 (2 BvF 1/07) in diese Richtung zu gehen scheint, zeigt sich, wenn man dessen Begründung mit der Begründung des BVerfG in dem ersten Hennenhaltungverordnungsurteil (Urt. v. 6. 7. 1999 – 2 BvF 3/90) vergleicht. In dem Urteil von 1999 hatte das BVerfG noch die Frage der Missachtung des § 16b TierSchG dahingestellt gelassen, da die Verordnung bereits aus anderen Gründen für verfassungswidrig erachtet wurde (BVerfGE 101, 1 [44]). In dem Urteil von 2010 lässt das BVerfG dagegen die materielle Vereinbarkeit der Verordnung mit den Vorgaben des Art. 20a GG dahin gestellt, da die Verordnung bereits wegen

Diese Fragen zeigen, dass ein Verständnis administrativer Rechtsetzungsverfahren als Verwaltungsverfahren die Wesensverschiedenheiten von administrativer Rechtsetzung und Einzelfallentscheidung verdeckt. Diese Wesensverschiedenheiten bringen mit sich, dass auch die Anforderungen an die auf ihren Erlass gerichteten Verfahren notwendig unterschiedlich sind, mögen auch auf der Oberfläche Gemeinsamkeiten bestehen. Dann aber auf einer so hohen Abstraktionsebene, dass die Einbeziehung administrativer Rechtsetzungsverfahren gerade in die Lehre vom *Verwaltungsverfahren*[101] kaum noch Erkenntnisgewinn bringen kann.

3. *Aufhebungsresistenz administrativer Rechtsetzung*

Dies zeigt sich auch an den Fehlerfolgen, wenn ein administratives Regelwerk nur aus formellen Gründen als verfassungs- oder gesetzeswidrig angesehen wird.[102] Dies will ich hier als „Aufhebungsresistenz administrativer Rechtsetzung" bezeichnen. Schon in der Strafgefangenenentscheidung schließt das BVerfG etwa aus dem Fehlen einer den Anforderungen des Vorbehalts des Gesetzes gerecht werdenden Rechtsgrundlage nicht, dass Eingriffe in die Grundrechte der Strafgefangenen während des Strafvollzugs nun ab sofort mangels Rechtsgrundlage unzulässig seien. Es nimmt vielmehr die bestehende Situation, dass die Voraussetzungen für derartige Eingriffe nur in einer Anstaltsordnung geregelt sind, für eine Übergangszeit hin – ohne festzulegen, was geschieht, wenn diese Übergangszeit ergebnislos ab-

---

eines beachtlichen Verfahrensfehlers als verfassungswidrig anzusehen sei (BVerfGE 127, 293 [330f.]). Siehe hierzu aber auch *Cirvosius/Maisack* (Fn. 94), 275f.

[101] Der hier vertretene Ansatz richtet sich damit *nicht* dagegen, Verfahren der administrativen Normsetzung zu entwickeln, sondern nur gegen die Vorstellung, es handele sich insoweit gerade um *Verwaltungsverfahrensrecht.* Es geht vielmehr um einen Teilaspekt einer allgemeinen *Normsetzungslehre,* die gemeinsam für die administrative Normsetzung *und* die parlamentarische Rechtsetzung zu entwickeln ist. Auf dieser Ebene wäre dann zu klären, ob es auch dann geboten ist, für die administrative Rechtsetzung spezielle Verfahrensvorschriften zu kreieren, solange angenommen wird, dass „der Gesetzgeber nichts als das Gesetz schuldet" (so die bekannte Formel von *W. Geiger* Gegenwartsprobleme der Verwaltungsgerichtsbarkeit, in: Berberich/Holl/Maaß [Hrsg.], Neue Entwicklungen im öffentlichen Recht, 1979, 131 [141f.]), also keinem „Gesetzgebungsverwaltungsverfahrensrecht" (*K. Schlaich* Die Verfassungsgerichtsbarkeit im Gefüge der Staatsfunktionen, VVDStRL 39 [1981], 99 [109]) unterliegt.

[102] „Aufhebungsresistent" erweisen sich derartige Regelwerke jedoch dann nicht, wenn sie *inhaltlich* gegen höherrangiges Recht verstoßen. Hier tritt an die Stelle des für nichtig erklärten administrativen Regelwerks unmittelbar die Norm des höherrangigen Rechts, gegen das dieses Regelwerk verstoßen hat.

läuft.[103] So entschied das BVerfG auch im Fall der Hennenhaltungsverordnung: Obwohl diese Verordnung nach Auffassung des BVerfG an einem wesentlichen Verfahrensmangel litt, wurde die Verordnung nur für mit dem Grundgesetz unvereinbar erklärt: Die Nichtigkeitserklärung der Verordnung würde zu einem noch verfassungsferneren Zustand führen und würde auch dem Gebot der Rechtssicherheit und Rechtsklarheit nicht gerecht.[104]

Hieran zeigt sich: Wenn wegen fehlender präziser parlamentarischer Vorgaben eine Selbstprogrammierung der Verwaltung durch abstrakt-generelle Regelwerke als rechtsstaatlich gebotene Voraussetzung der Einzelfallentscheidung angesehen wird, schuldet die Verwaltung vor allem den Rechtssatz als Ergebnis.[105] Dem Vorhandensein dieses Ergebnisses wird größere Bedeutung zugemessen, als dass ein ordnungsgemäßes Rechtsetzungsverfahren eingehalten wird. Dies setzt der Durchsetzbarkeit von Verfahrensregeln für die administrative Normsetzung von vorneherein Grenzen.[106]

IV. Formen administrativer Rechtsetzung

Wir haben bisher gesehen, dass sich hinsichtlich ihrer Funktion und des Erlassverfahrens bei allen Formen administrativer Rechtsetzung ähnliche Fragen stellen. Auf die Formen selbst wurde bisher jedoch nicht eingegangen. Ich möchte insoweit eine Kategorisierung der administrativen Rechtsetzungsformen in drei Untergruppen nach Maßgabe ihrer Bindungswirkungen vorschlagen, wobei die Zuordnung exklusiv ist, sich also eine Rechtsetzungsform nicht zugleich in mehreren Gruppen wiederfinden kann: Konkret ist zu unterscheiden zwischen Recht-

---

[103] BVerfG, Beschl. v. 14. 3. 1972 – 2 BvR 41/71 –, BVerfGE 33, 1 (12f.). Zu diesem administrativen Übergangsrecht *F. Ossenbühl* Autonome Rechtsetzung der Verwaltung, in: Isensee/Kirchhof (Fn. 13), § 104 Rn. 51f.

[104] BVerfG, Beschl. v. 12. 10. 2010 – 2 BvF 1/07 –, BVerfGE 127, 293 (333f.).

[105] Vgl. insoweit bereits Fn. 101.

[106] „Aufhebungsresistent" erweist sich administrative Rechtsetzung aus denselben Gründen auch gegenüber politischen Deregulierungsbemühungen, die in der schlichten Aufhebung gesetzesinterpretierender und gesetzeskonkretisierender administrativer Regelwerke bestehen, wenn das gesetzliche Regelungsumfeld unverändert bleibt. Siehe hierzu den bei *U. Stelkens* (Barrierefreiheit nur bei Alkoholausschank?, BayVBl 2007, 263 [268f.]) geschilderten Fall: Eine aufgehobene Gaststättenbauverordnung soll kraft Ministeranweisung in Zukunft als Verwaltungsvorschrift behandelt werden. Ferner den Fall von BGH, Beschl. v. 24. 6. 2010 – III ZR 315/09 –, NVwZ-RR 2010, 675ff.: Eine Amtspflicht zur Beachtung einer norminterpretierenden Verwaltungsvorschrift kann auch nach Ablauf ihrer Geltung fortdauern.

setzungsformen mit *gesetzesgleicher Bindungswirkung* und dem meines Erachtens hiervon zu unterscheidenden „*Behördenrecht*“. Nur erwähnt werden soll hier aus Zeitgründen eine dritte Gruppe administrativer Rechtsetzungsformen, die *rechtsgeschäftlichen* Rechtsetzungsformen. Hierzu gehört neben der bereits erwähnten rechtssatzersetzenden Allgemeinverfügung[107] v.a. die weniger umstrittene, aber selten behandelte abstrakt-generelle Zusage, mit der sich die Behörde durch öffentliche Erklärung zu einem die Bürger ausschließlich begünstigenden Verhalten, etwa zur Anerkennung bestimmter Rechte in Form von Citizen Charters, verpflichtet.[108] Es bei dieser bloßen Erwähnung der rechtsgeschäftlichen Rechtsetzungsformen zu belassen, dürfte sich vor allem dadurch rechtfertigen, dass es sich jedenfalls bei der rechtssatzersetzenden Allgemeinverfügung um eine Besonderheit des deutschen Rechts handelt, die auf der EU-Ebene keine Entsprechung findet.[109]

1. Rechtsetzungsformen mit (weitgehend) gesetzesgleicher Bindungswirkung

Dies ist anders bei der nun näher zu betrachtenden ersten Gruppe administrativer Rechtsetzungsformen, nämlich denen mit zumindest weitgehend gesetzesgleicher Bindungswirkung: Sie sind allgemeinverbindlich,[110] also wie Parlamentsgesetze von Behörden und Gerichten zu beachten und auszulegen und geeignet, dem Bürger unmittelbar Rechte zu gewähren und Pflichten aufzuerlegen.[111] Im deutschen Recht haben diese Bindungswirkungen unstreitig Rechtsverordnungen und Satzungen,[112] auf EU-Ebene die beiden Tertiärrechtsformen der Art. 290 und

---

[107] Zum Verwaltungsakt und zur Allgemeinverfügung als „Rechtsgeschäft“ s. *U. Stelkens* (Fn. 56), § 35 Rn. 31, 43. Zur Möglichkeit normersetzender Allgemeinverfügungen ausführlich *U. Stelkens* (Fn. 56), § 35 Rn. 13, 297, 306, 309, 338ff.

[108] Hierzu *U. Stelkens* Sicherung guter elektronischer Verwaltung durch „E-Citizen-Charters“, in: Hill/Schliesky (Hrsg.), Innovationen im und durch Recht, 2010, 127 (149ff.).

[109] Als weitere *rechtsgeschäftliche* Rechtsetzungsform könnte auch an die Rechtsetzung mittels Allgemeiner Geschäftsbedingungen bei privatrechtlichen und öffentlich-rechtlichen Verwaltungsverträgen gedacht werden.

[110] *Ossenbühl* (Fn. 76), § 103 Rn. 1.

[111] *Hill* (Fn. 4), § 34 Rn. 19, 26; für Rechtsverordnungen ausführlich *Saurer* (Fn. 23), 209ff.

[112] Hinzu treten jedenfalls noch die *zuständigkeitsregelnden Organisationserlasse.* Die gesetzesgleiche Bindungswirkung derartiger Erlasse wird (jenseits des Anwendungsbereichs des institutionellen Vorbehalts des Gesetzes) von den verfassungsrechtlichen Regelungen über die Regierungsbildung (vgl. Art. 64 GG) und von Art. 86 S. 2 GG und den meisten Landesverfassungen vorausgesetzt; für ihren Erlass gelten Art. 80

Art. 291 AEUV. Unterschiede zu den Bindungswirkungen von Parlamentsgesetzen ergeben sich in Deutschland letztlich nur beim Rechtsschutz und der gerichtlichen Normverwerfungskompetenz. Auf EU-Ebene bestehen nach richtiger Auffassung selbst insoweit keine Unterschiede zwischen den beiden Tertiärrechtsformen und Gesetzgebungsakten nach Art. 289 AEUV.[113]

a) *Numerus clausus der Formen administrativer Rechtsetzung mit gesetzesgleicher Bindungswirkung?*

In beiden Rechtsordnungen stellt sich jedoch die Frage, ob es neben den bereits Genannten weitere Formen administrativer Rechtsetzung mit gesetzesgleicher Bindungswirkung gibt. Für die EU-Ebene ist dies zu verneinen. Jenseits der Fälle der Art. 290, 291 AEUV schließen es die Verträge aus, sekundärrechtlich weitere Formen administrativer Rechtsetzung zu schaffen, die in ihrer Bindungswirkung denen der Gesetzgebungsakte gleichkommen.[114] Daher können auf Europäische Agenturen keine „echten" Rechtsetzungskompetenzen delegiert wer-

---

GG und die entsprechenden Vorschriften der Landesverfassungen nicht. Ausführlich zu dieser Rechtsetzungsform *F. Ossenbühl* Verwaltungsvorschriften und Grundgesetz, 1968, 505ff.; *A. Rogmann* Die Bindungswirkung von Verwaltungsvorschriften, 1998, 113ff., 224; *U. Stelkens* Organisationsgewalt und Organisationsfehler, LKV 2003, 489 (492); aus der Rechtsprechung: BVerwG, Urt. v. 22. 1. 2004 – 4 A 32/02 –, BVerwGE 120, 87 (96ff.); VGH München, Urt. v. 9. 8. 1999 – 4 B 99.779 –, NVwZ 2000, 829 (830); VGH München, Beschl. v. 29. 12. 1999 – 4 B 99.526 –, BayVBl 2000, 245 (246).

[113] Dies gilt jedenfalls, soweit für möglich erachtet wird, dass auch Gesetzgebungsakte iS des Art. 289 AEUV „Rechtsakte mit Verordnungscharakter" iS des Art. 263 Abs. 4 AEUV sein können: So zutreffend *U. Everling* Rechtsschutz in der Europäischen Union nach dem Vertrag von Lissabon, EuR Beiheft 1/2009, 71 (73f.); *W. Frenz/A.-M. Distelrath* Klagegegenstand und Klagebefugnis von Individualnichtigkeitsklagen nach Art. 263 IV AEUV, NVwZ 2010, 162 (165); *N. Görlitz/P. Kubicki* Rechtsakte „mit schwierigem Charakter", EuZW 2011, 248 (250f.); *Ma. Kottmann* Plaumanns Ende: Ein Vorschlag zu Art. 263 Abs. 4 AEUV, ZaöRV 70 (2010), 547 (559ff.); aA jetzt jedoch EuG, Urt. v. 6. 9. 2011 – Rs. T-18/10 – Rn. 36ff. (Kanatami); ferner *W. Cremer*, in: Calliess/Ruffert (Fn. 59), Art. 263 AEUV Rn. 54ff.; *ders.* Zum Rechtsschutz des Einzelnen gegen abgeleitetes Unionsrecht nach dem Vertrag von Lissabon, DÖV 2010, 58 (60ff.); *A. Thiele* Das Rechtsschutzsystem nach dem Vertrag von Lissabon, EuR 2010, 30 (43ff.); s. ferner die Nachweise bei *K. Lenaerts* Le Traité de Lisbonne et la Protection juridictionelle des particuliers en droit de l'Union, Cahiers de droit Européen 45 (2009), 711 (723ff.).

[114] *W. Weiß* Das Leitlinien(un)wesen der Kommission verletzt den Vertrag von Lissabon, EWS 2010, 257 (259f.); *ders.* (Fn. 59), 149f.; ferner *R. Henke* Die Leitlinien der Kommission – Instrument zur Gewährleistung eines einheitlichen Verwaltungsvollzugs im europäischen Zollrecht, in: Manssen/Jachmann/Gröpl (Hrsg.), Nach geltendem Verfassungsrecht – FS Steiner, 2009, 275 (290ff.).

den.[115] In Deutschland wird dagegen als Frage nach einem *„numerus clausus administrativer Rechtsetzungsformen“* diskutiert, ob der Gesetzgeber Rechtsetzungsformen schaffen darf, die sich weder den Rechtsverordnungen noch den Satzungen zuordnen lassen und dennoch als Rechtssätze sui generis mit gesetzesgleicher Bindungswirkung Recht setzen.[116] Der Blick in das Sozialversicherungsrecht zeigt, dass der Gesetzgeber Derartiges jedenfalls versucht.[117] Letztlich ist aber auch die Diskussion über die Existenz normkonkretisierender Verwaltungsvorschriften[118] in diesem Zusammenhang zu sehen,[119] jedenfalls soweit solchen Verwaltungsvorschriften gesetzesgleiche Bindungswirkung zugesprochen werden soll.[120]

---

[115] So deutlich die Kommission auf S. 5 der Mitteilung KOM (2008)135 endg.: Europäische Agenturen – Mögliche Perspektiven; ferner *S. Kirste* Das System der Europäischen Agenturen, VerwArch 102 (2011), 268 (278); *Möstl* (Fn. 5), 1079 und 1083; *J. Saurer* Individualrechtsschutz gegen das Handeln der Europäischen Agenturen, EuR 2010, 51 (55).

[116] So deutlich den Gegenstand der Fragestellung umschreibend *Axer* (Fn. 9), 156ff.; ähnlich auch *A. Hänlein* Rechtsquellen im Sozialversicherungsrecht, 2001, 57ff. Diese Frage ist von der – mE zu verneinenden – Frage zu unterscheiden, ob das Grundgesetz neben der Rechtsverordnung iS des Art. 80 GG (und den in Fn. 112 erwähnten zuständigkeitsregelnden Organisationserlassen) ein sog. selbständiges Verordnungsrecht der Exekutive kennt, das diese ermächtigt, in „unwesentlichen Bereichen“ Recht mit gesetzesgleicher Wirkung zu setzen, sofern der parlamentarische Gesetzgeber nicht auch auf diesen Bereich „zugegriffen“ habe (so *Horn* [Fn. 15], 62ff.; *C. Seiler* Der einheitliche Parlamentsvorbehalt, 2000, 185ff.). Hiergegen zuletzt *Möstl* (Fn. 9), § 19 Rn. 6f.; *J. Saurer* Die neueren Theorien zur Normkategorie der Verwaltungsvorschriften, VerwArch 97 (2006), 249 (266ff.).

[117] Hierzu nur den Überblick bei *Möstl* (Fn. 9), § 19 Rn. 9; *Ossenbühl* (Fn. 13), § 100 Rn. 46 mwN.

[118] Hierzu nur *Hill* (Fn. 4), § 34 Rn. 44ff.

[119] So deutlich *H. Hill* Normkonkretisierende Verwaltungsvorschriften, NVwZ 1989, 401 (402); *F. Ossenbühl* Der verfassungsrechtliche Rahmen offener Gesetzgebung und konkretisierender Rechtsetzung, DVBl. 1999, 1 (5f.); *J. Wolf* Die Kompetenz der Verwaltung zur „Normsetzung“ durch Verwaltungsvorschriften, DÖV 1992, 849 (856).

[120] Anders ist es, wenn nur angenommen wird, dass die Bindung der Gerichte an normkonkretisierende Verwaltungsvorschriften bedeute, dass das Gericht die dort zum Ausdruck kommende Wertung der Exekutive zu respektieren habe, weil der Exekutive insoweit ein Beurteilungsspielraum zukomme – mit der Folge, dass „normkonkretisierenden Verwaltungsvorschriften“ nur dann eine derartige „Bindungswirkung“ zukommt, wenn der Verwaltung ein solcher Beurteilungsspielraum gesetzlich eingeräumt wurde, vgl. nur *Müller-Franken* (Fn. 45), 393ff.

b) *Unterscheidung zwischen Rechtsverordnungen und Satzungen und zwischen delegierten Rechtsakten (Art. 290 AEUV) und Durchführungsrechtsakten (Art. 291 Abs. 2 bis 4 AEUV)*

Unabhängig davon lässt sich feststellen, dass auf der Ebene des deutschen Rechts die verschiedenen administrativen Rechtsetzungsformen mit gesetzesgleicher Bindungswirkung anerkanntermaßen unterschiedliche Funktionen haben:[121] Geht es bei der Rechtsverordnung um eine Dekonzentration des Normerlasses, um eine Entlastung des parlamentarischen Gesetzgebers,[122] gewähren Satzungsbefugnisse Autonomie, so dass damit die Rechtsetzung in bestimmten Sachbereichen entstaatlicht und dezentralisiert wird.[123]

Anders ist es auf der EU-Ebene: Hier stehen die beiden Tertiärrechtsformen des Art. 290 und des Art. 291 Abs. 2 AEUV nebeneinander, ohne dass Kriterien bekannt wären, nach denen zu entscheiden ist, wann die Kommission zum Erlass delegierter Rechtsakte und wann zum Erlass von Durchführungsrechtsakten zu ermächtigen ist. Auch die zur Verfügung stehenden „Vertragsmaterialien" lassen völlig offen, warum eigentlich zwei Formen der Tertiärrechtsetzung eingeführt werden sollten – die eine versehen mit Kontroll- und Mitwirkungsbefugnissen des Parlaments und des Rats, die andere versehen mit Beteiligungsbefugnissen der Mitgliedstaaten.[124] Jeder gibt daher den Bestimmungen einen anderen Sinn.[125] So auch ich:

---

[121] Hierzu nur *Hill* (Fn. 4), § 34 Rn. 26; *Möstl* (Fn. 9), § 19 Rn. 8; *ders.* (Fn. 5), 1078; *F. Ossenbühl* Satzung, in: Isensee/Kirchhof (Fn. 13), § 105 Rn. 38f.

[122] Ausführlich hierzu *Saurer* (Fn. 23), 201ff.

[123] Insoweit kann sich jedoch die Frage stellen, ob es sinnvoll ist, Kommunalorgane – zB im Gefahrenabwehrrecht – zum Erlass von Rechtsverordnungen zu ermächtigen, oder ob Rechtsetzungsaufgaben auf kommunaler Ebene nicht generell beim kommunalen Vertretungsorgan gebündelt werden sollten, so dass zB generell von der „Polizeiverordnung" zur „Polizeisatzung" überzugehen wäre; vgl. *E. Schmidt-Aßmann* Die kommunale Rechtsetzung im Gefüge der administrativen Handlungsformen und Rechtsquellen, 1981, 25ff.

[124] Siehe hierzu nur die Analyse der Entstehungsgeschichte von *Hofmann* (Fn. 59), 494ff.

[125] S. die unterschiedlichen Ansätze bei: Mitteilung der Kommission zur Umsetzung von Art. 290 AEUV (KOM[2009] 673 endg.), 3f.; *L. Azoulai* Pour un droit de l'exécution de l'Union européenne, in: Dutheil de la Rochère (Fn. 6), 1 (7f.); *O. Dubos* Les instruments d'exécution au niveau proprement communautaire: l'acte unilatéral et ses déclinaisons, in: Dutheil de la Rochère (Fn. 6), 69 (79); *A. Edenharter* Die Komitologie nach dem Vertrag von Lissabon, DÖV 2011, 645 (649f.); *Härtel* (Fn. 7), § 11 Rn. 52ff.; *Hofmann* (Fn. 59), 494ff.; *König* (Fn. 7), § 2 Rn. 101; *Kröll* (Fn. 59), 200ff.; *Schütze* (Fn. 60), 1416ff.; *Weiß* (Fn. 59), 59f. Teilweise gehen daher diejenigen, die Art. 291 AEUV (auch) als Regelung zur Durchführungsrechtsetzung verstehen,

Ausgehend vom Wortlaut ist Zweck der Ermächtigung zur Rechtsetzungsdelegation nach Art. 290 AEUV die Ergänzung oder Änderung nicht wesentlicher Vorschriften des delegierenden Gesetzgebungsakts. Die Ermächtigung ist daher eindeutig auf den Inhalt des delegierenden Gesetzgebungsakts bezogen, der ohne den delegierten Rechtsakt unvollständig ist und eben durch den delegierten Rechtsakt ergänzt werden muss, um vollzugsfähig zu werden. Zweck der Delegation ist daher, das Europäische Parlament und den Rat von der Regelung von Detailfragen zu entlasten. Daher räumt Art. 290 Abs. 2 AEUV auch allein dem Parlament und dem Rat Mitspracherechte ein.[126] Ohne Bedeutung für den Anwendungsbereich des Art. 290 AEUV ist deshalb auch, ob der delegierende Gesetzgebungsakt von den Mitgliedstaaten oder von der EU-Eigenverwaltung vollzogen werden soll.

Demgegenüber geht es bei den Durchführungsrechtsakten nach Art. 291 Abs. 2 AEUV um die Regelung „allgemeiner Bedingungen" zur Gewährleistung einer einheitlichen Durchführung des EU-Rechts *durch die Mitgliedstaaten* – Durchführungsrechtsakte setzen damit voraus, dass der durchzuführende Rechtsakt von den Mitgliedstaaten vollzogen wird. Dabei soll die Durchführungsrechtsetzung offenbar neben den durchzuführenden Rechtsakt treten, aber erst in Angriff genommen werden, wenn sich die Notwendigkeit „einheitlicher Bedingungen" für die EU-weit einheitliche Durchführung dieses Rechtsakts durch die Mitgliedstaaten zeigt.

Art. 291 AEUV könnte daher dem Umstand Rechnung tragen, dass verbindliche Rechtsakte der Union ungeachtet ihres Konkretisierungsgrades immer der Ergänzung durch mitgliedstaatliches Recht bedürfen, wenn sie von den Mitgliedstaaten vollzogen werden. So müssen die Mitgliedstaaten etwa Regelungen über die Zuständigkeit und das Verfahren i.d.R. auch dann treffen, wenn sie eine EU-Verordnung zu vollziehen haben.[127] Art. 291 *Abs. 1* AEUV spricht diese Pflicht der

---

von einem Wahlrecht des „EU-Gesetzgebers" hinsichtlich der Form abgeleiteter Rechtsetzung aus: *Weiß* (Fn. 59), 60; ebenso zu Art. I-36 und I-37 des Vertrags über eine Verfassung für Europa: *D. N. Triantafyllou*, in: Bourgorgue-Larsen/Levade/Picod (Fn. 59), Art. I-36 Rn. 18; *C. Vedder*, in: Vedder/Heintschel v. Heinegg, Vertrag über eine Verfassung für Europa, 2007, Art. I-37 Rn. 2; *Vogt* (Fn. 58), 333f.

[126] Es bestehen dagegen keine Beteiligungsrechte der Mitgliedstaaten: *Edenharter* (Fn. 125), 647; *C. Möllers/J. v. Achenbach* Die Mitwirkung des Parlaments an der abgeleiteten Rechtsetzung der Europäischen Kommission nach dem Lissabonner Vertrag, EuR 2011, 39 (53f.).

[127] *v. Danwitz* (Fn. 7), B.II Rn. 72; *Dubos* (Fn. 125), 82; *Ritleng* (Fn. 6), 41f.; *S. Hölscheidt* Probleme bei der Durchsetzung des Unionsrechts in den Mitgliedstaaten, DÖV 2009, 341 (343); *König* (Fn. 7), § 2 Rn. 43.

Mitgliedstaaten zum Erlass von „Ausführungsgesetzen“ an. Art. 291 *Abs. 2* AEUV normiert dann die Voraussetzungen, unter denen der Kommission das Recht übertragen werden kann, derartige Regelungen z.B. als „Durchführungsverordnung“ zu vereinheitlichen. Die Übertragung von Befugnissen zur Durchführungsrechtsetzung auf die Kommission ermöglicht daher, schnell auf sich auseinander entwickelnde mitgliedstaatliche Vollzugspraktiken zu reagieren, indem etwa bestimmte Anforderungen an die mitgliedstaatlichen Behördenorganisationen und Verfahrensabläufe aufgestellt werden.[128] Art. 291 AEUV ermöglicht es damit, die harmonisierende Wirkung eines Sekundärrechtsakts durch den Durchführungsrechtsakt bei Bedarf auszuweiten. Der Beteiligung der Mitgliedstaaten am Erlass dieser Durchführungsrechtsakte kommt insoweit eine ähnliche Funktion zu wie der Beteiligung des Bundesrats nach Art. 84 Abs. 1 GG am Erlass von Bundesgesetzen, die die Zuständigkeiten und das Verfahren beim Vollzug von Bundesrecht durch die Länder regeln.[129]

2. *Behördenrecht*

Damit komme ich zu meiner zweiten Kategorie von Rechtsetzungsformen, nämlich dem, was ich als „Behördenrecht“ bezeichne. Hierzu möchte ich insbesondere die Verwaltungsvorschriften und Konzepte, daneben auch die Mitteilungen und Leitlinien der Kommission rechnen. Diesem Behördenrecht kommt keine gesetzesgleiche Bindungswirkung zu, sondern es bindet (auch) die Verwaltung nur eingeschränkt:

---

[128] Dies würde unabhängig davon gelten, ob der durchzuführende Rechtsakt selbst bereits derartige Regelungen enthält oder ob von der Aufnahme solcher Regelungen zunächst abgesehen worden ist. Entgegen der von der Kommission vertretenen Ansicht (Nr. 2.2. der Mitteilung KOM[2009]673 und Nr. 1 der Begründung des Vorschlags für eine Verordnung nach Art. 291 Abs. 3 AEUV [KOM[2010]83]) ist jedenfalls der EU-Gesetzgeber auch im Fall des Art. 291 Abs. 2 AEUV nicht dazu verpflichtet, der Kommission Durchführungsbefugnisse (im Sinne von: Befugnisse zur Durchführungsrechtsetzung) zu übertragen. Wenn die Art. 289 bis 291 AEUV „nur“ eine Normenhierarchie innerhalb des Sekundärrechts begründen sollen, kann aus Art. 291 Abs. 2 AEUV keine primärrechtliche Pflicht folgen, Regelungen über „einheitliche Bedingungen bei der Durchführung“ durch die Mitgliedstaaten iS des Art. 291 Abs. 2 AEUV in Gesetzgebungsakten iS des Art. 289 AEUV zu unterlassen, zumal die Mitgliedstaaten (natürlich) bereits über den Rat im Gesetzgebungsverfahren nach Art. 289 AEUV beteiligt sind; wie hier auch *Hofmann* (Fn. 59), 488.

[129] Zu dieser Parallele (bezogen auf das frühere Komitologieverfahren): *J.-P. Jacqué* Pouvoir législatif et pouvoir exécutif dans l'Union européenne, in: Auby/Dutheil de la Rochère (Hrsg.), Droit Administratif Européen, 2007, 25 (35ff.); *Martini* (Fn. 78), 186f.; *Möllers* (Fn. 3), 504; *Riedel* (Fn. 58), 528f.

Eine Abweichung von seinen Vorgaben ist immer dann gerechtfertigt und geboten, soweit hierfür gute Gründe sprechen. Dies gilt im Grundsatz auch für die Europäische Ebene[130] und auch in der deutschen Diskussion über die Rechtsnatur von Verwaltungsvorschriften sind sich hierin wohl die meisten einig,[131] unabhängig davon, ob Verwaltungsvorschriften als Rechtsnormen mit unmittelbarer Außenwirkung verstanden werden[132] oder ob eine Außenwirkung nur in Verbindung mit der „Umschaltnorm" des Gleichheitssatzes hergestellt wird.[133] Gerade diese weitgehend anerkannte nur eingeschränkte Bindungswirkung

---

[130] Der EuGH hat schon länger anerkannt, dass die förmliche Ankündigung zukünftiger Verwaltungspraxis bei der Ausfüllung der der Kommission zustehenden Ermessens- und Beurteilungsspielräume durch öffentlich bekanntgegebene Mitteilungen eine Bindung der Kommission zur Folge haben kann, so dass sie gegenüber dem Einzelnen unter Berücksichtigung des Gleichheitssatzes des Art. 20 der Grundrechte-Charta und unter Vertrauensschutzaspekten mittelbar Rechte begründen kann: EuGH, Urt. v. 16. 12. 1975 – Rs. 40/73 –, Slg 1975, Rn. 555f. (Suiker Unie); EuGH, Urt. v. 11. 9. 2008 – verb. Rs. C-75, 80/05 –, Slg. 2008, I-6619, Rn. 60f. (Glunz); *H. Adam* Die Mitteilungen der Kommission: Verwaltungsvorschriften des Europäischen Gemeinschaftsrechts?, 1999, 118ff.; *Groß* (Fn. 8), 24; *M. Eekhoff* Die Verbundaufsicht, 2006, 172f.; *Frenz* (Fn. 7), Rn. 1245ff.; *G. Pampel* Rechtsnatur und Rechtswirkungen der Mitteilungen der Kommission im europäischen Wettbewerbsrecht, EuZW 2005, 11 (12); *J. Schwarze* Soft Law im Recht der Europäischen Union, EuR 2011, 3 (7ff.); *J. Sirinelli* Les transfomations du droit administratif par le droit de l'Union européenne, 2011, Rn. 162ff.; *Weiß* (Fn. 59), 76ff. Eine Abweichung im Einzelfall bei sachlicher Rechtfertigung wird hierdurch aber nicht ausgeschlossen: *S. Thomas* Die Bindungswirkung von Mitteilungen, Bekanntmachungen und Leitlinien der EG-Kommission, EuR 2009, 423 (427f.).

[131] Vgl. insoweit *Saurer* (Fn. 116), 259ff.; *ders.* (Fn. 23), 219ff.; für gesetzesgleiche Wirkung jedoch *A. Baars* Rechtsfolgen fehlerhafter Verwaltungsvorschriften, 2010, 115f.; *G. Biaggini* Theorie und Praxis des Verwaltungsrechts im Bundesstaat, 1996, 102ff.; *A. Leisner* Verwaltungsgesetzgebung durch Erlasse, JZ 2002, 219 (230f.); *Remmert* (Fn. 42), 733f.; *Schröder* (Fn. 42), 83ff., 108ff.; *R. Wahl* Verwaltungsvorschriften: Die ungesicherte dritte Kategorie des Rechts, in: Schmidt-Aßmann/Sellner/Hirsch/Kemper/Lehmann-Grube (Fn. 54), 571 (598); wohl auch *Ruffert* (Fn. 85), § 17 Rn. 78.

[132] So etwa *v. Bogdandy* (Fn. 2), 466ff.; *Rogmann* (Fn. 112), 221ff. (mit Einschränkungen); *R. Rudisile* Verwaltungsvorschriften in der Rechtsprechung des Bundesverwaltungs- und Bundesverfassungsgerichts, 1987, 325ff.; *Sauerland* (Fn. 23), 353ff.; *Schenke* (Fn. 40), 361ff.; *Schmidt-Aßmann* (Fn. 85), 493f.; *ders.* (Fn. 50), Kap. 6/88ff.; *K. Vogel* Verwaltungsvorschriften zur Vereinfachung der Sachverhaltsermittlungen und „normkonkretisierende" Verwaltungsvorschriften, in: Becker/Bull/Seewald (Hrsg.), FS Thieme, 1993, 605 (608).

[133] *H.-U. Erichsen* Verwaltungsvorschriften als Steuerungsnormen und Rechtsquellen, in: Drenseck/Seer (Hrsg.), FS Kruse, 2001, 39 (47); *Maurer* (Fn. 23), § 24 Rn. 23; *Möstl* (Fn. 5), 1080; *Müller-Franken* (Fn. 45), 361; im Grundsatz auch *F. Ossenbühl* Die Verwaltungsvorschriften in der verwaltungsgerichtlichen Praxis, AöR 92 (1967), 1 (20); *ders.* (Fn. 112), 542ff.; *ders.* (Fn. 119), 5.

auch von Verwaltungsvorschriften wirft aber die Frage auf, ob die ganze Diskussion zur Rechtsnatur von Verwaltungsvorschriften den richtigen Vergleichsmaßstab wählt. Verwaltungsvorschriften werden i.d.R. mit Rechtsverordnungen verglichen. Besser lassen sich ihre besonderen Bindungswirkungen jedoch verdeutlichen, wenn sie dem Richterrecht gegenüber gestellt werden.[134] Dies soll mit dem Begriff „Behördenrecht" ausgedrückt werden. Mit Richterrecht meine ich hier die Spruchpraxis insbesondere der Fachgerichtsbarkeit zur Auslegung und Fortbildung des bestehenden Gesetzesrechts. Insoweit deckt sich mein Begriff des Richterrechts wohl mit dem, was *Marion Albers* heute Morgen als „Rechtsprechungsrecht" bezeichnet hat.

a) Verwaltungspraxis, Verwaltungsvorschriften und Konzepte

Der Ausgangspunkt meiner Überlegungen ist Folgender: Verwaltungsentscheidungen sind nur selten Einzelfallentscheidungen in dem Sinne, dass eine derartige Entscheidung nur einmal zu treffen ist. Wird an eine Behörde ein Anliegen herangetragen, wird sie auf einen Missstand aufmerksam, muss sie selbstverständlich berücksichtigen, dass nicht nur diese Entscheidung zu treffen ist, sondern in Zukunft vergleichbare Fälle auf sie zukommen werden. Und dies unabhängig davon, wie konkret die gesetzlichen Vorgaben sind und ob Verwaltungsvorschriften vorliegen oder nicht. Schon der berühmte erste Fall ist daher auch innerhalb bestehender Entscheidungsspielräume nicht willkürlich, sondern kontextabhängig zu entscheiden. Denn die Entscheidung über den ersten Fall beinhaltet im Rechtsstaat immer auch die Entscheidung, in Zukunft gleichartige Fälle gleich zu behandeln.[135] Das ist das, was den Gedanken der Selbstbindung der Verwaltung ausmacht, ein Gedanke der unabhängig von der Frage der Rechtsnatur von Verwaltungsvorschriften besteht.[136]

Und ist es nicht dieser Gedanke, der auch möglich macht, dass sich trotz fehlender strikter Präjudizienbindung auf deutscher und europäischer Ebene ständige Rechtsprechung entwickelt, auf deren Bestand

---

[134] So deutlich auch *T. M. J. Möllers* Sekundäre Rechtsquellen, in: Bauer/Kort/Möllers/Sandmann (Hrsg.), FS Buchner, 2009, 649 (654ff.); ähnlich *Arndt* (Fn. 11), 162ff.; im Ansatz auch *Schmidt* (Fn. 24), 119, 147f.

[135] Grundlegend *Schmidt* (Fn. 24), 129f.; zustimmend etwa *Scheuing* (Fn. 54), 157.

[136] Dies zeigt deutlich die Rechtsprechung zur konkludenten Widmung von öffentlichen Einrichtungen, eine Rechtsprechung, die einen Nutzungsanspruch an einer öffentlichen Einrichtung allein aus einer bestimmten Verwaltungsübung – einem Verwaltungsgebrauch – ableitet und somit eine Selbstbindung der Verwaltung allein aus vorangegangenem Tun herleitet, näher *U. Stelkens* (Fn. 56), § 35 Rn. 325.

man grundsätzlich auch vertrauen kann?[137] Die Bindungswirkung des Richterrechts ist allerdings weniger stark als die des Behördenrechts: Die richterliche Unabhängigkeit verhindert, dass den Bürgern ein strikter Anspruch auf Gleichbehandlung entsprechend ständiger Rechtsprechung erwächst.[138] Gegenüber der Verwaltung hat der Bürger dagegen einen Anspruch auf Gleichbehandlung, wenn auch kein Recht auf Fehlerwiederholung.[139]

Nun kann sich aber an der Art der Bindungswirkung nicht schon deshalb etwas ändern, weil das Programm, das die Behörde ihren Entscheidungen zu Grunde legen will, nicht nur im Kopf der Entscheider vorhanden, sondern in einem abstrakt-generellen Regelwerk – als Verwaltungsvorschrift oder Konzept – verschriftlicht wird.[140] Zwar wird hierdurch das Programm, das die Behörde ihren Entscheidungen zu Grunde legen will, transparent. Der Bürger wird dementsprechend sein Verhalten vernünftigerweise hieran ausrichten, um Nachteile zu vermeiden, was von der Behörde durchaus auch intendiert sein kann.[141] Dennoch kann ein solches Regelwerk auch dann nicht mehr begründen als die Erwartung, nach dessen Vorgaben behandelt zu werden, eben weil auf Grund seiner Transparenz Ungleichbehandlungen erkennbar

---

[137] Vgl. nur *K. Larenz/C. W. Canaris* Methodenlehre der Rechtswissenschaft, 3. Aufl. 1995, 252ff.; *F. Ossenbühl* Rechtsquellen und Rechtsbindungen der Verwaltung, in: Erichsen/Ehlers (Hrsg.), Allgemeines Verwaltungsrecht, 12. Aufl. 2002, § 6 Rn. 80. Dementsprechend wurden bis zur Mitte des 20. Jahrhunderts „Verwaltungsgebrauch" und „Gerichtsgebrauch", womit das Richterrecht gemeint war, in ihren Wirkungen gleichgesetzt, wobei diese einheitlichen Wirkungen allerdings unterschiedlich beschrieben wurden: *J. Hatschek* Konventionalregeln oder über die Grenzen der naturwissenschaftlichen Begriffsbildung im öffentlichen Recht, JöR III (1909), 1 (27); *J. Hatschek/P. Kurtzig* Lehrbuch des deutschen und preußischen Verwaltungsrechts, 7./8. Aufl. 1931, 58f.; *K. Humbs* Das Gewohnheitsrecht als Rechtsquelle des Staats- und Verwaltungsrechts, 1948, 68; *A. Merkl* Allgemeines Verwaltungsrecht, 1927, 107f.

[138] So jedenfalls die Auffassung des BVerfG: BVerfG, Beschl. v. 26. 4. 1988 – 1 BvR 669, 686, 687/87 –, BVerfGE 78, 123 (126); BVerfG, Beschl. v. 19. 3. 1991 – 2 BvR 902/85 –, BVerfGE 83, 216 (227f.); BVerfG, Beschl. v. 3. 11. 1992 – 1 BvR 1243/88 –, BVerfGE 87, 273 (278); für abweichende Begründungen einer Präjudizienwirkung s. die Nachweise bei *Schenke* (Fn. 40), 66f.

[139] Zu diesem Aspekt zuletzt *Müller-Franken* (Fn. 45), 90ff.

[140] Vgl. *W. Leisner* Verwaltungsvorschriften als „Nebengesetze im Steuerrecht, 1982, 37f.; *Seibert* (Fn. 54), 540f. Im Grundsatz ebenso, hieraus nur einen anderen Schluss ziehend (dass Verwaltungsvorschriften unmittelbar wirken): *Wahl* (Fn. 131), 587.

[141] Deshalb werden Verwaltungsvorschriften teilweise dem Soft Law zugerechnet: *Knauff* (Fn. 11), 353ff.; vgl. auch *M. Schröder* Stand der Dogmatik der Verwaltungsvorschriften, in: Hill (Hrsg.), Verwaltungsvorschriften, 1991, 1 (18).

werden. Die Berufung auf die Umschaltnorm des Gleichheitssatzes erscheint daher nicht als „gekünstelter Umweg“[142] zur Begründung einer gewünschten Außenwirkung, sondern als der besonderen Form der Bindungswirkung insbesondere von Verwaltungsvorschriften besonders gerecht werdende Konstruktion: Denn Verwaltungsvorschriften sind aus sich heraus noch nicht einmal für den Vorschriftengeber selbst bindend. Es ist weitgehend anerkannt, dass sie rechtmäßigerweise durch Einzelweisungen des Vorschriftengebers durchbrochen werden können.[143] Ist dies zutreffend[144] – wie sollte sich dann eine unmittelbare Bindungswirkung für den Bürger oder die Gerichte erklären lassen?

Vor diesem Hintergrund ist dann auch der vom BVerwG hervorgehobene Grundsatz überzeugend, dass Verwaltungsvorschriften in der Regel nicht wie Gesetze auszulegen und anzuwenden sind, sie also keiner richterlichen Interpretation unterliegen, letztlich also subsumtionsuntauglich sind.[145] Auch dies haben Verwaltungsvorschriften mit dem Richterrecht gemein: *Christoph Schönberger* hat ja schon heute Morgen darauf hingewiesen, dass auch die in Gerichtsentscheidungen formulierten Aussagen kontextabhängig, bezogen auf den zu entscheidenden Fall zu verstehen sind und es zumeist verfehlt ist, unter einzelne Passagen der Entscheidungsbegründung wie unter ein Gesetz zu subsumieren. Entsprechendes gilt für das wechselseitige Verhältnis der Verwaltungspraxis und der sie steuernden Verwaltungsvorschrift: In der Verwaltungsvorschrift kommt auch die Erwartung des Vorschriftengebers zum Ausdruck, welche Fälle in Zukunft zu entscheiden sein werden. Insoweit wandelt sich vor dem Hintergrund des tatsächlich auftretenden Fallmaterials dann auch die Bedeutung der Vorschrift. Deshalb ist es richtig, bei Anwendung des Gleichheitssatzes mit zunehmendem Zeitablauf nicht mehr an dem Wortlaut der Verwaltungsvorschrift zu haften, sondern an ihrer tatsächlichen Umsetzung in der Praxis[146] – so wie es eben auch für das Verständnis des Richterrechts nicht darauf ankommt, wie die Obersätze der einzelnen Urteile formuliert sind, son-

---

[142] So *K. Vogel* Gesetzgebung und Verwaltung, VVDStRL 24 (1966), 125 (162f.); *ders.* (Fn. 132), 608.

[143] Hierzu ausführlich *Sauerland* (Fn. 23), 138ff.; *Schröder* (Fn. 42), 81f.

[144] Krit. *Baars* (Fn. 131), 147f.; *Ossenbühl* (Fn. 112), 471f.

[145] BVerwG, Urt. v. 26. 4. 1979 - 3 C 111/79 –, BVerwGE 58, 45 (51f.); zu Recht weist *Pietzcker* ([Fn. 45], 2090) darauf hin, dass Verwaltungsvorschriften vielfach auch in ihrer Systematik und Diktion gar nicht auf eine „Subsumtionstauglichkeit“ hin ausgerichtet sind. Ausführlich zu den hieraus folgenden Besonderheiten des methodischen Umgangs mit Verwaltungsvorschriften: *A. Guckelberger* Zum Methodischen Umgang mit Verwaltungsvorschriften, Die Verwaltung 35 (2002), 61 (73ff.).

[146] Deutlich *Guckelberger* (Fn. 145), 80ff.

dern in welchen Konstellationen die Gerichte auf Grundlage dieses Obersatzes zu welcher Entscheidung gekommen sind. Verwaltungsvorschrift und Verwaltungspraxis formen somit gemeinsam dasjenige, an das sich die Behörde selbst gebunden hat.[147]

Nur ergänzend ist anzumerken, dass die Annahme einer unmittelbaren, letztlich gesetzesgleichen Bindungswirkung von Verwaltungsvorschriften und Konzepten auch nicht notwendig ist, um die Verwaltung in Stand zu setzen, dem erwähnten rechtsstaatlichen Verrechtssatzlichungsgebot gerecht zu werden.[148] Diese Pflicht der Verwaltung, bei ungenügender parlaments-gesetzlicher Steuerung Konzepte und Programme zu entwickeln, bevor sie in den Einzelfallvollzug eintritt, verlangt nicht, dass derartigen Regelwerken gesetzesgleiche Bindungswirkung zukommen muss:[149] Die Ziele des Verrechtssatzlichungsgebots, Einzelfallentscheidungen vorhersehbar zu machen und die Gleichbehandlung vergleichbarer Fälle sicherzustellen, können auch bei einer nur mittelbaren, richterrechtsähnlichen Bindung der in Erfüllung dieses Gebots erlassenen Regelwerke erreicht werden.

b) Intersubjektive Empfehlungen (insbesondere: Mitteilungen und Leitlinien der Kommission)

Vergleicht man die Verwaltungsvorschriften mit Richterrecht, stellt sich auch die Frage neu, inwieweit eine Behörde durch Erlass abstrakt-genereller Regelwerke auf die Verwaltungstätigkeit anderer Behörden einwirken kann und darf. Insoweit ist für den Erlass intersubjektiver Verwaltungsvorschriften, also von Verwaltungsvorschriften, die nicht nur für die eigenen Behörden des erlassenden Organs, sondern auch für die Bediensteten anderer Verwaltungsträger gelten sollen,[150] unstreitig eine gesetzliche Grundlage erforderlich,[151] wenn eben eine förmliche Bindung der Bediensteten fremder Verwaltungsträger eintreten soll.[152] Schließt aber das Fehlen derartiger Ermächtigungen auch den Erlass „intersubjektiver Empfehlungen" aus, also von Hinweisen darauf, wie

---

147 Ähnlich (mit stärkerer Betonung der Verwaltungsvorschrift gegenüber der Verwaltungspraxis) *Möstl* (Fn. 9), § 20 Rn. 21; *Seibert* (Fn. 54), 542 ff.

148 So aber zB die Kritik von *H. H. Rupp* (Grundfragen der heutigen Verwaltungsrechtslehre, 2. Aufl. 1991, 119 ff., 130 f.), der hieraus auf die Notwendigkeit der Anerkennung eines Totalvorbehalts des Parlamentsgesetzes schließt.

149 Vgl. auch *Gößwein* (Fn. 68), 46.

150 Zum Begriff nur *Ossenbühl* (Fn. 103), § 104 Rn. 35.

151 *Müller-Franken* (Fn. 45), 361; *Ossenbühl* (Fn. 103), § 104 Rn. 77; *Remmert* (Fn. 42), 729.

152 *Möstl* (Fn. 9), § 20 Rn. 18.

die empfehlende Behörde bestimmte Gesetze interpretiert, die von einer anderen Behörde zu vollziehen sind?

Sinn machen derartige Empfehlungen wohl nur als Koordinierungs- oder Rechtsaufsichtsinstrumente, nämlich als Ratgeber an die zu koordinierenden oder beaufsichtigten Stellen, wie sie das geltende Recht anzuwenden haben, verbunden mit der latenten „Drohung", bei Nichtbeachtung der niedergelegten Grundsätze einzuschreiten. Ähnlich wie an das Richterrecht wären die betroffenen Behörden an derartige Empfehlungen nicht rechtlich gebunden, jedoch gut beraten, ihnen zu folgen, wenn Aufsichtsmaßnahmen vermieden werden sollen.

Diese Frage ist bisher vornehmlich für die EU-Ebene diskutiert worden[153] und zwar in Zusammenhang mit Auslegungsmitteilungen der Kommission, in denen diese ihre Rechtsansicht zu bestimmten Fragen des EU-Rechts darlegt, das die Mitgliedstaaten zu vollziehen haben. Insoweit ist weitgehend unstreitig, dass die in einer solchen Mitteilung geäußerten Rechtsansichten für mitgliedstaatliche Behörden „an sich" unverbindlich sind.[154] Dennoch entfalten sie eine faktische Bindungswirkung: Die Mitgliedstaaten werden ihr Verhalten an einer solchen Mitteilung oft ausrichten – nicht nur, um Vertragsverletzungsverfahren zu vermeiden,[155] sondern auch oft schlicht deshalb, weil es sich um die einzige Literatur handelt, die eine bestimmte EU-rechtliche Frage näher erläutert.[156]

---

153 Siehe aber für „Leitfäden" der Bundesnetzagentur im Energiebereich: *C. Kermel/ B. Hofmann* Die „Leitfadenkultur" in der Energiewirtschaft, KSzW 2011, 310 (314).

154 Anders bei Vorliegen einer sekundärrechtlichen Ermächtigungsgrundlage nur *Groß* (Fn. 8), 25.

155 *Eekhoff* (Fn. 130), 174ff.; *M. Knauff/R. Schwensfeier* Kein Rechtsschutz gegen Steuerung mittels „amtlicher Erläuterung", EuZW 2010, 611 (612); *S. Lefevre* Interpretative communications and the implementation of Community Law at national level, ELRev. 29 (2004), 808 (810); *Siegel* (Fn. 58), 256f. An einer öffentlichen Verlautbarung einer Rechtsansicht bzw. an einer Zusammenstellung der Rspr. des EuGH in Form einer Mitteilung/Empfehlung muss sich das erlassende Organ jedoch nicht festhalten lassen. Eine Selbstbindung besteht nicht. So kann die Kommission in einem Vertragsverletzungsverfahren nach Art. 258 AEUV eine Handlung eines Mitgliedstaates rügen, die der in einer Kommissionsmitteilung vertretenen Rechtsansicht entspricht: *Frenz* (Fn. 7), Rn. 1500, 1573; die aA für „denkbar" haltend *A. Hatje* Die gemeinschaftsrechtliche Steuerung der Wirtschaftsverwaltung, 1998, 159.

156 *Lefevre* (Fn. 155), 810ff.; *Sirinelli* ([Fn. 130], Rn. 133ff.) bezeichnet die Erläuterungsfunktion der Mitteilungen daher nicht ganz zu Unrecht auch als *„éxecution doctrinale"* des EU-Rechts. Insoweit erscheint es als konsequent, wenn die Mitgliedstaaten nach Auffassung des EuGH die in Mitteilungen uä geäußerten Rechtsansichten der Kommission zur Kenntnis nehmen und sich mit ihnen auseinandersetzen müssen: Vgl. zB EuGH, Urt. v. 13. 12. 1989 – Rs. C-322/88 –, Slg. 1989, 4407, Rn. 18 (Grimaldi); EuGH, Urt. v. 11. 9. 2003 – Rs. C-207/01 –, Slg. 2003, I-8874, Rn. 41 (Altair

Damit übernehmen die Mitteilungen und Leitlinien der Kommission gegenüber den Mitgliedstaaten die Funktion von intersubjektiven Verwaltungsvorschriften,[157] ohne die Mitgliedstaaten – und schon gar nicht den Bürger – unmittelbar zu binden. Sie werden deshalb zu Recht dem Soft Law zugerechnet.[158] Dennoch wurde gefragt, ob der Erlass derartiger Mitteilungen gegen das Prinzip der begrenzten Einzelermächtigung verstößt, da sie eben faktisch ähnliche Wirkungen erzielen wie förmliche Rechtsetzungsakte.[159] Mit einer derartigen Argumentation hatte die Bundesrepublik etwa beim EuGH Klage gegen eine Mitteilung der Kommission[160] erhoben, die den Mitgliedstaaten die aus dem Primärrecht folgenden vergaberechtlichen Pflichten erläutern sollte. Die Argumentation der Bundesregierung war dabei schon etwas seltsam: Sie lief letztlich darauf hinaus, ein mitgliedstaatliches Recht auf Nichtwissen der Rechtsauffassung der Kommission zu konstruieren, um so die Mitgliedstaaten davor zu bewahren, dass ihre Behörden aus dem bestehenden EU-Recht zu weitreichende Schlüsse ziehen. Der Klage sollte wohl eine „Maulkorbfunktion" zukommen: Sie sollte der Kommission nahelegen, nicht unabhängig von einem konkreten Vertragsverletzungsverfahren ihre Ansicht über die richtige Auslegung des EU-Rechts kund zu tun. Dies steht in Widerspruch dazu, dass die Mitgliedstaaten in anderen Fällen – insbesondere im Agrar- und Beihilferecht – die Kommission um Auslegungshinweise regelrecht bitten, um Rechtssicherheit zu erlangen.[161] Ganz generell ist nicht zu erkennen,

---

Chimica); ferner OVG Lüneburg, Urt. v. 5. 7. 2011 – 10 LB 172/10 –, DVBl. 2011, 1232 (1233); *T. v. Danwitz* Europäisches Verwaltungsrecht, 2008, 193; *E. Korkea-Aho* EU Soft Law in Domestic Legal Systems: Flexibility and Diversity Guaranteed?, MJ 3 (2009), 271 (277); *Thomas* (Fn. 130), 435; hiergegen *B. Herz* Die Kommissionsmitteilung zum Unterschwellenvergaberecht im Lichte der Rechtsprechung, EWS 2010, 261 (262).

[157] *Adam* (Fn. 130), 10 und 126ff.; *Groß* (Fn. 8), 26; *Härtel* (Fn. 7), § 13 Rn. 20ff.; *Hatje* (Fn. 155), 158ff.; *Henke* (Fn. 114), 283ff.; *Weiß* (Fn. 59), 74; ähnl. *Lefevre* (Fn. 155), 819ff.

[158] *Biaggini* (Fn. 131), 107; *W. Kahl* Der Europäische Verwaltungsverbund: Strukturen – Typen – Phänomene, Der Staat 50 (2011), 353 (373); *Knauff* (Fn. 11), 323ff.; *Möstl* (Fn. 5), 1082; *Senden* (Fn. 8), 143ff. und 220; *Sirinelli* (Fn. 130), Rn. 160ff.

[159] Siehe für das Zollrecht etwa *Henke* (Fn. 114), 287f.; allgemein *Senden* (Fn. 8), 312ff.; gegen derartige Überlegungen *Knauff* (Fn. 11), 402ff.

[160] Mitteilung der Kommission zu Auslegungsfragen in Bezug auf das Gemeinschaftsrecht, das für die Vergabe öffentlicher Aufträge gilt, die nicht oder nur teilweise unter die Vergaberichtlinien fallen (Amtsbl. C 170/02 v. 1. 8. 2006).

[161] Siehe zu diesem Phänomen *Härtel* (Fn. 7), § 13 Rn. 34; *U. Stelkens* Die Haftung zwischen Bund und Ländern, in: Härtel (Hrsg.), Handbuch Föderalismus – Band 2, 2012, § 42 Rn. 37 mwN.

worin das Schutzbedürfnis der Mitgliedstaaten bestehen soll, vor nicht bindenden Auslegungshinweisen der Kommission bewahrt zu werden.

Der EuGH[162] kommt jedoch der Forderung nach gerichtlicher Kontrolle der inhaltlichen „Richtigkeit" öffentlich publizierter Rechtsansichten nach. Da die Nichtigkeitsklage nach Art. 263 AEUV Rechtsschutz nur gegen rechtsverbindliche „Handlungen" der EU-Organe gewährt, muss allerdings „getrickst" werden:[163] Soweit in Mitteilungen zutreffende Rechtsansichten geäußert werden, seien sie „unverbindlich", da sie nur das bestehende Recht wiedergeben. Werde der Inhalt des EU-Rechts jedoch unzutreffend „mitgeteilt", sei dies eine Anmaßung von Rechtsetzungskompetenzen und so gesetztes „Recht" mit der Nichtigkeitsklage anfechtbar. Die Zulässigkeit derartiger Nichtigkeitsklagen indiziert folglich auch deren Begründetheit.[164] Damit wird eine (fristgebundene) Klagemöglichkeit auf Feststellung inhaltlicher Richtigkeit offiziell verlautbarter Rechtsansichten der Kommission konstruiert.[165] Zum Schutz der Mitgliedstaaten notwendig erscheint mir eine solche Klagemöglichkeit indes nicht.

---

[162] EuGH, Urt. v. 9. 10. 1990 – Rs. C-366/88 –, Slg. 1990, 3571, Rn. 8ff. (Frankreich ./. Kommission); EuGH, Urt. v. 13. 11. 1991 – Rs. C-303/90 –, Slg. 1991, I-5315, Rn. 7ff. (Frankreich ./. Kommission); EuGH, Urt. v. 16. 6. 1993 – C-325/91 –, Slg. 1993, I-3283, Rn. 8ff. (Frankreich ./. Kommission); EuGH, Urt. v. 20. 3. 1997 – Rs. C-57/95 –, Slg. 1997, 1627, Rn. 6ff. (Frankreich ./. Kommission); EuG, Urt. v. 20. 5. 2010 – Rs. T-258/06 –, NZBau 2010, 510, Rn. 24ff. (Deutschland ./. Kommission). Zur zuletzt genannten Entscheidung: *T. André* Quod erat illustrandum: Die interpretative Konkretisierung primärrechtlich fundierter Vergabeverfahrensstandards auf dem unionsgerichtlichen Prüfstand, NZBau 2010, 611ff.; *C. Braun* Anmerkung zu EuG, Urt. v. 2. 5. 2010 – T-258/02 –, VergabeR 2010, 614ff.; *Herz* (Fn. 156), 261ff.; *Knauff/Schwensfeier* (Fn. 155), 611ff.

[163] Hierzu *Adam* (Fn. 130), 143ff.; *Härtel* (Fn. 7), § 13 Rn. 42ff.; *Knauff/Schwensfeier* (Fn. 155), 613; *Korkea-Aho* (Fn. 156), 278; *Siegel* (Fn. 58), 257f.; *ders.* (Fn. 8), 620. Zur Vorbildwirkung des französischen Verwaltungsprozessrechts in diesem Zusammenhang: *J. Gundel* Rechtsschutz gegen Kommissions-Mitteilungen zur Auslegung des Gemeinschaftsrechts, EuR 1998, 90 (96ff.); *Lefevre* (Fn. 155), 815.

[164] EuGH, Urt. v. 9. 10. 1990 – Rs. C-366/88 –, Slg. 1990, 3571, Rn. 12, 23f.

[165] Wegen Art. 277 AEUV werden diese Mitteilungen mit Ablauf der Klagefrist des Art. 263 Abs. 5 AEUV auch nicht materiell bestandskräftig (so bereits *Gundel* [Fn. 163], 101f., der für eine analoge Anwendung des [anders als Art. 277 AEUV] nur „Verordnungen" nennenden ex-Art. 241 EGV plädiert hatte). Bedenklich ist es daher, wenn *Senden* ([Fn. 8], 268ff.) hieraus auch materiell-rechtliche Rechtsfolgen zieht. Für eine Erweiterung der Rechtsschutzmöglichkeiten *J. Scott* In Legal Limbo, Post-Legislative Guidance as a Challenge for European Administrative Law, CML Rev 48 (2011), 329 (337ff.).

V. Schlussbemerkungen

Wenn ich zum Schluss das Hauptanliegen des Vortrags zusammenfassen darf: Mir ging es vor allem darum, das Phänomen und die Bedeutung administrativer Rechtsetzung aus dem Kontext der Gewaltenteilungsdiskussion, aus der Diskussion über das Verhältnis zwischen parlamentarischer Gesetzgebung und Verwaltung und den hiermit verbundenen Ableitungen aus dem Demokratieprinzip herauszulösen, um so das Phänomen administrativer Rechtsetzung einmal vornehmlich aus der rechtsstaatlichen Perspektive zu betrachten. Damit sollten die Grundunterschiede zwischen administrativer Rechtsetzung und administrativem Einzelfallvollzug herausgearbeitet werden, wobei ich auf die Auswirkungen für die Auslegung der Verwaltungskompetenzen und für die Frage nach der Gebotenheit der Entwicklung eines Verfahrensrechts administrativer Normsetzung hingewiesen habe.[166] Hoffentlich ist dabei deutlich geworden, dass diese rechtsstaatliche Betrachtungsweise einen mehr demokratietheoretischen, vom Partizipationsgedanken getragenen Zugang zum Thema insbesondere in Zusammenhang mit administrativen Normsetzungsverfahren nicht ausschließt und nicht ausschließen will. Mir ging es nur darum, insoweit die Argumentationsstränge deutlich voneinander zu trennen.

Die Einbeziehung der europäischen Ebene hat schließlich gezeigt, dass die Betrachtung administrativer Normsetzung auch als rechtsstaatliches Phänomen – gerade weil sie unabhängig von Gewaltenteilungserwägungen besteht – auch auf die EU-Ebene passt. Sie kann insoweit zum Verständnis insbesondere der sehr undeutlichen Art. 290 und Art. 291 AEUV, aber auch des Mitteilungs- und Leitlinienwesens der Kommission beitragen.

---

[166] Weitere Bedeutung könnte dieser Unterscheidung etwa bei der Frage zukommen, ob die auf Einzelfallentscheidungen zugeschnittene Ermessenslehre auch auf die administrative Rechtsetzung übertragen werden kann; dies wegen der Funktionsunterschiede von abstrakt-genereller Rechtsetzung und Einzelfallentscheidung ablehnend *v. Danwitz* (Fn. 43), 38f. und 171ff.; Zweifel wegen der Unterschiede bei *Möstl* (Fn. 9), § 19 Rn. 30, 32.

Leitsätze des 1. Referenten über:

Rechtsetzungen der europäischen und nationalen Verwaltungen

I. Begriffsklärungen

(1) Zur Rechtsetzung durch die Verwaltungen wird hier auch die gubernative Rechtsetzung durch die Bundes- und Landesregierungen und die Europäische Kommission gezählt und damit alles, was nicht parlamentarische Rechtsetzung, Richterrecht und Rechtsetzung durch Private ist. Dies passt seit der durch den Vertrag von Lissabon begründeten Unterscheidung zwischen Gesetzgebungsakten (Art. 289 AEUV) und dem gem. Art. 290, Art. 291 Abs. 2 AEUV erlassenen Tertiärrecht (delegierte Rechtsakte und Durchführungsrechtsakte) auch auf die EU-Ebene.

(2) Unter Rechtsetzung soll das Aufstellen allgemeiner, d. h. abstrakt-generell formulierter Regelwerke verstanden werden, ungeachtet dessen, ob diese Regelwerke für die Verwaltung, den Bürger und die Gerichte bindend sind und wie sich eine solche Bindungswirkung darstellt.

II. Administrative Rechtsetzung als rechtsstaatliche Errungenschaft

(3) These 1: Dem Rechtsgrund der Unterscheidung zwischen allgemeiner Norm und Einzelakt kommt für die Frage nach den Voraussetzungen und Bindungen administrativer Rechtsetzungen wesentliche Bedeutung zu: Hiervon hängt die Relevanz dieser Unterscheidung für das Recht der Europäischen Union ab und die Frage, ob sich administrative Rechtsetzung und Einzelfallvollzug als Verwaltungstätigkeit kategorisch unterscheiden oder ob Gemeinsamkeiten bestehen, so dass sich für den Einzelfallvollzug anerkannte rechtsstaatliche Erfordernisse – insbesondere Verfahrenserfordernisse – auf die administrative Rechtsetzung übertragen lassen.

1. Rechtsgrund und Funktion der Unterscheidung zwischen Rechtsetzung und Einzelakt

(4) These 2: Die Debatten um die Bedeutung der Abgrenzung zwischen allgemeiner Norm und Einzelakt standen oft mit Gewaltenteilungsfragen in Zusammenhang. Hiervon ist die eigentliche rechtsstaatliche Funktion der Bindung der im Einzelfall entscheidenden Verwaltung an zuvor erlassene allgemeine Rechtssätze zu unterscheiden, die in Rudolf v. Jherings Beschreibung der „Entwicklung des staatlichen Imperativs" (Der Zweck im Recht I, 3. Aufl. 1893, S. 329ff.) besonders deutlich wird.

(5) These 3: Die Rechtsprechung des EGMR zum Gesetzesbegriff der EMRK zeigt die Aktualität des dem Konzept Jherings entsprechenden Verständnisses des Rechtsgrundes der Unterscheidung von abstrakt-generellem Rechtssatz und Einzelfallentscheidung.

(6) Die rechtsstaatliche Bedeutung der Unterscheidung gerade zwischen administrativer Rechtsetzung und Einzelfallentscheidung lässt sich nicht mit einem Verweis auf das französische Recht in Frage stellen. Auch wenn das französische Recht beide Handlungsformen als „acte administratif" verwaltungsprozessual gleich behandelt, wird materiellrechtlich deutlich zwischen „actes administratifs réglementaires" und „actes administratifs individuels" unterschieden.

(7) These 4: Obwohl Art. 263 AEUV weitgehend einheitliche Zulässigkeits- und Begründetheitsvoraussetzungen für Klagen gegen alle Rechtsakte der EU vorsieht – unabhängig davon, ob sie abstrakt-genereller oder individueller Natur sind –, ist unstreitig, dass Einzelfallentscheidungen der EU-Eigenverwaltung den abstrakt-generellen Vorgaben einer EU-Verordnung i. S. des Art. 288 Abs. 2 AEUV genügen müssen. Selbst wenn die Europäische Handlungsformenlehre jenseits des Gewaltenteilungsschemas zu entwickeln wäre, ist hierfür die Unterscheidung zwischen abstrakt-genereller Regelung und ihrer Anwendung im Einzelfall ein Schlüsselelement.

(8) These 5: Die Annahme der rechtsstaatlichen Gebotenheit einer Gliederung des staatlichen Rechtsbildungsprozesses in der Form, dass zunächst abstrakt-generell Kriterien festgelegt und verkündet werden, nach denen nachfolgende Einzelfallentscheidungen zu treffen sind, setzt die – rechtstheoretisch überwundene – Trennung von Rechtserzeugung und Rechtsanwendung nicht voraus. Gerade wenn sich auch in einer Einzelfallentscheidung Rechtserzeugung manifestiert, ist es geboten, durch Statuierung abstrakt-genereller Rechtssätze die im Einzelfallvollzug erwartbaren Ergebnisse vorhersehbar zu machen.

2. *Gebot administrativer Rechtsetzung*

(9) These 6: Das rechtsstaatliche Gebot der Bindung der Einzelfallentscheidungen der Verwaltung an abstrakt-generelle Rechtssätze setzt eine Pflicht der Verwaltung zum programmgeleiteten Handeln voraus. Hieraus kann sich eine Pflicht zur administrativen Rechtsetzung ergeben (Verrechtssatzlichungsgebot), wenn es an Parlamentsgesetzen fehlt oder sich diese auf Generalklauseln oder schlichte Zielvorgaben beschränken. Dies zeigt die anerkannte Pflicht zum Erlass von Subventionsrichtlinien bei Subventionsvergabe nur auf Grundlage von Haushaltsansätzen und die neuere Vorstellung von administrativen Konzeptpflichten, wenn nur lose tatbestandlich eingegrenzte parlaments-gesetzliche Eingriffsermächtigungen vorliegen.

III. *Folgerungen aus den unterschiedlichen Funktionen von administrativer Rechtsetzung und administrativem Einzelfallvollzug*

1. *Rechtsetzungskompetenzen als Vollzugskompetenzen?*

(10) These 7: Es ist strikt zwischen gesetzlichen Ermächtigungen zur administrativen Rechtsetzung und Ermächtigungen zum administrativen Einzelfallvollzug zu unterscheiden. Als Auslegungsregel folgt hieraus, dass im Zweifel nicht anzunehmen ist, dass dieselbe Rechtsgrundlage die Verwaltung sowohl zur Rechtsetzung wie zu Einzelfallentscheidungen ermächtigt.

(11) Im deutschen Polizeirecht kommt dieser Grundsatz schon in der traditionellen Unterscheidung zwischen der Ermächtigung zum Erlass von Polizeiverordnungen und der Ermächtigung zum Erlass von Polizeiverfügungen zum Ausdruck.

(12) Nach herrschender Auffassung können die „Durchführungsbefugnisse" der Kommission i. S. des Art. 291 Abs. 2 AEUV dagegen sowohl darin bestehen, das Unionsrecht selbst im Wege des administrativen Einzelfallvollzugs zu vollziehen, als auch darin, durch Durchführungsrechtsetzung auf den einheitlichen Vollzug durch die Mitgliedstaaten einzuwirken.

(13) These 8: Ein solches doppeldeutiges Verständnis des Art. 291 AEUV ist abzulehnen. Art. 291 AEUV kann nur entweder als Norm verstanden werden, die Fragen der Durchführungsrechtsetzung regelt, oder als Norm, die sich mit dem Einzelfallvollzug des EU-Rechts befasst. Aus systematischen und historischen Gründen sind unter „Durchführungsbefugnissen" i. S. des Art. 291 Abs. 2 AEUV nur Durchführungsrechtsetzungskompetenzen zu verstehen.

2. Rechtsetzungsverfahren als Verwaltungsverfahren?

(14) These 9: Es ist folgerichtig, wenn für die raumbezogene Planung in Form von Rechtsverordnungen und Satzungen wegen ihres besonderen rechtlichen Inhalts Verfahrensanforderungen anerkannt werden, die denen angenähert sind, die für die raumbezogene Planung durch Verwaltungsakt gelten. Hieraus kann jedoch nicht geschlossen werden, dieses Planungsverwaltungsverfahrensrecht würde auch auf den Erlass „echter" abstrakt-genereller Regelwerke passen.

(15) Eine nähere Analyse der existierenden Verfahrensvorschriften, die das Besondere Verwaltungsrecht für den Erlass bestimmter „echter" abstrakt-genereller administrativer Regelwerke vorsieht, zeigt deren unterschiedliche Funktionen.

(16) These 10: Es ist nicht zu erwarten, dass aus dem Rechtsstaatsprinzip weitergehende ungeschriebene Anforderungen an das administrative Rechtsetzungsverfahren hergeleitet werden können, als sie beim Gesetzgebungsverfahren anerkannt sind. Das Rechtsstaatsprinzip und seine Vorgaben für das Normsetzungsverfahren können nicht sinnvoll zwischen parlamentarischer und administrativer Rechtsetzung unterscheiden.

(17) These 11: Davon unabhängig ist zu beurteilen, ob die geringere Intensität der demokratischen Legitimation der administrativen Rechtsetzung gegenüber der parlamentarischen Rechtsetzung von Verfassungs wegen eine allgemeine Bürger- und Sachverständigenbeteiligung im Vorfeld administrativer Rechtsetzung gebieten kann, die bei Fehlen gesetzlicher Vorschriften im Wege der Rechtsfortbildung zu entwickeln wären. Derartige Herleitungen sind jedoch noch zu unspezifisch, um hieraus konkrete Beteiligungsrechte konkreter Personen oder konkrete Verfahren der Öffentlichkeitsbeteiligung oder sonstiger Partizipationsformen ableiten zu können.

(18) In seinem Urteil zur Legehennenhaltungsverordnung vom 12. 10. 2010 – 2 BvF 1/07 – hat das BVerfG eine „Staatszielgewährleistung durch administrative Rechtsetzungsverfahren" konstruiert, nach der die Nichtbeachtung des Erfordernisses zur Anhörung der Tierschutzkommission nach § 16b TierSchG vor Erlass tierschutzrechtlicher Rechtsverordnungen zugleich Art. 20a GG verletzt. Die sich hieraus ergebenden Konsequenzen bleiben unklar.

(19) These 12: Die Wesensverschiedenheit von administrativer Rechtsetzung und Einzelfallentscheidung bringt mit sich, dass auch die Anforderungen an die auf ihren Erlass gerichteten Verfahren allenfalls auf der Oberfläche Gemeinsamkeiten aufweisen – und zwar auf einer so hohen Abstraktionsebene, dass die Einbeziehung administrativer Rechtsetzungsverfahren in die Lehre vom Verwaltungsverfahren kaum Erkenntnisgewinn bringt.

3. Aufhebungsresistenz administrativer Rechtsetzung

(20) These 13: Die von den Gerichten zumeist angenommene (vorläufige) Fortgeltung solcher administrativen Regelwerke, die nur aus formellen Gründen als verfassungs- oder gesetzeswidrig angesehen werden („Aufhebungsresistenz administrativer Rechtsetzung"), zeigt, dass jedenfalls dann, wenn auf Grund fehlender präziser parlamentarischer Vorgaben eine Selbstprogrammierung der Verwaltung als rechtsstaatlich gebotene Voraussetzung der Einzelfallentscheidung gesehen wird, die Verwaltung vor allem den Rechtssatz als Ergebnis schuldet.

IV. Formen administrativer Rechtsetzung

(21) These 14: Werden die Formen administrativer Rechtsetzungen nach ihren Bindungswirkungen unterteilt, ist zu differenzieren zwischen Rechtsetzungsformen mit gesetzesgleicher Bindungswirkung, dem Behördenrecht und den (hier nicht näher behandelten) rechtsgeschäftlichen Rechtsetzungsformen (rechtssatzersetzende Allgemeinverfügung und abstrakt-generelle Zusage). Dabei kann dieselbe Rechtsetzungsform immer nur einer Gruppe zugeordnet werden.

1. Rechtsetzungsformen mit (weitgehend) gesetzesgleicher Bindungswirkung

(22) Rechtsetzungsformen mit weitgehend gesetzesgleicher Bindungswirkung sind von Behörden und Gerichten zu beachten, sind auszulegen wie Parlamentsgesetze und ohne Weiteres geeignet, dem Bürger unmittelbar Rechte zu gewähren und ihm Pflichten aufzuerlegen. Im deutschen Recht haben diese Bindungswirkung unstreitig Rechtsverordnungen und Satzungen. Auf EU-Ebene kommt den delegierten Rechtsakten nach Art. 290 AEUV und den Durchführungsrechtsakten nach Art. 291 AEUV derartige Bindungswirkung zu.

(23) Der EU-Gesetzgeber ist daran gehindert, jenseits der Fälle der Art. 290, 291 AEUV weitere Formen administrativer Rechtsetzung vorzusehen, die in ihrer Bindungswirkung denen der Gesetzgebungsakte gleichkommen.

(24) In Deutschland wird als Frage nach einem „numerus clausus administrativer Rechtsetzungsformen" diskutiert, ob der Gesetzgeber Rechtsetzungsformen schaffen darf, die sich weder den Rechtsverordnungen noch den Satzungen zuordnen lassen und dennoch als Rechtssätze sui generis mit gesetzesgleicher Bindungswirkung Recht setzen. Auch die Diskussion über

die Existenz normkonkretisierender Verwaltungsvorschriften ist in diesem Zusammenhang zu sehen.

(25) Während auf der Ebene des deutschen Rechts die verschiedenen administrativen Rechtsetzungsformen mit gesetzesgleicher Bindungswirkung anerkanntermaßen unterschiedliche Funktionen haben, stehen auf der EU-Ebene die Tertiärrechtsformen des Art. 290 und des Art. 291 AEUV nebeneinander, ohne dass über die Abgrenzung Einigkeit besteht.

(26) These 15: Die Ermächtigung zur Rechtsetzungsdelegation nach Art. 290 Abs. 1 AEUV ist auf den Inhalt des delegierenden Gesetzgebungsakts bezogen, der durch den delegierten Rechtsakt ergänzt werden muss, um vollzugsfähig zu werden. Zweck der Delegation ist es, das Europäische Parlament und den Rat von der Regelung von Detailfragen zu entlasten.

(27) These 16: Art. 291 AEUV betrifft nur den Fall, dass ein verbindlicher Rechtsakt der Union von den Mitgliedstaaten zu vollziehen ist. Art. 291 Abs. 1 AEUV spricht die Pflicht der Mitgliedstaaten zum Erlass von „Ausführungsgesetzen" an, die beim Vollzug des EU-Rechts durch die Mitgliedstaaten immer notwendig sind, da immer zumindest ergänzende Regelungen über Zuständigkeiten und Verfahren zu treffen sind. Art. 291 Abs. 2 AEUV normiert die Voraussetzungen, unter denen v. a. der Kommission das Recht übertragen werden kann, derartige Regelungen z.B. als „Durchführungsverordnung" zu vereinheitlichen.

2. Behördenrecht

(28) Zum „Behördenrecht" zählen insbes. die Verwaltungsvorschriften und Konzepte, daneben auch die Mitteilungen und Leitlinien der Kommission. Ihnen kommt keine gesetzesgleiche Bindungswirkung zu, sondern sie binden (auch) die Verwaltung nur eingeschränkt.

a) Verwaltungspraxis, Verwaltungsvorschriften und Konzepte

(29) These 17: Die besondere Bindungswirkung des Behördenrechts, insbesondere von Verwaltungsvorschriften, ähnelt weniger der gesetzesgleichen Bindungswirkung von Rechtsverordnungen als der des Richterrechts (hier verstanden als Spruchpraxis [ständige Rechtsprechung] insbesondere der Fachgerichtsbarkeit zur Auslegung und Fortbildung des bestehenden Gesetzesrechts). Die Begründung einer (nur) mittelbaren Außenwirkung derartigen Behördenrechts mittels der Umschaltnorm des Gleichheitssatzes wird der besonderen Form der Bindungswirkung insbesondere von Verwaltungsvorschriften besonders gerecht.

(30) Auch das rechtsstaatliche Verrechtssatzlichungsgebot (These 6) verlangt nicht, Verwaltungsvorschriften und Konzepten gesetzesgleiche Bin-

dungswirkung zuzumessen, um die Verwaltung in den Stand zu setzen, deren Vorgaben zu erfüllen. Die Ziele dieses Gebots, Einzelfallentscheidungen vorhersehbar zu machen und die Gleichbehandlung vergleichbarer Fälle sicherzustellen, können auch bei einer nur mittelbaren, richterrechtsähnlichen Bindungswirkung der in Erfüllung dieses Gebots erlassenen Regelwerke erreicht werden.

b) Intersubjektive Empfehlungen (insbesondere: Mitteilungen und Leitlinien der Kommission)

(31) Durch „intersubjektive Empfehlungen" teilt die empfehlende Behörde mit, wie sie bestimmte Gesetze interpretiert, die von einer anderen Behörde zu vollziehen sind. Dies kann als Koordinations- und Rechtsaufsichtsinstrument sinnvoll sein.

(32) Während für intersubjektive Verwaltungsvorschriften unstreitig eine gesetzliche Grundlage erforderlich ist, wird die Frage einer solchen Rechtsgrundlage für die Abgabe intersubjektiver Empfehlungen vor allem für die EU-Ebene für solche Mitteilungen diskutiert, in denen die Kommission ihr Verständnis zu bestimmten Fragen solchen EU-Rechts darlegt, das die Mitgliedstaaten zu vollziehen und zu beachten haben.

(33) These 18: Es gibt kein mitgliedstaatliches Recht auf Nichtwissen der Rechtsauffassung der Kommission. Der Kommission ist nicht verboten, unabhängig von einem konkreten Vertragsverletzungsverfahren ihre Ansicht über die richtige Auslegung des EU-Rechts kund zu tun.

(34) Soweit der EuGH nach Art. 263 AEUV den Mitgliedstaaten Rechtsschutz auch gegen Kommissionsmitteilungen gewährt, konstruiert er der Sache nach eine zum Schutz der Mitgliedstaaten nicht unbedingt notwendige (fristgebundene) Klagemöglichkeit auf Feststellung inhaltlicher Richtigkeit offiziell verlautbarter Rechtsansichten der Kommission.

Vierter Beratungsgegenstand:

Rechtsetzungen der europäischen und nationalen Verwaltungen

2. Referat von Professor Dr. *Veith Mehde*, Mag. rer. publ., Hannover

Inhalt

I. Verwaltung und Legislativfunktion

Rechtsetzung ist die Aufgabe der Legislative. Auch Verwaltungen setzen Recht.[1] Sie werden dadurch nicht Teil der Legislative,[2] sondern bleiben – in der Terminologie des Grundgesetzes – vollziehende Gewalt. Mit einer etwas anderen Nuancierung wird in der europäischen Rechtsordnung die rechtsetzende Verwaltung[3] in Art. 290 AEUV mit dem Begriff der „Delegation" und in Art. 291 AEUV mit dem der „Durchführung" assoziiert. Die Kommission kann mit guten Gründen in quantitativer Hinsicht als der wichtigste Gesetzesproduzent bezeichnet werden.[4] Dennoch bleibt sie das Exekutivorgan der Union.[5] Ob ein bestimmter Rechtsakt als Gesetzgebungsakt zu qualifizieren ist, ist nach dem AEUV ausschließlich davon abhängig, dass er in einem Gesetzgebungsverfahren angenommen wurde (Art. 289 Abs. 3 AEUV).[6]

Dass Verwaltungen Recht setzen, ist im Prinzip unproblematisch[7] – und beileibe nicht auf die deutsche Rechtsordnung beschränkt[8]. Es ist

---

[1] Zum Begriff der „rechtsetzenden Gewalt" vgl. *L. Michael* Rechtsetzende Gewalt im kooperierenden Verfassungsstaat, 2002, 229ff.

[2] Vgl. dazu schon die Aussage bei *F. Ossenbühl* Verwaltungsvorschriften und Grundgesetz, 1968, 167: „Die einheitliche staatliche Regelungsgewalt teilt sich entsprechend den Staatsfunktionen in eine ‚legislative' und ‚administrative' Regelungsgewalt auf".

[3] Dass Legislative und Exekutive nicht klar voneinander getrennt sind, ist kennzeichnend für die Unionsverfassung; vgl. dazu etwa *B. Biervert* Der Missbrauch von Handlungsformen im Gemeinschaftsrecht, 1999, 112; *M. Ruffert* in: W. Hoffmann-Riem/E. Schmidt-Aßmann/A. Voßkuhle (Hrsg.), Grundlagen des Verwaltungsrechts I, 2006, § 17 Rn. 81; die „Exekutiv-Rechtsetzung in der Europäischen Gemeinschaft" als Zusammenspiel von Rat und Kommission beschreibt *H.P. Ipsen* FS Lerche, 1993, 425ff.; s. aber mit Blick auf die Situation nach dem Vertrag von Lissabon *F. Gärditz* DÖV 2010, 453 (455); *M. Möstl* DVBl. 2011, 1076 (1077f.).

[4] Vgl. *G. Haibach* in: M. Andenas/A. Türk (Hrsg.), Delegated Legislation and the Role of Committees in the EC, 2000, 53.

[5] *Biervert* (Fn. 3), 111; *D. Curtin* Executive Power of the European Union, 2009, 91; *Terhechte* Die ungeschriebenen Tatbestandsmerkmale des europäischen Wettbewerbsrechts, 2003, 96f.; vgl. auch *G. Harnier* Die Bedeutung von rechtsaktbegleitenden Erklärungen im sekundären Gemeinschaftsrecht, 2001, 117f.

[6] *W. Cremer* DÖV 2010, 58 (61); *U. Everling* EuZW 2010, 572 (574); *H. Hofmann* ELJ 15 (2009), 482 (487); zu den Hintergründen vgl. *D. Curtin* (Fn. 5), 121f.

[7] *P. Axer* Normsetzung der Exekutive in der Sozialversicherung, 428. Für *F. Ossenbühl* (ZG 12 [1997], 305 [306]) wäre eine „Monopolisierung der Rechtsetzung beim Parlament (...) eine wirklichkeitsfremde Vorstellung".

[8] Für *R. Wahl* (FG BVerwG, 2003, 571) zeigt der „Blick auf die verschiedenen Rechtsordnungen (...) die Notwendigkeit einer dritten Kategorie von Rechtsvorschriften". Rechtsvergleichende Untersuchung der exekutiven Normsetzung bei *A. von Bogdandy* Gubernative Rechtsetzung, 2000; *H. Pünder* Exekutive Normsetzung in den

daher missverständlich, wenn das Bundesverfassungsgericht formuliert,[9] nur das Parlament besitze die demokratische Legitimation zur Normsetzung.[10] Der Gesetzgeber kann sich durch eine Delegation[11] – auch in Form der Schaffung von sich selbst verwaltenden und deswegen zur Rechtsetzung befugten Einheiten[12] – von Rechtsetzungsnotwendigkeiten[13], insbesondere zur Durchführung[14] der rechtlichen Vorgaben, entlasten. Während die Schaffung von zur Satzunggebung befugten Selbstverwaltungsträgern ein Akt der Dezentralisation ist, handelt es sich bei der Rechtsverordnung um ein Instrument dekonzentrierter Entscheidungsfindung.[15] Administrative Rechtsetzung erfolgt aber nicht nur auf der Grundlage von Kreations- bzw. Delegationsakten. Auch die von Verwaltungen aus eigenem Recht erlassenen und grundsätzlich nur auf den Innenbereich zielenden abstrakt-generellen Regelungen, die unter den Oberbegriff der Verwaltungsvorschriften subsumiert werden, sind Rechtsnormen. Gegenteilige Auffassungen können als überholt gelten.[16] So hat etwa das Bundessozialgericht zu dem Recht, dessen Verletzung das Bundesversicherungsamt zur Grundlage aufsichtsrechtlicher Maßnahmen gegenüber bundesunmittelbaren Sozialversicherungsträgern machen kann, ausdrücklich auch die allgemeinen Verwaltungsvorschriften gemäß Art. 86 Satz 1 GG gerechnet.[17]

Zahl und Bedeutung der durch Verwaltungen gesetzten Rechtsnormen sind das Ergebnis von faktischen sowie mitunter von funktionalen Grenzen legislativer Tätigkeit. Das Parlament kann die Regelungserfor-

---

Vereinigten Staaten von Amerika und der Bundesrepublik Deutschland, 1995; *ders.* ICLQ 58 (2009), 353ff.

9 BVerfGE 95, 1 (15f.).

10 So auch *F. Ossenbühl* ZG 12 (1997), 305 (318); *E. Schmidt-Aßmann* FS Vogel, 2000, 477 (485); *ders.* Das allgemeine Verwaltungsrecht als Ordnungsidee, 2. Aufl. 2004, 328f.

11 Differenzierend zum Begriff der „Delegation“: *C. Seiler* Der einheitliche Parlamentsvorbehalt, 2000, 225; vgl. auch *C. Möllers* Gewaltengliederung, 2005, 178ff.

12 *M. Möstl* (in: H.-U. Erichsen/D. Ehlers [Hrsg.], Allgemeines Verwaltungsrecht, 14. Aufl. 2010, § 20 Rn. 11) beschreibt Satzungen als „eine Erscheinungsform von der staatlichen Legislative abgeleiteter (nicht originärer) Rechtsetzung“.

13 *E. Schmidt-Aßmann* (FS Vogel, 2000, 477 [486]) spricht davon, parlamentarische Gesetzgebung sei „substantiell auf Kooperation mit der exekutivischen Normsetzung angewiesen“.

14 *M. Nettesheim* in: A. von Bogdandy/J. Bast (Hrsg.), Europäisches Verfassungsrecht, 2. Aufl. 2009, 389 (406).

15 *Möstl* (Fn. 12), § 20 Rn. 11; *E. Schmidt-Aßmann* FS von Unruh, 1983, 607 (609).

16 *H.-U. Erichsen* FS Kruse, 2001, 39 (61); *H. Jarass* JuS 1999, 105; *A. Leisner* JZ 2002, 219 (223); *E. Schmidt-Aßmann* FS von Unruh, 1983, 607 (611); *Seiler* (Fn. 11), 203.

17 BSGE 89, 235ff.

dernisse moderner Gesellschaften nicht erfüllen.[18] Mit zunehmender Komplexität des zu regelnden Gebiets gewinnt die hochspezialisierte Ministerialverwaltung an inhaltlichem Einfluss gegenüber dem Parlament.[19] Diese Tatsache kommt bei der Erstellung von Gesetzentwürfen, aber natürlich auch im Zusammenhang mit der Entlastung des Parlaments von Rechtsetzungsnotwendigkeiten zum Tragen. Die Verwaltung bewirkt eine schrittweise Konkretisierung von der abstrakt-generellen Regelung zu ihrer Anwendung auf den Einzelfall.[20] Damit ist ein erheblicher Gewinn an Transparenz, Rationalität der Rechtsanwendung[21] und Rechtssicherheit[22] verbunden.[23]

---

[18] *H. Vagt* Rechtsverordnung und Statutory Instrument, 2006, 123.

[19] Eindrücklich dazu *von Bogdandy* (Fn. 8), 46; *J. Hey* DStR 2004, 1897 (1898); *C. Seiler* ZG 16 (2001), 50 (52f.); zum Bezug dieses Phänomens zur Gewaltengliederung: *Möllers* (Fn. 11), 115; *H.-J. Pezzer* (DStR 2004, 525, 526) meint, das Bundesministerium der Finanzen führe „dem Steuergesetzgeber ohnehin weitgehend die Feder, weil es in den Gesetzgebungsorganen nicht genügend steuerrechtlichen Sachverstand" gebe; *H.-G. Horlemann* (DStR 2004, 1113) konzediert die Beratung der Gesetzgebungsorgane durch die Ministerialbürokratie, betont demgegenüber aber die Aufgabe der Exekutive, politische Richtungsentscheidungen umzusetzen. Vgl. auch die Aussagen des damaligen Präsidenten des Bundesfinanzhofs, *W. Spindler* (DStR 2007, 1061 [1062], „[i]n den letzten Jahren" scheine „im Bereich des Steuerrechts die Grenze zwischen der ersten Gewalt (dem Steuergesetzgeber) und der zweiten Gewalt (der Finanzverwaltung) zunehmend zu verschwimmen"; man gewinne als Außenstehender den Eindruck, dass „die Finanzverwaltung häufig dem Gesetzgeber die Hand" führe; Vertreter des BMF erklärten „in mündlichen Verhandlungen vor dem BFH offen (...), ‚wenn Sie so entscheiden, müssen wir das Gesetz ändern'"; vgl. auch *ders.* FS Solms, 2005, 53 (56); *ders.* Stbg 2006, 1 (3f.); *W. Widmann* in: Deutsches wissenschaftliches Institut der Steuerberater e.V. (Hrsg.), 2006, 38ff.

[20] *J. Hey* DStR 2004, 1897; *M. Jachmann* (DV 28 [1995], 17 [18]) spricht davon, die „Bildung eines abstrakten Entscheidungsmaßstabs" sei zwar, funktional betrachtet, Rechtsetzung, erfolge aber „gerade zum Zweck der Erleichterung von Einzelfallentscheidungen"; *E. Schmidt-Aßmann* (Ordnungsidee [Fn. 10], 324f.) hat darauf hingewiesen, dass „Gesetzeskonkretisierung (...) sich häufiger als im klassischen Subsumtionsmodell angenommen über Zwischenschritte des von der Exekutive selbst gesetzten Rechts" vollziehe. Zur „Vermittlung durch stufenweise Konkretisierung" in der Exekutive vgl. *Möllers* (Fn. 11), 112ff.

[21] Das Problem der Informationsdivergenz stellt sich im Verhältnis von Verwaltung zu Gerichten in derselben Weise; vgl. dazu die Ausführungen zu den Hintergründen der Annahme einer normkonkretisierenden Verwaltungsvorschrift bei *R. Wahl* FG BVerwG, 2003, 571 (581f.).

[22] Vgl. *M. Herdegen* ZHR 155 (1991), 52 (65); *H.C.H. Hofmann* CMLR 43 (2006), 153; *M. Knauff/R. Schwensfeier* EuZW 2010, 611 (612); *Terhechte* (Fn. 5), 126.

[23] *D.H. Scheuing* (VVDStRL 40 [1982], 153 [157]) leitet aus „dem Gleichheitssatz, dem Rechtsstaatsprinzip und der Rechtsschutzgarantie" eine „Pflicht der Verwaltung zu grundsatz- oder programmgeleitetem Handeln gegenüber den Bürgern auch bei administrativen Handlungsspielräumen" her.

II. Ausdifferenzierung und Oberbegriffe

Die Europäische Kommission wie die deutsche Verwaltung können aufgrund gesetzlicher Ermächtigung bzw. aufgrund entsprechenden Organisationsakts bestimmte Rechtsformen nutzen, die rechtlich ausdrücklich etabliert sind. In Deutschland sind dies Rechtsverordnung, Satzung und Verwaltungsvorschrift, auf europäischer Ebene Verordnung und Richtlinie.[24] Einen Numerus clausus zulässiger administrativer Rechtsnormen gibt es aber weder nach dem Grundgesetz[25] noch im europäischen Primärrecht[26]. Die Erfindung und weitere Ausdifferenzierung von Rechtsformen folgt den Bedürfnissen der administrativen Praxis,[27] in vielen Fällen aber auch den Erwartungen der potenziellen Adressaten behördlicher Maßnahmen.

So werden unter den Oberbegriff der Verwaltungsvorschrift in Deutschland viele Arten von unterschiedlich bezeichneten Regelungen gefasst.[28] Bei der Europäischen Kommission bezeichnet man die admi-

---

[24] Dass „den Verwaltungsaufgaben der Kommission keine spezifische rechtliche Handlungsform" korrespondierte, „da die in Art. 249 EGV a.F. (jetzt Art. 288 AEUV) genannten Formen allen Organen gleichermaßen im Rahmen ihrer sehr inhomogenen Aufgaben zur Verfügung standen", hat nach Auffassung von *F. Gärditz* (DÖV 2010, 453 [454]) dazu geführt, dass der „Formenwahl (...) etwas Zufälliges" anhaftete; vgl. auch den Hinweis bei *J. Bast* (Grundbegriffe der Handlungsformen der EU, 2006, 23): „Die Gewaltenteilungslehre mit ihrer materiellen Unterscheidung von legislativen und exekutiven Staatsfunktionen und ihrer prinzipiengeleiteten Zuordnung von Funktion und Organ hat keinen Erkenntniswert für die unionalen Handlungsformen".

[25] BSGE 81, 54 (64); 81, 73 (82); *Axer* (Fn. 7), 224f.; *P. Reimer* Zur Theorie der Handlungsformen des Staates, 2008, 50. Nach der Rechtsprechung des Bundesverfassungsgerichts stellt das Grundgesetz „der vollziehenden Gewalt weder einen abschließenden Katalog bestimmter Handlungsformen zur Verfügung noch werden ausdrücklich erwähnte Handlungsformen inhaltlich im einzelnen definiert" (BVerfGE 100, 249 [258]); hinsichtlich der zulässigen Rechtsetzungsformen ausdrücklich offen gelassen bei BVerfGE 44, 322 (346f.).

[26] *Bast* (Fn. 24), 43ff.; vgl. auch *ders.* in: A. von Bogdandy/J. Bast (Fn. 14), 489 (526f.); *Biervert* (Fn. 3), 73; *A. von Bogdandy/J. Bast/F. Arndt* ZaöRV 62 (2002), 77 (87); *M. Kaltenborn* Rechtstheorie 34 (2003), 459 (472); *G. Nicolaysen* Europarecht I, 2. Aufl. 2002, 345; *G. Pampel* Rechtsnatur und Rechtswirkungen horizontaler und vertikaler Leitlinien im reformierten europäischen Wettbewerbsrecht, 2005, 104; *ders.* EuZW 2005, 11 (12); mit der – allerdings selbstverständlichen – Einschränkung, dass die Voraussetzungen des damaligen Art. 249 EGV nicht umgangen und die Wirkungen der dort aufgezählten Argumente nicht überschritten werden dürften: *Michael* (Fn. 1), 501.

[27] Vgl. *H.C.H. Hofmann* CMLR 43 (2006), 153 (177); *M. Kaltenborn* Rechtstheorie 34 (2003), 459 (477); *F. Ossenbühl* ZG 12 (1997), 305 (306).

[28] *Ruffert* (Fn. 3), § 17, Rn. 67.

nistrativ gesetzten Regelungen als „tertiäres Recht“[29], „Akte sui generis“[30], „sonstige“[31] oder „atypische“[32] Handlungsformen. Mit dem Begriff des „Soft Law“[33] wird demgegenüber ein jedenfalls unvollständiges Bild gezeichnet,[34] werden damit die möglichen Rechtswirkungen doch gerade nicht eindeutig definiert[35].

Wie bei den Oberbegriffen in der Literatur lässt sich in der Praxis keine ausnahmslos durchgehaltene Terminologie feststellen.[36] In der Erklärung von Laeken zur Zukunft der Europäischen Union aus dem Jahr 2001 wird daher die Frage aufgeworfen, „ob die verschiedenen Instrumente der Union nicht besser definiert werden“ müssten „und ob

---

[29] *T. Groß* DÖV 2004, 20; *C. Möllers* in: E. Schmidt-Aßmann/B. Schöndorf-Haubold (Hrsg.), Der Europäische Verwaltungsverbund, 2005, 293; *T. Siegel* EWS 2008, 66 (73).

[30] *H. Adam* Die Mitteilungen der Kommission: Verwaltungsvorschriften des Europäischen Gemeinschaftsrechts?, 1999, 83; *G. Pampel* EuZW 2005, 11 (12); *A. Rogmann* Die Bindungswirkung von Verwaltungsvorschriften, 1998, 106; *M. Ruffert*, in: C. Calliess/M. Ruffert (Hrsg.), EUV/AEUV, 2011, Art. 288, Rn. 98; *A. Wenz* Der Begriff der Kontrolle im europäischen und deutschen Fusionskontrollrecht, 2007, 11.

[31] *Adam* (Fn. 30), 10.

[32] *Pampel* Rechtsnatur (Fn. 26), 90, 118; *Terhechte* (Fn. 5), passim.

[33] Vgl. *M. Cini* JEPP 8:2 (2001), 192ff.; *M. Knauff/R. Schwensfeier* EuZW 2010, 611 (614); *G. Meier* FS Steindorff, 1990, 1303; *T. Oppermann/C.D. Classen/M. Nettesheim* Europarecht, 4. Aufl. 2009, § 10, Rn. 142; *A. Peters* FS Bieber, 2007, 405; *Ruffert* (Fn. 3), § 17, Rn. 38; *I. Schübel-Pfister* ZLR 2004, 403 (406); *J. Schwarze* EuR 2011, 3ff.; *L. Senden* Soft Law in European Community Law 2004; *A.-M. Tournepiche* R.M.C. Jan. 2002, 55 (62); *W. Weiß* EWS 2010, 257; *K.C. Wellens/G.M. Borchardt* ELR 14 (1989), 267ff.; grundlegend für entsprechende Handlungen aller Organe: *M. Bothe* FS Schlochauer, 1981, 761ff.; zu den Hintergründen im internationalen Wirtschaftsrecht s. auch *J. Karl* JZ 1991, 593 (594).

[34] Nach Auffassung von *Bast* (Europäisches Verfassungsrecht [Fn. 26], 489 [515]) „können Anleihen bei der Diskussion zum völkerrechtlichen soft law“ als „tendenziell überwunden“ gelten; kritisch zu der Begriffsbildung auch *M. Bothe* FS Schlochauer, 1981, 761 (769).

[35] *Harnier* (Fn. 5), 181f.; *H.C.H. Hofmann* CMLR 43 (2006), 153 (177); *J. Schwarze* EuR 2011, 3; vgl. auch die in diesem Punkt vage bleibende Definition von *L. Senden* (Fn. 33, 112): „Rules of conduct that are laid down in instruments which have not been attributed legally binding force as such, but nevertheless may have certain (indirect) legal effects, and that are aimed at and may produce practical effects“.

[36] *F. von Alemann* Die Handlungsform der interinstitutionellen Vereinbarung, 2006, 178; *A. von Bogdandy/J. Bast/F. Arndt* ZaöRV 62 (2002), 77 (118); *I. Härtel* Handbuch Europäische Rechtsetzung, 2006, § 13 Rn. 20; *H.C.H. Hofmann* CMLR 43 (2006), 153 (170); *T. Jestaedt/U. Häsemeyer* EuZW 1995, 787 (789); *I. Schübel-Pfister* ZLR 2004, 403 (404); *Senden* (Fn. 33), 499; zur Systematisierung der verschiedenen Formen von Mitteilungen: *G. Meier* FS Steindorff, 1990, 1303 (1306ff.).

ihre Anzahl nicht verringert werden" müsse.[37] Dem deutschen Begriff der Verwaltungsvorschriften entsprechen am ehesten die Mitteilungen der Kommission.[38] Die in ihnen zu findenden Regelungen zielen zum Teil durchaus auch auf die Behörden oder Gerichte in den Mitgliedstaaten oder auch auf private Adressaten.[39] Es ist Aufgabe der Exekutive, die für die konkreten Zwecke geeignete Regelungsform zu finden,[40] wobei die Legislative stets die Möglichkeit hat, bestimmte Rechtsformen vorzugeben oder zu untersagen.

III. Administrative Rechtsetzung zwischen Flexibilität und Bindung

1. Anforderungen an die Rechtsformenwahl

Die von den Verwaltungen neu geprägten Rechtsformen müssen sich normsystematisch – und dabei vor allem hinsichtlich der ihnen beigemessenen Bindungswirkung für die Gerichte – von den ausdrücklich im Recht vorgesehenen hinreichend deutlich unterscheiden.[41] Art. 80 GG und die entsprechenden Regelungen in den Landesverfassungen sind Ausdruck der historischen Erfahrungen mit einem Parlament, das

---

[37] Anlage I zu den Schlussfolgerungen des Vorsitzes, SN 300/1/01 REV 1, 22; vgl. dazu *Bast* Europäisches Verfassungsrecht (Fn. 26), 489 (513); *A. von Bogdandy/J. Bast/F. Arndt* ZaöRV 62 (2002), 77 (79f.).

[38] *Adam* (Fn. 30), 133; *Bast* Europäisches Verfassungsrecht (Fn. 26), 489 (515); *A. von Bogdandy/J. Bast/F. Arndt* ZaöRV 62 (2002), 77 (129f.); *W. Frenz* WRP 2010, 224 (225); *M. Kment* JuS 2001, 211 (214); *Ruffert* (Fn. 3), § 17, Rn. 84; *ders.* (Fn. 30), Art. 288, Rn. 102; vgl. auch *Pampel* Rechtsnatur (Fn. 26), 95. Demgegenüber stellt *T. Groß* (DÖV 2004, 20 [26]) mit Blick auf die tertiäre Rechtsetzung fest, „daß die der deutschen Tradition entsprechende enge Verkoppelung der Verwaltungsvorschriften mit dem Einzelweisungsrecht ihrem Charakter nicht gerecht" werde; die „Vollzugsregelungen des Gemeinschaftsrechts" seien „akzessorische Durchführungsvorschriften zu Normen des Primär- oder Sekundärrechts".

[39] *Adam* (Fn. 30), 66; *W. Frenz* WRP 2010, 224.

[40] Vgl. dazu die Aussage in BVerwGE 104, 220 (223): „Auszugehen ist davon, daß der Gleichheitssatz dem Subventionsgeber gebietet, ein gleichheitsgerechtes Verteilungsprogramm zu erstellen; das ist hier durch den Erlaß der Richtlinien 1983 geschehen". S. auch den Hinweis bei *Bast* (Fn. 24, 39), nach dem seine Studie „kein einziges Urteil zu ermitteln vermochte, das einen Rechtsakt wegen einer fehlerhaften Formenwahl für rechtswidrig erklärte"; s. auch *ders.* Europäisches Verfassungsrecht (Fn. 26), 489 (527).

[41] Vgl. *P. Kirchhof* FS Kruse, 2001, 17 (29); *A. Leisner* JZ 2002, 219 (226f.); *Michael* (Fn. 1), 501; *E. Schmidt-Aßmann* FS Vogel, 2000, 477 (493); *ders.* Ordnungsidee (Fn. 10), 329.

sich zugunsten der Exekutive selbst entmachtet.[42] Entscheidend ist demnach, dass bei der administrativen Rechtsetzung kein Übergreifen der Exekutive in Terrain erfolgt, das nach der Rechtsordnung der Legislative vorbehalten ist.[43] Ein Anreiz zu Umgehungen besteht insbesondere bei Art. 80 GG, der Anforderungen an den Erlass von Rechtsverordnungen stellt, die für Verwaltungsvorschriften nicht gelten.[44] Dieses Problem hat besonderes Gewicht, wenn der Gesetzgeber selbst erwartet, dass die Exekutive diese Rechtsform wählt – in einer Konstellation, in der funktional durchaus auch die Rechtsverordnung in Betracht kommen würde.[45] Versuche, diese Regelungspraxis rechtsförmig umfassend auszugestalten, führen tendenziell zu Ausweichstrategien.[46] Dieses Problem ist allerdings schon dann gemildert, wenn man Verwaltungsvorschriften von vornherein eine größere Flexibilität für den Fall atypischer Situationen oder neuer Entwicklungen zubilligt.[47] Darüber

---

[42] *Pünder* (Fn. 8), 59ff.; *Vagt* (Fn. 18), 68ff.; differenzierend: *F. Ossenbühl* ZG 12 (1997), 305 (309).

[43] Vgl. *Axer* (Fn. 7), 226.

[44] *von Bogdandy* (Fn. 8, 451) hat zu Recht darauf hingewiesen, dass es „bislang weder gelungen" sei, „deskriptive Kriterien auszumachen, nach denen sich der Einsatz der einen oder anderen Handlungsform richtet, noch allgemein konsentierte normative Kriterien, wann der Einsatz der einen oder anderen Handlungsform geboten ist"; zu den unterschiedlichen Charakteristika vgl. *ebd.*, 481; vgl. auch *A. Guckelberger* DV 35 (2002), 61 (63); *H. Jarass* JuS 1999, 105 (111); *M. Möstl* DVBl. 2011, 1076 (1079); *Seiler* (Fn. 11), 220, 232ff.

[45] Vgl. dazu BVerwGE 72, 300 (320), wo die Annahme, es liege eine normkonkretisierende Verwaltungsvorschrift vor, ausdrücklich mit Anforderungen an die Genehmigungsverfahren für den Zeitraum begründet wird, „solange eine (...) noch zu erlassende Rechtsverordnung nicht ergangen ist"; s. dazu auch die Aussage bei *A. Leisner* (JZ 2002, 219 [230]): „Hinsichtlich der normativen Wirkungen unterscheiden sich Rechtsverordnungen und außenwirksame Verwaltungsvorschriften (...) nicht".

[46] Vgl. *F. Ossenbühl* ZG 12 (1997), 305 (318); *E. Schmidt-Aßmann* FS von Unruh, 1983, 607 (612); vgl. auch *ders.* (FS Vogel, 2000, 477 [492]): „Es spricht einiges dafür, daß die Formstrenge der übrigen Normen sich überhaupt nur deshalb durchhalten läßt, weil mit der heterogenen Gruppe der Verwaltungsvorschriften ein Rechtsinstitut in Auffangposition verfügbar ist, um auf Veränderungen in den administrativen Kommunikations- und Bewirkungsarten flexibel zu reagieren".

[47] *T. Mann* in: M. Sachs (Hrsg.), GG, 5. Aufl. 2009, Art. 80 Rn. 12; für *H.-U. Erichsen* (FS Kruse, 2001, 39 [47]) folgt die „den Verwaltungsvorschriften zugeschriebene Elastizität (...) modelltypisch (...) vornehmlich aus ihrer auf den Regelfall bezogenen Geltung und damit gegenüber dem Gesetzesrecht labileren, gegenüber dem atypischen Fall und Erkenntnisfortschritten offeneren Wirkung"; vgl. auch BVerwGE 110, 216 (219); 114, 342 (346); *M. Jachmann* DV 28 (1995), 17 (30); *A. Guckelberger* DV 35 (2002), 61 (67f.); *S. Kautz* GewArch 2000, 230 (237ff.); *K. Vogel* FS Thieme, 1993, 605 (608); *E. Schmidt-Aßmann* FS Vogel, 2000, 477 (494).

hinaus sind sie, für sich genommen, keine tauglichen Ermächtigungsgrundlagen für belastende Verwaltungsakte.[48]

Auf europäischer Ebene greifen entsprechende Überlegungen mit Blick auf die Anforderungen der Art. 290, 291 AEUV.[49] Im Übrigen könnte sich ein Umgehungsproblem ergeben, wenn die Kommission keine Vorschläge zur Gesetzgebung vorlegen würde, weil sie ihre Regulierungsziele – um einiges bequemer – auch durch den Erlass von Mitteilungen erreichen könnte.[50] Im Interesse der Widerspruchsfreiheit der Rechtsordnung müssen die Gerichte die Rechtswirkungen der administrativ erlassenen Normen so bestimmen, dass die Kommission einen Anreiz behält, die sachgerechte Weiterentwicklung des Sekundärrechts zu betreiben.

Unterschiedliche Bezeichnungen sind demgegenüber bei den Rechtsformen unproblematisch, für die keine voneinander abweichenden Anforderungen gelten. Dies gilt auch für den durch unterschiedliche Bezeichnungen entstehenden Eindruck einer Typenvielfalt bei der administrativen Rechtsetzung in der Europäischen Union. Eine sprachliche Abgrenzung ist allerdings sinnvoll, kann doch der jeweilige Normsetzer damit eine bestimmte Regelungsintention zu erkennen geben.[51] Eine konsequent durchgehaltene, konzeptionell schlüssige Unterscheidung dürfte die Zielrichtung der jeweiligen Regelung verdeutlichen.[52] Dies sind aber Desiderate unter dem Gesichtspunkt der Zweckmäßigkeit, nicht der Rechtmäßigkeit.

---

[48] Mit dem Argument der Reichweite des Gesetzesvorbehalts ist schon *Ossenbühl* (Fn. 2, 510) Einwänden gegen seine Konzeption begegnet, die sich auf Art. 80 GG stützen; vgl. auch *Ruffert* (Fn. 3), § 17, Rn. 78.

[49] *M. Möstl* DVBl. 2011, 1076 (1079).

[50] Vgl. *G. della Cananea* in: I. Harden (Hrsg.), State Aid: Community Law and Policy, 1993, 61 (73); s. auch *R. Priebe* in: E. Schmidt-Aßmann/W. Hoffmann-Riem (Hrsg.), Strukturen des Europäischen Verwaltungsrechts, 1999, 71 (89).

[51] *Bast* (Europäisches Verfassungsrecht [Fn. 26], 489 [513]) hat darauf hingewiesen, dass „Vereinfachung (...) kein plausibler Selbstzweck" sei; vielmehr werde „ein hinreichend komplexes Spektrum von Handlungsformen benötigt, um der Vielgestaltigkeit der von der Union erwarteten Regelungsleistungen gerecht zu werden".

[52] *A. von Bogdandy/J. Bast/F. Arndt* (ZaöRV 62 [2002], 77 [156]) halten allerdings im Interesse eines Transparenzgewinns und wegen der Vereinfachungspotenziale ein „einheitliches Regime der Bezeichnungen (...) auch für die Kommission" für angezeigt, „was zu einer Beschränkung auf ‚Stellungnahme' und ‚Mitteilung'" führe. „Ein nachvollziehbares Bedürfnis für weitere Varianten" bestehe nicht.

2. *Konkretisierungs- und Vollzugskompetenz*

Überlegungen zur Bedeutung administrativer Normsetzung führen insbesondere zum Aspekt der Konkretisierung.[53] Die Vorprägung durch das formelle Gesetz kann nicht immer detailgenau erfolgen, so dass trotz gesetzlicher Vorgaben in der Regel Spielräume der Verwaltung bestehen[54]. Es bleibt auch bei dem Problem der höchst unterschiedlichen technischen Expertise von Legislative und Exekutive. Wenn etwa die Festlegung von Grenzwerten für gefährliche Stoffe oder Risikobewertungen im Gentechnikrecht in administrativ gesetzten Normen erfolgt, geschieht das in der Regel nicht auf einer gesetzlichen Grundlage, die die entscheidenden Kriterien umfassend vorzeichnet.[55] In diesem Sinne stellt sich jede Unbestimmtheit im Gesetz als ein Auftrag dar, mit dem der Verwaltung Entscheidungsbefugnisse überlassen werden.[56]

a) *Satzung und Rechtsverordnung*

Während bei Rechtsverordnungen ein ausdrücklich bezeichneter Delegationsakt vorliegt, ist bei Satzungen von einer gesetzlich vorstrukturierten Kompetenz zur Regelung der Angelegenheiten der eigenen Mitglieder auszugehen. Auch die Satzunggebung durch Selbstverwaltungsträger stellt sich als ein Akt der Konkretisierung höherrangigen Rechts dar. In den Satzungen werden die Zwecke, zu denen die Selbstverwaltungsträger geschaffen worden sind, durch die dazu legitimierten Entscheidungsträger ausgeformt. Wo immer Regelungsgegenstände gleichzeitig originäre Selbstverwaltung und übertragene Aufgaben berühren, kommt es zu einer Konkurrenz von Rechtsverordnung und Satzung.[57] Ein mitunter überraschend schwieriges Abgrenzungsproblem ergibt sich im Verhältnis von Selbstverwaltungsrecht und den Anforde-

---

[53] Vgl. *M. Herdegen* ZHR 155 (1991), 52 (65); *Möllers* (Fn. 11), 112ff., 408f.; zur „Lehre von der administrativen Rechtskonkretisierung" vgl. *Schmidt-Aßmann* Ordnungsidee (Fn. 10), 210ff.

[54] *Rogmann* (Fn. 30), 209; *Schmidt-Aßmann* Ordnungsidee (Fn. 10), 201; vgl. auch *D.H. Scheuing* VVDStRL 40 (1982), 153 (159).

[55] *F. Ossenbühl* ZG 12 (1997), 305 (317); *E. Schmidt-Aßmann* FS Vogel, 2000, 477 (490). *Ruffert* (Fn. 3, § 17 Rn. 62) sieht das „Ziel einer funktionsadäquaten Dogmatik der Verordnung dadurch erreicht, dass man die Bestimmtheit nach Inhalt, Zweck und Ausmaß i.S.v. Art. 80 Abs. 1 S. 2 GG nicht als größtmögliche, sondern als dem Regelungsgegenstand angemessene Bestimmtheit versteht".

[56] *Rogmann* (Fn. 30), 214.

[57] *E. Schmidt-Aßmann* FS von Unruh, 1983, 607 (610); zu Abgrenzungsproblemen zwischen Satzung und Rechtsverordnung allgemein vgl. *Möstl* (Fn. 12), § 20 Rn. 11.

rungen des Vorbehalts des Gesetzes.[58] Die hier gezogene Grenze markiert gleichzeitig jene zwischen Leistungs- und Eingriffsverwaltung.

b) Verwaltungsvorschriften

In Deutschland wird die Frage der Reichweite der verwaltungseigenen Konkretisierungsbefugnis oftmals gleichgesetzt mit jener nach der Bindungswirkung von Verwaltungsvorschriften für die vom Regelungsbereich umfassten Rechtsunterworfenen einerseits, die Gerichte andererseits.[59] Dabei ist die Steuerungswirkung grundsätzlich unabhängig von einer solchen rechtlichen Bindungswirkung. Wann immer eine Behörde die Nichtbeachtung von Regelungen sanktionieren kann, wird ihre Auslegung dieser Regelung – unabhängig von der Form, in der dies geschieht – von den Betroffenen als faktisch verbindlich empfunden werden.[60] Dieser Effekt tritt auch ein, wenn etwa die Kommission die Rechtsanwendung durch mitgliedstaatliche Behörden überwacht und sie ihre Position zuvor in Mitteilungen oder Ähnlichem festgehalten hat.[61] Auch ohne rechtliche Bindungswirkung handelt es sich damit um ein Instrumentarium, mit dem Steuerungswirkungen erzielt werden.[62]

Ein steuerndes Einwirken sicherzustellen ist auch die Funktion, die das Grundgesetz den Verwaltungsvorschriften zuschreibt. Durch eine Zersplitterung der Vollzugskompetenz zwischen verschiedenen Verwaltungsträgern entsteht ein Bedürfnis zur administrativen Nachsteuerung bei Normen, die weite Auslegungsspielräume eröffnen.[63] Das Grundgesetz trägt diesem Bedürfnis durch Art. 84 Abs. 2 sowie, bei einer an-

---

[58] Das Problem zeigt sich exemplarisch bei der Frage der Regelungsmöglichkeiten in Bestattungs- und Friedhofssatzungen, wo einerseits örtliche Angelegenheiten der Gemeinde berührt sein können, andererseits auch eine gewerbliche, unter dem Schutz des Art. 12 Abs. 1 GG stehende Tätigkeit geregelt wird; vgl. BVerwG, LKV 2010, 509f.; BayGH, BayVBl. 2009, 367ff.; OVG Koblenz, NVwZ-RR 2009, 394ff.; *T. Hoppe* LKV 2010, 497ff.

[59] *Reimer* (Fn. 25), 58; die Bindungswirkung für die nachgeordneten Behörden ist unzweifelhaft.

[60] Vgl. dazu auch *Adam* (Fn. 30), 125; *M. Knauff/R. Schwensfeier* EuZW 2010, 611 (612); *Terhechte* (Fn. 5), 98.

[61] Vgl. *H.C.H. Hofmann* CMLR 43 (2006), 153 (164); *Terhechte* (Fn. 5), 134.

[62] Vgl. *Adam* (Fn. 30), 11; *M. Knauff/R. Schwensfeier* EuZW 2010, 611 (612); *I. Schübel-Pfister* ZLR 2004, 403 (406). *M. Bothe* (FS Schlochauer, 1981, 761 [774]) spricht mit Blick auf „nicht-rechtliche Regelungstechniken" von einer „Form der Schaffung von Verhaltenserwartungen"; s. auch *Rogmann* (Fn. 30), 102.

[63] Vgl. etwa *G. Zeller/E. Wolf* DStZ 1980, 425; vgl. dazu die Aussage bei *C. Möllers* (Fn. 29, 293 [308]): „je intensiver die Beteiligung der mitgliedstaatlichen Verwaltungen am Vollzug, desto dringlicher die Ausgestaltung von Durchführungsregeln, die die Einheitlichkeit des Vollzugs sicherstellen".

deren Grundkonstellation[64], durch Art. 85 Abs. 2 und Art. 108 Abs. 7 Rechnung.[65] Auf Unionsebene besteht ein vergleichbares Bedürfnis[66] zwischen Kommission und mitgliedstaatlichen Verwaltungen.[67]

Hinsichtlich der rechtlichen Bindungswirkung ist zunächst festzuhalten, dass die Vollzugskompetenz nicht auf den Erlass konkret-individueller Entscheidungen beschränkt ist, sondern ebenso abstrakt-generelle Regelungen einschließt.[68] Die absolute Grenze ist abschließend definiert durch das Verbot eines Widerspruchs zum höherrangigen Recht. Der Durchführungsakt muss sich im Rahmen dessen halten, was die Grundvorschrift inhaltlich vorgegeben hat.[69] Das gilt grundsätzlich auch dann, wenn der ursprüngliche Rechtsakt von demselben Organ verabschiedet wurde.[70]

3. *Wesentlichkeit als Kriterium der Kompetenzzuordnung*

Die zentralen materiellen Rechtmäßigkeitsvoraussetzungen für Rechtsnormen, die von den deutschen Verwaltungen aufgestellt werden, sind weitgehend unstreitig. Materiellrechtliche Probleme lassen sich auf die Frage der Reichweite des Vorbehalts des Gesetzes und der Wesentlichkeitstheorie zurückführen. Sie sind aber in aller Regel nicht rechtsetzungsspezifisch, sondern betreffen etwa die Frage, ob ein bestimmter Regelungsansatz mit Grundrechtseingriffen verbunden ist, so dass er nur auf Grundlage einer gesetzlichen Ermächtigung verfolgt

---

64 Vgl. BVerfGE 81, 310 (331ff.); 84, 25 (31).

65 *H.-U. Erichsen* FS Kruse, 2001, 39 (48); *Ossenbühl* (Fn. 2), 366ff.; vgl. auch BVerfGE 100, 249 (261); *D. Riedel* EuR 2006, 512 (529); vgl. auch BVerwGE 110, 216 (218); 114, 342 (344).

66 Zu den Ähnlichkeiten zwischen den Verwaltungen auf europäischer Ebene und im deutschen Bundesstaat vgl. *C. Möllers* EuR 2002, 483 (504f.); *ders.* (Fn. 29), 293 (310); s. auch *T. Groß* DÖV 2004, 20 (26).

67 Vgl. *W. Pühs* Der Vollzug von Gemeinschaftsrecht, 1997, 138ff.; schon *J. Schwarze* (Die Befugnis zur Abstraktion im europäischen Gemeinschaftsrecht, 1976, 63) beschreibt mit Blick auf das Zoll-, Tarif- und Abschöpfungsrecht, dass die Verwaltung darauf angewiesen sei, „die mangelnde gemeinschaftsrechtliche Normdichte aus eigener Verantwortung durch abstrakte Auslegungskonzepte wenigstens hilfsweise auszugleichen"; vgl. auch *J. Scherer* EuR 1986, 52ff.

68 *Axer* (Fn. 7), 236. Vgl. auch die Aussage in BVerwGE 107, 338 (341) zu normkonkretisierenden Verwaltungsvorschriften: „Mit ihnen wird die Ausübung dieses Beurteilungsspielraums von der Einzelentscheidung im jeweiligen Verwaltungsakt in eine abstrakt generalisierende Regelung vorverlagert, um so die Einheitlichkeit des Verwaltungshandelns sicherzustellen"; missverständlich insofern BVerfGE 95, 1 (16).

69 *Biervert* (Fn. 3), 167.

70 Vgl. EuGH, Rs. 113/77 (*NTN* Toyo Bearing Company Ltd. u.a./Rat), Slg. 1979, 1185, Rn. 21; Rs. C-156/93 (*Parlament/Kommission*), Slg. 1995, I-2019, Rn. 18.

werden darf. Die deutsche Wesentlichkeitstheorie, wie auch Art. 80 GG, stellen – in vielerlei Hinsicht ähnliche, wenn nicht sogar weitgehend deckungsgleiche[71] – Anforderungen nicht nur an das „Ob“, sondern auch das „Wie“ der Ermächtigungsgrundlage.

Der Begriff der Wesentlichkeit spielt auch in der europäischen Rechtsordnung eine zentrale Rolle bei der Abgrenzung von Gesetzgebung und Vollzug. Seit dem Vertrag von Lissabon sieht die Primärrechtsordnung eine klarere Differenzierung von legislativen und exekutiven Funktionen vor.[72] Während Art. 290 Abs. 1 UA 1 AEUV die delegierte Rechtsetzung „zur Ergänzung oder Änderung bestimmter nicht wesentlicher Vorschriften des betreffenden Gesetzgebungsaktes“ ermöglicht, regelt Art. 291 AEUV die „Durchführung“[73] – und bezieht sich dabei im Ausgangspunkt auf jene durch die Mitgliedstaaten, wobei die Durchführungsbefugnisse auf die Kommission und in „Sonderfällen“ auch auf den Rat übertragen werden können.[74] Die Kompetenz der Mitgliedstaaten wird durch eine entsprechende Übertragung auf die Kommission verdrängt.[75] In den Regelungen hat die bis dahin ergangene Rechtsprechung des Gerichtshofs der Europäischen Union deutliche Spuren hinterlassen.[76] Reichweite und

[71] *Axer* (Fn. 7), 422; *Möstl* (Fn. 12), § 20 Rn. 12; *Vagt* (Fn. 18), 93. *E. Schmidt-Aßmann* (FS Vogel, 2000, 477 [485]) meint mit Blick auf Art. 80 Abs. 2 S. 1 GG, es „sollte bei seiner Auslegung künftig keine Schwierigkeiten bereiten, die Trias seiner Bestimmtheitskriterien mit den Gedanken der Wesentlichkeitslehre und des Parlamentsvorbehalts zu verbinden, statt sie als ‚Doppelfilter‘ einzusetzen“.

[72] *F. Gärditz* DÖV 2010, 453 (454). *E. Schmidt-Aßmann* (in: ders./B. Schöndorf-Haubold [Fn. 29], 1, [13 f.]) hat – vor Inkrafttreten des Vertrags von Lissabon – darauf hingewiesen, dass sich unter „den Durchführungsvorschriften der Kommission (...) zahlreiche Verordnungen und Richtlinien“ fänden, „die im Formenspektrum des deutschen Verwaltungsrechts weniger der Rechtsetzung als dem Rechtsinstitut der Allgemeinverfügung zuzuordnen wären“.

[73] Die Überlegung, ob im europäischen Primärrecht eine Trennung zwischen Gesetzgebungs- und Durchführungsmaßnahmen eingeführt werden soll, findet sich bereits in der Erklärung von Laeken zur Zukunft der Europäischen Union, Anlage I zu den Schlussfolgerungen des Vorsitzes, SN 300/1/01 REV 1, 22.

[74] *W. Cremer* DÖV 2010, 58 (62); *M. Herdegen* Europarecht, 13. Aufl. 2011, § 8 Rn. 56.

[75] *C. Bumke* in: G.F. Schuppert/I. Pernice/U. Haltern (Hrsg.), Europawissenschaft, 2005, 643 (651); vgl. auch *R. Priebe* (Fn. 50), 71 (84).

[76] *H. Lecheler* DVBl. 2008, 873 (876 f.); *C. Möllers/J. von Achenbach* EuR 2011, 39 (48).; *G. Haibach* (Fn. 4, 53 [59]) hat allerdings darauf hingewiesen, dass der EuGH auf der Grundlage dieser Anforderung keine exekutiv gesetzten Normen für nichtig erklärt habe; zu dieser Rechtsprechung *C. Möllers* EuR 2002, 483 (486 ff.); *ders.* (Fn. 29), 293 (296 ff.).

Abgrenzung der Regelungen sind dennoch nicht abschließend geklärt.[77]

In der deutschen Literatur wird auf die Unterschiede zwischen dem deutschen und dem europäischen Konzept der Wesentlichkeit hingewiesen.[78] Im europäischen Ansatz stellt die Grundrechtsrelevanz nicht den Ausgangspunkt für entsprechende Überlegungen dar. Vielmehr dominieren Überlegungen zur Bedeutung für die Unionspolitik.[79] Dennoch sollten die konzeptionellen Unterschiede nicht überbetont werden.[80] Durch den Vertrag von Lissabon wird die als Problem von Rechtsstaatlichkeit und Kompetenzabgrenzung geprägte europäische Lehre mit Aspekten des Demokratieprinzips verknüpft.[81] Die deutsche Wesentlichkeitsformel wiederum verstärkt mit einer aus dem Demokratieprinzip herrührenden Komponente den rechtsstaatlich geprägten Gesetzesvorbehalt.[82] Dass dabei verschiedene Anknüpfungspunkte zum Tragen kommen, ist in Anbetracht der zentralen Stellung der Grundrechte in der deutschen Rechtsordnung einerseits und der im Verhältnis von Mitgliedstaaten und Europäischer Union stets virulenten Kompetenzfrage[83] andererseits nicht überraschend. Allerdings decken sich auch in Deutschland oftmals[84] die für einen Politikbereich bedeut-

---

[77] *M. Möstl* DVBl. 2011, 1076 (1081 f.); kritisch zur Praxis: *H. Lecheler* DVBl. 2008, 873 (879).

[78] *C. Möllers* EuR 2002, 483 (489); *ders.* (Fn. 29), 293 (296); *C. Möllers/J. von Achenbach* EuR 2011, 39 (49); *H. Rieckhoff* Der Vorbehalt des Gesetzes im Europarecht, 2007, 177 ff.

[79] *C. Möllers/J. von Achenbach* EuR 2011, 39 (49); *Rieckhoff* (Fn. 78), 178; *W. Weiß* EWS 2010, 257 (259).

[80] *D. Riedel* (EuR 2006, 512 [519]) verweist darauf, dass, auch wenn „aufgrund ihrer fehlenden Grundrechtsbezüglichkeit eine direkte Gleichsetzung mit der vom BVerfG erarbeiteten Wesentlichkeitsrechtsprechung zu Art. 80 GG (...) verfehlt wäre, (...) doch strukturelle Parallelen zwischen dieser und dem Wesentlichkeitskriterium des EuGH" bestünden. „Bestimmend" sei „in beiden Fällen das Bemühen, einer übermäßigen Verlagerung der grundgesetzlich bzw. primärrechtlich angelegten regelmäßigen Rechtsetzungskompetenzen vorzubeugen".

[81] *F. Gärditz* DÖV 2010, 453 (456); *M. Möstl* DVBl. 2011, 1076 (1077); *W. Weiß* EWS 2010, 257 (259).

[82] Vgl. nur *H. Dreier* in ders. (Hrsg.), GG I, 2. Aufl. 2004, Vorb. Rn. 136.

[83] Zur Bedeutung des europäischen Grundrechtsschutzes für die Kompetenzabgrenzung vgl. *S. Heselhaus* in: ders./C. Nowak (Hrsg.) Handbuch der Europäischen Grundrechte, 2006, § 3.

[84] *H. Sendler* (NJW 1999, 1232 [1233]) hat auf die Entscheidungen zur Nachrüstung (BVerfGE 68, 1 [86, 89, 108 f.]) sowie zur Rechtschreibreform (BVerfGE 98, 218 [251 f.]) als Gegenbeispiele hingewiesen.

samen mit den grundrechtlich relevanten Fragestellungen.[85] Die voranschreitende Institutionalisierung des Grundrechtsschutzes auf europäischer Ebene spricht für eine weitere Annäherung der Maßstäbe.

IV. Einzelaspekte und Sonderfälle

Die Konkretisierungsaufgabe, welche die Verwaltung durch Rechtsetzung erfüllt, wird besonders deutlich, wenn man sich ihren Einsatz und die Hintergründe in speziellen Rechtsgebieten vor Augen führt.

1. Sozialrecht

Das deutsche Sozialrecht ist nicht nur von detailgenauen Gesetzen geprägt,[86] sondern auch von untergesetzlichen Regelungen, deren Einordnung sich zum Teil sehr schwierig gestaltet.[87] Relativ einfach als Verwaltungsvorschriften zu identifizieren sind die innerhalb einer hierarchischen Struktur zur Steuerung dienenden Normen trotz der Vielfalt ihrer Bezeichnungen, wie etwa Durchführungsanweisungen, Rundschreiben, Empfehlungen oder Grundsätze.[88] Die Normierung durch die Behördenspitze ist allerdings in diesem Rechtsgebiet keine Selbstverständlichkeit der administrativen Normsetzung. Zentrale, abstrakt-

---

[85] *F.E. Schnapp* (MedR 1996, 418 [422]) spricht etwa davon, dass „der Geltungsbereich des Parlamentsvorbehalts“ umso eher erreicht sei, je mehr „gesundheitspolitische Belange der Allgemeinheit durch eine Regelung tangiert werden“; der NWVerfGH (NJW 1999, 1243 [1245]) hat als „Indiz für die Wesentlichkeit der getroffenen Entscheidung (...) auch ihre politische Umstrittenheit“ angesehen; kritisch *E.-W. Böckenförde* NJW 1999, 1235 (1236); *H. Sendler* NJW 1999, 1232 (1233).

[86] *R. Herzog* Steuerberaterkongress-Report, 1994, 23 (29); vgl. auch die Beobachtung von *B. Baron von Maydell* in: ders./F. Ruland/U. Becker (Hrsg.), Sozialrechtshandbuch, 4. Aufl. 2009, § 1, Rn. 40: „Jedes komplexe und komplizierte Rechtsgebiet, und ein solches ist das Sozialrecht in besonderem Maße, unterliegt der Gefahr der Isolierung. Es wird nur von wenigen Spezialisten beherrscht, die ihrerseits nicht mehr die Kraft aufbringen, auch in anderen Rechtsgebieten wirklich zu Hause zu sein“.

[87] Vgl. die Bestandsaufnahme bei *Axer* (Fn. 7), 52 ff.; für ihn ergibt sich „ein facettenreiches Bild, das seinesgleichen sucht im übrigen öffentlichen Recht“ (ebd., 148); er konstatiert: „Das Sozialversicherungsrecht sprengt den herkömmlichen Rechtsquellenkanon“ (ebd., 152); s. auch *A. Hänlein* Rechtsquellen im Sozialversicherungsrecht, 2001; *J. Joussen* SGb 2004, 334 (339); *M. Kaltenborn* Rechtstheorie 34 (2003), 459 (479); *F.E. Schnapp* (MedR 1996, 418) spricht mit Blick auf das Vertragsarztwesen von „unorthodoxen, der allgemeinen Rechtsquellenlehre unbekannten Handlungsformen“.

[88] *Axer* (Fn. 7), 55.

generell formulierte und verbindliche Entscheidungen treffen vielmehr Gremien, in die Sachverständige bzw. Interessenvertreter entsandt wurden.[89] Von diesen Gremien erwartet der Gesetzgeber eher „richtige“ Entscheidungen als in anderen institutionellen Arrangements.[90] Beauftragt mit der näheren Ausgestaltung durch gemeinsame Empfehlungen oder Richtlinien werden etwa der Spitzenverband Bund der Krankenkassen und die Verbände der Unfallversicherungsträger (z.B. §§ 124 Abs. 4 Satz 1, 126 Abs. 1 Satz 3, 127 Abs. 1a SGB V; vgl. auch § 217f Abs. 3 SGB V, §§ 31 Abs. 2 Satz 2, 41 Abs. 4 SGB VII). Trotz dieser ausdrücklichen gesetzlichen Ermächtigungen werden diese Normen aber als Verwaltungsvorschriften angesehen, die nur für die Verwaltungen, nicht aber für die Gerichte bindend sind.[91]

Daneben erfolgt Normsetzung durch Verträge, die aufgrund eines ausdrücklichen gesetzlichen Auftrags von verschiedenen, an der Leistungserbringung interessierten Akteuren ausgehandelt werden.[92] Auch hier geht es darum, im Rahmen eines als sinnvoll betrachteten organisatorischen Designs die gesetzlichen Vorgaben in konkretere, unmittelbar vollzugsfähige Regelungen zu übertragen.[93] Der Rückgriff auf atypische Handlungsformen entspringt dem Interesse an einer passgenauen, flexiblen Entscheidungsstruktur, die gegebenenfalls Wertungen enthält, ohne eine strikte Bindungswirkung zu entfalten.[94] So bewirkt etwa die Rechtsfigur der Rahmenempfehlung, die zwischen Spitzenverbänden der Leistungserbringer und jenen der Krankenkassen abgeschlossen werden, ein Begründungserfordernis im Fall von Abweichungen.[95]

2. *Steuerrecht*

Die Finanzverwaltung orientiert sich allem Anschein nach mehr an Verwaltungsvorschriften als an Gesetzen oder Verordnungen.[96] Admi-

---

[89] Vgl. etwa *T. Hebeler* DÖV 2002, 936ff.

[90] Vgl. BVerfGE 115, 25 (46f.); *T. Hebeler* DÖV 2002, 936; kritisch zur Annahme einer Legitimation durch Sachverstand: *Hänlein* (Fn. 87), 500ff.

[91] BSGE 91, 78 (80); vgl. auch BSGE 73, 146 (149f.); 78, 125 (129f.).

[92] BSGE 81, 54 (64); 81, 73 (83f.); *Axer* (Fn. 7), 56ff. *C. Engel* (DV 34 [2001], 432 [436]) spricht in diesem Zusammenhang von einer „Konstitutionalisierung des Korporatismus“; *Hänlein* (Fn. 87), 10ff., 235ff.; *J. Joussen* SGb 2004, 334ff.; vgl. auch BSG, NZS 1990, 50 (53). Allgemein zu normsetzenden Vereinbarungen: *M. Sachs* VerwArch 74 (1983), 25ff.

[93] Vgl. BSGE 81, 73 (81ff.).

[94] Vgl. BSGE 73, 146 (149f.); 78, 125 (127f.); *R. Francke* SGb 2000, 159 (163).

[95] Vgl. *C. Engel* DV 34 (2001), 432.

[96] *P. Kirchhof* FS Kruse, 2001, 17 (35); *W.G. Leisner* StuW 2007, 241 (243); vgl. auch *H.-U. Erichsen* FS Kruse, 2001, 39 (43); *K. Tipke* StuW 1981, 189 (199).

nistrativ gesetzte Regelungen finden sich in Erlassen,[97] in Mitteilungen oder Schreiben des Bundesministeriums der Finanzen.[98] Das Ministerium veröffentlicht unter Beteiligung von Fachverbänden erstellte Tabellen über die Absetzungen für Abnutzungen.[99] Auch im Steuerrecht gilt der Grundsatz, dass durch Regelungen der Verwaltungen das positive Recht nicht verändert werden kann.[100] Nach der finanzgerichtlichen Rechtsprechung bedarf es für den Erlass von Verwaltungsvorschriften keiner gesetzlichen Ermächtigungsgrundlage.[101] Die Finanzgerichte sind an sie grundsätzlich nicht gebunden.[102] Allerdings ist die Frage der Bindungswirkung im Einzelfall schwierig zu beantworten.[103] In der Rechtsprechung des Bundesfinanzhofs verschwimmen die Grenzen zwischen der ausdrücklich festgestellten rechtlichen Bindungswirkung, der inhaltlichen Überzeugungskraft administrativer Bewertungen[104] und den konzedierten Anforderungen der Verwaltungs- und Gerichtspraxis.[105] Dort, wo den Vorgaben der Verwaltungsvorschriften gefolgt wird, werden zwar durchaus Bindungswirkungen hervorgehoben, gleichzeitig aber auch immer wieder die Spielräume der Gerichte betont.[106]

---

[97] Vgl. etwa die Ausführungen zum Umsatzsteueranwendungserlass bei *H.J. Bathe* BC 2011, 126ff.; *M. Trinks* StB 2011, 30ff.; zu den besonders intensiv diskutierten Nichtanwendungserlassen *W. Kessler/R. Eicke* DStR 2006, 1913ff.; *H.-F. Lange* NJW 2002, 3657ff.; *W. Spindler* FS Solms, 53 (58ff.); *ders.* Stbg 2006, 1 (5f.); *ders.* DStR 2007, 1061ff.; *H. Weber-Grellet* FS Lang, 2011, 927ff.; *J. Wieland* DStR 2004, 1ff.

[98] Vgl. etwa BFHE 147, 231; 178, 4.

[99] Vgl. etwa BFHE 184, 522; BFH, NJW 1992, 1646.

[100] Vgl. BFHE 226, 267 (272).

[101] BFHE 225, 482 (486).

[102] BFHE 140, 261 (266); 147, 231 (234); 178, 4 (7). Nach Auffassung von *J. Hey* (DStR 2004, 1897 [1902]) „folgen die Gerichte – ob sie dies nun zum Ausdruck bringen oder nicht – Verwaltungsvorschriften, soweit sie vertretbare Auslegungen enthalten, und sind hierzu auch berechtigt".

[103] Kritisch dazu *Seiler* (Fn. 11), 373.

[104] Die Gerichte können natürlich die Verwaltungsvorschriften statt auf der Grundlage ihrer Bindungswirkung auch wegen ihrer Überzeugungskraft anwenden; vgl. in diesem Sinn etwa BVerfGE 78, 214 (229f.).

[105] Zu diesen verschiedenen Aspekten vgl. BVerfGE 78, 214 (227ff.).

[106] Vgl. etwa BFHE 119, 561 (564) zu den LStR: „Die Steuergerichte folgen ihnen, wenn sie nach ihrer Ansicht eine zutreffende Auslegung des Gesetzes beinhalten"; nach BFHE 140, 261 (266f.) folgen die Gerichte norminterpretierenden Verwaltungsregelungen „nur dann, wenn sie eine zutreffende Auslegung des Gesetzes beinhalten, in sich verständlich sind und dem Gleichheitssatz des Art. 3 Abs. 1 des Grundgesetzes (GG) entsprechen"; vgl. auch die Ausführungen in BFHE 163, 478 (482), wonach ein koordinierter Ländererlass „bei unzutreffender Gesetzesauslegung das Gericht nicht binden" könne.

Der Gleichheitssatz wird nicht nur als Grund für eine Selbstbindung der Verwaltung angesehen, sondern seine Wirkungen werden im Ergebnis auch auf die Gerichte selbst ausgeweitet. So besteht nach der Rechtsprechung ein Anspruch auf die Anwendung von administrativ gesetzten Billigkeitsregelungen, die zur Selbstbindung[107] der Verwaltung führen, mit der Folge, dass diese auch von den Gerichten zu beachten sind.[108] Besonders deutlich werden die Konsequenzen bei den Bewertungsrichtlinien.[109] Sie verfolgen die Ziele der Gleichmäßigkeit der Besteuerung, der Rechtssicherheit und darüber hinaus auch der Praktikabilität des Bewertungsverfahrens.[110] Eine Abweichung von diesen ist nur dann möglich, wenn in besonders gelagerten Fällen ein Schätzergebnis nicht tragbar ist.[111] Eine solche Bindungswirkung ergibt sich auch dann, wenn in Verwaltungsvorschriften Pauschbeträge festgesetzt werden, die der Beweiserleichterung sowie der Verfahrensökonomie dienen.[112]

Der Gleichheitssatz wie im Übrigen auch die Intention des Art. 108 Abs. 7 GG sprechen gegen die Möglichkeit, von den Verwaltungsvorschriften abzuweichen.[113] Auch die Gleichmäßigkeit der Besteuerung impliziert als Grundsatz eine weiter gehende Bindungswirkung, als dies die Selbstbindung der Verwaltung bewirken würde.[114] Es fällt wesent-

---

107 *R. Seer* (BB 1999, 78 [83]) hat darauf hingewiesen, dass von Verwaltungsvorschriften, die bestimmte Sachverhalte eindeutig vertypen, auch nicht im Wege einer sogenannten „tatsächlichen Verständigung" abgewichen werden darf; vgl. auch *H.-U. Erichsen* FS Kruse, 2001, 39 (44).

108 BFHE 141, 45 (50); 163, 478 (482); 164, 422 (423 f.); 190, 185 (189); 206, 253 (257).

109 Vgl. dazu schon *Ossenbühl* (Fn. 2), 113 f.

110 BFHE 225, 482 (487); *H.-U. Erichsen* FS Kruse, 2001, 39 (46); *K. Vogel* StuW 1991, 254 (257 ff.); *W. Spindler* (Stbg 2006, 1 [3]) spricht davon, die Finanzverwaltung versuche „seit Jahrzehnten, dem Dilemma von gleichmäßiger und einheitlicher Rechtsanwendung einerseits und angemessener Erledigung des Massengeschäftes andererseits durch verwaltungsinterne Regelungen Rechnung zu tragen"; vgl. auch *ders.* FS Solms, 2005, 53 (55); *ders.* ThürVBl. 2010, 226 (227).

111 BFHE 112, 510 (513); 119, 561 (563 f.); vgl. auch die Aussage bei *K. Tipke* (StuW 1981, 189 [199]): „Die Gerichte wenden die Bewertungsrichtlinien durchweg insoweit an, als ihnen die Größen vertretbar erscheinen. Sie ersparen sich auf diese Weise die Sachverständigenarbeit. Die Bewertungsrichtlinien werden aber zu Quasi-Rechtsnormen".

112 BFHE 119, 561 (563); 145, 181 (190); 147, 247 (252); 174, 169 (173); BFH, NJW 1992, 1646 (1647); *R. Karl* DStZ 2002, 598 (600 ff.); *K. Vogel* StuW 1991, 254 (261 f.); *ders.* FS Thieme, 1993, 605 (611 ff.).

113 BFHE 147, 428 (431).

114 Vgl. dazu etwa BFHE 91, 535 (537); 119, 561 (563); 145, 181 (190); BFH, NJW 1992, 1646 (1648 f.); s. auch *H.-J. Pezzer* in: Deutsches wissenschaftliches Institut der Steuerberater e.V. (Hrsg.), Die Finanzverwaltung – Ein Ersatzgesetzgeber? 2006, 23 (25).

lich schwerer, unter diesem Gesichtspunkt die Gerichte von einer Bindungswirkung auszunehmen. Würden Pauschalierungsrichtlinien etwa von Finanzgerichten nicht angewandt, so müssten diese im Grunde Einzelnachweise verlangen, was eine Schlechterstellung der Kläger gegenüber anderen Steuerpflichtigen zur Folge hätte.[115]

3. *Kommunalaufsicht*

Die Wirkungsweise administrativer Rechtsetzung zeigt sich exemplarisch im Verhältnis von Kommunen und Kommunalaufsicht. Bei kleineren Gemeinden[116] kann die Kommunalaufsicht schon durch die Beratung[117] einen Einfluss ausüben.[118] Zum Teil wird aus dem Grundsatz des gemeindefreundlichen Verhaltens ein Vorrang des beratenden vor dem eingreifenden Handeln der Aufsichtsbehörde gefolgert.[119] Der sogenannte „Beratungserlass" gilt dabei als Teil der Beratung.[120] Die Kommunalaufsicht kann über Erlasse mit den Kommunen kommunizieren und sich in rechtlichen Diskussionen positionieren.[121] Die beaufsichtigten Körperschaften müssen Sorge haben, dass eine Nichtbefol-

---

[115] BFH 145, 181 (190); *Rogmann* (Fn. 30), 213.

[116] Bei Städten mit großer Verwaltungskraft besteht umgekehrt sogar die Möglichkeit, dass sich diese faktisch weitgehend der Aufsicht entziehen (so schon *C.-P. Glass* Die Realität der Kommunalaufsicht, 1967, 139).

[117] *T. Pfeiffer* (ThürVBl. 2007, 201 [204]) hat darauf hingewiesen, dass in „der Praxis (...) die Aufsichtsbehörden weit überwiegend beratend tätig" seien; vgl. auch die Aussage in BVerfGE 58, 177 (195): „Zu den wichtigsten Formen präventiver Kommunalaufsicht rechnet (...) die Beratung der Gemeinde im Vorfeld kommunaler Entscheidungen".

[118] *F.-W. Held* in: J. Ipsen/H.-P. Schneider (Hrsg.), Staat und Kommunen – Kooperation oder Konflikt?, 1998, 21 (26), Held spricht davon, Kommunalaufsicht sei „nicht zuletzt lenkende und gestaltende Verwaltung" (ebd.). S. auch *J. Klimant* Funktionen, Probleme und Arbeitsweise der Kommunalaufsicht, 1992, 59: *A. Leisner-Egensperger* DÖV 2005, 761 (763f.).

[119] *R. Bracker* FS von Unruh, 1983, 459 (464); grundsätzlich positiv zur Beratung und zur präventiven gegenüber der repressiven Kontrolle auch *F.-L. Knemeyer* BayVBl. 1999, 193 (195); wesentlich kritischer gegenüber der Beratung: *A. Leisner-Egensperger* DÖV 2005, 761 (767); nach Auffassung von *J. Oebbecke* (DÖV 2001, 406 [410]) ist ein „genereller, aus dem Erforderlichkeitsgrundsatz abzuleitender Vorrang der Beratung vor eingreifenden Aufsichtsmitteln (...) nicht anzuerkennen"; Beratung sei „ein aliud, kein minus zur Anordnung oder Beanstandung"; nach Auffassung von *F. Schoch* (Jura 2006, 188 [190]) ist „ein besonders sensibler Umgang mit der präventiven Aufsicht" gefordert; dies gelte „vor allem auch für die aufsichtsbehördliche Beratung der Kommunen".

[120] *R. Bracker* FS von Unruh, 1983, 459 (466).

[121] Vgl. etwa die Darstellung bei *A. Prahl* KStZ 2005 7ff.

gung der Regelungen des Erlasses aufsichtsrechtliche Maßnahmen nach sich zieht.[122] Ähnliches lässt sich über die Entscheidung gegen die Übernahme einer Mustersatzung sagen.[123] Insgesamt zeigt sich so ein enger Zusammenhang zwischen beratendem und der Möglichkeit zu eingreifendem Handeln, ohne dass dies bereits eine rechtliche Bindungswirkung implizieren würde.[124]

Die Gerichte sind mit einer ähnlichen Konstellation konfrontiert wie bei der eben dargestellten Anwendung steuerrechtlicher Vorschriften. Wie der Grundsatz der Gleichmäßigkeit der Besteuerung ist das Gebot interkommunaler Gleichbehandlung[125] ein Gesichtspunkt, der das Potenzial hat, über die administrative Selbstbindung[126] hinaus prägende Wirkungen zu entfalten. Auch hier wäre eine Rechtsprechung, die von den seitens der Verwaltung autonom aufgestellten Regelungen abweicht, in der Gefahr, die darin festgeschriebenen pragmatischen Lösungen zu missachten. Zudem würde etwa im Bereich der Aufsicht über die kommunalen Haushalte eine Nichtanwendung entsprechender administrativer Regelungen die Vergleichbarkeit sowie die Aussagekraft der haushaltsrechtlichen Zahlen möglicherweise beseitigen. Dies wäre – gerade in Anbetracht des verfassungsrechtlichen Bekenntnisses zu Vergleichsstudien in Art. 91d GG – mehr als ein Schönheitsfehler.

---

[122] *C. Brüning/K. Vogelgesang* Die Kommunalaufsicht, 1998, 2. Aufl. 2009, Rn. 182.

[123] Nach Auffassung von *F. Schoch* (NVwZ 1990, 801 [804]) dürfte „die reale Entscheidungsfreiheit der kommunalen Vertretungskörperschaften (...) angesichts der faktischen Zwänge, der fachlich inspirierten Muster und der Furcht vor Prozessrisiken nicht selten gegen Null tendieren".

[124] *A. Leisner-Egensperger* (DÖV 2005, 761 [767]) sieht in ihnen „deutliche Ankündigungen aufsichtsrechtlichen Einschreitens im Nichtbefolgungsfall"; der Mechanismus wird praktisch beschrieben von *T. Pfeiffer* (ThürVBl. 2007, 201 [205]): „Die überlegene Rechtskunde der Aufsichtsbehörde sowie die rechtliche ‚Drohkulisse' der repressiven Aufsichtsmaßnahmen in Verbindung mit ihrem politischen Öffentlichkeitseffekt führen nicht nur zu einer starken faktischen Bindung der Gemeinde an vergangene Ratschläge und Meinungsäußerungen der Aufsichtsbehörde, sondern können die Gemeinde auch in Zukunft dazu verleiten, von vornherein vor jeder Maßnahme in einem ‚informellen Kondominium' die Abstimmung der Recht- und Zweckmäßigkeit mit der Kommunalaufsichtsbehörde zu suchen".

[125] BbgVerfG, LKV 2006, 505; LVerfG MV, Urt. v. 30. 6. 2011, Az 10/10, Rn. 52; Nds. StGH, NdsVBl. 2005, 151 (154); NdsVBl. 2010, 236 (241 f.); NWVerfGH, NVwZ-RR 2003, 612; NVwZ-RR 2010, 627 (627 f.); RhPfVerfGH, NVwZ-RR 1998, 607.

[126] Zur Anwendung des Grundsatzes auf die Kommunalaufsicht vgl. etwa VG Düsseldorf, Beschl. v. 27. 11. 2009 Az. 1 L 1700/09, Rn. 47 f.

4. *Beihilfenrecht*

Das europäische Beihilfenrecht ist seit jeher eine Materie, in der „atypische" Handlungsformen besonders zum Tragen kommen.[127] Diese Entwicklung vollzog sich bis in die späten 1990er Jahre weitgehend ohne sekundärrechtliche Vorprägung[128] und ohne Nennung einer primärrechtlichen Rechtsgrundlage, aus der sich eine rechtliche Verbindlichkeit dieser Maßnahmen ergeben hätte[129]. Sie zeigen aber sowohl die Auslegung bestimmter Begriffe in den Rechtsgrundlagen wie auch die Grundsätze auf, nach denen die Kommission ein ihr eingeräumtes Ermessen auszuüben beabsichtigt.[130] Für die Mitgliedstaaten bieten sich so willkommene[131] Hinweise über die Genehmigungspraxis der Kommission, was im Ergebnis zu einer jedenfalls faktischen Bindungswirkung führt.[132] Im Fall der ausdrücklichen Zustimmung durch die Mitgliedstaaten kann man auch von einer direkten rechtlichen Bindungswirkung ausgehen.[133]

---

127 Vgl. *Härtel* (Fn. 36), § 13 Rn. 28ff.; *Rogmann* (Fn. 30), 103; *P. Schütterle* EuZW 1995, 391 (393); *Terhechte* (Fn. 5), 124.

128 *H.C.H. Hofmann* CMLR 43 (2006), 153 (155); *T. Jestaedt/U. Häsemeyer* EuZW 1995, 787; *Senden* (Fn. 33), 332ff.; zu den historischen Hintergründen vgl. *M. Cini* JEPP 8:2 (2001), 192 (196ff.). In einem 1999 veröffentlichten Beitrag bemerkt *Priebe* (Fn. 50, 71 [89]), die Kommission habe „bislang gezögert, dem Rat aufgrund Art. 94 EGV Durchführungsverordnungen vorzuschlagen, weil sie befürchtete, ihre vertraglichen, durch den Gerichtshof bestätigten Kompetenzen könnten vom Rat geschmälert werden".

129 *P. Schütterle* EuZW 1995, 391 (393).

130 *M. Cini* JEPP 8:2 (2001), 192 (198); *Härtel* (Fn. 36), § 13, Rn. 21; *Terhechte* (Fn. 5), 123f.; *della Cananea* (Fn. 50), 61 (63).

131 Vgl. dazu den Hinweis bei *A. Papaioannou* (CMLR 31 1994, 155 [162]): „As far as state aids are concerned, the practice of regulation through communications, guidelines and frameworks has rarely been challenged by the interested parties". *T. Jestaedt/U. Häsemeyer* (EuZW 1995, 787) nennen die Leitlinien und Gemeinschaftsrahmen die „praktisch wichtigsten Regelungen, anhand derer Prognosen über die Vereinbarkeit konkreter Beihilfevorhaben mit dem Gemeinsamen Markt getroffen werden können".

132 *della Cananea* (Fn. 50), 61 (69); *Härtel* (Fn. 36), § 13, Rn. 33; *T. Jestaedt/U. Häsemeyer* EuZW 1995, 787 (791); *P. Schütterle* EuZW 1995, 391 (393). Vgl. dazu auch die Ausführungen von *M. Fehling* (EuR 2010, 598 [616]) zur Beihilfenaufsicht in der Wirtschaftskrise: „Wenn bislang kein einziger Beihilfenantrag abgelehnt worden ist, so zeigt sich darin kein Versagen der Beihilfenkontrolle. Denn die Mitgliedstaaten passen ihre Beihilfen von vornherein weitgehend den Anforderungen an, welche die Kommission in ihren Mitteilungen aufgestellt hat".

133 Zur Diskussion s. *W. Frenz* WRP 2010, 224 (229); *Härtel* (Fn. 36), § 13 Rn. 30f.; *T. Jestaedt/U. Häsemeyer* EuZW 1995, 787 (790f.); *Senden* (Fn. 33), 270ff.; s. auch *P. Schütterle* EuZW 1995, 391 (394). *T. Groß* (DÖV 2004, 20 [24]) sieht mit Blick auf das Beihilfeaufsichtsrecht eine „wechselseitige Selbstbindung".

Durch die Mitteilungen kommuniziert die Kommission in einer Weise, die gleichzeitig abstrakt-generellen Charakter trägt und ausgesprochen flexibel ist.[134] Die Flexibilität wie auch der damit verbundene Zugewinn an Rechtssicherheit wurden mustergültig demonstriert durch die schnelle Reaktion der Kommission, die im Jahr 2008 und Anfang 2009 neue Vollzugsregelungen entwickelte, an denen sie die Initiativen der Mitgliedstaaten zur Bewältigung der Wirtschafts- und Finanzkrise maß.[135]

5. *Sonstiges europäisches Wettbewerbsrecht*

Anders als im Beihilfenrecht sind die Mitgliedstaaten im übrigen Wettbewerbsrecht nicht nur Adressaten von Genehmigungsentscheidungen, sondern mit ihren Wettbewerbsbehörden selbst in den Vollzug des Unionsrechts einbezogen, was auch für die administrative Rechtsetzung der Kommission Konsequenzen hat.[136] Im Fusionskontrollrecht geben die Mitteilungen wichtige Hinweise über die Anwendung des Sekundärrechts durch die Kommission, die an ihre entsprechenden Ausführungen selbst gebunden ist.[137] Im Kartellrecht folgt die überragende praktische Bedeutung von Mitteilungen und Leitlinien aus der Weite der in den einschlägigen Artikeln (Art. 101, 102 AEUV) verwendeten Formulierungen.[138] Darüber hinaus hat es durch die Verordnung 1/2003[139] einen starken Dezentralisierungsimpuls gegeben,[140] der

---

[134] *della Cananea* (Fn. 50), 61 (67).

[135] Vgl. die konsolidierte Fassung der Ausführungen zur Realwirtschaft: Mitteilung der Kommission – Vorübergehender Gemeinschaftsrahmen für staatliche Beihilfen zur Erleichterung des Zugangs zu Finanzierungsmitteln in der gegenwärtigen Finanz- und Wirtschaftskrise, ABlEU 2009, Nr. C 83, 1ff.; s. dazu die Erläuterungen bei *U. Soltész/C. von Köckritz* EuZW 2010, 167ff.; für den Bankensektor wurden verschiedene Mitteilungen von der Kommission erlassen; vgl. dazu den Überblick bei *M. Fehling* EuR 2010, 598 (604f.).

[136] *Terhechte* (Fn. 5), 128f.

[137] *Wenz* (Fn. 30), 10f.; vgl. auch *J. Hansen* Fusionskontrollpraxis von Bundeskartellamt und EG-Kommission, 2010, 45. Die große praktische Bedeutung von Leitlinien und Mitteilungen der Kommission im Rahmen des Fusionskontrolle wird deutlich bei *S. Hirsbrunner* EuZW 2009, 239ff.

[138] *W. Weiß* EWS 2010, 257; *Weiß* bezeichnet „viele dieser Mitteilungen und Leitlinien" als „die einzige Grundlage für die Ausrichtung der Anwendung des EU-Kartellrechts und die Orientierung der Praxis" (ebd.); für „(p)roblematisch an der Kommissionspraxis" hält er, „dass die Kommission damit für rechtlich sehr relevante Fragen zum entscheidenden Regelgeber wird" (ebd. S. 257f.); vgl. auch *U. Immenga* EuZW 2006, 481.

[139] Verordnung (EG) des Rates vom 16. 12. 2002 zur Durchführung der in den Artikeln 81 und 82 des Vertrags niedergelegten Wettbewerbsregeln, ABlEG Nr. L 1 v. 4. 1. 2003, 1.

eine Gefahr für die Einheitlichkeit bei der Anwendung der seinerzeitigen Art. 81 Abs. 1 und Abs. 3 EG mit sich brachte.[141] Die Kommission reagierte auf diese Herausforderung mit dem Erlass von Ausführungsbestimmungen, wie Gruppenfreistellungsverordnungen, Bekanntmachungen und Leitlinien, mit denen unter anderem die nationalen Kartellbehörden zu einer einheitlichen Anwendung gebracht werden sollen,[142] auch wenn damit nicht zwangsläufig eine strikte Rechtsbindung einhergeht.[143] Hinsichtlich der Geldbußen hat sich eine Rechtsprechung herausgebildet, die eine enge argumentative Verknüpfung[144] zwischen Selbstbindung und Bindung der Gerichte aufweist.[145]

6. *Sonderformen und Fortentwicklungen*

Das Bedürfnis nach Praktikabilität dominiert seit jeher auch bei der Fortentwicklung der im Grundgesetz und in den europäischen Verträgen etablierten Rechtsformen.[146] Ein Beispiel dafür ist das Komitologieverfahren.[147] Der Vollzug des europäischen Rechts war seit jeher in den europäischen Verträgen nicht verbindlich ausgestaltet, sondern sollte in jedem Sekundärrechtsakt eigens vorgezeichnet werden.[148] Die Regulierungsnotwendigkeiten konnten nicht von der Kommission allein erfüllt werden, da sie über keinen hinreichend großen, spezialisierten Verwal-

---

[140] *A. Weitbrecht* EuZW 2003, 69 (70, 72).

[141] *Pampel* Rechtsnatur (Fn. 26), 24ff.; zum Verhältnis von europäischem und nationalem Kartellrecht und den beteiligten Behörden vgl. *W. Weiß* in: Calliess/Ruffert (Fn. 30), Art. 101, Rn. 16ff.

[142] *Pampel* Rechtsnatur (Fn. 26), 31ff.; die Bedeutung von Grünbüchern und Mitteilungen für die Entwicklung einer kohärenten Politik wird deutlich bei *T. Ackermann* EuZW 1999, 741; *A. Weitbrecht* (EuZW 2003, 69, 72) sieht „gewisse Parallelen zum kooperativen Föderalismus deutscher Prägung“.

[143] Vgl. etwa die in dieser Hinsicht ablehnenden Ausführungen des EuGH, 14. 6. 2011, Rs. C-360/09 (*Pfleiderer AG*/Bundeskartellamt), Rn. 21ff.; s. auch *G. Pampel* EuZW 2005, 11 (12f.).

[144] Vgl. etwa die Argumentation mit Regelungen aus Mitteilungen bzw. Leitlinien in EuGH, Rs. C-328/05 (*SGL* Carbon *AG*/Kommission), Slg. 2007, I-03921, Rn. 82ff.; Rs. C-125/07 u.a. (*Erste Group Bank AG* u.a./Kommission), Slg. 2009, I-08681, Rn. 174ff., 215.

[145] *W. Weiß* EWS 2010, 257 (258).

[146] Vgl. demgegenüber das Plädoyer für Formenstrenge bei *C. Seiler* ZG 16 (2001), 50ff.; *S. Studenroth* DÖV 1995, 525ff.

[147] *Ruffert* (Fn. 3, § 17 Rn. 58) hat darauf hingewiesen, dass auch „das Gemeinschaftsverwaltungsrecht (...) nicht ohne Durchführungsrechtsetzung“ auskomme; zu den Hintergründen vgl. *Curtin* (Fn. 5), 117ff.

[148] *K. Lenaerts* ELR 18 (1993), 23 (25).

tungsunterbau verfügt.[149] Im Interesse eines reibungslosen Vollzugs ergab sich das Bedürfnis nach einer Rückbindung der Kommission an die mitgliedstaatliche Verwaltungsebene,[150] die am besten in Form von Ausschüssen erfolgen konnte.[151] Die Durchführungsrechtsetzung bildet so gleichzeitig ein zentrales Steuerungsinstrument gegenüber den europäischen, wie auch den mitgliedstaatlichen Verwaltungsstellen.[152] Es wird berichtet, dass dieses institutionelle Arrangement, in dem die Kommission in einer schwer zu kontrollierenden Weise mit dem Rat zusammenwirkt, vom Europäischen Parlament von Beginn an kritisch gesehen wurde.[153] Mit der Schaffung von Art. 290 und 291 AEUV erfolgte eine primärrechtliche Verankerung mit veränderten Vorzeichen.[154]

In Deutschland wird das Bedürfnis nach Fortentwicklung besonders deutlich beim flexiblen Umgang mit Rechtsverordnung sowie Verwaltungsvorschrift. Der einfache Gesetzgeber greift etwa in § 48 BImSchG auf Verwaltungsvorschriften zurück – anstatt zum Erlass einer Rechtsverordnung zu ermächtigen –, um die Vollzugsfähigkeit einer gesetzlichen Regelung zu bewirken.[155] Rechtsverordnungen können durch Gesetz verändert werden, und durch sogenannte „Entsteinerungsklauseln" kann dem Verordnungsgeber die Möglichkeit eingeräumt werden, die so modifizierten Passagen seinerseits wieder zu verändern.[156] Die –

---

149 *G. Schäfer* in: M. Andenas/A. Türk (Fn. 4), 3 (5).

150 Vgl. dazu *H. Hofmann* ELJ 15 (2009), 482 (498); *D. Riedel* EuR 2006, 512 (522f.); allgemein zum Verhältnis von Kooperation und Hierarchie im europäischen Verwaltungsrecht: *E. Schmidt-Aßmann* in: ders./B. Schöndorf-Haubold (Hrsg.), Der Europäische Verwaltungsverbund, 2005, 1 (14).

151 *Schäfer* (Fn. 149), 3 (4); zu den empirischen Fakten vgl. *Curtin* (Fn. 5), 110f.

152 *D. Riedel* EuR 2006, 512.

153 *K. Bradley* CMLR 29 (1992), 693 (694); *Haibach* (Fn. 4), 53 (63); *Schäfer* (Fn. 149), 3 (17); vgl. auch *H. Hofmann* ELJ 15 (2009), 482 (499f.).

154 *U. Everling* EuZW 2010, 572 (574); *M. Kotzur* in: R. Geiger/D.-E. Khan/M. Kotzur (Hrsg.) EUV/AEUV, 5. Aufl. 2010, Art. 290 Rn 1, Art. 291 Rn. 3; *H. Lecheler* DVBl. 2008, 873 (876f.); *C. Möllers/J. von Achenbach* EuR 2011, 39 (40f.); *M. Möstl* DVBl. 2011, 1076 (1083); vgl. auch *H. Hofmann* ELJ 15 (2009), 482 (491).

155 Vgl. dazu die Funktionszuschreibung, die das BVerwG für die Verwaltungsvorschriften gemäß § 48 BImSchG vornimmt: „den mit dem Vollzug des Bundes-Immissionsschutzgesetzes betrauten Behörden die als Entscheidungsgrundlagen benötigten naturwissenschaftlichen Erkenntnisse auf Grund eines zentralen Ermittlungsverfahrens zu vermitteln" (BVerwGE 55, 250 [257]); vgl. auch BVerwGE 107, 338 (341); 114, 342 (344).

156 Vgl. dazu *P. Kirchhof* FS Kruse, 2001, 17 (29ff.); *C. Seiler* ZG 16 (2001), 50 (51f.); s. auch *F. Ossenbühl* in: J. Isensee/P. Kirchhof (Hrsg.), HdbStR V, 3. Aufl. 2007, § 103, Rn. 27.

allerdings nicht unumstrittene[157] – Rechtsprechung[158] hat den Bedürfnissen der Praxis[159] in diesem Punkt zu Recht keinen Riegel vorgeschoben.[160] Eine pragmatische, wenn auch mit dem Gedanken der Delegation kaum vereinbare,[161] Lösung stellt auch die Rechtsprechung dar, nach der die Wirksamkeit einer Rechtsverordnung von Wegfall oder Änderung ihrer Rechtsgrundlage unberührt bleibt.[162]

V. Funktionalität und Übersichtlichkeit

Die Beispiele aus den verschiedenen Bereichen zeigen die weitreichende Bedeutung der exekutiven Rechtsetzung und insbesondere der Verwaltungsvorschriften bzw. ihrer europäischen Äquivalente für die administrative Praxis. Aus Gründen der Rechtssicherheit und -klarheit sowie der Gleichbehandlung sollten die administrativen Strukturierungsleistungen auch rechtspolitisch ausdrücklich begrüßt werden.[163] Die administrative Praxis gibt insgesamt keinen Anlass, auf einen willkürlichen oder missbräuchlichen[164] Einsatz einzelner Rechtsformen zu schließen.[165] Die Betroffenen müssen sich – auch außerhalb der Leistungsverwaltung – auf die Regelungen der Verwaltung berufen kön-

---

[157] S. zur Kritik *Möstl* (Fn. 12), § 20 Rn. 6; *A. Uhle* DÖV 2001, 241 ff.; *ders.* DVBl. 2004, 1272 ff.

[158] BVerwGE 117, 313.

[159] Besonders eindringlich in diesem Sinne: *H. Sendler* NJW 2001, 2859 (2861); vgl. auch *F. Ossenbühl* ZG 12 (1997), 305 (314).

[160] Zustimmend: *Ruffert* (Fn. 3), § 17 Rn. 63.

[161] Kritisch daher auch: *M. Kotulla* NVwZ 2000, 1263 ff.; *N. Rütz* Jura 2005, 821 ff.

[162] BVerfGE 9, 3 (12); 12, 341 (347); 14, 245 (249); 22, 1 (12); 28, 119 (143); 31, 357 (362 f.); 44, 216 (226); 52, 1 (17); 78, 179 (198); BVerwGE 104, 331 (333).

[163] S. dazu die Frage von *R. Wahl* (FG BVerwG, 2003, 571 [587]): „Wenn die Verwaltung durch Verwaltungsübung die unerlässliche Gleichförmigkeit, Bestimmtheit und Verlässlichkeit ihres Handelns erzeugen darf, warum soll sie dies nicht in Form von offen zugestandener Rechtsetzung tun dürfen, solange sie sich im unwesentlichen Bereich befindet?"; vgl. auch *della Cananea* (Fn. 50), 61 (70); *A. Guckelberger* DV 35 (2002), 61.

[164] Nach der Definition von *A. von Bogdandy/J. Bast/F. Arndt* (ZaöRV 62 [2002], 77 [89]) ist die „Grenze zur missbräuchlichen Typenbildung (...) dort überschritten, wo kein Bedürfnis für eine Ausweitung des Formenspektrums nachvollziehbar ist oder Unklarheit über die mit einer Handlung erzielten Rechtswirkungen erzeugt wird".

[165] Für *R. Wahl* (FG BVerwG, 2003, 571 [594]) ist daher „ein gelassener, sachbezogener Umgang mit der Notwendigkeit und Berechtigung einer administrativen Rechtsetzung" notwendig.

nen.[166] Konsequenterweise sollte die deutsche Rechtsprechung von der missverständlichen und ohnehin nur noch mit vielen Ausnahmen durchzuhaltenden Position abrücken, Verwaltungsvorschriften seien „grundsätzlich Gegenstand, nicht jedoch Maßstab richterlicher Kontrolle“[167].

Für die Exekutive geht es in erster Linie um das Gewährleisten einer einheitlichen Rechtsanwendung.[168] Fehlt es an einer verbindlichen Steuerungsmöglichkeit gegenüber unterschiedlichen Vollzugsbehörden, so besteht die Gefahr, dass die legislativen Normen übertrieben detailgenau ausfallen.[169] Umgekehrt sorgt die administrative Rechtsetzung dort für vollziehbare Regelungen, wo die Gesetze ausfüllungsbedürftig sind.[170] Kein Zweifel besteht daran, dass durch die verschiedenen Handlungsformen eine Selbstbindung[171] insbesondere hinsichtlich der zukünftigen Ermessensausübung eintreten kann.[172] Verwaltungsvorschriften bieten aber nicht nur für die Exekutive flexible Einsatzmöglichkeiten, sondern vor allem auch für die Gerichte. Die Erkenntnisse, die ihren Niederschlag in Verwaltungsvorschriften finden, können ohne Probleme übernommen werden, ohne dass dabei eine Bindung

---

[166] *A. Leisner* (JZ 2002, 219 [230]) spitzt diese Auffassung in der Aussage zu, der Rechtsstaat sei „keine normative Einbahnstraße“; vgl. auch *Ruffert* (Fn. 3), § 17 Rn. 70; zur Situation in der EU: *T. Groß* DÖV 2004, 20 (23).

[167] BVerfGE 78, 214 (227); BVerfG NVwZ 2011, 1062 (1064); das Bundesverfassungsgericht selbst muss konzedieren, dass es selbst schon Ausnahmen anerkannt hat: „Eine Regelung der Behördenzuständigkeit oder des Verwaltungsverfahrens, für die das Bundesverfassungsgericht in der Vergangenheit eine gewisse Bindung der Gerichte angenommen hat (...), liegt hier ebensowenig vor wie der Sonderfall der atomrechtlichen Genehmigung“ (BVerfGE 78, 214 [227]); vgl. auch BVerfG, NJW 2009, 3293 (3294).

[168] Vgl. *Adam* (Fn. 30), 71.

[169] Vgl. – mit Blick auf das Agrar- und Zollgemeinschaftsrecht – *R. Mögele* BayVBl. 1993, 552 (553); *Pühs* (Fn. 67), 121ff.

[170] Vgl. dazu BVerfGE 49, 89 (135).

[171] *R. Wahl* (FG BVerwG, 2003, 571 [587]) hat auf die Merkwürdigkeit hingewiesen, dass was „die Verwaltung qua Rechtsetzung nicht darf, (...) sie dadurch können“ soll, „dass sie eine Verwaltungsübung begründet“.

[172] *Bumke* (Fn. 75), 643 (660f.); *T. Groß* DÖV 2004, 20 (23); *Härtel* (Fn. 36), § 13, Rn. 32; *Möstl* (Fn. 12), § 20 Rn. 21; *J. Schwarze* EuR 2011, 3 (8f.); *T. Siegel* NVwZ 2008, 620; *ders.* DÖV 2010, 1 (8); *K.C. Wellens/G.M. Borchardt* ELR 14 (1989), 267 (314); *M. Pechstein* (EuR 1990, 249 [256f.]) hat darauf hingewiesen, dass Selbstbindungen „grundsätzlich allen am Rechtsetzung- und Rechtsanwendungsprozeß beteiligten Akteuren, d.h. Mitgliedstaaten, Ministerrat, Kommission und (...) Europäischem Parlament möglich“ seien; vgl. auch schon *Schwarze* (Fn. 67), 69; skeptisch hinsichtlich der Möglichkeit für Private, diese Bindungswirkung vor Gericht durchzusetzen: *H.C.H. Hofmann* CMLR 43 (2006), 153 (171).

ausdrücklich anerkannt werden müsste.[173] Wo dies angebracht erscheint, kann eine solche Bindungswirkung aber durchaus angenommen werden.

In der deutschen Rechtsordnung erscheint die Abgrenzung zwischen den verschiedenen Rechtsformen vor allem deshalb als eindeutig, weil sich die Konstellationen und die Akteure deutlich voneinander unterscheiden:[174] Satzunggebung ist mit Selbstverwaltung,[175] der Erlass von Verordnungen mit einer Ermächtigung verbunden, für deren Inhalt Art. 80 GG und die entsprechenden Vorschriften der Landesverfassungen Vorgaben machen. Der Erlass von Verwaltungsvorschriften ist an das Vorliegen einer hierarchischen Struktur bzw. an die in Art. 84 Abs. 2, 85 Abs. 2 und 108 Abs. 7 GG geregelte Konstellation geknüpft.[176] Demgegenüber erfolgt die administrative Rechtsetzung in der EU stets durch die Kommission, gegebenenfalls unter Mitwirkung der Mitgliedstaaten.[177] Auch die Konstellationen, in denen die europäische administrative Rechtsetzung erfolgt, sind nicht vergleichbar klar abgegrenzt. In formeller Hinsicht kommt hinzu, dass die Veröffentlichungspolitik der Kommission tendenziell großzügiger ist als die der deutschen Verwaltung; hier werden die Verwaltungsvorschriften nicht immer publiziert[178] – und erst recht nicht die vorbereitenden Akte[179]. Folglich gestaltet sich auch die Entwicklung einer spezifischen Typen-

---

[173] Für *R. Wahl* (FG BVerwG, 2003, 571 [581]) hat „die Rechtsprechung selbst keinen, wirklich keinen Grund (...), die herrschende Lehre frontal anzugreifen und eine Alternative vorzuschlagen. Nach der herrschenden Lehre" bestehe „nämlich eine freie Entscheidungslage für die Rechtsprechung. (...) Die Doktrin" ermächtige „sie sowohl zum Gebrauch wie zum Nicht-Gebrauch der Verwaltungsvorschriften"; vgl. auch *ders.* ebd., 582: „Es ist eine Dogmatik des Als-Ob (...). Die Verwaltungsvorschriften werden behandelt, als ob sie unmittelbare Außenrechtssätze wären, in der Theorie wird aber genau dies ausdrücklich abgelehnt"; s. auch ebd., 585,

[174] *M. Kaltenborn* Rechtstheorie 34 (2003), 459 (483) weist überzeugend darauf hin, dass die „entscheidende Frage (...) nicht mehr diejenige nach einem festgelegten Kanon der *Rechtsquellen*" sei. Vielmehr müsse „für jede Rechtsordnung untersucht werden, welche *Institutionen* unter welchen Voraussetzungen zur Rechtsschöpfung berechtigt sind" (Hervorhebung bei Kaltenborn).

[175] S. dazu die Kategorisierung bei *Ossenbühl* (Fn. 156), § 105, Rn. 6ff. Allerdings geht mit dem Selbstverwaltungsrecht nicht immer eine allgemeine Kompetenz zur Satzunggebung im Bereich der eigenen Angelegenheiten einher; vgl. für die Sozialversicherung *Axer* (Fn. 7), 55. Zu Besonderheiten der Satzunggebung im Sozialversicherungsrecht vgl. auch *Schmidt-Aßmann* Ordnungsidee (Fn. 10), 327.

[176] Vgl. BVerfGE 26, 338 (396ff.).

[177] *H.C.H. Hofmann* CMLR 43 (2006), 153 (156).

[178] Für eine Veröffentlichungspflicht: *von Bogdandy* (Fn. 8), 484ff.

[179] Zur Kategorie der Vorbereitungsakte vgl. *von Alemann* (Fn. 36), 155.

lehre für die Europäische Union komplizierter. Dies ist der Grund für die aus deutscher Sicht oft geäußerte[180], inzwischen aber nicht mehr unwidersprochene[181] These, die Handlungsformen der Union und speziell der Kommission seien unübersichtlich.[182]

VI. Gerichtliche Überprüfung

1. Kontrolldichte

Das Problem der Bindungswirkung von Verwaltungsvorschriften zeigt sich in Deutschland nur deshalb mit solcher Intensität, weil die Rechtsprechung vom Grundsatz der vollen gerichtlichen Überprüfung der Anwendung unbestimmter Rechtsbegriffe ausgeht.[183] Die Rechtsfigur der normkonkretisierenden Verwaltungsvorschrift ist mit der Annahme eines Beurteilungsspielraums verknüpft[184] und ihre Bedeutung wohl auch deshalb trotz des wissenschaftlichen Interesses an ihr in der Praxis relativ gering geblieben.[185] Überall dort, wo keine Einschätzungsprärogative der Exekutive gegeben ist,[186] also weder Beurteilungs- noch Ermessensspielraum anerkannt sind, stößt sich diese Annahme

---

[180] Für *Bumke* (Fn. 75, 643 [646]) fehlt es „[t]rotz eindrucksvoller Ansätze (...) im Gemeinschaftsrecht an einer ausbuchstabierten Handlungsformenlehre". *Härtel* (Fn. 36, § 13 Rn. 22) spricht von einem „Wildwuchs von Namen für Handlungen der Kommission"; *M. Knauff/R. Schwensfeier* (EuZW 2010, 611 [612]) beklagen die nicht bestehende „Klarheit über die Voraussetzungen und Rechtsfolgen von Kommissionsmitteilungen"; hierzu trage „neben der fehlenden primärrechtlichen Ausgestaltung eine inkonsistente Kommissionspraxis bei". Vgl. auch *Nicolaysen* (Fn. 26), 345; *Ruffert* (Fn. 3), § 17 Rn. 38; *I. Schübel-Pfister* ZLR 2004, 403 (425); in diesem Sinn aus der internationalen Literatur: *Senden* (Fn. 33), 497 ff.

[181] Vgl. dazu insbesondere die eindrucksvolle empirische Studie von *A. von Bogdandy/J. Bast/F. Arndt* ZaöRV 62 (2002), 77 ff.; die Autoren vertreten die These, „die Ordnung der Handlungsformen" sei „komplex und auch nur unvollständig durch das Primärrecht eingebunden, aber nicht chaotisch". S. auch *Bast* Europäisches Verfassungsrecht (Fn. 26), 489 (513 ff.).

[182] Vgl. auch *A. von Bogdandy/J. Bast/F. Arndt* ZaöRV 62 (2002), 77 (131); *M. Möstl* DVBl. 2011, 1076 (1077).

[183] Sehr deutlich wird dieser Zusammenhang in der Entscheidung BVerfG NVwZ 2011, 1062 (1064 f.)

[184] BVerwGE 107, 338 (341); *Axer* (Fn. 7), 413; vgl. auch *A. Leisner* JZ 2002, 219 (228); *Seiler* (Fn. 11), 226; *T. Siegel* DÖV 2010, 1 (7); zu den Konkretisierungsbemühungen der europäische Kommission s. *M. Herdegen* ZHR 155 (1991), 52 (65).

[185] *Axer* (Fn. 7), 419; *K. Vogel* FS Thieme, 1993, 605 (616 f.); zur Erklärung dieses Phänomens vgl. *R. Wahl* FG BVerwG, 2003, 571 (581 f.).

[186] *M. Jachmann* DV 28 (1995), 17 (30).

mit der Konkretisierungsaufgabe, die Verwaltungen durch Rechtsetzung erfüllen.[187] Dies führt auch dazu, dass jedenfalls bei anspruchsvollen Fragestellungen, bei denen es zu einem erheblichen, von den Gerichten praktisch nicht auszugleichenden Wissensgefälle zwischen Exekutive und Justiz kommt, die Verwaltungsgerichte eine Bindungswirkung ausnahmsweise erfinden müssen bzw. aus Gründen der Zuschreibung von Verantwortung wollen.[188] Dasselbe gilt in den Fällen, in denen der Verzicht auf eine ausdrückliche Anwendung der Verwaltungsvorschriften zu erheblichen Wertungswidersprüchen und einer nicht vertretbaren Schlechterstellung von Klägern führen würde.[189] Auch dann bietet die Verwaltungsvorschrift eine praxistaugliche Handlungsform, weil eine Abweichungsmöglichkeit für den Fall entgegenstehender und überzeugender Gründe besteht,[190] ohne dass man sich dadurch in Widerspruch zur Bindung der Gerichte an Recht und Gesetz setzen würde.

Löste man den von einer bestimmten Interpretation des Art. 19 Abs. 4 GG begründeten Zusammenhang auf, so würde sich die Anerkennung eines Vollzugsspielraums der Verwaltung ganz zwanglos ergeben.[191] An die ordnungsgemäße Ermessensausübung und die Ausfüllung von Beurteilungsspielräumen durch die Verwaltung sind Gerichte stets gebunden.[192] Das Bundesverfassungsgericht hat für die Annahme eines behördlichen Letztentscheidungsrechts eine entsprechende gesetzliche Regelung gefordert, die sich auf einen „hinreichend gewichtigen“ Sachgrund stützen muss.[193] Dabei ist zu berücksichtigten, dass dasselbe Gericht die Funktionsgrenzen der Rechtsprechung als Recht-

---

[187] *H. Jarass* (JuS 1999, 105 [109]) fordert für die Annahme einer normkonkretisierenden Verwaltungsvorschrift, es müssten „sich dem Gesetz Anhaltspunkte dafür entnehmen lassen, daß die Konkretisierung eines unbestimmten Rechtsbegriffs nur begrenzt kontrollierbar der Exekutive zugewiesen wird“.

[188] *R. Wahl* FG BVerwG, 2003, 571 (581).

[189] Zu dieser Konstellation s. oben unter IV.2.

[190] Vgl. *von Bogdandy* (Fn. 8), 467.

[191] *R. Wahl* (FG BVerwG, 2003, 571 [579]) hat die Vermutung geäußert, dass die „Praxis des Umgangs mit Verwaltungsvorschriften (...) in Deutschland anders aussehen“ würde, „wenn die Vorfrage zu den Spielräumen der Verwaltung stärker zugunsten der Verwaltung entschieden würde“; weiterhin *ebd.*, 588; vgl. auch *M. Möstl* DVBl. 2011, 1076 (1080).

[192] Das Bundesverfassungsgericht hat die Auffassung, die Gewährleistung wirkungsvollen Rechtsschutzes schließe „grundsätzlich eine Bindung der rechtsprechenden Gewalt an tatsächliche oder rechtliche Feststellungen seitens anderer Gewalten hinsichtlich dessen, was im Einzelfall Rechtens ist, aus“ ausdrücklich „[u]nbeschadet normativ eröffneter Gestaltungs-, Ermessens- und Beurteilungsspielräume sowie der Tatbestandswirkung von Hoheitsakten“ angenommen (BVerfGE 61, 82 [111])

[193] BVerfG NVwZ 2011, 1062 (1065).

fertigung für die Abweichung von der Standardauslegung des Art. 19 Abs. 4 GG angesehen hat.[194]

2. *Von der Rechtsbindungs- zur Rechtsschutzperspektive*

Die Frage der Bindungswirkung administrativ gesetzter Rechtsnormen wird in Deutschland traditionell aus der Rechtsschutzperspektive gestellt und in Abhängigkeit von der Rechtsform beantwortet.[195] Die Gerichte der Europäischen Union ermöglichen in ihrer stark von der französischen Dogmatik geprägten Rechtsprechung[196] Rechtsschutz demgegenüber unabhängig von der Rechtsform.[197]

Einschränkungen ergeben sich durch die Anforderung, dass bei mehrphasigen Verfahren nur Handlungen ein tauglicher Klagegegenstand sind, die einen Standpunkt endgültig festlegen.[198] Leitlinien oder Richtlinien, die nur im verwaltungsinternen Bereich Wirkungen entfalten,[199] Absichtserklärungen[200] oder bloß bestätigende Rechtsakte[201] können nicht selbständig angegriffen werden. Dass das Problem des Formenmissbrauchs in der Union kaum ausdrücklich diskutiert wird,[202] mag auch hier seine Ursache haben.[203] Angeknüpft wird vielmehr an

---

[194] BVerfGE 84, 34 (50); vgl. auch BVerfGE 84, 59 (77); ob daraus eine verfassungsunmittelbare Rechtfertigung für eine eingeschränkte gerichtliche Überprüfung von behördlichen Entscheidungen folgt, hat das Gericht ausdrücklich offen gelassen in BVerfG NVwZ 2011, 1062 (1065).

[195] Vgl. auch *von Bogdandy* (Fn. 8), 465.

[196] *J. Gundel* EuR 1998, 90 (96ff.); *Pampel* Rechtsnatur (Fn. 26), 91; *A.-M. Tournepiche* RMC Jan. 2002, 55 (56).

[197] Für *Bast* (Europäisches Verfassungsrecht [Fn. 26], 489 [521]) ist „die praktisch vollständige Abkopplung der Kriterien, wann eine anfechtbare Handlung vorliegt, von der Dogmatik der Handlungsformen" der „Preis" für das flexible Instrumentarium.

[198] EuGH, Rs. 60/81 (*IBM*/Kommission), Slg. 1981, I-2639, Rn. 10; Rs. C-46/03 (*Vereinigtes Königreich/Kommission*), Slg. 2005, I-10199, Rn. 25; *M. Motyka* EuZW 2007, 463 (464); vgl. – unter dem Gesichtspunkt des Rechtsschutzinteresses – *U. Soltész/C. Müller* EuZW 2007, 200ff.; speziell zu den europäischen Agenturen: *J. Sauer* EuR 2010, 51 (61f.).

[199] EuGH, Rs. 20/58 (*Phoenix-Rheinrohr AG*/Höhe Behörde der *EGKS*), Slg. 1959, 165 (183f.); Rs. C-443/97 (*Spanien/Kommission*), Slg. I-2429, Rn. 28.

[200] EuGH, Rs. C-180/96 (*Vereinigtes Königreich/Kommission*), Slg. 1998, I-02265, Rn. 28f.

[201] Dazu die zusammenfassende Darstellung bei *D. Schroeder* EuZW 2007, 467ff.

[202] Vgl. *Biervert* (Fn. 3), 113.

[203] *G. Meier* (FS Steindorff, 1990, 1303, [1312]) hat im Übrigen darauf hingewiesen, dass was „den Rechtsschutz privater Betroffener anbetrifft, (...) die Mitteilung bisher (...) die Mehrung und Verstärkung der Rechte des betroffenen Privaten und nicht deren Minderung zum Gegenstand" hatte.

den Inhalt der jeweiligen Norm, namentlich, ob sie dazu bestimmt[204] ist, Rechtswirkungen zu erzeugen.[205] Dadurch ergibt sich in der gerichtlichen Prüfung zum Teil eine Vermischung von Fragen der Zulässigkeit und solchen der Begründetheit.[206]

Eine solche Möglichkeit der prinzipalen Kontrolle ist solange keine rechtsstaatliche Notwendigkeit, wie bei dem Vorgehen gegen den Einzelakt eine volle Überprüfung der Gesetzesanwendung stattfindet. In Deutschland gibt es bislang kein klares Bekenntnis der Gerichte zur generellen Anwendbarkeit des § 47 VwGO auf Verwaltungsvorschriften.[207] Fehlende Möglichkeiten der gerichtlichen Überprüfung von abstrakt-generellen Regelungen verlagern aber die rechtsstaatliche Verantwortung einseitig auf die Verwaltung.[208] Für eine großzügige Regelung in dieser Hinsicht sprechen neben dem so bewirkten Rechtsschutz auch Effizienzgründe.[209] Das Bundesverwaltungsgericht fragt, ob die Rechtsordnung einer Vorschrift „gesetzesähnliche unmittelbare verbindliche Außenwirkung gegenüber den Bürgern" beilege,[210] stellt also, anders als der Gerichtshof der Europäischen Union nicht auf die Ziel-

---

[204] *R. Mögele* (BayVBl. 1993, 552 [553]) hat darauf hingewiesen, dass die Kommission „strikt darauf achten" müsse, „jeden Schein rechtlicher Verbindlichkeit zu vermeiden", wolle „sie nicht die Aufhebung ihrer Mitteilung durch den Gerichtshof riskieren".

[205] EuGH, Rs. 22/70 (*Kommission/Rat*), Slg. 1971, 264, Rn. 38ff.; Rs. 60/81 (*IBM*/ Kommission), Slg. 1981, I-2639, Rn. 9; Rs. 114/86 (*Vereinigtes Königreich/Kommission*), Slg. 1988, I-5317, Rn. 12; Rs. C-325/91 (*Frankreich/Kommission*), Slg. 1993, I-3303, Rn. 9; C-57/95 (*Spanien/Kommission*), Slg. 1997, I-1640, Rn. 7; s. dazu *J. Gundel* EuR 1998, 90ff.; Rs. C-180/96 (*Vereinigtes Königreich/Kommission*), Slg. 1998, I-02265, Rn. 27; Rs. C-443/97 (*Spanien/Kommission*), Slg. 2000, I-2429, Rn. 34; Rs. C-301/01 (*Italien/Kommission*), Slg. 2005, I-10239, Rn. 19; Rs. C-131/03 P (*Reynolds Tobacco u.a./Kommission*), Slg. 2006, I-7823, Rn. 54f.; s. dazu *M. Varju* CMLR 44 (2007), 1101 (1106ff.); zum Klagegegenstand und zur Klagebefugnis nach dem Vertrag von Lissabon: *W. Frenz/A.-M. Distelrath* NVwZ 2010, 162ff.; speziell mit Blick auf die europäischen Agenturen: *J. Gundel* EuR 2009, 383 (391); *J. Sauer* EuR 2010, 51 (60ff.).

[206] Vgl. etwa EuGH, Rs. C-57/95 (*Spanien/Kommission*), Slg. I-1640, Rn. 10; Rs. C-325/91 (*Frankreich/Kommission*), Slg. 1993, I-3303, Rn. 11; s. auch *Härtel* (Fn. 36), § 13, Rn. 43f.; *M. Knauff/R. Schwensfeier* EuZW 2010, 611 (613).

[207] *M. Gerhard/W. Bier* (in: F. Schoch/E. Schmidt-Aßmann/R. Pietzner [Hrsg.], VwGO, § 47 [2005], Rn. 26) sprechen davon, die Judikatur mache einen „eher tastenden, noch nicht gefestigten Eindruck"; vgl. auch *J. Ziekow* in: H. Sodan/J. Ziekow (Hrsg.), VwGO, 3. Aufl. 2010, § 47 Rn. 124ff.

[208] Vgl. *A. v. Komorowski/D. Kupfer* VBlBW. 2003, 100 (108).

[209] BVerwGE 94, 335 (338); 119, 217 (220f.).

[210] BVerwGE 100, 262 (269); vgl. auch BVerwGE 94, 335 (338); 119, 217 (222); speziell zum Thema der Beihilfevorschriften s. BVerwGE 72, 119 (121f.); 121, 103 (108).

richtung des jeweiligen Normgebers selbst, sondern auf die objektive rechtliche Funktion ab.

Handelt es sich um eine Norm, die die Regelungsintention des Gesetzgebers unzweifelhaft umsetzt,[211] so knüpft der Rechtsschutz in der Tat am besten am Punkt maximaler Konkretisierung an. Bricht er demgegenüber aus dieser Kette von Konkretisierungsakten durch eine qualitativ veränderte Regelungsrichtung oder eben auch eine solche Regelungsintention aus, so spricht alles dafür, den Fehler dort zu beseitigen, wo er entstanden ist, um auf diese Weise ein Übergreifen auf eine Vielzahl weiter konkretisierender Akte zu verhindern. Ob ein solches Übergreifen zu befürchten ist, hängt in den Konstellationen, in denen Verwaltungsvorschriften regelmäßig erlassen werden, eben auch von der jeweiligen Regelungsintention ab, selbst wenn die objektive Rechtslage eine entsprechende Wirkung nicht einräumt.

VII. Fazit

Durch administrative Rechtsetzung wird in Deutschland ebenso wie in der Europäischen Union aktuellen Regelungsbedürfnissen entsprochen. Es handelt sich um ein flexibles und gleichzeitig zur Rechtssicherheit beitragendes Instrumentarium. Erhöht wird damit die Rationalität des Gesetzesvollzugs. Der Erlass von Verwaltungsvorschriften oder anders bezeichneten, aber funktional äquivalenten Regelungen durch Vollzugsbehörden ist daher rechtlich unproblematisch und sollte rechtspolitisch nicht als kritikwürdig angesehen werden. Daran ändern unterschiedliche Bezeichnungen der Rechtsakte nichts. Die Frage, ob die vollziehende Behörde in diesem Rahmen ihre Konkretisierungsbefugnis überschritten hat, sollte generell als tauglicher Gegenstand einer prinzipalen Normenkontrolle angesehen werden, sofern eine entsprechende Regelungsintention des Normgebers besteht. Im Gegenzug ist bei der Überprüfung von Verwaltungsvorschriften grundsätzlich eine Einschätzungsprärogative des Normgebers zu akzeptieren.

---

[211] Für *Ossenbühl* (Fn. 2, 511) „ist der Ergänzungscharakter der Verwaltungsvorschriften der entscheidende Anknüpfungspunkt ihrer judiziellen Überprüfung"; vgl. auch *ebd.* 553 ff.

Leitsätze des 2. Referenten über:

Rechtsetzungen der europäischen und nationalen Verwaltungen

I. Verwaltung und Legislativfunktion

(1) Dass Verwaltungen Recht setzen, ist im Prinzip unproblematisch – und beileibe nicht auf die deutsche Rechtsordnung beschränkt. Zahl und Bedeutung der durch Verwaltungen gesetzten Rechtsnormen sind das Ergebnis von faktischen sowie mitunter von funktionalen Grenzen legislativer Tätigkeit.

II. Ausdifferenzierung und Oberbegriffe

(2) Einen Numerus clausus zulässiger administrativer Rechtsnormen gibt es weder nach dem Grundgesetz noch im europäischen Primärrecht. Die Erfindung und weitere Ausdifferenzierung von Rechtsformen folgt den Bedürfnissen der administrativen Praxis, in vielen Fällen aber auch den Erwartungen der potenziellen Adressaten behördlicher Maßnahmen. Es ist Aufgabe der Exekutive, die für die konkreten Zwecke geeignete Regelungsform zu finden, wobei die Legislative stets die Möglichkeit hat, bestimmte Rechtsformen vorzugeben oder zu untersagen.

III. Administrative Rechtsetzung zwischen Flexibilität und Bindung

1. Anforderungen an die Rechtsformenwahl

(3) Die von den Verwaltungen neu geprägten Rechtsformen müssen sich normsystematisch – und dabei vor allem hinsichtlich der ihnen beigemessenen Bindungswirkung für die Gerichte – von den ausdrücklich im Recht vorgesehenen hinreichend deutlich unterscheiden.

(4) Ein Anreiz zu Umgehungen besteht insbesondere bei Art. 80 GG, der Anforderungen an den Erlass von Rechtsverordnungen stellt, die für Verwaltungsvorschriften nicht gelten. Versuche, diese Regelungspraxis rechtsförmig

umfassend auszugestalten, führen tendenziell zu Ausweichstrategien. Auf europäischer Ebene greifen entsprechende Überlegungen mit Blick auf die Anforderungen der Art. 290, 291 AEUV. Im Übrigen könnte sich ein Umgehungsproblem ergeben, wenn die Kommission keine Vorschläge zur Gesetzgebung vorlegen würde, weil sie ihre Regulierungsziele – um einiges bequemer – durch den Erlass von Mitteilungen erreichen könnte.

(5) Unterschiedliche Bezeichnungen sind demgegenüber bei den Rechtsformen unproblematisch, für die keine voneinander abweichenden Anforderungen gelten. Eine sprachliche Abgrenzung ist allerdings sinnvoll, kann doch der jeweilige Normsetzer damit eine bestimmte Regelungsintention zu erkennen geben. Dies sind aber Desiderate unter dem Gesichtspunkt der Zweckmäßigkeit, nicht der Rechtmäßigkeit.

2. *Konkretisierungs- und Vollzugskompetenz*

(6) Die verschiedenen Überlegungen zur Funktion administrativer Normsetzung führen insbesondere zum Aspekt der Konkretisierung. Die Vorprägung durch das formelle Gesetz kann nicht immer detailgenau erfolgen, so dass trotz gesetzlicher Vorgaben in der Regel Spielräume der Verwaltung bestehen.

a) *Satzung und Rechtsverordnung*

(7) Während bei Rechtsverordnungen ein ausdrücklich bezeichneter Delegationsakt vorliegt, ist bei Satzungen von einer gesetzlich vorstrukturierten Kompetenz zur Regelung der Angelegenheiten der eigenen Mitglieder auszugehen. Auch die Satzunggebung durch Selbstverwaltungsträger stellt sich als ein Akt der Konkretisierung höherrangigen Rechts dar.

b) *Verwaltungsvorschriften*

(8) In Deutschland wird die Frage der Reichweite der verwaltungseigenen Konkretisierungsbefugnis oftmals gleichgesetzt mit jener nach der Bindungswirkung von Verwaltungsvorschriften für die vom Regelungsbereich umfassten Rechtsunterworfenen einerseits, die Gerichte andererseits. Dabei ist die Steuerungswirkung grundsätzlich unabhängig von einer solchen rechtlichen Bindungswirkung. Ein steuerndes Einwirken sicherzustellen ist auch die Funktion, die das Grundgesetz den Verwaltungsvorschriften zuschreibt.

(9) Hinsichtlich der rechtlichen Bindungswirkung ist zunächst festzuhalten, dass die Vollzugskompetenz nicht auf den Erlass konkret-individueller Entscheidungen beschränkt ist, sondern ebenso abstrakt-generelle Regelungen einschließt. Der Durchführungsakt muss sich im Rahmen dessen halten, was die Grundvorschrift inhaltlich vorgegeben hat.

3. Wesentlichkeit als Kriterium der Kompetenzzuordnung

(10) Die zentralen materiellen Rechtmäßigkeitsvoraussetzungen für Rechtsnormen, die von den deutschen Verwaltungen aufgestellt werden, sind weitgehend unstreitig. Materiellrechtliche Probleme lassen sich auf die Frage der Reichweite des Vorbehalts des Gesetzes und der Wesentlichkeitstheorie zurückführen. Der Begriff der Wesentlichkeit spielt auch in der europäischen Rechtsordnung eine zentrale Rolle bei der Abgrenzung von Gesetzgebung und Vollzug. Die Unterschiede zwischen dem deutschen und dem europäischen Konzept der Wesentlichkeit sollten nicht überbetont werden.

IV. Einzelaspekte und Sonderfälle

1. Sozialrecht

(11) Das deutsche Sozialrecht ist nicht nur von detailgenauen Gesetzen geprägt, sondern auch von untergesetzlichen Regelungen, deren Einordnung sich zum Teil sehr schwierig gestaltet. Der Rückgriff auf atypische Handlungsformen entspringt dem Interesse an einer passgenauen, flexiblen Entscheidungsstruktur, die gegebenenfalls Wertungen enthält, ohne eine strikte Bindungswirkung zu entfalten.

2. Steuerrecht

(12) Die Finanzverwaltung orientiert sich allem Anschein nach mehr an Verwaltungsvorschriften als an Gesetzen oder Verordnungen. In der Rechtsprechung des Bundesfinanzhofs verschwimmen die Grenzen zwischen der ausdrücklich festgestellten rechtlichen Bindungswirkung, der inhaltlichen Überzeugungskraft administrativer Bewertungen und den konzedierten Anforderungen der Verwaltungs- und Gerichtspraxis. Der Gleichheitssatz wie im Übrigen auch die Intention des Art. 108 Abs. 7 GG sprechen gegen die Möglichkeit, von den Verwaltungsvorschriften abzuweichen. Auch die Gleichmäßigkeit der Besteuerung impliziert als Grundsatz eine weiter gehende Bindungswirkung als dies die Selbstbindung der Verwaltung bewirken würde.

3. Kommunalaufsicht

(13) Die Wirkungsweise administrativer Rechtsetzung zeigt sich exemplarisch im Verhältnis von Kommunen und Kommunalaufsicht. Wie der Grundsatz der Gleichmäßigkeit der Besteuerung ist das Gebot interkommunaler Gleichbehandlung ein Gesichtspunkt, der das Potenzial hat, über die administrative Selbstbindung hinaus prägende Wirkungen zu entfalten.

4. Beihilfenrecht

(14) Das europäische Beihilfenrecht ist seit jeher eine Materie, in der „atypische" Handlungsformen besonders zum Tragen kommen. Für die Mitgliedstaaten bieten sich so willkommene Hinweise über die Genehmigungspraxis der Kommission, was im Ergebnis zu einer jedenfalls faktischen Bindungswirkung führt. Durch die Mitteilungen kommuniziert die Kommission in einer Weise, die gleichzeitig abstrakt-generellen Charakter trägt und ausgesprochen flexibel ist.

5. Sonstiges europäisches Wettbewerbsrecht

(15) Anders als im Beihilfenrecht sind die Mitgliedstaaten im übrigen Wettbewerbsrecht nicht nur Adressaten von Genehmigungsentscheidungen, sondern mit ihren Wettbewerbsbehörden selbst in den Vollzug des Unionsrechts einbezogen, was auch für die administrative Rechtsetzung der Kommission Konsequenzen hat.

6. Sonderformen und Fortentwicklungen

(16) Das Bedürfnis nach Praktikabilität dominiert seit jeher auch bei der Fortentwicklung der im Grundgesetz und in den europäischen Verträgen etablierten Rechtsformen. Ein Beispiel dafür ist das Komitologieverfahren. Im Interesse eines reibungslosen Vollzugs ergab sich das Bedürfnis nach einer Rückbindung der Kommission an die mitgliedstaatliche Verwaltungsebene, die am besten in Form von Ausschüssen erfolgen konnte. In Deutschland wird das Bedürfnis nach Fortentwicklung besonders deutlich beim flexiblen Umgang mit Rechtsverordnung sowie Verwaltungsvorschrift.

V. Funktionalität und Übersichtlichkeit

(17) Die Beispiele aus den verschiedenen Bereichen zeigen die weitreichende Bedeutung der exekutiven Rechtsetzung und insbesondere der Verwaltungsvorschriften bzw. ihrer europäischen Äquivalente für die administrative Praxis. Aus Gründen der Rechtssicherheit und -klarheit sowie der Gleichbehandlung sollten die administrativen Strukturierungsleistungen auch rechtspolitisch ausdrücklich begrüßt werden. Die administrative Praxis gibt insgesamt keinen Anlass, auf einen willkürlichen oder missbräuchlichen Einsatz einzelner Rechtsformen zu schließen.

(18) In der deutschen Rechtsordnung erscheint die Abgrenzung zwischen den verschiedenen Rechtsformen vor allem deshalb als eindeutig, weil sich die Konstellationen und die Akteure deutlich voneinander unterscheiden. In

formeller Hinsicht kommt hinzu, dass die Veröffentlichungspolitik der Kommission tendenziell großzügiger ist als die der deutschen Verwaltung; hier werden die Verwaltungsvorschriften nicht immer publiziert – und erst recht nicht die vorbereitenden Akte. Dies ist der Grund für die aus deutscher Sicht oft geäußerte, inzwischen aber nicht mehr unwidersprochene These, die Handlungsformen der Union und speziell der Kommission seien unübersichtlich.

VI. Gerichtliche Überprüfung

1. Kontrolldichte

(19) Das Problem der Bindungswirkung von Verwaltungsvorschriften zeigt sich in Deutschland nur deshalb mit solcher Intensität, weil die Rechtsprechung vom Grundsatz der vollen gerichtlichen Überprüfung der Anwendung unbestimmter Rechtsbegriffe ausgeht. Löste man den von einer bestimmten Interpretation des Art. 19 Abs. 4 GG begründeten Zusammenhang auf, so würde sich die Anerkennung eines Vollzugsspielraums der Verwaltung ganz zwanglos ergeben.

2. Von der Rechtsbindungs- zur Rechtsschutzperspektive

(20) Die Frage der Bindungswirkung administrativ gesetzter Rechtsnormen wird in Deutschland traditionell aus der Rechtsschutzperspektive gestellt und in Abhängigkeit von der Rechtsform beantwortet. Die Gerichte der Europäischen Union ermöglichen in ihrer stark von der französischen Dogmatik geprägten Rechtsprechung Rechtsschutz demgegenüber unabhängig von der Rechtsform. In Deutschland gibt es bislang kein klares Bekenntnis der Gerichte zur generellen Anwendbarkeit des § 47 VwGO auf Verwaltungsvorschriften. Für eine großzügige Regelung in dieser Hinsicht sprechen neben dem so bewirkten Rechtsschutz auch Effizienzgründe.

VII. Fazit

(21) Durch administrative Rechtsetzung wird in Deutschland ebenso wie in der Europäischen Union aktuellen Regelungsbedürfnissen entsprochen. Es handelt sich um ein flexibles und gleichzeitig zur Rechtssicherheit beitragendes Instrumentarium. Erhöht wird damit die Rationalität des Gesetzesvollzugs. Der Erlass von Verwaltungsvorschriften oder anders bezeichneten, aber funktional äquivalenten Regelungen durch Vollzugsbehörden ist daher

rechtlich unproblematisch und sollte rechtspolitisch nicht als kritikwürdig angesehen werden. Daran ändern unterschiedliche Bezeichnungen der Rechtsakte nichts. Die Frage, ob die vollziehende Behörde in diesem Rahmen ihre Konkretisierungsbefugnis überschritten hat, sollte generell als tauglicher Gegenstand einer prinzipalen Normenkontrolle angesehen werden, sofern eine entsprechende Regelungsintention des Normgebers besteht. Im Gegenzug ist bei der Überprüfung von Verwaltungsvorschriften grundsätzlich eine Einschätzungsprärogative des Normgebers zu akzeptieren.

3. Aussprache und Schlussworte

Rechtsetzungen der europäischen und nationalen Verwaltungen

Höfling: Liebe Kolleginnen und Kollegen! Wir möchten mit der Diskussion beginnen, und den Auftakt macht Herr Schmidt-Aßmann.

Schmidt-Aßmann: Herr Vorsitzender, liebe Kolleginnen und Kollegen. Wir können dem Vorstand dankbar sein, dass er das Thema der exekutivischen Rechtsetzung zum eigenen Verhandlungsgegenstand gemacht hat. Das war notwendig. Die Rechtsetzung ist zu wichtig, als dass man sie nur bei Gelegenheit mitbehandeln kann. Das haben die Referate gezeigt. In besonderem Maße gilt das für das europäische Recht, das mit der Lissaboner Fassung der Unionsverträge zu den sozusagen normalen Schwierigkeiten noch weitere komplizierte Auslegungsfragen der Art. 290 und 291 AEUV aufwirft. Auch dazu haben die Referenten dankenswerterweise Wichtiges gesagt, und dazu wird in der Diskussion gewiss noch Weiteres gesagt werden. An dem Vortrag von Herrn Mehde hat mir gefallen, dass er der exekutivischen Rechtsetzung ohne traditionelle Vorbehalte und in diesem Sinne unbefangen gegenübergetreten ist und sie in diejenige Position der Handlungs- und Steuerungsformenlehre gesetzt hat, die sie verdient. Rechtsverordnungen und Satzungen, aber auch Verwaltungsvorschriften müssen nicht immer mit einem schlechten Gewissen eingesetzt werden. Sie sind im Gegenteil für ein planmäßiges und rationales Vollzugshandeln unverzichtbar. Beide Referenten haben sich dann bemüht, für dieses breit einsetzbare Steuerungsarsenal eine Dogmatik zu entwickeln oder unsere dogmatischen Kenntnisse mindestens zu verdichten und insofern zur systematischen Erfassung beizutragen. Vielleicht hätte man noch mehr Gewicht auf neue Formen der Rechtsetzung, Formen aus anderen Referenzgebieten, etwa des Gesundheits- und des Sozialrechts, legen können. Aber ich will hier nicht beckmesserisch Nachforderungen stellen. Gewisse Bedenken möchte ich gegen die von Herrn Stelkens empfohlene Begrenzung des Themas auf die rechtsstaatliche Seite erheben. Die für das Verwaltungsrecht zentralen Verfassungsentscheidungen heißen eben Rechtsstaat *und* Demokratie, und wir müssen das Verwaltungsrecht so justieren, dass es *beiden* gerecht wird. Das gelingt, wenn seine zentralen Dogmen und Institute möglichst *beide* Direktiven in sich aufnehmen. So gehen wir ja an anderer Stelle auch durchaus vor: Die Gesetzesbindungslehre etwa, die ursprünglich vom Rechtsstaatsprinzip konzipiert erschien, ist heute auch ein Transformator der demokratischen Legitimationslehre, insofern sie die sachlich-inhaltliche Legitimation vermittelt. Ähnliches lässt sich von der Gewaltenteilungslehre sagen. So sehr klare Distinktionen in der juristischen Argumentation im Prinzip willkommen sind und eine Konzentration nahelegen können, so meine ich doch, dass die Ausklammerung der demokratischen Komponenten der Dogmatik hier nicht zuträglich ist. Phänomene, wie etwa die kommunale Satzung oder die Satzungen der funktionalen Selbstverwaltungsträger kann man eigentlich nur aus der Perspektive des Rechtsstaates und der Demokratie richtig erklären. Das gilt auch für die verfahrensrechtliche Seite der Normsetzung. Sie sollte in die Betrachtung einbezogen werden. Es geht ja nicht darum, sofort eine Kodifikation zu entwerfen, sondern es geht zunächst einmal um ein Projekt der Wissenschaft, das mit einer Bestandsaufnahme und vergleichenden Analyse beginnt: Was gibt es für Formen der Beteiligung, der internen Kontrollen, der Vorlagerechte, der Initiativrechte? Welche der sektoralen Bauformen sind über ihren engeren fachrechtlichen Kontext hinaus breiter einsatzgeeignet und so verallgemeinerungsfähig? Für das Standardverfahren und für die Planfeststellung des Verwaltungsverfahrensgesetzes ist diese Arbeit schon vor einigen Jahrzehnten geleistet worden. Jetzt sind die Normsetzungsverfahren dran! Ich glaube, dass auf diesem Felde interessante Beobachtungen und Funde zu machen sind, die sich – auch in ihrer Differenziertheit – systematisch so zusammenfügen lassen, dass es sich lohnt, an eine *Verfahrenslehre der Normsetzung* zu denken.

J.-P. Schneider: Liebe Kolleginnen und Kollegen. An die von Herrn Schmidt-Aßmann geäußerte Sorge hinsichtlich einer unzureichenden Würdigung des Verfahrensrechts administrativer Normsetzung kann ich gleich anknüpfen. Dies wundert mich besonders, weil Sie sich mit guten Gründen dafür stark gemacht haben, dass man den diversen Formen administrativer Normsetzung größere Bedeutung beimessen soll und ihnen sogar neue Bindungswirkung zusprechen soll. Zudem haben Sie ebenfalls zu Recht stark betont, dass in diesem Bereich erhebliche Gestaltungsspielräume existieren. Jedenfalls für die Einzelentscheidung ist nun aber anerkannt, dass mit der Größe des Optionenraums die Bedeutung der Entscheidungsverfahren wächst. Was ich – gerade auch nach unseren Debatten am heutigen Morgen – gut verstehen und nachvollziehen kann ist, dass wir zu diesem Thema vermutlich nicht zu viel von der Rechtsprechung erwarten können. Einerseits besteht nämlich eine große Vielfalt administrativer Normsetzungsverfahren und andererseits ist deren gesetzliche Ausgestaltung oft defizitär. Deshalb könnten Gerichte Schwierigkeiten haben, hinreichend legitimiert aus Rechtsanalogien oder Ähnlichem allgemeine Grundsätze abzuleiten und klare Rechtsverstöße festzustellen. Umso bedauerlicher finde ich dann allerdings, wenn die Rechtsprechung heute auch dann kritisiert wird, wenn sie ausnahmsweise, wie das Bundesverfassungsgericht im Tierschutzrecht, die Beachtung des vorhandenen Verfahrensrechts tatsächlich einfordert. Gerade im Bereich der administrativen Normsetzung sollte man vielmehr solche Ansätze prozeduralen Denkens eher noch stärker akzentuieren und ernstnehmen. Im Übrigen würde ich sehr darum bitten, bei der Beschäftigung mit administrativen Normsetzungen die einzelnen Anwendungsbereiche noch tiefer zu durchschürfen. Angesprochen wurde insoweit schon das Sozialrecht, aber auch im Kommunalrecht blieb mir manches doch ein wenig vage und ob die Kommunalaufsicht insoweit wirklich der vielversprechendste Bereich erscheint mir auch eher fraglich. Vielen Dank.

Gallwas: Zunächst mal stimme ich Eberhard Schmidt-Aßmann zu, was die „Unbefangenheit" von Herrn Mehde betrifft. Allerdings geht es um deren Kehrseite, und zwar deswegen, weil ich mit der These, die mit 7 überschrieben ist, nicht übereinstimmen kann, und zwar aus folgendem Grund: In der Bayerischen Gemeindeordnung im Art. 23 ist von verschiedenen Rechtsetzungsformen der Kommune die Rede. Danach gibt es nach Satz 1 die Satzung im eigenen Wirkungskreis und dann nach Satz 2 die Satzungen im übertragenen Wirkungskreis, bewehrte Satzungen und Verordnungen, sie bedürfen einer besonderen gesetzlichen Ermächtigung. Daraus kann man ja wohl den Schluss ziehen, dass die Satzungen im eigenen Wirkungskreis keiner besonderen gesetzlichen Ermächtigung bedürfen. Vor diesem Hintergrund gerate ich in Schwierigkeiten mit Ihrer Formulierung, dass die Satzungskompetenz eine „gesetzlich vorstrukturierte Kompetenz" sei. Es geht hier mitnichten um gesetzliche Vorstrukturierung, vielmehr gilt im eigenen Wirkungskreis das Prinzip der Allzuständigkeit der Gemeinden. Das heißt: sie bestimmen insoweit über Zweck und Mittel ihres Vorgehens. Außerdem es hier auch nicht um die Angelegenheiten der eigenen Mitglieder. Denn kommunale Mitglieder sind nur die Mitglieder der Gemeinde, also die Bürger und die Angehörigen der Gemeinde, nicht aber die, die sich auf dem Gebiet der Gemeinde nur aufhalten, und die sind selbstverständlich auch den Satzungen in eigenen Angelegenheiten der Gemeinde unterworfen. Im letzten Teil dieser These ist schließlich von der Konkretisierung höherrangigen Rechts durch Satzung die Rede. Da wird jedoch nicht konkretisiert, was höherrangiges Recht ist, sondern festgelegt, was in der Gemeinde nach dem Willen der Mehrheit gelten soll. Das ist – insoweit knüpfe ich erneut an Herrn Schmidt-Aßmann an – die Frage der demokratischen Legitimation auf der untersten Ebene der vollziehenden Gewalt. Ich meine also, dass mindestens die Formulierung zu 7 als missverständlich gelten kann. Der zweite Aspekt betrifft Herrn Stelkens These Nr. 8. Es hat in der Aufbauphase nach dem zweiten Weltkrieg verschiedentlich die Situation gegeben, dass zwar der Gesetzgeber zu einer Verordnung ermächtigt hatte, aber diese Ermächtigung noch nicht genutzt war. Die Verwaltung hat dann gelegentlich Einzelakte unmittelbar auf die Verordnungsermächtigung gestützt. Damit haben sich die Gerichte verschiedentlich beschäftigen müssen und gefordert, es müsse erst eine Verordnung erlassen werden. Nun gibt es aber Situationen, in denen man auf die Verordnung nicht warten kann, sondern der Handlungsbedarf dringlich ist. Dann steht stellt sich die Frage, ob man den Einzelakt, ehe man ihn gänzlich unterlässt oder ganz unspezifisch begründet, nicht doch auf die Verordnungsermächtigung sollte stützen dürfen? Gerade am Beispiel der Polizei zeigt sich, wie schnell man ansonsten zu mindestens gesetzesferneren Lösungen greift. In Bayern hatten wir lange Zeit das Prinzip der Spezialermächtigung. Es wurde konterkariert, indem zunächst durch großzügige Anwendung der Spezialnorm und später durch eine subsidiäre Formel zu einer beschränkten Generalklausel überging. Auf solcher Grundlage konnten Polizei und die Sicherheitsbehörden, solange die entsprechende Verordnung fehlte, zuwarten, bis die Voraussetzungen der subsidiären Befugnisnorm erfüllt waren und dann nach allgemeinen Prinzipien handeln. Dabei bleibt jedoch die in der Verordnungsermächtigung spezialgesetzlich präzisierte Vorgabe außer Acht. Vor diesem Hintergrund habe ich Probleme mit dem Grundprinzip, das Sie in der These 8 ansprechen, falls an dieser Stelle nicht auch an Mittel und Wege gedacht wird, um in entsprechenden Situationen nach der bereichs- und sachspezifisch näheren Befugnisnorm handeln zu können. Man nähert sich – von Ihren Ausführungen zu den gestrigen Referaten den Bogen schlagend – einer Lücke und öffnet für Lagen wie seinerzeit der von Helmut Schmidt in der Hamburger Flutkatastrophe bzw. allgemein für die Sicherheitsbehörden ein Handeln – wenn auch nicht außerhalb so doch – ferner von Gesetz und Recht. Danke.

Saurer: Auch meine Frage gilt der Rückbindung des Problemkreises der exekutiven Rechtsetzung auf der Ebene der deutschen und europäischen Verfassungsstrukturprinzipien. Der Schwerpunkt beider Referate lag ja im Bereich des Rechtsstaatsprinzips. Hierzu wurde sehr deutlich, dass Verwaltungsrechtsetzung in ambivalenter Weise maßstabsgefährdend ist, aber auch stabilisierende Effekte hervorbringt. Die Frage wäre nun, ob man nicht den Blick stärker auf die Gewährleistungsgehalte des Demokratieprinzips lenken sollte. Am Ausgang könnte die Überlegung stehen, dass das deutsche Modell der Verwaltungsrechtsetzung darauf aufbaut, dass Artikel 80 Absatz 1 GG für den Bereich der Verordnungsgebung mit einem formalen und materiellen Strang der Gesetzesbindung versucht, das demokratische Defizit zu kompensieren. Eine wichtige – und keineswegs von vornherein zu verneinende – Folgefrage beträfe die Leistungsfähigkeit dieses Modells nach 60 Jahren Grundgesetz. Zudem wäre es reizvoll, die deutsche Konzeption zu kontrastieren mit der unionsrechtlichen Lösung des Vertrags von Lissabon, die auf dem Komitologiesystem aufbaut. Dieses hat ja in seinen Beteiligungsstrukturen zwischenzeitlich einen ganz erheblichen Grad an rechtlicher Verfasstheit erlangt. Zum einen würde in der Kontrastierung deutlich, dass die Handhabung der exekutiven Rechtsetzung im deutschen Kontext große Defizite im Bereich der Verfahrensorientierung aufweist. Zum anderen ließe sich aus der Verfahrensperspektive die Brücke schlagen zu den Diskursen des internationalen Verwaltungsrechts, wie es auch beiden Referenten ein Anliegen war. Dies gilt für die horizontale Verwaltungsrechtsvergleichung etwa mit Blick auf das berühmte Vorbild des US-amerikanischen Rulemaking, mehr noch aber für die Verbindung zu den Diskussionslinien des Global Administrative Law, die ganz entscheidend an den Verfahrensstandards ansetzen. Vielen Dank.

Maurer: Wir haben zwei sehr gute Referate gehört, die umso mehr zu würdigen sind, als sie in ein schwieriges Gebiet eingedrungen sind, das sonst in wissenschaftlicher Hinsicht noch relativ wenig Beachtung gefunden hat. Besonders hervorzuheben ist, dass die Referenten das Europäische Gemeinschaftsrecht und das nationale Recht zusammen behandelt haben. In der Literatur werden diese beiden Rechtsbereiche meistens getrennt erörtert, obwohl sie zwar jeweils eigenständige Rechtsordnungen bilden, aber doch stark ineinandergreifen.

Gewisse Vorbehalte habe ich, wie schon Herr Schmidt-Aßmann, gegen die starke Betonung der Rechtsstaatlichkeit zu Lasten der Demokratie. Auch die Verwaltung ist heute – im Gegensatz zum 19. Jahrhundert – in vielfacher Weise demokratisch legitimiert. Die „Gewaltenteilung", die zu Recht hervorgehoben wurde, beschränkt sich nicht mehr auf den Dualismus von Exekutive und Legislative, sondern wird durch gewaltenteilende Momente innerhalb der Exekutive ergänzt.

Die Verwaltungsvorschriften, die einen Schwerpunkt des Referats bilden, müssen differenzierend betrachtet werden. Im Vordergrund stehen die Verwaltungsvorschriften, die von einer höheren Verwaltungsbehörde an nachgeordnete Behörden oder von einem Behördenchef an seine Beamten gerichtet werden; sie beruhen auf der hierarchischen Struktur der Verwaltungsorganisation und der dieser immanenten Weisungskompetenz der Vorgesetzten. Daneben stehen die Verwaltungsvorschriften, die sich an Behörden und Beamten fremder Verwaltungszweige richten und sich daher nicht mehr auf die Weisungskompetenz der erlassenden Verwaltungsbehörde stützen können; sie sind nur zulässig und wirksam, wenn eine entsprechende gesetzliche oder gar verfassungsrechtliche Ermächtigung vorliegt (vgl. dazu Art. 84 II, 85 II 1 GG). Man könnte terminologisch von einfachen Verwaltungsvorschriften und übergreifenden Verwaltungsvorschriften sprechen. Über die einfachen Verwaltungsvorschriften ist schon viel diskutiert worden. Die übergreifenden Verwaltungsvorschriften stehen dagegen, wenn ich richtig sehe, noch im Schatten. Sie werfen eine Reihe grundsätzlicher und praxisbezogener Fragen auf: Handelt es sich um eine delegierte Rechtsetzung? Worin liegt dann der Unterschied zur Rechtsverordnung? Welche spezifischen rechtlichen Voraussetzungen – generell und im Vergleich mit den einfachen Verwaltungsvorschriften und den Rechtsverordnungen – müssen beachtet werden? Welche rechtliche und verwaltungspolitische Bedeutung hat es, wenn der Gesetzgeber sowohl zum Erlass von Verwaltungsvorschriften als auch zum Erlass von Rechtsverordnungen ermächtigt (vgl. etwa §§ 48 ff BImSchG)? Welche Rechtsschutzmöglichkeiten kommen in Betracht, die verwaltungsgerichtliche Normenkontrolle nach § 47 VwGO? Wie fügt sich die sog. normkonkretisierende Verwaltungsvorschrift ein? Oder erweist sich die übergreifende Verwaltungsvorschrift letztlich als rechtsdogmatische Fehlkonstruktion? Die Referenten haben die Unterscheidung zwischen den einfachen und den übergreifenden Verwaltungsvorschriften durchaus gesehen und einbezogen. Aber vielleicht könnte dazu doch noch etwas gesagt werden.

Knauff: Ich habe eine Frage, die sich an beide Referenten richtet, vor allem aber an Herrn Mehde. Sie ist vor dem Hintergrund zu sehen, dass gerade Verwaltungsvorschriften und anderes „Innenrecht" mit Rechtsverordnungen und vergleichbaren, rechtlich strikt verbindlichen Instrumenten de facto in erheblichem Umfang austauschbar sind. Die Frage ist, welche Folgen das für die mögliche Bindungswirkung derartiger Regelungen hat. Vor allem: Wie weit kann eine solche Bindungswirkung reichen? Wer ist davon betroffen? Inwieweit lassen sich hier Abgrenzungen, insbesondere gegenüber klassischem Außenrecht, treffen und inwieweit müssen wir diese auch treffen? Und muss man vielleicht auch nach der jeweils beabsichtigten Wirkungsrichtung noch einmal unterscheiden? Herr Mehde hat zudem ganz richtig gesagt, dass sich viele der von ihm angesprochenen „intersubjektiven Instrumente" an andere Behörden richten. Ich würde darüber noch hinausgehen. Am Beispiel des europäischen Wettbewerbsrechtszeigt sich deutlich, dass die in dessen Kontext von der Kommission verwendeten Mitteilungen, Leitlinien etc. sich schlicht und einfach auch unmittelbar an die Rechtsadressaten wenden. Hier wird der organisationsinterne Bereich klar überschritten. Ich glaube, wir sollten als Rechtswissenschaftler versuchen, eine Lösung für diese Problemstellung zu finden, die über eine „es ist ganz praktisch, wenn es so etwas gibt, und es schadet auch nicht"-Doktrin hinausgeht. Richtig ist, wie gesagt wurde, dass solche Regelungsformen, die gegen positives Recht verstoßen, letztlich unerheblich sein müssen. Aber gibt es nicht eine Möglichkeit, dass man jenseits dessen auch positive Wirkungen anerkennt, dass man versucht, diese Regelungsformen mit dem Recht zusammen in ein System etwa im Sinne eines Regelungsverbundes einzubeziehen? Vielen Dank.

Fehling: Ich habe zwei Fragen, die sich wohl in erster Linie an Ulrich Stelkens richten. Wir haben gehört, dass das Rechtsstaatsprinzip und natürlich auch das Demokratieprinzip wichtige Leitlinien für die exekutive Normsetzung vorgeben. Meine erste Frage dazu wäre: Welche Bedeutung gewinnt insoweit der Grundrechtsschutz? Ich denke da vor allem an die Entscheidung des Bundesverfassungsgerichts zu den Hochschulkapazitätsverordnungen, wo aus einer Gemengelage verschiedener Grundrechte ein Abwägungsgebot und daran anknüpfend eine Begründungspflicht hergeleitet wurde. Darin kommt der Gedanke des Grundrechtsschutzes durch Verfahren jedenfalls bei bestimmten Arten der Verordnungsgebung zum Ausdruck. Kann der Grundrechtsschutz über solche Sonderfälle hinaus der Motor sein für mehr Verfahrensregeln bei Rechtsverordnungen? Daran schließt sich meine zweite Frage an: Lassen sich Rechtsverordnungen unterschiedslos charakterisieren allein mit Verweis auf ihre gesetzesgleiche Bindungswirkung oder müssen wir stärker zwischen verschiedenen Ebenen der Verordnungsgebung und verschiedenen Gehalten an politischer Gestaltung bei Rechtsverordnungen unterscheiden? Generell ist ja die exekutive Normsetzung in einer labilen Mittellage zwischen Gesetzgebung und Verwaltung angesiedelt. So müssen doch wohl für ein Taubenfütterungsverbot auf kommunaler Ebene teilweise andere Grundsätze gelten als für hochpolitische Verordnungen etwa der Bundesregierung im Außenwirtschaftsrecht oder gar auf europäischer Ebene. Muss man, verallgemeinernd ausgedrückt, differenzieren, ob mit Verordnungen eigenständig politisch gestaltet wird oder ob es nur um technische Detailregelungen geht? Sollte insoweit dann auch die inhaltliche Kontrolldichte abgestuft werden? In manchen Fällen mag es vernünftig und richtig sein, auch die Verordnungsgebung einer Art Abwägungsgebot, ähnlich wie beim Bebauungsplan, zu unterwerfen. Im hochpolitischen Bereich wäre eine solche erhöhte Kontrolldichte dagegen sicherlich nicht mehr adäquat. Dort muss es einen sehr viel weiteren politischen Gestaltungsspielraum geben. Möglicherweise sind sogar noch sehr viel mehr Differenzierungen notwendig, ungeachtet der Tatsache, dass alle diese Rechtsverordnungen gesetzesgleiche Bindungswirkung entfalten. Mit entsprechenden Differenzierungen gewönne man vielleicht auch klarere Leitlinien, für welche Arten von exekutiver Normsetzung ein US-amerikanisches „Notice and Comment"-Verfahren auch bei uns rechtspolitisch sinnvoll wäre und für welche andere nicht. Vielen Dank.

Hellermann: Meine kleine Nachfrage gilt einem nachgerade klassischen Problem, der Frage der Bindungswirkung von Verwaltungsvorschriften bzw. ihrer gerichtlichen Kontrolle. Ich beziehe mich dabei, Herr Mehde, auf Ihre These Nr. 19. Auf diese Nachfrage komme ich aus dem Gesamtzusammenhang unserer Tagung heraus. Wir haben gerade heute morgen in zwei Referaten gehört, dass die institutionellen Rahmenbedingungen unseres Rechts-, vor allem auch unseres Rechtsschutzsystems so beschaffen sind, dass wir unseren Gerichten das Recht zur Rechtsetzung, zur Rechterzeugung zusprechen müssen und auch guten Gewissens zusprechen können. Gerade Herr Schönberger hat betont, dass die Höchstgerichte der Fachgerichtsbarkeiten die dafür nötige Legitimität besitzen, und zwar insbesondere dann, wenn sie nicht vom Einzelfallmaterial abgelöst rechtssatzartige Leitsätze formulieren, sondern Sachverhalte in Einzelfällen beurteilen. Zu diesen Darlegungen kann man ja in einem gewissen Spannungsverhältnis sehen, dass Sie in Ihrer These 19 relativ klar einen Vollzugsspielraum, insoweit auch einen Rechtserzeugungsspielraum der Verwaltung postuliert haben. Ich wollte einfach den Zusammenhang zwischen den beiden Themen und Referaten nutzen, um ein Wort zur Auflösung dieser Spannung zu erbitten, auch gerade in der erwähnten institutionellen Perspektive. Vielen Dank.

Wißmann: Das Thema enthält eine Verbindungslinie zu einer allgemeinen Diskussion, die uns vielfach beschäftigt: Welche Bedeutung haben Rechtsformen überhaupt für eine entscheidungsorientierte, steuerungswissenschaftlich informierte Rechtswissenschaft? Hierin liegt eine ganz grundsätzliche Rückfrage an die steuerungswissenschaftlich ausgerichtete Verwaltungsrechtslehre. Herr Mehde, ich möchte Ihre Thesen zum Anlass nehmen, entsprechend nachzufragen: Ist Ihre These 2 eine realistisch-pragmatische Sichtweise auf die Funktion der Exekutive, oder ist das schon fröhlicher Neoetatismus? These 19, die Herr Hellermann gerade schon zitiert hat, kann das vielleicht aufklären. Ich würde Ihnen ja ganz zustimmen, dass in der Tat die Verengung in der Sichtweise auf Art. 19 Abs. 4 GG in einem scholastischen Sinn – öffentliches Recht muss subsumtionsfähiges materielles Recht sein, sonst ist der Verfassung nicht Genüge getan – dogmatisch zu eng ist, auch ahistorisch und dysfunktional. Es erschiene mir jedoch ein sehr mutiger Sprung, mit der Absage an ein solches Verständnis des Art. 19 Abs. 4 GG eine zwanglose Anerkennung von Gestaltungsspielräumen jeglicher Art anzuerkennen. Ich würde Sie jedenfalls bitten, Ersatzkriterien anzubieten, wie dann der von der Verfassung geforderte effiziente Rechtsschutz möglich bleibt. Ist vielleicht insoweit These 20 Ihre Pointe, dass § 47 VwGO im Bereich der verwaltungsrechtlichen Rechtsetzung ein von Verfassungswegen gefordertes Äquivalent zu einer individualrechtlichen Rechtsschutzkonzeption ist? Vielen Dank.

Geis: Meine Fragen knüpfen unmittelbar an die vorhergegangene Wortmeldung an. Liebe Kolleginnen und Kollegen, für Dank und Lob verweise ich auf die Vorredner. Die erste Frage betrifft in der Tat noch einmal den § 47 VwGO. Sie sprechen sich ja hier für eine großzügige Regelung in dieser Hinsicht aus, Herr Mehde, in Ihrer These 20. Das scheint an und für sich so eine sehr sympathische Regelung zu sein. Allerdings denke ich, das Bundesverwaltungsgericht ist einen anderen Weg gegangen, indem es für die Normenkontrolle gegen nicht-landesrechtliche Normen, also bundesrechtliche Verordnungen, die allgemeine Feststellungsklage als subsidiäre Normkontrollklage anerkannt hat. Wenn Sie sich jetzt hier für die Erweiterung des Normenkontrollsystems aussprechen, dann muss man letztlich auch diesen Komplex einbeziehen. Ich denke aber, dann muss man das gesamte Normenkontrollsystem des deutschen Verwaltungsprozessrechts grundlegend neu reorganisieren. Man kann gewissermaßen, um ein Berliner Bild zu bemühen, nicht bei der ersten Autobahnausfahrt stehen bleiben. Die zweite Frage betrifft – Sie wissen, ich bin Hochschulrechtler und diesem drängt sich natürlich sofort die Frage nach den sog. Experimentierklauseln auf – die Frage, wie Ihr Ansatz zu dem genannten Komplex passt. Sie begründen ja das Handeln der Verwaltung, insb. die Rechtsetzung der Verwaltung als der Rationalität des Gesetzesvollzugs dienend. Nun fragt man sich oft, was hinter der Rationalität solcher Experimentierklauseln steht. Wie heißt es nämlich dort im Grunde: Wenn es der Innovation dient, gelten keine rechtlichen Hindernisse mehr. Also letztlich sind das Freibriefe, anders gewendet: Das Gesetz schafft sich in diesem Bereich selber ab. Da hätte ich vielleicht noch eine kleine Information darüber gewünscht, wie Sie es mit dieser Grauzone der Rechtssetzung der Verwaltung halten. Danke.

Lang: Ich habe eine kleine Anmerkung zu Ihrer These 11, Herr Mehde. Da heißt es im zweiten Satz: „Der Rückgriff auf atypische Handlungsformen entspringt dem Interesse einer passgenauen, flexiblen Entscheidungsstruktur, die ggf. Wertungen enthält, ohne eine strikte Bindungswirkung zu entfalten". Das scheint mir die sozialrechtliche Wirklichkeit nicht ganz zu treffen, wenn ich das halbprovokativ sagen darf. Ich möchte den Satz aus der Perspektive, sagen wir, eines verfassungsrechtlich frustrierten Sozialrechtlers gerne übersetzen. Ich würde ihn so formulieren: Der Rückgriff auf atypische Handlungsformen entspringt dem Interesse an Verantwortungsverflüchtigung, die mehr oder weniger geheim Wertungen transportiert und Bindungswirkung eigentlich schon deshalb entfaltet, weil es gar keinen Rechtsschutz gibt oder weil ihn das BSG verstümmelt. Und das möchte ich an zwei Beispielen belegen. Das eine ist der Gemeinsame Bundesausschuss. Wir alle wissen, dass in § 27 SGB V eigentlich steht, dass Kranke Anspruch auf Krankenbehandlung haben. Das sieht nach einem waschechten Anspruch aus, wie er etwa im § 194 BGB mit Wirkung über das Zivilrecht hinaus begrifflich-inhaltlich fixiert ist. Nun hat das BSG daraus in seinem Rechtskonkretisierungskonzept ein Rahmenrecht gemacht, ausgefüllt vor allem durch die Richtlinien des Gemeinsamen Bundesausschusses. Nur die Behandlungskosten für Krankheiten, die in diesen Richtlinien aufgeführt sind, dürfen zu Lasten der gesetzlichen Krankenkassen erbracht werden. Über die demokratische Legitimation des Gemeinsamen Bundesausschusses ist schon viel gestritten worden. Was hier jetzt für uns noch interessant ist, ist, dass das Bundessozialgericht den Standpunkt vertrat, die Entscheidungen des Gemeinsamen Bundesausschusses könnten gerichtlich gar nicht überprüft werden und erst in neuerer Zeit sich zu einer Prüfung wenigstens am Maßstab des § 47 VwGO durchgerungen hat. Das ist der eine Punkt. Das andere kleinere Beispiel stammt aus dem Transplantationsrecht. Da ist es so, dass die Bundesärztekammer in Richtlinien, auch wirklich keine Detailfragen, sondern zentrale Wertungsfragen, z.B. wie man den Tod eines Menschen feststellt, wer nach welchen Kriterien auf die Wartelisten der Transplantationszentren bzw. der Vermittlungsstelle aufgenommen wird oder wer im Zweifel wann ein Organ erhält, normiert, all das legt die Bundesärztekammer in Richtlinien fest, deren Rechtsnatur unklar ist. Und eine gerichtliche Kontrolle dieser Entscheidungen existiert so gut wie überhaupt nicht. Deshalb ist mir, das werden Sie mir verzeihen, Ihre Formulierung, der Rückgriff auf atypische Handlungsformen entspringe dem Interesse an einer passgenauen, flexiblen Entscheidungsstruktur, die ggf. Wertungen enthalte, ohne eine strikte Bindungswirkung zu entfalten, ein bisschen aufgestoßen, und ich habe ihn ein wenig provokativ übersetzt. Danke.

Holznagel: Herr Lang, zum Glück gibt es keinen Rechtsschutz bei der Verteilung knapper Organe. Gerichtliche Streitigkeiten über die Frage, wer eine Spenderniere bekommt oder nicht bekommt, wären für mich ein Greuel. Herr Stelkens, beim Vergleich der Rechtssetzungsformen mit gesetzesgleicher Bindungswirkung arbeiten Sie die Unterschiede zwischen Europa und Deutschland heraus. Aber ist dies eigentlich die richtige Perspektive? Es liegt doch viel näher, die Vereinigten Staaten mit Europa zu vergleichen. Wie werden in den USA Regelungsprobleme gelöst, zu denen wir jetzt Vorgaben in Art. 290 AEUV und Art. 291 AEUV finden. Dort gibt es ebenfalls ein Mehrebenensystem. Jedoch ist die Einheitsbildung, das Union Building, dort viel weiter fortgeschritten als bei uns. Vielleicht sind die in den USA gefundenen Lösungen viel besser als die unserigen. Auf Basis eines solchen Rechtsvergleichs ließen sich dann auch die Folgeprobleme sowohl verfahrensmäßiger Art, aber natürlich dann auch materiell-rechtlicher Art (wie weit geht die Kontrolldichte usw.) in Angriff nehmen. Die Kollegen haben hierauf ja bereits hingewiesen.

Höfling: Meine Moderationsfunktion verbietet mir jetzt, ganz kritisch nach Ihrem Selbstverwaltungsbegriff zu fragen, was die Transplantationsmedizin angeht, ich unterlasse es. Herr Bast ist der Nächste, bitte.

Bast: Meine Intervention bezieht sich auf die administrative Rechtsetzung auf der Ebene der Europäischen Union. Ich möchte auf Herrn Stelkens eingehen und zwei kritische Nachfragen stellen. Die erste Frage betrifft die sog. Durchführungsrechtsetzung und die hierzu vertretene These, dass das Konzept der Durchführung keine Einzelfallentscheidungen umfasst. Wenn ich es richtig verstanden habe, ist das zentrale Argument die Wesensverschiedenheit zwischen Rechtssatz und Einzelakt, sodass eine Vermutung dagegen bestehe, dass ein bestimmter Rechtsbegriff beide Erscheinungen gleichermaßen umfasst. Dagegen könnte man zum einen theoretische Einwände erheben, das will ich hier nur als Fußnote vermerken. Ich würde mir hier einen Gedanken zu eigen machen, der offenbar auch dem Beitrag von Herrn Mehde zugrunde lag: den einer gestuften Normkonkretisierung, bei der sich der Unterschied von allgemeinen und speziellen Normen relativ zueinander bestimmt, also nicht als eine absolute, wesensmäßige Unterscheidung zu verstehen ist. Zum anderen aber, wenn wir einmal auf die praktischen Konsequenzen Ihrer Lesart schauen, lieber Herr Stelkens, wäre es dann wohl nicht mehr möglich, wie bisher die Strukturen des Europäischen Verwaltungsverbunds legislativ auszugestalten. Dies wäre nur noch zulässig in Gestalt materiell-rechtlicher Durchführungsregelungen oder in Form von Verwaltungs- und Organisationsregelungen, die an die Mitgliedstaaten adressiert sind, aber nicht mehr durch eine punktuelle Übertragung von Entscheidungsbefugnissen auf die Kommission in den komplexen Verwaltungsverfahren, wie sie heute charakteristisch sind für den Europäischen Verwaltungsverbund. Das würde einen Bruch mit der bisherigen Rechtsetzungspraxis darstellen, der begründungsbedürftig wäre, denn bisher war es eine der zentralen Funktionen, die dem Begriff der Durchführung in der EU zukam, der Kommission solche Entscheidungsbefugnisse im Einzelfall zuzuweisen.

Mein zweiter Punkt bezieht sich auf die zugegebenermaßen schwierige Unterscheidung zwischen delegierter Rechtsetzung und Durchführungsrechtsetzung. Sie haben gesagt, es gebe viele Interpretationsangebote, wie man diese beiden Formen, die jetzt durch den Lissabonner Vertrag geltendes Recht geworden sind, verstehen könnte. Ich möchte dem stichwortartig noch einen eigenen Vorschlag hinzufügen. Es ist zunächst einmal evident, dass die Definitionen, die der Vertrag diesen beiden Rechtsformen gegeben hat, nicht exklusiv sind. Etwas kann sehr wohl der Ergänzung und Konkretisierung einer parlamentarisch legitimierten Norm dienen und zugleich den Zweck erfüllen, normative Vorgaben für den indirekten Vollzug zu machen. Das kann also nicht der entscheidende Punkt sein, der die formale Unterscheidung trägt. Mein Vorschlag wäre, dass wir uns die Rechtsfolgen anschauen, die durch die Unterscheidung bewirkt werden. Es kommen nämlich zwei sehr unterschiedliche Arten der politischen Kontrolle der administrativen Rechtsetzung zur Anwendung. Bei der delegierten Rechtsetzung besteht eine unmittelbare politische Kontrolle durch Rat und Europäisches Parlament, die beide mit Vetoposition gegenüber der Kommission ausgestattet sind. Im zweiten Fall, der Durchführungsrechtsetzung, kommt das „klassische" Modell der Kontrolle zur Anwendung, die in 40 Jahren Rechtsetzungspraxis entwickelten Komitologieverfahren. Wir haben es also mit zwei unterschiedlichen Modalitäten zu tun, wie im Fall eines Dissenses über eine geplante administrative Rechtsetzung eine Politisierung des Konflikts stattfinden kann: entweder es wird auf der Ebene des Europäischen Parlaments bzw. im Rat selbst verhandelt über die Frage, ob das Vetorecht ausgeübt werden soll, oder es werden, wie bisher, Komitologieausschüsse als Feuermelder eingesetzt, die anzeigen, dass es irgendwo ein politisches Problem gibt, wenn ausnahmsweise einmal ein Komitologieausschuss nicht mit der Meinung der Kommission übereinstimmt. Die Frage, welcher Kontrollmechanismus der jeweils angemessene ist, ist im Wesentlichen eine politische, keine juristische Frage. Meine Konsequenz ist: Im weiten Überlappungsbereich der vertraglichen Definitionen der beiden neuen Rechtsformen entscheidet der Gesetzgeber selbst, welchen Delegationsmodus er im Basisrechtsakt vorsehen will.

Ruffert: Herzlichen Dank, Herr Vorsitzender. Ich kann unmittelbar anschließen an das, was Herr Bast gesagt hat. In der Zeit zwischen dem Verfassungsvertragsentwurf und dem Vertrag von Lissabon haben einige Vertragsteile die Umwandlung schadlos überstanden, leider nicht die Vorschrift über die Rechtsetzung. Die Ursache liegt darin, dass man versucht hat, den Begriff des Gesetzes aus dem jetzigen Art. 288 AEUV herauszunehmen vor dem Hintergrund, „Gesetz" sei so etwas wie Hymne, Flagge, Hauptstadt, Wahlspruch, das eine staatsanaloge europäische Identität ausdrücken würde – so müsste man auch den Gesetzesbegriff loswerden. Daraufhin sind die Vorschriften im übrigen unverständlicher geworden. Das hat an drei Punkten, die hier von den Referenten, aber eben auch in der Diskussion angedeutet worden sind, Folgen:

Der erste ist der Punkt von Herrn Bast zur Durchführung im Einzelfall. Wenn man vertritt, dass Art. 291 Abs. 2 AEUV keine Einzelfallübertragung rechtfertigt, dann muss man wahrscheinlich so konsequent sein und sagen, Art. 291 Abs. 1 AEUV halte auch keine Regelung über Einzelfälle vor; dann würde dort nicht geregelt sein, dass die Durchführung an sich den Mitgliedstaaten obliegt. Dann wäre aber einer wesentlichen Regelung über das Verhältnis der Verwaltungskompetenzen, die m.E. sowohl im Verfassungsvertragsentwurf als auch im Vertrag von Lissabon enthalten sein sollte, die primärrechtliche Grundlage entzogen. Der zweite Punkt betrifft die Frage des Verhältnisses delegierter Rechtsetzung zu Durchführungsrechtsetzung. Ich meine, dieses Spannungsverhältnis kann entschärft werden dadurch, dass man sich vergegenwärtigt, dass die Norm über die delegierte Rechtsetzung aus einer sehr kryptischen Sonderform der Komitologie hervorgegangen ist, einer bestimmten Form des Regulierungsverfahrens unter Einbeziehung des Europäischen Parlaments, und das hat man verselbständigt in

Art. 290 AEUV. Drittens meine ich beobachten zu können – aber das kann ich jetzt hier auf die Schnelle nicht empirisch nachvollziehen –, dass die Rechtsetzungsorgane auch eine gewisse Präferenz für die delegierte Rechtsetzung haben. So funktioniert die gesamte Finanzmarktaufsicht, die gestern angesprochen worden ist, im wesentlichen mit delegierter Rechtsetzung (Delegation an die Kommission). Also auch hier ein Punkt, an dem man den Widerspruch vielleicht entschärfen kann. Insgesamt scheint mir aber die Notwendigkeit darin zu bestehen, dass die Europarechtswissenschaft eine Rationalität an einen Regelungsbereich heranträgt, den ihm Politik genommen hat. Vielen Dank.

B. Raschauer: Wenn ich Sie noch kurz mit ein paar rechtsvergleichenden Bemerkungen aufhalten darf. Bezug nehmend auf Punkt 10, These 7 von Herrn Stelkens, es sei im Zweifel nicht anzunehmen, dass dieselbe Rechtsgrundlage sowohl zur Rechtsetzung als auch zur Einzelfallentscheidung ermächtigt. Ich glaube nicht, dass man eine solche allgemeine Regel etablieren kann und möchte das an einem grenzüberschreitenden Beispiel verdeutlichen. Bis 1979 hat in Österreich das deutsche Versicherungsaufsichtsgesetz gegolten. Seither haben wir es durch eine austrifizierte Variante ersetzt. Es gibt ganze Textblöcke, die unverändert weitergelten. Da lesen wird dann auch in Österreich gern im Proelß-Kommentar nach. In unserem § 104 VAG ist von aufsichtsbehördlichen Anordnungen die Rede, wenn Gefährdungen der Belange der Versicherten zu gewärtigen sind. In Österreich ist es völlig unstrittig, dass eine solche Anordnung je nach Lage des Falles ein Einzelfallbescheid oder eine generelle Verordnung sein kann. Ich meine, dass das nur ein besonders anschauliches Beispiel ist, das uns verbindet, weil eine solche Bestimmung wohl auch in Deutschland noch immer geltendes Recht ist. Zum Zweiten, das haben auch Vorredner angesprochen, herrscht in dieser Vereinigung nach meiner Beobachtung eine gewisse Neigung, die verwaltungsrechtliche Rationalität des deutschen und des österreichischen Rechts irgendwie auf Unionsrecht übertragen zu wollen. Das kann nicht funktionieren. Unionsrecht ist politisches Recht, und so muss man daher auch die Ermächtigungen der Art. 290, 291 AEUV sehen, wie wir schon viele Ermächtigungen im Unionsrecht gesehen haben. Ältere Semester werden sich vielleicht noch an die Art. 100 und 100a EGV erinnern. Wir haben doch nie überlegt, ob eine Maßnahme dem gemeinsamen Markt oder dem Binnenmarkt dient, was nach den Tatbestandselementen der Unterschied war, sondern, ob wir das Parlament mitreden lassen sollen oder nicht. Und genauso sind die Dinge hier zu sehen, beides kommt ziemlich bereichsübergreifend in Betracht. Es ist nur eine Machtfrage, ob das Parlament eingeschaltet wird, aber nicht eine Frage der Sachmaterie. Mittlerweile haben wir bereits Anschauungsmaterial zu der Frage, ob durch solche Ermächtigungen nicht auch Einzelfallentscheidungen gedeckt sein können. Seit dem 3. März 2011 ist das Dritte Paket Energieregulierung in Kraft. Es wurde Acer, eine Agentur, errichtet, und die ist zur Einzelfallentscheidung gegenüber Unternehmen berechtigt. Sicherlich handelt es sich um eine subsidiäre Maßnahme, um ultima ratio, wie man sagt. Aber es ist eine Einzelfallentscheidung vorgesehen, sie bildet daher ein Anschauungsbeispiel. Zum Dritten: Ich hätte an den Herrn Erstreferenten eine Frage zum Formenmissbrauch. Im neuen Bankaufsichtsrecht sind, wie schon gesagt worden ist, etwa 125 Ermächtigungen zu delegierten und Durchführungsrechtsakten vorgesehen. Womit fängt aber die EBA, die Banking Authority tatsächlich an? Kaum ist sie errichtet, betrifft ihr erstes Konsultationsverfahren guidelines zur Frage der Bezüge der Vorstandsmitglieder, obwohl das eine Frage ist, die eigentlich durch Rechtsakte geregelt werden sollte. Dadurch, dass Eigenrecht einer europäischen Banking Authority geschaffen werden soll, werden Entscheidungsbefugnisse der Kommission und die Mitwirkung des Parlaments umgangen. Wir sollten darüber nachdenken, ob es nicht sowas wie eine Formenbindung gibt, dass also einer Behörde nicht gewissermaßen ein Wahlrecht offensteht, wie sie vorgehen soll. Gestatten Sie mir eine letzte Frage, auch wenn ich schon im „roten Milieu" bin. Herr Mehde, Kommunalaufsicht, Ihre These 13. Ich muss nachfragen, denn das wäre ein sensationeller Unterschied zwischen Österreich und Deutschland. Kommunen sind Selbstverwaltungskörper, und wir reden hier über administrative Rechtsetzung. In Österreich wäre es mit Sicherheit verfassungswidrig, wenn die Aufsichtsbehörde Rechtsakte über die Verwaltungsführung der Gemeinde erlässt. Einen Briefwechsel kann es natürlich geben, oder eine Auskunft, aber doch keine Rechtsetzung der Aufsichtsbehörde, die sich auf das Verhalten der Gemeinde im Selbstverwaltungsbereich bezieht. Es gibt Genehmigungsvorbehalte, es gibt Untersagungsrechte, aber keine Rechtsetzung, das wäre ein Qualitätssprung. Entschuldigen Sie wieder einmal mein Überziehen. Danke.

Höfling: Vielen Dank, Herr Raschauer. Wir kommen jetzt zu den Schlussworten. Bitte, Herr Mehde.

Mehde: Vielen Dank, Herr Vorsitzender, vielen Dank für die zahlreichen Anregungen und Bemerkungen. Ich gehe gleich auf Sie ein, Herr Raschauer, weil ich jetzt unmittelbar angesprochen bin. Selbstverständlich betreibt auch in Deutschland die Kommunalaufsicht keine Rechtsetzung für die Gemeinden. Es ging mir ausschließlich um die Frage, inwieweit durch Beratung seitens der Kommunalaufsicht, durch Beratungserlasse, durch Mustersatzungen und Ähnliches, ein Einfluss ausgeübt wird. Ich habe das bewusst im Verhältnis zu den europäischen Phänomenen, die ich angesprochen habe – Beihilfenaufsicht und Wettbewerbsrecht – gesehen, weil wir da eine ganz ähnliche Konstellation haben. Es gibt in diesen keine Rechtsgrundlage dafür, dass die Kommunalaufsicht Erlasse oder Mustersatzungen vorgibt zur Auslegung von Rechtsnormen, sondern das macht sie, schlicht weil sie Aufsichtsbehörde ist und auf diese Art und Weise die Möglichkeit hat, Einfluss auszuüben. Die Gemeinden müssen die Auslegung nicht akzeptieren. Wenn man sich aber nicht daran hält, besteht immer die Gefahr, dass man dann kommunalaufsichtsrechtliche Maßnahmen zu erwarten hat. Insofern besteht die Tendenz, schlicht und einfach zu befolgen, ohne dass es eine rechtliche Bindungswirkung gäbe. Das ist der Zusammenhang, den ich kennzeichnen wollte. Dies führt bei den Gerichten dazu, dass sie sich überlegen müssen, ob sie den Erlass anwenden als wäre er formelles Recht. Dabei kann es zu allen möglichen Verwerfungen kommen. Es ist zu einfach, zu sagen, dies sei für die Gerichte natürlich nicht bindend, sondern zieht weitere Fragen nach sich. So kann es sehr negativ für die Verwaltung sein, wenn man diese Erlasse komplett unangewendet lässt. Da ergibt sich dann das Paradox, dass natürlich auch die Aspekte, die gerade positiv für die Gemeinde sein könnten, nicht angewendet werden. Soweit vielleicht nur zur Klarstellung.

Die übrigen Wortbeiträge möchte ich gerne gesammelt aufgreifen und unter drei Aspekten thematisieren in meinem Schlusswort. Zum einen zur Frage des Verhältnisses von Rechtsstaatlichkeit und Demokratie, und dann zweitens zur Strukturierung, die in verschiedenen Wortbeiträgen eingefordert worden ist, und dann schließlich drittens zum Thema Rechtsschutz.

Das Verhältnis von Demokratie und Rechtsstaatlichkeit begegnet uns bei diesem Thema in vielfältiger Form. Eigentlich kann man sagen, dass man alles, was an materiell-rechtlichen Komponenten hier zu diskutieren ist, auf diese beiden Prinzipien zurückführen kann. Die Wesentlichkeitstheorie ist ja in gewisser Weise ein um das Element der Demokratie erweiterter Vorbehalt des Gesetzes. Insofern begegnet uns das immer wieder. Und auch bei Art. 80 GG haben wir natürlich eine Aufladung sowohl mit rechtsstaatlichen wie mit demokratischen Elementen. Ich habe das in meinem Vortrag versucht zu gliedern, indem ich die Wesentlichkeitstheorie als zentralen Anknüpfungspunkt für die materiellen Aussagen genannt habe. Das „Ob“ und das „Wie“ eines Parlamentsgesetzes werden damit angesprochen. Letztlich kann man es immer darauf zurückführen: je wesentlicher, desto eher muss der Gesetzgeber tätig werden und desto weniger gehört es zu den Kompetenzen der Verwaltung. Nun muss man sagen, dass dies natürlich ein sehr grober Maßstab ist. Ich befürchte allerdings, dass es keine Alternative gibt. Bei Art. 80 GG kommt hinzu, dass wir eine spezialgesetzliche Ausprägung der Gesichtspunkte haben, die eben nicht umgangen werden dürfen. Diese Gesichtspunkte, das Normprogramm des Art. 80 GG, verleiten dazu, sie zu umgehen und den bequemeren Weg einer Verwaltungsvorschrift zu gehen. An dieser Stelle müssen dann in der Tat die Gerichte auf den Plan treten und deutlich machen, dass, wenn man auf eine Verwaltungsvorschrift zurückgreift und nicht eine Rechtsverordnung erlässt oder nicht zu einer Rechtsverordnung ermächtigt, den Preis zahlen muss: Dass etwa die Verwaltungsvorschrift nicht die vergleichbare Bindungswirkung hat, sondern man im Fall von atypischen Regelungen jedenfalls davon abweichen kann, man nicht zu belastenden Maßnahmen ermächtigen kann und Ähnliches. Auf diese Art und Weise, denke ich, sollte man dieses Umgehungsproblem ganz gut in den Griff bekommen und natürlich auch das Verhältnis von Rechtsstaatlichkeit und Demokratie, wie es in Art. 80 angelegt ist, mit Leben füllen.

Zu meinem zweiten Punkt: Es ist in verschiedenen Beiträgen angeklungen, dass die Strukturierung natürlich noch sehr viel detailgenauer erfolgen könnte. Das ist beispielsweise im Sozialrecht so, das könnte man auch bei Rechtsverordnungen sagen wie auch bei Verwaltungsvorschriften. Es gibt ja höchst unterschiedliche Arten von Verwaltungsvorschriften. Müsste da nicht entsprechend das Normprogramm auch angepasst werden, wenn man unterschiedliche Arten von Verwaltungsvorschriften thematisiert? Auch da habe ich große Schwierigkeiten, mir vorzustellen, wie so etwas in der Praxis aussehen könnte. Ich befürchte, dass wir, wenn wir versuchen wollten, das in Regeln zu gießen, wieder mehr oder weniger Selbstverständliches sagen würden, das uns nicht sehr viel weiterbringen würde im Vergleich zu dem zugegebenermaßen unbefriedigenden Weg, immer nur auf die Wesentlichkeitslehre zurückzugreifen. Was mir da vor allem wichtig erscheint, ist der Bezug zu den Rechtsfolgen. Auch hier greift wieder dieser Gesichtspunkt, dass man natürlich Umgehungstatbestände vermeiden muss. Art. 80 GG ist nur ein Beispiel. Man kann vieles Andere in dem Zusammenhang nennen, beispielsweise Satzungen. Auch wenn es unterschiedliche Anforderungen für Satzungen und Verordnungen gibt, erfolgt die Abgrenzung über einen Gesichtspunkt der Wesentlichkeit, nämlich über die Frage, ob ein Grundrechtseingriff vorliegt, ob es um den übertragenen oder den eigenen Wirkungskreis geht. In den meisten Konstellationen deckt sich die Frage nach dem übertragenen oder eigenen Wirkungskreis mit jener, ob es sich um Leistungs- oder eher Eingriffsverwaltung handelt.

Es gibt dort Randbereiche, in denen man sich sicherlich streiten kann. Aber auf diese Art und Weise erfolgt jedenfalls die rechtssystematische Konkretisierungsleistung, die in dem Zusammenhang wichtig ist.

Und in der Tat: Bei Satzungen geht es darum, dass man sich an die eigenen Mitglieder wenden muss, auch wenn natürlich außerhalb dieser Konstellation andere, die beispielsweise in die Gemeinde reisen und dann zufälligerweise dort eine öffentliche Einrichtung nutzen wollen, in den Wirkungsbereich dieser Satzung geraten. Die werden dadurch nicht zu Mitgliedern der Gemeinde bzw. Bürgern oder Einwohnern, sondern geraten eben mehr oder weniger von Außen in diesen Regelungsbereich hinein, genau wie immer wieder Satzungen auch für Personen, die außerhalb dieser Organisation stehen, eine Relevanz haben können. Das bedeutet nicht, dass sie die Adressaten sind. Die Tatsache, dass andere Personen beispielsweise mit Mitgliedern von Körperschaften, die an die Regeln der Körperschaften gebunden sind, in Kontakt treten und deswegen auch deren Normen zu beachten haben, bedeutet nicht, dass sie Adressaten derselben sind. Da muss man, denke ich, unterscheiden. Die Satzunggebung ist etwas, was sich an die eigenen Mitglieder richtet und natürlich vielfältige Effekte auch für andere Personen haben kann. Aber dennoch ist es das Abgrenzungskriterium. Es geht um die eigenen Mitglieder oder eben – bei der kommunalen Selbstverwaltung ist die Formulierung ja eigentlich noch treffender – um die eigenen Angelegenheiten, in die dann manchmal auch andere, die eigentlich von Außen kommen, gewissermaßen hineingeraten.

Was, wie ich denke, noch einige Resonanz hatte, war die Frage des Rechtsschutzes. Natürlich kann ich mir vorstellen, dass es zunächst einmal große Probleme aufwirft, wenn man, wie ich sage, über eine Neuausrichtung, Neuinterpretation von Art. 19 Abs. 4 nachdenken sollte. Dies erscheint mir in vielerlei Hinsicht auch als eine Frage der Ehrlichkeit des Umgangs mit diesen Normen. Ich hoffe, in den verschiedenen Referenzgebieten, die ich dargestellt habe, deutlich gemacht zu haben, dass es natürlich ganz viele Effekte gibt, bei denen die Gerichte ohnehin mehr oder weniger faktisch gebunden sind. Es sind Fälle, in denen Gerichte Verwaltungsvorschriften anwenden, ohne dies offenzulegen, und in denen sich auch gar keine Motivation ergibt, von diesen Verwaltungsvorschriften abzuweichen, weil sie das geballte Wissen der Administrative perpetuieren und man auf diese Art und Weise überhaupt nur bestimmte Fälle in den Griff bekommen kann, weil man das Informationsgefälle zwischen Exekutive und Judikative niemals wird ausgleichen können.

Wir haben also nicht beim Erlass und der Anwendung seitens der Verwaltung ein Willkürproblem, sondern schon eher im Umgang mit diesen Normen im gerichtlichen Verfahren. Man kann kaum vorhersagen, ob die Verwaltungsgerichte diese Verwaltungsvorschriften anwenden werden und nicht, ob sie es offen tun werden, ob sie es versteckt tun werden oder ob sie es, weil sie es sich zutrauen, eine eigene Meinung dazu zu entwickeln, vielleicht für sinnvoll halten, davon komplett abzuweichen. Deswegen plädiere ich natürlich nicht dafür, dass sich nunmehr die Verwaltungsgerichte der Willkür der Verwaltung zu unterwerfen haben, aber schon für einen ehrlicheren Umgang. Und wenn man sagt, es gibt dort gerade in den technisch höchst anspruchsvollen Bereichen schon eine Einschätzungsprärogative, wir geben gar nicht vor, uns dasselbe Wissen dort aneignen zu können, wie es in diesen Verwaltungsvorschriften zum Ausdruck kommt, dann liegt darin ein stückweit Ehrlichkeit zuzugeben, dass man sich aus der Beurteilung in einem gewissen Umfang zurückzieht. Das bietet natürlich trotzdem den Spielraum zu sagen, dass man dies in Anbetracht der gesetzlichen Vorgaben, die dabei eine Rolle spielen, nicht mehr für angemessen hält, dass es sich in gewisser Weise um einen ausbrechenden Rechtsakt handelt. Ich hoffe, dies ist deutlich geworden in dem Vortrag. An der Stelle besteht auch mein größter Widerspruch zu Dir, Ulrich, zu sagen – wie es der EuGH macht – dass man auf die Regelungsintention des Normgebers abstellen sollte.

Diese Herangehensweise erscheint auf eine ganz überraschende Art und Weise als für unsere deutsche Rechtsordnung systemkonform. Wenn wir bei Verwaltungsvorschriften davon sprechen, dass sie auf eine Weisungsbefugnis zurückgehen, dass die Verwaltung auf diese Art und Weise ihr eigenes Handeln programmiert, dann muss es doch möglich sein zu sagen, die Verwaltung hat hier vor, einen anderen Weg zu beschreiten als den, der vom Gesetz vorgegeben ist. Und dann ist es eine jedenfalls rechtspolitisch höchst effiziente Möglichkeit, an dem Punkt anzuknüpfen und den Rechtsakt gegebenenfalls als ausbrechend zu bezeichnen. Was man dort vorhat, zeichnet sich ab durch diese Programmierungsleistung, die sich in der Verwaltungsvorschrift Bahn bricht. Wenn man den Rechtsakt für ausbrechend hält, sollte schon an dieser Stelle der Rechtsverstoß beseitigt werden. Das kann man in vielen Fällen natürlich auffangen, indem man sagt, man müsse gegen den Einzelakt, der dann am Ende daraus folgt, vorgehen. Ich bin aber der Auffassung, dass es sicherlich unter Effizienzgründen und auch in vielerlei Hinsicht unter Rechtsschutzaspekten sinnvoll wäre, dort eine andere Richtung einzuschlagen. Ich gebe zu, dass diese Aussage einen ganz erheblichen rechtspolitischen Anteil hat. Wir haben ja bei § 47 VwGO ohnehin das Problem, dass es, wenn überhaupt, nur um Landesrecht gehen könnte. Nach Nr. 2 müsste das der jeweilige Landesgesetzgeber umsetzen, d.h. wir haben sowieso gar nicht die Möglichkeit, dies bei entsprechenden Verwaltungsvorschriften des Bundes anzunehmen. Insofern ist das sicherlich ein Argument, das sich eher an die Rechtspolitik wendet, wobei es die Ansatzpunkte in der Rechtsprechung dazu durchaus gibt. Mir wäre es nur sehr sympathisch, wenn man diesen Gedanken von vornherein entsprechend ausweiten würde. Ich glaube, damit ist meine Zeit abgelaufen. Vielen Dank.

Stelkens: Herzlichen Dank für die vielen Anregungen. Bei meinen Antworten muss ich mich aber aus Zeitgründen auf zwei Themenkreise beschränken, nämlich einerseits auf die Fragen in Zusammenhang mit den Normsetzungsverfahren und andererseits auf die Fragen in Zusammenhang mit Art. 291 AEUV.

Zunächst zum Normsetzungsverfahren: Meines Erachtens zeigt die Diskussion auch unterschiedliche Verständnisse von den Aufgaben der Rechtswissenschaft. Meines Erachtens sollte bei der rechtswissenschaftlichen Arbeit nach wie vor deutlich zwischen der rechtswissenschaftlichen Begleitung der Rechtsanwendung (de lege lata) und der rechtswissenschaftlichen Begleitung der Rechtspolitik (de lege ferenda) getrennt werden. Ich habe daher Schwierigkeiten mit der Zuordnung eines Zugangs zum Thema „administrative Normsetzungsverfahren“, der sich darauf beschränkt, die insoweit existierenden Vorschriften zu analysieren und zu untersuchen, welchen Sinn und welche Funktion sie haben, dann aber nicht klar sagt, was Ziel dieser Analyse ist: Sollen hier rechtspolitische Forderungen aufgestellt werden oder aus der Gesamtschau derartiger Vorschriften auf das Vorhandensein unmittelbar geltender allgemeiner Rechtsgrundsätze geschlossen werden, ähnlich den allgemeinen Rechtsgrundsätzen des Verwaltungsverfahrens, die von Rechtsprechung und Literatur vor Inkrafttreten des VwVfG entwickelt wurden? Das „Auffinden“ dieser Rechtsgrundsätze war damals Ausdruck wahrer Rechtsschöpfung und rechtswissenschaftlicher Kreativität. Insoweit bestand Einigkeit, dass diese Grundsätze ihren Ursprung in den Grundrechten fanden, aus denen dann konkrete Verfahrensrechte abgeleitet worden sind. Ein ähnlicher Zugang zum Thema Normsetzungsverfahren könnte nun tatsächlich darin bestehen, konkrete Verfahrensregeln für die administrative Normsetzung aus dem Demokratieprinzip herzuleiten.

Dem würde ich im Ansatz auch zustimmen. Zunächst insoweit, dass als „Quelle“ möglicher Ableitung eben primär das Demokratieprinzip genannt wird und nicht das Rechtsstaatsprinzip. Ich habe ja auch betont, dass sich aus dem Rechtsstaatsprinzip Grundsätze des Verfahrens administrativer Normsetzung nach bisherigem Erkenntnisstand *nicht* herleiten lassen. Es ist schlicht zu einfach zu sagen – wie das teilweise aber auch gemacht wird –, dass z.B. § 39 VwVfG zwar nur Begründungspflichten für Verwaltungsakte regele, § 39 VwVfG aber auch Ausdruck allgemeiner rechtsstaatlicher Grundsätze sei und deshalb ähnliche Grundsätze in ähnlicher Form auch bei der administrativen Normsetzung anzuwenden seien. Vor allem derartige Überlegungen waren der Anlass, weshalb ich betont habe, es müsse zwischen *Verwaltungs*verfahren, die auf Erlass von Einzelfallentscheidungen gerichtet sind, und *Normsetzungs*verfahren unterschieden werden.

Richtiger scheint es mir daher tatsächlich zu versuchen, das Demokratieprinzip an Stelle des – insoweit eben weitgehend untauglichen – Rechtsstaatsprinzips oder der Grundrechte als Rechtsgrund für die Anerkennung von Verfahrensgrundsätzen für Verfahren administrativer Normsetzung fruchtbar zu machen. Wie könnte aber jetzt ein demokratisches Verfahren administrativer Normsetzung aussehen? Insoweit werden diverse Regelungen im Besonderen Verwaltungsrecht – z.B. im Immissionsschutzrecht – oder eben auch das US-amerikanische Rulemaking-Verfahren als Vorbilder genannt. Es gibt aber auch ganz konkrete Regelungsvorschläge aus der Wissenschaft für die Aufnahme derartiger Grundsätze in das VwVfG oder das UGB. Die Frage ist jetzt aber eben: Sollen diese Vorbilder als bloße Anregungen an den Gesetzgeber nutzbar gemacht werden? Oder geht es darum, ungeschriebene – auch ohne gesetzliche Regelung geltende – allgemeine Rechtsgrundsätze zu kreieren, die im Ergebnis eine Grundlage dafür bieten können, z.B. die §§ 72ff. VwVfG mit ihren Anhörungs- und Partizipationsrechten auf administrative Normsetzungsverfahren analog anzuwenden? Auf diese Fragen bleiben viele eine Antwort schuldig.

Unabhängig davon habe ich auch deutlich gesagt, dass meine Überlegungen einen mehr demokratietheoretischen Zugang zum Thema nicht ausschließen sollen. Es war aber schlicht nicht mein Erkenntnisinteresse, das zu wiederholen, was andere hierzu schon geschrieben haben. Es gibt bereits diverse Dissertationen und Habilitationen sowie verschiedene Aufsätze, die diesen Zugang wählen. Mit diesen Arbeiten kann man sich nun auseinandersetzen und sich fragen, ob die gefundenen Lösungen rechtspolitisch vernünftig erscheinen. Dennoch schien mir die Arbeit der Bestandsaufnahme und Analyse der existierenden fachrechtlichen Vorschriften schon weitgehend getan, die Bauformen administrativer Normsetzungsverfahren schienen mir schon recht umfangreich untersucht – ohne dass jedoch Einigkeit hinsichtlich der Verallgemeinerungsfähigkeit dieser Bauformen und der Ergiebigkeit dieser Analyse besteht. Hätte ich nun selbst eine weitere derartige Analyse vorgenommen, hätten wir nun fünf Dissertationen zu dem Thema und noch ein 45minütiges Staatsrechtslehrerreferat dazu. Das kann nicht unbedingt der Sinn eines rechtswissenschaftlichen Diskurses sein.

Daher frage ich mich aber auch, was es bedeuten soll, wenn hier gesagt wurde, die Einbeziehung der administrativen Normsetzungsverfahren in das Verfahrensrecht sei ein „Projekt der Wissenschaft"? Mit welchem Ziel? Ist Ziel dieses Projekts, dem Gesetzgeber zu empfehlen, vermehrt bestimmte verfahrensrechtliche Vorgaben auch für die administrative Normsetzung vorzusehen? Wie gesagt: Derartige Empfehlungen gibt es schon in reicher Zahl. Oder soll konkret anwendbares, ungeschriebenes administratives Normsetzungsverfahrensrecht generiert werden? Hierfür reichen mir die Herleitung aus dem Demokratieprinzip und die Berufung auf „Vorbilder" und „Bauformen" nicht aus. Wenn das hinreichend viele Personen anders sehen, lasse ich mich aber gerne belehren. Nur muss man dann auch den Mut haben zu sagen, dass die gefundenen Grundsätze unmittelbar geltendes ungeschriebenes Normsetzungsverfahrensrecht sind, aus denen konkrete unmittelbar anwendbare Vorgaben für den Normsetzer folgen. Man muss also bereit sein zu sagen, dass z.B. die Bundesregierung, bevor sie die StVO ändert, unmittelbar aus dem Demokratieprinzip heraus verpflichtet ist, z.B. den ADAC, den BUND oder auch den Verband der Abschleppunternehmer zu hören. Die Ergebnisse dieser Anhörung müssen dann dokumentiert und die getroffene Entscheidung ordentlich begründet werden. Derartige konkrete Vorgaben kann ein Rechtsanwender unmittelbar umsetzen.

Generell ist es nun aber auch so, dass die Rechtsschöpfung im Verwaltungsrecht rechtswissenschaftlich unterbelichtet ist, wir also kaum wissen, wie man allgemeine Rechtsgrundsätze „findet", nach welchen Kriterien und mit welchen Materialien ein Richter oder ein Behördenbediensteter also sein Entscheidungsprogramm zu „generieren" hat, wenn es keine gesetzlichen Regelungen gibt, an denen eine zu treffende Entscheidung zu messen ist. Meine feste Überzeugung ist insoweit, dass es keinen Vorbehalt des Gesetzes für die Anerkennung von Rechten gegenüber der Verwaltung gibt. Wenn das so ist, müssen wir aber Regeln guter wissenschaftlicher Praxis generieren, wie man solche ungeschriebenen Rechte gegenüber der Verwaltung konstruieren kann. Kann man das mit rechtsvergleichenden Methoden machen? Jedenfalls dem USA-Vergleich stehe ich hier eher skeptisch gegenüber, weil ich Zweifel daran habe, ob die US-amerikanische Verwaltungsrechtsordnung hinreichend viel mit der deutschen und der europäischen Verwaltungsrechtsordnung gemeinsam hat, um aus einem Rechtsvergleich mit den USA hinreichend konkrete Aussagen für das deutsche und das europäische Recht herzuleiten. Aber das mag auch daran liegen, dass mir insoweit einfach der Zugang zum US-amerikanischen Recht fehlt.

Ich komme jetzt zu der Kritik an meiner Kritik an der Entscheidung des BVerfG zu der Hennenhaltungsverordnung. Hier erkenne das BVerfG endlich einmal die Bedeutung von Verfahrensrechten bei Rechtsverordnungen an und schon sei wieder jemand dagegen. Was macht aber das BVerfG hier eigentlich? Eine Tierschutzkommission, bestehend aus zwölf Sachverständigen, die vom Bundesministerium der Wirtschaft ernannt werden, soll zu Tierschutzrechtsverordnungsentwürfen Stellung nehmen. Die angemessene Berücksichtigung der Erkenntnisse der Kommission durch den Rechtsverordnungsgeber soll dann – so würde ich das BVerfG verstehen – die materielle Ergebnisrichtigkeit der getroffenen Entscheidung indizieren. Das Problem ist nur, dass verfassungsrechtlich auch fest steht, dass die Voten der Tierschutzkommission für den Verordnungsgeber nicht verbindlich sein dürfen. Wie aber soll der Rechtsverordnungsgeber formell begründen können, dass er den Empfehlungen der Kommission *nicht* folgen will? Indem er Hilfsgutachten oder Parteigutachten einfordert, die das Votum der Kommission widerlegen? Im konkreten Fall war es wohl so, dass Hühner unter Tierschutzgesichtspunkten eine bestimmte Mindestkäfiggröße brauchen, die Forderung nach einer unter Tierschutzaspekten akzeptablen Größe aber politisch nicht durchsetzbar war. Wäre es in diesem Fall, in dem ein Verstoß gegen die materiellen Tierschutzanforderungen wohl relativ klar auf der Hand lag, nicht einfacher gewesen, nicht auf das Normsetzungsverfahren, sondern gleich auf Art. 20a GG abzustellen und zu sagen, unter Tierschutzaspekten brauchen die Hühner eine Bewegungsfläche X, wenn eine darunter liegende Größe festgelegt wird, liegt hierin eine materielle Verletzung von Art. 20a GG? Mich hat die gegenteilige Vorgehensweise des BVerfG hier schlicht nicht überzeugt, zumal das BVerfG in einer früheren Entscheidung zur Hennenhaltungsverordnung diese für verfassungswidrig gehalten hatte, weil sie den materiellen Tierschutzanforderungen nicht gerecht wurde, und in dieser Entscheidung die Verfahrensfragen hat dahingestellt sein lassen. Und in der zweiten Entscheidung schaut das BVerfG dann nur noch auf das Verfahren. Die Hennenhaltungsverordnung wird nun, glaube ich, schon zum dritten Mal erlassen. Das scheint mir nicht besonders effektiv zu sein.

Abschließend zum Fragenkreis administrative Normsetzungsverfahren noch Folgendes: Anliegen meines Vortrags war es, im Hinblick auf administrative Normsetzungsverfahren und administrative Normsetzung rechtsstaatliche und demokratietheoretische Argumentationsstränge deutlich zu trennen. Wie Herr Schmidt-Aßmann zu Recht hervorgehoben hat und was ich in meinem Referat auch selbst deutlich machen wollte, sind *beide* Argumentationsstränge für unser Thema wesentlich und müssen *beide* beachtet werden – und dennoch müssen sie klar unterschieden werden. Denn die für die administrative Normsetzung bestehenden rechtlichen Vorgaben haben eben unterschiedliche Ursprünge, auch wenn im Ergebnis natürlich einheitliche Vorgaben entstehen, die allenfalls teilweise ihren Ursprung sowohl im Rechtsstaats- als auch im Demokratieprinzip haben mögen. Von demokratischen Anforderungen an die administrative Normsetzung hat man nun aber schon viel gehört, so dass ich dachte, es könnte interessant sein, den Schwerpunkt einmal auf den rechtsstaatlichen Aspekt zu legen und insoweit die Frage aufzuwerfen, was es z.B. rechtfertigt, dass die Verwaltung an das von ihr selbst gesetzte Recht gebunden ist. Über Otto Mayer habe ich dann die Ihering'schen Ausführungen gefunden, die gerade dies besonders gut beschreiben und die ich hier in Erinnerung rufen wollte. Ergänzend lässt sich hervorheben, dass es aus meiner Sicht immer eine gewisse Bestätigung der Notwendigkeit und Gebotenheit eines rechtsstaatlichen Grundsatzes ist, wenn dessen Fortgeltung von den Nationalsozialisten und der DDR-Rechtswissenschaft aktiv bekämpft worden ist. Denn die Juristen beider Unrechtsregime wussten sehr genau, welche überkommenen rechtsstaatlichen Grundsätze der Entfaltung der gewünschten Willkürherrschaft hinderlich waren. Und natürlich brach etwa der Führer-Einzelbefehl die allgemeine Führerverordnung und auch die DDR-Führung sah sich bei Einzelfallentscheidungen nicht an ihre allgemeinen Gesetze gebunden. In beiden deutschen Diktaturen war also der Grundsatz, dass zunächst abstrakt-generell Entscheidungskriterien festgelegt werden, auf deren Grundlage dann Einzelfallentscheidungen getroffen werden, nicht anerkannt.

Wird die Bindung der Verwaltung an die von ihr selbst gesetzten Normen als rechtsstaatlich geboten anerkannt, stellt sich nun wieder die weitere Frage, ob und was dies für das Normsetzungsverfahren bedeutet. Meines Erachtens wäre hier jedoch eher nach Rechtsetzungs*inhalten*, nicht nach Rechtsetzungs*formen* zu unterscheiden, weshalb ich das Problem eben nicht als Problem der Fortentwicklung des *Verwaltungs*verfahrensrechts, sondern als Problem der Fortentwicklung des *Normsetzungs*verfahrensrechts unter Einschluss der parlamentarischen Normsetzung begreifen würde. Um das Beispiel von Herrn Fehling aufzunehmen: Für die Frage eines grundrechtlich gebotenen Normsetzungsverfahrens für Normen, die die Aufnahmekapazität von Hochschulen bestimmen, kann es m.E. nicht darauf ankommen, ob diese Norm als Rechtsverordnung oder als formelles Gesetz erlassen wird.

Der zweite Themenkreis, auf den ich gerne eingehen möchte, ist die – eher technische – Diskussion zu Art. 291 AEUV, die aber erhebliche Auswirkungen auf die Vollzugsarchitektur der EU hat, je nach dem, zu welchen Ergebnissen man bei der Auslegung des Art. 291 AEUV kommt.

Zunächst: Wird Art. 291 AEUV auch auf den Einzelfallvollzug angewandt, schließt dies jedenfalls seit Inkrafttreten des Vertrags von Lissabon aus, Befugnisse zum Erlass von Einzelfallentscheidungen auf Europäische Agenturen zu übertragen. Denn weder Art. 291 Abs. 2 AEUV noch die hierzu ergangene Verordnung sehen die Übertragung von „Durchführungsbefugnissen" auf Agenturen vor. Die Regelungen in den Verordnungen zur Errichtung von Europäischen Finanzmarktaufsichtsbehörden, die diesen Entscheidungsbefugnisse zuweisen, wären also in Widerspruch zu Art. 291 AEUV erlassen worden, und es wäre zweifelhaft, inwieweit das Markenamt in Alicante und die Reach-Agentur in Helsinki heute noch Einzelfallentscheidungen treffen dürften.

Jetzt sagt Herr Ruffert nicht zu Unrecht: Eine Sichtweise, die Art. 291 AEUV nicht auf den administrativen Einzelfallvollzug bezieht, nähme Art. 291 Abs. 1 AEUV die allgemein anerkannte Funktion, eine Wertentscheidung zu Gunsten des indirekten Vollzugs des EU-Rechts zu treffen. Ja, das ist so. Als Wertentscheidung zu Gunsten des indirekten Vollzugs ist Art. 291 Abs. 1 AEUV allerdings ohnehin – soweit ich sehe – nur in der deutschen Literatur verstanden worden. Weder die französische noch die italienische Literatur sieht einen Zusammenhang zwischen Art. 291 Abs. 1 AEUV und der Aufteilung von Verwaltungskompetenzen im Verhältnis zwischen der EU und den Mitgliedstaaten. Meines Erachtens ist daher der indirekte Vollzug von EU-Recht auch heute noch ausschließlich in Art. 4 Abs. 3 EUV zu verankern, dort aber nicht als Recht, sondern als Pflicht der Mitgliedstaaten.

Befasst sich Art. 291 AEUV überhaupt nicht mit dem administrativen Einzelfallvollzug von EU-Recht, bedeutet dies auch, dass Art. 291 AEUV die Übertragung von derartigen Vollzugsaufgaben auf die Kommission weder ausschließt noch ihr Grenzen setzt. Insoweit kann sich der Europäische Gesetzgeber – wenn man der Rechtsprechung des EuGH zum früheren Recht folgt – nach wie vor auf die einzelnen Sachkompetenzen stützen, z.B. auch auf die Binnenmarktkompetenz des Art. 114 AEUV, wie dies im Fall der Finanzaufsichtsbehörden auch getan worden ist. Derartige Befugnisse zum Einzelfallvollzug sind dann aber keine „Durchführungsbefugnisse" i.S. des Art. 291 Abs. 2 AEUV.

Nun gibt es allerdings in vielen Sekundärrechtsakten, insbesondere im Produktzulassungsrecht, noch Bestimmungen, die die Kommission zu Einzelfallentscheidungen im früheren Komitologieverfahren ermächtigen. Auch diese Fälle werden meines Erachtens von Art. 291 AEUV nicht erfasst. Auch hier dürfte es ausreichen, derartige Bestimmungen auf die speziellen Politikkompetenzen zu stützen. Art. 291

AEUV steht damit auch nicht der Annahme entgegen, der EU-Gesetzgeber sei ermächtigt, für Einzelfallentscheidungen der Kommission Entscheidungsverfahren vorzusehen, die an das frühere Komitologieverfahren oder an die heute in der Durchführungsverordnung zu Art. 291 Abs. 3 AEUV geregelten Verfahren angelehnt sind.

Damit ist meine Redezeit aber auch endgültig vorbei. Ich bedanke mich zunächst ganz herzlich beim Vorstand für das Vertrauen, das mir mit der Übertragung dieses Themas entgegengebracht wurde – ein Thema, das als Teilbereich der Handlungsformenlehre des Allgemeinen Verwaltungsrechts nach wie vor viele ungelöste Fragen bereit hält. Vielen Dank aber auch für Ihre Aufmerksamkeit.

Höfling: Auch Ihnen vielen Dank für ein kämpferisches Schlusswort.

Liebe Kolleginnen und Kollegen, damit sind wir am Ende des wissenschaftlichen Tagungsprogramms. Wir haben ganz ertragreiche und anregende Referate gehört. Die Antwortkonzepte der Referenten auf die Grundsatzfragen unseres Generalthemas, aber auch die Diskussionsbeiträge haben, glaube ich, eine ganze Reihe von Verschleifungen und Verknüpfungspunkten zwischen diesen Einzelthemen sichtbar gemacht, also exekutive, administrative Rechtsetzung als dominantes Steuerungsinstrument etwa in der Krise, höchstrichterliche Rechtsprechung, wenn man so will, als eine spezifische Form sachrationaler Standardsetzung, vielleicht sogar Verfassungsrichter als schwach legitimierte Standardsetter, weshalb man sich dann fragen muss, ob die Einforderung mehr oder weniger gegriffener Rationalitätsanforderungen adressiert an die parlamentarische Rechtsetzung nicht doch ein bisschen kritisch zu sehen ist, komplexe Verbundfunktionalitäten auf allen Ebenen, hybride Akteure. Man könnte das natürlich jetzt alles ausleuchten. Ich kann es nicht, und ich will Ihnen das jetzt auch nicht mehr zumuten. Eines ist mir allerdings noch wichtig. Jedenfalls für mich ist in den letzten beiden Tagen erneut deutlich geworden, wie zentral der Plenumscharakter unserer Veranstaltungen ist, und er ist es nicht nur für unser Selbstverständnis, das wäre eher ein Sekundärwert, von dem Herr Lienbacher gesprochen hat, sondern er ist, glaube ich, elementare Voraussetzung für innovative und anschlussfähige Diskurse im Öffentlichen Recht, und insoweit brauchen wir jedenfalls keine kleine Revolution in der Vereinigung. Ich danke noch einmal allen, insbesondere den Referenten, ganz herzlich im Namen des Vorstandes für diese Referate, wünsche uns jetzt noch einen angenehmen Abend, soweit Sie nach Hause fahren, eine gute Heimfahrt und jedenfalls ein gutes Wiedersehen im nächsten Jahr in Kiel. Vielen Dank.

Verzeichnis der Redner

Verzeichnis der Mitglieder der Vereinigung der Deutschen Staatsrechtslehrer e.V.

(Stand: 11. Januar 2012; ständige Aktualisierung unter www.staatsrechtslehrer.de)

Vorstand

1. *Wieland*, Dr. Joachim, LL.M., Universitätsprofessor,
   Gregor-Mendel-Straße 13, 53115 Bonn,
   (02 28) 923 993 34, Fax (02 28) 329 48 98;
   Lehrstuhl für öffentliches Recht, Finanz- und Steuerrecht,
   Deutsche Hochschule für Verwaltungswissenschaften Speyer,
   Postfach 1409, 67324 Speyer,
   (0 62 32) 65 43 55, Fax (0 62 32) 65 43 06,
   E-Mail wieland@dhv-speyer.de

2. *Biaggini*, Dr. Giovanni, o. Professor,
   Kantstraße 12, CH-8044 Zürich,
   (00 41) 44 251 11 58;
   Lehrstuhl für Staats-, Verwaltungs- und Europarecht,
   Rechtswissenschaftliches Institut, Freiestrasse 15, CH-8032 Zürich,
   (00 41) 4 46 34-30 11 oder -36 68, Fax (00 41) 4 46 34-43 89,
   E-Mail lst.biaggini@rwi.unizh.ch

3. *Ruffert*, Dr. Matthias, Professor,
   Naumannstraße 12, 07743 Jena,
   (0 36 41) 20 72 63;
   Rechtswissenschaftliche Fakultät,
   Universität Jena,
   Carl-Zeiss-Straße 3, 07743 Jena,
   (0 36 41) 94 22 01, Fax (0 36 41) 94 22 02,
   E-Mail m.ruffert@recht.uni-jena.de

Mitglieder:

1. *Adamovich*, Dr. Dr. h.c. mult. Ludwig, o. Univ.-Prof.,
Präsident des Österreichischen Verfassungsgerichtshofs a.D.,
Rooseveltplatz 4, A-1090 Wien,
(00 43) 66 42 42 75 26;
Österreichische Präsidentschaftskanzlei,
Hofburg, Ballhausplatz, A-1014 Wien,
(00 43) 15 34 22-3 00, Fax (00 43) 15 34 22-2 48,
E-Mail ludwig.adamovich@hofburg.at

2. *Albers*, Dr. iur., Dipl. soz. Marion, Professorin,
Sulzer Straße 21a, 86159 Augsburg;
Universität Hamburg,
Fakultät für Rechtswissenschaften,
Lehrstuhl für Öffentliches Recht, Informations-
und Kommunikationsrecht, Rechtstheorie,
Rothenbaumchaussee 33, 20148 Hamburg,
(040) 42 838 - 57 52, Fax (040) 42 838 - 26 35,
E-Mail marion.albers@jura.uni-hamburg.de

3. *Alexy*, Dr. Dr. h.c. mult. Robert, o. Professor,
Klausbrooker Weg 122, 24106 Kiel,
(04 31) 54 97 42;
Universität Kiel, 24098 Kiel,
(04 31) 8 80 35 43, Fax (04 31) 8 80 37 45,
E-Mail alexy@law.uni-kiel.de

4. *Alleweldt*, Dr. Ralf, LL.M., Privatdozent,
Halbe Stadt 12, 15230 Frankfurt (Oder),
(03 35) 6 22 47;
Europa-Universität Viadrina,
Postfach 1786, 15207 Frankfurt (Oder),
(03 35) 55 34 78 75,
E-Mail alleweld@euv-ffo.de

5. *Anderheiden*, Dr. Michael, Privatdozent,
Stephanienstr. 32, 76133 Karlsruhe,
(07 21) 4 70 08 17;
Ruprecht-Karls-Universität Heidelberg, Juristisches Seminar,
Friedrich-Ebert-Anlage 6-10, 69117 Heidelberg,
(0 62 21) 54 74 97, Fax (0 62 21) 54 74 63,
E-Mail anderheidenm@jurs.uni-heidelberg.de

6. *Appel*, Dr. Ivo, Professor,
Eisvogelweg 28, 82140 Olching,
(0 81 42) 2 84 23 17;
Universität Augsburg, Juristische Fakultät,
86135 Augsburg,
(08 21) 5 98 45 35, Fax (08 21) 5 98 45 37,
E-Mail Ivo.Appel@jura.uni-augsburg.de

7. *Arnauld*, Dr. Andreas von, Professor,
Lange Reihe 103, 20099 Hamburg,
(0 40) 31 81 74 17,
E-Mail andreas.arnauld@gmx.de;
Helmut-Schmidt-Universität/Universität der Bundeswehr Hamburg,
Fakultät für Wirtschafts- und Sozialwissenschaften,
Professur für Öffentliches Recht, insb. Völker- und Europarecht,
Holstenhofweg 85, 22043 Hamburg,
(0 40) 65 41-27 71, Fax (0 40) 65 41-20 21,
E-Mail arnauld@hsu-hh.de

8. *Arnim*, Dr. Hans Herbert von, o. Professor,
Im Oberkämmerer 26, 67346 Speyer,
(0 62 32) 9 81 23;
Deutsche Hochschule für Verwaltungswissenschaften Speyer,
67324 Speyer,
(0 62 32) 6 54 3 43,
E-Mail vonarnim@dhv-speyer.de

9. *Arnold*, Dr. Rainer, o. Professor,
Plattenweg 7, 93055 Regensburg,
(09 41) 7 44 65;
Universität Regensburg,
93053 Regensburg,
(09 41) 9 43-26 54/5,
E-Mail Rainer.Arnold@jura.uni-regensburg.de

10. *Aschke*, Dr. Manfred, Professor,
Kantstr. 14, 99425 Weimar,
(0 36 43) 40 22 83, Fax (0 36 43) 40 22 84;
E-Mail winckelmann.aschke@t-online.de;
c/o Professur Öffentliches Recht II,
Hein-Heckroth-Str. 5, 35390 Gießen oder
Thüringer Oberverwaltungsgericht
Kaufstr. 2–4, 99423 Weimar,
(0 36 43) 2 06-2 69,

11. *Augsberg*, Dr. Steffen, Professor,
Semperstr. 20, 22303 Hamburg;
Universität des Saarlandes,
Rechts-. und Wirtschaftswissenschaftliche Fakultät,
Lehrstuhl für Öffentliches Recht,
insb. Recht des Gesundheitswesens,
Campus Gebäude B 4.4, 66123 Saarbrücken,
(0178) 83 14 000,
E-Mail steffen.augsberg@uni-koeln.de

12. *Aulehner*, Dr. Josef, Privatdozent,
Hans-Böcker-Str. 8, 80995 München,
(0 89) 1 23 84 02, Fax (0 89) 12 74 96 88;
Ludwig-Maximilians-Universität München,
Ref. I A 3 – Rechtsabteilung,
Geschwister-Scholl-Platz 1, 80539 München,
(0 89) 21 80-37 30, Fax (0 89) 21 80-29 85,
E-Mail Aulehner@lmu.de

13. *Axer*, Dr. Peter, Professor,
Ruprecht-Karls-Universität Heidelberg,
Lehrstuhl für Sozialrecht in Verbindung
mit dem Öffentlichen Recht,
Friedrich-Ebert-Anlage 6–10, 69117 Heidelberg,
(0 62 21) 54-77 68, Fax (0 62 21) 54-77 69,
E-Mail axer@jurs.uni-heidelberg.de

14. *Baade*, Dr. Hans W., Professor,
6002 Mountain Climb Drive,
Austin/Texas, USA, 78 731,
(0 01-5 12) 4 52 50 71;
dienstl., (0 01-5 12) 4 71 51 51,
E-Mail hbaade@mail.law.utexas.edu

15. *Badura*, Dr. Peter, o. Professor,
Am Rothenberg Süd 4, 82431 Kochel am See,
(0 88 51) 52 89;
Universität München,
Professor-Huber-Platz 2, 80539 München,
(0 89) 21 80-35 76

16. *Baer*, Dr. Susanne, LL.M., Professorin,
Richterin des Bundesverfassungerichts,
Bleibtreustrasse 55, 10623 Berlin;
Humboldt-Universität zu Berlin, Juristische Fakultät,
Unter den Linden 9, 10099 Berlin,
(0 30) 20 93 34 67, Fax (0 30) 20 93 34 31,
E-Mail sekretariat.baer@rewi.hu-berlin.de

17. *Baldus*, Dr. Manfred, Universitätsprofessor,
Herderstr. 41A, 99096 Erfurt,
(03 61) 5 54 70 54;
Lehrstuhl für Öffentliches Recht
und Neuere Rechtsgeschichte,
Staatswissenschaftliche Fakultät, Universität Erfurt,
Nordhäuserstr. 63, 99089 Erfurt,
(03 61) 7 37 47 11,
E-Mail manfred.baldus@uni-erfurt.de

18. *Barfuß*, Dr. iur. Dr. rer. pol. Walter,
o. Universitätsprofessor,
Tuchlauben 11/31; 1010 Wien;
Präsident des Österreichischen Normungsinstituts,
Generaldirektor für Wettbewerb a.D.
(Bundeswettbewerbsbehörde),
Heinestraße 38, A-1020 Wien,
(00 43) 1/213 00/612, Fax (00 43) 1/213 00/609,
E-Mail walter.barfuss@as-institute.at

19. *Bartlsperger*, Dr. Richard, o. Professor,
Schleifweg 55, 91080 Uttenreuth,
(0 91 31) 5 99 16, Fax (0 91 31) 53 33 04,
E-Mail Bartlsperger.richard@t-online.de

20. *Bast*, Dr. Jürgen, Privatdozent,
Humboldt-Universität zu Berlin,
Professur i.V. für Öffentliches Recht,
Völker- und Europarecht,
Unter den Linden 6, 10099 Berlin,
(030) 2093 3512, Fax (030) 2093 3384,
E-Mail juergen.bast@rewi.hu-berlin.de

21. *Battis*, Dr. Dr. h.c. Ulrich, Professor,
Beiersdorfer Weg 42, 12589 Berlin-Rahnsdorf,
(0 30) 6 48 19 47;
Humboldt-Universität zu Berlin, Lehrstuhl für Staats- und Verwaltungsrecht sowie Verwaltungswissenschaften,
Unter den Linden 6, 10099 Berlin,
(0 30) 20 93-35 33, Fax (0 30) 20 93-36 89,
E-Mail sekretariat.battis@rewi.hu-berlin.de

22. *Bauer*, Dr. Hartmut, Professor,
Am Hegereiter 13, 01156 Cossebaude,
(03 51) 4 52 16 03;
Lehrstuhl für Europäisches und Deutsches Verfassungsrecht, Verwaltungsrecht, Sozialrecht und Öffentliches Wirtschaftsrecht,
Universität Potsdam,
August-Bebel-Straße 89, 14482 Potsdam,
(03 31) 9 77-32 64, Fax (03 31) 9 77-33 10,
E-Mail hbauer@rz.uni-potsdam.de

23. *Baumeister*, Dr. Peter, Professor,
Langebrücker Str. 24, 68809 Neulußheim,
(0 62 05) 39 78 17;
SRH Hochschule Heidelberg,
Ludwig-Guttmann-Str. 6, 69123 Heidelberg,
(0 62 21) 88 22 60, Fax (0 62 21) 88 34 82,
E-Mail peter.baumeister@fh-heidelberg.de;
Schlatter Rechtsanwälte,
Kurfürsten-Anlage 59, 69115 Heidelberg,
(0 62 21) 98 12 17, Fax (0 62 21) 18 24 75,
E-Mail p.baumeister@kanzlei-schlatter.de

24. *Baumgartner*, Dr. Gerhard, Univ. Prof.,
Institut für Rechtswissenschaft,
Alpen-Adria-Universität Klagenfurt,
Universitätsstr. 65–67, A-9020 Klagenfurt am Wörthersee,
+43 463 2700 3311, Fax +43 463 2700 993311,
E-Mail Gerhard.Baumgartner@aau.at

25. *Bausback*, Dr. Winfried, Univ.-Prof. a.D., MdL,
Im Neurod 8, 63741 Aschaffenburg,
(0 60 21) 45 66 06, Fax (0 60 21) 45 66 07;
Büro: Roßmarkt 34, 63739 Aschaffenburg,
(06021) 44 23 20, Fax (06021) 44 23 18;
E-Mail info@winfried-bausback.de

26. *Bayer*, Dr. Hermann-Wilfried, Professor,
Henkenbergstr. 45a, 44797 Bochum,
(02 34) 79 17 44;
Universität Bochum, 44780 Bochum,
(02 34) 32-2 57 24

27. *Beaucamp*, Dr. Guy, Professor,
Nordstr. 21, 18107 Elmenhorst,
(03 81) 7 68 69 50;
Department Public Management,
Fakultät Wirtschaft und Soziales,
HAW Hamburg,
Berliner Tor 5, 20099 Hamburg,
E-Mail AnkeBeauc@aol.com

28. *Becker*, Dr. Florian, LL.M.(Cambridge), Professor,
Universität Kiel, Olshausenstr. 75, Gebäude II,
(Postanschrift: Olshausenstr. 40), 24098 Kiel,
(04 31) 8 80-53 78 oder (04 31) 8 80-15 04, Fax (04 31) 8 80-53 74,
E-Mail f.becker@law.uni-kiel.de

29. *Becker*, Dr. Joachim, Privatdozent,
Kreuznacher Str. 6, 14197 Berlin,
(0 30) 8 22 40 12;
Humboldt-Universität zu Berlin, Juristische Fakultät,
Unter den Linden 6, 10099 Berlin,
(0 30) 20 93 33 83,
E-Mail Joachim.Becker@rewi.hu-berlin.de

30. *Becker*, Dr. Jürgen, o. Professor,
Kellerstr. 7, 81667 München;
Stellvertretender Vorsitzender des Vorstands
und Chefsyndikus der GEMA,
Rosenheimer Straße 11, 81667 München,
(0 89) 4 80 03-00, Fax (0 89) 4 80 03-6 20
E-Mail jbecker@gema.de

31. *Becker*, Dr. Ulrich, LL.M. (EHI), Professor,
Pfarrsiedlungsstr. 9, 93161 Sinzing,
(0 94 04) 34 78;
Max-Planck-Institut für ausländisches und internationales
Sozialrecht,
Amalienstr. 33, 80799 München,
(0 89) 3 86 02-5 11, Fax (0 89) 3 86 02-5 90,
E-Mail Becker@mpisoc.mpg.de

32. *Belser*, Dr. Eva Maria, Professorin,
Chemin du Riedelet 7, CH-1723 Marly,
(00 41) 2 64 36 22 36;
Universität Freiburg i. Ue.,
Lehrstuhl für Staats- und Verwaltungsrecht,
Institut für Föderalismus,
Route d'Englisberg 7, CH-1763 Granges-Paccot,
(00 41) 2 63 00 81 30,
evamaria.belser@unifr.ch

33. *Berchtold*, Dr. Klaus, Universitätsprofessor,
Bräunerstr. 4–6/22, A-1010 Wien,
(00 43) 1 53 14 34

34. *Berg*, Dr. Wilfried, o. Professor,
Waldsteinring 25, 95448 Bayreuth,
(09 21) 9 90 08 14;
Universität Bayreuth, 95440 Bayreuth,
(09 21) 55 28 76, Fax (09 21) 55 84 28 75 oder 55 29 85,
E-Mail wilfried@cwberg.de

35. *Berka*, Dr. Walter, o. Universitätsprofessor,
Birkenweg 2, A-5400 Hallein,
(00 43) 66 24 57 67 58;
Institut für Verfassungs- und Verwaltungsrecht
der Universität Salzburg,
Kapitelgasse 5–7, A-5020 Salzburg,
(00 43) 6 62-80 44 36 21, Fax (00 43) 6 62-80 44 36 29,
E-Mail Walter.Berka@sbg.ac.at

36. *Bernhardt*, Dr. Dr. h.c. Rudolf, o. Professor,
Gustav-Kirchhoff-Str. 2a, 69120 Heidelberg,
(0 62 21) 41 36 99;
MPI für ausländisches öffentliches Recht und Völkerrecht,
Im Neuenheimer Feld 535, 69120 Heidelberg,
(0 62 21) 48 22 53,
E-Mail rbernhar@mpil.de

37. *Bernstorff*, Dr. Jochen von, Professor,
Eberhard-Karls-Universität Tübingen,
Juristische Fakultät, Lehrstuhl für Staatsrecht,
Völkerrecht und Verfassungslehre,
Geschwister-Scholl-Platz, 72074 Tübingen,
E-Mail jvbernst@mpil.de

38. *Bethge*, Dr. Herbert, o. Professor,
Am Seidenhof 8, 94034 Passau,
(08 51) 4 16 97, Fax (08 51) 4 90 18 97,
E-Mail H.I.Bethge@t-online.de

39. *Beyerlin*, Dr. Ulrich, apl. Professor,
Luisenstr. 7, 69151 Neckargmünd;
MPI für ausländisches öffentliches Recht und Völkerrecht,
Im Neuenheimer Feld 535, 69120 Heidelberg,
(0 62 21) 48 22 30,
E-Mail ubeyerli@mpil.de

40. *Biaggini*, Dr. Giovanni, o. Professor,
Kantstraße 12, CH-8044 Zürich,
(00 41) 44 251 11 58;
Lehrstuhl für Staats-, Verwaltungs- und Europarecht,
Rechtswissenschaftliches Institut,
Freiestrasse 15, CH-8032 Zürich,
(00 41) 4 46 34-30 11 oder -36 68, Fax (00 41) 4 46 34-43 89,
E-Mail lst.biaggini@rwi.unizh.ch

41. *Bieber*, Dr. Uwe Roland, o. Professor,
Mainzer Str. 135, 53179 Bonn,
(02 28) 35 71 89;
Université de Lausanne, Faculté de Droit – CDCE BFSH 1,
CH-1015 Lausanne-Dorigny,
(00 41) 21-6 92 27 90, Fax (00 41) 21-6 92 27 85,
E-Mail Roland.Bieber@unil.ch

42. *Binder*, Dr. Bruno, Universitätsprofessor,
Wischerstr. 30, A-4040 Linz,
(00 43) 7 32-71 77 72-0, Fax (00 43) 7 32-71 77 72-4;
Universität Linz,
Altenbergerstr. 69, A-4020 Linz,
(00 43) 73 22 46 80, Fax (00 43) 7 32-24 68 10,
E-Mail vwrecht@jku.at

43. *Birk*, Dr. Dieter, o. Professor,
Borkumweg 43, 48159 Münster,
(02 51) 21 84 78, Fax (02 51) 21 84 76;
Universität Münster,
48143 Münster,
(02 51) 8 32 27 95, Fax (02 51) 8 32 83 86,
E-Mail Birk@uni-muenster.de

44. *Blanke*, Dr. Hermann-Josef, Universitätsprofessor,
Lehrstuhl für Öffentliches Recht, Völkerrecht
und Europäische Integration, Universität Erfurt,
Nordhäuser Straße 63, 99089 Erfurt,
(03 61) 7 37-47 51, (03 61) 7 37-47 00 (Sekr.),
Fax (03 61) 7 37-47 09,
E-Mail LS_Staatsrecht@uni-erfurt.de

45. *Blankenagel*, Dr. Alexander, Professor,
Türksteinstraße 10, 14167 Berlin,
(0 30) 8 54 95 82;
Humboldt-Universität zu Berlin, Juristische Fakultät,
Unter den Linden 6, 10099 Berlin,
(0 30) 20 93-33 81, Fax (0 30) 20 93-33 45,
E-Mail blankenagel@rewi.hu-berlin.de

46. *Blümel*, Dr. Willi, Universitätsprofessor,
Angelhofweg 65, 69259 Wilhelmsfeld,
(0 62 20) 18 80;
Deutsche Hochschule für Verwaltungs-
wissenschaften Speyer,
67324 Speyer,
(0 62 32) 6 54-3 62 oder -3 60,
Fax (0 62 32) 9 10-2 08 oder 9 10-2 90

47. *Bock*, Dr. Wolfgang, Privatdozent,
Richter am Landgericht Frankfurt am Main,
Schalkwiesenweg 44, 60488 Frankfurt am Main,
Privat: (0 69) 76 57 17; (0163) 63 62 552,
Dienstlich: (0611) 72 03 25
E-Mail wolfgang.bock@lfv.hessen.de

48. *Böckenförde*, Dr. iur. Dr. phil. Dr. h.c. Ernst-Wolfgang,
o. Professor,
Türkheimstr. 1, 79280 Au bei Freiburg,
(07 61) 40 56 23;
Albert-Ludwigs-Universität Freiburg,
79098 Freiburg,
(07 61) 2 03 22 63 oder -22 62

49. *Bogdandy,* Dr. Armin von, M.A., Professor,
Mühltalstr. 117, 69121 Heidelberg,
(0 62 21) 58 94 33;
Max-Planck-Institut für ausländisches öffentliches Recht
und Völkerrecht,
Im Neuenheimer Feld 535, 69120 Heidelberg,
(0 62 21) 48 26 02, Fax (0 62 21) 48 26 03,
E-Mail sekreavb@mpil.de

50. *Bogs,* Dr. Harald, o. Professor,
Anton-Bartl-Str. 4, 82327 Tutzing,
(08158) 90 65 83

51. *Böhm,* Dr. Monika, Professorin,
Lerchenweg 7, 65719 Hofheim/Ts.,
(0 61 92) 2 48 29, Fax (0 61 92) 2 48 14;
Philipps-Universität Marburg, Institut für Öffentliches Recht,
Savignyhaus, Raum 404,
Universitätsstraße 6, 35032 Marburg/Lahn,
(0 64 21) 2 82-38 08 oder -38 08, Fax (0 64 21) 2 82-89 82,
E-Mail Monika.Boehm@staff.uni-marburg.de

52. *Bohne,* Dr. Eberhard, M.A., Professor,
Conrad-Hist-Straße 35, 67346 Speyer,
(0 62 32) 7 37 04, Fax (0 62 32) 6 01 08 71;
Deutsche Hochschule für Verwaltungswissenschaften Speyer,
Freiherr-vom-Stein-Straße 2, 67346 Speyer,
(0 62 32) 6 54-3 26, Fax (0 62 32) 6 54-4 16,
E-Mail bohne@dhv-speyer.de

53. *Borowski,* Dr. Martin, Privatdozent, Senior Lecturer,
68 High Point, Richmond Hill Road,
Edgbaston Birmingham B15 3RS, United Kingdom;
University of Birmingham, School of Law,
Edgbaston Birmingham B15 2TT, United Kingdom,
(00 44) 12 14 14 32 33, Fax (00 44) 12 14 14 35 85,
E-Mail m.borowski@bham.ac.uk

54. *Bothe,* Dr. Michael, Universitätsprofessor,
Theodor-Heuss-Str. 6, 64625 Bensheim,
(0 62 51) 43 45;
Universität Frankfurt am Main, Juridicum Zimmer 210,
Senckenberganlage 31, 60054 Frankfurt am Main,
(0 69) 7 9 82 22 64,
E-Mail bothe-bensheim@t-online.de

55. *Brandt*, Dr. Edmund, Professor,
Technische Universität Braunschweig,
Carl-Friedrich-Gauß-Fakultät,
Institut für Rechtswissenschaften,
Lehrstuhl Staats- und Verwaltungsrecht sowie
Verwaltungswissenschaften,
Bienroder Weg 87, 38106 Braunschweig,
(05 31) 3 91-24 61, Fax (05 31) 3 91-24 66
E-Mail edmund.brandt@tu-bs.de

56. *Breitenmoser*, Dr. Stephan, Professor,
Ordinarius für Europarecht,
Juristische Fakultät der Universität Basel,
Peter Merian-Weg 8, Postfach, CH-4002 Basel,
(00 41) 6 12 67 25 51, Fax (00 41) 6 12 67 25 79,
E-Mail stephan.breitenmoser@unibas.ch

57. *Brenner*, Dr. Michael, Professor,
Adlerstraße 29, 73550 Waldstetten,
(0 71 71) 99 67 42 Fax (0 71 71) 99 68 65;
Lehrstuhl für Deutsches und Europäisches Verfassungs- und Verwaltungsrecht, Universität Jena,
Carl-Zeiss-Str. 3, 07743 Jena,
(0 36 41) 94 22 40 oder -41, Fax (0 36 41) 94 22 42,
E-Mail Prof.Brenner@t-online.de

58. *Breuer*, Dr. Marten, Privatdozent,
Claussen-Simon-Dozent für Europäisches
und Internationales Recht,
Europa-Kolleg Hamburg
Windmühlenweg 27
22607 Hamburg
(040) 82 27 27 26, Fax (040) 82 27 27 98
m-breuer@europa-kolleg-hamburg.de

59. *Breuer*, Dr. Rüdiger, Professor,
Buschstr. 56, 53113 Bonn,
(02 28) 21 79 72, Fax (02 28) 22 48 32;
Köhler & Klett Rechtsanwälte, Köln,
(02 21) 42 07-2 91, Fax (02 21) 42 07-2 55,
E-Mail breuer.ruediger@arcor.de

60. *Brinktrine*, Dr. Ralf, Universitätsprofessor,
Margaretenstr. 31, 97276 Margetshöchheim,
(0931) 304 458 84,
Lehrstuhl für Öffentliches Recht, deutsches und
europäisches Umweltrecht und Rechtsvergleichung,
Juristische Fakultät, Universität Würzburg,
Domerschulstraße 16, 97070 Würzburg,
(09 31) 3 18-23 31,
E-Mail Ralf.Brinktrine@jura.uni-wuerzburg.de

61. *Britz*, Dr. Gabriele, Professorin,
Richterin des Bundesverfassungsgerichts,
Justus-Liebig-Universität Gießen,
Professur für Öffentliches Recht und Europarecht,
Hein-Heckroth-Straße 5, 35390 Gießen,
(06 41) 9 92 10 70 Fax (06 41) 9 92 10 79,
E-Mail Gabriele.Britz@recht.uni-giessen.de

62. *Brohm*, Dr. Winfried, o. Professor,
Wydenmööslistr. 11, CH-8280 Kreuzlingen,
(00 41) 71-6 88 15 25;
Universität Konstanz,
Postfach 5560 D 100, 78434 Konstanz,
(0 75 31) 88 21 69 oder -21 76

63. *Bröhmer*, Dr. Jürgen, Professor,
11 Kennedy Street, 2350 Armidale,
(00 61) 2-67 72-46 47;
Head of School, School of Law, University of New England,
Armidale, NSW, 2301, Australien,
(00 61) 2-67 73-35 98,
E-Mail jurgen.brohmer@une.edu.au

64. *Brosius-Gersdorf*, Dr. Frauke, LL.M., Professorin,
Alte Leipziger Str. 10, 10117 Berlin,
(030) 206 196 59, Fax (030) 206 196 62;
Gottfried Wilhelm Leibniz Universität Hannover,
Lehrstuhl für Öffentliches Recht,
insb. Sozialrecht, Öffentliches Wirtschaftsrecht und
Verwaltungswissenschaft,
Königsworther Platz 1, 30167 Hannover,
(0511) 762-8225, Mobil (0173) 609 14 54,
Fax (0511) 762-8228;
E-Mail brosius-gersdorf@jura.uni-hannover.de

65. *Brühl-Moser*, Dr. Denise, Privatdozentin,
Unt. Batterieweg 167, CH-4059 Basel,
(00 41) 7 65 58 10 42,
E-Mail d.bruehl-moser@unibas.ch

66. *Brüning*, Dr. Christoph, Professor,
Kiebitzredder 12, 24220 Flintbek,
(0 43 47) 7 13 42 95;
Universität Kiel,
Olshausenstr. 75, 24118 Kiel,
(04 31) 8 80-45 40 oder -15 05, Fax (04 31) 8 80-45 82,
E-Mail cbruening@law.uni-kiel.de

67. *Brünneck*, Dr. Alexander von, Professor,
Blumenhagenstr. 5, 30167 Hannover,
(05 11) 71 69 11;
Europa-Universität Viadrina, 15207 Frankfurt (Oder),
Postfach 17 86,
(03 35) 55 34-22 64 oder -22 95, Fax (03 35) 55 34-24 18,
E-Mail raue@euv-frankfurt-o.de

68. *Bryde*, Dr. Brun-Otto, o. Professor,
Richter des Bundesverfassungsgerichts a. D.,
Universität Gießen,
Hein-Heckroth-Str. 5, 35390 Gießen,
(0 64 1) 99-2 10 60/61, Fax (06 41) 99-2 10 69,
E-Mail Brun.O.Bryde@recht.uni-giessen.de

69. *Bull*, Dr. Hans Peter, o. Professor,
Falckweg 16, 22605 Hamburg,
(0 40) 8 80 56 52,
E-Mail HP-Bull@t-online.de

70. *Bullinger*, Dr. Dr. h.c. (Université de Dijon), Martin,
o. Professor,
Altschlößleweg 4, 79280 Au bei Freiburg,
(07 61) 40 23 89;
Universität Freiburg,
79085 Freiburg,
(07 61) 2 03 22 48 oder -47,
E-Mail martin.bullinger@jura.uni-freiburg.de

71. *Bultmann*, Dr. Peter Friedrich, Privatdozent,
Am Pankepark 51, 10115 Berlin,
(0 30) 44 05 64 43;
Humboldt-Universität zu Berlin,
Unter den Linden 6, 10099 Berlin,
E-Mail piet.bultmann@rz.hu-berlin.de

72. *Bumke*, Dr. Christian, Professor,
Apostel-Paulus-Str. 19, 10825 Berlin,
(0 30) 7 82 67 87;
Bucerius Law School,
Jungiusstraße 6, 20355 Hamburg,
(0 40) 3 07 06-2 37, Fax (0 40) 3 07 06-2 59,
E-Mail christian.bumke@law-school.de

73. *Bungenberg*, Dr. Marc, LL.M. (Lausanne), Professor,
Pirmasenser Str. 3, 30559 Hannover,
(0511) 219 34 13 oder (0177) 4 34 97 22;
Universität Siegen,
Fachbereich Wirtschaftswissenschaften,
Wirtschaftsrecht und Wirtschaftsinformatik,
Lehrstuhl für Öffentliches Recht und Europarecht,
Hölderlinstr. 3, 57068 Siegen,
(0271) 740 3219, Fax (0271) 740 2477,
E-Mail marc.bungenberg@gmx.de

74. *Burgi*, Dr. Martin, Professor,
Bernhard-Poether-Str. 59, 48165 Münster,
(0 25 01) 92 88 93;
Lehrstuhl für Öffentliches Recht,
Wirtschaftsverfassungs- und Wirtschaftsverwaltungsrecht,
Ruhr-Universität Bochum, 44780 Bochum,
(02 34) 3 22 52 75, Fax (02 34) 3 21 42 82,
E-Mail Martin.Burgi@jura.ruhr-uni-bochum.de

75. *Burkert*, Dr. Herbert, Professor,
Uferstr. 31, 50996 Köln-Rodenkirchen,
(00 49) 2 21 39 77 00, Fax (00 49) 2 21 39 77 11;
MCM-HSG, Universität St. Gallen,
Müller-Friedberg-Str. 8, CH-9000 St. Gallen,
(00 41) 71-2 22 48 75, Fax (00 41) 71-2 22 48 75,
E-Mail herbert.burkert@unisg.ch

76. *Bußjäger*, Dr. Peter, Privatdozent,
Institut für Föderalismus,
Maria-Theresien-Straße 38b, A-6020 Innsbruck,
(00 43) 5 12-57 45 94, Fax (00 43) 5 12-57 45 94-4

77. *Butzer*, Dr. iur. Hermann, Professor,
Moltkestr. 4, 30989 Gehrden,
(0 51 08) 87 82 323;
Leibniz-Universität Hannover,
Lehrstuhl für Öffentliches Recht, insbesondere Recht der staatlichen Transfersysteme,
Königsworther Platz 1, 30167 Hannover,
(05 11) 7 62 81 69, Fax (05 11) 7 62 82 03,
E-Mail butzer@jura.uni-hannover.de

78. *Calliess*, Dr. Christian, LL.M. Eur., M.A.E.S. (Brügge), Professor,
(01 75) 2 05 75 22;
Freie Universität Berlin,
Lehrstuhl für Öffentliches Recht und Europarecht,
Van't-Hoff-Str. 8, 14195 Berlin,
(0 30) 83 8-5 14 56, Fax (0 30) 83 8-5 30 12,
E-Mail europarecht@fu-berlin.de

79. *Cancik*, Dr. Pascale, Professorin,
Martinistr. 33, 49080 Osnabrück,
(05 41) 9 70-19 77;
Universität Osnabrück, Fachbereich Rechtswissenschaften,
Martinistraße 8, 49069 Osnabrück,
(05 41) 9 69-60 44, (05 41) 9 69-61 68 (Sekr.),
E-Mail pcancik@uni-osnabrueck.de

80. *Caspar*, Dr. Johannes, Privatdozent,
Tronjeweg 16, 22559 Hamburg,
(0 40) 81 96 11 95, Fax (0 40) 81 96 11 21;
Universität Hamburg, Fachbereich Rechtswissenschaft,
Edmund-Siemers-Allee 1, Flügel West, 20146 Hamburg,
(0 40) 4 28 38-57 60, Fax (0 40) 4 28 38-62 80,
Der Hamburgische Beauftragte für Datenschutz und Informationsfreiheit,
Klosterwall 6 (Block C), 20095 Hamburg,
E-Mail johannes.caspar@datenschutz.hamburg.de

81. *Classen*, Dr. Claus Dieter, Professor,
Olchinger Str. 57g, 82178 Puchheim,
(0 89) 89 41 88 00, Fax (0 89) 89 41 88 01;
Ernst-Moritz-Arndt-Universität Greifswald,
17487 Greifswald,
(0 38 34) 86 21 21 oder 21 24, Fax (0 38 34) 86 20 02,
E-Mail Classen@uni-greifswald.de

82. *Coelln*, Dr. Christian von, Professor,
Prinz-Georg-Str. 104, 40479 Düsseldorf,
(02 11) 99 54 38 38,
E-Mail coelln@web.de;
Universität zu Köln, Institut für Deutsches und
Europäisches Wissenschaftsrecht,
Albert-Magnus-Platz, 50923 Köln,
(02 21) 4 70-40 66, Fax (02 21) 4 70-16 92,
E-Mail cvcoelln@uni-koeln.de

83. *Collin*, Dr. Peter, Privatdozent,
Rykestr. 18, 10405 Berlin;
MPI für europäische Rechtsgeschichte,
Hausener Weg 120, 60489 Frankfurt am Main,
(0 69) 7 89 78-1 61, (0 30) 40 05 62 92,
Fax (0 69) 7 89 78-1 69,
E-Mail collin@mpier.uni-frankfurt.de

84. *Cornils*, Dr. Matthias, Professor,
Adelheidstr. 92, 65185 Wiesbaden,
(06 11) 9 71 99 97, (01 78) 4 98 73 11,
E-Mail mcornils@arcor.de;
Johannes Gutenberg-Universität Mainz,
Fachbereich Rechts- und Wirtschaftswissenschaften,
Jakob-Welder-Weg 9, 55099 Mainz,
(0 61 31) 39-2 20 69,
E-Mail cornils@uni-mainz.de

85. *Cremer*, Dr. Hans-Joachim, Universitätsprofessor,
Steinritzstr. 21, 60437 Frankfurt am Main;
Universität Mannheim, Fakultät für Rechtswissenschaft,
Schloß, Westflügel, 68131 Mannheim,
(06 21) 1 81-14 28, -14 29 (Sekr.), Fax (06 21) 1 81-14 30,
E-Mail Hjcremer@rumms.uni-mannheim.de

86. *Cremer*, Dr. Wolfram, Professor,
Schellstraße 13, 44789 Bochum;
Ruhr-Universität Bochum, Lehrstuhl für Öffentliches Recht
und Europarecht,
GC 8/160,
44780 Bochum,
(02 34) 32-2 28 18, Fax (02 34) 32-1 42 81,
E-Mail wolfram.cremer@rub.de

87. *Czybulka*, Dr. Detlef, Universitätsprofessor,
Bergstraße 24–25, 18107 Elmenhorst,
(03 81) 7 95 39 44, Fax (03 81) 7 95 39 45;
Universität Rostock, Lehrstuhl für Staats- und Verwaltungsrecht,
Umweltrecht und Öffentliches Wirtschaftsrecht,
Universitätsplatz 1, 18051 Rostock;
(03 81) 4 98-82 50, Fax (03 81) 4 98-82 52,
E-Mail detlef.czybulka@uni-rostock.de

88. *Dagtoglou*, Dr. Prodromos, Professor,
Hippokratous 33, GR-Athen 144,
(00 30) 13 22 11 90;
dienstl.: (00 30) 13 62 90 65

89. *Dann*, Dr. Philipp, LL.M.,
Privat: Rohrbachstr. 54, 60389 Frankfurt,
(069) 3670 2331;
Dienstlich: Licher Str. 64, 35394 Gießen,
(0641) 9921120,
E-Mail pdann@mpil.de

90. *Danwitz*, Dr. Thomas von, Professor,
Richter am Gerichtshof der Europäischen Gemeinschaften,
Klinkenbergsweg 1, 53332 Bornheim,
(0 22 27) 90 91 04, Fax (0 22 27) 90 91 05;
Institut für Öffentliches Recht und Verwaltungslehre,
Lehrstuhl für Öffentliches Recht und Europarecht,
Wirtschaftsverfassungs- und Wirtschaftsverwaltungsrecht,
(02 21) 4 70-52 80, Fax (02 21) 4 70-51 26,
E-Mail Thomas.vonDanwitz@uni-koeln.de,
Sekretariat: Elke.Huebner@uni-koeln.de;
Gerichtshof der Europäischen Gemeinschaften,
L-2925 Luxemburg,
(0 03 52) 43 03-22 30, Fax (0 03 52) 43 03-20 71,
E-Mail thomas.vondanwitz@curia.europa.eu

91. *Davy*, Dr. Benjamin, Universitätsprofessor,
Korte Geitke 5, 44227 Dortmund,
(02 31) 77 99 94;
Technische Universität Dortmund, Fakultät Raumplanung,
Lehrstuhl für Bodenpolitik, Bodenmanagement und
kommunales Vermessungswesen,
August-Schmidt-Str. 10, 44221 Dortmund,
(02 31) 7 55 22 28, Fax (02 31) 7 55 48 86,
E-Mail benjamin.davy@udo.edu

92. *Davy*, Dr. Ulrike, Universitätsprofessorin,
Korte Geitke 5, 44227 Dortmund,
(02 31) 77 99 94 oder 7 94 99 79;
Lehrstuhl für öffentliches Recht, deutsches und internationales
Sozialrecht und Rechtsvergleichung,
Universität Bielefeld,
Postfach 10 01 31, 33501 Bielefeld,
(05 21) 1 06 44 00 oder 68 93 (Sekr.), Fax (05 21) 1 06 80 83,
E-Mail udavy@uni-bielefeld.de

93. *Dederer*, Dr. Hans-Georg, Professor,
Holländerstr. 13c, 94034 Passau;
Universität Passau,
Lehrstuhl für Staats- und Verwaltungsrecht, Völkerrecht,
Europäisches und Internationales Wirtschaftsrecht,
Innstr. 39, 94032 Passau,
(08 51) 5 09-23 40, Fax (08 51) 5 09-23 42,
E-Mail Hans-Georg.Dederer@uni-passau.de

94. *De Wall*, Dr. Heinrich, Professor,
Schronfeld 108, 91054 Erlangen,
(0 91 31) 97 15 45;
Hans-Liermann-Institut für Kirchenrecht der
Friedrich-Alexander-Universität Erlangen-Nürnberg,
Hindenburgstraße 34, 91054 Erlangen,
(0 91 31) 85-2 22 42, Fax (0 91 31) 85-2 40 64,
E-Mail hli@jura.uni-erlangen.de

95. *Degenhart*, Dr. Christoph, Universitätsprofessor,
Stormstr. 3, 90491 Nürnberg,
(09 11) 59 24 62, Fax (09 11) 59 24 62;
Juristenfakultät, Universität Leipzig,
Burgstr. 27, 04109 Leipzig,
(03 41) 97-3 51 91, Fax (03 41) 97-3 51 99,
E-Mail degen@rz.uni-leipzig.de

96. *Delbanco*, Dr. Heike, Privatdozentin,
Großbeerenstraße 83 A, 28211 Bremen,
(04 21) 2 43 63 81, Fax (04 21) 3 30 49 40;
Ärztekammer Bremen,
Schwachhauser Heerstraße 30, 28209 Bremen,
(04 21) 34 04-2 00, Fax (04 21) 34 04-2 09,
E-Mail delbanco@t-online.de

97. *Delbrück*, Jost, Dr. Dr. rer.pol.h.c., LL.D.h.c., Professor em.,
Schoolredder 20, 24161 Altenholz,
(04 31) 32 39 95;
Universität Kiel, 24098 Kiel,
(04 31) 8 80 21 88, Fax (04 31) 8 80 16 19,
E-Mail jdelbrueck@web.de

98. *Denninger*, Dr. Dr. h.c. Erhard, Professor em.,
Am Wiesenhof 1, 61462 Königstein,
(0 61 73) 7 89 88;
Universität Frankfurt, Institut für Öffentliches Recht,
Senckenberganlage 31, 60325 Frankfurt am Main,
E-Mail Denninger@jur.uni-frankfurt.de

99. *Depenheuer*, Dr. Otto, Professor,
Joachimstraße 4, 53113 Bonn,
(0 22 8) 92 89 43 63, Fax (02 28) 92 89 43 64;
Universität zu Köln, Seminar für Staatsphilosophie
und Rechtspolitik,
Albertus-Magnus-Platz, 50923 Köln,
(02 21) 4 70 22 30, Fax (02 21) 4 70 50 10,
E-Mail Depenheuer@uni-koeln.de

100. *Desens*, Dr. Marc, Universitätsprofessor,
Käthe-Kollwitz-Str. 13, 04109 Leipzig,
(03 41) 2 47 76 63;
Universität Leipzig, Juristenfakultät,
Lehrstuhl für Öffentliches Recht, insb.
Steuerrecht und Öffentliches Wirtschaftsrecht,
Otto-Schill-Str. 2, 04109 Leipzig,
(03 41) 9735 -270, Fax (0341) 9735 -279
E-Mail marc.desens@uni-leipzig.de

101. *Determann*, Dr. Lothar, Privatdozent,
1275 California Street, USA-San Francisco, CA 94109,
E-Mail lothar.determann@bakernet.com;
Freie Universität Berlin,
Ehrenbergstr. 17, 14195 Berlin

102. *Detterbeck*, Dr. Steffen, o. Professor,
Stettiner Str. 60, 35274 Kirchhain,
(0 64 22) 45 31;
Institut für Öffentliches Recht, Universität Marburg,
Savignyhaus, Raum 407,
Universitätsstr. 6, 35032 Marburg,
(0 64 21) 2 82 31 23, Fax (0 64 21) 2 82 32 09,
E-Mail brechta@staff.uni-marburg.de

103. *Di Fabio*, Dr. Dr. Udo, Professor,
Richter des Bundesverfassungsgerichts,
Schloßbezirk 3, 76131 Karlsruhe,
(07 21) 91 01-0, Fax (07 21) 91 01-3 82;
Institut für Öffentliches Recht, Abt. Staatsrecht,
Rheinische Friedrich Wilhelms-Universität,
Adenauerallee 44, 53113 Bonn,
(02 28) 73 55-73, Fax (02 28) 73 79 35,
E-Mail difabio@uni-bonn.de

104. *Dietlein*, Dr. Johannes, Professor,
Heinrich-Heine-Universität,
Lehrstuhl für Öffentliches Recht
und Verwaltungslehre,
Zentrum für Informationsrecht,
Universitätsstr. 1, 40225 Düsseldorf,
(02 11) 81-1 14 20, Fax (02 11) 81-1 14 55,
E-Mail dietlein@uni-duesseldorf.de

105. *Dietz*, Dr. Andreas, Privatdozent,
Bayerischer Verwaltungsgerichtshof,
Postfach 34 01 48, 80098 München,
(089) 2130-338,
E-Mail Andreas.Dietz@vgh.bayern.de

106. *Diggelmann*, Dr. Oliver, Professor,
Alte Landstrasse 49, 8802 Kilchberg,
(00 41) 43 244 45 35;
Institut für Völkerrecht und ausländisches Verfassungsrecht;
Lehrstuhl für Völkerrecht, Europarecht,
Öffentliches Recht und Staatsphilosophie;
Rämistrasse 74/36, 8001 Zürich,
(0041) 44 634 -2054 oder -2033, Fax (0041) 44 634 -5399
E-Mail oliver.diggelmann@rwi.uzh.ch

107. *Dittmann*, Dr. Armin, o. Professor,
Karl-Brennenstuhl-Str. 11, 72074 Tübingen,
(0 70 71) 8 24 56;
Universität Hohenheim – Schloß,
Postfach 70 05 62, 70593 Stuttgart,
(07 11) 4 59-27 91, Fax (07 11) 4 59-34 82,
E-Mail adittman@uni-hohenheim.de

108. *Dolzer*, Dr. Dr. Rudolf, Professor,
Am Pferchelhang 4/1, 69118 Heidelberg,
(0 62 21) 80 33 44;
Rechts- und Staatswissenschaftliche Fakultät,
Universität Bonn, Adenauerallee 24–42, 53113 Bonn,
(02 28) 73 91 72, Fax (02 28) 73 91 71,
E-Mail rdolzer@jura.uni-bonn.de

109. *Dörr*, Dr. Dieter, Universitätsprofessor,
Am Stadtwald 6, 66123 Saarbrücken;
Lehrstuhl für Öffentliches Recht, Völker- und
Europarecht, Medienrecht,
Johannes-Gutenberg-Universität Mainz, 55099 Mainz,
(0 61 31) 3 92 26 81 oder 3 92 30 44, Fax (0 61 31) 3 92 56 97,
E-Mail ddoerr@uni-mainz.de;
Mainzer Medieninstitut (MMI):
Mainzer Medieninstitut e.V.,
Jakob-Welder-Weg 4, 55128 Mainz,
(0 61 31) 1 44 92 50, Fax (0 61 31) 1 44 92 60,
E-Mail doerr@mainzer-medieninstitut.de

110. *Dörr*, Dr. Oliver, LL.M. (London), Professor,
Universität Osnabrück, Fachbereich Rechtswissenschaft,
European Legal Studies Institute, 49069 Osnabrück,
(05 41) 9 69 60 50 oder -60 51, Fax (05 41) 9 69 60 49,
E-Mail odoerr@uos.de

111. *Dreier*, Dr. Horst, o. Professor,
Bismarckstr. 13, 21465 Reinbek,
(0 40) 7 22 58 34;
Lehrstuhl für Rechtsphilosophie, Staats- und Verwaltungsrecht,
Universität Würzburg,
Domerschulstraße 16, 97070 Würzburg,
(09 31) 31-8 23 21, Fax (09 31) 31-29 11,
E-Mail dreier@mail.uni-wuerzburg.de

112. *Dreier*, Dr. Ralf, o. Professor,
Wilhelm-Weber-Str. 4, 37073 Göttingen,
(05 51) 5 91 14;
Universität Göttingen, 37073 Göttingen,
(05 51) 39 73 84

113. *Droege*, Dr. Michael, Universitätsprofessor,
Victor-Achard-Str. 14a, 61350 Bad Homburg v. d. H.,
(0 61 72) 8 56 94 76, Fax (0 32 21) 1 29 56 38;
Universität Osnabrück,
Institut für Finanz- und Steuerrecht,
Martinistr. 8, 49078 Osnabrück,
(05 41) 9 69 61 68, Fax (05 41) 9 69 61 67,
E-Mail Michael.Droege@uos.de

114. *Drüen*, Dr. Klaus-Dieter, Professor,
Heinrich-Heine-Universität Düsseldorf,
Lehrstuhl für Unternehmenssteuerrecht,
Universitätsstraße 1, 40225 Düsseldorf,
(02 11) 81-1 58 68, Fax (02 11) 81-1 58 70,
E-Mail klaus-dieter.drueen@uni-duesseldorf.de

115. *Durner*, Dr. jur., Dr. phil. Wolfgang, LL.M. (London), Professor,
Viktoriaplatz 1, 53173 Bonn-Bad Godesberg;
Rheinische Friedrich-Wilhelms-Universität Bonn,
Rechts- und Staatswissenschaftliche Fakultät,
Adenauerallee 44, 53113 Bonn,
(02 28) 73 91 51, Fax (02 28) 73 55 82,
E-Mail durner@uni-bonn.de

116. *Eberhard*, Dr. Harald, Universitätsprofessor,
Troststr. 89/16, A-1100 Wien;
Wirtschaftsuniversität Wien, Institut für Österreichisches und Europäisches Öffentliches Recht,
Althanstraße 39–45, A-1090 Wien,
(0043) 1 313 36 -5088, Fax (0043) 1 313 36 -713
E-Mail harald.eberhard@wu.ac.at

117. *Eberle*, Dr. Carl-Eugen, Professor,
Justitiar des ZDF,
Kapellenstr. 68a, 65193 Wiesbaden,
(06 11) 52 04 68;
ZDF, 55100 Mainz,
(0 61 31) 70-41 00, Fax (0 61 31) 70 54 52,
E-Mail Eberle.ce@zdf.de

118. *Ebsen*, Dr. Ingwer, Professor,
Alfred-Mumbächer-Str. 19, 55128 Mainz,
(0 61 31) 33 10 20;
FB Rechtswissenschaft,
Universität Frankfurt,
Postfach 11 19 32, 60054 Frankfurt am Main,
(0 69) 79 82 27 03,
E-Mail Ebsen@jur.uni-frankfurt.de

119. *Eckhoff*, Dr. Rolf, Professor,
Bornwiesweg 37, 65388 Schlangenbad-Georgenborn,
(0 61 29) 48 93 70, Fax (0 61 29) 48 93 72;
Lehrstuhl für Öffentliches Recht, insbesondere Finanz- und Steuerrecht,
Universitätsstr. 31, 93040 Regensburg,
(09 41) 9 43 26 56/57, Fax (09 41) 9 43 19 74,
E-Mail Rolf.Eckhoff@jura.uni-regensburg.de

120. *Egli*, Dr. Patricia, LL.M. (Yale), Privatdozentin,
Lehrbeauftragte an der Universität St. Gallen,
Meienbergstr. 65, CH-8645 Jona,
(0041) 79 768 94 65,
E-Mail patricia.egli@unisg.ch

121. *Ehlers*, Dr. Dirk, Professor,
Am Mühlenbach 14, 48308 Senden,
(0 25 97) 84 15,
Institut für öffentliches Wirtschaftsrecht,
Westfälische Wilhelms-Universität Münster,
Universitätsstr. 14–16, 48143 Münster,
(02 51) 83-2 27 01, Fax (02 51) 83-2 83 15,
E-Mail ehlersd@uni-muenster.de

122. *Ehmke*, Dr. Horst, o. Professor,
Am Römerlager 4, 53117 Bonn

123. *Ehrenzeller*, Dr. Bernhard, o. Professor,
Kirchlistraße 36a, CH-9010 St. Gallen;
Institut für Rechtswissenschaft und Rechtspraxis (IRP-HSG),
Bodanstr. 4, CH-9000 St. Gallen,
(00 41) 71-2 24 24 40 oder -46, Fax (00 41) 71-2 24 24 41,
E-Mail Bernhard.Ehrenzeller@unisg.ch

124. *Eifert*, Dr. Martin, Professor,
Beethovenstr. 57, 53115 Bonn;
Justus-Liebig-Universität Gießen,
Professur für Öffentliches Recht II,
Hein-Heckroth-Straße 5, 35390 Gießen,
(06 41) 9 92 10 90, Fax (06 41) 9 92 10 99,
E-Mail martin.eifert@recht.uni-giessen.de

125. *Ekardt*, Dr. Felix, LL.M., M.A., Professor,
Könneritzstraße 41, 04229 Leipzig;
Universität Rostock,
apl. Professur für öffentliches Recht
und Rechtsphilosophie,
Möllner Str. 10, 18109 Rostock,
(03 41) 9 26 08 83, Fax (03 41) 9 26 08 83,
E-Mail felix.ekardt@uni-rostock.de

126. *Elicker*, Dr. Michael, Privatdozent,
Dunzweiler Straße 6, 66564 Ottweiler,
(0 68 58) 69 98 53, Fax (0 68 58) 69 98 53;
Universität des Saarlandes,
Lehrstuhl für Staats- und Verwaltungsrecht, Wirtschafts-,
Finanz- u. Steuerrecht,
Im Stadtwald, 66123 Saarbrücken,
(06 81) 3 02-21 04, Fax (06 81) 3 02-47 79,
E-Mail m.elicker@gmx.de

127. *Emmerich-Fritsche*, Dr. Angelika, Privatdozentin,
Hornschuchpromenade 17, 90762 Fürth,
(09 11) 70 66 60;
E-Mail info@emmerich-fritsche.de

128. *Enders*, Dr. Christoph, Universitätsprofessor,
Prellerstraße 1A, 04155 Leipzig,
(03 41) 5 64 33 71, Fax (03 41) 5 64 33 72;
Universität Leipzig, Juristenfakultät,
Lehrstuhl für Öffentliches Rechts,
Staats- und Verfassungslehre,
Burgstr. 21, 04109 Leipzig,
(03 41) 97 35 350, Fax (03 41) 97 35 359,
E-Mail chenders@rz-uni-leipzig.de

129. *Engel*, Dr. Christoph, Professor,
Königsplatz 25, 53173 Bonn,
(02 28) 9 56 34 49, Fax (02 28) 9 56 39 44;
Max-Planck-Institut zur Erforschung von Gemeinschaftsgütern,
Kurt-Schumacher-Straße 10, 53113 Bonn,
(02 28) 9 14 16-10, Fax (02 28) 9 14 16-11,
E-Mail engel@coll.mpg.de

130. *Englisch*, Dr. Joachim, Professor,
Nettelbeckstr. 11, 40477 Düsseldorf,
(02 11) 41 65 87 35,
E-Mail jo.e@gmx.de;
Westfälische Wilhelms-Universität Münster,
Lehrstuhl für Öffentliches Recht und Steuerrecht,
Universitätsstr. 14–16, 48143 Münster,
(02 51) 83-2 27 95, Fax (02 51) 83-2 83 86,
E-Mail jengl_01@uni-muenster.de

131. *Ennuschat*, Dr. Jörg, Professor,
Elberfelder Str. 23, 58452 Witten,
(0 23 02) 39 00 28;
Lehrstuhl für Öffentliches Recht und Europarecht,
Universität Konstanz,
Universitätsstraße 10, 78464 Konstanz,
(0 75 31) 88-36 54, Fax (0 75 31) 88-21 94,
E-Mail lehrstuhl.ennuschat@uni-konstanz.de

132. *Epiney*, Dr. Astrid, Professorin,
Avenue du Moléson 18, CH-1700 Fribourg,
(00 41) 26-3 23 42 24;
Universität Fribourg i.Ue./CH,
Lehrstuhl für Europa-, Völker- und Öffentliches Recht,
Av. de Beauregard 11, CH-1700 Fribourg,
(00 41) 26-3 00 80 90, Fax (00 41) 26-3 00 97 76,
E-Mail Astrid.Epiney@unifr.ch

133. *Epping*, Dr. Volker, Professor,
Neddernwanne 38, 30989 Gehrden,
(0 51 08) 91 26 97;
Leibniz Universität Hannover, Juristische Fakultät,
Königsworther Platz 1, 30167 Hannover,
(05 11) 7 62 82 48/49, Fax (05 11) 7 62 82 52,
E-Mail epping@jura.uni-hannover.de

134. *Erbel*, Dr. Günter, Professor,
Burbacher Str. 10, 53129 Bonn;
Universität Bonn,
Adenauerallee 24–42, 53113 Bonn,
(02 28) 73 55 83

135. *Erbguth*, Dr. Wilfried, Professor,
Friedrich-Franz-Str. 38, 18119 Rostock-Warnemünde,
(03 81) 5 48 67 09, Fax (03 81) 5 48 67 15;
Universität Rostock, Juristische Fakultät,
Richard-Wagner-Str. 31 (Haus 1),
18119 Rostock-Warnemünde,
(03 81) 4 98 82 11, Fax (03 81) 4 98 82 12,
E-Mail Wilfried.Erbguth@jurfak.uni-rostock.de

136. *Erichsen*, Dr. Hans-Uwe, o. Professor,
Falkenhorst 17, 48155 Münster,
(02 51) 3 13 12;
Kommunalwissenschaftliches Institut, Universität Münster,
Universitätsstr. 14–16, 48143 Münster,
(02 51) 83 27 41,
E-Mail erichse@uni-muenster.de

137. *Errass*, Dr. Christoph, Privatdozent,
Rossfeldstr. 1, 3004 Bern,
(0041) 31 741 21 17,
E-Mail christoph.errass@bluewin.ch

138. *Faber*, Dr. Angela, apl. Professorin,
Am Dörnchesweg 42, 50259 Pulheim,
(0 22 34) 6 43 70, Fax (0 22 34) 80 29 93,
E-Mail faber@fair-relations.de;
Hauptreferentin beim Deutschen Städtetag,
Lindenallee 13–17, 50968 Köln,
(02 21) 37 71-1 72, Fax (02 21) 37 71-2 00,
E-Mail angela.faber@staedtetag.de

139. *Faber*, Dr. Heiko, Professor,
Wunstorfer Str. 1, 30989 Gehrden,
(0 51 08) 22 34;
Universität Hannover,
Königsworther Platz 1, 30167 Hannover,
(05 11) 7 62-82 06,
E-Mail faber@jura.uni-hannover.de

140. *Faßbender*, Dr. Bardo, LL.M. (Yale), Universitätsprofessor,
Institut für Öffentliches Recht und Völkerrecht,
Universität der Bundeswehr München,
Werner-Heisenberg-Weg 39, 85577 Neubiberg,
(0 89) 60 04-42 62,
E-Mail fassbender@unibw.de

141. *Faßbender*, Dr. Kurt, Professor,
Pölitzstr. 25, 04155 Leipzig,
(03 41) 5 82 01 18;
Universität Leipzig,
Lehrstuhl für Öffentliches Recht,
insb. Umwelt- und Planungsrecht,
Otto-Schill-Str. 2, 04109 Leipzig,
(03 41) 97 35-1 31, Fax (03 41) 97 35-1 39,
E-Mail fassbender@uni-leipzig.de

142. *Fastenrath*, Dr. Ulrich, Professor,
Liliensteinstraße 4, 01277 Dresden,
(03 51) 2 54 05 36;
Juristische Fakultät der TU Dresden,
Bergstr. 53, 01069 Dresden,
(03 51) 46 33-73 33, Fax (03 51) 46 33-72 13,
E-Mail quaas@jura.tu-dresden.de

143. *Fechner*, Dr. Frank, Professor,
Fischersand 57, 99084 Erfurt,
(03 61) 6 44 56 96;
TU Ilmenau, Institut für Rechtswissenschaft,
Postfach 100 565, 98684 Ilmenau,
(0 36 77) 69-40 22,
E-Mail Frank.Fechner@tu-ilmenau.de

144. *Fehling*, Dr. Michael, LL.M. (Berkeley), Professor,
Farmsener Landstr. 39 B, 22359 Hamburg,
(0 40) 60 95 14 65,
Bucerius Law School, Hochschule für Rechtswissenschaft,
Jungiusstraße 6, 20355 Hamburg, Postfach 30 10 30,
(0 40) 3 07 06-2 31, Fax (0 40) 3 07 06-2 35,
E-Mail michael.fehling@law-school.de

145. *Feik*, Dr. Rudolf, Ao. Univ.-Prof.,
Hans Sperl Straße 7, A-5020 Salzburg,
(00 43) 6 76 73 04 33 74;
Universität Salzburg, Fachbereich Öffentliches Recht,
Kapitelgasse 5–7, A-5020 Salzburg,
(00 43) 6 62 80 44 36 03, Fax (00 43) 6 62 80 44 36 29,
E-Mail rudolf.feik@sbg.ac.at

146. *Felix*, Dr. Dagmar, Professorin,
An den Fischteichen 47, 21227 Bendestorf,
(0 41 83) 50 06 67, Fax (0 41 83) 50 07 29;
Universität Hamburg, Öffentliches Recht und Sozialrecht,
Fakultät für Rechtswissenschaft,
Rothenbaumchaussee 33, 20148 Hamburg,
(0 40) 4 28 38-26 65, Fax (0 40) 4 28 38-29 30,
E-Mail dagmar.felix@jura.uni-hamburg.de

147. *Fetzer*, Dr. Thomas, LL.M., Professor,
Technische Universität Dresden, Juristische Fakultät,
Lehrstuhl für Steuerrecht und Wirtschaftsrecht,
01062 Dresden,
(0351) 463 37 374, Fax (0351) 463 37 798,
E-Mail fetzer@jura.tu-dresden.de

148. *Fiedler*, Dr. Wilfried, o. Professor,
Am Löbel 2, 66125 Saarbrücken-Dudweiler,
(0 68 97) 76 64 01;
Forschungsstelle Internationaler Kulturgüterschutz,
Universität des Saarlandes, Gebäude 16,
Postfach 15 11 50, 66041 Saarbrücken,
(06 81) 3 02-32 00,
Fax (06 81) 3 02-43 30,
E-Mail w.fiedler@mx.uni-saarland.de

149. *Fink*, Dr. Udo, Univ.-Professor,
Johannes-Gutenberg-Universität Mainz,
Fachbereich Rechts- und Wirtschaftswissenschaften,
55099 Mainz,
(0 61 31) 3 92 23 84,
E-Mail pfink@uni-mainz.de

150. *Fisahn*, Dr. Andreas, Professor,
Grüner Weg 83, 32130 Enger;
Universität Bielefeld, Fakultät für Rechtswissenschaft,
Postfach 10 01 31, 33501 Bielefeld,
(05 21) 1 06-43 84,
E-Mail andreas.fisahn@uni-bielefeld.de

151. *Fischer*, Dr. Kristian, Privatdozent,
Deidesheimer Str. 52, 68309 Mannheim,
(06 21) 73 82 45;
Lehrstuhl für Öffentliches Recht und Steuerrecht,
Universität Mannheim, Schloss, Westflügel,
68131 Mannheim,
(06 21) 1 81-14 35,
Fax (06 21) 1 81-14 37,
E-Mail kfischer@jura.uni-mannheim.de

152. *Fischer-Lescano*, Dr. Andreas, LL.M. (EUI, Florenz), Professor,
Hobrechtsstr. 48, 12047 Berlin,
Zentrum für Europäische Rechtspolitik (ZERP),
Universität Bremen,
Fachbereich Rechtswissenschaft,
Universitätsallee GW 1, 28359 Bremen,
(04 21) 2 18 66 222,
Fax (04 21) 2 18 66 230,
E-Mail fischer-lescano@zerp.uni-bremen.de

153. *Fleiner*, Dr. Dr. h.c. Thomas, o. Professor,
rte. Beaumont 9, CH-1700 Fribourg,
(00 41) 26-4 24 66 94, Fax (00 41) 26-4 24 66 89;
Institut für Föderalismus, Universität Fribourg,
Route d' Englisberg 7, CH-1763 Granges-Paccot,
(00 41) 26-3 00 81 25 oder -28, Fax (00 41) 26-3 00 97 24,
E-Mail Thomas.Fleiner@unifr.ch

154. *Folz*, Dr. Hans-Ernst, Professor,
Bispinger Weg 11, 30625 Hannover,
(05 11) 57 57 19 oder 56 28 92;
Universität Hannover,
Lehrstuhl für Öffentliches Recht,
Völker- und Europarecht,
Königsworther Platz 1, 30167 Hannover,
(05 11) 7 62-82 48 oder -82 49, Fax (05 11) 7 62-82 52

155. *Folz*, Dr. Hans-Peter, Privatdozent,
Christoph von Schmid-Straße 11, 86159 Augsburg,
(08 21) 5 89 41 83;
Juristische Fakultät, Universität Augsburg,
Universitätsstraße 24, 86159 Augsburg,
(08 21) 5 98 45 73, Fax (08 21) 5 98 45 72,
E-Mail Hans-Peter.Folz@jura.uni-augsburg.de

156. *Frank*, Dr. Dr. h.c. Götz, Professor,
Cäcilienplatz 4, 26122 Oldenburg,
(04 41) 7 56 89;
Carl von Ossietzky Universität Oldenburg,
Juristisches Seminar, Öffentliches Wirtschaftsrecht,
26111 Oldenburg,
Paketanschrift: Ammerländer Heerstraße 114–118,
26129 Oldenburg;
(04 41) 7 98-41 43, Fax (04 41) 7 98-41 51,
E-Mail Goetz.Frank@uni-oldenburg.de

157. *Frankenberg*, Dr. Dr. Günter, Professor,
Buchrainweg 17, 63069 Offenbach;
Institut für Öffentliches Recht, Goethe-Universität Frankfurt,
Rechtswissenschaft,
Grüneburgplatz 1, 60629 Frankfurt am Main,
(0 69) 79 83 4-2 70 oder -2 69,
E-Mail Frankenberg@jur.uni-frankfurt.de

158. *Franzius*, Dr. Claudio, Privatdozent,
Goernestr. 13, 20249 Hamburg,
(040) 23 80 29 52;
Universität Hamburg,
Fakultät für Rechtswissenschaft,
Seminar für Öffentliches Rechts und Staatslehre,
Rothenbaumchaussee 33, 20148 Hamburg,
(040) 428 38 5443, Fax (040) 428 38 2930,
E-Mail claudio.franzius@jura.uni-hamburg.de

159. *Friauf*, Dr. Karl Heinrich, o. Professor,
Eichenhainallee 17, 51427 Bergisch-Gladbach,
(0 22 04) 6 19 84;
Universität Köln, 50923 Köln

160. *Fromont*, Dr. Dr. h.c. mult. Michel, Professor,
12, Boulevard de Port Royal, F-75005 Paris,
(00 33) 1 45 35 73 71,
E-Mail Fromont.michel@wanadoo.fr

161. *Frotscher*, Dr. Werner, Professor,
Habichtstalgasse 32, 35037 Marburg/Lahn,
(0 64 21) 3 29 61;
Universität Marburg,
Universitätsstr. 6, 35032 Marburg/Lahn,
(0 64 21) 28-2 31 22/1 26 (Sekr.), Fax (0 64 21) 2 82-38 40,
E-Mail Frotsche@staff.uni-marburg.de

162. *Frowein*, Dr. Dr. h.c. Jochen Abr., o. Professor,
Blumenthalstr. 53, 69120 Heidelberg,
(0 62 21) 47 46 82, Fax (0 62 21) 41 39 71;
MPI für ausländisches öffentliches Recht und Völkerrecht,
Im Neuenheimer Feld 535, 69120 Heidelberg,
(0 62 21) 4 82-2 58, Fax (0 62 21) 4 82-6 77,
E-Mail jfrowein@mpil.de

163. *Frye*, Dr. Bernhard, Richter am Finanzgericht, Privatdozent,
(0361) 346 21 04;
Thüringer Finanzgericht,
Bahnhofstr. 3 a, 99867 Gotha,
(03621) 432 -221, -235, Fax (03621) 432 -199,
E-Mail b.frye@gmx.de

164. *Führ*, Dr. Martin, Professor,
Rostockerstr. 17, 63303 Dreieich/Sprendlingen,
(0 61 03) 93 66 17, Fax (0 61 03) 93 66 19;
Fachhochschule Darmstadt,
Haardtring 100, 64295 Darmstadt,
E-Mail fuehr@sofia-darmstadt.de

165. *Funk*, Dr. Bernd-Christian, o. Professor,
Franz Grassler Gasse 23, A-1230 Wien,
(00 43) 18 89 29 35, Fax (00 43) 18 89 29 35;
Institut für Staats- und Verwaltungsrecht, Universität Wien,
Juridicum, Schottenbastei 10–16, A-1010 Wien;
E-Mail bernd-christian.funk@univie.ac.at
Institut für Universitätsrecht und Universitätsmanagement,
Johannes Kepler Universität Linz,
Altenbergerstr. 69, A-4040 Linz,
(00 43) 7 32-24 68-93 36, Fax (00 43) 7 32-24 68 93 99,
E-Mail bernd-christian.funk@jku.at

166. *Funke*, Dr. Andreas, Privatdozent,
Lechenicher Str. 18, 50937 Köln,
(0221) 374829;
Universität zu Köln, Institut für Völkerrecht
und ausländisches öffentliches Recht,
Gottfried-Keller-Str. 2, 50931 Köln,
(0221) 470 -2616, Fax (0221) 470 -4992,
E-Mail andreas.funke@uni-koeln.de

167. *Gächter*, Dr. Thomas, Professor,
Ausserdorferstr. 12g, CH-8052 Zürich,
(0041) 13 63 37 24;
Universität Zürich,
Treichlerstr. 10, CH-8032 Zürich,
(00 41) 4 46 34 30 62,
E-Mail thomas.gaechter@rwi.unizh.ch

168. *Gaitanides*, Dr. Charlotte, LL.M. (Barcelona), Professorin,
22041 Hamburg,
(0 40) 68 28 48 77;
Universität Flensburg,
Internationales Institut für Management,
Campusallee 3, 24943 Flensburg,
(0461) 805 -2766, Fax (0461) 805 -2561
E-Mail charlotte.gaitanides@uni-flensburg.de

169. *Galetta*, Dr. Diana-Urania, LL.M., Professorin,
Via Galla Placidia 6, I-20131 Milano;
Università degli Studi di Milano,
Dipartimento giuridico-politico,
Via Conservatorio 7, I-20122 Milano,
(0039) 02-503 212 59, Fax (0039) 02-503 212 80,
E-Mail diana.galetta@unimi.it

170. *Gallwas*, Dr. Hans-Ullrich, Universitätsprofessor,
Hans-Leipelt-Str. 16, 80805 München,
(0170) 216 72 08;
Obermaisperg, 84323 Massing,
(08724) 1386,
E-Mail hu-gallwas@t-online.de;
Universität München,
Professor-Huber-Platz 2, 80539 München

171. *Gamper*, Dr. Anna, Univ.-Prof.,
Universität Innsbruck, Institut für Öffentliches Recht,
Staats- und Verwaltungslehre,
Innrain 52d, A-6020 Innsbruck,
(00 43) 51 25 07-82 24, Fax (00 43) 51 25 07-28 28,
E-Mail Anna.Gamper@uibk.ac.at

172. *Gärditz*, Dr. Klaus Ferdinand, Professor,
Kastanienweg 48, 53177 Bonn,
(02 28) 28 05 27 97;
Rheinische Friedrich-Wilhelms-Universität Bonn,
Institut für Öffentliches Recht,
Adenauerallee 24–42, 53113 Bonn,
(02 28) 73-91 76,
E-Mail gaerditz@jura.uni-bonn.de

173. *Gas*, Dr. Tonio, Professor,
Bertolt-Brecht-Str. 59, 49088 Osnabrück,
E-Mail tgas@uos.de;
Niedersächsisches Studieninstitut
für kommunale Verwaltung e.V.,
Kommunale Hochschule für Verwaltung in Niedersachsen,
Professur für Staats-, Verfassungs- und Europarecht,
Wielandstr. 8, 30169 Hannover,
(0511) 1609-448, Fax (0511) 15 537,
E-Mail tonio.gas@nds-sti.de

174. *Gassner*, Dr. Ulrich M., Mag.rer.publ., M.Jur. (Oxon), Professor,
Scharnitzer Weg 9, 86163 Augsburg,
(08 21) 6 32 50,
E-Mail ugassner@web.de;
Universität Augsburg,
Universitätsstr. 2, 86135 Augsburg,
(08 21) 5 98-45 46, Fax (08 21) 5 98-45 47,
E-Mail Ulrich.Gassner@jura.uni-augsburg.de

175. *Geis*, Dr. Max-Emanuel, o. Professor,
Valentin-Rathgeber-Str. 1, 96049 Bamberg,
(09 51) 51 93-3 05 oder -3 06, Fax (09 51) 51 93-3 08;
Friedrich-Alexander-Universität Erlangen, Institut für Staats- und Verwaltungsrecht,
Schillerstr. 1, 91054 Erlangen,
(0 91 31) 8 52 28 18, Fax (0 91 31) 8 52 63 82,
E-Mail max-emanuel.geis@jura.uni-erlangen.de

176. *Gellermann*, Dr. Martin, apl. Professor,
Schlesierstraße 14, 49492 Westerkappeln,
(0 54 04) 20 47, Fax (0 54 04) 91 94 75;
Universität Osnabrück, Fachbereich Rechtswissenschaften,
49069 Osnabrück,
(0 54 04) 91 96 95,
E-Mail M.Gellermann@t-online.de

177. *Germann*, Dr. Michael, Professor,
Rathenauplatz 13, 06114 Halle,
(03 45) 5 23 89 32;
Martin-Luther-Universität Halle-Wittenberg,
Lehrstuhl für Öffentliches Recht,
Staatskirchenrecht und Kirchenrecht,
Universitätsplatz 5, 06108 Halle,
(03 45) 55-2 32 20, Fax (03 45) 55-2 76 74,
E-Mail Germann@jura.uni-halle.de

178. *Gersdorf*, Dr. Hubertus, Professor,
Alte Leipziger Str. 10, 10117 Berlin,
(0 30) 20 61 96 61, Fax (0 30) 20 61 96 62;
Universität Rostock, Juristische Fakultät,
Gerd Bucerius-Stiftungsprofessur,
Richard-Wagner-Straße 7, 18055 Rostock,
(03 81) 2 03 60 76, Fax (03 81) 2 03 60 75,
E-Mail hubertus.gersdorf@uni-rostock.de

179. *Giegerich*, Dr. Thomas, Professor, LL.M. (University of Virginia),
Birkenweg 90, 24211 Preetz;
Walther-Schücking-Institut für Internationales Recht,
Universität Kiel,
Westring 400, 24098 Kiel,
(04 31) 8 80-21 89 (-17 33 [Sekr.]),
E-Mail tgiegerich@internat-recht.uni-kiel.de

180. *Goerlich*, Dr. Helmut, Professor,
Universität Leipzig,
Institut für Staats- und Verwaltungsrecht,
Burgstr. 27, 04109 Leipzig,
(03 41) 97-3 51 71, Fax (03 41) 97-3 51 79,
E-Mail helmut.goerlich@gmx.de

181. *Gornig*, Dr. Dr. h c. mult. Gilbert, Professor,
Pfarracker 4, 35043 Marburg-Bauerbach,
(0 64 21) 16 35 66, Fax (0 64 21) 16 37 66;
Institut für Öffentliches Recht, Universität Marburg,
Universitätsstr. 6, 35032 Marburg,
(0 64 21) 2 82 31 31 oder 28-31 27, Fax (0 64 21) 2 82 38 53,
E-Mail Gornig@voelkerrecht.com

182. *Görisch*, Dr. Christoph, Privatdozent,
Martin-Niemöller-Str. 61,
48159 Münster;
Westfälische Wilhelms-Universität,
Institut für Öffentliches Recht und Politik,
Wilmergasse 28, 48143 Münster,
(02 51) 83-2 18 61, Fax (02 51) 5 10 49-19
E-Mail gorisch@uni-muenster.de

183. *Götz*, Dr. Volkmar, o. Professor,
Geismarlandstr. 17a, 37083 Göttingen,
(05 51) 4 31 19;
Universität Göttingen,
Abt. Europarecht des Instituts für Völkerrecht,
Platz der Göttinger Sieben 5, 37073 Göttingen,
(05 51) 39-47 61, Fax (05 51) 39-21 96,
E-Mail europa@uni-goettingen.de

184. *Grabenwarter*, Dr. Dr. Christoph, Universitätsprofessor,
Institut für Österreichisches und Europäisches Öffentliches Recht,
Wirtschaftsuniversität Wien,
Althanstr. 39–45, A-1090 Wien,
(00 43) 13 13 36-44 23, Fax (00 43) 13 13 36-92 05;
Mitglied des Verfassungsgerichtshofs,
Verfassungsgerichtshof,
Judenplatz 11, A-1010 Wien,
(00 43) 15 31 22,
E-Mail christoph.grabenwarter@wu-wien.ac.at

185. *Gramlich*, Dr. Ludwig, Professor,
Justus-Liebig-Str. 38 A, 64839 Münster;
Fakultät für Wirtschaftswissenschaften,
TU Chemnitz-Zwickau,
Postfach 9 64, 09009 Chemnitz,
(03 71) 5 31 41 64, -65, Fax (03 71) 5 31 39 61,
E-Mail l.gramlich@wirtschaft.tu-chemnitz.de

186. *Gramm*, Dr. Christof, Privatdozent, MinRat,
Wilhelmstraße 10, 53604 Bad Honnef,
(0 22 24) 48 34;
Bundesministerium der Verteidigung,
Postfach 1328, 53003 Bonn,
(02 28) 12-93 70,
E-Mail ChristofGramm@bmvg.bund.de

187. *Graser*, Dr. Alexander, Professor,
Brennereistraße 66, 85662 Hohenbrunn,
(0 81 02) 77 88 55;
Hertie School of Governance, Schlossplatz 1, 10178 Berlin,
(0 30) 2 12 31 23 14, Fax (0 30) 2 12 31 28 88,
E-Mail graser@hertie-school.org

188. *Grawert*, Dr. Dr. h.c. Rolf, o. Professor,
Aloysiusstrasse 28, 44795 Bochum,
(02 34) 47 36 92, Fax (02 34) 5 16 91 36;
Ruhr-Universität Bochum, Juristische Fakultät,
Universitätsstrasse 150, GC 8/59, 44721 Bochum,
(02 34) 32 22 52 65, Fax (02 34) 3 21 42 36,
E-Mail Rolf.Grawert@ruhr-uni-bochum.de

189. *Grewe*, Dr. Constance, Universitätsprofessorin,
4 Rue Louis Apffel – F 67 000 Strasbourg,
(00 33) 3 88 37 37 84,
E-Mail Constance.Grewe@orange.fr
Université de Strasbourg, Faculté de droit
1 Place d'Athénes, BP 66, F-67045 Strasbourg Cedex

190. *Grewlich*, Dr. Dr. Klaus W., LL.M. (Berkeley), Professor,
Botschafter der Bundesrepublik Deutschland a.D.,
Colmantstr. 43, 53115 Bonn;
Rechts- und Staatswissenschaftliche Fakultät und
Zentrum für Europäische Integrationsforschung (ZEI),
Rheinische Friedrich-Wilhelms-Universität, Bonn;
Hertie School of Governance, Berlin;
Europakolleg Brügge & Warschau/Schloss Natolin;
E-Mail kwgr@gmx.de

191. *Grigoleit*, Dr. Klaus Joachim, Universitätsprofessor,
Eisenacher Str. 65, 10823 Berlin;
TU Dortmund, Fakultät Raumplanung,
Fachgebiet Raumplanungs- und Umweltrecht,
August-Schmidt-Straße 10, 44227 Dortmund,
(0231) 755 32 17, Fax (0231) 755 34 24,
E-Mail grigoleit@kjgrigoleit.de

192. *Griller*, Dr. Stefan, Universitätsprofessor,
Hungerbergstr. 11-13, A-1190 Wien,
(00 43) 1 32 24 05;
Europainstitut, Wirtschaftsuniversität Wien,
Althanstr. 39–45, A-1090 Wien,
(00 43) 13 13 36-41 35 oder 41 36, Fax (00 43) 13 13 36-7 58,
E-Mail Stefan.Griller@wu-wien.ac.at

193. *Grimm*, Dr. Dr. h.c. mult., LL.M. (Harvard),
Dieter, o. Professor (em.),
Humboldt-Universität zu Berlin,
Juristische Fakultät,
Unter den Linden 6, 10099 Berlin,
(0 30) 20 93-35 66, Fax (0 30) 20 93-35 78;
Wissenschaftskolleg zu Berlin, Institute for Advanced Study,
Wallotstr. 19, 14193 Berlin,
(0 30) 8 90 01-0 (Zentrale), (0 30) 8 90 01-1 24,
Fax (0 30) 8 90 01-1 00,
E-Mail grimm@wiko-berlin.de

194. *Gröpl*, Dr. Christoph, Professor,
Lehrstuhl für Staats- und Verwaltungsrecht,
Rechts- und Wirtschaftswissenschaftliche Fakultät,
Universität des Saarlandes,
Postfach 15 11 50, 66041 Saarbrücken,
(06 81) 3 02-32 00, Fax (06 81) 3 02-43 30,
E-Mail groepl@mx.uni-saarland.de

195. *Gröschner*, Dr. Rolf, o. Professor,
Stormstr. 39, 90491 Nürnberg,
(09 11) 59 14 08;
Rechtswissenschaftliche Fakultät, Universität Jena,
Carl-Zeiss-Straße 3, 07743 Jena,
(0 36 41) 94 22 20 oder -21, Fax (0 36 41) 94 22 22,
E-Mail r.groeschner@recht.uni-jena.de

196. *Groh*, Dr. Kathrin, Privatdozentin,
Rohrteichstr. 44, 33602 Bielefeld,
(05 21) 5 60 04 45;
Universität Bielefeld, Fakultät für Rechtswissenschaft,
Universitätsstr. 25, 33615 Bielefeld,
(05 21) 1 06-43 97, Fax (05 21) 1 06-15 43 97,
E-Mail kathgroh@gmx.de

197. *Gromitsaris*, Dr. Athanasios, Privatdozent,
E-Mail gromitsaris@hotmail.com;
Friedrich-Schiller-Universität,
Rechtswissenschaftliche Fakultät,
Carl-Zeiss-Str. 3, 07737 Jena,
(0 36 41) 94 22 30,
E-Mail R.Ullrich@recht.uni-jena.de

198. *Groß*, Dr. Thomas, Professor,
Universität Osnabrück,
European Legal Studies Institute,
Süsterstr. 28, 49069 Osnabrück,
(0541) 969 - 4500,
E-Mail thgross@uni-osnabrueck.de

199. *Grote*, Dr. Rainer, LL.M. (Edinburgh), Privatdozent,
Im Sand 3A, 69115 Heidelberg,
(0 62 21) 16 43 46, Fax (0 62 21) 91 47 35;
Max-Planck-Institut für ausländisches
öffentliches Recht und
Völkerrecht,
Im Neuenheimer Feld 535, 69120 Heidelberg,
(0 62 21) 48 22 44, Fax (0 62 21) 48 22 88,
E-Mail rgrote@mpil.de

200. *Grupp*, Dr. Klaus, Universitätsprofessor,
Stephanieufer 5, 68163 Mannheim,
(06 21) 82 21 97, Fax (06 21) 82 21 97;
Universität des Saarlandes,
Rechts- und Wirtschaftswissenschaftliche Fakultät,
Abteilung Rechtswissenschaft,
Postfach 15 11 50, 66041 Saarbrücken,
(06 81) 3 02-48 53, Fax (06 81) 3 02-39 49,
E-Mail k.grupp@mx.uni-saarland.de

201. *Grzeszick*, Dr. Bernd, LL.M. (Cambridge), Professor,
Henkestraße 74–76, 91052 Erlangen,
(0 91 31) 1 23 28 14,
E-Mail Grzeszick@web.de;
Universität Heidelberg, Institut für Öffentliches Recht,
Verfassungslehre und Rechtsphilosophie,
Friedrich-Ebert-Anlage 6–10, 69117 Heidelberg,
(06221) 54 74 32

202. *Guckelberger*, Dr. Annette, Professorin,
Lehrstuhl für Öffentliches Recht,
Rechts- und Wirtschaftswissenschaftliche Fakultät,
Universität des Saarlandes,
Postfach 15 11 50, 66041 Saarbrücken,
(06 81) 3 02-5 74 01,
E-Mail a.guckelberger@mx.uni-saarland.de

203. *Gundel*, Dr. Jörg, Professor,
Lehrstuhl für Öffentliches Recht, Völker- und Europarecht,
Universität Bayreuth, 95440 Bayreuth,
(09 21) 55-29 43,
E-Mail joerg.gundel@uni-bayreuth.de

204. *Gurlit*, Dr. Elke, Universitätsprofessorin,
Rüdesheimer Straße 18, 65197 Wiesbaden,
(06 11) 37 51 52 oder (01 79) 5 92 22 15;
Fachbereich Rechts- und Wirtschaftswissenschaft,
Johannes Gutenberg-Universität Mainz,
Jakob-Welder-Weg 9, 55099 Mainz,
(0 61 31) 3 92 31 14, Fax (0 61 31) 3 92 40 59,
E-Mail gurlit@uni-mainz.de

205. *Gusy*, Dr. Christoph, Professor,
Wendischhof 14, 33619 Bielefeld,
(05 21) 9 67 79 67;
Universität Bielefeld, Fakultät für Rechtswissenschaft,
Universitätsstr. 25, 33615 Bielefeld,
(05 21) 1 06 43 97, Fax (05 21) 1 06 80 61,
E-Mail christoph.gusy@uni-bielefeld.de

206. *Haack*, Dr. Stefan, Professor,
Rheinische Friedrich-Wilhelms-Universität Bonn,
Professur für Öffentliches Recht,
Adenauerallee 18–22, 53113 Bonn,
(02 28) 73-62 411,
E-Mail haack@jura.uni-bonn.de
E-Mail StefanHaack@web.de

207. *Häberle*, Dr. Dr. h.c. mult. Peter, o. Professor,
Forschungsstelle für Europäisches Verfassungsrecht,
Universität Bayreuth,
Universitätsstraße 30, Postfach, 95440 Bayreuth,
(09 21) 55 70 88, Fax (09 21) 55 70 99,
E-Mail Peter.Haeberle@uni-bayreuth.de

208. *Häde*, Dr. Ulrich, Universitätsprofessor,
Lennéstraße 15, 15234 Frankfurt (Oder),
(03 35) 6 85 74 38;
Europa-Universität Viadrina, Lehrstuhl für Öffentliches Recht,
insb. Verwaltungsrecht, Finanzrecht und Währungsrecht,
Postfach 17 86, 15207 Frankfurt/Oder,
Hausanschrift: Große Scharrnstr. 59, 15230 Frankfurt (Oder),
(03 35) 55 34-26 70, Fax (03 35) 55 34-25 25,
E-Mail haede@euv-frankfurt-o.de

209. *Haedrich*, Dr. Martina, Professorin,
Im Ritzetal 20, 07749 Jena,
(0 36 41) 44 85 25, Fax (0 36 41) 44 44 14;
Rechtswissenschaftliche Fakultät,
Friedrich-Schiller-Universität,
Carl-Zeiss-Straße 3, 07743 Jena,
(0 36 41) 94 22 15, Fax (0 36 41) 9 42 002,
E-Mail m.haedrich@recht.uni-jena.de

210. *Hafner*, Dr. Felix, Professor,
Hirzbrunnenschanze 67, CH-4058 Basel,
(00 41) 61-6 91 40 64;
Universität Basel, Lehrstuhl für Öffentliches Recht,
Peter Merian-Weg 8, Postfach, 4002 Basel,
(00 41) 6 12 67 25 64, Fax (00 41) 6 12 67 07 95,
E-Mail Felix.Hafner@unibas.ch

211. *Hailbronner*, Dr. Kay, o. Professor,
Toggenbühl, CH-8269 Fruthwilen,
(00 41) 71-6 64 19 46, Fax (00 41) 71-6 64 16 26;
Universität Konstanz,
(0 75 31) 88 22 47,
E-Mail migration@uni-konstanz.de

212. *Hain*, Dr. Karl-E., Professor,
Herrenstr. 10, 57627 Hachenburg,
(0 26 62) 94 20 64;
Universität zu Köln,
Institut für Medienrecht und Kommunikationsrecht,
Lehrstuhl für Öffentliches Recht und Medienrecht,
Aachener Str. 197–199, 50931 Köln,
(02 21) 2 85 56-1 12, Fax (02 21) 2 85 56-1 22,
E-Mail haink@uni-koeln.de

213. *Haller*, Dr. Herbert, Universitätsprofessor,
Felix-Mottl-Str. 48, Haus 2, A-1190 Wien,
(00 43) 13 42 93 82;
Wirtschaftsuniversität Wien,
(00 43) 13 13 36 46 68,
E-Mail h.haller@vfgh.gv.at

214. *Haller*, Dr. Walter, o. Professor,
Burgstrasse 264, CH-8706 Meilen,
(00 41) 4 49 23 10 14;
Forchstr. 59, CH-8032 Zürich,
(00 41) 4 33 43 96 00,
E-Mail w-haller@bluewin.ch

215. *Haltern*, Dr. Ulrich, LL.M. (Yale), Universitätsprofessor,
Bölschestr. 2, 30173 Hannover,
(05 11) 3 57 62 59;
Universität Hannover, Lehrstuhl für deutsches und europäisches Staats- und Verwaltungsrecht,
Königsworther Platz 1, 30167 Hannover,
(05 11) 7 62 81 86, Fax (05 11) 7 62 81 73,
E-Mail LS.Haltern@jura.uni-hannover.de

216. *Hammer*, Dr. Felix, apl. Prof.,
Gelber Kreidebusen 33/5, 72108 Rottenburg;
Justitiar und Kanzler der Diözese Rottenburg-Stuttgart,
Bischöfliches Ordinariat,
Eugen-Bolz-Platz 1, 72108 Rottenburg,
(0 74 72) 16 93 61 Fax (0 74 72) 16 98 33 61,
E-Mail kanzler@bo.drs.de

217. *Hammer*, Dr. Stefan, Univ.-Doz.,
Anton Frank-Gasse 17, A-1180 Wien,
(00 43) 14 70 59 76;
Universität Wien, Institut für Staats- und Verwaltungsrecht,
Schottenbastei 10–16, A-1010 Wien,
(00 43) 1 42 77-3 54 65, Fax (00 43) 1 42 77-3 54 69,
E-Mail stefan.hammer@univie.ac.at

218. *Hangartner*, Dr. Yvo, o. Professor,
Am Gozenberg 2, CH-9202 Gossau,
(00 41) 71-85 15 11;
Hochschule St. Gallen

219. *Hänni*, Dr. Peter, o. Professor,
Stadtgraben 6, CH-3280 Murten,
(00 41) 26-6 70 58 15;
Lehrstuhl für Staats- und Verwaltungsrecht, Universität Fribourg,
Les Portes de Fribourg, Route d'Englisberg 7,
CH-1763 Granges-Paccot,
(00 41) 26-3 00 81 29, Fax (00 41) 26-3 00 97 24,
E-Mail Peter.Haenni@unifr.ch

220. *Hanschel*, Dr. Dirk, M.C.L., Privatdozent,
Hauptstr. 154, 69117 Heidelberg,
(06221) 166 958,
hanschel@googlemail.com;
Universität Mannheim,
Fakultät für Rechtswissenschaft und Volkswirtschaftslehre,
68131 Mannheim

221. *Haratsch*, Dr. Andreas, Universitätsprofessor,
Berliner Straße 18c, 58313 Herdecke,
(0 23 30) 92 67 13;
Lehrstuhl für Deutsches und Europäisches Verfassungs- und Verwaltungsrecht sowie Völkerrecht, FernUniversität in Hagen,
Universitätsstraße 21, 58084 Hagen,
(0 23 31) 9 87-28 77 oder -43 89, Fax (0 23 31) 9 87-3 24,
E-Mail Andreas.Haratsch@fernuni-hagen.de

222. *Härtel*, Dr. Ines, Professorin,
Schinkelstr. 13, 44801 Bochum,
(02 34) 8 90 33 63;
Ruhr-Universität Bochum,
Lehrstuhl für Öffentliches Recht, Verwaltungs-,
Europa-, Agrar- und Umweltrecht,
GC 8/39, Universitätsstr. 150, 44780 Bochum,
(02 34) 3 22 22 65, Mobil (01 79) 6 63 64 22,
E-Mail LS-Haertel@ruhr-uni-bochum.de

223. *Hartmann*, Dr. Bernd J., LL.M.(Virginia), Privatdozent,
Max-Planck-Str. 5 B, 45657 Recklinghausen,
(02361) 93 77 259, Fax (02361) 40 75 186;
Universität Münster,
Institut für Öffentliches Recht und Politik,
Wilmergasse 28, 48143 Münster,
(0251) 510 49 0, Fax (0251) 510 49 19,
E-Mail hartmab@uni-muenster.de

224. *Hase*, Dr. Friedhelm, Professor,
Bandelstraße 10 b, 28359 Bremen,
(0421) 24 27 84 40;
Universität Bremen,
Fachbereich 6, Rechtswissenschaft,
Universitätsallee, 28359 Bremen,
(0421) 218-66 010, Fax (0421) 218-66 052,
E-Mail fhase@uni-bremen.de

225. *Hatje*, Dr. Armin, Professor,
Universität Hamburg, Fakultät für Rechtswissenschaft,
Abt. Europäisches Gemeinschaftsrecht,
Schlüterstr. 28, 20146 Hamburg,
(0 40) 4 28 38-30 46, Fax (0 40) 4 28 38-43 67,
E-Mail armin.hatje@jura.uni-hamburg.de

226. *Hebeler*, Dr. Timo, Professor,
Universität Trier, Professur für Öffentliches Recht,
54286 Trier, (06 51) 20 12 588,
E-Mail hebeler@uni-trier.de

227. *Heckel*, Dr. iur. Dr. theol. h.c. Martin, o. Universitätsprofessor,
Lieschingstr. 3, 72076 Tübingen,
(0 70 71) 6 14 27

228. *Hecker*, Dr. Jan, LL.M. (Cambridge), apl. Professor,
Richter am Bundesverwaltungsgericht,
Platanenstr. 25, 13156 Berlin,
(0176) 23 29 28 26;
Bundesverwaltungsgericht,
Simsonplatz 1, 04107 Leipzig,
(0341) 2007-2065,
E-Mail jan.hecker@bverwg.bund.de

229. *Heckmann*, Dr. Dirk, Universitätsprofessor,
stv. Mitglied des Bayerischen Verfassungsgerichtshofs,
Schärdinger Straße 11e, 94032 Passau,
(08 51) 75 38 83, Fax (08 51) 4 90 58 20;
Universität Passau, Ordinarius für Internet- und Sicherheitsrecht,
Innstraße 40, 94032 Passau,
(08 51) 5 09-22 90, Fax (08 51) 5 09-22 92,
E-Mail Heckmann@uni-passau.de

230. *Heinig*, Dr. Hans Michael, Professor,
Rochstr. 17, 10178 Berlin,
(01 71) 6 46 11 21;
Kirchenrechtliches Institut der EKD,
Goßlerstr. 11, 37073 Göttingen,
(05 51) 39-1 06 02;
Universität Göttingen, Lehrstuhl für Öffentliches Recht,
insb. Kirchen- und Staatskirchenrecht,
Goßlerstr. 11, 37073 Göttingen,
(05 51) 39-1 06 02, Fax (05 51) 39-1 06 07,
E-Mail info@kirchenrechtliches-institut.de

231. *Heintschel von Heinegg*, Dr. Wolff, Professor,
Europa-Universität Viadrina, Frankfurt (Oder),
Lehrstuhl für Öffentliches Recht,
August-Bebel-Str. 12, 15234 Frankfurt (Oder),
(03 35) 55 34-29 16, Fax (03 35) 55 34-29 15,
E-Mail Heinegg@euv-frankfurt-o.de

232. *Heintzen*, Dr. Markus, Professor,
Freie Universität Berlin,
Fachbereich Rechtswissenschaft,
Van't-Hoff-Str. 8, 14195 Berlin,
(0 30) 8 38-5 24 79, Fax (0 30) 8 38-5 21 05,
E-Mail Heintzen@zedat.fu-berlin.de

233. *Heitsch*, Dr. Christian, apl. Professor,
72 Queens Road, Caversham, Reading,
Berks., RG4 8DL, U.K.,
(00 44) 11 89 47 49 13,
E-Mail c_heitsch@web.de;
Lecturer in Law, Brunel Law School,
Brunel University West London,
Kingston Lane, Uxbridge, Middlesex UB8 3PH, United Kingdom,
(00 44) 18 95 26 76 50,
E-Mail christian.heitsch@brunel.ac.uk

234. *Hellermann*, Dr. Johannes, Universitätsprofessor,
Hardenbergstr. 12a, 33615 Bielefeld,
(05 21) 16 00 38;
Universität Bielefeld, Fakultät für Rechtswissenschaft,
Universitätsstr. 25, 33615 Bielefeld,
(05 21) 1 06-44 22, Fax (05 21) 1 06-60 48,
E-Mail Johannes.Hellermann@uni-bielefeld.de

235. *Hendler*, Dr. Reinhard, Universitätsprofessor,
Laurentius-Zeller-Str. 12, 54294 Trier,
(06 51) 9 37 29 44;
Universität Trier, Fachbereich Rechtswissenschaft,
Universitätsring 15, 54286 Trier,
(06 51) 2 01-25 56 oder 25 58, Fax (06 51) 2 01-39 03,
E-Mail Hendler@uni-trier.de

236. *Hengstschläger*, Dr. Johannes, o. Universitätsprofessor,
Steinfeldgasse 7, A-1190 Wien,
(00 43) 1 32-8 17 27;
Johannes-Kepler-Universität,
Altenbergerstr. 69, A-4040 Linz,
(00 43) 7 32-24 68-4 01, Fax (00 43) 7 32-2 46 43,
E-Mail johannes.hengstschlaeger@jku.at

237. *Hense*, Dr. Ansgar, Privatdozent,
Austraße 5, 53179 Bonn,
(02 28) 4 29 53 72;
Institut für Staatskirchenrecht der Diözesen Deutschlands,
Adenauerallee 19, 53111 Bonn,
(02 28) 26 74-3 61,
E-Mail ansgar.hense@web.de

238. *Herbst*, Dr. Tobias, Privatdozent,
Seehofstr. 116, 14167 Berlin,
(030) 817 11 04;
Humboldt-Universität zu Berlin,
Juristische Fakultät,
Unter den Linden 6, 10099 Berlin,
(030) 2093 -3426 oder -3381, Fax (030) 2093 -3345,
E-Mail tobias.herbst@rewi.hu-berlin.de

239. *Herdegen*, Dr. Matthias, Professor,
Friedrich-Wilhelm-Str. 35, 53113 Bonn;
Rechts- und Staatswissenschaftliche Fakultät,
Universität Bonn,
Adenauerallee 44, 53113 Bonn,
(02 28) 73 55 70/-80, Fax (02 28) 73 79 01,
E-Mail Herdegen@uni-bonn.de

240. *Hermes*, Dr. Georg, Professor,
Berliner Str. 14a, 61440 Oberursel,
(0 61 71) 5 08 19 91, Fax (0 61 71) 6 94 75 70;
Universität Frankfurt, Fachbereich Rechtswissenschaft,
Campus Westend, Grüneburgplatz 1 (RuW),
Postfach 11 19 31, 60054 Frankfurt am Main,
(0 69) 7 98-3 42 75, Fax (0 69) 7 98-3 45 12,
E-Mail G.Hermes@jur.uni-frankfurt.de

241. *Herrmann*, Dr. Christoph, LL.M., Professor,
Florianstr. 18, 94034 Passau,
(0851) 2 30 20 18, (01 77) 8 42 75 43;
Universität Passau,
Lehrstuhl für Staats- und Verwaltungsrecht, Europarecht,
Europäisches und Internationales Wirtschaftsrecht,
Innstraße 39, 94032 Passau,
(0851) 509-2330, Fax (0851) 509-2332,
E-Mail christoph.herrmann@eui.eu

242. *Herrmann*, Dr. Günter, Professor, Intendant i.R.
Wankweg 13, 87642 Buching/Allgäu,
(0 83 68) 16 96; Fax (08368) 12 97
herrmann.medienrecht@t-online.de

243. *Herzog*, Dr. Roman, Professor, Bundespräsident a.D.,
Im Stahlbühl 20,74074 Heilbronn,
(07131) 39 52 160, Fax (07131) 39 52 168,
E-Mail buerobprherzog@gmx.de

244. *Heselhaus*, Dr. Sebastian, Professor, M.A.,
Kehlhofweg 10, CH-6043 Adligenswil, Schweiz,
(00 41) 4 13 70 25 00;
Universität Luzern, Rechtswissenschaftliche Fakultät,
Lehrstuhl für Europarecht, Völkerrecht und Öffentliches Recht,
Hofstr. 9, Postfach 7464, CH-6000 Luzern 7, Schweiz,
(00 41) 4 12 28 74 11, Fax (00 41) 4 12 28 74 31
E-Mail sebastian.heselhaus@unilu.ch

245. *Heun*, Dr. Werner, Professor,
Bürgerstraße 5, 37073 Göttingen,
(05 51) 70 62 48;
Universität Göttingen, Institut für Allgemeine Staatslehre
und Politische Wissenschaften,
Goßlerstraße 11, 37073 Göttingen,
(05 51) 39-46 93, Fax (05 51) 39-22 39,
E-Mail staatsl@gwdg.de

246. *Hey*, Dr. Johanna, Professorin,
Wiethasestraße 73, 50933 Köln,
(02 21) 4 91 17 38, Fax (02 21) 4 91 17 34;
Universität zu Köln, Institut für Steuerrecht,
Albertus-Magnus-Platz, 50923 Köln,
(02 21) 4 70-22 71, Fax (02 21) 4 70-50 27,
E-Mail johanna.hey@uni-koeln.de

247. *Heyen*, Dr. iur. Lic. phil. Erk Volkmar, Universitätsprofessor,
Arndtstraße 22, 17489 Greifswald,
(0 38 34) 50 27 16;
Ernst Moritz Arndt-Universität,
Domstr. 20, 17489 Greifswald,
E-Mail lsheyen@uni-greifswald.de

248. *Hidien*, Dr. Jürgen W., Professor,
Goebenstr. 33, 48151 Münster,
(02 51) 4 78 77

249. *Hilf*, Dr. Meinhard, Universitätsprofessor,
Bahnsenallee 71, 21465 Reinbek bei Hamburg,
(0 40) 78 10 75 10, Fax (0 40) 78 10 75 12;
Bucerius Law School,
Jungiusstraße 6, 20355 Hamburg,
(0 40) 3 07 06-1 58, Fax (0 40) 3 07 06-2 46,
E-Mail meinhard.hilf@law-school.de

250. *Hill*, Dr. Hermann, Professor,
Kilianstraße 5, 67373 Dudenhofen;
Deutsche Hochschule für Verwaltungswissenschaften Speyer,
Postfach 14 09, 67324 Speyer,
(0 62 32) 6 54-3 28,
E-Mail Hill@dhv-speyer.de

251. *Hillgruber*, Dr. Christian, Professor,
Zingsheimstr. 25, 53359 Rheinbach;
Institut für Öffentliches Recht,
Adenauerallee 24–42, 53113 Bonn,
(02 28) 73 79 25, Fax (02 28) 73 48 69,
E-Mail lshillgruber@jura.uni-bonn.de

252. *Hobe*, Dr. Stephan, LL.M., Universitätsprofessor,
In der Asbach 32, 53347 Alfter-Impekoven,
(02 28) 9 48 93 00;
Universität zu Köln, Institut für Luft- und Weltraumrecht
und Lehrstuhl für Völker- und Europarecht, europäisches
und internationales Wirtschaftsrecht,
Albertus-Magnus-Platz, 50923 Köln,
(02 21) 4 70 23 37,
E-Mail Stephan.Hobe@uni-koeln.de

253. *Hochhuth*, Dr. Martin, Privatdozent,
Kaiser-Joseph-Straße 268, 79098 Freiburg;
Albert-Ludwigs-Universität Freiburg,
Institut für Öffentliches Recht, Abteilung III, Staatsrecht,
Platz der Alten Synagoge 1, 79085 Freiburg,
(07 61) 2 03-22 43, Fax (07 61) 2 03-22 40,
E-Mail hochhuth@jura.uni-freiburg.de

254. *Hoffmann-Riem*, Dr. Wolfgang, Professor,
Richter des Bundesverfassungsgerichts a.D.,
Auguststr. 15, 22085 Hamburg,
(0 40) 642 258 48, Fax (0 40) 696 45 806,
E-Mail whoffmann-riem@gmx.de;
Universität Hamburg,
Rothenbaumchaussee 33, 20148 Hamburg,
(0 40) 4 28 38-30 33, Fax (0 40) 4 28 38-26 35
E-Mail ceri@jura.uni-hamburg.de

255. *Höfling*, Dr. Wolfram, M.A., Professor,
Bruchweg 2, 52441 Linnich,
(0 24 62) 36 16;
Universität zu Köln, Institut für Staatsrecht,
Albertus-Magnus-Platz, 50923 Köln,
(02 21) 4 70-33 95, Fax (02 21) 4 70-50 75,
E-Mail Sekretariat@institut-staatsrecht.de

256. *Hofmann*, Dr. Ekkehard, Professor,
Koselstr. 51, 60318 Frankfurt am Main,
(069) 174 989 27;
Julius-Maximilians-Universität Würzburg,
Institut für Staats- und Verwaltungsrecht, Rechtsphilosophie,
Domerschulstr. 16, 97070 Würzburg,
(0931) 31-83 738, Fax (0931) 31-82 988,
E-Mail ekkehard.hofmann@jura.uni-wuerzburg.de

257. *Hofmann*, Dr. Dr. h. c. Hasso, o. Professor,
Christoph-Mayer-Weg 5, 97082 Würzburg,
(09 31) 8 73 88, Fax (09 31) 78 32 88,
oder Torstr. 176, 10115 Berlin,
(0 30) 2 81 30 75,
E-Mail hasso-hofmann@gmx.de;
Humboldt-Universität zu Berlin,
Unter den Linden 6, 10099 Berlin,
(0 30) 20 93-35 53

258. *Hofmann*, Dr. Dr. Rainer, Universitätsprofessor,
Bergstr. 83, 69121 Heidelberg,
(0 62 21) 40 10 04;
Johann-Wolfgang-Goethe-Universität Frankfurt am Main,
Lehrstuhl für Öffentliches Recht,
Völkerrecht und Europarecht,
Senckenberganlage 31, 60325 Frankfurt am Main,
(0 69) 7 98-2 53 17, Fax (0 69) 7 98-2 53 18,
E-Mail R.Hofmann@jur.uni-frankfurt.de

259. *Hohmann*, Dr. Harald, Privatdozent,
Furthwiese 10, 63654 Büdingen,
(0 60 49) 95 29 12, Fax (0 60 49) 95 29 13;
Hohmann & Partner Rechtsanwälte,
Schloßgasse 2, 63654 Büdingen,
(0 60 42) 95 67-0, Fax (0 60 42) 95 67-67,
E-Mail harald.hohmann@hohmann-partner.com

260. *Hollerbach*, Dr. Dr. h.c. Alexander, o. Professor,
Runzstraße 86, 79102 Freiburg i.Br.,
(07 61) 2 17 14 13

261. *Holoubek*, Dr. Michael, Universitätsprofessor,
Zehenthofgasse 36/8, A-1190 Wien,
(00 43) 13 17 73 72, Fax (00 43) 13 17 73 72 18;
Institut für Österreichisches und
Europäisches Öffentliches Recht,
Wirtschaftsuniversität Wien,
Althanstraße 39–45, A-1090 Wien,
(00 43) 13 13 36-46 60, Fax (00 43) 13 13 36-7 13,
E-Mail michael.holoubek@wu.ac.at

262. *Hölscheidt*, Dr. Sven, Minsterialrat, apl. Professor,
Westfälische Straße 45, 10711 Berlin;
Deutscher Bundestag,
Fachbereich Verfassung und Verwaltung,
Platz der Republik 1, 11011 Berlin,
(0 30) 2 27-3 24 25/3 23 25, Fax (0 30) 2 27-3 64 71/3 62 07,
E-Mail vorzimmer.wd3@bundestag.de

263. *Holzinger*, Dr. Gerhart, Professor,
Präsident des Österreichischen Verfassungsgerichtshofs,
Judenplatz 11, A-1010 Wien,
(00 43) 1 53 12 24 12, Fax (00 43) 1 53 12 25 12

264. *Holznagel*, Dr. Bernd, LL.M., Professor,
Kronprinzenstraße 105, 44135 Dortmund,
(02 31) 5 89 87 06, Fax (02 31) 5 89 87 09;
WWU Münster, Juristische Fakultät, ITM, Abt. II,
Leonardo-Campus 9, 48149 Münster,
(02 51) 83-3 86 41, Fax (02 51) 83-3 86 44,
E-Mail holznagel@uni-muenster.de

265. *Horn*, Dr. Hans-Detlef, Professor,
Am Heier 22, 35096 Weimar (Lahn)-Roth,
(0 64 26) 96 71 41, Fax (0 64 26) 96 71 44;
Philipps-Universität Marburg, Fachbereich Rechtswissenschaften,
Institut für Öffentliches Recht,
Universitätsstr. 6, 35032 Marburg,
(0 64 21) 2 82 38 10 oder 2 82 31 26, Fax (0 64 21) 2 82 38 39,
E-Mail Hornh@staff.uni-marburg.de

266. *Hösch*, Dr. Ulrich, apl. Professor, RA,
Kirchenstraße 72, 81675 München;
Kanzlei Dr. Gronefeld, Thoma & Kollegen,
Prinzregentenplatz 23, 81675 München,
(0 89) 96 07 13 80, Fax (03212) 84 63 724
E-Mail uhoesch@juradvance.de

267. *Huber*, Dr. Peter M., o. Professor,
Richter des Bundesverfassungsgerichts,
Josef-Heppner-Str. 2, 82049 Pullach i. I.,
(0 89) 74 42 46 62, Fax (0 89) 74 42 48 52;
Universität München, Lehrstuhl für Öffentliches Recht
und Staatsphilosophie,
Professor-Huber-Platz 2, 80539 München,
(0 89) 21 80-35 76, Fax (0 89) 21 80-50 63,
E-Mail peter.m.huber@jura.uni-muenchen.de

268. *Hufeld*, Dr. Ulrich, Universitätsprofessor,
Stratenbarg 40a, 22393 Hamburg,
(0 40) 21 00 74 40;
Helmut-Schmidt-Universität/
Universität der Bundeswehr Hamburg,
Fakultät für Wirtschafts- und Sozialwissenschaften,
Professur für Öffentliches Recht und Steuerrecht,
Holstenhofweg 85, 22043 Hamburg,
(0 40) 65 41-28 59, Fax (0 40) 65 41-37 33,
E-Mail Hufeld@hsu-hh.de

269. *Hufen*, Dr. Friedhelm, o. Professor,
Backhaushohl 62, 55128 Mainz,
(0 61 31) 3 44 44, Fax (0 61 31) 36 14 49;
Johannes-Gutenberg-Universität Mainz,
Fachbereich Rechts- und Wirtschaftswissenschaften,
55099 Mainz,
(0 61 31) 39-2 23 54 oder -2 30 45,Fax (0 61 31) 39-2 42 47,
E-Mail hufen@uni-mainz.de

270. *Huster*, Dr. Stefan, Professor,
Ruhr-Universität Bochum,
Lehrstuhl für Öffentliches Recht II: Staats- und
Verwaltungsrecht mit bes. Berücksichtigung des Sozialrechts,
Universitätsstraße 150, 44780 Bochum, Gebäude GC 7/135,
(02 34) 32-2 22 39, Fax (02 34) 32-1 42 71,
E-Mail stefan.huster@rub.de

271. *Ibler*, Dr. Martin, Professor,
Lindauer Straße 3, 78464 Konstanz;
Universität Konstanz, Fachbereich Rechtswissenschaften,
Postfach D 106, Universitätsstraße 10, 78457 Konstanz,
(0 75 31) 88-24 80/-23 28,
E-Mail Martin.Ibler@uni-konstanz.de

272. *Iliopoulos-Strangas*, Dr. Julia, Professorin,
A.Metaxa 2, GR-10681 Athen,
(00 30) 2 10-3 82 60 83 oder -3 82 33 44,
Fax (00 30) 2 10-3 80 54 13,
Mobil (00 30) 69 44 59 52 00;
Universität Athen, Juristische Fakultät,
Ippokratous 33 (5. Stock),
GR-10680 Athen, (00 30) 2 10-3 68 84 22,
E-Mail juliostr@law.uoa.gr

273. *Ipsen*, Dr. Jörn, o. Professor,
Präsident des Niedersächsischen Staatsgerichtshofs,
Luisenstr. 41, 49565 Bramsche,
(0 54 61) 44 96, Fax (0 54 61) 6 34 62;
Institut für Kommunalrecht, Universität Osnabrück,
49069 Osnabrück,
(05 41) 9 69-61 69 oder -61 58, Fax (05 41) 9 69-61 70,
E-Mail instkr@uos.de

274. *Ipsen*, Dr. Dr. h.c. mult. Knut, o. Professor,
Nevelstr. 59, 44795 Bochum,
(02 34) 43 12 66;
Deutsches Rotes Kreuz (DRK),
Königswinterer Str. 29, 53227 Bonn

275. *Isensee*, Dr. Dr. h.c. Josef, o. Professor,
Meckenheimer Allee 150, 53115 Bonn,
(02 28) 69 34 69;
Universität Bonn,
Adenauerallee 24–42, 53113 Bonn,
(02 28) 73 58 50, Fax (02 28) 73 48 69,
E-Mail isensee@uni-bonn.de

276. *Ismer*, Dr. Roland, Professor,
Werderstr. 11, 86159 Augsburg;
Lehrstuhl für Steuerrecht und Öffentliches Recht,
Friedrich-Alexander-Universität Erlangen-Nürnberg,
Lange Gasse 20, 90403 Nürnberg,
(09 11) 53 02-3 53, Fax (09 11) 53 02-1 65,
E-Mail Roland.Ismer@wiso.uni-erlangen.de

277. *Jaag*, Dr. Tobias, o. Professor,
Bahnhofstr. 22, Postfach 2957, CH-8022 Zürich,
(00 41) 4 42 13 63 63, Fax (00 41) 4 42 13 63 99;
Rechtswissenschaftliches Institut,
Rämistraße 74/18, CH-8001 Zürich,
(00 41) 4 46 34 30 20, Fax (00 41) 4 46 34 43 85,
E-Mail tobias.jaag@rwi.uzh.ch

278. *Jachmann*, Dr. Monika, Universitätsprofessorin,
Richterin am Bundesfinanzhof,
Am Feldkreuz 2a, 82467 Garmisch-Partenkirchen,
(01 72) 7 40 44 48,
E-Mail jm@jachmann.com;
Bundesfinanzhof München,
Ismaninger Straße 109, 81675 München,
(0 89) 92 31-0, Fax (0 89) 92 31-2 01

279. *Jaeckel*, Dr. Liv, Privatdozentin,
Augustusweg 27, 01445 Radebeul,
(03 51) 5 63 62 86, Mobil (01 70) 7 06 54 80,
E-Mail jaeckel@rz.uni-leipzig.de

280. *Jahndorf*, Dr. Christian, Privatdozent,
Brunnenweg 18, 48153 Münster,
(02 51) 7 61 96 83;
Institut für Steuerrecht,
Universitätsstr. 14–16, 48143 Münster,
(02 51) 8 32 27 95, Fax (02 51) 8 32 83 86,
E-Mail c.jahndorf@fides-treuhand.de

281. *Janko*, Dr. Andreas, Univ.-Prof.,
Schwindstraße 4, A-4040 Linz/Auhof;
Institut für Staatsrecht und Politische Wissenschaften,
Johannes Kepler Universität Linz,
Altenberger Straße 69, A-4040 Linz/Auhof,
(00 43) 7 32 24 68 84 56, Fax (00 43) 7 32 24 68 89 01,
E-Mail andreas.janko@jku.at oder Elisabeth.Kamptner@jku.at

282. *Janssen*, Dr. Albert, apl. Professor, Landtagsdirektor i.R.,
Langelinienwall 16, 31134 Hildesheim,
(0 51 21) 13 11 12;
E-Mail a.a.janssen@t-online.de

283. *Janz*, Dr. Norbert, Privatdozent,
Koch-Gotha-Str. 10, 18055 Rostock,
(0381) 877 29 313,
Landesrechnungshof Brandenburg,
Dortusstr. 30-34, 14467 Potsdam
(03 31) 8 66-85 35, Fax (03 31) 8 66-85 18,
E-Mail janz@uni-potsdam.de

284. *Jarass*, Dr. Hans D., LL.M. (Harvard), o. Professor,
Baumhofstr. 37 d, 44799 Bochum,
(02 34) 77 20 25;
Institut für Umwelt- und Planungsrecht, Universität Münster,
Universitätsstr. 14–16, 48143 Münster,
(02 51) 8 32 97 93, Fax (02 51) 8 32 92 97,
E-Mail jarass@uni-muenster.de

285. *Jestaedt*, Dr. Matthias, Professor,
Röntgenstraße 12a, 91080 Uttenreuth,
(0 91 31) 81 46 846;
Albert-Ludwigs-Universität, Rechtswissenschaftliche Fakultät,
79085 Freiburg i. Br.,
(0761) 203 978 00, Fax (0761) 203 978 02
E-Mail rechtstheorie@jura.uni-freiburg.de

286. *Jouanjan*, Dr. Olivier, Professor,
32, rue de Vieux Marché aux Poissons, F-97000 Strasbourg,
(00 33) 6 61 33 25 59;
Université de Strasbourg,
Institut de Recherches Carré de Malberg,
11, rue du Maréchal Juin B.P. 68, F-67046 Strasbourg Cedex,
(00 33) 3 88 14 30 34;
Albert-Ludwigs-Universität, Rechtswissenschaftliche Fakultät,
Institut für öffentliches Recht (Abt. 2),
Platz der Alten Synagoge, 79085 Freiburg i. Br.,
E-Mail olivier.jouanjan@unistra.fr

287. *Jochum*, Dr. Georg, Professor,
Oberhofstraße 92, 88045 Friedrichshafen,
(01 70) 2 38 67 58;
Zeppelin University, Lehrstuhl für Europarecht &
Internationales Recht der Regulierung,
Maybachplatz 5, 88045 Friedrichshafen,
(0 75 41) 60 09 14 81, Fax (0 75 41) 60 09 14 99,
E-Mail Georg.Jochum@zeppelin-university.de

288. *Jochum*, Dr. jur. Heike, Mag. rer. publ., Professorin,
Buchsweilerstraße 77, 66953 Pirmasens;
Institut für Finanz- und Steuerrecht
an der Universität Osnabrück,
Martinistraße 10, 49080 Osnabrück,
(05 41) 9 69-61 68 (Sek.), -61 61 (direkt),
Fax (05 41) 9 69-61 67,
E-Mail Heike.Jochum@gmx.net

289. *Kadelbach*, Dr. Stefan, LL.M., Professor,
Goethe-Universität, Institut für Öffentliches Recht,
Lehrstuhl für Öffentliches Recht,
Europarecht und Völkerrecht,
Grüneburgplatz 1, 60323 Frankfurt am Main,
(0 69) 798 34295, Fax (0 69) 798 34516,
E-Mail s.kadelbach@jur.uni-frankfurt.de

290. *Kägi-Diener*, Dr. Regula, Professorin, Rechtsanwältin,
Marktgasse 14, CH-9004 St. Gallen,
(00 41) 71-2 23 81 21, Fax (00 41) 71-2 23 81 28,
E-Mail switzerland@ewla.org
oder regula.kaegi-diener@ewla.org

291. *Kahl*, Dr. Arno, Privatdozent,
Lärchenstraße 4a, A-6063 Rum,
(00 43) 5 12-26 55 00;
Universität Innsbruck, Institut für Öffentliches Recht,
Finanzrecht und Politikwissenschaft,
Innrain 82, A-6020 Innsbruck,
(00 43) 51 25 07 82 04, Fax (00 43) 51 25 07 27 48,
E-Mail arno.kahl@uibk.ac.at

292. *Kahl*, Dr. Wolfgang, M.A., o. Professor,
Albert-Schweitzer-Straße 2, 95447 Bayreuth,
(09 21) 1 50 92 87;
Universität Heidelberg, Institut für deutsches
und europäisches Verwaltungsrecht,
Friedrich-Ebert-Anlage 6–10, 69117 Heidelberg,
(0 62 21) 54 74 28, Fax (0 62 21) 54 77 43,
E-Mail kahl@jurs.uni-heidelberg.de

293. *Kaltenborn*, Dr. Markus, Universitätsprofessor,
Neue Tremoniastr. 30, 44137 Dortmund,
(02 31) 1 81 59 09;
Ruhr-Universität Bochum, Juristische Fakultät
44780 Bochum,
(02 34) 32-2 52 52 oder -2 52 63, Fax (02 34) 32-1 44 21,
E-Mail markus.kaltenborn@ruhr-uni-bochum.de

294. *Kämmerer*, Dr. Jörn Axel, Professor,
Am Kaiserkai 53, 20457 Hamburg,
(0 40) 48 09 22 23;
Bucerius Law School, Hochschule für Rechtswissenschaft,
Jungiusstraße 6, 20335 Hamburg,
(0 40) 3 07 06-1 90, Fax (0 40) 30 70 6-1 95,
E-Mail axel.kaemmerer@law-school.de

295. *Karpen*, Dr. Ulrich, Professor,
Ringstr. 181, 22145 Hamburg,
(0 40) 6 77 83 98,
E-Mail ulrich.karpen@yahoo.de;
Universität Hamburg, Schlüterstr. 28, 20146 Hamburg,
(0 40) 4 28 38-30 23 oder -45 14 od. -45 55

296. *Kästner*, Dr. Karl-Hermann, o. Professor,
Alt-Rathausstr. 5, 72511 Bingen,
(0 75 71) 32 23, Fax (0 75 71) 32 12;
Universität Tübingen, Juristische Fakultät,
Geschwister-Scholl-Platz, 72074 Tübingen,
(0 70 71) 2 97 29 71, Fax (0 70 71) 29 50 96,
E-Mail Kaestner@jura.uni-tuebingen.de

297. *Kaufmann*, Dr. Christine, Professorin,
Lehrstuhl für Staats- und Verwaltungsrecht,
Völker- und Europarecht,
Universität Zürich, Rämistrasse 74/5, CH-8001 Zürich,
(00 41) 4 46 34 48 65, Fax (00 41) 4 46 34 43 78,
E-Mail Lst.kaufmann@rwi.uzh.ch

298. *Kaufmann*, Dr. Marcel, Privatdozent, Rechtsanwalt,
Senefelderstraße 7, 10437 Berlin;
Freshfields Bruckhaus Deringer,
Environment, Planning and Regulatory (EPR),
Potsdamer Platz 1, 10785 Berlin,
(0 30) 2 02 83-8 57(Sekretariat), (0 30) 2 02 83-6 00,
Fax (0 30) 2 02 83-7 66,
E-Mail marcel.kaufmann@freshfields.com

299. *Keller*, Dr. Helen, Professorin,
Eigenstraße 16, CH-8008 Zürich,
(00 41) 4 44 22 23 20;
Universität Zürich, Rechtswissenschaftliches Institut,
Rämistraße 74, CH-8001 Zürich,
(00 41) 4 46 34 36 89, Fax (00 41) 4 46 34 43 39,
E-Mail Helen.keller@rwi.unizh.ch

300. *Kempen*, Dr. Bernhard, o. Professor,
Rheinblick 1, 53424 Remagen/Oberwinter,
(0 22 28) 91 32 91, Fax (0 22 28) 91 32 93;
Institut für Völkerrecht und ausländisches öffentliches Recht,
Universität zu Köln, Gottfried-Keller-Straße 2, 50931 Köln,
(02 21) 4 70 23 64, Fax (02 21) 4 70 49 92,
E-Mail Bernhard.Kempen@uni-koeln.de

301. *Kersten*, Dr. Jens, Professor,
Hoheneckstr. 28, 81243 München,
(089) 95 47 93 40;
Ludwig-Maximilians-Universität München,
Lehrstuhl für Öffentliches Recht
und Verwaltungswissenschaften,
Professor-Huber-Platz 2, 80539 München,
(0 89) 21 80-21 13, Fax (0 89) 21 80-1 35 15,
E-Mail jens.kersten@jura.uni-muenchen.de

302. *Khakzadeh-Leiler*, Dr. Lamiss, ao. Univ.-Professorin,
Mähderweg 37 c, A-6841 Mäder,
(0043) 676 43 38 765;
Universität Innsbruck, Institut für Öffentliches Recht,
Staats- und Verwaltungslehre,
Innrain 52 d, A-6020 Innsbruck,
(0043) 507-8232, Fax (0043) 507-2828,
E-Mail lamiss.khakzadeh@uibk.ac.at

303. *Khan*, Dr. Daniel-Erasmus, Professor,
Institut für Öffentliches Recht und Völkerrecht
Universität der Bundeswehr München,
Werner-Heisenberg-Weg 39, 85579 Neubiberg
(0 89) 60 04-46 90 oder -42 62 oder -20 48,
Fax (0 89) 60 04-46 91,
E-Mail Khan@unibw.de

304. *Kilian*, Dr. Michael, Professor,
Am Burgwall 15, 06198 Brachwitz;
Juristische Fakultät, Universität Halle-Wittenberg,
Universitätsplatz 3–5, Juridicum, 06099 Halle (Saale),
(03 45) 55-2 31 70, Fax (03 45) 55-2 72 69,
E-Mail Kilian@jura.uni-halle.de

305. *Kingreen*, Dr. Thorsten, Professor,
Agnes-Miegel-Weg 10, 93055 Regensburg,
(09 41) 70 402 41;
Lehrstuhl für Öffentliches Recht,
Sozialrecht und Gesundheitsrecht,
Universität Regensburg,
Universitätsstr. 31, 93053 Regensburg,
(09 41) 9 43 26 07 od. 26 08, Fax (09 41) 9 43 36 34,
E-Mail king@jura.uni-regensburg.de

306. *Kirchhof,* Dr. Ferdinand, o. Professor,
Walther-Rathenau-Str. 28, 72766 Reutlingen,
(0 71 21) 49 02 81, Fax (0 71 21) 47 94 47;
Universität Tübingen, Juristische Fakultät,
Geschwister-Scholl-Platz, 72074 Tübingen,
(0 70 71) 2 97-25 61 oder -81 18, Fax (0 70 71) 29 43 58,
E-Mail Kirchhof@uni-tuebingen.de

307. *Kirchhof,* Dr. Gregor, LL.M., Universitätsprofessor,
Fasanenstr. 12, 85591 Vaterstetten,
(08106) 34 809 34;
Ludwig-Maximilians-Universität München,
Institut für Politik und Öffentliches Recht,
Professor-Huber-Platz 2, 80539 München,
(089) 218 050 75,
E-Mail mail@gregorkirchhhof.de

308. *Kirchhof,* Dr. Dr. h.c. mult. Paul, o. Professor,
Am Pferchelhang 33/1, 69118 Heidelberg,
(0 62 21) 80 14 47;
Universität Heidelberg,
Friedrich-Ebert-Anlage 6–10, 69117 Heidelberg,
(0 62 21) 54 74 57,
E-Mail paul.kirchhof@paul-kirchhof.de

309. *Kirn,* Dr. Michael, o. Professor,
Rummelsburgerstr. 3, 22147 Hamburg,
(0 40) 6 47 38 43;
Universität der Bundeswehr, Institut für Öffentliches Recht,
Postfach 70 08 22, 22043 Hamburg,
(0 40) 65 41-27 82 oder (0 40) 65 41-25 90

310. *Kirste,* Dr. Stephan, Professor,
Am Gutleuthofhang 18, 69118 Heidelberg,
(0 62 21) 80 45 03 Fax (0 62 21) 80 45 03;
Andrássy Gyula Deutschsprachige Universität,
Fakultät für Vergleichende Staats- und Rechtswissenschaft,
Professur für Öffentliches Recht,
Europarecht und Rechtsphilosophie,
H-1088 Budapest, Pollack Mihály tér 3,
(+36) 1 266 4408-137, Fax (+36) 1 266 3099,
E-Mail kirste.stephan@andrassyuni.hu

311. *Kischel*, Dr. Uwe, LL.M. (Yale), Attorney-at-law (New York), o. Professor,
Dorfstraße 34, 17121 Düvier,
(03 99 98) 3 15 46;
Ernst-Moritz-Arndt-Universität Greifswald,
Domstr. 20a, 17489 Greifswald,
(0 38 34) 86-21 80, Fax (0 38 34) 86-21 82,
E-Mail kischel@uni-greifswald.de

312. *Klaushofer*, Dr. Reinhard, az. Prof.,
Universität Salzburg,
Kapitelgasse 5–7, 5020 Salzburg,
00 43 (0) 662 8044-3634,
Fax 0043 (0) 662 8044-303,
E-Mail reinhard.klaushofer@sbg.ac.at

313. *Klein*, Dr. Eckart, Universitätsprofessor,
Heideweg 45, 14482 Potsdam,
(03 31) 70 58 47;
Lehrstuhl für Staatsrecht, Völkerrecht und Europarecht,
Universität Potsdam, August-Bebel-Str. 89, 14482 Potsdam,
(03 31) 9 77-35 16, oder-35 11, Fax (03 31) 9 77-32 24,
E-Mail Klein@rz.uni-potsdam.de

314. *Klein*, Dr. Hans Hugo, Universitätsprofessor,
Heilbrunnstr. 4, 76327 Pfinztal,
(0 72 40) 73 00,
E-Mail hanshklein@web.de

315. *Kley*, Dr. Andreas, Professor,
Stallikerstr. 10a, CH-8142 Uitikon Waldegg;
Rechtswissenschaftliches Institut,
Rämistr. 74/34, CH-8001 Zürich,
(0041) 44-634 50 20, Fax (0041) 44-634 50 29
E-Mail andreas.kley@bluewin.ch

316. *Kloepfer*, Dr. Michael, o. Professor,
Taubertstraße 19, 14193 Berlin,
(0 30) 8 25 24 90, Fax (0 30) 8 25 26 90;
Institut für Öffentliches Recht und Völkerrecht,
Humboldt-Universität zu Berlin,
Unter den Linden 9–11 (Palais), 10099 Berlin,
(0 30) 20 93-33 40 oder -33 31, Fax (0 30) 20 93-34 38,
E-Mail Michael.Kloepfer@rewi.hu-berlin.de

317. *Kluth*, Dr. Winfried, Professor,
Blumenstr. 17, 06108 Halle (Saale),
(03 45) 2 90 85 10;
Martin-Luther-Universität Halle-Wittenberg, Juristische Fakultät,
Universitätsplatz 3–5, 06108 Halle, Raum: Juridicum 1.13,
06099 Halle (Saale),
(03 45) 5 52 32 23, Fax (03 45) 5 52 72 93,
E-Mail winfried.kluth@jura.uni-halle.de

318. *Kment*, Dr. Martin, LL.M. (Cambridge), Professor,
Mergelberg 89, 48161 Münster,
(02 51) 29 53 54;
EBS Universität für Wirtschaft und Recht,
HEUSSEN-Stiftungslehrstuhl für Öffentliches Recht
und Europarecht, Recht der erneuerbaren Energien
sowie Umwelt- und Planungsrecht,
Gustav-Stresemann-Ring 3, 65189 Wiesbaden,
(0611) 7102 2234, Fax (0611) 7102 10 2234,
E-Mail martin.kment@ebs.edu

319. *Knauff*, Dr. Matthias, LL.M. Eur., Professor,
Am Scheuerberg 5, 97222 Rimpar,
(0 93 65) 88 90 57;
EBS Universität für Wirtschaft und Recht,
Lehrstuhl für Öffentliches Recht, insbesondere deutsches
und europäisches öffentliches Wirtschaftsrecht,
Gustav-Stresemann-Ring 3, 65189 Wiesbaden,
(0611) 7102 2237, Fax (0611) 7102 10 2237,
Email matthias.knauff@ebs.edu

320. *Kneihs*, Dr. Benjamin, Univ. Professor,
Niederland 73, A-5091 Unken, Österreich;
Universität Salzburg, Fachbereich öffentliches Recht,
Kapitelgasse 5–7, A-5020 Salzburg,
(00 43) 6 62 80 44-36 11, Fax (00 43) 6 62 80 44-3 03,
E-Mail benjamin.kneihs@sbg.ac.at

321. *Knemeyer*, Dr. Franz-Ludwig, o. Professor,
Unterdürrbacher Str. 353, 97080 Würzburg,
(09 31) 9 61 18;
Universität Würzburg,
Domerschulerstr.16, 97070 Würzburg,
(09 31) 31-8 28 99, Fax (09 31) 31-23 17,
E-Mail aseubert@jura.uni-wuerzburg.de

322. *Knies*, Dr. Wolfgang, o. Professor,
Am Botanischen Garten 5, 66123 Saarbrücken,
(06 81) 39 98 88, Fax (06 81) 39 98 88;
Universität Saarbrücken, Postfach 15 11 50, 66041 Saarbrücken,
(06 81) 3 02-31 58,
E-Mail w.knies@mx.uni-saarland.de

323. *Knöpfle*, Dr. Franz, em. Professor,
Höhenweg 22, 86391 Stadtbergen;
Universität Augsburg,
Universitätsstr. 2, 86159 Augsburg,
(08 21) 5 98-46 59, Fax (08 21) 5 98-45 47

324. *Koch*, Dr. Hans-Joachim, Professor,
Wendlohstr. 80, 22459 Hamburg,
(0 40) 5 51 88 04, Fax (0 40) 5 51 88 04;
Universität Hamburg, Fakultät für Rechtswissenschaft,
Edmund-Siemers-Allee 1, 20146 Hamburg,
(0 40) 4 28 38-39 77 oder -54 43, Fax (0 40) 4 28 38-62 80,
E-Mail hans-joachim.koch@jura.uni-hamburg.de

325. *Koch*, Dr. Thorsten, Privatdozent,
Emanuel-Geibel-Str. 4, 49143 Bissendorf-Schledehausen,
(0 54 02) 77 74;
Institut für Kommunalrecht Universität Osnabrück,
Martinistr. 12, 49069 Osnabrück,
(0 54 1) 9 69-61 69, Fax (0 54 1) 9 69-61 64,
E-Mail tkoch@uos.de

326. *Köck*, Dr. Wolfgang, Professor,
UFZ-Umweltforschungszentrum Leipzig-Halle GmbH,
Permoserstraße 15, 04318 Leipzig;
Universität Leipzig, Lehrstuhl für Umweltrecht,
Postfach 10 09 20, 04009 Leipzig,
(03 41) 2 35-31 40, Fax (03 41) 2 35-28 25,
E-Mail Wolfgang.Koeck@ufz.de

327. *Koenig*, Dr. Christian, LL.M. (London), Universitätsprofessor,
Zentrum für Europäische Integrationsforschung,
Rheinische Friedrich-Wilhelms-Universität,
Walter-Flex-Str. 3, 53113 Bonn,
(02 28) 73-18-91/-92/-95, Fax (02 28) 73-18 93,
E-Mail sekretariat.zeia@uni-bonn.de

328. *Kokott*, Dr. Juliane, LL.M. (Am. Un.), S.J.D. (Harvard),
Universitätsprofessorin, Generalanwältin,
(0 62 21) 45 16-17;
Gerichtshof der Europäischen Gemeinschaften, Th. More 2214,
Bd. Konrad Adenauer, L-2925, Luxemburg,
(0 03 52) 43 03 22 21,
E-Mail juliane.kokott@curia.europa.eu

329. *Kolonovits*, Dr. Dieter, Mag., M.C.J., ao. Univ.-Professor,
Berggasse 17/41 A-1090 Wien,
(00 43) 6 99 19 20 28 95;
Universität Wien, Institut für Staats- und Verwaltungsrecht,
Schottenbastei 10–16, A-1010 Wien (Juridicum),
(00 43) 14 27 73 54 16, Fax (00 43) 14 27 73 54 19,
E-Mail dieter.kolonovits@univie.ac.at

330. *König*, Dr. Doris, Professorin,
Bucerius Law School,
Hochschule für Rechtswissenschaft,
Jungiusstr. 6, 20355 Hamburg,
(0 40) 3 07 06-2 01 Fax (0 40) 3 07 06-1 90,
E-Mail doris.koenig@law-school.de

331. *König*, Dr. Dr. Klaus, Universitätsprofessor,
Albrecht-Dürer-Str. 20, 67346 Speyer,
(0 62 32) 29 02 16;
Deutsche Hochschule für Verwaltungswissenschaften Speyer,
Postfach 14 09, 67324 Speyer,
(0 62 32) 6 54-3 69 oder -3 50 oder -3 55, Fax 06232 654 306,
E-Mail k.koenig@dhv-speyer.de

332. *Kopetzki*, DDr. Christian, Universitätsprofessor,
Institut für Staats- und Verwaltungsrecht, Medizienrecht,
Universität Wien,
Schottenbastei 10–16, A-1010 Wien,
(00 43) 14 27 73 54 11, Fax (00 43) 14 27 73 54 19,
E-Mail christian.kopetzki@univie.ac.at

333. *Korinek*, Dr. Dr. h.c. Karl, o. Professor,
Präsident des Österreichischen Verfassungsgerichtshofs a.D.,
Auhofstr. 225–227, A-1130 Wien,
(00 43) 18 76 48 76;
Institut für Staats- und Verwaltungsrecht, Universität Wien,
Schottenbastei 10–16, A-1010 Wien,
(00 43) 1 42 77-3 54 42, Fax (00 43) 1 42 77-3 54 49

334. *Korioth*, Dr. Stefan, Professor,
Institut für Politik und Öffentliches Recht der Universität München,
Professor-Huber-Platz 2/III, 80539 München,
(0 89) 21 80-27 37, Fax (0 89) 21 80-39 90,
E-Mail Korioth@jura.uni-muenchen.de

335. *Kotulla*, Dr. Michael, M.A., Professor,
Universität Bielefeld, Fakultät für Rechtswissenschaft,
Postfach 10 01 31, 33501 Bielefeld,
(05 21) 1 06-25 00, Fax (05 21) 1 06-80 91,
E-Mail Michael.Kotulla@uni-bielefeld.de

336. *Kotzur*, Dr. Markus, LL.M. (Duke Univ.), o. Professor,
Thomasgasse 4, 04109 Leipzig,
(03 41) 2 24 87 96;
Lehrstuhl für Europarecht, Völkerrecht, Öffentliches Recht,
Universität Leipzig,
Burgstr. 27, 04109 Leipzig,
(03 41) 97-35 2 10, Fax (03 41) 97-3 52 19,
E-Mail kotzur@rz.uni-leipzig.de

337. *Krajewski*, Dr. Markus, Professor,
Frommannstr. 19, 90419 Nürnberg,
Friedrich-Alexander-Universität Erlangen-Nürnberg,
Fachbereich Rechtswissenschaft,
Schillerstr. 1, 91054 Erlangen,
(09131) 85 222 60, Fax (09131) 85 269 50,
E-Mail markus.krajewski@jura.uni-erlangen.de

338. *Krause*, Dr. Peter, o. Professor,
Weinbergstr. 12, 54317 Korlingen,
(0 65 88) 73 33;
Universität Trier, 54286 Trier,
(06 51) 2 01-25 87, Fax (06 51) 2 01-38 03,
E-Mail Krausepe@uni-trier.de

339. *Krausnick*, Dr. Daniel, Privatdozent,
Bubenreutherstr. 19 b, 91094 Bräuningshof,
(09133) 60 48 60;
Friedrich-Alexander-Universität Erlangen-Nürnberg,
Institut für Staats- und Verwaltungsrecht,
Schillerstr. 1, 91054 Erlangen,
(09131) 852 30 26, Fax (09131) 852 63 82,
E-Mail Daniel.Krausnick@jura.uni-erlangen.de

340. *Krawietz*, Dr. Werner, o. Professor,
Nienbergweg 29, 48161 Münster,
(02 51) 86 14 51;
Lehrstuhl für Rechtssoziologie, Universität Münster,
Bispinghof 24–25, 48143 Münster,
(02 51) 83 25 91,
E-Mail Krawiet@uni-muenster.de

341. *Krebs*, Dr. Walter, Professor,
Waldmannstr. 19, 12247 Berlin,
(0 30) 7 71 07 58, Fax (0 30) 7 71 07 58;
Freie Universität Berlin,
Boltzmannstr. 4, 14195 Berlin,
(0 30) 8 38-59 21, Fax (0 30) 8 38-59 22,
E-Mail lehrstuhl-krebs@fu-berlin.de

342. *Kreßel*, Dr. Eckhard, Professor,
Körschtalstr. 21, 73760 Ostfildern,
(09 31) 3 13 05;
Juristische Fakultät der Universität Würzburg,
Domerschulstr. 16, 97070 Würzburg,
E-Mail eckhard.kressel@daimler.com

343. *Krieger*, Dr. Heike, Professorin,
Freie Universität Berlin, Fachbereich Rechtswissenschaft,
Van't-Hoff-Straße 8, 14195 Berlin,
(0 30) 83 85 14 53,
E-Mail hkrieger@zedat.fu-berlin.de

344. *Kriele*, Dr. Martin, o. Professor,
Dorf 11, A-6900 Möggers,
(00 43) 55 73-8 24 96, Fax (00 43) 55 73-8 24 97;
Universität Köln,
Albertus-Magnus-Platz 1, 50923 Köln,
(02 21) 4 70-22 30, Fax (02 21) 4 70-50 10

345. *Kröger*, Dr. Klaus, Universitätsprofessor,
Hölderlinweg 14, 35396 Gießen,
(06 41) 5 22 40;
Universität Gießen,
35394 Gießen,
(06 41) 99 23-1 30, Fax (06 41) 99 23-0 59

346. *Krugmann*, Dr. Michael, Privatdozent,
Stellaustieg 3, 22143 Hamburg,
(0 40) 6 77 88 60, Fax (0 40) 6 77 88 60,
E-Mail dr@michaelkrugmann.de

347. *Kube*, Dr. Hanno, LL.M. (Cornell), Universitätsprofessor,
Am Langenstück 23, 65343 Eltville,
(0 61 23) 7 95 78 48;
Lehrstuhl für Öffentliches Recht und Steuerrecht,
Fachbereich Rechts- und Wirtschaftswissenschaften,
Johannes Gutenberg-Universität Mainz,
Jakob Welder-Weg 9, Zimmernr. 03.214, 55099 Mainz,
(0 61 31) 3 92 27 25 / 3 92 30 43 (Sekr.),
Fax (0 61 31) 3 92 38 26,
E-Mail hkube@uni-mainz.de

348. *Kucsko-Stadlmayer*, Dr. Gabriele, Ao. Universitätsprofessorin,
Rooseveltplatz 4–5, A-1090 Wien,
(00 43) 14 08 38 59;
Universität Wien, Institut für Staats- und Verwaltungsrecht,
Schottenbastei 10–16, A-1010 Wien,
(00 43) 14 27 73 54 18, Fax (00 43) 1 42 77 93 54,
E-Mail gabriele.kucsko-stadlmayer@univie.ac.at

349. *Kugelmann*, Dr. Dieter, Professor,
Am Klosterwald 24, 48165 Münster,
DieterKugelmann@web.de;
Deutsche Hochschule der Polizei,
Zum Roten Berge 18–24, 48165 Münster,
(0 25 01) 8 06-4 37, -2 79 (Sekr.), -5 25 (Fax),
E-Mail dieter.kugelmann@dhpol.de

350. *Kühling*, Dr. Jürgen, LL.M. (Brüssel), Universitätsprofessor,
Kellerweg 12 b, 93053 Regensburg,
(09 41) 7 05 60 79;
Universität Regensburg,
Lehrstuhl für Öffentliches Recht und Immobilienrecht,
Universitätsstr. 31, 93053 Regensburg,
(09 41) 9 43-60 60, Fax (09 41) 9 43-60 62,
E-Mail juergen.kuehling@jura.uni-regensburg.de

351. *Kühne*, Dr. Jörg-Detlef, Professor,
Münchhausenstr. 2, 30625 Hannover,
(05 11) 55 65 63;
Universität Hannover,
Königsworther Platz 1, 30167 Hannover,
(05 11) 7 62-81 48, Fax (05 11) 7 62-82 28,
E-Mail Kuehne@oera.uni-hannover.de

352. *Kunig*, Dr. Philip, Professor,
Freie Universität Berlin, Institut für Staatslehre,
Boltzmannstraße 3, 14195 Berlin,
(0 30) 8 38 53 0-10, Fax (0 30) 8 38 53 0-11,
E-Mail Kunig@zedat.fu-berlin.de

353. *Küpper*, Dr. Herbert, Professor,
Arcostr. 1, 80333 München;
Institut für Ostrecht,
Landshuter Str. 4, 93047 Regensburg,
(09 41) 9 43 54 50, Fax (09 41) 9 43 54 65,
E-Mail Herbert.Kuepper@ostrecht.de

354. *Lachmayer*, Dr. Konrad, Privatdozent,
Weitlofgasse 12/10, 1180 Wien;
Universität Wien, Rechtswissenschaftliche Fakultät,
Institut für Staats- und Verwaltungsrecht,
Schottenbastei 10–16, 1010 Wien,
(0043) 1 4277 35471, Fax (0043) 1 4277 35479,
E-Mail konrad.lachmayer@univie.ac.at

355. *Ladeur*, Dr. Karl-Heinz, Professor,
Universität Hamburg, Fakultät für Rechtswissenschaft,
Schlüterstraße 28, 20146 Hamburg,
(0 40) 4 28 38-57 52, Fax (0 40) 4 28 38-26 35,
E-Mail karl-heinz.ladeur@jura.uni-hamburg.de

356. *Lang*, Dr. Heinrich, Professor, Dipl.-Sozialpädagoge,
Nikolausstraße 48, 51149 Köln;
Universität Rostock, Lehrstuhl für Öffentliches Recht,
Sozial- u. Gesundheitsrecht,
Möllner Straße 10, 18109 Rostock,
(03 81) 4 98-81 70, Fax (03 81) 4 98-81 72,
E-Mail lehrstuhl.lang@uni-rostock.de

357. *Lange*, Dr. Klaus, Universitätsprofessor,
Lilienweg 22, 35423 Lich,
(0 64 04) 56 81;
Universität Gießen, Fachbereich Rechtswissenschaften,
Hein-Heckroth-Straße 5, 35390 Gießen,
(06 41) 9 92 11-80 oder -81, Fax (06 41) 9 92 11-89,
E-Mail Klaus.Lange@recht.uni-giessen.de

358. *Langenfeld*, Dr. Christine, Professorin,
Schillerweg 34, 04155 Leipzig,
E-Mail Dr.Langenfeld@t-online.de;
Juristisches Seminar der Georg-August-Universität,
Platz der Göttinger Sieben 6, 37073 Göttingen,
(05 51) 39-73 84, Fax (05 51) 39-1 23 92,
E-Mail enomiko@gwdg.de

359. *Laskowski*, Dr. Silke Ruth, Professorin,
Gertigstraße 13, 22303 Hamburg,
(0 40) 36 66 15, Fax (0 40) 36 66 15, Mobil (01 79) 2 31 56 63,
E-Mail Silke.Laskowski@jura.uni-hamburg.de;
Universität Kassel, Institut für Wirtschaftsrecht – FB 07,
Nora-Platiel-Str. 5, 34109 Kassel, (05 61) 8 04 28 74,
E-Mail s-laskowski@uni-kassel.de

360. *Laubinger*, Dr. Hans-Werner, M.C.L., Professor,
Philipp-Wasserburg-Str. 45, 55122 Mainz,
(0 61 31) 4 31 91;
Universität Mainz, 55099 Mainz,
(0 61 31) 39 59 42,
E-Mail Laubinger@mail.jura.uni-mainz.de

361. *Laurer*, Dr. Hans René, a.o. Universitätsprofessor,
Scheffergasse 27a, A-2340 Mödling,
(00 43) 2 63 62 04 02;
Wirtschafts-Universität,
Augasse 2–6, A-1190 Wien,
(00 43) 13 13 36 oder 46 69 oder 41 58

362. *Lecheler*, Dr. Helmut, o. Professor,
Freie Universität Berlin, Fachbereich Rechtswissenschaft,
Institut für Völkerrecht, Europarecht und ausl. öffentl. Recht,
Vant'-Hoff-Str. 8, 14195 Berlin,
(030)7 73-63 17, Fax (030)7 73-58 23
E-Mail mail@lecheler.eu

363. *Lege*, Dr. Joachim, Professor,
Fischstr. 19, 17489 Greifswald,
(0 38 34) 77 39 41;
Rechts- und Staatswissenschaftliche Fakultät,
Ernst-Moritz-Arndt-Universität, Domstr. 20, 17489 Greifswald,
(0 38 34) 86-21 50, Fax (0 38 34) 86-21 56,
E-Mail lege@uni-greifswald.de

364. *Lehner*, Dr. Moris, Universitätsprofessor,
Kaiserplatz 7, 80803 München,
(0 89) 34 02 06 46;
Ludwig-Maximilians-Universität,
Lehrstuhl für Öffentliches Recht,
insbesondere öffentliches Wirtschaftsrecht und Steuerrecht,
Ludwigstr. 28 (Rgb.), 80539 München,
(0 89) 21 80 27 18, Fax (0 89) 33 35 66,
E-Mail Moris.Lehner@jura.uni-muenchen.de

365. *Leisner*, Dr. mult. Dr. h.c. Walter, o. Professor,
Pienzenauerstr. 99, 81925 München,
(0 89) 98 94 05, Fax (0 89) 98 29 09 97;
Universität Erlangen,
Schillerstr. 1, 91054 Erlangen,
(0 91 31) 85 22 60

366. *Leisner*, Dr. Walter Georg, Privatdozent,
Knöbelstr. 16, 80538 München,
(0 89) 98 94 24;
Universität Hamburg, Fakultät für Rechtswissenschaft,
Schlüterstr. 28, 20146 Hamburg,
E-Mail leisner@lz-legal.de

367. *Leisner-Egensperger*, Dr. Anna, Universitätsprofessorin,
Bachmairstrasse 15, 81243 München-Pasing;
(089) 889 09 356, Mobil (0173) 392 41 45;
Lehrstuhl für Öffentliches Recht und Steuerrecht,
Friedrich-Schiller-Universität Jena,
Carl-Zeiss-Straße 3, 07743 Jena,
(0 36 41) 94 22 51, Fax (0 36 41) 94 22 52,
E-Mail A.Leisner@recht.uni-jena.de

368. *Leitl-Staudinger*, Dr. Barbara, Universitätsprofessorin,
Hohe Straße 135, A-4040 Linz;
Institut für Fernunterricht in den Rechtswissenschaften,
Johannes Kepler Universität Linz,
Petrinumstraße 12, A-4040 Linz,
(00 43) 7 32 24 68 19 00, Fax (00 43) 7 32 24 68 19 10,
E-Mail barbara.leitl-staudinger@jku.at

369. *Lenze*, Dr. Anne, Privatdozentin,
Sandstraße 19, 64625 Bensheim,
(0 62 51) 58 08 52;
Fachhochschule Darmstadt,
Adelungstraße 51, 64283 Darmstadt,
(0 61 51) 16 89 65, Fax (0 61 51) 16 89 90,
E-Mail anne.lenze@t-online.de

370. *Lepsius*, Dr. Oliver, LL.M. (Chicago), Professor,
Romanstr. 53, 80639 München,
(0 89) 14 33 24 82 und (0921) 15 08 44 30;
Lehrstuhl für Öffentliches Recht, Allgemeine und
Vergleichende Staatslehre, Universität Bayreuth,
Universitätsstr. 30, 95440 Bayreuth,
(09 21) 55-62 61, (09 21) 55-62 62,
E-Mail oliver.lepsius@uni-bayreuth.de

371. *Lerche*, Dr. Dr. h. c. Peter, o. Professor,
Junkersstr. 13, 82131 Gauting,
(0 89) 8 50 20 88, Fax (0 89) 8 50 20 88

372. *Lewinski*, Dr. Kai von, Privatdozent,
Bismarckstr. 70, 10627 Berlin,
(030) 373 055 13;
Humboldt-Universität zu Berlin,
Juristische Fakultät,
Unter den Linden 9, 10099 Berlin,
(030) 2093-3331; Fax (030) 209 320 213 341,
E-Mail kai.lewinski@rewi.hu-berlin.de

373. *Lienbacher*, Dr. Georg, Universitätsprofessor,
Obere Donaustr. 43/2/44, A-1020 Wien;
Institut für Österreichisches und Europäisches Öffentliches Recht,
Wirtschaftsuniversität Wien,
Althanstraße 39–45 (UZA 3), A-1090 Wien,
(00 43) 13 13 36-54 02, Fax (00 43) 13 13 36-92 22,
E-Mail Georg.Lienbacher@wu.ac.at

374. *Lindner*, Dr. Josef Franz, Privatdozent,
Großhaderner Straße 14 b, 81375 München,
(0 89) 70 32 45, Fax (0 89) 74 00 93 85,
E-Mail josef.lindner@stmwfk.bayern.de

375. *Link*, Dr. jur. Dres. theol. h.c. Heinz-Christoph, em. Professor,
Rühlstraße 35, 91054 Erlangen,
(0 91 31) 20 93 35, Fax (0 91 31) 53 45 66;
Hans-Liermann-Institut für Kirchenrecht,
Hindenburgstr. 34, 91054 Erlangen,
(0 91 31) 8 52 28 25, Fax (0 91 31) 8 52 40 64

376. *Lipphardt*, Dr. Hanns-Rudolf, apl. Professor,
Auf der Weide 7, 69126 Heidelberg,
(0 62 21) 38 23 12;
Universität Heidelberg,
69120 Heidelberg,
(0 62 21) 41 11 98, Fax (0 62 21) 40 06 75

377. *Listl*, Dr. Joseph, o. Professor,
Jesuitengemeinschaft Pedro Arrupe,
Bibergerstr. 8, 82008 Unterhaching;
dienstlich (stets für die Post benutzen!):
Institut für Staatskirchenrecht der Diözesen Deutschlands,
Adenauerallee 19, 53111 Bonn

378. *Lorenz*, Dr. Dieter, o. Professor,
Bohlstr. 21, 78465 Konstanz,
(0 75 33) 68 22;
Universität Konstanz,
Postfach 55 60 D 100, 78434 Konstanz,
(0 75 31) 88 25 30,
E-Mail Dieter.Lorenz@uni-konstanz.de

379. *Lorz*, Dr. Ralph Alexander, LL.M. (Harvard),
Attorney-at-Law (New York), Universitätsprofessor,
Eickelscheidt 8 a, 40883 Ratingen,
(01 70) 4 12 18 66;
Universität Düsseldorf, Lehrstuhl für deutsches und
ausländisches öffentliches Recht, Völker- und Europarecht,
Universitätsstraße 1, 40225 Düsseldorf,
(02 11) 8 11-14 35, Fax (02 11) 8 11-14 56,
E-Mail Al.Lorz@uni-duesseldorf.de

380. *Losch*, Dr. Dr. Bernhard, Professor,
Dürerstr. 9, 42119 Wuppertal,
(02 02) 42 35 25

381. *Loschelder*, Dr. Wolfgang, Professor,
Sonnenlandstr. 5, 14471 Potsdam,
(03 31) 97 36 80, Fax (03 31) 9 51 19 95;
Universität Potsdam,
August-Bebel-Str. 89, Haus 1,
14482 Potsdam,
(03 31) 9 77-34 12

382. *Löwer*, Dr. Wolfgang, Professor,
Hobsweg 15, 53125 Bonn,
(02 28) 25 06 92, Fax (02 28) 25 04 14;
Universität Bonn,
Adenauerallee 24–42, 53113 Bonn,
(02 28) 73 92 78/73 92 80, Fax (02 28) 73 39 57,
E-Mail w.loewer@uni-bonn.de

383. *Lübbe-Wolff*, Dr. Gertrude, Professorin,
(05 21) 88 26 59;
Universität Bielefeld, Fakultät Rechtswissenschaft,
Universitätsstr. 25, Postfach 100131, 33615 Bielefeld,
(05 21) 1 06-43 86, Fax (05 21) 1 06-80 85,
E-Mail Gertrude.Luebbe-Wolff@uni-bielefeld.de

384. *Luchterhandt*, Dr. Otto, Professor,
Im Wendischen Dorfe 28, 21335 Lüneburg,
(0 41 31) 23 29 65, Fax (0 41 31) 23 29 65;
Universität Hamburg,
Schlüterstr. 28 (Rechtshaus), 20146 Hamburg,
(0 40) 4 28 38-45 62,
E-Mail ottolucht@arcor.de

385. *Lühmann*, Dr. Hans, Privatdozent,
Pannebäcker Str. 7a, 40593 Düsseldorf,
(02 11) 2 39 95 34

386. *Luther*, Dr. Jörg, Professor
Via Roero di Cortanze 2, I-10124 Torino,
(0039) 011 835 607,
Dipartimento POLIS
Via Cavour 84, I-15100 Alessandria,
(0039) 0131 283 745, Fax (0039) 0131 283 704
luther@sp.unipmn.it

387. *Mächler*, Dr. iur. August, Professor,
Schindellegistrasse 15, CH-8808 Pfäffikon,
(00 41) 5 54 10 43 20;
Sicherheitsdepartement des Kt. Schwyz,
Postfach 1200, 6431 Schwyz,
(00 41) 4 18 19 20 02, Fax (00 41) 4 18 19 20 19,
E-Mail august-maechler@swissonline.ch

388. *Magen*, Dr. Stefan, M.A., Professor,
Kallenweg 6, 53129 Bonn,
(0228) 909 176 79;
Ruhr-Universität Bochum, Lehrstuhl für Öffentliches Recht,
Rechtsphilosophie und Rechtsökonomik,
Universitätsstr. 150, 44780 Bochum,
(0234) 32 -22 809, Fax (0234) 32 -14327
E-Mail magen@rub.de

389. *Mager*, Dr. Ute, Universitätsprofessorin,
Universität Heidelberg, Juristische Fakultät,
Friedrich-Ebert-Anlage 6–10, 69117 Heidelberg,
(0 62 21) 54 77 37 oder (01 71) 5 54 00 78,
E-Mail ute.mager@jurs.uni-heidelberg.de

390. *Magiera*, Dr. Siegfried, Universitätsprofessor,
Feuerbachstr. 1, 67354 Römerberg,
(0 62 32) 8 48 98;
Deutsche Hochschule für Verwaltungswissenschaften Speyer,
Freiherr-vom-Stein-Str. 2, 67346 Speyer,
(0 62 32) 65 43 48,
E-Mail s.magiera@dhv-speyer.de

391. *Mahlmann*, Dr. Matthias, Professor,
Rindermarkt 7, CH-8001 Zürich;
Lehrstuhl für Rechtstheorie, Rechtssoziologie
und Internationales Öffentliches Recht,
Universität Zürich,
Treichlerstr. 10, CH-8032 Zürich,
(00 41) 4 46 34 15 87, Fax (00 41) 4 46 34 43 91,
E-Mail matthias.mahlmann@rwi.uzh.ch

392. *Majer*, Dr. jur. utr. Diemut, Rechtsanwältin,
Universitätsprof., Universität Bern;
Welfenstr. 35, 76137 Karlsruhe,
(07 21) 81 66 50 Fax (07 21) 81 76 63,
E-Mail majer@kanzlei-karlstr62.de

393. *Mangoldt*, Dr. Hans von, Professor,
Goetheweg 1, 72147 Nehren,
(0 74 73) 79 08;
Universität Tübingen, Juristische Fakultät,
Geschwister-Scholl-Platz, 72074 Tübingen,
(0 70 71) 2 97 33 02

394. *Mann*, Dr. Thomas, Professor,
Im Torfveen 19, 46147 Oberhausen,
(02 08) 67 54 98;
Juristisches Seminar der Georg-August-Universität Göttingen,
Platz der Göttinger Sieben 6, 37073 Göttingen,
(05 51) 39-47 23, Fax (05 51) 39-79 78,
E-Mail sekretariatmann@jura.uni-goettingen.de

395. *Manssen*, Dr. Gerrit, Universitätsprofessor,
Konrad-Adenauer-Allee 15, 93051 Regensburg,
(09 41) 9 28 45;
Juristische Fakultät, Universität Regensburg,
93040 Regensburg,
(09 41) 9 43-32 55, Fax (09 41) 9 43-32 57,
E-Mail Gerrit.Manssen@jura.uni-regensburg.de

396. *Mantl*, Dr. Dr. h.c. Wolfgang, em. o. Universitätsprofessor,
Wiener Str. 256/XI/33, A-8051 Graz,
(00 43) 3 16-68 13 06;
Institut für Österreichisches, Europäisches und Vergleichendes Öffentliches Recht,
Politikwissenschaft und Verwaltungslehre,
Karl-Franzens-Universität Graz,
Universitätsstr. 15/K3, A-8010 Graz,
(00 43) 3 16-3 80 33 70,
E-Mail wolfgang.mantl@uni-graz.at

397. *Marauhn*, Dr. Thilo, M.Phil., Professor,
An der Fels 20, 35435 Wettenberg,
(06 41) 8 77 32 75, Fax (06 41) 8 77 32 75,
E-Mail thilo.marauhn@recht.uni-giessen.de;
Professur für Öffentliches Recht, Völkerrecht
und Europarecht, Justus-Liebig-Universität Gießen,
Licher Straße 76, 35394 Gießen,
(06 41) 9 92 11 50/51, Fax (06 41) 9 92 11 59,
E-Mail intlaw@recht.uni-giessen.de

398. *Marko*, Dr. Joseph, o. Professor,
Kasernstr. 35, A-8010 Graz,
(00 43) 3 16-46 22 38;
Institute of Austrian, European and Comparative Public Law
and Political Sciences,
University of Graz,
Universitätsstraße 15/B4, A-8010 Graz,
(00 43) 3 16 3 80-33 74, Fax (00 43) 3 16 3 80-94 52,
E-Mail josef.marko@uni-graz.at

399. *Marti*, Dr. Arnold, Titularprofessor der Universität Zürich,
Fernsichtstraße 5, CH-8200 Schaffhausen,
(00 41) 52-6 24 18 10,
E-Mail a.g.marti@swissonline.ch;
Obergericht des Kantons Schaffhausen,
Frauengasse 17, CH-8200 Schaffhausen,
(00 41) 52-6 32 74 24, Fax (00 41) 52-6 32 78 36,
E-Mail arnold.marti@ktsh.ch

400. *Martínez* Soria, Dr. José, Privatdozent,
Braschzeile 9, 14109 Berlin,
(0 30) 80 58 67 66;
Institut für Völkerrecht der Universität Göttingen,
Platz der Göttinger Sieben 5, 37073 Göttingen,
(05 51) 39 21 97, Fax (05 51) 39 21 96,
E-Mail jmartin@gwdg.de

401. *Martini*, Dr. Mario, Professor,
Adams-Lehmann-Str. 8, 80797 München,
(0 89) 32 00 26 10;
Deutsche Hochschule für Verwaltungswissenschaften Speyer,
Lehrstuhl für Verwaltungswissenschaft,
Freiherr-vom-Stein-Straße 2, 67346 Speyer,
(0 62 32) 6 54-33 8, Fax (0 62 32) 6 54-40 4,
E-Mail martini@dhv-speyer.de

402. *März*, Dr. Wolfgang, Professor,
Zelckstraße 1, 18055 Rostock,
(03 81) 3 77 92 55, Fax (03 81) 3 77 92 56;
Lehrstuhl für Öffentliches Recht und Verfassungsgeschichte,
Universität Rostock,
Möllner Str. 10, 18109 Rostock,
(03 81) 4 98 81 90, Fax (03 81) 4 98 80 02,
E-Mail wolfgang.maerz@uni-rostock.de

403. *Masing*, Dr. Johannes, Professor,
Richter des Bundesverfassungsgerichts,
Schlossbezirk 3, 76131 Karlsruhe;
Albert-Ludwigs-Universität Freiburg,
Platz der Alten Synagoge, 79085 Freiburg,
(07 61) 2 03-22 52, Fax (07 61) 2 03 22 93,
E-Mail johannes.masing@jura.uni-freiburg.de

404. *Mastronardi*, Dr. Philippe Andrea, Professor,
Stadlstrasse 2 CH-6048 Horw,
(00 41) 4 13 40 27 67, Fax (00 41) 41 34 08 54;
Universität St. Gallen, Rechtswissenschaftliche Abteilung,
Bodanstr. 3, CH-9000 St. Gallen,
(00 41) 7 12 24 23 34, Fax (00 41) 7 12 24 39 08,
E-Mail Philippe.Mastronardi@unisg.ch

405. *Maurer*, Dr. Hartmut, o. Professor,
Säntisblick 10, 78465 Konstanz,
(0 75 33) 13 12;
Universität Konstanz, 78464 Konstanz,
(0 75 31) 88 36 57, Fax (0 75 31) 88 31 96,
E-Mail hartmut.maurer@uni-konstanz.de

406. *Mayer*, Dr. Franz, LL.M. (Yale), Universitätsprofessor,
Universität Bielefeld,
Lehrstuhl für Öffentliches Recht, Europarecht, Völkerrecht,
Rechtsvergleichung und Rechtspolitik,
Postfach 10 01 31, 33501 Bielefeld,
(05 21) 1 06-44 12, Fax (05 21) 1 06-8 90 16,
E-Mail franz.mayer@uni-bielefeld.de

407. *Mayer-Tasch*, Dr. Peter Cornelius, Professor,
Am Seeberg 13, 86938 Schondorf,
(0 81 92) 86 68;
Hochschule für Politik München,
Ludwigstr. 8, 80539 München,
(0 89) 2 88 03 99-0, Fax (0 89) 2 88 03 99-22

408. *Meessen*, Dr. Karl Matthias, Professor,
Rotterdamer Straße 45, 40474 Düsseldorf,
(02 11) 1 59 42 11, Fax (02 11) 1 59 42 12,
E-Mail Karl.Meessen@t-online.de

409. *Mehde*, Dr. Veith, Mag.rer.publ., Professor,
Lilienstr. 23, 30167 Hannover,
(05 11) 8 98 29 06;
Lehrstuhl für Öffentliches Recht,
insbesondere Verwaltungsrecht,
Leibniz Universität Hannover,
Königsworter Platz 1, 30167 Hannover,
(05 11) 7 62-82 06, Sekr.: -82 07, Fax (05 11) 7 62-1 91 06,
E-Mail mehde@jura.uni-hannover.de

410. *Meng*, Dr. Werner, Universitätsprofessor,
Im Herrengarten 8, 55263 Wackernheim,
(0 61 32) 97 70 65;
Europa-Institut, Universität des Saarlandes,
Postfach 15 11 50, 66041 Saarbrücken,
(06 81) 3 02 66 60, Fax (06 81) 3 02 66 62,
E-Mail w.meng@kabelmail.de

411. *Menzel*, Dr. Jörg, Privatdozent,
The Senate of the Kingdom of Cambodia,
Chamcar Morn, State Palace,
Norodom Blvd., Phnom Penh, Cambodia,
(0 08 55) 12 33 35 28, Fax (0 08 55) 23 21 14 46,
E-Mail joergmenzel@gmx.net

412. *Merli*, Dr. Franz, Universitätsprofessor,
Institut für Österreichisches, Europäisches und
Vergleichendes Öffentliches Recht, Politikwissenschaft
und Verwaltungslehre,
Karl-Franzens-Universität Graz,
Universitätsstraße 15, A-8010 Graz,
(00 43) 31 63 80-36 02, Fax (00 43) 31 63 80-94 50,
E-Mail merli@uni-graz.at

413. *Merten*, Dr. Dr. Detlef, o. Professor,
Von-Dalberg-Str. 8, 67487 St. Martin,
(0 63 23) 18 75;
Deutsche Hochschule für Verwaltungswissenschaften Speyer,
Freiherr-vom-Stein-Str. 2–6, 67346 Speyer,
(0 62 32) 6 54-3 49; oder -3 30,
E-Mail Merten@dhv-speyer.de

414. *Meßerschmidt*, Dr. Klaus, Privatdozent,
Hynspergstr. 29, 60322 Frankfurt am Main,
(0 69) 55 45 87;
University of Latvia, EuroFaculty,
Raina bulv. 19, LV-1586 Riga/Lettland,
(00 371) 7 82 02 78, Fax (00 371) 7 82 02 60,
E-Mail Messerschmidtkl@aol.com

415. *Meyer*, Dr. Dr. h. c. Hans, Professor,
Georg-Speyer-Str. 28, 60487 Frankfurt am Main,
(0 69) 77 01 29 26, Fax (0 69) 77 01 29 27;
Humboldt-Universität zu Berlin, Juristische Fakultät,
Unter den Linden 6, 10099 Berlin,
(0 30) 20 93-35 28 (Sekr.) oder -33 47,
Fax (0 30) 20 93-27 29,
E-Mail Hans.Meyer@rewi.hu-berlin.de

416. *Meyer*, Dr. Stephan, Privatdozent,
Friedrich-Engels-Straße 62, 99086 Erfurt,
(0163) 29 00 557;
Universität Erfurt,
Nordhäuser Str. 63, 99089 Erfurt,
(0361)737-4762, Fax (0361) 737-4709,
E-Mail stephan.meyer@uni-erfurt.de

417. *Meyn*, Dr. Karl-Ulrich, Professor,
Leyer Str. 36, 49076 Osnabrück,
(05 41) 12 64 82;
Universität Jena,
Schillerhaus, Schillergässchen 2, 07745 Jena,
(0 36 41) 93 11 85, Fax (0 36 41) 93 11 87,
E-Mail karl-ulrich.meyn@t-online.de

418. *Michael*, Dr. Lothar, Professor,
Niederkasseler Kirchweg 124, 40547 Düsseldorf;
Professur für Öffentliches Recht,
Universitätsstraße 1, Geb. 24.91, 40225 Düsseldorf,
(02 11) 8 11 14 12,
E-Mail Lothar.Michael@uni-duesseldorf.de

419. *Möllers*, Dr. Christoph, LL.M., Professor,
Zehdenicker Str. 14, 10119 Berlin;
Humboldt-Universität zu Berlin,
Lehrstuhl für Öffentliches Recht, insbesondere Verfassungsrecht,
und Rechtsphilosophie,
Unter den Linden 6, 10099 Berlin,
(0 30) 20 93-35 85, Fax (0 30) 20 93-35 52,
E-Mail sekretariat.moellers@rewi.hu-berlin.de

420. *Morgenthaler*, Dr. Gerd, Professor,
Tilsiter Str. 33, 57250 Netphen;
Universität Siegen, Fachbereich 5,
Hölderlinstr. 3, 57068 Siegen,
(02 71) 7 40 24 02,
E-Mail morgenthaler@recht.wiwi.uni-siegen.de

421. *Morlok*, Dr. Martin, Professor,
Poßbergweg 51, 40629 Düsseldorf,
(02 11) 28 68 68;
Heinrich-Heine-Universität, Juristische Fakultät,
Universitätsstr. 1, Gebäude 24.91, 40225 Düsseldorf,
(02 11) 8 11 53 51, Fax (02 11) 8 11 14 60,
E-Mail ls.morlok@uni-duesseldorf.de

422. *Morscher*, Dr. Siegbert, em. Universitätsprofessor,
Tschiggyfreystr. 11a, A-6020 Innsbruck,
(00 43) 5 12-28 62 10;
Leopold-Franzens-Universität, Institut für Öffentliches Recht,
Staats- und Verwaltungslehre,
Innrain 52d, A-6020 Innsbruck,
(00 43) 5 12-5 07 82 10 oder -11,
Fax (00 43) 5 12-5 07 28 28,
E-Mail siegbert.morscher@uibk.ac.at

423. *Möstl*, Dr. Markus, Professor,
Birkenstraße 77, 95447 Bayreuth,
(09 21) 5 07 17 68,
E-Mail Markus.Moestl@t-online.de;
Rechts- und Wirtschaftswissenschaftliche Fakultät
Universitätsstr. 30, 95440 Bayreuth,
(09 21) 55-28 66, Fax (09 21) 55 20 41,
E-Mail markus.moestl@uni-bayreuth.de

424. *Muckel*, Dr. Stefan, Universitätsprofessor,
Ringstraße 122, 42929 Wermelskirchen,
(0 21 93) 53 10 74;
Universität zu Köln, Institut für Kirchenrecht,
50923 Köln,
(02 21) 4 70-37 77 oder 4 70-26 79,
E-Mail Kirchenrecht@uni-koeln.de

425. *Mückl*, Dr. Stefan, apl. Professor,
Adenauerallee 129, 53115 Bonn;
Albert-Ludwigs-Universität Freiburg i.Br.,
Institut für Öffentliches Recht IV,
Platz der Universität 3, 79085 Freiburg i.Br.,
(07 61) 2 03-22 64, Fax (07 61) 2 03-22 97,
E-Mail s.mueckl@gmx.de

426. *Müller*, Dr. Bernhard, Privatdozent,
Lisseeweg 36/2, A-1210 Wien,
(0043) 676 934 934-3,
E-Mail b_mueller@tele2.at;
Dorda Brugger Jordis Rechtsanwälte GmbH,
Dr.-Karl-Lueger-Ring 10, A-1010 Wien,
(0043) 1 533 47 95 57, Fax (0043) 1 533 47 95 5057,
E-Mail bernhard.mueller@dbj.at

427. *Müller*, Dr. Dr. h.c. Georg, o. Professor em.,
Sugenreben 10, CH-5018 Erlinsbach,
(00 41) 6 28 44 38 73, Fax (00 41) 6 28 44 42 04
E-Mail georg-mueller@sunrise.ch

428. *Müller*, Dr. Dr. h.c. Jörg Paul, o. Professor em.,
Universität Bern,
Kappelenring 42a, CH-3032 Hinterkappelen bei Bern,
(00 41) 3 19 01 05 70,
E-Mail jpmueller@bluewin.ch

429. *Müller-Franken*, Dr. Sebastian, Professor,
Schützenstr. 1c, 35039 Marburg/Lahn,
(0 64 21) 2 07 03 40 oder
Westermühlstr. 28, 80469 München,
(0 89) 20 23 98 28;
Professur für Öffentliches Recht, Philipps-Universität Marburg,
Universitätsstraße 6, 35032 Marburg/Lahn,
(0 64 21) 2 82 31 22, Fax (0 64 21) 2 82 38 40,
E-Mail mueller-franken@staff.uni-marburg.de

430. *Müller-Terpitz*, Dr. Ralf, Professor,
Albrecht-Dürer-Str. 11, 40489 Düsseldorf,
(02 03) 7 28 18 97, Fax (02 03) 7 28 18 98;
Universität Passau,
Lehrstuhl für Staats- und Verwaltungsrecht sowie
Wirtschaftsverwaltungs-, Medien- und Informationsrecht,
Innstr. 40 (Nikolakloster), 94032 Passau,
(08 51) 5 09 22 20, Fax (08 51) 5 09 22 22,
E-Mail mueller-terpitz@uni-passau.de

431. *Münch*, Dr. Dr. h.c. Ingo von, Professor,
Hochrad 9, 22605 Hamburg,
(0 40) 82 96 24, Fax (0 40) 82 34 49

432. *Murswiek*, Dr. Dietrich, o. Professor,
Lindenaustr. 17, 79199 Kirchzarten,
(0 76 61) 9 92 37;
Institut für Öffentliches Recht, Universität Freiburg,
79085 Freiburg,
(07 61) 2 03-22 37 oder -41, Fax (07 61) 2 03-22 40,
E-Mail Dietrich.Murswiek@jura.uni-freiburg.de

433. *Musil*, Dr. Andreas, Professor,
Mendelssohn-Bartholdy-Str. 34, 14480 Potsdam,
(03 31) 7 45 34 53;
Universität Potsdam, Lehrstuhl für Öffentliches Recht,
insbesondere Verwaltungs- und Steuerrecht,
August-Bebel-Str 89, 14482 Potsdam,
(03 31) 9 77 32 33,
E-Mail musil@uni-potsdam.de

434. *Mußgnug*, Dr. Reinhard, o. Professor,
Keplerstr. 40, 69120 Heidelberg,
(0 62 21) 43 62 22, Fax (0 62 21) 40 83 09;
Universität Heidelberg, Institut für Finanz- und Steuerrecht,
Friedrich-Ebert-Anlage 6–10, 69117 Heidelberg,
(0 62 21) 54 74 66, Fax (0 62 21) 54 76 54,
E-Mail Reinhard.Mussgnug@urz.uni-heidelberg.de

435. *Mutius*, Dr. Albert von, o. Professor,
Hof „Frankenthaler Moor“,
Poseritz-Ausbau Nr. 8, 18574 Poseritz auf Rügen,
(03 83 07) 4 05 99, Mobil (01 76) 21 82 05 81,
Fax (03 83 07) 4 03 49,
E-Mail avm.law@gmx.de

436. *Nettesheim*, Dr. Martin, o. Professor,
Horemer 13, 72076 Tübingen,
(0 70 71) 25 46 04;
Universität Tübingen, Juristische Fakultät,
Geschwister-Scholl-Platz, 72074 Tübingen,
(0 70 71) 2 97 25 60, Fax (0 70 71) 29 58 47,
E-Mail Nettesheim@jura.uni-tuebingen.de

437. *Neumann*, Dr. Volker, Professor,
Neckarstaden 10, 69117 Heidelberg,
(0 62 21) 16 12 66;
Humboldt-Universität zu Berlin, Lehrstuhl für
Öffentliches Recht, Sozialrecht und Staatstheorie,
Unter den Linden 6, 10099 Berlin,
(0 30) 20 93 34 60, Fax (0 30) 20 93 34 52,
E-Mail volker.neumann@rewi.hu-berlin.de

438. *Nicolaysen*, Dr. Gert, Professor,
Bockhorst 68a, 22589 Hamburg,
(0 40) 8 70 17 47;
Universität Hamburg, Seminar für Öffentliches Recht
und Staatslehre, Abteilung Europarecht,
Schlüterstraße 28, 20146 Hamburg,
E-Mail gert.nicolaysen@jura.uni-hamburg.de

439. *Niedobitek*, Dr. Matthias, Universitätsprofessor,
Weststr. 99, 09116 Chemnitz,
(0371) 275 504 18;
Professur für Europäische Integration mit dem Schwerpunkt
Europäische Verwaltung, Technische Universität Chemnitz,
Thüringer Weg 9, 09126 Chemnitz,
(03 71) 5 31-3 49 12,
E-Mail matthias.niedobitek@phil.tu-chemnitz.de

440. *Nierhaus*, Dr. Michael, Professor,
Am Moosberg 1c, 50997 Köln,
(0 22 36) 6 36 29, Fax (0 22 36) 96 37 95,
E-Mail michael@nierhaus.org

441. *Nolte*, Dr. Georg, Professor,
Ansbacher Str. 73, 10777 Berlin,
(0 30) 53 67 41 92;
Institut für Völker- und Europarecht,
Humboldt-Universität zu Berlin,
Unter den Linden 6, 10099 Berlin,
(0 30) 20 93-33 49, Fax (0 30) 20 93-33 84,
E-Mail georg.nolte@rewi.hu-berlin.de

442. *Nolte*, Dr. Martin, Privatdozent,
Düppelstraße 1, 24105 Kiel,
(04 31) 56 58 22, Fax (04 31) 56 58 22;
Christian-Albrechts-Universität zu Kiel,
Lehrstuhl für Öffentliches Recht
und Verwaltungswissenschaften,
Olshausenstraße 40, 24098 Kiel,
(04 31) 8 80-45 46, Fax (04 31) 8 80-45 82,
E-Mail drnolte@lvstein.uni-kiel.de

443. *Novak*, Dr. Richard, o. Professor,
Thadd. Stammel-Str. 8, A-8020 Graz,
(00 43) 3 16-5 35 16;
Universität (00 43) 3 16-3 80-33 71,
E-Mail richard.novak@uni-graz.at

444. *Nowak*, Dr. Carsten, Universitätsprofessor,
Jevenstedter Str. 69g, 22547 Hamburg,
(0 40) 8 80 03 17;
Lehrstuhl für Öffentliches Recht, insb. Europarecht,
Europa-Universität Viadrina Frankfurt (Oder),
Große Scharrnstr. 59, 15230 Frankfurt (Oder),
(03 35) 55 34-27 10, -27 11, Fax (03 35) 55 34-7 27 11,
E-Mail cnowak@euv-frankfurt-o.de

445. *Nußberger*, Dr. Angelika, Professorin,
Eichenhainallee 15, 51427 Bergisch Gladbach;
Institut für Ostrecht an der
Universität zu Köln,
Klosterstr. 79 d, 50931 Köln,
(02 21) 4 70 55 83, Fax (02 21) 4 70 55 82,
E-Mail angelika.nussberger@uni-koeln.de

446. *Odendahl*, Dr. Kerstin, Professorin,
Goethestrasse 43, CH-9008 St. Gallen;
Christian-Albrechts-Universität zu Kiel,
Walther-Schücking-Institut für Internationales Recht,
Westring 400, 24118 Kiel,
(04 31) 880-2149, Fax (04 31) 880-1619,
E-Mail odendahl@internat-recht.uni-kiel.de

447. *Oebbecke*, Dr. Janbernd, Universitätsprofessor,
Huberstr. 13a, 48155 Münster,
(02 51) 2 30 51 70;
Kommunalwissenschaftliches Institut,
Universität Münster,
Universitätsstr. 14–16, 48143 Münster,
(02 51) 83-2 18 06, Fax (02 51) 83-2 18 33,
E-Mail oebbecke@uni-muenster.de

448. *Oeter*, Dr. Stefan, Professor,
Wulfsdorfer Weg 122, 22359 Hamburg,
(0 40) 60 95 19 57;
Universität Hamburg,
Institut für Internationale Angelegenheiten,
Rothenbaumchaussee 33, 20148 Hamburg,
(0 40) 4 28 38 45 65, Fax (0 40) 4 28 38 62 62,
E-Mail S-Oeter@jura.uni-hamburg.de

449. *Ohler*, Dr. Christoph, LL.M., Professor,
Berghoffsweg 4, 07743 Jena,
(0 36 41) 20 70 81;
Rechtswissenschaftliche Fakultät,
Friedrich-Schiller-Universität Jena,
Carl-Zeiß-Str. 3, 07743 Jena
(0 36 41) 94 22 60, Fax (0 36 41) 94 22 62,
E-Mail christoph.ohler@recht.uni-jena.de

450. *Öhlinger*, Dr. Theo, o. Universitätsprofessor,
Tolstojgasse 5/6, A-1130 Wien,
(00 43-1) 8 77 12 60;
Universität Wien, Schottenbastei 10–16, A-1010 Wien,
E-Mail theodor.oehlinger@univie.ac.at

451. *Oldiges*, Dr. Martin, Universitätsprofessor,
August-Bebel-Straße 31, 04275 Leipzig,
(03 41) 2 11 92 33, Fax (03 41) 1 49 68 16,
E-Mail martin@oldiges.de;
Universität Leipzig, Juristenfakultät,
Otto-Schill-Str. 2, 04109 Leipzig,
(03 41) 9 73 51 31, Fax (03 41) 9 73 51 39

452. *Oppermann*, Dr. Dres. h.c. Thomas, o. Professor,
Burgholzweg 122, 72070 Tübingen,
(0 70 71) 4 95 33, Fax (0 70 71) 4 47 02,
E-Mail oppermannprof@aol.com;
Universität Tübingen, Juristische Fakultät,
Geschwister-Scholl-Platz, 72074 Tübingen,
(0 70 71) 2 97 25 58, Fax (0 70 71) 29 58 47,
E-Mail Thomas.Oppermann@uni-tuebingen.de

453. *Ossenbühl*, Dr. Fritz, Professor,
Im Wingert 12, 53340 Meckenheim,
(0 22 25) 1 74 82;
Universität Bonn, 53113 Bonn,
(02 28) 73 55-72 oder -73

454. *Osterloh*, Dr. Lerke, Professorin,
Richterin des Bundesverfassungsgerichts a.D.,
Institut für Öffentliches Recht, Universität Frankfurt,
Postfach 11 19 32, 60054 Frankfurt am Main,
(0 69) 79 82 27 11 oder 2 86 11, Fax (0 69) 79 82 25 62,
E-Mail Osterloh@jur.uni-frankfurt.de

455. *Pabel*, Dr. Katharina, Professorin,
Scherzergasse 10/8, A-1020 Wien
(00 43) 1 21 25 30 2;
Johannes Kepler Universität Linz,
Institut für Verwaltungsrecht und Verwaltungslehre,
Altenberger Straße 69, A-4040 Linz,
(00 43) (0) 732 / 2468-8490, Fax (00 43) (0) 732/2468-8489
E-Mail katharina.pabel@jku.at

456. *Pabst*, Dr. Heinz-Joachim, Privatdozent,
Universität zu Köln,
Prüfungsamt der Rechtswissenschaftlichen Fakultät,
Albertus-Magnus-Platz, 50923 Köln,
(02 21) 4 70-57 99, Fax (02 21) 4 70-67 22,
E-Mail hpabst@uni-koeln.de

457. *Pache*, Dr. Eckhard, Professor,
Hauptstraße 82, 97218 Gerbrunn;
Julius-Maximilians-Universität Würzburg,
Domerschulstraße 16, 97070 Würzburg,
(09 31) 31-8 23 09, Fax (0931) 31-23 19,
E-Mail pache@jura.uni-wuerzburg.de

458. *Papier*, Dr. Dr. h.c. Hans-Jürgen, em. o. Professor,
Präsident des Bundesverfassungsgerichts a.D.,
Institut für Politik und Öffentliches Recht,
Universität München,
Professor-Huber-Platz 2, 80539 München,
(0 89) 21 80-62 94 oder -62 95, Fax (0 89) 21 80 31 99,
E-Mail LS.Papier@jura.uni-muenchen.de

459. *Paulus*, Dr. Andreas, Professor,
Hermann-Föge-Weg 17, 37073 Göttingen;
Institut für Völkerrecht und Europarecht,
Platz der Göttinger Sieben 5, 37073 Göttingen,
(05 51) 39 47 51, Fax (05 51) 39 47 67,
E-Mail apaulus@jura.uni-goettingen.de

460. *Pauly*, Dr. Walter, o. Professor,
Lehrstuhl für Öffentliches Recht, Rechts- und
Verfassungsgeschichte, Rechtsphilosophie,
Universität Jena,
Carl-Zeiss-Str. 3, 07743 Jena,
(0 36 41) 94 22 30 oder -31, Fax (0 36 41) 94 22 32,
E-Mail W.Pauly@recht.uni-jena.de

461. *Pechstein*, Dr. Matthias, Universitätsprofessor,
Lindenallee 40, 14050 Berlin,
(0 30) 3 01 94 17, Fax (0 30) 3 01 94 17;
Jean-Monnet-Institut für Öffentliches Recht und Europarecht,
Europa-Universität Viadrina Frankfurt (Oder),
Große Scharrnstr. 59, 15230 Frankfurt (Oder),
(03 35) 55 34-27 61, Fax (03 35) 55 34-27 69,
E-Mail Pechstein@euv-frankfurt-o.de

462. *Peine*, Dr. jur. Dr. h.c. Franz-Joseph, Professor,
Kurpromenade 56, 14089 Berlin-Kladow,
(0 30) 3 65 61 93, Fax (0 30) 3 65 61 93;
Lehrstuhl für Öffentliches Recht,
insbesondere Verwaltungsrecht,
Europa-Universität Viadrina Frankfurt (Oder),
Große Scharrnstr. 59, 15230 Frankfurt (Oder),
(03 35) 55 34-25 28, Fax (03 35) 55 34-25 69,
E-Mail fjpeineberlin@t-online.de

463. *Pernice*, Dr. Ingolf, Universitätsprofessor,
Laehrstraße 17a, 14165 Berlin,
(0 30) 84 72 36 15, Fax (0 30) 84 50 91 62;
Lehrstuhl für Öffentliches Recht, Völker- und Europarecht,
Humboldt-Universität zu Berlin,
Unter den Linden 6, 10099 Berlin,
(0 30) 20 93-34 40, Fax (0 30) 20 93-34 49,
E-Mail ingolf.pernice@rz.hu-berlin.de

464. *Pestalozza*, Dr. Christian Graf von, Universitätsprofessor (em.),
Freie Universität Berlin, Institut für Staatslehre,
Staats-und Verwaltungsrecht,
Dienstanschrift: Van't-Hoff-Str. 8, 14195 Berlin (Dahlem),
Postanschrift: Bayernallee 12, 14052 Berlin (Westend),
(0 30) 3 04 63 29 oder 83 85 30 14, Fax (0 30) 30 81 31 04,
E-Mail c.pestalozza@fu-berlin.de

465. *Peters*, Dr. Anne, LL.M., Professorin,
Bollwerkstr. 134, CH-4102 Binningen;
Lehrstuhl für Völker- und Staatsrecht, Universität Basel,
Maiengasse 51, CH-4056 Basel,
(00 41) 6 12 67 25 65, Fax (00 41) 6 12 67 25 71,
E-Mail Anne.Peters@unibas.ch

466. *Pielow*, Dr. Johann-Christian, Professor,
Stiepeler Str. 96, 44801 Bochum,
(02 34) 7 46 33;
Ruhr-Universität Bochum,
Fakultät für Wirtschaftswissenschaft
– Recht der Wirtschaft –,
Universitätsstr. 150, 44780 Bochum,
(02 34) 32 25 72 34, Fax (02 34) 3 21 40 74,
E-Mail christian.pielow@ruhr-uni-bochum.de

467. *Pieper*, Dr. Stefan Ulrich, apl. Professor,
Bundespräsidialamt,
Spreeweg 1, 10557 Berlin,
(0 18 88) 5 00 21 20, Fax (0 30) 20 00-19 99,
E-Mail stefan.pieper@bpra.bund.de

468. *Pieroth*, Dr. Bodo, Professor,
Gluckweg 19, 48147 Münster,
(02 51) 23 32 91, Fax (02 51) 23 32 94;
Institut für Öffentliches Recht und Politik, Universität Münster,
Wilmergasse 28, 48143 Münster,
(02 51) 51 04 90, Fax (02 51) 5 10 49-19,
E-Mail pieroth@uni-muenster.de

469. *Pietzcker*, Dr. Jost, Professor,
Hausdorffstr. 95, 53129 Bonn,
(02 28) 23 39 54;
Universität Bonn, 53113 Bonn,
(02 28) 73 91 77,
E-Mail Pietzcker@jura.uni-bonn.de

470. *Pirson*, Dr. Dr. Dietrich, o. Professor,
Brunnenanger 15, 82418 Seehausen,
(0 88 41) 4 78 68;
Universität München,
Professor-Huber-Platz 2, 80539 München,
(0 89) 21 80-27 15,
E-Mail d.pirson@gmx.de

471. *Pitschas*, Dr. Rainer, o. Universitätsprofessor,
Hermann-Jürgens-Str. 8, 76829 Landau-Godramstein,
(0 63 41) 96 93 81, Fax (0 63 41) 96 93 82;
Deutsche Hochschule für Verwaltungswissenschaften Speyer,
Postfach 14 09, 67324 Speyer,
(0 62 32) 6 54-3 45, Fax (0 62 32) 6 54-3 05,
E-Mail rpitschas@dhv-speyer.de

472. *Pöcker*, Dr. Markus, Privatdozent,
Zollhofstr. 4, 67061 Ludwigshafen,
Johann-Wolfgang-Goethe-Universität,
Lehrstuhl Prof. Dr. G. Hermes,
Senckenberganlage 31, 60325 Frankfurt am Main,
(069) 79 82 38 64,
E-Mail poecker@jur.uni-frankfurt.de

473. *Poscher*, Dr. Ralf, Universitätsprofessor,
Zasiusstr. 6, 79102 Freiburg,
(0761) 612 41 91;
Albert-Ludwigs-Universität Freiburg,
Institut für Staatswissenschaft und Rechtsphilosophie,
Abt. 2: Rechtsphilosophie,
Platz der Alten Synagoge 1, 79085 Freiburg,
(0761) 203 97 570; Fax (0761) 203 97 571
E-Mail rechtsphilosophie@jura.uni-freiburg.de

474. *Pöschl*, Dr., Magdalena, Univ.-Prof.,
Klosterwiesgasse 31, A-8010 Graz;
Universität Graz, Institut für Österreichisches,
Europäisches und Vergleichendes Öffentliches Recht,
Politikwissenschaft und Verwaltungslehre,
Universitätsstr. 15/D3, A-8010 Graz,
(00 43) 31 63 80-67 07, Fax (00 43) 31 63 80-94 50,
E-Mail magdalena.poeschl@uni-graz.at

475. *Potacs*, Dr. Michael, Professor,
Hammerschmidtgasse 5/3/2, A-1190 Wien,
(00 43-1) 3 24 66 23;
Institut für Österreichisches und Europäisches Öffentliches Recht,
Wirtschaftsuniversität Wien,
Althanstraße 39–45, A-1090 Wien,
(00 43) 13 13 36 46 69,
E-Mail michael.potacs@wu.ac.at

476. *Preuß*, Dr. Ulrich K., Professor,
Friedbergstraße 47, 14057 Berlin,
(0 30) 30 81 94 33;
Hertie School of Governance,
Schlossplatz 1, 10178 Berlin,
(0 30) 2 12 31 23 10, Fax (0 30) 2 12 31 29 99,
E-Mail ukpreuss@hertie-school.org

477. *Proelß*, Dr. Alexander, Professor,
Heikendorfer Weg 35, 24149 Kiel
(0431) 5846501
Walther-Schücking-Institut für Internationales Recht
Christian-Albrechts-Universität zu Kiel
Westring 400, 24098 Kiel
(0431) 880-2042, Fax (0431) 880-1619
E-Mail aproelss@internat-recht.uni-kiel.de

478. *Puhl*, Dr. Thomas, o. Professor,
In der Aue 26a, 69118 Heidelberg,
(0 62 21) 80 36 64, Fax (0 62 21) 80 36 69;
Universität Mannheim, Fakultät für Rechtswissenschaft,
Schloss – Westflügel (W 226), 68131 Mannheim,
(06 21) 1 81-13 45/-13 55, Fax (06 21) 1 81 13 61,
E-Mail puhl@staffmail.uni-mannheim.de

479. *Pünder*, Dr. Hermann, LL.M (Iowa), Universitätsprofessor,
Hagedornstraße 25, 20149 Hamburg,
(0 40) 41 46 69 34;
Bucerius Law School, Lehrstuhl für Öffentliches Recht
(einschließlich Europarecht), Verwaltungswissenschaft
und Rechtsvergleichung,
Postfach 30 10 30, 20304 Hamburg,
(0 40) 30 70 6-2 60, Fax (0 40) 3 07 06-2 35,
E-Mail hermann.puender@law-school.de

480. *Puttler*, Dr. Adelheid, LL.M. (University of Chicago),
diplomée de l'E.N.A., Universitätsprofessorin,
Lehrstuhl für Öffentliches Recht, insbesondere Europarecht,
Völkerrecht und Internationales Wirtschaftsrecht,
Ruhr-Universität Bochum,
44780 Bochum,
(02 34) 3 22 28 20, Fax (02 34) 3 21 41 39,
E-Mail LS-Puttler@Ruhr-Uni-Bochum.de

481. *Püttner*, Dr. Dr. h.c. Günter, o. Professor,
Schwerdstraße 3, 67346 Speyer,
(0 62 32) 7 19 97

482. *Ramsauer*, Dr. Ulrich, Professor, VRiOVG,
Wiesenstraße 5, 20255 Hamburg,
(0 40) 43 18 12 53;
Universität Hamburg, Fakultät für Rechtswissenschaft,
Seminar für Verwaltungslehre,
Rothenbaumchaussee 33, 20148 Hamburg,
(0 40) 4 28 38-49 65, Fax (0 40) 4 28 38-56 70,
E-Mail ulrich.ramsauer@uni-hamburg.de

483. *Randelzhofer*, Dr. Albrecht, o. Professor,
Wulffstr. 12, 12165 Berlin,
(0 30) 7 92 60 85

484. *Raschauer*, Dr. Bernhard, o. Universitätsprofessor,
Pfeilgasse 7/2/6, A-1080 Wien,
(00 43-1) 4 08 33 53;
Universität Wien,
Schottenbastei 10–16, A-1010 Wien,
(00 43-1) 42 77-3 53 52, Fax (00 43-1) 42 77-3 54 59,
E-Mail sekretariat.raschauer.staatsrecht@univie.ac.at

485. *Raschauer*, Dr. Nicolas, Universitätsprofessor,
Kaltnergasse 7, A-5020 Salzburg,
(00 43) 6 99 81 76 97 52;
Institut für Staatsrecht und politische Wissenschaften,
Abteilung für Öffentliches Unternehmensrecht,
Johannes Kepler Universität Linz,
Altenbergerstr. 69, A-4040 Linz,
(00 43) 7 32 24 68-84 57, Fax (00 43) 7 32 24 68-89 01,
E-Mail Nicolas.Raschauer@jku.at

486. *Rasenack*, Dr. Christian A.L., LL.M., Professor,
Taunusstr. 8, 12309 Berlin,
(0 30) 7 45 25 43;
TU Berlin, Fakultät VIII, Institut für Volkswirtschaftslehre
und Wirtschaftsrecht,
Straße des 17. Juni 135, 10623 Berlin,
(0 30) 31 42-58 74, Fax (0 30) 7 45 25 43,
E-Mail c.rasenack@ww.tu-berlin.de

487. *Rauschning*, Dr. Dr. h.c. Dietrich, o. Professor,
Rodetal 1, 37120 Bovenden,
(0 55 94) 9 31 74, Fax (0 55 94) 9 31 75;
Institut für Völkerrecht, Universität Göttingen,
Platz der Göttinger Sieben 5, 37073 Göttingen,
(05 51) 39 47 51,
E-Mail drausch@gwdg.de

488. *Reimer*, Dr. Ekkehart, Professor,
Institut für Finanz- und Steuerrecht,
Lehrstuhl für Öffentliches Recht und Prinzipien
des Europäischen und Internationalen Steuerrechts,
Friedrich-Ebert-Anlage 6–10, 69117 Heidelberg,
(0 62 21) 54 74 67, Fax (0 62 21) 54 77 91,
E-Mail Reimer@uni-heidelberg.de

489. *Reimer*, Dr. Franz, Professor,
Ebelstr. 37, 35392 Gießen;
Justus-Liebig-Universität Gießen,
Fachbereich 1 (Rechtswissenschaft),
Hein-Heckroth-Str. 5, 35390 Gießen,
E-Mail franz.reimer@recht.uni-giessen.de

490. *Reinhardt*, Dr. Michael, LL.M. (Cantab.), Professor,
Auf dem Stumpelrott 9, 50999 Köln,
(02 21) 35 17 30;
Universität Trier, Fachbereich V, 54286 Trier,
(06 51) 2 01-25 78, Fax (06 51) 2 01 25 80,
E-Mail reinharm@uni-trier.de

491. *Remmert*, Dr. Barbara, Universitätsprofessorin,
Bei der Fruchtschranne 4, 72070 Tübingen;
Eberhard Karls Universität Tübingen,
Lehrstuhl für Öffentliches Recht,
Geschwister-Scholl-Platz, 72074 Tübingen,
E-Mail remmert@jura.uni-tuebingen.de

492. *Rengeling*, Dr. Hans-Werner, Universitätsprofessor,
Langeworth 143, 48159 Münster,
(02 51) 21 20 38, Fax (02 51) 21 20 44;
European Legal Studies Institute, Universität Osnabrück,
Martinistr. 10, 49069 Osnabrück,
(05 41) 9 69-45 05 oder -45 04, Fax (05 41) 9 69-62 82,
E-Mail H.-W.Rengeling@t-online.de

493. *Rensmann*, Dr. Thilo, LL:M. (University of Virginia),
Universitätsprofessor,
Sedanstr. 12, 53173 Bonn,
(0228) 21 44 12;
Technische Universität Dresden,
Juristische Fakultät,
Lehrstuhl für Völkerrecht, Europarecht und Öffentliches Recht,
01062 Dresden,
(0351) 46 33 73 66, Fax (0351) 46 33 74 65,
E-Mail rensmann@jura.tu-dresden.de

494. *Ress*, Dr. iur. Dr. rer. pol. Dr. iur. h.c. mult., Georg,
em. Universitätsprofessor
an der Universität der Saarlandes,
Professor an der International University Bremen,
Richter am EGMR a.D.,
Am Botanischen Garten 26/6, 66123 Saarbrücken,
(06 81) 3 02 30 55 oder 37 25 45, Fax (06 81) 37 25 45,
E-Mail ress@mx.uni-saarland.de

495. *Rhinow*, Dr. René, o. Professor,
em. Ordinarius für öffentliches Recht an der Universität Basel,
Leisenbergstr. 26, CH-4410 Liestal,
(00 41) 61 911 99 35,
E-Mail rene.rhinow@gmail.com

496. *Richter*, Dr. Dagmar, Privatdozentin,
Birkenweg 90, 24211 Preetz;
Walther-Schücking-Institut für Internationales Recht
an der CAU Kiel,
Westring 400, 24098 Kiel,
E-Mail drichter@internat-recht.uni-kiel.de

497. *Riedel*, Dr. Eibe H., Universitätsprofessor,
Haagwiesenweg 19, 67434 Neustadt,
(0 63 21) 8 48 19;
Lehrstuhl für Deutsches und Ausländisches Öffentliches Recht,
Völkerrecht und Europarecht, Universität Mannheim,
Schloß/Westflügel, 68131 Mannheim,
(06 21) 1 81-14 17 oder 14 18 oder 14 20-22, Fax (06 21) 1 81-14 19,
E-Mail riedel@uni-mannheim.de

498. *Rill*, Dr. Heinz Peter, em. o. Univ.-Prof.,
Peter-Jordan-Str. 145, A-1180 Wien,
(00 43-1) 4 79-86 74;
Forschungsinstitut für Europafragen, Wirtschaftsuniversität Wien,
Althanstraße 39–45, A-1090 Wien,
(00 43-1) 3 13 36 46-65 oder -66

499. *Rinken*, Dr. Alfred, Universitätsprofessor,
Präsident des Staatsgerichtshofs der
Freien Hansestadt Bremen,
Treseburger Str. 37, 28205 Bremen,
(04 21) 44 07 62,
E-Mail rinken@uni-bremen.de

500. *Rixen*, Dr. Stephan, Universitätsprofessor,
Universität Bayreuth,
Rechts- und Wirtschaftswissenschaftliche Fakultät,
Lehrstuhl für Öffentliches Recht, Sozialwirtschafts- und Gesundheitsrecht,
Universitätsstraße 30, 95447 Bayreuth,
(09 21) 55-6010, Fax (09 21) 55-6012,
E-Mail stephan.rixen@uni-bayreuth.de

501. *Robbers*, Dr. Gerhard, Universitätsprofessor,
Dagobertstr. 17, 54292 Trier,
(06 51) 5 37 10;
Universität Trier, Postfach 38 25, 54286 Trier,
(06 51) 2 01-25 42, Fax (06 51) 2 01-39 05,
E-Mail Robbers@uni-trier.de

502. *Röben*, Dr. Volker, LL.M., Professor,
School of Law Swansea University,
Singleton Park, Swansea SA2 8PP, Wales, UK,
(00 44) 17 92 60 27 23, Fax (00 44) 17 92 29 58 55,
E-Mail V.Roeben@swansea.ac.uk

503. *Rodi*, Dr. Michael, M.A., Universitätsprofessor,
Richardstr. 82, 12043 Berlin;
Ernst-Moritz-Arndt-Universität Greifswald,
Lehrstuhl für Öffentliches Recht, Finanz- und Steuerrecht,
17487 Greifswald,
(0 38 34) 86 21 00,
E-Mail mrodi@uni-greifswald.de

504. *Röger*, Dr. Ralf, Professor,
Fachhochschule des Bundes für öffentliche Verwaltung,
Fachbereich Bundespolizei,
Ratzeburger Landstraße 4, 23562 Lübeck,
(04 51) 2 03-17 36, Fax (04 51) 2 03-17 09,
E-Mail roeger@roeger.info

505. *Röhl*, Dr. Hans Christian, Professor,
Mainaustraße 207a, 78464 Konstanz,
(0 75 31) 8 07 14 46;
Universität Konstanz, Lehrstuhl für Staats- und Verwaltungsrecht,
Europarecht und Rechtsvergleichung, Fach D 115,
Universitätsstr. 10, 78457 Konstanz,
(0 75 31) 88-23 13, Fax (0 75 31) 88-25 63,
E-Mail hans.christian.roehl@uni-konstanz.de

506. *Ronellenfitsch*, Dr. Michael, o. Professor,
Augusta-Anlage 15, 68165 Mannheim,
(06 21) 41 23 34;
Universität Tübingen, Juristische Fakultät,
Geschwister-Scholl-Platz, 72074 Tübingen,
(0 70 71) 2 97 21 09, Fax (0 70 71) 2 97 49 05,
E-Mail ronellenfitsch@jura.uni-tuebingen.de

507. *Rossen-Stadtfeld*, Dr. Helge, Professor,
Marklandstraße 17, 81549 München,
(0 89) 74 42 79 29;
Universität der Bundeswehr München,
Fakultät für Wirtschafts- und Organisationswissenschaften,
Werner-Heisenberg-Weg 39, 85577 Neubiberg,
(0 89) 60 04-46 04, Fax (0 89) 60 04-37 00,
E-Mail helge.rossen-stadtfeld@unibw.de

508. *Rossi*, Dr. Matthias, Professor,
Universität Augsburg, Juristische Fakultät,
Lehrstuhl für Staats- und Verwaltungsrecht,
Europarecht sowie Gesetzgebungslehre,
Universitätsstr. 2, 86135 Augsburg,
(08 21) 598-45 45, Sekr. -45 46, Fax (08 21) 598-45 47,
E-Mail matthias.rossi@jura.uni-augsburg.de

509. *Roth*, Dr. Wolfgang, LL.M. (Michigan), apl. Prof.,
An der Elisabethkirche 48, 53113 Bonn,
(02 28) 9 12 52 73;
RAe Redeker Sellner Dahs & Widmaier,
Mozartstraße 4–10, 53115 Bonn,
(02 28) 7 26 25-5 42,
E-Mail roth@redeker.de

510. *Rozek*, Dr. Jochen, Universitätsprofessor,
Pfaffendorfer Str. 1, 04105 Leipzig,
(03 41) 2 25 59 32;
Lehrstuhl für Staats- und Verwaltungsrecht,
Verfassungsgeschichte und Staatskirchenrecht,
Universität Leipzig,
Burgstr. 27, 04109 Leipzig,
(03 41) 97 35-1 71, Sekr. -1 70, Fax (03 41) 97 35-1 79,
E-Mail rozek@uni-leipzig.de

511. *Ruch*, Dr. Alexander, o. Professor em.,
ETH Zürich
Gartenstr. 85, CH-4052 Basel,
(00 41) 61 272 36 22,
E-Mail ruch@recht.gess.ethz.ch

512. *Rudolf*, Dr. Walter, o. Professor,
Rubensallee 55a, 55127 Mainz,
(0 61 31) 7 19 42, E-Mail inge.rudolf@t-online.de;
FB Rechts- und Wirtschaftswissenschaften,
Universität Mainz, 55099 Mainz,
(0 61 31) 39-22 073, Sekretariat (0 61 31) 39-23 041

513. *Ruffert*, Dr. Matthias, Professor,
Naumannstraße 12, 07743 Jena,
(0 36 41) 20 72 63;
Rechtswissenschaftliche Fakultät,
Universität Jena,
Carl-Zeiss-Straße 3, 07743 Jena,
(0 36 41) 94 22 01, Fax (0 36 41) 94 22 02,
E-Mail m.ruffert@recht.uni-jena.de

514. *Rüfner*, Dr. Wolfgang, Professor,
Hagebuttenstr. 26, 53340 Meckenheim,
(0 22 25) 71 07,
E-Mail Ruefner@t-online.de;
zugehörig Universität zu Köln

515. *Rühl*, Dr. Ulli F. H., Professor,
Hermann-Allmers-Str. 34, 28209 Bremen,
(04 21) 3 46 74 84;
Universität Bremen, Fachbereich 6 Rechtswissenschaft,
Universitätsallee, GW 1, Postfach 33 04 40, 28334 Bremen,
(04 21) 2 18-46 06, Sekretariat: (04 21) 2 18-21 27,
E-Mail uruehl@uni-bremen.de

516. *Ruland*, Dr. Franz, Professor,
Geschäftsführer des Verbandes Deutscher
Rentenversicherungsträger a. D.,
Honorarprofessor an der Johann-Wolfgang-Goethe
Universität Frankfurt,
Strasslacher Straße 1B, 81479 München,
(0 89) 72 77 97 92, Fax (0 89) 74 90 94 82,
E-Mail Ruland.Franz@t-online.de

517. *Rupp*, Dr. Hans Heinrich, o. Professor,
Am Marienpfad 29, 55128 Mainz,
(0 61 31) 3 45 88

518. *Ruthig*, Dr. Josef, Universitätsprofessor,
Dreiweidenstr. 6, 65195 Wiesbaden;
Johannes-Gutenberg-Universität Mainz,
Fachbereich Rechts- und Wirtschaftswissenschaften,
Lehrstuhl für Öffentliches Recht,
Europarecht und Rechtsvergleichung,
55099 Mainz,
(06131) 39 20 964, Fax (06131) 39 24 059,
E-Mail Ruthig@uni-mainz.de

519. *Rütsche*, Dr. Bernhard, Professor,
Jubiläumsstr. 87, CH-3005 Bern,
(00 41) 3 13 11 15 84,
E-Mail bernhard.ruetsche@bluewin.ch;
Universität Zürich, Rechtswissenschaftliches Institut,
Treichlerstr. 10, CH-8032 Zürich,
(00 41) 4 46 34 61 03, Fax (00 41) 4 46 34 15 89,
E-Mail bernhard.ruetsche@unilu.ch

520. *Rux*, Dr. Johannes, Privatdozent,
Sophienstr. 32, 76133 Karlsruhe,
(07 21) 3 83 12 47, Fax (07 21) 3 83 12 48,
E-Mail rux@staatsrecht.info

521. *Sachs*, Dr. Michael, Universitätsprofessor,
Dattenfelder Str. 7, 51109 Köln,
(02 21) 84 46 57, Fax (02 21) 84 06 70;
Universität zu Köln, Lehrstuhl für Staats- und Verwaltungsrecht,
Albertus-Magnus-Platz,Bauteil V, 2. OG, 50923 Köln,
(02 21) 4 70-58 03, Fax (02 21) 4 70-51 35,
E-Mail Sachs@uni-koeln.de

522. *Sacksofsky*, Dr. Ute, Professorin,
Bundenweg 16, 60320 Frankfurt am Main,
(0 69) 95 62 20 51, Fax (0 69) 95 62 20 52;
Goethe-Universität, Fachbereich Rechtswissenschaft,
Institut für öffentliches Recht,
Grüneburgplatz 1, 60323 Frankfurt am Main,
(0 69) 79 83 42 85, Fax (0 69) 79 83 45 13
E-Mail Sacksofsky@jur.uni-frankfurt.de

523. *Salzwedel*, Dr. Jürgen, o. Professor,
Siebengebirgsstr. 86, 53229 Bonn,
(02 28) 48 17 10

524. *Sarcevic*, Dr. Edin, apl. Professor,
Thomasiusstr. 15, 04009 Leipzig,
(03 41) 6 01 73 93;
Juristenfakultät Leipzig, Postfach 100 920,
(03 41) 9 73 52 10, Fax (03 41) 9 73 52 18,
E-Mail edin@rz.uni-leipzig.de

525. *Saurer*, Dr. Johannes, LL.M. (Yale), Privatdozent,
Albtalstr. 9, 76137 Karlsruhe,
(0721) 156 40 557,
Universität Bayreuth,
Rechtswissenschaftliche Fakultät,
Lehrstuhl Öffentliches Recht IV,
95447 Bayreuth, (0921) 55 2945,
E-Mail johannes.saurer@uni-bayreuth.de

526. *Saxer*, Dr. Urs, Titularprofessor, LL.M.,
Kantstrasse 15, CH-8044 Zürich,
(00 41-44) 4 22 40 42;
Steinbrüchel Hüssy Rechtsanwälte,
Grossmünsterplatz 8, CH-8001 Zürich,
(00 41-44) 2 69 40 00, Fax (00 41-44) 2 69 40 01,
E-Mail Saxer@steinlex.ch

527. *Schachtschneider*, Dr. Karl Albrecht, o. Professor,
Kaschachtschneider@web.de

528. *Schambeck*, Dr. Dr. h.c. mult. Herbert, o. Universitätsprofessor,
Hofzeile 21, A-1190 Wien,
(00 43-1) 36 34 94;
Universität Linz,
(00 43) 73 22 46 84 24

529. *Schefer*, Dr. Markus, Professor,
Gartenstadt 18, CH-4142 Münchenstein/BL,
(00 41) 6 14 11 36 28;
Universität Basel Juristische Fakultät, Lehrstuhl für Staats- und Verwaltungsrecht,
Maiengasse 51, CH-4056 Basel,
(00 41) 6 12 67 25 13,
E-Mail markus.schefer@unibas.ch

530. *Schefold*, Dr. Dian, Universitätsprofessor,
Mathildenstraße 93, 28203 Bremen,
(04 21) 7 25 76;
FB Rechtswissenschaft der Universität Bremen,
Universitätsallee, GW 1, Postfach 33 04 40, 28334 Bremen,
(04 21) 2 18-6 60 07, Fax (04 21) 2 18-6 60 30,
E-Mail schefold@uni-bremen.de

531. *Schenke*, Dr. Ralf P., o. Professor,
Hofstattstr. 3, 97209 Veitshöchheim,
(09 31) 30 17 11 31;
Julius-Maximilians-Universität Würzburg,
Lehrstuhl für Öffentliches Recht, Deutsches,
Europäisches und Internationales Steuerrecht,
Domerschulstr. 16, 97070 Würzburg,
(09 31) 31-8 23 60, Fax (09 31) 31-8 60 70,
E-Mail schenke@jura.uni-wuerzburg.de

532. *Schenke*, Dr. Wolf-Rüdiger, o. Professor,
Beim Hochwald 30, 68305 Mannheim,
(06 21) 74 42 00;
Universität Mannheim, 68131 Mannheim,
(06 21) 1 81 14 10,
E-Mail Schenke@jura.uni-mannheim.de

533. *Scherer*, Dr. Joachim, LL.M., apl. Professor,
Privatweg 9, 64342 Seeheim-Jugenheim,
(0 62 57) 90 37 39;
RAe Baker & McKenzie,
Bethmannstr. 50–54, 60311 Frankfurt am Main,
(0 69) 29 90 81 89, Fax (0 69) 29 90 81 08,
E-Mail Joachim.Scherer@Bakernet.com

534. *Scherzberg*, Dr. Arno, Professor,
Wartburgstr. 34, 99094 Erfurt,
(0361) 7 37 47 61;
Universität Erfurt, Staatswissenschaftliche Fakultät,
Postfach 900 221, 99105 Erfurt;
(03 61) 7 37-47 61, (03 61) 7 37-47 60 (Sekr.),
Fax (03 61) 7 37-47 09,
E-Mail Arno.Scherzberg@uni-erfurt.de

535. *Scheuing*, Dr. Dieter H., o. Professor,
Finkenstr. 17, 97204 Höchberg,
(09 31) 4 83 31, Fax (09 31) 40 81 98;
Universität Würzburg, 97070 Würzburg,
E-Mail Scheuing@jura.uni-wuerzburg.de

536. *Schiedermair*, Dr. Hartmut, o. Professor,
Wittelsbacher Str. 7, 53173 Bonn-Bad Godesberg;
Institut für Völkerrecht und ausländisches öffentliches Recht,
Universität Köln,
Gottfried-Keller-Str. 2, 50931 Köln,
(02 21) 4 70 23 64

537. *Schilling*, Dr. Theodor, apl. Professor,
Le Mas des Roses, Fontcaudette,
F-84220 Gordes;
Humboldt-Universität zu Berlin, 10117 Berlin;
Gerichtshof der EG, L-2925 Luxemburg,
(0 03 52) 43 03-34 13,
E-Mail thsch@web.de

538. *Schindler*, Dr. Benjamin, MJur (Oxford), o. Professor,
Ober Bendlehn 32, CH_9042 Speicher;
Universität St. Gallen, Law School,
Tigerbergstraße 21, CH-9000 St. Gallen,
+41 (0)71 224 21 63, Fax +41 (0)71 224 21 62,
E-Mail benjamin.schindler@unisg.ch

539. *Schindler*, Dr. Dr. h.c. Dietrich, Professor,
Lenzenwiesstr. 8, CH-8702 Zollikon;
Universität Zürich,
(00 41-1) 3 91-71 18 oder -41 40,
Fax (00 41-1) 3 91-71 18

540. *Schlacke*, Dr. Sabine, Professorin,
Querstr. 9, 18107 Elmenhorst,
(03 81) 5 10 60 82;
Universität Bremen, Professur für Öffentliches Recht
mit dem Schwerpunkt deutsches, europäisches und
internationales Umweltrecht, Verwaltungsrecht
Universitätsallee, 28353 Bremen,
(04 21) 2 18-72 49, Fax (04 21) 2 18-74 90,
E-Mail schlacke@uni-bremen.de

541. *Schlette*, Dr. Volker, Professor,
Hirberg 4, 37170 Uslar,
(0 55 73) 99 98 68;
Universität Göttingen, Juristisches Seminar,
Platz der Göttinger Sieben 6, 37073 Göttingen,
(05 51) 39 44 13, Fax (05 51) 39 74 14

542. *Schlieffen*, Dr. Katharina Gräfin von, Universitätsprofessorin,
FernUniversität Hagen, Fachbereich Rechtswissenschaft,
Universitätsstr. 21, 58084 Hagen,
(0 23 31) 9 87-28 78, Fax (0 23 31) 9 87-3 95,
E-Mail LG.vonSchlieffen@fernuni-hagen.de

543. *Schliesky*, Dr. Utz, apl. Professor,
Direktor des Schleswig-Holsteinischen Landtages,
Goosdiek 22, 24229 Dänischenhagen;
Schleswig-Holsteinischer Landtag,
Düsternbrooker Weg 70, 24105 Kiel
(04 31) 9 88-10 10;
Lorenz-von-Stein-Institut für Verwaltungswissenschaften an der
Christian-Albrechts-Universität zu Kiel,
Olshausenstr. 75, 24098 Kiel,
E-Mail Utz.Schliesky@landtag.ltsh.de

544. *Schlink*, Dr. Bernhard, Professor,
Viktoria-Luise-Platz 4, 10777 Berlin;
Institut für Öffentliches Recht und Völkerrecht,
Humboldt-Universität zu Berlin,
Unter den Linden 6, 10099 Berlin,
(0 30) 20 93-34 54 oder -34 72, Fax (0 30) 20 93-34 52,
E-Mail Schlink@rewi.hu-berlin.de

545. *Schmahl*, Dr. Stefanie, LL.M., Professorin,
Wittelsbacherstraße 10 A, 10707 Berlin;
Lehrstuhl für deutsches und ausländisches öffentliches Recht,
Völkerrecht und Europarecht, Universität Würzburg,
Domerschulstr. 16, 97070 Würzburg,
(09 31) 31-8 23 24, Fax (09 31) 31-27 92,
E-Mail schmahl@jura.uni-wuerzburg.de

546. *Schmalenbach*, Dr. Kirsten, Professorin,
Richard Wagner Gasse 13, A-8010 Graz;
Institut für Völkerrecht,
Paris Lodron Universität Salzburg,
Churfürststraße 1, A-5020 Salzburg,
(00 43) 6 62 80 44-36 51, Fax (00 43) 66 28 04 41 35,
E-Mail kirsten.schmalenbach@sbg.ac.at

547. *Schmehl*, Dr. Arndt, Universitätsprofessor,
Professur für Öffentliches Recht, Finanz- und Steuerrecht,
Universität Hamburg,
Schlüterstr 28 (Rechtshaus), 20146 Hamburg,
(0 40) 4 28 38 -30 26 (Sekr.) und -30 25 (direkt),
Fax (0 40) 4 28 38 -30 28,
E-Mail arndt.schmehl@jura.uni-hamburg.de

548. *Schmid*, Dr. Gerhard, Professor,
Hochwaldstr. 24, CH-4059 Basel,
(00 41) 6 13 31 84 25;
c/o Wenger Plattner, Aeschenvorstadt 55,
CH-4010 Basel,
(00 41) 6 12 79-70 00, Fax (00 41) 6 12 79-70 01,
E-Mail Gerhard.Schmid@wenger-plattner.ch

549. *Schmid*, Dr. Viola, LL.M., Universitätsprofessorin,
Kirchenweg 3, 91126 Schwabach,
(0 91 22) 7 73 82, Fax (0 91 22) 6 23 45;
Institut für Öffentliches Recht, Technische Universität Darmstadt,
Hochschulstr. 1, 64289 Darmstadt,
(0 61 51) 16 64 64, Fax (0 61 51) 16 39 84,
E-Mail schmid@jus.tu-darmstadt.de

550. *Schmidt*, Dr. Reiner, o. Professor,
Bachwiesenstr. 5, 86459 Gessertshausen,
(0 82 38) 41 11, Fax (0 82 38) 6 09 01,
E-Mail Rein.Schmidt@t-online.de;
Lehrstuhl für Öffentliches Recht, Wirtschaftsverwaltungsrecht
und Umweltrecht, Universität Augsburg,
Universitätsstr. 24, 86159 Augsburg,
(08 21) 5 98-45 26

551. *Schmidt*, Dr. Thorsten Ingo, Universitätsprofessor,
Köhlerstr. 31, 12205 Berlin,
(01 63) 1 35 54 87;
Professur für Öffentliches Recht, insbesondere
Staatsrecht, Verwaltungs- und Kommunalrecht,
Universität Potsdam,
August-Bebel-Str. 89, 14482 Potsdam
(03 31) 9 77-32 84,
E-Mail thorsten.ingo.schmidt@uni-potsdam.de

552. *Schmidt*, Dr. Walter, Universitätsprofessor,
Brüder-Knauß-Str. 86, 64285 Darmstadt,
(0 61 51) 6 47 10;
Universität Frankfurt, 60054 Frankfurt am Main,
(0 69) 7 98 2 21 89

553. *Schmidt am Busch*, Dr. Birgit, LL.M. (Iowa), Privatdozentin,
Schmellerstr. 28, 80337 München,
(0 89) 7 25 74 20,
E-Mail BSaB@aol.com;
Ludwig-Maximilians-Universität München,
Ludwigstr. 28, Rgb., 80539 München,
(0 89) 21 80-20 82,
E-Mail Schmidt-am-Busch@jura.uni-muenchen.de

554. *Schmidt-Aßmann*, Dr. Dres. h.c. Eberhard, o. Professor,
Höhenstr. 30, 69118 Heidelberg,
(0 62 21) 80 08 03;
Universität Heidelberg, 69117 Heidelberg,
(0 62 21) 54 78 07,
E-Mail schmidt-assmann@uni-hd.de

555. *Schmidt-De Caluwe*, Reimund, Universitätsprofessor,
Unterer Hardthof 17 B, 35398 Gießen,
(06 41) 3 45 66, Fax (06 41) 9 60 99 66;
Juristische Fakultät der Martin-Luther-Universität
Halle-Wittenberg,
Universitätsplatz 3–5, 06099 Halle (Saale),
(03 45) 55-2 31 38 oder -39,
E-Mail Schmidtdc@jura.uni-halle.de

556. *Schmidt-Jortzig*, Dr. Edzard, o. Professor,
Graf-Spee-Straße 18a, 24105 Kiel,
(04 31) 8 95 01 95, Fax (04 31) 80 34 71,
Christian-Albrechts-Universität zu Kiel,
Lehrstuhl für Öffentliches Recht,
Leibnizstr.6, 24118 Kiel,
(04 31) 8 80-35 45,
E-Mail office.sj@law.uni-kiel.de

557. *Schmidt-Preuß*, Dr. Matthias, o. Professor,
E.-T.-A.-Hoffmann-Straße 12, 53113 Bonn,
(02 28) 67 80 91;
Universität Bonn, Rechts- und Staatswissenschaftliche Fakultät,
Adenauerallee 24–42, 53113 Bonn,
(02 28) 73 65 02, Fax (02 28) 73 65 07,
E-Mail schmidt-preuss@jura.uni-bonn.de

558. *Schmidt-Radefeldt*, Dr. Roman, Privatdozent,
Schleiermacherstr.5, 68165 Mannheim,
(06 21) 8 20 75 02,
E-Mail romansr69@yahoo.de;
Fachhochschule des Bundes für öffentliche Verwaltung,
Fachbereich Bundeswehrverwaltung,
Seckenheimer Landstr.30, 68163 Mannheim,
(0621) 4 29 54 60,
E-Mail romanschmidtradefeldt@bundeswehr.org

559. *Schmitt Glaeser*, Dr. Alexander, LL.M. (Yale), Privatdozent,
Kaulbachstraße 64, 80539 München,
(0 89) 38 54 79 31,
E-Mail a.schmitt-glaeser@aya.yale.edu

560. *Schmitt Glaeser*, Dr. Dr. h. c. Walter, o. Professor,
Rübezahlweg 9 A, 95447 Bayreuth,
(09 21) 3 20 70, Fax (09 21) 7 56 38 66

561. *Schmitt-Kammler*, Dr. Arnulf, Universitätsprofessor,
Katzenberg 6, 96049 Bamberg;
Universität zu Köln, Rechtswissenschaftliche Fakultät,
Albertus-Magnus-Platz, 50923 Köln,
(02 21) 4 70-40 66 oder -40 67,
E-Mail schmitt-kammler@gmx.de

562. *Schmitz*, Dr. Thomas, Professor,
(vormals Universität Lettlands, Riga),
Mittelstr. 1, 31535 Neustadt am Rübenberge,
(01525) 487 95 26,
E-Mail tschmit1@gwdg.de

563. *Schnapp*, Dr. Friedrich E., o. Professor,
Efeuweg 22, 44869 Bochum,
(0 23 27) 7 42 13;
Universität Bochum, 44780 Bochum,
(02 34) 32-2 22 39, Fax (02 34) 32-1 42 71,
E-Mail friedrich.e.schnapp@rub.de

564. *Schneider*, Dr. Dr. h.c. Hans-Peter, em. Professor,
Deutsches Institut für Föderalismusforschung,.
Drosselweg 4, 30559 Hannover,
(0511) 51 10 50, Fax (0511) 54 45 492;
Juristische Fakultät, Leibniz-Universität Hannover,
(0511) 7 62-8185
E-Mail hps@dif.uni-hannover.de

565. *Schneider*, Dr. Jens-Peter, Professor,
Lorettostr. 36, 79100 Freiburg,
(0761) 290 86 300;
Albert-Ludwigs-Universität Freiburg,
Rechtswissenschaftliche Fakultät,
79085 Freiburg,
(0761) 203-97731; Fax (0761) 203-97542
E-Mail jp.schneider@jura.uni-freiburg.de

566. *Schöbener*, Dr. Burkhard, Professor,
Am Glösberg 27, 97342 Obernbreit,
(0 93 32) 50 00 04;
Professur für Öffentliches Recht, Völkerrecht und
Europarecht, Universität zu Köln,
Gottfried-Keller-Straße 2, 50931 Köln,
(02 21) 4 70-38 34 oder -38 75,
E-Mail burkhard.schoebener@uni-koeln.de

567. *Schönberger*, Dr. Christoph, Professor,
Wintererstr. 7, 79104 Freiburg i. Br.,
(07 61) 3 19 68 72;
Universität Konstanz, Fachbereich Rechtswissenschaft,
Postfach D 110, Universitätsstr. 10, 78457 Konstanz,
(0 75 31) 88 30 04, Fax (0 75 31) 88 40 08,
E-Mail Christoph.Schoenberger@uni-konstanz.de

568. *Schoch*, Dr. Friedrich, o. Professor,
Kastelbergstr. 19, 79189 Bad Krozingen,
(0 76 33) 94 81 04, Fax (0 76 33) 94 81 05;
Institut für Öffentliches Recht IV, Universität Freiburg,
Postfach, 79085 Freiburg,
(07 61) 2 03-22 57 oder -22 58, Fax (07 61) 2 03-22 97,
E-Mail oerecht4@jura.uni-freiburg.de

569. *Scholler*, Dr. Dr. h. c. Heinrich, Professor,
Zwengauerweg 5, 81479 München,
(0 89) 79 64 24 (privat), (0 89) 33 20 14 (Büro),
Fax (0 89) 79 00 216

570. *Scholz*, Dr. Rupert, o. Professor,
Königsallee 71 a, 14193 Berlin;
Universität München, Institut für Politik und Öffentliches Recht,
Ludwigstr. 28/RG, 80539 München,
(0 89) 21 80-21 13,
E-Mail rupert.scholz@jura.uni-muenchen.de

571. *Schorkopf*, Dr. Frank, Professor,
Schillerstr. 49, 37083 Göttingen,
E-Mail schorkopf@web.de;
Georg-August-Universität Göttingen,
Juristische Fakultät,
Institut für Völkerrecht und Europarecht,
Platz der Göttinger Sieben 5, 37073 Göttingen,
(05 51) 39-46 10, Fax (05 51) 39-2 21 96,
E-Mail Frank.Schorkopf@jura.uni-goettingen.de

572. *Schott*, Dr. Markus, Privatdozent
Rütistr. 38, CH-8032 Zürich
(0041) 44 363 14 44
Bär & Karrer AG, Brandschenkestr. 90,
CH-8027 Zürich,
(0041) 58 261 50 00, Fax (0041) 58 263 54 77
E-Mail markus.schott@baerkarrer.ch

573. *Schröder*, Dr. Meinhard, o. Professor,
Zum Wingert 2, 54318 Mertesdorf,
(06 51) 5 78 87;
Universität Trier, 54286 Trier,
(06 51) 2 01 25 86,
E-Mail schroedm@uni-trier.de

574. *Schröder*, Dr. Rainer Johannes, Privatdozent,
Wormser Str. 65, 01309 Dresden,
(03 51) 6 56 97 00;
Technische Universität Dresden, Juristische Fakultät,
Bergstr. 53, 01069 Dresden,
(03 51) 46 33 73 65,
E-Mail rschroed@jura.tu-dresden.de

575. *Schroeder*, Dr. Werner, LL.M., Professor,
Universität Innsbruck, Institut für Völkerrecht,
Europarecht und Internationale Beziehungen,
Innrain 52, A-6020 Innsbruck,
(00 43) 5 12-5 07-83 20, Fax (00 43) 5 12-5 07-26 51,
E-Mail Werner.Schroeder@uibk.ac.at

576. *Schuler-Harms*, Dr. Margarete, Professorin,
Heidkoppel 19, 22145 Hamburg,
(0 40) 6 78 60 61, Fax (0 40) 6 78 83 73;
Helmut-Schmidt-Universität,
Universität der Bundeswehr
Institut für Öffentliches Recht,
Holstenhofweg 85, 22043 Hamburg,
(0 40) 65 41-27 82, Fax (0 40) 65 41-20 87,
E-Mail Schuler-Harms@hsu-hh.de

577. *Schulev-Steindl*, Dr. MMag. Eva, LL.M. (London),
a.o. Univ. Prof.,
Auhofstraße 158/20, A-1130 Wien;
Institut für Staats- und Verwaltungsrecht,
Universität Wien,
Schottenbastei 10–16, A-1010 Wien,
(00 43-1) 42 77-3 54 53 oder -51,
Fax (00 43-1) 42 77-3 54 59,
E-Mail eva.schulev-steindl@univie.ac.at

578. *Schulte*, Dr. Martin, Professor,
Neuostra 15, 01219 Dresden,
(03 51) 4 72 25 50;
Lehrstuhl für Öffentliches Recht, Umwelt- und Technikrecht,
Juristische Fakultät, TU Dresden, von-Gerber-Bau,
Bergstr. 53, 01069 Dresden,
(03 51) 46 33-73 62, Fax (03 51) 46 33-72 20,
E-Mail schulte@jura.tu-dresden.de

579. *Schulz*, Dr. Wolfgang, Privatdozent,
Bismarckstr. 4, 20259 Hamburg,
(0 40) 40 40 75;
Hans-Bredow-Institut für Medienforschung,
Heimhuder Str. 21, 20148 Hamburg,
(0 40) 45 02 17 11 (Sekr.), -34 (Durchwahl), Fax (0 40) 45 02 17 77,
E-Mail w.schulz@hans-bredow-institut.de

580. *Schulze-Fielitz*, Dr. Helmuth, Professor,
Klara-Löwe-Str. 5, 97082 Würzburg,
(09 31) 7 84 10 25, Fax (09 31) 7 84 10 34,
E-Mail L-Schulze-Fielitz@jura.uni-wuerzburg.de

581. *Schuppert*, Dr. Gunnar Folke, Professor,
Kaiserdamm 28, 14057 Berlin,
(0 30) 30 61 21 68;
Wissenschaftszentrum Berlin für Sozialforschung,
Forschungsprofessur Neue Formen von Governance,
Reichpietschufer 50, 10785 Berlin,
(0 30) 2 54 91-5 46 oder -246, Fax (0 30) 2 54 91-542,
E-Mail schuppert@wzb.eu

582. *Schwabe*, Dr. Jürgen, Professor,
Erlenweg 1, 21614 Buxtehude,
(0 41 61) 8 71 41, Fax (0 41 61) 72 26 00;
Universität Hamburg, Juristische Fakultät,
Schlüterstraße 28, 20146 Hamburg,
E-Mail Juergen_Schwabe@gmx.de

583. *Schwartmann*, Dr. Rolf, Professor,
Brucknerstraße 18, 50931 Köln,
(02 21) 4 00 90 94;
Fachhochschule Köln, Fakultät für Wirtschaftswissenschaften,
Claudiusstraße 1, 50678 Köln,
(02 21) 82 75-34 46, Fax (02 21) 82 75-7 34 46,
E-Mail rolf.schwartmann@fh-koeln.de

584. *Schwarz*, Dr. Kyrill-A., Professor,
Dönersberg 13, 91550 Dinkelsbühl,
(01 77) 8 31 07 68;
Universität Würzburg, Juristische Fakultät,
Professor für Öffentliches Recht,
Domerschulstr. 16, 97070 Würzburg,
(0931) 318-2335
E-Mail kyrill-alexander.schwarz@uni-wuerzburg.de

585. *Schwarze*, Dr. Jürgen, Professor,
Universität Freiburg, Institut für Öffentliches Recht Abt. I,
Platz der Alten Synagoge 1, 79098 Freiburg,
(07 61) 2 03-22 38, oder -22 51, Fax (07 61) 2 03-22 34,
E-Mail juergen.schwarze@jura.uni-freiburg.de

586. *Schwarzer*, Mag., Dr. Stephan, Universitätsdozent,
Rodlergasse 7/10, A-1190 Wien,
(00 43-1) 3 69 17 46;
Bundeswirtschaftskammer, Wiedner Hauptstr. 63,
A-1045 Wien,
(00 43-1) 5 01 05-41 95

587. *Schweitzer*, Dr. Michael, Professor,
Göttweiger Str. 135, 94032 Passau,
(08 51) 3 45 33;
Universität Passau, 94032 Passau,
(08 51) 5 09-23 30, Fax (08 51) 5 09-23 32,
E-Mail Schweitzer@uni-passau.de

588. *Schweizer*, Dr. Rainer J., o. Professor,
Kirchgasse 9, CH-9220 Bischofszell,
(00 41) 71-2 23 56 24;
Universität St. Gallen,
Tigerbergstr. 21, CH-9000 St. Gallen,
Forschungsgemeinschaft für Rechtswissenschaften,
(00 41) 71-2 24 21 61, Fax (00 41) 71-2 24 21 62,
E-Mail Rainer.Schweizer@unisg.ch

589. *Schwerdtfeger*, Dr. Gunther, Universitätsprofessor,
Hülsebrinkstr. 23, 30974 Wennigsen/Deister,
(0 51 03) 13 11;
Juristische Fakultät, Universität Hannover,
Königsworther Platz 1, 30167 Hannover,
(05 11) 7 62-81 69

590. *Seer*, Dr. Roman, Universitätsprofessor,
In den Birken 156 d, 42113 Wuppertal,
(02 02) 2 72 15 34, Fax (02 02) 2 72 15 35;
Ruhr-Universität Bochum, Lehrstuhl für Steuerrecht,
Gebäude GC 8/137, Universitätsstr. 150, 44780 Bochum,
(02 34) 3 22 82 69, Fax (02 34) 3 21 46 14,
E-Mail LS.seer@jura.ruhr-uni-bochum.de

591. *Seewald*, Dr. Otfried, o. Professor,
Schärdingerstraße 21 A, 94032 Passau,
(08 51) 3 51 45, Fax (08 51) 3 51 45,
E-Mail otfried_seewald@gmx.de;
Universität Passau,
Innstr. 40, Postfach 25 40, 94030 Passau,
(08 51) 50 9-23 40 oder -41, Fax (08 51) 5 09-23 42,
E-Mail otfried.seewald@uni-passau.de

592. *Seidel*, Dr. Gerd, Professor,
Donizettistraße 102, 12623 Berlin,
(0 30) 56 59 75 56;
Humboldt Universität zu Berlin,
Lehrstuhl für Öffentliches Recht, Völker- und Europarecht,
Unter den Linden 6, 10099 Berlin,
(0 30) 20 93-35 17/-12, Fax (0 30) 20 93-33 84,
E-Mail gerd.seidel@rewi.hu-berlin.de

593. *Seiler*, Dr. Christian, Professor,
Stauffenbergstr. 70/1, 72074 Tübingen,
(0 70 71) 5 49 77 80;
Universität Tübingen, Lehrstuhl für Staats-
und Verwaltungsrecht, Finanz- und Steuerrecht,
Geschwister-Scholl-Platz, 72074 Tübingen,
(0 70 71) 2 97 29 43,
E-Mail christian.seiler@jura.uni-tuebingen.de

594. *Selmer*, Dr. Peter, Professor,
Akazienweg 9, 22587 Hamburg,
(0 40) 86 47 43;
Universität Hamburg, 20146 Hamburg,
(0 40) 4 28 38-45 74 oder -3026, Fax (0 40) 4 28 38-30 28,
E-Mail peter.selmer@jura.uni-hamburg.de

595. *Shirvani*, Dr. Foroud, Privatdozent,
Grafinger Str. 91, 81671 München,
(0 89) 49 00 36 63;
Ludwig-Maximilians-Universität München,
Ludwigstr. 28 (Rgb.), 80539 München,
(0 89) 21 80 28 83, Fax (0 89) 21 80 31 99,
E-Mail foroud.shirvani@jura.uni-muenchen.de

596. *Sieckmann*, Dr. Jan-Reinhard, Professor,
Sozial- und Wirtschaftswissenschaftliche Fakultät,
Otto-Friedrich-Universität Bamberg,
Feldkirchenstr. 21, 96051 Bamberg,
(09 51) 8 63-27 40, Fax (09 51) 8 63-57 40,
E-Mail Jan.Sieckmann@sowi.uni-bamberg.de

597. *Siedentopf*, Dr. Dr. h.c. Heinrich, o. Professor,
Langstr. 1, 76829 Landau,
(0 63 41) 6 07 57;
Deutsche Hochschule für Verwaltungswissenschaften Speyer,
Freiherr-vom-Stein-Str. 2–6, 67324 Speyer,
E-Mail heinrich@siedentopf.net

598. *Siegel*, Dr. Thorsten, Privatdozent,
Dr. Semmelweis-Str. 25, 67433 Neustadt an der Weinstraße,
(0 63 21) 48 28 51;
Deutsches Forschungsinstitut für öffentliche Verwaltung Speyer,
Freiherr-vom-Stein-Str. 2, 67346 Speyer,
(0 62 32) 6 54-3 79, Fax (0 62 32) 6 54-2 90,
E-Mail siegel@foev-speyer.de

599. *Siehr*, Dr. Angelika, LL.M. (Yale), Privatdozentin,
Zickzackredder 9, 24850 Schuby,
(04621) 94 88 88;
Universität Bielefeld,
Rechtswissenschaftliche Fakultät,
Postfach 100131, 33501 Bielefeld,
(0521) 106-4430, (0521) 106-6893 (Sekretariat),
E-Mail angelika.siehr@rewi.hu-berlin.de

600. *Siekmann*, Dr. Helmut, Professor,
Johann Wolfgang Goethe-Universität,
Professur für Geld-, Währungs- und Notenbankrecht,
IMFS im House of Finance,
Grüneburgplatz 1, 60323 Frankfurt am Main,
(0 69) 7 98-3 40 14

601. *Silagi*, Dr. Dr. Michael, Privatdozent,
Institut für Völkerrecht, Universität Göttingen,
Platz der Göttinger Sieben 5, 37073 Göttingen,
(05 51) 39-47 34

602. *Skouris*, Dr. Wassilios, Professor,
Nikolaou Manou 18, GR-54643 Thessaloniki,
(00 30-31) 83 14 44;
Gerichtshof der Europäischen Gemeinschaften,
Palais de la Cour de Justice, L-2925 Luxembourg,
(0 03 52) 43 03 22 09, Fax (0 03 52) 43 03 27 36

603. *Smeddinck*, Dr. Ulrich, Privatdozent,
Sommerhuder Str. 35, 22769 Hamburg,
(01 74) 2 48 99 90;
Umweltbundesamt
Wörlitzer Platz 1, FB III, 06844 Dessau,
(03 40) 21 03-20 77,
E-Mail ulrich.smeddinck@uba.de
Martin-Luther-Universität Halle-Wittenberg,
Juristische und Wirtschaftswissenschaftliche Fakultät,
Universitätsplatz 10a, 06108 Halle/Saale,
E-Mail Ulrich.Smeddinck@jura.uni-halle.de

604. *Sodan*, Dr. Helge, Universitätsprofessor,
Fachbereich Rechtswissenschaft, Lehrstuhl für Staats- und
Verwaltungsrecht, Öffentliches Wirtschaftsrecht, Sozialrecht,
Freie Universität Berlin,
Van't-Hoff-Str. 8, 14195 Berlin,
(0 30) 8 38-5 39 72 oder -7 39 73, Fax (0 30) 8 38-5 44 44;
Präsident des Verfassungsgerichtshofes des Landes Berlin,
Elßholzstr. 30–33, 10781 Berlin,
(0 30) 90 15-26 50, Fax (0 30) 90 15-26 66,
E-Mail sodan@zedat.fu-berlin.de

605. *Söhn*, Dr. Hartmut, o. Professor,
Eppanerstr. 9, 94036 Passau,
(08 51) 5 85 20,
E-Mail hsoehndr@web.de;
Universität Passau, Lehrstuhl für Staats- u. Verwaltungsrecht
insbesondere Finanz- und Steuerrecht,
94032 Passau,
(08 51) 5 09-23 50, Fax (08 51) 5 09-23 52

606. *Somek*, Dr. Alexander, Professor,
Görgengasse 23a/8, A-1190 Wien;
University of Iowa, College of Law,
Melrose and Byington Iowa City, Iowa USA 52242,
(3 19) 3 35 90 34, Fax (31 91) 33 59 01 98,
E-Mail alexander-somek@uiowa.edu

607. *Sommermann*, Dr. Karl-Peter, Universitätsprofessor,
Lehrstuhl für Öffentliches Recht,
Staatslehre und Rechtsvergleichung,
Deutsche Hochschule für Verwaltungswissenschaften Speyer,
Postfach 14 09, 67346 Speyer,
(0 62 32) 6 54-3 44, Fax (0 62 32) 6 54-4 14,
E-Mail Sommermann@dhv-speyer.de

608. *Spannowsky*, Dr. Willy, Universitätsprofessor,
Auf dem Kleehügel 17, 67706 Krickenbach,
(0 63 07) 99 39 63, Fax (0 63 07) 99 39 49;
Lehrstuhl für Öffentliches Recht,
Postfach 30 49, 67653 Kaiserslautern,
(06 31) 2 05-39 75, Fax (06 31) 2 05-39 77,
E-Mail oerecht@rhrk.uni-kl.de

609. *Nur TextSpiecker genannt Döhmann*, Dr. Indra, LL.M.
(Georgetown Univ.), Professorin,
Institut für Informations- und Wirtschaftsrecht
Nur TextZentrum für Angewandte Rechtswissenschaft (ZAR)
Nur TextKarlsruher Institut für Technologie (KIT)
Vincenz-Prießnitz-Str. 3, Geb. 07.08,
76131 Karlsruhe,
(07 21) 6084 -77 59, Fax (07 21) 6084 - 80 23,
E-Mail spiecker@kit.edu
Nur Text www.zar.kit.edu

610. *Spranger*, Dr. Dr. Tade Matthias, Privatdozent,
Eichhörnchenweg 10, 53125 Bonn;
c/o Institut für Wissenschaft und Ethik,
Bonner Talweg 57, 53113 Bonn,
(02 28) 33 64 19 53, Fax (02 28) 33 64 19 50,
E-Mail spranger@iwe.uni-bonn.de

611. *Staff*, Dr. Ilse, Universitätsprofessorin,
Am Forum 4, 65779 Kelkheim,
(0 61 95) 33 08;
Universität Frankfurt, 60054 Frankfurt am Main

612. *Starck*, Dr. Christian, o. Professor,
Schlegelweg 10, 37075 Göttingen,
(05 51) 5 54 54,
E-Mail C.Starck@jura.uni-goettingen.de

613. *Steiger*, Dr. Heinhard, Universitätsprofessor,
Oberhof 16, 35440 Linden,
(06 41) 2 32 52;
Universität Gießen, 35394 Gießen,
(06 41) 9 92 11-50 oder -51, Fax (06 41) 9 92 11-59

614. *Stein*, Dr. Katrin, Privatdozentin,
Reinhold-Tiling-Weg 61, 49088 Osnabrück,
(05 41) 9 11 84 51;
Universität Osnabrück, Institut für Kommunalrecht,
Martinistr. 12, 49078 Osnabrück,
(05 41) 9 69-61 69,
E-Mail kstein@uos.de

615. *Stein*, Dr. Torsten, Universitätsprofessor,
Ludolf-Krehl-Str. 1 b, 69120 Heidelberg,
(0 62 21) 48 04 38, Fax (0 62 21) 48 04 38;
Universität des Saarlandes, Europa-Institut,
Am Stadtwald, 66041 Saarbrücken,
(06 81) 3 02-45 67 oder -36 95, Fax (06 81) 3 02-48 79,
E-Mail t.stein@mx.uni-saarland.de

616. *Steinberg*, Dr. Rudolf, Universitätsprofessor,
Universitätspräsident a.D.,
Wingertstr. 2 A, 65719 Hofheim;
Goethe-Universität Frankfurt am Main,
Grüneburgplatz 1, 60323 Frankfurt,
E-Mail Rudolf-Steinberg@t-online.de

617. *Steinberger*, Dr. Helmut, o. Professor,
Saphirweg 13, 69181 Leimen,
(062) 26 99 06 30;
MPI für ausländisches öffentliches Recht und Völkerrecht,
Im Neuenheimer Feld 535, 69120 Heidelberg,
(0 62 21) 4 82-2 61, Fax (0 62 21) 4 82-2 88;
Juristisches Seminar, Universität Heidelberg,
Friedrich-Ebert-Anlage 6–10, 69117 Heidelberg,
(0 62 21) 54-74 54 oder -74 55, Fax (0 62 21) 54-77 44
E-Mail hsteinber@mpil.de

618. *Steiner*, Dr. Udo, o. Professor,
Richter des Bundesverfassungsgerichts a.D.,
Am Katzenbühl 5, 93055 Regensburg,
(09 41) 70 09 13, Fax (09 41) 76 06 19,
E-Mail udo.steiner@web.de;
Universität Regensburg, 93040 Regensburg,
(09 41) 9 43-42 84,
E-Mail udo.steiner@jura.uni-regensburg.de

619. *Stelkens*, Dr. Ulrich, Universitätsprofessor,
Webergasse 3a, 67346 Speyer;
Deutsche Hochschule für Verwaltungswissenschaften Speyer,
Freiherr-vom-Stein-Str. 2, 67346 Speyer,
(0 62 32) 6 54-3 65, Fax (0 62 32) 6 54-2 45,
E-Mail stelkens@dhv-speyer.de

620. *Stelzer*, Dr. Manfred, Universitätsprofessor,
Anton-Wildgansgasse 12/4, A-2380 Perchtoldsdorf,
(00 43) 6 64 2 12 56 18;
Universität Wien, Schottenbastei 10–16, A-1010 Wien,
(00 43-1) 42 77-3 54 31 oder -32,
E-Mail Manfred.Stelzer@univie.ac.at

621. *Stender-Vorwachs*, Dr. Jutta, LL. M. (USA,UVA), apl. Professorin,
Am Ortfelde 99A, 30916 Isernhagen N.B.,
(05 11) 7 24 08 07, Fax (05 11) 7 24 08 54,
E-Mail jutta.stender-vorwachs@gmx.de;
Leibniz Universität Hannover, Juristische Fakultät,
Königsworter Platz 1, 30167 Hannover,
(05 11) 7 62-82 50 oder -82 49, Fax (05 11) 7 62-82 52,
E-Mail jutta.stender-vorwachs@jura.uni-hannover.de

622. *Stern*, Dr. Dr. h.c. mult. Klaus, o. Professor,
Am Stockberger Busch 10, 51515 Kürten,
(0 22 68) 61 67;
Institut für Rundfunkrecht an der Universität zu Köln,
Aachener Straße 197-199, 50931 Köln,
(02 21) 9 41 54 65,
E-Mail klaus.stern@uni-koeln.de

623. *Stettner*, Dr. Rupert, Professor,
Alpenstr. 11 a, 85221 Dachau,
(0 81 31) 27 89 96, Fax (0 81 31) 27 89 98;
Institut für Staatswissenschaften,
Universität der Bundeswehr München,
Werner-Heisenberg-Weg 39, 85579 Neubiberg,
(0 89) 60 04-38 64 oder -37 02 oder -20 43, Fax (0 89) 60 04-28 41,
E-Mail Rupert.Stettner@unibw-muenchen.de

624. *Stober*, Dr. Dr. h.c. mult. Rolf, Universitätsprofessor,
Prins-Claus-Str. 50, 48159 Münster,
(02 51) 1 62 41 62, Fax (02 51) 1 62 41 63,
E-Mail rolf-stober@gmx.de;
Universität Hamburg,
E-Mail rolf.stober@mba.hamburg.de;
Deutsche Universität für Weiterbildung,
Pacelliallee 55, 14195 Berlin,
(030) 2000 306 253, Fax (030) 2000 306 292,
E-Mail rolf.stober@duw-berlin.de

625. *Stock*, Dr. Martin, Professor,
Lina-Oetker-Str. 22, 33615 Bielefeld,
(05 21) 12 19 95;
Fakultät für Rechtswissenschaft, Universität Bielefeld,
Postfach 10 01 31, 33501 Bielefeld,
(05 21) 1 06 43 90, Fax (05 21) 1 06 15 43 90,
E-Mail martin.stock@uni-bielefeld.de

626. *Stöger*, Dr. Karl, MJur, Universitätprofessor,
Höhenstr. 24–26, A-3400 Klosterneuburg,
(00 43) 06 99 10 36 77 45;
Karl-Franzens-Universität Graz,
Institut für Österreichisches, Europäisches und Vergleichendes
Öffentliches Recht, Politikwissenschaft und Verwaltungslehre,
Universitätsstr. 15/C3, A-8010 Graz,
(0043) 0316 380 3384,
E-Mail karl.stoeger@uni-graz.at

627. *Stoll*, Dr. Peter-Tobias, Professor,
E-Mail ptstoll@web.de;
Institut für Völkerrecht, Abteilung für Internationales Wirtschaftsrecht,
Universität Göttingen, Platz der Göttinger Sieben 5,
37073 Göttingen,
(05 51) 39 46 61,
E-Mail pt.stoll@jur.uni-goettingen.de

628. *Stolleis*, Dr. Dr. h.c. mult. Michael, Universitätsprofessor,
Waldstr. 15, 61476 Kronberg,
(0 61 73) 6 56 51;
Universität Frankfurt, MPI für europäische Rechtsgeschichte,
Hausener Weg 120, 60489 Frankfurt am Main,
(0 69) 7 89 78-2 22, Fax (0 69) 7 89 78-1 69,
E-Mail Stolleis@mpier.uni-frankfurt.de

629. *Stolzlechner*, Dr. Harald, o. Universitätsprofessor,
Gneiser Straße 57, A-5020 Salzburg,
(00 43) 6 62-82 39 35;
Universität Salzburg,
(00 43) 6 62-80 44 36 01,
E-Mail Harald.Stolzlechner@sbg.ac.at

630. *Storr*, Dr. Stefan, Universitätsprofessor,
Klosterwiesgasse 72, A-8010 Graz;
Institut für Österreichisches, Europäisches und Vergleichendes Öffentliches Recht, Politikwissenschaft und Verwaltungslehre,
Karl-Franzens-Universität Graz,
Universitätsstraße 15 C 3, A-8010 Graz,
(00 43) 31 63 80-66 95, Fax (00 43) 31 63 80-94 50,
E-Mail stefan.storr@uni-graz.at

631. *Streinz*, Dr. Rudolf, o. Professor,
Waldsteinring 26, 95448 Bayreuth,
(09 21) 9 47 30;
E-Mail rudolf.streinz@gmx.de
Ludwig-Maximilians-Universität München,
Lehrstuhl für Öffentliches Recht und Europarecht,
Professor-Huber-Platz 2, 80539 München,
(0 89) 21 80-33 35, Fax (0 89) 21 80-24 40,
E-Mail streinz.pers@jura.uni-muenchen.de

632. *Standard (Web)Stumpf*, Dr. Dr. Christoph, Privatdozent,
Raupach & Wollert-Elmendorff Rechtsanwaltsgesellschaft mbH
Hanse-Forum, Axel-Springer-Platz 3, 20355 Hamburg,
(0 40) 37 85 38-0, (0 40) 37 85 38-11,
E-Mail cstumpf@raupach.de

633. *Suerbaum*, Dr. Joachim, o. Professor,
In der Uhlenflucht 3, 44795 Bochum,
(02 34) 47 26 26,
E-Mail Joachim.Suerbaum@t-online.de;
Universität Würzburg,
Domerschulstraße 16, 97070 Würzburg,
(09 31) 31-8 28 97 oder 31-8 28 99,
E-Mail Suerbaum@jura.uni-wuerzburg.de

634. *Sydow*, Dr. Gernot, M.A., apl. Prof.,
Schornstr. 13, 65553 Limburg,
(0 64 31) 5 70 95 20;
Justitiar des Bistums Limburg, Bischöfliches Ordinariat,
Roßmarkt 4, 65549 Limburg,
(0 64 31) 29 52 08, Fax (0 64 31) 29 55 21,
E-Mail G.Sydow@bistumlimburg.de,
Gernot.Sydow@jura.uni-freiburg.de

635. *Talmon*, D. Phil. (Oxon.) Stefan, LL.M. (Cantab.), Privatdozent,
Universität Tübingen,
Geschwister-Scholl-Platz, 72074 Tübingen;
St Anne's College, Woodstock Road, Oxford OX2 6HS,
(00 44) 18 65 28 45 30, Fax (00 44) 18 65 27 48 99,
E-Mail Stefan.Talmon@law.ox.ac.uk

636. *Thieme*, Dr. Werner, Professor,
Berggartenstraße 14, 29223 Celle,
(0 51 41) 3 73 69, Fax (0 51 41) 9 313 73;
Universität Hamburg, 20146 Hamburg,
(0 40) 4 28 38-45 69

637. *Thiel*, Dr. iur. Dr. rer. publ. Markus, Privatdozent,
Gleueler Str. 114–116, 50935 Köln,
(02 21) 40 87 83;
Heinrich-Heine-Universität Düsseldorf, Juristische Fakultät,
Universitätsstr. 1, 40225 Düsseldorf,
(02 11) 8 11 14 24, Fax (02 11) 8 11 14 55,
E-Mail markus.thiel@uni-duesseldorf.de

638. *Thienel*, Dr. Rudolf, Universitätsprofessor,
Vizepräsident des Verwaltungsgerichtshofes,
Judenplatz 11, A-1010 Wien,
(00 43-1) 5 31 11-2 45, Fax (00 43-1) 5 31 11-1 40,
E-Mail rudolf.thienel@vwgh.gv.at

639. *Thürer*, Dr. Dr. h.c. Daniel, LL.M., o. Professor,
Abeggweg 20, CH-8057 Zürich,
(00 41) 13 62 65 47 oder -46, Fax (00 41)13 62 65 46,
E-Mail thuerer@swissonline.ch;
Universität Zürich, Institut für Völkerrecht und
Ausländisches Verfassungsrecht,
Hirschgraben 40, CH-8001 Zürich,
(00 41) 16 34-20 31 oder -2059 oder -2064, Fax (00 41) 16 34-49 92,
E-Mail thuerer@ivr.unizh.ch

640. *Thym*, Dr. Daniel, LL.M. (London), Professor,
Pallasstr. 22, 10781 Berlin,
(01 51) 56 60 69 37;
Universität Konstanz,
Lehrstuhl für Öffentliches Recht, Europa- und Völkerrecht,
Fach 116, Universitätsstr. 10, 78457 Konstanz,
E-Mail daniel.thym@uni-konstanz.de

641. *Tietje*, Dr. Christian, Professor,
Heinrich-Heine-Str. 8, 06114 Halle (Saale),
(03 45) 5 48 39 12 oder (03 45) 524 83 12,
Mobil (0175) 37 36 134, Fax (03 45) 517 40 48,
Martin-Luther-Universität Halle-Wittenberg,
Juristische Fakultät, Juridicum,
Universitätsplatz 5, 06108 Halle (Saale),
(03 45) 5 52-31 80, Fax (03 45) 5 52-72 01,
E-Mail tietje@jura.uni-halle.de

642. *Tomuschat*, Dr. Christian, Professor,
Odilostraße 25a, 13467 Berlin,
(0 30) 40 54 14 86, Fax (0 30) 40 54 14 88,
Humboldt-Universität zu Berlin,
Institut für Völker- und Europarecht,
Unter den Linden 6, 10099 Berlin,
(0 30) 20 93-33 35 oder -33 05 oder -33 22,
Fax (0 30) 20 93-33 65,
E-Mail christian.tomuschat@rewi.hu-berlin.de

643. *Trute*, Dr. Hans-Heinrich, Universitätsprofessor,
Wettinplatz 3, 01896 Pulsnitz,
(03 59 55) 4 53 01;
Universität Hamburg, Fakultät für Rechtswissenschaft,
Schlüterstraße 28, 20146 Hamburg,
(0 40) 4 28 38-57 21 oder -56 25, Fax (0 40) 4 28 38-27 00,
E-Mail Hans-Heinrich.Trute@jura.uni-hamburg.de

644. *Tschentscher*, Dr. Axel, LL.M., Professor,
Lehrstuhl für Staatsrecht,
Rechtsphilosophie und Verfassungsgeschichte,
Universität Bern, Institut für öffentliches Recht,
Schanzeneckstraße 1, CH-3001 Bern,
(00 41) 31-6 31 88 99 (direkt), (00 41) 31-6 31 32 36 (Sekretariat),
Fax (00 41) 31-6 31 38 83,
E-Mail axel.tschentscher@oefre.unibe.ch

645. *Uebersax*, Dr. Peter, Privatdozent,
Chemin des Grands-Champs 19, CH-1033 Cheseaux,
(00 41) 2 17 31 29 41;
Schweizerisches Bundesgericht,
Av. du Tribunal-fédéderal 29, CH-1000 Lausanne 14,
(00 41) 2 13 18 91 11,
E-Mail peter.uebersax@bger.admin.ch

646. *Uerpmann-Wittzack*, Dr. Robert, Professor,
Universität Regensburg, Juristische Fakultät,
93040 Regensburg,
(09 41) 9 43-26 60 oder 26 59, Fax (09 41) 9 43-19 73,
E-Mail Robert.Uerpmann@jura.uni-regensburg.de

647. *Uhle*, Dr. Arnd, Professor,
Stiftungslehrstuhl für Öffentliches Recht,
insbesondere für Staatsrecht und Staatswissenschaften,
Technischen Universität Dresden,
01062 Dresden,
(03 51) 46 33 73 14, Fax (03 51) 46 33 72 07,
E-Mail uhle@jura.tu-dresden.de

648. *Uhlmann*, Dr. Felix, LL.M., Professor,
Bruderholzallee, CH 4059 Basel;
Rämistrasse 74 / 33, CH 8001 Zürich,
(00 41) 4 46 34 42 24, Fax (00 41) 4 46 34 43 68,
E-Mail felix.uhlmann@rwi.unizh.ch

649. *Unruh*, Dr. Peter, apl. Professor,
Hakensoll 8a, 24226 Heikendorf;
Nordelbisches Kirchenamt,
Dänische Str. 21–35, 24103 Kiel,
E-Mail punruh.nka@nordelbien.de

650. *Vallender*, Dr. Klaus A., Professor,
Unterbach 4, CH-9043 Trogen,
(00 41 71) 94 27 69;
Universität St. Gallen,
Bodanstr. 4, CH-9000 St. Gallen,
(00 41 71) 2 24 25 19

651. *Vedder*, Dr. Christoph, Professor,
Sollner Str. 33, 81479 München,
(0 89) 79 10 03 83, Fax (0 89) 79 10 03 84;
Juristische Fakultät, Universität Augsburg,
Postfach, 86135 Augsburg,
(08 21) 5 98-45 70, Fax (08 21) 5 98-45 72,
E-Mail christoph.vedder@jura.uni-augsburg.de

652. *Vesting*, Dr. Thomas, Universitätsprofessor,
Konradstraße 2, 80801 München,
(089) 38 87 95 45, Fax (089) 38 87 95 47
Lehrstuhl für Öffentliches Recht,
Recht und Theorie der Medien,
Johann Wolfgang Goethe-Universität,
Grüneburgplatz 1, RuW 04, 60629 Frankfurt am Main,
(0 69) 798 34 274, Fax (0 69) 798 763 34273,
E-Mail T.Vesting@jur.uni-frankfurt.de

653. *Vitzthum*, Dr. Dr. h.c. Wolfgang Graf, o. Professor,
Im Rotbad 19, 72076 Tübingen,
(0 70 71) 6 38 44, Fax (0 70 71) 96 84 89;
Universität Tübingen, Juristische Fakultät,
Geschwister-Scholl-Platz, 72074 Tübingen,
(0 70 71) 2 97 52 66, Fax (0 70 71) 2 97 50 39,
E-Mail wolfgang-graf.vitzthum@uni-tuebingen.de

654. *Vöneky*, Dr. Silja, Professorin,
Am Schmelzofen 20, 79183 Waldkirch,
(07681) 49 25 239;
Albert-Ludwigs-Universität Freiburg,
Institut für Öffentliches Recht,
Abt. II Völkerrecht und Rechtsvergleichung,
79085 Freiburg im Breisgau,
(0761) 203 2207, Fax (0761) 203 9193,
E-Mail voelkerrecht@jura.uni-freiburg.de

655. *Vogel*, Dr. Stefan, Privatdozent,
Dübendorfstr. 11c,
CH-8117 Fällanden,
(00 41) 4 33 55 52 29,
E-Mail stefan_vogel@bluewin.ch

656. *Volkmann*, Dr. Uwe, Professor,
Am Bonifatiusbrunnen 231, 60438 Frankfurt am Main,
(0 69) 51 86 73;
Johannes-Gutenberg-Universität Mainz,
FB Rechts- und Wirtschaftswissenschaften,
Lehrstuhl für Rechtsphilosophie und Öffentliches Recht,
55099 Mainz,
(0 61 31) 39-2 34 53, Fax (0 61 31) 39-2 30 90,
E-Mail Volkmann@uni-mainz.de

657. *Voßkuhle*, Dr. Andreas, Professor,
Präsident des Bundesverfassungsgerichts,
Schloßbezirk 3, 76131 Karlsruhe,
(07 21) 91 01-3 13;
Albert-Ludwigs-Universität Freiburg, Institut für
Staatswissenschaft und Rechtsphilosophie,
Postfach, 79085 Freiburg i. Br.,
(07 61) 2 03-22 09, Fax (07 61) 2 03-91 93,
E-Mail staatswissenschaft@jura.uni-freiburg.de

658. *Waechter*, Dr. Kay, Professor,
Ceciliengärten 12, 12159 Berlin;
FB Rechtswissenschaft, Universität Hannover,
Königsworther Platz 1, 30167 Hannover,
(05 11) 7 62-82 27,
E-Mail waechter@jura.uni-hannover.de

659. *Wahl*, Dr. Rainer, o. Professor,
Hagenmattenstr. 6, 79117 Freiburg,
(07 61) 6 59 60;
Universität Freiburg, Institut für Öffentliches Recht V,
Postfach, 79085 Freiburg,
(07 61) 2 03 89 61, Fax (07 61) 2 03 22 93,
E-Mail rainer.wahl@jura.uni-freiburg.de

660. *Waldhoff*, Dr. Christian, Professor,
Lennéstraße 47, 53113 Bonn,
(02 28) 2 89 10 64;
Universität Bonn, Lehrstuhl für Öffentliches Recht,
Kirchenrechtliches Institut,
Adenauerallee 24–42, 53113 Bonn,
(02 28) 73-91 25, Fax (02 28) 73-40 49,
E-Mail waldhoff@uni-bonn.de

661. *Waldmann*, Dr. Bernhard, Professor, RA
Alfons-Aebystrasse 29, CH-3186 Düdingen,
(00 41) 2 64 93 57 05;
Universität Freiburg i. Üe.
Route d' Englisberg 7, CH-1763 Granges-Paccot,
(00 41) 2 63 00 81 56,
E-Mail bernhard.waldmann@unifr.ch

662. *Wallerath*, Dr. Maximilian, Universitätsprofessor,
Gudenauer Weg 86, 53127 Bonn,
(02 28) 28 32 02,
E-Mail max.wallerath@web.de;
Universität Greifswald, Rechts- und
Staatswissenschaftliche Fakultät,
17487 Greifswald,
(0 38 34) 86 21 44, Fax (0 38 34) 8 68 00 77

663. *Wallrabenstein*, Dr. Astrid, Professorin,
Prälat-Diehl-Str. 17, 64285 Darmstadt,
(0 61 51) 6 51 09;
Goethe-Universität Frankfurt am Main,
Fachbereich Rechtswissenschaften,
Professur für Öffentliches Recht
mit einem Schwerpunkt im Sozialrecht,
Postfach 11 19 32, 60054 Frankfurt am Main,
(069) 798-34 288, Fax (069) 798-34 514
E-Mail professur-wallrabenstein@jura.uni-frankfurt.de

664. *Walter*, Dr. Christian, Professor,
Friedrich-List-Str. 98, 81377 München,
(089) 787 077 04;
Ludwig-Maximilians-Universität München,
Institut für Internationales Recht,
Lehrstuhl für Öffentliches Recht und Völkerrecht,
Prof.-Huber-Platz 2, 80539 München,
(089) 2180-2798, Fax (089) 2180-3841,
E-Mail cwalter@jura.uni-muenchen.de

665. *Weber*, Dr. Albrecht, Professor,
Weidenweg 20, 49143 Bissendorf,
(0 54 02) 39 07;
Universität Osnabrück, 49069 Osnabrück,
(05 41) 9 69-61 38,
E-Mail aweber@uos.de

666. *Weber*, Dr. Karl, o. Universitätsprofessor,
Noldinstr. 14, A-6020 Innsbruck,
(00 43) 06 64-1 62 57 39;
Universität Innsbruck, Institut für Öffentliches Recht,
Finanzrecht und Politikwissenschaft,
Innrain 80, A-6020 Innsbruck,
(00 43) 5 12-5 07-82 30,
E-Mail karl.weber@uibk.ac.at

667. *Weber-Dürler*, Dr. Beatrice, o. Professorin,
Ackermannstr. 24, CH-8044 Zürich,
(00 41) 4 42 62 04 20;
E-Mail beatrice.weber-duerler@rwi.uzh.ch

668. *Wegener*, Dr. Bernhard W., Professor,
Friedrich-Alexander-Universität, Lehrstuhl für Öffentliches Recht,
Schillerstraße 1, 91054 Erlangen,
(0 91 31) 8 52 92 85, Fax (0 91 31) 8 52 64 39,
E-Mail sekretariat.wegener@jura.uni-erlangen.de

669. *Wehr*, Dr. Matthias, Professor,
Alter Kirchweg 24, 28717 Bremen,
(04 21) 690 800 25;
Hochschule für Öffentliche Verwaltung Bremen (HfÖV),
Doventorscontrescarpe 172 C, 28195 Bremen,
(04 21) 361 19 617,
E-Mail matthias.wehr@hfoev.bremen.de

670. *Weiß*, Dr. Norman, Privatdozent,
Martin-Luther-Str. 56, 10779 Berlin;
MenschenRechtsZentrum der Universität Potsdam,
August-Bebel-Str. 89, 14482 Potsdam,
(03 31) 9 77 34 50, Fax (03 31) 9 77 34 51,
E-Mail weiss@uni-potsdam.de

671. *Weiß*, Dr. Wolfgang, Universitätsprofessor,
Deutsche Hochschule für Verwaltungswissenschaften Speyer,
Lehrstuhl für Öffentliches Recht, Völker- und Europarecht,
Freiherr-vom-Stein-Str. 2, 67346 Speyer,
(0 62 32) 6 54-3 31, Fax (0 62 32) 6 54-1 23,
E-Mail wweiss@brookes.ac.uk

672. *Welti*, Dr. Felix, Professor,
Marquardplatz 3, 23554 Lübeck,
(04 51) 8 13 27 42, Fax (04 51) 8 13 27 43;
Universität Kassel,
FB 01 Humanwissenschaften,
Institut für Sozialwesen,
Abteilung Sozialpolitik, Recht und Soziologie,
Arnold-Bode-Str. 10, 34109 Kassel,
(0561) 80 42 970,
E-Mail mail@felix-welti.de

673. *Wendt*, Dr. Rudolf, o. Professor,
Schulstr. 45, 66386 St. Ingbert-Hassel,
(0 68 94) 5 32 87, Fax (0 68 94) 5 32 50;
Lehrstuhl für Staats- und Verwaltungsrecht, Wirtschafts-,
Finanz- und Steuerrecht,
Rechts- und Wirtschaftswissenschaftliche Fakultät,
Universität des Saarlandes,
Postfach 15 11 50, 66041 Saarbrücken,
(06 81) 3 02-21 04 oder -31 04, Fax (06 81) 302-47 79,
E-Mail r.wendt@mx.uni-saarland.de

674. *Wernsmann*, Dr. Rainer, Professor,
Johann-Bergler-Straße 8, 94032 Passau;
Universität Passau, Lehrstuhl für Staats- und Verwaltungsrecht,
insb. Finanz- und Steuerrecht,
Innstr. 40, 94032 Passau,
(08 51) 5 09-23 51, Fax (08 51) 5 09-23 52,
E-Mail wernsmann@uni-passau.de

675. *Wessely*, Dr. Wolfgang, Privatdozent,
Universität Wien, Institut für Staats- und Verwaltungsrecht,
Schottenbastei 10–16, A-1010 Wien,
+43 (0)1 9005 11216, Fax +43 (0)1 9005 11210,
E-Mail wolfgang.wessely@univie.ac.at

676. *Wiederin*, Dr. Ewald, Universitätsprofessor,
Universität Wien, Institut für Staats- und Verwaltungsrecht,
Schottenbastei 10–16, A-1010 Wien,
(00 43) 14 27 73 54 82, Fax (00 43) 14 27 73 54 89,
E-Mail ewald.wiederin@univie.ac.at

677. *Wieland*, Dr. Joachim, LL.M., Universitätsprofessor,
Gregor-Mendel-Straße 13, 53115 Bonn,
(02 28) 923 993 34, Fax (02 28) 329 48 98;
Lehrstuhl für öffentliches Recht, Finanz- und Steuerrecht,
Deutsche Hochschule für Verwaltungswissenschaften Speyer,
Postfach 1409, 67324 Speyer,
(0 62 32) 65 43 55, Fax (0 62 32) 65 43 06,
E-Mail wieland@dhv-speyer.de

678. *Wielinger*, Dr. Gerhard, Universitätsdozent,
Bergmanngasse 22, A-8010 Graz,
(00 43) 3 16-31 87 14, dienstl. (00 43) 3 16-70 31 24 28

679. *Wieser*, DDr. Bernd, a.o. Universitätsprofessor,
Wittenbauerstr. 76, A-8010 Graz;
Institut für Öffentliches Recht, Politikwissenschaft
und Verwaltungslehre, Karl-Franzens-Universität Graz,
Universitätsstr. 15/C3, A-8010 Graz,
(00 43) 3 16-3 80-33 81 oder -33 83,
Fax (00 43) 3 16-3 80-94 50,
E-Mail bernd.wieser@uni-graz.at

680. *Wildhaber*, Dr. Luzius, LL.M., J.S.D.,
Dres. h.c., LL.D.h.c., o. Professor,
Auf der Wacht 21, CH-4104 Oberwil,
(0 041) 61 4 01 25 21,
E-Mail luzius.wildhaber@unibas.ch

681. *Wilke*, Dr. Dieter, Präsident des OVG Berlin a.D.,
Universitätsprofessor a.D.,
apl. Professor an der Freien Universität Berlin,
Schweinfurthstr.10, 14195 Berlin

682. *Will*, Dr. iur. Dr. phil. Martin, M.A., LL.M. (Cambr.), Professor,
Hartmann-Ibach-Straße 105, 60389 Frankfurt,
EBS Universität für Wirtschaft und Recht,
Lehrstuhl für Staatsrecht, Verwaltungsrecht, Europarecht,
Recht der neuen Technologien und Rechtsgeschichte,
Gustav-Stresemann-Ring 3, 65189 Wiesbaden,
(0611) 7102 2232, Fax (0611) 7102 10 2232,
E-Mail martin.will@ebs.edu

683. *Will*, Dr. Rosemarie, Professorin,
Humboldt-Universität zu Berlin, Juristische Fakultät,
Unter den Linden 6, 10099 Berlin,
(0 30) 20 93 33 00-36 82, Fax (0 30) 20 93 34 53,
E-Mail Rosemarie.Will@rewi.hu-berlin.de

684. *Wimmer*, Dr. Norbert, o. Universitätsprofessor,
Heiliggeiststr. 16, A-6020 Innsbruck,
(00 43) 5 12-58 61 44;
Universität Innsbruck, Institut für Öffentliches Recht und
Politikwissenschaften,
Innrain 80/82, A-6020 Innsbruck,
(00 43) 5 12-82 00 oder -82 01,
E-Mail Veronika.Obojes@uibk.ac.at

685. *Windoffer*, Dr. Alexander, Privatdozent,
Deutsches Forschungsinstitut für öffentliche Verwaltung Speyer,
Freiherr-vom-Stein-Str. 2, 67346 Speyer,
(06232) 654-399, Fax (06232) 654-290,
E-Mail windoffer@foev-speyer.de

686. *Windthorst*, Dr. Kay, Professor,
Prinzregentenstr. 75, 81675 München,
(01 62) 9 02 00 76;
Professur für Öffentliches Recht, Universität Bayreuth,
Rechts- und Wirtschaftswissenschaftliche Fakultät,
Universitätsstr. 30, Gebäude B 9,
95447 Bayreuth,
(09 21) 55-35 19, Fax (09 21) 55-43 31,
E-Mail kwindt@t-online.de

687. *Winkler*, Dr. Dr. h.c. Günther, a.o. Universitätsprofessor,
Reisnerstr. 22/5/11, A-1030 Wien,
(00 43) 17 13 44 15;
Universität Wien,
Schottenbastei 10–16, A-1010 Wien,
(00 43) 14 01 03-31 31

688. *Winkler*, Dr. Markus, Privatdozent,
Kaffeegasse 2 a, 65510 Idstein,
E-Mail winkler.jura@web.de;
Johannes-Gutenberg-Universität Mainz,
Fachbereich Rechts- und Wirtschaftswissenschaften,
55099 Mainz,
E-Mail mwinkl@uni-mainz.de;
Hessisches Kultusministerium,
Luisenplatz 10, 65185 Wiesbaden,
(0611) 368 2517,
E-Mail markus.winkler@hkm.hessen.de

689. *Winkler*, Dr. Roland, a.o. Univ.-Prof.,
Borromäumstraße 10/2, A-5020 Salzburg,
(00 43) 6 62 64 12 60 oder (00 43) 67 69 07 01 71;
Fachbereich Öffentliches Recht,
Universität Salzburg,
Kapitelgasse 5–7, A-5020 Salzburg,
(00 43) 6 62 80 44 36 24, Fax (00 43) 6 62 80 44 36 29,
E-Mail roland.winkler@sbg.ac.at

690. *Winter*, Dr. Gerd, Professor,
FB 6: Rechtswissenschaft, Universität Bremen,
Postfach 33 04 40, 28334 Bremen,
(04 21) 2 18-28 40, Fax (04 21) 2 18-34 94,
E-Mail gwinter@uni-bremen.de

691. *Winterhoff*, Dr. Christian, apl. Prof.,
Theodor-Storm-Straße 1, 22869 Schenefeld,
(0 40) 85 40 03 76, Fax (0 40) 85 41 48 80,
E-Mail post@christianwinterhoff.de;
Graf von Westphalen, Große Bleichen 21, 20354 Hamburg,
(0 40) 3 59 22 -2 64, Fax (0 40) 3 59 22 -2 93,
E-Mail christian.winterhoff@grafvonwestphalen.com

692. *Winzeler*, Dr. Christoph, LL. M. (Harv.) Privatdozent,
St.-Jakobs-Strasse 96, CH-4052 Basel,
(00 41) 6 12 95 93 93 (Büro), Fax (00 41) 6 12 72 53 82 (Büro),
E-Mail christoph.winzeler@span.ch;
Universität Fribourg, Institut für Religionsrecht,
Miséricorde, Büro 4119, CH-1700 Fribourg,
(00 41) 2 63 00 80 23, Fax (00 41) 2 63 00 96 66,
E-Mail christoph.winzeler@sba.ch

693. *Wißmann*, Dr. Hinnerk, Professor,
Universität Bayreuth,
Lehrstuhl für Öffentliches Recht und Wirtschaftsrecht,
95440 Bayreuth,
(09 21) 55-2876 oder -2875 (Sekr.), Fax (09 21) 55-58 23,
E-Mail hinnerk.wissmann@uni-bayreuth.de

694. *Wittinger*, Dr. Michaela, Professorin,
Schauinslandstraße 1, 76199 Karlsruhe,
(07 21) 59 16 81, E-Mail MichaelaWittinger@web.de;
FH des Bundes für öffentliche Verwaltung,
FB Bundeswehrverwaltung,
Professur für Öffentliches Recht
(insb. Staats- und Europarecht)
Seckenheimer Landstraße 10, 68163 Mannheim,
(06 21) 4295-4479, Fax (06 21) 4295-42222

695. *Wittmann*, Dr. Heinz, a.o. Universitätsprofessor,
Steinböckengasse 4/14, A-1140 Wien,
(00 43) 19 14 31 75;
Verlag Medien und Recht GmbH,
Danhausergasse 6, A-1040 Wien,
(00 43) 15 05 27 66, Fax (00 43)15 05 27 66-15

696. *Wittreck*, Dr. Fabian, Professor,
Cheruskerring 51, 48147 Münster,
(02 51) 2 00 62 88,
Westfälische Wilhelms-Universität Münster,
Professur für Öffentliches Recht,
Bispinghof 25/25, 48143 Münster,
(02 51) 8 32 11 99, Fax (02 51) 8 32 24 03,
E-Mail fwitt_01@uni-muenster.de

697. *Wolf*, Dr. Joachim, Professor,
Von-Velsen-Straße 17, 44625 Herne,
(0 23 23) 45 96 25;
Juristische Fakultät, Ruhr-Universität Bochum,
Umweltrecht, Verwaltungsrecht und Verwaltungslehre,
Gebäude GC, Universitätsstr. 150, 44789 Bochum,
(02 34) 3 22-52 52, Fax (02 34) 3 21 44 21,
E-Mail LS.Wolf@jura.ruhr-uni-bochum.de

698. *Wolff*, Dr. Heinrich Amadeus, Professor,
Rudolf-Ditzen-Weg 12, 13156 Berlin,
(0 30) 48 09 79 48;
Lehrstuhl für Öffentliches Recht,
insbesondere Staatsrecht und Verfassungsgeschichte,
Europa-Universität Viadrina,
Große Scharrnstr. 59, 15230 Frankfurt (Oder),
(03 35) 55 34 22 95, Fax (03 35) 55 34 24 18,
Mobil (01 63) 9 01 24 45,
E-Mail Heinrich.Wolff@euv-frankfurt-o.de

699. *Wolfrum*, Dr. Dr. h.c. Rüdiger, o. Professor,
Mühltalstr. 129 b, 69121 Heidelberg,
(0 62 21) 47 52 36;
MPI für ausländisches öffentliches Recht und Völkerrecht,
Im Neuenheimer Feld 535, 69120 Heidelberg,
(0 62 21) 48 22-55 oder -56, Fax (0 62 21) 48 22 88,
E-Mail wolfrum@mpil.de

700. *Wollenschläger*, Dr. Ferdinand, Professor,
Max-Planck-Str. 8, 81675 München,
(089) 470 279 73;
Universität Augsburg,
Juristische Fakultät, Lehrstuhl für Öffentliches Recht,
Europarecht und Öffentliches Wirtschaftsrecht,
Universitätsstr. 24, 86135 Augsburg,
(0821) 598-4551, Fax (0821) 598-4552,
E-Mail ferdinand.wollenschlaeger@jura.uni-augsburg.de

701. *Wolter*, Dr. Henner, Privatdozent, RA,
Rechtsanwälte Hensche & Wolter,
Knesebeckstr. 76, 10623 Berlin
(0 30) 9 39 33 30, Fax (0 30) 9 393 33 33,
E-Mail info@rawolter-berlin.de;
Humboldt-Universität zu Berlin, Institut für Öffentliches Recht und Rechtsphilosophie, Unter den Linden 6, 10099 Berlin,
(0 30) 20 93-34 72, Fax (0 30) 20 93-34 52

702. *Würtenberger*, Dr. Thomas, o. Professor,
Beethovenstr. 9, 79100 Freiburg,
(07 61) 7 86 23;
Universität Freiburg, Postfach, 79085 Freiburg
(07 61) 2 03-22 46 oder -22 49,
E-Mail Thomas.Wuertenberger@jura.uni-freiburg.de

703. *Wyduckel*, Dr. Dieter, Professor,
Juristische Fakultät, TU Dresden,
01062 Dresden,
(03 51) 46 33-73 22, Fax (03 51) 46 33-72 09,
E-Mail wyduckel@jura.tu-dresden.de

704. *Wyss*, Dr. iur. Martin, Professor,
Höheweg 62, CH-3097 Liebefeld,
(00 41) 31 9 72 99 93, Fax (00 41) 31 9 72 99 91,
E-Mail mpwyss@bluewin.ch;
Stellvertretender Chef Fachbereich II für Rechtsetzung,
Bundesamt für Justiz, Bundeshaus West, CH-3003 Bern,
(00 41) 31 3 22 75 75, Fax (00 41) 31 3 22 78 37,
E-Mail martin.wyss@bj.admin.ch

705. *Zacher*, Dr. Dr. h.c. mult. Hans F., o. Professor,
Starnberger Straße 47, 82343 Pöcking,
(0 81 57) 13 84;
MPI für ausländisches und internationales Sozialrecht
Amalienstr. 33, 80799 München,
Postfach 34 01 21, 80098 München,
(0 89) 3 86 02-5 02, Fax (0 89) 3 86 02-5 90

706. *Zeh*, Dr. Wolfgang, Professor, Ministerialdirektor a.D.,
Marktstr. 10, 72359 Dotternhausen,
E-Mail cowo.zeh@gmx.de

707. *Zezschwitz*, Dr. Friedrich von, em. Universitätsprofessor,
Petersweiher 47, 35394 Gießen,
(06 41) 4 51 52;
Universität Gießen, 35390 Gießen,
(06 41) 7 02 50 20

708. *Ziegler*, Dr. Andreas R., LL.M., Professor,
Gründenstraße 66, CH-8247 Flurlingen;
Universität Lausanne, Juristische Fakultät,
BFSH 1, CH-1015 Lausanne,
E-Mail andreas.ziegler@unil.ch

709. *Ziekow*, Dr. Jan, Universitätsprofessor,
Gartenstraße 3, 67361 Freisbach,
(0 63 44) 59 02, Fax (0 63 44) 59 02;
Deutsche Hochschule für Verwaltungswissenschaften Speyer,
Postfach 14 09, 67324 Speyer,
(0 62 32) 65 40,
E-Mail ziekow@dhv-speyer.de

710. *Ziller*, Dr. Jacques, Professor,
Università degli Studi di Pavia,
Dipartimento di Economia, Statistica e Diritto,
Via Strada Nuova 65, I-27100 Pavia,
(0039) (0) 382-98 44 37, Fax (0039) (0) 382-98 44 35,
E-Mail jacques.ziller@unipv.it

711. *Zimmer*, Dr. Gerhard, Professor,
Waldschützpfad 9, 12589 Berlin,
(0 30) 6 48 95 90;
Universität der Bundeswehr, 22043 Hamburg,
(0 40) 65 41 27 71

712. *Zimmermann*, Dr. Andreas, LL.M (Harvard), Professor,
Heimat 29, 14165 Berlin,
E-Mail azimmerm@freenet.de;
Universität Potsdam,
Lehrstuhl für Öffentliches Recht, insbesondere Staatsrecht,
Europa- und Völkerrecht sowie Europäisches Wirtschaftsrecht
und Wirtschaftsvölkerrecht,
August-Bebel-Str. 89, 14482 Potsdam,
(03 31) 9 77-35 16, Fax (03 31) 9 77-32 24,
E-Mail andreas.zimmermann@uni-potsdam.de

713. *Zippelius*, Dr. Dr. h.c. Reinhold, o. Professor,
Niendorfstr. 5, 91054 Erlangen,
(0 91 31) 5 57 26;
Universität Erlangen-Nürnberg,
91054 Erlangen,
(0 91 31) 85 28 20

714. *Zuleeg*, Dr. Dr. h.c. Manfred, Professor,
Kaiser-Sigmund-Str. 32, 60320 Frankfurt am Main,
(0 69) 56 43 93;
Institut für Öffentliches Recht,
Völker- und Europarecht, Universität Frankfurt,
Senckenberganlage 31, 60325 Frankfurt am Main,
(0 69) 7 98 2 23 82, Fax (0 69) 7 98 2 87 50,
E-Mail M.Zuleeg@jur.uni-frankfurt.de

Satzung

(Nach den Beschlüssen vom 21. Oktober 1949, 19. Oktober 1951, 14. Oktober 1954, 10. Oktober 1956, 13. Oktober 1960, 5. Oktober 1962, 1. Oktober 1971, 6. Oktober 1976, 3. Oktober 1979, 6. Oktober 1999, 4. Oktober 2006, 3. Oktober 2007 und 29. September 2010)

§ 1

Die Vereinigung der Deutschen Staatsrechtslehrer stellt sich die Aufgabe:

1. wissenschaftliche und Gesetzgebungsfragen aus dem Gebiet des Öffentlichen Rechts durch Aussprache in Versammlungen der Mitglieder zu klären;
2. auf die ausreichende Berücksichtigung des Öffentlichen Rechts im Hochschulunterricht und bei staatlichen und akademischen Prüfungen hinzuwirken;
3. in wichtigen Fällen zu Fragen des Öffentlichen Rechts durch Eingaben an Regierungen oder Volksvertretungen oder durch schriftliche Kundgebungen Stellung zu nehmen.

§ 2

(1) [1]Der Verein führt den Namen „Vereinigung der Deutschen Staatsrechtslehrer“. [2]Er soll in das Vereinsregister eingetragen werden; nach der Eintragung führt er den Zusatz „e. V.“.

(2) Der Verein hat seinen Sitz in Heidelberg.

(3) Das Geschäftsjahr des Vereins ist das Kalenderjahr.

§ 3

(1) Mitglied der Vereinigung kann werden, wer auf dem Gebiet des Staatsrechts und mindestens eines weiteren öffentlich-rechtlichen Fachs

a) seine Befähigung zu Forschung und Lehre durch hervorragende wissenschaftliche Leistung nachgewiesen hat[1] und

---

[1] Mit der oben abgedruckten, am 1. 10. 1971 in Regensburg beschlossenen Fassung des § 3 hat die Mitgliederversammlung den folgenden erläuternden Zusatz angenommen: „Eine hervorragende wissenschaftliche Leistung im Sinne dieser Vorschrift ist eine den bisher üblichen Anforderungen an die Habilitation entsprechende Leistung.“

b) an einer deutschen oder deutschsprachigen Universität[2] einschließlich der Deutschen Hochschule für Verwaltungswissenschaften Speyer als Forscher und Lehrer tätig ist oder gewesen ist.

(2) [1]Das Aufnahmeverfahren wird durch schriftlichen Vorschlag von drei Mitgliedern der Vereinigung eingeleitet. [2]Ist der Vorstand einstimmig der Auffassung, dass die Voraussetzungen für den Erwerb der Mitgliedschaft erfüllt sind, so verständigt er in einem Rundschreiben die Mitglieder von seiner Absicht, dem Vorgeschlagenen die Mitgliedschaft anzutragen. [3]Erheben mindestens fünf Mitglieder binnen Monatsfrist gegen die Absicht des Vorstandes Einspruch oder beantragen sie mündliche Erörterung, so beschließt die Mitgliederversammlung über die Aufnahme. [4]Die Mitgliederversammlung beschließt ferner, wenn sich im Vorstand Zweifel erheben, ob die Voraussetzungen der Mitgliedschaft erfüllt sind. [5]Von jeder Neuaufnahme außerhalb einer Mitgliederversammlung sind die Mitglieder zu unterrichten.

§ 4

[1]Abweichend von § 3 kann Mitglied der Vereinigung werden, wer, ohne die Voraussetzungen des § 3 Abs. 1 lit. b) zu erfüllen,

a) eine Professur inne hat, die einer Professur an einer juristischen Fakultät einer deutschen oder deutschsprachigen Universität entspricht,

b) seine Befähigung zu Forschung und Lehre durch hervorragende wissenschaftliche Veröffentlichungen auch in deutscher Sprache zum Öffentlichen Recht Deutschlands, Österreichs oder der Schweiz nachgewiesen und

c) seine Verbundenheit mit der Vereinigung durch mehrmalige Teilnahme als Gast an den Jahrestagungen bekundet hat.

[2]Das Aufnahmeverfahren wird durch schriftlich begründeten Vorschlag von mindestens zehn Mitgliedern der Vereinigung eingeleitet. [3]Für das weitere Verfahren findet § 3 Abs. 2 Sätze 2 bis 5 entsprechende Anwendung.

---

[2] In Berlin hat die Mitgliederversammlung am 3. 10. 1979 die folgende zusätzliche Erläuterung aufgenommen: „Universität im Sinne dieser Vorschrift ist eine wissenschaftliche Hochschule, die das Habilitationsrecht in den Fächern des Öffentlichen Rechts und die Promotionsbefugnis zum Doctor iuris besitzt und an der Juristen durch einen Lehrkörper herkömmlicher Besetzung ausgebildet werden."

In Berlin hat die Mitgliederversammlung am 29. 09. 2010 die folgende weitere Erläuterung aufgenommen: „Gleichgestellt sind wissenschaftliche Hochschulen, die das Habilitationsrecht in den Fächern des Öffentlichen Rechts und die Promotionsbefugnis zum Dr. iuris besitzen, wenn an ihnen Staatsrecht und ein weiteres öffentlichrechtliches Fach von mindestens drei der Vereinigung angehörenden Mitgliedern gelehrt wird."

§ 5

(1) [1]Eine Mitgliederversammlung soll regelmäßig einmal in jedem Jahr an einem vom Vorstand zu bestimmenden Ort stattfinden. [2]In dringenden Fällen können außerordentliche Versammlungen einberufen werden. [3]Die Mitgliederversammlung wird vom Vorstand unter Einhaltung einer Frist von vier Wochen schriftlich oder in elektronischer Form unter Angabe der Tagesordnung einberufen. [4]Auf jeder ordentlichen Mitgliederversammlung muss mindestens ein wissenschaftlicher Vortrag mit anschließender Aussprache gehalten werden.

(2) Eine außerordentliche Mitgliederversammlung wird außer in den nach Absatz 1 Satz 2 vorgesehenen Fällen auch dann einberufen, wenn dies von einem Zehntel der Mitglieder beim Vorstand schriftlich unter Angabe des Zwecks und der Gründe beantragt wird.

(3) [1]Verlauf und Beschlüsse der Mitgliederversammlung werden protokolliert. [2]Der Protokollführer wird vom Versammlungsleiter bestimmt. [3]Das Protokoll ist vom Versammlungsleiter und vom Protokollführer zu unterzeichnen. [4]Es wird mit dem nächsten nach der Mitgliederversammlung erfolgenden Rundschreiben den Mitgliedern übermittelt.

(4) Für Satzungsänderungen, die Änderung des Vereinszwecks und für die Auflösung des Vereins gelten die gesetzlichen Mehrheitserfordernisse (§§ 33, 41 BGB).

§ 6[3]

(1) [1]Der Vorstand der Vereinigung besteht aus einem Vorsitzenden und zwei Stellvertretern. [2]Die Vorstandsmitglieder teilen die Geschäfte untereinander nach eigenem Ermessen. [3]Der Vorstand wird von der Mitgliederversammlung auf zwei Jahre gewählt; er bleibt jedoch bis zur Bestellung eines neuen Vorstandes im Amt. [4]Zur Vorbereitung der Jahrestagung ergänzt sich der Vorstand um ein Mitglied, das kein Stimmrecht hat. [5]Auch ist Selbstergänzung zulässig, wenn ein Mitglied des Vorstandes in der Zeit zwischen zwei Mitgliederversammlungen ausscheidet. [6]Auf der nächsten Mitgliederversammlung findet eine Nachwahl für den Rest der Amtszeit des Ausgeschiedenen statt.

(2) [1]Der Verein wird gerichtlich und außergerichtlich durch ein Mitglied des Vorstandes, in der Regel durch den Vorsitzenden, vertreten. [2]Innerhalb seines ihm nach Absatz 1 Satz 2 zugewiesenen Aufgabenbereichs ist das jeweilige Vorstandsmitglied alleinvertretungsberechtigt;

---

[3] § 6 Abs. 1 in der Fassung des Beschlusses der Mitgliederversammlung in Heidelberg vom 6. 10. 1999; in Kraft getreten am 1. 10. 2001.

insbesondere ist in allen finanziellen Angelegenheiten dasjenige Vorstandsmitglied alleinvertretungsberechtigt, dem der Vorstand nach Absatz 1 Satz 2 die Funktion des Schatzmeisters übertragen hat. [3]Das nach Absatz 1 Satz 4 kooptierte Mitglied des Vorstandes ist in allen Angelegenheiten alleinvertretungsberechtigt, die die Vorbereitung und Durchführung der Jahrestagung betreffen. [4]Ist in den Fällen des Satzes 2 oder 3 das vertretungsberechtigte Vorstandsmitglied verhindert, übernimmt der Vorsitzende die Vertretung, im Falle seiner Verhinderung ist eines der gewählten Vorstandsmitglieder alleinvertretungsberechtigt.

§ 7

Zur Vorbereitung ihrer Beratungen kann die Mitgliederversammlung, in eiligen Fällen auch der Vorstand, besondere Ausschüsse bestellen.

§ 8

[1]Über Eingaben in den Fällen des § 1 Ziffer 2 und 3 und über öffentliche Kundgebungen kann nach Vorbereitung durch den Vorstand oder einen Ausschuss im Wege schriftlicher Abstimmung der Mitglieder beschlossen werden. [2]Ein solcher Beschluss bedarf der Zustimmung von zwei Dritteln der Mitgliederzahl; die Namen der Zustimmenden müssen unter das Schriftstück gesetzt werden.

§ 9

[1]Der Mitgliedsbeitrag wird von der Mitgliederversammlung festgesetzt. [2]Der Vorstand kann den Beitrag aus Billigkeitsgründen erlassen.

§ 10

(1) Die Mitgliedschaft endet durch Tod, Austritt aus dem Verein, Streichung von der Mitgliederliste oder Ausschluss aus dem Verein.

(2) [1]Der Austritt erfolgt durch schriftliche Erklärung gegenüber einem Mitglied des Vorstandes. [2]Für die Erklärung ist eine Frist nicht einzuhalten. [3]Der Austritt wird zum Schluss des Kalenderjahres vollzogen.

(3) [1]Ein Mitglied kann durch Beschluss des Vorstandes von der Mitgliederliste gestrichen werden, wenn es trotz zweimaliger schriftlicher Mahnung mit der Beitragszahlung in Rückstand ist. [2]Die Streichung wird erst beschlossen, wenn nach der Absendung der zweiten Mahnung zwei Monate verstrichen sind, in dieser Mahnung die Streichung angedroht wurde und die Beitragsschulden nicht beglichen sind. [3]Die Streichung ist dem Mitglied mitzuteilen.

(4) [1]Ein Mitglied kann durch Beschluss des Vorstandes aus dem Verein ausgeschlossen werden, wenn es in grober Weise gegen die Vereinsinteressen verstoßen hat. [2]Vor der Beschlussfassung ist dem Mitglied unter Einräumung einer angemessenen Frist Gelegenheit zur Stellungnahme zu geben. [3]Der Beschluss über den Ausschluss ist schriftlich zu begründen und dem Mitglied zuzusenden. [4]Gegen den Beschluss des Vorstandes kann das Mitglied innerhalb eines Monats nach Zugang der Entscheidung des Vorstandes die Mitgliederversammlung anrufen. [5]Die Anrufung der Mitgliederversammlung hat bis zu deren abschließender Entscheidung aufschiebende Wirkung.

§ 11

(1) Im Falle der Auflösung des Vereins sind die Mitglieder des Vorstandes gemeinsam vertretungsberechtigte Liquidatoren, falls die Mitgliederversammlung nichts anderes beschließt.

(2) Das nach Beendigung der Liquidation vorhandene Vermögen fällt an die Deutsche Forschungsgemeinschaft, die es unmittelbar und ausschließlich für Zwecke des Fachkollegiums Rechtswissenschaft zu verwenden hat.

Bei Fragen zur Produktsicherheit wenden Sie sich bitte an:
If you have any questions regarding product safety,
please contact:

Walter de Gruyter GmbH
Genthiner Straße 13
10785 Berlin
productsafety@degruyterbrill.com